2013 中国证券期货统计年鉴

贰零壹叁

贰
零
壹
叁

China Securities and Futures Statistical YEARBOOK

中国统计出版社
China Statistics Press

中国证券监督管理委员会 编
CHINA SECURITIES REGULATORY COMMISSION

图书在版编目（CIP）数据

中国证券期货统计年鉴 = China securities and futures statistical yearbook. 2013 : 汉英对照 / 中国证券监督管理委员会编. -- 北京 : 中国统计出版社, 2013.10
ISBN 978-7-5037-7012-8

Ⅰ. ①中… Ⅱ. ①中… Ⅲ. ①资本市场－统计资料－中国－2013－年鉴－汉、英②期货交易－统计资料－中国－2013－年鉴－汉、英 Ⅳ. ①F832.5-66

中国版本图书馆 CIP 数据核字(2013)第 245209 号

中国证券期货统计年鉴—2013

作　　者/中国证券监督管理委员会
责任编辑/郭　栋
封面设计/张　冰　周剑峰
出版发行/中国统计出版社
通信地址/北京市丰台区西三环南路甲 6 号　邮政编码/100073
电　　话/邮购（010）63376909　书店（010）68783171
网　　址/http://csp.stats.gov.cn
印　　刷/河北天普润印刷厂
经　　销/新华书店
开　　本/880mm×1230mm　1/16
字　　数/1200 千字
印　　张/37
版　　别/2013 年 10 月第 1 版
版　　次/2013 年 10 月第 1 次印刷
定　　价/288.00 元

如有印装差错，由本社发行部调换。

编者说明

一、《中国证券期货统计年鉴（2013）》（中英文）收录了2012年证券期货市场的统计数据以及与证券期货市场相关的部分宏观经济数据，是一部全面反映中华人民共和国证券期货市场发展情况的资料性年刊。

二、年鉴分为概况、股票、债券、证券投资基金、期货、投资者、上市公司、证券期货经营机构8个篇章，另附世界主要国家的证券化率，世界主要交易所业务量排名，世界主要经济体资本市场业务量排名，世界期货及期权市场交易所排名，上市公司名录和退市名录，上海、深圳证券交易所收费标准。

三、年鉴数据主要来自证监会各业务部门、交易所和证监会下属单位；宏观经济数据主要来自于国家统计局、中国人民银行、世界交易所联合会（WFE）。

四、与2012年版《中国证券期货统计年鉴》相比，本年鉴改版幅度较大，主要包括调整框架设计、拓展覆盖范围、规范统计口径、增加统计分类和统一版面设计等方面。为方便读者使用，每章末附有《主要统计指标解释》。

五、年鉴中部分数据合计数由于单位取舍不同而产生的计算误差，均未作机械调整。

六、年鉴各表中，度量单位均在该表上方，对表中部分指标的注释、资料来源、汇率换算标准等内容注释在该表的下方。

七、年鉴各表中的“–”表示该项统计指标数据不详或无该项数据。

编　者

2013年9月

目　录

CONTENTS

一、概　况
Summary

二、股　票
Stocks

三、债 券
Bonds

四、证券投资基金
Securities Investment Funds

五、期　货
Futures

六、投资者
Investors

七、上市公司
Listed Companies

八、证券期货经营结构
Securities and Futures Institutions

附 录
Appendix

后 记
Postscript

贰 零 壹 叁

一. 概况

Summary

贰 零 壹 叁

2012年证券期货市场情况概述

一、股票市场情况

截至12月31日，沪深两市共有上市公司2494家，总市值23.04万亿元，流通市值18.17万亿元。

（一）一级市场情况

2012年，沪深两市发行股票和债券596只，合计筹资5840.62亿元（不含定向增发资产认购1779.79亿元），其中A股股票合计筹资（不含定向增发资产认购）3127.54亿元。2012年，共有154家企业首次发行A股股票，合计筹资1034.32亿元，其中，主板（含中小板）首发80家，筹资682.83亿元，创业板首发74家，筹资351.49亿元；定向增发（现金认购）筹资1867.48亿元；发行债券266只，合计筹资2713.08亿元，其中，可转债4只，筹资157.05亿元，公司债181只，筹资2471.97亿元，中小企业私募债81只，筹资84.06亿元。

2012年，沪市A股首发市盈率的算术平均值为23.46倍，比2011年下降40.20%；深市A股首发市盈率的算术平均值为31.50倍，比2011年下降35.50%。

（二）二级市场情况

2012年，沪深300指数开盘2361.50点，最高2717.83点，最低2102.14点，收盘2522.95点，较年初上涨7.55%；上证综指开盘2212.00点，最高2478.38点，最低1949.46点，收盘2269.13点，较年初上涨3.17%；深证综指开盘871.93点，最高1020.29点，最低724.97点，收盘881.17点，较年初上涨1.67%；创业板指数开盘734.74点，最高799.83点，最低585.44点，收盘713.86点，较年初下跌2.14%。2012年，沪深两市股票日均成交1294.93亿元，较2011年下降25.06%。

二、股票市场运行特点

2012年，国际经济复苏艰难曲折，国际金融市场大幅震荡，国内经济运行中不确定性因素明显增多。在此背景下，境内股市运行存在以下特点：

（一）国内股票市场波动较大，沪深股指全年小幅上涨

2012年，我国股市波动较大。1-5月份，上证综指和深证综指累计分别上涨7.86%和11.65%，明显领先于国际主要股指；6-11月份，受经济增速放缓、上市公司业绩下滑等因素影响，上证综指和深证综指累计分别下跌16.53%和22.19%；12月份以来，受经济筑底企稳迹象显现、十八大后政策预期利好等因素影响，股市止跌回升，上证综指和深证综指累计分别上涨14.60%和17.05%。沪深两市全年总体表现为小幅上涨，上证综指全年上涨3.17%，深证综指全年上涨1.67%。

（二）蓝筹股投资价值获认可，金融地产行业涨幅居前

2012年，代表优质蓝筹股公司的沪深300指数上涨7.55%，上证180指数上涨10.80%，上证50指数上涨14.84%，远高于沪深两市综指涨幅，而中小板指数和创业板指数分别下跌1.38%和2.14%。蓝筹股的投资价值得到市场认可，市场“炒小”、“炒差”现象有所遏制。分行业看，房地产和金融服务两大行业全年涨幅居前，分别上涨30.00%和20.70%。

（三）新股发行“三高”现象有所缓解

2012年，证监会深化新股发行体制改革，新股发行“三高”现象有所缓解。新股发行平均市盈率同比下降36.44%，新股平均发行价同比下降28.26%，26.62%的新股上市首日收盘价跌破发行价。

三、影响股票市场运行的主要因素

（一）经济下行压力较大

前三季度，国内生产总值（GDP）单季同比增速分别为8.1%、7.6%和7.4%，自2010年四季度以

来连续 7 个季度下滑，经济增速持续放缓。传统增长模式难以为继，但新的增长点尚未完全明确，部分制造业产能过剩，经济处于短期去库存和长期去产能双重叠加影响之下，经济增速下行压力较大。进入四季度，工业用电量、PMI 等数据呈现稳步回升态势，经济筑底企稳迹象显现。

（二）上市公司业绩下滑

据统计，2012 年前三季度，上市公司实现净利润同比下降 1.22%，其中一季度同比上涨 0.99%，第二、第三季度分别下降 1.64%和 2.92%。其中，非金融类上市公司净利润单季同比分别下降 16%、19%、19%。多数行业业绩整体下滑，钢铁行业前三季度净利润同比下滑 114%，有色金属、化工、信息设备行业下滑幅度均超 30%。上市公司 2012 年业绩预告显示，全年业绩增速明显放缓。

（三）国际金融市场波动

2012 年，欧债危机一波三折，美国面临财政悬崖问题，主要国家纷纷推出宽松货币政策，加之局部地缘政治冲突不断，一些国家内部政局动荡，这些因素增加了全球经济复苏的曲折和困难，国际金融市场跌宕起伏。5 月份受欧债危机影响，欧美日股市在短期内大幅下跌；6 月份之后欧美股市持续上涨；10 月份以来美国股市因财政悬崖问题又出现明显调整。

（四）宏观政策稳中求进

2012 年，国内宏观政策稳中求进。实行稳健的货币政策，两次下调存款准备金率，两次降息，多次进行大规模逆回购等公开市场操作。实施积极的财政政策，进行结构性减税，扩大营改增试点，实施股息红利差别化个人所得税政策。

（五）证券期货市场深化改革

2012 年，深化了新股发行、退市和分红制度改革，降低市场交易费用，支持证券期货经营机构创新发展，积极吸引长期资金利用资本市场投资运营和保值增值。

四、期货市场情况

（一）交易情况

2012 全年，我国期货市场共成交 14.51 亿手，同比上升 37.60%，成交金额 171.13 万亿元，同比上升 24.44%。其中，金融期货成交 10506.18 万手，成交金额 75.84 万亿元，分别占全市场的 7.24%和 44.32%。与去年同期相比，焦炭、甲醇、豆粕、强麦、螺纹钢和沪深 300 股指期货合约成交量增幅明显。

（二）品种价格变动及分析

2012 年，国际大宗商品市场总体呈“涨—跌—涨”的震荡走势。一季度，美国经济继续复苏，欧债危机总体趋缓，全球货币政策相对宽松，国际大宗商品价格温和上涨。期间，美洲干旱气候、病虫害以及农作物种植面积下降等因素进一步推升部分农产品价格；中东局势变化加大了原油供应担忧，助推了国际油价上涨。二季度，随着欧债危机一波三折，欧元危机浮出水面，美国经济复苏乏力，新兴经济增速明显放缓，国际大宗商品市场价格迅速掉头下跌。三季度，为刺激经济增长，欧美积极推行宽松货币政策，国际大宗商品价格再度震荡上行。四季度，随着美国经济持续复苏以及美国实施第四轮量化宽松政策，国际大宗商品价格继续上行。

国内商品期货方面，期货价格走势与国际市场基本一致。年初，国内经济增速平稳，主要经济指标有所回升，物价水平相对较高，国内商品期货价格普遍上涨。二季度，随着国内经济增速明显放缓，物价水平逐步回落，同时境外期货市场大幅下跌，国内商品期货价格加速调整。三季度，国内经济探底企稳，同时欧美积极推行宽松货币政策，国内期货品种价格震荡上行。四季度，国内主要经济指标均有所回升，物价水平有所反弹，国内商品期货价格继续上行。

农产品期货方面，截至 2012 年末，上海天然橡胶期货主力合约收报 26510 元，较 2011 年末涨 2350 元。郑州普麦（硬麦）期货主力合约收报 2461 元，较 2011 年末涨 308 元。郑州强麦期货主力合约收报 2568 元，较 2011 年末涨 193 元。郑州棉花期货主力合约收报 18950 元，较 2011 年末跌 1740 元。郑州白糖期货主力合约收报 5549 元，较 2011 年末跌 381 元。郑州菜籽油期货主力合约收报 9754 元，较 2011 年末涨 244 元。郑州早籼稻期货主力合约收报

2699 元，较 2011 年末涨 173 元。大连黄大豆 1 号期货主力合约收报 4743 元，较 2011 年末涨 403 元。大连黄大豆 2 号期货主力合约收报 4738 元，较 2011 年末涨 3 元。大连豆粕期货主力合约收报 3276 元，较 2011 年末涨 325 元。大连豆油期货主力合约收报 8612 元，较 2011 年末跌 382 元。大连棕榈油期货主力合约报收 6922 元，较 2011 年末跌 1080 元。大连玉米期货主力合约收报 2433 元，较 2011 年末涨 160 元。

金属期货方面，上海铜期货主力合约收报 57860 元，较 2011 年末涨 2500 元。上海铝期货主力合约收报 15365 元，较 2011 年末跌 480 元。上海锌期货主力合约收报 15520 元，较 2011 年末涨 725 元。上海铅期货主力合约收报 15265 元，较 2011 年末跌 20 元。上海螺纹钢期货主力合约收报 3988 元，较 2011 年末跌 222 元。上海线材期货主力合约收报 3953 元，较 2011 年末跌 242 元。上海黄金期货主力合约收报 340.29 元，较 2011 年末涨 20.84 元。

能源化工期货方面，上海燃料油期货主力合约收报 5010 元，较 2011 年末跌 44 元。郑州精对苯二甲酸（PTA）期货主力合约收报 8562 元，较 2011 年末涨 152 元。郑州甲醇期货主力合约收报 2725 元，较 2011 年末跌 6 元。大连线型低密度聚乙烯（LLDPE）期货主力合约收报 10850 元，较 2011 年末涨 1245 元。大连聚氯乙稀（PVC）期货主力合约收报 6620 元，较 2011 年末跌 290 元。大连焦炭期货主力合约收报 1824 元，较 2011 年末跌 176 元。

国内金融期货方面，沪深 300 股指期货主力合约呈现出震荡整理、先抑后扬的走势，2012 年末收报 2538 点，较 2011 年末涨 181 点。

2012年证券期货监管工作概述

2012年，中国证监会认真贯彻中央经济工作会议、全国金融工作会议精神，坚持稳中求进，努力处理好证券期货领域发展、改革、开放、稳定等多方面的关系，有力地促进了国民经济转型升级。

一、加快多层次资本市场建设，推进重点领域改革

经国务院批准，设立“新三板”，正式启动扩大非上市公众公司股份转让试点，2012年新增挂牌企业98家，大体翻了一番。制定并发布非上市公众公司监督管理办法，形成相应的系统制度规则。引导区域性股权交易市场规范发展，鼓励证券公司探索建立柜台交易市场。支持文化创意、高科技、现代服务业和“三农”相关企业发行上市，启动创业板非公开发行公司债工作，在首次公开发行股票审核中优先安排西部地区企业。联合有关部委制定指导意见，支持科技成果出资入股确认股权。会同有关部委建立公司信用类债券部际协调机制，在推动跨市场监管、促进互联互通、统一监管标准等方面取得新进展。着手修订公司债券发行试点办法，继续完善发行审核流程。牵头组织和督导交易场所清理整顿工作取得积极成果。

深入推进新股发行制度改革，全面提高透明度，发行审核开始从盈利能力判断向以信息披露为中心转变。加强对发行定价的监管，促使参与主体归位尽责，完善新股价格形成机制，抑制盲目炒新。2012年，新股平均发行价、平均市盈率同比分别下降28%和36%，创业板平均超募比例由2011年的144%下降至94%。市场结构明显改善，全年上证综指上涨3.17%，沪深300指数上涨7.55%，上证50指数上涨14.84%。中小板指数和创业板指数则分别下跌1.38%和2.14%。估值结构开始趋于好转，2012年底，沪深300指数市盈率为11.76倍，低于发达国家主要股指平均估值水平。按可比口径计算，A股与B股平均价格之比由上年底的1.73倍下降至1.45倍。A股与H股价格之比由1.12倍下降至1.01倍，二者价格基本趋同。积极稳妥推进退市制度改革，上市公司“停而不退”问题初步得到解决，2012年底有2家公司在深交所终止上市。着手优化再融资审核机制。

二、完善公司治理，强化投资者回报

完善主板、创业板上市公司信息披露规则，发布创业板特殊行业信息披露指引。推动电子化信息披露工作。制定进一步提高首发财务信息披露质量的办法，抑制发行人、中介机构粉饰业绩的行为，防范利润操纵。加大对发行人、上市公司和会计师事务所的监督检查，加强会计准则执行和财务信息披露监管，推动企业内部控制建设。开展上市公司股东、关联方以及上市公司承诺履行情况专项检查。鼓励投资者、中介机构参与公司治理。研究制定上市公司员工持股计划暂行管理办法。完善上市公司募集资金监管规定。以防控内幕交易和打击违背商业原则的关联交易为抓手，加大对相关主体违法违规行为的惩戒力度。进一步发挥上市公司协会等自律组织在完善现代企业制度中的作用。

在尊重上市公司自主经营管理的前提下，鼓励上市公司建立持续、清晰、透明的现金分红政策和决策机制，加大对未按承诺比例分红、长期不履行分红义务公司的监管约束。2012年，境内上市公司实际现金分红4764.21亿元，同比增长22.14%。以投资者保护局成立为契机，建立投资者保护联席会议机制。在人民网、央视等媒体和证监会网站以投资者问答、公益广告等方式开展投资者教育，引导投资者理性投资。完善投资者适当性制度。筹建中证投资者发展中心、资信发展公司等专业机构，探

索由这些专门机构代为履行部分股东权利，维护中小投资者合法权益的路径。

三、改善政策环境，推动创新发展

取消和调整了35项行政审批项目。设立行政许可及信息公开申请受理服务中心。加强与财税部门的沟通协调，推动出台了上市公司股息红利按持有期限差别化征收个人所得税等优惠政策。3次大幅下调证券、期货市场收费标准。降低证券公司结算备用金标准。出台并落实11项支持证券公司创新发展的政策措施。证券公司资产管理业务快速增长，2012年底管理资产规模达1.9万亿元，增长了5.7倍。优化基金管理公司准入政策，允许设立专业子公司开展部分特定客户资产管理业务。持续推动基金产品审核制度改革，推进跨境、跨市场交易型开放式指数基金（ETF）等产品创新，促进基金管理公司向现代财富管理机构转型。推出期货公司资产管理业务试点。推动私募证券投资基金、私募股权基金、风险投资基金规范发展。设立中国证券金融公司，启动转融通业务试点。

推动农业现代化建设，上市油菜籽期货和菜籽粕期货，设计开发土豆、鸡蛋、板材等农产品期货，修改完善棉花、菜籽油、黄大豆1号等6个农产品合约及业务规则，与农业部首次合办“风险管理与农业”高端论坛。服务工业化和城镇化建设，上市白银和玻璃期货，优化铜、焦炭等6个工业品期货合约及规则，研究铁矿石、动力煤等战略性期货品种。推进开放性的原油期货市场建设。启动国债期货仿真交易，国债期货上市准备工作基本完成。加大对碳排放权、指数、期权等新交易工具的研发力度。改革套保、套利等市场监管制度。完成休眠账户清理和历史账户规范工作。研究建设期货与现货紧密联系，适应实体企业不同层次风险管理与商品服务需要的交易平台。完成期货市场监测监控系统一期工程建设。

四、强化市场法治建设，提高稽查执法效能

推动修订了《证券投资基金法》、《期货交易管理条例》。就办理内幕交易刑事案、审理上市公司破产重整案和处理国债回购纠纷案等问题，推动相关司法部门出台司法解释和政策。设立稽查总队沪、深支队，开展沪、深、鄂大区稽查局长单列管理试点，完善调查程序、证据规则等制度性安排。完善行政处罚审理程序工作指引，推进法官挂职和派出机构行政处罚试点。从严惩处内幕交易、虚假披露、操纵市场等类型案件，加快案件审理速度。坚持惩戒和教育并举，加强对大案、要案、新型案件、热点案件的宣传，有效发挥案件警示作用。制定市场诚信监督管理暂行办法。

五、改善投资者结构，积极稳妥推进对外开放

积极配合社保相关部门完善投资配套规则，与有关部门共同研究改进住房公积金的管理和投资问题，为社保基金、住房公积金等长期资金利用资本市场投资运营和保值增值做好衔接与服务。与人民银行、银监会、保监会等部门建立密切工作联系，引导金融机构共同建设资本市场。支持证券公司、期货公司创新理财服务，为银行等专业机构参与资本市场创造条件。大幅新增合格境外机构投资者（QFII）和人民币合格境外机构投资者（RQFII）额度，分别达到800亿美元和2700亿元人民币。组织交易所境外路演，提高QFII、RQFII投资便利性。大幅降低QFII准入门槛，推动放宽主权基金、央行及货币当局等QFII的额度上限。截至2012年底，基金管理公司管理资产和净值分别增加21.92%和32.87%，专业机构投资者持有流通A股市值比例上升了1.73个百分点。

允许外资入股期货公司。放宽内地企业赴港上市条件，支持在港发行人民币债券。支持沪深港交易所设立合资公司。研究境外公司境内发行人民币债券的可行性。继续与美国证监会（SEC）就审计工作底稿提供事宜进行磋商。妥善安排美国公众公司会计监察委员会（PCAOB）来华观察。成功承办国际证监会组织（IOSCO）第37届年会。

1-1 证券期货市场概况
Overview of Securities and Futures Market

年份 Year	股票 Stock					
	股票只数 (只) Number of Stock (unit)	上市公司家数 (家) Number of Listed (unit)	上市公司股本 (亿股) Share Capital of Listed Companies (100 million shares)	流通股本 (亿股) Negotiable Shares (100 million shares)	股票市值 (亿元) Market Capitalization of Shares (100 million yuan)	流通市值 (亿元) Negotiable Market Capitalization (100 million yuan)
1992	71	53	73.22	-	1048.15	-
1993	218	183	328.68	81.62	3531.01	832.28
1994	345	291	641.01	185.63	3690.62	968.90
1995	381	323	770.08	224.98	3474.28	938.22
1996	599	530	1110.73	345.57	9842.58	2867.03
1997	821	745	1771.43	560.82	17529.24	5204.42
1998	932	852	2346.69	741.70	19514.03	5750.35
1999	1031	949	2911.49	953.65	26485.15	8221.11
2000	1174	1088	3616.26	1234.35	48121.51	16098.00
2001	1248	1160	4851.88	1487.66	43582.90	14488.82
2002	1311	1224	5464.19	1680.26	38338.79	12487.20
2003	1374	1287	6003.34	1899.05	42477.63	13185.13
2004	1463	1377	6714.74	2194.15	37080.95	11701.20
2005	1467	1381	7163.54	2498.89	32446.02	10638.01
2006	1520	1434	12683.99	3444.50	89441.35	25021.11
2007	1636	1550	17000.45	4933.64	327291.31	93140.66
2008	1711	1625	18900.13	6964.97	121541.05	45303.02
2009	1804	1718	20606.26	14200.19	244103.91	151342.07
2010	2149	2063	26984.49	19442.15	265422.59	193110.41
2011	2428	2342	29745.11	22499.86	214758.09	164921.30
2012	2579	2494	31833.62	24778.22	230357.62	181658.26

注：1.2003年起股票账户数均为有效账户数。
　　2.期货账户数从2006-2011年为账户总数，2012年为有效账户数。
数据来源：本书各章相关表
Source: Relative Tables followed

1-1 续表 1 continued

年份 Year	股票 Stock						
	成交量 (亿股) Trading Volume (100 million shares)	成交金额 (亿元) Trading Turnover (100 million yuan)	印花税 (亿元) Stamp Tax (100 million yuan)	印花税在中央财政收入中的比重(%) The Percentage of Stamp Tax from Central Revenue (%)	市盈率 (倍) P/E Ratio (times)	换手率 (%) Turnover Rate (%)	股票账户数 (万户) Number of Stock Accounts (10 thousand units)
1992	36.90	683.04	-	-	-	-	-
1993	226.56	3627.21	22.00	2.30	-	-	-
1994	1013.34	8127.63	48.77	1.68	-	-	-
1995	705.31	4036.45	24.22	0.74	-	-	-
1996	2533.14	21332.18	127.99	3.50	-	-	-
1997	2560.02	30721.83	250.76	5.93	-	-	-
1998	2154.11	23544.25	225.75	4.62	-	-	-
1999	2932.90	31322.37	248.07	4.28	-	-	-
2000	4759.45	60835.19	485.89	6.41	-	491.19	6123.24
2001	3155.93	38325.39	291.44	3.40	81.92	227.07	6898.68
2002	3017.14	27993.91	111.95	1.02	62.51	195.86	6841.84
2003	4163.08	32115.27	128.35	1.08	45.89	237.04	6961.02
2004	5827.73	42333.95	169.08	1.17	32.16	303.45	7106.11
2005	6623.73	31664.78	66.35	0.40	28.59	295.11	7189.44
2006	16145.23	90468.89	180.94	1.05	29.72	547.40	7482.11
2007	36403.75	460556.23	2062.00	7.43	44.13	817.95	9279.07
2008	24131.39	267112.66	927.68	2.84	19.29	402.29	10449.69
2009	51107.00	535986.77	510.38	1.42	29.78	582.88	12037.69
2010	42151.98	545633.54	545.65	1.28	20.32	344.34	13391.04
2011	33956.57	421644.58	421.66	0.82	14.18	214.16	14050.37
2012	32860.54	314583.27	314.59	0.56	15.04	180.55	14045.91

1-1 续表 2 continued

年份 Year	债券 Bond 债券发行额(亿元) Value of Bonds Issued (100 million yuan)	兑付金额(亿元) Amount of Payments (100 million yuan)	债券成交金额(亿元) Bond Trading Turnover (100 million yuan)	年末托管额(亿元) Value of Bonds under Custody at the end of year (100 million yuan)	基金 Fund 基金只数(只) Number of Funds (unit)	基金份额(亿份) Fund share (100 million units)	基金资产规模(亿元) Fund Asset Value (100 million yuan)	上市基金成交金额(亿元) Trading Turnover of Listed Funds (100 million yuan)	基金账户数(万户) Number of Fund Accounts (10 thousand units)
1992	-	-	-	-	-	-	-	-	-
1993	-	-	-	-	-	-	-	-	-
1994	-	-	-	-	-	-	-	-	-
1995	-	-	-	-	-	-	-	-	-
1996	-	-	-	-	-	-	-	-	-
1997	2084.62	-	8.90	4184.07	-	-	-	-	-
1998	6203.73	-	76.39	9884.07	5	100.00	107.00	1016.89	-
1999	4369.50	410.16	2544.82	13188.79	16	505.00	577.00	2485.48	-
2000	4414.50	1629.16	16363.02	16746.19	34	562.00	847.35	2801.84	-
2001	5848.53	1859.97	41030.69	19727.91	51	804.23	809.24	2561.88	-
2002	9943.90	2841.35	106321.69	25610.47	71	1318.85	1185.56	1166.62	-
2003	17647.17	7886.44	151368.51	37636.37	95	1614.67	1699.22	682.65	-
2004	27295.66	12548.65	127849.02	52046.95	161	3308.79	3246.34	479.47	-
2005	42182.07	22531.33	228456.96	73402.21	218	4714.18	4691.38	773.15	-
2006	57096.11	38597.83	382839.23	92346.98	307	6220.67	8565.05	2002.65	-
2007	80163.36	49931.98	628787.97	123485.39	346	22339.84	32762.32	8620.09	-
2008	71732.16	48265.29	956855.15	152554.05	439	25741.78	19403.25	5831.05	16846.00
2009	87286.22	67282.32	1180369.13	177383.26	547	23518.55	26024.80	10340.02	17480.00
2010	96408.63	73205.88	1522585.20	205107.77	704	23955.33	25040.86	8996.44	19672.00
2011	77231.52	64819.78	1642721.63	222572.17	914	26510.37	21918.55	6365.81	22987.00
2012	80245.86	47625.00	2201120.87	261987.73	1173	31708.41	28661.81	8123.86	22948.00

1-1 续表 3 continued

年份 Year	期货 Futures 品种数量(个) Number of Products (unit)	持仓金额(亿元) Value of Positions (100 million yuan)	成交金额(亿元) Trading Turnover (100 million yuan)	期货账户数(万户) Number of Futures Accounts (10 thousand units)
1992	-	-	-	-
1993	8	-	2761.00	-
1994	6	-	15800.71	-
1995	6	-	50282.65	-
1996	2	-	42059.58	-
1997	2	-	30885.33	-
1998	9	-	18483.62	-
1999	8	-	11171.51	-
2000	9	145.57	8041.14	-
2001	9	175.75	15071.76	-
2002	10	277.43	19745.30	-
2003	10	423.66	54194.67	-
2004	12	388.77	73465.27	-
2005	11	350.71	67224.19	-
2006	14	564.05	105023.16	27.74
2007	18	990.31	204861.23	44.77
2008	19	740.90	359570.98	71.28
2009	23	2775.49	652553.80	110.61
2010	24	3069.22	1545583.54	150.55
2011	27	2974.60	1375175.68	179.34
2012	32	3831.77	1711224.54	89.69

1-2 交易所市场证券登记存管情况
Depository Securities Statistics of Stock Exchange Market

年份 Year	登记存管证券只数(只) Number of Securities in deposit (unit)								
	股票 Stock			权证	债券 Bond				
	小计 Subtotal	A股 A Shares	B股 B Shares	Warrants	小计 Subtotal	国债 T-Bonds	地方债 Local Bonds	企业债 Enterprise Bonds	公司债 Corporate Bonds
2003	1382	1271	111	0	68	40	0	5	0
2004	1464	1354	110	0	97	56	0	9	0
2005	1468	1359	109	7	115	75	0	11	0
2006	1532	1423	109	27	118	70	0	19	0
2007	1637	1528	109	14	120	70	0	21	2
2008	1713	1604	109	17	247	91	0	98	20
2009	1817	1709	108	12	353	94	1	167	57
2010	2160	2052	108	4	463	110	1	229	89
2011	2432	2324	108	0	640	109	4	322	166
2012	2579	2472	107	0	1170	122	3	561	358

注：1.面值包含所有上市公司(包括只发A股、只发B股、既发A股又发B股、既发A股又发H股的上市公司)流通股和非流通股的面值，纯B股上司公司的非流通股的面值暂未纳入计算。
2.B股市值以国际外汇管理局公布的每年最后一个月汇率期平均价换算成人民币。

数据来源：中国证券登记结算公司

Source: CSDC

1-2 续表 1 continued

年份 Year	登记存管证券只数(只) Number of Securities in deposit (unit)								
	债券 Bond			基金 Fund				资产证券化产品 Asset Backed Securities	合计 Total
	可转债 Convertible Bonds	分离式可转债 Warrant Bonds	中小企业私募债 Private Placement Bonds	小计 Subtotal	封闭式基金 Close-ended Funds	ETF	LOF		
2003	23	0	0	55	55	0	0	0	1505
2004	32	0	0	57	55	1	1	0	1618
2005	29	0	0	68	54	1	13	4	1655
2006	26	3	0	79	53	5	21	27	1756
2007	18	9	0	71	34	5	32	20	1848
2008	18	20	0	71	31	5	35	17	2048
2009	13	21	0	91	33	9	49	10	2271
2010	13	21	0	146	47	20	79	4	2773
2011	20	19	0	226	57	37	132	6	3304
2012	23	16	87	330	52	50	228	15	4094

1-2 续表 2 continued

年份 Year	登记存管证券面值(亿元) Value of depository securities (100 million yuan)										
	权证 Warrants	债券 Bond								资产证券化产品 Asset Backed Securities	合计 Total
		小计 Subtotal	国债 T-Bonds	地方债 Local Bonds	企业债 Corporate Bonds	公司债 Corporate Bonds	可转债 Convertible Bonds	分离式可转债 Warrant Bonds	中小企业私募债 Private Placement Bonds		
2003	0.00	4087.78	3806.73	0.00	83.94	0.00	197.11	0.00	0.00	0.00	4087.78
2004	0.00	4786.08	4358.73	0.00	92.42	0.00	334.93	0.00	0.00	0.00	4786.08
2005	57.48	4711.18	4369.44	0.00	92.93	0.00	248.81	0.00	0.00	58.80	4827.46
2006	146.81	3467.14	3131.62	0.00	115.84	0.00	120.69	99.00	0.00	168.60	3782.56
2007	166.10	3413.70	2857.37	0.00	117.45	52.00	99.08	287.80	0.00	111.55	3691.35
2008	91.99	4490.52	2573.99	0.00	456.64	400.00	139.24	920.65	0.00	89.85	4672.36
2009	104.30	4947.42	2113.15	0.02	718.40	1045.40	119.81	950.65	0.00	46.46	5098.18
2010	29.63	6278.32	1977.06	0.02	922.31	1641.40	786.89	950.65	0.00	10.72	6318.67
2011	0.00	8428.39	1989.13	3.32	1546.27	2855.60	1162.93	871.15	0.00	8.74	8437.13
2012	0.00	12456.28	1782.43	3.30	3229.89	5339.50	1255.26	752.15	93.75	33.98	12490.26

1-2 续表 3 continued

年份 Year	登记存管证券总市值(亿元) Market Capitalization of depository securities(100 million yuan)								
	股票 Stock			权证 Warrants	债券现货 Bond(spot transaction)				
	小计 Subtotal	A股 A Shares	B股 B Shares		小计 Subtotal	国债 T-Bonds	地方债 Local Bonds	企业债 Corporate Bonds	公司债 Corporate Bonds
2003	42559.73	41616.50	943.23	0.00	4083.95	3780.84	0.00	83.53	0.00
2004	37090.58	36345.47	745.11	0.00	4464.14	4033.64	0.00	84.08	0.00
2005	32448.52	31830.36	618.16	60.62	4796.24	4431.82	0.00	99.32	0.00
2006	90294.17	89008.90	1285.27	329.37	3499.79	3139.75	0.00	118.79	0.00
2007	327970.22	325437.44	2532.77	494.10	3169.92	2666.53	0.00	108.52	51.91
2008	121778.98	120977.85	801.14	174.50	4365.83	2516.90	0.00	467.96	433.21
2009	244783.34	242973.60	1809.74	209.27	4698.97	1947.66	0.02	712.71	1056.40
2010	266492.22	264298.80	2193.41	14.51	6300.53	1955.58	0.02	919.74	1654.88
2011	215215.30	213774.56	1440.74	0.00	8252.60	2012.39	3.32	1465.35	2809.99
2012	230548.71	228968.65	1580.06	0.00	11926.76	1790.37	3.30	2797.95	5246.60

1-2 续表 4 continued

年份 Year	登记存管证券总市值(亿元) Market Capitalization of depository securities(100 million yuan)								
	债券现货 Bond(spot transaction)			基金 Fund				资产证券化产品 Asset Backed Securities	合计 Total
	可转债 Convertible Bonds	分离式可转债 Convertible Bonds	中小企业私募债 Private Placement Bonds	小计 Subtotal	封闭式基金 Close-ended Funds	ETF	LOF		
2003	219.58	0.00	0.00	675.50	675.50	0.00	0.00	0.00	47319.17
2004	346.41	0.00	0.00	558.58	549.45	0.00	9.14	0.00	42113.31
2005	265.09	0.00	0.00	608.64	529.55	65.10	13.99	58.08	37972.10
2006	159.45	81.80	0.00	1424.70	1287.45	102.29	34.95	163.63	95711.64
2007	163.13	179.83	0.00	4356.91	1860.24	306.26	2190.41	109.39	336100.53
2008	143.25	804.52	0.00	816.80	485.12	214.49	117.19	82.10	127218.21
2009	165.94	816.25	0.00	1784.06	982.77	625.39	175.90	42.24	251517.88
2010	917.47	852.84	0.00	1965.20	1072.50	667.91	224.79	10.68	274783.13
2011	1157.65	803.90	0.00	1821.50	798.69	755.88	266.92	8.72	225298.12
2012	1289.12	714.72	84.70	2661.99	701.54	1424.83	535.63	32.34	245169.79

1-2 续表 5 continued

年份 Year	登记存管证券已上市流通市值(亿元) Negotiable Market Capitalization of depository securities(100 million yuan)									
	股票 Stock			权证 Warrants	基金 Fund				资产证券化产品 Asset Backed Securities	合计 Total
	小计 Subtotal	A股 A Shares	B股 B Shares		小计 Subtotal	封闭式基金 Close-ended Funds	ETF	LOF		
2003	13235.95	12360.79	875.16	0.00	669.34	669.34	0.00	0.00	0.00	13905.29
2004	11702.73	11013.52	689.22	0.00	553.77	544.63	0.00	9.14	0.00	12256.50
2005	10655.21	10054.79	600.42	60.61	603.99	524.90	65.10	13.99	58.08	11377.88
2006	25313.05	24044.96	1268.09	281.19	1413.46	1276.21	102.29	34.95	162.58	27170.27
2007	93470.56	90952.54	2518.02	477.73	4330.98	1843.83	306.26	2180.90	108.40	98387.67
2008	45694.25	44897.99	796.26	171.86	812.62	481.07	214.49	117.06	81.17	46759.90
2009	152207.16	150406.42	1800.74	209.27	1777.42	976.17	625.39	175.87	41.33	154235.18
2010	196083.58	193898.09	2185.48	14.51	1958.94	1066.25	667.91	224.79	9.75	198066.78
2011	166966.72	165531.89	1434.83	0.00	1817.37	794.58	755.88	266.90	8.00	168792.08
2012	184250.75	182677.51	1573.24	0.00	2657.84	697.40	1424.83	535.60	32.34	186940.92

1-3 证券市场指数运行情况
Securities-Market Indexes

年份 Year	上证综指 SSE Composite Index 开盘 Opening Price	最高 Highest	最低 Lowest	收盘 Closing Price	涨跌幅(%) Change Rate	深证综指 SZSE Composite Index 开盘 Opening Price	最高 Highest	最低 Lowest	收盘 Closing Price	涨跌幅(%) Change Rate
1992	293.74	1429.01	292.76	780.39	165.67	110.53	312.21	107.08	241.21	118.23
1993	802.14	1558.95	750.46	833.80	6.84	241.21	359.44	203.91	238.28	-1.21
1994	837.70	1052.94	325.89	647.87	-22.30	238.28	242.06	96.56	140.63	-40.98
1995	637.72	926.41	524.43	555.29	-14.29	139.62	169.66	112.63	113.25	-19.47
1996	550.26	1258.69	512.83	917.02	65.14	112.85	473.02	105.34	327.34	189.04
1997	914.06	1510.18	870.18	1194.10	30.22	326.33	517.91	305.81	381.29	16.48
1998	1200.95	1422.98	1043.02	1146.70	-3.97	382.85	441.04	317.10	343.85	-9.82
1999	1144.89	1756.18	1047.83	1366.58	19.18	343.29	525.14	310.65	402.18	16.96
2000	1368.69	2125.72	1361.21	2073.48	51.73	402.71	654.37	414.69	635.73	58.07
2001	2077.08	2245.44	1514.86	1645.97	-20.62	636.62	664.85	439.36	475.94	-25.13
2002	1643.49	1748.89	1339.20	1357.65	-17.52	475.14	512.38	371.79	388.76	-18.32
2003	1347.43	1649.60	1307.40	1497.04	10.27	386.61	449.42	350.74	378.63	-2.61
2004	1492.72	1783.01	1259.43	1266.50	-15.40	377.93	470.55	315.17	315.81	-16.59
2005	1260.78	1328.53	998.23	1161.06	-8.33	313.81	333.28	237.18	278.75	-11.73
2006	1163.88	2698.90	1161.91	2675.47	130.43	278.99	552.93	278.99	550.59	97.52
2007	2728.19	6124.04	2541.53	5261.56	96.66	555.26	1567.74	547.89	1447.02	162.81
2008	5265.00	5522.78	1664.93	1820.81	-65.39	1450.33	1584.40	452.33	553.30	-61.76
2009	1849.02	3478.01	1844.09	3277.13	79.98	560.09	1240.64	557.68	1201.34	117.12
2010	3289.75	3306.75	2319.73	2808.07	-14.31	1207.33	1412.63	890.23	1290.86	7.45
2011	2825.33	3067.46	2134.02	2199.42	-21.68	1298.59	1316.18	828.83	866.65	-32.86
2012	2212.00	2478.38	1949.46	2269.13	3.17	871.93	1020.29	724.97	881.17	1.68

数据来源：上海证券交易所、深圳证券交易所、中证指数有限公司
Source: SSE、SZSE、CSI

1-3 续表 1 continued

年份 Year	沪深300指数 CSI 300 Index 开盘 Opening Price	最高 Highest	最低 Lowest	收盘 Closing Price	涨跌幅(%) Change Rate	上证50指数 SSE 50 Index 开盘 Opening Price	最高 Highest	最低 Lowest	收盘 Closing Price	涨跌幅(%) Change Rate
1992	-	-	-	-	-	-	-	-	-	-
1993	-	-	-	-	-	-	-	-	-	-
1994	-	-	-	-	-	-	-	-	-	-
1995	-	-	-	-	-	-	-	-	-	-
1996	-	-	-	-	-	-	-	-	-	-
1997	-	-	-	-	-	-	-	-	-	-
1998	-	-	-	-	-	-	-	-	-	-
1999	-	-	-	-	-	-	-	-	-	-
2000	-	-	-	-	-	-	-	-	-	-
2001	-	-	-	-	-	-	-	-	-	-
2002	-	-	-	-	-	-	-	-	-	-
2003	-	-	-	-	-	-	-	-	-	-
2004	-	-	-	-	-	997.00	1141.99	833.09	842.73	-15.47
2005	984.66	1008.73	807.78	923.45	-7.65	836.99	889.98	693.53	796.40	-5.50
2006	926.56	2052.86	926.41	2041.05	121.02	801.41	1819.04	800.21	1805.31	126.69
2007	2073.25	5891.72	2030.76	5338.28	161.55	1842.63	4772.93	1791.64	4226.76	134.13
2008	5349.76	5756.92	1606.73	1817.72	-65.95	4230.81	4524.29	1269.29	1384.91	-67.24
2009	1848.33	3803.06	1837.84	3575.68	96.71	1411.08	2849.41	1402.05	2553.80	84.40
2010	3592.47	3597.75	2462.20	3128.26	-12.51	2565.11	2584.53	1771.49	1977.37	-22.57
2011	3155.56	3380.53	2267.11	2345.74	-25.01	1994.36	2214.84	1571.51	1617.61	-18.19
2012	2361.50	2717.83	2102.14	2522.95	7.55	1628.17	1877.43	1528.28	1857.68	14.84

1-3 续表 2 continued

年份 Year	深证成份指数 SZSE Component Index					上证国债指数 SSE T-Bond Index				
	开盘 Opening Price	最高 Highest	最低 Lowest	收盘 Closing Price	涨跌幅(%) Change Rate	开盘 Opening Price	最高 Highest	最低 Lowest	收盘 Closing Price	涨跌幅(%) Change Rate
1992	966.22	2918.09	917.37	2309.77	139.71	-	-	-	-	-
1993	2424.00	3422.22	1688.18	2225.38	-3.65	-	-	-	-	-
1994	2221.95	2271.39	944.02	1271.05	-42.88	-	-	-	-	-
1995	1257.65	1473.29	980.25	987.75	-22.29	-	-	-	-	-
1996	987.07	4522.39	924.33	3217.54	225.74	-	-	-	-	-
1997	3195.52	6103.62	2985.40	4184.84	30.06	-	-	-	-	-
1998	4199.51	4336.32	2902.44	2949.32	-29.52	-	-	-	-	-
1999	2945.24	4896.04	2521.08	3369.61	14.25	-	-	-	-	-
2000	3374.11	5062.29	3360.21	4752.75	41.05	-	-	-	-	-
2001	4756.18	5091.46	3124.57	3325.66	-30.03	-	-	-	-	-
2002	3319.21	3586.06	2661.91	2759.30	-17.03	-	-	-	-	-
2003	2743.21	3557.89	2673.25	3479.80	26.11	100.67	102.08	96.86	99.40	-1.27
2004	3473.35	4187.23	2996.08	3067.57	-11.85	99.39	99.42	91.10	95.61	-3.81
2005	3051.24	3481.44	2590.53	2863.61	-6.65	95.64	109.73	95.61	109.06	14.06
2006	2873.54	6687.28	2873.54	6647.14	132.12	109.11	111.63	109.07	111.39	2.14
2007	6730.12	19600.03	6585.06	17700.62	166.29	111.45	111.96	109.33	110.87	-0.46
2008	17731.84	19219.89	5577.23	6485.51	-63.36	110.92	121.53	110.73	121.30	9.40
2009	6557.42	14096.87	6514.49	13699.97	111.24	121.35	122.99	119.62	122.35	0.87
2010	13766.10	13936.88	8945.20	12458.55	-9.06	122.39	127.10	122.13	126.28	3.21
2011	12578.45	13233.02	8555.12	8918.82	-28.41	126.32	131.39	126.31	131.39	4.05
2012	8980.76	10616.28	7660.45	9116.48	2.22	131.45	135.82	131.44	135.79	3.35

1-3 续表 3 continued

年份 Year	上证企业债指数 SSE Corporate Bond Index					中证综合债指数 CSI Universal Bond Index				
	开盘 Opening Price	最高 Highest	最低 Lowest	收盘 Closing Price	涨跌幅(%) Change Rate	开盘 Opening Price	最高 Highest	最低 Lowest	收盘 Closing Price	涨跌幅(%) Change Rate
1992	-	-	-	-	-	-	-	-	-	-
1993	-	-	-	-	-	-	-	-	-	-
1994	-	-	-	-	-	-	-	-	-	-
1995	-	-	-	-	-	-	-	-	-	-
1996	-	-	-	-	-	-	-	-	-	-
1997	-	-	-	-	-	-	-	-	-	-
1998	-	-	-	-	-	-	-	-	-	-
1999	-	-	-	-	-	-	-	-	-	-
2000	-	-	-	-	-	-	-	-	-	-
2001	-	-	-	-	-	-	-	-	-	-
2002	-	-	-	-	-	-	-	-	-	-
2003	104.38	105.45	98.67	99.93	-4.27	99.91	102.66	99.87	101.34	1.34
2004	99.99	100.04	86.72	95.84	-4.09	100.95	101.34	97.75	100.38	-0.94
2005	95.84	118.98	90.90	118.92	24.08	100.43	108.90	100.43	108.68	8.26
2006	118.91	122.19	115.35	119.84	0.77	108.64	111.36	108.64	111.24	2.36
2007	119.84	121.65	112.68	113.27	-5.49	111.28	111.28	111.28	111.24	0.00
2008	113.27	132.80	112.25	132.64	17.11	-	-	-	124.50	11.92
2009	132.69	134.70	130.91	133.55	0.68	123.68	124.06	123.68	124.02	-0.39
2010	133.61	144.01	133.61	143.45	7.42	124.06	129.22	123.92	127.09	2.48
2011	143.52	148.51	143.24	148.48	3.50	127.23	134.14	126.60	134.14	5.54
2012	148.56	159.65	148.22	159.60	7.49	134.19	138.95	134.16	138.95	3.59

1-4 国内有价证券分类发行情况

Statistics of Domestic Securities Issuance

年份 Year	股票 Stock			
	发行量(亿股) Number of Shares Issued (100 million shares)	股票筹资金额(亿元) Proceeds Raised through Offering of Shares(100 million yuan)		
		首发筹资金额 Proceeds raised by IPO	再筹资金额 Proceeds raised by Subsequent Offerings of shares	合计 Total
1992	10.65	68.91	0.00	68.91
1993	51.07	184.83	60.19	245.02
1994	48.64	154.44	59.19	213.63
1995	18.01	42.37	57.41	99.78
1996	66.54	241.32	66.71	308.04
1997	129.64	651.56	208.42	859.98
1998	81.37	412.22	375.22	787.44
1999	86.87	494.71	378.93	873.63
2000	122.17	862.56	653.26	1515.82
2001	84.57	614.03	624.11	1238.14
2002	117.34	498.75	221.29	720.05
2003	89.34	472.42	193.08	665.51
2004	56.13	361.05	289.47	650.53
2005	13.92	57.63	281.40	339.03
2006	377.89	1341.70	1032.80	2374.49
2007	430.63	4770.83	3043.91	7814.74
2008	114.96	1034.38	2278.01	3312.39
2009	244.47	1878.98	2955.36	4834.33
2010	553.95	4882.59	4917.21	9799.80
2011	163.99	2824.43	4330.00	7154.43
2012	78.86	1034.32	3508.08	4542.40

注：1.股票发行量仅指A、B股IPO数量合计。
2.股票发行量和筹资金额均以股份上市日口径统计。
3.2008-2012年股票筹资金额包含行权部分(不包含可转债)。
4.交易所债券仅指证监会系统核准或备案的债券。
数据来源：中国人民银行、上海证券交易所、深圳证券交易所
Source:PBC、SSE、SZSE

1-4 续表 continued

年份 Year	债券 Bond					
	全市场 Whole Market		银行间 Interbank Market		交易所 Stock Exchange	
	发行额(亿元) Value of Bonds Issued (100 million yuan)	兑付金额(亿元) Amount of Payments (100 million yuan)	发行额(亿元) Value of Bonds Issued (100 million yuan)	兑付金额(亿元) Amount of Payments (100 million yuan)	发行额（亿元） Value of Bonds Issued (100 million yuan)	兑付金额(亿元) Amount of Payments (100 million yuan)
1992	-	-	-	-	-	-
1993	-	-	-	-	-	-
1994	-	-	-	-	-	-
1995	-	-	-	-	-	-
1996	-	-	-	-	-	-
1997	2084.62	-	2084.62	-	-	-
1998	6203.73	-	6203.73	-	-	-
1999	4369.50	410.16	4369.50	410.16	-	-
2000	4414.50	1629.16	4414.50	1629.16	-	-
2001	5848.53	1859.97	5848.53	1859.97	-	-
2002	9943.90	2841.35	9943.90	2841.35	-	-
2003	17647.17	7886.44	17647.17	7886.44	-	-
2004	27295.66	12548.65	27295.66	12548.65	-	-
2005	42182.07	22531.33	42182.07	22531.33	-	-
2006	57096.11	38597.83	57096.11	38597.83	-	-
2007	80163.36	49931.98	79756.08	49931.98	407.28	-
2008	71732.16	48265.29	70734.11	48265.29	998.05	-
2009	87286.22	67282.32	86474.71	67282.32	811.51	-
2010	96408.63	73205.88	95088.33	73205.88	1320.30	-
2011	77231.52	64819.78	75501.82	64709.81	1729.70	109.97
2012	80245.86	47625.00	77474.98	47269.27	2770.88	355.73

1-5 境内外证券市场筹资情况
Proceeds Raised in Domestic and Foreign Capital Markets

单位：亿人民币 (100 million RMB)

年份 Year	境内筹资金额 Proceeds Raised in Domestic Capital Market			境外股票筹资金额 Proceeds Raised in Foreign Capital Market	合计 Total	境外股票筹资与实际利用外商直接投资金额的比率 Proportion of Foreign Stock Financing to Actual Utilization of Foreign Capital
	小计 Subtotal	股票筹资金额 Proceeds Raised in Stock Market	交易所债券筹资金额 Proceeds Raised in Bond Market			
1992	68.91	68.91	-	0.00	68.91	-
1993	245.02	245.02	-	60.84	305.86	2.85
1994	213.63	213.63	-	188.75	402.38	4.88
1995	99.78	99.78	-	31.52	131.31	0.78
1996	308.04	308.04	-	100.57	408.61	2.19
1997	859.98	859.98	-	387.91	1247.89	7.32
1998	787.44	787.44	-	37.83	825.28	0.78
1999	873.63	873.63	-	47.11	920.74	1.41
2000	1515.82	1515.82	-	562.08	2077.90	16.68
2001	1238.14	1238.14	-	73.00	1311.14	1.88
2002	720.05	720.05	-	192.28	912.33	4.40
2003	665.51	665.51	-	537.32	1202.83	12.13
2004	650.53	650.53	-	647.72	1298.24	12.91
2005	339.03	339.03	-	1666.25	2005.29	34.23
2006	2374.49	2374.49	-	3072.57	5447.06	62.44
2007	7814.74	7814.74	-	927.47	8742.21	16.98
2008	4532.49	3312.39	1220.10	311.38	4843.88	4.93
2009	5549.35	4834.34	715.01	1067.66	6617.00	17.37
2010	11120.10	9799.80	1320.30	2343.11	13463.21	33.46
2011	8861.83	7154.43	1707.40	732.42	9594.24	10.02
2012	7265.17	4542.40	2722.77	997.82	8262.99	14.21

注：1.债券筹资=可转债+可分离债+公司债+中小企业私募债，按上市日口径统计。
2.境外股票筹资仅指H股筹资。
3.2008-2012年股票筹资金额包含行权部分(不包含可转债)。
4.本表中美元折算汇率均使用当年最后一个交易日的中间价，港币均按1美元=7.8港币转化为美元后再按美元汇率折算。
数据来源：国家统计局、中国证监会、商务部、上海证券交易所、深圳证券交易所
Source:NBSC、CSRC、MOFCOM、SSE、SZSE

1-6 证券市场投资者账户情况
Investor Accounts of Securities Market

单位：万户 (10 thousand units)

年份 Year	股票 Stock		基金 Fund	期货 Futures	
	股票账户数 Number of Stock Accounts	股票投资者数 Number of Stock Investors	基金账户数 Number of Fund Accounts	期货账户数 Number of Futures Accounts	客户数 Number of Futures Investors
2003	6956.22	4011.22	-	-	-
2004	7133.94	4086.99	-	-	-
2005	7220.97	4127.76	-	-	-
2006	7517.90	4262.54	-	27.74	24.46
2007	9335.06	4944.74	-	44.77	39.55
2008	10516.85	5509.02	16846.00	71.28	61.64
2009	12105.42	6266.11	17480.00	110.61	91.63
2010	13458.38	6934.00	19672.00	150.55	121.37
2011	14050.32	7244.20	22987.00	179.34	141.14
2012	14045.84	7255.23	22948.00	89.69	71.73

注：1.股票账户数为有效账户数。
2.期货账户数从2006-2011年为账户总数，2012年为有效账户数。
数据来源：中国证券登记结算公司、中国期货保证金监控中心公司
Source: CSDC、CFMMC

1-7 证券期货市场参与主体情况
Participant of Securities and Futures Market

年份 Year	上市公司 Listed Company		证券公司 Securities Company		基金管理公司 Fund Management Company		期货公司 Futures Company	
	家数(家) Number of Companies (unit)	总资产(亿元) Total Assets (100 million yuan)	家数(家) Number of Companies (unit)	总资产(亿元) Total Assets (100 million yuan)	家数(家) Number of Companies (unit)	总资产(亿元) Total Assets (100 million yuan)	家数(家) Number of Companies (unit)	总资产(亿元) Total Assets (100 million yuan)
1993	183	1821.00	-	-	-	-	-	-
1994	291	3309.00	91	-	-	-	-	-
1995	323	4295.00	97	-	-	-	-	-
1996	530	6352.00	94	-	-	-	329	-
1997	745	9660.58	90	-	-	-	294	-
1998	851	12407.52	90	-	6	-	278	-
1999	949	16107.36	90	-	10	-	213	-
2000	1088	28542.22	100	-	10	-	178	-
2001	1160	37690.36	109	-	15	-	200	-
2002	1224	45007.35	127	-	21	-	179	-
2003	1287	147643.82	133	-	33	79.98	186	-
2004	1377	237316.34	133	-	44	79.95	188	-
2005	1381	283446.89	116	-	52	81.16	183	-
2006	1434	336624.70	104	-	57	128.66	183	-
2007	1550	483151.92	106	17313.39	58	366.53	177	-
2008	1625	578566.76	107	11912.23	60	365.96	171	-
2009	1718	730207.97	106	20286.91	60	442.29	167	-
2010	2063	873598.86	106	19686.13	63	486.72	163	-
2011	2342	1033798.69	109	15722.53	69	493.73	163	-
2012	2494	1193593.17	114	17209.32	77	536.63	161	2318.48

注：证券公司、期货公司总资产包含客户资金。
数据来源：中国证监会、上海证券交易所、深圳证券交易所
Source: CSRC、SSE、SZSE

1-8 证监会系统境内筹资与全社会融资规模的比例
Proportion of Domestic Financing of Securities Governed by CSRC to Total Social Financing

年份 Year	社会融资规模 (亿元) Total Social Financing (100 million yuan)	其中：证监会系统核准或备案券种净融资(亿元) Thereinto: Net financing of Securities Approved and Registered by CSRC(100 million yuan)	占比(%) Proportion	其中：直接融资规模(亿元) Thereinto: Direct Financing (100 million yuan)	占比(%) Proportion
2002	20112.00	-	-	995.00	4.95
2003	34113.00	-	-	1058.00	3.10
2004	28629.00	-	-	1140.00	3.98
2005	30008.00	-	-	2349.00	7.83
2006	42696.00	-	-	3846.00	9.01
2007	59663.00	-	-	6617.00	11.09
2008	69802.00	-	-	8847.00	12.67
2009	139104.00	-	-	15717.00	11.30
2010	140191.00	-	-	16849.00	12.02
2011	128286.00	1619.73	1.26	18035.00	14.06
2012	157605.00	2442.33	1.55	25006.00	15.87

注：直接融资规模包含非金融企业公司信用类债净额和非金融企业境内股票融资。
数据来源：中国人民银行、中国证监会
Source: PBC、CSRC

主要统计指标解释

上市公司家数 指在统计期末其发行的股票在沪、深交易所上市的股份有限公司的数量。以股票上市日进行统计，同时发行 A、B 股的上市公司，按一家计算。

上市公司股本 也称上市公司总股本，是指统计期末上市公司在境内发行的全部股份数量合计，包括 A 股股本、B 股股本和其他不流通的境内股本。

流通股本 也即非限售股本，计算公式为：上市公司股本-限售股本。

公式：流通股本=上市公司股本-限售股本

首发筹资公司家数 指在统计期内首次公开发行股份（IPO）进行筹资的公司数量。以吸收合并、分拆等方式且未公开发行新股筹资的公司，不计入首发筹资公司家数。以股份上市日期作为统计指标的计算日；同一家公司在统计期内多次筹资时，筹资公司家数计为 1 家。

再筹资公司家数 指通过增发（公开增发和定向增发），配股，行权筹资等方式进行筹资的上市公司家数。以股份上市日期作为统计指标的计算日；同一家公司在统计期内多次筹资时，筹资公司家数计为 1 家。其中增发公司家数是指统计期内通过增发股份进行筹资的上市公司数量，根据增发对象不同增发公司家数可分为公开增发公司家数和定向增发公司家数两个指标；配股公司家数是指统计期内通过向原股东配售股份进行筹资的上市公司数量；行权筹资公司家数包括权证（期权）行权筹资公司家数和可转债转股公司家数，这里的权证（期权）行权筹资是指权证（期权）持有人根据约定向上市公司认购股份从而增加上市公司股份的行为。

股票筹资金额 指统计期内通过发行股票筹集的资金总额，以股份上市日作为统计指标的计算日。

首发筹资金额 指统计期内首次公开发行股票（IPO）筹集的资金总额。

公式：首发筹资金额=Σ（每股发行价格×发行股份数）；其中，对于发行股份吸收合并已上市公司的筹资金额，计算公式为：首发筹资金额=每股发行价格×（发行股份数-换股股份数）；

对于存在超额配售权的 IPO，根据超额配售权的实际行使情况对统计期内的 IPO 募集资金进行回溯调整。以股份上市日期作为统计指标的计算日。

公式：首发筹资金额=Σ（每股发行价格×发行股份数）；首发筹资金额=每股发行价格×（发行股份数-换股股份数）

再筹资金额 指统计期内上市公司通过增发（公开增发和定向增发）、配股、行权等方式筹集的资金总额。以股份上市日为统计指标的计算日。其中增发筹资金额是指统计期内上市公司增发股份筹集的资金总额。根据股份认购对象的不同，增发筹资金额指标可分为公开增发筹资金额和定向增发筹资金额。根据增发时是否以现金认购，增发筹资金额指标可分为增发筹资金额（现金）和增发筹资金额（资产）。配股筹资金额指统计期内上市公司通过向原股东配售股份筹集的资金总额。行权筹资金额包括权证（期权）行权筹资金额和可转债转股金额。

公式：再筹资金额=增发筹资金额+配股筹资金额+行权筹资金额；其中：增发筹资金额=Σ增发每股价格×发行股份数；配股筹资金额=Σ配股价格×配售股份数=Σ配股价格×股份数量×配售比例；行权筹资金额=Σ行权价格×行权认购股份数+Σ转股价格×可转债转股数量。

股票市值 指统计期末根据上市公司股票价格和对应股票数量计算的股权价值合计。具体统计口径和计算方法如下：如当日无交易价格，采用最后交易日的收盘价；暂停上市股票的价格以零计算；未股改公司的非流通股以流通 A 股价格计算市值；仅发行 B 股的上市公司，其非流通股不进行股票市值计算；对当日除权股票进行市值计算时需要包含在途股份（已登记未上市）的市值。

流通市值 指根据股票价格与其非限售股本计算出的股权价值合计，也即 A 股流通市值和 B 股流通市值的合计。

涨跌幅 指统计期内股票期末价格相对期初价格

的变化幅度。统计区间如果包含上市首日则统计期内股票期末价格相对首发价格的变化幅度。指数涨跌幅参照股票涨跌幅处理；对股票区间涨跌幅的计算需要对股票价格进行复权处理，复权因素包括分红、送股、配股等,复权价格的公式为: 复权价格=当前价格 ×（1+送股比例+配股比例）+每股红利-配股价格 × 配股比例，若统计期内存在多次分红、送股、配股事件，复权价格采用递归方式进行计算。在计算复权价时，通常采用区间分段涨跌幅连乘或复权因子连乘进行速算。

公式: 涨跌幅=（期末收盘价/期初前收盘价-1）× 100%

成交量 指统计期内全部股票成交数量的合计，包含竞价交易和协议交易（大宗交易）。

成交金额 指在统计期内全部股票成交金额合计，包含竞价交易和协议交易（大宗交易）。

换手率（股本） 换手率可采用股票成交量/相应股票股本，通常称为股本换手率。对于某一区间换手率的计算，通常采用统计期内全部交易日的股本换手率合计进行计算。通常对单只股票采用股本换手率，对一组股票采用市值换手率；在计算一组股票换手率时，暂停上市股票不纳入计算。

公式: 换手率（股本）=（当日成交股数/流通股本）× 100%

换手率（市值） 换手率可采用股票成交金额/股票市值，通常称为市值换手率。对于某一区间换手率的计算，通常采用统计期内全部交易日的市值换手率合计进行计算。通常对单只股票采用股本换手率，对一组股票采用市值换手率；在计算一组股票换手率时，暂停上市股票不纳入计算。

公式: 换手率（市值）=（当日成交金额/流通市值）× 100%

市盈率（静态） 指上市公司每股股价与每股收益的比率，通常用上市公司股票市值与其对应的归属母公司股东净利润的比率进行计算。需要注意事项如下: 每股收益和净利润数据在财务报告公告截止日的次日集中更新，且每股收益根据期末股本计算；如截止日未公布财务报告，在计算个股市盈率时采用向前追溯的净利润数据，在计算市场市盈率时剔除该股票；对单个股票计算市盈率时仅考虑每股收益为正的股票；对多个股票计算平均市盈率时通常采用上市公司股票市值合计与其对应的归属母公司股东的净利润合计的比率进行计算（剔除暂停上市公司股票，含净利润为负的股票）；对于发行多种类型股份的公司，根据各类性质股份股本按比例分配该公司归属母公司股东净利润。首发市盈率为股票首发价格与每股收益的比率，其中每股收益按照最新年度财务报告中对应的归属母公司股东净利润除以发行后总股本计算。

公式: 市盈率（静态）= Σ股票市值/ Σ该股份对应的归属母公司股东净利润

市净率 指上市公司每股股价与每股净资产的比率。通常用股票市值与对应的归属母公司股东权益的比率进行计算。每股净资产数据在财务报告公告截止日的次日集中更新；通常用最新财务报告中的每股净资产数据进行市净率计算；对单个股票计算市净率时仅考虑每股净资产为正的股票；对多个股票计算平均市净率时通常采用上市公司股票市值合计与其对应的归属母公司股东的权益合计的比率进行计算（剔除暂停上市公司股票，含权宜为负的股票）。

公式: 市净率= Σ股票市值/ Σ该股份对应的归属母公司股东权益

股息率 指每股现金分红与股票价格之间的比率，通常用对应的实际分红总额与期末股票市值的比率来计算。统计时剔出暂停上市公司；对一组股票的平均股息率通常用总体法计算。

股票有效账户数 指统计期末股票账户数中减去休眠账户数之后的股票账户数量。

股票投资者数 指统计期末已开立股票账户的投资者数量。统计时按照“投资者全称相同且证件代码相同”合并。

债券发行只数 指统计期内成功发行的债券数量。按发行首日口径计算。

债券发行额 指统计期内各类债券发行票面金额合计。按发行首日口径计算。

债券兑付金额 指统计期内债券发行人按照约定向债券投资者偿还本金和支付利息的金额合计。

债券成交金额 指统计期内各类债券成交金额合计，包括债券现货成交金额和债券回购成交金额。

公式: 现货成交金额= Σ（成交价格 × 成交量〔现货〕）；回购成交金额= Σ（成交量〔回购〕 × 1000）

债券托管额 指统计期末托管在债券登记结算机构的各类债券面额合计。

债券筹资金额 也即债券融资金额，是指统计期内债券发行所募集到的资金总额。通常统计范围包括中国证监会审批的公司债券（含证券交易所备案的中小企业私募债）；以发行首日计算。

基金只数 指统计期末基金市场上基金产品的只数。自基金合同生效日（基金成立日）纳入统计，自基金合同终止日从统计中剔除。一般根据证监会主代码（基金主合同）口径统计。

基金份额 指统计期末基金市场基金份额的合计。

基金资产规模 指在统计期末市场上基金产品资产的合计。FOF 产品、联接基金不纳入资产规模统计。对统一募集，自动拆分的分级基金统计基金资产规模时，只计母基金资产规模。对分开募集的分级基金统计基金资产规模时，同时统计不同子基金份额的资产规模。

上市基金成交金额 指统计期内在交易所上市的各类基金成交金额合计。

基金账户数 通常称基金 TA 账户，是指统计期末注册登记人为投资人建立的用于管理和记录基金持有的账户数量。

基金投资者数 是指统计期末已开立基金账户的投资者的数量。按照“投资者全称且证件代码相同”原则合并的基金投资者数量。

期货账户数 统计期末投资者通过期货公司向中国期货保证金监控中心有限责任公司报备的期货账户数量合计。

期货客户数 统计期末已在期货市场开户，按照“客户全称相同且证件代码相同”原则合并的客户数量。

期货成交金额 指统计期内全部期货合约成交金额合计。期货品种的成交金额为统计期内该品种全部期限合约的成交金额合计。

期货持仓金额 是指统计期末未平仓期货合约的金额合计。某一期货品种的持仓金额为统计期末该品种所有期限合约的持仓金额合计值；期货市场的持仓金额为统计期末全部期货品种的持仓金额合计值；商品期货合约统计采用历史期货交易发生时的交易单位，股指期货合约统计采用历史期货交易发生时的合约乘数。

公式：持仓金额=Σ（T 日某只期货合约持仓量 × T 日某只期货合约交易单位或合约乘数 × 某只期货合约结算价格）

证券公司家数 统计期末已获得中国证监会颁发经营证券业务许可证的证券公司数量合计，以获得经营证券业务许可证为标准，已办理机构注销的证券公司从统计中剔除。

基金管理公司家数 统计期末经中国证监会批准，并获得基金管理资格证书的基金管理公司的数量合计，以获得基金管理资格证书为标准，已办理取消基金管理资格证书的基金管理公司从统计中剔除。

期货公司家数 统计期末经中国证监会批准，并获得中国证监会颁发经营期货业务许可证的期货公司的数量合计，以获得经营期货业务许可证为标准，已办理机构注销的期货公司从统计中剔除。

总资产 统计期末证券期货机构全部资产总额合计。证券期货机构包括证券公司、基金管理公司、期货公司；总资产来自机构的财务报表。

贰零壹叁

二. 股票

Stocks

贰零壹叁

2012 年上海证券交易所情况概述

2012 年底上海证券市场共有股票、国债、地方政府债、企业债、公司债、可转债、可分离债、私募债 、基金、回购等交易品种，全年新增上市公司 26 家，新增公司债（含企业债等）423 只。

沪市共有 954 家上市公司。股票市价总值为 15.87 万亿元，与 2011 年底相比增加 6.96%，相当于 2012 年 GDP 的 30.56%。年底上交所在全球主要交易所市值排名列第 7 位，亚洲第 3 位。

股票筹资总额 2890.31 亿元，较上年同期减少 9.67%。其中首次发行筹资 333.57 亿元，较上年同期减少 67.10%。再次发行筹资 2556.74 亿元，较上年同期增加 16.97%。全年上交所在全球主要交易所筹资额排名列第 3 位，亚洲列第 1 位。

上证综指收盘报 2269.13 点，涨幅 3.17%。上证 50 指数、上证 180 指数涨幅分别为 14.84%、10.80%。按照最新四个季度财务报告，以 12 月 31 日收盘价格计算的真实市盈率，上证综指、上证 50、上证 180 指数的市盈率分别为 12.59 倍、9.78 倍、10.55 倍。与上年相比分别上升 4.22%、0.51%、2.73%。按照 2011 年年报，以 12 月 31 日收盘价格计算的市盈率，上证综指、上证 50、上证 180 指数的市盈率分别为 12.30 倍、10.36 倍、10.86 倍。与 2011 年底相比，分别下降 8.25%、7.48%、7.10%。

全年上海市场总成交金额 544279.71 亿元。其中，股票、债券分别占沪市总成交额的 30.21%、69.78%。其中股票日均成交金额为 676.79 亿元，同比减少 30.49%。政府债日均成交金额为 3.73 亿元，同比减少 28.68%；公司债（含企业债）日均成交金额为 31.02 亿元，同比增加 55.96%。ETF 日均成交金额为 12.46 亿元，同比增加 12.66%。2012 年按非限售流通股计算的年度股票换手率为 101.60%。A 股新增开户数 290.71 万户，日均 1.20 万户，较上年同期日均下降 46.87%，截至年底，沪市 A 股已开户投资者总数为 8841.56 万户，持股账户数 3161.80 万户(含信用账户)。

2012年深圳证券交易所情况概述

2012年，深圳市场进一步培育多层次资本市场，有股票、国债、企业债、公司债、可转债、可分离债、中小企业私募债、ETF、LOF、封闭式基金、分级基金、回购等多个交易品种，全年新增上市公司129家，新增基金77只。

截至2012年12月31日，深证成分指数收报于9116.48点，较2011年底上涨2.22%；深证综合指数收报881.17点，较2011年底上涨1.68%；中小板指数和创业板指数分别收报于4236.60点和713.86点。

2012年年末，深市上市公司总数为1540家，总股本7216亿股，总市值为7.17万亿元。其中中小板上市公司701家，总股本2410.25亿股，总市值2.88万亿元；创业板上市公司355家，总股本600.89亿股，总市值为0.87万亿元。股票平均市盈率为22.02倍，其中主板18.28倍，中小板25.42倍，创业板32.01倍。开户投资者总数为10573万户，本年新增449万户。

全年深市总成交金额为17.87万亿元。其中，股票成交金额15.01万亿元，同比减少18.45%；基金成交金额4952.49亿元，同比增加42.95%；债券成交金额2.36万亿元，增幅较大，同比增加317.07%。

2-1 股票市场概况
Overview of Stock Market

年份 Year	股票只数(只) Number of Stocks (unit)		上市公司家数(家) Number of Listed Companies (unit)		上市公司股本(亿股) Share Capital of Listed Companies(100 million shares)		流通股本(亿股) Negotiable Shares (100 million shares)	
	上交所	深交所	上交所	深交所	上交所	深交所	上交所	深交所
1992	38	33	29	24	46.94	26.28	-	8.55
1993	123	95	106	77	206.62	122.06	45.43	36.19
1994	203	142	171	120	419.06	221.95	108.06	77.57
1995	220	161	188	135	498.25	271.83	119.85	105.13
1996	329	270	293	237	671.19	439.54	186.81	158.76
1997	422	399	383	362	975.57	795.86	285.76	275.06
1998	477	455	438	414	1280.35	1066.34	379.73	361.97
1999	525	506	484	465	1580.15	1331.34	494.41	459.24
2000	614	560	572	516	2032.42	1583.84	648.99	585.36
2001	690	558	646	514	3164.44	1687.44	837.53	650.13
2002	759	552	715	509	3727.84	1736.35	992.53	687.73
2003	824	550	780	507	4170.39	1832.95	1157.10	741.95
2004	881	582	837	540	4700.55	2014.19	1366.58	827.57
2005	878	589	834	547	5023.05	2140.49	1561.21	937.68
2006	886	634	842	592	10279.54	2404.45	2254.48	1190.02
2007	904	732	860	690	14173.10	2827.35	3399.30	1534.34
2008	908	803	864	761	15410.39	3489.74	4916.04	2048.93
2009	914	890	870	848	16659.96	3946.30	11578.56	2621.63
2010	938	1211	894	1169	21939.51	5044.98	16031.30	3410.85
2011	975	1453	931	1411	23466.65	6278.46	17993.80	4506.06
2012	998	1581	954	1540	24617.62	7216.00	19521.33	5256.89

数据来源：上海证券交易所、深圳证券交易所
Source: SSE、SZSE

2-1 续表 1 continued

年份 Year	股票市值(亿元) Market Capitalization of Shares(100 million yuan)		流通市值(亿元) Negotiable Market Capitalization (100 million yuan)		成交量(亿股) Trading Volume (100 million shares)		日均成交量(亿股) Average Daily Volume (100 million shares)	
	上交所	深交所	上交所	深交所	上交所	深交所	上交所	深交所
1992	558.40	489.75	-	170.64	17.78	19.12	0.07	0.07
1993	2195.69	1335.32	423.94	408.34	147.42	79.15	0.57	0.31
1994	2600.13	1090.49	586.96	381.94	656.76	356.58	2.61	1.41
1995	2525.66	948.62	587.00	351.22	513.83	191.48	2.03	0.76
1996	5478.01	4364.57	1408.74	1458.29	1101.88	1431.26	4.46	5.79
1997	9218.07	8311.17	2513.47	2690.95	1215.68	1344.34	5.00	5.53
1998	10625.91	8888.12	2947.45	2802.90	1127.95	1026.15	4.59	4.17
1999	14580.47	11904.68	4249.69	3971.42	1560.38	1372.52	6.53	5.74
2000	26930.86	21190.65	8481.33	7616.67	2437.65	2321.80	10.20	9.71
2001	27590.57	15992.33	8382.11	6106.71	1819.95	1335.97	7.58	5.57
2002	25363.72	12975.07	7467.30	5019.90	1781.10	1236.05	7.52	5.22
2003	29804.92	12672.71	8201.14	4983.99	2692.73	1470.36	11.17	6.10
2004	26014.34	11066.61	7350.88	4350.32	3607.74	2219.99	14.85	9.14
2005	23096.13	9349.89	6754.61	3883.40	3986.59	2637.14	16.47	10.90
2006	71612.38	17828.97	16428.33	8592.78	10283.93	5861.29	42.67	24.32
2007	269838.87	57452.44	64532.17	28608.49	24325.38	12078.37	100.52	49.91
2008	97251.91	24289.14	32305.91	12997.11	16311.60	7819.79	66.31	31.79
2009	184655.23	59448.68	114805.00	36537.07	33679.64	17427.36	138.03	71.42
2010	179007.24	86415.35	142337.44	50772.97	25964.43	16187.55	107.29	66.89
2011	148376.22	66381.87	122851.36	42069.94	21192.91	12763.66	86.86	52.31
2012	158698.44	71659.18	134294.45	47363.81	18928.43	13932.12	77.89	57.33

2-1 续表 2 continued

年份 Year	成交金额(亿元) Trading Turnover (100 million yuan)		日均成交金额(亿元) Average Daily Turnover (100 million yuan)		市值换手率(%) Turnover Ratio of Market Capitalization(%)		市盈率(倍) P/E Ratio (times)		股息率(%) Dividend Yield Ratio (%)	
	上交所	深交所	上交所	深交所	上交所	深交所	上交所	深交所	上交所	深交所
1992	248.96	434.08	0.97	1.69	-	329.78	-	33.81	-	-
1993	2340.54	1286.67	9.04	4.97	-	459.54	42.48	33.36	-	-
1994	5735.07	2392.56	22.76	9.49	1134.65	579.90	23.45	10.29	-	-
1995	3103.46	932.99	12.27	3.69	528.72	241.55	15.70	9.48	-	-
1996	9114.82	12217.36	36.90	49.46	913.43	1173.86	31.32	34.85	-	-
1997	13763.17	16958.66	56.64	69.79	701.81	746.40	39.86	39.86	-	-
1998	12386.11	11158.14	50.35	45.36	453.63	379.34	34.38	30.62	-	-
1999	16965.79	14356.58	70.99	60.07	471.46	386.79	38.13	36.32	-	-
2000	31373.86	29461.33	131.27	123.27	498.80	483.10	58.22	56.03	-	0.44
2001	22709.38	15616.01	94.62	65.07	243.60	206.30	37.71	39.80	-	0.95
2002	16959.09	11034.82	71.56	46.56	202.68	186.14	34.43	36.99	-	1.02
2003	20824.14	11291.13	86.41	46.85	252.07	213.29	36.54	36.19	-	0.95
2004	26470.60	15863.35	108.93	65.28	304.69	301.36	24.23	24.64	-	1.41
2005	19240.21	12424.57	79.51	51.34	283.49	315.18	16.33	16.36	-	2.19
2006	57816.60	32652.29	239.90	135.49	544.39	552.01	33.30	32.72	-	1.09
2007	305434.29	155121.94	1262.13	641.00	817.72	818.67	59.24	69.75	-	0.46
2008	180429.95	86682.71	733.46	352.37	384.11	447.24	17.99	16.73	2.23	1.48
2009	346511.91	189474.86	1420.13	776.54	523.12	747.76	27.04	46.01	1.21	0.50
2010	304312.01	241321.53	1257.49	997.20	259.25	587.29	16.71	44.69	1.42	0.56
2011	237555.30	184089.28	973.59	754.46	163.75	353.48	12.08	23.11	2.18	1.01
2012	164460.86	150122.41	676.79	617.79	128.19	325.84	12.59	22.02	2.49	1.14

2-2 股票市场历史记录情况

Historical Records of Stock Market

年份 Year	日收市综合指数 Daily Closing Composite index							
	最高 Highest				最低 Lowest			
	上证综指 SSE Composite Index	日期 Date	深证综指 SZSE Composite index	日期 Date	上证综指 SSE Composite Index	日期 Date	深证综指 SZSE Composite index	日期 Date
1992	1421.57	1992-05-25	312.21	1992-05-26	293.75	1992-01-02	107.08	1992-01-16
1993	1536.82	1993-02-15	359.44	1993-02-22	778.33	1993-10-27	203.91	1993-07-21
1994	1033.47	1994-09-13	242.06	1994-01-07	333.92	1994-07-29	96.56	1994-07-29
1995	897.42	1995-05-22	169.66	1995-05-22	532.49	1995-02-07	112.63	1995-12-28
1996	1247.66	1996-12-09	473.02	1996-12-11	516.46	1996-01-22	105.34	1996-01-22
1997	1500.40	1997-05-12	517.91	1997-05-12	876.50	1997-01-06	305.81	1997-01-06
1998	1420.00	1998-06-03	441.04	1998-06-03	1070.41	1998-08-17	317.10	1998-08-18
1999	1739.21	1999-06-29	525.14	1999-06-29	1059.87	1999-05-18	310.65	1999-05-18
2000	2119.44	2000-11-23	654.37	2000-11-23	1406.37	2000-01-04	414.69	2000-01-04
2001	2242.42	2001-06-13	664.85	2001-06-13	1520.67	2001-10-22	439.36	2001-10-22
2002	1732.93	2002-07-08	512.38	2002-06-24	1357.65	2002-12-31	371.79	2002-01-22
2003	1631.47	2003-04-15	449.42	2003-04-15	1316.56	2003-11-18	350.74	2003-11-18
2004	1777.52	2004-04-06	470.55	2004-04-07	1260.32	2004-09-13	315.17	2004-09-13
2005	1317.27	2005-03-08	333.28	2005-03-09	1011.50	2005-07-11	237.18	2005-07-18
2006	2675.47	2006-12-29	552.93	2006-12-29	1180.96	2006-01-04	278.99	2006-01-04
2007	6092.06	2007-10-16	1567.74	2007-10-08	2612.54	2007-02-05	547.89	2007-01-05
2008	5497.90	2008-01-14	1584.40	2008-01-15	1706.70	2008-11-04	452.33	2008-11-04
2009	3471.44	2009-08-04	1240.64	2009-12-04	1863.37	2009-01-13	557.69	2009-01-05
2010	3306.75	2010-01-05	1412.64	2010-11-11	2319.74	2010-07-05	890.24	2010-07-02
2011	3057.33	2011-04-18	1311.34	2011-03-09	2166.21	2011-12-27	849.76	2011-12-28
2012	2460.69	2012-03-02	1010.46	2012-03-13	1959.77	2012-12-03	734.28	2012-12-03

数据来源：上海证券交易所、深圳证券交易所、中证指数有限公司
Source:SSE、SZSE、CSINDEX

2-2 续表 1 continued

年份 Year	日收市综合指数 Daily Closing Composite index							
	最大涨幅(%) Maximum Change of Increment(%)				最大跌幅(%) Maximum Change of Decrement(%)			
	上证综指 SSE Composite Index	日期 Date	深证综指 SZSE Composite Index	日期 Date	上证综指 SSE Composite Index	日期 Date	深证综指 SZSE Composite Index	日期 Date
1992	105.27	1992-05-21	12.02	1992-04-13	-11.18	1992-10-27	-10.04	1992-11-16
1993	16.44	1993-06-02	12.43	1993-08-24	-13.08	1993-12-20	-11.80	1993-08-17
1994	33.46	1994-08-01	31.29	1994-08-01	-12.68	1994-08-09	-12.66	1994-10-05
1995	30.99	1995-05-18	28.28	1995-05-18	-16.39	1995-05-23	-17.21	1995-05-23
1996	9.83	1996-12-02	11.04	1996-04-26	-9.91	1996-12-16	-10.00	1996-12-16
1997	7.58	1997-02-19	6.55	1997-06-20	-8.91	1997-02-18	-9.75	1997-02-18
1998	5.11	1998-08-19	5.87	1998-08-19	-8.36	1998-08-17	-8.32	1998-08-17
1999	6.59	1999-09-09	7.03	1999-07-20	-7.61	1999-07-01	-7.99	1999-07-01
2000	9.05	2000-02-14	9.07	2000-02-14	-4.40	2000-03-16	-4.75	2000-03-16
2001	9.86	2001-10-23	9.68	2001-10-23	-5.27	2001-07-30	-5.50	2001-07-30
2002	9.25	2002-06-24	9.05	2002-06-24	-6.33	2002-01-28	-6.59	2002-01-28
2003	5.81	2003-01-14	4.65	2003-01-14	-3.04	2003-05-13	-2.90	2003-05-13
2004	4.22	2004-09-15	4.68	2004-09-15	-3.88	2004-10-14	-4.99	2004-10-14
2005	8.21	2005-06-08	7.92	2005-06-08	-3.76	2005-08-18	-3.38	2005-08-18
2006	4.26	2006-05-12	4.42	2006-05-15	-5.34	2006-06-07	-5.79	2006-06-07
2007	5.33	2007-08-20	5.26	2007-01-15	-8.84	2007-02-27	-8.54	2007-02-27
2008	9.46	2008-09-19	8.89	2008-09-19	-7.73	2008-06-10	-8.02	2008-06-10
2009	6.12	2009-03-04	6.18	2009-03-04	-6.75	2009-08-31	-7.14	2009-08-31
2010	3.48	2010-05-24	4.28	2010-05-24	-5.16	2010-11-12	-6.12	2010-11-12
2011	3.04	2011-10-12	3.50	2011-10-12	-3.79	2011-08-08	-4.43	2011-08-08
2012	4.33	2012-12-14	5.14	2012-01-17	-2.73	2012-06-04	-4.09	2012-03-14

2-2 续表 2 continued

年份 Year	日成交金额(亿元) Daily Turnover(100 million yuan)							
	最大 Maximum				最小 Minimum			
	上交所 SSE	日期 Date	深交所 SZSE	日期 Date	上交所 SSE	日期 Date	深交所 SZSE	日期 Date
1992	5.96	1992-12-08	5.06	1992-12-01	0.00	1992-01-15	0.11	1992-02-02
1993	38.24	1993-12-07	22.71	1993-11-18	0.98	1993-07-22	0.02	1993-07-17
1994	157.54	1994-09-06	74.49	1994-09-06	1.60	1994-07-12	0.03	1994-07-07
1995	114.30	1995-05-22	42.15	1995-05-22	1.14	1995-02-15	0.02	1995-06-17
1996	192.74	1996-12-03	189.57	1996-11-20	1.53	1996-02-09	0.51	1996-02-07
1997	159.83	1997-05-12	215.81	1997-05-07	11.51	1997-10-14	11.59	1997-10-07
1998	119.00	1998-04-09	101.37	1998-05-11	16.48	1998-12-21	14.77	1998-12-31
1999	404.43	1999-06-25	353.36	1999-06-25	11.62	1999-01-04	10.51	1999-01-04
2000	472.62	2000-02-17	408.34	2000-02-17	42.92	2000-09-27	46.73	2000-09-25
2001	234.13	2001-10-24	187.97	2001-03-23	27.27	2001-11-15	14.41	2001-11-15
2002	494.80	2002-06-24	325.87	2002-06-24	26.60	2002-10-08	16.15	2002-12-09
2003	330.15	2003-04-16	189.41	2003-04-16	27.24	2003-01-03	17.59	2003-09-22
2004	286.68	2004-09-24	185.24	2004-09-24	31.67	2004-09-07	17.45	2004-09-07
2005	221.57	2005-08-18	137.72	2005-08-18	36.75	2005-07-07	24.74	2005-01-04
2006	626.89	2006-12-06	341.23	2006-05-16	67.63	2006-03-13	37.05	2006-03-14
2007	2712.94	2007-05-30	1358.40	2007-05-30	502.08	2007-11-23	241.00	2007-11-23
2008	1896.84	2008-04-24	921.64	2008-01-08	217.96	2008-09-09	89.79	2008-11-03
2009	2969.29	2009-07-29	1781.92	2009-11-24	461.01	2009-01-05	246.16	2009-01-05
2010	3076.92	2010-11-02	2317.56	2010-11-02	432.14	2010-07-05	403.31	2010-07-05
2011	2080.93	2011-03-07	1459.64	2011-02-22	364.74	2011-12-29	307.93	2011-10-10
2012	1709.83	2012-03-14	1542.85	2012-03-14	331.30	2012-11-26	299.30	2012-11-26

2-3 股票市场分板块规模
Dimensions of Stock Market by Board

年份 Year	股票只数(只) Number of Stocks(unit)				上市公司家数(家) Number of Listed Companies(unit)			
	主板 Main Board	中小板 SME Board	创业板 GE Board	合计 Total	主板 Main Board	中小板 SME Board	创业板 GE Board	合计 Total
1992	71	-	-	71	53	-	-	53
1993	218	-	-	218	183	-	-	183
1994	345	-	-	345	291	-	-	291
1995	381	-	-	381	323	-	-	323
1996	599	-	-	599	530	-	-	530
1997	821	-	-	821	745	-	-	745
1998	932	-	-	932	852	-	-	852
1999	1031	-	-	1031	949	-	-	949
2000	1174	-	-	1174	1088	-	-	1088
2001	1248	-	-	1248	1160	-	-	1160
2002	1311	-	-	1311	1224	-	-	1224
2003	1374	-	-	1374	1287	-	-	1287
2004	1425	38	-	1463	1339	38	-	1377
2005	1417	50	-	1467	1331	50	-	1381
2006	1418	102	-	1520	1332	102	-	1434
2007	1434	202	-	1636	1348	202	-	1550
2008	1438	273	-	1711	1352	273	-	1625
2009	1441	327	36	1804	1355	327	36	1718
2010	1465	531	153	2149	1379	531	153	2063
2011	1501	646	281	2428	1415	646	281	2342
2012	1523	701	355	2579	1438	701	355	2494

数据来源：上海证券交易所、深圳证券交易所
Source:SSE、SZSE

2-3 续表 1 continued

年份 Year	上市公司股本(亿股) Share Capital of Listed Companies(100 million shares)				流通股本(亿股) Negotiable Shares(100 million shares)			
	主板 Main Board	中小板 SME Board	创业板 GE Board	合计 Total	主板 Main Board	中小板 SME Board	创业板 GE Board	合计 Total
1992	-	-	-	-	-	-	-	-
1993	328.68	-	-	328.68	81.62	-	-	81.62
1994	641.01	-	-	641.01	185.63	-	-	185.63
1995	770.08	-	-	770.08	224.98	-	-	224.98
1996	1110.73	-	-	1110.73	345.57	-	-	345.57
1997	1771.43	-	-	1771.43	560.82	-	-	560.82
1998	2346.69	-	-	2346.69	741.70	-	-	741.70
1999	2911.49	-	-	2911.49	953.66	-	-	953.66
2000	3616.26	-	-	3616.26	1234.35	-	-	1234.35
2001	4851.88	-	-	4851.88	1487.66	-	-	1487.66
2002	5464.19	-	-	5464.19	1680.27	-	-	1680.27
2003	6003.34	-	-	6003.34	1899.05	-	-	1899.05
2004	6682.50	32.23	-	6714.74	2184.56	9.59	-	2194.15
2005	7107.40	56.14	-	7163.54	2476.69	22.20	-	2498.89
2006	12540.78	143.21	-	12683.99	3389.82	54.68	-	3444.50
2007	16660.81	339.64	-	17000.45	4806.99	126.66	-	4933.64
2008	18308.52	591.60	-	18900.13	6704.75	260.22	-	6964.97
2009	19777.53	794.13	34.60	20606.26	13813.22	380.49	6.48	14200.19
2010	25442.68	1366.74	175.06	26984.48	18686.62	705.15	50.38	19442.15
2011	27402.08	1943.50	399.53	29745.11	21232.99	1124.65	142.22	22499.86
2012	28822.47	2410.25	600.89	31833.62	23049.78	1486.39	242.05	24778.22

2-3 续表 2 continued

年份 Year	股票市值(亿元) Market Capitalization of Shares(100 million yuan)				流通市值(亿元) Negotiable Market Capitalization (100 million yuan)			
	主板 Main Board	中小板 SME Board	创业板 GE Board	合计 Total	主板 Main Board	中小板 SME Board	创业板 GE Board	合计 Total
1992	1048.15	-	-	1048.15	-	-	-	-
1993	3531.01	-	-	3531.01	832.28	-	-	832.28
1994	3690.62	-	-	3690.62	968.90	-	-	968.90
1995	3474.28	-	-	3474.28	938.23	-	-	938.23
1996	9842.58	-	-	9842.58	2867.03	-	-	2867.03
1997	17529.24	-	-	17529.24	5204.42	-	-	5204.42
1998	19514.03	-	-	19514.03	5750.35	-	-	5750.35
1999	26485.15	-	-	26485.15	8221.11	-	-	8221.11
2000	48121.51	-	-	48121.51	16098.00	-	-	16098.00
2001	43582.89	-	-	43582.89	14488.82	-	-	14488.82
2002	38338.80	-	-	38338.80	12487.20	-	-	12487.20
2003	42477.63	-	-	42477.63	13185.13	-	-	13185.13
2004	36667.51	413.43	-	37080.95	11581.24	119.96	-	11701.20
2005	31964.46	481.55	-	32446.02	10452.71	185.29	-	10638.01
2006	87426.06	2015.30	-	89441.35	24297.49	723.63	-	25021.11
2007	316644.48	10646.84	-	327291.31	89317.00	3823.66	-	93140.66
2008	115271.36	6269.68	-	121541.05	42630.34	2672.68	-	45303.02
2009	225621.27	16872.55	1610.08	244103.90	143539.53	7503.57	298.97	151342.07
2010	222692.76	35364.61	7365.22	265422.59	174954.45	16150.32	2005.64	193110.41
2011	179894.98	27429.32	7433.79	214758.10	148073.70	14343.52	2504.08	164921.30
2012	192822.39	28804.03	8731.21	230357.62	162078.83	16244.15	3335.29	181658.26

2-4 股票市场分股份类型规模

Dimensions of Stock Market by Type of Share

年份 Year	股票只数(只) Number of Stocks (unit)		上市公司家数(家) Number of Listed Companies (unit)			上市公司股本(亿股) Share Capital of Listed Companies (100 million shares)	
	A股 A-shares	B股 B-shares	发行A股上市公司家数 Number of Listed Companies Issued the A-shares	发行B股上市公司家数 Number of Listed Companies Issued the B-shares	同时发行A、B股上市公司家数 Number of Listed Companies Issued the A-shares And B-shares	A股 A-shares	B股 B-shares
1992	53	18	53	18	18	-	-
1993	177	41	177	41	35	300.19	28.49
1994	287	58	287	58	54	594.71	46.30
1995	311	70	311	70	58	708.00	62.09
1996	514	85	514	85	69	1025.24	85.49
1997	720	101	720	101	76	1646.13	125.30
1998	826	106	826	106	80	2205.30	141.38
1999	923	108	922	108	81	2760.52	150.97
2000	1060	114	1060	114	86	3442.26	174.00
2001	1136	112	1140	112	92	4662.36	189.53
2002	1200	111	1213	111	100	5284.85	179.34
2003	1263	111	1277	111	101	5813.72	189.62
2004	1353	110	1363	110	96	6505.83	208.91
2005	1358	109	1358	109	86	6936.08	227.47
2006	1411	109	1411	109	86	12445.65	238.34
2007	1527	109	1527	109	86	16746.63	253.84
2008	1602	109	1602	109	86	18629.78	270.35
2009	1696	108	1696	108	86	20332.77	273.49
2010	2041	108	2051	108	96	26701.52	282.97
2011	2320	108	2320	108	86	29448.60	296.52
2012	2472	107	2472	107	85	31551.24	282.38

注：发A股公司包括既发A股又发B股的公司，发B股公司包括既发A股又发B股的公司。

数据来源：上海证券交易所、深圳证券交易所

Source:SSE、SZSE

2-4 续表 continued

年份 Year	流通股本(亿股) Negotiable Shares (100 million shares)		股票市值(亿元) Market Capitalization of Shares (100 million yuan)		流通市值(亿元) Negotiable Market Capitalization (100 million yuan)	
	A股 A-shares	B股 B-shares	A股 A-shares	B股 B-shares	A股 A-shares	B股 B-shares
1992	-	-	-	-	-	-
1993	57.14	24.48	3318.67	212.35	653.68	178.60
1994	144.41	41.22	3516.04	174.58	813.88	155.02
1995	178.98	46.00	3310.58	163.71	790.94	147.28
1996	267.15	78.42	9448.56	394.03	2514.02	353.02
1997	443.25	117.58	17154.19	375.04	4856.09	348.34
1998	607.78	133.92	19307.68	206.35	5554.78	195.58
1999	811.77	141.89	26181.61	303.54	7944.61	276.50
2000	1079.15	155.21	47486.10	635.41	15534.47	563.53
2001	1320.37	167.30	42303.22	1279.68	13367.52	1121.31
2002	1508.76	171.51	37536.23	802.57	11721.40	765.81
2003	1719.66	179.39	41540.40	937.23	12312.53	872.60
2004	1996.65	197.50	36334.72	746.22	11011.02	690.17
2005	2280.84	218.05	31826.28	619.73	10035.93	602.08
2006	3215.54	228.96	88151.42	1289.94	23748.73	1272.38
2007	4682.77	250.87	324738.16	2553.15	90602.83	2537.83
2008	6696.76	268.21	120741.17	799.88	44508.22	794.80
2009	13928.71	271.48	242291.80	1812.11	149539.38	1802.69
2010	19160.47	281.68	263220.54	2202.05	190917.10	2193.31
2011	22204.54	295.32	213309.84	1448.26	163479.07	1442.24
2012	24497.05	281.18	228775.33	1582.29	180082.94	1575.32

2-5 股票市场分监管辖区规模
Dimensions of Stock Market by Regulatory Jurisdiction

辖区	Jurisdiction	上市公司家数(家) Number of Listed Companies (unit)		上市公司股本(亿股) Share Capital of Listed Companies (100 million shares)		股票市值(亿元) Market Capitalization of Shares (100 million yuan)	
		2011	2012	2011	2012	2011	2012
北京	Beijing	197	219	14392.73	14757.68	79170.91	82267.37
天津	Tianjin	37	38	357.91	364.92	2579.78	2802.71
河北	Hebei	47	48	403.93	442.49	3127.20	3508.20
山西	Shanxi	34	34	462.40	498.35	4525.42	4502.89
内蒙古	Inner Mongolia	23	25	207.71	244.54	2303.34	3029.79
辽宁	Liaoning	37	42	275.94	300.10	1587.49	1602.02
吉林	Jilin	38	39	201.36	227.85	1515.33	1897.35
黑龙江	Heilongjiang	30	31	233.68	255.99	1333.48	1610.92
上海	Shanghai	193	202	2893.31	3085.11	19564.84	21425.77
江苏	Jiangsu	214	236	1075.73	1202.76	10681.40	10976.06
浙江	Zhejiang	194	209	800.24	944.09	8707.50	9162.24
安徽	Anhui	77	78	432.03	487.33	4250.49	4522.42
福建	Fujian	54	59	521.16	546.48	4276.15	4936.05
江西	Jiangxi	31	33	181.12	198.47	2000.55	2057.93
山东	Shandong	129	136	717.09	826.83	7510.73	7573.64
河南	Henan	63	66	313.41	431.38	3520.70	4027.69
湖北	Hubei	82	84	505.04	554.08	3798.13	4057.80
湖南	Hunan	67	71	383.70	412.30	3143.37	3380.10
广东	Guangdong	167	185	1003.82	1232.21	8659.18	10678.34
广西	Guangxi	29	30	159.08	183.87	1188.50	1264.48
海南	Hainan	25	26	206.49	234.25	1233.60	1422.83
重庆	Chongqing	35	37	258.19	281.35	1934.46	2185.45
四川	Sichuan	86	90	511.53	612.24	5776.95	5862.66
贵州	Guizhou	20	21	100.00	109.13	2911.47	3209.06
云南	Yunnan	28	28	167.29	171.17	1845.33	1982.01
西藏	Tibet	9	10	53.11	58.70	546.11	572.31
陕西	Shaanxi	37	39	223.80	258.06	1836.03	2109.65
甘肃	Gansu	24	24	154.90	180.83	1034.29	1214.78
青海	Qinghai	10	10	77.62	89.83	1087.53	991.44
宁夏	Ningxia	12	12	37.73	44.60	381.98	381.72
新疆	Xinjiang	37	39	226.77	261.68	2194.95	2493.98
深圳	Shenzhen	172	184	1451.69	1539.97	15161.29	17041.88
大连	Dalian	26	26	282.28	290.33	1595.55	1516.50
宁波	Ningbo	34	38	287.45	311.09	1662.65	1847.58
厦门	Xiamen	28	29	119.35	121.66	1065.32	1091.09
青岛	Qingdao	16	16	89.17	96.02	1073.51	1101.16

注：1.按上市公司注册地口径统计。
2.本表中各辖区上市公司股本以“除权日”为股份变动日计算参数，合计数量与2-3数据有差异。
3.由于使用汇率存在差异，本表中各辖区合计股票市值与2-3数据有差异。
数据来源：上海证券交易所、深圳证券交易所
Source:SSE、SZSE

2-6 境内股票首发筹资按板块分类情况(IPO)
Statistics for Domestic IPO Financing by Board

年份 Year	境内首发筹资公司家数(家) Number of Listed Companies Financing in Domestic Capital Market by IPO(unit)				境内股票首发筹资金额(IPO)(亿元) Proceeds Raised in Domestic Capital Market by IPO(100 million yuan)			
	主板 Main Board	中小板 SME Board	创业板 GE Board	合计 Total	主板 Main Board	中小板 SME Board	创业板 GE Board	合计 Total
1990	8	-	-	8	2.11	-	-	2.11
1991	5	-	-	5	1.03	-	-	1.03
1992	41	-	-	41	68.91	-	-	68.91
1993	134	-	-	134	184.83	-	-	184.83
1994	117	-	-	117	154.44	-	-	154.44
1995	36	-	-	36	42.37	-	-	42.37
1996	212	-	-	212	241.32	-	-	241.32
1997	222	-	-	222	651.56	-	-	651.56
1998	111	-	-	111	412.22	-	-	412.22
1999	100	-	-	100	494.71	-	-	494.71
2000	143	-	-	143	862.56	-	-	862.56
2001	79	-	-	79	614.03	-	-	614.03
2002	71	-	-	71	498.75	-	-	498.75
2003	67	-	-	67	472.42	-	-	472.42
2004	62	38	-	100	269.97	91.08	-	361.05
2005	3	12	-	15	28.55	29.09	-	57.63
2006	14	52	-	66	1180.23	161.46	-	1341.70
2007	26	100	-	126	4379.92	390.91	-	4770.83
2008	5	71	-	76	733.54	300.84	-	1034.38
2009	9	54	36	99	1251.25	423.64	204.09	1878.98
2010	26	204	117	347	1891.51	2027.73	963.34	4882.59
2011	39	115	128	282	1014.01	1018.95	791.47	2824.43
2012	25	55	74	154	333.57	349.25	351.49	1034.32

注：对A、B股同年首发的公司筹资家数计为1家，筹资金额包含A、B股首发筹资金额；对不同年份发行A、B股的公司筹资家数和筹资金额分别计入当年筹资家数和筹资金额。

数据来源：上海证券交易所、深圳证券交易所

Source: SSE、SZSE

2-7 境内股票首发筹资按股份类型分类情况(IPO)

Statistics for Domestic IPO Financing by Type of Shares

年份 Year	境内首发筹资公司家数(家) Number of Listed Companies Financing in Domestic Capital Market by IPO(unit)		境内股票首发筹资金额(IPO)(亿元) Proceeds Raised in Domestic Capital Market by IPO(100 million yuan)	
	发行A股的公司 Listed Companies Issued the A shares	发行B股的公司 Listed Companies Issued the B shares	A股 A-shares	B股 B-shares
1990	8	0	2.11	0.00
1991	5	0	1.03	0.00
1992	40	18	20.46	48.45
1993	124	23	143.50	41.34
1994	110	17	143.23	11.21
1995	24	12	21.90	20.47
1996	203	15	211.68	29.65
1997	206	16	613.97	37.59
1998	106	5	404.14	8.08
1999	98	2	494.20	0.51
2000	137	6	852.05	10.51
2001	79	0	614.03	0.00
2002	71	0	498.75	0.00
2003	67	0	472.42	0.00
2004	100	0	361.05	0.00
2005	15	0	57.63	0.00
2006	66	0	1341.70	0.00
2007	126	0	4770.83	0.00
2008	76	0	1034.38	0.00
2009	99	0	1878.98	0.00
2010	347	0	4882.59	0.00
2011	282	0	2824.43	0.00
2012	154	0	1034.32	0.00

注：对A、B股同年首发的公司分别计入当年发行A、B股的公司家数和筹资金额；对不同年份发行A、B股的公司筹资家数和筹资金额分别计入当年筹资家数和筹资金额。

数据来源：上海证券交易所、深圳证券交易所

Source: SSE、SZSE

2-8 境内股票再筹资按板块分类情况

Statistics for Domestic Stock Refinancing by Board

年份 Year	境内再筹资公司家数(家) Number of Listed Companies Financing in Domestic Capital Market by Subsequent Offerings of shares(unit)				境内股票再筹资金额(亿元) Proceeds raised in Domestic Capital Market by Subsequent Offerings of shares (100 million yuan)			
	主板 Main Board	中小板 SME Board	创业板 GE Board	合计 Total	主板 Main Board	中小板 SME Board	创业板 GE Board	合计 Total
1992	0	-	-	0	0.00	-	-	0.00
1993	54	-	-	54	60.19	-	-	60.19
1994	53	-	-	53	59.19	-	-	59.19
1995	79	-	-	79	57.41	-	-	57.41
1996	40	-	-	40	66.71	-	-	66.71
1997	95	-	-	95	208.42	-	-	208.42
1998	167	-	-	167	375.22	-	-	375.22
1999	123	-	-	123	378.93	-	-	378.93
2000	177	-	-	177	653.26	-	-	653.26
2001	148	-	-	148	624.11	-	-	624.11
2002	50	-	-	50	221.29	-	-	221.29
2003	43	-	-	43	193.08	-	-	193.08
2004	36	0	-	36	289.47	0.00	-	289.47
2005	7	0	-	7	281.40	0.00	-	281.40
2006	55	3	-	58	1014.99	17.81	-	1032.80
2007	152	12		164	2986.24	57.67	-	3043.91
2008	129	17	-	146	2149.87	128.14	-	2278.01
2009	126	23	0	149	2801.88	153.48	0.00	2955.36
2010	140	45	0	185	4597.61	319.60	0.00	4917.21
2011	139	65	0	204	3874.16	455.84	0.00	4330.00
2012	119	39	4	162	3103.15	394.66	10.26	3508.08

注：1.同一家公司在当年多次筹资，筹资家数计为1家，筹资金额为合计金额。
2.92-07年再筹资金额包含增发和配股金额，其中增发包含公开增发和定向增发现金，定向增发非现金资产认购部分。
3.08-12年再筹资金额包含增发、配股和行权金额，其中增发包含公开增发和定向增发现金，定向增发非现金资产认购部分，行权仅指权证(期权)行权筹资金额，不包括可转债转股金额。

数据来源：上海证券交易所、深圳证券交易所

Source:SSE、SZSE

2-9 境内股票再筹资按股份类型分类情况

Statistics for Domestic Stock Refinancing by Type of Shares

年份 Year	境内再筹资公司家数(家) Number of Listed Companies Financing in Domestic Capital Market by Subsequent Offerings of shares(unit)				境内股票再筹资金额(亿元) Proceeds Raised in Domestic Capital Market by Subsequent Offerings of shares (100 million yuan)			
	A股 A-shares			B股	A股 A-shares			B股
	增发公司家数 Number of Companies Financing by Following on offering	配股公司家数 Number of Companies Financing by Rights Issues	行权筹资家数 Number of Companies Financing by Exercise	B-shares	增发筹资金额 Number of Companies Financing by Following on offering	配股筹资金额 Number of Companies Financing by Rights Issues	行权筹资金额 Number of Companies Financing by Exercise	B-shares
1992	0	0	-	0	0.00	0.00	-	0.00
1993	0	53	-	1	0.00	60.10	-	0.09
1994	1	51	-	1	7.68	51.36	-	0.15
1995	0	78	-	1	0.00	56.25	-	1.16
1996	0	40	-	1	0.00	64.64	-	2.07
1997	0	93	-	3	0.00	205.68	-	2.74
1998	7	160	-	0	30.46	344.76	-	0.00
1999	6	116	-	1	59.75	318.98	-	0.20
2000	16	161	-	0	143.73	509.53	-	0.00
2001	22	126	-	0	193.48	430.64	-	0.00
2002	28	22	-	0	164.68	56.61	-	0.00
2003	17	25	-	1	116.13	76.52	-	0.43
2004	11	23	-	2	159.73	104.77	-	24.98
2005	5	2	-	0	278.78	2.62	-	0.00
2006	56	2	-	0	1028.48	4.32	-	0.00
2007	157	7	-	0	2816.24	227.68	-	0.00
2008	135	9	2	0	2095.68	151.57	30.76	0.00
2009	131	10	8	0	2818.99	105.97	30.40	0.00
2010	160	18	7	0	3394.71	1438.22	84.28	0.00
2011	188	15	1	0	3878.54	421.96	29.49	0.00
2012	155	7	0	0	3387.07	121.00	0.00	0.00

注：1.同一家公司在当年存在同时增发、配股、行权分别计入当年相应筹资家数和金额。
2.92-07年再筹资金额包含增发和配股金额，其中增发包含公开增发和定向增发现金，定向增发非现金资产认购部分。
3.08-12年再筹资金额包含增发、配股和行权金额，其中增发包含公开增发和定向增发现金，定向增发非现金资产认购部分，行权仅指权证(期权)行权筹资金额，不包括可转债转股金额。

数据来源：上海证券交易所、深圳证券交易所

Source: SSE、SZSE

2-10 境内外股票市场筹资情况

Proceeds Raised in Domestic and Foreign Stock Markets

年份 Year	境内股票发行量(亿股) Number of Shares Issued in Domestic Capital Market (100 million shares)	境外股票发行量(亿股) Number of Shares Issued in Foreign Capital Market (100 million shares)	合计 Total	境内股票筹资金额(亿元) Proceeds Raised in Domestic Capital Market by Offering of Shares (100 million yuan)		
				小计 Subtotal	首发筹资金额(IPO) Proceeds Raised by IPO	增发筹资金额 Proceeds raised by Following on offering
1992	10.65	-	10.65	68.91	68.91	0.00
1993	51.07	40.41	91.48	245.02	184.83	0.00
1994	48.64	69.89	118.53	213.63	154.44	7.68
1995	18.01	15.38	33.39	99.78	42.37	1.16
1996	66.54	31.77	98.31	308.04	241.32	0.00
1997	129.64	136.88	266.52	859.98	651.56	0.00
1998	81.37	12.86	94.23	787.44	412.22	30.46
1999	86.87	23.05	109.92	873.63	494.71	59.95
2000	122.17	359.26	481.43	1515.82	862.56	143.73
2001	84.57	48.48	133.05	1238.14	614.03	193.48
2002	117.34	157.54	274.88	720.05	498.75	164.68
2003	89.34	196.79	286.13	665.51	472.42	116.56
2004	56.13	171.51	227.64	650.53	361.05	184.71
2005	13.92	553.25	567.17	339.03	57.63	278.78
2006	377.89	936.66	1314.55	2374.50	1341.70	1028.48
2007	430.63	223.97	654.60	7814.74	4770.83	2816.24
2008	114.96	65.38	180.34	3312.39	1034.38	2095.68
2009	244.47	155.58	400.05	4834.34	1878.98	2818.99
2010	553.95	367.04	920.99	9799.80	4882.59	3394.71
2011	163.99	108.37	272.36	7154.43	2824.43	3878.54
2012	78.86	220.95	299.81	4542.40	1034.32	3387.07

注：1.境内股票发行量仅指A、B股IPO数量之和，境外股票发行量指H股IPO与增发之和。
2.境外股票筹资仅指H股筹资。
3.08-12年股票发行量和筹资金额包含行权部分。
4.本表中美元折算汇率均使用当年最后一个交易日的中间价，港币均按1美元=7.8港币转化为美元后再按美元汇率折算。

数据来源：中国证监会、上海证券交易所、深圳证券交易所

Source:CSRC、SSE、SZSE

2-10 续表 continued

年份 Year	境内股票筹资金额(亿元) Proceeds Raised in Domestic Capital Market by Offering of Shares (100 million yuan)		境外股票筹资金额(亿元) Proceeds Raised in Foreign Capital Market by Offering of Shares (100 million yuan)			合计 Total
	配股筹资金额 Proceeds raised by Rights issues	行权筹资金额 Proceeds raised by Exercise	小计 Subtotal	境外股票首发筹资金额(IPO) Proceeds Raised in Foreign Capital Market by IPO	境外股票再筹资金额 Proceeds Raised in Foreign Capital Market by Subsequent Offerings of shares	
1992	0.00	-	0.00	0.00	0.00	68.91
1993	60.19	-	60.84	60.84	0.00	305.86
1994	51.51	-	188.75	188.75	0.00	402.38
1995	56.25	-	31.52	21.13	10.40	131.31
1996	66.71	-	100.57	72.94	27.63	408.61
1997	208.42	-	387.91	348.66	39.25	1247.89
1998	344.76	-	37.83	22.10	15.73	825.28
1999	318.98	-	47.11	47.11	0.00	920.74
2000	509.53	-	562.08	562.08	0.00	2077.90
2001	430.64	-	73.00	67.70	5.30	1311.14
2002	56.61	-	192.28	191.12	1.16	912.33
2003	76.52	-	537.32	506.53	30.79	1202.83
2004	104.77	-	647.72	433.44	214.28	1298.24
2005	2.62	-	1666.25	1421.24	245.01	2005.29
2006	4.32	-	3072.57	2925.30	147.27	5447.06
2007	227.68	-	927.47	701.31	226.15	8742.21
2008	151.57	30.76	311.38	259.92	51.46	3623.78
2009	105.97	30.40	1067.66	999.51	68.15	5901.99
2010	1438.22	84.28	2343.11	1061.09	1282.02	12142.91
2011	421.96	29.49	732.42	431.23	301.18	7886.84
2012	121.00	0.00	997.82	515.54	482.29	5540.22

2-11 新股首发及上市首日情况

Issue-Day Statistics of IPO

年份 Year	平均超募比率(%) Average Oversubscription Rate(%)				上市首日平均换手率(%) Average Turnover Ratio of Issue-day(%)			
	总体 Total	主板 Main Board	中小板 SME Board	创业板 GE Board	总体 Total	主板 Main Board	中小板 SME Board	创业板 GE Board
1995	–	–	–	–	31.57	31.57	–	–
1996	–	–	–	–	57.67	57.67	–	–
1997	–	–	–	–	58.53	58.53	–	–
1998	–	–	–	–	58.96	58.96	–	–
1999	–	–	–	–	58.84	58.84	–	–
2000	–	–	–	–	57.99	57.99	–	–
2001	–	–	–	–	64.31	64.31	–	–
2002	–	–	–	–	62.57	62.57	–	–
2003	–	–	–	–	51.99	51.99	–	–
2004	–	–	–	–	54.80	52.15	59.05	–
2005	–	–	–	–	58.03	72.35	55.64	–
2006	2.20	2.41	1.31	–	71.12	61.54	73.52	–
2007	67.70	84.29	9.64	–	65.59	58.28	66.71	–
2008	18.96	25.19	6.07	–	80.74	71.46	81.39	–
2009	56.42	35.46	96.09	144.88	79.31	73.02	76.44	85.18
2010	124.36	37.81	150.23	234.59	72.14	67.18	72.80	72.11
2011	93.88	57.99	96.48	154.23	68.42	61.31	68.32	70.62
2012	43.46	4.75	65.96	84.59	62.72	65.53	60.74	63.24

注：1.以上数据除超募比率使用整体法计算外，其他均为算数平均法。
　　2.首日破发指的是首日收盘破发。
　　3.首发市盈率指的摊薄后的市盈率。

数据来源：上海证券交易所、深圳证券交易所

Source:SSE、SZSE

2-11 续表 1 continued

年份 Year	首日破发率(%) the Ratio of Breaking Issue Price(%)				平均首发价格(元) Average IPO Price (yuan)			
	总体 Total	主板 Main Board	中小板 SME Board	创业板 GE Board	总体 Total	主板 Main Board	中小板 SME Board	创业板 GE Board
1995	11.11	11.11	–	–	4.06	4.06	–	–
1996	1.38	1.38	–	–	5.57	5.57	–	–
1997	1.35	1.35	–	–	5.87	5.87	–	–
1998	2.70	2.70	–	–	5.28	5.28	–	–
1999	0.00	0.00	–	–	6.15	6.15	–	–
2000	0.00	0.00	–	–	7.95	7.95	–	–
2001	0.00	0.00	–	–	9.49	9.49	–	–
2002	0.00	0.00	–	–	7.23	7.23	–	–
2003	0.00	0.00	–	–	7.33	7.33	–	–
2004	3.00	1.61	5.26	–	8.45	7.61	9.80	–
2005	0.00	0.00	0.00	–	6.87	5.03	7.18	–
2006	0.00	0.00	0.00	–	8.15	5.77	8.75	–
2007	0.00	0.00	0.00	–	11.47	12.17	11.40	–
2008	0.00	0.00	0.00	–	12.04	10.36	12.16	–
2009	0.00	0.00	0.00	0.00	23.32	10.77	23.56	26.11
2010	7.49	19.23	7.84	4.27	29.83	12.52	28.02	36.84
2011	27.40	39.47	27.83	23.44	26.33	19.87	25.96	28.58
2012	26.62	32.00	29.09	22.97	18.84	10.88	18.00	22.17

2-11 续表 2 continued

年份 Year	首日平均涨跌幅(%) Average Price Change Rate on the First Trading Day of IPO (%)				平均网上发行中签率(%) Average Lot Winning Rate for Online Subscription(%)				平均首发市盈率(倍) Average IPO P/E Ratio(times)			
	总体 Total	主板 Main Board	中小板 SME Board	创业板 GE Board	总体 Total	主板 Main Board	中小板 SME Board	创业板 GE Board	总体 Total	主板 Main Board	中小板 SME Board	创业板 GE Board
1995	102.99	102.99	–	–	–	–	–	–	–	–	–	–
1996	111.08	111.08	–	–	–	–	–	–	–	–	–	–
1997	151.59	151.59	–	–	2.05	2.05	–	–	–	–	–	–
1998	142.36	142.36	–	–	0.60	0.60	–	–	–	–	–	–
1999	110.97	110.97	–	–	0.71	0.71	–	–	–	–	–	–
2000	147.35	147.35	–	–	0.50	0.50	–	–	28.55	28.55	–	–
2001	137.43	137.43	–	–	0.58	0.58	–	–	30.54	30.54	–	–
2002	135.48	135.48	–	–	–	–	–	–	19.12	19.12	–	–
2003	72.03	72.03	–	–	–	–	–	–	17.92	17.92	–	–
2004	70.78	72.50	68.02	–	–	–	0.04	–	17.25	17.32	17.14	–
2005	47.53	106.42	37.72	–	–	–	0.06	–	20.69	20.83	20.67	–
2006	84.81	37.90	96.54	–	0.50	1.52	0.24	–	23.23	18.61	24.38	–
2007	191.09	113.40	209.05	–	0.34	0.87	0.21	–	30.10	38.36	28.33	–
2008	115.82	49.94	120.46	–	0.11	0.47	0.08	–	26.94	31.43	26.63	–
2009	74.15	55.95	64.83	92.67	0.56	1.05	0.35	0.73	51.73	46.45	45.37	62.60
2010	41.42	28.52	45.13	37.83	0.88	2.33	0.78	0.73	58.77	39.09	54.59	70.45
2011	20.91	16.10	20.65	22.59	2.27	4.52	2.27	1.61	47.40	39.35	43.85	52.98
2012	26.71	40.05	28.15	21.13	1.84	3.08	1.77	1.48	30.18	23.35	28.71	33.58

2-12 2012年境内股票市场首发及上市首日表现

序号 Number	股票代码 Stock Code	股票简称 Stock Abbreviation	所属辖区 Jurisdiction	行业分类 Industry Classification	上市日期 Listing Date	首发数量（万股） Number of IPO Shares (10 thousand shares)
1	002649	博彦科技	北京	信息传输、软件和信息技术服务业	2012-01-06	2500.00
2	002650	加加食品	湖南	制造业	2012-01-06	4000.00
3	002651	利君股份	四川	制造业	2012-01-06	4100.00
4	002652	扬子新材	江苏	制造业	2012-01-19	2668.00
5	002653	海思科	西藏	制造业	2012-01-17	4010.00
6	002654	万润科技	深圳	制造业	2012-02-17	2200.00
7	002655	共达电声	山东	制造业	2012-02-17	3000.00
8	002656	卡奴迪路	广东	制造业	2012-02-28	2500.00
9	002657	中科金财	北京	信息传输、软件和信息技术服务业	2012-02-28	1745.00
10	002658	雪迪龙	北京	制造业	2012-03-09	3438.00
11	002659	中泰桥梁	江苏	建筑业	2012-03-09	3900.00
12	002660	茂硕电源	深圳	制造业	2012-03-16	2428.00
13	002661	克明面业	湖南	制造业	2012-03-16	2077.00
14	002662	京威股份	北京	制造业	2012-03-09	7500.00
15	002663	普邦园林	广东	建筑业	2012-03-16	4368.00
16	002664	信质电机	浙江	制造业	2012-03-16	3334.00
17	002665	首航节能	北京	制造业	2012-03-27	3335.00
18	002666	德联集团	广东	制造业	2012-03-27	4000.00
19	002667	鞍重股份	辽宁	制造业	2012-03-29	1700.00
20	002668	奥马电器	广东	制造业	2012-04-16	4135.00
21	002669	康达新材	上海	制造业	2012-04-16	2500.00
22	002670	华声股份	广东	制造业	2012-04-16	5000.00
23	002671	龙泉股份	山东	制造业	2012-04-26	2360.00
24	002672	东江环保	深圳	水利、环境和公共设施管理业	2012-04-26	2500.00
25	002673	西部证券	陕西	金融业	2012-05-03	20000.00
26	002674	兴业科技	福建	制造业	2012-05-07	6000.00
27	002675	东诚生化	山东	制造业	2012-05-25	2700.00
28	002676	顺威股份	广东	制造业	2012-05-25	4000.00
29	002677	浙江美大	浙江	制造业	2012-05-25	5000.00
30	002678	珠江钢琴	广东	制造业	2012-05-30	4800.00
31	002679	福建金森	福建	农、林、牧、渔	2012-06-05	3468.00
32	002680	黄海机械	江苏	制造业	2012-06-05	2000.00
33	002681	奋达科技	深圳	制造业	2012-06-05	3750.00
34	002682	龙洲股份	福建	交通运输、仓储业和邮政业	2012-06-12	4000.00
35	002683	宏大爆破	广东	采矿业	2012-06-12	5476.00
36	002684	猛狮科技	广东	制造业	2012-06-12	1330.00
37	002685	华东重机	江苏	制造业	2012-06-12	5000.00
38	002686	亿利达	浙江	制造业	2012-07-03	2267.00
39	002687	乔治白	浙江	制造业	2012-07-13	2465.00
40	002688	金河生物	内蒙古	制造业	2012-07-13	2723.00

Issue-Day Statistics of IPO in the Domestic Stock Market in 2012

发行价格(元) IPO Price (yuan)	首发筹资金额(百万元) Proceeds raised by IPO (million yuan)	上市首日涨跌幅(%) Price Change Rate on Issue Day of IPO (%)	超募比例(%) Oversubscription Rate (%)	网上发行中签率(%) Lot Winning Rate for Online Subscription (%)	首发市盈率(摊薄)(倍) IPO P/E Ratio (times)	上市交易所 Stock Exchange
22.00	550.00	-9.41	57.63	0.70	39.86	深圳证券交易所
30.00	1200.00	-26.33	91.11	3.70	40.54	深圳证券交易所
25.00	1025.00	-16.88	37.76	1.49	17.61	深圳证券交易所
10.10	269.47	29.31	-5.29	0.46	18.74	深圳证券交易所
20.00	802.00	-4.90	23.89	3.14	32.87	深圳证券交易所
12.00	264.00	36.83	7.51	0.54	30.00	深圳证券交易所
11.00	330.00	33.91	9.70	0.79	29.73	深圳证券交易所
27.80	695.00	25.86	83.08	1.44	26.23	深圳证券交易所
22.00	383.90	82.09	126.79	0.36	29.73	深圳证券交易所
20.51	705.13	31.16	164.68	1.09	35.98	深圳证券交易所
10.10	393.90	56.44	10.72	0.48	21.49	深圳证券交易所
18.50	449.18	32.43	64.43	1.08	34.91	深圳证券交易所
21.00	436.17	28.57	82.54	1.13	28.77	深圳证券交易所
20.00	1500.00	6.90	206.02	1.32	19.61	深圳证券交易所
30.00	1310.40	30.00	270.12	1.32	31.25	深圳证券交易所
16.00	533.44	40.63	169.81	0.89	28.07	深圳证券交易所
30.86	1029.18	-5.41	141.48	1.04	45.06	深圳证券交易所
17.00	680.00	8.82	66.96	0.49	23.29	深圳证券交易所
25.00	425.00	-9.48	88.89	0.64	30.49	深圳证券交易所
11.00	454.85	23.18	-32.94	0.73	12.94	深圳证券交易所
12.00	300.00	12.50	7.50	0.50	21.43	深圳证券交易所
7.30	365.00	22.19	50.21	0.51	22.12	深圳证券交易所
21.00	495.60	1.24	88.40	3.32	28.77	深圳证券交易所
43.00	1075.00	-3.60	143.86	7.82	33.10	深圳证券交易所
8.70	1740.00	66.67	-	1.27	48.33	深圳证券交易所
12.00	720.00	5.42	19.63	2.14	23.53	深圳证券交易所
26.00	702.00	10.00	209.08	1.30	22.81	深圳证券交易所
15.80	632.00	-2.72	76.38	1.26	25.08	深圳证券交易所
9.60	480.00	16.88	-4.03	0.69	25.95	深圳证券交易所
13.50	648.00	26.44	115.35	0.67	44.63	深圳证券交易所
12.00	416.16	6.83	62.13	0.58	43.80	深圳证券交易所
21.59	431.80	47.75	13.43	0.73	24.53	深圳证券交易所
12.48	468.00	-4.41	76.87	0.61	24.47	深圳证券交易所
10.60	424.00	-7.92	38.69	1.57	22.08	深圳证券交易所
14.46	791.83	10.65	20.90	0.85	26.78	深圳证券交易所
22.00	292.60	-3.64	95.46	3.18	30.56	深圳证券交易所
9.99	499.50	-9.11	41.00	1.26	27.00	深圳证券交易所
16.00	362.72	43.94	32.78	2.19	23.85	深圳证券交易所
23.00	566.95	10.35	49.00	1.34	24.73	深圳证券交易所
18.00	490.14	70.67	146.90	0.74	26.87	深圳证券交易所

2-12 续表 1

序号 Number	股票代码 Stock Code	股票简称 Stock Abbreviation	所属辖区 Jurisdiction	行业分类 Industry Classification	上市日期 Listing Date	首发数量（万股） Number of IPO Shares (10 thousand shares)
41	002689	博林特	辽宁	制造业	2012-07-17	7750.00
42	002690	美亚光电	安徽	制造业	2012-07-31	5000.00
43	002691	石煤装备	河北	制造业	2012-07-31	5000.00
44	002692	远程电缆	江苏	制造业	2012-08-08	4535.00
45	002693	双成药业	海南	制造业	2012-08-08	3000.00
46	002694	顾地科技	湖北	制造业	2012-08-16	3600.00
47	002695	煌上煌	江西	制造业	2012-09-05	3098.00
48	002696	百洋股份	广西	农、林、牧、渔	2012-09-05	2200.00
49	002697	红旗连锁	四川	批发和零售业	2012-09-05	5000.00
50	002698	博实股份	黑龙江	制造业	2012-09-11	4100.00
51	002699	美盛文化	浙江	文化、体育和娱乐业	2012-09-11	2350.00
52	002700	新疆浩源	新疆	电力、热力、燃气及水生产和供应业	2012-09-21	1833.80
53	002701	奥瑞金	北京	制造业	2012-10-11	7667.00
54	002702	腾新食品	福建	制造业	2012-10-11	1770.00
55	002703	浙江世宝	浙江	制造业	2012-11-02	1500.00
56	300283	温州宏丰	浙江	制造业	2012-01-10	1771.00
57	300284	苏交科	江苏	科学研究和技术服务业	2012-01-10	6000.00
58	300285	国瓷材料	山东	制造业	2012-01-13	1560.00
59	300286	安科瑞	上海	制造业	2012-01-13	867.00
60	300287	飞利信	北京	信息传输、软件和信息技术服务业	2012-02-01	2100.00
61	300288	朗玛信息	贵州	信息传输、软件和信息技术服务业	2012-02-16	1340.00
62	300289	利德曼	北京	制造业	2012-02-16	3840.00
63	300290	荣科科技	辽宁	信息传输、软件和信息技术服务业	2012-02-16	1700.00
64	300291	华录百纳	北京	文化、体育和娱乐业	2012-02-09	1500.00
65	300292	吴通通讯	江苏	制造业	2012-02-29	1670.00
66	300293	蓝英装备	辽宁	制造业	2012-03-08	1500.00
67	300294	博雅生物	江西	制造业	2012-03-08	1902.03
68	300295	三六五网	江苏	信息传输、软件和信息技术服务业	2012-03-15	1335.00
69	300296	利亚德	北京	制造业	2012-03-15	2500.00
70	300297	蓝盾股份	广东	信息传输、软件和信息技术服务业	2012-03-15	2450.00
71	300298	三诺生物	湖南	制造业	2012-03-19	2200.00
72	300299	富春通信	福建	信息传输、软件和信息技术服务业	2012-03-19	1700.00
73	300300	汉鼎股份	浙江	信息传输、软件和信息技术服务业	2012-03-19	2200.00
74	300301	长方照明	深圳	制造业	2012-03-21	2700.00
75	300302	同有科技	北京	信息传输、软件和信息技术服务业	2012-03-21	1500.00
76	300303	聚飞光电	深圳	制造业	2012-03-19	2046.00
77	300304	云意电气	江苏	制造业	2012-03-21	2500.00
78	300305	裕兴股份	江苏	制造业	2012-03-29	2000.00
79	300306	远方光电	浙江	制造业	2012-03-29	1500.00
80	300307	慈星股份	宁波	制造业	2012-03-29	6100.00

continued

发行价格(元) IPO Price (yuan)	首发筹资金额(百万元) Proceeds raised by IPO (million yuan)	上市首日涨跌幅(%) Price Change Rate on Issue Day of IPO (%)	超募比例(%) Oversubscription Rate (%)	网上发行中签率(%) Lot Winning Rate for Online Subscription (%)	首发市盈率(摊薄)(倍) IPO P/E Ratio (times)	上市交易所 Stock Exchange
8.00	620.00	-1.38	185.17	1.37	23.08	深圳证券交易所
17.00	850.00	-9.71	75.20	3.40	25.76	深圳证券交易所
7.40	370.00	20.27	22.92	1.51	20.00	深圳证券交易所
15.00	680.25	1.27	92.06	8.30	23.08	深圳证券交易所
20.00	600.00	32.55	99.90	1.18	35.09	深圳证券交易所
13.00	468.00	48.46	-7.55	2.27	18.57	深圳证券交易所
30.00	929.40	-8.83	181.13	2.99	47.62	深圳证券交易所
23.90	525.80	17.11	75.34	1.84	36.21	深圳证券交易所
18.76	938.00	4.05	52.19	1.03	23.75	深圳证券交易所
12.80	524.80	40.63	70.94	0.82	34.59	深圳证券交易所
20.19	474.47	18.28	101.47	1.29	40.10	深圳证券交易所
21.73	398.48	42.66	69.38	0.42	27.16	深圳证券交易所
21.60	1656.07	10.46	64.73	6.48	29.45	深圳证券交易所
29.00	513.30	-8.00	159.31	8.83	39.73	深圳证券交易所
2.58	38.70	626.74	-92.41	0.13	7.17	深圳证券交易所
20.00	354.20	40.55	18.43	2.31	32.32	深圳证券交易所
13.30	798.00	-1.95	360.49	1.15	35.95	深圳证券交易所
26.00	405.60	1.88	138.57	1.63	55.32	深圳证券交易所
30.00	260.10	17.07	150.80	1.14	32.97	深圳证券交易所
15.00	315.00	4.33	124.70	1.54	37.50	深圳证券交易所
22.44	300.70	82.53	26.91	2.30	34.00	深圳证券交易所
13.00	499.20	27.00	169.63	2.29	37.14	深圳证券交易所
11.11	188.87	57.70	46.75	0.71	23.15	深圳证券交易所
45.00	675.00	23.24	167.86	4.61	82.46	深圳证券交易所
12.00	200.40	69.25	13.74	0.30	23.67	深圳证券交易所
24.80	372.00	29.84	67.74	0.48	23.40	深圳证券交易所
25.00	475.51	55.20	195.08	0.52	31.25	深圳证券交易所
34.00	453.90	74.71	105.73	1.04	25.19	深圳证券交易所
16.00	400.00	56.13	16.14	0.97	31.37	深圳证券交易所
16.00	392.00	93.63	86.38	0.54	32.65	深圳证券交易所
29.00	638.00	18.52	116.94	1.40	29.32	深圳证券交易所
16.00	272.00	46.00	122.07	0.32	34.70	深圳证券交易所
18.00	396.00	24.17	216.79	0.79	37.50	深圳证券交易所
20.00	540.00	6.55	83.93	0.56	32.79	深圳证券交易所
21.00	315.00	29.05	107.62	0.41	39.62	深圳证券交易所
25.00	511.50	14.68	41.10	0.43	27.53	深圳证券交易所
22.00	550.00	2.27	151.70	0.89	29.50	深圳证券交易所
42.00	840.00	-16.50	341.30	0.94	30.37	深圳证券交易所
45.00	675.00	-9.73	276.99	1.73	51.72	深圳证券交易所
35.00	2135.00	-13.66	10.39	1.44	16.43	深圳证券交易所

2-12 续表 2

序号 Number	股票代码 Stock Code	股票简称 Stock Abbreviation	所属辖区 Jurisdiction	行业分类 Industry Classification	上市日期 Listing Date	首发数量（万股） Number of IPO Shares (10 thousand shares)
81	300308	中际装备	山东	制造业	2012-04-10	1667.00
82	300309	吉艾科技	北京	制造业	2012-04-10	2800.00
83	300310	宜通世纪	广东	信息传输、软件和信息技术服务业	2012-04-25	2200.00
84	300311	任子行	深圳	信息传输、软件和信息技术服务业	2012-04-25	1770.00
85	300312	邦讯技术	北京	信息传输、软件和信息技术服务业	2012-05-08	2668.00
86	300313	天山生物	新疆	农、林、牧、渔	2012-04-25	2273.00
87	300314	戴维医疗	宁波	制造业	2012-05-08	2000.00
88	300315	掌趣科技	北京	信息传输、软件和信息技术服务业	2012-05-11	4091.50
89	300316	晶盛机电	浙江	制造业	2012-05-11	3335.00
90	300317	珈伟股份	深圳	制造业	2012-05-11	3500.00
91	300318	博晖创新	北京	制造业	2012-05-23	2560.00
92	300319	麦捷科技	深圳	制造业	2012-05-23	1334.00
93	300320	海达股份	江苏	制造业	2012-06-01	1667.00
94	300321	同大股份	山东	制造业	2012-05-23	1110.00
95	300322	硕贝德	广东	制造业	2012-06-08	2334.50
96	300323	华灿光电	湖北	制造业	2012-06-01	5000.00
97	300324	旋极信息	北京	信息传输、软件和信息技术服务业	2012-06-08	1400.00
98	300325	德威新材	江苏	制造业	2012-06-01	2000.00
99	300326	凯利泰	上海	制造业	2012-06-13	1300.00
100	300327	中颖电子	上海	制造业	2012-06-13	3200.00
101	300328	宜安科技	广东	制造业	2012-06-19	2800.00
102	300329	海伦钢琴	宁波	制造业	2012-06-19	1677.00
103	300330	华虹计通	上海	信息传输、软件和信息技术服务业	2012-06-19	2000.00
104	300331	苏大维格	江苏	制造业	2012-06-28	1550.00
105	300332	天壕节能	北京	科学研究和技术服务业	2012-06-28	8000.00
106	300333	兆日科技	深圳	信息传输、软件和信息技术服务业	2012-06-28	2800.00
107	300334	津膜科技	天津	制造业	2012-07-05	2900.00
108	300335	迪森股份	广东	电力、热力、燃气及水生产和供应业	2012-07-10	3488.00
109	300336	新文化	上海	文化、体育和娱乐业	2012-07-10	2400.00
110	300337	银邦股份	江苏	制造业	2012-07-18	4680.00
111	300338	开元仪器	湖南	制造业	2012-07-26	1500.00
112	300339	润和软件	江苏	信息传输、软件和信息技术服务业	2012-07-18	1919.00
113	300340	科恒股份	广东	制造业	2012-07-26	1250.00
114	300341	麦迪电气	厦门	制造业	2012-07-26	2300.00
115	300342	天银机电	江苏	制造业	2012-07-26	2500.00
116	300343	联创节能	山东	制造业	2012-08-01	1000.00
117	300344	太空板业	北京	制造业	2012-08-01	2513.00
118	300345	红宇新材	湖南	制造业	2012-08-01	2400.00
119	300346	南大光电	江苏	制造业	2012-08-07	1257.00
120	300347	泰格医药	浙江	科学研究和技术服务业	2012-08-17	1340.00

continued

发行价格(元) IPO Price (yuan)	首发筹资金额(百万元) Proceeds raised by IPO (million yuan)	上市首日涨跌幅(%) Price Change Rate on Issue Day of IPO (%)	超募比例(%) Oversubscription Rate (%)	网上发行中签率(%) Lot Winning Rate for Online Subscription (%)	首发市盈率(摊薄)(倍) IPO P/E Ratio (times)	上市交易所 Stock Exchange
20.00	333.40	9.00	62.19	0.38	26.73	深圳证券交易所
31.00	868.00	-0.65	185.06	1.22	34.01	深圳证券交易所
17.00	374.00	16.47	74.41	1.00	23.24	深圳证券交易所
15.00	265.50	4.80	61.06	0.67	30.61	深圳证券交易所
20.00	533.60	14.80	154.11	3.12	26.67	深圳证券交易所
13.00	295.49	18.46	158.22	0.91	56.52	深圳证券交易所
20.00	400.00	49.50	114.95	1.34	29.85	深圳证券交易所
16.00	654.64	50.00	227.07	0.83	48.16	深圳证券交易所
33.00	1100.55	5.70	130.88	8.75	34.74	深圳证券交易所
11.00	385.00	18.45	-10.47	0.70	27.50	深圳证券交易所
15.00	384.00	24.73	31.15	0.54	34.09	深圳证券交易所
15.30	204.10	7.19	71.64	0.86	27.82	深圳证券交易所
19.80	330.07	0.66	15.81	1.08	26.40	深圳证券交易所
23.00	255.30	4.78	80.19	1.12	21.10	深圳证券交易所
14.30	333.83	-2.17	47.47	1.11	37.63	深圳证券交易所
20.00	1000.00	-0.40	11.11	2.06	34.42	深圳证券交易所
27.00	378.00	-5.22	198.37	2.28	36.99	深圳证券交易所
17.00	340.00	-2.18	77.21	0.65	25.37	深圳证券交易所
29.09	378.17	62.22	121.46	0.56	45.96	深圳证券交易所
12.50	400.00	-3.68	77.72	0.71	26.60	深圳证券交易所
12.80	358.40	12.11	34.71	0.98	30.99	深圳证券交易所
21.00	352.17	-5.19	88.62	1.27	42.86	深圳证券交易所
15.00	300.00	0.20	190.25	0.78	35.71	深圳证券交易所
20.00	310.00	2.05	61.69	1.92	34.48	深圳证券交易所
8.18	654.40	33.62	132.77	0.84	51.13	深圳证券交易所
23.00	644.00	9.65	456.74	3.29	31.51	深圳证券交易所
16.78	486.62	92.37	52.17	0.66	46.61	深圳证券交易所
13.95	486.58	17.85	118.18	1.18	47.58	深圳证券交易所
25.00	600.00	27.20	93.55	2.57	42.37	深圳证券交易所
20.00	936.00	-14.80	-22.64	4.84	32.95	深圳证券交易所
27.00	405.00	-4.00	83.93	3.18	31.03	深圳证券交易所
20.39	391.28	17.21	136.04	0.68	41.21	深圳证券交易所
48.00	600.00	52.40	245.77	1.56	12.94	深圳证券交易所
13.00	299.00	10.77	41.67	1.20	26.26	深圳证券交易所
17.00	425.00	-6.35	214.81	3.54	26.98	深圳证券交易所
28.10	281.00	18.90	91.16	2.07	25.01	深圳证券交易所
16.80	422.18	-8.87	5.21	2.83	30.27	深圳证券交易所
17.20	412.80	-3.43	90.79	3.01	30.39	深圳证券交易所
66.00	829.62	23.97	330.24	3.09	18.86	深圳证券交易所
37.88	507.59	32.00	140.52	0.72	44.05	深圳证券交易所

2-12 续表 3

序号 Number	股票代码 Stock Code	股票简称 Stock Abbreviation	所属辖区 Jurisdiction	行业分类 Industry Classification	上市日期 Listing Date	首发数量（万股） Number of IPO Shares (10 thousand shares)
121	300348	长亮科技	深圳	信息传输、软件和信息技术服务业	2012-08-17	1300.00
122	300349	金卡股份	浙江	制造业	2012-08-17	1500.00
123	300350	华鹏飞	深圳	交通运输、仓储业和邮政业	2012-08-21	2167.00
124	300351	永贵电器	浙江	制造业	2012-09-20	2000.00
125	300352	北信源	北京	信息传输、软件和信息技术服务业	2012-09-12	1670.00
126	300353	东土科技	北京	制造业	2012-09-27	1340.00
127	300354	东华测试	江苏	制造业	2012-09-20	1109.00
128	300355	蒙草抗旱	内蒙古	建筑业	2012-09-27	3436.00
129	300356	光一科技	江苏	制造业	2012-10-09	2167.00
130	603993	洛阳钼业	河南	采矿业	2012-10-09	20000.00
131	601800	中国交建	北京	建筑业	2012-03-09	92592.59
132	603167	渤海轮渡	山东	交通运输、仓储业和邮政业	2012-09-06	10100.00
133	603128	华贸物流	上海	交通运输、仓储业和邮政业	2012-05-29	10000.00
134	603003	龙宇燃油	上海	批发和零售业	2012-08-17	5050.00
135	603123	翠微股份	北京	批发和零售业	2012-05-03	7700.00
136	601929	吉视传媒	吉林	信息传输、软件和信息技术服务业	2012-02-23	28000.00
137	603000	人民网	北京	信息传输、软件和信息技术服务业	2012-04-27	6910.57
138	601313	江南嘉捷	江苏	制造业	2012-01-16	5600.00
139	601965	中国汽研	重庆	制造业	2012-06-11	19200.00
140	601012	隆基股份	陕西	制造业	2012-04-11	7500.00
141	601038	一拖股份	河南	制造业	2012-08-08	15000.00
142	601231	环旭电子	上海	制造业	2012-02-20	10680.00
143	601339	百隆东方	宁波	制造业	2012-06-12	15000.00
144	601388	怡球资源	江苏	制造业	2012-04-23	10500.00
145	601515	东风股份	广东	制造业	2012-02-16	5600.00
146	601608	中信重工	河南	制造业	2012-07-06	68500.00
147	603001	奥康国际	浙江	制造业	2012-04-26	8100.00
148	603002	宏昌电子	广东	制造业	2012-05-18	10000.00
149	603008	喜临门	浙江	制造业	2012-07-17	5250.00
150	603077	和邦股份	四川	制造业	2012-07-31	10000.00
151	603333	明星电缆	四川	制造业	2012-05-07	8667.00
152	603366	日出东方	江苏	制造业	2012-05-21	10000.00
153	603399	新华龙	辽宁	制造业	2012-08-24	6336.00
154	603766	隆鑫通用	重庆	制造业	2012-08-10	8000.00

continued

发行价格(元) IPO Price (yuan)	首发筹资金额(百万元) Proceeds raised by IPO (million yuan)	上市首日涨跌幅(%) Price Change Rate on Issue Day of IPO (%)	超募比例(%) Oversubscription Rate (%)	网上发行中签率(%) Lot Winning Rate for Online Subscription (%)	首发市盈率(摊薄)(倍) IPO P/E Ratio (times)	上市交易所 Stock Exchange
20.00	260.00	17.00	73.70	0.96	29.85	深圳证券交易所
31.00	465.00	7.10	137.65	2.00	34.37	深圳证券交易所
9.50	205.87	54.00	23.40	0.52	23.75	深圳证券交易所
31.00	620.00	-10.77	131.19	2.15	36.47	深圳证券交易所
25.00	417.50	27.84	140.71	0.71	39.37	深圳证券交易所
20.75	278.05	6.02	114.71	0.75	35.17	深圳证券交易所
20.31	225.24	37.91	65.47	0.49	29.18	深圳证券交易所
11.80	405.45	91.10	57.95	0.30	20.34	深圳证券交易所
18.18	393.96	20.90	93.12	1.25	30.81	深圳证券交易所
3.00	600.00	221.00	-83.54	0.45	13.64	上海证券交易所
5.40	5000.00	23.33	0.00	1.28	10.43	上海证券交易所
11.00	1111.00	6.91	7.97	0.92	28.35	上海证券交易所
6.66	666.00	20.87	33.20	0.50	27.75	上海证券交易所
6.50	328.25	64.62	11.02	0.83	17.11	上海证券交易所
9.00	693.00	56.44	-15.55	0.91	28.13	上海证券交易所
7.00	1960.00	87.43	-10.91	2.33	37.19	上海证券交易所
20.00	1382.11	73.60	162.25	1.50	46.13	上海证券交易所
12.40	694.40	-11.37	101.00	4.54	24.80	上海证券交易所
8.20	1574.40	-7.56	64.05	1.30	28.28	上海证券交易所
21.00	1575.00	-5.95	14.94	2.09	24.71	上海证券交易所
5.40	810.00	63.89	-29.50	1.97	14.44	上海证券交易所
7.60	811.68	53.03	55.13	1.46	23.03	上海证券交易所
13.60	2040.00	-9.34	92.04	6.33	12.50	上海证券交易所
13.00	1365.00	16.46	83.02	1.69	18.06	上海证券交易所
13.20	739.20	20.98	-4.01	1.94	18.08	上海证券交易所
4.67	3198.95	2.57	-22.56	7.23	16.19	上海证券交易所
25.50	2065.50	-7.25	102.03	15.32	25.25	上海证券交易所
3.60	360.00	137.78	-42.75	0.35	36.00	上海证券交易所
12.50	656.25	-6.72	41.43	2.47	29.87	上海证券交易所
17.50	1750.00	-6.17	48.83	15.53	21.60	上海证券交易所
9.30	806.03	25.48	45.76	1.85	24.47	上海证券交易所
21.50	2150.00	-6.70	72.00	1.61	23.89	上海证券交易所
7.80	494.21	85.13	-5.94	0.59	22.35	上海证券交易所
6.58	526.40	103.04	-54.23	1.93	14.27	上海证券交易所

2-13 A股首发行业分布

Industry Distribution of A-shares IPO

行业 Industry Classification	首发筹资公司家数(家) Number of companies Financing by IPO(unit)		首发数量(百万股) Number of IPO Shares (million shares)		首发筹资金额（百万元） Proceeds raised by IPO (million yuan)	
	2011	2012	2011	2012	2011	2012
农、林、牧、渔业 Agriculture,Forestry,Animal Husbandry and Fishery	2	3	826.00	79.41	5668.14	1237.45
采矿业 Mining	5	2	122.83	254.76	4303.59	1391.83
制造业 Manufacturing	217	106	8092.69	4821.80	197470.93	70789.25
电力、热力、燃气及水生产和供应业 Production and Supply of Electricity, Gas and Water	1	2	58.80	53.22	1105.44	885.06
建筑业 Construction	9	4	3348.00	1042.97	20261.69	7109.75
批发和零售业 Wholesale and Retail Trades	9	3	496.67	177.50	13466.04	1959.25
交通运输、仓储和邮政业 Transport,Storage and Post	2	4	60.50	262.67	975.50	2406.87
住宿和餐饮业 Hotels and Catering Services	0	0	0.00	0.00	0.00	0.00
信息传输、软件和信息技术服务业 Information Transmission,Computer Services and Software	24	22	536.67	753.00	14421.12	11128.00
金融业 Financial Intermediation	3	1	2158.54	200.00	12786.06	1740.00
房地产业 Real Estate	0	0	0.00	0.00	0.00	0.00
租赁和商务服务业 Leasing and Business Services	1	0	30.00	0.00	657.00	0.00
科学研究和技术服务业 Scientific Research,Technical Service	1	3	11.50	153.40	874.00	1959.99
水利、环境和公共设施管理业 Management of Water Conservancy, Environment and Public Facilities	5	1	108.00	25.00	4235.05	1075.00
教育 Education	0	0	0.00	0.00	0.00	0.00
卫生和社会工作 Health and Social Works	1	0	12.80	0.00	300.80	0.00
文化、体育和娱乐业 Culture,Sports and Entertainment	2	3	536.40	62.50	5917.70	1749.47
综合 Others	0	0	0.00	0.00	0.00	0.00

注：1.以股份上市日口径统计。
2.601238广汽集团是吸收合并广汽长风600991，未公开发行新股筹资，不计入2012首发筹资公司家数。
数据来源：上海证券交易所、深圳证券交易所
Source: SSE、SZSE

2-14 A股IPO发行筹资监管辖区分布

Regulatory Jurisdiction Distribution of A-shares IPO

辖区	Jurisdiction	首发筹资公司家数(家) Number of companies Financing by IPO(unit)		首发数量(百万股) Number of IPO Shares (million shares)		首发筹资金额（百万元） Proceeds raised by IPO (million yuan)	
		2011	2012	2011	2012	2011	2012
北京	Beijing	27	23	3916.80	1718.71	48075.07	19693.97
天津	Tianjin	1	1	25.00	29.00	1000.00	486.62
河北	Hebei	4	1	536.24	50.00	13257.56	370.00
山西	Shanxi	3	0	86.47	0.00	2266.29	0.00
内蒙古	Inner Mongolia	2	2	139.00	61.59	3171.00	895.59
辽宁	Liaoning	2	5	40.20	189.86	892.46	2100.08
吉林	Jilin	2	1	65.60	280.00	1861.24	1960.00
黑龙江	Heilongjiang	1	1	97.00	41.00	1746.00	524.80
上海	Shanghai	20	9	712.70	379.97	15666.86	4044.20
江苏	Jiangsu	46	22	2612.77	765.57	47683.00	13507.79
浙江	Zhejiang	36	16	1383.42	589.12	33787.93	11336.37
安徽	Anhui	11	1	345.70	50.00	10398.40	850.00
福建	Fujian	5	5	243.00	169.38	5205.74	2345.46
江西	Jiangxi	1	2	20.00	50.00	400.00	1404.91
山东	Shandong	16	8	622.04	234.97	12236.54	3913.90
河南	Henan	11	3	335.00	1035.00	8907.20	4608.95
湖北	Hubei	8	2	225.81	86.00	4763.79	1468.00
湖南	Hunan	8	5	1819.70	121.77	11234.32	3091.97
广东	Guangdong	23	17	697.04	657.32	14942.85	9513.69
广西	Guangxi	2	1	77.52	22.00	1144.06	525.80
海南	Hainan	3	1	860.00	30.00	6081.24	600.00
重庆	Chongqing	3	2	63.07	272.00	2230.21	2100.80
四川	Sichuan	6	4	254.21	277.67	5349.11	4519.03
贵州	Guizhou	0	1	0.00	13.40	0.00	300.70
云南	Yunnan	0	0	0.00	0.00	0.00	0.00
西藏	Tibet	0	1	0.00	40.10	0.00	802.00
陕西	Shaanxi	1	2	17.00	275.00	868.70	3315.00
甘肃	Gansu	2	0	100.20	0.00	1203.20	0.00
青海	Qinghai	1	0	60.00	0.00	960.00	0.00
宁夏	Ningxia	0	0	0.00	0.00	0.00	0.00
新疆	Xinjiang	1	2	10.60	41.07	741.79	693.97
深圳	Shenzhen	24	12	705.82	284.95	16531.30	5272.15
大连	Dalian	2	0	50.00	0.00	1025.00	0.00
宁波	Ningbo	2	3	47.00	97.77	1033.00	2887.17
厦门	Xiamen	4	1	119.50	23.00	3587.64	299.00
青岛	Qingdao	4	0	111.00	0.00	4191.57	0.00

注：1.以股份上市日口径统计。

2.601238广汽集团是吸收合并广汽长风600991，未公开发行新股筹资，不计入2012首发筹资公司家数。

数据来源：上海证券交易所、深圳证券交易所

Source:SSE、SZSE

2-15 2012年境外股票发行情况
Stocks Issued Abroad in 2012

序号 Number	股票代码 Stock Code	公司名称 Name	上市地点 Listing Place	上市时间 Listing Date	发行价格(港元) Issue Price (HKD)	发行数量(百万股) Volume Issued (million shares)	筹资金额(百万港元) Proceeds Raised through Offering of Shares (million HKD)	发行方式 Issue Mode
1	06837	海通证券股份有限公司	香港主板	2012-04-28	10.60	1356.90	14383.14	IPO
2	00816	华电福新能源股份有限公司	香港主板	2012-06-28	1.65	1622.62	2677.32	IPO
3	02068	中铝国际工程股份有限公司	香港主板	2012-07-06	3.93	363.16	1427.22	IPO
4	03948	内蒙古伊泰煤炭股份有限公司	香港主板	2012-07-12	43.00	163.00	7009.15	IPO
5	02196	上海复星医药(集团)股份有限公司	香港主板	2012-10-30	11.80	348.82	4116.05	IPO
6	00564	郑州煤矿机械集团股份有限公司	香港主板	2012-12-05	10.38	221.12	2295.25	IPO
7	01339	中国人民保险集团股份有限公司	香港主板	2012-12-07	3.48	7932.94	27606.63	IPO
8	01829	中国机械设备工程股份有限公司	香港主板	2012-12-21	5.40	825.70	4458.78	IPO
9	00552	中国通信服务股份有限公司	香港主板	2012-02-10	3.19	398.57	1271.44	再筹资
10	02357	中国航空科技工业股份有限公司	香港主板	2012-02-24	3.55	342.00	1214.10	再筹资
11	01988	中国民生银行股份有限公司	香港主板	2012-03-26	6.97	1650.85	11209.29	再筹资
12	03328	交通银行股份有限公司	香港主板	2012-08-24	5.63	5835.31	32852.80	再筹资
13	02601	中国太平洋保险(集团)股份有限公司	香港主板	2012-11-15	22.50	462.00	10395.00	再筹资
14	00916	龙源电力集团股份有限公司	香港主板	2012-12-21	5.08	572.10	2906.27	再筹资

注：境外股票仅指H股。
数据来源：中国证监会
Source: CSRC

2-16 股票市场分板块交易情况
Statistics for Stock-market Transaction by Board

年份 Year	交易天数(天) Number of Trading Days (day)	成交量(亿股) Trading Volume(100 million shares) 主板 Main Board	中小板 SME Board	创业板 GE Board	合计 Total	日均成交量(亿股) Average Daily Volume (100 million shares)
1992	257	36.90	-	-	36.90	0.14
1993	259	226.56	-	-	226.56	0.87
1994	252	1013.34	-	-	1013.34	4.02
1995	253	705.31	-	-	705.31	2.79
1996	247	2533.14	-	-	2533.14	10.26
1997	243	2560.02	-	-	2560.02	10.54
1998	246	2154.11	-	-	2154.11	8.76
1999	239	2932.90	-	-	2932.90	12.27
2000	239	4759.45	-	-	4759.45	19.91
2001	240	3155.93	-	-	3155.93	13.15
2002	237	3017.14	-	-	3017.14	12.73
2003	241	4163.08	-	-	4163.08	17.27
2004	243	5768.57	59.16	-	5827.73	23.98
2005	242	6493.43	130.30	-	6623.73	27.37
2006	241	15848.45	296.78	-	16145.23	66.99
2007	242	35588.19	815.56	-	36403.76	150.43
2008	246	22942.14	1189.26	-	24131.39	98.10
2009	244	47784.81	3283.65	38.55	51107.00	209.45
2010	242	37696.10	4055.35	400.53	42151.98	174.18
2011	244	29465.14	3729.74	761.69	33956.57	139.17
2012	243	26306.55	5075.85	1478.14	32860.54	135.23

数据来源：上海证券交易所、深圳证券交易所
Source:SSE、SZSE

2-16 续表 continued

年份 Year	成交金额(亿元) Trading Turnover(100 million yuan)				日均成交金额(亿元) Average Daily Turnover (100 million yuan)	市值换手率(%) Turnover Ratio of Market Capitalization(%)		
	主板 Main Board	中小板 SME Board	创业板 GE Board	合计 Total		主板 Main Board	中小板 SME Board	创业板 GE Board
1992	683.04	-	-	683.04	2.66	-	-	-
1993	3627.20	-	-	3627.21	14.00	-	-	-
1994	8127.63	-	-	8127.63	32.25	-	-	-
1995	4036.45	-	-	4036.45	15.95	-	-	-
1996	21332.17	-	-	21332.18	86.37	-	-	-
1997	30721.83	-	-	30721.83	126.43	-	-	-
1998	23527.31	-	-	23544.25	95.71	-	-	-
1999	31319.60	-	-	31322.37	131.06	-	-	-
2000	60826.65	-	-	60835.19	254.54	491.19	-	-
2001	38305.18	-	-	38325.39	159.69	227.07	-	-
2002	27990.46	-	-	27993.91	118.12	195.86	-	-
2003	32115.27	-	-	32115.27	133.26	237.04	-	-
2004	41511.32	822.63	-	42333.95	174.21	298.15	862.32	-
2005	30460.85	1203.92	-	31664.78	130.85	287.77	811.53	-
2006	87397.34	3071.55	-	90468.89	375.39	540.03	918.62	-
2007	444382.56	16173.66	-	460556.22	1903.12	815.84	875.60	-
2008	250475.38	16637.28	-	267112.66	1085.82	394.80	549.73	-
2009	485885.13	48273.52	1828.11	535986.76	2196.67	558.47	1030.48	723.60
2010	444083.25	85832.43	15717.87	545633.54	2254.68	302.98	789.10	1739.37
2011	333739.00	69026.46	18879.12	421644.58	1728.05	187.22	410.88	750.91
2012	229387.19	61891.45	23304.63	314583.27	1294.58	147.19	394.46	792.21

2-17 股票市场分股份类型交易情况

Statistics for Stock Transaction by Type of Shares

年份 Year	成交量(亿股) Trading Volume(100 million shares)		成交金额(亿元) Trading Turnover(100 million yuan)		市值换手率(%) Turnover Ratio of Market Capitalization(%)	
	A股 A-shares	B股 B-shares	A股 A-shares	B股 B-shares	A股 A-shares	B股 B-shares
1992	32.88	4.02	651.81	31.23	-	-
1993	209.17	17.40	3522.55	104.65	-	-
1994	988.02	25.32	8003.08	124.55	-	-
1995	681.07	24.24	3958.58	77.86	-	-
1996	2464.93	68.22	21052.29	279.87	-	-
1997	2471.30	88.72	30295.21	426.62	-	-
1998	2092.50	61.60	23417.72	126.52	-	-
1999	2810.26	122.64	31052.33	270.04	-	-
2000	4559.06	200.40	60287.20	547.97	501.50	133.27
2001	2466.14	689.79	33260.08	5063.13	211.54	438.72
2002	2860.21	156.94	27145.06	848.41	203.38	88.87
2003	3992.28	170.80	31269.96	845.30	131.25	40.94
2004	5672.91	154.83	41576.19	757.76	321.58	139.88
2005	6470.87	152.86	31099.38	565.40	309.87	79.86
2006	15808.62	336.61	89217.11	1251.78	572.37	135.48
2007	35683.93	719.82	454771.30	5784.93	840.22	264.98
2008	23912.78	218.62	265890.43	1222.23	409.26	85.70
2009	50648.91	458.09	533889.40	2097.37	589.30	153.54
2010	41806.42	345.56	543465.92	2167.63	347.12	114.48
2011	33748.72	207.85	420339.19	1305.40	215.62	67.23
2012	32681.93	178.61	313715.14	868.13	181.65	56.37

数据来源：上海证券交易所、深圳证券交易所
Source:SSE、SZSE

2-18 上海证券交易所股票市场交易情况
Stock Transaction of Shanghai Stock Exchange

年份 Year	成交量(亿股) Trading Volume(100 million shares)			日均成交量(亿股) Average Daily Volume (100 million shares)
	A股 A-shares	B股 B-shares	合计 Total	
1992	15.21	2.56	17.78	0.07
1993	133.68	13.74	147.42	0.57
1994	634.33	22.43	656.76	2.61
1995	494.50	19.33	513.83	2.05
1996	1074.00	27.88	1101.88	4.46
1997	1166.01	49.67	1215.68	5.00
1998	1085.42	42.54	1127.95	4.59
1999	1488.25	72.13	1560.38	6.53
2000	2310.88	126.78	2437.65	10.20
2001	1429.69	390.26	1819.95	7.58
2002	1693.53	87.56	1781.10	7.52
2003	2632.63	60.09	2692.73	11.17
2004	3550.88	56.86	3607.74	14.85
2005	3926.89	59.70	3986.59	16.47
2006	10124.28	159.66	10283.93	42.67
2007	23931.39	393.99	24325.38	100.52
2008	16207.24	104.36	16311.60	66.31
2009	33476.72	202.92	33679.64	138.03
2010	25812.40	152.03	25964.43	107.29
2011	21078.72	114.19	21192.91	86.86
2012	18850.54	77.89	18928.43	77.90

数据来源：上海证券交易所
Source:SSE

2-18 续表 continued

年份 Year	成交金额(亿元) Trading Turnover(100 million yuan)			日均成交金额(亿元) Average Daily Turnover (100 million yuan)	市值换手率(%) Turnover Ratio of Market Capitalization(%)		
	A股 A-shares	B股 B-shares	合计 Total		A股 A-shares	B股 B-shares	总体 Total
1992	234.37	14.60	248.96	0.97	-	-	-
1993	2261.68	78.86	2340.54	9.11	-	-	-
1994	5626.73	108.35	5735.07	22.76	-	-	-
1995	3042.63	60.83	3103.46	12.36	-	-	-
1996	9020.24	94.57	9114.82	36.90	-	-	-
1997	13550.24	212.93	13763.17	56.64	-	-	-
1998	12304.23	81.88	12386.11	50.35	-	-	-
1999	16826.20	139.59	16965.79	70.99	-	-	-
2000	31029.69	344.17	31373.86	131.27	509.34	145.34	498.80
2001	19876.84	2832.54	22709.38	94.62	228.79	447.12	243.60
2002	16441.71	517.38	16959.09	71.56	210.38	92.84	202.68
2003	20541.25	282.89	20824.14	86.41	262.82	63.31	252.07
2004	26229.30	241.30	26470.60	108.93	316.44	60.18	304.69
2005	19061.49	178.72	19240.21	79.51	292.40	65.93	283.49
2006	57245.11	571.49	57816.60	239.90	559.07	151.79	544.39
2007	301960.29	3473.99	305434.29	1262.13	830.76	333.62	817.72
2008	179762.44	667.51	180429.95	733.46	388.58	94.58	384.11
2009	345443.26	1068.65	346511.91	1420.13	526.69	165.31	523.12
2010	303215.93	1096.08	304312.01	1257.49	260.25	125.57	259.25
2011	236809.12	746.19	237555.30	973.59	164.28	80.88	163.75
2012	164047.38	413.48	164460.86	676.79	128.60	56.51	128.26

2-19 深圳证券交易所股票市场交易情况

Stock Transaction of Shenzhen Stock Exchange

年份 Year	成交量(亿股) Trading Volume(100 million shares)			日均成交量(亿股) Average Daily Volume (100 million yuan)
	A股 A-shares	B股 B-shares	合计 Total	
1992	17.66	1.46	19.12	0.07
1993	75.49	3.66	79.15	0.32
1994	353.70	2.88	356.58	1.42
1995	186.57	4.91	191.48	0.79
1996	1390.93	40.33	1431.26	5.80
1997	1305.29	39.05	1344.34	5.53
1998	1007.08	19.07	1026.15	4.17
1999	1322.01	50.51	1372.52	5.74
2000	2248.18	73.62	2321.80	9.72
2001	1036.45	299.53	1335.97	5.57
2002	1166.68	69.37	1236.05	5.22
2003	1359.65	110.71	1470.36	6.10
2004	2122.03	97.96	2219.99	9.14
2005	2543.98	93.16	2637.14	10.90
2006	5684.34	176.95	5861.29	24.32
2007	11752.53	325.84	12078.37	49.91
2008	7705.54	114.26	7819.79	31.79
2009	17172.19	255.17	17427.36	71.42
2010	15994.02	193.52	16187.55	66.89
2011	12670.00	93.66	12763.66	52.31
2012	13831.39	100.72	13932.12	57.33

数据来源：深圳证券交易所
Source:SZSE

2-19 续表 continued

年份 Year	成交金额(亿元) Trading Turnover (100 million yuan)			日均成交金额(亿元) Average Daily Turnover (100 million yuan)	市值换手率(%) Turnover Ratio of Market Capitalization(%)		
	A股 A-shares	B股 B-shares	合计 Total		A股 A-shares	B股 B-shares	总体 Total
1992	417.44	16.63	434.08	1.69	351.80	130.91	329.78
1993	1260.87	25.80	1286.67	5.13	494.01	86.80	459.54
1994	2376.35	16.20	2392.56	9.49	650.12	35.08	579.90
1995	915.96	17.04	932.99	3.82	268.10	37.28	241.55
1996	12032.05	185.30	12217.36	49.46	1295.32	139.26	1173.86
1997	16744.97	213.69	16958.66	69.79	813.95	99.88	746.40
1998	11113.50	44.65	11158.14	45.36	395.92	34.10	379.34
1999	14226.13	130.46	14356.58	60.07	398.52	86.63	386.79
2000	29257.50	203.83	29461.33	123.27	493.22	115.23	483.10
2001	13383.24	2232.77	15616.02	65.07	190.00	422.05	206.30
2002	10703.35	331.47	11034.82	46.56	193.41	83.13	186.14
2003	10728.72	562.41	11291.13	46.85	218.75	138.17	213.29
2004	15346.89	516.46	15863.35	65.28	319.76	110.57	301.36
2005	12037.89	386.68	12424.57	51.34	342.37	88.95	315.18
2006	31972.00	680.29	32652.29	135.49	596.64	124.10	552.01
2007	152811.01	2310.94	155121.94	641.00	859.48	203.27	818.67
2008	86127.99	554.72	86682.71	352.37	461.50	77.15	447.24
2009	188446.14	1028.72	189474.86	776.54	764.97	142.56	747.76
2010	240249.99	1071.55	241321.53	997.20	599.48	104.82	587.29
2011	183530.07	559.21	184089.28	754.46	359.38	55.06	353.48
2012	149667.76	454.65	150122.41	617.79	330.67	56.21	325.84

2-20 股票分行业成交情况
Statistics for Stock Transaction by Industry

行业 Industry	成交量(百万股) Trading Volume(million shares)		成交金额（百万元） Trading Turnover(million yuan)	
	2011	2012	2011	2012
农、林、牧、渔业 Agriculture,Forestry,Animal Husbandry and Fishery	53974.45	57738.82	761152.36	563097.59
采矿业 Mining	176143.56	155354.89	3189007.03	1949950.68
制造业 Manufacturing	1769263.60	1702830.24	24644792.42	17822996.28
电力、热力、燃气及水生产和供应业 Production and Supply of Electricity, Gas and Water	155387.88	117094.40	1259122.59	737320.71
建筑业 Construction	128994.26	137285.76	1128569.74	955580.07
批发和零售业 Wholesale and Retail Trades	185196.32	175744.94	2176612.24	1534030.62
交通运输、仓储和邮政业 Transport,Storage and Post	149865.90	119171.66	1073791.12	601789.34
住宿和餐饮业 Hotels and Catering Services	11421.28	9169.57	103580.83	79438.85
信息传输、软件和信息技术服务业 Information Transmission,Computer Services and Software	87784.42	105765.43	1194529.60	1263294.49
金融业 Financial Intermediation	295748.97	296718.38	2861827.19	2756998.37
房地产业 Real Estate	277033.80	290669.23	2301801.62	1948878.76
租赁和商务服务业 Leasing and Business Services	19031.47	24775.10	274522.80	233034.61
科学研究和技术服务业 Scientific Research,Technical Service	3186.38	3136.33	75266.36	77606.53
水利、环境和公共设施管理业 Management of Water Conservancy, Environment and Public Facilities	22089.21	21410.06	301504.07	241391.87
教育 Education	687.94	283.24	6720.07	1931.81
卫生和社会工作 Health and Social Works	899.39	765.08	26174.91	17896.13
文化、体育和娱乐业 Culture,Sports and Entertainment	23246.06	29621.70	316144.03	346564.47
综合 Others	35701.70	36519.42	469339.45	326525.87

数据来源：上海证券交易所、深圳证券交易所
Source:SSE、SZSE

2-21 股票按监管辖区成交情况
Statistics for Stock Transaction by Regulatory Jurisdiction

辖区	Jurisdiction	成交量(百万股) Trading Volume(million shares)		成交金额（百万元） Trading Turnover(million yuan)	
		2011	2012	2011	2012
北京	Beijing	477717.13	424092.96	4767429.84	3666035.42
天津	Tianjin	65690.27	61344.34	594185.29	419108.35
河北	Hebei	70700.68	58102.73	838722.79	554224.09
山西	Shanxi	80451.17	64937.01	1233888.61	724767.16
内蒙古	Inner Mongolia	59785.90	52070.29	947637.32	839090.21
辽宁	Liaoning	48335.82	45891.30	481789.29	312427.28
吉林	Jilin	52279.55	50300.51	612089.28	444819.30
黑龙江	Heilongjiang	50901.54	45837.37	487602.58	350809.38
上海	Shanghai	323591.35	296417.61	3369923.94	2473801.12
江苏	Jiangsu	225669.97	255068.24	2884661.78	2361273.51
浙江	Zhejiang	173927.59	192964.57	2580801.85	1957655.88
安徽	Anhui	99273.83	104267.61	1485307.16	1061633.62
福建	Fujian	100228.80	91756.00	1084630.66	759480.70
江西	Jiangxi	38374.11	36232.41	618957.68	420296.36
山东	Shandong	154870.30	135020.15	2232868.84	1419550.10
河南	Henan	77329.28	77880.84	1138042.84	791204.87
湖北	Hubei	104553.72	96848.88	1291323.18	934754.30
湖南	Hunan	89239.08	96906.39	1161198.24	998607.22
广东	Guangdong	223610.44	222949.12	2465724.79	2015817.40
广西	Guangxi	31262.19	38646.95	384968.04	366245.54
海南	Hainan	48279.04	49512.24	508770.43	400235.22
重庆	Chongqing	32729.88	40779.54	393723.53	395855.44
四川	Sichuan	126993.42	131249.57	1719526.45	1323160.45
贵州	Guizhou	29975.22	23941.75	558831.90	427761.16
云南	Yunnan	41826.91	35025.36	646975.22	375544.73
西藏	Tibet	13642.63	11454.52	293856.36	155420.42
陕西	Shaanxi	49245.60	43415.30	608787.18	411192.07
甘肃	Gansu	40689.52	36868.96	502615.87	338690.90
青海	Qinghai	21156.95	23648.62	324431.33	231390.34
宁夏	Ningxia	11872.81	10453.49	200473.37	118612.85
新疆	Xinjiang	60876.97	58637.19	936386.70	597786.53
深圳	Shenzhen	228819.25	237264.00	3145362.93	2503685.19
大连	Dalian	49817.49	41236.53	460683.43	318322.52
宁波	Ningbo	46658.49	44338.48	528810.34	409977.00
厦门	Xiamen	25369.33	29027.48	357093.46	325249.03
青岛	Qingdao	19910.59	21666.81	264681.22	229588.54

注：由于使用汇率存在差异，本表中各辖区合计成交金额与2-16数据有差异。

数据来源：上海证券交易所、深圳证券交易所

Source:SSE、SZSE

2-22 2012年A股总市值前50只股票交易情况

排名 Ranking	股票代码 Stock Code	股票简称 Stock Abbreviation	股票市值（百万元） Market Capitalization of Shares (million yuan)	占比（%） Proportion (%)	流通市值（百万元） Negotiable Market Capitalization (million yuan)
1	601857	中国石油	1463775.58	6.40	1460159.58
2	601398	工商银行	1089487.88	4.76	1089487.88
3	601288	农业银行	823354.82	3.60	71597.65
4	601988	中国银行	570933.19	2.50	570933.19
5	600028	中国石化	484675.40	2.12	484675.40
6	601628	中国人寿	445623.54	1.95	445623.54
7	601088	中国神华	418047.81	1.83	413484.81
8	600036	招商银行	242909.30	1.06	242909.30
9	600519	贵州茅台	217000.38	0.95	217000.38
10	601318	中国平安	216776.49	0.95	216776.49
11	600104	上汽集团	194491.00	0.85	161764.51
12	601328	交通银行	193899.27	0.85	161582.72
13	600000	浦发银行	185042.44	0.81	148033.95
14	601166	兴业银行	180025.20	0.79	180025.20
15	600016	民生银行	177538.56	0.78	177538.56
16	601601	中国太保	141450.75	0.62	139686.46
17	601998	中信银行	136873.15	0.60	135955.80
18	600030	中信证券	131443.44	0.57	131123.88
19	601818	光大银行	123326.11	0.54	57751.11
20	601668	中国建筑	117000.00	0.51	117000.00
21	600900	长江电力	113355.00	0.50	66954.62
22	000858	五 粮 液	107160.14	0.47	107148.14
23	601006	大秦铁路	100499.51	0.44	100499.51
24	600048	保利地产	97076.72	0.42	97076.72
25	000776	广发证券	91275.47	0.40	37857.44
26	600111	包钢稀土	90705.55	0.40	55406.15
27	600019	宝钢股份	83726.82	0.37	83726.82
28	600837	海通证券	82944.35	0.36	82944.35

注：1.按2012年末股票市值进行排名。

2.占比为个股市值占A股股票总市值的比重。

数据来源：上海证券交易所、深圳证券交易所

Statistics of Top 50 A-share Stocks Ranked by Stock Market Capitalization in 2012

成交量（百万股）Trading Volume (million shares)	成交金额（百万元）Trading Turnover (million yuan)	市盈率（倍）P/E Ratio (times)	市净率（倍）P/B Ratio (times)	涨跌幅（%）Price Change Rate (%)	股本换手率（%）Turnover Ratio of Share Capital (%)
3509.92	33124.18	14.35	1.55	-3.95	2.17
10483.78	43094.42	6.08	1.29	2.77	3.99
16921.69	44591.41	6.27	1.21	12.34	66.88
5879.01	16980.87	5.85	0.99	5.24	3.01
7080.16	48580.36	9.46	1.17	0.86	10.12
3038.62	55494.36	54.68	2.74	23.01	14.59
2914.12	72163.35	10.58	1.99	3.83	17.86
11818.28	135096.63	6.55	1.48	20.16	66.90
743.04	163159.70	16.31	6.35	9.83	71.57
5230.60	213688.68	17.27	2.17	32.73	109.28
4855.91	70108.42	9.37	1.59	27.67	52.95
12036.53	55456.33	6.28	0.97	12.63	36.80
16095.61	137442.55	5.41	1.04	21.20	107.86
11522.10	155020.67	5.19	1.06	36.76	106.82
25107.14	160310.15	5.94	1.37	43.78	111.15
4180.84	85724.58	40.16	2.12	19.05	67.34
4430.89	18280.50	6.47	1.01	10.04	13.98
17101.16	204482.76	34.73	1.70	42.52	174.24
11763.27	33467.83	5.23	1.08	10.63	71.33
16276.88	52850.73	7.44	1.15	37.28	95.46
3689.45	24253.38	10.95	1.51	12.14	47.96
5698.78	184866.28	17.65	3.70	-12.69	150.14
8451.46	58668.55	8.74	1.43	-3.70	56.85
9887.85	112841.93	11.50	2.28	65.62	150.79
5576.99	91700.54	40.26	2.83	49.36	346.88
10625.92	462841.06	60.05	13.50	99.93	901.42
6571.88	31126.78	8.06	0.75	5.21	37.56
14260.79	133561.09	32.53	1.67	40.78	175.07

2-22 续表

排名 Ranking	股票代码 Stock Code	股票简称 Stock Abbreviation	股票市值（百万元） Market Capitalization of Shares (million yuan)	占比（%） Proportion (%)	流通市值（百万元） Negotiable Market Capitalization (million yuan)
29	000001	平安银行	82076.07	0.36	49701.57
30	601169	北京银行	81841.48	0.36	69499.59
31	600031	三一重工	80417.35	0.35	74456.17
32	000651	格力电器	76700.57	0.34	76130.31
33	600011	华能国际	74970.00	0.33	71400.00
34	600050	中国联通	74188.09	0.32	74188.09
35	600585	海螺水泥	73794.51	0.32	73794.51
36	601898	中煤能源	71568.64	0.31	70434.56
37	600015	华夏银行	70894.66	0.31	51651.97
38	601989	中国重工	69964.96	0.31	53938.89
39	000895	双汇发展	63706.75	0.28	35077.10
40	002415	海康威视	62487.91	0.27	16709.76
41	601800	中国交建	62260.35	0.27	6172.12
42	601899	紫金矿业	60528.57	0.26	60528.57
43	601186	中国铁建	60233.51	0.26	58795.36
44	601336	新华保险	60102.36	0.26	31718.74
45	600018	上港集团	59846.12	0.26	55205.80
46	601766	中国南车	58423.84	0.26	47199.36
47	000157	中联重科	57801.27	0.25	57784.10
48	600256	广汇能源	57436.50	0.25	33666.94
49	601688	华泰证券	54880.00	0.24	21838.55
50	000069	华侨城A	54536.24	0.24	24268.12
合计	-	-	9789077.63	42.79	8368884.34

continued

成交量 (百万股) Trading Volume (million shares)	成交金额 (百万元) Trading Turnover (million yuan)	市盈率 (倍) P/E Ratio (times)	市净率 (倍) P/B Ratio (times)	涨跌幅 (%) Price Change Rate (%)	股本换手率 (%) Turnover Ratio of Share Capital (%)
4291.69	65631.75	6.53	1.00	3.52	138.33
5623.83	50507.47	7.01	1.14	22.94	83.10
7295.25	87231.00	14.14	3.49	-13.45	103.76
3314.06	70783.02	15.00	3.11	51.00	113.31
3837.99	23875.05	17.10	1.81	34.48	38.38
18049.53	75104.48	31.33	1.03	-32.67	85.15
6643.10	110071.69	15.50	2.00	20.45	166.09
2600.61	21847.15	11.17	1.20	-11.07	28.87
6808.25	67366.87	5.54	0.95	-5.58	136.42
8707.29	45977.92	19.56	1.67	-5.62	208.65
481.36	30105.90	47.46	5.96	-16.51	79.45
637.34	21148.17	42.38	8.10	45.83	161.16
6840.57	37186.86	7.17	0.98	1.99	719.00
14745.85	60922.17	16.03	2.96	2.91	93.31
5419.35	25303.57	8.54	1.01	58.18	54.11
1325.95	37560.32	30.65	2.51	4.91	809.13
1389.45	3758.43	12.04	1.25	6.29	6.62
7647.41	35324.65	17.08	2.09	19.45	80.36
11160.36	104115.55	9.00	1.76	22.88	177.88
4321.12	73506.23	59.58	7.09	43.34	253.47
4969.48	47668.30	33.97	1.61	27.04	265.40
7268.30	48067.42	17.32	3.10	37.62	250.39
389130.76	4042042.03	-	-	-	-

2-23 2012年A股流通市值前50只股票交易情况

排名 Ranking	股票代码 Stock Code	股票简称 Stock Abbreviation	流通市值(百万元) Negotiable Market Capitalization (million yuan)	占比(%) Proportion (%)	股票市值(百万元) Market Capitalization of Shares (million yuan)
1	601857	中国石油	1460159.58	8.11	1463775.58
2	601398	工商银行	1089487.88	6.05	1089487.88
3	601988	中国银行	570933.19	3.17	570933.19
4	600028	中国石化	484675.40	2.69	484675.40
5	601628	中国人寿	445623.54	2.47	445623.54
6	601088	中国神华	413484.81	2.30	418047.81
7	600036	招商银行	242909.30	1.35	242909.30
8	600519	贵州茅台	217000.38	1.21	217000.38
9	601318	中国平安	216776.49	1.20	216776.49
10	601166	兴业银行	180025.20	1.00	180025.20
11	600016	民生银行	177538.56	0.99	177538.56
12	600104	上汽集团	161764.51	0.90	194491.00
13	601328	交通银行	161582.72	0.90	193899.27
14	600000	浦发银行	148033.95	0.82	185042.44
15	601601	中国太保	139686.46	0.78	141450.75
16	601998	中信银行	135955.80	0.75	136873.15
17	600030	中信证券	131123.88	0.73	131443.44
18	601668	中国建筑	117000.00	0.65	117000.00
19	000858	五 粮 液	107148.14	0.59	107160.14
20	601006	大秦铁路	100499.51	0.56	100499.51
21	000002	万 科A	97744.00	0.54	97967.65
22	600048	保利地产	97076.72	0.54	97076.72
23	600019	宝钢股份	83726.82	0.46	83726.82
24	600837	海通证券	82944.35	0.46	82944.35
25	000651	格力电器	76130.31	0.42	76700.57
26	600031	三一重工	74456.17	0.41	80417.35
27	600050	中国联通	74188.09	0.41	74188.09
28	600585	海螺水泥	73794.51	0.41	73794.51

注：1.按2012年末股票流通市值进行排名。
2.占比为个股流通市值占A股股票总流通市值的比重。
数据来源：上海证券交易所、深圳证券交易所
Source:SSE、SZSE

Statistics of Top 50 A-share Stocks Ranked by Stock Free Float Market Capitalization in 2012

成交量 (百万股) Trading Volume (million shares)	成交金额 (百万元) Trading Turnover (million yuan)	市盈率 (倍) P/E Ratio (times)	市净率 (倍) P/B Ratio (times)	涨跌幅 (%) Price Change Rate (%)	股本换手率(%) Turnover Ratio of Share Capital (%)
3509.92	33124.18	14.35	1.55	-3.95	2.17
10483.78	43094.42	6.08	1.29	2.77	3.99
5879.01	16980.87	5.85	0.99	5.24	3.01
7080.16	48580.36	9.46	1.17	0.86	10.12
3038.62	55494.36	54.68	2.74	23.01	14.59
2914.12	72163.35	10.58	1.99	3.83	17.86
11818.28	135096.63	6.55	1.48	20.16	66.90
743.04	163159.70	16.31	6.35	9.83	71.57
5230.60	213688.68	17.27	2.17	32.73	109.28
11522.10	155020.67	5.19	1.06	36.76	106.82
25107.14	160310.15	5.94	1.37	43.78	111.15
4855.91	70108.42	9.37	1.59	27.67	52.95
12036.53	55456.33	6.28	0.97	12.63	36.80
16095.61	137442.55	5.41	1.04	21.20	107.86
4180.84	85724.58	40.16	2.12	19.05	67.34
4430.89	18280.50	6.47	1.01	10.04	13.98
17101.16	204482.76	34.73	1.70	42.52	174.24
16276.88	52850.73	7.44	1.15	37.28	95.46
5698.78	184866.28	17.65	3.70	-12.69	150.14
8451.46	58668.55	8.74	1.43	-3.70	56.85
13592.77	116798.85	11.67	1.98	37.44	140.74
9887.85	112841.93	11.50	2.28	65.62	150.79
6571.88	31126.78	8.06	0.75	5.21	37.56
14260.79	133561.09	32.53	1.67	40.78	175.07
3314.06	70783.02	15.00	3.11	51.00	113.31
7295.25	87231.00	14.14	3.49	-13.45	103.76
18049.53	75104.48	31.33	1.03	-32.67	85.15
6643.10	110071.69	15.50	2.00	20.45	166.09

2-23 续表

排名 Ranking	股票代码 Stock Code	股票简称 Stock Abbreviation	流通市值(百万元) Negotiable Market Capitalization (million yuan)	占比(%) Proportion (%)	股票市值(百万元) Market Capitalization of Shares (million yuan)
29	601288	农业银行	71597.65	0.40	823354.82
30	600011	华能国际	71400.00	0.40	74970.00
31	601898	中煤能源	70434.56	0.39	71568.64
32	601169	北京银行	69499.59	0.39	81841.48
33	600900	长江电力	66954.62	0.37	113355.00
34	601899	紫金矿业	60528.57	0.34	60528.57
35	601186	中国铁建	58795.36	0.33	60233.51
36	000157	中联重科	57784.10	0.32	57801.27
37	601818	光大银行	57751.11	0.32	123326.11
38	600111	包钢稀土	55406.15	0.31	90705.55
39	600018	上港集团	55205.80	0.31	59846.12
40	600547	山东黄金	54304.44	0.30	54304.44
41	601989	中国重工	53938.89	0.30	69964.96
42	600015	华夏银行	51651.97	0.29	70894.66
43	601390	中国中铁	50540.03	0.28	51961.23
44	601699	潞安环能	50370.73	0.28	50370.73
45	000001	平安银行	49701.57	0.28	82076.07
46	600362	江西铜业	49515.40	0.27	49515.40
47	000568	泸州老窖	49451.39	0.27	49498.70
48	601111	中国国航	49198.43	0.27	49975.63
49	600999	招商证券	49174.60	0.27	49174.60
50	601600	中国铝业	49148.08	0.27	49148.08
合计	-	-	8613823.31	47.83	9725884.67

continued

成交量 (百万股) Trading Volume (million shares)	成交金额 (百万元) Trading Turnover (million yuan)	市盈率 (倍) P/E Ratio (times)	市净率 (倍) P/B Ratio (times)	涨跌幅 (%) Price Change Rate (%)	股本换手率(%) Turnover Ratio of Share Capital (%)
16921.69	44591.41	6.27	1.21	12.34	66.88
3837.99	23875.05	17.10	1.81	34.48	38.38
2600.61	21847.15	11.17	1.20	-11.07	28.87
5623.83	50507.47	7.01	1.14	22.94	83.10
3689.45	24253.38	10.95	1.51	12.14	47.96
14745.85	60922.17	16.03	2.96	2.91	93.31
5419.35	25303.57	8.54	1.01	58.18	54.11
11160.36	104115.55	9.00	1.76	22.88	177.88
11763.27	33467.83	5.23	1.08	10.63	71.33
10625.92	462841.06	60.05	13.50	99.93	901.42
1389.45	3758.43	12.04	1.25	6.29	6.62
2721.00	98648.31	25.01	7.15	34.98	211.57
8707.29	45977.92	19.56	1.67	-5.62	208.65
6808.25	67366.87	5.54	0.95	-5.58	136.42
7360.07	19886.50	8.80	0.83	22.99	44.27
3355.77	74040.03	19.63	3.14	5.66	145.83
4291.69	65631.75	6.53	1.00	3.52	138.33
2788.75	67834.19	15.84	1.93	11.14	134.38
1859.93	72426.45	17.55	5.99	-2.11	145.75
3315.53	19805.64	15.63	1.53	-4.01	40.44
3281.37	37193.28	29.88	1.91	5.08	123.13
3371.10	21363.30	-	1.58	-20.09	35.19
391708.53	4147770.18	-	-	-	-

2-24 2012年A股成交金额前50股票交易情况

排名 Ranking	股票代码 Stock Code	股票简称 Stock Abbreviation	成交金额(百万元) Trading Turnover (million yuan)	占比(%) Proportion (%)	股票市值(百万元) Market Capitalization of Shares (million yuan)
1	600111	包钢稀土	462841.06	1.48	90705.55
2	601318	中国平安	213688.68	0.68	216776.49
3	600030	中信证券	204482.76	0.65	131443.44
4	000858	五粮液	184866.28	0.59	107160.14
5	600519	贵州茅台	163159.70	0.52	217000.38
6	600016	民生银行	160310.15	0.51	177538.56
7	000970	中科三环	157832.18	0.50	17357.43
8	601166	兴业银行	155020.67	0.49	180025.20
9	600000	浦发银行	137442.55	0.44	185042.44
10	600036	招商银行	135096.63	0.43	242909.30
11	600837	海通证券	133561.09	0.43	82944.35
12	600010	包钢股份	116791.19	0.37	34687.68
13	600048	保利地产	112841.93	0.36	97076.72
14	002024	苏宁电器	111881.70	0.36	49097.24
15	600585	海螺水泥	110071.69	0.35	73794.51
16	600132	重庆啤酒	106593.83	0.34	7438.64
17	000157	中联重科	104115.55	0.33	57801.27
18	600300	维维股份	103046.13	0.33	11520.08
19	600549	厦门钨业	99619.62	0.32	26583.58
20	600547	山东黄金	98648.31	0.31	54304.44
21	000750	国海证券	95803.96	0.31	21485.50
22	600739	辽宁成大	94504.57	0.30	20457.00
23	000799	酒鬼酒	94466.47	0.30	10657.67
24	601901	方正证券	92833.02	0.30	26901.00
25	000776	广发证券	91700.54	0.29	91275.47
26	601555	东吴证券	90825.60	0.29	16120.00
27	600123	兰花科创	88518.64	0.28	23179.30
28	600031	三一重工	87231.00	0.28	80417.35

注：1.按2012全年股票成交金额进行排名。
2.占比为个股成交金额占A股股票总成交金额的比重。
数据来源：上海证券交易所、深圳证券交易所
Source:SSE、SZSE

Statistics of Top 50 A-share Stocks Ranked by Stock Trading Turnover in 2012

流通市值(百万元) Negotiable Market Capitalization (million yuan)	成交量(百万股) Trading Volume (million shares)	市盈率(倍) P/E Ratio (times)	市净率(倍) P/B Ratio (times)	涨跌幅(%) Price Change Rate (%)	股本换手率(%) Turnover Ratio of Share Capital (%)
55406.15	10625.92	60.05	13.50	99.93	901.42
216776.49	5230.60	17.27	2.17	32.73	109.28
131123.88	17101.16	34.73	1.70	42.52	174.24
107148.14	5698.78	17.65	3.70	-12.69	150.14
217000.38	743.04	16.31	6.35	9.83	71.57
177538.56	25107.14	5.94	1.37	43.78	111.15
16542.68	4634.54	22.76	5.41	64.10	913.03
180025.20	11522.10	5.19	1.06	36.76	106.82
148033.95	16095.61	5.41	1.04	21.20	107.86
242909.30	11818.28	6.55	1.48	20.16	66.90
82944.35	14260.79	32.53	1.67	40.78	175.07
34687.68	20497.65	135.42	2.68	31.68	319.10
97076.72	9887.85	11.50	2.28	65.62	150.79
32893.08	13806.92	10.36	1.74	-19.89	265.41
73794.51	6643.10	15.50	2.00	20.45	166.09
7438.64	4055.39	46.77	5.01	-45.51	837.94
57784.10	11160.36	9.00	1.76	22.88	177.88
11520.08	12871.95	148.40	4.68	79.96	769.85
26583.58	2432.75	50.53	6.90	31.98	356.72
54304.44	2721.00	25.01	7.15	34.98	211.57
5515.80	7007.77	249.79	7.81	170.19	2646.21
20457.00	5938.74	29.44	1.97	21.97	435.16
7353.82	2446.52	52.23	5.82	39.52	1155.36
14673.11	19536.72	47.85	1.86	7.12	1136.53
37857.44	5576.99	40.26	2.83	49.36	346.88
9844.32	10887.31	57.21	2.13	23.72	2414.64
23179.30	3603.53	12.44	2.43	5.66	379.42
74456.17	7295.25	14.14	3.49	-13.45	103.76

2-24 续表

排名 Ranking	股票代码 Stock Code	股票简称 Stock Abbreviation	成交金额(百万元) Trading Turnover (million yuan)	占比(%) Proportion (%)	股票市值(百万元) Market Capitalization of Shares (million yuan)
29	601601	中国太保	85724.58	0.27	141450.75
30	600489	中金黄金	81834.45	0.26	48945.90
31	600252	中恒集团	80514.90	0.26	9967.66
32	600259	广晟有色	80364.95	0.26	14584.91
33	600470	六国化工	78437.93	0.25	4788.29
34	000629	攀钢钒钛	77772.19	0.25	35389.75
35	000758	中色股份	75445.38	0.24	15639.78
36	600050	中国联通	75104.48	0.24	74188.09
37	600383	金地集团	74372.15	0.24	31389.99
38	000630	铜陵有色	74084.11	0.24	26868.37
39	601699	潞安环能	74040.03	0.24	50370.73
40	600256	广汇能源	73506.23	0.23	57436.50
41	000568	泸州老窖	72426.45	0.23	49498.70
42	601088	中国神华	72163.35	0.23	418047.81
43	000651	格力电器	70783.02	0.23	76700.57
44	600348	阳泉煤业	70413.39	0.22	34944.65
45	600104	上汽集团	70108.42	0.22	194491.00
46	600366	宁波韵升	69659.35	0.22	8165.08
47	600362	江西铜业	67834.19	0.22	49515.40
48	600015	华夏银行	67366.87	0.21	70894.66
49	600260	凯乐科技	66769.79	0.21	4859.56
50	000983	西山煤电	66026.60	0.21	43833.19
合计	-	-	5432548.27	17.32	3813672.06

continued

流通市值(百万元) Negotiable Market Capitalization (million yuan)	成交量(百万股) Trading Volume (million shares)	市盈率(倍) P/E Ratio (times)	市净率(倍) P/B Ratio (times)	涨跌幅(%) Price Change Rate (%)	股本换手率(%) Turnover Ratio of Share Capital (%)
139686.46	4180.84	40.16	2.12	19.05	67.34
48945.90	4326.47	31.43	4.87	42.75	185.10
9967.66	7666.86	13.97	3.08	-13.26	702.26
14584.91	1384.08	241.40	27.42	53.37	612.94
4788.29	7665.31	66.99	2.08	14.64	1469.58
19639.04	13504.57	0.00	2.29	-1.52	357.85
14335.32	3525.23	40.96	6.54	18.90	501.66
74188.09	18049.53	31.33	1.03	-32.67	85.15
31389.99	12696.43	9.27	1.33	43.28	283.94
26867.84	3706.14	18.62	2.56	12.97	260.71
50370.73	3355.77	19.63	3.14	5.66	145.83
33666.94	4321.12	59.58	7.09	43.34	253.47
49451.39	1859.93	17.55	5.99	-2.11	145.75
413484.81	2914.12	10.58	1.99	3.83	17.86
76130.31	3314.06	15.00	3.11	51.00	113.31
34944.65	4108.92	15.28	2.69	-3.03	170.85
161764.51	4855.91	9.37	1.59	27.67	52.95
8165.08	3611.01	18.14	2.94	7.79	701.85
49515.40	2788.75	15.84	1.93	11.14	134.38
51651.97	6808.25	5.54	0.95	-5.58	136.42
4859.56	6296.07	25.64	2.89	68.07	1193.25
43832.79	4238.89	15.77	2.71	-3.53	237.60
3527100.49	394385.99	-	-	-	-

2-25 2012年A股涨幅前50股票交易情况

排名 Ranking	股票代码 Stock Code	股票简称 Stock Abbreviation	涨幅(%) Price Change Rate (%)	股票市值(百万元) Market Capitalization of Shares (million yuan)	流通市值(百万元) Negotiable Market Capitalization (million yuan)
1	002703	浙江世宝	540.70	3156.30	247.95
2	000156	华数传媒	421.50	11441.98	666.83
3	000409	ST泰复	204.58	2505.49	2471.64
4	300288	朗玛信息	194.92	3509.45	880.65
5	603993	洛阳钼业	177.67	31362.57	1666.00
6	300355	蒙草抗旱	174.49	4436.69	1112.92
7	000750	国海证券	170.19	21485.50	5515.80
8	600340	华夏幸福	165.93	24896.60	9846.04
9	600209	罗顿发展	159.10	4561.33	3899.34
10	600684	珠江实业	156.31	4725.64	4725.64
11	600988	赤峰黄金	152.85	6031.51	2121.29
12	000671	阳 光 城	144.62	8308.09	8240.35
13	000043	中航地产	137.67	4908.84	4908.78
14	600217	秦岭水泥	134.77	4685.07	4685.07
15	002456	欧菲光	126.50	8058.24	3470.54
16	002490	山东墨龙	124.37	5937.27	1591.87
17	600228	昌九生化	123.41	3569.12	3569.12
18	600800	天津磁卡	123.25	4285.01	4259.80
19	000007	零七股份	119.91	3342.07	2671.78
20	600113	浙江东日	119.87	3208.30	3208.30
21	600389	江山股份	116.31	2809.62	2809.62
22	300343	联创节能	115.12	2418.00	604.50
23	000863	三湘股份	114.57	5547.57	1019.48
24	002571	德力股份	112.23	3158.91	1340.03
25	600230	沧州大化	112.01	4076.69	4076.69
26	600613	永生投资	109.93	1752.03	1752.03
27	600401	海润光伏	106.41	5835.03	1738.11

数据来源：上海证券交易所、深圳证券交易所
Source:SSE、SZSE

Statistics of Top 50 A-share Stocks Ranked by Stock Price Increase Rate in 2012

成交量 (百万股) Trading Volume (million shares)	成交金额 (百万元) Trading Turnover (million yuan)	市盈率(倍) P/E Ratio (times)	市净率(倍) P/B Ratio (times)	股本换手率(%) Turnover Ratio of Share Capital (%)
181.83	2676.24	40.61	6.77	1212.20
510.28	5688.63	96.04	14.54	798.12
372.37	2973.53	443.03	60.02	220.31
278.21	14412.83	60.74	7.71	2296.50
2145.68	17987.62	40.26	3.66	1072.84
514.32	14529.84	54.44	5.77	1496.86
7007.77	95803.96	249.79	7.81	2646.21
1547.09	32756.87	13.96	5.77	548.20
4925.79	35720.95	2752.49	6.65	1312.50
2358.52	22779.04	13.72	3.26	798.87
366.05	6398.96	25.35	16.35	463.22
795.32	8025.23	26.82	4.36	155.63
3416.03	23164.31	9.66	1.79	629.15
2977.21	13913.84	421.09	38.31	450.55
775.71	22181.87	381.55	6.90	938.08
2994.21	36403.19	52.44	3.04	2500.81
1413.62	17097.91	-	143.71	585.78
4742.67	24875.45	244.36	62.98	788.51
921.42	12632.10	535.93	11.51	498.69
4679.26	52818.29	112.85	5.76	1468.70
858.75	10862.87	84.32	2.99	433.71
127.09	4375.45	47.52	5.80	1270.87
1799.19	12523.86	23.62	5.17	1325.37
223.07	3894.33	54.00	3.29	542.71
1325.39	18013.50	14.13	2.69	511.08
915.66	15584.40	184.91	12.36	895.26
2833.90	22853.98	2810.82	2.11	1113.48

2-25 续表

排名 Ranking	股票代码 Stock Code	股票简称 Stock Abbreviation	涨幅(%) Price Change Rate (%)	股票市值(百万元) Market Capitalization of Shares (million yuan)	流通市值(百万元) Negotiable Market Capitalization (million yuan)
28	300212	易华录	106.22	4076.28	2125.71
29	002691	石煤装备	104.73	3030.00	757.49
30	000975	科 学 城	104.26	6279.09	6279.09
31	300026	红日药业	104.24	8441.80	3465.76
32	601633	长城汽车	101.84	47619.06	7210.56
33	002421	达实智能	101.06	3518.28	2041.63
34	600705	中航投资	100.88	20796.94	8170.79
35	600149	廊坊发展	100.22	3455.65	3000.70
36	000760	博盈投资	100.00	1984.82	1984.73
37	600111	包钢稀土	99.93	90705.55	55406.15
38	300298	三诺生物	97.21	4980.80	1245.20
39	300090	盛运股份	96.14	4748.06	2512.45
40	002018	华星化工	95.56	2585.94	2388.52
41	300262	巴安水务	94.29	3028.18	941.13
42	000737	南风化工	92.86	3704.13	3703.85
43	600567	山鹰纸业	92.66	4758.05	4195.55
44	002294	信立泰	92.47	16692.67	7316.72
45	002070	众和股份	91.63	3816.44	3400.76
46	000531	穗恒运A	91.48	4309.17	4254.53
47	300202	聚龙股份	91.48	4862.43	1433.50
48	600039	四川路桥	91.12	6770.86	3540.38
49	603002	宏昌电子	91.11	2752.00	688.00
50	000631	顺发恒业	90.80	7569.49	7569.22
合计	-	-	-	450498.62	217032.62

continued

成交量 (百万股) Trading Volume (million shares)	成交金额 (百万元) Trading Turnover (million yuan)	市盈率(倍) P/E Ratio (times)	市净率(倍) P/B Ratio (times)	股本换手率(%) Turnover Ratio of Share Capital (%)
242.36	6895.36	56.97	5.82	524.75
1156.21	14405.20	59.88	4.07	2312.44
2549.43	23476.22	210.00	6.66	409.27
462.01	14185.76	69.10	7.54	587.37
1313.29	20663.19	12.67	3.35	431.66
362.27	6278.64	77.12	5.34	476.43
2194.47	24466.02	28.79	3.92	366.87
1946.71	14419.39	556.78	10.89	594.81
926.84	6158.93	419.00	11.50	391.33
10625.92	462841.06	60.05	13.50	901.42
308.95	13574.40	57.06	6.15	1612.60
493.90	6360.54	66.67	4.81	365.64
1221.00	8382.66	880.00	4.16	450.28
903.73	17697.97	107.58	6.62	3328.43
2192.55	12207.62	69.59	4.89	399.58
5210.57	15132.21	-	1.62	492.18
401.77	12118.44	41.63	6.94	298.95
1427.39	12057.64	55.79	3.26	418.71
696.92	7984.36	56.41	1.95	230.17
98.83	2631.85	64.00	6.97	301.67
3278.40	20032.38	10.03	1.76	659.92
2255.02	15662.13	57.64	3.28	2434.93
1810.23	10107.07	14.57	2.91	368.92
93085.15	1298688.10	-	-	-

2-26 2012年A股跌幅前50股票交易情况

排名 Ranking	股票代码 Stock Code	股票简称 Stock Abbreviation	跌幅(%) Price Decrease Rate	股票市值(百万元) Market Capitalization of Shares (million yuan)	流通市值(百万元) Negotiable Market Capitalization (million yuan)
1	601012	隆基股份	-67.62	3661.96	918.00
2	600537	亿晶光电	-60.72	3872.39	1833.37
3	002214	大立科技	-60.18	1500.00	1068.03
4	002416	爱施德	-55.22	5425.11	774.72
5	300111	向日葵	-54.18	2957.29	975.69
6	300029	天龙光电	-52.90	1226.00	1069.10
7	600603	*ST兴业	-52.63	860.32	860.32
8	002601	佰利联	-52.37	4327.76	2568.75
9	002073	软控股份	-49.95	5612.28	4646.83
10	002610	爱康科技	-48.32	1650.00	917.86
11	002269	美邦服饰	-47.83	13125.30	13125.30
12	300077	国民技术	-47.78	3908.64	2383.37
13	300307	慈星股份	-47.32	7218.00	1098.00
14	300118	东方日升	-47.00	2424.80	1207.44
15	002123	荣信股份	-46.97	4364.64	3916.70
16	300223	北京君正	-46.66	1346.80	587.78
17	300134	大富科技	-46.61	2819.20	946.81
18	002006	精功科技	-46.49	3823.34	3489.77
19	002261	拓维信息	-45.88	2267.55	1464.21
20	600132	重庆啤酒	-45.51	7438.64	7438.64
21	300036	超图软件	-45.02	1304.40	894.40
22	002218	拓日新能	-44.53	2855.24	2796.03
23	600298	安琪酵母	-44.15	5382.90	4817.12
24	002498	汉缆股份	-43.97	6467.58	860.78
25	002651	利君股份	-43.95	5517.76	564.16
26	600793	ST宜纸	-43.66	921.38	921.38
27	601908	京运通	-43.01	5201.61	1255.49

数据来源：上海证券交易所、深圳证券交易所
Source:SSE、SZSE

Statistics of Top 50 A-share Stocks Ranked by Stock Price Decrease Rate in 2012

成交量 (百万股) Trading Volume (million shares)	成交金额 (百万元) Trading Turnover (million yuan)	市盈率(倍) P/E Ratio (times)	市净率(倍) P/B Ratio (times)	股本换手率(%) Turnover Ratio of Share Capital (%)
412.96	3951.47	-	1.27	397.56
1517.29	20419.40	-	3.28	659.60
486.32	10603.59	48.69	3.38	683.89
738.28	6630.16	15.51	1.42	545.39
1143.26	8493.80	83.00	2.18	1023.47
1044.55	10685.99	19.97	1.09	956.93
910.11	4358.85	48.76	0.00	467.58
516.48	23563.09	10.35	2.03	977.94
2934.91	28717.38	12.41	1.85	484.91
1133.07	10754.57	7.25	1.32	1245.00
357.80	6517.43	11.29	3.25	35.60
1194.34	27341.25	36.38	1.44	738.54
513.64	10319.96	8.05	1.81	726.86
1452.16	12244.05	46.56	1.04	654.16
1592.42	18788.39	15.46	2.03	351.57
218.69	4266.04	19.24	1.25	727.00
685.49	8887.41	14.93	1.23	840.67
2257.01	33098.01	9.38	3.21	646.43
1559.14	23647.96	34.78	2.79	989.71
4055.39	106593.83	46.77	5.01	837.94
248.25	3368.53	27.87	2.36	362.89
1374.62	12311.32	0.00	1.99	300.19
587.75	12691.64	22.13	2.01	208.11
399.67	4554.23	22.75	1.73	419.74
262.63	5039.07	11.87	2.73	721.78
163.45	1660.09	16.44	36.02	155.22
778.17	10570.58	68.55	1.43	825.37

2-26 续表

排名 Ranking	股票代码 Stock Code	股票简称 Stock Abbreviation	跌幅(%) Price Decrease Rate	股票市值(百万元) Market Capitalization of Shares (million yuan)	流通市值(百万元) Negotiable Market Capitalization (million yuan)
28	300274	阳光电源	-43.00	2774.02	1213.63
29	000810	华润锦华	-42.62	1011.39	1011.39
30	300323	华灿光电	-42.60	2296.00	574.00
31	000869	张 裕A	-42.44	21312.66	21312.66
32	300046	台基股份	-41.82	1267.35	637.96
33	600550	天威保变	-41.77	8938.17	8938.17
34	002055	得润电子	-41.69	2379.30	2308.85
35	603333	明星电缆	-41.51	2828.83	707.23
36	002293	罗莱家纺	-41.47	6070.70	6070.70
37	600770	综艺股份	-41.42	6837.47	6698.20
38	300268	万福生科	-41.35	947.38	240.38
39	000063	中兴通讯	-41.28	27402.30	27292.51
40	002585	双星新材	-41.03	4064.32	1016.08
41	002563	森马服饰	-40.63	14632.80	1528.80
42	002283	天润曲轴	-40.53	3546.67	3546.67
43	000723	美锦能源	-40.50	1456.02	1016.22
44	002248	华东数控	-40.37	1766.42	1392.02
45	300158	振东制药	-40.35	2566.08	803.63
46	002291	星期六	-40.28	2158.30	2158.30
47	600819	耀皮玻璃	-40.24	3077.63	3077.63
48	300166	东方国信	-39.85	1488.38	459.50
49	000811	烟台冰轮	-39.69	2718.78	2718.44
50	002430	杭氧股份	-39.64	8055.29	2968.48
合计	-	-	-	237077.15	161091.48

continued

成交量 (百万股) Trading Volume (million shares)	成交金额 (百万元) Trading Turnover (million yuan)	市盈率(倍) P/E Ratio (times)	市净率(倍) P/B Ratio (times)	股本换手率(%) Turnover Ratio of Share Capital (%)
780.67	10819.28	12.80	1.51	1103.29
230.42	2465.79	18.35	2.10	177.70
518.87	7737.20	18.43	1.38	1037.74
368.97	23646.57	17.15	5.99	88.19
188.23	2227.06	14.77	1.51	263.19
1409.07	13435.27	-	1.67	102.63
1204.21	10940.72	19.73	2.09	372.72
694.64	5772.72	34.06	1.81	807.94
112.78	6363.51	16.50	3.44	194.14
2645.91	25328.24	210.09	2.11	300.82
438.01	5726.69	12.78	1.46	1673.61
4416.78	58324.74	16.28	1.49	158.13
306.47	6194.33	9.58	1.13	406.95
149.35	4284.69	12.05	1.94	213.36
896.28	7664.79	15.93	1.20	313.12
596.87	8836.30	74.50	3.24	612.61
572.80	5622.64	85.75	1.79	282.44
211.01	3555.47	21.78	1.38	363.30
458.46	3581.55	22.25	1.37	340.59
397.14	2941.11	71.50	1.97	73.04
396.82	11022.00	25.41	2.13	1968.81
2048.11	16244.06	17.40	2.29	519.10
739.53	9542.01	16.29	2.67	261.54
48319.24	682354.81	-	-	-

2-27　2012年B股总市值前50股票交易情况

排名 Ranking	股票代码 Stock Code	股票简称 Stock Abbreviation	股票市值(百万元) Market Capitalization of Shares (million yuan)	占比(%) Proportion (%)	流通市值(百万元) Negotiable Market Capitalization (million yuan)
1	900948	伊泰B股	23758.94	15.02	23758.94
2	200002	万 科B	13345.15	8.43	13345.15
3	200869	张 裕B	8604.44	5.44	8604.44
4	200024	招商局B	7532.52	4.76	7507.13
5	200550	江 铃B	4912.77	3.10	4912.77
6	900932	陆家B股	4025.71	2.54	4025.71
7	900947	振华B股	3539.92	2.24	3539.92
8	900950	新城B股	3436.44	2.17	3436.44
9	900933	华新B股	3358.55	2.12	3358.55
10	200012	南 玻B	3287.64	2.08	3287.64
11	200625	长 安B	3185.60	2.01	3185.60
12	900936	鄂资B股	2731.45	1.73	2731.45
13	200539	粤电力B	2549.70	1.61	2549.70
14	200513	丽 珠B	2531.42	1.60	2531.42
15	200726	鲁 泰B	2498.10	1.58	1830.24
16	900949	东电B股	2491.06	1.57	2491.06
17	200596	古井贡B	2489.29	1.57	2489.29
18	900905	老凤祥B	2474.80	1.56	2474.80
19	200581	苏威孚B	2340.05	1.48	2340.05
20	200771	杭汽轮B	2319.61	1.47	2319.61
21	900903	大众B股	1772.94	1.12	1772.94
22	200725	京东方B	1673.76	1.06	1673.76
23	900911	金桥B股	1561.23	0.99	1561.23
24	200022	深赤湾B	1530.68	0.97	1529.90
25	200488	晨 鸣B	1502.74	0.95	1502.74
26	900920	上柴B股	1471.85	0.93	1471.85
27	900925	机电B股	1429.39	0.90	1429.39
28	900934	锦江B股	1396.22	0.88	1396.22

注：1.按2012年末股票市值进行排名。
　　2.占比为个股市值占B股股票总市值的比重。
数据来源：上海证券交易所、深圳证券交易所
Source:SSE、SZSE

Statistics of Top 50 B-share Stocks Ranked by Stock Market Capitalization in 2012

成交量(百万股) Trading Volume (million shares)	成交金额(百万元) Trading Turnover (million yuan)	市盈率(倍) P/E Ratio (times)	市净率(倍) P/B Ratio (times)	涨跌幅(%) Price Change Rate (%)	股本换手率(%) Turnover Ratio of Share Capital (%)
348.29	12149.93	8.79	2.96	19.36	52.45
620.32	4916.45	11.70	1.98	65.34	47.17
95.55	4160.26	13.67	4.73	-28.19	44.52
236.01	2893.88	14.95	1.69	166.04	69.79
30.41	411.18	6.97	1.59	26.11	8.84
191.85	1203.31	14.59	1.27	57.85	37.65
407.22	946.44	-	0.67	-20.96	46.11
646.01	2532.55	6.47	1.65	72.06	100.50
77.37	784.90	17.24	1.24	-5.15	23.59
707.72	3042.50	7.87	1.29	6.31	92.81
1144.54	3069.61	17.06	1.11	59.02	116.53
216.93	1394.99	10.71	1.12	-2.35	51.65
411.52	1244.05	30.06	1.01	58.67	61.85
43.89	733.35	19.11	2.29	85.70	39.19
218.46	1202.25	6.98	1.11	19.89	67.35
235.68	759.01	9.10	0.74	34.82	34.16
100.99	2443.00	18.57	3.29	-6.14	95.83
187.62	2208.97	10.28	2.28	20.91	100.63
82.74	1344.39	11.74	1.66	29.44	71.99
266.54	1956.57	10.32	1.75	58.17	105.12
146.45	455.09	13.45	0.96	12.73	27.43
965.73	925.01	30.20	0.68	50.98	72.14
100.06	460.54	15.96	1.24	49.29	36.76
22.89	177.97	11.40	1.53	30.85	12.73
418.13	1210.56	9.82	0.42	-8.27	75.00
248.02	1169.43	18.09	1.16	54.05	89.62
107.90	691.34	9.61	1.32	17.99	49.90
51.85	427.88	14.63	1.27	24.99	33.24

2-27 续表

排名 Ranking	股票代码 Stock Code	股票简称 Stock Abbreviation	股票市值(百万元) Market Capitalization of Shares (million yuan)	占比(%) Proportion (%)	流通市值(百万元) Negotiable Market Capitalization (million yuan)
29	900923	友谊B股	1328.17	0.84	1328.17
30	200418	小天鹅B	1292.00	0.82	1292.00
31	900942	黄山B股	1216.66	0.77	1216.66
32	200152	山 航B	1213.95	0.77	1213.95
33	900917	海欣B股	1209.04	0.76	1209.04
34	900908	氯碱B股	1178.82	0.75	1178.82
35	200028	一致B	1151.92	0.73	1151.92
36	900912	外高B股	1021.76	0.65	1021.76
37	200053	深基地B	999.26	0.63	999.06
38	900921	丹科B股	976.33	0.62	976.33
39	200541	粤照明B	963.67	0.61	963.66
40	900910	海立B股	938.34	0.59	938.34
41	900909	双钱B股	880.71	0.56	880.71
42	200761	本钢板B	837.88	0.53	837.88
43	900926	宝信B股	828.18	0.52	828.18
44	200056	*ST国商B	769.47	0.49	766.89
45	200429	粤高速B	764.51	0.48	764.50
46	900914	锦投B股	762.74	0.48	762.74
47	200016	深康佳B	754.25	0.48	754.25
48	900955	九龙山B	753.43	0.48	753.43
49	900945	海航B股	736.60	0.47	736.60
50	900937	华电B股	728.19	0.46	728.19
合计	-	-	135057.83	85.36	134360.44

continued

成交量(百万股) Trading Volume (million shares)	成交金额(百万元) Trading Turnover (million yuan)	市盈率(倍) P/E Ratio (times)	市净率(倍) P/B Ratio (times)	涨跌幅(%) Price Change Rate (%)	股本换手率(%) Turnover Ratio of Share Capital (%)
102.42	825.09	10.88	1.04	-5.02	56.99
48.74	310.93	9.65	1.18	2.19	25.51
50.69	396.03	15.32	1.93	4.40	32.49
174.07	1504.04	4.71	1.34	-2.29	124.33
279.98	758.29	60.15	1.08	-3.07	59.72
250.85	768.48	32.70	1.19	-1.71	61.70
68.87	1079.94	18.39	3.65	80.36	125.49
74.68	327.68	11.69	1.04	42.28	37.24
38.62	284.92	16.38	1.66	53.83	34.75
156.90	840.46	141.37	3.90	5.39	80.96
106.63	467.87	15.14	1.52	-1.06	47.34
148.57	488.04	14.91	0.93	12.01	52.28
101.56	351.26	11.03	1.29	8.11	41.78
410.65	858.10	8.63	0.43	10.22	102.66
55.29	392.10	9.46	1.68	16.08	48.33
43.72	355.47	0.00	0.00	5.43	43.13
126.24	252.17	13.17	0.65	19.84	36.20
50.41	241.75	14.14	1.23	8.78	31.30
320.83	555.70	88.08	0.56	32.18	79.08
88.85	214.30	-	1.84	-8.10	26.92
36.80	150.53	12.60	1.02	-1.03	19.92
109.36	181.21	-	1.13	-1.11	25.32
11175.41	66519.74	-	-	-	-

2-28 2012年B股成交金额前50股票交易情况

排名 Ranking	股票代码 Stock Code	股票简称 Stock Abbreviation	成交金额(百万元) Trading Turnover (million yuan)	占比(%) Proportion (%)	股票市值(百万元) Market Capitalization of Shares (million yuan)
1	900948	伊泰B股	12149.93	14.00	23758.94
2	200002	万 科B	4916.45	5.66	13345.15
3	200869	张 裕B	4160.26	4.79	8604.44
4	200625	长 安B	3069.61	3.54	3185.60
5	200012	南 玻B	3042.50	3.50	3287.64
6	200024	招商局B	2893.88	3.33	7532.52
7	200039	中 集B	2879.31	3.32	11236.51
8	900950	新城B股	2532.55	2.92	3436.44
9	200596	古井贡B	2443.00	2.81	2489.29
10	900905	老凤祥B	2208.97	2.54	2474.80
11	200771	杭汽轮B	1956.57	2.25	2319.61
12	200152	山 航B	1504.04	1.73	1213.95
13	900936	鄂资B股	1394.99	1.61	2731.45
14	200581	苏威孚B	1344.39	1.55	2340.05
15	900907	鼎立B股	1316.02	1.52	490.94
16	200539	粤电力B	1244.05	1.43	2549.70
17	200488	晨 鸣B	1210.56	1.39	1502.74
18	900932	陆家B股	1203.31	1.39	4025.71
19	200726	鲁 泰B	1202.25	1.38	2498.10
20	900920	上柴B股	1169.43	1.35	1471.85
21	200028	一致B	1079.94	1.24	1151.92
22	900947	振华B股	946.44	1.09	3539.92
23	200725	京东方B	925.01	1.07	1673.76
24	900940	大名城B	909.27	1.05	548.69
25	200761	本钢板B	858.10	0.99	837.88
26	900921	丹科B股	840.46	0.97	976.33
27	900923	友谊B股	825.09	0.95	1328.17
28	900933	华新B股	784.90	0.90	3358.55

注：1.按2012全年股票成交金额进行排名。
　　2.占比为个股成交金额占B股股票总成交金额的比重。
数据来源：上海证券交易所、深圳证券交易所
Source:SSE、SZSE

Statistics of Top 50 B-share Stocks Ranked by Stock Trading Turnover in 2012

流通市值(百万元) Negotiable Market Capitalization (million yuan)	成交量(百万股) Trading Volume (million shares)	市盈率(倍) P/E Ratio (times)	市净率(倍) P/B Ratio (times)	涨跌幅(%) Price Change Rate (%)	股本换手率(%) Turnover Ratio of Share Capital (%)
23758.94	348.29	8.79	2.96	19.36	52.45
13345.15	620.32	11.70	1.98	65.34	47.17
8604.44	95.55	13.67	4.73	-28.19	44.52
3185.60	1144.54	17.06	1.11	59.02	116.53
3287.64	707.72	7.87	1.29	6.31	92.81
7507.13	236.01	14.95	1.69	166.04	69.79
11236.50	348.04	5.99	1.10	15.39	24.33
3436.44	646.01	6.47	1.65	72.06	100.50
2489.29	100.99	18.57	3.29	-6.14	95.83
2474.80	187.62	10.28	2.28	20.91	100.63
2319.04	266.54	10.32	1.75	58.17	105.12
1213.95	174.07	4.71	1.34	-2.29	124.33
2731.45	216.93	10.71	1.12	-2.35	51.65
2340.05	82.74	11.74	1.66	29.44	71.99
490.94	314.82	41.10	2.62	36.79	260.95
2549.70	411.52	30.06	1.01	58.67	61.85
1502.74	418.13	9.82	0.42	-8.27	75.00
4025.71	191.85	14.59	1.27	57.85	37.65
1830.24	218.46	6.98	1.11	19.89	67.35
1471.85	248.02	18.09	1.16	54.05	89.62
1151.92	68.87	18.39	3.65	80.36	125.49
3539.92	407.22	-	0.67	-20.96	46.11
1673.76	965.73	30.20	0.68	50.98	72.14
548.69	343.84	22.09	1.76	39.81	173.03
837.88	410.65	8.63	0.43	10.22	102.66
976.33	156.90	141.37	3.90	5.39	80.96
1328.17	102.42	10.88	1.04	-5.02	56.99
3358.55	77.37	17.24	1.24	-5.15	23.59

2-28 续表

排名 Ranking	股票代码 Stock Code	股票简称 Stock Abbreviation	成交金额(百万元) Trading Turnover (million yuan)	占比(%) Proportion (%)	股票市值(百万元) Market Capitalization of Shares (million yuan)
29	900908	氯碱B股	768.48	0.89	1178.82
30	900949	东电B股	759.01	0.87	2491.06
31	900917	海欣B股	758.29	0.87	1209.04
32	200513	丽 珠B	733.35	0.84	2531.42
33	900935	阳晨B股	718.65	0.83	617.03
34	900925	机电B股	691.34	0.80	1429.39
35	900957	凌云B股	677.96	0.78	590.22
36	200992	中 鲁B	570.32	0.66	494.11
37	200016	深康佳B	555.70	0.64	754.25
38	200011	深物业B	546.62	0.63	292.56
39	900919	大江B股	510.18	0.59	614.99
40	900943	开开B股	497.43	0.57	370.84
41	900910	海立B股	488.04	0.56	938.34
42	200530	大 冷B	480.12	0.55	455.64
43	200055	方大B	472.60	0.54	690.08
44	200541	粤照明B	467.87	0.54	963.67
45	900911	金桥B股	460.54	0.53	1561.23
46	900953	凯马B	455.92	0.53	671.73
47	900903	大众B股	455.09	0.52	1772.94
48	200026	飞亚达B	444.67	0.51	445.47
49	200030	*ST盛润B	438.48	0.51	149.18
50	900934	锦江B股	427.88	0.49	1396.22
合计	-	-	73389.78	84.54	135528.86

continued

流通市值(百万元) Negotiable Market Capitalization (million yuan)	成交量(百万股) Trading Volume (million shares)	市盈率(倍) P/E Ratio (times)	市净率(倍) P/B Ratio (times)	涨跌幅(%) Price Change Rate (%)	股本换手率(%) Turnover Ratio of Share Capital (%)
1178.82	250.85	32.70	1.19	-1.71	61.70
2491.06	235.68	9.10	0.74	34.82	34.16
1209.04	279.98	60.15	1.08	-3.07	59.72
2531.42	43.89	19.11	2.29	85.70	39.19
617.03	124.85	40.59	2.70	11.11	118.23
1429.39	107.90	9.61	1.32	17.99	49.90
590.22	233.42	155.33	2.94	34.21	126.86
494.11	190.95	21.00	1.99	51.55	138.37
754.25	320.83	88.08	0.56	32.18	79.08
292.56	153.42	10.00	1.98	52.29	226.94
614.99	257.12	-	4.36	-7.84	74.16
370.84	113.98	18.52	3.29	42.00	142.47
938.34	148.57	14.91	0.93	12.01	52.28
455.64	129.71	17.88	0.78	13.80	112.79
690.08	238.27	22.79	1.42	19.91	70.92
963.66	106.63	15.14	1.52	-1.06	47.34
1561.23	100.06	15.96	1.24	49.29	36.76
671.73	171.21	244.15	1.83	9.88	71.34
1772.94	146.45	13.45	0.96	12.73	27.43
445.47	75.73	13.63	1.51	-29.18	92.75
149.18	107.34	0.75	0.00	9.69	271.06
1396.22	51.85	14.63	1.27	24.99	33.24
134835.01	13099.85	-	-	-	-

2-29 股票市场估值水平概况

Level of Stock Market Valuation

单位：倍 (times)

	市盈率 P/E Ratio		市净率 P/B Ratio	
	2011	2012	2011	2012
主板	12.92	13.68	1.78	1.67
中小板	27.07	29.47	2.88	2.60
创业板	35.94	36.21	2.82	2.64
A股	14.27	15.10	1.91	1.78
B股	7.52	9.46	1.07	1.19
沪深300指数成份股	11.14	11.72	1.70	1.61
上证50指数成份股	9.73	9.78	1.60	1.51
上证180指数成份股	10.27	10.55	1.61	1.52

数据来源：上海证券交易所、深圳证券交易所
Source:SSE、SZSE

2-30 股票市场行业估值水平情况

Level of Stock Market Valuation by Industry

单位：倍 (times)

行业	Industry	市盈率 P/E Ratio		市净率 P/B Ratio	
		2011	2012	2011	2012
农、林、牧、渔	Agriculture,Forestry,Animal Husbandry and Fishery	49.25	81.34	3.37	3.09
采矿业	Mining	12.93	14.11	1.92	1.74
制造业	Manufacturing	22.82	30.51	2.40	2.22
电力、热力、燃气及水生产和供应业	Production and Supply of Electricity, Gas and Water	20.73	15.24	1.69	1.64
建筑业	Construction	11.50	13.94	1.39	1.49
批发和零售业	Wholesale and Retail Trades	20.80	24.28	2.46	2.07
交通运输、仓储和邮政业	Transport,Storage and Post	16.00	17.51	1.39	1.26
住宿和餐饮业	Hotels and Catering Services	34.45	35.71	2.69	2.75
信息传输、软件和信息技术服务业	Information Transmission,Computer Services and Software	40.52	32.16	2.76	2.29
金融业	Financial Intermediation	8.06	7.95	1.42	1.35
房地产业	Real Estate	12.63	14.56	1.70	1.99
租赁和商务服务业	Leasing and Business Services	33.65	25.80	2.89	2.56
科学研究和技术服务业	Scientific Research,Technical Service	42.45	35.15	4.09	3.57
水利、环境和公共设施管理业	Management of Water Conservancy, Environment and Public Facilities	24.77	23.58	3.08	3.06
教育	Education	310.63	-	2.66	2.71
卫生和社会工作	Health and Social Works	57.40	39.34	7.55	5.41
文化、体育和娱乐业	Culture,Sports and Entertainment	28.78	24.48	2.94	2.64
综合	Others	27.94	39.61	3.45	3.53

注：行业分类使用2012年第四季度证监会行业分类结果，2012年退市的天方药业、莱钢股份、广汽长丰属于制造业，路桥建设属于建筑业。
数据来源：上海证券交易所、深圳证券交易所
Source:SSE、SZSE

2-31 证券市场股息率情况
Dividend Yield Ratio of Securities Market

单位：% (%)

年份 Year	主板 Main Board	中小板 SME Board	创业板 GE Board	上证综指 SSE Composite Index	深证综指 SZSE Composite Index	上证50指数 SSE 50 Index	上证180指数 SSE 180 Index	深证成份指数 SZSE Component Index
2008	2.14	0.85	-	2.23	1.49	2.70	2.52	2.07
2009	1.08	0.48	-	1.21	0.50	1.59	1.43	0.67
2010	1.29	0.39	0.19	1.43	0.56	2.10	1.79	0.91
2011	1.99	0.99	0.73	2.18	1.02	2.73	2.58	1.39
2012	2.25	1.20	1.00	2.49	1.14	3.17	2.91	1.38

数据来源：上海证券交易所、深圳证券交易所
Source:SSE、SZSE

2-32 融资融券业务情况
Statistics of Margin Requirement

年份 Year	标的证券数量(只) Number of Designated Securities for Margin Transactions(unit)			融资融券交易金额(亿元) Turnover of Margin Transactions(100 million yuan)		
	股票 Stock	ETF	合计 Total	标的股票 Underlying Stock	其中：融资买入额 Margin Purchase	其中：融券卖出额 Short Selling
2010	90	-	90	1196.85	700.88	12.77
2011	278	7	285	5842.50	2968.71	273.10
2012	278	10	288	15359.60	7023.83	1419.81

注：1.融资融券交易金额=融资交易额+融券交易额=融资买入额+卖券还款额+融资强制平仓额+融券卖出额+买券还券额+融券强制平仓额。
2.融券余额=融券卖出数量*统计日收盘价格。
3.平均维持担保比例=全市场有融资融券负债的客户资产总额/全市场客户负债总额。
4.ETF自2011年12月开始被纳入融资融券标的证券，故2011年统计数据仅反映12月份的数据。

数据来源：中国证券金融公司
Source:CSF

2-32 续表 1 continued

年份 Year	融资融券交易金额(亿元) Turnover of Margin Transactions(100 million yuan)					
	标的ETF Underlying ETF	其中：融资买入额 Margin Purchase	其中：融券卖出额 Short Selling	合计 Total	其中：融资买入额 Margin Purchase	其中：融券卖出额 Short Selling
2010	-	-	-	1196.85	700.88	12.77
2011	13.46	6.92	0.77	5855.96	2975.63	273.87
2012	1145.92	231.93	359.10	16505.52	7255.76	1778.91

2-32 续表 2 continued

年份 Year	融资融券余额(亿元) Outstanding Balance of Margin Transactions(100 million yuan)								
	标的股票 Underlying Stock	其中：融资余额 Margin Purchase	其中：融券余额 Short Selling	标的ETF Underlying ETF	其中：融资余额 Margin Purchase	其中：融券余额 Short Selling	合计 Total	其中：融资余额 Margin Purchase	其中：融券余额 Short Selling
2010	127.75	127.64	0.11	-	-	-	127.75	127.64	0.11
2011	381.08	374.57	6.51	1.92	1.83	0.08	383.00	376.41	6.59
2012	858.88	825.76	33.12	36.42	31.32	5.10	895.30	857.09	38.21

2-32 续表 3 continued

年份 Year	开展融资融券业务证券公司及营业部(家) Securities Companies Operating Margin Transactions(unit)		担保物(亿元) Margin(100 million yuan)					客户维持担保比例(%) Maintenance Ratio	
			证券市值 Market Value of Securities Used as Margin			现金 Cash	合计 Total		
	证券公司数量 Number of Securities Companies	营业部数量 Number of Branches	小计 Subtotal	股票 Stock	债券、基金及其它 Bond, Fund and Others			平均维持担保比例 Average Maintenance Ratio	最低维持担保比例 Lowest Maintenance Ratio among Investors
2010	25	1223	428.01	425.32	2.69	9.35	437.36	304.00	161.00
2011	25	2156	1135.06	1125.23	9.83	44.81	1179.86	260.66	131.00
2012	74	4060	2530.37	2500.64	29.74	157.90	2688.28	275.61	125.00

2-33 2012年转融通业务情况
Statistics of Refinancing Securities in 2012

项目 Items	指标 Index		2012
借入人数量（家） Number of Borrower	证券公司 Securities Company		30
转融券标的证券数量（只） Number of Magin Securities（unit）			0
交易金额（亿元） Turnover（100 million yuan）	转融资Margin Funds	转融资交易金额 Margin Funds Loans	410.33
		其中：新合约融出 New Loans	179.2
		展期融出 Rollover	231.13
	转融券 Magin Securities	转融券交易金额 Magin Securities Loans	0
		其中：新合约融出 New Loans	0
		展期融出 Rollover	0
	合计 Total		410.33
归还金额（亿元） Redemption Value（100 million yuan）	转融资归还金额 Repaid Margin Funds Loans		147.69
	转融券归还金额 Returned Margin Securities Loans		0
	合计 Total		147.69
余额（亿元） Outstanding Loans（100 million yuan）	转融资余额 Outstanding Margin Funds Loans		92.51
	转融券余额 Outstanding Margin Securities Loans		0
	合计 Total		92.51
负债（亿元） Liability（100 million yuan）	转融资总负债 Total Liabilities of Margin Funds		92.93
	转融券总负债 Total Liabilities of Margin Securities		0
	合计 Total		92.93
保证金（亿元） Collateral Value（100 million yuan）	货币资金金额 Cash		6.66
	可充抵保证金证券价值 Securities		20.43
	合计 Total		27.09
保证金比例（%） Collateral Ratio（%）	市场平均 Average		29.15
	市场最低 Lowest		20.04
保证金比例分布（家）Distribution of Collateral Ratio（unit）	>=50%		1
	[24%，50%)		14
	[20%，24%)		11
	<20%		0

注：1.转融通交易金额=转融资交易额+转融券交易额=转融资新合约融出额+转融资展期融出合约额+转融券新合约融出额+转融券展期融出合约额。
2.归还额是指归还转融通本金金额，不包含息费。
3.证券公司数量、转融资余额为截至12月31日数据。
4.可充抵保证金证券价值是指折算后的可充抵保证金证券市值。
5.市场平均保证金比例=有转融通余额的证券公司保证金总额/证券公司总负债。
6.保证金和保证金比例及分布仅统计截至12月31日有转融通余额的证券公司。
7.转融资业务开始于2012年8月30日，转融券业务开始于2013年8月23日。

数据来源：中国证券金融公司
Source:CSF

2-34 股改限售股份累计解禁及减持情况
Cumulative Unlocking and Reduced Volume of Restricted Shares Resulted from Share Reform

年份 Year	累计产生股改限售股份数量(亿股) Accumulative Number of Restricted Shares Resulted from Share Reform (100 million shares)			未解禁股改限售股份存量(亿股) Restricted Shares Resulted from Share Reform Still being Locked (100 million shares)			累计解禁数量(亿股) Cumulative Unlocking Volume (100 million shares)		
	大非 Accounts Holding Shares>=5%	小非 Accounts Holding Shares<5%	合计 Total	大非 Accounts Holding Shares>=5%	小非 Accounts Holding Shares<5%	合计 Total	大非 Accounts Holding Shares>=5%	小非 Accounts Holding Shares<5%	合计 Total
2006	3495.90	486.67	3982.57	3465.23	415.01	3880.24	30.67	71.66	102.33
2007	3693.55	636.08	4341.27	3383.21	294.90	3678.11	310.34	341.18	651.52
2008	3934.10	747.48	4681.58	3012.05	293.57	3305.62	910.41	453.91	1364.32
2009	3994.85	772.98	4767.83	1342.40	153.43	1495.83	2640.81	619.55	3260.36
2010	4052.88	789.69	4842.57	1011.57	122.27	1133.83	3029.68	667.42	3697.10
2011	4073.97	811.23	4885.20	590.09	103.58	693.66	3472.25	707.65	4179.90
2012	4109.33	832.62	4941.95	447.06	102.68	549.75	3650.63	729.94	4380.57

注：1.累计解禁数量为自股改以来累计解禁数量。
2.累计解禁占比为累计解禁数量占累计产生股改限售股份数量的比重。
3.累计减持数量包括自股改以来通过集中竞价交易方式和大宗交易方式累计减持的数量。
4.累计减持占比为累计减持数量占累计解禁数量的比重。
5.大非账户指在股改实施日日终持有某证券的股改限售股数量占该证券股本的比重大于等于5%的证券账户。
6.小非账户指在股改实施日日终持有某证券的股改限售股数量占该证券股本的比重小于5%的证券账户。

数据来源：中国证券登记结算公司
Source:CSDC

2-34 续表 continued

年份 Year	累计解禁占比(%) Ratio of Cumulative Unlocking (%)			累计减持数量(亿股) Cumulative Reduced Volume (100 million shares)			累计减持占比(%) Ratio of Cumulative Reduction (%)		
	大非 Accounts Holding Shares>=5%	小非 Accounts Holding Shares<5%	合计 Total	大非 Accounts Holding Shares>=5%	小非 Accounts Holding Shares<5%	合计 Total	大非 Accounts Holding Shares>=5%	小非 Accounts Holding Shares<5%	合计 Total
2006	0.88	14.72	2.57	3.28	18.92	22.20	10.69	26.40	21.69
2007	8.40	53.64	15.01	57.96	142.13	200.09	18.68	41.66	30.71
2008	23.14	60.73	29.14	88.18	198.91	287.09	9.69	43.82	21.04
2009	66.11	80.15	68.38	155.74	257.18	412.92	5.90	41.51	12.66
2010	74.75	84.52	76.35	193.24	286.26	479.50	6.38	42.89	12.97
2011	85.23	87.23	85.56	219.82	302.97	522.79	6.33	42.81	12.51
2012	88.88	87.48	88.64	240.04	321.77	561.81	6.58	44.08	12.82

2-35 全国中小企业股份转让系统市场运行情况
NEEQ Market Operation

年份 Year	定向发行情况 Directional Issuance				
	发行次数(次) Number of Issuance (times)	发行股数(万股) Number of Shares Issued (10 thousand shares)	发行金额(万元) Purchase of Shares Issued (10 thousand yuan)	最高发行价(元) Maximum Issue Price (yuan)	最低发行价(元) Minimum Issue Price (yuan)
2011	10	8007.13	64818.45	21.20	4.34
2012	26	19904.27	78959.74	10.15	1.35

注：1.市盈率均采用静态市盈率计算方法：发行市盈率＝发行价格/发行摊薄后每股收益，平均市盈率＝Σ按发行价格计算的市值/Σ归属母公司股东净利润；

2.换手率采用市值换手率计算方法，以统计期内全部转让日的市值换手率合计进行计算，市值换手率＝当日成交金额/当日无限售条件股份市值。

数据来源：全国中小企业股份转让系统

Source:NEEQ

2-35 续表 1 continued

年份 Year	定向发行情况 Directional Issuance				
	平均发行价(元) Average Issue Price (yuan)	最高融资额(万元) Maximum Purchase of Financing (10 thousand yuan)	最低融资额(万元) Minimum Purchase of Financing (10 thousand yuan)	平均融资额(万元) Average Purchase of Financing (10 thousand yuan)	平均市盈率(倍) Average P/E Ratio (times)
2011	8.10	21200.00	990.00	6481.85	32.00
2012	3.97	8458.75	484.08	3036.91	20.03

2-35 续表 2 continued

年份 Year	交易情况 Transactions				
	成交金额(万元) Trading Turnover (10 thousand yuan)	成交量(万股) Trading Volume (10 thousand shares)	成交笔数(笔) Number of Transactions(times)	成交均价(元) Average Price of Transactions(yuan)	换手率(%) Turnover Rate (%)
2011	56169.56	9562.76	832	5.87	5.57
2012	58432.00	11455.51	638	5.10	4.47

主要统计指标解释

上市公司家数 指在统计期末其发行的股票在沪、深交易所上市的股份有限公司的数量。以股票上市日进行统计，同时发行 A、B 股的上市公司，按一家计算。

上市公司股本 也称上市公司总股本，是指统计期末上市公司在境内发行的全部股份数量合计，包括 A 股股本、B 股股本和其他不流通的境内股本。

流通股本 也即非限售股本，计算公式为：上市公司股本-限售股本。

公式：流通股本=上市公司股本-限售股本

首发筹资公司家数 指在统计期内首次公开发行股份（IPO）进行筹资的公司数量。以吸收合并、分拆等方式且未公开发行新股筹资的公司，不计入首发筹资公司家数。以股份上市日期作为统计指标的计算日；同一家公司在统计期内多次筹资时，筹资公司家数计为 1 家。

再筹资公司家数 指通过增发（公开增发和定向增发），配股，行权筹资等方式进行筹资的上市公司家数。以股份上市日期作为统计指标的计算日；同一家公司在统计期内多次筹资时，筹资公司家数计为 1 家。其中增发公司家数是指统计期内通过增发股份进行筹资的上市公司数量，根据增发对象不同增发公司家数可分为公开增发公司家数和定向增发公司家数两个指标；配股公司家数是指统计期内通过向原股东配售股份进行筹资的上市公司数量；行权筹资公司家数包括权证（期权）行权筹资公司家数和可转债转股公司家数，这里的权证（期权）行权筹资是指权证（期权）持有人根据约定向上市公司认购股份从而增加上市公司股份的行为。

股票筹资金额 指统计期内通过发行股票筹集的资金总额，以股份上市日作为统计指标的计算日。

首发筹资金额 指统计期内首次公开发行股票（IPO）筹集的资金总额，计算公式：首发筹资金额=Σ（每股发行价格×发行股份数）；

其中，对于发行股份吸收合并已上市公司的筹资金额，计算公式为：首发筹资金额=每股发行价格×（发行股份数-换股股份数）；

对于存在超额配售权的 IPO，根据超额配售权的实际行使情况对统计期内的 IPO 募集资金进行回溯调整。以股份上市日期作为统计指标的计算日。

公式：首发筹资金额=Σ（每股发行价格×发行股份数）；首发筹资金额=每股发行价格×（发行股份数-换股股份数）

再筹资金额 指统计期内上市公司通过增发（公开增发和定向增发）、配股、行权等方式筹集的资金总额。以股份上市日为统计指标的计算日。

其中增发筹资金额是指统计期内上市公司增发股份筹集的资金总额。

根据股份认购对象的不同，增发筹资金额指标可分为公开增发筹资金额和定向增发筹资金额。

根据增发时是否以现金认购，增发筹资金额指标可分为增发筹资金额（现金）和增发筹资金额（资产）。

配股筹资金额指统计期内上市公司通过向原股东配售股份筹集的资金总额。

行权筹资金额包括权证（期权）行权筹资金额和可转债转股金额。

公式：再筹资金额=增发筹资金额+配股筹资金额+行权筹资金额。

其中：增发筹资金额=Σ增发每股价格×发行股份数；配股筹资金额=Σ配股价格×配售股份数=Σ配股价格×股份数量×配售比例；行权筹资金额=Σ行权价格×行权认购股份数+Σ转股价格×可转债转股数量。

股票市值 指统计期末根据上市公司股票价格和对应股票数量计算的股权价值合计。具体统计口径和计算方法如下：如当日无交易价格，采用最后交易日的收盘价；暂停上市股票的价格以零计算；未股改公司的非流通股以流通 A 股价格计算市值；仅发行 B 股的上市公司，其非流通股不进行股票市值计算；对当日除权股票进行市值计算时需要包含在途股份（已登记未上市）的市值。

流通市值 指根据股票价格与其非限售股本计算出的股权价值合计，也即 A 股流通市值和 B 股流通市值的合计。

涨跌幅 指统计期内股票期末价格相对期初价格的变化幅度。统计区间如果包含上市首日则统计期内股票期末价格相对首发价格的变化幅度。指数涨跌幅参照股票涨跌幅处理；对股票区间涨跌幅的计算需要对股票价格进行复权处理，复权因素包括分红、送股、配股等，复权价格的公式为：复权价格=当前价格 ×（1+送股比例+配股比例）+每股红利−配股价格 × 配股比例，若统计期内存在多次分红、送股、配股事件，复权价格采用递归方式进行计算。在计算复权价时，通常采用区间分段涨跌幅连乘或复权因子连乘进行速算。

公式：涨跌幅=（期末收盘价／期初前收盘价−1）× 100%

成交量 指统计期内全部股票成交数量的合计，包含竞价交易和协议交易（大宗交易）。

成交金额 指在统计期内全部股票成交金额合计，包含竞价交易和协议交易（大宗交易）。

换手率（股本） 换手率可采用股票成交量／相应股票股本，通常称为股本换手率。对于某一区间换手率的计算，通常采用统计期内全部交易日的股本换手率合计进行计算。通常对单只股票采用股本换手率，对一组股票采用市值换手率；在计算一组股票换手率时，暂停上市股票不纳入计算。

公式：换手率（股本）=（当日成交股数／流通股本）× 100%

换手率（市值） 换手率可采用股票成交金额/股票市值，通常称为市值换手率。对于某一区间换手率的计算，通常采用统计期内全部交易日的市值换手率合计进行计算。通常对单只股票采用股本换手率，对一组股票采用市值换手率；在计算一组股票换手率时，暂停上市股票不纳入计算。

公式：换手率（市值）=（当日成交金额/流通市值）× 100%

市盈率（静态） 指上市公司每股股价与每股收益的比率，通常用上市公司股票市值与其对应的归属母公司股东净利润的比率进行计算。需要注意事项如下：每股收益和净利润数据在财务报告公告截止日的次日集中更新，且每股收益根据期末股本计算；如截止日未公布财务报告，在计算个股市盈率时采用向前追溯的净利润数据，在计算市场市盈率时剔除该股票；对单个股票计算市盈率时仅考虑每股收益为正的股票；对多个股票计算平均市盈率时通常采用上市公司股票市值合计与其对应的归属母公司股东的净利润合计的比率进行计算（剔除暂停上市公司股票，含净利润为负的股票）；对于发行多种类型股份的公司，根据各类性质股份股本按比例分配该公司归属母公司股东净利润。首发市盈率为股票首发价格与每股收益的比率，其中每股收益按照最新年度财务报告中对应的归属母公司股东净利润除以发行后总股本计算。

公式：市盈率（静态）= Σ 股票市值／Σ 该股份对应的归属母公司股东净利润

市净率 指上市公司每股股价与每股净资产的比率。通常用股票市值与对应的归属母公司股东权益的比率进行计算。每股净资产数据在财务报告公告截止日的次日集中更新；通常用最新财务报告中的每股净资产数据进行市净率计算；对单个股票计算市净率时仅考虑每股净资产为正的股票；对多个股票计算平均市净率时通常采用上市公司股票市值合计与其对应的归属母公司股东的权益合计的比率进行计算（剔除暂停上市公司股票，含权宜为负的股票）。

公式：市净率= Σ 股票市值／Σ 该股份对应的归属母公司股东权益

股息率 指每股现金分红与股票价格之间的比率，通常用对应的实际分红总额与期末股票市值的比率来计算。统计时剔出暂停上市公司；对一组股票的平均股息率通常用总体法计算。

公式：股息率=（Σ统计期内的对应现金分红合计/Σ样本股票期末市值）×100%

融资融券交易金额 指统计期内通过融资融券方式在市场上进行证券交易的金额。

公式：融资融券交易金额=融资交易金额+融券交易金额=融资买入金额+卖券还款金额+融资强制平仓金额+融券卖出金额+买券还券金额+融券强制平仓金额

融资融券余额 指统计期末投资者未了结的融资交易和融券交易的金额。

公式：融资余额+融券余额=Σ(融资买入额-融资偿还额)+Σ(融券卖出量-融券偿还量)×标的的证券统计日收盘价格

融资买入金额 指统计期内投资者从证券公司借入资金买入标的证券的金额。融资买入以交易系统中申报指令的标签为计算基准。

融券卖出金额 指统计期内投资者从证券公司借入证券并卖出金额。融券卖出以交易系统中申报指令的标签为计算基准。

维持担保比例 指统计期末客户担保物价值与融资融券债务之间的比例。

转融通交易金额 指统计期内证券金融公司将自有或者依法筹集的资金和证券出借给证券公司的金额。

公式：转融通交易金额=转融资交易额+转融券交易额=转融资新合约融出额+转融资展期合约融出额+转融券新合约融出额+转融券展期合约融出额

转融通归还金额 指证券公司到期需归还给证券金融公司的转融通本金金额，不包含息费。

公式：转融通归还金额=转融资归还金额+转融券归还金额=转融资归还金额+Σ（转融券融出归还量×标的证券统计日收盘价）

转融通期末余额 指统计期末证券公司未了结的转融资合约和转融券合约的金额。

公式：转融通期末余额=转融资期末余额+转融券期末余额=Σ（业务开展以来转融资借入总额-业务开展以来转融资归还总额）+Σ（转融券融出量-转融券融出归还量+未了结转融券合约的权益补偿量）×标的证券统计日收盘价

转融通保证金余额 指统计期末借入人（证券公司）在证券金融公司交存的转融通担保物的余额。担保物包括资金和证券金融公司认可的证券。

公式：转融通保证金余额=现金+未到账现金权益+Σ可充抵保证金证券市值×证券转融通折算率+Σ未到账证券权益市值×证券转融通折算率

其中：

现金=转融通担保资金账户余额-被异常冻结的保证金+被临时使用的保证金等

可充抵保证金证券市值=(转融通担保证券账户余额-被异常冻结的证券+被临时使用的证券等）×证券最近成交价格或公允价格

平均超募比率 指统计期内全部 IPO 公司的超募资金与预计募集资金的比率。

平均首发价格 指统计期内 IPO 股票的平均发行价格。

平均网上发行中签率 指统计期内 IPO 股票的网上发行发行中签率的平均值。

新股破发率 指统计期内破发的 IPO 股票占全部 IPO 股票的比例。

挂牌公司定向发行次数 指统计期内挂牌公司通过定向发行股票筹集资金的次数。

贰零壹叁

三. 债券

Bonds

贰零壹叁

2012年债券市场情况概述

一、债券市场机制逐步完善，交易品种相继推出

2012年，证监会会同有关部委建立公司信用类债券部际协调机制，在推动跨市场监管、促进互联互通、统一监管标准等方面取得新进展。着手修订公司债券发行试点办法，继续完善发行审核流程。债券市场的统一规范迈出重要步伐，中小企业私募债等新品种相继推出。

二、交易所债券市场整体运行平稳

2012年，非金融企业公司信用类债发行额3.73万亿元，同比增长58.36%。其中，公司债发行额2507.47亿元，比上年增长1254.97亿元，同比增长100.20%；可转债和可分离债发行额163.60亿元，比上年下降313.60亿元，同比下降70.13%；中小企业私募债发行金额99.81亿元。截至2012年底，交易所债券托管金额12456.28亿元，同比增长47.79%。

（一）上海证券交易所

2012年，上交所现券成交金额8442.99亿元，同比增长37.75%；回购成交金额371375.86亿元，同比增长81.49%，增幅明显。其中，国债现货日均成交金额3.73亿元，同比减少28.68%；公司债（含企业债）日均成交金额20.05亿元，同比增加111.28%，增幅明显。

（二）深圳证券交易所

2012年，深交所现券成交金额1459.58亿元，同比增长87.49%；回购成交金额22175.08亿元，同比增长353.63%，增幅明显。其中，国债现货日均成交金额0.04亿元，同比减少13.64%；公司债（含企业债）现货日均成交金额5.36亿元，同比增加133.88%，增幅明显。

3-1 债券市场概况
Overview of Bond Market

年份 Year	发行额(亿元) Value of Bonds Issued(100 million yuan)			兑付金额(亿元) Amount of Payments(100 million yuan)		
	全市场 Whole Market	银行间 Interbank Market	交易所 Stock Exchange	全市场 Whole Market	银行间 Interbank Market	交易所 Stock Exchange
1997	2084.62	2084.62	-	-	-	-
1998	6203.73	6203.73	-	-	-	-
1999	4369.50	4369.50	-	410.16	410.16	-
2000	4414.50	4414.50	-	1629.16	1629.16	-
2001	5848.53	5848.53	-	1859.97	1859.97	-
2002	9943.90	9943.90	-	2841.35	2841.35	-
2003	17647.17	17647.17	-	7886.44	7886.44	-
2004	27295.66	27295.66	-	12548.65	12548.65	-
2005	42182.07	42182.07	-	22531.33	22531.33	-
2006	57096.11	57096.11	-	38597.83	38597.83	-
2007	80163.36	79756.08	407.28	49931.98	49931.98	-
2008	71732.16	70734.11	998.05	48265.29	48265.29	-
2009	87286.22	86474.71	811.51	67282.32	67282.32	-
2010	96408.63	95088.33	1320.30	73205.88	73205.88	-
2011	77231.52	75501.82	1729.70	64819.78	64709.81	109.97
2012	80245.86	77474.98	2770.88	47625.00	47269.27	355.73

注：1.“发行额”、“兑付金额”中的“交易所”统计数据包括由中国证监会审批的公司债、可转债、可分离债及交易所备案的中小企业私募债；“发行额”、“兑付额”中的“银行间”统计数据是中国证监会审批(或交易所备案)之外的其他债券，包括国债、央行票据、金融债券、企业债、短期融资券、超短期融资券、中期票据、中小企业集合票据、非公开定向债务融资工具和资产支持票据；本章所有“发行额”均按照发行起始日口径统计；

2.“成交金额”中的“交易所”统计数据包括在沪深交易所交易的债券的成交金额，“银行间”统计数据包括在银行间市场交易的债券的成交金额；

3.“托管额”中的“全市场”统计数据包括柜台和其他市场，“发行额”、“兑付金额”、“成交金额”均不包括柜台和其他市场。

数据来源：中国人民银行、上海证券交易所、深圳证券交易所、中央国债登记结算公司、上海清算所、中国证券登记结算公司

Source:PBC、SSE、SZSE、CCDC、SHCH、CSDC

3-1 续表 continued

年份 Year	成交金额(亿元) Trading Turnover(100 million yuan)			托管额(亿元) Value of Bonds under Custody		
	全市场 Whole Market	银行间 Interbank Market	交易所 Stock Exchange	全市场 Whole Market	银行间 Interbank Market	交易所 Stock Exchange
1997	8.90	8.90	-	4184.07	984.59	-
1998	76.39	76.39	-	9884.07	9199.16	-
1999	2544.82	2544.82	-	13188.79	12878.71	-
2000	16363.02	16363.02	-	16746.19	16077.61	-
2001	41030.69	41030.69	-	19727.91	18931.81	-
2002	106321.69	106321.69	-	25610.47	24680.66	-
2003	151368.51	151368.51	-	37636.37	32436.51	4087.78
2004	127849.02	127849.02	-	52046.95	45326.44	4786.08
2005	228456.96	228456.96	-	73402.21	66483.70	4711.18
2006	382839.23	382839.23	-	92346.98	68277.56	3467.14
2007	628787.97	628787.97	-	123485.39	111355.62	3413.70
2008	956855.15	952362.90	4492.25	152554.05	138972.54	4490.52
2009	1180369.13	1175553.70	4815.43	177383.26	159766.72	4947.42
2010	1522585.20	1516357.70	6227.50	205107.77	188751.50	6278.32
2011	1642721.63	1630957.70	11763.93	222572.17	206328.71	8428.39
2012	2201120.87	2169093.10	32027.77	261987.73	241412.03	12456.28

3-2 债券发行情况
Statistics of Bond Issuance

单位：亿元 (100 million yuan)

年份 Year	国债 T-Bonds			央行票据 Central Bank Bills			金融债券 Financial Bonds		
	发行额 Value of Bonds Issued	兑付金额 Amount of Payments	期末余额 Ending Balance	发行额 Value of Bonds Issued	兑付金额 Amount of Payments	期末余额 Ending Balance	发行额 Value of Bonds Issued	兑付金额 Amount of Payments	期末余额 Ending Balance
1990	197.23	76.22	890.34	-	-	-	-	-	-
1991	281.25	111.60	1059.99	-	-	-	-	-	-
1992	460.78	238.05	1282.72	-	-	-	-	-	-
1993	381.31	123.29	1540.74	-	-	-	-	-	-
1994	1137.55	391.89	2286.40	-	-	-	-	-	-
1995	1510.86	496.96	3300.30	-	-	-	-	-	-
1996	1847.77	786.64	4361.43	-	-	-	-	-	-
1997	2411.79	1264.29	5508.93	118.92	-	-	1435.70	-	-
1998	3808.77	2060.86	7765.70	0.00	-	-	1930.23	-	-
1999	4015.00	1238.70	10542.00	0.00	-	-	1851.00	175.84	-
2000	4657.00	2179.00	13020.00	0.00	118.92	-	1645.00	708.77	-
2001	4884.00	2286.00	15618.00	0.00	0.00	-	2625.00	835.00	-
2002	5934.30	2216.20	19336.10	1937.50	450.00	-	3220.00	660.00	-
2003	6280.10	2755.80	22603.60	7226.80	5237.50	-	4620.00	995.22	-
2004	6923.90	3749.90	25777.60	17037.34	8456.20	-	5123.30	1460.22	-
2005	7042.00	4045.50	28774.00	27882.00	17162.10	-	7158.77	1932.22	-
2006	8883.30	6208.61	31448.70	36573.81	26472.00	-	9665.80	3642.52	-
2007	23139.10	5846.80	48741.00	40721.28	36102.70	-	12082.68	4216.62	-
2008	8558.20	7531.43	49767.83	42960.00	31105.54	-	12098.98	4462.81	41330.58
2009	17927.24	9745.06	57949.98	39740.00	44771.51	-	14524.10	5064.02	50990.71
2010	19778.30	10043.38	67684.90	46608.00	47767.65	-	14122.20	6445.29	58789.99
2011	17100.10	10958.50	73826.50	14140.00	33370.99	-	23491.20	7682.97	74598.22
2012	16154.20	17987.10	71993.60	0.00	7601.87	13380.00	25962.50	8060.90	92281.60

注：1.国债包括地方政府债；
2.金融债券包括国开行金融债、政策性金融债、商业银行普通债券、商业银行次级债、商业银行资本混合债、资产支持证券、证券公司债券、证券公司短期融资券；
3.企业债包括原铁道部发行的债券，2007年及之前的企业债数据包括短期融资券；
4.由于数据来源不同，本表发行额和兑付金额的合计数与表3-1不一致。

数据来源：中国人民银行、上海证券交易所、深圳证券交易所、中央国债登记结算公司
Source:PBC、SSE、SZSE、CCDC

3-2 续表 1 continued

单位：亿元 (100 million yuan)

年份 Year	非金融企业公司信用类债 Non-financial Enterprise Inc Credit Bonds								
	合计 Total			公司债 Corporate Bonds			可转债 Convertible Bonds		
	发行额 Value of Bonds Issued	兑付金额 Amount of Payments	期末余额 Ending Balance	发行额 Value of Bonds Issued	兑付金额 Amount of Payments	期末余额 Ending Balance	发行额 Value of Bonds Issued	兑付金额 Amount of Payments	期末余额 Ending Balance
1990	126.37	77.29	195.44	-	-	-	-	-	-
1991	249.96	114.31	331.09	-	-	-	-	-	-
1992	683.71	192.76	822.04	-	-	-	-	-	-
1993	235.84	255.48	802.40	-	-	-	-	-	-
1994	161.75	282.04	682.11	-	-	-	-	-	-
1995	300.80	336.30	646.61	-	-	-	-	-	-
1996	268.92	317.80	597.73	-	-	-	-	-	-
1997	255.23	219.81	521.02	-	-	-	-	-	-
1998	147.89	105.25	676.93	-	-	-	-	-	-
1999	158.20	56.50	778.63	-	-	-	-	-	-
2000	83.00	-	861.63	-	-	-	-	-	-
2001	147.00	-	-	-	-	-	-	-	-
2002	325.00	-	-	-	-	-	-	-	-
2003	358.00	-	-	-	-	-	-	-	-
2004	327.00	-	-	-	-	-	-	-	-
2005	2046.50	37.00	-	-	-	-	-	-	-
2006	3938.30	1672.40	-	-	-	-	-	-	-
2007	5465.78	2880.90	8181.73	112.00	-	112.00	106.48	-	98.63
2008	9433.45	3277.84	14310.47	288.00	-	400.00	77.20	-	139.20
2009	16675.91	4308.45	25107.31	734.90	-	1134.90	46.61	-	-
2010	16811.75	5099.23	38255.26	603.00	-	1641.40	717.30	-	1942.11
2011	23577.41	10325.59	51628.08	1252.50	51.05	2842.85	445.20	58.92	2328.39
2012	37338.28	14746.33	74011.78	2507.47	186.95	5432.90	163.60	42.05	636.62

3-2 续表 2 continued

单位：亿元 (100 million yuan)

年份 Year	非金融企业公司信用类债 Non-financial Enterprise Inc Credit Bonds								
	可分离债 Warrant Bonds			中小企业私募债 Private Placement Bonds			企业债 Enterprise Bonds		
	发行额 Value of Bonds Issued	兑付金额 Amount of Payments	期末余额 Ending Balance	发行额 Value of Bonds Issued	兑付金额 Amount of Payments	期末余额 Ending Balance	发行额 Value of Bonds Issued	兑付金额 Amount of Payments	期末余额 Ending Balance
1990	-	-	-	-	-	-	126.37	77.29	195.44
1991	-	-	-	-	-	-	249.96	114.31	331.09
1992	-	-	-	-	-	-	683.71	192.76	822.04
1993	-	-	-	-	-	-	235.84	255.48	802.40
1994	-	-	-	-	-	-	161.75	282.04	682.11
1995	-	-	-	-	-	-	300.80	336.30	646.61
1996	-	-	-	-	-	-	268.92	317.80	597.73
1997	-	-	-	-	-	-	255.23	219.81	521.02
1998	-	-	-	-	-	-	147.89	105.25	676.93
1999	-	-	-	-	-	-	158.20	56.50	778.63
2000	-	-	-	-	-	-	83.00	-	861.63
2001	-	-	-	-	-	-	147.00	-	-
2002	-	-	-	-	-	-	325.00	-	-
2003	-	-	-	-	-	-	358.00	-	-
2004	-	-	-	-	-	-	327.00	-	-
2005	-	-	-	-	-	-	2046.50	37.00	-
2006	-	-	-	-	-	-	3938.30	1672.40	-
2007	188.80	-	287.80	-	-	-	5058.50	2880.90	7683.30
2008	632.85	-	920.65	-	-	-	2366.90	-	6891.76
2009	30.00	-	-	-	-	-	4252.33	44.40	10970.67
2010	0.00	-	-	-	-	-	3628.53	1.80	14597.40
2011	32.00	-	-	-	-	-	3485.48	185.95	17884.93
2012	0.00	126.69	752.15	99.81	0.04	99.81	7999.31	321.20	25512.20

3-2 续表 3 continued

单位：亿元 (100 million yuan)

年份 Year	非金融企业公司信用类债 Non-financial Enterprise Inc Credit Bonds								
	短期融资券 Short-term Financing Bonds			超短期融资券 SCP			中期票据 Medium Term Notes		
	发行额 Value of Bonds Issued	兑付金额 Amount of Payments	期末余额 Ending Balance	发行额 Value of Bonds Issued	兑付金额 Amount of Payments	期末余额 Ending Balance	发行额 Value of Bonds Issued	兑付金额 Amount of Payments	期末余额 Ending Balance
1990	-	-	-	-	-	-	-	-	-
1991	-	-	-	-	-	-	-	-	-
1992	-	-	-	-	-	-	-	-	-
1993	-	-	-	-	-	-	-	-	-
1994	-	-	-	-	-	-	-	-	-
1995	-	-	-	-	-	-	-	-	-
1996	-	-	-	-	-	-	-	-	-
1997	-	-	-	-	-	-	-	-	-
1998	-	-	-	-	-	-	-	-	-
1999	-	-	-	-	-	-	-	-	-
2000	-	-	-	-	-	-	-	-	-
2001	-	-	-	-	-	-	-	-	-
2002	-	-	-	-	-	-	-	-	-
2003	-	-	-	-	-	-	-	-	-
2004	-	-	-	-	-	-	-	-	-
2005	-	-	-	-	-	-	-	-	-
2006	-	-	-	-	-	-	-	-	-
2007	-	-	-	-	-	-	-	-	-
2008	4331.50	3277.84	4221.86	-	-	-	1737.00	0.00	1737.00
2009	4612.05	4264.05	4264.72	-	-	-	6987.37	0.00	8724.37
2010	6742.35	5097.43	6216.76	150.00	0.00	150.00	4924.00	0.00	13648.37
2011	8032.30	7151.27	7247.79	2090.00	1790.00	450.00	7269.70	1073.00	19845.07
2012	8370.47	7888.80	8342.00	5822.00	2741.00	3531.00	8453.30	3244.00	24952.00

3-2 续表 4 continued

单位：亿元 (100 million yuan)

年份 Year	非金融企业公司信用类债 Non-financial Enterprise Inc Credit Bonds									合计 Total		
	中小企业集合票据 SMECN			非公开定向债务融资工具 PPN			资产支持票据 ABN					
	发行额 Value of Bonds Issued	兑付金额 Amount of Payments	期末余额 Ending Balance	发行额 Value of Bonds Issued	兑付金额 Amount of Payments	期末余额 Ending Balance	发行额 Value of Bonds Issued	兑付金额 Amount of Payments	期末余额 Ending Balance	发行额 Value of Bonds Issued	兑付金额 Amount of Payments	期末余额 Ending Balance
1990	-	-	-	-	-	-	-	-	-	323.60	153.51	1085.78
1991	-	-	-	-	-	-	-	-	-	531.21	225.91	1391.08
1992	-	-	-	-	-	-	-	-	-	1144.49	430.81	2104.76
1993	-	-	-	-	-	-	-	-	-	617.15	378.77	2343.14
1994	-	-	-	-	-	-	-	-	-	1299.30	673.93	2968.51
1995	-	-	-	-	-	-	-	-	-	1811.66	833.26	3946.91
1996	-	-	-	-	-	-	-	-	-	2116.69	1104.44	4959.16
1997	-	-	-	-	-	-	-	-	-	4221.64	1484.10	6029.95
1998	-	-	-	-	-	-	-	-	-	5886.89	2166.11	8442.63
1999	-	-	-	-	-	-	-	-	-	6024.20	1471.04	11320.63
2000	-	-	-	-	-	-	-	-	-	6385.00	3006.69	13881.63
2001	-	-	-	-	-	-	-	-	-	7656.00	3121.00	15618.00
2002	-	-	-	-	-	-	-	-	-	11416.80	3326.20	19336.10
2003	-	-	-	-	-	-	-	-	-	18484.90	8988.52	22603.60
2004	-	-	-	-	-	-	-	-	-	29411.54	13666.32	25777.60
2005	-	-	-	-	-	-	-	-	-	44129.27	23176.82	28774.00
2006	-	-	-	-	-	-	-	-	-	59061.21	37995.53	31448.70
2007	-	-	-	-	-	-	-	-	-	81408.84	49047.02	56922.73
2008	-	-	-	-	-	-	-	-	-	73050.63	46377.62	105408.88
2009	12.65	0.00	12.65	-	-	-	-	-	-	88867.25	63889.04	134048.00
2010	46.57	0.00	59.22	-	-	-	-	-	-	97320.25	69355.55	164730.15
2011	66.23	15.40	110.05	904.00	0.00	919.00	-	-	-	78308.71	62338.05	200052.80
2012	106.02	19.60	193.80	3759.30	176.00	4502.30	57.00	0.00	57.00	79454.98	48396.20	251666.98

3-3 债券发行额按监管辖区分布

Regulatory Jurisdiction Distribution of Bond Issuance

单位：亿元 (100 million yuan)

辖区	Jurisdiction	公司债 Corporate Bonds	可转债 Convertible Bonds	可分离债 Warrant Bonds	中小企业私募债 Private Placement Bonds	企业债 Enterprise Bonds		短期融资券 Short-term Financing Bonds		超短期融资券 SCP	
		2012	2012	2012	2012	2011	2012	2011	2012	2011	2012
北京	Beijing	732.80	92.55	0.00	10.85	1412.00	2742.00	4194.60	3556.50	1990.00	5299.00
天津	Tianjin	20.00	0.00	0.00	3.50	78.00	75.00	73.00	131.00	0.00	0.00
河北	Hebei	72.80	0.00	0.00	0.00	79.00	112.78	81.20	62.10	0.00	0.00
山西	Shanxi	146.00	0.00	0.00	0.00	103.50	103.00	81.00	82.60	0.00	0.00
内蒙古	Inner Mongolia	67.10	0.00	0.00	2.50	60.00	143.00	64.00	118.00	0.00	0.00
辽宁	Liaoning	27.00	0.00	0.00	0.00	94.00	236.00	181.00	165.00	0.00	40.00
吉林	Jilin	15.90	0.00	0.00	0.00	43.00	51.00	16.00	5.30	0.00	0.00
黑龙江	Heilongjiang	35.00	4.50	0.00	0.00	48.00	154.00	56.00	40.00	0.00	0.00
上海	Shanghai	127.00	0.00	0.00	6.05	24.00	152.00	372.00	466.50	0.00	80.00
江苏	Jiangsu	112.30	0.00	0.00	31.50	293.08	860.18	284.50	542.80	0.00	0.00
浙江	Zhejiang	87.80	0.00	0.00	17.80	223.50	372.00	313.70	407.37	0.00	0.00
安徽	Anhui	99.50	0.00	0.00	1.40	90.00	255.85	72.50	172.80	0.00	0.00
福建	Fujian	33.00	0.00	0.00	0.00	28.00	135.50	61.00	96.00	0.00	0.00
江西	Jiangxi	15.00	0.00	0.00	0.00	76.00	160.00	48.00	87.60	0.00	0.00
山东	Shandong	120.00	60.00	0.00	0.00	190.80	239.00	239.00	326.10	0.00	65.00
河南	Henan	31.00	0.00	0.00	0.00	79.90	173.00	75.50	96.50	0.00	0.00
湖北	Hubei	137.70	0.00	0.00	11.00	24.00	152.00	232.50	238.40	0.00	0.00
湖南	Hunan	12.80	0.00	0.00	1.00	77.50	269.00	88.70	90.00	0.00	0.00
广东	Guangdong	79.70	0.00	0.00	4.70	45.00	143.00	276.50	211.30	100.00	168.00
广西	Guangxi	50.80	0.00	0.00	0.00	25.00	139.50	121.60	123.00	0.00	0.00
海南	Hainan	13.00	0.00	0.00	0.00	15.00	23.50	17.00	10.00	0.00	0.00
重庆	Chongqing	48.80	0.00	0.00	2.30	74.00	267.00	36.00	78.10	0.00	0.00
四川	Sichuan	48.00	0.00	0.00	0.00	54.20	182.00	144.90	200.00	0.00	0.00
贵州	Guizhou	9.97	0.00	0.00	0.00	20.00	225.00	25.50	21.00	0.00	0.00
云南	Yunnan	10.00	0.00	0.00	0.00	10.00	182.00	149.50	143.40	0.00	0.00
西藏	Xizang	0.00	0.00	0.00	0.00	0.00	0.00	0.00	20.00	0.00	0.00
陕西	Shanxi	0.00	0.00	0.00	0.00	72.00	85.00	154.20	204.00	0.00	0.00
甘肃	Gansu	30.00	0.00	0.00	0.00	15.00	33.00	70.00	95.30	0.00	0.00
青海	Qinghai	5.80	0.00	0.00	0.00	0.00	28.00	33.00	36.00	0.00	0.00
宁夏	Ningxia	0.00	0.00	0.00	0.00	37.00	9.00	0.00	3.00	0.00	0.00
新疆	Xinjiang	78.80	0.00	0.00	0.00	21.00	137.60	99.00	121.40	0.00	0.00
深圳	Shenzhen	122.70	6.50	0.00	3.21	10.00	10.00	224.40	203.10	0.00	40.00
大连	Dalian	80.00	0.00	0.00	0.00	8.00	54.00	39.00	67.60	0.00	130.00
宁波	Ningbo	10.00	0.00	0.00	2.00	30.00	43.40	46.00	49.20	0.00	0.00
厦门	Xiamen	18.00	0.00	0.00	0.00	25.00	0.00	54.00	65.00	0.00	0.00
青岛	Qingdao	9.20	0.00	0.00	2.00	0.00	52.00	7.50	34.50	0.00	0.00
合计	Total	2507.47	163.55	0.00	99.81	3485.48	7999.31	8032.30	8370.47	2090.00	5822.00

注：企业债包括原铁道部发行的债券。

数据来源：中国人民银行、上海证券交易所、深圳证券交易所、中央国债登记结算公司

Source:PBC、SSE、SZSE、CCDC

3-3 续表 continued

单位：亿元 (100 million yuan)

辖区	Jurisdiction	中期票据 Medium Term Notes		中小企业集合票据 SMECN		非公开定向债务融资工具 PPN		资产支持票据 ABN		合计 Total	
		2011	2012	2011	2012	2011	2012	2011	2012	2011	2012
北京	Beijing	3093.00	3486.50	3.50	6.40	769.00	1039.30	-	0.00	11462.10	16965.90
天津	Tianjin	163.00	144.50	0.00	1.00	0.00	235.00	-	20.00	314.00	630.00
河北	Hebei	245.00	102.60	0.00	2.80	0.00	55.00	-	0.00	405.20	408.08
山西	Shanxi	271.00	124.00	0.00	0.00	0.00	455.00	-	0.00	455.50	910.60
内蒙古	Inner Mongolia	137.00	120.00	0.00	1.10	0.00	30.00	-	0.00	261.00	481.70
辽宁	Liaoning	126.00	154.90	0.00	0.00	0.00	93.00	-	0.00	401.00	715.90
吉林	Jilin	64.00	20.70	0.00	0.00	0.00	24.00	-	0.00	123.00	116.90
黑龙江	Heilongjiang	14.00	101.50	2.24	0.00	0.00	10.00	-	0.00	120.24	345.00
上海	Shanghai	511.50	507.20	11.50	4.53	20.00	113.00	-	5.00	939.00	1461.28
江苏	Jiangsu	343.50	452.70	16.90	16.51	10.00	248.50	-	20.00	947.98	2284.49
浙江	Zhejiang	39.90	291.50	0.00	21.77	0.00	28.00	-	0.00	577.10	1226.24
安徽	Anhui	194.00	191.20	0.00	6.60	0.00	145.00	-	0.00	356.50	872.35
福建	Fujian	37.80	138.40	2.20	3.50	0.00	35.00	-	0.00	129.00	441.40
江西	Jiangxi	30.00	13.00	0.00	1.70	10.00	25.00	-	0.00	164.00	302.30
山东	Shandong	241.60	388.60	13.60	23.35	20.00	170.00	-	0.00	705.00	1392.05
河南	Henan	169.30	144.00	5.00	6.30	0.00	134.00	-	0.00	329.70	584.80
湖北	Hubei	59.50	267.00	3.80	1.00	0.00	62.00	-	0.00	319.80	869.10
湖南	Hunan	57.00	152.80	0.00	4.20	0.00	65.00	-	0.00	223.20	594.80
广东	Guangdong	385.00	344.50	3.59	0.00	20.00	84.00	-	0.00	830.09	1035.20
广西	Guangxi	53.00	97.60	0.00	0.00	0.00	25.00	-	2.00	199.60	437.90
海南	Hainan	16.00	19.00	0.00	0.00	0.00	10.00	-	0.00	48.00	75.50
重庆	Chongqing	119.50	105.20	0.00	0.00	10.00	53.00	-	0.00	239.50	554.40
四川	Sichuan	93.60	333.00	1.80	0.00	0.00	93.50	-	0.00	294.50	856.50
贵州	Guizhou	14.00	29.00	0.00	0.00	0.00	19.00	-	0.00	59.50	303.97
云南	Yunnan	57.00	84.00	0.00	0.00	0.00	25.00	-	0.00	216.50	444.40
西藏	Xizang	10.00	9.00	0.00	0.00	0.00	0.00	-	0.00	10.00	29.00
陕西	Shanxi	105.00	103.00	2.10	0.81	30.00	206.00	-	0.00	363.30	598.81
甘肃	Gansu	128.00	69.00	0.00	0.00	15.00	25.00	-	0.00	228.00	252.30
青海	Qinghai	0.00	89.00	0.00	0.00	0.00	50.00	-	0.00	33.00	208.80
宁夏	Ningxia	6.00	13.00	0.00	0.00	0.00	0.00	-	0.00	43.00	25.00
新疆	Xinjiang	75.50	28.00	0.00	1.70	0.00	64.00	-	0.00	195.50	431.50
深圳	Shenzhen	343.00	166.80	0.00	0.95	0.00	63.00	-	0.00	577.40	616.26
大连	Dalian	0.00	20.00	0.00	0.00	0.00	30.00	-	0.00	47.00	381.60
宁波	Ningbo	28.00	25.60	0.00	1.80	0.00	5.00	-	10.00	104.00	147.00
厦门	Xiamen	26.00	81.50	0.00	0.00	0.00	40.00	-	0.00	105.00	204.50
青岛	Qingdao	13.00	35.00	0.00	0.00	0.00	0.00	-	0.00	20.50	132.70
合计	Total	7269.70	8453.30	66.23	106.02	904.00	3759.30	-	57.00	21847.71	37365.46

3-4 交易所债券交易情况
Bond Trading in Stock Exchange

年份 Year	成交量 Trading Volume							
	现货(万张) Spot Transaction(10 thousand units)							回购(万手) Repo Transaction (10 thousand lots)
	合计 Total	企业债 Enterprise Bonds	公司债 Corporate Bonds	可转债 Convertible Bonds	可分离债 Warrant Bonds	中小企业私募债 Private Placement Bonds	国债 T-Bonds	
1996	49944.26	38.00	-	-	-	-	49906.26	181339.72
1997	42846.13	356.12	-	-	-	-	42490.01	215512.61
1998	48802.55	946.39	-	833.45	-	-	47022.71	187115.00
1999	43783.87	471.12	-	3133.56	-	-	40179.19	197882.35
2000	95140.88	906.15	-	11717.49	-	-	82517.24	290118.79
2001	87991.38	672.13	-	3684.55	-	-	83634.69	167895.53
2002	299205.28	2303.21	-	4830.95	-	-	292071.13	244236.92
2003	111150.66	7463.29	-	23313.32	-	-	80374.05	531673.11
2004	64207.43	2779.49	-	29590.59	-	-	31837.35	441321.78
2005	53944.97	4116.11	-	20905.30	-	-	28923.56	236211.73
2006	34136.24	3016.11	2438.79	10591.25	2438.79	-	15651.31	155096.52
2007	42693.07	5029.66	6154.25	12153.24	6154.25	-	13201.67	184105.24
2008	492992.52	11206.30	53922.30	38316.48	157226.98	-	232162.46	243067.69
2009	477663.32	62912.79	67812.06	47929.04	82620.04	-	216329.32	363886.54
2010	573425.52	88831.84	116267.43	134370.47	66015.61	-	167938.93	735792.19
2011	684152.29	137586.30	152255.63	206720.89	58501.50	-	129057.42	2535046.57
2012	981911.48	289918.93	322770.15	221437.63	53399.53	3994.00	90390.46	5931291.32

数据来源：上海证券交易所、深圳证券交易所
Source:SSE、SZSE

3-4 续表 1 continued

年份 Year	成交金额(亿元) Trading Turnover(100 million yuan)							
	现货 Spot Transaction							回购 Repo Transaction
	合计 Total	企业债 Enterprise Bonds	公司债 Corporate Bonds	可转债 Convertible Bonds	可分离债 Warrant Bonds	中小企业私募债 Private Placement Bonds	国债 T-Bonds	
1996	5030.70	1.46	-	-	-	-	5029.24	13008.64
1997	3600.83	18.08	-	-	-	-	3582.75	12876.06
1998	6120.94	40.69	-	20.30	-	-	6059.95	15540.84
1999	5393.59	47.99	-	44.73	-	-	5300.87	12890.53
2000	4385.48	92.92	-	135.07	-	-	4157.49	14733.68
2001	4930.13	68.84	-	45.68	-	-	4815.60	15487.64
2002	8852.71	70.33	-	73.70	-	-	8708.68	24419.64
2003	6783.11	363.61	-	663.39	-	-	5756.11	53000.12
2004	3717.09	113.36	-	637.26	-	-	2966.46	44090.81
2005	3448.80	154.71	-	513.46	-	-	2780.63	23621.17
2006	1998.11	142.35	20.28	274.50	20.28	-	1540.71	15489.56
2007	2093.61	325.90	45.60	409.24	45.60	-	1267.28	18351.62
2008	4609.38	113.60	521.73	442.13	1212.05	-	2318.35	24306.77
2009	4834.26	640.64	696.26	636.40	666.90	-	2193.44	35975.19
2010	5927.13	913.94	1185.74	1560.61	567.83	-	1699.00	70373.75
2011	6907.78	1361.50	1513.41	2217.95	528.29	-	1286.32	209509.63
2012	9902.57	2921.52	3253.55	2275.32	498.11	39.89	914.18	393550.94

3-4 续表 2 continued

年份 Year	成交笔数(万笔) Number of Transactions(10 thousand times)							
	现货 Spot Transaction							回购 Repo Transaction
	合计 Total	企业债 Enterprise Bonds	公司债 Corporate Bonds	可转债 Convertible Bonds	可分离债 Warrant Bonds	中小企业私募债 Private Placement Bonds	国债 T-Bonds	
1996	184.55	1.34	-	-	-	-	183.21	70.09
1997	116.99	5.14	-	-	-	-	111.86	36.51
1998	127.95	31.05	-	17.26	-	-	79.64	42.10
1999	128.40	23.38	-	51.37	-	-	53.65	30.27
2000	164.70	43.44	-	82.72	-	-	38.53	29.06
2001	85.88	17.33	-	20.88	-	-	47.67	30.30
2002	141.70	12.05	-	19.12	-	-	110.53	79.76
2003	217.21	20.72	-	66.59	-	-	129.90	249.06
2004	245.27	14.02	-	73.63	-	-	157.62	213.37
2005	240.79	13.34	-	50.80	-	-	176.66	97.36
2006	133.34	11.07	2.34	32.22	2.34	-	85.38	43.26
2007	143.44	28.38	8.25	49.12	8.25	-	49.45	37.08
2008	338.51	22.53	56.31	80.13	136.11	-	43.43	59.60
2009	309.20	81.05	43.68	69.01	74.78	-	40.65	102.42
2010	219.03	58.76	23.09	82.22	31.01	-	23.94	303.65
2011	283.44	76.69	41.14	132.08	16.69	-	16.85	2458.81
2012	373.70	121.40	119.47	109.74	11.17	0.03	11.90	7649.73

3-5 上海证券交易所债券交易情况
Bond Trading in Shanghai Stock Exchange

年份 Year	成交量 Trading Volume							
	现货(万张) Spot Transaction(10 thousand units)							回购(万手) Repo Transaction (10 thousand lots)
	合计 Total	企业债 Enterprise Bonds	公司债 Corporate Bonds	可转债 Convertible Bonds	可分离债 Warrant Bonds	中小企业私募债 Private Placement Bonds	国债 T-Bonds	
1996	43545.47	9.76	-	-	-	-	43535.71	124391.60
1997	31646.00	128.00	-	-	-	-	31518.00	119122.00
1998	46027.00	170.00	-	-	-	-	45857.00	151885.00
1999	38287.64	300.44	-	-	-	-	37987.20	121241.17
2000	33864.54	790.26	-	-	-	-	33074.28	131472.14
2001	41845.08	610.45	-	-	-	-	41234.63	153429.79
2002	61514.82	454.99	-	228.00	-	-	60831.83	244191.89
2003	61718.68	2992.22	-	3888.19	-	-	54838.27	529815.38
2004	35259.62	978.10	-	2971.42	-	-	31310.10	440862.18
2005	32365.90	1202.02	-	3035.41	-	-	28128.47	236211.73
2006	18077.63	1301.44	-	1459.64	-	-	15316.55	154873.27
2007	17720.26	3711.02	-	1333.19	-	-	12676.05	183450.76
2008	426851.53	6797.35	23612.50	26404.90	142404.72	-	227474.06	243067.69
2009	397681.50	36569.78	41569.82	31075.13	75104.84	-	213301.85	359292.54
2010	482737.87	64290.02	82096.61	115701.01	59905.39	-	160743.57	700175.94
2011	610136.85	119228.16	114775.83	193007.92	55051.08	-	128043.32	2046213.05
2012	837788.76	270149.31	213560.58	212269.58	48292.88	3994.00	89521.64	3713783.40

数据来源：上海证券交易所
Source: SSE

3-5 续表 1 continued

年份 Year	成交金额(亿元) Trading Turnover(100 million yuan)							
	现货 Spot Transaction							回购 Repo Transaction
	合计 Total	企业债 Enterprise Bonds	公司债 Corporate Bonds	可转债 Convertible Bonds	可分离债 Warrant Bonds	中小企业私募债 Private Placement Bonds	国债 T-Bonds	
1996	4963.54	1.16	-	-	-	-	4962.38	12439.16
1997	3483.90	15.50	-	-	-	-	3468.40	11912.16
1998	6078.02	31.32	-	-	-	-	6046.70	15188.54
1999	5322.62	45.84	-	-	-	-	5276.77	12124.12
2000	3748.61	91.56	-	-	-	-	3657.06	13147.21
2001	4451.06	68.00	-	-	-	-	4383.06	15342.98
2002	6454.69	51.04	-	22.82	-	-	6380.83	24419.19
2003	6261.71	316.04	-	445.31	-	-	5500.36	52981.54
2004	3395.92	95.88	-	338.55	-	-	2961.50	44086.22
2005	3219.36	124.88	-	321.68	-	-	2772.79	23621.17
2006	1831.03	124.61	-	169.03	-	-	1537.40	15487.33
2007	1786.71	312.68	-	211.83	-	-	1262.20	18345.08
2008	3981.39	67.65	243.99	301.59	1094.92	-	2271.72	24306.77
2009	3986.71	366.66	435.75	418.32	602.13	-	2163.24	35929.25
2010	4935.90	658.40	837.86	1300.20	512.04	-	1627.39	70017.59
2011	6129.28	1175.41	1140.02	2041.14	496.10	-	1276.30	204621.29
2012	8442.99	2722.08	2149.86	2177.36	448.24	39.89	905.56	371375.86

3-5 续表 2 continued

年份 Year	成交笔数(万笔) Number of Transactions(10 thousand times)							
	现货 Spot Transaction							回购 Repo Transaction
	合计 Total	企业债 Enterprise Bonds	公司债 Corporate Bonds	可转债 Convertible Bonds	可分离债 Warrant Bonds	中小企业私募债 Private Placement Bonds	国债 T-Bonds	
1996	181.62	1.10	-	-	-	-	180.52	68.62
1997	114.60	4.92	-	-	-	-	109.68	35.58
1998	109.22	30.45	-	-	-	-	78.78	41.77
1999	75.71	22.58	-	-	-	-	53.12	29.79
2000	77.44	42.74	-	-	-	-	34.71	27.35
2001	61.37	16.99	-	-	-	-	44.37	30.05
2002	117.95	10.41	-	7.76	-	-	99.77	79.76
2003	185.75	18.46	-	41.43	-	-	125.85	249.03
2004	206.27	12.37	-	38.86	-	-	155.05	213.37
2005	214.87	11.19	-	30.86	-	-	172.82	97.36
2006	111.13	10.10	-	18.59	-	-	82.44	43.25
2007	105.08	27.35	-	31.51	-	-	46.22	37.07
2008	256.41	11.84	29.85	56.55	118.46	-	39.71	59.60
2009	214.87	30.89	31.89	47.34	68.72	-	36.00	102.36
2010	138.51	20.10	14.01	54.27	29.23	-	20.88	302.88
2011	201.03	42.56	17.65	110.91	15.30	-	14.61	1953.02
2012	255.50	93.65	39.42	102.80	9.36	0.03	10.24	4633.30

3-6 深圳证券交易所债券交易情况
Bond Trading in Shenzhen Stock Exchange

年份 Year	成交量 Trading Volume							
	现货(万张) Spot Transaction(10 thousand units)							回购(万手) Repo Transaction (10 thousand lots)
	合计 Total	企业债 Enterprise Bonds	公司债 Corporate Bonds	可转债 Convertible Bonds	可分离债 Warrant Bonds	中小企业私募债 Private Placement Bonds	国债 T-Bonds	
1996	6398.79	28.24	-	-	-	-	6370.55	56948.12
1997	11200.13	228.12	-	-	-	-	10972.01	96390.61
1998	2775.55	776.39	-	833.45	-	-	1165.71	35230.00
1999	5496.23	170.68	-	3133.56	-	-	2191.99	76641.18
2000	61276.34	115.89	-	11717.49	-	-	49442.96	158646.65
2001	46146.30	61.68	-	3684.55	-	-	42400.06	14465.74
2002	237690.46	1848.22	-	4602.95	-	-	231239.30	45.03
2003	49431.98	4471.07	-	19425.13	-	-	25535.78	1857.73
2004	28947.81	1801.39	-	26619.17	-	-	527.25	459.60
2005	21579.07	2914.09	-	17869.89	-	-	795.09	0.00
2006	16058.61	1714.67	2438.79	9131.61	2438.79	-	334.76	223.25
2007	24972.81	1318.64	6154.25	10820.05	6154.25	-	525.62	654.48
2008	66140.99	4408.95	30309.80	11911.59	14822.26	-	4688.40	0.00
2009	79981.82	26343.01	26242.24	16853.91	7515.20	-	3027.47	4594.00
2010	90687.66	24541.82	34170.82	18669.46	6110.22	-	7195.35	35616.24
2011	74015.44	18358.14	37479.80	13712.97	3450.42	-	1014.11	488833.51
2012	144122.72	19769.62	109209.57	9168.05	5106.66	0.00	868.83	2217507.92

数据来源：深圳证券交易所
Source:SZSE

3-6 续表 1 continued

年份 Year	成交金额(亿元) Trading Turnover(100 million yuan)							
	现货 Spot Transaction							回购 Repo Transaction
	合计 Total	企业债 Enterprise Bonds	公司债 Corporate Bonds	可转债 Convertible Bonds	可分离债 Warrant Bonds	中小企业私募债 Private Placement Bonds	国债 T-Bonds	
1996	67.17	0.30	-	0.00	-	-	66.87	569.48
1997	116.92	2.58	-	0.00	-	-	114.35	963.91
1998	42.92	9.37	-	20.30	-	-	13.25	352.30
1999	70.98	2.15	-	44.73	-	-	24.09	766.41
2000	636.87	1.37	-	135.07	-	-	500.43	1586.47
2001	479.07	0.84	-	45.68	-	-	432.55	144.66
2002	2398.02	19.29	-	50.88	-	-	2327.85	0.45
2003	521.40	47.57	-	218.08	-	-	255.75	18.58
2004	321.16	17.49	-	298.72	-	-	4.96	4.60
2005	229.44	29.83	-	191.78	-	-	7.84	0.00
2006	167.08	17.74	20.28	105.47	20.28	-	3.31	2.23
2007	306.90	13.22	45.60	197.40	45.60	-	5.08	6.54
2008	627.99	45.95	277.74	140.54	117.13	-	46.63	0.00
2009	847.55	273.98	260.51	218.08	64.77	-	30.20	45.94
2010	991.23	255.54	347.88	260.41	55.79	-	71.61	356.16
2011	778.50	186.09	373.39	176.81	32.19	-	10.02	4888.34
2012	1459.58	199.44	1103.69	97.96	49.87	0.00	8.62	22175.08

3-6 续表 2 continued

年份 Year	成交笔数(万笔) Number of Transactions(10 thousand times)							
	现货 Spot Transaction							回购 Repo Transaction
	合计 Total	企业债 Enterprise Bonds	公司债 Corporate Bonds	可转债 Convertible Bonds	可分离债 Warrant Bonds	中小企业私募债 Private Placement Bonds	国债 T-Bonds	
1996	2.94	0.24	-	0.00	-	-	2.70	1.47
1997	2.39	0.22	-	0.00	-	-	2.18	0.94
1998	18.72	0.61	-	17.26	-	-	0.86	0.33
1999	52.69	0.79	-	51.37	-	-	0.53	0.48
2000	87.26	0.70	-	82.72	-	-	3.83	1.71
2001	24.51	0.34	-	20.88	-	-	3.29	0.25
2002	23.75	1.64	-	11.36	-	-	10.76	0.00
2003	31.46	2.25	-	25.16	-	-	4.05	0.03
2004	39.00	1.66	-	34.77	-	-	2.58	0.01
2005	25.92	2.14	-	19.94	-	-	3.84	0.00
2006	22.21	0.97	2.34	13.63	2.34	-	2.94	0.01
2007	38.36	1.02	8.25	17.61	8.25	-	3.24	0.01
2008	82.10	10.69	26.46	23.58	17.65	-	3.72	0.00
2009	94.33	50.16	11.79	21.67	6.06	-	4.65	0.06
2010	80.52	38.66	9.08	27.95	1.78	-	3.06	0.77
2011	82.41	34.13	23.49	21.17	1.39	-	2.24	505.79
2012	118.20	27.75	80.05	6.94	1.81	0.00	1.66	3016.43

3–7 交易所债券回购交易情况

Bond Repo Trading in Stock Exchange

回购方式 Repurchase Ways	合计 Total			
	成交金额(亿元) Trading Turnover (100 million yuan)		成交量(万手) Trading Volume (10 thousand lots)	
	2011	2012	2011	2012
质押式回购 Pledge-style Repo	199581.50	346360.74	1995814.97	3463607.36
报价回购 Quotation-based Repo	5039.77	25012.26	50397.68	250122.56
约定式回购 Pre-arranged Repo	0.02	2.87	0.40	53.48

数据来源：上海证券交易所、深圳证券交易所
Source:SSE、SZSE

3–7 续表 continued

回购方式 Repurchase Ways	上交所 SSE				深交所 SZSE			
	成交金额(亿元) Trading Turnover (100 million yuan)		成交量(万手) Trading Volume (10 thousand lots)		成交金额(亿元) Trading Turnover (100 million yuan)		成交量(万手) Trading Volume (10 thousand lots)	
	2011	2012	2011	2012	2011	2012	2011	2012
质押式回购 Pledge-style Repo	199581.50	346360.74	1995814.97	3463607.36	-	-	-	-
报价回购 Quotation-based Repo	5039.77	25012.26	50397.68	250122.56	-	-	-	-
约定式回购 Pre-arranged Repo	0.02	2.87	0.40	53.48	-	-	-	-

3-8 2012年银行间市场债券买卖按交易机构分类情况
Statistics for Bond Trading in Interbank Market by Institution in 2012

单位：亿元 (100 million yuan)

机构	Institution	现货 Spot Transaction 买入 Buy	卖出 Sell	差额 Difference
大型银行	Large Bank	83279.00	78787.30	4491.70
中小型银行	Small and Medium-sized Banks	386095.10	391207.80	-5112.70
其中：城市商业银行	Thereinto:City Commercial Bank	198681.60	203367.40	-4685.80
保险	Insurance Company	3031.60	2668.50	363.10
证券及基金	Security Company and Fund Company	146661.50	148280.30	-1618.80
外资金融机构	Foreign Financial Institution	87551.20	86134.30	1416.90
其他金融机构	Other Financial Institution	45334.30	44874.60	459.70
累计成交金额	Total Trading Turnover			751952.80

注：1.大型商业银行包括工商银行、农业银行、中国银行、建设银行、国家开发银行、交通银行、邮政储蓄银行；
2.中小型银行包括招商银行等17家银行、小型城商行、农村商业银行、农村合作银行、村镇银行；
3.其他金融机构包括城市信用社、农村信用社、财务公司、信托投资公司、金融租赁公司、资产管理公司、社保基金等。
数据来源：中国人民银行
Source:PBC

3-8 续表 continued

单位：亿元 (100 million yuan)

机构	Institution	回购 Repo Transaction 质押式 Pledge style Repo 回购 Repo	逆回购 Reverse Repo	差额 Difference	买断式 Buyout Repo 回购 Repo	逆回购 Reverse Repo	差额 Difference
大型银行	Large Bank	141788.20	682790.20	-541002.00	501.80	17452.20	-16950.40
中小型银行	Small and Medium-sized Banks	772789.30	509695.40	263093.90	9885.40	23216.70	-13331.30
其中：城市商业银行	Thereinto:City Commercial Bank	408025.60	166063.40	241962.20	3229.10	15142.30	-11913.20
保险	Insurance Company	86801.80	33530.60	53271.20	2.10	3.50	-1.40
证券及基金	Security Company and Fund Company	131224.40	27393.00	103831.40	29328.00	3092.90	26235.10
外资金融机构	Foreign Financial Institution	43935.80	24001.10	19934.70	927.00	127.90	799.10
其他金融机构	Other Financial Institution	189634.50	88763.50	100871.00	10322.00	7073.20	3248.80
累计成交金额	Total Trading Turnover			1366173.90			50966.40

3-9 银行间市场债券回购按交易期限分类情况
Statistics for Bond Repo Trading in Interbank Market by Duration

债券类型	Bond Type	1天 1 day		7天 7 days		14天 14 days		21天 21 days	
		2011	2012	2011	2012	2011	2012	2011	2012
质押式债券	Pledge-style Repo	728666.70	1109323.40	157023.00	172165.20	43834.20	47390.00	11335.10	9913.10
买断式债券	Buyout Repo	15543.70	33725.10	8359.20	10788.10	2090.10	3840.30	649.40	920.30
合计	Total Trading Turnover	744210.40	1143048.50	165382.20	182953.30	45924.30	51230.30	11984.50	10833.40

数据来源：中国人民银行
Source: PBC

3-9 续表 1 continued

债券类型	Bond Type	1个月 1 month		2个月 2 months		3个月 3 months		4个月 4 months	
		2011	2012	2011	2012	2011	2012	2011	2012
质押式债券	Pledge-style Repo	13804.00	13154.80	5132.80	8119.80	4513.00	4421.10	1027.90	611.70
买断式债券	Buyout Repo	691.00	1121.80	314.80	438.30	236.90	132.50	-	-
合计	Total Trading Turnover	14495.00	14276.60	5447.60	8558.10	4749.90	4553.60	1027.90	611.70

3-9 续表 2 continued

债券类型	Bond Type	6个月 6 months		9个月 9 months		1年 1 year	
		2011	2012	2011	2012	2011	2012
质押式债券	Pledge-style Repo	1052.10	804.00	35.90	88.70	224.90	182.10
买断式债券	Buyout Repo	-	-	-	-	-	-
合计	Total Trading Turnover	1052.10	804.00	35.90	88.70	224.90	182.10

3-10 2012年银行间市场债券回购余额按机构分类情况
Statistics for Bond Repo Balance in Interbank Market by Institution in 2012

单位：亿元 (100 million yuan)

机构	Institution	质押式 Pledge-style Repo			买断式 Buyout Repo		
		回购 Repo	逆回购 Reverse Repo	正逆回购差额 Difference	回购 Repo	逆回购 Reverse Repo	正逆回购差额 Difference
大型银行	Large Bank	337.60	11133.20	-10795.60	10.30	123.10	-112.90
中小型银行	Small and Medium-sized Banks	8420.90	4217.80	4203.10	263.70	683.60	-419.90
其中：城市商业银行	Thereinto:City Commercial Bank	4202.60	1216.90	2985.70	188.90	472.00	-283.10
保险	Insurance Company	4424.90	86.40	4338.50	0.00	1.50	-1.50
证券及基金	Security Company and Fund Company	1642.50	690.90	951.60	859.50	114.20	745.30
外资金融机构	Foreign Financial Institution	631.40	606.20	25.20	22.70	7.60	15.10
其他金融机构	Other Financial Institution	2175.50	898.40	1277.10	82.30	308.40	-226.10
余额	Balance			17632.90			1238.40

注：1.大型商业银行包括工商银行、农业银行、中国银行、建设银行、国家开发银行、交通银行、邮政储蓄银行；
2.中小型银行包括招商银行等17家银行、小型城商行、农村商业银行、农村合作银行、村镇银行；
3.其他金融机构包括城市信用社、农村信用社、财务公司、信托投资公司、金融租赁公司、资产管理公司、社保基金等。

数据来源：中国人民银行
Source: PBC

3-11 债券托管额情况

Value of Bonds under Custody

单位：亿元 (100 million yuan)

市场	Market	国债 T-Bonds 2011	国债 T-Bonds 2012	央行票据 Central Bank Bills 2011	央行票据 Central Bank Bills 2012	金融债券 Financial Bonds 2011	金融债券 Financial Bonds 2012
全市场	Whole Market	73839.08	80735.93	21289.72	13439.72	75747.82	93169.22
银行间	Interbank Market	68493.64	75353.06	19489.72	11639.72	73667.69	91092.82
交易所	Stock Exchange	1992.45	1785.73	-	-	-	-
柜台	Over the Counter	2284.41	3069.51	0.00	0.00	0.00	0.00
其他	Other	1068.58	527.63	1800.00	1800.00	2080.13	2076.40

注：1.国债包括地方政府债；
2.金融债券包括政策性银行债、政府支持机构债券(汇金公司债)、商业银行债券、非银行金融机构债券、资产支持证券、金融企业短期融资券、资产管理公司金融债；
3.企业债包括原铁道部发行的债券。

数据来源：中央国债登记结算公司、上海清算所、中国证券登记结算公司
Source:CDC、SHCH、CSDC

3-11 续表 1 continued

单位：亿元 (100 million yuan)

市场	Market	非金融企业公司信用类债 Non-financial Enterprise Inc Credit Bonds							
		公司债 Corporate Bonds		可转债 Convertible Bonds		可分离债 Warrant Bonds		中小企业私募债 Private Placement Bonds	
		2011	2012	2011	2012	2011	2012	2011	2012
全市场	Whole Market	2870.60	5347.20	1162.93	1255.26	871.15	752.15	-	93.75
银行间	Interbank Market	-	-	-	-	-	-	-	-
交易所	Stock Exchange	2870.60	5347.20	1162.93	1255.26	871.15	752.15	-	93.75
柜台	Over the Counter	-	-	-	-	-	-	-	-
其他	Other	-	-	-	-	-	-	-	-

3-11 续表 2 continued

单位：亿元 (100 million yuan)

市场	Market	非金融企业公司信用类债 Non-financial Enterprise Inc Credit Bonds							
		企业债 Enterprise Bonds		短期融资券 Short-term Financing Bonds		超短期融资券 SCP		中期票据 Medium Term Notes	
		2011	2012	2011	2012	2011	2012	2011	2012
全市场	Whole Market	17820.45	25917.57	7861.30	8126.97	450.00	3531.00	19742.70	24922.00
银行间	Interbank Market	15617.09	22049.50	7861.30	8126.97	450.00	3531.00	19742.70	24922.00
交易所	Stock Exchange	1531.27	3222.19	-	-	-	-	-	-
柜台	Over the Counter	3.58	1.96	-	-	-	-	-	-
其他	Other	668.51	643.92	-	-	-	-	-	-

3-11 续表 3 continued

单位：亿元 (100 million yuan)

市场	Market	非金融企业公司信用类债 Non-financial Enterprise Inc Credit Bonds						合计 Total	
		中小企业集合票据 SMECN		非公开定向债务融资工具 PPN		资产支持票据 ABN			
		2011	2012	2011	2012	2011	2012	2011	2012
全市场	Whole Market	107.57	187.66	899.00	4452.30	-	57.00	222662.31	261987.73
银行间	Interbank Market	107.57	187.66	899.00	4452.30	-	57.00	206328.71	241412.03
交易所	Stock Exchange	-	-	-	-	-	-	8428.39	12456.28
柜台	Over the Counter	-	-	-	-	-	-	2287.99	3071.47
其他	Other	-	-	-	-	-	-	5617.22	5047.95

3-12 国债发行情况明细
Details of T-Bonds Issuance

债券名称 Bond Name	发行对象 Object of Issuance	期限(年) Term(year)	利率(%) Interest Rate(%)	累计发行额(亿元) Total Issuance(100 million yuan)
一、当年国债发行				16154.20
(一)储蓄国债				2234.00
1.储蓄国债(凭证式)				718.30
2012年第1期	个人	3	5.58	209.80
2012年第1期	个人	5	6.15	90.00
2012年第2期	个人	3	4.76	155.80
2012年第2期	个人	5	5.32	80.90
2012年第3期	个人	3	4.76	107.20
2012年第3期	个人	5	5.32	74.60
2.储蓄国债(电子式)				1515.70
2012年第1期	个人	3	5.58	348.90
2012年第2期	个人	5	6.15	149.80
2012年第3期	个人	3	5.58	209.70
2012年第4期	个人	5	6.15	90.00
2012年第5期	个人	3	5.21	-
2012年第6期	个人	5	5.71	-
2012年第7期	个人	3	5.21	-
2012年第8期	个人	5	5.71	-
2012年第9期	个人	3	4.76	191.50
2012年第10期	个人	5	5.32	120.00
2012年第11期	个人	3	4.76	129.20
2012年第12期	个人	5	5.32	90.00
2012年第13期	个人	3	4.76	106.80
2012年第14期	个人	5	5.32	79.80
(二)记账式国债				11420.20
1.记账式附息国债				10220.20
2012年第1期	银行间/交易所	1	2.78	280.00
2012年第2期	银行间/交易所	1	2.87	280.00
2012年第3期	银行间/交易所	5	3.14	280.00
2012年第4期	银行间/交易所	10	3.51	280.00
2012年第5期	银行间/交易所	7	3.41	280.00
2012年第4期(续发)	银行间/交易所	10	3.51	280.00
2012年第4期(续二)	银行间/交易所	7	3.41	339.70
2012年第6期	银行间/交易所	20	4.03	280.00
2012年第7期	银行间/交易所	3	2.91	300.00
2012年第5期(续发)	银行间/交易所	7	3.41	339.70
2012年第8期	银行间/交易所	50	4.25	280.00
2012年第9期	银行间/交易所	10	3.36	344.40
2012年第3期(续发)	银行间/交易所	5	3.14	300.00
2012年第10期	银行间/交易所	7	3.14	320.90
2012年第11期	银行间/交易所	1	2.15	269.40
2012年第9期(续发)	银行间/交易所	10	3.36	331.60
2012年第12期	银行间/交易所	30	4.07	280.00
2012年第9期(续发)	银行间/交易所	10	3.36	326.20
2012年第10期(续发)	银行间/交易所	7	3.14	322.60
2012年第13期	银行间/交易所	30	4.12	280.00
2012年第10期(续发)	银行间/交易所	7	3.14	300.00
2012年第14期	银行间/交易所	5	2.95	300.60
2012年第15期	银行间/交易所	10	3.39	300.00

注：2012年第5-8期储蓄国债(电子式)发行失败，故无累计发行金额。
数据来源：中国人民银行
Source:PBC

3-12 续表 continued

债券名称 Bond Name	发行对象 Object of Issuance	期限(年) Term (year)	利率(%) Interest Rate(%)	累计发行额(亿元) Total Issuance (100 million yuan)
2012年第16期	银行间/交易所	7	3.25	300.00
2012年第17期	银行间/交易所	10	3.10	300.00
2012年续第15期	银行间/交易所	10	3.39	303.30
2012年第18期	银行间/交易所	20	4.10	280.00
2012年第16期(续发)	银行间/交易所	7	3.25	266.70
2012年第19期	银行间/交易所	1	2.94	260.10
2012年第15期(续发)	银行间/交易所	10	3.39	261.40
2012年续第16期	银行间/交易所	7	3.25	261.50
2012年第20期	银行间/交易所	50	4.35	260.00
2012年续第14期	银行间/交易所	5	2.95	260.00
2012年续第17期	银行间/交易所	10	3.10	282.00
2012年第21期	银行间/交易所	10	3.55	290.10
2.记账式贴现国债				1200.00
2012年第1期	银行间/交易所	273/365	2.87	150.00
2012年第2期	银行间/交易所	273/365	2.87	150.00
2012年第3期	银行间/交易所	273/365	2.87	150.00
2012年第4期	银行间/交易所	182/365	2.87	150.00
2012年第5期	银行间/交易所	182/365	2.87	150.00
2012年第6期	银行间/交易所	182/365	2.87	150.00
2012年第7期	银行间/交易所	91/365	2.87	150.00
2012年第8期	银行间/交易所	91/365	2.87	150.00
(三)地方政府债				2500.00
第1期(青岛、广西、海南、重庆、陕西、新疆、甘肃)	-	3	2.76	206.00
第2期(青岛、广西、海南、重庆、陕西、新疆、甘肃)	-	5	3.07	210.00
第3期(北京、山西、黑龙江、江苏、福建、宁夏、青海)	-	3	2.75	239.00
第4期(北京、山西、黑龙江、江苏、福建、宁夏、青海)	-	5	3.02	239.00
第5期(宁波、安徽、湖北、四川、云南)	-	3	2.74	231.00
第6期(宁波、安徽、湖北、四川、云南)	-	5	3.13	233.00
第7期(天津、厦门、江西、山东、河南、湖南)	-	3	2.98	216.00
第8期(天津、厦门、江西、山东、河南、湖南)	-	5	3.38	221.00
地方债(上海)第1期	-	5	3.25	44.50
地方债(上海)第2期	-	7	3.39	44.50
第9期(河北、内蒙古、辽宁、大连、吉林、西藏、贵州)	-	3	3.47	206.00
第10期(河北、内蒙古、辽宁、大连、吉林、西藏、贵州)	-	5	3.58	210.00
地方债(广东)第1期	-	5	3.21	43.00
地方债(广东)第2期	-	7	3.40	43.00
地方债(浙江)第1期	-	5	3.30	43.50
地方债(浙江)第2期	-	7	3.47	43.50
地方债(深圳)第1期	-	5	3.22	13.50
地方债(深圳)第2期	-	7	3.43	13.50
(四)定向国债				-
(五)特别国债				-
二、上年末国债发行与兑付	-	-	-	17100.10
三、当年累计	-	-	-	16154.20

3-13 公司债发行情况明细
Details of Corporate Bonds Issuance

债券名称 Bond Name	发行额(亿元) Value of Bonds Issued (100 million yuan)	利率(%) Interest Rate (%)	期限(年) Term (year)	发行日期 Issue Date	上市交易所 Stock Exchange
11沪大众	16.00	6.85	6	2012-01-06	上海证券交易所
11远兴债	10.00	8.00	5	2012-01-17	深圳证券交易所
11航机01	9.97	6.00	5	2012-02-08	上海证券交易所
11东磁债	5.00	7.00	5	2012-02-09	深圳证券交易所
11安钢02	8.00	6.90	7	2012-02-14	上海证券交易所
12兴发01	3.00	6.30	6	2012-02-14	上海证券交易所
12兴发02	5.00	7.30	5	2012-02-14	上海证券交易所
11中粮01	5.00	6.80	5	2012-02-16	深圳证券交易所
11日照港	5.00	5.60	5	2012-02-17	上海证券交易所
11联化债	6.30	7.30	7	2012-02-21	深圳证券交易所
12金风01	30.00	6.63	3	2012-02-23	深圳证券交易所
11庞大02	22.00	8.50	5	2012-03-01	上海证券交易所
11武钢债	72.00	4.75	3	2012-03-02	上海证券交易所
11中化02	12.00	4.99	7	2012-03-05	上海证券交易所
11中化01	7.00	4.85	4	2012-03-05	上海证券交易所
11超日债	10.00	8.98	5	2012-03-07	深圳证券交易所
11闽高速	15.00	5.80	5	2012-03-08	上海证券交易所
12新都债	8.00	7.35	5	2012-03-08	深圳证券交易所
12鹏博债	14.00	7.50	5	2012-03-12	上海证券交易所
11常山债	6.30	8.20	3	2012-03-13	深圳证券交易所
12隆平债	4.50	7.18	5	2012-03-14	深圳证券交易所
12柳工债	13.00	5.20	5	2012-03-14	深圳证券交易所
11片仔癀	3.00	5.70	5	2012-03-15	上海证券交易所
11美兰债	8.00	7.80	7	2012-03-15	上海证券交易所
11西建债	4.00	7.50	5	2012-03-15	深圳证券交易所
12酒钢债	30.00	5.40	3	2012-03-19	上海证券交易所
11冀东02	9.00	5.58	8	2012-03-20	深圳证券交易所
11欧亚债	4.70	7.00	7	2012-03-21	上海证券交易所
11棕榈债	7.00	7.30	5	2012-03-21	深圳证券交易所
11航民01	3.00	6.80	3	2012-03-22	上海证券交易所
11精工债	7.00	6.30	3	2012-03-22	上海证券交易所
12明牌债	10.00	7.20	5	2012-03-22	深圳证券交易所
12中泰债	13.00	6.50	7	2012-03-22	深圳证券交易所
11智光债	2.00	7.98	5	2012-03-23	深圳证券交易所
11柳化债	5.10	7.00	7	2012-03-27	上海证券交易所
12湘鄂债	4.80	6.78	5	2012-04-05	深圳证券交易所
11三钢02	4.00	6.88	7	2012-04-09	深圳证券交易所
11华微债	3.20	8.00	7	2012-04-10	上海证券交易所
12雅致01	3.00	6.50	5	2012-04-10	深圳证券交易所
12雅致02	5.00	6.70	7	2012-04-10	深圳证券交易所
12宝泰隆	10.00	7.30	5	2012-04-11	上海证券交易所
12华茂债	8.40	6.30	5	2012-04-12	深圳证券交易所
12宁港01	10.00	4.69	3	2012-04-16	上海证券交易所
11桂东01	6.00	6.30	7	2012-04-16	上海证券交易所
12化机债	7.00	7.00	5	2012-04-17	深圳证券交易所
12太钢01	25.00	5.20	5	2012-04-18	深圳证券交易所
11鹿港债	4.00	7.75	5	2012-04-23	上海证券交易所

数据来源：上海证券交易所、深圳证券交易所
Source:SSE、SZSE

3-13　续表 1　continued

债券名称 Bond Name	发行额(亿元) Value of Bonds Issued (100 million yuan)	利率(%) Interest Rate (%)	期限(年) Term (year)	发行日期 Issue Date	上市交易所 Stock Exchange
12亿利01	8.00	7.30	8	2012-04-23	上海证券交易所
12长安债	19.80	5.30	5	2012-04-23	深圳证券交易所
12天士01	4.00	6.00	5	2012-04-24	上海证券交易所
11复星债	15.00	5.53	5	2012-04-25	上海证券交易所
12鲁信债	4.00	6.50	5	2012-04-25	上海证券交易所
12万向债	15.00	6.00	5	2012-04-25	深圳证券交易所
11新野01	3.00	7.10	5	2012-04-25	深圳证券交易所
11赤湾01	5.00	5.28	5	2012-04-26	深圳证券交易所
11洪水业	5.00	5.88	5	2012-05-02	上海证券交易所
11国星债	5.00	6.80	5	2012-05-03	深圳证券交易所
12乐视01	2.00	9.99	3	2012-05-08	深圳证券交易所
11万家债	4.00	7.40	5	2012-05-15	深圳证券交易所
12圣农01	7.00	5.50	6	2012-05-16	深圳证券交易所
12华新02	10.00	5.65	7	2012-05-17	上海证券交易所
12华新01	10.00	5.35	5	2012-05-17	上海证券交易所
12中富01	5.90	5.28	3	2012-05-28	深圳证券交易所
12石化02	70.00	4.90	10	2012-06-01	上海证券交易所
12石化01	130.00	4.26	5	2012-06-01	上海证券交易所
12向日01	3.00	9.60	5	2012-06-01	深圳证券交易所
12万丰01	3.50	5.40	5	2012-06-04	深圳证券交易所
12富春01	4.00	6.70	5	2012-06-05	深圳证券交易所
12天富债	5.00	5.50	5	2012-06-06	上海证券交易所
12中兴01	60.00	4.20	3	2012-06-13	深圳证券交易所
12海药债	5.00	5.20	5	2012-06-14	深圳证券交易所
12国电02	10.00	4.75	7	2012-06-15	上海证券交易所
12国电01	30.00	4.35	5	2012-06-15	上海证券交易所
12厦工债	15.00	4.55	5	2012-06-18	上海证券交易所
11亚迪01	30.00	5.25	5	2012-06-19	深圳证券交易所
11桂东02	4.00	5.30	7	2012-06-20	上海证券交易所
11中利债	8.00	6.70	5	2012-06-20	深圳证券交易所
11吉高速	8.00	5.50	7	2012-06-21	上海证券交易所
12广控01	23.50	4.74	7	2012-06-25	上海证券交易所
12京能01	24.00	4.35	3	2012-07-03	上海证券交易所
12京能02	12.00	4.60	5	2012-07-03	上海证券交易所
12康盛债	2.00	7.80	5	2012-07-05	深圳证券交易所
12国创债	2.70	6.20	5	2012-07-10	深圳证券交易所
12亚厦债	10.00	5.20	5	2012-07-13	深圳证券交易所
11新野02	3.00	5.88	5	2012-07-13	深圳证券交易所
12乐视02	2.00	8.50	3	2012-07-13	深圳证券交易所
12西钢债	4.30	5.50	8	2012-07-16	上海证券交易所
12亿利02	8.00	6.42	8	2012-07-19	上海证券交易所
12申通02	4.00	4.60	3	2012-07-20	上海证券交易所
12国电03	33.00	4.22	3	2012-07-23	上海证券交易所
12国电04	7.00	4.35	5	2012-07-23	上海证券交易所
12兖煤02	40.00	4.95	10	2012-07-23	上海证券交易所
12兖煤01	10.00	4.20	5	2012-07-23	上海证券交易所
12安泰债	4.00	5.50	5	2012-07-25	深圳证券交易所
12盾安债	12.00	5.70	5	2012-07-27	深圳证券交易所
12中海01	10.00	4.20	3	2012-08-03	上海证券交易所
12中海02	15.00	5.00	10	2012-08-03	上海证券交易所
12中交01	60.00	4.40	5	2012-08-09	上海证券交易所
12中交02	20.00	5.00	10	2012-08-09	上海证券交易所
12中交03	40.00	5.15	15	2012-08-09	上海证券交易所

3-13 续表 2 continued

债券名称 Bond Name	发行额(亿元) Value of Bonds Issued (100 million yuan)	利率(%) Interest Rate (%)	期限(年) Term (year)	发行日期 Issue Date	上市交易所 Stock Exchange
12东宝债	1.10	8.00	3	2012-08-10	深圳证券交易所
12中储债	16.00	5.00	7	2012-08-13	上海证券交易所
12海型债	8.50	5.00	5	2012-08-17	深圳证券交易所
12科环01	12.00	4.30	3	2012-08-20	上海证券交易所
12科环02	8.00	4.65	5	2012-08-20	上海证券交易所
12科环03	20.00	5.15	10	2012-08-20	上海证券交易所
12山鹰债	8.00	7.50	7	2012-08-22	上海证券交易所
12太钢02	10.00	4.80	3	2012-08-22	深圳证券交易所
12太钢03	15.00	5.10	5	2012-08-22	深圳证券交易所
12旋风债	7.00	6.28	5	2012-08-23	上海证券交易所
12大康债	3.30	7.30	5	2012-08-23	深圳证券交易所
12云内债	10.00	6.05	6	2012-08-27	深圳证券交易所
12中孚债	10.00	7.50	5	2012-08-28	上海证券交易所
12金瑞债	1.50	7.90	5	2012-08-29	上海证券交易所
12鄂资债	40.00	6.20	5	2012-08-30	上海证券交易所
12集优01	5.00	5.08	5	2012-08-31	上海证券交易所
12一重01	25.00	5.10	5	2012-09-03	上海证券交易所
12南糖债	5.40	7.25	7	2012-09-17	深圳证券交易所
12舜天债	7.80	6.60	7	2012-09-18	深圳证券交易所
12力帆01	12.00	6.80	3	2012-09-19	上海证券交易所
12力帆02	7.00	7.50	5	2012-09-19	上海证券交易所
12东锆债	4.90	7.46	7	2012-10-08	深圳证券交易所
12深机01	6.00	4.99	3	2012-10-08	深圳证券交易所
12冀东01	8.00	5.65	5	2012-10-15	深圳证券交易所
12冀东02	4.50	5.90	7	2012-10-15	深圳证券交易所
12冀东03	8.00	6.00	10	2012-10-15	深圳证券交易所
12中桥债	2.50	7.00	5	2012-10-15	深圳证券交易所
12玻纤债	12.00	5.56	7	2012-10-17	上海证券交易所
12福发债	4.00	7.00	6	2012-10-17	深圳证券交易所
12江泥01	5.00	7.05	5	2012-10-18	深圳证券交易所
12九州通	16.00	5.70	5	2012-10-22	上海证券交易所
12桂冠01	8.00	4.80	5	2012-10-24	上海证券交易所
12桂冠02	9.30	5.10	10	2012-10-24	上海证券交易所
12通威发	5.00	5.98	5	2012-10-24	上海证券交易所
12王府01	11.00	4.94	5	2012-10-24	上海证券交易所
12王府02	11.00	5.20	7	2012-10-24	上海证券交易所
12联发债	8.00	6.20	5	2012-10-25	深圳证券交易所
12景兴债	7.50	7.38	7	2012-10-25	深圳证券交易所
11徐工02	15.00	4.89	5	2012-10-26	深圳证券交易所
12中水01	20.00	5.03	7	2012-10-29	上海证券交易所
12中水02	30.00	5.20	10	2012-10-29	上海证券交易所
12能新01	11.40	4.80	3	2012-10-29	上海证券交易所
12能新02	8.60	5.09	5	2012-10-29	上海证券交易所
12中海03	15.00	5.05	7	2012-10-29	上海证券交易所
12中海04	10.00	5.18	10	2012-10-29	上海证券交易所
12金螳01	7.00	5.00	5	2012-10-29	深圳证券交易所
12中山01	10.00	5.50	7	2012-10-29	深圳证券交易所
12开滦01	15.00	5.40	7	2012-10-30	上海证券交易所
12恒邦债	11.00	6.30	5	2012-10-30	深圳证券交易所
12海翔债	3.00	5.60	3	2012-10-31	深圳证券交易所
12建峰债	10.00	6.39	7	2012-11-02	深圳证券交易所
12科伦01	15.00	5.60	5	2012-11-05	深圳证券交易所
12华西债	6.00	6.00	5	2012-11-05	深圳证券交易所

3-13 续表 3 continued

债券名称 Bond Name	发行额(亿元) Value of Bonds Issued (100 million yuan)	利率(%) Interest Rate (%)	期限(年) Term (year)	发行日期 Issue Date	上市交易所 Stock Exchange
12海螺02	35.00	5.10	10	2012-11-07	上海证券交易所
12海螺01	25.00	4.89	5	2012-11-07	上海证券交易所
12晋兰花	30.00	5.09	5	2012-11-07	上海证券交易所
12辰矿01	5.00	5.70	7	2012-11-07	深圳证券交易所
12华新03	11.00	5.90	7	2012-11-09	上海证券交易所
12辽通债	27.00	5.60	5	2012-11-09	深圳证券交易所
12双良节	8.00	5.88	5	2012-11-12	上海证券交易所
12制药债	5.40	7.80	5	2012-11-13	深圳证券交易所
12露笑债	3.50	6.80	5	2012-11-14	深圳证券交易所
12赛轮债	7.20	5.85	3	2012-11-15	上海证券交易所
12沪交运	8.00	5.05	5	2012-11-16	上海证券交易所
12招金券	12.00	4.99	5	2012-11-16	上海证券交易所
12合兴债	3.00	6.25	5	2012-11-16	深圳证券交易所
12亚夏债	2.60	6.88	5	2012-11-19	深圳证券交易所
12蓝标01	2.00	7.90	3	2012-11-19	深圳证券交易所
12中油01	160.00	4.55	5	2012-11-22	上海证券交易所
12中油02	20.00	4.90	10	2012-11-22	上海证券交易所
12中油03	20.00	5.04	15	2012-11-22	上海证券交易所
12华包债	8.00	5.80	5	2012-11-26	深圳证券交易所
12松建化	22.00	6.20	7	2012-12-05	上海证券交易所
12骆驼集	8.00	5.98	5	2012-12-05	上海证券交易所
12江药债	5.00	5.39	3	2012-12-07	上海证券交易所
12京江河	9.00	5.40	5	2012-12-07	上海证券交易所
12大秦债	50.00	4.88	3	2012-12-10	上海证券交易所
12康得债	9.00	5.90	5	2012-12-14	深圳证券交易所
12苏宁01	45.00	5.20	5	2012-12-14	深圳证券交易所
12基地债	5.70	5.78	7	2012-12-17	深圳证券交易所
12北新债	4.80	5.78	6	2012-12-19	深圳证券交易所
12金工债	2.00	7.50	5	2012-12-19	深圳证券交易所
12永泰01	16.00	5.68	5	2012-12-20	上海证券交易所
12格林债	8.00	6.65	8	2012-12-21	深圳证券交易所
12晨鸣债	38.00	5.65	5	2012-12-26	深圳证券交易所
12勤上01	4.00	6.38	7	2012-12-27	深圳证券交易所

3-14 可转债发行情况明细
Details of Convertible Bonds Issuance

债券名称 Bond Name	发行额(亿元) Value of Bonds Issued (100 million yuan)	利率(%) Interest Rate(%)	期限(年) Term(year)	发行日期 Issue Date	上市交易所 Stock Exchange
恒丰转债	4.50	0.90	5	2012-03-23	上海证券交易所
重工转债	80.50	0.50	6	2012-06-04	上海证券交易所
南山转债	60.00	3.50	6	2012-10-16	上海证券交易所
同仁转债	12.05	0.50	5	2012-12-04	上海证券交易所
海直转债	6.50	0.50	6	2012-12-19	深圳证券交易所

数据来源：上海证券交易所、深圳证券交易所
Source:SSE、SZSE

3-15 中小企业私募债发行情况明细

Details of Private Placement Bonds Issuance

债券名称 Bond Name	发行额(亿元) Value of Bonds Issued (100 million yuan)	利率(%) Interest Rate(%)	期限(年) Term(year)	发行日期 Issue Date	上市交易所 Stock Exchange
12苏镀膜	0.50	9.50	2	2012-06-08	上海证券交易所
12嘉力达	0.50	9.99	3	2012-06-08	深圳证券交易所
12德福莱	2.00	9.30	3	2012-06-08	深圳证券交易所
12百慕债	0.20	8.50	1.5	2012-06-11	上海证券交易所
12钱四桥	1.00	9.35	2	2012-06-11	上海证券交易所
12宁水务	2.00	9.40	2	2012-06-11	上海证券交易所
12九恒星	0.10	8.50	1.5	2012-06-11	深圳证券交易所
12巨龙债	0.20	13.50	1	2012-06-11	深圳证券交易所
12中欣01	0.20	10.00	2	2012-06-11	深圳证券交易所
12拓奇债	0.28	9.00	1	2012-06-11	深圳证券交易所
12浔旅债	0.50	8.90	3	2012-06-11	深圳证券交易所
12森德债	1.50	8.10	3	2012-06-11	深圳证券交易所
12锡物流	2.50	9.50	2	2012-06-11	深圳证券交易所
12新宁债	1.00	7.50	2	2012-06-12	上海证券交易所
12同捷01	1.00	8.15	3	2012-06-12	上海证券交易所
12凡登债	1.00	8.05	3	2012-06-12	上海证券交易所
12天科债	1.00	7.30	3	2012-06-12	上海证券交易所
12中欣02	0.30	9.99	2	2012-06-15	深圳证券交易所
12信威债	2.00	9.80	2	2012-06-15	深圳证券交易所
12新丽债	1.00	7.00	2	2012-06-18	上海证券交易所
12太子龙	1.00	9.99	3	2012-06-19	上海证券交易所
12浙富立	0.80	0.00	3	2012-06-26	深圳证券交易所
12大丰港	1.00	8.50	1	2012-06-27	上海证券交易所
12优必胜	0.25	9.70	2	2012-06-29	上海证券交易所
12金泰01	0.15	9.00	3	2012-07-10	上海证券交易所
12金泰02	0.15	11.00	3	2012-07-10	上海证券交易所
12孚信债	1.00	7.00	2	2012-07-13	上海证券交易所
12鸿仪债	0.20	8.00	2	2012-07-16	深圳证券交易所
12天外债	2.00	9.90	3	2012-07-18	上海证券交易所
12江南债	0.50	9.70	2	2012-07-20	上海证券交易所
12四方债	2.00	8.50	3	2012-07-23	深圳证券交易所
12中科债	1.00	9.50	2	2012-07-26	深圳证券交易所
12中锐债	0.50	8.65	2	2012-08-01	上海证券交易所
12五洲债	0.80	8.68	3	2012-08-02	上海证券交易所
12同里债	1.00	8.60	2	2012-08-06	上海证券交易所
12大丰债	1.00	8.50	1	2012-08-06	深圳证券交易所
12甬绿能	2.00	7.28	2	2012-08-10	上海证券交易所
12武广债	2.00	8.20	3	2012-08-15	上海证券交易所
12民爆债	1.40	7.28	1	2012-08-24	深圳证券交易所
12雅润债	0.30	8.50	2	2012-08-28	上海证券交易所
12星美债	2.00	9.50	3	2012-08-28	上海证券交易所
12漕湖债	1.50	9.50	2	2012-08-29	上海证券交易所
12漕湖02	0.50	9.50	2	2012-08-29	上海证券交易所
12申环01	0.80	10.00	3	2012-08-29	深圳证券交易所
12金豪债	0.20	7.90	2	2012-09-14	上海证券交易所
12淹城债	2.00	8.00	3	2012-09-21	上海证券交易所
12孝昌杰	0.50	9.50	2	2012-09-24	上海证券交易所
12永鹏债	0.30	10.00	2.5	2012-09-25	深圳证券交易所
12中能01	1.00	9.30	3	2012-09-25	深圳证券交易所
12天楹01	1.40	9.00	3	2012-09-27	上海证券交易所

数据来源：上海证券交易所、深圳证券交易所
Source:SSE、SZSE

3-15 续表 continued

债券名称 Bond Name	发行额(亿元) Value of Bonds Issued (100 million yuan)	利率(%) Interest Rate(%)	期限(年) Term(year)	发行日期 Issue Date	上市交易所 Stock Exchange
12如顾庄	1.00	9.80	3	2012-10-10	上海证券交易所
12西游发	1.00	8.50	3	2012-10-10	上海证券交易所
12南菱01	0.50	9.50	2	2012-10-11	深圳证券交易所
12杭益汽	2.00	11.20	2	2012-10-15	上海证券交易所
12金建设	2.00	8.00	3	2012-10-16	上海证券交易所
12湖上跃	0.70	9.70	3	2012-10-18	上海证券交易所
12沪奔腾	1.50	11.00	3	2012-10-19	上海证券交易所
12东钢构	2.00	9.30	2	2012-10-22	上海证券交易所
12黄山头	1.90	9.00	3	2012-10-22	上海证券交易所
12常科试	3.00	9.20	3	2012-10-22	深圳证券交易所
12京精英	1.00	9.00	3	2012-10-31	上海证券交易所
12中实债	0.80	10.30	3	2012-10-31	深圳证券交易所
12四环01	1.10	9.50	3	2012-11-02	深圳证券交易所
12长公债	2.00	8.35	3	2012-11-02	深圳证券交易所
12天捷02	0.50	9.00	2	2012-11-05	上海证券交易所
12天捷01	0.30	8.50	1	2012-11-05	上海证券交易所
12派特01	1.00	8.00	3	2012-11-05	深圳证券交易所
12澳洋01	1.00	8.50	1	2012-11-05	深圳证券交易所
12苏东升	0.60	7.35	2	2012-11-06	上海证券交易所
12华安达	0.20	10.00	2	2012-11-09	上海证券交易所
12蒙农科	2.50	9.95	2	2012-11-09	深圳证券交易所
12新达通	0.23	10.00	1.5	2012-11-14	上海证券交易所
12鄂华食	0.50	9.98	3	2012-11-14	上海证券交易所
12武医债	0.80	9.80	2	2012-11-14	深圳证券交易所
12天楹02	1.40	9.00	3	2012-11-15	上海证券交易所
12德鑫泉	0.25	8.20	2	2012-11-16	上海证券交易所
12天彩债	0.60	9.00	1	2012-11-16	深圳证券交易所
12福星债	3.00	10.50	3	2012-11-16	深圳证券交易所
12瑞昌01	0.30	9.50	3	2012-11-23	深圳证券交易所
12浩蓝债	0.50	10.00	3	2012-11-23	深圳证券交易所
12虞尚湖	2.00	9.00	3	2012-11-26	上海证券交易所
12苏飞钻	1.00	5.50	2	2012-11-26	上海证券交易所
12沙旅游	0.50	8.80	2	2012-11-29	上海证券交易所
12澳洋02	1.00	8.50	1	2012-11-30	深圳证券交易所
12新大禹	0.50	0.00	2	2012-12-03	深圳证券交易所
12宣酒债	1.00	9.00	3	2012-12-03	深圳证券交易所
12建通债	1.50	7.40	3	2012-12-03	深圳证券交易所
12津凯泰	2.50	7.80	3	2012-12-10	上海证券交易所
12香榭丽	0.50	8.00	3	2012-12-10	上海证券交易所
12南华01	0.50	9.50	3	2012-12-10	上海证券交易所
12徐水务	1.00	8.00	1	2012-12-11	上海证券交易所
12宜机场	1.00	9.50	3	2012-12-20	上海证券交易所
12琳桥债	2.00	9.30	3	2012-12-24	上海证券交易所
12金电气	0.20	10.00	1	2012-12-25	上海证券交易所
12浙丰土	1.00	5.60	2	2012-12-27	上海证券交易所
12中电投	1.40	9.80	3	2012-12-28	上海证券交易所

主要统计指标解释

债券发行只数 指统计期内成功发行的债券数量。按发行首日口径计算。

债券发行额 指统计期内各类债券发行票面金额合计。按发行首日口径计算。

债券兑付金额 指统计期内债券发行人按照约定向债券投资者偿还本金和支付利息的金额合计。

债券成交金额 指统计期内各类债券成交金额合计，包括债券现货成交金额和债券回购成交金额。

公式:现货成交金额=Σ（成交价格×成交量〔现货〕）；回购成交金额=Σ（成交量〔回购〕×1000）

债券托管额 指统计期末托管在债券登记结算机构的各类债券面额合计。

债券成交量 指统计期内各类债券成交数量合计，包括债券现货成交数量和债券回购成交数量。现货成交量的单位以张计，回购成交量的单位以手计，每手10张。

贰 零 壹 叁

四. 证券投资基金

Securities Investment Funds

贰 零 壹 叁

2012年证券投资基金监管工作概述

2012年，证监会坚持加强监管、放松管制的工作思路，积极推动多元、开放、包容的财富管理体系建设，督促基金公司牢固树立以客户为中心的经营理念，在合规经营、控制风险的基础上，加快学习借鉴和创新发展，不断提高核心竞争力；继续扩大对外开放，推动基金公司开拓国际业务，加快推动长期资金入市，壮大机构投资者力量，取得了较好的成绩。截至12月底，共有基金管理公司77家，管理资产3.62万亿元，管理基金1173只，总规模为3.17万亿份，基金资产净值为2.87万亿元；基金持股市值1.38万亿元，占沪深股市流通市值的7.61%；完成募集的基金259只，募集规模0.64万亿元；共有207家境外机构获得QFII资格，12家基金公司的香港子公司获得RQFII资格,今年以来净汇入资金超过900亿元。

一、积极抓住机遇，应对挑战，切实推动财富管理行业创新发展

（一）积极推动《基金法》的修改，为财富管理行业改革创新发展提供法律制度保障。证监会与法律部等部门共同努力，经与全国人大财经委、法工委、国务院法制办等反复沟通协调，积极推动《基金法》修改。目前，新《基金法》已经全国人大三次审议通过，于2013年6月1日起正式实施。

（二）修订《证券投资基金管理公司管理办法》和《基金管理公司特定客户资产管理业务试点办法》，完善股权政策和公司治理，拓宽资产管理计划投资范围，提升基金公司服务实体经济的能力，推动基金公司向财富管理机构转型。

（三）修订《基金销售管理办法》及其配套规则，进一步放宽基金销售机构准入门槛，鼓励具有专业理财产品销售和客户服务能力的机构进入基金销售领域，促进基金销售机构向投资顾问方向转型，研究推动基金金融业务拓展。

（四）推动商业银行设立基金公司试点扩大工作，放宽商业银行设立基金管理公司的部分限制，促进基金公司股东多元化。今年3月以来，证监会配合人民银行积极推动商业银行设立基金管理公司试点的扩大工作，配合人民银行对《商业银行设立基金管理公司试点管理办法》进行修订，拟适当扩大试点商业银行范围，放宽商业银行设立基金管理公司的部分限制。

（五）研究起草《资产管理机构开展证券投资基金管理业务暂行规定》，拟允许保险资产管理公司、证券公司、私募证券投资管理机构等资产管理机构参与公募基金管理，形成开放、包容、多元的机构投资者队伍。

（六）进一步完善托管制度，壮大托管人队伍，促进市场有序竞争，提升托管服务水平，推动行业向轻型化、专业化方向发展。一是完成《基金托管资格管理办法》修订，起草《基金托管业务管理办法》拟对外发布实施，开放在华外资法人银行基金托管业务，进一步强化托管人受托职责。二是积极推进托管银行外包业务，促进行业轻型化、专业化发展。三是结合托管监控情况，在现行法规框架下进一步放松对基金关联托管的限制。

二、坚持解放思想、不断创新，大力发展多元化机构投资者队伍

（一）继续坚持“放松管制、加强监管”的监管思路，推动基金管理公司全面提升财富管理能力。一方面，放松管制，大力支持创新，推动产品创新和业务创新；另一方面，加强监管，净化市场环境，切实维护市场良好的秩序。

在放松管制方面：一是进一步优化“多通道”分类审核制度，新基金数量与募集规模双双创造历史新高。2012年共完成审核基金302只，审核速度和核准基金的数量比2011年有明显提高。完成募集的基金共259只，募集规模达到6383.67亿元。二是大力推进基金审核制度改革，取消基金产品通道制，简化审核程序，缩短审核期限，实施网上审批，强化市场主体责任。初步完成网上电子化申报和审核系统，提高审核效率。三是完善支持产品创新的具体措施，积极推进各类基金产品的创新。先后推出了跨市场、跨境ETF、短期理财基金、场内货币市场基金，较好地满足了投资者需求。积极进行黄金ETF、债券ETF的研究论证和推出前的准备工作。稳步推进房地产投资基金（REITs）研究工作。四是适应市场需求，加快对基金公司设立的审核进度。全年共完成8家基金公司的设立审核，都已获批成立，基金公司总数达到77家。五是取消和下放部分行政许可，简化审核程序。主动提出取消部分高管人员任职资格审核、5%以下股东资格审核、公司章程非重大条款的修改、同比例增减注册资本等多项行政许可事项，下放基金销售资格审批，充分发挥市场约束机制的作用。

在加强监管方面：一是严查三条底线，完善与交易所、派出机构对公平交易监控的协作机制。二是推动基金业协会成立，梳理基金部与协会职责分工，并将部分职能授权协会，充分发挥基金业协会的自律监管作用。三是完成对13家次基金公司的全面现场检查和82家次基金公司的专项检查，开展基金销售业务现场检查223次。四是完善基金非现场监控系统，加强风险提示，完善对派出机构的违规失误事项通报制度。五是对《关于基金从业人员投资证券投资基金有关事宜的通知》进行了修订，督促基金管理公司建立基金从业人员与基金份额持有人的利益绑定机制，防范利益冲突和利益输送，维护基金份额持有人的合法权益。六是发布《基金管理公司开展投资、研究活动防控内幕交易指导意见》，规范基金管理公司投研行为，建立健全防控内幕交易机制。七是完善货币市场基金监管、探索建立系统性风险防范机制。组织全行业实施货币类基金统一情景压力测试，对全行业货币类基金的风险状况、抗风险能力进行了科学评估，为完善货币基金监管提供了决策依据，同时也提升了公司的风险防控意识和防控能力。八是推进基金信息披露制度的完善。根据基金业务创新及时更新基金XBRL信息披露报送模板，保证创新基金产品信息披露的完整与准确。加强信息披露监管协作，下发《基金信息披露监管工作规程》，梳理明确证监会、派出机构和交易所对基金信息披露的监管职责分工。九是配合基金销售业务资格行政许可下放派出机构的工作，在去年实现基金销售业务资格许可电子化申报的基础上，开发上线了基金销售资格电子化审核系统，在证监会行政许可项目中率先实现了电子申报、电子审核，使监管标准更为具体、统一、透明，为资格管理进一步转向注册制奠定了基础。

（二）加快引入QFII步伐，增加其投资额度,修订QFII法规，降低资格门槛，增加投资便利。一是加快QFII资格审批，协调外汇局加快批准QFII投资额度，审批速度明显高于往年。2012年，证监会新批准72家境外机构的QFII资格，占获批QFII总数的34.78%；外汇局批准QFII投资额度144.03亿美元，占获批QFII额度的39.96%；汇入资金的QFII家数达到144家，较年初增加41家，今年QFII净汇入资金达到457亿元人民币，对促进资本市场稳定发展发挥了积极作用。二是经国务院批准，新增500亿美元QFII额度，QFII总额度增加到800亿美元，为扩大资本市场开放、引入更多境外资金创造了良好环境。三是修订QFII法规，降低QFII资格门槛，增加运作便利，加强投资监管。允许同一集团多家机构均可申请QFII资格、允许已发行结构性产品的QFII申请增加额度等多项放松政策，境外投资者反响积极。

（三）推出RQFII试点，首批债券产品和ETF产品进展顺利，积极推进RQFII法规修订。一是自2011年底RQFII试点推出以来，已有26家试点机构(其中14家基金公司、12家证券公司)获得RQFII资格，累计获批额度合计673.5亿元人民币。二是4月3日，新增500亿人民币RQFII额度，允许用于发行香港上市的ETF产品。经国务院批准，RQFII总投资额度增至2700亿元。三是在总结试点经验基础上，起草了RQFII相关法规的修改稿，主要内容包括扩大试点机构范围，取消股债的资产配置限制，由试点机构自主决定产品类型，进一步明确了RQFII投资范围，增加股指期货、中小企业私募债等投资产品，同时简化申请文件要求。

(四) 多渠道引导境内外长期资金投资我国资本市场，壮大机构投资者队伍，完善资本市场投资者结构。一是积极推动地方基本养老金、住房公积金委托全国社保基金开展投资运营。二是针对住建部修订《住房公积金管理条例》中涉及公积金投资运营部分，提出具体修订意见和方案。三是研究分析港台新三地养老金等长期资金投资境内资本市场的潜力、障碍并提出完善QFII制度等政策建议。四是就进一步推动保险资金投资股市进行调研并提出政策建议。五是通过多次举行媒体通气会、参加QFII论坛和托管行会议、联系QFII接受媒体采访等方式，大力宣传扩大资本市场对外开放、鼓励境外长期资金的信号，增强市场信心。六是组织交易所在美国、加拿大、欧洲、日韩和中东地区举行QFII制度推介活动，向境外养老金介绍我国资本市场和QFII发展情况，吸引长期资金进入。

4-1 证券投资基金概况
Overview of Securities Investment Funds

年份 Year	基金只数(只) Number of Funds(unit)			基金份额(亿份) Fund Units (100 million units)		
	合计 Total	封闭式 Close-ended Funds	开放式 Open-ended Funds	合计 Total	封闭式 Close-ended Funds	开放式 Open-ended Funds
1998	5	5	-	100.00	100.00	-
1999	16	16	-	505.00	505.00	-
2000	34	34	-	562.00	562.00	-
2001	51	48	3	804.23	686.73	117.50
2002	71	54	17	1318.85	817.00	501.85
2003	95	54	41	1614.67	817.00	797.67
2004	161	54	107	3308.79	817.00	2491.79
2005	218	54	164	4714.18	817.00	3897.18
2006	307	53	254	6220.67	812.00	5408.67
2007	346	36	310	22339.84	844.14	21495.70
2008	439	33	406	25741.78	890.32	24851.46
2009	547	31	516	23518.55	945.02	22573.53
2010	704	39	665	23955.33	1119.80	22835.53
2011	914	57	857	26510.37	1371.32	25139.05
2012	1173	68	1105	31708.41	1424.85	30283.56

注：1.本表中封闭式基金分类以截至统计时点的基金运作模式划分；
2.本章所有基金资产规模均指公募基金，不包括社保基金、基金专户等。
数据来源：中国证监会、上海证券交易所、深圳证券交易所
Source: CSRC、SSE、SZSE

4-1 续表 continued

年份 Year	基金资产规模(亿元) Fund Asset Value (100 million yuan)			上市基金成交份额(亿份) Trading Volume of Listed Funds (100 million units)			上市基金成交金额(亿元) Trading Turnover of Listed Funds(100 million yuan)		
	合计 Total	封闭式 Close-ended Funds	开放式 Open-ended Funds	合计 Total	上交所 SSE	深交所 SZSE	合计 Total	上交所 SSE	深交所 SZSE
1998	107.00	107.00	-	555.33	329.58	225.75	1016.89	605.28	411.61
1999	577.00	577.00	-	1623.12	827.95	795.17	2485.48	1365.82	1119.66
2000	847.35	847.35	-	2180.62	995.32	1185.30	2801.84	1334.18	1467.66
2001	809.24	691.15	118.09	2208.62	1148.35	1060.27	2561.88	1348.92	1212.96
2002	1185.56	717.06	468.50	1218.60	573.69	644.91	1166.62	556.77	609.85
2003	1699.22	862.00	837.22	849.18	441.62	407.56	682.65	362.16	320.49
2004	3246.34	809.71	2436.63	589.72	297.78	291.94	479.47	249.10	230.37
2005	4691.38	822.17	3869.21	1098.41	778.73	319.68	773.15	576.78	196.37
2006	8565.05	1623.64	6941.41	2058.16	1042.85	1015.31	2002.65	1024.35	978.30
2007	32762.32	2442.17	30320.15	4330.52	1981.36	2349.16	8620.09	4298.24	4321.85
2008	19403.25	758.95	18644.30	3742.28	2001.43	1740.85	5831.05	3700.23	2130.82
2009	26024.80	1238.78	24786.02	6531.40	3690.94	2840.46	10340.02	6549.06	3790.96
2010	25040.86	1299.00	23741.86	6582.01	3580.37	3001.64	8996.44	4771.71	4224.73
2011	21918.55	1234.15	20684.40	6125.90	2370.84	3755.06	6365.81	2901.41	3464.40
2012	28661.81	1413.01	27248.80	9375.05	2541.17	6833.88	8123.86	3171.36	4952.49

4-2 证券投资基金规模

Dimensions of Securities Investment Funds

基金类型	Type of Funds	基金只数(只) Number of Funds (unit)		基金份额(亿份) Fund Units (100 million units)		基金资产规模(亿元) Fund Asset Value (100 million yuan)	
		2011	2012	2011	2012	2011	2012
封闭式基金合计	Close-ended Funds	57	68	1371.32	1424.85	1234.15	1413.01
开放式基金合计	Open-ended Funds	857	1105	25139.05	30283.56	20684.40	27248.80
其中：股票型	Thereinto:Equity Funds	434	534	13323.36	13510.10	10248.35	11476.71
混合型	Blend Funds	192	218	6771.72	6493.14	5706.69	5645.86
债券型	Bond Funds	129	225	1181.67	3687.60	1204.47	3776.94
货币市场型	Money Market Funds	51	61	2948.85	5717.27	2948.86	5717.28
QDII	Qualified Domestic Institutional Investor	51	67	913.45	875.46	576.02	632.02
合计	Total	914	1173	26510.37	31708.41	21918.55	28661.81

注：本表中封闭式基金分类以截至统计时点的基金运作模式划分。
数据来源：中国证监会
Source: CSRC

4-3 基金对外开放情况

Statistics of QFII, RQFII and QDII

年份 Year	QFII Qualified Foreign Institutional Investor					
	累计批准额度(亿美元) Cumulative Approved Quota (100 million USD)	基金资产规模(亿美元) Fund Asset Value(100 million USD)				
		合计 Total	股票 Stock	债券 Bond	现金 Cash	其他 Other
2003	17.00	-	-	-	-	-
2004	34.75	37.00	11.30	11.20	11.00	3.50
2005	56.95	47.80	28.90	7.80	3.70	7.40
2006	90.95	62.75	48.76	0.69	7.88	5.42
2007	99.45	296.22	157.34	5.63	113.30	19.96
2008	133.43	261.58	118.36	28.54	108.27	6.41
2009	165.70	424.57	311.22	24.88	77.40	11.07
2010	197.20	448.66	357.66	33.81	47.36	9.83
2011	216.40	401.56	282.13	57.60	49.98	11.84
2012	360.43	525.81	393.11	67.15	46.74	18.82

注：RQFII统计中“债券”定义为固定收益类资产。
数据来源：中国证监会、国家外汇管理局
Source: CSRC、SFFE

4-3 续表 1 continued

年份 Year	RQFII RMB Qualified Foreign Institutional Investor					
	累计批准额度(亿元) Cumulative Approved Quota (100 million yuan)	基金资产规模(亿元) Fund Asset Value (100 million yuan)				
		合计 Total	股票 Stock	债券 Bond	现金 Cash	其他 Other
2003	-	-	-	-	-	-
2004	-	-	-	-	-	-
2005	-	-	-	-	-	-
2006	-	-	-	-	-	-
2007	-	-	-	-	-	-
2008	-	-	-	-	-	-
2009	-	-	-	-	-	-
2010	-	-	-	-	-	-
2011	107.00	0.00	0.00	0.00	0.00	0.00
2012	670.00	507.00	443.52	109.85	21.43	3.62

4-3 续表 2 continued

年份 Year	QDII Qualified Domestic Institutional Investor					
	成立的产品数量(只) Number of products (unit)	累计批准额度(亿元) Cumulative Approved Quota (100 million yuan)	基金资产规模(亿元) Fund Asset Value (100 million yuan)			
			合计 Total	股票 Stock	债券 Bond	其他 Other
2003	-	-	-	-	-	-
2004	-	98.90	-	-	-	-
2005	-	98.90	-	-	-	-
2006	1	206.65	-	-	-	-
2007	4	523.66	1081.73	799.56	0.00	282.17
2008	9	551.21	522.41	319.86	71.35	131.20
2009	10	668.00	742.24	542.07	4.93	195.24
2010	27	759.17	735.50	546.84	11.68	176.98
2011	51	783.97	576.02	358.83	9.51	207.68
2012	67	828.77	632.02	422.87	33.61	175.54

4-4 基金市场指数情况
Fund Index

年份 Year	上证基金指数 SSE Fund Index					
	开市 Open	最高 Highest	最低 Lowest	收市 Close	涨跌幅(%) Change Rate(%)	振幅(%) Amplitude(%)
2000	996.69	1121.71	968.70	1121.71	12.17	15.80
2001	1133.17	1367.37	1077.73	1183.13	5.48	26.88
2002	1168.82	1237.98	934.54	942.33	-20.35	32.47
2003	933.96	1057.46	889.81	1016.96	7.92	18.84
2004	1012.37	1101.88	836.81	872.01	-14.25	31.68
2005	866.93	866.93	706.53	840.19	-3.65	22.70
2006	837.92	2091.30	837.82	2090.52	148.82	149.61
2007	2132.24	5112.83	2041.89	5070.79	142.56	150.40
2008	5088.47	5525.57	2214.27	2512.49	-50.45	149.54
2009	2541.64	4813.13	2528.83	4765.75	89.68	90.33
2010	4785.96	5038.23	3752.78	4557.66	-4.37	34.25
2011	4580.40	4854.30	3516.42	3592.26	-21.18	38.05
2012	3603.59	4014.86	3347.34	3921.09	9.15	19.94

数据来源：上海证券交易所、深圳证券交易所
Source:SSE、SZSE

4-4 续表 continued

年份 Year	深证基金指数 SZSE Fund Index					
	开市 Open	最高 Highest	最低 Lowest	收市 Close	涨跌幅(%) Change Rate(%)	振幅(%) Amplitude(%)
2000	1297.50	1600.09	932.23	1145.20	-11.51	71.64
2001	1156.99	1363.26	1042.26	1139.75	0.47	30.80
2002	1112.72	1176.06	866.22	876.97	-23.06	35.77
2003	864.76	975.31	824.25	938.47	7.01	18.33
2004	935.33	999.95	742.81	771.25	-17.82	34.62
2005	764.18	783.51	640.30	772.13	0.11	22.37
2006	769.07	2004.62	757.62	1997.62	158.72	164.59
2007	2035.86	5018.60	1886.81	4977.27	149.16	165.98
2008	5011.70	5404.91	2373.40	2626.25	-47.24	127.73
2009	2651.82	4768.90	2641.21	4720.45	79.74	80.56
2010	4739.89	5976.42	4191.79	5655.98	19.82	42.57
2011	5672.33	6005.05	4200.91	4274.31	-24.43	42.95
2012	4285.31	4726.69	4104.95	4567.49	6.86	15.15

4-5　上市基金成交情况
Transaction Data of Listed Fund

年份 Year	交易天数（天） Trading days (day)	封闭式基金 Close-ended Funds			ETF ETF		
		成交份额（亿份） Trading Volume (100 million units)	成交金额（亿元） Trading Turnover (100 million yuan)	日均成交金额（亿元） Daily Average Turnover (100 million yuan)	成交份额（亿份） Trading Volume (100 million units)	成交金额（亿元） Trading Turnover (100 million yuan)	日均成交金额（亿元） Daily Average Turnover (100 million yuan)
2005	242	562.07	341.09	1.41	-	-	-
2006	241	1723.59	1626.36	6.75	306.21	339.97	1.41
2007	242	3152.77	5085.80	21.02	475.88	1544.62	6.38
2008	246	1722.55	2051.89	8.34	1411.50	3178.58	12.92
2009	244	1932.25	1694.95	6.95	3452.19	7652.13	31.36
2010	242	1178.04	1206.69	4.99	4020.86	6450.80	26.66
2011	244	510.29	509.25	2.09	3933.13	4213.25	17.27
2012	243	395.59	309.32	1.27	4766.86	4781.75	19.68

注：2004年之前的合计数据包括非证券投资基金。
数据来源：上海证券交易所、深圳证券交易所
Source: SSE、SZSE

4-5　续表　continued

年份 Year	LOF LOF			分级式基金 Structured Funds			合计 Total		
	成交份额（亿份） Trading Volume (100 million units)	成交金额（亿元） Trading Turnover (100 million yuan)	日均成交金额(亿元) Daily Average Turnover (100 million yuan)	成交份额（亿份） Trading Volume (100 million units)	成交金额（亿元） Trading Turnover (100 million yuan)	日均成交金额(亿元) Daily Average Turnover (100 million yuan)	成交份额（亿份） Trading Volume (100 million units)	成交金额（亿元） Trading Turnover (100 million yuan)	日均成交金额(亿元) Daily Average Turnover (100 million yuan)
2005	11.33	11.14	0.05	-	-	-	573.40	352.23	1.46
2006	28.36	36.32	0.15	-	-	-	2058.17	2002.65	8.31
2007	651.53	919.52	3.80	50.35	70.16	0.29	4330.53	7620.09	31.49
2008	378.71	415.29	1.69	229.52	185.30	0.75	3742.28	5831.06	23.70
2009	365.10	324.73	1.33	781.86	668.21	2.74	6531.40	10340.02	42.38
2010	324.26	307.07	1.27	1058.86	1031.87	4.26	6582.02	8996.44	37.18
2011	238.34	214.16	0.88	1444.14	1429.15	5.86	6125.90	6365.81	26.09
2012	213.19	186.12	0.77	3998.97	2846.42	11.71	9374.61	8123.61	33.43

4-6 2012年封闭式基金名录

List of Close-ended Funds in 2012

序号 No.	基金名称 Fund Name	发行时间 Issue Date	基金份额（亿份） Fund Units (100 million units)	基金资产规模（亿元） Fund Asset Value(100 million yuan)	基金管理公司 Fund Management Company	基金托管银行 Fund Custodian Bank	上市地点 Listing Location
1	南方开元封闭	1998-03-23	20.00	17.49	南方	中国工商银行股份有限公司	深圳
2	华夏兴华封闭	1998-04-22	20.00	18.51	华夏	中国建设银行股份有限公司	上海
3	华安安信封闭	1998-06-16	20.00	19.07	华安	中国工商银行股份有限公司	上海
4	博时裕阳封闭	1998-07-17	20.00	17.08	博时	中国农业银行股份有限公司	上海
5	鹏华普惠封闭	1998-12-30	20.00	19.08	鹏华	交通银行股份有限公司	深圳
6	嘉实泰和封闭	1999-04-01	20.00	20.02	嘉实	中国建设银行股份有限公司	上海
7	长盛同益封闭	1999-04-02	20.00	17.16	长盛	中国工商银行股份有限公司	深圳
8	大成景宏封闭	1999-04-27	20.00	18.00	大成	中国银行股份有限公司	深圳
9	富国汉盛封闭	1999-04-30	20.00	21.76	富国	中国农业银行股份有限公司	上海
10	博时裕隆封闭	1999-06-09	30.00	29.39	博时	中国农业银行股份有限公司	深圳
11	华安安顺封闭	1999-06-09	30.00	30.28	华安	交通银行股份有限公司	上海
12	鹏华普丰封闭	1999-07-08	30.00	25.84	鹏华	中国工商银行股份有限公司	深圳
13	华夏兴和封闭	1999-07-08	30.00	27.88	华夏	中国建设银行股份有限公司	上海
14	南方天元封闭	1999-08-18	30.00	25.79	南方	中国工商银行股份有限公司	深圳
15	国泰金鑫封闭	1999-10-15	30.00	30.55	国泰	中国建设银行股份有限公司	上海
16	长盛同盛封闭	1999-11-01	30.00	31.06	长盛	中国银行股份有限公司	深圳
17	大成景福封闭	1999-12-24	30.00	28.08	大成	中国农业银行股份有限公司	深圳
18	富国汉兴封闭	1999-12-24	30.00	28.11	富国	交通银行股份有限公司	上海
19	融通通乾封闭	2001-08-23	20.00	20.52	融通	中国建设银行股份有限公司	上海
20	宝盈鸿阳封闭	2001-11-28	20.00	13.50	宝盈	中国农业银行股份有限公司	深圳
21	易方达科瑞封闭	2002-02-28	30.00	27.73	易方达	交通银行股份有限公司	上海
22	嘉实丰和价值封闭	2002-03-15	30.00	27.63	嘉实	中国农业银行股份有限公司	深圳
23	长城久嘉封闭	2002-07-01	20.00	17.24	长城	中国农业银行股份有限公司	深圳
24	银河银丰封闭	2002-08-08	30.00	24.98	银河	中国建设银行股份有限公司	上海
25	国投瑞银瑞福深证100指数	2007-07-09	72.92	73.82	国投瑞银	中国工商银行股份有限公司	深圳
26	建信优势动力封闭	2008-02-18	46.43	42.35	建信	交通银行股份有限公司	深圳
27	国泰估值优势分级封闭	2010-01-18	8.43	6.49	国泰	中国工商银行股份有限公司	深圳
28	银华信用债券封闭	2010-05-24	22.96	24.71	银华	中国建设银行股份有限公司	深圳
29	招商信用添利债券封闭	2010-06-01	21.17	21.65	招商	中国农业银行股份有限公司	深圳
30	富国汇利分级债券	2010-09-01	29.99	34.51	富国	中国农业银行股份有限公司	-
31	华富强债	2010-09-01	19.99	21.10	华富	中国建设银行股份有限公司	深圳
32	信诚增强收益债券	2010-09-13	22.66	23.27	信诚	中国建设银行股份有限公司	深圳
33	大成景丰分级债券	2010-09-20	32.45	32.83	大成	中国农业银行股份有限公司	深圳
34	易方达岁丰添利债券	2010-11-01	26.79	27.64	易方达	中国银行股份有限公司	深圳
35	鹏华丰润债券封闭	2010-11-03	13.36	14.51	鹏华	中国建设银行股份有限公司	-
36	天弘添利分级债券	2010-11-25	24.59	26.31	天弘	中国工商银行股份有限公司	深圳

4-6　续表　continued

序号 No.	基金名称 Fund Name	发行时间 Issue Date	基金份额(亿份) Fund Units(100 million units)	基金资产规模(亿元) Fund Asset Value (100 million yuan)	基金管理公司 Fund Management Company	基金托管银行 Fund Custodian Bank	上市地点 Listing Location
37	交银信用添利债券	2011-01-06	18.95	20.44	交银施罗德	中国农业银行股份有限公司	深圳
38	工银四季收益债券	2011-01-11	24.03	25.49	工银瑞信	中国农业银行股份有限公司	-
39	国投瑞银双债债券封闭	2011-02-24	12.38	12.94	国投瑞银	中国建设银行股份有限公司	深圳
40	泰达聚利债券	2011-04-06	15.82	18.15	泰达宏利	中国银行股份有限公司	-
41	富国天盈分级债券	2011-05-16	27.41	30.16	富国	中国工商银行股份有限公司	深圳
42	万家添利分级债券	2011-05-16	19.15	21.70	万家	中国邮政储蓄银行有限责任公司	深圳
43	建信信用增强债券	2011-05-16	7.61	8.46	建信	交通银行股份有限公司	深圳
44	博时裕祥分级债券	2011-05-25	35.58	37.03	博时	招商银行股份有限公司	深圳
45	长信利鑫分级债	2011-06-08	5.02	5.43	长信	中国邮政储蓄银行有限责任公司	深圳
46	广发聚利债券	2011-07-04	3.36	3.94	广发	中国建设银行股份有限公司	深圳
47	海富通稳进增利分级债券(LOF)	2011-07-25	2.21	2.50	海富通	中国建设银行股份有限公司	深圳
48	华泰柏瑞信用增利债券	2011-07-25	2.12	2.12	华泰柏瑞	中国银行股份有限公司	深圳
49	天治稳定收益债券	2011-10-12	1.71	1.72	天治	中信银行股份有限公司	-
50	天弘丰利分级债券	2011-10-24	11.78	13.45	天弘	中国邮政储蓄银行有限责任公司	-
51	鹏华丰泽分级债券	2011-11-02	19.45	21.49	鹏华	中国邮政储蓄银行有限责任公司	深圳
52	浦银安盛增利分级债券	2011-11-07	9.06	10.17	浦银安盛	上海银行股份有限公司	深圳
53	诺德双翼分级债	2012-01-09	2.98	3.17	诺德	华夏银行股份有限公司	深圳
54	融通四季添利债券	2012-01-16	12.82	13.08	融通	中国工商银行股份有限公司	-
55	中银信用增利债券	2012-01-30	22.08	23.70	中银	中信银行股份有限公司	深圳
56	银河通利分级债券	2012-03-15	15.29	15.69	银河	北京银行股份有限公司	深圳
57	富国新天锋定期开放债券	2012-04-05	9.46	9.68	富国	中国建设银行股份有限公司	深圳
58	南方金利定期开放债券	2012-04-11	16.22	16.75	南方	中国工商银行股份有限公司	深圳
59	信达澳银稳定增利分级债券	2012-04-16	1.83	1.83	信达澳银	中国建设银行股份有限公司	深圳
60	国联安双佳信用分级债券	2012-05-07	10.79	10.73	国联安	中国光大银行股份有限公司	-
61	工银纯债定期开放债券	2012-05-21	48.09	48.20	工银瑞信	交通银行股份有限公司	深圳
62	易方达永旭定期开放债券	2012-06-04	16.85	17.34	易方达	中国工商银行股份有限公司	-
63	汇添富季季红定期开放债券	2012-06-14	6.22	6.34	汇添富	中国建设银行股份有限公司	深圳
64	浦银幸福A	2012-08-15	20.15	20.45	浦银安盛	交通银行股份有限公司	-
65	融通岁岁添利债券	2012-10-09	31.22	31.30	融通	中国工商银行股份有限公司	-
66	民生加银平稳增利	2012-10-09	12.69	12.79	民生加银	中国建设银行股份有限公司	深圳
67	鹏华中小企业债券	2012-10-15	9.87	9.93	鹏华	招商银行股份有限公司	-
68	信诚添金分级债券	2012-11-28	30.93	30.90	信诚	中国银行股份有限公司	-

4-7 2012年开放式基金名录
List of Open-ended Funds in 2012

序号 No.	基金名称 Fund Name	成立时间 Issue Date	基金份额(亿份) Fund Units (100 million units)	基金资产规模(亿元) Fund Asset Value (100 million yuan)	基金管理公司 Fund Management Company	基金托管银行 Fund Custodian Bank
1	华安创新混合	2001-09-21	87.98	52.45	华安	交通银行股份有限公司
2	南方稳健成长混合	2001-09-28	48.64	39.00	南方	中国工商银行股份有限公司
3	华夏成长混合	2001-12-18	93.73	90.06	华夏	中国建设银行股份有限公司
4	国泰金鹰增长股票	2002-05-08	24.62	19.59	国泰	交通银行股份有限公司
5	鹏华行业成长混合	2002-05-24	8.16	7.10	鹏华	中国工商银行股份有限公司
6	富国天源平衡混合	2002-08-16	9.03	8.29	富国	中国农业银行股份有限公司
7	易方达平稳增长混合	2002-08-23	16.79	19.97	易方达	中国银行股份有限公司
8	融通新蓝筹混合	2002-09-13	146.12	102.70	融通	中国建设银行股份有限公司
9	长盛成长价值混合	2002-09-18	9.37	7.50	长盛	中国农业银行股份有限公司
10	南方宝元债券	2002-09-20	10.11	12.27	南方	中国工商银行股份有限公司
11	宝盈鸿利收益混合	2002-10-08	8.27	4.06	宝盈	中国农业银行股份有限公司
12	博时价值增长混合	2002-10-09	202.36	148.45	博时	中国建设银行股份有限公司
13	华夏债券	2002-10-23	31.35	33.06	华夏	交通银行股份有限公司
14	嘉实成长收益混合	2002-11-05	81.27	50.56	嘉实	中国银行股份有限公司
15	华安中国A股增强指数	2002-11-08	126.11	65.16	华安	中国工商银行股份有限公司
16	大成价值增长混合	2002-11-11	115.59	77.69	大成	中国农业银行股份有限公司
17	银华优势企业混合	2002-11-13	26.47	27.74	银华	中国银行股份有限公司
18	万家180指数	2003-03-17	96.41	55.96	万家	中国银行股份有限公司
19	国投瑞银融华债券	2003-04-16	4.99	5.66	国投瑞银	中国光大银行股份有限公司
20	泰达宏利成长股票	2003-04-26	15.53	14.85	泰达宏利	交通银行股份有限公司
21	泰达宏利周期股票	2003-04-26	7.28	6.12	泰达宏利	交通银行股份有限公司
22	泰达宏利稳定股票	2003-04-26	2.74	1.81	泰达宏利	交通银行股份有限公司
23	招商安泰股票	2003-04-28	13.63	4.53	招商	招商银行股份有限公司
24	招商安泰平衡混合	2003-04-28	1.06	1.08	招商	招商银行股份有限公司
25	招商安泰债券	2003-04-28	19.11	21.28	招商	招商银行股份有限公司
26	大成债券	2003-06-12	2.57	2.70	大成	中国农业银行股份有限公司
27	金鹰成份优选混合	2003-06-16	18.26	10.35	金鹰	中国银行股份有限公司
28	南方避险增值贰号混合	2003-06-27	47.40	116.70	南方	中国工商银行股份有限公司
29	嘉实增长混合	2003-07-09	8.99	41.35	嘉实	中国银行股份有限公司
30	嘉实稳健混合	2003-07-09	127.33	94.59	嘉实	中国银行股份有限公司
31	嘉实债券	2003-07-09	7.03	9.96	嘉实	中国银行股份有限公司
32	鹏华普天债券	2003-07-12	10.11	11.13	鹏华	交通银行股份有限公司
33	鹏华普天收益混合	2003-07-12	30.50	22.80	鹏华	交通银行股份有限公司
34	华宝兴业宝康消费品混合	2003-07-15	16.52	21.08	华宝兴业	中国建设银行股份有限公司
35	华宝兴业宝康配置混合	2003-07-15	6.18	7.96	华宝兴业	中国建设银行股份有限公司
36	华宝兴业宝康债券	2003-07-15	2.36	2.78	华宝兴业	中国建设银行股份有限公司
37	银河稳健混合	2003-08-04	15.81	14.32	银河	中国农业银行股份有限公司
38	银河收益债券	2003-08-04	28.55	31.82	银河	中国农业银行股份有限公司
39	国联安稳健混合	2003-08-08	1.63	1.38	国联安	中国工商银行股份有限公司
40	海富通精选混合	2003-08-22	163.74	75.66	海富通	交通银行股份有限公司
41	博时沪深300指数	2003-08-26	133.79	93.56	博时	中国建设银行股份有限公司
42	华夏回报混合	2003-09-05	78.63	101.39	华夏	中国银行股份有限公司
43	融通债券	2003-09-30	7.15	7.34	融通	中国工商银行股份有限公司
44	融通深证100指数	2003-09-30	152.48	145.48	融通	中国工商银行股份有限公司
45	融通蓝筹成长混合	2003-09-30	16.81	16.87	融通	中国工商银行股份有限公司
46	景顺长城优选股票	2003-10-24	14.98	15.50	景顺长城	中国银行股份有限公司
47	景顺长城货币	2003-10-24	9.77	9.77	景顺长城	中国银行股份有限公司

数据来源：中国证监会
Source: CSRC

4-7　续表 1　continued

序号 No.	基金名称 Fund Name	成立时间 Issue Date	基金份额（亿份） Fund Units (100 million units)	基金资产规模（亿元） Fund Asset Value (100 million yuan)	基金管理公司 Fund Management Company	基金托管银行 Fund Custodian Bank
48	景顺长城动力平衡混合	2003-10-24	65.53	39.74	景顺长城	中国银行股份有限公司
49	长盛全债指数增强债券	2003-10-25	2.60	2.91	长盛	中国农业银行股份有限公司
50	长城久恒平衡混合	2003-10-31	1.47	1.79	长城	中国建设银行股份有限公司
51	富国天利增长债券	2003-12-02	15.16	18.77	富国	中国工商银行股份有限公司
52	广发聚富混合	2003-12-03	45.69	51.73	广发	中国工商银行股份有限公司
53	国泰金龙债券	2003-12-05	36.40	38.72	国泰	上海浦东发展银行股份有限公司
54	国泰金龙行业混合	2003-12-05	8.86	3.86	国泰	上海浦东发展银行股份有限公司
55	易方达策略成长混合	2003-12-09	12.69	42.14	易方达	中国银行股份有限公司
56	华安现金富利货币	2003-12-30	179.08	179.08	华安	中国工商银行股份有限公司
57	招商现金增值货币	2004-01-14	168.13	168.13	招商	招商银行股份有限公司
58	博时现金收益货币	2004-01-16	468.87	468.87	博时	交通银行股份有限公司
59	泰信天天收益货币	2004-02-10	5.33	5.33	泰信	中国银行股份有限公司
60	银华保本增值混合	2004-03-02	26.75	27.44	银华	中国建设银行股份有限公司
61	南方现金增利货币	2004-03-05	489.30	489.30	南方	中国工商银行股份有限公司
62	海富通收益增长混合	2004-03-12	41.69	27.00	海富通	中国银行股份有限公司
63	华夏经典混合	2004-03-15	13.78	12.73	华夏	招商银行股份有限公司
64	长信利息收益货币	2004-03-19	100.61	100.61	长信	中国农业银行股份有限公司
65	易方达上证50指数	2004-03-22	269.19	191.63	易方达	交通银行股份有限公司
66	大摩基础行业混合	2004-03-26	1.63	0.64	摩根士丹利华鑫	中国光大银行股份有限公司
67	银河银泰混合	2004-03-30	26.87	25.91	银河	中国工商银行股份有限公司
68	嘉实服务增值行业混合	2004-04-01	17.62	65.19	嘉实	中国银行股份有限公司
69	华夏现金增利货币	2004-04-07	434.59	434.59	华夏	中国建设银行股份有限公司
70	申万菱信盛利精选混合	2004-04-09	17.51	13.64	申万菱信	中国工商银行股份有限公司
71	国联安小盘精选混合	2004-04-12	22.44	16.80	国联安	中国工商银行股份有限公司
72	国投瑞银景气行业混合	2004-04-29	38.99	33.27	国投瑞银	中国光大银行股份有限公司
73	融通行业景气混合	2004-04-29	42.20	29.48	融通	交通银行股份有限公司
74	华宝兴业多策略股票	2004-05-11	85.49	40.29	华宝兴业	中国建设银行股份有限公司
75	兴全可转债混合	2004-05-11	34.75	36.14	兴业	中国工商银行股份有限公司
76	鹏华中国50混合	2004-05-12	35.47	43.49	鹏华	交通银行股份有限公司
77	长城久泰沪深300指数	2004-05-21	18.95	18.95	长城	招商银行股份有限公司
78	诺安平衡混合	2004-05-21	84.52	53.46	诺安	中国工商银行股份有限公司
79	长盛动态精选混合	2004-05-21	12.74	10.94	长盛	中国农业银行股份有限公司
80	金鹰中小盘精选混合	2004-05-27	21.22	14.93	金鹰	交通银行股份有限公司
81	招商先锋混合	2004-06-01	77.54	47.02	招商	中国银行股份有限公司
82	大成蓝筹稳健混合	2004-06-03	157.61	101.62	大成	中国银行股份有限公司
83	富国天益价值股票	2004-06-15	100.57	85.10	富国	交通银行股份有限公司
84	国泰金马稳健混合	2004-06-18	62.71	44.74	国泰	中国建设银行股份有限公司
85	博时精选股票	2004-06-22	67.20	82.24	博时	中国工商银行股份有限公司
86	景顺长城内需增长股票	2004-06-25	10.27	27.56	景顺长城	中国农业银行股份有限公司
87	泰信先行策略混合	2004-06-28	71.33	33.95	泰信	中国光大银行股份有限公司
88	天治财富增长混合	2004-06-29	2.85	1.92	天治	上海浦东发展银行股份有限公司
89	泰达宏利精选股票	2004-07-09	11.39	37.69	泰达宏利	中国银行股份有限公司
90	广发稳健增长混合	2004-07-26	50.22	65.52	广发	中国工商银行股份有限公司
91	华夏大盘精选混合	2004-08-11	3.26	24.87	华夏	中国银行股份有限公司
92	银华-道琼斯88指数	2004-08-11	93.15	71.78	银华	中国建设银行股份有限公司
93	华安宝利配置混合	2004-08-24	44.44	44.71	华安	交通银行股份有限公司
94	光大保德信量化股票	2004-08-27	111.94	87.81	光大保德信	中国光大银行股份有限公司

4-7 续表 2 continued

序号 No.	基金名称 Fund Name	成立时间 Issue Date	基金份额（亿份） Fund Units (100 million units)	基金资产规模（亿元） Fund Asset Value (100 million yuan)	基金管理公司 Fund Management Company	基金托管银行 Fund Custodian Bank
95	易方达积极成长混合	2004-09-09	64.86	51.45	易方达	中国银行股份有限公司
96	上投摩根中国优势混合	2004-09-15	26.08	47.28	上投摩根	中国建设银行股份有限公司
97	万家增强收益债券	2004-09-28	13.19	13.69	万家	中国农业银行股份有限公司
98	中海优质成长混合	2004-09-28	63.72	30.93	中海	交通银行股份有限公司
99	南方积极配置股票(LOF)	2004-10-14	19.48	18.39	南方	中国工商银行股份有限公司
100	东方龙混合	2004-11-25	19.15	13.21	东方	中国建设银行股份有限公司
101	申万菱信盛利强化配置混合	2004-11-29	0.51	0.51	申万菱信	中国工商银行股份有限公司
102	诺安货币	2004-12-06	23.00	23.00	诺安	中国工商银行股份有限公司
103	大成精选增值混合	2004-12-15	25.24	19.68	大成	中国农业银行股份有限公司
104	银河银富货币	2004-12-20	48.90	48.90	银河	交通银行股份有限公司
105	华夏上证50ETF	2004-12-30	104.39	193.59	华夏	中国工商银行股份有限公司
106	中银中国混合(LOF)	2005-01-04	26.14	31.07	中银	中国工商银行股份有限公司
107	海富通货币	2005-01-04	91.86	91.86	海富通	中国银行股份有限公司
108	博时主题行业股票(LOF)	2005-01-06	66.58	115.72	博时	中国建设银行股份有限公司
109	天治品质优选混合	2005-01-12	1.21	0.96	天治	中国民生银行股份有限公司
110	长信银利精选股票	2005-01-17	30.32	17.83	长信	中国农业银行股份有限公司
111	银华货币	2005-01-31	86.12	86.12	银华	交通银行股份有限公司
112	东吴嘉禾优势精选混合	2005-02-01	28.29	20.11	东吴	中国工商银行股份有限公司
113	易方达货币	2005-02-02	681.28	681.28	易方达	中国银行股份有限公司
114	广发小盘成长股票(LOF)	2005-02-02	45.45	83.09	广发	上海浦东发展银行股份有限公司
115	华富竞争力优选混合	2005-03-02	16.84	7.77	华富	中国建设银行股份有限公司
116	宝盈泛沿海增长股票	2005-03-08	55.65	22.04	宝盈	中国工商银行股份有限公司
117	景顺长城鼎益股票(LOF)	2005-03-16	54.26	45.87	景顺长城	中国银行股份有限公司
118	嘉实货币	2005-03-18	249.73	249.73	嘉实	中国银行股份有限公司
119	华宝兴业现金宝货币	2005-03-31	30.32	30.32	华宝兴业	中国建设银行股份有限公司
120	富国天瑞强势混合	2005-04-05	73.54	57.50	富国	中国农业银行股份有限公司
121	泰达宏利风险预算混合	2005-04-05	1.93	2.12	泰达宏利	交通银行股份有限公司
122	鹏华货币	2005-04-12	73.92	73.92	鹏华	中国农业银行股份有限公司
123	国富中国收益混合	2005-04-12	14.29	6.92	国海富兰克林	中国工商银行股份有限公司
124	上投摩根货币	2005-04-13	219.91	219.91	上投摩根	中国建设银行股份有限公司
125	华夏货币	2005-04-20	32.46	32.46	华夏	招商银行股份有限公司
126	华泰柏瑞盛世中国股票	2005-04-27	107.32	55.13	华泰柏瑞	中国银行股份有限公司
127	融通巨潮100指数(LOF)	2005-05-12	26.75	21.35	融通	中国工商银行股份有限公司
128	广发货币	2005-05-20	275.92	275.92	广发	中国工商银行股份有限公司
129	长城货币	2005-05-30	18.80	18.80	长城	华夏银行股份有限公司
130	大成货币	2005-06-03	236.60	236.60	大成	中国光大银行股份有限公司
131	中银货币	2005-06-07	302.51	302.51	中银	中国工商银行股份有限公司
132	光大保德信货币	2005-06-09	4.03	4.03	光大保德信	招商银行股份有限公司
133	中海分红增利混合	2005-06-16	25.88	18.85	中海	中国农业银行股份有限公司
134	国泰货币	2005-06-21	78.55	78.55	国泰	中国农业银行股份有限公司
135	华夏红利混合	2005-06-30	126.86	176.64	华夏	中国建设银行股份有限公司
136	南方高增长股票(LOF)	2005-07-13	24.63	33.43	南方	中国银行股份有限公司
137	国联安安心成长混合	2005-07-13	4.57	2.77	国联安	中国工商银行股份有限公司
138	万家公用事业行业股票(LOF)	2005-07-15	10.91	6.06	万家	交通银行股份有限公司
139	海富通股票	2005-07-29	58.82	31.92	海富通	中国银行股份有限公司
140	博时稳定价值债券	2005-08-24	6.76	6.98	博时	中国建设银行股份有限公司
141	汇添富优势精选混合	2005-08-25	11.99	26.19	汇添富	中国工商银行股份有限公司

4-7 续表 3 continued

序号 No.	基金名称 Fund Name	成立时间 Issue Date	基金份额（亿份） Fund Units (100 million units)	基金资产规模（亿元） Fund Asset Value (100 million yuan)	基金管理公司 Fund Management Company	基金托管银行 Fund Custodian Bank
142	嘉实沪深300指数(LOF)	2005-08-29	436.36	294.14	嘉实	中国银行股份有限公司
143	工银核心价值股票	2005-08-31	304.04	87.01	工银瑞信	中国银行股份有限公司
144	新华优选分红混合	2005-09-16	16.88	13.51	新华	中国农业银行股份有限公司
145	易方达稳健收益债券	2005-09-19	7.01	8.16	易方达	中国银行股份有限公司
146	大摩资源优选混合(LOF)	2005-09-27	18.75	32.31	摩根士丹利华鑫	中国光大银行股份有限公司
147	银华价值优选股票	2005-09-27	94.60	111.10	银华	中国建设银行股份有限公司
148	交银精选股票	2005-09-29	73.04	52.83	交银施罗德	中国农业银行股份有限公司
149	天弘精选混合	2005-10-08	46.30	22.12	天弘	中国工商银行股份有限公司
150	上投摩根阿尔法股票	2005-10-11	13.83	28.85	上投摩根	中国建设银行股份有限公司
151	兴全趋势投资混合(LOF)	2005-11-03	121.14	103.93	兴业	兴业银行股份有限公司
152	泰达宏利货币	2005-11-10	3.12	3.12	泰达宏利	中国农业银行股份有限公司
153	申万菱信新动力股票	2005-11-10	40.70	23.59	申万菱信	中国工商银行股份有限公司
154	富国天惠成长混合(LOF)	2005-11-16	35.97	47.08	富国	中国工商银行股份有限公司
155	招商优质成长股票(LOF)	2005-11-17	30.93	33.17	招商	中信银行股份有限公司
156	华宝兴业动力组合股票	2005-11-17	23.01	17.28	华宝兴业	中国银行股份有限公司
157	华夏收入股票	2005-11-17	14.59	32.50	华夏	中国建设银行股份有限公司
158	建信恒久价值股票	2005-12-01	79.17	39.26	建信	中信银行股份有限公司
159	长盛货币	2005-12-12	41.43	41.43	长盛	兴业银行股份有限公司
160	诺安股票	2005-12-19	147.78	112.52	诺安	中国工商银行股份有限公司
161	广发聚丰股票	2005-12-23	295.79	188.10	广发	中国工商银行股份有限公司
162	国联安精选股票	2005-12-28	34.62	27.84	国联安	华夏银行股份有限公司
163	东方精选混合	2006-01-11	58.34	58.72	东方	中国民生银行股份有限公司
164	融通易支付货币	2006-01-19	62.63	62.63	融通	中国民生银行股份有限公司
165	天治核心成长股票(LOF)	2006-01-20	45.20	22.74	天治	交通银行股份有限公司
166	交银货币	2006-01-20	104.49	104.49	交银施罗德	中国农业银行股份有限公司
167	景顺长城资源垄断股票(LOF)	2006-01-26	89.64	60.45	景顺长城	中国农业银行股份有限公司
168	中银增长股票	2006-03-17	108.50	69.74	中银	中国工商银行股份有限公司
169	工银货币	2006-03-20	179.86	179.86	工银瑞信	中国建设银行股份有限公司
170	汇添富货币	2006-03-23	52.78	52.78	汇添富	上海浦东发展银行股份有限公司
171	易方达深证100ETF	2006-03-24	335.62	194.80	易方达	中国银行股份有限公司
172	光大保德信红利股票	2006-03-24	10.97	25.54	光大保德信	兴业银行股份有限公司
173	南方多利中短期债券	2006-03-27	17.75	18.88	南方	中国工商银行股份有限公司
174	泰达宏利效率优选混合(LOF)	2006-03-29	47.59	36.49	泰达宏利	中国建设银行股份有限公司
175	长城消费增值股票	2006-04-06	45.91	36.27	长城	中国建设银行股份有限公司
176	大成沪深300指数	2006-04-06	72.43	56.62	大成	中国农业银行股份有限公司
177	华安上证180ETF	2006-04-13	160.55	89.11	华安	中国建设银行股份有限公司
178	华泰柏瑞稳本增利债券	2006-04-13	1.03	1.06	华泰柏瑞	招商银行股份有限公司
179	国投瑞银核心企业股票	2006-04-19	57.51	42.20	国投瑞银	中国工商银行股份有限公司
180	建信货币	2006-04-25	132.70	132.70	建信	中国工商银行股份有限公司
181	嘉实超短债债券	2006-04-26	7.68	7.74	嘉实	中国银行股份有限公司
182	上投摩根双息平衡混合	2006-04-26	30.37	23.98	上投摩根	中国建设银行股份有限公司
183	兴全货币	2006-04-27	7.32	7.32	兴业	兴业银行股份有限公司
184	信诚四季红混合	2006-04-29	32.12	22.82	信诚	中国农业银行股份有限公司
185	长信金利趋势股票	2006-04-30	95.54	62.53	长信	上海浦东发展银行股份有限公司
186	广发策略优选混合	2006-05-17	69.35	87.74	广发	中国工商银行股份有限公司
187	汇丰晋信2016周期混合	2006-05-23	3.64	5.09	汇丰晋信	交通银行股份有限公司
188	万家货币	2006-05-24	91.99	91.99	万家	华夏银行股份有限公司

4-7 续表 4 continued

序号 No.	基金名称 Fund Name	成立时间 Issue Date	基金份额（亿份） Fund Units (100 million units)	基金资产规模（亿元） Fund Asset Value (100 million yuan)	基金管理公司 Fund Management Company	基金托管银行 Fund Custodian Bank
189	海富通强化回报混合	2006-05-25	28.41	17.35	海富通	招商银行股份有限公司
190	博时平衡配置混合	2006-05-31	22.97	18.73	博时	中国工商银行股份有限公司
191	富国天时货币	2006-06-05	56.97	56.97	富国	中国农业银行股份有限公司
192	华夏中小板ETF	2006-06-08	21.57	42.90	华夏	中国建设银行股份有限公司
193	银华优质增长股票	2006-06-09	38.23	51.33	银华	中国银行股份有限公司
194	易方达价值精选股票	2006-06-13	58.91	60.08	易方达	中国工商银行股份有限公司
195	国富弹性市值股票	2006-06-14	38.60	47.36	国海富兰克林	中国农业银行股份有限公司
196	华宝兴业收益增长混合	2006-06-15	10.40	30.25	华宝兴业	中国建设银行股份有限公司
197	泰信双息双利债券	2006-06-15	1.53	1.58	泰信	中国工商银行股份有限公司
198	华富货币	2006-06-21	18.03	18.03	华富	中国建设银行股份有限公司
199	交银稳健配置混合	2006-06-24	34.68	47.08	交银施罗德	中国建设银行股份有限公司
200	景顺长城新兴成长股票	2006-06-28	32.26	20.07	景顺长城	中国工商银行股份有限公司
201	天治天得利货币	2006-07-05	5.64	5.64	天治	中国民生银行股份有限公司
202	招商安本增利债券	2006-07-11	13.17	13.73	招商	中国光大银行股份有限公司
203	申万菱信收益宝货币	2006-07-13	3.77	3.77	申万菱信	中国工商银行股份有限公司
204	工银精选平衡混合	2006-07-13	98.26	52.11	工银瑞信	中国建设银行股份有限公司
205	益民货币	2006-07-17	0.68	0.68	益民	中国农业银行股份有限公司
206	鹏华价值优势股票(LOF)	2006-07-18	126.51	100.50	鹏华	中国建设银行股份有限公司
207	中信稳定双利债券	2006-07-20	12.78	13.20	华夏	中国建设银行股份有限公司
208	嘉实主题混合	2006-07-21	78.33	93.31	嘉实	中国银行股份有限公司
209	南方稳健成长贰号混合	2006-07-25	83.32	36.68	南方	中国工商银行股份有限公司
210	东方金账簿货币	2006-08-02	9.78	9.78	东方	中国民生银行股份有限公司
211	汇添富均衡增长股票	2006-08-07	220.18	136.66	汇添富	中国工商银行股份有限公司
212	华夏稳增混合	2006-08-09	30.21	37.58	华夏	中国农业银行股份有限公司
213	华夏回报二号混合	2006-08-14	47.23	51.87	华夏	中国银行股份有限公司
214	易方达策略成长二号混合	2006-08-16	29.89	38.37	易方达	中国银行股份有限公司
215	大摩货币	2006-08-17	25.81	25.81	摩根士丹利华鑫	交通银行股份有限公司
216	长城安心回报混合	2006-08-22	112.08	73.24	长城	中国农业银行股份有限公司
217	华安宏利股票	2006-09-06	34.78	74.03	华安	中国建设银行股份有限公司
218	建信优选成长股票	2006-09-08	31.25	24.65	建信	中国工商银行股份有限公司
219	大成2020生命周期混合	2006-09-13	120.78	73.98	大成	中国银行股份有限公司
220	光大保德信新增长股票	2006-09-14	8.39	8.61	光大保德信	招商银行股份有限公司
221	兴全全球视野股票	2006-09-20	28.72	62.24	兴业	兴业银行股份有限公司
222	上投摩根成长先锋股票	2006-09-20	35.07	40.96	上投摩根	中国建设银行股份有限公司
223	博时价值增长贰号混合	2006-09-27	74.52	49.22	博时	中国建设银行股份有限公司
224	汇丰晋信龙腾股票	2006-09-27	6.39	7.47	汇丰晋信	交通银行股份有限公司
225	中邮核心优选股票	2006-09-28	76.77	69.87	中邮创业	中国农业银行股份有限公司
226	国泰金鹏蓝筹混合	2006-09-29	16.25	13.63	国泰	中国银行股份有限公司
227	中银收益混合	2006-10-11	31.64	29.52	中银	中国工商银行股份有限公司
228	景顺长城内需贰号股票	2006-10-11	46.23	41.44	景顺长城	中国农业银行股份有限公司
229	海富通风格优势股票	2006-10-19	41.82	33.14	海富通	中国建设银行股份有限公司
230	交银成长股票	2006-10-23	27.48	71.92	交银施罗德	中国农业银行股份有限公司
231	华宝兴业先进成长股票	2006-11-07	18.01	23.04	华宝兴业	中国银行股份有限公司
232	长信增利动态策略股票	2006-11-09	40.04	24.35	长信	中国民生银行股份有限公司
233	富国天合稳健股票	2006-11-15	34.83	27.75	富国	招商银行股份有限公司
234	国投瑞银创新动力股票	2006-11-15	52.36	33.78	国投瑞银	中国光大银行股份有限公司
235	融通动力先锋股票	2006-11-15	18.61	17.52	融通	中国工商银行股份有限公司

4-7　续表 5　continued

序号 No.	基金名称 Fund Name	成立时间 Issue Date	基金份额（亿份） Fund Units (100 million units)	基金资产规模（亿元） Fund Asset Value (100 million yuan)	基金管理公司 Fund Management Company	基金托管银行 Fund Custodian Bank
236	银华富裕主题股票	2006-11-16	71.09	69.26	银华	中国建设银行股份有限公司
237	南方绩优成长股票	2006-11-16	68.38	76.90	南方	中国工商银行股份有限公司
238	华泰柏瑞上证红利ETF	2006-11-17	8.67	16.56	华泰柏瑞	招商银行股份有限公司
239	诺安价值增长股票	2006-11-21	83.27	59.52	诺安	中国工商银行股份有限公司
240	益民红利成长混合	2006-11-21	20.15	8.03	益民	华夏银行股份有限公司
241	长盛中证100指数	2006-11-22	11.90	9.03	长盛	中国农业银行股份有限公司
242	华夏优势增长股票	2006-11-24	132.73	145.68	华夏	中国建设银行股份有限公司
243	信诚精萃成长股票	2006-11-27	52.02	30.66	信诚	中国建设银行股份有限公司
244	万家和谐增长混合	2006-11-30	28.52	13.77	万家	兴业银行股份有限公司
245	泰达宏利首选企业股票	2006-12-01	9.23	8.82	泰达宏利	中国农业银行股份有限公司
246	申万菱信新经济混合	2006-12-06	50.76	28.63	申万菱信	中国工商银行股份有限公司
247	工银稳健成长股票	2006-12-06	35.86	42.19	工银瑞信	中国建设银行股份有限公司
248	嘉实策略混合	2006-12-12	67.46	73.31	嘉实	中国工商银行股份有限公司
249	泰信优质生活股票	2006-12-15	16.26	11.54	泰信	中国银行股份有限公司
250	东吴双动力股票	2006-12-15	22.13	25.07	东吴	中国农业银行股份有限公司
251	长盛同智优势混合(LOF)	2007-01-05	24.21	17.68	长盛	中国银行股份有限公司
252	鹏华动力增长混合(LOF)	2007-01-09	55.95	57.96	鹏华	中国农业银行股份有限公司
253	大成积极成长股票	2007-01-16	21.94	17.16	大成	中国农业银行股份有限公司
254	宝盈策略增长股票	2007-01-19	24.59	19.84	宝盈	中国农业银行股份有限公司
255	国联安优势股票	2007-01-24	7.27	6.36	国联安	招商银行股份有限公司
256	中欧新趋势股票(LOF)	2007-01-29	23.46	16.40	中欧	兴业银行股份有限公司
257	长城久富股票(LOF)	2007-02-12	19.92	20.59	长城	交通银行股份有限公司
258	建信优化配置混合	2007-03-01	87.76	65.65	建信	中国工商银行股份有限公司
259	信达澳银领先增长股票	2007-03-08	44.40	43.18	信达澳银	中国建设银行股份有限公司
260	汇添富成长焦点股票	2007-03-12	65.33	68.99	汇添富	中国工商银行股份有限公司
261	中海能源策略混合	2007-03-13	57.99	33.87	中海	中国工商银行股份有限公司
262	银河银信添利债券	2007-03-14	8.18	8.39	银河	中信银行股份有限公司
263	华富成长趋势股票	2007-03-19	19.30	9.53	华富	招商银行股份有限公司
264	国富潜力组合股票	2007-03-22	42.40	38.61	国海富兰克林	中国银行股份有限公司
265	招商核心价值混合	2007-03-30	41.09	32.98	招商	中国工商银行股份有限公司
266	易方达价值成长混合	2007-04-02	147.74	165.13	易方达	中国工商银行股份有限公司
267	海富通精选贰号混合	2007-04-09	21.91	13.61	海富通	中国银行股份有限公司
268	汇丰晋信动态策略混合	2007-04-09	15.01	13.88	汇丰晋信	交通银行股份有限公司
269	华安中小盘成长股票	2007-04-11	61.91	56.49	华安	中国工商银行股份有限公司
270	国泰金鼎价值混合	2007-04-11	54.55	30.71	国泰	中国建设银行股份有限公司
271	博时第三产业股票	2007-04-12	64.80	66.75	博时	中国工商银行股份有限公司
272	上投摩根内需动力股票	2007-04-13	67.89	63.49	上投摩根	中国工商银行股份有限公司
273	诺德价值优势股票	2007-04-19	29.10	23.87	诺德	中国建设银行股份有限公司
274	华夏蓝筹混合(LOF)	2007-04-24	112.84	83.39	华夏	交通银行股份有限公司
275	鹏华优质治理股票(LOF)	2007-04-25	51.17	42.59	鹏华	中国工商银行股份有限公司
276	富国天博创新股票	2007-04-27	79.11	63.80	富国	中国建设银行股份有限公司
277	融通领先成长股票(LOF)	2007-04-30	36.64	25.29	融通	中国建设银行股份有限公司
278	工银增强收益债券	2007-05-11	36.73	39.20	工银瑞信	中国建设银行股份有限公司
279	南方成份精选股票	2007-05-14	104.36	94.12	南方	中国工商银行股份有限公司
280	华商领先企业混合	2007-05-15	61.77	60.99	华商	中国民生银行股份有限公司
281	国泰金牛创新股票	2007-05-18	37.30	36.74	国泰	中国农业银行股份有限公司

4-7 续表 6 continued

序号 No.	基金名称 Fund Name	成立时间 Issue Date	基金份额（亿份） Fund Units (100 million units)	基金资产规模（亿元） Fund Asset Value (100 million yuan)	基金管理公司 Fund Management Company	基金托管银行 Fund Custodian Bank
282	华泰柏瑞积极成长混合	2007-05-29	27.09	22.49	华泰柏瑞	中国银行股份有限公司
283	大成创新成长混合	2007-06-12	100.14	76.75	大成	中国农业银行股份有限公司
284	广发大盘成长混合	2007-06-13	118.64	67.76	广发	中国工商银行股份有限公司
285	华宝兴业行业精选股票	2007-06-14	127.04	112.67	华宝兴业	中国建设银行股份有限公司
286	景顺长城精选蓝筹股票	2007-06-18	118.37	80.55	景顺长城	中国工商银行股份有限公司
287	博时新兴成长股票	2007-07-06	193.50	96.30	博时	交通银行股份有限公司
288	益民创新优势混合	2007-07-11	43.71	29.55	益民	中国农业银行股份有限公司
289	工银红利股票	2007-07-18	27.46	24.54	工银瑞信	中国建设银行股份有限公司
290	大成优选股票(LOF)	2007-08-01	22.77	24.76	大成	中国银行股份有限公司
291	华安策略优选股票	2007-08-02	136.21	79.98	华安	交通银行股份有限公司
292	泰达宏利市值优选股票	2007-08-03	79.67	56.44	泰达宏利	中国建设银行股份有限公司
293	长城品牌优选股票	2007-08-06	134.02	101.74	长城	中国建设银行股份有限公司
294	交银蓝筹股票	2007-08-08	117.65	83.72	交银施罗德	中国建设银行股份有限公司
295	金元惠理宝石动力混合	2007-08-15	4.66	3.67	金元惠理	中国工商银行股份有限公司
296	中邮核心成长股票	2007-08-17	282.82	129.32	中邮创业	中国农业银行股份有限公司
297	光大保德信优势配置股票	2007-08-24	133.42	86.18	光大保德信	招商银行股份有限公司
298	诺安优化收益债券	2007-08-29	11.51	12.33	诺安	华夏银行股份有限公司
299	华夏复兴股票	2007-09-10	28.13	29.64	华夏	中国农业银行股份有限公司
300	南方全球精选配置(QDII-FOF)	2007-09-19	169.42	118.06	南方	中国工商银行股份有限公司
301	华夏全球股票(QDII)	2007-10-09	179.25	144.34	华夏	中国建设银行股份有限公司
302	嘉实海外中国股票(QDII)	2007-10-12	177.87	108.95	嘉实	中国银行股份有限公司
303	上投摩根亚太优势股票(QDII)	2007-10-22	199.92	116.17	上投摩根	中国工商银行股份有限公司
304	长盛同德主题股票	2007-10-25	72.69	51.84	长盛	中国农业银行股份有限公司
305	南方隆元产业主题股票	2007-11-09	91.34	51.34	南方	中国工商银行股份有限公司
306	国泰沪深300指数	2007-11-11	120.24	62.23	国泰	中国银行股份有限公司
307	华夏行业股票(LOF)	2007-11-22	74.07	61.05	华夏	中国银行股份有限公司
308	嘉实优质企业股票	2007-12-08	96.88	87.37	嘉实	上海浦东发展银行股份有限公司
309	大成景阳领先股票	2007-12-17	38.49	24.01	大成	中国农业银行股份有限公司
310	易方达科讯股票	2007-12-18	68.88	42.37	易方达	交通银行股份有限公司
311	国投瑞银成长优选股票	2008-01-10	19.98	12.73	国投瑞银	中国工商银行股份有限公司
312	国投瑞银稳定增利债券	2008-01-11	12.14	13.37	国投瑞银	中国银行股份有限公司
313	工银全球股票(QDII)	2008-02-14	10.90	10.39	工银瑞信	中国银行股份有限公司
314	汇添富增强收益债券	2008-03-06	11.84	12.37	汇添富	中国工商银行股份有限公司
315	华夏希望债券	2008-03-10	23.60	24.92	华夏	中国工商银行股份有限公司
316	易方达增强回报债券	2008-03-19	28.40	32.39	易方达	中国建设银行股份有限公司
317	南方盛元红利股票	2008-03-21	30.02	23.45	南方	中国建设银行股份有限公司
318	广发增强债券	2008-03-27	14.14	15.78	广发	中国工商银行股份有限公司
319	交银增利债券	2008-03-31	18.49	18.97	交银施罗德	中国建设银行股份有限公司
320	中银策略股票	2008-04-03	14.10	13.90	中银	中国工商银行股份有限公司
321	中海稳健收益债券	2008-04-10	2.48	2.61	中海	中国工商银行股份有限公司
322	工银添利债券	2008-04-14	29.02	30.44	工银瑞信	中国建设银行股份有限公司
323	宝盈资源优选股票	2008-04-15	4.45	4.14	宝盈	中国建设银行股份有限公司
324	浦银安盛价值成长股票	2008-04-16	7.31	5.52	浦银安盛	中国工商银行股份有限公司
325	天弘永利债券	2008-04-18	10.27	10.33	天弘	兴业银行股份有限公司
326	东吴行业轮动股票	2008-04-23	31.33	22.25	东吴	华夏银行股份有限公司
327	华安稳定收益债券	2008-04-30	7.02	7.34	华安	中国建设银行股份有限公司

4-7　续表 7　continued

序号 No.	基金名称 Fund Name	成立时间 Issue Date	基金份额（亿份） Fund Units (100 million units)	基金资产规模（亿元） Fund Asset Value (100 million yuan)	基金管理公司 Fund Management Company	基金托管银行 Fund Custodian Bank
328	兴全社会责任股票	2008-04-30	38.43	48.45	兴业	中国建设银行股份有限公司
329	华宝兴业海外中国股票(QDII)	2008-05-07	0.94	1.01	华宝兴业	中国建设银行股份有限公司
330	天治创新先锋股票	2008-05-08	1.92	2.06	天治	交通银行股份有限公司
331	宝盈增强收益债券	2008-05-15	7.77	8.26	宝盈	中国建设银行股份有限公司
332	诺安灵活配置混合	2008-05-20	47.72	46.06	诺安	中国工商银行股份有限公司
333	上投摩根双核平衡混合	2008-05-21	4.23	4.37	上投摩根	中国工商银行股份有限公司
334	益民多利债券	2008-05-21	0.58	0.58	益民	招商银行股份有限公司
335	银华全球优选(QDII-FOF)	2008-05-26	1.03	0.86	银华	中国银行股份有限公司
336	银河成长股票	2008-05-26	1.15	1.26	银河	中国银行股份有限公司
337	嘉实研究精选股票	2008-05-27	25.74	37.17	嘉实	中国银行股份有限公司
338	博时特许价值股票	2008-05-28	10.08	10.69	博时	中国建设银行股份有限公司
339	富国天成红利混合	2008-05-28	13.71	15.73	富国	中国农业银行股份有限公司
340	鹏华丰收债券	2008-05-28	24.86	25.66	鹏华	中国建设银行股份有限公司
341	华富收益增强债券	2008-05-28	10.24	11.78	华富	中国建设银行股份有限公司
342	东方策略成长股票	2008-06-03	0.63	0.87	东方	中国建设银行股份有限公司
343	长盛创新先锋混合	2008-06-04	1.87	1.89	长盛	中国银行股份有限公司
344	信诚盛世蓝筹股票	2008-06-04	10.91	18.96	信诚	中国建设银行股份有限公司
345	国投瑞银稳健增长混合	2008-06-11	33.15	33.76	国投瑞银	中国工商银行股份有限公司
346	国泰金鹿保本混合	2008-06-12	8.44	8.66	国泰	中国银行股份有限公司
347	南方优选价值股票	2008-06-18	17.14	18.26	南方	中国工商银行股份有限公司
348	易方达中小盘股票	2008-06-19	16.05	23.73	易方达	中国银行股份有限公司
349	招商大盘蓝筹股票	2008-06-19	6.71	6.19	招商	中国工商银行股份有限公司
350	长信双利优选混合	2008-06-19	1.40	1.22	长信	中国农业银行股份有限公司
351	泰信优势增长混合	2008-06-25	0.82	0.68	泰信	中国工商银行股份有限公司
352	建信稳定增利债券	2008-06-25	19.51	22.43	建信	中国工商银行股份有限公司
353	万家双引擎灵活配置混合	2008-06-27	0.65	0.57	万家	兴业银行股份有限公司
354	海富通中国海外股票(QDII)	2008-06-27	1.67	2.18	海富通	中国建设银行股份有限公司
355	国富深化价值股票	2008-07-03	25.29	28.59	国海富兰克林	中国农业银行股份有限公司
356	申万菱信竞争优势股票	2008-07-04	0.65	0.65	申万菱信	中国农业银行股份有限公司
357	汇添富蓝筹稳健混合	2008-07-08	3.15	3.58	汇添富	中国工商银行股份有限公司
358	广发核心精选股票	2008-07-16	16.53	26.05	广发	中国工商银行股份有限公司
359	华泰柏瑞价值增长股票	2008-07-16	5.32	5.25	华泰柏瑞	中国银行股份有限公司
360	汇丰晋信2026周期混合	2008-07-23	1.05	1.15	汇丰晋信	中国建设银行股份有限公司
361	中欧新蓝筹混合	2008-07-25	5.10	4.75	中欧	中国建设银行股份有限公司
362	新华优选成长股票	2008-07-25	28.68	34.46	新华	中国农业银行股份有限公司
363	信达澳银精华配置混合	2008-07-30	0.93	0.98	信达澳银	中国建设银行股份有限公司
364	工银大盘蓝筹股票	2008-08-04	5.56	4.18	工银瑞信	中国银行股份有限公司
365	农银行业成长股票	2008-08-04	32.68	36.92	农银汇理	交通银行股份有限公司
366	大成强化收益债券	2008-08-06	0.58	0.56	大成	中国建设银行股份有限公司
367	银华领先策略股票	2008-08-20	10.79	10.70	银华	中国银行股份有限公司
368	交银环球精选股票(QDII)	2008-08-22	1.22	1.66	交银施罗德	中国建设银行股份有限公司
369	长城稳健增利债券	2008-08-27	1.12	1.25	长城	中国建设银行股份有限公司
370	金元惠理成长动力混合	2008-09-03	0.87	0.70	金元惠理	中国农业银行股份有限公司
371	嘉实多元债券	2008-09-10	7.44	7.85	嘉实	中国工商银行股份有限公司
372	华商盛世成长股票	2008-09-23	41.58	66.61	华商	中国建设银行股份有限公司
373	泰达宏利集利债券	2008-09-26	26.03	27.54	泰达宏利	中国银行股份有限公司

4-7 续表 8 continued

序号 No.	基金名称 Fund Name	成立时间 Issue Date	基金份额（亿份） Fund Units (100 million units)	基金资产规模（亿元） Fund Asset Value (100 million yuan)	基金管理公司 Fund Management Company	基金托管银行 Fund Custodian Bank
374	信诚三得益债券	2008-09-27	7.54	7.50	信诚	中国建设银行股份有限公司
375	华宝兴业大盘精选股票	2008-10-07	5.15	6.89	华宝兴业	中国银行股份有限公司
376	长盛积极配置债券	2008-10-08	5.74	6.08	长盛	中国建设银行股份有限公司
377	易方达科汇灵活配置混合	2008-10-09	13.47	14.43	易方达	交通银行股份有限公司
378	鹏华盛世创新股票(LOF)	2008-10-10	4.28	5.09	鹏华	中国建设银行股份有限公司
379	华安核心股票	2008-10-22	2.55	2.36	华安	中国建设银行股份有限公司
380	招商安心收益债券	2008-10-22	3.29	3.55	招商	中国工商银行股份有限公司
381	国联安红利股票	2008-10-22	0.51	0.43	国联安	招商银行股份有限公司
382	景顺长城公司治理股票	2008-10-22	2.09	1.82	景顺长城	中国工商银行股份有限公司
383	华夏策略混合	2008-10-23	6.77	10.88	华夏	中国银行股份有限公司
384	富国天丰强化债券封闭	2008-10-24	25.80	26.95	富国	中国建设银行股份有限公司
385	国富强化收益债券	2008-10-24	1.19	1.30	国海富兰克林	中国银行股份有限公司
386	海富通稳健添利债券	2008-10-24	6.23	6.73	海富通	中国工商银行股份有限公司
387	光大保德信增利收益债券	2008-10-29	1.86	1.91	光大保德信	中国建设银行股份有限公司
388	天治稳健双盈债券	2008-11-05	2.63	2.88	天治	中国农业银行股份有限公司
389	诺德灵活配置混合	2008-11-05	0.66	0.74	诺德	中国建设银行股份有限公司
390	东吴优信稳健债券	2008-11-05	7.46	7.67	东吴	中国建设银行股份有限公司
391	南方恒元保本混合	2008-11-12	33.04	33.97	南方	中国工商银行股份有限公司
392	中银增利债券	2008-11-13	42.22	46.19	中银	中国工商银行股份有限公司
393	易方达科翔股票	2008-11-14	2.86	3.25	易方达	中国工商银行股份有限公司
394	富国天鼎中证指数增强	2008-11-21	9.46	9.99	富国	中国工商银行股份有限公司
395	建信核心精选股票	2008-11-25	23.19	24.78	建信	中国工商银行股份有限公司
396	大成策略回报股票	2008-11-26	10.34	8.90	大成	中国光大银行股份有限公司
397	天弘永定价值成长股票	2008-12-02	1.04	0.87	天弘	兴业银行股份有限公司
398	银华增强收益债券	2008-12-03	3.38	3.71	银华	中国建设银行股份有限公司
399	中海蓝筹混合	2008-12-03	0.70	0.61	中海	中国农业银行股份有限公司
400	汇丰晋信平稳增利债券	2008-12-03	0.55	0.57	汇丰晋信	交通银行股份有限公司
401	金鹰红利价值混合	2008-12-04	1.28	1.06	金鹰	交通银行股份有限公司
402	申万菱信添益宝债券	2008-12-04	2.94	3.17	申万菱信	中国工商银行股份有限公司
403	东方稳健回报债券	2008-12-10	1.60	1.70	东方	中国建设银行股份有限公司
404	农银恒久增利债券	2008-12-23	1.73	1.88	农银汇理	交通银行股份有限公司
405	华富策略精选混合	2008-12-24	0.77	0.60	华富	中国建设银行股份有限公司
406	长信利丰债券	2008-12-29	0.87	0.94	长信	中国农业银行股份有限公司
407	广发沪深300指数	2008-12-30	26.53	29.41	广发	中国工商银行股份有限公司
408	浦银安盛优化收益债券	2008-12-30	0.66	0.73	浦银安盛	中国工商银行股份有限公司
409	长城双动力股票	2009-01-15	1.29	1.16	长城	中国建设银行股份有限公司
410	国投瑞银货币	2009-01-19	36.53	36.53	国投瑞银	中国工商银行股份有限公司
411	上投摩根中小盘股票	2009-01-21	7.65	9.66	上投摩根	中国建设银行股份有限公司
412	交银优势行业混合	2009-01-21	3.25	3.42	交银施罗德	中国工商银行股份有限公司
413	汇添富价值精选股票	2009-01-23	25.79	30.47	汇添富	中国工商银行股份有限公司
414	华商收益增强债券	2009-01-23	6.30	6.65	华商	中国建设银行股份有限公司
415	华宝兴业增强收益债券	2009-02-17	0.59	0.63	华宝兴业	中国工商银行股份有限公司
416	光大保德信均衡精选股票	2009-03-04	1.30	1.19	光大保德信	中国建设银行股份有限公司
417	诺德增强收益债券	2009-03-04	1.39	1.39	诺德	中国建设银行股份有限公司
418	工银沪深300指数	2009-03-05	43.69	39.15	工银瑞信	中国建设银行股份有限公司
419	诺安成长股票	2009-03-10	16.85	13.94	诺安	中国工商银行股份有限公司

4-7 续表 9 continued

序号 No.	基金名称 Fund Name	成立时间 Issue Date	基金份额（亿份） Fund Units (100 million units)	基金资产规模（亿元） Fund Asset Value (100 million yuan)	基金管理公司 Fund Management Company	基金托管银行 Fund Custodian Bank
420	国泰双利债券	2009-03-11	14.07	14.57	国泰	中国建设银行股份有限公司
421	国联安增利债券	2009-03-11	10.55	11.35	国联安	中国工商银行股份有限公司
422	信诚经典优债债券	2009-03-11	16.39	16.91	信诚	中国建设银行股份有限公司
423	宝盈核心优势混合	2009-03-17	1.28	0.89	宝盈	中国银行股份有限公司
424	嘉实量化阿尔法股票	2009-03-20	9.41	7.81	嘉实	中国工商银行股份有限公司
425	金元惠理丰利债券	2009-03-23	0.78	0.73	金元惠理	中国农业银行股份有限公司
426	南方沪深300指数	2009-03-25	30.91	27.04	南方	中国工商银行股份有限公司
427	兴全有机增长混合	2009-03-25	14.85	16.12	兴业	兴业银行股份有限公司
428	国富成长动力股票	2009-03-25	6.41	5.75	国海富兰克林	中国银行股份有限公司
429	易方达行业领先股票	2009-03-26	10.32	10.89	易方达	中国工商银行股份有限公司
430	民生加银品牌蓝筹混合	2009-03-27	3.53	3.18	民生加银	中国建设银行股份有限公司
431	鹏华沪深300指数(LOF)	2009-04-03	9.33	8.45	鹏华	中国工商银行股份有限公司
432	中银优选混合	2009-04-03	6.05	5.83	中银	中国工商银行股份有限公司
433	信达澳银稳定价值债券	2009-04-08	1.05	1.20	信达澳银	中国建设银行股份有限公司
434	农银平衡双利混合	2009-04-08	7.58	7.23	农银汇理	交通银行股份有限公司
435	泰达宏利品质生活混合	2009-04-09	2.72	2.75	泰达宏利	中国建设银行股份有限公司
436	交银先锋股票	2009-04-10	18.24	20.49	交银施罗德	中国农业银行股份有限公司
437	华安强化收益债券	2009-04-13	2.20	2.32	华安	中国工商银行股份有限公司
438	融通内需驱动股票	2009-04-22	6.06	4.08	融通	中国工商银行股份有限公司
439	泰信蓝筹精选股票	2009-04-22	11.06	8.78	泰信	中国银行股份有限公司
440	中欧稳健收益债券	2009-04-24	1.55	1.66	中欧	中国建设银行股份有限公司
441	银河行业股票	2009-04-24	16.73	16.49	银河	中国建设银行股份有限公司
442	银华和谐主题混合	2009-04-27	10.87	10.99	银华	中国工商银行股份有限公司
443	海富通领先成长股票	2009-04-30	6.22	5.42	海富通	中国建设银行股份有限公司
444	华泰柏瑞货币	2009-05-06	22.17	22.17	华泰柏瑞	中国银行股份有限公司
445	东吴进取策略混合	2009-05-06	7.46	6.23	东吴	中国农业银行股份有限公司
446	长盛同庆中证800分级	2009-05-12	48.59	46.41	长盛	中国建设银行股份有限公司
447	万家精选股票	2009-05-18	5.24	4.44	万家	中国建设银行股份有限公司
448	国泰区位优势股票	2009-05-27	5.20	5.10	国泰	中国银行股份有限公司
449	诺安增利债券	2009-05-27	0.74	0.80	诺安	中国工商银行股份有限公司
450	建信收益增强债券	2009-06-02	14.58	15.00	建信	中国农业银行股份有限公司
451	浦银安盛精致生活	2009-06-04	1.06	0.93	浦银安盛	中国建设银行股份有限公司
452	博时信用债券	2009-06-10	7.60	8.08	博时	中国工商银行股份有限公司
453	富国优化增强债券	2009-06-10	5.70	5.80	富国	中国建设银行股份有限公司
454	申万菱信消费增长股票	2009-06-12	4.55	3.69	申万菱信	中国工商银行股份有限公司
455	广发聚瑞股票	2009-06-16	34.95	38.54	广发	中国工商银行股份有限公司
456	招商行业领先股票	2009-06-19	10.36	9.43	招商	中国银行股份有限公司
457	上投摩根纯债债券	2009-06-24	0.83	0.88	上投摩根	中国工商银行股份有限公司
458	中海量化策略股票	2009-06-24	2.93	2.68	中海	中国工商银行股份有限公司
459	东方核心动力股票	2009-06-24	1.79	1.39	东方	中国银行股份有限公司
460	汇丰晋信大盘股票	2009-06-24	11.44	11.59	汇丰晋信	交通银行股份有限公司
461	长城景气行业龙头混合	2009-06-30	2.39	2.27	长城	中国建设银行股份有限公司
462	银华内需精选股票(LOF)	2009-07-01	17.63	11.95	银华	中国农业银行股份有限公司
463	金鹰行业优势股票	2009-07-01	11.55	7.96	金鹰	中国银行股份有限公司
464	汇添富上证综合指数	2009-07-01	59.89	45.51	汇添富	中国工商银行股份有限公司
465	华夏沪深300ETF联接	2009-07-10	277.56	205.29	华夏	中国工商银行股份有限公司

4-7 续表 10 continued

序号 No.	基金名称 Fund Name	成立时间 Issue Date	基金份额（亿份）Fund Units (100 million units)	基金资产规模（亿元）Fund Asset Value (100 million yuan)	基金管理公司 Fund Management Company	基金托管银行 Fund Custodian Bank
466	新华泛资源优势混合	2009-07-13	6.79	6.56	新华	中国工商银行股份有限公司
467	天治趋势精选混合	2009-07-15	0.54	0.52	天治	中国建设银行股份有限公司
468	华富价值增长混合	2009-07-15	2.57	1.87	华富	深圳发展银行股份有限公司
469	民生加银增强收益债券	2009-07-21	2.04	2.41	民生加银	中国建设银行股份有限公司
470	兴全磐稳增利债券	2009-07-23	1.36	1.38	兴业	交通银行股份有限公司
471	中欧价值发现股票	2009-07-24	19.99	19.90	中欧	中国建设银行股份有限公司
472	泰信债券增强收益	2009-07-29	1.19	1.20	泰信	中国银行股份有限公司
473	长信恒利优势股票	2009-07-30	2.97	2.10	长信	中国建设银行股份有限公司
474	华泰柏瑞行业领先股票	2009-08-03	11.05	7.54	华泰柏瑞	中国工商银行股份有限公司
475	宝盈货币	2009-08-05	40.69	40.69	宝盈	中国建设银行股份有限公司
476	博时策略混合	2009-08-11	21.34	17.68	博时	中国建设银行股份有限公司
477	万家稳健增利债券	2009-08-12	12.44	13.31	万家	中国银行股份有限公司
478	嘉实回报混合	2009-08-18	20.04	17.23	嘉实	中国银行股份有限公司
479	易方达沪深300指数	2009-08-26	105.95	83.46	易方达	中国建设银行股份有限公司
480	国联安主题驱动股票	2009-08-26	1.60	1.48	国联安	中国建设银行股份有限公司
481	工银上证央企50ETF	2009-08-26	5.75	6.72	工银瑞信	招商银行股份有限公司
482	信诚优胜精选股票	2009-08-26	16.42	13.35	信诚	中国建设银行股份有限公司
483	国富沪深300指数增强	2009-09-03	10.46	9.89	国海富兰克林	中国农业银行股份有限公司
484	中银中证100指数增强	2009-09-04	27.99	21.32	中银	中国建设银行股份有限公司
485	大成行业轮动股票	2009-09-08	3.82	3.02	大成	中国农业银行股份有限公司
486	鹏华精选成长股票	2009-09-09	11.33	8.90	鹏华	中国建设银行股份有限公司
487	金元惠理价值增长股票	2009-09-11	1.03	0.81	金元惠理	中国建设银行股份有限公司
488	大摩领先优势股票	2009-09-22	13.01	11.94	摩根士丹利华鑫	中国建设银行股份有限公司
489	诺德成长优势股票	2009-09-22	0.74	0.70	诺德	中国建设银行股份有限公司
490	南方中证500指数(LOF)	2009-09-25	62.06	50.42	南方	中国农业银行股份有限公司
491	交银上证180公司治理ETF	2009-09-25	45.84	31.38	交银施罗德	中国农业银行股份有限公司
492	华安上证180ETF联接	2009-09-29	23.35	19.52	华安	中国建设银行股份有限公司
493	华宝兴业中证100指数	2009-09-29	8.64	6.62	华宝兴业	中国建设银行股份有限公司
494	交银上证180公司治理ETF联接	2009-09-29	37.77	29.38	交银施罗德	中国农业银行股份有限公司
495	农银策略价值股票	2009-09-29	12.46	12.94	农银汇理	中国建设银行股份有限公司
496	银华沪深300指数(LOF)	2009-10-14	4.24	3.34	银华	中国建设银行股份有限公司
497	国投瑞银沪深300指数分级	2009-10-15	7.12	7.73	国投瑞银	中国工商银行股份有限公司
498	国泰中小盘成长股票(LOF)	2009-10-19	8.56	7.38	国泰	中国建设银行股份有限公司
499	景顺长城能源基建股票	2009-10-20	26.22	29.57	景顺长城	中国农业银行股份有限公司
500	诺安中证100指数	2009-10-27	13.95	10.27	诺安	中国工商银行股份有限公司
501	光大保德信动态优选混合	2009-10-28	1.92	1.79	光大保德信	中国建设银行股份有限公司
502	中邮核心优势灵活配置混合	2009-10-28	17.67	14.17	中邮创业	中国农业银行股份有限公司
503	海富通中证100指数(LOF)	2009-10-30	15.41	11.66	海富通	中国银行股份有限公司
504	建信沪深300指数(LOF)	2009-11-05	43.23	31.69	建信	中国工商银行股份有限公司
505	华商动态阿尔法混合	2009-11-24	33.06	28.32	华商	中国建设银行股份有限公司
506	长盛量化红利股票	2009-11-25	2.61	2.21	长盛	中国工商银行股份有限公司
507	广发中证500指数(LOF)	2009-11-26	47.65	35.25	广发	中国工商银行股份有限公司
508	易方达深证100ETF联接	2009-12-01	107.12	77.61	易方达	中国银行股份有限公司
509	信达澳银中小盘股票	2009-12-01	5.71	4.49	信达澳银	中国建设银行股份有限公司
510	泰达宏利红利先锋股票	2009-12-03	11.32	11.59	泰达宏利	中国建设银行股份有限公司
511	浦银安盛红利精选股票	2009-12-03	1.56	1.27	浦银安盛	中国工商银行股份有限公司

4-7 续表 11 continued

序号 No.	基金名称 Fund Name	成立时间 Issue Date	基金份额（亿份）Fund Units (100 million units)	基金资产规模（亿元）Fund Asset Value (100 million yuan)	基金管理公司 Fund Management Company	基金托管银行 Fund Custodian Bank
512	南方深证成份ETF	2009-12-04	37.35	34.78	南方	中国工商银行股份有限公司
513	南方深证成份ETF联接	2009-12-09	28.38	20.11	南方	中国工商银行股份有限公司
514	华夏盛世股票	2009-12-11	98.62	74.89	华夏	中国建设银行股份有限公司
515	汇丰晋信中小盘股票	2009-12-11	5.96	4.36	汇丰晋信	中国建设银行股份有限公司
516	富国沪深300指数增强	2009-12-16	88.78	78.27	富国	中国工商银行股份有限公司
517	天弘周期策略股票	2009-12-17	2.25	1.98	天弘	中国工商银行股份有限公司
518	华安动态灵活配置混合	2009-12-22	6.72	5.63	华安	中国工商银行股份有限公司
519	汇添富策略回报股票	2009-12-22	10.77	9.97	汇添富	中国工商银行股份有限公司
520	招商中小盘股票	2009-12-25	5.40	4.56	招商	中国工商银行股份有限公司
521	银河沪深300价值指数	2009-12-28	8.36	6.56	银河	中国建设银行股份有限公司
522	博时上证超大盘ETF联接	2009-12-29	12.11	8.83	博时	中国建设银行股份有限公司
523	大摩强收益债券	2009-12-29	1.44	1.66	摩根士丹利华鑫	中国银行股份有限公司
524	博时上证超大盘ETF	2009-12-29	5.69	11.08	博时	中国建设银行股份有限公司
525	嘉实基本面50指数(LOF)	2009-12-30	26.44	18.58	嘉实	中国工商银行股份有限公司
526	中欧中小盘股票(LOF)	2009-12-30	3.39	3.21	中欧	中国邮政储蓄银行有限责任公司
527	华富中证100指数	2009-12-30	2.17	1.62	华富	交通银行股份有限公司
528	东吴新经济	2009-12-30	1.55	1.49	东吴	中国建设银行股份有限公司
529	易方达亚洲精选股票(QDII)	2010-01-21	1.15	1.02	易方达	中国工商银行股份有限公司
530	上投摩根行业轮动股票	2010-01-28	21.82	19.03	上投摩根	招商银行股份有限公司
531	大成中证红利指数	2010-02-02	2.66	2.26	大成	中国建设银行股份有限公司
532	新华钻石品质企业股票	2010-02-03	6.71	6.45	新华	中国建设银行股份有限公司
533	民生加银精选股票	2010-02-03	8.57	6.22	民生加银	中国建设银行股份有限公司
534	鹏华中证500指数(LOF)	2010-02-05	12.00	8.22	鹏华	中国工商银行股份有限公司
535	宝盈中证100指数增强	2010-02-08	0.89	0.69	宝盈	中国建设银行股份有限公司
536	工银瑞信中小盘股票	2010-02-10	7.37	5.31	工银瑞信	中国农业银行股份有限公司
537	信诚中小盘股票	2010-02-10	1.48	1.01	信诚	中国建设银行股份有限公司
538	中银蓝筹混合	2010-02-11	17.83	16.56	中银	招商银行股份有限公司
539	申万沪深300价值指数	2010-02-11	10.36	8.30	申万菱信	中国工商银行股份有限公司
540	金元惠理核心动力股票	2010-02-11	0.80	0.58	金元惠理	中国工商银行股份有限公司
541	招商全球资源股票(QDII)	2010-03-25	1.55	1.47	招商	中国工商银行股份有限公司
542	中海上证50指数增强	2010-03-25	3.60	2.71	中海	中国工商银行股份有限公司
543	农银中小盘股票	2010-03-25	13.19	14.07	农银汇理	中国建设银行股份有限公司
544	长信中证中央企业100指数(LOF)	2010-03-26	0.90	0.76	长信	中国建设银行股份有限公司
545	易方达上证中盘ETF	2010-03-29	5.31	11.98	易方达	中国工商银行股份有限公司
546	南方策略优化股票	2010-03-30	9.36	6.09	南方	招商银行股份有限公司
547	易方达上证中盘ETF联接	2010-03-31	12.66	10.05	易方达	中国工商银行股份有限公司
548	国投瑞银沪深300金融地产指数(LOF)	2010-04-09	21.65	18.79	国投瑞银	中国工商银行股份有限公司
549	金鹰稳健成长股票	2010-04-14	3.60	2.35	金鹰	中国工商银行股份有限公司
550	光大保德信中小盘股票	2010-04-14	11.32	9.90	光大保德信	交通银行股份有限公司
551	海富通中小盘股票	2010-04-14	9.65	8.66	海富通	中国工商银行股份有限公司
552	国联安双禧中证100指数分级	2010-04-16	39.92	37.79	国联安	中国建设银行股份有限公司
553	广发内需增长混合	2010-04-19	38.86	32.38	广发	中国建设银行股份有限公司
554	兴全合润分级股票	2010-04-22	11.09	9.78	兴业	招商银行股份有限公司
555	泰达宏利财富大盘指数	2010-04-23	3.34	3.11	泰达宏利	中国银行股份有限公司
556	华宝兴业上证180价值ETF联接	2010-04-23	3.22	3.02	华宝兴业	中国工商银行股份有限公司
557	华宝兴业上证180价值ETF	2010-04-23	4.21	10.65	华宝兴业	中国工商银行股份有限公司

4-7 续表 12 continued

序号 No.	基金名称 Fund Name	成立时间 Issue Date	基金份额（亿份） Fund Units (100 million units)	基金资产规模（亿元） Fund Asset Value (100 million yuan)	基金管理公司 Fund Management Company	基金托管银行 Fund Custodian Bank
558	诺安中小盘精选股票	2010-04-28	12.75	11.36	诺安	中国工商银行股份有限公司
559	国泰纳斯达克100指数(QDII)	2010-04-29	2.78	3.25	国泰	中国建设银行股份有限公司
560	汇添富民营活力股票	2010-05-05	5.08	5.43	汇添富	中国工商银行股份有限公司
561	银华深证100指数分级	2010-05-07	171.85	140.52	银华	中国民生银行股份有限公司
562	华安行业轮动股票	2010-05-11	6.58	6.19	华安	中国银行股份有限公司
563	东吴货币	2010-05-11	3.46	3.46	东吴	中国农业银行股份有限公司
564	富国通胀通缩主题股票	2010-05-12	2.57	2.14	富国	中国工商银行股份有限公司
565	大摩卓越成长股票	2010-05-18	8.64	8.29	摩根士丹利华鑫	中国建设银行股份有限公司
566	中邮核心主题股票	2010-05-19	12.05	8.77	中邮创业	招商银行股份有限公司
567	工银全球精选股票(QDII)	2010-05-25	1.10	1.04	工银瑞信	中国建设银行股份有限公司
568	长盛环球行业股票(QDII)	2010-05-26	0.57	0.51	长盛	中国银行股份有限公司
569	建信上证社会责任ETF	2010-05-28	4.55	4.02	建信	中国工商银行股份有限公司
570	建信上证社会责任ETF联接	2010-05-28	4.10	4.15	建信	中国工商银行股份有限公司
571	鹏华信用增利债券	2010-05-31	20.69	22.80	鹏华	交通银行股份有限公司
572	博时创业成长股票	2010-06-01	6.26	5.96	博时	中国农业银行股份有限公司
573	嘉实价值优势股票	2010-06-07	32.56	30.21	嘉实	中国银行股份有限公司
574	汇丰晋信低碳先锋股票	2010-06-08	3.70	3.12	汇丰晋信	交通银行股份有限公司
575	国投瑞银新兴市场股票(QDII-LOF)	2010-06-10	0.62	0.64	国投瑞银	中国工商银行股份有限公司
576	华商产业升级股票	2010-06-18	4.34	2.92	华商	中国建设银行股份有限公司
577	大成核心双动力股票型	2010-06-22	2.13	1.66	大成	中国工商银行股份有限公司
578	招商深证100指数	2010-06-22	2.12	1.73	招商	中国工商银行股份有限公司
579	国联安信心增益债券	2010-06-22	16.16	16.41	国联安	中信银行股份有限公司
580	华泰柏瑞量化先行股票	2010-06-22	1.38	1.19	华泰柏瑞	中国银行股份有限公司
581	中欧沪深300指数增强(LOF)	2010-06-24	2.28	1.89	中欧	兴业银行股份有限公司
582	汇添富亚澳成熟优选股票(QDII)	2010-06-25	0.90	0.86	汇添富	中国工商银行股份有限公司
583	长信中短债债券	2010-06-28	2.99	3.23	长信	中国邮政储蓄银行有限责任公司
584	诺德中小盘股票	2010-06-28	2.96	2.65	诺德	中国银行股份有限公司
585	东吴新创业股票	2010-06-29	1.28	1.10	东吴	中国工商银行股份有限公司
586	民生加银稳健成长股票	2010-06-29	1.94	1.33	民生加银	中国银行股份有限公司
587	交银主题优选混合	2010-06-30	11.03	10.21	交银施罗德	中国建设银行股份有限公司
588	银河蓝筹股票	2010-07-16	0.94	0.73	银河	中国建设银行股份有限公司
589	新华行业周期轮换股票	2010-07-21	2.49	3.14	新华	中国工商银行股份有限公司
590	博时大中华亚太精选股票(QDII)	2010-07-27	0.86	0.87	博时	中国工商银行股份有限公司
591	博时宏观回报债券	2010-07-27	1.89	2.02	博时	中国银行股份有限公司
592	中海货币	2010-07-28	35.35	35.35	中海	中国工商银行股份有限公司
593	信达澳银红利回报股票	2010-07-28	2.15	1.58	信达澳银	中国建设银行股份有限公司
594	信诚深度价值股票(LOF)	2010-07-30	1.89	1.71	信诚	中国建设银行股份有限公司
595	长盛沪深300指数(LOF)	2010-08-04	2.21	1.85	长盛	招商银行股份有限公司
596	鹏华上证民企50ETF联接	2010-08-05	3.16	2.67	鹏华	中国工商银行股份有限公司
597	鹏华上证民企50ETF	2010-08-05	3.28	3.21	鹏华	中国工商银行股份有限公司
598	华商稳健双利债券	2010-08-09	4.71	4.89	华商	中国建设银行股份有限公司
599	天弘深证成份指数(LOF)	2010-08-12	1.04	0.75	天弘	中国工商银行股份有限公司
600	国泰价值经典股票(LOF)	2010-08-13	3.83	3.01	国泰	中国建设银行股份有限公司
601	工银瑞信双利债券	2010-08-16	20.82	23.23	工银瑞信	交通银行股份有限公司
602	广发亚太精选股票	2010-08-18	1.50	1.42	广发	中国工商银行股份有限公司
603	易方达消费行业股票	2010-08-20	32.88	26.85	易方达	中国农业银行股份有限公司

4-7 续表 13 continued

序号 No.	基金名称 Fund Name	成立时间 Issue Date	基金份额(亿份) Fund Units (100 million units)	基金资产规模(亿元) Fund Asset Value (100 million yuan)	基金管理公司 Fund Management Company	基金托管银行 Fund Custodian Bank
604	中银价值混合	2010-08-25	10.74	8.23	中银	招商银行股份有限公司
605	南方小康ETF联接	2010-08-27	3.15	2.42	南方	中国工商银行股份有限公司
606	南方小康ETF	2010-08-27	8.36	2.87	南方	中国工商银行股份有限公司
607	嘉实稳固收益债券	2010-09-01	7.52	7.85	嘉实	中国工商银行股份有限公司
608	农银大盘蓝筹股票	2010-09-01	24.34	20.17	农银汇理	中国建设银行股份有限公司
609	国投瑞银优化增强债券	2010-09-08	5.51	5.61	国投瑞银	中国建设银行股份有限公司
610	建信全球机遇股票(QDII)	2010-09-14	2.85	2.58	建信	中国工商银行股份有限公司
611	诺安主题精选股票	2010-09-15	15.11	12.84	诺安	中国建设银行股份有限公司
612	金元惠理消费主题股票	2010-09-15	0.80	0.67	金元惠理	中国工商银行股份有限公司
613	海富通上证周期ETF	2010-09-19	1.27	2.97	海富通	中国工商银行股份有限公司
614	华安香港精选股票(QDII)	2010-09-20	2.26	1.99	华安	中国工商银行股份有限公司
615	汇添富医药保健股票	2010-09-21	29.32	25.81	汇添富	中国工商银行股份有限公司
616	海富通上证周期ETF联接	2010-09-28	2.34	2.00	海富通	中国工商银行股份有限公司
617	嘉实H股指数(QDII)	2010-09-30	1.30	1.04	嘉实	中国建设银行股份有限公司
618	银华成长先锋混合	2010-10-08	19.97	15.59	银华	中国工商银行股份有限公司
619	鹏华环球发现(QDII-FOF)	2010-10-12	1.15	1.07	鹏华	中国建设银行股份有限公司
620	富国全球债券(QDII-FOF)	2010-10-20	1.03	1.04	富国	中国工商银行股份有限公司
621	申万深证成分分级	2010-10-22	112.96	72.68	申万菱信	中国工商银行股份有限公司
622	兴全沪深300指数(LOF)	2010-11-02	15.06	12.71	兴业	中国农业银行股份有限公司
623	南方广利回报债券	2010-11-03	12.30	13.03	南方	中国工商银行股份有限公司
624	工银深证红利ETF	2010-11-05	12.49	9.08	工银瑞信	中国农业银行股份有限公司
625	工银深证红利ETF联接	2010-11-09	12.33	9.06	工银瑞信	中国农业银行股份有限公司
626	华商策略精选混合	2010-11-09	77.90	54.80	华商	中国民生银行股份有限公司
627	融通深证成分指数	2010-11-15	11.89	8.96	融通	中国工商银行股份有限公司
628	建信内生动力股票	2010-11-16	38.55	35.03	建信	中国工商银行股份有限公司
629	华安上证龙头ETF联接	2010-11-18	6.97	6.30	华安	中国工商银行股份有限公司
630	华安上证龙头ETF	2010-11-18	3.04	7.07	华安	中国工商银行股份有限公司
631	长信量化先锋股票	2010-11-18	1.39	0.98	长信	交通银行股份有限公司
632	广发行业领先股票	2010-11-23	31.16	26.14	广发	中国工商银行股份有限公司
633	国富中小盘股票	2010-11-23	17.73	18.63	国海富兰克林	中国银行股份有限公司
634	海富通稳固收益债券	2010-11-23	3.25	3.43	海富通	中国工商银行股份有限公司
635	农银货币	2010-11-23	42.17	42.17	农银汇理	中国工商银行股份有限公司
636	博时转债增强债券	2010-11-24	21.12	20.09	博时	中国光大银行股份有限公司
637	中银双利债券	2010-11-24	22.54	25.42	中银	招商银行股份有限公司
638	国联安上证商品ETF	2010-11-26	5.03	11.15	国联安	中国银行股份有限公司
639	国联安上证商品ETF联接	2010-12-01	10.01	6.97	国联安	中国银行股份有限公司
640	中欧增强回报债券	2010-12-02	4.44	4.55	中欧	广东发展银行股份有限公司
641	华泰柏瑞亚洲领导企业股票(QDII)	2010-12-02	0.82	0.66	华泰柏瑞	中国银行股份有限公司
642	银华信用双利债券	2010-12-03	5.04	5.25	银华	中国建设银行股份有限公司
643	大摩消费领航混合基金	2010-12-03	26.09	17.78	摩根士丹利华鑫	中国建设银行股份有限公司
644	银华抗通胀主题(QDII-FOF-LOF)	2010-12-06	3.92	3.32	银华	中国建设银行股份有限公司
645	嘉实主题新动力股票	2010-12-07	41.63	33.52	嘉实	中国工商银行股份有限公司
646	华宝兴业新兴产业	2010-12-07	27.20	24.81	华宝兴业	中国建设银行股份有限公司
647	富国可转债	2010-12-08	25.52	22.91	富国	中国农业银行股份有限公司
648	招商上证消费80ETF联接	2010-12-08	15.71	12.53	招商	中国工商银行股份有限公司
649	招商上证消费80ETF	2010-12-08	5.36	12.83	招商	中国工商银行股份有限公司

4-7 续表 14 continued

序号 No.	基金名称 Fund Name	成立时间 Issue Date	基金份额（亿份） Fund Units (100 million units)	基金资产规模（亿元） Fund Asset Value (100 million yuan)	基金管理公司 Fund Management Company	基金托管银行 Fund Custodian Bank
650	汇丰晋信消费红利股票	2010-12-08	18.34	15.61	汇丰晋信	交通银行股份有限公司
651	南方金砖四国指数(QDII)	2010-12-09	2.15	1.83	南方	中国工商银行股份有限公司
652	中海环保新能源混合	2010-12-09	4.87	3.99	中海	中国工商银行股份有限公司
653	博时行业轮动股票	2010-12-10	6.92	5.20	博时	中国建设银行股份有限公司
654	浦银安盛沪深300指数增强	2010-12-10	2.25	1.83	浦银安盛	中国建设银行股份有限公司
655	泰信发展主题股票基金	2010-12-15	3.12	2.64	泰信	中国工商银行股份有限公司
656	国投瑞银中证消费服务指数(LOF)	2010-12-16	5.80	4.57	国投瑞银	中国工商银行股份有限公司
657	信诚四国配置(QDII-FOF-LOF)	2010-12-17	0.72	0.61	信诚	中国银行股份有限公司
658	金鹰主题优势股票	2010-12-20	10.22	6.24	金鹰	中国工商银行股份有限公司
659	上投摩根大盘蓝筹股票	2010-12-20	8.58	6.93	上投摩根	中国建设银行股份有限公司
660	华安稳固收益债券	2010-12-21	12.10	12.46	华安	中国工商银行股份有限公司
661	大成深证成长40ETF联接	2010-12-21	18.57	13.95	大成	中国农业银行股份有限公司
662	大成深证成长40ETF	2010-12-21	19.62	14.32	大成	中国农业银行股份有限公司
663	交银趋势股票	2010-12-22	18.88	14.28	交银施罗德	中国工商银行股份有限公司
664	鹏华消费优选股票	2010-12-28	6.91	6.01	鹏华	中国工商银行股份有限公司
665	银河创新股票	2010-12-29	10.09	9.82	银河	招商银行股份有限公司
666	诺安全球黄金(QDII-FOF)	2011-01-13	13.17	13.56	诺安	中国工商银行股份有限公司
667	建信保本混合	2011-01-18	18.27	18.96	建信	中国工商银行股份有限公司
668	纽银策略优选股票	2011-01-25	4.89	3.47	纽银西部	中国建设银行股份有限公司
669	泰达宏利中小盘股票	2011-01-26	14.51	12.25	泰达宏利	中国农业银行股份有限公司
670	国联安货币	2011-01-26	4.11	4.11	国联安	上海浦东发展银行股份有限公司
671	华泰柏瑞上证中小盘ETF联接	2011-01-26	0.82	0.55	华泰柏瑞	中国银行股份有限公司
672	汇添富保本混合	2011-01-26	14.27	14.98	汇添富	中国工商银行股份有限公司
673	华泰柏瑞上证中小盘ETF	2011-01-26	0.36	0.88	华泰柏瑞	中国银行股份有限公司
674	长城中小盘股票	2011-01-27	3.95	3.11	长城	中国银行股份有限公司
675	海富通大中华股票(QDII)	2011-01-27	0.96	0.81	海富通	中国银行股份有限公司
676	易方达医疗行业股票	2011-01-28	24.68	23.62	易方达	中国银行股份有限公司
677	新华中小市值优选股票	2011-01-28	4.25	3.70	新华	中国建设银行股份有限公司
678	民生加银内需增长股票	2011-01-28	5.92	4.51	民生加银	兴业银行股份有限公司
679	富国上证综指ETF联接	2011-01-30	4.17	3.39	富国	中国工商银行股份有限公司
680	南方优选成长混合	2011-01-30	14.20	12.97	南方	中国建设银行股份有限公司
681	富国上证综指ETF	2011-01-30	1.53	3.60	富国	中国工商银行股份有限公司
682	上投摩根全球新兴市场股票(QDII)	2011-01-31	0.90	0.86	上投摩根	中国建设银行股份有限公司
683	东吴中证新兴	2011-02-01	16.80	11.00	东吴	中国农业银行股份有限公司
684	泰信债券周期回报	2011-02-09	2.18	2.28	泰信	中信银行股份有限公司
685	中欧新动力股票(LOF)	2011-02-10	7.29	7.02	中欧	中国光大银行股份有限公司
686	招商标普金砖四国指数(QDII-LOF)	2011-02-11	1.40	1.13	招商	中国银行股份有限公司
687	信诚中证500指数	2011-02-11	46.53	31.34	信诚	中国建设银行股份有限公司
688	申万菱信稳益宝债券	2011-02-11	0.84	0.91	申万菱信	华夏银行股份有限公司
689	中银全球策略(QDII-FOF)	2011-03-03	4.33	3.75	中银	中国建设银行股份有限公司
690	浦银安盛货币	2011-03-09	11.45	11.45	浦银安盛	中信银行股份有限公司
691	华宝兴业成熟市场	2011-03-15	0.67	0.62	华宝兴业	中国银行股份有限公司
692	广发聚祥保本混合	2011-03-15	23.56	24.32	广发	中国工商银行股份有限公司
693	华商稳定增利债券	2011-03-15	5.43	5.55	华商	中国建设银行股份有限公司
694	银华中证等权90指数分级	2011-03-17	28.67	32.43	银华	中国建设银行股份有限公司
695	万家中证红利指数(LOF)	2011-03-17	10.83	9.44	万家	中国建设银行股份有限公司

4-7 续表 15 continued

序号 No.	基金名称 Fund Name	成立时间 Issue Date	基金份额（亿份） Fund Units (100 million units)	基金资产规模（亿元） Fund Asset Value (100 million yuan)	基金管理公司 Fund Management Company	基金托管银行 Fund Custodian Bank
696	招商安瑞进取债券	2011-03-17	8.41	8.09	招商	中国农业银行股份有限公司
697	景顺长城中小盘股票	2011-03-22	12.84	10.30	景顺长城	中国工商银行股份有限公司
698	大成标普500等权重指数QDII	2011-03-23	0.97	0.98	大成	中国银行股份有限公司
699	嘉实多利分级债券(LOF)	2011-03-23	8.37	8.15	嘉实	招商银行股份有限公司
700	中海增强收益债券	2011-03-23	2.02	2.09	中海	中国工商银行股份有限公司
701	信诚货币	2011-03-23	22.47	22.47	信诚	中国建设银行股份有限公司
702	景顺长城稳定收益债券	2011-03-25	1.32	1.36	景顺长城	中国银行股份有限公司
703	汇添富社会责任股票	2011-03-29	31.98	27.57	汇添富	中国农业银行股份有限公司
704	长信标普100等权重指数(QDII)	2011-03-30	0.54	0.55	长信	中国银行股份有限公司
705	国泰上证180金融ETF联接	2011-03-31	5.44	5.28	国泰	中国银行股份有限公司
706	国泰上证180金融ETF	2011-03-31	2.84	9.64	国泰	中国银行股份有限公司
707	华富量子生命力股票	2011-04-01	1.31	0.95	华富	深圳发展银行股份有限公司
708	诺安上证新兴产业ETF联接	2011-04-07	6.57	4.43	诺安	中国工商银行股份有限公司
709	诺安上证新兴产业ETF	2011-04-07	8.36	5.47	诺安	中国工商银行股份有限公司
710	长城积极增利债券	2011-04-12	3.54	3.81	长城	中国建设银行股份有限公司
711	农银沪深300指数	2011-04-12	25.48	19.96	农银汇理	中国工商银行股份有限公司
712	东方保本混合型基金	2011-04-14	7.08	7.57	东方	中国邮政储蓄银行有限责任公司
713	国泰保本混合	2011-04-19	17.29	17.85	国泰	招商银行股份有限公司
714	大成保本混合	2011-04-20	7.67	7.99	大成	中国工商银行股份有限公司
715	工银消费服务股票	2011-04-21	17.21	15.25	工银瑞信	中国农业银行股份有限公司
716	华安升级主题股票	2011-04-22	14.62	12.37	华安	中国建设银行股份有限公司
717	博时卓越品牌股票(LOF)	2011-04-22	2.83	2.83	博时	中国工商银行股份有限公司
718	海富通上证非周期ETF	2011-04-22	1.55	2.65	海富通	中国工商银行股份有限公司
719	博时抗通胀增强回报(QDII-FOF)	2011-04-25	7.42	5.85	博时	中国银行股份有限公司
720	鹏华丰盛债券	2011-04-25	10.85	11.82	鹏华	中国工商银行股份有限公司
721	华宝兴业可转债债券	2011-04-27	7.14	6.79	华宝兴业	招商银行股份有限公司
722	海富通上证非周期ETF联接	2011-04-27	1.98	1.47	海富通	中国工商银行股份有限公司
723	诺德30股票	2011-05-05	6.53	4.75	诺德	中国银行股份有限公司
724	易方达黄金主题(QDII-LOF-FOF)	2011-05-06	7.52	7.07	易方达	中国农业银行股份有限公司
725	兴全绿色投资股票(LOF)	2011-05-06	14.39	13.16	兴业	中国工商银行股份有限公司
726	建信双利分级股票	2011-05-06	16.71	15.39	建信	招商银行股份有限公司
727	中邮中小盘灵活配置混合	2011-05-10	7.44	6.01	中邮创业	中国农业银行股份有限公司
728	诺安保本混合	2011-05-13	17.59	18.74	诺安	招商银行股份有限公司
729	光大保德信信用添益债券	2011-05-16	4.89	5.09	光大保德信	中国民生银行股份有限公司
730	华安大中华升级股票(QDII)	2011-05-17	1.03	0.97	华安	中国银行股份有限公司
731	南方中证50债券指数(LOF)	2011-05-17	3.13	3.33	南方	中国工商银行股份有限公司
732	金鹰保本混合	2011-05-17	5.02	5.34	金鹰	中国工商银行股份有限公司
733	大摩多因子策略股票	2011-05-17	8.07	6.92	摩根士丹利华鑫	中国建设银行股份有限公司
734	浙商聚潮产业成长股票	2011-05-17	6.97	6.29	浙商	中国农业银行股份有限公司
735	国联安优选行业股票	2011-05-23	8.09	7.70	国联安	中国银行股份有限公司
736	长盛同鑫保本混合	2011-05-24	12.10	12.36	长盛	中国银行股份有限公司
737	华夏亚债中国指数	2011-05-25	23.84	25.45	华夏	交通银行股份有限公司
738	嘉实领先成长股票	2011-05-31	12.63	12.04	嘉实	中国农业银行股份有限公司
739	银河保本混合	2011-05-31	5.88	6.23	银河	中国建设银行股份有限公司
740	华商价值精选股票	2011-05-31	3.93	3.46	华商	中国建设银行股份有限公司
741	金鹰中证技术领先指数增强	2011-06-01	1.00	0.70	金鹰	中国银行股份有限公司

4-7 续表 16 continued

序号 No.	基金名称 Fund Name	成立时间 Issue Date	基金份额（亿份） Fund Units (100 million units)	基金资产规模（亿元） Fund Asset Value (100 million yuan)	基金管理公司 Fund Management Company	基金托管银行 Fund Custodian Bank
742	广发中小板300ETF	2011-06-03	8.25	6.38	广发	中国农业银行股份有限公司
743	广发中小板300联接	2011-06-08	7.03	5.02	广发	中国农业银行股份有限公司
744	泰信中证200指数基金	2011-06-09	1.36	0.95	泰信	中国银行股份有限公司
745	博时深证基本面200ETF联接	2011-06-10	1.87	1.36	博时	交通银行股份有限公司
746	博时深证基本面200ETF	2011-06-10	2.61	1.87	博时	交通银行股份有限公司
747	信达澳银产业升级股票	2011-06-13	3.39	2.84	信达澳银	中国建设银行股份有限公司
748	大成内需增长股票	2011-06-14	5.44	4.86	大成	中国银行股份有限公司
749	鹏华新兴产业股票	2011-06-15	7.32	7.20	鹏华	招商银行股份有限公司
750	申万菱信量化小盘股票(LOF)	2011-06-16	2.09	1.72	申万菱信	中国工商银行股份有限公司
751	中欧鼎利分级债券	2011-06-16	1.95	2.04	中欧	中信银行股份有限公司
752	中银上证国企100ETF	2011-06-16	1.26	0.96	中银	招商银行股份有限公司
753	汇添富可转换债券	2011-06-17	2.95	2.92	汇添富	中国工商银行股份有限公司
754	易方达安心回报债券	2011-06-21	4.32	4.75	易方达	中国工商银行股份有限公司
755	南方保本混合	2011-06-21	37.57	39.58	南方	中国农业银行股份有限公司
756	建信新兴市场股票(QDII)	2011-06-21	1.30	1.28	建信	中国工商银行股份有限公司
757	华安可转债债券	2011-06-22	6.73	6.96	华安	招商银行股份有限公司
758	交银先进制造股票	2011-06-22	4.90	4.22	交银施罗德	中国农业银行股份有限公司
759	深证TMT50ETF	2011-06-27	1.10	2.62	招商	中国银行股份有限公司
760	招商深证TMT50ETF联接	2011-06-27	3.29	2.45	招商	中国银行股份有限公司
761	银华永祥保本混合	2011-06-28	6.82	7.40	银华	中国银行股份有限公司
762	广发全球农业指数(QDII)	2011-06-28	3.05	2.87	广发	中国工商银行股份有限公司
763	中银转债增强债券	2011-06-29	2.30	2.50	中银	招商银行股份有限公司
764	农银增强收益债券	2011-07-01	1.39	1.49	农银汇理	渤海银行股份有限公司
765	富国全球顶级消费品股票(QDII)	2011-07-13	1.38	1.46	富国	中国工商银行股份有限公司
766	上投摩根新兴动力股票	2011-07-13	6.09	6.85	上投摩根	中国农业银行股份有限公司
767	新华灵活主题股票	2011-07-13	1.68	1.60	新华	中信银行股份有限公司
768	泰达宏利全球新格局(QDII-FOF)	2011-07-20	0.55	0.52	泰达宏利	中国建设银行股份有限公司
769	国投瑞银中证上游资源产业指数(LOF)	2011-07-21	3.43	2.80	国投瑞银	中国工商银行股份有限公司
770	汇丰晋信科技先锋股票	2011-07-27	3.69	3.41	汇丰晋信	中国建设银行股份有限公司
771	东吴增利债券	2011-07-27	1.18	1.20	东吴	中信银行股份有限公司
772	银河消费股票	2011-07-29	2.27	2.19	银河	中国建设银行股份有限公司
773	嘉实深证基本面120联接	2011-08-01	5.49	4.67	嘉实	中国银行股份有限公司
774	嘉实深证基本面120ETF	2011-08-01	6.32	5.15	嘉实	中国银行股份有限公司
775	信诚新机遇股票(LOF)	2011-08-01	2.11	2.00	信诚	中国建设银行股份有限公司
776	国富策略回报混合	2011-08-02	5.45	4.56	国海富兰克林	中国农业银行股份有限公司
777	兴全保本混合	2011-08-03	8.52	8.72	兴业	兴业银行股份有限公司
778	嘉实黄金(QDII-FOF-LOF)	2011-08-04	2.73	2.55	嘉实	中国工商银行股份有限公司
779	天治成长精选股票	2011-08-04	1.82	1.79	天治	上海银行股份有限公司
780	上证180成长ETF	2011-08-04	3.71	3.73	华宝兴业	中国银行股份有限公司
781	华宝兴业上证180成长ETF联接	2011-08-09	1.74	1.80	华宝兴业	中国银行股份有限公司
782	诺安多策略股票	2011-08-09	4.86	3.70	诺安	中国建设银行股份有限公司
783	富国低碳环保股票	2011-08-10	5.93	5.32	富国	招商银行股份有限公司
784	上投摩根强化回报债券	2011-08-10	1.21	1.24	上投摩根	中国建设银行股份有限公司
785	工银添颐债券	2011-08-10	10.38	12.39	工银瑞信	中国民生银行股份有限公司
786	易方达资源行业股票	2011-08-16	8.02	7.31	易方达	中国银行股份有限公司
787	金元惠理保本混合	2011-08-16	0.92	0.95	金元惠理	中国农业银行股份有限公司

4-7 续表 17 continued

序号 No.	基金名称 Fund Name	成立时间 Issue Date	基金份额(亿份) Fund Units (100 million units)	基金资产规模(亿元) Fund Asset Value (100 million yuan)	基金管理公司 Fund Management Company	基金托管银行 Fund Custodian Bank
788	国泰事件驱动股票	2011-08-17	1.26	1.35	国泰	中国建设银行股份有限公司
789	纽银新动向混合	2011-08-18	0.77	0.68	纽银西部	中国建设银行股份有限公司
790	汇添富黄金及贵金属(QDII-LOF-FOF)	2011-08-31	4.41	3.97	汇添富	中国工商银行股份有限公司
791	金鹰策略配置股票	2011-09-01	2.76	2.45	金鹰	中信银行股份有限公司
792	招商安达保本混合	2011-09-01	4.14	4.64	招商	中国农业银行股份有限公司
793	民营ETF	2011-09-02	1.20	3.03	鹏华	中国建设银行股份有限公司
794	华安深证300指数(LOF)	2011-09-02	3.01	2.61	华安	中国银行股份有限公司
795	鹏华深证民营ETF联接	2011-09-02	1.89	1.49	鹏华	中国建设银行股份有限公司
796	农银策略精选股票	2011-09-06	4.24	4.00	农银汇理	中信银行股份有限公司
797	深证基本面60ETF	2011-09-08	1.98	3.22	建信	中国民生银行股份有限公司
798	建信深证基本面60ETF联接	2011-09-08	3.66	3.23	建信	中国民生银行股份有限公司
799	嘉实信用债券	2011-09-14	15.68	15.94	嘉实	中国银行股份有限公司
800	汇添富深证300ETF	2011-09-16	2.51	2.16	汇添富	中国工商银行股份有限公司
801	南方上证380ETF	2011-09-16	2.08	1.68	南方	中国建设银行股份有限公司
802	易方达创业板ETF联接	2011-09-20	2.18	2.00	易方达	中国工商银行股份有限公司
803	易方达创业板ETF	2011-09-20	6.17	4.42	易方达	中国工商银行股份有限公司
804	南方上证380ETF联接	2011-09-20	1.52	1.23	南方	中国建设银行股份有限公司
805	广发制造业精选股票	2011-09-20	2.24	2.28	广发	中国工商银行股份有限公司
806	平安大华行业先锋股票	2011-09-20	19.29	18.01	平安大华	中国银行股份有限公司
807	富安达优势成长股票	2011-09-21	3.65	3.30	富安达	交通银行股份有限公司
808	交银深证300价值ETF	2011-09-22	0.98	0.94	交银施罗德	中国农业银行股份有限公司
809	景顺长城大中华股票(QDII)	2011-09-22	0.46	0.52	景顺长城	中国工商银行股份有限公司
810	诺安全球收益不动产(QDII)	2011 09 23	2.78	2.90	诺安	中国工商银行股份有限公司
811	南方中国中小盘股票指数(QDII-LOF)	2011-09-26	0.97	1.04	南方	中国农业银行股份有限公司
812	交银双利债券	2011-09-26	3.90	4.11	交银施罗德	中国建设银行股份有限公司
813	诺安油气能源(QDII-FOF-LOF)	2011-09-27	5.75	5.47	诺安	招商银行股份有限公司
814	银华消费分级股票	2011-09-28	1.54	1.45	银华	中国建设银行股份有限公司
815	汇添富深证300ETF联接	2011-09-28	1.36	1.27	汇添富	中国工商银行股份有限公司
816	交银深证300价值ETF联接	2011-09-28	0.93	0.87	交银施罗德	中国农业银行股份有限公司
817	东吴新产业精选股票	2011-09-28	0.67	0.62	东吴	中国建设银行股份有限公司
818	华宝油气	2011-09-29	0.68	0.65	华宝兴业	中国建设银行股份有限公司
819	富国中证500指数增强(LOF)	2011-10-12	3.96	3.63	富国	中国农业银行股份有限公司
820	长信内需成长股票	2011-10-20	0.76	0.76	长信	中国农业银行股份有限公司
821	工银主题策略股票	2011-10-24	1.99	1.93	工银瑞信	交通银行股份有限公司
822	长盛同祥泛资源股票	2011-10-26	0.56	0.55	长盛	中国建设银行股份有限公司
823	泰信中小盘精选	2011-10-26	0.73	0.78	泰信	中国银行股份有限公司
824	汇丰晋信货币	2011-11-02	5.19	5.19	汇丰晋信	交通银行股份有限公司
825	博时回报混合	2011-11-08	0.92	1.00	博时	中国建设银行股份有限公司
826	大成中证内地消费主题指数	2011-11-08	0.58	0.56	大成	中国农业银行股份有限公司
827	中海消费股票	2011-11-09	0.53	0.55	中海	中国农业银行股份有限公司
828	大摩深证300指数增强	2011-11-15	1.63	1.48	摩根士丹利华鑫	中国建设银行股份有限公司
829	海富通国策导向股票	2011-11-16	0.54	0.55	海富通	中国银行股份有限公司
830	建信恒稳价值混合	2011-11-22	0.90	0.95	建信	中国光大银行股份有限公司
831	中邮上证380指数增强	2011-11-22	0.58	0.54	中邮创业	中国银行股份有限公司
832	民生加银景气行业股票	2011-11-22	3.08	3.27	民生加银	中国建设银行股份有限公司
833	中银中小盘成长股票	2011-11-23	2.55	2.40	中银	招商银行股份有限公司

4-7 续表 18 continued

序号 No.	基金名称 Fund Name	成立时间 Issue Date	基金份额（亿份） Fund Units (100 million units)	基金资产规模（亿元） Fund Asset Value (100 million yuan)	基金管理公司 Fund Management Company	基金托管银行 Fund Custodian Bank
834	鹏华美国房地产(QDII)	2011-11-25	0.72	0.75	鹏华	中国建设银行股份有限公司
835	农银中证500指数	2011-11-29	2.62	2.35	农银汇理	交通银行股份有限公司
836	大成可转债增强债券	2011-11-30	1.45	1.49	大成	中国工商银行股份有限公司
837	易方达双债增强债券	2011-12-01	2.66	2.86	易方达	中国建设银行股份有限公司
838	泰达宏利500指数分级	2011-12-01	0.61	0.59	泰达宏利	中国银行股份有限公司
839	财通价值动量混合	2011-12-01	2.12	2.15	财通	中国工商银行股份有限公司
840	富国产业债	2011-12-05	42.78	45.23	富国	中国工商银行股份有限公司
841	长盛同禧信用增利债券	2011-12-06	1.29	1.21	长盛	中国银行股份有限公司
842	长盛同瑞中证200分级	2011-12-06	0.51	0.51	长盛	中国农业银行股份有限公司
843	华安信用四季红债券	2011-12-08	34.58	36.37	华安	中国工商银行股份有限公司
844	嘉实周期优选股票	2011-12-08	3.62	3.91	嘉实	中国工商银行股份有限公司
845	银华中证内地资源指数分级	2011-12-08	9.53	9.01	银华	中国银行股份有限公司
846	申万菱信可转债债券	2011-12-09	0.89	0.93	申万菱信	中国工商银行股份有限公司
847	华富中小板指数增强	2011-12-09	0.67	0.61	华富	中国建设银行股份有限公司
848	国投瑞银新兴产业混合(LOF)	2011-12-13	0.41	0.47	国投瑞银	中国建设银行股份有限公司
849	建信双息红利债券	2011-12-13	1.70	1.79	建信	中信银行股份有限公司
850	华安科技动力股票	2011-12-20	0.58	0.58	华安	中国建设银行股份有限公司
851	国投瑞银瑞源保本混合	2011-12-20	2.76	2.85	国投瑞银	中国民生银行股份有限公司
852	信诚全球商品主题(QDII-FOF-LOF)	2011-12-20	0.44	0.37	信诚	中国银行股份有限公司
853	景顺长城核心竞争力股票	2011-12-20	6.44	7.39	景顺长城	中国农业银行股份有限公司
854	汇添富信用债债券	2011-12-20	2.88	3.05	汇添富	中国农业银行股份有限公司
855	平安大华深证300指数增强	2011-12-20	1.08	1.01	平安大华	中国银行股份有限公司
856	方正富邦创新动力股票	2011-12-26	0.52	0.54	方正富邦	中国建设银行股份有限公司
857	工银保本混合	2011-12-27	17.39	18.11	工银瑞信	中国光大银行股份有限公司
858	嘉实安心货币	2011-12-28	23.94	23.94	嘉实	中国银行股份有限公司
859	银华永泰积极债券	2011-12-28	0.86	0.86	银华	上海浦东发展银行股份有限公司
860	东方增长中小盘混合	2011-12-28	0.56	0.58	东方	中国邮政储蓄银行有限责任公司
861	国泰信用互利分级债券	2011-12-29	9.67	10.38	国泰	中国建设银行股份有限公司
862	长城久兆中小300指数分级	2012-01-30	0.81	0.72	长城	中国建设银行股份有限公司
863	工银中证500指数	2012-01-31	1.59	1.46	工银瑞信	中国银行股份有限公司
864	信诚沪深300指数分级	2012-02-01	3.50	3.42	信诚	中国建设银行股份有限公司
865	招商优势企业混合	2012-02-01	0.88	0.83	招商	中国银行股份有限公司
866	上投摩根健康品质生活股票	2012-02-01	1.46	1.61	上投摩根	中国银行股份有限公司
867	光大保德信行业轮动股票	2012-02-15	0.80	0.93	光大保德信	中国农业银行股份有限公司
868	国联安定期开放债券	2012-02-22	2.46	2.62	国联安	中信银行股份有限公司
869	泰信保本混合	2012-02-22	0.58	0.60	泰信	中信银行股份有限公司
870	国富亚洲机会股票(QDII)	2012-02-22	0.60	0.63	国海富兰克林	中国农业银行股份有限公司
871	华宝兴业医药生物	2012-02-28	2.34	2.61	华宝兴业	中国建设银行股份有限公司
872	博时天颐债券	2012-02-29	5.51	5.71	博时	中国工商银行股份有限公司
873	诺安新动力混合	2012-03-05	2.70	2.66	诺安	中国工商银行股份有限公司
874	中海上证380指数	2012-03-07	0.87	0.78	中海	中国工商银行股份有限公司
875	浙商聚潮新思维混合	2012-03-08	3.16	3.22	浙商	中国民生银行股份有限公司
876	民生加银中证内地资源主题指数	2012-03-08	2.90	2.72	民生加银	中国建设银行股份有限公司
877	金鹰持久回报分级债券	2012-03-09	4.96	5.25	金鹰	中国邮政储蓄银行有限责任公司
878	东吴深证100指数增强(LOF)	2012-03-09	1.68	1.50	东吴	中国建设银行股份有限公司
879	汇添富逆向投资股票	2012-03-09	1.57	1.57	汇添富	中国农业银行股份有限公司

4-7 续表 19 continued

序号 No.	基金名称 Fund Name	成立时间 Issue Date	基金份额(亿份) Fund Units (100 million units)	基金资产规模(亿元) Fund Asset Value (100 million yuan)	基金管理公司 Fund Management Company	基金托管银行 Fund Custodian Bank
880	长安宏观策略	2012-03-09	0.59	0.55	长安基金	中国邮政储蓄银行有限责任公司
881	南方新兴消费增长分级股票	2012-03-13	4.31	4.08	南方	中国工商银行股份有限公司
882	大摩主题优选股票	2012-03-13	1.43	1.38	摩根士丹利华鑫	中国建设银行股份有限公司
883	广发聚财信用债券	2012-03-13	12.02	12.39	广发	中国工商银行股份有限公司
884	国泰中小板300成长ETF联接	2012-03-15	0.74	0.70	国泰	中国银行股份有限公司
885	国泰中小板300成长ETF	2012-03-15	0.75	0.72	国泰	中国银行股份有限公司
886	景顺长城优信增利债券	2012-03-15	1.64	1.70	景顺长城	中国银行股份有限公司
887	建信深证100指数增强	2012-03-16	6.20	5.56	建信	交通银行股份有限公司
888	国泰成长优选股票	2012-03-20	1.05	1.01	国泰	招商银行股份有限公司
889	大成新锐产业股票	2012-03-20	1.99	1.97	大成	中国农业银行股份有限公司
890	招商产业债券	2012-03-21	29.98	30.62	招商	中信银行股份有限公司
891	诺德周期策略股票基金	2012-03-21	1.24	1.14	诺德	中国银行股份有限公司
892	嘉实中创400联接	2012-03-22	2.21	2.00	嘉实	中国工商银行股份有限公司
893	中创400	2012-03-22	2.60	2.34	嘉实	中国工商银行股份有限公司
894	国联安双力中小板综指分级	2012-03-23	2.22	2.01	国联安	中国建设银行股份有限公司
895	上投摩根全球天然资源股票(QDII)	2012-03-26	0.58	0.56	上投摩根	中国银行股份有限公司
896	长盛电子信息产业股票	2012-03-27	1.63	1.51	长盛	中国银行股份有限公司
897	华安标普全球石油指数(QDII-LOF)	2012-03-29	1.79	1.79	华安	中国建设银行股份有限公司
898	诺安中证创业成长指数分级	2012-03-29	1.49	1.39	诺安	中国银行股份有限公司
899	中欧盛世	2012-03-29	2.48	2.53	中欧	广东发展银行股份有限公司
900	长信可转债债券	2012-03-30	0.87	0.92	长信	深圳发展银行股份有限公司
901	兴全轻资产股票(LOF)	2012-04-05	5.94	5.99	兴业	招商银行股份有限公司
902	融通创业板指数	2012-04-06	1.63	1.55	融通	中国工商银行股份有限公司
903	博时上证自然资源ETF联接	2012-04-11	0.93	0.82	博时	中国建设银行股份有限公司
904	博时上证自然资源ETF	2012-04-11	3.87	3.45	博时	中国建设银行股份有限公司
905	信诚双盈分级债券	2012-04-13	3.64	3.92	信诚	中国银行股份有限公司
906	中欧信用	2012-04-16	7.36	7.64	中欧	中国邮政储蓄银行有限责任公司
907	鹏华价值精选股票	2012-04-16	0.96	0.91	鹏华	中国建设银行股份有限公司
908	长城优化升级股票	2012-04-20	0.69	0.72	长城	中国建设银行股份有限公司
909	农银消费主题股票	2012-04-24	5.23	5.45	农银汇理	中国邮政储蓄银行有限责任公司
910	民生加银信用双利债券	2012-04-25	7.16	7.37	民生加银	中国银行股份有限公司
911	富安达策略精选混合	2012-04-25	1.69	1.65	富安达	交通银行股份有限公司
912	工银量化策略股票	2012-04-26	10.38	9.96	工银瑞信	中国银行股份有限公司
913	易方达纯债债券	2012-05-03	43.85	45.22	易方达	招商银行股份有限公司
914	国泰大宗商品(QDII-LOF)	2012-05-03	0.54	0.54	国泰	中国建设银行股份有限公司
915	华泰柏瑞沪深300ETF	2012-05-04	93.80	236.86	华泰柏瑞	中国工商银行股份有限公司
916	嘉实沪深300ETF	2012-05-07	163.03	411.33	嘉实	中国银行股份有限公司
917	广发深证100指数分级	2012-05-07	2.53	2.30	广发	中国建设银行股份有限公司
918	信诚周期轮动股票(LOF)	2012-05-07	1.32	1.35	信诚	中国银行股份有限公司
919	浙商沪深300指数分级	2012-05-07	1.75	1.69	浙商	华夏银行股份有限公司
920	申万菱信中小板指数分级	2012-05-08	2.73	2.50	申万菱信	中国农业银行股份有限公司
921	华安月月鑫短期理财债券	2012-05-09	75.53	75.53	华安	中国建设银行股份有限公司
922	汇添富理财30天债券	2012-05-09	67.11	67.11	汇添富	中国工商银行股份有限公司
923	浦银安盛基本面400	2012-05-14	2.50	2.39	浦银安盛	中国邮政储蓄银行有限责任公司
924	中银沪深300等权重指数(LOF)	2012-05-17	4.96	5.00	中银	招商银行股份有限公司
925	国富研究精选股票	2012-05-22	2.38	2.44	国海富兰克林	中国银行股份有限公司

4-7 续表 20 continued

序号 No.	基金名称 Fund Name	成立时间 Issue Date	基金份额(亿份) Fund Units (100 million units)	基金资产规模(亿元) Fund Asset Value (100 million yuan)	基金管理公司 Fund Management Company	基金托管银行 Fund Custodian Bank
926	交银全球资源股票(QDII)	2012-05-22	0.48	0.51	交银施罗德	中国建设银行股份有限公司
927	华安季季鑫短期理财债券	2012-05-23	2.79	2.79	华安	中国工商银行股份有限公司
928	金鹰核心资源股票	2012-05-23	1.66	1.61	金鹰	中国工商银行股份有限公司
929	泰达宏利逆向股票	2012-05-23	0.81	0.81	泰达宏利	中国建设银行股份有限公司
930	海富通中证内地低碳指数	2012-05-25	1.48	1.37	海富通	中国建设银行股份有限公司
931	诺安汇鑫保本混合	2012-05-28	32.86	33.30	诺安	中国银行股份有限公司
932	华泰柏瑞沪深300ETF联接	2012-05-29	1.61	1.68	华泰柏瑞	中国工商银行股份有限公司
933	建信转债增强债券	2012-05-29	8.58	9.07	建信	中国民生银行股份有限公司
934	平安大华策略先锋混合	2012-05-29	0.79	0.80	平安大华	中国银行股份有限公司
935	华商主题精选股票	2012-05-31	1.82	1.78	华商	中国建设银行股份有限公司
936	易方达标普消费品指数增强(QDII)	2012-06-04	0.54	0.59	易方达	中国银行股份有限公司
937	金鹰中证500指数分级	2012-06-06	1.17	1.13	金鹰	交通银行股份有限公司
938	华宝兴业中证短融50指数债券	2012-06-12	1.76	1.79	华宝兴业	中国银行股份有限公司
939	广发消费品精选股票	2012-06-12	1.11	1.14	广发	中国农业银行股份有限公司
940	汇添富理财60天债券	2012-06-12	10.76	10.76	汇添富	中国建设银行股份有限公司
941	180ETF	2012-06-12	4.09	4.10	景顺长城	中国银行股份有限公司
942	中邮战略新兴产业股票	2012-06-12	0.58	0.61	中邮创业	兴业银行股份有限公司
943	鹏华金刚保本混合	2012-06-13	14.94	15.14	鹏华	中国农业银行股份有限公司
944	新华优选消费股票	2012-06-13	1.27	1.37	新华	中国工商银行股份有限公司
945	华安双月鑫短期理财债券	2012-06-14	3.12	3.12	华安	中国银行股份有限公司
946	博时标普500指数(QDII)	2012-06-14	0.61	0.62	博时	中国工商银行股份有限公司
947	大成景恒保本混合	2012-06-15	8.90	8.87	大成	中国银行股份有限公司
948	光大保德信添天利理财债券	2012-06-19	1.10	1.10	光大保德信	中国光大银行股份有限公司
949	农银信用添利债券	2012-06-19	9.72	9.75	农银汇理	中信银行股份有限公司
950	安信灵活配置混合	2012-06-19	1.77	1.91	安信基金	中国建设银行股份有限公司
951	银华中小盘股票	2012-06-20	0.76	0.82	银华	中国工商银行股份有限公司
952	中海保本混合	2012-06-20	4.01	4.10	中海	中国工商银行股份有限公司
953	天弘现金管家货币	2012-06-20	7.16	7.16	天弘	中国邮政储蓄银行有限责任公司
954	交银荣安保本混合	2012-06-20	14.46	14.81	交银施罗德	中信银行股份有限公司
955	华安沪深300指数分级	2012-06-25	1.25	1.31	华安	中国建设银行股份有限公司
956	景顺长城上证180等权重指数	2012-06-25	0.70	0.73	景顺长城	中国银行股份有限公司
957	上投摩根分红添利债券	2012-06-25	7.25	7.39	上投摩根	中国银行股份有限公司
958	长安沪深300非周期指数	2012-06-25	1.28	1.30	长安基金	广东发展银行股份有限公司
959	嘉实优化红利股票	2012-06-26	1.39	1.41	嘉实	中国银行股份有限公司
960	建信全球资源股票(QDII)	2012-06-26	0.34	0.34	建信	中国银行股份有限公司
961	纽银稳健双利债券	2012-06-26	10.65	10.71	纽银西部	中国建设银行股份有限公司
962	富国高新技术产业股票	2012-06-27	1.55	1.52	富国	中国工商银行股份有限公司
963	招商中证大宗商品指数分级	2012-06-28	3.46	3.38	招商	中国工商银行股份有限公司
964	易方达量化衍伸股票	2012-07-05	0.65	0.73	易方达	中国建设银行股份有限公司
965	长盛同鑫二号保本混合	2012-07-10	11.86	12.02	长盛	中国银行股份有限公司
966	汇添富理财14天债券	2012-07-10	4.25	4.25	汇添富	中国农业银行股份有限公司
967	财通多策略稳健增长债券	2012-07-13	19.66	19.76	财通	中国工商银行股份有限公司
968	广发理财年年红债券	2012-07-19	5.43	5.53	广发	中国工商银行股份有限公司
969	南方润元纯债债券	2012-07-20	40.67	41.25	南方	中国建设银行股份有限公司
970	招商信用增强债券	2012-07-20	32.91	33.30	招商	中国银行股份有限公司
971	嘉实全球房地产(QDII)	2012-07-24	0.81	0.81	嘉实	中国农业银行股份有限公司

4-7 续表 21 continued

序号 No.	基金名称 Fund Name	成立时间 Issue Date	基金份额(亿份) Fund Units (100 million units)	基金资产规模(亿元) Fund Asset Value (100 million yuan)	基金管理公司 Fund Management Company	基金托管银行 Fund Custodian Bank
972	中银主题策略股票	2012-07-25	2.84	3.01	中银	广东发展银行股份有限公司
973	富安达增强收益债券	2012-07-25	2.38	2.41	富安达	交通银行股份有限公司
974	融通医疗保健股票	2012-07-26	1.76	1.81	融通	中国工商银行股份有限公司
975	国泰信用债券	2012-07-31	20.78	21.13	国泰	中国工商银行股份有限公司
976	金元惠理新经济主题股票	2012-07-31	0.90	0.92	金元惠理	中国农业银行股份有限公司
977	汇丰晋信恒生行业龙头指数	2012-08-01	1.14	1.19	汇丰晋信	中国邮政储蓄银行有限责任公司
978	万家中证创业成长指数分级	2012-08-02	1.63	1.64	万家	中国工商银行股份有限公司
979	长城保本混合	2012-08-02	17.49	17.70	长城	中国建设银行股份有限公司
980	交银阿尔法核心股票	2012-08-03	1.53	1.67	交银施罗德	中国建设银行股份有限公司
981	华夏恒生ETF	2012-08-09	4.40	4.54	华夏	中国银行股份有限公司
982	银华纯债	2012-08-09	30.44	31.04	银华	中国工商银行股份有限公司
983	易方达恒生国企(QDII-ETF)	2012-08-09	3.72	3.95	易方达	交通银行股份有限公司
984	民生加银红利回报混合	2012-08-09	22.62	22.36	民生加银	中国建设银行股份有限公司
985	天弘债券发起式	2012-08-10	13.12	13.32	天弘	中国工商银行股份有限公司
986	东吴保本混合	2012-08-13	6.53	6.60	东吴	中国农业银行股份有限公司
987	南方理财14天债券	2012-08-14	11.77	11.77	南方	中国工商银行股份有限公司
988	建信社会责任股票	2012-08-14	1.38	1.43	建信	中国农业银行股份有限公司
989	广发纳斯达克100指数(QDII)	2012-08-15	1.43	1.36	广发	中国银行股份有限公司
990	华安逆向策略股票	2012-08-17	1.71	1.72	华安	中国工商银行股份有限公司
991	益民核心增长混合	2012-08-17	1.72	1.73	益民	中国光大银行股份有限公司
992	华夏恒生ETF联接	2012-08-21	2.91	3.00	华夏	中国银行股份有限公司
993	易方达恒生国企联接(QDII)	2012-08-21	2.94	3.16	易方达	交通银行股份有限公司
994	招商安盈保本混合	2012-08-21	43.97	44.41	招商	中国工商银行股份有限公司
995	华宝兴业资源优选股票	2012-08-21	1.24	1.27	华宝兴业	中国银行股份有限公司
996	工银瑞信理财债券	2012-08-22	271.07	271.07	工银瑞信	中国建设银行股份有限公司
997	银华上证50等权ETF	2012-08-23	1.64	1.86	银华	中国建设银行股份有限公司
998	博时医疗保健行业股票	2012-08-28	1.69	1.67	博时	中国银行股份有限公司
999	大成中证500沪市ETF联接基金	2012-08-28	0.57	0.57	大成	中国银行股份有限公司
1000	大摩多元收益债券	2012-08-28	12.96	13.17	摩根士丹利华鑫	中国建设银行股份有限公司
1001	中证500沪市ETF	2012-08-28	0.90	0.93	大成	中国银行股份有限公司
1002	建信双周理财债券	2012-08-28	95.48	95.48	建信	中国工商银行股份有限公司
1003	国金通用国鑫发起	2012-08-28	1.10	1.13	国金通用	中国光大银行股份有限公司
1004	嘉实理财宝7天债券	2012-08-29	17.65	17.65	嘉实	中国农业银行股份有限公司
1005	银华上证50等权ETF联接	2012-08-29	0.32	0.35	银华	中国建设银行股份有限公司
1006	鹏华纯债债券	2012-09-03	18.91	19.16	鹏华	中国建设银行股份有限公司
1007	富国中国中小盘股票	2012-09-04	0.43	0.48	富国	中国工商银行股份有限公司
1008	信达澳银消费优选股票	2012-09-04	1.08	1.13	信达澳银	中国建设银行股份有限公司
1009	农银深证100指数	2012-09-04	1.07	1.20	农银汇理	中国光大银行股份有限公司
1010	光大保德信添盛理财债券	2012-09-05	1.15	1.15	光大保德信	交通银行股份有限公司
1011	华安安心收益债券	2012-09-07	6.41	6.53	华安	中国邮政储蓄银行有限责任公司
1012	博时信用纯债债券	2012-09-07	12.33	12.50	博时	中国工商银行股份有限公司
1013	泰信基本面400分级	2012-09-07	0.69	0.75	泰信	中国工商银行股份有限公司
1014	华商中证500指数分级	2012-09-07	0.60	0.61	华商	中国工商银行股份有限公司
1015	诺德S300	2012-09-10	0.50	0.53	诺德	中国银行股份有限公司
1016	华夏安康债券	2012-09-11	22.89	23.24	华夏	中国银行股份有限公司
1017	国富恒久信用债券A/C	2012-09-11	5.00	5.09	国海富兰克林	中国农业银行股份有限公司

4-7 续表 22 continued

序号 No.	基金名称 Fund Name	成立时间 Issue Date	基金份额（亿份） Fund Units (100 million units)	基金资产规模（亿元） Fund Asset Value (100 million yuan)	基金管理公司 Fund Management Company	基金托管银行 Fund Custodian Bank
1018	平安大华保本混合	2012-09-11	9.60	9.81	平安大华	中国建设银行股份有限公司
1019	长盛同辉深100等权重分级	2012-09-13	2.57	2.76	长盛	中国建设银行股份有限公司
1020	汇添富多元收益债券	2012-09-18	5.17	5.33	汇添富	中国银行股份有限公司
1021	浙商聚盈信用债债券	2012-09-18	1.37	1.38	浙商	交通银行股份有限公司
1022	中银保本混合	2012-09-19	38.71	39.24	中银	招商银行股份有限公司
1023	大成月添利理财债券	2012-09-20	28.26	28.26	大成	中国农业银行股份有限公司
1024	易方达中小板指数分级	2012-09-20	2.46	2.48	易方达	中国建设银行股份有限公司
1025	广发双债添利债券	2012-09-20	10.43	10.56	广发	中国银行股份有限公司
1026	万家信用恒利债券	2012-09-21	10.84	10.94	万家	中国建设银行股份有限公司
1027	银河主题股票	2012-09-21	0.46	0.52	银河	中信银行股份有限公司
1028	嘉实增强收益定期债券	2012-09-24	33.87	34.13	嘉实	招商银行股份有限公司
1029	中银理财14天债券	2012-09-24	183.79	183.79	中银	中国工商银行股份有限公司
1030	国泰6个月短期理财债券	2012-09-25	17.40	17.40	国泰	中国建设银行股份有限公司
1031	南方金粮油商品股票	2012-09-25	1.40	1.50	南方	中国工商银行股份有限公司
1032	安信目标收益债券	2012-09-25	3.86	3.90	安信基金	中国农业银行股份有限公司
1033	德邦优化股票	2012-09-25	1.22	1.33	德邦	交通银行股份有限公司
1034	上投摩根中证消费服务指数	2012-09-26	1.88	1.92	上投摩根	中国建设银行股份有限公司
1035	鹏华资源分级	2012-09-27	1.76	1.76	鹏华	中国工商银行股份有限公司
1036	东方强化收益债券	2012-10-09	3.43	3.46	东方	中国邮政储蓄银行有限责任公司
1037	汇添富理财28天	2012-10-18	3.02	3.02	汇添富	交通银行股份有限公司
1038	富国7天理财宝债券	2012-10-19	10.57	10.57	富国	中国农业银行股份有限公司
1039	南方理财60天债券	2012-10-19	8.14	8.14	南方	中国工商银行股份有限公司
1040	华夏理财30天债券	2012-10-24	8.05	8.05	华夏	中国建设银行股份有限公司
1041	工银深证100指数分级	2012-10-25	1.14	1.20	工银瑞信	中国民生银行股份有限公司
1042	光大保德信添天盈理财债券	2012-10-25	20.67	20.67	光大保德信	中国建设银行股份有限公司
1043	长盛添利30天理财债券	2012-10-26	11.33	11.33	长盛	中国银行股份有限公司
1044	中银理财60天债券	2012-10-26	34.36	34.36	中银	中国工商银行股份有限公司
1045	工银14天理财债券发起	2012-10-26	72.75	72.75	工银瑞信	招商银行股份有限公司
1046	交银理财21天债券	2012-11-05	12.74	12.74	交银施罗德	中国农业银行股份有限公司
1047	交银施罗德沪深300分层等权指数	2012-11-07	1.32	1.45	交银施罗德	中国建设银行股份有限公司
1048	易方达中债新综合债券指数发起式(LOF)	2012-11-08	13.85	13.92	易方达	中国农业银行股份有限公司
1049	工银信用纯债债券	2012-11-14	39.00	39.14	工银瑞信	中国农业银行股份有限公司
1050	农银行业轮动股票	2012-11-14	5.32	5.33	农银汇理	中国民生银行股份有限公司
1051	建信纯债债券	2012-11-15	168.69	169.36	建信	中国光大银行股份有限公司
1052	大成现金增利货币	2012-11-20	78.41	78.41	大成	中国农业银行股份有限公司
1053	景顺长城支柱产业股票	2012-11-20	1.61	1.69	景顺长城	中国农业银行股份有限公司
1054	方正富邦红利精选股票	2012-11-20	0.60	0.60	方正富邦	中国建设银行股份有限公司
1055	中邮稳定收益债券	2012-11-21	32.02	32.15	中邮创业	交通银行股份有限公司
1056	富国纯债债券发起	2012-11-22	18.61	18.66	富国	中国工商银行股份有限公司
1057	华安日日鑫货币	2012-11-26	2.94	2.94	华安	中国建设银行股份有限公司
1058	易方达月月利理财债券	2012-11-26	9.38	9.38	易方达	中国农业银行股份有限公司
1059	信诚理财7日盈债券	2012-11-26	2.83	2.83	信诚	中国银行股份有限公司
1060	平安大华添利债券	2012-11-27	23.56	23.68	平安大华	中国银行股份有限公司
1061	上投摩根核心优选股票	2012-11-28	1.48	1.56	上投摩根	中国建设银行股份有限公司
1062	天弘安康养老混合	2012-11-28	3.19	3.20	天弘	中国工商银行股份有限公司
1063	长盛添利60天理财发起式	2012-11-29	23.29	23.29	长盛	中国银行股份有限公司

4-7　续表 23　continued

序号 No.	基金名称 Fund Name	成立时间 Issue Date	基金份额（亿份） Fund Units (100 million units)	基金资产规模（亿元） Fund Asset Value (100 million yuan)	基金管理公司 Fund Management Company	基金托管银行 Fund Custodian Bank
1064	大成理财21天债券发起式	2012-11-29	13.35	13.35	大成	中国银行股份有限公司
1065	金鹰元泰精选债券	2012-11-29	17.84	17.88	金鹰	交通银行股份有限公司
1066	诺安双利债券发起	2012-11-29	13.96	13.98	诺安	招商银行股份有限公司
1067	银河领先债券	2012-11-29	6.60	6.62	银河	兴业银行股份有限公司
1068	华泰柏瑞稳健收益	2012-12-04	13.07	13.10	华泰柏瑞	中国银行股份有限公司
1069	博时安心收益定期开放债券	2012-12-06	23.23	23.25	博时	中国建设银行股份有限公司
1070	华夏收益债券(QDII)	2012-12-07	19.78	19.81	华夏	中国建设银行股份有限公司
1071	金鹰货币	2012-12-07	29.31	29.31	金鹰	中国建设银行股份有限公司
1072	招商理财7天债券	2012-12-07	26.80	26.80	招商	中国工商银行股份有限公司
1073	诺安中小板等权重ETF	2012-12-10	2.53	2.58	诺安	交通银行股份有限公司
1074	诺安中小板等权重ETF联接	2012-12-10	4.09	4.10	诺安	交通银行股份有限公司
1075	国泰现金管理货币	2012-12-11	22.61	22.61	国泰	中国银行股份有限公司
1076	国投瑞银纯债债券	2012-12-11	25.81	25.89	国投瑞银	中国银行股份有限公司
1077	银华中证中票50指数债券	2012-12-11	33.89	33.94	银华	中国银行股份有限公司
1078	大摩量化配置股票	2012-12-11	10.95	10.97	摩根士丹利华鑫	中国农业银行股份有限公司
1079	嘉实纯债债券	2012-12-12	13.84	13.86	嘉实	中国建设银行股份有限公司
1080	中欧货币	2012-12-12	14.10	14.10	中欧	中国工商银行股份有限公司
1081	国联安中债信用债指数增强	2012-12-12	4.72	4.73	国联安	上海浦东发展银行股份有限公司
1082	广发纯债债券	2012-12-12	28.15	28.18	广发	中国工商银行股份有限公司
1083	中银纯债债券	2012-12-12	51.08	51.19	中银	招商银行股份有限公司
1084	富国强收益定期开放债券	2012-12-18	8.75	8.75	富国	中国建设银行股份有限公司
1085	兴全商业模式优选(LOF)	2012-12-18	5.46	5.53	兴业	中国光大银行股份有限公司
1086	民生加银现金增利货币	2012-12-18	144.72	144.72	民生加银	中国建设银行股份有限公司
1087	安信平稳增长混合发起	2012-12-18	2.06	2.07	安信基金	中国工商银行股份有限公司
1088	鹏华理财21天债券	2012-12-19	20.90	20.90	鹏华	中国农业银行股份有限公司
1089	东方央视财经50指数	2012-12-19	5.46	5.47	东方	中国农业银行股份有限公司
1090	交银纯债债券发起	2012-12-19	21.17	21.20	交银施罗德	中国农业银行股份有限公司
1091	建信月盈安信理财	2012-12-20	173.38	173.38	建信	中国民生银行股份有限公司
1092	财通保本混合发起式	2012-12-20	3.47	3.47	财通	中国工商银行股份有限公司
1093	南方安心保本混合	2012-12-21	24.16	24.18	南方	招商银行股份有限公司
1094	新华纯债添利债券	2012-12-21	45.94	46.00	新华	中国工商银行股份有限公司
1095	汇添富收益快线货币	2012-12-21	37.34	37.34	汇添富	中国工商银行股份有限公司
1096	华安信用增强债券	2012-12-24	9.11	9.12	华安	中国银行股份有限公司
1097	中银理财7天债券	2012-12-24	80.58	80.58	中银	招商银行股份有限公司
1098	国泰金泰	2012-12-24	20.00	18.30	国泰	中国工商银行股份有限公司
1099	华夏沪深300ETF	2012-12-25	160.21	165.44	华夏	中国工商银行股份有限公司
1100	纽银稳定增利债券	2012-12-25	5.23	5.23	纽银西部	中国建设银行股份有限公司
1101	国泰民安增利债券	2012-12-26	18.20	18.22	国泰	中国农业银行股份有限公司
1102	华安7日鑫短期理财债券	2012-12-26	29.65	29.65	华安	中国建设银行股份有限公司
1103	方正富邦货币	2012-12-26	8.54	8.54	方正富邦	中国建设银行股份有限公司
1104	长盛同丰分级债	2012-12-27	19.97	19.98	长盛	中国银行股份有限公司
1105	华宝兴业现金添益交易型货币市场	2012-12-27	18.03	18.03	华宝兴业	中国建设银行股份有限公司

4-8 2012年QDII基金名录
List of QDII Funds in 2012

序号 No.	基金名称 Fund Name	成立时间 Issue Date	基金份额(亿份) Fund Units(100 million units)	基金资产规模(亿元) Fund Asset Value (100 million yuan)
1	南方全球精选配置(QDII-FOF)	2007-09-19	169.42	118.06
2	华夏全球股票(QDII)	2007-10-09	179.25	144.34
3	嘉实海外中国股票(QDII)	2007-10-12	177.87	108.95
4	上投摩根亚太优势股票(QDII)	2007-10-22	199.92	116.17
5	工银全球股票(QDII)	2008-02-14	10.90	10.39
6	华宝兴业海外中国股票(QDII)	2008-05-07	0.94	1.01
7	银华全球优选(QDII-FOF)	2008-05-26	1.03	0.86
8	海富通中国海外股票(QDII)	2008-06-27	1.67	2.18
9	交银环球精选股票(QDII)	2008-08-22	1.22	1.66
10	易方达亚洲精选股票(QDII)	2010-01-21	1.15	1.02
11	招商全球资源股票(QDII)	2010-03-25	1.55	1.47
12	国泰纳斯达克100指数(QDII)	2010-04-29	2.78	3.25
13	工银全球精选股票(QDII)	2010-05-25	1.10	1.04
14	长盛环球行业股票(QDII)	2010-05-26	0.57	0.51
15	国投瑞银新兴市场股票(QDII-LOF)	2010-06-10	0.62	0.64
16	汇添富亚澳成熟优选股票(QDII)	2010-06-25	0.90	0.86
17	博时大中华亚太精选股票(QDII)	2010-07-27	0.86	0.87
18	广发亚太精选股票	2010-08-18	1.50	1.42
19	建信全球机遇股票(QDII)	2010-09-14	2.85	2.58
20	华安香港精选股票(QDII)	2010-09-20	2.26	1.99
21	嘉实H股指数(QDII)	2010-09-30	1.30	1.04
22	鹏华环球发现(QDII-FOF)	2010-10-12	1.15	1.07
23	富国全球债券(QDII-FOF)	2010-10-20	1.03	1.04
24	华泰柏瑞亚洲领导企业股票(QDII)	2010-12-02	0.82	0.66
25	银华抗通胀主题(QDII-FOF-LOF)	2010-12-06	3.92	3.32
26	南方金砖四国指数(QDII)	2010-12-09	2.15	1.83
27	信诚四国配置(QDII-FOF-LOF)	2010-12-17	0.72	0.61
28	诺安全球黄金(QDII-FOF)	2011-01-13	13.17	13.56
29	海富通大中华股票(QDII)	2011-01-27	0.96	0.81
30	上投摩根全球新兴市场股票(QDII)	2011-01-31	0.90	0.86
31	招商标普金砖四国指数(QDII-LOF)	2011-02-11	1.40	1.13
32	中银全球策略(QDII-FOF)	2011-03-03	4.33	3.75
33	华宝兴业成熟市场	2011-03-15	0.67	0.62
34	大成标普500等权重指数QDII	2011-03-23	0.97	0.98
35	长信标普100等权重指数(QDII)	2011-03-30	0.54	0.55

数据来源：中国证监会
Source: CSRC

4-8　续表　continued

序号 No.	基金名称 Fund Name	成立时间 Issue Date	基金份额(亿份) Fund Units(100 million units)	基金资产规模(亿元) Fund Asset Value (100 million yuan)
36	博时抗通胀增强回报(QDII-FOF)	2011-04-25	7.42	5.85
37	易方达黄金主题(QDII-LOF-FOF)	2011-05-06	7.52	7.07
38	华安大中华升级股票(QDII)	2011-05-17	1.03	0.97
39	建信新兴市场股票(QDII)	2011-06-21	1.30	1.28
40	广发全球农业指数(QDII)	2011-06-28	3.05	2.87
41	富国全球顶级消费品股票(QDII)	2011-07-13	1.38	1.46
42	泰达宏利全球新格局(QDII-FOF)	2011-07-20	0.55	0.52
43	嘉实黄金(QDII-FOF-LOF)	2011-08-04	2.73	2.55
44	汇添富黄金及贵金属(QDII-LOF-FOF)	2011-08-31	4.41	3.97
45	景顺长城大中华股票(QDII)	2011-09-22	0.46	0.52
46	诺安全球收益不动产(QDII)	2011-09-23	2.78	2.90
47	南方中国中小盘股票指数(QDII-LOF)	2011-09-26	0.97	1.04
48	诺安油气能源(QDII-FOF-LOF)	2011-09-27	5.75	5.47
49	华宝油气	2011-09-29	0.68	0.65
50	鹏华美国房地产(QDII)	2011-11-25	0.72	0.75
51	信诚全球商品主题(QDII-FOF-LOF)	2011-12-20	0.44	0.37
52	国富亚洲机会股票(QDII)	2012-02-22	0.60	0.63
53	上投摩根全球天然资源股票(QDII)	2012-03-26	0.58	0.56
54	华安标普全球石油指数(QDII-LOF)	2012-03-29	1.79	1.79
55	国泰大宗商品(QDII-LOF)	2012-05-03	0.54	0.54
56	交银全球资源股票(QDII)	2012-05-22	0.48	0.51
57	易方达标普消费品指数增强(QDII)	2012-06-04	0.54	0.59
58	博时标普500指数(QDII)	2012-06-14	0.61	0.62
59	建信全球资源股票(QDII)	2012-06-26	0.34	0.34
60	嘉实全球房地产(QDII)	2012-07-24	0.81	0.81
61	华夏恒生ETF	2012-08-09	4.40	4.54
62	易方达恒生国企(QDII-ETF)	2012-08-09	3.72	3.95
63	广发纳斯达克100指数(QDII)	2012-08-15	1.43	1.36
64	华夏恒生ETF联接	2012-08-21	2.91	3.00
65	易方达恒生国企联接(QDII)	2012-08-21	2.94	3.16
66	富国中国中小盘股票	2012-09-04	0.43	0.48
67	华夏收益债券(QDII)	2012-12-07	19.78	19.81

主要统计指标解释

基金只数 指统计期末基金市场上基金产品的只数。自基金合同生效日（基金成立日）纳入统计，自基金合同终止日从统计中剔除。一般根据证监会主代码（基金主合同）口径统计。

基金份额 指统计期末基金市场基金份额的合计。

基金资产规模 指在统计期末市场上基金产品资产的合计。FOF产品、联接基金不纳入资产规模统计。对统一募集，自动拆分的分级基金统计基金资产规模时，只计母基金资产规模。对分开募集的分级基金统计基金资产规模时，同时统计不同子基金份额的资产规模。

上市基金成交金额 指统计期内在交易所上市的各类基金成交金额合计。

QFII额度 指统计期末国家外汇管理局批准合格境外机构投资者投资境内证券市场的投资额度。

RQFII额度 指国家外汇管理局批准人民币合格境外机构投资者投资境内证券市场的投资额度。

QDII额度 指国家外汇管理局批准合格境内机构投资者进行境外证券投资的投资额度。

封闭式基金 采用封闭式运作方式的基金,是指经核准的基金份额总额在基金合同期限内固定不变,基金份额可以在依法设立的证券交易场所交易,但基金份额持有人不得申请赎回的基金。

开放式基金 采用开放式运作方式的基金,是指基金份额总额不固定,基金份额可以在基金合同约定的时间和场所申购或者赎回的基金。

贰 零 壹 叁

五. 期 货

Futures

贰 零 壹 叁

2012 年上海商品期货市场情况概述

上海期货交易所是依照有关法规设立的，履行有关法规规定的职责，受中国证监会集中统一监督管理，并按照其章程实行自律管理的法人。上海期货交易所目前上市交易的有黄金、白银、铜、铝、锌、铅、螺纹钢、线材、燃料油、天然橡胶等 10 种期货合约。

上海期货交易所坚持以科学发展观为统领，深入贯彻国务院关于推进资本市场改革开放和稳定发展的战略决策，依循“夯实基础、深化改革、推进开放、拓展功能、加强监管、促进发展”的方针，严格依照法规政策制度组织交易，切实履行市场一线监管职责，致力于创造构建安全、有序、高效的市场机制，营造公开公平公正和诚信透明的市场环境，长期目标是：努力建设成为规范、高效、透明，综合性、国际化的衍生品交易所，未来五年的目标是：建设成为亚太时区领先、具有全球重要影响力的商品期货、期权及其他衍生品的交易所。主要策略是以“创新驱动、转型发展”为主线，实现产品、市场、体制三个转型。

至 2012 年年底，上期所共有会员 208 家，其中期货公司会员 161 家，非期货公司会员 47 家。在全国各地开通远程交易终端 792 个。

随着行业风险控制能力的强化提高、市场交易的持续活跃和规模的稳步扩大，市场功能及其辐射影响力显著增强，铜期货价格作为世界铜市场三大定价中心权威报价之一的地位进一步巩固；天然橡胶期货价格得到国内外各方的高度关注；燃料油期货在探索能源期货发展的道路上稳健运行；锌期货上市，与铜、铝期货关联，初步形成了有色金属期货品种系列；黄金期货上市，为促进黄金市场的发展，增进商品期货市场与金融市场的联系开辟了新路径；钢材期货上市，将逐步优化钢材价格形成机制，促进钢铁工业健康有序发展，进一步提高我国钢铁工业的国际竞争力；白银期货上市，丰富了我国贵金属期货品种，完善了国内白银市场价格体系，促进了国内白银产业可持续健康发展。

按照《上海期货交易所章程》，会员大会是交易所的权力机构，由全体会员组成；理事会是会员大会的常设机构，下设监察、交易、结算、会员资格审查、调解、财务、技术、产品等 10 个专门委员会；监事会是交易所内部监督机构，监督理事会、经营管理层的履职情况。

本所设有办公室、理事会办公室、发展研究中心、文化建设办公室、新闻信息部、推进衍生品创新工作办公室、国际合作部、有色金属部、能源化工部、黄金钢材部、会员服务和投资者教育部、交易部、结算部、监查部、法律事务部、技术中心、人力资源部、党委办公室、纪律检查办公室、内审合规部、财务部、行政部（保卫部）、张江中心管理办公室、北京联络处等 24 个职能部门。

根据国务院颁布的《期货交易管理条例》及中国证监会发布的《期货交易所管理办法》等法规，交易所建立了交易运作和市场管理规章制度体系。

交易所拥有适用可靠的计算机交易系统，通过高容量光纤及数据专线、双向卫星、三所联网等通讯手段确保前台和远程交易的实时和安全可靠。同时，通过中心数据库实现结算、资金、交割、异地交割仓库、风险监控等系统数据的实时同步传送和交换。

为维护市场稳定和投资者合法权益，交易所建有多元结合的风险控制体系，主要包括以交易规范为准则的一系列制度措施；以量化系列指标与计算机自动化运作相结合的风险预警系统；以全程控制风险为目标，按职能分工落实相关责任制的风险动态跟踪、分析、应对的工作机制。

上海期货交易所坚持监管、服务两手抓的理念，坚持稳健运行，稳步发展，推进改革创新，深化服务，真诚地为会员及投资者提供全面及时的各项服务。

交易所实行保证金和每日无负债结算制度，通过指定的结算银行每天对会员的交易进行集中清算，会员负责对其客户交易进行清算。交易所实行实物交割履约制度，合约到期须在规定期限内，以实物交割方式履约。交易所指定交割仓库为交割双方提供相关服务。客户交割须通过会员办理。

交易所坚持维护投资者合法权益的基本宗旨，制订、实施风险控制管理制度，健全风险监控机制，保证市场规范有序地运行。

交易所通过已构筑的专线和互联网等技术平台，与信息转发商合作构建了覆盖广泛行情传播体系，向市场提供实时和延时交易行情数据服务。交易所通过自建网站（http://www.shfe.com.cn/）及时规范地向市场发布交易、结算、交割、持仓、库存等各类数据与统计信息。此外，交易所还通过新闻媒体报道、电话咨询交流、举办多种形式的培训班、开展各种形式的对外交流等形式，向会员、投资者与社会提供咨询、培训等服务。

2012年郑州商品期货市场情况概述

2012年，在中国证监会领导下，郑州商品交易所（以下简称“郑商所”）深入贯彻科学发展观，全面落实全国金融工作和全国证券期货监管工作会议精神，以全面提高服务实体经济质量和水平为主线，紧紧围绕创新发展和安全运行两大任务，实现了稳中求进的发展目标。郑商所全年累计成交量3.47亿手，累计成交金额17.36万亿元，全年243个工作日，日均持仓量253.78万手。

一、立足于全面提高服务实体经济质量和水平，大力推进品种创新和业务创新

（一）着力推进产品创新

创新研发模式，组织期货公司研发力量参与品种研发，提高研发工作效率，同时整体提升行业研发水平和服务能力。在这一新模式指导下，研发完成玻璃期货并挂牌上市，将郑商所服务实体经济领域延伸至建材领域。向油脂产业链纵深开发，完成菜籽和菜粕期货研发并正式推出。创新设计思路与交割模式，开创性完成了鲜活农产品期货——马铃薯期货合约及规则设计工作。加强动力煤市场调研，深入推进动力煤期货研发工作。成立期权工作组，拟定期权推进工作方案，实质性推进期权工作。目前交易所端系统交易、结算以及非正常市况应急处置等期权功能已完成测试，与部分会员端系统期权功能联调联试正在进行。在此基础上将以白糖为试点正式推出模拟交易。易盛农产品商品期货价格指数已经编制完成。

（二）着力推进规则制度创新

贴近市场实际，修改小麦期货合约，扩大小麦交割标的范围，实行车板交割方式。科学制订玻璃期货合约规则，创新交割模式，实行“全厂库”交割。对近年来郑商所各合约保证金调整实施效果进行实证研究，为科学选择保证金调整时机和调整幅度提供科学依据。下调各品种合约交易手续费标准，两次降低幅度共计33%。以PTA为试点发布实行了新套保审批方案等服务实体企业5项创新措施。

（三）着力推进舆论宣传创新

首次举办了“农产品期货高层座谈会”。将今年“期货市场服务实体经济30人论坛”主题设为“期货期权对实体经济的作用”，为增强有关各方对期货期权市场理论与实践共识、推出期货期权创造条件。举办以白糖为主题的第三届“郑州农产品期货论坛”，宣传市场功能作用，为市场发展营造良好舆论氛围。

（四）着力推进市场服务创新

持续开展“期货服务三农”和走近产业，贴近行业，服务企业的“三业”活动。深入推进“点”“面”基地工程建设。根据实体经济发展需要，实施“千人培训计划”，支持会员开展“万人培训活动”，目前已经培训2万多人次。探索“期货信息下乡”有效途径，向农业企业、合作组织、农户赠送期货日报、粮油市场报及中华粮网手机报信息。尝试性对10余家大企业开展定点服务，组织中小企业服务活动。

二、立足于促进市场平稳运行，进一步提高一线监管和服务水平

（一）规范市场交易行为，严控交易环节风险

深化实际控制关系账户认定工作。加强高频程序化交易客户监控。密切关注市场运行态势，调整交易保证金标准和涨跌停板幅度6次。提前研判、提早防范，稳妥处置强麦、棉花等合约风险苗头。以服务促监管，对违规交易行为苗头事前提醒1579次，开展会员首席风险官培训2次，指导会员查处

异常交易行为。强麦、白糖、PTA 和甲醇规则修订后，召开产业客户及部分会员系列座谈会，及时宣传介绍新制度新规则，同时了解产业客户需求及现货市场动向，防范市场风险。召开 2012 年郑商所风险管理交流工作会议，加强期货公司对郑商所新业务风险点的把握，增进郑商所与会员单位风险控制负责人的业务交流和相互理解，深化会员单位对郑商所监管理念的认识。制定异常行为量化标准，加强异常交易行为监管。全年共处理异常交易 82 起，处罚违规交易 5 起。

（二）强化交割仓库监管和质检机构监管，确保交割商品安全

坚持集中检查与日常巡查、重点抽查相结合的方式强化检查工作，确保交割商品安全。春季开展了以强麦、菜籽油品种为重点的交割仓库集中检查，下半年根据市场仓单注册情况及时安排组织了重点抽查。对检查中发现交割业务不规范的 2 家交割仓库，提出警告；对严重违反交割业务规定的 4 家交割仓库提出警告，责令其限期整改，并分别处以 2 万、3 万、4 万和 8 万元罚款。加强交割仓库年审工作，全年共完成 102 家交割仓库年审工作。开发甲醇交割资质管理软件，加强客户甲醇交割资质管理，规避甲醇作为危化品管理法律风险。充分利用交割仓库远程视频监控系统，加强交割商品入出库、保管情况跟踪监控，确保入出库商品质量达标，数量保全。同时，督促交割仓库缩短交割环节时间，提高工作效率。抓好质检机构管理工作，组织质检机构进行质检比对、减少误差，维护郑商所“三公”形象。

（三）加强保证金监管，确保结算资金安全

全面推行“银期通”划转保证金方式，提高出入金效率，消除出入金差错风险。银行保函业务开展限定厂库，同时加强与保证金存管银行的交流与合作，消除银行保函业务环节风险隐患。制定大额结算资金调拨管理方案，加强结算资金转账支票管理，严格结算资金转出程序化管理，提升结算资金管理水平。

三、立足于确保安全组织交易，进一步提高交易系统安全运行能力和办公区域安全保障能力

树立“大安全”概念，深化信息技术系统建设，加强安全保卫工作，确保系统、设施安全和人员、场所安全。

（一）狠抓信息技术系统软件质量

组织专职软件测试队伍，认真做好实时交易系统代码梳理工作。引进第三方测试，分析可能存在的薄弱环节，查找潜在系统隐患，对发现的问题进行充分讨论分析，制订修改计划。在完成源代码审核、第三方测试和充分模拟测试后，新一期实时交易系统于 9 月份顺利变更上线，运行稳定。

（二）不断提高系统运维水平

加强日常运行维护，继续完善运维管理制度和操作流程。严格系统变更管理，加强系统测试和应急演练，与会员单位签订交易系统运行保障服务合同，提高抵御风险能力，保障信息系统稳定运行。年初以来共进行了 13 次内部或全市场应急演练，检验了应急响应和现场处置能力。启动 IT 运维服务管理咨询项目，开展现状调查和差距评估，根据差距评估结果选定服务目录、文档管理、CMDB 架构设计等 11 个改进课题，发布相应的管理流程并开展贯标培训。目前项目进入流程试运行阶段。

（三）深化“同城加异地”灾备架构建设

大力推进异地灾备中心建设，一期工程于 7 月 27 日顺利完成并正式投入使用。2012 年 5 月份将交易系统从未来大厦主中心切换至郑东新区同城灾备中心运行一个交易日，验证了同城灾备系统有效性。

（四）大力加强安全保卫工作

成立郑商所安全保卫专项工作小组。健全完善与外部相关机构的安全保卫联系沟通机制。实行安全例会制度，加强日常安全检查，及早发现安全隐患，及时督促整改落实。加强人员培训，更新安保、消防监控设施，提高人防、物防、技防水平。修订完善《安全保卫工作制度》，签订《安全管理目标责任书(试行)》，厘清安全保卫职责范围，明确责任主

体及责任边界。与专业认证公司合作，研究建立郑商所安全管理体系，印发安全管理手册，提升郑商所整体安全保卫与安全运行保障能力。

四、立足于提升组织效率效能，进一步加强内部管理

落实郑商所 2011-2020 年人才发展规划，坚持以能力建设为核心，以完善制度、合规运作为重点，打造高素质人才队伍，构建高水平管理制度机制。

（一）加大人才培养力度

加强与上海交通大学高级金融学院、武汉大学经管学院合作，落实中高层管理者 EMBA 和 EDP 学习计划。利用中证协、中期协培训渠道，实施境外高阶培训计划，选送优秀员工 4 人出国培训。按照中国证监会部署，开展郑商所副总经理选聘工作，引进高管人才 1 人。根据工作需要，优化职能部门架构、岗位职责及人力资源配置，调配人员 14 人，涉及部门 11 个。坚持德才兼备、以德为先用人标准，通过公开竞聘、竞争上岗，聘任 8 人为部门二级助理总监。2012 年底前按照公开选拔原则，选拔了两名总经理业务助理人选。全年向全市场公开招聘专业技术人才 9 人，其中熟手 6 人。

（二）完善内部管理制度机制

制订完善《岗位轮换和强制休假暂行办法（试行）》、《人事档案管理办法》、《培训管理办法》、《易地工作管理办法（试行）》等。进一步规范薪酬福利管理，不断完善员工福利体系，健全、完善以绩效为导向的薪酬体系建设，进一步发挥薪酬管理的激励作用。以外部审计为契机，进一步强化财务管理合规运作意识。规范大额采购及工程项目管理，加强财务控制。完善财务管理制度流程，制订完善《会议费管理办法（试行）》、《工会财务管理办法》和《北京研发中心财务管理办法》。

（三）明晰战略发展路径规划

制定《郑州商品交易所“十二五”期间发展规划》。全面回顾郑商所“十一五”时期发展情况，系统总结过去五年发展经验，科学分析未来五年郑商所面临的内外部发展环境，提出了“十二五”时期郑商所发展的指导思想，明确了“四个转变”发展总目标和确保“十二五”期间规划顺利实现的 16 项保障措施。郑商所期货及衍生品研究所有限公司已正式挂牌。正在申请成立郑商所结算所有限公司。

（四）深化基层党组织建设和反腐倡廉建设

做好证券期货监管系统党代表会议代表选举工作。新发展党员 3 名。制定《领导干部下基层活动实施方案》，深入开展为民服务创先争优活动。开展纪念中国共产党成立 91 周年活动、革命传统和爱国主义主题教育活动。制订《收受礼品登记和处理办法》、《工程建设“八不准”》、《关于加强会机关借调人员廉政风险防控工作的指导意见》。编制“权力运行流程图”30 个。落实党风廉政建设责任制。接受证监会组织的有关郑商所技术中心工程建设项目专项检查。加强反腐倡廉教育，进一步提高全体干部员工拒腐防变意识和能力。

2012年大连商品期货市场情况概述

2012年大商所共有243个交易日，年成交量6.33亿手，同比增长119%；年成交额33万亿元，同比增长97%；日均持仓251万手，同比增长38%；日均市场资金余额429亿元，同比增长12.6%；交割总量12.67万手，交割金额58.09亿元，分别同比减少35.81%和32.96%。截止2012年末，大商所共有会员178家，其中期货公司会员163家、非期货公司会员15家，投资者开户数达156.8万户、其中单位客户4.23万户。全年参与交易的客户数为40.54万户，其中个人客户近40万户。

一、2012年大商所市场交易规模创历史纪录，面对巨大压力，大商所通过切实加强一线监管，采取有效措施防范和化解潜在风险，持续确保了市场稳定运行

加强市场实时监控，及时采取应对措施。2012年大商所通过适时调整保证金和涨跌停板、规范套保审批，防范市场风险积聚。多方沟通协调，多种方式并用，成功化解玉米、豆粕、棕榈油等有关合约临近交割月持仓过大的风险隐患。

将清算风控管理重心前移，切实防范资金风险。全年共开展每日盘中风险测算6600多次，盘中电话追加保证金115次、39亿元，有效避免了保证金重大违约事件的发生。

深化交割风险管理，确保交割平稳顺畅。除了按计划完成仓库年审工作，大商所调整优化了交割仓库设置，加大了仓库现场检查力度，妥善处理了豆粕、棕榈油、黄大豆2号、焦炭等有关合约的交割隐患，有效防范陈化大豆等非合格品进入交割环节，协调解决了相关出库质量纠纷。

加强技术风险防范，保障系统稳定运行。2012年大商所通过加强系统安全检测、演练、评估、应急处理和软硬件建设，成功应对交易规模连创新高带来的挑战，交易系统连续11年无故障运行。

加强舆论引导，妥善化解舆情风险。通过主动引导舆论、快速处置不实新闻等，及时处理多起有关豆粕和焦炭市场的谣言，有效消除或降低了网络谣言和不良新闻的负面影响。

加大对违法违规行为打击力度，维护市场正常秩序。坚持对违规行为“零容忍”，加强对异常交易、实际控制关系账户的管理。全年共查处异常交易110起，查处对敲、盗码、影响市场价格等违规行为为61起，向会稽查局移交案件3起，处理117名客户违规行为，帮助投资者挽回直接经济损失40余万元。

二、强化改革创新意识，在品种、业务和技术创新以及交易所体制机制改革等方面取得积极成果，为下一步发展奠定有力基础

品种创新和储备取得重大突破。焦煤、鸡蛋品种的上市准备基本就绪，相关审批工作正抓紧推动；铁矿石和木材纤维板品种已完成立项；生猪、肉鸡等储备品种的研发有序推进。相关品种上市后，大商所将初步形成粮食、油脂、塑料化工、能源矿产、畜产品和林产品等六个商品系列，为实体经济和“三农”服务的广度、深度以及在全国的覆盖面将全面提升。尤其是铁矿石期货这一战略性品种的上市，将增强我国在相关领域的国际定价权，对于提升大商所战略地位将产生深远影响。

启动多层次商品市场建设，各项业务创新有序推进。推进多层次商品交易服务平台建设，抓紧期权交易上市准备工作，积极探索推进保税交割、品牌交割等交割业务创新，启动交易结算创新二期工程和交割结算创新一期工程，加强对延长交易时间、多币种结算、现金结算、合约外挂等多个业务创新

项目的研究等。

以技术创新促业务发展，稳步推进“两地三中心”系统建设。有条不紊推进包括本部生产中心、同城灾备中心和异地灾备中心在内的“两地三中心”系统建设，改进优化现有系统。

以实现公司化、市场化、专业化为方向，积极探索交易所体制机制改革。按照公司化方向、积极探索交易所体制改革路径，按照专业化方向、调整优化内部组织架构，探索按照市场化方向、研究建立新的品种工作和市场工作机制。

三、深化市场服务工作，进一步贴近市场要求，深入市场基层调研，广泛深入听取会员、企业和投资者的意见建议，积极完善业务规则，探索创新服务形式，扎实开展“三农”服务和产业服务工作，有效提高服务市场水平

适应市场发展变化，完善业务规则制度。在北京、上海、杭州、广州、深圳和大连等地共组织 3 轮 7 场规则座谈会，面向会员单位、产业企业和投资者征集到规则修改意见建议 75 条。在此基础上，对 10 个业务细则和 2 个期货合约的 55 项规则进行调整，解决了一批市场反映已久、但因各种原因长期未能解决的问题。

深入开展服务“三农”和服务产业活动。继续发挥“产业大会”等市场服务品牌优势，积极借助外部力量、开展各类培训和市场推广活动，拓宽“三农”服务渠道，引导产业企业科学利用期货市场。

创新行业服务方式，积极培育机构投资者和期货行业人才。成功上线金融实验室一期，继续举办十大期货研发团队评选活动，开展多层次的行业培训。通过培训班、研讨、调研、视频等形式，培训期货公司营业部经理和高管人员 100 余名，培训期货分析师约 13500 人次，培训其他从业人员 12000 人次。

四、积极开展与国内和境外机构交流合作，加强新闻宣传和舆论引导，得到各方重要支持，市场影响力进一步提升

加强与国内机构合作交流，广泛凝聚发展共识。围绕新品种上市工作，加强与国家发改委、农业部、商务部、工信部、国家能源局等部委及中国畜牧业协会等行业组织的沟通交流，尽力争取理解和支持。围绕市场拓展和服务工作，与东北、京津、江浙、珠三角以及中西部地区的有关政府部门、证监局、龙头企业等共同举办论坛、开展课题合作、联合调研考察等。

加强新闻宣传和舆论引导，营造良好氛围。以市场运行和功能发挥为主线加强正面宣传，以大商所重点工作为主题引导新闻报道，以期货大厦新闻中心为依托、巩固拓展宣传阵地。

推动与境外机构的务实合作，提升国际化水平。有针对性地开展境外培训，与英国期货期权世界、芝加哥期权交易所等合作开展 4 次境外培训，31 名业务骨干参加培训。进一步拓展与国际交易所的合作，与大商所建立合作关系的境外交易所达 20 家。是积极开展交流互访。

五、加强完善内部管理，持续推进内部组织建设、人力资源建设和内部监督管理，提高了人才队伍整体的凝聚力和战斗力

扎实开展党建工作，加强班子建设和基层党组织建设。认真组织学习党的十八大精神，扎实开展领导下基层活动，持续推进党风廉政建设，组织开展“建功‘十二五’，奉献在金融”等多个主题实践活动。

加强干部队伍建设，增强队伍凝聚力。加强干部管理，继续探索高管人员落实岗位责任暨绩效评价办法，研究建立专家职级序列。吸收引进新入职员工 10 人，入站博士后 5 人，招收实习生 18 人。通过“送出去，请进来”和内部培养相结合的方式，加强有针对性培训。

优化组织机构设置，加强内部工作机制建设。调整优化组织架构，重新梳理和明确各部门以及跨部门工作机构职能，理顺工作机制。加强内部管理

制度建设，进一步完善了内控体系，加强了工作协调督办、财务管理、人力资源管理和审计监督等。加强子公司管理，进一步规范子公司的设立、运作、财务、审计、人事等管理事项。强化纪检监察工作，完善内部监督管理，初步形成内部审计制度体系。

2012年金融期货市场情况概述

2012年，金融期货市场运行平稳，交易活跃，期现拟合良好，基差保持较低水平，持仓量稳步上升，风险管理功能进一步增强。

一、股指期货市场运行情况

（一）交易适度活跃

2012年沪深300股指期货共243个交易日，按单边统计，总成交1.1亿手，总成交金额75.8万亿元，比上年分别增长108.4%和73.3%，成交金额占全国4家期货交易所的44.3%。日均成交43万手，日均成交金额3121亿元，日均持仓7.7万手，分别比上年增长109.3%、74%和94.5%。近月合约为主力合约，交易最为活跃，占市场总成交的90%以上，符合成熟市场一般规律，市场整体流动性进一步增强。

（二）开户平稳增长，参与者结构改善

开户数平稳均衡增长，市场参与面继续扩大。截至2012年末，全市场帐户总数达到12.7万户。89%的开户客户参与过股指期货交易，累计参与客户11.4万户。2012年交易者账户数量环比增加40.6%。证券、基金、信托、QFII、保险等机构参与股指期货的政策均已明确，截至2012年末，已有64家证券公司、33家基金公司、5家信托公司参与股指期货交易。

（三）持仓稳步增长

2012年，股指期货持仓量稳步上升，由年初的5万多手增加至年末的11万手，全年日均持仓量7.7万手，环比增长94.4%；日均名义持仓金额为551.3亿元，环比增长60.1%。成交持仓比持续下降，2012年末至5.7倍，接近境外成熟市场水平。

（四）期现货价格拟合度良好，期现货基差率较小

沪深300股指期货与现货指数保持高度相关性，2012年主力合约与沪深300指数收益率相关系数达96.6%。基差率维持较低水平，大体在±1%以内波动，以正基差为主，即期货价格高于现货指数价格，正基差天数达到77.7%。市场成熟度较高，套利空间较少，为机构套保业务的顺利开展以及市场功能的稳定发挥奠定了坚实基础。

（五）交割量较低

2012年，沪深300股指期货共交割12个合约，交割总量2.3万手，平均交割量为1950手。从期、现货的收敛情况看，合约价格始终围绕交割结算价微幅波动，走势平稳，收敛性良好，未出现“到期日效应”，市场没有出现对到期合约的过度炒作。

二、期货市场运行主要特点

一年来，股指期货运行有几个突出特点。

（一）市场成熟度不断提高

一是期现货价格拟合度好。2012年股指期货主力合约与沪深300指数价格相关性达99.8%，收益率相关系数达96.6%，期现货基差在±1%以内的交易日占到94.3%。二是持仓规模放大，成交持仓比渐趋合理。合约持仓量由上市初期的不足1万手增加至2012年末11万手。成交持仓比持续下降，由初期的最高约27倍降至2012年年底的5倍左右，降幅超过70%，逐步向境外成熟市场水平靠拢。三是交割平稳顺畅，期现货市场未出现“到期日效应”。

（二）市场功能逐步显现，服务实体经济的能力不断增强

一是风险管理作用发挥明显。沪深300股指期货上市后的近三年时间里，投资者运用股指期货有效对冲现货市场风险，保值避险效果良好，累计实现减亏124.5亿元，其中2012年累计减亏21.3亿元。

二是股市波动更加平滑。股指期货上市前后同期比较，股市大幅波动天数明显减少，沪深 300 指数涨、跌超过 2%的天数分别下降了 54%和 66%。股指期货相对于现货指数高开和高收的交易日分别达到 85.9%和 77.7%，说明股指期货在股市下跌通道中形成了对股市“开盘上引”和“收盘上拉”的平衡力量。三是促进了机构稳定持股。股指期货上市后，沪深 300 指数成份股换手率降幅超过全部 A 股平均水平近 13 个百分点，提升了投资者对大盘蓝筹股的持有偏好。四是促进机构深入参与，助推机构金融创新。截至 2012 年末，共有 64 家证券公司、33 家基金公司、5 家信托公司参与股指期货交易，保险等机构入市步伐明显加快。借助股指期货，ETF 等相关市场和品种进一步活跃，机构加快了产品创新与转型发展。

5-1 期货交易品种名录
List of Futures Products

		交易品种 Futures Products
农产品	Agricultural Products	玉米、黄大豆1号、黄大豆2号、豆粕、豆油、棕榈油、强麦、普麦(硬麦)、棉花、白糖、菜籽油、早籼稻、油菜籽、菜籽粕、天然橡胶
能源、化工及其他	Building Materials, Energy & Chemical Products & Others	聚乙烯、聚氯乙烯、焦炭、燃料油、甲醇、PTA、玻璃
金属	Metal Products	铜、铝、锌、铅、黄金、白银、螺纹钢、线材
金融	Financial Futures	指数期货

数据来源：上海期货交易所、郑州商品交易所、大连商品交易所、中国金融期货交易所
Source：SHFE、ZCE、DCE、CFFEX

5-2 期货市场规模概况
Dimensions of Futures Market

年份 Year	市场资金(万元) Market Funds (10 thousand yuan)	期货账户数(户) Number of Futures Accounts (unit)	客户数(个) Number of Futures Investors (unit)		
			个 人 Individual Customers	单 位 Corporate	合 计 Total
2006	2144220.21	277390	-	-	244590
2007	3954047.15	447720	-	-	395533
2008	4572213.29	712773	595434	21001	616435
2009	11137268.15	1106099	887627	28634	916261
2010	16963144.99	1505530	1178225	35483	1213708
2011	15942393.61	1793448	1370577	40804	1411381
2012	19046784.18	896934	697442	19868	717310

注：2012年之前期货账户数和客户数为总账户数和总客户数，2012年为有效账户数和有效客户数。
数据来源：中国期货保证金监控中心公司
Source：CFMMC

5-3 期货会员机构数情况
Number of Futures Exchange Members

单位：家 (unit)

年份 Year	上海期货交易所 SHFE 合计 Total	期货公司会员 Members of Futures Companies	非期货公司会员 Not the Members of Futures Companies	郑州商品交易所 ZCE 合计 Total	期货公司会员 Members of Futures Companies	非期货公司会员 Not the Members of Futures Companies
1999	206	153	53	-	-	-
2000	216	165	51	-	-	-
2001	225	171	54	208	159	49
2002	215	178	37	212	166	46
2003	219	185	34	218	176	42
2004	224	184	40	219	185	44
2005	215	175	40	222	179	43
2006	209	172	37	226	180	46
2007	213	172	41	226	183	43
2008	207	167	40	215	172	43
2009	210	167	43	215	173	42
2010	209	164	45	215	173	42
2011	208	163	45	213	171	42
2012	208	161	47	209	167	42

5-3 续表 continued

单位：家 (unit)

年份 Year	大连商品交易所 DCE 合计 Total	期货公司会员 Members of Futures Companies	非期货公司会员 Not the Members of Futures Companies	中国金融期货交易所 CFFEX 合计 Total	期货公司会员 Members of Futures Companies 合计 Total	全面结算会员 Full Clearing Members	交易结算会员 Limited Clearing Members	交易会员 Trading Members	非期货公司会员 Not the Members of Futures Companies
1999	-	-	-	-	-	-	-	-	-
2000	164	150	14	-	-	-	-	-	-
2001	185	170	15	-	-	-	-	-	-
2002	195	180	15	-	-	-	-	-	-
2003	199	186	13	-	-	-	-	-	-
2004	199	186	13	-	-	-	-	-	-
2005	196	181	15	-	-	-	-	-	-
2006	196	180	16	-	-	-	-	-	-
2007	193	177	16	-	-	-	-	-	-
2008	193	175	18	-	-	-	-	-	-
2009	189	173	16	-	-	-	-	-	-
2010	189	173	16	133	133	15	61	57	0
2011	187	172	15	146	146	15	61	70	0
2012	178	163	15	146	146	15	61	70	0

注：交易所合计会员数量中存在冻结会员账户。
数据来源：上海期货交易所、郑州商品交易所、大连商品交易所、中国金融期货交易所
Source：SHFE、ZCE、DCE、CFFEX

5-4 期货交易概况
Overview of Futures Trading

年份 Year	成交金额(亿元) Trading Turnover (100 million yuan)			成交量(万手) Trading Volume (10 thousand lots)			持仓金额(亿元) Value of Positions (100 million yuan)		
	合计 Total	商品期货 Commodity Futures	金融期货 Financial Futures	合计 Total	商品期货 Commodity Futures	金融期货 Financial Futures	合计 Total	商品期货 Commodity Futures	金融期货 Financial Futures
2000	8041.14	8041.14	-	2730.54	2730.54	-	145.57	145.57	-
2001	15071.76	15071.76	-	6022.54	6022.54	-	175.75	175.75	-
2002	19745.30	19745.30	-	6971.50	6971.50	-	277.43	277.43	-
2003	54194.67	54194.67	-	13993.32	13993.32	-	423.66	423.66	-
2004	73465.27	73465.27	-	15283.27	15283.27	-	388.77	388.77	-
2005	67224.19	67224.19	-	16142.38	16142.38	-	350.71	350.71	-
2006	105023.16	105023.16	-	22473.70	22473.70	-	564.05	564.05	-
2007	204861.23	204861.23	-	36421.34	36421.34	-	990.31	990.31	-
2008	359570.98	359570.98	-	68194.36	68194.36	-	740.90	740.90	-
2009	652553.80	652553.80	-	107871.49	107871.49	-	2775.49	2775.49	-
2010	1545583.54	1134883.54	410700.00	156676.46	152089.14	4587.32	3069.22	2812.04	257.18
2011	1375175.68	937475.68	437700.00	105408.87	100367.68	5041.19	2974.60	2629.90	344.70
2012	1711224.54	952824.54	758400.00	145046.24	134540.06	10506.18	3831.77	3279.94	551.83

5-4 续表 continued

年份 Year	持仓量(万手) Positions (10 thousand lots)			交割金额(亿元) Delivery Amount (100 million yuan)			交割量(万手) Delivery Quantity (10 thousand lots)		
	合计 Total	商品期货 Commodity Futures	金融期货 Financial Futures	合计 Total	商品期货 Commodity Futures	金融期货 Financial Futures	合计 Total	商品期货 Commodity Futures	金融期货 Financial Futures
2000	111.67	111.67	-	65.16	65.16	-	8.40	8.40	-
2001	134.47	134.47	-	59.63	59.63	-	16.34	16.34	-
2002	101.58	101.58	-	100.99	100.99	-	23.32	23.32	-
2003	91.88	91.88	-	130.94	130.94	-	32.10	32.10	-
2004	106.95	106.95	-	183.21	183.21	-	32.70	32.70	-
2005	160.05	160.05	-	213.37	213.37	-	30.71	30.71	-
2006	345.31	345.31	-	225.47	225.47	-	30.66	30.66	-
2007	355.20	355.20	-	283.73	283.73	-	42.76	42.76	-
2008	162.55	162.55	-	339.26	339.26	-	54.94	54.94	-
2009	649.34	649.34	-	284.72	284.72	-	50.34	50.34	-
2010	580.46	577.65	2.81	517.68	516.89	0.79	73.26	73.25	0.01
2011	602.48	598.54	3.94	493.44	490.15	3.29	64.95	64.93	0.03
2012	754.30	746.64	7.66	530.38	528.04	2.34	58.98	58.96	0.02

注：1.成交量、成交金额为单边数据。
　　2.交割量中包含期转现。

数据来源：上海期货交易所、郑州商品交易所、大连商品交易所、中国金融期货交易所

Source: SHFE、ZCE、DCE、CFFEX

5-5 期货品种交易情况

交易所 Exchanges	交易品种	Futures Products	成交金额(亿元) Trading Turnover (100 million yuan)		成交量(万手) Trading Volume (10 thousand lots)	
			2011	2012	2011	2012
上海期货交易所 SHFE	铜	Copper	149667.09	163744.71	4896.11	5728.48
	铝	Aluminum	8535.17	3094.90	995.39	394.27
	锌	Zinc	46182.75	16131.88	5366.35	2110.09
	铅	Lead	1280.80	265.01	29.33	6.86
	黄金	Gold	25488.04	20182.19	722.18	591.67
	白银	Silver	-	20654.30	-	2126.50
	螺纹钢	Steel Rebar	37177.51	67385.62	8188.48	18056.25
	线材	Steel Wire Rod	1.49	1.06	0.32	0.27
	燃料油	Fuel Oil	964.39	23.71	197.11	0.91
	天然橡胶	Natural Rubber	165237.11	154493.48	10428.64	7517.63
	合计	**Total**	**434534.36**	**445976.86**	**30823.91**	**36532.94**
郑州商品交易所 ZCE	硬麦	Hard Wheat	33.90	21.77	15.29	10.03
	强麦(WS)	Strong Gluten Wheat	2237.43	6529.79	790.98	2579.18
	强麦(WH)	Strong Gluten Wheat	-	5.44	-	1.03
	普麦	Wheat	-	7.12	-	0.63
	棉花	Cotton	181294.13	20927.96	13904.42	2101.64
	白糖	Sugar	88323.72	84087.50	12819.34	14827.80
	菜籽油(RO)	Rapeseed Oil	2249.07	3185.29	432.01	624.65
	菜籽油(OI)	Rapeseed Oil	-	2.00	-	0.20
	早籼稻(ER)	Early Indica Rice	1518.63	1043.28	592.55	383.70
	早籼稻(RI)	Early Indica Rice	-	0.72	-	0.13
	甲醇	Menthanol	454.60	5384.97	31.61	379.74
	玻璃	Glass	-	4295.48	-	1613.69
	油菜籽	Rapeseed	-	72.30	-	13.71
	菜籽粕	Rapeseed Meal	-	99.96	-	42.12
	PTA	PTA	58073.67	47972.94	12052.88	12124.56
	合计	**Total**	**334185.15**	**173636.51**	**40639.07**	**34702.82**
大连商品交易所 DCE	玉米	Corn	6304.50	9059.28	2684.97	3782.44
	黄大豆1号	Soybean No.1	11365.29	21451.64	2523.95	4547.54
	黄大豆2号	Soybean No.2	5.09	4.95	1.07	1.04
	豆粕	Soybean Meal	16267.91	115866.82	5017.03	32587.67
	豆油	Soybean Oil	57775.73	64307.45	5801.26	6885.86
	棕榈油	RBD Palm Oil	20194.25	32414.47	2259.40	4331.00
	聚乙烯	LLDPE	49663.57	36425.00	9521.91	7187.15
	聚氯乙烯	PVC	3749.62	2332.41	943.84	690.02
	焦炭	Coke	3430.26	51348.71	151.27	3291.59
	合计	**Total**	**168756.18**	**333211.18**	**28904.70**	**63304.30**
中国金融期货交易所 CFFEX	指数期货	Index Futures	437700.00	758400.00	5041.19	10506.18
全国期货市场		**Total**	**1375175.68**	**1711224.54**	**105408.87**	**145046.24**

注：1.成交量、成交金额为单边数据。
2.交割量中包含期转现。

数据来源：上海期货交易所、郑州商品交易所、大连商品交易所、中国金融期货交易所

Source：SHFE、ZCE、DCE、CFFEX

Statistics for Futures Transaction by Futures Products

持仓金额(亿元) Value of Positions (100 million yuan)		持仓量(万手) Positions (10 thousand lots)		交割金额(亿元) Delivery Amount (100 million yuan)		交割量(万手) Delivery Quantity (10 thousand lots)	
2011	2012	2011	2012	2011	2012	2011	2012
591.56	546.92	21.48	18.95	106.24	184.57	3.17	6.42
99.14	64.02	12.49	8.37	102.86	67.95	12.16	8.70
137.79	87.30	18.68	11.24	57.57	38.10	6.71	5.04
4.88	10.79	0.13	0.28	4.89	9.68	0.13	0.25
163.32	189.07	5.12	5.57	2.30	8.75	0.07	0.26
-	116.97	-	12.22	-	28.65	-	2.80
143.19	232.51	34.09	58.78	1.54	7.20	0.32	1.86
0.01	0.00	0.00	0.00	0.00	0.00	0.00	0.00
1.16	0.13	0.05	0.01	19.92	1.41	4.18	0.05
183.84	231.94	14.97	8.79	17.12	14.50	1.01	0.91
1324.90	**1479.65**	**107.00**	**124.22**	**312.44**	**360.81**	**27.74**	**26.29**
0.40	-	0.19	-	0.34	0.40	0.16	0.19
19.95	38.71	8.31	15.15	5.92	10.21	2.36	4.31
-	2.68	-	0.50	-	0.00	-	0.00
-	0.05	-	0.00	-	0.00	-	0.00
138.76	126.81	13.31	13.29	14.61	42.19	1.16	4.39
269.60	208.47	45.11	37.56	16.77	10.53	2.38	1.72
22.52	23.70	4.74	4.82	17.64	18.79	3.61	3.36
-	0.75	-	0.08	-	0.00	-	0.00
6.48	9.35	2.57	3.44	2.64	0.81	1.14	0.32
-	0.37	-	0.07	-	0.00	-	0.00
10.14	10.06	0.74	0.74	0.00	2.33	0.00	0.16
-	26.66	-	9.70	-	0.00	-	0.00
-	2.39	-	0.45	-	0.00	-	0.00
-	10.80	-	4.71	-	0.00	-	0.00
77.93	101.05	18.58	23.71	33.16	23.82	6.64	5.56
545.78	**561.86**	**93.56**	**114.22**	**91.07**	**109.08**	**17.45**	**20.00**
69.30	54.05	30.58	22.12	11.44	7.70	4.95	3.17
103.33	101.96	23.98	21.47	10.84	12.06	2.64	2.82
0.02	0.02	0.00	0.00	0.00	0.07	0.00	0.02
123.09	268.75	42.06	81.34	2.79	0.47	0.93	0.11
272.72	322.05	30.51	37.13	9.43	13.82	0.94	1.49
106.86	273.30	13.38	38.82	3.54	4.97	0.39	0.64
72.14	78.74	15.15	14.57	34.19	10.51	6.44	2.20
7.36	13.34	2.14	4.03	13.28	6.99	3.39	2.14
4.41	126.23	0.22	7.05	1.13	1.49	0.06	0.09
379.61	**619.22**	**158.03**	**226.53**	**86.65**	**58.09**	**19.74**	**12.67**
344.70	554.07	3.94	7.66	3.29	2.34	0.03	0.02
2594.99	**3214.79**	**362.53**	**472.63**	**493.44**	**530.32**	**64.95**	**58.98**

5-6 按监管辖区划分的商品期货交易情况
Statistics for Futures Transaction by Regulatory Jurisdiction

辖区	Jurisdiction	成交金额(亿元) Trading Turnover (100 million yuan)		成交量(万手) Trading Volume (10 thousand lots)		持仓金额(亿元) Value of Positions (100 million yuan)	
		2011	2012	2011	2012	2011	2012
北京	Beijing	279706.30	290941.42	30989.45	42325.91	1255.08	1373.32
天津	Tianjin	20059.90	18183.45	1972.13	2379.84	61.55	82.88
河北	Hebei	1614.02	1483.83	202.98	249.84	7.58	8.47
山西	Shanxi	42250.79	30935.78	5286.61	4859.61	51.40	52.79
内蒙古	Inner Mongolia	56.92	110.98	9.88	24.77	0.03	0.07
辽宁	Liaoning	37017.17	42600.09	4714.45	7068.17	80.44	130.65
吉林	Jilin	28238.15	34634.54	2520.22	2913.08	56.15	45.92
黑龙江	Heilongjiang	4980.70	4390.73	603.92	831.25	12.81	9.16
上海	Shanghai	317753.73	367042.29	33090.03	48661.98	1086.83	1461.59
江苏	Jiangsu	136596.92	137555.48	15092.10	20765.44	258.97	293.69
浙江	Zhejiang	326331.93	254637.94	34904.35	36830.95	702.31	895.04
安徽	Anhui	67249.27	112862.36	7502.83	17785.33	73.20	118.65
福建	Fujian	32590.83	45240.48	3587.29	6802.29	94.76	145.15
江西	Jiangxi	7873.01	6763.48	871.93	1063.71	18.83	29.80
山东	Shandong	47813.75	37476.09	5295.23	5698.43	83.47	124.57
河南	Henan	49896.66	49174.68	6017.78	8605.06	158.49	231.24
湖北	Hubei	38875.16	37309.49	4258.55	5448.15	99.76	96.41
湖南	Hunan	35757.67	39129.33	3582.71	5053.74	68.85	103.36
广东	Guangdong	265870.32	279865.86	27340.03	37177.64	802.39	1001.87
广西	Guangxi	0.00	0.00	0.00	0.00	0.00	0.00
海南	Hainan	21869.10	18919.52	2562.59	2830.85	38.28	45.13
重庆	Chongqing	30334.16	20656.71	2877.40	2999.19	40.39	43.19
四川	Sichuan	35528.50	41445.51	3280.55	4208.49	95.96	87.21
贵州	Guizhou	0.00	0.00	0.00	0.00	0.00	0.00
云南	Yunnan	8976.76	10183.94	940.81	1499.84	26.20	38.48
西藏	Tibet	0.00	0.00	0.00	0.00	0.00	0.00
陕西	Shaanxi	30743.39	17670.08	2485.31	2162.64	49.13	81.15
甘肃	Gansu	1444.17	1514.51	100.41	119.83	38.02	22.52
青海	Qinghai	99.37	321.16	9.89	43.67	1.53	22.87
宁夏	Ningxia	195.69	15.72	22.80	2.00	0.00	0.00
新疆	Xinjiang	5227.43	4586.17	613.15	668.71	10.46	9.76
深圳	Shenzhen	80516.51	126554.46	6863.11	13709.11	379.27	485.77
大连	Dalian	19617.47	23824.29	2410.56	3782.83	41.31	82.09
宁波	Ningbo	3340.48	4679.81	268.43	800.39	14.06	24.29
厦门	Xiamen	20067.60	31865.96	1854.45	4172.33	59.17	88.29
青岛	Qingdao	0.00	0.00	0.00	0.00	0.00	0.00
合计	**Total**	**1998493.80**	**2092576.11**	**212131.95**	**291545.08**	**5766.67**	**7235.39**

5-6 续表 continued

辖 区	Jurisdiction	持仓量(万手) Positions (10 thousand lots)		交割金额(亿元) Delivery Amount (100 million yuan)		交割量(万手) Delivery Quantity (10 thousand lots)	
		2011	2012	2011	2012	2011	2012
北 京	Beijing	170.71	186.96	189.31	235.26	28.12	29.56
天 津	Tianjin	7.33	11.45	12.93	10.13	1.44	0.99
河 北	Hebei	1.28	1.51	0.66	0.32	0.11	0.13
山 西	Shanxi	8.07	7.53	7.72	13.04	0.28	0.54
内蒙古	Inner Mongolia	0.03	0.02	0.00	0.00	0.00	0.00
辽 宁	Liaoning	15.22	23.21	5.95	5.58	1.86	2.21
吉 林	Jilin	7.30	7.20	4.80	6.83	0.98	1.16
黑龙江	Heilongjiang	1.99	2.19	0.00	0.23	0.00	0.02
上 海	Shanghai	154.50	201.27	200.90	228.95	27.29	26.34
江 苏	Jiangsu	36.80	48.77	42.89	32.33	8.06	5.62
浙 江	Zhejiang	102.51	141.30	107.08	92.49	18.16	15.14
安 徽	Anhui	10.60	18.14	18.79	12.35	3.18	1.88
福 建	Fujian	11.43	17.90	38.59	27.44	3.86	2.88
江 西	Jiangxi	2.54	4.91	0.62	0.30	0.26	0.12
山 东	Shandong	12.05	18.58	34.28	19.62	4.18	2.05
河 南	Henan	27.27	40.39	39.41	42.53	6.90	6.27
湖 北	Hubei	11.19	14.78	8.80	8.16	1.07	0.93
湖 南	Hunan	7.79	12.88	7.17	7.41	0.80	0.58
广 东	Guangdong	93.48	125.49	176.75	206.19	16.11	16.37
广 西	Guangxi	0.00	0.00	0.00	0.00	0.00	0.00
海 南	Hainan	5.90	11.90	3.37	3.78	0.20	0.17
重 庆	Chongqing	7.68	6.14	15.65	12.40	1.87	1.42
四 川	Sichuan	10.69	11.17	3.60	5.16	0.49	0.47
贵 州	Guizhou	0.00	0.00	0.00	0.00	0.00	0.00
云 南	Yunnan	2.66	5.82	1.23	9.25	0.06	0.57
西 藏	Tibet	0.00	0.00	0.00	0.00	0.00	0.00
陕 西	Shaanxi	5.16	6.48	15.84	12.53	1.41	0.77
甘 肃	Gansu	1.51	1.01	10.69	65.15	0.35	2.25
青 海	Qinghai	0.15	1.31	0.00	0.00	0.00	0.00
宁 夏	Ningxia	0.00	0.00	29.75	0.00	3.49	0.00
新 疆	Xinjiang	1.37	1.59	2.00	2.21	0.22	0.29
深 圳	Shenzhen	32.39	48.29	132.63	168.41	8.89	10.83
大 连	Dalian	7.87	13.67	3.07	2.48	0.89	0.98
宁 波	Ningbo	1.02	1.92	5.37	2.82	0.76	0.20
厦 门	Xiamen	6.48	8.57	31.53	13.94	2.95	1.32
青 岛	Qingdao	0.00	0.00	0.00	0.00	0.00	0.00
合 计	**Total**	**764.95**	**1002.38**	**1151.39**	**1247.31**	**144.24**	**132.06**

注：1.成交量、成交金额为双边数据。
2.期货公司按总部注册地所属的监管辖区来划分。
3.交割量中包含期转现。

数据来源：上海期货交易所、郑州商品交易所、大连商品交易所

Source：SHFE、ZCE、DCE

5-7 2012年农产品期货交易情况
Futures Trading of Agricultural Products in 2012

交易品种 Futures Products	上市交易所 Futures Exchange	合约 Contracts	年开盘价(元/吨) Opening Price of the Year (yuan/ton)	年最高价(元/吨) Highest Price of the Year (yuan/ton)	最高价日 Highest Day	年最低价(元/吨) Lowest Price of the Year (yuan/ton)	最低价日 Lowest Day	成交金额(万元) Trading Turnover (10 thousand yuan)	交易天数(天) Trading Days (day)	日均成交金额(万元) Daily Trading Turnover (10 thousand yuan)
玉米 Corn	DCE	c1201	2230	2330	2012-01-12	2230	2012-01-04	3995.0	10	399.5
	DCE	c1203	2240	2469	2012-02-14	2237	2012-02-27	3471.6	46	75.5
	DCE	c1205	2265	2505	2012-03-16	2259	2012-01-04	1018452.5	85	11981.8
	DCE	c1207	2273	2494	2012-03-19	2182	2012-07-02	7934.4	127	62.5
	DCE	c1209	2282	2552	2012-07-23	2271	2012-01-06	40791547.9	172	237160.2
	DCE	c1211	2290	2492	2012-09-05	2156	2012-10-31	18027.9	210	85.8
	DCE	c1301	2300	2442	2012-08-15	2236	2012-05-28	35629206.4	233	152915.1
	DCE	c1303	2463	2463	2012-03-15	2248	2012-05-28	10057.3	197	51.1
	DCE	c1305	2308	2482	2012-08-15	2262	2012-06-04	12237286.0	158	77451.2
	DCE	c1307	2490	2490	2012-07-16	2379	2012-10-09	5195.1	116	44.8
	DCE	c1309	2454	2529	2012-12-06	2417	2012-10-09	867099.4	71	12212.7
	DCE	c1311	2402	2511	2012-12-06	2402	2012-11-16	452.9	33	13.7
黄大豆1号 Soybean No.1	DCE	a1201	4080	4200	2012-01-17	4080	2012-01-04	11467.1	10	1146.7
	DCE	a1203	4190	4300	2012-03-02	4051	2012-02-17	3289.1	46	71.5
	DCE	a1205	4310	4514	2012-04-09	4197	2012-01-16	338101.2	85	3977.7
	DCE	a1207	4321	4618	2012-04-06	4161	2012-06-11	5625.2	127	44.3
	DCE	a1209	4366	4950	2012-09-05	4180	2012-06-04	15868960.0	172	92261.4
	DCE	a1211	4345	5024	2012-09-04	4202	2012-05-23	10928.2	210	52.0
	DCE	a1301	4330	5008	2012-09-03	4259	2012-05-23	83734157.5	243	344585.0
	DCE	a1303	4368	5044	2012-09-04	4284	2012-06-04	17594.8	243	72.4
	DCE	a1305	4375	5065	2012-09-04	4326	2012-05-23	105951401.4	243	436014.0
	DCE	a1307	4470	5037	2012-09-04	4380	2012-05-23	9247.8	233	39.7
	DCE	a1309	4722	5086	2012-09-04	4390	2012-06-04	8183040.8	197	41538.3
	DCE	a1311	4469	4890	2012-07-16	4421	2012-05-23	5369.9	158	34.0
	DCE	a1401	4900	4908	2012-07-16	4501	2012-07-24	371068.6	116	3198.9
	DCE	a1403	-	4910	2012-12-26	4566	2012-11-13	655.2	71	9.2
	DCE	a1405	4775	4976	2012-12-18	4720	2012-11-15	5430.9	33	164.6
黄大豆2号 Soybean No.2	DCE	b1201	-	-	2012-01-04	-	2012-01-04	-	-	-
	DCE	b1203	4700	4745	2012-01-12	4659	2012-01-12	18.8	46	0.4
	DCE	b1205	4739	5050	2012-04-06	4656	2012-03-21	310.5	85	3.7
	DCE	b1207	4736	5040	2012-04-06	4529	2012-06-20	67.3	127	0.5
	DCE	b1209	4755	5115	2012-04-13	4400	2012-06-15	21239.5	172	123.5
	DCE	b1211	-	5119	2012-05-08	4515	2012-07-27	144.9	210	0.7
	DCE	b1301	4750	5200	2012-04-10	4421	2012-06-21	14474.7	233	62.1
	DCE	b1303	4800	5218	2012-04-10	4455	2012-06-26	1034.9	197	5.3
	DCE	b1305	4850	5038	2012-09-04	4486	2012-07-02	10804.4	158	68.4
	DCE	b1307	-	4955	2012-09-04	4460	2012-08-02	139.0	116	1.2
	DCE	b1309	-	4845	2012-11-01	4600	2012-11-16	1146.2	71	16.1
	DCE	b1311	4504	4730	2012-12-24	4504	2012-11-15	46.1	33	1.4

5-7 续表 1 continued

交易品种 Futures Products	上市交易所 Futures Exchange	合约 Contracts	年开盘价(元/吨) Opening Price of the Year (yuan/ton)	年最高价(元/吨) Highest Price of the Year (yuan/ton)	最高价日 Highest Day	年最低价(元/吨) Lowest Price of the Year (yuan/ton)	最低价日 Lowest Day	成交金额(万元) Trading Turnover (10 thousand yuan)	交易天数(天) Trading Days (day)	日均成交金额(万元) Daily Trading Turnover (10 thousand yuan)
豆粕 Soybean Meal	DCE	m1201	2703	2880	2012-01-13	2703	2012-01-04	5516.2	10	551.6
	DCE	m1203	2936	3279	2012-02-29	2863	2012-03-01	955.8	46	20.8
	DCE	m1205	2936	3575	2012-04-27	2828	2012-01-16	1523896.2	85	17928.2
	DCE	m1207	2990	3600	2012-06-29	2870	2012-01-16	7330.1	127	57.7
	DCE	m1208	2999	4267	2012-07-24	2892	2012-01-16	12293.3	149	82.5
	DCE	m1209	2972	4700	2012-09-05	2870	2012-01-16	141402132.1	172	822105.4
	DCE	m1211	2999	4650	2012-09-04	2908	2012-01-16	238462.8	210	1135.5
	DCE	m1212	3026	4537	2012-09-04	2889	2012-01-16	43614.5	232	188.0
	DCE	m1301	2948	4369	2012-09-04	2924	2012-01-18	629579216.2	233	2702056.7
	DCE	m1303	3270	4040	2012-09-13	3021	2012-05-23	61237.8	197	310.9
	DCE	m1305	3015	3829	2012-09-03	2916	2012-05-23	373759395.1	158	2365565.8
	DCE	m1307	3579	3804	2012-09-05	3111	2012-11-16	71149.8	116	613.4
	DCE	m1308	3317	3794	2012-09-04	3099	2012-11-16	11430.9	94	121.6
	DCE	m1309	3600	3600	2012-09-17	3062	2012-11-16	11944235.8	71	168228.7
	DCE	m1311	3180	3410	2012-12-17	3062	2012-11-16	6105.2	33	185.0
	DCE	m1312	3419	3419	2012-12-17	3230	2012-12-20	1180.0	11	107.3
豆油 Soybean Oil	DCE	y1201	8500	8810	2012-01-11	8500	2012-01-04	7900.0	10	790.0
	DCE	y1203	8826	9188	2012-02-27	8720	2012-01-09	894.0	46	19.4
	DCE	y1205	8986	9898	2012-04-06	8742	2012-01-16	3082266.0	85	36262.0
	DCE	y1207	9028	9878	2012-04-13	8564	2012-06-15	3815.2	127	30.0
	DCE	y1208	8998	9998	2012-04-09	8760	2012-06-04	5235.6	149	35.1
	DCE	y1209	9088	10080	2012-04-10	8766	2012-06-04	171366314.6	172	996315.8
	DCE	y1211	9120	10076	2012-04-09	8566	2012-11-01	6628.7	210	31.6
	DCE	y1212	-	10098	2012-09-06	7784	2012-12-03	7720.7	232	33.3
	DCE	y1301	8946	10308	2012-09-04	8218	2012-11-14	268705651.2	233	1153243.1
	DCE	y1303	9978	10616	2012-04-11	8250	2012-11-28	31311.7	197	158.9
	DCE	y1305	9332	10210	2012-09-05	8322	2012-11-14	186161927.4	158	1178240.0
	DCE	y1307	9520	10180	2012-09-05	8366	2012-11-16	3646.1	116	31.4
	DCE	y1308	9950	10244	2012-09-05	8410	2012-11-12	4301.7	94	45.8
	DCE	y1309	10046	10062	2012-09-17	8354	2012-11-14	13686481.4	71	192767.3
	DCE	y1311	8600	8820	2012-12-06	8600	2012-11-26	251.9	33	7.6
	DCE	y1312	8642	8668	2012-12-25	8562	2012-12-21	60.5	11	5.5
棕榈油 RBD Palm Oil	DCE	p1201	7690	7700	2012-01-04	7350	2012-01-16	2162.2	10	216.2
	DCE	p1202	7700	7700	2012-01-04	6650	2012-01-31	236.3	25	9.5
	DCE	p1203	8124	8124	2012-01-10	7198	2012-02-17	272.4	46	5.9
	DCE	p1204	-	8228	2012-02-09	7698	2012-02-07	126.1	68	1.9
	DCE	p1205	8100	8750	2012-04-09	7830	2012-01-16	2389998.8	85	28117.6
	DCE	p1206	8124	8918	2012-04-23	7880	2012-01-16	4431.3	107	41.4
	DCE	p1207	8150	8972	2012-04-23	7604	2012-06-27	1953.0	127	15.4
	DCE	p1208	8006	8988	2012-04-13	7470	2012-07-26	4819.1	149	32.3
	DCE	p1209	8090	9034	2012-04-10	7410	2012-08-21	63090919.7	172	366807.7
	DCE	p1210	8110	8966	2012-04-11	7224	2012-09-27	6013.8	192	31.3
	DCE	p1211	8146	8930	2012-04-06	6300	2012-10-29	1073.1	210	5.1
	DCE	p1212	-	8650	2012-05-10	6308	2012-11-01	4115.3	232	17.7

5-7 续表 2 continued

交易品种 Futures Products	上市交易所 Futures Exchange	合约 Contracts	年开盘价（元/吨） Opening Price of the Year (yuan/ton)	年最高价（元/吨） Highest Price of the Year (yuan/ton)	最高价日 Highest Day	年最低价（元/吨） Lowest Price of the Year (yuan/ton)	最低价日 Lowest Day	成交金额（万元） Trading Turnover (10 thousand yuan)	交易天数（天） Trading Days (day)	日均成交金额(万元) Daily Trading Turnover (10 thousand yuan)
棕榈油 RBD Palm Oil	DCE	p1301	7950	9280	2012-04-09	6020	2012-12-31	133510415.1	233	573006.1
	DCE	p1302	-	9040	2012-04-06	6136	2012-11-16	9998.6	218	45.9
	DCE	p1303	-	8348	2012-09-06	6266	2012-11-30	12219.6	197	62.0
	DCE	p1304	-	8460	2012-05-16	6432	2012-11-12	7338.5	175	41.9
	DCE	p1305	8196	8544	2012-08-27	6482	2012-11-12	114448648.6	158	724358.5
	DCE	p1306	8110	8502	2012-07-17	6568	2012-11-12	8633.2	136	63.5
	DCE	p1307	8396	8450	2012-09-13	6738	2012-11-12	1794.3	116	15.5
	DCE	p1308	-	8494	2012-09-11	6912	2012-11-26	1122.8	94	11.9
	DCE	p1309	8282	8410	2012-09-17	6656	2012-11-12	10637684.2	71	149826.5
	DCE	p1310	7204	7512	2012-10-25	6826	2012-12-12	539.5	51	10.6
	DCE	p1311	7190	7204	2012-12-25	6994	2012-11-21	85.7	33	2.6
	DCE	p1312	7084	7218	2012-12-26	7084	2012-12-21	50.0	11	4.6
硬麦 Hard Wheat	ZCE	WT201	-	0	-	-	-	189.3	9	21.0
	ZCE	WT203	2080	2188	2012-02-29	2037	2012-01-19	672.5	52	12.9
	ZCE	WT205	2156	2195	2012-03-27	2050	2012-05-11	54122.5	91	594.8
	ZCE	WT207	2190	2259	2012-03-26	2006	2012-05-23	575.9	133	4.3
	ZCE	WT209	2208	2331	2012-08-31	2070	2012-05-15	160241.8	176	910.5
	ZCE	WT211	2230	2408	2012-09-28	2100	2012-05-30	1909.3	216	8.8
强麦(WS) Strong Gluten Wheat	ZCE	WS201	2278	2293	2012-01-04	2235	2012-01-16	10081.1	9	1120.1
	ZCE	WS203	2366	2436	2012-03-02	2262	2012-01-19	360.1	52	6.9
	ZCE	WS205	2384	2491	2012-03-05	2143	2012-05-21	1273957.5	91	13999.5
	ZCE	WS207	2379	2512	2012-03-05	2072	2012-06-29	27493.8	133	206.7
	ZCE	WS209	2536	2698	2012-03-05	2343	2012-07-24	25371219.2	176	144154.7
	ZCE	WS211	2587	2719	2012-03-05	2320	2012-11-14	26830.0	216	124.2
	ZCE	WS301	2588	2771	2012-03-05	2366	2012-11-14	29514271.9	243	121457.9
	ZCE	WS303	2574	2784	2012-03-02	2432	2012-11-28	4361.6	243	17.9
	ZCE	WS305	2653	2819	2012-03-05	2460	2012-11-14	9069315.2	243	37322.3
强麦(WH) Strong Gluten Wheat	ZCE	WH307	2580	2667	2012-08-22	2532	2012-11-14	9931.7	110	90.3
	ZCE	WH309	2740	2746	2012-09-21	2582	2012-11-14	43757.7	67	653.1
	ZCE	WH311	2693	2727	2012-12-28	2644	2012-11-27	675.1	27	25.0
普麦 Wheat	ZCE	PM301	2219	2400	2012-12-24	2140	2012-03-12	66292.4	234	283.3
	ZCE	PM303	2225	2392	2012-07-25	2188	2012-05-30	525.6	191	2.8
	ZCE	PM305	2424	2518	2012-07-12	2300	2012-06-13	3057.6	152	20.1
	ZCE	PM307	2497	2545	2012-12-24	2256	2012-07-24	581.7	110	5.3
	ZCE	PM309	2531	2565	2012-12-24	2410	2012-10-12	741.4	67	11.1
	ZCE	PM311	-	0	-	-	-	0.0	27	0.0

5-7 续表 3 continued

交易品种 Futures Products	上市交易所 Futures Exchange	合约 Contracts	年开盘价（元/吨） Opening Price of the Year (yuan/ton)	年最高价（元/吨） Highest Price of the Year (yuan/ton)	最高价日 Highest Day	年最低价（元/吨） Lowest Price of the Year (yuan/ton)	最低价日 Lowest Day	成交金额（万元） Trading Turnover (10 thousand yuan)	交易天数（天） Trading Days (day)	日均成交金额（万元） Daily Trading Turnover (10 thousand yuan)
棉花 Cotton	ZCE	CF201	19800	20290	2012-01-12	18885	2012-01-16	7308.4	10	730.8
	ZCE	CF203	20400	21330	2012-02-07	20150	2012-03-14	134150.5	46	2916.3
	ZCE	CF205	20855	21945	2012-02-07	18300	2012-05-15	9941546.0	85	116959.4
	ZCE	CF207	21125	22230	2012-02-07	17400	2012-06-06	1161923.5	127	9149.0
	ZCE	CF209	21300	22730	2012-02-07	17760	2012-06-06	72731003.8	172	422854.7
	ZCE	CF211	21100	22730	2012-02-07	18250	2012-06-06	358549.2	210	1707.4
	ZCE	CF301	21595	22865	2012-02-07	18540	2012-07-30	101307084.5	233	434794.4
	ZCE	CF303	21700	21945	2012-04-10	18755	2012-06-04	423121.8	197	2147.8
	ZCE	CF305	20465	20540	2012-05-16	18325	2012-06-07	21944879.2	158	138891.6
	ZCE	CF307	19800	19975	2012-09-10	18600	2012-10-08	27357.7	116	235.8
	ZCE	CF309	19930	20000	2012-09-18	18775	2012-11-22	1239710.2	71	17460.7
	ZCE	CF311	19175	19480	2012-12-27	19175	2012-12-25	2976.1	5	595.2
白糖 Sugar	ZCE	SR201	6350	6581	2012-01-05	6350	2012-01-04	13503.2	10	1350.3
	ZCE	SR203	6150	6698	2012-01-20	6150	2012-01-04	41268.4	46	897.1
	ZCE	SR205	6035	6750	2012-04-12	6010	2012-01-04	6407164.7	85	75378.4
	ZCE	SR207	6070	6821	2012-04-12	6051	2012-01-04	124489.6	127	980.2
	ZCE	SR209	6020	6862	2012-04-12	5564	2012-08-08	121344825.2	172	705493.2
	ZCE	SR211	6150	6889	2012-04-12	5413	2012-09-27	150102.8	210	714.8
	ZCE	SR301	5948	6801	2012-04-12	5113	2012-09-26	530667054.2	243	2183815.0
	ZCE	SR303	5918	6873	2012-04-12	5067	2012-11-02	101542.3	243	417.9
	ZCE	SR305	5933	6776	2012-04-12	5100	2012-09-25	173341048.3	243	713337.6
	ZCE	SR307	6217	6795	2012-04-12	5149	2012-09-27	51031.8	233	219.0
	ZCE	SR309	6580	6809	2012-04-12	5150	2012-09-27	8396011.0	197	42619.3
	ZCE	SR311	6324	6324	2012-05-21	5193	2012-09-25	12851.1	158	81.3
	ZCE	SR401	5720	6054	2012-07-16	5170	2012-09-25	180323.6	116	1554.5
	ZCE	SR403	5239	5585	2012-12-31	5182	2012-10-26	11880.2	71	167.3
	ZCE	SR405	5332	5591	2012-12-31	5233	2012-11-19	31896.8	33	966.6
菜籽油(RO) Rapeseed Oil	ZCE	RO201	9520	9546	2012-01-09	9350	2012-01-12	3937.4	10	393.7
	ZCE	RO203	9406	9406	2012-01-17	9406	2012-01-17	4.7	46	0.1
	ZCE	RO205	9570	11400	2012-05-07	9376	2012-01-16	608980.8	85	7164.5
	ZCE	RO207	9416	10748	2012-05-10	9416	2012-01-17	259.0	127	2.0
	ZCE	RO209	9696	11690	2012-09-05	9486	2012-01-16	12781544.2	172	74311.3
	ZCE	RO211	9908	10838	2012-04-26	9838	2012-02-20	528.7	210	2.5
	ZCE	RO301	9588	10670	2012-08-27	9362	2012-11-12	14903664.1	233	63964.2
	ZCE	RO303	10420	10844	2012-05-02	9512	2012-11-14	1181.1	197	6.0
	ZCE	RO305	10138	10652	2012-09-04	9308	2012-11-12	3552844.5	158	22486.4
菜籽油(OI) Rapeseed Oil	ZCE	OI307	9810	10378	2012-10-10	9592	2012-12-12	4211.6	116	36.3
	ZCE	OI309	10400	10794	2012-09-26	9538	2012-11-16	15742.8	71	221.7
	ZCE	OI311	-	0	-	-	-	0.0	33	0.0

5-7 续表 4 continued

交易品种 Futures Products	上市交易所 Futures Exchange	合约 Contracts	年开盘价(元/吨) Opening Price of the Year (yuan/ton)	年最高价(元/吨) Highest Price of the Year (yuan/ton)	最高价日 Highest Day	年最低价(元/吨) Lowest Price of the Year (yuan/ton)	最低价日 Lowest Day	成交金额(万元) Trading Turnover (10 thousand yuan)	交易天数(天) Trading Days (day)	日均成交金额(万元) Daily Trading Turnover (10 thousand yuan)
早籼稻(ER) Early Indica Rice	ZCE	ER201	2485	2528	2012-01-04	2452	2012-01-05	2537.0	9	281.9
	ZCE	ER203	2555	2597	2012-02-14	2422	2012-02-24	141.9	52	2.7
	ZCE	ER205	2532	2736	2012-04-27	2525	2012-01-04	461538.0	91	5071.8
	ZCE	ER207	2522	2795	2012-06-11	2444	2012-02-07	2590.6	133	19.5
	ZCE	ER209	2601	2780	2012-07-31	2524	2012-01-13	2473824.0	176	14055.8
	ZCE	ER211	2563	2833	2012-08-28	2410	2012-11-15	713.8	216	3.3
	ZCE	ER301	2637	2849	2012-08-29	2580	2012-12-20	5415809.6	234	23144.5
	ZCE	ER303	2720	2838	2012-08-28	2605	2012-05-17	919.5	191	4.8
	ZCE	ER305	2677	2889	2012-08-29	2628	2012-06-04	2074692.5	152	13649.3
早籼稻(RI) Early Indica Rice	ZCE	RI307	2764	2865	2012-08-20	2701	2012-11-30	454.4	110	4.1
	ZCE	RI309	2836	2858	2012-09-21	2659	2012-11-08	6694.0	67	99.9
	ZCE	RI311	2780	2780	2012-11-26	2780	2012-11-26	5.6	27	0.2
油菜籽 Rapeseed	ZCE	RS307	5303	5391	2012-12-31	5202	2012-12-28	10860.5	2	5430.3
	ZCE	RS308	5298	5391	2012-12-31	5200	2012-12-28	1346.2	2	673.1
	ZCE	RS309	5320	5386	2012-12-31	5155	2012-12-28	709694.3	2	354847.1
	ZCE	RS311	5310	5358	2012-12-31	5061	2012-12-28	1102.0	2	551.0
菜籽粕 Rapeseed Meal	ZCE	RM305	2430	2458	2012-12-28	2336	2012-12-31	787851.2	2	393925.6
	ZCE	RM307	2401	2426	2012-12-28	2316	2012-12-31	781.4	2	390.7
	ZCE	RM308	2404	2406	2012-12-28	2324	2012-12-31	47.6	2	23.8
	ZCE	RM309	2408	2428	2012-12-28	2291	2012-12-31	140157.3	2	70078.7
	ZCE	RM311	2250	2320	2012-12-28	2170	2012-12-31	70722.5	2	35361.2
天然橡胶 Natural Rubber	SHFE	ru1201	26880	26950	2012-01-04	25680	2012-01-11	16800.6	8	2100.1
	SHFE	ru1203	26100	29740	2012-02-27	25125	2012-01-05	231799.4	47	4931.9
	SHFE	ru1204	25370	29615	2012-03-01	24165	2012-01-05	209500.8	66	3174.3
	SHFE	ru1205	24550	29580	2012-03-01	23450	2012-01-05	347200139.5	85	4084707.5
	SHFE	ru1206	24435	29300	2012-03-01	22550	2012-06-06	180308.0	108	1669.5
	SHFE	ru1207	24475	29070	2012-02-27	22680	2012-06-04	88200.5	128	689.1
	SHFE	ru1208	24240	29130	2012-02-24	21200	2012-08-15	208190.3	150	1387.9
	SHFE	ru1209	23880	29320	2012-02-24	20990	2012-09-05	430647222.6	173	2489290.3
	SHFE	ru1210	23945	29025	2012-02-24	21070	2012-08-14	325573.9	188	1731.8
	SHFE	ru1211	23620	28840	2012-03-14	20800	2012-08-14	325898.5	211	1544.5
	SHFE	ru1301	26000	29455	2012-02-22	20700	2012-08-14	491848399.3	235	2092971.9
	SHFE	ru1303	28970	28970	2012-03-16	20950	2012-08-14	1073918.9	196	5479.2
	SHFE	ru1304	27445	27600	2012-05-02	20935	2012-08-14	77203.9	177	436.2
	SHFE	ru1305	24870	26680	2012-12-31	20800	2012-08-14	268810393.9	158	1701331.6
	SHFE	ru1306	23580	26530	2012-12-31	20900	2012-08-14	114557.1	135	848.6
	SHFE	ru1307	24640	26440	2012-12-31	20985	2012-08-14	25039.1	115	217.7
	SHFE	ru1308	21795	26580	2012-12-31	21500	2012-08-31	70966.6	93	763.1
	SHFE	ru1309	24880	26810	2012-12-31	23105	2012-11-05	3462276.3	70	49461.1
	SHFE	ru1310	25575	26700	2012-12-31	23110	2012-11-28	13126.8	55	238.7
	SHFE	ru1311	23665	26390	2012-12-31	23065	2012-11-28	5292.6	32	165.4

注：1.成交量、成交金额为单边数据。
2.年开盘价和年最高价以自然年为统计周期。

数据来源：上海期货交易所、郑州商品交易所、大连商品交易所

Source: SHFE、ZCE、DCE

5-8 2012年金属期货交易情况
Futures Trading of Metal Products in 2012

交易品种 Futures Products	上市交易所 Futures Exchange	合约 Contracts	年开盘价(元/吨) Opening Price of the Year (yuan/ton)	年最高价(元/吨) Highest Price of the Year (yuan/ton)	最高价日 Highest Day	年最低价(元/吨) Lowest Price of the Year (yuan/ton)	最低价日 Lowest Day	成交金额(万元) Trading Turnover (10 thousand yuan)	交易天数(天) Trading Days (day)	日均成交金额(万元) Daily Trading Turnover (10 thousand yuan)
铜 Copper	SHFE	cu1201	56460	57380	2012-01-13	55050	2012-01-09	540745.1	8	67593.1
	SHFE	cu1202	56650	61080	2012-01-30	54980	2012-01-09	4173309.2	26	160511.9
	SHFE	cu1203	56450	61490	2012-02-09	54800	2012-01-09	63225457.1	47	1345222.5
	SHFE	cu1204	56250	63880	2012-02-23	54800	2012-01-09	110767382.8	66	1678293.7
	SHFE	cu1205	56250	62230	2012-02-09	54840	2012-01-09	150735351.6	85	1773357.1
	SHFE	cu1206	56300	62370	2012-02-09	53430	2012-06-04	125611516.1	108	1163069.6
	SHFE	cu1207	56210	62480	2012-02-09	52610	2012-05-16	124165072.7	128	970039.6
	SHFE	cu1208	56490	62520	2012-02-09	52700	2012-06-04	118440250.8	150	789601.7
	SHFE	cu1209	56460	62500	2012-02-09	52330	2012-06-04	184286731.5	173	1065241.2
	SHFE	cu1210	56340	62400	2012-02-09	52210	2012-06-04	150951527.6	188	802933.7
	SHFE	cu1211	56500	62480	2012-02-09	52180	2012-06-04	138482671.1	211	656316.0
	SHFE	cu1212	56400	62560	2012-02-09	52170	2012-06-04	139059709.8	233	596822.8
	SHFE	cu1301	59880	62550	2012-02-09	50820	2012-06-14	119775720.4	235	509683.9
	SHFE	cu1302	59810	62370	2012-03-02	52290	2012-06-04	91823662.6	217	423150.5
	SHFE	cu1303	60720	61580	2012-03-27	52070	2012-06-04	80072100.6	196	408531.1
	SHFE	cu1304	56950	60560	2012-09-19	52290	2012-06-04	30485633.6	177	172235.2
	SHFE	cu1305	55840	60550	2012-09-19	52090	2012-06-04	3952639.8	158	25016.7
	SHFE	cu1306	55000	60530	2012-09-19	53110	2012-06-27	526059.2	135	3896.7
	SHFE	cu1307	55630	60570	2012-09-19	52720	2012-07-25	134633.2	115	1170.7
	SHFE	cu1308	54420	60600	2012-09-19	54200	2012-08-16	81016.3	93	871.1
	SHFE	cu1309	60120	60540	2012-09-20	55730	2012-11-12	64301.7	70	918.6
	SHFE	cu1310	59100	59600	2012-10-18	55710	2012-11-12	60114.2	55	1093.0
	SHFE	cu1311	56340	58580	2012-12-17	55820	2012-11-23	26082.8	32	815.1
	SHFE	cu1312	57410	58570	2012-12-31	57020	2012-12-20	5368.6	10	536.9
铝 Aluminum	SHFE	al1201	16180	16190	2012-01-04	15175	2012-01-09	109172.7	8	13646.6
	SHFE	al1202	16095	16290	2012-01-18	15900	2012-01-06	415558.9	26	15983.0
	SHFE	al1203	15990	16365	2012-01-18	15860	2012-01-09	937328.9	47	19943.2
	SHFE	al1204	15955	16795	2012-04-11	15610	2012-03-12	1601843.3	66	24270.4
	SHFE	al1205	15945	16525	2012-01-18	15840	2012-01-04	1950291.9	85	22944.6
	SHFE	al1206	15910	16580	2012-01-18	15830	2012-01-05	1627364.1	108	15068.2
	SHFE	al1207	15955	16600	2012-01-19	15180	2012-06-27	1703892.7	128	13311.7
	SHFE	al1208	16095	16655	2012-01-18	15060	2012-06-27	2293824.0	150	15292.2
	SHFE	al1209	16145	16815	2012-03-01	14975	2012-06-27	2663564.6	173	15396.3
	SHFE	al1210	16050	16825	2012-01-30	14925	2012-06-27	5308320.9	188	28235.7
	SHFE	al1211	16060	17030	2012-01-18	14945	2012-06-27	3372971.2	211	15985.6
	SHFE	al1212	16455	16935	2012-02-15	14970	2012-06-27	3424270.4	233	14696.4
	SHFE	al1301	16540	17045	2012-03-05	15000	2012-06-27	2505323.9	235	10661.0
	SHFE	al1302	16850	17040	2012-03-14	15025	2012-06-27	1453311.5	217	6697.3
	SHFE	al1303	16975	17055	2012-03-16	15075	2012-06-27	1264871.3	196	6453.4
	SHFE	al1304	16610	16700	2012-05-03	15100	2012-06-27	238457.2	177	1347.2
	SHFE	al1305	16130	16440	2012-05-31	15115	2012-06-27	58084.0	158	367.6
	SHFE	al1306	15945	16130	2012-09-14	15150	2012-06-27	7484.7	135	55.4
	SHFE	al1307	15580	16170	2012-09-14	15220	2012-08-21	7906.4	115	68.8
	SHFE	al1308	15330	16190	2012-09-14	15305	2012-08-20	2855.6	93	30.7
	SHFE	al1309	16090	16090	2012-09-18	15510	2012-10-23	775.3	70	11.1
	SHFE	al1310	15865	15980	2012-12-19	15450	2012-11-22	742.4	55	13.5
	SHFE	al1311	15800	16145	2012-12-04	15800	2012-11-27	695.5	32	21.7
	SHFE	al1312	15800	16000	2012-12-24	15300	2012-12-19	110.8	10	11.1

5-8 续表 1 continued

交易品种 Futures Products	上市交易所 Futures Exchange	合约 Contracts	年开盘价(元/吨) Opening Price of the Year (yuan/ton)	年最高价(元/吨) Highest Price of the Year (yuan/ton)	最高价日 Highest Day	年最低价(元/吨) Lowest Price of the Year (yuan/ton)	最低价日 Lowest Day	成交金额(万元) Trading Turnover (10 thousand yuan)	交易天数(天) Trading Days (day)	日均成交金额(万元) Daily Trading Turnover (10 thousand yuan)
	SHFE	zn1201	14880	15060	2012-01-12	14470	2012-01-09	51564.8	8	6445.6
	SHFE	zn1202	14950	16500	2012-02-15	14525	2012-01-09	491390.1	26	18899.6
	SHFE	zn1203	14945	16210	2012-01-30	14575	2012-01-09	7358658.2	47	156567.2
	SHFE	zn1204	14980	16360	2012-01-30	14610	2012-01-09	15958240.7	66	241791.5
	SHFE	zn1205	14995	16420	2012-01-30	14530	2012-05-14	17816742.1	85	209608.7
	SHFE	zn1206	14880	16505	2012-01-30	14450	2012-06-04	16952808.2	108	156970.4
	SHFE	zn1207	15000	16560	2012-02-09	14140	2012-06-27	14645350.4	128	114416.8
	SHFE	zn1208	15055	17275	2012-02-08	14150	2012-06-27	9624564.7	150	64163.8
	SHFE	zn1209	15200	16840	2012-02-22	14140	2012-06-27	10096920.1	173	58363.7
	SHFE	zn1210	15245	16790	2012-02-08	14145	2012-06-27	12391660.7	188	65913.1
锌	SHFE	zn1211	15410	16835	2012-02-09	14175	2012-06-27	9726721.7	211	46098.2
	SHFE	zn1212	15360	16810	2012-02-08	14210	2012-06-27	12768826.2	233	54801.8
Zinc	SHFE	zn1301	16430	16900	2012-02-09	14250	2012-06-27	12943182.7	235	55077.4
	SHFE	zn1302	16170	16965	2012-03-14	14210	2012-09-05	10230633.4	217	47145.8
	SHFE	zn1303	16865	16865	2012-03-16	14350	2012-06-27	8825108.8	196	45026.1
	SHFE	zn1304	16000	16335	2012-05-02	14400	2012-06-27	1169120.7	177	6605.2
	SHFE	zn1305	15300	16295	2012-09-27	14410	2012-06-27	199794.6	158	1264.5
	SHFE	zn1306	14770	16145	2012-09-19	14600	2012-06-26	31836.8	135	235.8
	SHFE	zn1307	15235	16235	2012-09-14	14690	2012-08-21	12037.8	115	104.7
	SHFE	zn1308	14985	16280	2012-09-14	14820	2012-08-22	4384.4	93	47.1
	SHFE	zn1309	16530	16530	2012-09-19	14500	2012-11-05	10316.5	70	147.4
	SHFE	zn1310	15550	16180	2012-12-17	15060	2012-10-30	3520.1	55	64.0
	SHFE	zn1311	15470	16340	2012-12-17	15470	2012-11-19	5387.3	32	168.4
	SHFE	zn1312	16350	16350	2012-12-31	16350	2012-12-31	16.4	10	1.6
	SHFE	pb1201	15280	15385	2012-01-13	14935	2012-01-09	8147.2	8	1018.4
	SHFE	pb1202	15405	16420	2012-01-30	15015	2012-01-13	74927.9	26	2881.8
	SHFE	pb1203	15430	16440	2012-01-30	15000	2012-01-05	216444.5	47	4605.2
	SHFE	pb1204	15410	16455	2012-01-30	15140	2012-01-09	246484.1	66	3734.6
	SHFE	pb1205	15145	16395	2012-02-10	15100	2012-05-15	212060.7	85	2494.8
	SHFE	pb1206	15625	16400	2012-02-27	15000	2012-06-05	202700.2	108	1876.9
	SHFE	pb1207	15770	16485	2012-02-27	14450	2012-06-27	201098.6	128	1571.1
	SHFE	pb1208	16105	16600	2012-02-14	14190	2012-06-12	191953.6	150	1279.7
	SHFE	pb1209	15815	16680	2012-02-28	14350	2012-06-27	161130.4	173	931.4
	SHFE	pb1210	16000	16700	2012-09-14	14310	2012-06-28	309949.6	188	1648.7
铅	SHFE	pb1211	16150	16835	2012-02-03	14390	2012-06-27	217254.2	211	1029.6
	SHFE	pb1212	16590	16770	2012-03-08	14375	2012-06-27	184822.7	233	793.2
Lead	SHFE	pb1301	15620	16315	2012-09-14	14610	2012-07-04	241183.7	235	1026.3
	SHFE	pb1302	15865	16380	2012-09-21	15080	2012-10-26	131417.5	217	605.6
	SHFE	pb1303	15920	15920	2012-04-27	14870	2012-08-16	43917.8	196	224.1
	SHFE	pb1304	16460	16460	2012-04-27	14435	2012-06-27	3726.4	177	21.1
	SHFE	pb1305	15080	15860	2012-12-04	14615	2012-06-25	1611.5	158	10.2
	SHFE	pb1306	15005	16320	2012-09-14	15005	2012-08-16	621.4	135	4.6
	SHFE	pb1307	15290	15490	2012-10-23	14865	2012-08-15	341.5	115	3.0
	SHFE	pb1308	15595	15830	2012-12-13	15595	2012-11-15	78.6	93	0.8
	SHFE	pb1309	-	-	-	-	2012-09-18	0.0	70	0.0
	SHFE	pb1310	15655	15655	2012-11-15	15655	2012-11-15	39.1	55	0.7
	SHFE	pb1311	15655	15655	2012-12-24	15655	2012-12-24	117.4	32	3.7
	SHFE	pb1312	15930	15930	2012-12-18	15930	2012-12-18	39.8	10	4.0

5-8 续表 2 continued

交易品种 Futures Products	上市交易所 Futures Exchange	合约 Contracts	年开盘价(元/吨) Opening Price of the Year (yuan/ton)	年最高价(元/吨) Highest Price of the Year (yuan/ton)	最高价日 Highest Day	年最低价(元/吨) Lowest Price of the Year (yuan/ton)	最低价日 Lowest Day	成交金额(万元) Trading Turnover (10 thousand yuan)	交易天数(天) Trading Days (day)	日均成交金额(万元) Daily Trading Turnover (10 thousand yuan)
黄金(元/克) Gold (yuan/g)	SHFE	au1201	334	346	2012-01-11	334	2012-01-06	1231.7	8	154.0
	SHFE	au1202	328.32	355.92	2012-01-31	327.01	2012-01-04	7813.0	26	300.5
	SHFE	au1203	328.65	363.27	2012-02-24	328.26	2012-01-04	8796.7	47	187.2
	SHFE	au1204	329.66	365.7	2012-02-29	328.48	2012-01-04	12042.8	66	182.5
	SHFE	au1205	320.52	366.06	2012-02-29	320.52	2012-01-04	70811.1	85	833.1
	SHFE	au1206	328.98	364.9	2012-02-29	310	2012-05-31	58748774.6	108	543970.1
	SHFE	au1207	328.5	364.6	2012-02-29	314.23	2012-05-16	32929.8	128	257.3
	SHFE	au1208	332.46	363.41	2012-02-27	314.34	2012-05-16	22851.7	150	152.3
	SHFE	au1209	327.12	364.65	2012-02-29	315.17	2012-05-16	122298.7	173	706.9
	SHFE	au1210	329.73	363.1	2012-02-27	310.87	2012-07-23	34929.9	188	185.8
	SHFE	au1211	329	363.3	2012-09-19	315.59	2012-05-16	33205.0	211	157.4
	SHFE	au1212	327.91	366.3	2012-09-14	313.72	2012-05-16	110006697.2	233	472131.7
	SHFE	au1301	361.47	370	2012-09-14	317.26	2012-05-17	287514.5	235	1223.5
	SHFE	au1302	344.55	365.11	2012-09-17	315.1	2012-05-16	21596.0	217	99.5
	SHFE	au1303	341.7	367.03	2012-09-14	314.37	2012-05-16	22336.8	196	114.0
	SHFE	au1304	333.73	366.53	2012-09-28	315.18	2012-05-16	10382.3	177	58.7
	SHFE	au1305	316	369.81	2012-11-26	314.97	2012-05-16	64667.1	158	409.3
	SHFE	au1306	336.37	367.84	2012-09-28	322	2012-06-29	32279820.6	135	239109.8
	SHFE	au1307	326.68	366.98	2012-09-14	326.68	2012-07-25	6444.3	115	56.0
	SHFE	au1308	346.93	366.04	2012-09-17	336.9	2012-12-21	5490.0	93	59.0
	SHFE	au1309	361.38	366.83	2012-09-28	337.51	2012-12-21	7332.1	70	104.7
	SHFE	au1310	359.19	359.19	2012-10-18	337.89	2012-12-21	1902.3	55	34.6
	SHFE	au1311	359.55	360.93	2012-11-26	341.29	2012-12-25	530.4	32	16.6
	SHFE	au1312	348.88	350.59	2012-12-18	337	2012-12-21	11476.0	10	1147.6
白银(元/千克) Silver (yuan/kg)	SHFE	ag1209	6190	7700	2012 09 17	5632	2012 06 29	57260150.5	92	622392.9
	SHFE	ag1210	6196	7434	2012-10-11	5652	2012-06-29	119149.3	107	1113.5
	SHFE	ag1211	6200	7443	2012-09-14	5484	2012-07-31	107570.6	130	827.5
	SHFE	ag1212	6166	7506	2012-09-14	5658	2012-05-16	87156061.1	152	573395.1
	SHFE	ag1301	6166	7498	2012-09-14	5509	2012-07-13	40323148.8	162	248908.3
	SHFE	ag1302	6036	7465	2012-09-14	5698	2012-05-16	143304.8	162	884.6
	SHFE	ag1303	6214	7540	2012-09-14	5750	2012-05-16	70123.0	162	432.9
	SHFE	ag1304	6160	7513	2012-09-14	5745	2012-05-16	12139.3	162	74.9
	SHFE	ag1305	5726	7599	2012-09-14	5726	2012-05-16	132178.9	158	836.6
	SHFE	ag1306	6150	7696	2012-09-14	5764	2012-06-29	21164190.2	135	156771.8
	SHFE	ag1307	6153	7699	2012-09-14	5895	2012-08-02	5880.3	115	51.1
	SHFE	ag1308	6328	7677	2012-09-14	6328	2012-08-22	5395.9	93	58.0
	SHFE	ag1309	7280	7687	2012-09-20	6408	2012-12-27	25071.4	70	358.2
	SHFE	ag1310	7059	7470	2012-11-27	6367	2012-12-21	6806.3	55	123.8
	SHFE	ag1311	7380	7532	2012-11-27	6466	2012-12-25	2823.2	32	88.2
	SHFE	ag1312	7035	7038	2012-12-18	6514	2012-12-25	9007.6	10	900.8

5-8 续表 3 continued

交易品种 Futures Products	上市交易所 Futures Exchange	合约 Contracts	年开盘价（元/吨） Opening Price of the Year (yuan/ton)	年最高价（元/吨） Highest Price of the Year (yuan/ton)	最高价日 Highest Day	年最低价（元/吨） Lowest Price of the Year (yuan/ton)	最低价日 Lowest Day	成交金额（万元） Trading Turnover (10 thousand yuan)	交易天数（天） Trading Days (day)	日均成交金额(万元) Daily Trading Turnover (10 thousand yuan)
螺纹钢 Steel Rebar	SHFE	rb1201	4331	4450	2012-01-10	4156	2012-01-05	13205.9	8	1650.7
	SHFE	rb1202	4320	4386	2012-01-31	4180	2012-01-30	3071.3	26	118.1
	SHFE	rb1203	4327	4352	2012-02-22	4200	2012-02-29	2220.0	47	47.2
	SHFE	rb1204	4272	4398	2012-02-07	4191	2012-03-27	4332.5	66	65.6
	SHFE	rb1205	4235	4383	2012-04-13	4066	2012-05-15	38708538.9	85	455394.6
	SHFE	rb1206	4300	4362	2012-04-12	4006	2012-05-30	17056.7	108	157.9
	SHFE	rb1207	4249	4401	2012-04-09	3960	2012-07-16	7758.7	128	60.6
	SHFE	rb1208	4196	4487	2012-03-22	3632	2012-07-31	7796.6	150	52.0
	SHFE	rb1209	4208	4410	2012-04-13	3351	2012-09-05	85975.4	173	497.0
	SHFE	rb1210	4208	4440	2012-01-17	3309	2012-09-06	120264715.1	188	639705.9
	SHFE	rb1211	4160	4572	2012-04-11	3291	2012-09-06	39133.9	211	185.5
	SHFE	rb1212	4211	4419	2012-01-20	3270	2012-09-06	46580.7	233	199.9
	SHFE	rb1301	4311	4450	2012-01-30	3206	2012-09-06	277976166.0	235	1182877.3
	SHFE	rb1302	4266	4395	2012-03-27	3235	2012-09-06	102481.5	217	472.3
	SHFE	rb1303	4327	4416	2012-04-12	3272	2012-09-05	19869.3	196	101.4
	SHFE	rb1304	4300	4350	2012-04-18	3159	2012-09-06	24604.8	177	139.0
	SHFE	rb1305	4155	4188	2012-06-18	3257	2012-09-06	236172107.2	158	1494760.2
	SHFE	rb1306	3970	3996	2012-12-31	3320	2012-09-06	32389.5	135	239.9
	SHFE	rb1307	3920	3986	2012-12-31	3343	2012-09-06	7475.5	115	65.0
	SHFE	rb1308	3759	4012	2012-12-31	3337	2012-09-06	6693.1	93	72.0
	SHFE	rb1309	3738	3997	2012-12-31	3520	2012-11-30	22593.1	70	322.8
	SHFE	rb1310	3645	4029	2012-12-31	3525	2012-11-30	290741.7	55	5286.2
	SHFE	rb1311	3660	3983	2012-12-31	3586	2012-11-22	686.2	32	21.4
	SHFE	rb1312	3885	4006	2012-12-31	3885	2012-12-25	39.5	10	4.0
线材 Steel Wire Rod	SHFE	wr1201	-	-	-	-	-	0.0	8	0.0
	SHFE	wr1202	-	-	-	-	-	0.0	26	0.0
	SHFE	wr1203	-	-	-	-	-	0.0	47	0.0
	SHFE	wr1204	3923	4299	2012-03-09	3923	2012-03-09	8.2	66	0.1
	SHFE	wr1205	4209	4525	2012-03-19	4144	2012-02-16	636.3	85	7.5
	SHFE	wr1206	4199	4300	2012-04-10	3633	2012-05-23	601.7	108	5.6
	SHFE	wr1207	4160	4278	2012-04-16	4160	2012-04-13	29.6	128	0.2
	SHFE	wr1208	4044	4084	2012-05-11	4044	2012-05-11	8.1	150	0.1
	SHFE	wr1209	4308	4536	2012-04-13	3718	2012-08-30	2071.3	173	12.0
	SHFE	wr1210	4212	4382	2012-04-10	3363	2012-09-12	878.7	188	4.7
	SHFE	wr1211	4298	4347	2012-03-26	3685	2012-07-24	131.8	211	0.6
	SHFE	wr1212	4126	4271	2012-04-26	3617	2012-08-06	32.5	233	0.1
	SHFE	wr1301	4006	4409	2012-04-09	3385	2012-09-05	3553.8	235	15.1
	SHFE	wr1302	4489	4489	2012-03-02	3345	2012-09-04	206.3	217	1.0
	SHFE	wr1303	4700	4700	2012-04-13	3426	2012-09-05	88.9	196	0.5
	SHFE	wr1304	3640	3761	2012-08-14	3505	2012-09-24	29.3	177	0.2
	SHFE	wr1305	4132	4258	2012-07-11	3237	2012-09-07	1916.8	158	12.1
	SHFE	wr1306	3510	3724	2012-11-08	3473	2012-10-29	68.7	135	0.5
	SHFE	wr1307	3469	3655	2012-09-20	3425	2012-12-03	64.0	115	0.6
	SHFE	wr1308	3253	3875	2012-12-17	3253	2012-09-24	219.3	93	2.4
	SHFE	wr1309	3945	3976	2012-12-27	3551	2012-11-19	66.8	70	1.0
	SHFE	wr1310	-	-	-	-	-	0.0	55	0.0
	SHFE	wr1311	-	-	-	-	-	0.0	32	0.0
	SHFE	wr1312	4226	4226	2012-12-18	3801	2012-12-18	31.4	10	3.1

注：1.成交量、成交金额为单边数据。
　　2.年开盘价和年最高价以自然年为统计周期。
数据来源：上海期货交易所
Source: SHFE

5-9 2012年能源、化工及其他期货交易情况

Futures Trading of Metal Products Building Materials, Energy & Chemical Products & Others in 2012

交易品种 Futures Products	上市交易所 Futures Exchange	合约 Contracts	年开盘价(元/吨) Opening Price of the Year (yuan/ton)	年最高价(元/吨) Highest Price of the Year (yuan/ton)	最高价日 Highest Day	年最低价(元/吨) Lowest Price of the Year (yuan/ton)	最低价日 Lowest Day	成交金额(万元) Trading Turnover (10 thousand yuan)	交易天数(天) Trading Days (day)	日均成交金额(万元) Daily Trading Turnover (10 thousand yuan)
	DCE	l1201	9130	9400	2012-01-17	9100	2012-01-16	28006.4	10	2800.6
	DCE	l1202	9240	9845	2012-01-30	9180	2012-01-04	5927.0	25	237.1
	DCE	l1203	9340	10410	2012-03-13	9275	2012-01-04	16931.7	46	368.1
	DCE	l1204	9625	10720	2012-03-14	9545	2012-01-10	12775.3	68	187.9
	DCE	l1205	9705	10745	2012-03-14	9460	2012-05-15	70991593.3	85	835195.2
	DCE	l1206	9765	10890	2012-03-28	9145	2012-06-08	18734.2	107	175.1
	DCE	l1207	9955	10765	2012-03-27	8970	2012-06-06	3787.4	127	29.8
	DCE	l1208	10095	10905	2012-03-14	9060	2012-06-08	6818.4	149	45.8
	DCE	l1209	10010	11105	2012-03-16	9065	2012-06-08	123200591.0	172	716282.5
聚乙烯 LLDPE	DCE	l1210	10150	11180	2012-09-14	9120	2012-06-08	8374.7	192	43.6
	DCE	l1211	10185	11170	2012-03-15	9250	2012-06-12	2643.5	210	12.6
	DCE	l1212	10290	11225	2012-03-13	9245	2012-06-12	8783.9	232	37.9
	DCE	l1301	10415	11415	2012-12-20	9270	2012-06-08	109410163.0	233	469571.5
	DCE	l1302	11050	11475	2012-03-13	9280	2012-07-24	7025.3	218	32.2
	DCE	l1303	-	11200	2012-12-31	9415	2012-06-08	5232.8	197	26.6
	DCE	l1304	10890	11010	2012-12-31	9495	2012-06-12	5228.3	175	29.9
	DCE	l1305	10165	10925	2012-09-17	9515	2012-06-12	59535901.2	158	376809.5
	DCE	l1306	9480	10955	2012-09-17	9480	2012-06-15	6839.3	136	50.3
	DCE	l1307	10490	10750	2012-09-17	9980	2012-07-23	1867.6	116	16.1
	DCE	l1308	9975	10535	2012-12-18	9650	2012-11-23	248.3	94	2.6
	DCE	l1309	11000	11000	2012-09-17	9625	2012-11-21	976935.6	71	13759.7
	DCE	l1310	10305	10445	2012-12-19	9785	2012-11-27	491.0	51	9.6
	DCE	l1311	9890	10160	2012-12-03	9655	2012-11-19	19.9	33	0.6
	DCE	l1312	10745	10745	2012-12-27	10365	2012-12-27	36.9	11	3.4
	DCE	v1201	6545	6650	2012-01-09	6450	2012-01-16	1370.6	10	137.1
	DCE	v1202	6595	6720	2012-02-06	6595	2012-01-13	80.0	25	3.2
	DCE	v1203	6610	6860	2012-01-19	6050	2012-03-05	541.4	46	11.8
	DCE	v1204	6805	7165	2012-02-06	6520	2012-03-30	714.7	68	10.5
	DCE	v1205	6980	7240	2012-02-06	6435	2012-05-15	7214415.9	85	84875.5
	DCE	v1206	7040	7280	2012-02-03	6200	2012-06-04	3256.8	107	30.4
	DCE	v1207	6945	7300	2012-03-02	6080	2012-06-29	707.2	127	5.6
	DCE	v1208	7015	7355	2012-03-05	6255	2012-06-29	2461.5	149	16.5
	DCE	v1209	7205	7525	2012-02-06	6250	2012-06-27	6950277.9	172	40408.6
	DCE	v1210	7260	7455	2012-02-08	6355	2012-08-20	810.7	192	4.2
聚氯乙烯 PVC	DCE	v1211	-	7565	2012-03-05	6270	2012-06-27	445.7	210	2.1
	DCE	v1212	-	7595	2012-03-06	6325	2012-10-18	841.7	232	3.6
	DCE	v1301	7395	7700	2012-02-06	6290	2012-06-27	6846834.2	233	29385.6
	DCE	v1302	-	7395	2012-03-28	6355	2012-12-20	813.9	218	3.7
	DCE	v1303	7605	7605	2012-03-20	6300	2012-10-29	1188.6	197	6.0
	DCE	v1304	-	7155	2012-05-07	6325	2012-11-13	225.1	175	1.3
	DCE	v1305	7135	7160	2012-05-17	6370	2012-10-29	2282695.1	158	14447.4
	DCE	v1306	6980	6980	2012-06-20	6485	2012-11-23	116.8	136	0.9
	DCE	v1307	-	6935	2012-09-24	6480	2012-11-23	852.8	116	7.4
	DCE	v1308	-	6985	2012-09-25	6585	2012-12-20	37.3	94	0.4
	DCE	v1309	6830	6905	2012-09-18	6450	2012-10-31	15216.0	71	214.3
	DCE	v1310	6920	6940	2012-12-19	6550	2012-11-09	70.8	51	1.4
	DCE	v1311	-	6945	2012-12-20	6610	2012-12-17	30.5	33	0.9
	DCE	v1312	6970	6970	2012-12-20	6730	2012-12-20	10.3	11	0.9

5-9 续表 1 continued

交易品种 Futures Products	上市交易所 Futures Exchange	合约 Contracts	年开盘价(元/吨) Opening Price of the Year (yuan/ton)	年最高价(元/吨) Highest Price of the Year (yuan/ton)	最高价日 Highest Day	年最低价(元/吨) Lowest Price of the Year (yuan/ton)	最低价日 Lowest Day	成交金额(万元) Trading Turnover (10 thousand yuan)	交易天数(天) Trading Days (day)	日均成交金额(万元) Daily Trading Turnover (10 thousand yuan)
	DCE	j1201	1750	1892	2012-01-11	1750	2012-01-04	2147.5	10	214.7
	DCE	j1202	1833	1957	2012-01-11	1833	2012-01-06	188.6	25	7.5
	DCE	j1203	2058	2083	2012-01-18	1885	2012-01-18	337.0	46	7.3
	DCE	j1204	-	-	2012-01-04	-	2012-01-04	0.0	-	0.0
	DCE	j1205	2018	2124	2012-02-09	1747	2012-04-27	2542803.5	85	29915.3
	DCE	j1206	2005	2106	2012-01-17	1700	2012-05-30	2030.0	107	19.0
	DCE	j1207	-	2106	2012-03-12	1580	2012-06-28	678.5	127	5.3
	DCE	j1208	-	2076	2012-04-24	1599	2012-07-02	707.6	149	4.8
	DCE	j1209	2035	2161	2012-02-06	1462	2012-08-31	9939087.1	172	57785.4
焦炭	DCE	j1210	-	2048	2012-03-15	1418	2012-09-04	817.8	192	4.3
	DCE	j1211	-	2079	2012-04-09	1347	2012-09-06	1807.9	210	8.6
Coke	DCE	j1212	-	2142	2012-02-03	1342	2012-09-07	8192.6	232	35.3
	DCE	j1301	-	2162	2012-03-15	1288	2012-09-06	215777486.0	233	926083.6
	DCE	j1302	-	2173	2012-03-15	1331	2012-09-06	11190.5	218	51.3
	DCE	j1303	-	2079	2012-05-10	1484	2012-09-21	2988.1	197	15.2
	DCE	j1304	-	1915	2012-11-06	1538	2012-11-30	3043.7	175	17.4
	DCE	j1305	1965	1984	2012-06-11	1316	2012-09-06	284997731.5	158	1803783.1
	DCE	j1306	-	1814	2012-12-31	1363	2012-09-06	16990.3	136	124.9
	DCE	j1307	1669	1791	2012-12-31	1372	2012-09-05	2588.5	116	22.3
	DCE	j1308	-	1836	2012-12-31	1490	2012-09-11	1490.0	94	15.9
	DCE	j1309	1573	1876	2012-12-31	1533	2012-09-24	171525.4	71	2415.9
	DCE	j1310	1610	1860	2012-12-31	1573	2012-11-30	2141.7	51	42.0
	DCE	j1311	1608	1812	2012-12-27	1587	2012-11-30	831.2	33	25.2
	DCE	j1312	1670	1885	2012-12-31	1670	2012-12-17	249.7	11	22.7
	SHFE	fu1202	5200	5210	2012-01-06	4892	2012-01-10	153.1	15	10.2
	SHFE	fu1203	5133	5500	2012-02-29	5084	2012-01-04	34513.7	36	958.7
	SHFE	fu1204	5503	5725	2012-02-23	4922	2012-03-23	1690.7	58	29.2
	SHFE	fu1205	5199	5639	2012-03-29	5078	2012-01-04	88753.7	75	1183.4
	SHFE	fu1206	5503	5736	2012-03-29	4906	2012-05-22	1327.5	97	13.7
	SHFE	fu1207	4751	5725	2012-03-28	4220	2012-06-27	2033.9	117	17.4
	SHFE	fu1208	5330	5685	2012-04-06	4400	2012-06-27	855.4	139	6.2
	SHFE	fu1209	5071	5606	2012-03-29	4511	2012-07-18	66374.3	162	409.7
	SHFE	fu1210	4962	5599	2012-02-07	4379	2012-06-28	1732.9	182	9.5
燃料油	SHFE	fu1211	5711	5711	2012-02-03	4720	2012-06-07	1780.2	200	8.9
	SHFE	fu1212	5631	5631	2012-02-17	4607	2012-06-06	1940.2	222	8.7
Fuel Oil	SHFE	fu1301	5201	5501	2012-04-25	4521	2012-07-11	29237.3	243	120.3
	SHFE	fu1303	4642	5219	2012-12-07	4636	2012-11-12	617.2	207	3.0
	SHFE	fu1304	4905	5510	2012-04-27	4621	2012-08-23	783.2	185	4.2
	SHFE	fu1305	5059	5164	2012-12-27	4736	2012-11-12	4281.8	168	25.5
	SHFE	fu1306	4562	5071	2012-09-24	4516	2012-09-24	188.3	146	1.3
	SHFE	fu1307	4099	5164	2012-09-25	4099	2012-09-11	46.3	126	0.4
	SHFE	fu1308	4451	5658	2012-10-29	4451	2012-10-29	326.1	104	3.1
	SHFE	fu1309	-	-	-	-	-	0.0	81	0.0
	SHFE	fu1310	4230	5380	2012-11-06	4230	2012-11-06	446.1	61	7.3
	SHFE	fu1311	-	-	-	-	-	0.0	43	0.0
	SHFE	fu1312	-	-	-	-	-	0.0	21	0.0
	ZCE	ME203	2750	3040	2012-02-08	2726	2012-01-05	251163.3	46	5460.1
	ZCE	ME204	2777	3036	2012-02-06	2777	2012-01-06	1084.5	68	15.9
	ZCE	ME205	2755	3225	2012-05-03	2738	2012-01-04	11561311.2	85	136015.4
甲醇	ZCE	ME206	2823	3233	2012-05-14	2759	2012-01-11	3156.3	107	29.5
	ZCE	ME207	2866	3068	2012-01-31	2713	2012-06-04	382.6	127	3.0
Menthanol	ZCE	ME208	3028	3150	2012-05-02	2707	2012-06-26	2202.8	149	14.8
	ZCE	ME209	2783	3159	2012-05-03	2655	2012-06-14	17670921.5	172	102737.9
	ZCE	ME210	3001	3235	2012-04-20	2685	2012-06-14	2101.3	192	10.9
	ZCE	ME211	2843	3210	2012-04-10	2703	2012-06-27	326.7	210	1.6
	ZCE	ME212	2860	3267	2012-05-09	2612	2012-09-04	4061.2	232	17.5

5-9 续表 2 continued

交易品种 Futures Products	上市交易所 Futures Exchange	合约 Contracts	年开盘价(元/吨) Opening Price of the Year (yuan/ton)	年最高价(元/吨) Highest Price of the Year (yuan/ton)	最高价日 Highest Day	年最低价(元/吨) Lowest Price of the Year (yuan/ton)	最低价日 Lowest Day	成交金额(万元) Trading Turnover (10 thousand yuan)	交易天数(天) Trading Days (day)	日均成交金额(万元) Daily Trading Turnover (10 thousand yuan)
甲醇 Menthanol	ZCE	ME301	3222	3222	2012-03-14	2532	2012-09-05	23088650.2	233	99092.9
	ZCE	ME302	3370	3370	2012-03-22	2631	2012-09-13	1765.9	218	8.1
	ZCE	ME303	3140	3181	2012-04-24	2626	2012-06-15	519.9	197	2.6
	ZCE	ME304	2564	2859	2012-09-19	2564	2012-09-06	95.3	175	0.5
	ZCE	ME305	3053	3053	2012-06-11	2545	2012-09-05	1258731.2	158	7966.7
	ZCE	ME306	2793	2950	2012-07-18	2650	2012-11-29	209.9	136	1.5
	ZCE	ME307	-	0	-	-	-	0.0	116	0.0
	ZCE	ME308	2789	2845	2012-12-17	2599	2012-08-30	233.8	94	2.5
	ZCE	ME309	2898	2927	2012-10-16	2698	2012-10-09	2754.2	71	38.8
	ZCE	ME310	2745	2892	2012-10-25	2745	2012-10-25	28.2	51	0.6
	ZCE	ME311	2645	2786	2012-12-24	2645	2012-12-24	27.2	33	0.8
	ZCE	ME312	-	0	-	-	-	0.0	11	0.0
玻璃 Glass	ZCE	FG303	1370	1379	2012-12-03	1295	2012-12-12	77976.3	21	3713.2
	ZCE	FG304	1370	1370	2012-12-03	1290	2012-12-13	2397.6	21	114.2
	ZCE	FG305	1373	1385	2012-12-03	1282	2012-12-13	41280992.7	21	1965761.6
	ZCE	FG306	1361	1412	2012-12-31	1284	2012-12-12	8724.4	21	415.4
	ZCE	FG307	1391	1421	2012-12-31	1287	2012-12-12	1989.9	21	94.8
	ZCE	FG308	1343	1422	2012-12-31	1288	2012-12-13	762.6	21	36.3
	ZCE	FG309	1390	1430	2012-12-31	1288	2012-12-12	1578752.3	21	75178.7
	ZCE	FG310	1370	1430	2012-12-31	1289	2012-12-12	743.6	21	35.4
	ZCE	FG311	1294	1423	2012-12-31	1285	2012-12-12	2316.5	21	110.3
	ZCE	FG312	1377	1425	2012-12-31	1366	2012-12-21	165.1	11	15.0
PTA	ZCE	TA201	8850	9600	2012-01-17	8782	2012-01-04	20148.4	10	2014.8
	ZCE	TA202	8618	9350	2012-02-06	8600	2012-01-04	14884.0	25	595.4
	ZCE	TA203	8636	9342	2012-02-06	8580	2012-01-04	17033.1	46	370.3
	ZCE	TA204	8552	9328	2012-02-06	8520	2012-01-04	36355.7	68	534.6
	ZCE	TA205	8520	9246	2012-02-08	8202	2012-05-15	64488760.1	85	758691.3
	ZCE	TA206	8480	9222	2012-03-05	7000	2012-06-12	34593.2	107	323.3
	ZCE	TA207	8442	9216	2012-03-05	6948	2012-06-13	18898.5	127	148.8
	ZCE	TA208	8400	9216	2012-03-05	6954	2012-06-13	31265.7	149	209.8
	ZCE	TA209	8440	9212	2012-03-05	6964	2012-06-13	117649051.0	172	684006.1
	ZCE	TA210	8458	9370	2012-03-02	6972	2012-06-13	52756.3	192	274.8
	ZCE	TA211	8412	9024	2012-02-10	7000	2012-06-13	15721.0	210	74.9
	ZCE	TA212	8866	9096	2012-02-10	6996	2012-06-13	38160.9	232	164.5
	ZCE	TA301	8780	9196	2012-03-05	6980	2012-06-13	208052832.7	233	892930.6
	ZCE	TA302	8894	9400	2012-03-14	7136	2012-06-21	23452.3	218	107.6
	ZCE	TA303	8782	9032	2012-03-15	7062	2012-06-12	9259.7	197	47.0
	ZCE	TA304	8072	8670	2012-12-31	7080	2012-06-12	7887.2	175	45.1
	ZCE	TA305	8298	8580	2012-12-31	7114	2012-06-08	88472379.2	158	559951.8
	ZCE	TA306	7542	8534	2012-12-31	7004	2012-06-15	21163.5	136	155.6
	ZCE	TA307	7836	8490	2012-12-31	7166	2012-09-14	1971.3	116	17.0
	ZCE	TA308	7350	8488	2012-12-31	7270	2012-09-07	880.9	94	9.4
	ZCE	TA309	7834	8500	2012-12-31	7322	2012-11-14	720338.5	71	10145.6
	ZCE	TA310	7732	8126	2012-12-25	7406	2012-11-01	767.5	51	15.0
	ZCE	TA311	7498	8230	2012-12-27	7448	2012-11-30	701.3	33	21.3
	ZCE	TA312	7880	8500	2012-12-31	7880	2012-12-17	90.5	11	8.2

注：1.成交量、成交金额为单边数据。
　　2.年开盘价和年最高价以自然年为统计周期。
数据来源：上海期货交易所、郑州商品交易所、大连商品交易所
Source: SHFE、ZCE、DCE

5-10　2012年金融期货交易情况
Futures Trading of Financial Futures in 2012

交易品种 Futures Products	上市交易所 Futures Exchange	合约 Contracts	年开盘价(元/吨) Opening Price of the Year (yuan/ton)	年最高价(元/吨) Highest Price of the Year (yuan/ton)	最高价日 Highest Day	年最低价(元/吨) Lowest Price of the Year (yuan/ton)	最低价日 Lowest Day	成交金额(万元) Trading Turnover (10 thousand yuan)	交易天数(天) Trading Days (day)	日均成交金额(万元) Daily Trading Turnover (10 thousand yuan)
指数期货 Index Futures	CFFEX	IF1201	2381.0	2499.4	2012-01-20	2273.0	2012-01-06	24024.89	13	1848.07
	CFFEX	IF1202	2389.0	2572.4	2012-02-10	2282.4	2012-01-06	43060.99	28	1537.89
	CFFEX	IF1203	2407.0	2702.8	2012-03-14	2297.4	2012-01-06	56481.90	48	1176.71
	CFFEX	IF1204	2580.2	2715.4	2012-03-14	2438.8	2012-04-05	54013.79	42	1286.04
	CFFEX	IF1205	2637.0	2726.0	2012-05-08	2452.0	2012-04-05	45497.48	40	1137.44
	CFFEX	IF1206	2410.8	2735.0	2012-03-14	2318.0	2012-01-06	56610.65	108	524.17
	CFFEX	IF1207	2579.0	2652.6	2012-05-29	2380.6	2012-07-18	67975.42	44	1544.90
	CFFEX	IF1208	2582.2	2593.2	2012-06-18	2299.2	2012-08-17	51717.33	44	1175.39
	CFFEX	IF1209	2577.0	2765.8	2012-03-14	2184.2	2012-09-21	73192.78	164	446.30
	CFFEX	IF1210	2335.0	2373.2	2012-09-07	2185.2	2012-09-24	65721.03	40	1643.03
	CFFEX	IF1211	2215.8	2365.0	2012-10-22	2166.0	2012-11-16	68240.04	35	1949.72
	CFFEX	IF1212	2692.4	2794.4	2012-05-08	2111.8	2012-12-04	96114.07	167	575.53
	CFFEX	IF1301	2189.0	2544.0	2012-12-31	2119.2	2012-12-04	52913.89	31	1706.90
	CFFEX	IF1302	2395.8	2557.0	2012-12-31	2393.4	2012-12-25	329.20	6	54.87
	CFFEX	IF1303	2472.2	2570.4	2012-12-31	2140.6	2012-12-04	2123.04	111	19.13
	CFFEX	IF1306	2415.2	2592.4	2012-12-31	2167.6	2012-12-04	390.29	51	7.65

注：1.成交量、成交金额为单边数据。
　　2.年开盘价和年最高价以自然年为统计周期。
数据来源：中国金融期货交易所
Source：CFFEX

5-11 2012年期货市场主力合约情况
Statistics of Dominate Contract in 2012

交易所 Exchanges	交易品种	Futures Products	持仓量 (手) Positions (lot)	成交量 (手) Trading Volume (lot)	上年末最后交易日结算价 (元/吨) Last Trading Day Clearing Price of Last Year (yuan/ton)	本年末最后交易日结算价 (元/吨) Last Trading Day Clearing Price of This Year (yuan/ton)	涨跌幅 (%) Range of Fluctuation (%)	振幅 (%) Volatility (%)
上海期货交易所 SHFE	铜	Copper	70319	79211	55040	57810	5.03	18.92
	铝	Aluminum	32562	2570	15850	15335	-3.25	10.28
	锌	Zinc	45847	26616	14750	15510	5.15	15.66
	铅	Lead	1221	101	15235	15240	0.03	17.69
	黄金(元/克)	Gold (yuan/g)	54538	17991	319.24	339.41	6.32	16.56
	白银(元/千克)	Silver (yuan/kg)	100936	104116	-	6420	-	30.28
	螺纹钢	Steel Rebar	560144	1201936	4201	3958	-5.78	37.40
	线材	Steel Wire Rod	7	37	4195	3958	-5.65	27.33
	燃料油	Fuel Oil	25	0	5051	5010	-0.81	25.01
	天然橡胶	Natural Rubber	71405	157932	24320	26415	8.61	42.90
郑州商品交易所 ZCE	硬麦	Hard Wheat	929	54	2153	2348	9.06	16.33
	强麦(WS)	Strong Gluten Wheat	135750	18284	2376	2566	8.00	17.10
	强麦(WH)	Strong Gluten Wheat	4224	436	-	2682	-	5.98
	普麦	Wheat	21	2	-	2498	-	19.86
	棉花	Cotton	94442	44117	20745	18975	-8.53	23.63
	白糖	Sugar	274444	215035	5967	5549	-7.01	34.21
	菜籽油(RO)	Rapeseed Oil	42707	16654	9488	9824	3.54	14.63
	菜籽油(OI)	Rapeseed Oil	723	234	-	9894	-	13.17
	早籼稻(ER)	Early Indica Rice	33346	19135	2522	2718	7.77	12.83
	早籼稻(RI)	Early Indica Rice	671	20	-	2776	-	7.75
	甲醇	Menthanol	6018	2549	2726	2731	0.18	24.76
	玻璃	Glass	68001	250056	-	1357	-	8.03
	油菜籽	Rapeseed	4402	72519	-	5309	-	4.48
	菜籽粕	Rapeseed Meal	19645	118597	-	2365	-	5.22
	PTA	PTA	213430	410404	8370	8526	1.86	32.77
大连商品交易所 DCE	玉米	Corn	155072	26829	2273	2435	7.13	9.95
	黄大豆1号	Soybean No.1	113515	53669	4339	4742	9.29	19.09
	黄大豆2号	Soybean No.2	23	38	4742	4725	-0.36	17.05
	豆粕	Soybean Meal	613233	787526	2945	3308	12.33	52.23
	豆油	Soybean Oil	250417	224598	8978	8680	-3.32	23.86
	棕榈油	RBD Palm Oil	277260	326979	7982	6986	-12.48	39.37
	聚乙烯	LLDPE	129798	165386	9555	10815	13.19	22.67
	聚氯乙烯	PVC	38191	15060	6885	6620	-3.85	15.84
	焦炭	Coke	68723	506684	1998	1791	-10.36	64.91
中国金融期货交易所 CFFEX	指数期货	Index Futures	6298	67753	705900	716100	1.44	60.83
		-	-	-	-	-	-	-

注：1.主力合约选用统计期末各期限合约中持仓量最大的合约，如持仓量相同则选取成交量最大合约为主力合约。
2.持仓量和成交量均为2012年年末数据，成交量、成交金额为单边数据。
3.上年末最后交易日结算价指的是上年末最后交易日按持仓量最大来选取的主力合约结算价，本年末最后交易日结算价指的是本年末最后交易日按持仓量最大来选取的主力合约的结算价。
4.振幅使用全年每个交易日的主力合约的最高价的最高值和最低价的最低值来计算。

数据来源：上海期货交易所、郑州商品交易所、大连商品交易所、中国金融期货交易所

Source：SHFE、ZCE、DCE、CFFEX

5-12 2012年农产品期货持仓情况
Positions of Agricultural Products Futures in 2012

交易品种 Futures Products	上市交易所 Futures Exchange	合约 Contracts	最高持仓量（手） Highest Positions (lot)	最高持仓日期 Highest Positions Day	最后持仓量（手） Last Positions (lot)	最后持仓日期 Last Positions Day	年末持仓量（手） Positions at the End of the Year (lot)
	DCE	c1201	4978	2012-01-04	4978	2012-01-16	0
	DCE	c1203	463	2012-01-16	3	2012-02-28	0
	DCE	c1205	102392	2012-01-04	15	2012-05-14	0
	DCE	c1207	189	2012-03-13	82	2012-07-02	0
玉米	DCE	c1209	570986	2012-05-25	348	2012-09-13	0
	DCE	c1211	319	2012-05-04	15	2012-10-31	0
Corn	DCE	c1301	329283	2012-08-15	12025	2012-12-31	12025
	DCE	c1303	186	2012-10-18	137	2012-12-31	137
	DCE	c1305	202271	2012-11-13	155072	2012-12-31	155072
	DCE	c1307	155	2012-09-17	84	2012-12-31	84
	DCE	c1309	58022	2012-12-26	53874	2012-12-31	53874
	DCE	c1311	33	2012-12-28	32	2012-12-31	32
	DCE	a1201	8047	2012-01-04	30	2012-01-16	0
	DCE	a1203	286	2012-01-04	24	2012-03-13	0
	DCE	a1205	27968	2012-01-04	626	2012-05-14	0
	DCE	a1207	242	2012-05-21	35	2012-07-12	0
	DCE	a1209	143449	2012-02-22	150	2012-09-13	0
	DCE	a1211	205	2012-10-29	1	2012-11-09	0
黄大豆1号	DCE	a1301	249133	2012-07-23	2552	2012-12-31	2552
	DCE	a1303	234	2012-11-06	109	2012-12-31	109
Soybean	DCE	a1305	288082	2012-11-13	113515	2012-12-31	113515
No.1	DCE	a1307	102	2012-11-02	29	2012-12-31	29
	DCE	a1309	91041	2012-12-05	81672	2012-12-31	81672
	DCE	a1311	109	2012-07-13	13	2012-12-31	13
	DCE	a1401	17689	2012-12-18	16735	2012-12-31	16735
	DCE	a1403	17	2012-11-14	11	2012-12-13	0
	DCE	a1405	222	2012-12-12	26	2012-12-31	26
	DCE	b1201	0	2012-01-04	1	2011-12-20	0
	DCE	b1203	1	2012-01-04	1	2012-01-20	0
	DCE	b1205	8	2012-01-13	1	2012-04-18	0
	DCE	b1207	2	2012-04-05	1	2012-06-19	0
黄大豆2号	DCE	b1209	782	2012-08-08	151	2012-09-13	0
	DCE	b1211	2	2012-03-01	1	2012-09-03	0
Soybean	DCE	b1301	93	2012-06-18	8	2012-12-28	0
No.2	DCE	b1303	35	2012-04-10	1	2012-12-31	1
	DCE	b1305	66	2012-11-20	23	2012-12-31	23
	DCE	b1307	2	2012-12-26	1	2012-12-31	1
	DCE	b1309	35	2012-11-16	16	2012-12-31	16
	DCE	b1311	3	2012-11-19	2	2012-12-31	2

5-12 续表 1 continued

交易品种 Futures Products	上市交易所 Futures Exchange	合约 Contracts	最高持仓量（手）Highest Positions (lot)	最高持仓日期 Highest Positions Day	最后持仓量（手）Last Positions (lot)	最后持仓日期 Last Positions Day	年末持仓量（手）Positions at the End of the Year (lot)
豆粕 Soybean Meal	DCE	m1201	33	2012-01-04	5	2012-01-16	0
	DCE	m1203	61	2012-01-04	6	2012-03-06	0
	DCE	m1205	159346	2012-01-04	223	2012-05-14	0
	DCE	m1207	272	2012-05-07	16	2012-07-04	0
	DCE	m1208	264	2012-05-07	1	2012-07-30	0
	DCE	m1209	683150	2012-05-04	786	2012-09-13	0
	DCE	m1211	8136	2012-08-31	1	2012-10-31	0
	DCE	m1212	529	2012-08-10	3	2012-12-04	0
	DCE	m1301	1321687	2012-08-31	10543	2012-12-31	10543
	DCE	m1303	521	2012-12-28	516	2012-12-31	516
	DCE	m1305	770502	2012-11-15	613233	2012-12-31	613233
	DCE	m1307	1085	2012-09-17	210	2012-12-31	210
	DCE	m1308	161	2012-12-03	52	2012-12-31	52
	DCE	m1309	188570	2012-12-31	188570	2012-12-31	188570
	DCE	m1311	174	2012-12-13	156	2012-12-31	156
	DCE	m1312	77	2012-12-27	75	2012-12-31	75
豆油 Soybean Oil	DCE	y1201	7223	2012-01-04	1560	2012-01-16	0
	DCE	y1203	48	2012-01-04	5	2012-03-13	0
	DCE	y1205	100318	2012-01-04	601	2012-05-14	0
	DCE	y1207	68	2012-01-04	3	2012-06-27	0
	DCE	y1208	43	2012-05-14	2	2012-07-26	0
	DCE	y1209	282675	2012-03-15	675	2012-09-13	0
	DCE	y1211	19	2012-02-21	2	2012-11-06	0
	DCE	y1212	17	2012-10-16	1	2012-12-03	0
	DCE	y1301	265412	2012-09-03	532	2012-12-31	532
	DCE	y1303	268	2012-07-18	35	2012-12-31	35
	DCE	y1305	353579	2012-11-12	250417	2012-12-31	250417
	DCE	y1307	31	2012-11-26	25	2012-12-31	25
	DCE	y1308	36	2012-11-09	9	2012-12-31	9
	DCE	y1309	121510	2012-12-28	120315	2012-12-31	120315
	DCE	y1311	4	2012-12-25	4	2012-12-31	4
	DCE	y1312	3	2012-12-21	2	2012-12-31	2
棕榈油 RBD Palm Oil	DCE	p1201	1848	2012-01-04	1843	2012-01-16	0
	DCE	p1202	10	2012-01-30	9	2012-02-13	0
	DCE	p1203	10	2012-02-14	7	2012-03-13	0
	DCE	p1204	2	2012-02-02	1	2012-03-08	0
	DCE	p1205	74893	2012-01-04	2830	2012-05-14	0
	DCE	p1206	16	2012-03-12	1	2012-05-17	0
	DCE	p1207	15	2012-04-18	1	2012-06-27	0
	DCE	p1208	32	2012-04-12	3	2012-08-13	0
	DCE	p1209	134627	2012-03-26	2179	2012-09-13	0
	DCE	p1210	26	2012-02-08	5	2012-09-26	0
	DCE	p1211	8	2012-06-19	1	2012-10-26	0
	DCE	p1212	57	2012-10-17	1	2012-11-02	0

5-12 续表 2 continued

交易品种 Futures Products	上市交易所 Futures Exchange	合约 Contracts	最高持仓量（手） Highest Positions (lot)	最高持仓日期 Highest Positions Day	最后持仓量（手） Last Positions (lot)	最后持仓日期 Last Positions Day	年末持仓量（手） Positions at the End of the Year (lot)
棕榈油 RBD Palm Oil	DCE	p1301	167310	2012-10-15	8808	2012-12-31	8808
	DCE	p1302	153	2012-12-28	92	2012-12-31	92
	DCE	p1303	151	2012-07-18	133	2012-12-31	133
	DCE	p1304	108	2012-12-28	107	2012-12-31	107
	DCE	p1305	305056	2012-12-28	277260	2012-12-31	277260
	DCE	p1306	81	2012-12-20	74	2012-12-31	74
	DCE	p1307	9	2012-12-31	9	2012-12-31	9
	DCE	p1308	20	2012-12-28	20	2012-12-31	20
	DCE	p1309	106662	2012-12-27	101648	2012-12-31	101648
	DCE	p1310	7	2012-12-24	6	2012-12-31	6
	DCE	p1311	7	2012-12-25	7	2012-12-31	7
	DCE	p1312	3	2012-12-25	3	2012-12-31	3
硬麦 Hard Wheat	ZCE	WT201	562	2012-01-04	562	2012-01-13	0
	ZCE	WT203	120	2012-02-29	120	2012-02-29	0
	ZCE	WT205	1203	2012-03-27	308	2012-05-22	0
	ZCE	WT207	37	2012-04-18	27	2012-06-29	0
	ZCE	WT209	3457	2012-05-28	340	2012-09-19	0
	ZCE	WT211	19	2012-08-28	0	-	0
强麦(WS) Strong Gluten Wheat	ZCE	WS201	12068	2012-01-04	10650	2012-01-13	0
	ZCE	WS203	40	2012-03-12	40	2012-03-21	0
	ZCE	WS205	53981	2012-01-12	1452	2012-05-22	0
	ZCE	WS207	1606	2012-04-27	179	2012-07-20	0
	ZCE	WS209	220640	2012-03-13	25957	2012-09-19	0
	ZCE	WS211	1861	2012-08-21	572	2012-11-21	0
	ZCE	WS301	252674	2012-07-05	15690	2012-12-31	15690
	ZCE	WS303	60	2012-12-28	58	2012-12-31	58
	ZCE	WS305	154755	2012-12-24	135750	2012-12-31	135750
强麦(WH) Strong Gluten Wheat	ZCE	WH307	779	2012-12-11	722	2012-11-30	722
	ZCE	WH309	4224	2012-12-31	4224	2012-12-31	4224
	ZCE	WH311	66	2012-12-31	66	2012-12-31	66
普麦 Wheat	ZCE	PM301	604	2012-07-19	3	2012-12-31	3
	ZCE	PM303	4	2012-08-07	0	-	0
	ZCE	PM305	12	2012-07-12	5	2012-12-31	5
	ZCE	PM307	10	2012-10-29	9	2012-12-31	9
	ZCE	PM309	21	2012-12-31	21	2012-12-31	21
	ZCE	PM311	0	-	0	-	0

5-12 续表 3 continued

交易品种 Futures Products	上市交易所 Futures Exchange	合约 Contracts	最高持仓量(手) Highest Positions (lot)	最高持仓日 期 Highest Positions Day	最后持仓量(手) Last Positions (lot)	最后持仓日 期 Last Positions Day	年末持仓量(手) Positions at the End of the Year (lot)
棉花 Cotton	ZCE	CF201	1184	2012-01-04	766	2012-01-16	0
	ZCE	CF203	4290	2012-02-10	2037	2012-03-13	0
	ZCE	CF205	100874	2012-01-12	11830	2012-05-14	0
	ZCE	CF207	22165	2012-05-11	4719	2012-07-12	0
	ZCE	CF209	201743	2012-04-19	3292	2012-09-13	0
	ZCE	CF211	2457	2012-02-01	1464	2012-11-13	0
	ZCE	CF301	168926	2012-07-30	7479	2012-12-31	7479
	ZCE	CF303	7804	2012-12-07	4694	2012-12-31	4694
	ZCE	CF305	106482	2012-12-10	94442	2012-12-31	94442
	ZCE	CF307	442	2012-12-13	394	2012-12-31	394
	ZCE	CF309	26238	2012-12-26	25798	2012-12-31	25798
	ZCE	CF311	141	2012-12-26	134	2012-12-31	134
白糖 Sugar	ZCE	SR201	2287	2012-01-04	199	2012-01-16	0
	ZCE	SR203	2502	2012-01-04	607	2012-03-13	0
	ZCE	SR205	161838	2012-01-04	963	2012-05-14	0
	ZCE	SR207	2358	2012-02-17	665	2012-07-12	0
	ZCE	SR209	287227	2012-02-08	2942	2012-09-13	0
	ZCE	SR211	2998	2012-05-09	317	2012-11-13	0
	ZCE	SR301	431525	2012-06-18	2355	2012-12-31	2355
	ZCE	SR303	631	2012-09-07	406	2012-12-31	406
	ZCE	SR305	364113	2012-12-17	274444	2012-12-31	274444
	ZCE	SR307	432	2012-10-19	204	2012-12-31	204
	ZCE	SR309	93903	2012-12-31	93903	2012-12-31	93903
	ZCE	SR311	391	2012-09-18	358	2012-12-31	358
	ZCE	SR401	3363	2012-12-27	3342	2012-12-31	3342
	ZCE	SR403	180	2012-11-23	72	2012-12-31	72
	ZCE	SR405	592	2012-12-25	515	2012-12-31	515
菜籽油(RO) Rapeseed Oil	ZCE	RO201	1872	2012-01-04	1423	2012-01-16	0
	ZCE	RO203	1	2012-01-04	0	-	0
	ZCE	RO205	42151	2012-01-04	831	2012-05-14	0
	ZCE	RO207	4	2012-06-04	0	-	0
	ZCE	RO209	68782	2012-06-04	22560	2012-09-13	0
	ZCE	RO211	8	2012-04-09	0	-	0
	ZCE	RO301	78928	2012-06-14	5468	2012-12-31	5468
	ZCE	RO303	11	2012-12-20	11	2012-12-31	11
	ZCE	RO305	43536	2012-12-28	42707	2012-12-31	42707
菜籽油(OI) Rapeseed Oil	ZCE	OI307	44	2012-11-30	33	2012-12-31	33
	ZCE	OI309	723	2012-12-31	723	2012-12-31	723
	ZCE	OI311	0	-	0	-	0

5-12 续表 4 continued

交易品种 Futures Products	上市交易所 Futures Exchange	合约 Contracts	最高持仓量（手） Highest Positions (lot)	最高持仓日期 Highest Positions Day	最后持仓量（手） Last Positions (lot)	最后持仓日期 Last Positions Day	年末持仓量（手） Positions at the End of the Year (lot)
早籼稻(ER) Early Indica Rice	ZCE	ER201	1890	2012-01-04	807	2012-01-13	0
	ZCE	ER203	15	2012-01-10	0	-	0
	ZCE	ER205	22869	2012-01-04	83	2012-05-22	0
	ZCE	ER207	287	2012-01-04	0	-	0
	ZCE	ER209	22686	2012-05-17	751	2012-09-19	0
	ZCE	ER211	13	2012-03-06	1	2012-11-21	0
	ZCE	ER301	39495	2012-09-17	1077	2012-12-31	1077
	ZCE	ER303	37	2012-11-19	9	2012-12-31	9
	ZCE	ER305	45997	2012-12-25	33346	2012-12-31	33346
早籼稻(RI) Early Indica Rice	ZCE	RI307	3	2012-11-30	3	2012-11-30	3
	ZCE	RI309	681	2012-12-28	671	2012-12-31	671
	ZCE	RI311	1	2012-11-26	1	2012-11-30	1
油菜籽 Rapeseed	ZCE	RS307	122	2012-12-28	53	2012-12-31	53
	ZCE	RS308	7	2012-12-28	6	2012-12-31	6
	ZCE	RS309	4443	2012-12-28	4402	2012-12-31	4402
	ZCE	RS311	48	2012-12-31	48	2012-12-31	48
菜籽粕 Rapeseed Meal	ZCE	RM305	22356	2012-12-28	19645	2012-12-31	19645
	ZCE	RM307	14	2012-12-28	14	2012-12-31	14
	ZCE	RM308	0	-	0	-	0
	ZCE	RM309	11066	2012-12-31	11066	2012-12-31	11066
	ZCE	RM311	16392	2012-12-31	16392	2012-12-31	16392
天然橡胶 Natural Rubber	SHFE	ru1201	1998	2012-01-04	1647	2012-01-13	-
	SHFE	ru1203	2509	2012-02-17	1925	2012-03-15	-
	SHFE	ru1204	975	2012-02-22	812	2012-04-16	-
	SHFE	ru1205	180144	2012-01-04	645	2012-05-15	-
	SHFE	ru1206	782	2012-03-30	714	2012-06-15	-
	SHFE	ru1207	872	2012-07-16	872	2012-07-16	-
	SHFE	ru1208	481	2012-07-24	166	2012-08-15	-
	SHFE	ru1209	73016	2012-06-05	1365	2012-09-17	
	SHFE	ru1210	596	2012-10-12	596	2012-10-15	-
	SHFE	ru1211	755	2012-10-18	205	2012-11-15	-
	SHFE	ru1301	99945	2012-08-13	2263	2012-12-31	2263
	SHFE	ru1303	2826	2012-12-14	2699	2012-12-31	2699
	SHFE	ru1304	219	2012-07-12	144	2012-12-31	144
	SHFE	ru1305	87263	2012-12-17	71405	2012-12-31	71405
	SHFE	ru1306	985	2012-12-05	314	2012-12-31	314
	SHFE	ru1307	85	2012-12-18	78	2012-12-31	78
	SHFE	ru1308	550	2012-12-03	126	2012-12-31	126
	SHFE	ru1309	10686	2012-12-31	10686	2012-12-31	10686
	SHFE	ru1310	120	2012-11-30	94	2012-12-31	94
	SHFE	ru1311	44	2012-12-31	44	2012-12-31	44

注：最后持仓量为交割日前一天的持仓量。

数据来源：上海期货交易所、郑州商品交易所、大连商品交易所

Source: SHFE、ZCE、DCE

5-13 2012年金属期货持仓情况

Positions of Metal Products Futures in 2012

交易品种 Futures Products	上市交易所 Futures Exchange	合约 Contracts	最高持仓量（手）Highest Positions (lot)	最高持仓日 期 Highest Positions Day	最后持仓量（手）Last Positions (lot)	最后持仓日 期 Last Positions Day	年末持仓量（手）Positions at the End of the Year (lot)
铜 Copper	SHFE	cu1201	8830	2012-01-04	3785	2012-01-13	-
	SHFE	cu1202	31513	2012-01-04	7390	2012-02-15	-
	SHFE	cu1203	116441	2012-01-05	5710	2012-03-15	-
	SHFE	cu1204	105064	2012-02-01	6370	2012-04-16	-
	SHFE	cu1205	107251	2012-02-20	4655	2012-05-15	-
	SHFE	cu1206	104633	2012-03-20	1960	2012-06-15	-
	SHFE	cu1207	135351	2012-04-17	2550	2012-07-16	-
	SHFE	cu1208	130096	2012-05-14	5980	2012-08-15	-
	SHFE	cu1209	166254	2012-06-04	7700	2012-09-17	-
	SHFE	cu1210	154169	2012-06-27	5685	2012-10-15	-
	SHFE	cu1211	148374	2012-07-25	7620	2012-11-15	-
	SHFE	cu1212	121386	2012-09-03	4565	2012-12-17	-
	SHFE	cu1301	101147	2012-09-19	12875	2012-12-31	12875
	SHFE	cu1302	107063	2012-11-13	27415	2012-12-31	27415
	SHFE	cu1303	100214	2012-12-06	50663	2012-12-31	50663
	SHFE	cu1304	78856	2012-12-26	70319	2012-12-31	70319
	SHFE	cu1305	20276	2012-12-31	20276	2012-12-31	20276
	SHFE	cu1306	4830	2012-12-31	4830	2012-12-31	4830
	SHFE	cu1307	1060	2012-12-31	1060	2012-12-31	1060
	SHFE	cu1308	603	2012-12-31	603	2012-12-31	603
	SHFE	cu1309	465	2012-12-03	459	2012-12-31	459
	SHFE	cu1310	643	2012-12-21	641	2012-12-31	641
	SHFE	cu1311	281	2012-12-31	281	2012-12-31	281
	SHFE	cu1312	107	2012-12-31	107	2012-12-31	107
铝 Aluminum	SHFE	al1201	9915	2012-01-04	2530	2012-01-13	-
	SHFE	al1202	21593	2012-01-04	7020	2012-02-15	-
	SHFE	al1203	30382	2012-01-04	10895	2012-03-15	-
	SHFE	al1204	30480	2012-01-18	9475	2012-04-16	-
	SHFE	al1205	32033	2012-02-16	7615	2012-05-15	-
	SHFE	al1206	25104	2012-04-06	2805	2012-06-15	-
	SHFE	al1207	34133	2012-04-24	5680	2012-07-16	-
	SHFE	al1208	51262	2012-05-14	4480	2012-08-15	-
	SHFE	al1209	51161	2012-06-04	11240	2012-09-17	-
	SHFE	al1210	63672	2012-06-27	7880	2012-10-15	-
	SHFE	al1211	53192	2012-08-03	8015	2012-11-15	-
	SHFE	al1212	45565	2012-09-10	9360	2012-12-17	-
	SHFE	al1301	27113	2012-11-15	18520	2012-12-31	18520
	SHFE	al1302	21595	2012-11-23	18860	2012-12-31	18860
	SHFE	al1303	32562	2012-12-31	32562	2012-12-31	32562
	SHFE	al1304	10078	2012-12-24	10008	2012-12-31	10008
	SHFE	al1305	3129	2012-12-31	3129	2012-12-31	3129
	SHFE	al1306	258	2012-12-20	252	2012-12-31	252
	SHFE	al1307	224	2012-12-14	200	2012-12-31	200
	SHFE	al1308	110	2012-12-04	107	2012-12-31	107
	SHFE	al1309	66	2012-12-21	66	2012-12-31	66
	SHFE	al1310	35	2012-12-13	34	2012-12-31	34
	SHFE	al1311	10	2012-12-12	8	2012-12-31	8
	SHFE	al1312	3	2012-12-31	3	2012-12-31	3

注：最后持仓量为交割日前一天的持仓量。

数据来源：上海期货交易所

Source: SHFE

5-13 续表 1 continued

交易品种 Futures Products	上市交易所 Futures Exchange	合约 Contracts	最高持仓量(手) Highest Positions (lot)	最高持仓日期 Highest Positions Day	最后持仓量(手) Last Positions (lot)	最后持仓日期 Last Positions Day	年末持仓量(手) Positions at the End of the Year (lot)
锌 Zinc	SHFE	zn1201	4365	2012-01-04	3385	2012-01-13	-
	SHFE	zn1202	26153	2012-01-04	4075	2012-02-15	-
	SHFE	zn1203	112919	2012-01-06	4810	2012-03-15	-
	SHFE	zn1204	83779	2012-02-02	5440	2012-04-16	-
	SHFE	zn1205	101936	2012-02-21	7140	2012-05-15	-
	SHFE	zn1206	103387	2012-03-26	4100	2012-06-15	-
	SHFE	zn1207	95425	2012-04-17	2455	2012-07-16	-
	SHFE	zn1208	86345	2012-05-16	1755	2012-08-15	-
	SHFE	zn1209	91093	2012-06-04	4365	2012-09-17	-
	SHFE	zn1210	111192	2012-06-27	2045	2012-10-15	-
	SHFE	zn1211	86375	2012-08-03	4190	2012-11-15	-
	SHFE	zn1212	88957	2012-08-20	6650	2012-12-17	-
	SHFE	zn1301	70975	2012-10-26	6480	2012-12-31	6480
	SHFE	zn1302	60272	2012-11-16	18809	2012-12-31	18809
	SHFE	zn1303	61691	2012-12-17	45847	2012-12-31	45847
	SHFE	zn1304	35129	2012-12-31	35129	2012-12-31	35129
	SHFE	zn1305	4179	2012-12-31	4179	2012-12-31	4179
	SHFE	zn1306	986	2012-12-28	976	2012-12-31	976
	SHFE	zn1307	390	2012-12-31	390	2012-12-31	390
	SHFE	zn1308	95	2012-11-30	86	2012-12-31	86
	SHFE	zn1309	428	2012-12-18	417	2012-12-31	417
	SHFE	zn1310	64	2012-10-16	39	2012-12-31	39
	SHFE	zn1311	213	2012-12-03	90	2012-12-31	90
	SHFE	zn1312	1	2012-12-31	1	2012-12-31	1
铅 Lead	SHFE	pb1201	234	2012-01-04	187	2012-01-13	-
	SHFE	pb1202	559	2012-01-04	176	2012-02-15	-
	SHFE	pb1203	1026	2012-01-19	367	2012-03-15	-
	SHFE	pb1204	1097	2012-02-22	44	2012-04-16	-
	SHFE	pb1205	959	2012-03-21	92	2012-05-15	-
	SHFE	pb1206	1279	2012-04-06	8	2012-06-15	-
	SHFE	pb1207	746	2012-05-03	91	2012-07-16	-
	SHFE	pb1208	1119	2012 06 14	95	2012 08 15	
	SHFE	pb1209	992	2012-06-29	51	2012-09-17	-
	SHFE	pb1210	1396	2012-07-26	266	2012-10-15	-
	SHFE	pb1211	658	2012-09-26	430	2012-11-15	-
	SHFE	pb1212	722	2012-12-17	722	2012-12-17	-
	SHFE	pb1301	1254	2012-11-20	807	2012-12-31	807
	SHFE	pb1302	1256	2012-12-21	1221	2012-12-31	1221
	SHFE	pb1303	725	2012-12-31	725	2012-12-31	725
	SHFE	pb1304	61	2012-12-31	61	2012-12-31	61
	SHFE	pb1305	6	2012-10-22	1	2012-12-31	1
	SHFE	pb1306	6	2012-12-14	6	2012-12-31	6
	SHFE	pb1307	4	2012-09-12	3	2012-12-31	3
	SHFE	pb1308	2	2012-12-24	2	2012-12-31	2
	SHFE	pb1309	0	2012-10-31	0	2012-12-31	0
	SHFE	pb1310	1	2012-12-07	1	2012-12-31	1
	SHFE	pb1311	3	2012-12-28	3	2012-12-31	3
	SHFE	pb1312	1	2012-12-18	1	2012-12-31	1

5-13 续表 2 continued

交易品种 Futures Products	上市交易所 Futures Exchange	合约 Contracts	最高持仓量（手） Highest Positions (lot)	最高持仓日 期 Highest Positions Day	最后持仓量（手） Last Positions (lot)	最后持仓日 期 Last Positions Day	年末持仓量（手） Positions at the End of the Year (lot)
黄金（元/克） Gold (yuan/g)	SHFE	au1201	93	2012-01-12	93	2012-01-13	-
	SHFE	au1202	120	2012-01-04	36	2012-02-15	-
	SHFE	au1203	101	2012-01-05	60	2012-03-15	-
	SHFE	au1204	77	2012-02-01	36	2012-04-16	-
	SHFE	au1205	102	2012-01-18	51	2012-05-15	-
	SHFE	au1206	47569	2012-01-05	153	2012-06-15	-
	SHFE	au1207	46	2012-06-05	3	2012-07-16	-
	SHFE	au1208	69	2012-06-04	9	2012-08-15	-
	SHFE	au1209	139	2012-06-29	33	2012-09-17	-
	SHFE	au1210	66	2012-05-23	18	2012-10-15	-
	SHFE	au1211	49	2012-07-25	21	2012-11-15	-
	SHFE	au1212	71112	2012-08-23	2064	2012-12-17	-
	SHFE	au1301	418	2012-11-06	269	2012-12-31	269
	SHFE	au1302	99	2012-12-31	99	2012-12-31	99
	SHFE	au1303	199	2012-12-26	188	2012-12-31	188
	SHFE	au1304	100	2012-12-31	100	2012-12-31	100
	SHFE	au1305	183	2012-12-31	183	2012-12-31	183
	SHFE	au1306	55152	2012-12-18	54538	2012-12-31	54538
	SHFE	au1307	55	2012-11-19	51	2012-12-31	51
	SHFE	au1308	54	2012-10-30	50	2012-12-31	50
	SHFE	au1309	67	2012-12-31	67	2012-12-31	67
	SHFE	au1310	9	2012-12-21	6	2012-12-31	6
	SHFE	au1311	5	2012-12-20	4	2012-12-31	4
	SHFE	au1312	157	2012-12-31	157	2012-12-31	157
白银（元/千克） Silver (yuan/kg)	SHFE	ag1209	54188	2012-05-16	9864	2012-09-17	-
	SHFE	ag1210	2984	2012-10-15	2984	2012-10-15	-
	SHFE	ag1211	4194	2012-11-15	4194	2012-11-15	-
	SHFE	ag1212	130544	2012-09-06	10940	2012-12-17	-
	SHFE	ag1301	104774	2012-11-26	15128	2012-12-31	15128
	SHFE	ag1302	2344	2012-12-31	2344	2012-12-31	2344
	SHFE	ag1303	1703	2012-12-31	1703	2012-12-31	1703
	SHFE	ag1304	168	2012-12-27	166	2012-12-31	166
	SHFE	ag1305	1005	2012-12-27	994	2012-12-31	994
	SHFE	ag1306	103151	2012-12-27	100936	2012-12-31	100936
	SHFE	ag1307	45	2012-11-26	38	2012-12-31	38
	SHFE	ag1308	65	2012-10-24	62	2012-12-31	62
	SHFE	ag1309	478	2012-12-18	348	2012-12-31	348
	SHFE	ag1310	64	2012-11-27	35	2012-12-31	35
	SHFE	ag1311	41	2012-12-21	37	2012-12-31	37
	SHFE	ag1312	409	2012-12-31	409	2012-12-31	409

5-13 续表 3 continued

交易品种 Futures Products	上市交易所 Futures Exchange	合约 Contracts	最高持仓量(手) Highest Positions (lot)	最高持仓日期 Highest Positions Day	最后持仓量(手) Last Positions (lot)	最后持仓日期 Last Positions Day	年末持仓量(手) Positions at the End of the Year (lot)
	SHFE	rb1201	2880	2012-01-04	1140	2012-01-13	-
	SHFE	rb1202	237	2012-01-04	30	2012-02-15	-
	SHFE	rb1203	175	2012-01-04	0	-	-
	SHFE	rb1204	266	2012-01-04	180	2012-04-16	-
	SHFE	rb1205	372228	2012-02-15	4110	2012-05-15	-
	SHFE	rb1206	924	2012-03-12	90	2012-06-15	-
	SHFE	rb1207	189	2012-05-17	60	2012-07-16	-
	SHFE	rb1208	255	2012-05-24	120	2012-08-15	-
	SHFE	rb1209	1174	2012-05-04	120	2012-09-17	-
	SHFE	rb1210	473796	2012-05-14	10170	2012-10-15	-
	SHFE	rb1211	900	2012-07-23	540	2012-11-15	-
螺纹钢	SHFE	rb1212	869	2012-11-23	840	2012-12-17	-
Steel	SHFE	rb1301	865246	2012-09-05	10176	2012-12-31	10176
Rebar	SHFE	rb1302	2474	2012-12-31	2474	2012-12-31	2474
	SHFE	rb1303	1048	2012-12-28	1039	2012-12-31	1039
	SHFE	rb1304	1641	2012-12-31	1641	2012-12-31	1641
	SHFE	rb1305	743359	2012-12-14	560144	2012-12-31	560144
	SHFE	rb1306	640	2012-11-15	223	2012-12-31	223
	SHFE	rb1307	73	2012-12-26	72	2012-12-31	72
	SHFE	rb1308	123	2012-09-24	76	2012-12-31	76
	SHFE	rb1309	748	2012-11-30	464	2012-12-31	464
	SHFE	rb1310	11367	2012-12-31	11367	2012-12-31	11367
	SHFE	rb1311	114	2012-12-27	112	2012-12-31	112
	SHFE	rb1312	6	2012-12-31	6	2012-12-31	6
	SHFE	wr1201	0	2012-01-13	0	2012-01-13	-
	SHFE	wr1202	0	2012-01-05	0	2012-02-15	-
	SHFE	wr1203	0	2012-01-13	0	2012-03-15	-
	SHFE	wr1204	0	2012-01-06	0	2012-04-16	-
	SHFE	wr1205	13	2012-01-16	0	2012-05-15	-
	SHFE	wr1206	18	2012-05-30	0	2012-06-15	-
	SHFE	wr1207	2	2012-04-13	0	2012-07-16	-
	SHFE	wr1208	0	2012-02-07	0	2012-08-15	-
	SHFE	wr1209	5	2012-07-03	0	2012-09-17	-
	SHFE	wr1210	16	2012-06-04	0	2012-10-15	-
线材	SHFE	wr1211	4	2012-03-22	0	2012-11-15	-
Steel	SHFE	wr1212	1	2012-06-13	0	2012-12-17	-
Wire	SHFE	wr1301	28	2012-08-17	0	2012-12-31	-
Rod	SHFE	wr1302	2	2012-12-28	1	2012-12-31	1
	SHFE	wr1303	3	2012-05-11	1	2012-12-31	1
	SHFE	wr1304	1	2012-08-10	0	2012-12-31	0
	SHFE	wr1305	20	2012-12-11	7	2012-12-31	7
	SHFE	wr1306	1	2012-11-07	0	2012-12-31	0
	SHFE	wr1307	1	2012-11-20	0	2012-12-31	0
	SHFE	wr1308	9	2012-11-27	1	2012-12-31	1
	SHFE	wr1309	1	2012-12-24	1	2012-12-31	1
	SHFE	wr1310	0	2012-12-24	0	2012-12-31	0
	SHFE	wr1311	0	2012-12-13	0	2012-12-31	0
	SHFE	wr1312	2	2012-12-20	0	2012-12-31	0

5-14 2012年能源、化工及其他期货持仓情况
Positions of Metal Products Building Materials, Energy & Chemical Products & Others in 2012

交易品种 Futures Products	上市交易所 Futures Exchange	合约 Contracts	最高持仓量（手） Highest Positions (lot)	最高持仓日期 Highest Positions Day	最后持仓量（手） Last Positions (lot)	最后持仓日期 Last Positions Day	年末持仓量（手） Positions at the End of the Year (lot)
聚乙烯 LLDPE	DCE	l1201	14150	2012-01-12	14086	2012-01-16	0
	DCE	l1202	743	2012-02-13	743	2012-02-13	0
	DCE	l1203	1025	2012-03-13	1025	2012-03-13	0
	DCE	l1204	440	2012-02-09	368	2012-04-17	0
	DCE	l1205	162077	2012-02-09	3924	2012-05-14	0
	DCE	l1206	545	2012-03-27	471	2012-06-13	0
	DCE	l1207	64	2012-07-03	62	2012-07-12	0
	DCE	l1208	181	2012-08-13	181	2012-08-13	0
	DCE	l1209	161567	2012-03-26	1708	2012-09-13	0
	DCE	l1210	88	2012-07-11	7	2012-09-27	0
	DCE	l1211	67	2012-03-21	1	2012-10-25	0
	DCE	l1212	123	2012-08-31	10	2012-11-23	0
	DCE	l1301	148419	2012-09-17	1033	2012-12-31	1033
	DCE	l1302	122	2012-08-07	66	2012-12-31	66
	DCE	l1303	413	2012-12-31	413	2012-12-31	413
	DCE	l1304	227	2012-05-31	105	2012-12-31	105
	DCE	l1305	149292	2012-12-10	129798	2012-12-31	129798
	DCE	l1306	226	2012-11-27	41	2012-12-31	41
	DCE	l1307	60	2012-09-13	1	2012-12-17	0
	DCE	l1308	3	2012-10-30	1	2012-12-12	0
	DCE	l1309	18142	2012-12-24	14248	2012-12-31	14248
	DCE	l1310	7	2012-12-12	1	2012-12-31	1
	DCE	l1311	0	2012-11-15	-	-	-
	DCE	l1312	1	2012-12-27	1	2012-12-31	1
聚氯乙烯 PVC	DCE	v1201	1416	2012-01-16	1416	2012-01-16	0
	DCE	v1202	15	2012-02-06	15	2012-02-13	0
	DCE	v1203	52	2012-03-05	52	2012-03-13	0
	DCE	v1204	25	2012-02-13	4	2012-04-17	0
	DCE	v1205	87595	2012-02-20	17287	2012-05-14	0
	DCE	v1206	140	2012-03-15	14	2012-06-13	0
	DCE	v1207	20	2012-05-04	7	2012-07-12	0
	DCE	v1208	84	2012-06-14	40	2012-08-13	0
	DCE	v1209	66785	2012-05-08	2400	2012-09-13	0
	DCE	v1210	6	2012-04-19	3	2012-09-26	0
	DCE	v1211	8	2012-04-23	2	2012-09-26	0
	DCE	v1212	31	2012-07-11	2	2012-11-27	0
	DCE	v1301	54246	2012-09-14	1051	2012-12-31	1051
	DCE	v1302	7	2012-12-31	7	2012-12-31	7
	DCE	v1303	36	2012-04-10	7	2012-12-31	7
	DCE	v1304	4	2012-06-27	2	2012-12-31	2
	DCE	v1305	48645	2012-12-19	38191	2012-12-31	38191
	DCE	v1306	2	2012-07-13	1	2012-12-31	1
	DCE	v1307	3	2012-11-26	1	2012-12-18	0
	DCE	v1308	1	2012-09-12	1	2012-09-14	0
	DCE	v1309	1056	2012-12-31	1056	2012-12-31	1056
	DCE	v1310	0	2012-10-22	-	-	-
	DCE	v1311	0	2012-11-15	-	-	-
	DCE	v1312	0	2012-12-17	-	-	-

注：最后持仓量为交割日前一天的持仓量。

数据来源：上海期货交易所、郑州商品交易所、大连商品交易所

Source: SHFE、ZCE、DCE、CFFEX

5-14 续表 1 continued

交易品种 Futures Products	上市交易所 Futures Exchange	合约 Contracts	最高持仓量（手） Highest Positions (lot)	最高持仓日 期 Highest Positions Day	最后持仓量（手） Last Positions (lot)	最后持仓日 期 Last Positions Day	年末持仓量（手） Positions at the End of the Year (lot)
	DCE	j1201	230	2012-01-04	140	2012-01-16	0
	DCE	j1202	3	2012-01-11	1	2012-01-17	0
	DCE	j1203	0	2012-01-04	1	2011-12-28	0
	DCE	j1204	0	2012-01-04	2	2011-08-24	0
	DCE	j1205	2695	2012-01-11	190	2012-05-14	0
	DCE	j1206	8	2012-04-27	5	2012-05-29	0
	DCE	j1207	3	2012-06-18	1	2012-07-06	0
	DCE	j1208	3	2012-06-28	3	2012-06-29	0
	DCE	j1209	8512	2012-07-02	580	2012-09-13	0
焦炭	DCE	j1210	3	2012-08-08	2	2012-09-26	0
	DCE	j1211	8	2012-09-25	1	2012-09-26	0
Coke	DCE	j1212	9	2012-09-03	1	2012-11-16	0
	DCE	j1301	87178	2012-10-16	300	2012-12-31	300
	DCE	j1302	27	2012-09-25	2	2012-12-31	2
	DCE	j1303	10	2012-11-26	1	2012-12-31	1
	DCE	j1304	10	2012-11-06	4	2012-12-31	4
	DCE	j1305	91470	2012-11-07	68723	2012-12-31	68723
	DCE	j1306	12	2012-12-07	7	2012-12-31	7
	DCE	j1307	5	2012-09-10	2	2012-12-31	2
	DCE	j1308	3	2012-11-09	2	2012-12-31	2
	DCE	j1309	1425	2012-12-31	1425	2012-12-31	1425
	DCE	j1310	8	2012-12-26	3	2012-12-31	3
	DCE	j1311	7	2012-12-24	6	2012-12-31	6
	DCE	j1312	1	2012-12-20	1	2012-12-25	0
	SHFE	fu1202	7	2012-01-04	4	2012-01-31	-
	SHFE	fu1203	465	2012-01-06	332	2012-02-29	-
	SHFE	fu1204	8	2012-03-19	5	2012-03-30	-
	SHFE	fu1205	635	2012-02-13	151	2012-04-27	-
	SHFE	fu1206	8	2012-05-28	8	2012-05-31	-
	SHFE	fu1207	5	2012-06-06	5	2012-06-29	-
	SHFE	fu1208	5	2012-05-14	3	2012-07-31	-
	SHFE	fu1209	278	2012-06-06	27	2012-08-31	-
	SHFE	fu1210	3	2012-03-22	0	2012-09-28	-
燃料油	SHFE	fu1211	8	2012-03-15	0	2012-10-31	-
	SHFE	fu1212	7	2012-07-02	0	2012-11-30	-
Fuel Oil	SHFE	fu1301	142	2012-09-12	25	2012-12-31	25
	SHFE	fu1303	3	2012-12-24	3	2012-12-31	3
	SHFE	fu1304	2	2012-06-13	1	2012-12-31	1
	SHFE	fu1305	35	2012-12-26	23	2012-12-31	23
	SHFE	fu1306	0	2012-06-18	0	2012-12-31	0
	SHFE	fu1307	1	2012-09-12	0	2012-12-31	0
	SHFE	fu1308	0	2012-08-15	0	2012-12-31	0
	SHFE	fu1309	0	2012-10-08	0	2012-12-31	0
	SHFE	fu1310	0	2012-10-11	0	2012-12-31	0
	SHFE	fu1311	0	2012-12-24	0	2012-12-31	0
	SHFE	fu1312	0	2012-12-11	0	2012-12-31	0
	ZCE	ME203	3251	2012-01-04	386	2012-03-13	0
	ZCE	ME204	11	2012-01-04	2	2012-03-30	0
	ZCE	ME205	9613	2012-03-21	210	2012-05-14	0
甲醇	ZCE	ME206	10	2012-05-16	0	-	0
	ZCE	ME207	3	2012-01-04	0	-	0
Menthanol	ZCE	ME208	9	2012-04-11	0	-	0
	ZCE	ME209	13905	2012-05-02	1001	2012-09-13	0
	ZCE	ME210	6	2012-07-06	0	-	0
	ZCE	ME211	2	2012-03-14	0	-	0
	ZCE	ME212	5	2012-02-09	0	-	0

5-14 续表 2 continued

交易品种 Futures Products	上市交易所 Futures Exchange	合约 Contracts	最高持仓量(手) Highest Positions (lot)	最高持仓日期 Highest Positions Day	最后持仓量(手) Last Positions (lot)	最后持仓日期 Last Positions Day	年末持仓量(手) Positions at the End of the Year (lot)
甲醇 Menthanol	ZCE	ME301	22942	2012-09-05	1285	2012-12-31	1285
	ZCE	ME302	4	2012-08-15	1	2012-04-19	1
	ZCE	ME303	2	2012-04-18	0	-	0
	ZCE	ME304	1	2012-09-06	0	-	0
	ZCE	ME305	6312	2012-12-27	6018	2012-12-31	6018
	ZCE	ME306	2	2012-11-29	1	2012-07-30	1
	ZCE	ME307	0	-	0	-	0
	ZCE	ME308	3	2012-12-17	1	2012-09-18	1
	ZCE	ME309	45	2012-12-31	45	2012-12-31	45
	ZCE	ME310	0	-	0	-	0
	ZCE	ME311	1	2012-12-24	1	2012-12-31	1
	ZCE	ME312	0	-	0	-	0
玻璃 Glass	ZCE	FG303	1493	2012-12-03	54	2012-12-31	54
	ZCE	FG304	24	2012-12-05	13	2012-12-31	13
	ZCE	FG305	209615	2012-12-19	68001	2012-12-31	68001
	ZCE	FG306	438	2012-12-27	363	2012-12-31	363
	ZCE	FG307	117	2012-12-27	57	2012-12-31	57
	ZCE	FG308	94	2012-12-31	94	2012-12-31	94
	ZCE	FG309	28266	2012-12-31	28266	2012-12-31	28266
	ZCE	FG310	35	2012-12-25	34	2012-12-31	34
	ZCE	FG311	124	2012-12-25	97	2012-12-31	97
	ZCE	FG312	21	2012-12-25	19	2012-12-31	19
PTA	ZCE	TA201	8682	2012-01-04	6600	2012-01-16	0
	ZCE	TA202	786	2012-01-17	448	2012-02-13	0
	ZCE	TA203	1166	2012-03-02	863	2012-03-13	0
	ZCE	TA204	1098	2012-04-05	732	2012-04-17	0
	ZCE	TA205	191136	2012-02-27	15949	2012-05-14	0
	ZCE	TA206	1682	2012-05-30	1352	2012-06-13	0
	ZCE	TA207	1888	2012-07-06	1826	2012-07-12	0
	ZCE	TA208	1691	2012-08-10	1691	2012-08-13	0
	ZCE	TA209	322330	2012-06-01	6980	2012-09-13	0
	ZCE	TA210	2268	2012-09-21	145	2012-10-18	0
	ZCE	TA211	484	2012-10-24	418	2012-11-13	0
	ZCE	TA212	1177	2012-12-13	1177	2012-12-13	0
	ZCE	TA301	392592	2012-09-13	5888	2012-12-31	5888
	ZCE	TA302	371	2012-12-31	371	2012-12-31	371
	ZCE	TA303	233	2012-12-31	233	2012-12-31	233
	ZCE	TA304	576	2012-12-31	576	2012-12-31	576
	ZCE	TA305	362225	2012-12-07	213430	2012-12-31	213430
	ZCE	TA306	164	2012-11-30	29	2012-12-31	29
	ZCE	TA307	19	2012-12-20	11	2012-10-31	11
	ZCE	TA308	46	2012-12-20	35	2012-12-31	35
	ZCE	TA309	16751	2012-12-28	16510	2012-12-31	16510
	ZCE	TA310	8	2012-12-06	6	2012-11-30	6
	ZCE	TA311	3	2012-12-14	2	2012-11-30	2
	ZCE	TA312	2	2012-12-24	2	2012-12-31	2

5-15 2012年金融期货持仓情况

Positions of Financial Futures in 2012

交易品种 Futures Products	上市交易所 Futures Exchange	合约 Contracts	最高持仓量（手） Highest Positions (lot)	最高持仓日 期 Highest Positions Day	最后持仓量（手） Last Positions (lot)	最后持仓日 期 Last Positions Day	年末持仓量（手） Positions at the End of the Year (lot)
指数期货 Index Futures	CFFEX	IF1201	42667	2012-01-06	2976	2012-01-19	0
	CFFEX	IF1202	40609	2012-01-19	3784	2012-02-16	0
	CFFEX	IF1203	49181	2012-03-01	7965	2012-03-15	0
	CFFEX	IF1204	57628	2012-03-28	4002	2012-04-19	0
	CFFEX	IF1205	48438	2012-04-23	7939	2012-05-17	0
	CFFEX	IF1206	52149	2012-05-21	5594	2012-06-14	0
	CFFEX	IF1207	59858	2012-06-28	10878	2012-07-19	0
	CFFEX	IF1208	66599	2012-08-03	16910	2012-08-16	0
	CFFEX	IF1209	82660	2012-08-27	11505	2012-09-20	0
	CFFEX	IF1210	69799	2012-09-27	11131	2012-10-18	0
	CFFEX	IF1211	74691	2012-10-25	20032	2012-11-15	0
	CFFEX	IF1212	84358	2012-11-29	6298	2012-12-20	0
	CFFEX	IF1301	84272	2012-12-31	-	-	84272
	CFFEX	IF1302	3350	2012-12-31	-	-	3350
	CFFEX	IF1303	17925	2012-12-31	-	-	17925
	CFFEX	IF1306	4839	2012-12-31	-	-	4839

注：最后持仓量为交割日前一天的持仓量。
数据来源：中国金融期货交易所
Source：CFFEX

5-16 2012年农产品期货合约月末结算价

Clearing Price of Agricultural Products Futures Contracts in 2012

单位：元/吨 (yuan/ton)

交易品种 Futures Products	上市交易所 Futures Exchange	合约 Contracts	1月 Jan.	2月 Feb.	3月 Mar.	4月 Apr.	5月 May	6月 June	7月 July	8月 Aug.	9月 Sept.	10月 Oct.	11月 Nov.	12月 Dec.
	DCE	c1201	2244	-	-	-	-	-	-	-	-	-	-	-
	DCE	c1203	2301	2300	2300	-	-	-	-	-	-	-	-	-
	DCE	c1205	2317	2413	2454	2438	2421	-	-	-	-	-	-	-
	DCE	c1207	2324	2409	2434	2427	2403	2321	2182	-	-	-	-	-
玉米	DCE	c1209	2332	2414	2429	2427	2367	2442	2514	2488	2488	-	-	-
	DCE	c1211	2314	2397	2383	2368	2281	2342	2382	2456	2317	2182	2195	-
Corn	DCE	c1301	2310	2366	2337	2345	2260	2329	2395	2386	2328	2332	2358	2322
	DCE	c1303	-	-	2360	2361	2274	2336	2401	2420	2354	2378	2393	2365
	DCE	c1305	-	-	-	-	2288	2367	2431	2453	2394	2423	2436	2435
	DCE	c1307	-	-	-	-	-	-	2444	2462	2416	2438	2469	2454
	DCE	c1309	-	-	-	-	-	-	-	-	2442	2476	2507	2495
	DCE	c1311	-	-	-	-	-	-	-	-	-	-	2483	2458
	DCE	a1201	4095	-	-	-	-	-	-	-	-	-	-	-
	DCE	a1203	4155	4147	4180	-	-	-	-	-	-	-	-	-
	DCE	a1205	4251	4325	4365	4389	4355	-	-	-	-	-	-	-
	DCE	a1207	4270	4384	4484	4469	4212	4252	4450	-	-	-	-	-
	DCE	a1209	4306	4465	4513	4539	4251	4331	4636	4839	4903	-	-	-
	DCE	a1211	4328	4494	4519	4590	4279	4427	4701	4829	4774	4697	4511	-
黄大豆1号	DCE	a1301	4340	4528	4534	4654	4327	4474	4751	4914	4847	4706	4647	4617
	DCE	a1303	4357	4532	4556	4693	4371	4497	4644	4862	4815	4735	4742	4711
Soybean	DCE	a1305	4396	4579	4585	4753	4398	4571	4669	4882	4879	4812	4763	4742
No.1	DCE	a1307	4440	4604	4655	4776	4439	4646	4645	4905	4840	4809	4766	4764
	DCE	a1309	-	-	4651	4807	4465	4657	4653	4931	4875	4839	4795	4766
	DCE	a1311	-	-	-	-	4490	4673	4615	4745	4703	4715	4781	4745
	DCE	a1401	-	-	-	-	-	-	4593	4716	4662	4679	4735	4746
	DCE	a1403	-	-	-	-	-	-	-	-	4780	4727	4731	4711
	DCE	a1405	-	-	-	-	-	-	-	-	-	-	4789	4825
	DCE	b1201	4630	-	-	-	-	-	-	-	-	-	-	-
	DCE	b1203	4669	4669	4669	-	-	-	-	-	-	-	-	-
	DCE	b1205	4687	4780	4852	4990	4990	-	-	-	-	-	-	-
	DCE	b1207	4736	4748	4748	4985	4786	4529	4529	-	-	-	-	-
黄大豆2号	DCE	b1209	4731	4843	4936	4980	4710	4448	4723	4884	4955	-	-	-
	DCE	b1211	4624	4624	4925	4925	4600	4700	4595	4810	4917	4917	4917	-
Soybean	DCE	b1301	4750	4896	5009	5091	4755	4460	4702	4834	4816	4786	4819	5009
No.2	DCE	b1303	-	-	4980	5146	4799	4492	4737	4830	4849	4849	4808	4760
	DCE	b1305	-	-	-	-	4850	4512	4685	4879	4799	4753	4677	4725
	DCE	b1307	-	-	-	-	-	-	4730	4675	4955	4955	4665	4692
	DCE	b1309	-	-	-	-	-	-	-	-	4870	4737	4668	4719
	DCE	b1311	-	-	-	-	-	-	-	-	-	-	4655	4725
	DCE	m1201	2870	-	-	-	-	-	-	-	-	-	-	-
	DCE	m1203	2938	3045	2937	-	-	-	-	-	-	-	-	-
	DCE	m1205	2894	3089	3236	3460	3477	-	-	-	-	-	-	-
豆粕	DCE	m1207	2913	3102	3260	3410	3319	3460	3341	-	-	-	-	-
	DCE	m1208	2957	3128	3235	3406	3279	3488	4172	4172	-	-	-	-
Soybean	DCE	m1209	2940	3137	3240	3409	3246	3444	4170	4577	4527	-	-	-
Meal	DCE	m1211	2960	3139	3242	3373	3210	3434	4164	4523	4218	3721	3701	-
	DCE	m1212	2986	3164	3207	3338	3184	3442	4092	4401	4123	3762	3794	3800

5-16 续表 1 continued

单位：元/吨 (yuan/ton)

交易品种 Futures Products	上市交易所 Futures Exchange	合约 Contracts	1月 Jan.	2月 Feb.	3月 Mar.	4月 Apr.	5月 May	6月 June	7月 July	8月 Aug.	9月 Sept.	10月 Oct.	11月 Nov.	12月 Dec.
豆粕 Soybean Meal	DCE	m1301	2995	3175	3212	3336	3151	3464	3968	4229	3965	3747	3679	3842
	DCE	m1303	-	-	3234	3341	3111	3361	3600	3860	3718	3544	3454	3548
	DCE	m1305	-	-	-	-	3008	3277	3405	3667	3437	3339	3233	3308
	DCE	m1307	-	-	-	-	-	-	3377	3646	3390	3316	3211	3295
	DCE	m1308	-	-	-	-	-	-	-	3644	3367	3307	3200	3281
	DCE	m1309	-	-	-	-	-	-	-	-	3343	3280	3177	3261
	DCE	m1311	-	-	-	-	-	-	-	-	-	-	3163	3257
	DCE	m1312	-	-	-	-	-	-	-	-	-	-	-	3243
豆油 Soybean Oil	DCE	y1201	8768	-	-	-	-	-	-	-	-	-	-	-
	DCE	y1203	8812	8950	8950	-	-	-	-	-	-	-	-	-
	DCE	y1205	8838	9232	9424	9750	9744	-	-	-	-	-	-	-
	DCE	y1207	8900	9256	9424	9728	9074	9300	9300	-	-	-	-	-
	DCE	y1208	8922	9268	9548	9838	9116	9198	9360	9360	-	-	-	-
	DCE	y1209	8990	9438	9584	9946	9120	9294	9418	9700	9834	-	-	-
	DCE	y1211	9062	9454	9620	9986	9156	9350	9244	9870	9162	9112	8566	-
	DCE	y1212	8746	9474	9594	9970	9230	9442	9400	9896	9260	8862	8280	7784
	DCE	y1301	9152	9572	9684	10030	9260	9496	9496	9998	9278	8988	8498	8576
	DCE	y1303	-	-	9796	10034	9244	9484	9378	9924	9262	9002	8516	8648
	DCE	y1305	-	-	-	-	9104	9332	9372	9890	9186	9030	8566	8680
	DCE	y1307	-	-	-	-	-	-	9400	10056	9306	9060	8628	8660
	DCE	y1308	-	-	-	-	-	-	-	9948	9818	9378	8640	8688
	DCE	y1309	-	-	-	-	-	-	-	-	9286	9064	8624	8658
	DCE	y1311	-	-	-	-	-	-	-	-	-	-	8656	8684
	DCE	y1312	-	-	-	-	-	-	-	-	-	-	-	8650
棕榈油 RBD Palm Oil	DCE	p1201	7640	-	-	-	-	-	-	-	-	-	-	-
	DCE	p1202	6858	6998	-	-	-	-	-	-	-	-	-	-
	DCE	p1203	7774	7200	7200	-	-	-	-	-	-	-	-	-
	DCE	p1204	8042	8052	7818	7818	-	-	-	-	-	-	-	-
	DCE	p1205	7936	8178	8332	8514	8170	-	-	-	-	-	-	-
	DCE	p1206	8048	8260	8308	8574	8000	8000	-	-	-	-	-	-
	DCE	p1207	7996	8380	8364	8572	7920	7690	7690	-	-	-	-	-
	DCE	p1208	7982	8200	8478	8648	7964	7860	8236	8000	-	-	-	-
	DCE	p1209	7970	8398	8600	8776	7930	7854	7676	7572	7562	-	-	-
	DCE	p1210	7978	8362	8578	8760	7888	7884	7790	7754	7224	7224	-	-
	DCE	p1211	8146	8464	8506	8778	7980	8020	8166	8020	7054	6300	6300	-
	DCE	p1212	7874	7874	7874	7874	8136	7956	7678	8110	7376	6520	6578	6578
	DCE	p1301	7996	8464	8672	8754	7944	7998	7846	8096	7206	6568	6234	6230
	DCE	p1302	-	8280	8776	8808	8126	8008	7722	8140	7358	6812	6310	6420
	DCE	p1303	-	-	8622	8622	8036	7850	7748	8234	7338	6864	6318	6660
	DCE	p1304	-	-	-	8900	8062	8004	7894	8236	7366	6990	6502	6804
	DCE	p1305	-	-	-	-	8000	8026	7982	8286	7432	6996	6708	6986
	DCE	p1306	-	-	-	-	-	8000	8030	8330	7492	7112	6778	7094
	DCE	p1307	-	-	-	-	-	-	8060	8332	8050	7030	6950	7134
	DCE	p1308	-	-	-	-	-	-	-	7936	7508	7242	7000	7194
	DCE	p1309	-	-	-	-	-	-	-	-	7592	7176	6922	7262
	DCE	p1310	-	-	-	-	-	-	-	-	-	7156	7022	7350
	DCE	p1311	-	-	-	-	-	-	-	-	-	-	7026	7184
	DCE	p1312	-	-	-	-	-	-	-	-	-	-	-	7212
硬麦 Hard Wheat	ZCE	WT201	2060	-	-	-	-	-	-	-	-	-	-	-
	ZCE	WT203	2086	2104	2101	-	-	-	-	-	-	-	-	-
	ZCE	WT205	2124	2156	2166	2077	2050	-	-	-	-	-	-	-
	ZCE	WT207	2166	2186	2226	2140	2026	2090	2090	-	-	-	-	-
	ZCE	WT209	2197	2220	2270	2220	2116	2159	2176	2262	2262	-	-	-
	ZCE	WT211	2245	2238	2277	2235	2145	2176	2191	2233	2343	2321	2321	-

5-16 续表 2 continued

单位：元/吨 (yuan/ton)

交易品种 Futures Products	上市交易所 Futures Exchange	合约 Contracts	1月 Jan.	2月 Feb.	3月 Mar.	4月 Apr.	5月 May	6月 June	7月 July	8月 Aug.	9月 Sept.	10月 Oct.	11月 Nov.	12月 Dec.
强麦(WS) Strong Gluten Wheat	ZCE	WS201	2243	-	-	-	-	-	-	-	-	-	-	-
	ZCE	WS203	2326	2381	2393	-	-	-	-	-	-	-	-	-
	ZCE	WS205	2372	2423	2400	2270	2176	-	-	-	-	-	-	-
	ZCE	WS207	2373	2461	2441	2328	2252	2133	2230	-	-	-	-	-
	ZCE	WS209	2564	2626	2590	2522	2386	2385	2387	2417	2455	-	-	-
	ZCE	WS211	2594	2652	2624	2557	2444	2438	2438	2482	2394	2367	2344	-
	ZCE	WS301	2636	2704	2676	2606	2485	2487	2495	2531	2454	2436	2403	2460
	ZCE	WS303	2645	2728	2694	2631	2513	2527	2536	2569	2511	2491	2463	2505
	ZCE	WS305	2698	2749	2729	2651	2535	2578	2578	2615	2544	2536	2509	2566
强麦(WH) Strong Gluten Wheat	ZCE	WH307	-	-	-	-	-	-	2609	2628	2559	2593	2570	2625
	ZCE	WH309	-	-	-	-	-	-	-	-	2662	2654	2632	2682
	ZCE	WH311	-	-	-	-	-	-	-	-	-	-	2658	2722
普麦 Wheat	ZCE	PM301	2203	2210	2276	2282	2215	2224	2273	2324	2293	2331	2331	2400
	ZCE	PM303	-	-	2296	2296	2232	2235	2306	2340	2337	2363	2356	2398
	ZCE	PM305	-	-	-	-	2288	2350	2389	2395	2393	2406	2404	2450
	ZCE	PM307	-	-	-	-	-	-	2400	2400	2399	2474	2473	2475
	ZCE	PM309	-	-	-	-	-	-	-	-	2392	2495	2460	2498
	ZCE	PM311	-	-	-	-	-	-	-	-	-	-	2460	2445
棉花 Cotton	ZCE	CF201	19895	-	-	-	-	-	-	-	-	-	-	-
	ZCE	CF203	20915	20535	20225	-	-	-	-	-	-	-	-	-
	ZCE	CF205	21530	21150	20540	20370	18485	-	-	-	-	-	-	-
	ZCE	CF207	21825	21435	20790	20655	18250	18045	18460	-	-	-	-	-
	ZCE	CF209	22075	21840	21280	21130	18680	18435	18325	18715	18590	-	-	-
	ZCE	CF211	21730	21790	21320	21215	19150	18890	18705	19190	18965	19160	19380	-
	ZCE	CF301	21715	21950	21520	21460	19445	19170	18935	19545	19295	19525	19850	19975
	ZCE	CF303	-	-	21685	21665	19605	19100	19175	19700	19410	19535	19600	19710
	ZCE	CF305	-	-	-	-	19775	18980	19110	19635	19265	19325	19130	18975
	ZCE	CF307	-	-	-	-	-	-	19265	19725	19330	19380	19035	19075
	ZCE	CF309	-	-	-	-	-	-	-	-	19380	19335	18920	19080
	ZCE	CF311	-	-	-	-	-	-	-	-	-	-	-	19305
白糖 Sugar	ZCE	SR201	6421	-	-	-	-	-	-	-	-	-	-	-
	ZCE	SR203	6653	6577	6539	-	-	-	-	-	-	-	-	-
	ZCE	SR205	6568	6671	6599	6582	6481	-	-	-	-	-	-	-
	ZCE	SR207	6583	6674	6641	6597	6431	6163	6247	-	-	-	-	-
	ZCE	SR209	6520	6669	6647	6568	6210	5929	5632	5831	5781	-	-	-
	ZCE	SR211	6518	6630	6632	6580	6170	5893	5575	5614	5457	5832	6156	-
	ZCE	SR301	6315	6464	6515	6347	6023	5732	5342	5387	5192	5305	5517	5686
	ZCE	SR303	6300	6429	6495	6373	6051	5732	5381	5352	5191	5279	5402	5609
	ZCE	SR305	6300	6436	6494	6366	6058	5722	5367	5313	5170	5199	5312	5549
	ZCE	SR307	6326	6438	6476	6385	6080	5810	5416	5346	5214	5226	5294	5554
	ZCE	SR309	-	-	6533	6430	6155	5787	5438	5360	5243	5247	5288	5549
	ZCE	SR311	-	-	-	-	6148	5793	5428	5351	5253	5268	5287	5546
	ZCE	SR401	-	-	-	-	-	-	5495	5347	5253	5244	5287	5584
	ZCE	SR403	-	-	-	-	-	-	-	-	5282	5236	5285	5579
	ZCE	SR405	-	-	-	-	-	-	-	-	-	-	5269	5568
菜籽油(RO) Rapeseed Oil	ZCE	RO201	9400	-	-	-	-	-	-	-	-	-	-	-
	ZCE	RO203	9406	9406	9406	-	-	-	-	-	-	-	-	-
	ZCE	RO205	9434	9842	10352	10972	11300	-	-	-	-	-	-	-
	ZCE	RO207	9500	9800	10292	10506	10616	10302	10302	-	-	-	-	-
	ZCE	RO209	9544	9914	10230	10692	10316	10678	10932	11298	11600	-	-	-
	ZCE	RO211	9832	9926	10246	10692	10128	10286	10590	10748	10752	10752	10752	-
	ZCE	RO301	9692	9968	10200	10618	9892	10112	10192	10480	9906	9818	9898	9938
	ZCE	RO303	-	-	10086	10584	9910	10076	10102	10454	9822	9908	9816	10054
	ZCE	RO305	-	-	-	-	9878	10056	10100	10430	9940	9882	9672	9824

5-16 续表 3 continued

单位：元/吨 (yuan/ton)

交易品种 Futures Products	上市交易所 Futures Exchange	合约 Contracts	1月 Jan.	2月 Feb.	3月 Mar.	4月 Apr.	5月 May	6月 June	7月 July	8月 Aug.	9月 Sept.	10月 Oct.	11月 Nov.	12月 Dec.
菜籽油(OI)	ZCE	OI307	-	-	-	-	-	-	10052	10104	10104	10042	9740	9952
Rapeseed	ZCE	OI309	-	-	-	-	-	-	-	-	10236	10048	9738	9894
Oil	ZCE	OI311	-	-	-	-	-	-	-	-	-	-	9648	9716
	ZCE	ER201	2480	-	-	-	-	-	-	-	-	-	-	-
	ZCE	ER203	2531	2503	2503	-	-	-	-	-	-	-	-	-
	ZCE	ER205	2561	2619	2594	2726	2648	-	-	-	-	-	-	-
早籼稻(ER)	ZCE	ER207	2558	2630	2595	2674	2634	2495	2495	-	-	-	-	-
Early	ZCE	ER209	2614	2702	2654	2690	2628	2694	2767	2715	2693	-	-	-
Indica	ZCE	ER211	2611	2705	2698	2702	2643	2705	2755	2800	2705	2478	2517	-
Rice	ZCE	ER301	2645	2753	2719	2742	2643	2701	2789	2824	2686	2639	2660	2618
	ZCE	ER303	-	-	2753	2745	2654	2696	2812	2847	2716	2655	2716	2665
	ZCE	ER305	-	-	-	-	2668	2738	2821	2869	2739	2696	2710	2718
早籼稻(RI)	ZCE	RI307	-	-	-	-	-	-	2780	2865	2830	2830	2720	2739
Early	ZCE	RI309	-	-	-	-	-	-	-	-	2769	2739	2782	2776
Indica Rice	ZCE	RI311	-	-	-	-	-	-	-	-	-	-	2791	2791
	ZCE	RS307	-	-	-	-	-	-	-	-	-	-	-	5312
油菜籽	ZCE	RS308	-	-	-	-	-	-	-	-	-	-	-	5327
Rapeseed	ZCE	RS309	-	-	-	-	-	-	-	-	-	-	-	5309
	ZCE	RS311	-	-	-	-	-	-	-	-	-	-	-	5302
	ZCE	RM305	-	-	-	-	-	-	-	-	-	-	-	2365
菜籽粕	ZCE	RM307	-	-	-	-	-	-	-	-	-	-	-	2341
Rapeseed	ZCE	RM308	-	-	-	-	-	-	-	-	-	-	-	2341
Meal	ZCE	RM309	-	-	-	-	-	-	-	-	-	-	-	2314
	ZCE	RM311	-	-	-	-	-	-	-	-	-	-	-	2192
	SHFE	ru1201	26325	-	-	-	-	-	-	-	-	-	-	-
	SHFE	ru1203	27745	29450	29170	-	-	-	-	-	-	-	-	-
	SHFE	ru1204	27785	29315	29075	28565	-	-	-	-	-	-	-	-
	SHFE	ru1205	27535	29260	27965	28240	25475	-	-	-	-	-	-	-
	SHFE	ru1206	27495	28985	27510	27755	24365	23010	-	-	-	-	-	-
	SHFE	ru1207	27145	28870	27565	27490	24265	23130	24230	-	-	-	-	-
	SHFE	ru1208	27155	28775	27365	27325	24220	23230	22680	21265	-	-	-	-
	SHFE	ru1209	26990	28775	27330	27205	24015	22695	22730	21135	23200	-	-	-
	SHFE	ru1210	27050	28500	27260	27040	24030	22795	22555	21325	23470	24180	-	-
天然橡胶	SHFE	ru1211	27040	28565	27100	27085	24010	22825	22375	21440	23760	24010	23730	-
	SHFE	ru1301	27180	28900	27660	27475	24230	22895	22435	21445	24545	24685	23725	25595
Natural	SHFE	ru1303	-	-	27695	27400	24195	23035	22635	21725	24740	24875	23820	26055
Rubber	SHFE	ru1304	-	-	-	27345	24085	22810	22555	21665	24650	24675	23885	26295
	SHFE	ru1305	-	-	-	-	24260	22995	22590	21610	24850	24450	23830	26415
	SHFE	ru1306	-	-	-	-	-	23000	22580	21655	24915	24225	23600	26365
	SHFE	ru1307	-	-	-	-	-	-	22595	21710	24665	24080	23455	26435
	SHFE	ru1308	-	-	-	-	-	-	-	21575	24705	23875	23320	26555
	SHFE	ru1309	-	-	-	-	-	-	-	-	24810	23700	23425	26565
	SHFE	ru1310	-	-	-	-	-	-	-	-	-	23720	23285	26700
	SHFE	ru1311	-	-	-	-	-	-	-	-	-	-	23210	26365

注：如果该合约在月中交割，则该月的月末结算价为最后一个交易日的结算价。
数据来源：上海期货交易所、郑州商品交易所、大连商品交易所
Source：SHFE、ZCE、DCE

5-17 2012年金属期货合约月末结算价

Clearing Price of Metal Products Futures Contracts in 2012

单位：元/吨 (yuan/ton)

交易品种 Futures Products	上市交易所 Futures Exchange	合约 Contracts	1月 Jan.	2月 Feb.	3月 Mar.	4月 Apr.	5月 May	6月 June	7月 July	8月 Aug.	9月 Sept.	10月 Oct.	11月 Nov.	12月 Dec.
铜 Copper	SHFE	cu1201	57080	-	-	-	-	-	-	-	-	-	-	-
	SHFE	cu1202	59750	59550	-	-	-	-	-	-	-	-	-	-
	SHFE	cu1203	60210	60320	59430	-	-	-	-	-	-	-	-	-
	SHFE	cu1204	60480	60670	59470	56610	-	-	-	-	-	-	-	-
	SHFE	cu1205	60580	60890	59780	58360	56060	-	-	-	-	-	-	-
	SHFE	cu1206	60610	61060	59980	58520	55180	55440	-	-	-	-	-	-
	SHFE	cu1207	60670	61180	60050	58490	54970	55250	56100	-	-	-	-	-
	SHFE	cu1208	60690	61200	60130	58470	54710	55260	55260	55260	-	-	-	-
	SHFE	cu1209	60750	61230	60190	58490	54450	55100	55160	55960	60200	-	-	-
	SHFE	cu1210	60870	61230	60270	58500	54320	54790	55110	55730	59490	58390	-	-
	SHFE	cu1211	60860	61280	60280	58560	54290	54690	54980	55630	59430	56720	55610	-
	SHFE	cu1212	60790	61310	60360	58590	54340	54710	54900	55500	59450	56750	56750	57350
	SHFE	cu1301	60880	61150	60360	58590	54330	54790	54930	55390	59460	56740	56890	57200
	SHFE	cu1302	-	61130	60430	58610	54260	54800	54980	55370	59500	56740	56940	57520
	SHFE	cu1303	-	-	60460	58650	54300	54660	54990	55450	59530	56770	56970	57690
	SHFE	cu1304	-	-	-	58580	54310	54460	54980	55400	59550	56770	56990	57810
	SHFE	cu1305	-	-	-	-	54340	54780	54940	55400	59670	56850	56990	57880
	SHFE	cu1306	-	-	-	-	-	54630	55020	55420	59660	57030	57040	57970
	SHFE	cu1307	-	-	-	-	-	-	55040	55470	59710	57080	57070	58100
	SHFE	cu1308	-	-	-	-	-	-	-	55710	59740	57100	57020	58160
	SHFE	cu1309	-	-	-	-	-	-	-	-	59750	57070	57200	58330
	SHFE	cu1310	-	-	-	-	-	-	-	-	-	57020	57160	58380
	SHFE	cu1311	-	-	-	-	-	-	-	-	-	-	57120	58440
	SHFE	cu1312	-	-	-	-	-	-	-	-	-	-	-	58470
铝 Aluminum	SHFE	al1201	15990	-	-	-	-	-	-	-	-	-	-	-
	SHFE	al1202	16100	15925	-	-	-	-	-	-	-	-	-	-
	SHFE	al1203	16215	16035	15920	-	-	-	-	-	-	-	-	-
	SHFE	al1204	16310	16135	15990	15910	-	-	-	-	-	-	-	-
	SHFE	al1205	16390	16245	16080	16080	15955	-	-	-	-	-	-	-
	SHFE	al1206	16435	16325	16160	16140	15950	15890	-	-	-	-	-	-
	SHFE	al1207	16485	16425	16260	16170	15960	15535	15660	-	-	-	-	-
	SHFE	al1208	16545	16510	16355	16190	15950	15420	15510	15435	-	-	-	-
	SHFE	al1209	16600	16645	16445	16215	15955	15375	15490	15395	15610	-	-	-
	SHFE	al1210	16755	16725	16530	16245	15985	15330	15470	15360	15570	15280	-	-
	SHFE	al1211	16630	16835	16630	16260	15995	15340	15440	15350	15675	15220	15155	-
	SHFE	al1212	16785	16860	16705	16260	16010	15345	15440	15330	15745	15290	15240	15065
	SHFE	al1301	16830	16910	16730	16360	16045	15355	15450	15330	15790	15315	15370	15120
	SHFE	al1302	-	17000	16825	16425	16060	15330	15455	15330	15790	15325	15450	15240
	SHFE	al1303	-	-	16890	16385	16200	15350	15510	15350	15810	15340	15530	15335
	SHFE	al1304	-	-	-	16425	16260	15450	15565	15370	15845	15390	15595	15435
	SHFE	al1305	-	-	-	-	16295	15400	15525	15295	15800	15425	15650	15530
	SHFE	al1306	-	-	-	-	-	15400	15570	15440	15870	15400	15700	15640
	SHFE	al1307	-	-	-	-	-	-	15600	15475	15890	15520	15740	15710
	SHFE	al1308	-	-	-	-	-	-	-	15330	15900	15580	15790	15730
	SHFE	al1309	-	-	-	-	-	-	-	-	15920	15515	15760	15850
	SHFE	al1310	-	-	-	-	-	-	-	-	-	15600	15905	15880
	SHFE	al1311	-	-	-	-	-	-	-	-	-	-	15895	16045
	SHFE	al1312	-	-	-	-	-	-	-	-	-	-	-	16015

注：如果该合约在月中交割，则该月的月末结算价为最后一个交易日的结算价。

数据来源：上海期货交易所

Source: SHFE

5-17 续表 1 continued

单位：元/吨 (yuan/ton)

交易品种 Futures Products	上市交易所 Futures Exchange	合约 Contracts	1月 Jan.	2月 Feb.	3月 Mar.	4月 Apr.	5月 May	6月 June	7月 July	8月 Aug.	9月 Sept.	10月 Oct.	11月 Nov.	12月 Dec.
	SHFE	zn1201	14995	-	-	-	-	-	-	-	-	-	-	-
	SHFE	zn1202	15780	15700	-	-	-	-	-	-	-	-	-	-
	SHFE	zn1203	15910	15865	15550	-	-	-	-	-	-	-	-	-
	SHFE	zn1204	16010	15985	15240	15190	-	-	-	-	-	-	-	-
	SHFE	zn1205	16080	16110	15350	15435	14830	-	-	-	-	-	-	-
	SHFE	zn1206	16125	16215	15425	15520	14710	14765	-	-	-	-	-	-
	SHFE	zn1207	16170	16315	15500	15605	14750	14435	14685	-	-	-	-	-
	SHFE	zn1208	16250	16405	15585	15685	14770	14465	14630	14570	-	-	-	-
	SHFE	zn1209	16320	16465	15675	15760	14785	14475	14655	14660	15475	-	-	-
	SHFE	zn1210	16390	16545	15770	15815	14820	14475	14680	14665	15470	15000	-	-
锌	SHFE	zn1211	16455	16600	15795	15875	14860	14515	14695	14665	15570	14640	14815	-
	SHFE	zn1212	16415	16650	15825	15935	14930	14525	14705	14680	15665	14730	15110	15250
Zinc	SHFE	zn1301	16530	16715	15895	15990	14955	14565	14750	14700	15740	14790	15255	15265
	SHFE	zn1302	-	16755	16050	16020	14975	14640	14775	14730	15790	14825	15370	15395
	SHFE	zn1303	-	-	16115	16090	14995	14725	14830	14780	15790	14855	15485	15510
	SHFE	zn1304	-	-	-	16120	15050	14650	14860	14790	15825	14895	15530	15625
	SHFE	zn1305	-	-	-	-	15095	14805	14910	14820	15895	14960	15620	15735
	SHFE	zn1306	-	-	-	-	-	14805	14945	14895	15920	15025	15680	15835
	SHFE	zn1307	-	-	-	-	-	-	15000	14910	16035	15020	15750	15910
	SHFE	zn1308	-	-	-	-	-	-	-	14930	16020	15075	15860	16030
	SHFE	zn1309	-	-	-	-	-	-	-	-	16100	15150	15820	16065
	SHFE	zn1310	-	-	-	-	-	-	-	-	-	15070	15990	16135
	SHFE	zn1311	-	-	-	-	-	-	-	-	-	-	16025	16320
	SHFE	zn1312	-	-	-	-	-	-	-	-	-	-	-	16350
	SHFE	pb1201	15350	-	-	-	-	-	-	-	-	-	-	-
	SHFE	pb1202	16060	15850	-	-	-	-	-	-	-	-	-	-
	SHFE	pb1203	16145	16140	15715	-	-	-	-	-	-	-	-	-
	SHFE	pb1204	16160	16300	15515	15780	-	-	-	-	-	-	-	-
	SHFE	pb1205	16110	16320	15510	15850	15100	-	-	-	-	-	-	-
	SHFE	pb1206	16445	16380	15495	15840	15160	15170	-	-	-	-	-	-
	SHFE	pb1207	16595	16475	15495	15835	15055	14645	15075	-	-	-	-	-
	SHFE	pb1208	16125	16850	15550	15840	15030	14625	15145	14995	-	-	-	-
	SHFE	pb1209	16465	16600	15640	15755	15035	14555	15115	15195	16150	-	-	-
	SHFE	pb1210	16550	16905	15675	15805	15035	14575	15065	15155	16105	15555	-	-
铅	SHFE	pb1211	16550	16965	15675	15995	14740	14555	15035	15105	16160	15155	15105	-
	SHFE	pb1212	16550	16965	15350	15650	14865	14580	15000	15100	16185	15255	15120	15030
Lead	SHFE	pb1301	16550	16965	15350	16195	15115	14590	14980	15120	16160	15265	15270	15080
	SHFE	pb1302	-	16965	16100	17140	14890	14475	14895	15085	16075	15250	15425	15240
	SHFE	pb1303	-	-	16100	15920	15365	14695	15125	15015	16140	15250	15545	15390
	SHFE	pb1304	-	-	-	16225	15530	14600	14995	15045	16185	15300	15525	15525
	SHFE	pb1305	-	-	-	-	15530	14240	14830	15185	15970	15325	15630	15615
	SHFE	pb1306	-	-	-	-	-	14240	14830	15430	16015	15320	15575	15580
	SHFE	pb1307	-	-	-	-	-	-	14830	15440	15970	15420	15595	15600
	SHFE	pb1308	-	-	-	-	-	-	-	15440	15970	15420	15635	15790
	SHFE	pb1309	-	-	-	-	-	-	-	-	15970	15420	15635	15790
	SHFE	pb1310	-	-	-	-	-	-	-	-	-	15420	15655	15800
	SHFE	pb1311	-	-	-	-	-	-	-	-	-	-	15655	15815
	SHFE	pb1312	-	-	-	-	-	-	-	-	-	-	-	15915

5-17 续表 2 continued

单位：元/吨 (yuan/ton)

交易品种 Futures Products	上市交易所 Futures Exchange	合约 Contracts	1月 Jan.	2月 Feb.	3月 Mar.	4月 Apr.	5月 May	6月 June	7月 July	8月 Aug.	9月 Sept.	10月 Oct.	11月 Nov.	12月 Dec.
黄金（元/克） Gold (yuan/g)	SHFE	au1201	345.4	-	-	-	-	-	-	-	-	-	-	-
	SHFE	au1202	352.9	353	-	-	-	-	-	-	-	-	-	-
	SHFE	au1203	356.5	363.2	349.6	-	-	-	-	-	-	-	-	-
	SHFE	au1204	357.5	365.2	344.5	337.8	-	-	-	-	-	-	-	-
	SHFE	au1205	356.7	365.6	341.6	338.4	330	-	-	-	-	-	-	-
	SHFE	au1206	355.1	364.3	340.1	337.9	320.8	328.7	-	-	-	-	-	-
	SHFE	au1207	356	364.6	340.5	338.6	324.4	328	330	-	-	-	-	-
	SHFE	au1208	357.9	363.1	340.3	337.5	324	322.5	331.3	326	-	-	-	-
	SHFE	au1209	355.3	364.4	340.2	339.3	324	322.9	333.1	337.1	350	-	-	-
	SHFE	au1210	354.5	364.9	341.9	339	323.5	322.5	334.4	340.3	354.8	355.7	-	-
	SHFE	au1211	355.9	363.1	340	339.2	323.3	323	334.8	340.8	357.3	344.9	337.3	-
	SHFE	au1212	356.7	364.6	340.3	338.9	323.3	323.4	335.7	342.8	365.1	347.4	343.7	340.4
	SHFE	au1301	356.7	364.9	341.8	337.2	323.7	323.6	336.1	343.4	365.2	348.5	345.9	332.8
	SHFE	au1302	-	364.9	342.8	338.7	322.5	324.9	336	343.4	364.9	349.9	346.6	334.9
	SHFE	au1303	-	-	340.6	337.7	323	323.5	333.5	343.4	365.1	350.2	347.8	335.8
	SHFE	au1304	-	-	-	339.2	322.7	326.7	334.2	344.7	366.5	350	349.4	338
	SHFE	au1305	-	-	-	-	323.1	324.2	336.7	343.4	366.7	350	350.1	338.8
	SHFE	au1306	-	-	-	-	-	324	336.5	342.8	367.1	349.8	351.6	339.4
	SHFE	au1307	-	-	-	-	-	-	332.6	343.3	366.9	350.4	351.8	340
	SHFE	au1308	-	-	-	-	-	-	-	342.2	362	351.2	353.7	341.4
	SHFE	au1309	-	-	-	-	-	-	-	-	366.7	351.1	354.3	340.6
	SHFE	au1310	-	-	-	-	-	-	-	-	-	349.7	353.6	343.8
	SHFE	au1311	-	-	-	-	-	-	-	-	-	-	354.3	343.6
	SHFE	au1312	-	-	-	-	-	-	-	-	-	-	-	341.6
白银（元/千克） Silver (yuan/kg)	SHFE	ag1209	-	-	-	-	5853	5704	5977	6361	7266	-	-	-
	SHFE	ag1210	-	-	-	-	5866	5712	5994	6399	7214	6791	-	-
	SHFE	ag1211	-	-	-	-	5857	5722	5877	6435	7296	6655	6679	-
	SHFE	ag1212	-	-	-	-	5886	5754	6018	6485	7352	6707	6891	6494
	SHFE	ag1301	-	-	-	-	5901	5755	6027	6504	7362	6757	6967	6153
	SHFE	ag1302	-	-	-	-	5914	5783	6031	6598	7398	6781	7017	6208
	SHFE	ag1303	-	-	-	-	5953	5801	6062	6538	7396	6803	7062	6263
	SHFE	ag1304	-	-	-	-	5929	5792	6114	6572	7427	6833	7099	6340
	SHFE	ag1305	-	-	-	-	5938	5890	6080	6597	7453	6877	7143	6373
	SHFE	ag1306	-	-	-	-	-	5802	6081	6621	7506	6905	7198	6420
	SHFE	ag1307	-	-	-	-	-	-	6081	6719	7519	6917	7252	6473
	SHFE	ag1308	-	-	-	-	-	-	-	6683	7441	6957	7279	6488
	SHFE	ag1309	-	-	-	-	-	-	-	-	7539	6960	7280	6516
	SHFE	ag1310	-	-	-	-	-	-	-	-	-	7016	7322	6589
	SHFE	ag1311	-	-	-	-	-	-	-	-	-	-	7333	6575
	SHFE	ag1312	-	-	-	-	-	-	-	-	-	-	-	6609

5-17 续表 3 continued

单位：元/吨 (yuan/ton)

交易品种 Futures Products	上市交易所 Futures Exchange	合约 Contracts	1月 Jan.	2月 Feb.	3月 Mar.	4月 Apr.	5月 May	6月 June	7月 July	8月 Aug.	9月 Sept.	10月 Oct.	11月 Nov.	12月 Dec.
	SHFE	rb1201	4404	-	-	-	-	-	-	-	-	-	-	-
	SHFE	rb1202	4225	4355	-	-	-	-	-	-	-	-	-	-
	SHFE	rb1203	4275	4222	4200	-	-	-	-	-	-	-	-	-
	SHFE	rb1204	4322	4281	4239	4340	-	-	-	-	-	-	-	-
	SHFE	rb1205	4291	4288	4310	4283	4126	-	-	-	-	-	-	-
	SHFE	rb1206	4304	4299	4296	4295	4046	4050	-	-	-	-	-	-
	SHFE	rb1207	4297	4311	4312	4281	4153	4358	3960	-	-	-	-	-
	SHFE	rb1208	4302	4300	4309	4303	4172	4160	3708	3660	-	-	-	-
	SHFE	rb1209	4312	4304	4317	4289	4125	4116	3808	3458	3400	-	-	-
	SHFE	rb1210	4308	4286	4324	4282	4097	4065	3853	3502	3668	3748	-	-
	SHFE	rb1211	4320	4301	4293	4272	4098	4104	3818	3513	3535	3733	3830	-
螺纹钢	SHFE	rb1212	4340	4311	4291	4267	4105	4063	3788	3430	3546	3714	3603	3720
Steel	SHFE	rb1301	4335	4299	4286	4255	4086	4041	3771	3416	3575	3611	3554	3824
Rebar	SHFE	rb1302	-	4287	4306	4261	4106	4062	3782	3448	3539	3596	3538	3830
	SHFE	rb1303	-	-	4306	4271	4110	4065	3776	3506	3564	3592	3563	3875
	SHFE	rb1304	-	-	-	4319	4116	4090	3795	3507	3583	3611	3526	3913
	SHFE	rb1305	-	-	-	-	4115	4092	3783	3512	3615	3611	3479	3958
	SHFE	rb1306	-	-	-	-	-	4092	3789	3537	3636	3616	3495	3975
	SHFE	rb1307	-	-	-	-	-	-	3816	3549	3661	3658	3509	3948
	SHFE	rb1308	-	-	-	-	-	-	-	3608	3698	3651	3522	3978
	SHFE	rb1309	-	-	-	-	-	-	-	-	3705	3669	3533	3976
	SHFE	rb1310	-	-	-	-	-	-	-	-	-	3670	3539	3994
	SHFE	rb1311	-	-	-	-	-	-	-	-	-	-	3565	3980
	SHFE	rb1312	-	-	-	-	-	-	-	-	-	-	-	3989
	SHFE	wr1201	4095	-	-	-	-	-	-	-	-	-	-	-
	SHFE	wr1202	4074	4074	-	-	-	-	-	-	-	-	-	-
	SHFE	wr1203	4095	4095	4095	-	-	-	-	-	-	-	-	-
	SHFE	wr1204	4129	4129	4111	4111	-	-	-	-	-	-	-	-
	SHFE	wr1205	4299	4258	4300	4267	4267	-	-	-	-	-	-	-
	SHFE	wr1206	4227	4199	4166	4195	3806	3806	-	-	-	-	-	-
	SHFE	wr1207	4271	4202	4232	4278	4053	4053	4053	-	-	-	-	-
	SHFE	wr1208	4221	4199	4236	4306	4142	4140	4140	4140	-	-	-	-
	SHFE	wr1209	4327	4255	4312	4268	4072	4139	4089	3718	3718	-	-	-
	SHFE	wr1210	4212	4267	4261	4303	4135	4102	3817	3675	3530	3530	-	-
线材	SHFE	wr1211	4263	4205	4330	4274	4086	4029	3796	3682	3561	3687	3687	-
Steel	SHFE	wr1212	4263	4205	4330	4223	4065	3893	3619	3353	3551	3577	3577	3577
Wire	SHFE	wr1301	4295	4216	4240	4231	4040	4026	3828	3534	3765	3755	3670	3690
Rod	SHFE	wr1302	-	4216	4325	4315	4024	4028	3823	3581	3692	3710	3606	3910
	SHFE	wr1303	-	-	4325	4222	4112	3917	3877	3633	3683	3680	3606	4025
	SHFE	wr1304	-	-	-	4222	4112	3917	3877	3606	3610	3631	3612	4149
	SHFE	wr1305	-	-	-	-	4112	4126	3751	3487	3529	3668	3520	3958
	SHFE	wr1306	-	-	-	-	-	4126	3751	3487	3529	3590	3536	3891
	SHFE	wr1307	-	-	-	-	-	-	3751	3487	3518	3471	3540	3876
	SHFE	wr1308	-	-	-	-	-	-	-	3487	3588	3680	3495	3953
	SHFE	wr1309	-	-	-	-	-	-	-	-	3588	3763	3540	3933
	SHFE	wr1310	-	-	-	-	-	-	-	-	-	3763	3540	3933
	SHFE	wr1311	-	-	-	-	-	-	-	-	-	-	3540	3933
	SHFE	wr1312	-	-	-	-	-	-	-	-	-	-	-	4018

5-18 2012年能源、化工及其他期货合约月末结算价

Clearing Price of Building Materials, Energy, Chemical Products & Others Futures Contracts in 2012

单位：元/吨 (yuan/ton)

交易品种 Futures Products	上市交易所 Futures Exchange	合约 Contracts	1月 Jan.	2月 Feb.	3月 Mar.	4月 Apr.	5月 May	6月 June	7月 July	8月 Aug.	9月 Sept.	10月 Oct.	11月 Nov.	12月 Dec.
	DCE	l1201	9235	-	-	-	-	-	-	-	-	-	-	-
	DCE	l1202	9770	9775	-	-	-	-	-	-	-	-	-	-
	DCE	l1203	9825	9880	10160	-	-	-	-	-	-	-	-	-
	DCE	l1204	10155	10305	10395	10400	-	-	-	-	-	-	-	-
	DCE	l1205	10255	10360	10390	10270	9985	-	-	-	-	-	-	-
	DCE	l1206	10335	10450	10440	10335	9700	9370	-	-	-	-	-	-
	DCE	l1207	10410	10555	10530	10390	9645	9845	9930	-	-	-	-	-
	DCE	l1208	10525	10640	10595	10420	9695	9740	9805	10195	-	-	-	-
	DCE	l1209	10585	10725	10645	10430	9725	9645	9785	10665	10605	-	-	-
聚乙烯	DCE	l1210	10735	10800	10700	10415	9750	9710	9755	10340	10900	10900	-	-
	DCE	l1211	10305	10790	10815	10495	9790	9595	9645	9895	10785	10500	10500	-
LLDPE	DCE	l1212	10290	10880	10775	10665	9865	9710	9725	10000	10500	10360	10900	10900
	DCE	l1301	10825	11005	10855	10700	9960	9605	9690	10065	10665	10090	10530	11140
	DCE	l1302	-	11040	10935	10755	10155	9690	9750	10185	10605	10080	10430	11190
	DCE	l1303	-	-	11250	10775	10070	9515	9715	10070	10490	9875	10345	11160
	DCE	l1304	-	-	-	10760	9945	9580	9995	9930	10435	9710	10240	11005
	DCE	l1305	-	-	-	-	10140	9790	9880	9995	10440	9785	10005	10815
	DCE	l1306	-	-	-	-	-	9855	9940	9910	10445	9885	10115	10690
	DCE	l1307	-	-	-	-	-	-	10065	10200	10490	10490	10490	10500
	DCE	l1308	-	-	-	-	-	-	-	9915	10395	9835	9995	10425
	DCE	l1309	-	-	-	-	-	-	-	-	10320	9745	9895	10705
	DCE	l1310	-	-	-	-	-	-	-	-	-	9975	9995	10345
	DCE	l1311	-	-	-	-	-	-	-	-	-	-	9770	10160
	DCE	l1312	-	-	-	-	-	-	-	-	-	-	-	10550
	DCE	v1201	6540	-	-	-	-	-	-	-	-	-	-	-
	DCE	v1202	6665	6680	-	-	-	-	-	-	-	-	-	-
	DCE	v1203	6720	6410	6515	-	-	-	-	-	-	-	-	-
	DCE	v1204	6940	6865	6555	6650	-	-	-	-	-	-	-	-
	DCE	v1205	7035	6960	6650	6685	6540	-	-	-	-	-	-	-
	DCE	v1206	7070	6990	6750	6760	6420	6200	-	-	-	-	-	-
	DCE	v1207	7280	7035	6845	6860	6520	6250	6355	-	-	-	-	-
	DCE	v1208	7245	6950	6855	6950	6600	6355	6345	6345	-	-	-	-
	DCE	v1209	7340	7275	6950	7000	6625	6340	6375	6390	6430	-	-	-
	DCE	v1210	7340	7310	7000	7015	6680	6505	6460	6595	6515	6515	-	-
聚氯乙烯	DCE	v1211	7075	7225	7070	7045	6745	6485	6465	6445	6460	6460	6460	-
	DCE	v1212	6980	7455	7155	7145	6860	6390	6485	6470	6615	6600	6360	6360
PVC	DCE	v1301	7490	7515	7205	7245	6815	6395	6420	6540	6550	6400	6430	6345
	DCE	v1302	-	7600	7235	7255	6920	6415	6540	6495	6745	6430	6465	6430
	DCE	v1303	-	-	7180	7270	6940	6495	6445	6675	6660	6365	6400	6465
	DCE	v1304	-	-	-	7245	6945	6640	6620	6630	6765	6765	6395	6575
	DCE	v1305	-	-	-	-	7025	6505	6585	6655	6690	6430	6475	6620
	DCE	v1306	-	-	-	-	-	6550	6695	6695	6695	6715	6495	6665
	DCE	v1307	-	-	-	-	-	-	6660	6660	6935	6685	6510	6650
	DCE	v1308	-	-	-	-	-	-	-	6670	6850	6850	6850	6655
	DCE	v1309	-	-	-	-	-	-	-	-	6750	6510	6540	6790
	DCE	v1310	-	-	-	-	-	-	-	-	-	6775	6670	6795
	DCE	v1311	-	-	-	-	-	-	-	-	-	-	6520	6815
	DCE	v1312	-	-	-	-	-	-	-	-	-	-	-	6860

注：如果该合约在月中交割，则该月的月末结算价为最后一个交易日的结算价。

数据来源：上海期货交易所、郑州商品交易所、大连商品交易所

Source: SHFE、ZCE、DCE

5-18 续表 1 continued

单位：元/吨 (yuan/ton)

交易品种 Futures Products	上市交易所 Futures Exchange	合约 Contracts	1月 Jan.	2月 Feb.	3月 Mar.	4月 Apr.	5月 May	6月 June	7月 July	8月 Aug.	9月 Sept.	10月 Oct.	11月 Nov.	12月 Dec.
	DCE	j1201	1835	-	-	-	-	-	-	-	-	-	-	-
	DCE	j1202	1940	1940	-	-	-	-	-	-	-	-	-	-
	DCE	j1203	1975	1975	1975	-	-	-	-	-	-	-	-	-
	DCE	j1204	2283	2283	2283	2283	-	-	-	-	-	-	-	-
	DCE	j1205	2096	2087	2024	1825	1824	-	-	-	-	-	-	-
	DCE	j1206	2063	2063	2050	1869	1703	1703	-	-	-	-	-	-
	DCE	j1207	1979	2078	2106	1980	1815	1584	1670	-	-	-	-	-
	DCE	j1208	2005	2005	2005	1995	1873	1642	1642	1642	-	-	-	-
	DCE	j1209	2140	2121	2071	2017	1865	1650	1588	1519	1523	-	-	-
焦炭	DCE	j1210	2007	2007	2045	2023	2023	1943	1590	1482	1434	1434	-	-
	DCE	j1211	1980	1980	1980	2027	1906	1665	1580	1486	1478	1478	1478	-
Coke	DCE	j1212	1999	2036	2036	2036	1930	1687	1609	1426	1496	1540	1570	1570
	DCE	j1301	2081	2081	2096	2050	1907	1667	1562	1398	1462	1541	1564	1559
	DCE	j1302	-	2114	2149	2064	1962	1962	1597	1424	1489	1581	1562	1651
	DCE	j1303	-	-	2104	2104	1880	1880	1880	1880	1513	1587	1550	1706
	DCE	j1304	-	-	-	2081	2081	2081	2081	2081	2081	2081	1538	1806
	DCE	j1305	-	-	-	-	1934	1727	1618	1441	1512	1565	1530	1791
	DCE	j1306	-	-	-	-	-	1876	1767	1453	1545	1573	1545	1772
	DCE	j1307	-	-	-	-	-	-	1669	1487	1532	1589	1589	1786
	DCE	j1308	-	-	-	-	-	-	-	1612	1553	1626	1548	1805
	DCE	j1309	-	-	-	-	-	-	-	-	1574	1603	1568	1844
	DCE	j1310	-	-	-	-	-	-	-	-	-	1612	1579	1837
	DCE	j1311	-	-	-	-	-	-	-	-	-	-	1592	1801
	DCE	j1312	-	-	-	-	-	-	-	-	-	-	-	1827
	SHFE	fu1202	5080	-	-	-	-	-	-	-	-	-	-	-
	SHFE	fu1203	5245	5283	-	-	-	-	-	-	-	-	-	-
	SHFE	fu1204	5543	5374	5450	-	-	-	-	-	-	-	-	-
	SHFE	fu1205	5341	5405	5535	5330	-	-	-	-	-	-	-	-
	SHFE	fu1206	5419	5396	5534	5422	4906	-	-	-	-	-	-	-
	SHFE	fu1207	4751	5500	5534	5382	4727	4260	-	-	-	-	-	-
	SHFE	fu1208	5106	5498	5426	5416	4935	4525	4525	-	-	-	-	-
	SHFE	fu1209	5232	5464	5549	5439	4859	4612	4790	4930	-	-	-	-
	SHFE	fu1210	5057	5316	5380	5325	5075	4638	4709	4810	5041	-	-	-
燃料油	SHFE	fu1211	5057	5644	5586	5498	5099	4749	4825	4950	4950	4950	-	-
	SHFE	fu1212	5071	5371	5380	5319	5093	4750	4823	4995	4920	4920	4920	-
Fuel Oil	SHFE	fu1301	5071	5323	5522	5471	5016	4641	4903	4892	4938	4906	4948	5010
	SHFE	fu1303	-	-	5522	5471	5016	4785	4785	4785	4951	4996	4980	5015
	SHFE	fu1304	-	-	-	5510	4932	4744	4930	4918	4981	4933	4968	5050
	SHFE	fu1305	-	-	-	-	4912	4705	4802	4914	4959	4963	4980	5045
	SHFE	fu1306	-	-	-	-	-	4627	4693	4670	4813	4770	4933	4879
	SHFE	fu1307	-	-	-	-	-	-	4693	4670	5191	4896	4857	4879
	SHFE	fu1308	-	-	-	-	-	-	-	4670	5191	4898	4920	5010
	SHFE	fu1309	-	-	-	-	-	-	-	-	5191	4898	4920	5010
	SHFE	fu1310	-	-	-	-	-	-	-	-	-	4898	4896	4968
	SHFE	fu1311	-	-	-	-	-	-	-	-	-	-	4896	4968
	SHFE	fu1312	-	-	-	-	-	-	-	-	-	-	-	4968
	ZCE	ME203	3012	2914	3000	-	-	-	-	-	-	-	-	-
	ZCE	ME204	3022	2959	2900	2900	-	-	-	-	-	-	-	-
	ZCE	ME205	3002	2956	2957	3168	3100	-	-	-	-	-	-	-
甲醇	ZCE	ME206	3039	2955	2966	3110	2882	2882	-	-	-	-	-	-
	ZCE	ME207	3068	3033	3010	3031	2825	2769	2769	-	-	-	-	-
Menthanol	ZCE	ME208	3107	2986	3005	3108	2880	2748	2851	2851	-	-	-	-
	ZCE	ME209	3006	2999	3018	3096	2845	2711	2836	2838	2831	-	-	-
	ZCE	ME210	3057	3050	3035	3109	2846	2725	2842	2740	2977	2977	-	-
	ZCE	ME211	2988	2981	3060	3112	2910	2744	2869	2800	2930	2930	2930	-
	ZCE	ME212	2987	3031	3042	3178	2887	2775	2872	2633	2813	2806	2795	2795

5-18 续表 2 continued

单位：元/吨　　　　(yuan/ton)

交易品种 Futures Products	上市交易所 Futures Exchange	合约 Contracts	1月 Jan.	2月 Feb.	3月 Mar.	4月 Apr.	5月 May	6月 June	7月 July	8月 Aug.	9月 Sept.	10月 Oct.	11月 Nov.	12月 Dec.
甲醇 Menthanol	ZCE	ME301	2968	3011	3064	3117	2877	2722	2817	2645	2803	2822	2751	2764
	ZCE	ME302	-	3125	3243	3144	2909	2723	2818	2653	2774	2812	2737	2738
	ZCE	ME303	-	-	3177	3181	2915	2714	2865	2686	2846	2899	2757	2770
	ZCE	ME304	-	-	-	3177	2949	2769	2922	2758	2841	2893	2736	2749
	ZCE	ME305	-	-	-	-	2952	2786	2829	2665	2801	2804	2724	2731
	ZCE	ME306	-	-	-	-	-	2786	2857	2616	2761	2815	2704	2739
	ZCE	ME307	-	-	-	-	-	-	2857	2616	2748	2800	2705	2750
	ZCE	ME308	-	-	-	-	-	-	-	2693	2786	2799	2704	2743
	ZCE	ME309	-	-	-	-	-	-	-	-	2829	2811	2738	2754
	ZCE	ME310	-	-	-	-	-	-	-	-	-	2817	2766	2773
	ZCE	ME311	-	-	-	-	-	-	-	-	-	-	2727	2725
	ZCE	ME312	-	-	-	-	-	-	-	-	-	-	-	2713
玻璃 Glass	ZCE	FG303	-	-	-	-	-	-	-	-	-	-	-	1354
	ZCE	FG304	-	-	-	-	-	-	-	-	-	-	-	1354
	ZCE	FG305	-	-	-	-	-	-	-	-	-	-	-	1357
	ZCE	FG306	-	-	-	-	-	-	-	-	-	-	-	1402
	ZCE	FG307	-	-	-	-	-	-	-	-	-	-	-	1409
	ZCE	FG308	-	-	-	-	-	-	-	-	-	-	-	1416
	ZCE	FG309	-	-	-	-	-	-	-	-	-	-	-	1415
	ZCE	FG310	-	-	-	-	-	-	-	-	-	-	-	1414
	ZCE	FG311	-	-	-	-	-	-	-	-	-	-	-	1416
	ZCE	FG312	-	-	-	-	-	-	-	-	-	-	-	1422
PTA	ZCE	TA201	9600	-	-	-	-	-	-	-	-	-	-	-
	ZCE	TA202	9298	9104	-	-	-	-	-	-	-	-	-	-
	ZCE	TA203	9268	9092	8842	-	-	-	-	-	-	-	-	-
	ZCE	TA204	9254	9086	8712	8810	-	-	-	-	-	-	-	-
	ZCE	TA205	9138	9056	8784	8758	8366	-	-	-	-	-	-	-
	ZCE	TA206	9116	9048	8696	8578	8030	7130	-	-	-	-	-	-
	ZCE	TA207	9064	9052	8690	8578	7938	7302	7564	-	-	-	-	-
	ZCE	TA208	9052	9074	8668	8602	7890	7246	7754	8100	-	-	-	-
	ZCE	TA209	9022	9054	8656	8566	7824	7240	7780	8134	8820	-	-	-
	ZCE	TA210	8980	9050	8652	8584	7860	7214	7574	7792	8158	8384	-	-
	ZCE	TA211	9010	9016	8672	8578	7784	7242	7550	7670	7940	8188	7952	-
	ZCE	TA212	8968	9054	8720	8596	7822	7278	7558	7578	7776	7994	8030	8476
	ZCE	TA301	9062	9074	8660	8536	7796	7246	7560	7478	7722	7784	8010	8678
	ZCE	TA302	-	9040	8652	8524	7818	7244	7484	7442	7644	7688	7962	8616
	ZCE	TA303	-	-	8700	8528	7830	7346	7500	7452	7620	7654	7902	8598
	ZCE	TA304	-	-	-	8598	7928	7228	7540	7416	7636	7552	7824	8640
	ZCE	TA305	-	-	-	-	7878	7300	7476	7396	7564	7478	7718	8526
	ZCE	TA306	-	-	-	-	-	7318	7492	7388	7540	7480	7704	8516
	ZCE	TA307	-	-	-	-	-	-	7480	7420	7564	7472	7678	8478
	ZCE	TA308	-	-	-	-	-	-	-	7464	7550	7462	7644	8476
	ZCE	TA309	-	-	-	-	-	-	-	-	7588	7444	7582	8438
	ZCE	TA310	-	-	-	-	-	-	-	-	-	7446	7578	8400
	ZCE	TA311	-	-	-	-	-	-	-	-	-	-	7506	8320
	ZCE	TA312	-	-	-	-	-	-	-	-	-	-	-	8408

5-19 2012年金融期货合约月末结算价
Clearing Price of Financial Futures Contracts in 2012

单位：元/吨 (yuan/ton)

交易品种 Futures Products	上市交易所 Futures Exchange	合约 Contracts	1月 Jan.	2月 Feb.	3月 Mar.	4月 Apr.	5月 May	6月 June	7月 July	8月 Aug.	9月 Sept.	10月 Oct.	11月 Nov.	12月 Dec.
	CFFEX	IF1201	-	-	-	-	-	-	-	-	-	-	-	-
	CFFEX	IF1202	2468.8	-	-	-	-	-	-	-	-	-	-	-
	CFFEX	IF1203	2483.4	2652.0	-	-	-	-	-	-	-	-	-	-
	CFFEX	IF1204	-	2660.6	2457.4	-	-	-	-	-	-	-	-	-
	CFFEX	IF1205	-	-	2468.6	2640.0	-	-	-	-	-	-	-	-
	CFFEX	IF1206	2505.6	2683.2	2480.4	2650.4	2631.8	-	-	-	-	-	-	-
指数期货	CFFEX	IF1207	-	-	-	-	2625.4	2467.6	-	-	-	-	-	-
	CFFEX	IF1208	-	-	-	-	-	2472.2	2363.2	-	-	-	-	-
Index	CFFEX	IF1209	2525.2	2716.8	2510.6	2676.6	2633.4	2482.6	2374.6	2224.4	-	-	-	-
Futures	CFFEX	IF1210	-	-	-	-	-	-	-	2237.6	2303.0	-	-	-
	CFFEX	IF1211	-	-	-	-	-	-	-	-	2318.8	2254.6	-	-
	CFFEX	IF1212	-	-	-	2708.6	2653.0	2508.6	2405.6	2263.2	2332.6	2267.6	2140.2	-
	CFFEX	IF1301	-	-	-	-	-	-	-	-	-	-	2147.8	2537.4
	CFFEX	IF1302	-	-	-	-	-	-	-	-	-	-	-	2551.2
	CFFEX	IF1303	-	-	-	-	-	-	2435.4	2294.0	2373.0	2302.0	2167.2	2565.8
	CFFEX	IF1306	-	-	-	-	-	-	-	-	-	2329.8	2191.2	2588.2

注：如果该合约在月中交割，则该月的月末结算价为交割结算价。
数据来源：中国金融期货交易所
Source：CFFEX

5-20 2012年农产品期货实物交割情况
Physical Delivery of Agricultural Products Futures in 2012

交易品种 Futures Products	上市交易所 Futures Exchange	合约 Contracts	交割量(手) Delivery Quantity (lot)	交割金额(万元) Delivery Amount(10 thousand yuan)	成交量(手) Trading Volume (lot)	成交金额(万元) Trading Turnover(10 thousand yuan)	结算价(元/吨) Clearing Price (yuan/ton)	交割率(%) Delivery Rate (%)
玉米 Corn	DCE	c1201	4978	11442.43	7758598	18404475.9	2246.63	0.06
	DCE	c1205	10040	28414.58	7775313	17888855.0	2424.83	0.13
	DCE	c1207	82	178.92	13098	30975.7	2182.00	0.63
	DCE	c1209	16546	41171.98	19305075	46261356.7	2487.81	0.09
	DCE	c1211	15	32.93	8071	19155.6	2195.00	0.19
黄大豆1号 Soybean No.1	DCE	a1201	16846	69211.09	10821132	48849079.8	4117.09	0.16
	DCE	a1203	247	1027.58	5703	25195.7	4166.80	4.33
	DCE	a1205	6465	28132.61	10095326	45847948.3	4352.71	0.06
	DCE	a1207	91	403.76	3416	15204.8	4400.50	2.66
	DCE	a1209	4319	21793.12	7536139	33269749.3	4838.63	0.06
	DCE	a1211	205	924.76	2912	13366.1	4511.00	7.04
黄大豆2号 Soybean No.2	DCE	b1209	151	748.21	6405	30260.2	4955.00	2.36
豆粕 Soybean Meal	DCE	m1201	5	14.35	13632997	45789007.1	2870.00	0.00
	DCE	m1203	5	14.32	3888	12152.6	2863.00	0.13
	DCE	m1205	269	931.77	24828666	78527836.2	3461.60	0.00
	DCE	m1207	67	227.67	4557	14799.6	3484.00	1.47
	DCE	m1209	786	3558.22	45868273	152018286.0	4527.00	0.00
豆油 Soybean Oil	DCE	y1201	7581	66692.18	15090151	153924225.6	8786.74	0.05
	DCE	y1203	12	107.40	1386	13453.7	8950.00	0.87
	DCE	y1205	2878	28120.29	24028366	233621632.0	9749.71	0.01
	DCE	y1209	4406	43278.84	22275561	209706175.5	9791.58	0.02
	DCE	y1211	2	17.13	737	6976.2	8566.00	0.27
	DCE	y1212	3	23.35	840	7720.7	7784.00	0.36
棕榈油 RBD Palm Oil	DCE	p1201	1843	14080.52	5833456	52922779.6	7640.00	0.03
	DCE	p1202	9	62.98	527	4649.4	6998.00	1.71
	DCE	p1203	7	50.40	192	1651.8	7200.00	3.65
	DCE	p1205	2330	19036.10	10194198	86553947.9	8170.00	0.02
	DCE	p1208	3	24.00	663	5534.9	8000.00	0.45
	DCE	p1209	2179	16477.60	8012003	67219645.0	7562.00	0.03
硬麦 Hard Wheat	ZCE	WT201	470	967.26	92	189.3	2058.00	510.87
	ZCE	WT203	120	252.12	323	672.5	2101.00	37.15
	ZCE	WT205	741	1532.87	25283	54122.5	2056.00	2.93
	ZCE	WT207	5	10.45	269	575.9	2090.00	1.86
	ZCE	WT209	553	1250.89	73434	160241.8	2262.00	0.75
	ZCE	WT211	0	0.00	854	1909.3	2321.00	0.00
强麦(WS) Strong Gluten Wheat	ZCE	WS201	10160	23082.45	4434	10081.1	2272.00	229.14
	ZCE	WS203	43	103.42	153	360.1	2405.00	28.10
	ZCE	WS205	2407	5317.14	535012	1273957.5	2200.00	0.45
	ZCE	WS207	987	2178.15	11740	27493.8	2228.00	8.41
	ZCE	WS209	28525	69136.68	9952436	25371219.2	2429.00	0.29
	ZCE	WS211	752	1767.39	10910	26830.0	2346.00	6.89
	ZCE	WS301	216	526.06	11723620	29514271.9	-	0.00
	ZCE	WS303	0	0.00	1709	4361.6	-	0.00
	ZCE	WS305	0	0.00	3551826	9069315.2	-	0.00

注：1.结算价为最后交易日交割结算价。
2.交割量包含期转现部分。

数据来源：上海期货交易所、郑州商品交易所、大连商品交易所

Source：SHFE、ZCE、DCE

5-20 续表 1 continued

交易品种 Futures Products	上市交易所 Futures Exchange	合约 Contracts	交割量（手） Delivery Quantity (lot)	交割金额（万元） Delivery Amount(10 thousand yuan)	成交量（手） Trading Volume (lot)	成交金额（万元） Trading Turnover(10 thousand yuan)	结算价（元/吨） Clearing Price (yuan/ton)	交割率(%) Delivery Rate (%)
强麦(WH)	ZCE	WH307	0	0.00	1904	9931.7	-	0.00
Strong Gluten	ZCE	WH309	0	0.00	8233	43757.7	-	0.00
Wheat	ZCE	WH311	0	0.00	125	675.1	-	0.00
	ZCE	PM301	0	0.00	5855	66292.4	-	0.00
	ZCE	PM303	0	0.00	46	525.6	-	0.00
普麦	ZCE	PM305	0	0.00	254	3057.6	-	0.00
	ZCE	PM307	0	0.00	47	581.7	-	0.00
Wheat	ZCE	PM309	0	0.00	60	741.4	-	0.00
	ZCE	PM311	0	0.00	0	0.0	-	-
	ZCE	CF201	1152	11507.94	733	7308.4	19975.00	157.16
	ZCE	CF203	3280	33620.04	12907	134150.5	20425.00	25.41
	ZCE	CF205	13792	136618.36	939333	9941546.0	19735.00	1.47
	ZCE	CF207	11088	101416.48	119507	1161923.5	18345.00	9.28
棉花	ZCE	CF209	8952	83685.02	7059206	72731003.8	18675.00	0.13
	ZCE	CF211	3128	30037.82	36298	358549.2	19230.00	8.62
Cotton	ZCE	CF301	2488	25000.52	10399898	101307084.5	-	0.02
	ZCE	CF303	0	0.00	42899	423121.8	-	0.00
	ZCE	CF305	0	0.00	2272525	21944879.2	-	0.00
	ZCE	CF307	0	0.00	2829	27357.7	-	0.00
	ZCE	CF309	0	0.00	129995	1239710.2	-	0.00
	ZCE	CF311	0	0.00	308	2976.1	-	0.00
	ZCE	SR201	1045	6747.46	2095	13503.2	6462.00	49.88
	ZCE	SR203	925	6077.11	6316	41268.4	6542.00	14.65
	ZCE	SR205	3426	22555.81	1003502	6407164.7	6578.00	0.34
	ZCE	SR207	1193	7402.99	19092	124489.6	6222.00	6.25
	ZCE	SR209	10253	60523.46	18716947	121344825.2	5874.00	0.05
	ZCE	SR211	332	1955.19	24194	150102.8	5891.00	1.37
白糖	ZCE	SR301	0	0.00	94475466	530667054.2	-	0.00
	ZCE	SR303	0	0.00	18232	101542.3	-	0.00
Sugar	ZCE	SR305	0	0.00	32412214	173341048.3	-	0.00
	ZCE	SR307	0	0.00	9322	51031.8	-	0.00
	ZCE	SR309	0	0.00	1546633	8396011.0	-	0.00
	ZCE	SR311	0	0.00	2325	12851.1	-	0.00
	ZCE	SR401	0	0.00	33512	180323.6	-	0.00
	ZCE	SR403	0	0.00	2246	11880.2	-	0.00
	ZCE	SR405	0	0.00	5929	31896.8	-	0.00
	ZCE	RO201	1667	7879.91	835	3937.4	9454.00	199.64
	ZCE	RO203	0	0.00	1	4.7	9406.00	0.00
	ZCE	RO205	831	4610.39	125749	608980.8	11096.00	0.66
菜籽油(RO)	ZCE	RO207	0	0.00	50	259.0	10302.00	0.00
	ZCE	RO209	27961	159817.57	2458911	12781544.2	11536.00	1.14
Rapeseed Oil	ZCE	RO211	0	0.00	101	528.7	10752.00	0.00
	ZCE	RO301	3110	15550.00	2937574	14903664.1	-	0.11
	ZCE	RO303	0	0.00	235	1181.1	-	0.00
	ZCE	RO305	0	0.00	723091	3552844.5	-	0.00

5-20 续表 2 continued

交易品种 Futures Products	上市交易所 Futures Exchange	合约 Contracts	交割量(手) Delivery Quantity (lot)	交割金额(万元) Delivery Amount(10 thousand yuan)	成交量(手) Trading Volume (lot)	成交金额(万元) Trading Turnover(10 thousand yuan)	结算价(元/吨) Clearing Price (yuan/ton)	交割率(%) Delivery Rate (%)
菜籽油(OI)	ZCE	OI307	0	0.00	430	4211.6	-	0.00
	ZCE	OI309	0	0.00	1591	15742.8	-	0.00
Rapeseed Oil	ZCE	OI311	0	0.00	0	0.0	-	-
	ZCE	ER201	2378	5903.43	1020	2537.0	2485.00	233.14
	ZCE	ER203	0	0.00	56	141.9	2503.00	0.00
	ZCE	ER205	83	220.70	179471	461538.0	2659.00	0.05
早籼稻(ER)	ZCE	ER207	0	0.00	991	2590.6	2495.00	0.00
	ZCE	ER209	751	2023.19	927928	2473824.0	2694.00	0.08
Early Indica Rice	ZCE	ER211	1	2.47	265	713.8	2470.00	0.38
	ZCE	ER301	0	0.00	1968724	5415809.6	-	0.00
	ZCE	ER303	0	0.00	338	919.5	-	0.00
	ZCE	ER305	0	0.00	758240	2074692.5	-	0.00
早籼稻(RI)	ZCE	RI307	0	0.00	83	454.4	-	0.00
	ZCE	RI309	0	0.00	1203	6694.0	-	0.00
Early Indica Rice	ZCE	RI311	0	0.00	1	5.6	-	0.00
	ZCE	RS307	0	0.00	2058	10860.5	-	0.00
油菜籽	ZCE	RS308	0	0.00	255	1346.2	-	0.00
Rapeseed	ZCE	RS309	0	0.00	134562	709694.3	-	0.00
	ZCE	RS311	0	0.00	209	1102.0	-	0.00
	ZCE	RM305	0	0.00	329155	787851.2	-	0.00
菜籽粕	ZCE	RM307	0	0.00	326	781.4	-	0.00
	ZCE	RM308	0	0.00	20	47.6	-	0.00
Rapeseed Meal	ZCE	RM309	0	0.00	59711	140157.3	-	0.00
	ZCE	RM311	0	0.00	31995	70722.5	-	0.00
	SHFE	ru1201	1647	21678.64	40080018	608671426.4	26325.00	0.00
	SHFE	ru1203	1925	28076.13	134261	2069746.0	29170.00	1.43
	SHFE	ru1204	812	11597.39	19071	268438.5	28565.00	4.26
天然橡胶	SHFE	ru1205	645	8215.69	41534221	555297995.1	25475.00	0.00
	SHFE	ru1206	714	8214.57	19407	257865.2	23010.00	3.68
Natural Rubber	SHFE	ru1207	872	10564.28	8551	109745.9	24230.00	10.20
	SHFE	ru1208	166	3755.75	9231	223374.3	21265.00	1.80
	SHFE	ru1209	1365	30719.33	17668025	430821556.6	23200.00	0.01
	SHFE	ru1210	596	14628.82	14125	330758.7	24180.00	4.22
	SHFE	ru1211	320	7539.93	13910	327588.2	23730.00	2.30

5-21 2012年金属期货实物交割情况

Physical Delivery of Metal Products Futures in 2012

交易品种 Futures Products	上市交易所 Futures Exchange	合约 Contracts	交割量（手） Delivery Quantity (lot)	交割金额（万元） Delivery Amount(10 thousand yuan)	成交量（手） Trading Volume (lot)	成交金额（万元） Trading Turnover(10 thousand yuan)	结算价（元/吨） Clearing Price (yuan/ton)	交割率（%） Delivery Rate (%)
铜 Copper	SHFE	cu1201	3785	108023.90	11254284	319146727.7	57080	0.03
	SHFE	cu1202	7390	220037.25	8154300	228235378.2	59550	0.09
	SHFE	cu1203	5710	169672.65	5986790	166551930.0	59430	0.10
	SHFE	cu1204	6370	180302.85	4028433	119105295.0	56610	0.16
	SHFE	cu1205	4655	130479.65	5081008	153089704.1	56060	0.09
	SHFE	cu1206	1960	54331.20	4204353	126349175.1	55440	0.05
	SHFE	cu1207	2550	71527.50	4253955	124334877.1	56100	0.06
	SHFE	cu1208	6100	168526.50	4160244	118605738.7	55260	0.15
	SHFE	cu1209	7780	234016.40	6720671	184415178.2	60200	0.12
	SHFE	cu1210	5685	165973.58	5490902	151009543.8	58390	0.10
	SHFE	cu1211	7620	211874.10	5030463	138503290.0	55610	0.15
	SHFE	cu1212	4565	130901.38	4969866	139064017.0	57350	0.09
铝 Aluminum	SHFE	al1201	2530	20227.35	802119	6590704.9	15990	0.32
	SHFE	al1202	7020	55896.75	420947	3409527.9	15925	1.67
	SHFE	al1203	10895	86724.20	347117	2790473.8	15920	3.14
	SHFE	al1204	9475	75373.63	280983	2261787.2	15910	3.37
	SHFE	al1205	7615	60748.66	280238	2269252.3	15955	2.72
	SHFE	al1206	2805	22285.73	214868	1739252.8	15890	1.31
	SHFE	al1207	5680	44474.40	218873	1759591.8	15660	2.60
	SHFE	al1208	4480	34574.40	289970	2319038.2	15435	1.54
	SHFE	al1209	11240	87728.20	339900	2679171.2	15610	3.31
	SHFE	al1210	7880	60203.20	688680	5325823.3	15280	1.14
	SHFE	al1211	8015	60733.66	436744	3375209.6	15155	1.84
	SHFE	al1212	9360	70504.20	442786	3424270.4	15065	2.11
锌 Zinc	SHFE	zn1201	3385	25379.04	5526308	41615848.6	14995	0.06
	SHFE	zn1202	4075	31988.75	3259992	24806413.1	15700	0.13
	SHFE	zn1203	4810	37397.75	2808571	21016928.2	15550	0.17
	SHFE	zn1204	5440	41316.80	2163128	16960985.3	15190	0.25
	SHFE	zn1205	7140	52943.10	2298671	18210548.5	14830	0.31
	SHFE	zn1206	4100	30268.25	2161015	17019068.9	14765	0.19
	SHFE	zn1207	2455	18025.84	1892397	14663340.9	14685	0.13
	SHFE	zn1208	1755	12785.18	1267397	9634468.5	14570	0.14
	SHFE	zn1209	4365	33774.19	1363318	10105719.8	15475	0.32
	SHFE	zn1210	2045	15337.50	1692131	12399255.2	15000	0.12
	SHFE	zn1211	4190	31037.43	1324940	9728610.2	14815	0.32
	SHFE	zn1212	6650	50706.25	1708233	12769280.3	15250	0.39
铅 Lead	SHFE	pb1201	187	7176.13	9258	355796.4	15350	2.02
	SHFE	pb1202	176	6974.00	5337	205112.5	15850	3.30
	SHFE	pb1203	367	14418.51	6491	254656.1	15715	5.65
	SHFE	pb1204	44	1735.80	6513	259038.1	15780	0.68
	SHFE	pb1205	92	3473.00	5422	213787.8	15100	1.70
	SHFE	pb1206	8	303.40	5196	203045.4	15170	0.15
	SHFE	pb1207	91	3429.56	5195	201487.6	15075	1.75
	SHFE	pb1208	95	3561.31	5106	192413.2	14995	1.86
	SHFE	pb1209	51	2059.13	4313	161556.0	16150	1.18
	SHFE	pb1210	266	10344.08	8318	314152.4	15555	3.20
	SHFE	pb1211	430	16237.88	5632	217254.2	15105	7.63
	SHFE	pb1212	722	27129.15	4780	184822.7	15030	15.10

注：1.结算价为最后交易日交割结算价。

2.交割量包含期转现部分。

数据来源：上海期货交易所

Source: SHFE

5-21 续表 continued

交易品种 Futures Products	上市交易所 Futures Exchange	合约 Contracts	交割量(手) Delivery Quantity (lot)	交割金额(万元) Delivery Amount(10 thousand yuan)	成交量(手) Trading Volume (lot)	成交金额(万元) Trading Turnover(10 thousand yuan)	结算价(元/吨) Clearing Price (yuan/ton)	交割率(%) Delivery Rate (%)
黄金(元/克) Gold (yuan/g)	SHFE	au1201	93	3091.13	45321	1637249.4	345.37	0.21
	SHFE	au1202	36	1266.88	2539	89259.3	353	1.42
	SHFE	au1203	60	2108.40	1577	54643.1	349.6	3.80
	SHFE	au1204	36	1226.45	977	34260.7	337.8	3.68
	SHFE	au1205	51	1720.28	5195	180984.0	330	0.98
	SHFE	au1206	153	5025.59	3513593	121468609.0	328.67	0.00
	SHFE	au1207	3	97.85	1239	41944.3	330	0.24
	SHFE	au1208	9	293.99	873	29136.0	326	1.03
	SHFE	au1209	33	1122.17	3903	129524.0	350	0.85
	SHFE	au1210	18	640.62	1127	37698.0	355.69	1.60
	SHFE	au1211	21	720.11	1015	34059.7	337.25	2.07
	SHFE	au1212	2064	70225.54	3263936	110143238.5	340.42	0.06
白银(元/千克) Silver (yuan/kg)	SHFE	ag1209	9864	107507.74	6473764	57260150.5	7266	0.15
	SHFE	ag1210	2984	30396.52	11791	119149.3	6791	25.31
	SHFE	ag1211	4194	42017.59	10731	107570.6	6679	39.08
	SHFE	ag1212	10940	106566.54	8640472	87156061.1	6494	0.13
螺纹钢 Steel Rebar	SHFE	rb1201	1140	5020.56	21820440	95185984.9	4404	0.01
	SHFE	rb1202	30	130.65	8332	35415.8	4355	0.36
	SHFE	rb1203	0	0.00	1914	8289.8	4200	0.00
	SHFE	rb1204	180	781.20	3170	13753.8	4340	5.68
	SHFE	rb1205	4110	16957.86	29158210	121494672.3	4126	0.01
	SHFE	rb1206	90	364.50	7949	33699.0	4050	1.13
	SHFE	rb1207	60	237.60	2241	9561.0	3960	2.68
	SHFE	rb1208	120	439.20	2357	9895.8	3660	5.09
	SHFE	rb1209	120	408.00	22115	92722.5	3400	0.54
	SHFE	rb1210	11370	42471.96	28923056	120778562.0	3748	0.04
	SHFE	rb1211	540	2068.20	10280	39352.4	3830	5.25
	SHFE	rb1212	840	3124.80	12765	46597.6	3720	6.58
线材 Steel Wire Rod	SHFE	wr1201	0	0.00	381	1663.6	4095	0.00
	SHFE	wr1202	0	0.00	110	485.2	4074	0.00
	SHFE	wr1203	0	0.00	184	863.3	4095	0.00
	SHFE	wr1204	0	0.00	44	204.5	4111	0.00
	SHFE	wr1205	0	0.00	573	2461.8	4267	0.00
	SHFE	wr1206	0	0.00	244	1002.8	3806	0.00
	SHFE	wr1207	0	0.00	276	1164.5	4053	0.00
	SHFE	wr1208	0	0.00	34	134.6	4140	0.00
	SHFE	wr1209	0	0.00	517	2132.2	3718	0.00
	SHFE	wr1210	0	0.00	225	931.7	3530	0.00
	SHFE	wr1211	0	0.00	33	136.1	3687	0.00
	SHFE	wr1212	0	0.00	8	32.5	3577	0.00

5-22 2012年能源、化工及其他期货实物交割情况
Physical Delivery of Building Materials, Energy, Chemical Products & Others Futures in 2012

交易品种 Futures Products	上市交易所 Futures Exchange	合约 Contracts	交割量（手） Delivery Quantity (lot)	交割金额（万元） Delivery Amount(10 thousand yuan)	成交量（手） Trading Volume (lot)	成交金额（万元） Trading Turnover(10 thousand yuan)	结算价（元/吨） Clearing Price (yuan/ton)	交割率（%） Delivery Rate (%)
聚乙烯 LLDPE	DCE	l1201	14068	65647.54	38635817	196277700.9	9224	0.04
	DCE	l1202	759	3709.61	4234	20822.7	9775	17.93
	DCE	l1203	1031	5237.48	4963	24550.2	10160	20.77
	DCE	l1204	368	1913.60	4202	21096.6	10400	8.76
	DCE	l1205	3380	16874.65	38178711	187022090.4	9985	0.01
	DCE	l1206	471	2206.64	4933	24872.3	9370	9.55
	DCE	l1207	62	307.83	951	4877.8	9930	6.52
	DCE	l1208	268	1366.13	1991	9942.7	10195	13.46
	DCE	l1209	1604	8505.21	24447423	123488289.2	10605	0.01
聚氯乙烯 PVC	DCE	v1201	1420	4643.40	1995347	7407456.4	6540	0.07
	DCE	v1202	15	50.10	710	2467.4	6680	2.11
	DCE	v1203	52	169.39	405	1446.6	6515	12.84
	DCE	v1204	4	13.30	388	1414.1	6650	1.03
	DCE	v1205	17564	57434.28	3213906	11161287.0	6540	0.55
	DCE	v1206	14	43.40	1118	3945.3	6200	1.25
	DCE	v1207	5	15.89	239	819.0	6355	2.09
	DCE	v1208	40	126.90	1899	7247.4	6345	2.11
	DCE	v1209	2298	7388.07	2046337	6965311.7	6430	0.11
焦炭 Coke	DCE	j1201	140	2569.00	360218	7514260.9	1835	0.04
	DCE	j1205	190	3465.60	180837	3682458.9	1824	0.11
	DCE	j1209	580	8833.40	566446	9962292.3	1523	0.10
燃料油 Fuel Oil	SHFE	fu1202	4	101.60	420	10567.7	5080	0.95
	SHFE	fu1203	332	8753.18	3954	100315.5	5283	8.40
	SHFE	fu1204	5	134.08	90	2375.1	5450	5.56
	SHFE	fu1205	151	4083.80	3389	91378.1	5330	4.46
	SHFE	fu1206	8	196.48	57	1531.5	4906	14.04
	SHFE	fu1207	5	109.40	77	2033.9	4260	6.49
	SHFE	fu1208	3	67.88	38	987.4	4525	7.89
	SHFE	fu1209	27	663.80	2638	66527.0	4930	1.02
	SHFE	fu1210	0	0.00	83	2039.7	5041	0.00
	SHFE	fu1211	0	0.00	69	1780.2	4950	0.00
	SHFE	fu1212	0	0.00	82	1992.2	4920	0.00
甲醇 Menthanol	ZCE	ME203	385	5617.15	17607	251163.3	2918	2.19
	ZCE	ME204	0	0.00	73	1084.5	2900	0.00
	ZCE	ME205	206	3205.36	782043	11561311.2	3112	0.03
	ZCE	ME206	0	0.00	212	3156.3	2882	0.00
	ZCE	ME207	0	0.00	26	382.6	2769	0.00
	ZCE	ME208	0	0.00	153	2202.8	2851	0.00
	ZCE	ME209	1030	14512.70	1223445	17670921.5	2818	0.08
	ZCE	ME210	0	0.00	147	2101.3	2977	0.00
	ZCE	ME211	0	0.00	22	326.7	2930	0.00
	ZCE	ME212	0	0.00	277	4061.2	2795	0.00
	ZCE	ME301	0	0.00	1681228	23088650.2	-	0.00
	ZCE	ME302	0	0.00	122	1765.9	-	0.00
	ZCE	ME303	0	0.00	37	519.9	-	0.00
	ZCE	ME304	0	0.00	7	95.3	-	0.00
	ZCE	ME305	0	0.00	91778	1258731.2	-	0.00
	ZCE	ME306	0	0.00	15	209.9	-	0.00
	ZCE	ME307	0	0.00	0	0.0	-	-
	ZCE	ME308	0	0.00	17	233.8	-	0.00
	ZCE	ME309	0	0.00	199	2754.2	-	0.00
	ZCE	ME310	0	0.00	2	28.2	-	0.00
	ZCE	ME311	0	0.00	2	27.2	-	0.00
	ZCE	ME312	0	0.00	0	0.0	-	-

注：1.结算价为最后交易日交割结算价。
　　2.交割量包含期转现部分。

数据来源：上海期货交易所、郑州商品交易所、大连商品交易所

Source: SHFE、ZCE、DCE

5-22 续表 continued

交易品种 Futures Products	上市交易所 Futures Exchange	合约 Contracts	交割量（手）Delivery Quantity (lot)	交割金额（万元）Delivery Amount(10 thousand yuan)	成交量（手）Trading Volume (lot)	成交金额（万元）Trading Turnover(10 thousand yuan)	结算价（元/吨）Clearing Price (yuan/ton)	交割率（%）Delivery Rate (%)
玻璃 Glass	ZCE	FG303	0	0.00	29112	77976.3	-	0.00
	ZCE	FG304	0	0.00	896	2397.6	-	0.00
	ZCE	FG305	0	0.00	15536033	41280992.7	-	0.00
	ZCE	FG306	0	0.00	3221	8724.4	-	0.00
	ZCE	FG307	0	0.00	727	1989.9	-	0.00
	ZCE	FG308	0	0.00	274	762.6	-	0.00
	ZCE	FG309	0	0.00	565464	1578752.3	-	0.00
	ZCE	FG310	0	0.00	270	743.6	-	0.00
	ZCE	FG311	0	0.00	864	2316.5	-	0.00
	ZCE	FG312	0	0.00	59	165.1	-	0.00
PTA	ZCE	TA201	8774	39210.72	4549	20148.4	8986	192.88
	ZCE	TA202	473	2167.29	3308	14884.0	9164	14.30
	ZCE	TA203	1230	5575.15	3758	17033.1	9052	32.73
	ZCE	TA204	956	4155.73	8156	36355.7	8694	11.72
	ZCE	TA205	25017	108808.56	14397698	64488760.1	8678	0.17
	ZCE	TA206	1482	5435.24	8282	34593.2	7310	17.89
	ZCE	TA207	1832	6866.34	4927	18898.5	7496	37.18
	ZCE	TA208	1722	6832.90	7968	31265.7	7936	21.61
	ZCE	TA209	4851	20073.44	29749066	117649051.0	8276	0.02
	ZCE	TA210	2429	10245.47	13531	52756.3	8312	17.95
	ZCE	TA211	592	2401.15	4046	15721.0	8112	14.63
	ZCE	TA212	1250	5231.25	9799	38160.9	8370	12.76
	ZCE	TA301	5000	21225.00	54526050	208052832.7	-	0.01
	ZCE	TA302	0	0.00	6044	23452.3	-	0.00
	ZCE	TA303	0	0.00	2375	9259.7	-	0.00
	ZCE	TA304	0	0.00	1959	7887.2	-	0.00
	ZCE	TA305	0	0.00	22306744	88472379.2	-	0.00
	ZCE	TA306	0	0.00	5472	21163.5	-	0.00
	ZCE	TA307	0	0.00	514	1971.3	-	0.00
	ZCE	TA308	0	0.00	224	880.9	-	0.00
	ZCE	TA309	0	0.00	180731	720338.5	-	0.00
	ZCE	TA310	0	0.00	201	767.5	-	0.00
	ZCE	TA311	0	0.00	186	701.3	-	0.00
	ZCE	TA312	0	0.00	22	90.5	-	0.00

5-23 2012年金融期货现金交割情况
Cash Delivery of Financial Futures in 2012

交易品种 Futures Products	上市交易所 Futures Exchange	合约 Contracts	交割量（手）Delivery Quantity (lot)	交割金额（万元）Delivery Amount(10 thousand yuan)	成交量（手）Trading Volume (lot)	成交金额（万元）Trading Turnover(10 thousand yuan)	结算价（元/吨）Clearing Price (yuan/ton)	交割率（%）Delivery Rate (%)
指数期货 Index Futures	CFFEX	IF1201	508	3.81	3356584	24024.89	2497.92	0.02
	CFFEX	IF1202	838	6.38	5755948	43060.99	2537.66	0.01
	CFFEX	IF1203	1896	14.77	7199441	56481.90	2597.36	0.03
	CFFEX	IF1204	1078	8.48	7035430	54013.79	2621.40	0.02
	CFFEX	IF1205	1920	14.84	5744158	45497.48	2577.07	0.03
	CFFEX	IF1206	1352	10.37	7297890	56610.65	2555.79	0.02
	CFFEX	IF1207	3042	21.93	9133771	67975.42	2402.95	0.03
	CFFEX	IF1208	3115	21.53	7216695	51717.33	2303.62	0.04
	CFFEX	IF1209	1871	12.37	10622143	73192.78	2203.72	0.02
	CFFEX	IF1210	1949	13.65	9626127	65721.03	2334.29	0.02
	CFFEX	IF1211	3696	24.05	9950418	68240.04	2169.39	0.04
	CFFEX	IF1212	2140	15.27	14428133	96114.07	2377.75	0.01

数据来源：中国金融期货交易所
Source: CFFEX

5-24 2012年农产品期货合约汇总

交易品种	Futures Products	交易单位 Trading Unit	报价单位 Quotation Unit	最小变动价位 Minimum Tick Size	涨跌停板幅度 Range of Limit up or down	最低交易保证金 Minimum Deposit	合约月份 Contracts Months	交易时间 Trading Time
黄玉米	Corn	10吨/手	元(人民币)/吨	1元/吨	上一交易日结算价的4%	合约价值的5%	1、3、5、7、9、11	每周一至周五(北京时间，法定节假日除外)上午9:00-11:30 下午1:30-3:00
黄大豆1号	Soybean No.1	10吨/手	元(人民币)/吨	1元/吨	上一交易日结算价的4%	合约价值的5%	1、3、5、7、9、11	每周一至周五(北京时间，法定节假日除外)上午9:00-11:30 下午1:30-3:00
黄大豆1号(修改后)	Soybean No.1	10吨/手	元(人民币)/吨	1元/吨	上一交易日结算价的4%	合约价值的5%	1、3、5、7、9、11	每周一至周五(北京时间，法定节假日除外)上午9:00-11:30 下午1:30-3:00
黄大豆2号	Soybean No.2	10吨/手	元(人民币)/吨	1元/吨	上一交易日结算价的4%	合约价值的5%	1、3、5、7、9、11	每周一至周五(北京时间，法定节假日除外)上午9:00-11:30 下午1:30-3:00
豆粕	Soybean Meal	10吨/手	元(人民币)/吨	1元/吨	上一交易日结算价的4%	合约价值的5%	1、3、5、7、8、9、11、12	每周一至周五(北京时间，法定节假日除外)上午9:00-11:30 下午1:30-3:00
大豆原油	Soybean Oil	10吨/手	元(人民币)/吨	2元/吨	上一交易日结算价的4%	合约价值的5%	1、3、5、7、8、9、11、12	每周一至周五(北京时间，法定节假日除外)上午9:00-11:30 下午1:30-3:00
棕榈油	RBD Palm Oil	10吨/手	元(人民币)/吨	2元/吨	上一交易日结算价的4%	合约价值的5%	1、2、3、4、5、6、7、8、9、10、11、12	每周一至周五(北京时间，法定节假日除外)上午9:00-11:30 下午1:30-3:00

Collection of Agricultural Products Futures Contracts in 2012

最后交易日 Last Trading Day	最后交割日 Last Delivery Day	交割等级 Delivery Grade	交割地点 Delivery Location	交易手续费 Trading Fee	交割方式 Delivery Form	交易代码 Trading Code	上市交易所 Futures Exchange
合约交割月份的第十个交易日	最后交易日后第二个交易日	大连商品交易所玉米交割质量标准(FC/DCE D001-2009)	大连商品交易所指定交割仓库	不超过3元/手	实物交割	C	大连商品交易所
合约交割月份的第十个交易日	最后交易日后七日(遇法定节假日顺延)	大连商品交易所黄大豆1号交割质量标准(FA/DCE D001-2009)	大连商品交易所指定交割仓库	不超过4元/手	实物交割	A	大连商品交易所
合约交割月份的第十个交易日	最后交易日后七日(遇法定节假日顺延)	大连商品交易所黄大豆1号交割质量标准(FA/DCE D001-2012)	大连商品交易所指定交割仓库	不超过4元/手	实物交割	A	大连商品交易所
合约交割月份的第十个交易日	最后交易日后第三个交易日	大连商品交易所黄大豆2号交割质量标准(FB/DCE D001-2009)	大连商品交易所指定交割仓库	不超过4元/手	实物交割	B	大连商品交易所
合约交割月份的第十个交易日	最后交易日后第四个交易日	大连商品交易所豆粕交割质量标准	大连商品交易所指定交割仓库	不超过3元/手	实物交割	M	大连商品交易所
合约交割月份的第十个交易日	最后交易日后第三个交易日	符合《大连商品交易所豆油交割质量标准》	大连商品交易所指定交割仓库	不超过6元/手	实物交割	Y	大连商品交易所
合约交割月份的第十个交易日	最后交易日后第二个交易日	符合《大连商品交易所棕榈油交割质量标准》	大连商品交易所指定交割仓库	不超过6元/手	实物交割	P	大连商品交易所

5-24 续表 1

交易品种	Futures Products	交易单位 Trading Unit	报价单位 Quotation Unit	最小变动价位 Minimum Tick Size	每日价格波动限制 Daily Price Limit	最低交易保证金 Minimum Deposit	合约交割月份 Contracts Delivery Months	交易时间 Trading Time
硬麦	Hard Wheat	10吨/手	元(人民币)/吨	1元/吨	不超过上一交易日结算价±3%	合约价值的5%	1、3、5、7、9、11	每周一至周五(北京时间，法定节假日除外)上午9:00-11:30 下午1:30-3:00
强麦(WS)	Strong Gluten Wheat	10吨/手	元(人民币)/吨	1元/吨	不超过上一交易日结算价±3%	合约价值的5%	1、3、5、7、9、11	每周一至周五(北京时间，法定节假日除外)上午9:00-11:30 下午1:30-3:00
强麦(WH)	Strong Gluten Wheat	20吨/手	元(人民币)/吨	1元/吨	上一交易日结算价±4%及《郑州商品交易所期货交易风险控制管理办法》相关规定	合约价值的5%	1、3、5、7、9、11	每周一至周五(北京时间，法定节假日除外)上午9:00-11:30 下午1:30-3:00
普麦	Wheat	50吨/手	元(人民币)/吨	1元/吨	上一交易日结算价±4%及《郑州商品交易所期货交易风险控制管理办法》相关规定	合约价值的5%	1、3、5、7、9、11	每周一至周五(北京时间，法定节假日除外)上午9:00-11:30 下午1:30-3:00
菜籽油(RO)	Rapeseed Oil	5吨/手	元(人民币)/吨	2元/吨	不超过上一交易日结算价±4%	合约价值的5%	1、3、5、7、9、11	每周一至周五(北京时间，法定节假日除外)上午9:00-11:30 下午1:30-3:00
菜籽油(OI)	Rapeseed Oil	10吨/手	元(人民币)/吨	2元/吨	上一交易日结算价±4%及《郑州商品交易所期货交易风险控制管理办法》相关规定	合约价值的5%	1、3、5、7、9、11	每周一至周五(北京时间，法定节假日除外)上午9:00-11:30 下午1:30-3:00

continued

最后交易日 Last Trading Day	最后交割日 Last Delivery Day	交割品级 Delivery Grade	交割地点 Delivery Location	交易手续费 Trading Fee	交割方式 Delivery Form	交易代码 Trading Code	上市交易所 Futures Exchange
合约交割月份的倒数第七个交易日	合约交割月份的第一个交易日至最后交易日	基准交割品：三等分硬白小麦符合GB1351-2008《小麦》替代品及升贴水见《郑州商品交易所期货交割细则》	郑州商品交易所指定交割仓库	2元/手(含风险准备金)	实物交割	WT	郑州商品交易所
合约交割月份的倒数第七个交易日	合约交割月份的第一个交易日至最后交易日	标准交割品：符合郑州商品交易所期货交易用优质强筋小麦标准(Q/ZSJ001-2003)二等优质强筋小麦，替代品及升贴水见《郑州商品交易所期货交割细则》	郑州商品交易所指定交割仓库	2元/手(含风险准备金)	实物交割	WS	郑州商品交易所
合约交割月份的第十个交易日	合约交割月份的第十二个交易日	符合《中华人民共和国国家标准-小麦》(GB1351-2008)的三等及以上小麦，且稳定时间、湿面等指标符合《郑州商品交易所期货交割细则》规定要求	郑州商品交易所指定交割仓库	-	实物交割	WH	郑州商品交易所
合约交割月份的第十个交易日	仓单交割：合约交割月份的第十二个交易日 车船板交割：合约交割月份的次月二十日	符合《中华人民共和国国家标准小麦》(GB1351-2008)的三等及以上小麦，且物理指标等符合《郑州商品交易所期货交割细则》规定要求	郑州商品交易所指定交割仓库及指定交割计价点	-	实物交割	PM	郑州商品交易所
合约交割月份的第十个交易日	合约交割月份的第十二个交易日	基准交割品：符合《郑州商品交易所期货交易用菜籽油》(Q/ZSJ003-2007)四级质量指标及《郑州商品交易所菜籽油交割细则》规定的菜籽油。替代品及升贴水见《郑州商品交易所期货交割细则》。	郑州商品交易所指定交割仓库	4元/手(含风险准备金)	实物交割	RO	郑州商品交易所
合约交割月份的第十个交易日	合约交割月份的第十二个交易日	基准交割品：符合《中华人民共和国国家标准菜籽油》(GB1536-2004)四级质量指标的菜油替代品及升贴水见《郑州商品交易所期货交割细则》	郑州商品交易所指定交割仓库	-	实物交割	OI	郑州商品交易所

5-24 续表 2

交易品种	Futures Products	交易单位 Trading Unit	报价单位 Quotation Unit	最小变动价位 Minimum Tick Size	每日价格波动限制 Daily Price Limit	最低交易保证金 Minimum Deposit	合约交割月份 Contracts Delivery Months	交易时间 Trading Time
早籼稻(ER)	Early Indica Rice	10吨/手	元(人民币)/吨	1元/吨	上一交易日结算价±3%及《郑州商品交易所期货交易风险控制管理办法》相关规定	合约价值的5%	1、3、5、7、9、11	每周一至周五(北京时间，法定节假日除外)上午9:00-11:30 下午1:30-3:00
早籼稻(RI)	Early Indica Rice	20吨/手	元(人民币)/吨	1元/吨	上一交易日结算价±4%及《郑州商品交易所期货交易风险控制管理办法》相关规定	合约价值的5%	1、3、5、7、9、11	每周一至周五(北京时间，法定节假日除外)上午9:00-11:30 下午1:30-3:00
油菜籽	Rapeseed	10吨/手	元(人民币)/吨	1元/吨	上一交易日结算价±4%及《郑州商品交易所期货交易风险控制管理办法》相关规定	合约价值的5%	7、8、9、11	每周一至周五(北京时间，法定节假日除外)上午9:00-11:30 下午1:30-3:00
菜籽粕	Rapeseed Meal	10吨/手	元(人民币)/吨	1元/吨	上一交易日结算价±4%及《郑州商品交易所期货交易风险控制管理办法》相关规定	合约价值的5%	1、3、5、7、9、11	每周一至周五(北京时间，法定节假日除外)上午9:00-11:30 下午1:30-3:00
一号棉花	Cotton No.1	5吨/手	元(人民币)/吨	5元/吨	不超过上一交易日结算价±4%	合约价值的5%	1、3、5、7、9、11	每周一至周五(北京时间，法定节假日除外)上午9:00-11:30 下午1:30-3:00
白砂糖	Sugar	10吨/手	元(人民币)/吨	1元/吨	不超过上一交易日结算价±4%	合约价值的6%	1、3、5、7、9、11	每周一至周五(北京时间，法定节假日除外)上午9:00-11:30 下午1:30-3:00
天然橡胶	Natural Rubber	10吨/手(从ru1208开始橡胶由原有5吨/手调整为10吨/手)	元(人民币)/吨	5元/吨	不超过上一交易日结算价±3%	合约价值的5%	1、3、4、5、6、7、8、9、10、11	每周一至周五(北京时间，法定节假日除外)上午9:00-11:30 下午1:30-3:00

continued

最后交易日 Last Trading Day	最后交割日 Last Delivery Day	交割品级 Delivery Grade	交割地点 Delivery Location	交易手续费 Trading Fee	交割方式 Delivery Form	交易代码 Trading Code	上市交易所 Futures Exchange
合约交割月份的倒数第七个交易日	合约交割月份的第一个交易日至倒数第五个交易日	基准交割品: 符合《中华人民共和国国家标准-稻谷》(GB1350-1999)三等及以上等级质量指标及《郑州商品交易所期货交割细则》规定的早籼稻。替代品及升贴水见《郑州商品交易所期货交割细则》。	郑州商品交易所指定交割仓库	2元/手(含风险准备金)	实物交割	ER	郑州商品交易所
合约交割月份的第十个交易日	合约交割月份的第十二个交易日	基准交割品: 符合《中华人民共和国国家标准-稻谷》(GB1350-2009)三等及以上等级质量指标及《郑州商品交易所期货交割细则》规定的早籼稻谷。替代品及升贴水见《郑州商品交易所期货交割细则》	郑州商品交易所指定交割仓库	-	实物交割	RI	郑州商品交易所
合约交割月份的第十个交易日	仓单交割：合约交割月份的第十二个交易日 车板交割：合约交割月份的次月二十日	见《郑州商品交易所期货交割细则》	郑州商品交易所指定交割仓库	-	实物交割	RS	郑州商品交易所
合约交割月份的第十个交易日	合约交割月份的第十二个交易日	见《郑州商品交易所期货交割细则》	郑州商品交易所指定交割仓库	-	实物交割	RM	郑州商品交易所
合约交割月份的第十个交易日	合约交割月份的第十二个交易日	基准交割品: 328B级国产锯齿细绒白棉(符GB1103-2007); 替代品及其升贴水, 详见交易所交割细则	郑州商品交易所指定交割仓库	8元/手(含风险准备金)	实物交割	CF	郑州商品交易所
合约交割月份的第十个交易日	合约交割月份的第十二个交易日	标准品: 一级白糖符合(GB317-2006)；替代品及升贴水见《郑州商品交易所期货交割细则》。	郑州商品交易所指定交割仓库	4元/手(含风险准备金)	实物交割	SR	郑州商品交易所
合约交割月份的十五日(遇法定假日顺延)	最后交易日后连续五个工作日	标准品: 1.国产天然橡胶(SCR WF),质量符合国标GB/T8081-2008。 2.进口3号烟胶片(RSS3),质量符合《天然橡胶等级的品质与包装国际标准(绿皮书)》(1979年版)。	上海期货交易所指定交割仓库	-	实物交割	RU	上海期货交易所

5-25 2012年金属期货合约汇总

交易品种	Futures Products	交易单位 Trading Unit	报价单位 Quotation Unit	最小变动价位 Minimum Tick Size	每日价格最大波动限制 Daily Price Limit	最低交易保证金 Minimum deposit	合约交割月份 Contracts Delivery Months	交易时间 Trading Time	最后交易日 Last Trading Day
阴极铜	Copper	5吨/手	元(人民币)/吨	10元/吨	不超过上一交易日结算价±3%	合约价值的5%	1-12月	每周一至周五(北京时间，法定节假日除外)上午9:00-11:30 下午1:30-3:00	合约交割月份的十五日(遇法定假日顺延)
铝	Aluminum	5吨/手	元(人民币)/吨	5元/吨	不超过上一交易日结算价±3%	合约价值的5%	1-12月	每周一至周五(北京时间，法定节假日除外)上午9:00-11:30 下午1:30-3:00	合约交割月份的十五日(遇法定假日顺延)
锌	Zinc	5吨/手	元(人民币)/吨	5元/吨	不超过上一交易日结算价±4%	合约价值的5%	1-12月	每周一至周五(北京时间，法定节假日除外)上午9:00-11:30 下午1:30-3:00	合约交割月份的十五日(遇法定假日顺延)
铅	Lead	25吨/手	元(人民币)/吨	5元/吨	不超过上一交易日结算价±5%	合约价值的8%	1-12月	每周一至周五(北京时间，法定节假日除外)上午9:00-11:30 下午1:30-3:00	合约交割月份的十五日(遇法定假日顺延)
黄金	Gold	1000克/手	元(人民币)/克	0.01元/克	不超过上一交易日结算价±5%	合约价值的7%	1-12月	每周一至周五(北京时间，法定节假日除外)上午9:00-11:30 下午1:30-3:00	合约交割月份的十五日(遇法定假日顺延)
白银	Silver	15千克/手	元(人民币)/千克	1元/千克	不超过上一交易日结算价±5%	合约价值的7%	1-12月	每周一至周五(北京时间，法定节假日除外)上午9:00-11:30 下午1:30-3:00	合约交割月份的十五日(遇法定假日顺延)
螺纹钢	Steel Rebar	10吨/手	元(人民币)/吨	1元/吨	不超过上一交易日结算价±5%	合约价值的7%	1-12月	每周一至周五(北京时间，法定节假日除外)上午9:00-11:30 下午1:30-3:00	合约交割月份的十五日(遇法定假日顺延)
线材	Steel Wire Rod	10吨/手	元(人民币)/吨	1元/吨	不超过上一交易日结算价±5%	合约价值的7%	1-12月	每周一至周五(北京时间，法定节假日除外)上午9:00-11:30 下午1:30-3:00	合约交割月份的十五日(遇法定假日顺延)

数据来源：上海期货交易所
Source: SHFE

Collection of Metal Products Futures Contracts in 2012

交割日期 Delivery Date	交割品级 Delivery Grade	交割地点 Delivery Location	交易手续费 Trading Fee	最小交割单位 Minimum Delivery Unit	交割方式 Delivery Form	交易代码 Trading Code	上市交易所 Futures Exchange
最后交易日后连续五个工作日	标准品：阴极铜，符合国标GB/T467-2010中1号标准铜(Cu-CATH-2)规定，其中主成份铜加银含量不小于99.95%。替代品：阴极铜，符合国标GB/T467-2010中A级铜(Cu-CATH-1)规定;或符合BS EN 1978:1998中A级铜(Cu-CATH-1)规定。	上海期货交易所指定交割仓库	不高于成交金额的万分之二（含风险准备金）	-	实物交割	CU	上海期货交易所
最后交易日后连续五个工作日	标准品：铝锭，符合国标GB/T1196-2008 AL99.70规定,其中铝含量不低于99.70%。替代品：1、铝锭，符合国标GB/T1196-2008 AL99.85，AL99.90规定。2、铝锭，符合P1020A标准。	上海期货交易所指定交割仓库	不高于成交金额的万分之二（含风险准备金）	-	实物交割	AL	上海期货交易所
最后交易日后连续五个工作日	标准品：锌锭，符合国标GB/T 470-2008 ZN99.995规定，其中锌含量不小于99.995%。替代品：锌锭，符合BS EN 1179:2003 Z1规定，其中锌含量不小于99.995%。	上海期货交易所指定交割仓库	不高于成交金额的万分之二（含风险准备金）	25吨	实物交割	ZN	上海期货交易所
最后交易日后连续五个工作日	标准品：铅锭，符合国标GB/T 469-2005 Pb99.994规定，其中铅含量不小于99.994%。	上海期货交易所指定交割仓库	-	25吨	实物交割	PB	上海期货交易所
最后交易日后连续五个工作日	金含量不小于99.95%的国产金锭及经交易所认可的伦敦金银市场协会（LBMA）认定的合格供货商或精炼厂生产的标准金锭。	上海期货交易所指定交割仓库	-	-	实物交割	AU	上海期货交易所
最后交易日后连续五个工作日	标准品：符合国标GB/T 4135-2002 IC-Ag99.99规定，其中银含量不低于99.99%。	上海期货交易所指定交割仓库	-	30千克	实物交割	AG	上海期货交易所
最后交易日后连续五个工作日	标准品：符合国标GB1499.2-2007《钢筋混凝土用钢 第2部分：热轧带肋钢筋》HRB400或HRBF400牌号的ф16mm、ф18mm、ф20mm、ф22mm、ф25mm螺纹钢。替代品：符合国标GB1499.2-2007《钢筋混凝土用钢 第2部分：热轧带肋钢筋》HRB335或HRBF335牌号的ф16mm、ф18mm、ф20mm、ф22mm、ф25mm螺纹钢。	上海期货交易所指定交割仓库	不高于成交金额的万分之二（含风险准备金）	300吨	实物交割	RB	上海期货交易所
最后交易日后连续五个工作日	标准品：符合国标GB1499.1-2008《钢筋混凝土用钢 第1部分：热轧光圆钢筋》HPB235牌号的 ф8mm 线材。替代品：符合国标GB1499.1-2008《钢筋混凝土用钢 第1部分：热轧光圆钢筋》HPB235牌号的ф6.5mm线材。	上海期货交易所指定交割仓库	不高于成交金额的万分之二（含风险准备金）	300吨	实物交割	WR	上海期货交易所

5-26 2012年能源、化工及其他期货合约汇总

交易品种 Futures Products	交易单位 Trading Unit	报价单位 Quotation Unit	最小变动价位 Minimum Tick Size	涨跌停板幅度 Range of Limit up or down	最低交易保证金 Minimum deposit	合约月份 Contracts Months	交易时间 Trading Time
线型低密度聚乙烯 LLDPE	5吨/手	元（人民币）/吨	5元/吨	上一交易日结算价的4%	合约价值的5%	1、2、3、4、5、6、7、8、9、10、11、12	每周一至周五（北京时间 法定节假日除外）上午9:00-11:30 下午1:30-3:00
聚氯乙烯 PVC	5吨/手	元（人民币）/吨	5元/吨	上一交易日结算价的4%	合约价值的5%	1、2、3、4、5、6、7、8、9、10、11、12	每周一至周五（北京时间 法定节假日除外）上午9:00-11:30 下午1:30-3:00
冶金焦炭 coke	100吨/手	元（人民币）/吨	1元/吨	上一交易日结算价的4%	合约价值的5%	1、2、3、4、5、6、7、8、9、10、11、12	每周一至周五（北京时间 法定节假日除外）上午9:00-11:30 下午1:30-3:00
交易品种 Futures Products	交易单位 Trading Unit	报价单位 Quottation Unit	最小变动价位 Minimum Tick Size	每日价格最大波动限制 Daily Price Limit	合约交割月份 Contracts Delivery Months	交易时间 Trading Time	最后交易日 Last Trading Day
燃料油 fuel oil	50吨/手	元（人民币）/吨	1元/吨	上一交易日结算价±5%	1-12月（春节月份除外）	每周一至周五（北京时间 法定节假日除外）上午9:00-11:30 下午1:30-3:00	合约交割月份前一月份的最后一个交易日
甲醇 menthanol	50吨/手	元（人民币）/吨	1元/吨	不超过上一交易日结算价±4%及《郑州商品交易所期货交易风险控制管理办法》相关规定	1-12月	每周一至周五（北京时间 法定节假日除外）上午9:00-11:30 下午1:30-3:00	合约交割月份的第十个交易日
平板玻璃 glass	20吨/手	元（人民币）/吨	1元/吨	上一交易日结算价±4%及《郑州商品交易所期货交易风险控制管理办法》相关规定	1-12月	每周一至周五（北京时间 法定节假日除外）上午9:00-11:30 下午1:30-3:00	合约交割月份的第十个交易日
精对苯二甲酸 PTA	5吨/手	元（人民币）/吨	2元/吨	不超过上一交易日结算价±4%	1-12月	每周一至周五 上午9:00-11:30（法定节假日除外）下午1:30-3:00	合约交割月份的第十个交易日

数据来源：上海期货交易所、郑州商品交易所、大连商品交易所

Source: SHFE、ZCE、DCE

5-27 2012年金融期货合约汇总

合约标的 Object of Contracts	合约乘数 Contracts Multipler	报价单位 Quotation Unit	最小变动价位 Minimum Tick Size	合约月份 Contracts Months	交易时间 Trading Time	最后交易日交易时间 Trading Time of Last Trading Day
沪深300指数 CSI 300 Index	300	指数点	0.2	当月、下月及随后两个季月	每周一至周五（北京时间 法定节假日除外）上午9:00-11:30 下午1:30-3:00	上午：9:15-11:30，下午：13:00-15:00

数据来源：中国金融期货交易所

Source: CFFEX

Collection of Building Materials, Energy & Chemical Products & Others Futures Contracts in 2012

最后交易日 Last Trading Day	最后交割日 Last Delivery Day	交割等级 Delivery Grade	交割地点 Delivery Location	交易手续费 Trading Fee	交割方式 Trading Form	交易代码 Trading Code	上市交易所 Listed Exchange
合约交割月份的第十个交易日	最后交易日后第二个交易日	大连商品交易所线型低密度聚乙烯交割质量标准	大连商品交易所指定交割仓库	不超过8元/手	实物交割	L	大连商品交易所
合约交割月份的第十个交易日	最后交易日后第二个交易日	质量标准符合《悬浮法通用型聚氯乙烯树脂(GB/T 5761-2006)》规定的SG5型一等品和优等品	大连商品交易所指定交割仓库	不超过6元/手	实物交割	V	大连商品交易所
合约交割月份的第十个交易日	最后交易日后第二个交易日	大连商品交易所焦炭交割质量标准	大连商品交易所指定交割仓库	成交合约金额的万分之一	实物交割	J	大连商品交易所

最后交割日 Last Delivery Day	交割品级 Delivery Grade	交割地点 Delivery Location	最低交易保证金 Minimum Margin Requirements	交易手续费 Trading Fee	交割方式 Delivery Form	交易代码 Trading Code	上市交易所 Futures Exchange
最后交易日后连续五个工作日	180CST燃料油(具体质量规定见附件)或质量优于该标准的其他燃料油。	上海期货交易所指定交割仓库	合约价值的8%	-	实物交割	FU	上海期货交易所
合约交割月份的第十二个交易日	见《郑州商品交易所期货交割细则》	郑州商品交易所指定交割仓库	合约价值的6%	-	实物交割	ME	郑州商品交易所
合约交割月份的第十二个交易日	见《郑州商品交易所期货交割细则》	郑州商品交易所指定交割仓库	合约价值的6%	-	实物交割	FG	郑州商品交易所
合约交割月份的第十二个交易日	符合工业用精对苯二甲酸SH/T 1612.1-2005质量标准的优等品PTA 详见《郑州商品交易所精对苯二甲酸交割细则》	郑州商品交易所指定交割仓库	合约价值的6%	不高于4元/手（含风险准备金）	实物交割	TA	郑州商品交易所

Collection of Financial Futures Contracts in 2012

每日价格最大波动限制 Daily Price Limit	最低交易保证金 Minimum deposit	最后交易日 Last Trading Day	交割日期 Delivery Date	交割方式 Delivery Form	交易代码 Trading Code	上市交易所 Futures Exchange
上一个交易日结算价的±10%	合约价值的12%	合约到期月份的第三个周五	合约到期月份的第三个周五	现金交割	IF	中国金融期货交易所

主要统计指标解释

交易保证金 指统计期末已被合约占用的保证金。

公式: 交易保证金=合约价值×期货交易所规定的交易保证金比率

期货账户数 指统计期末投资者通过期货公司向中国期货保证金监控中心有限责任公司报备的期货账户数量合计。

期货客户数 指统计期末已在期货市场开户，按照“客户全称相同且证件代码相同”原则合并的客户数量。

涨跌幅 指统计期内期货合约的结算价（收盘价）与前结算价变动幅度。

公式: 1.涨跌幅=（区间最后交易日结算价-区间前一交易日结算价）/区间前一交易日结算价

2.涨跌幅=（区间最后交易日收盘价-区间前一交易日结算价）/区间前一交易日结算价

指标说明: 1.期货交易品种的涨跌幅以其对应的主力合约进行计算，即通过主力合约的涨跌幅反映期货品种的价格变动幅度

2.主力合约通常选用统计期末各期限合约中持仓量最大的合约，如持仓量相同则选取成交量最大合约为主力合约。如统计期末该品种的所有合约均无成交和持仓，则选用与统计期末最近且持仓量最大的合约为主力合约

3.若统计期包括主力合约挂牌日，则区间前一交易日结算价取合约挂牌价

4.若区间前一交易日主力合约无成交记录，则选取期初最近有成交记录的交易日的结算价为区间前一交易日结算价

振幅 指统计期内期货合约价格的波动程度，采用区间内最大价差与结算价的相对变动幅度来计算。

公式: 振幅=（区间内合约最高价-区间内合约最低价）/区间前一交易日合约结算价

成交量 指统计期内全部期货合约成交数量合计。

成交金额 指统计期内全部期货合约成交金额合计。

持仓量 指统计期末未平仓期货合约数量的合计。其中，期货品种的持仓量为统计期末该品种所有期限合约的持仓量合计值；期货市场的持仓量为统计期末全部期货品种的持仓量合计值。

持仓金额 指统计期末未平仓期货合约的金额合计。

公式: 持仓金额=Σ（T日某只期货合约持仓量×T日某只期货合约交易单位或合约乘数×某只期货合约结算价格）

交割量 交割是指期货投资者了结到期未平仓合约的过程，交割量即进行交割的期货合约数量。

公式: 交割量＝交割合约数量×合约单位

交割率 指统计期内期货品种的交割量与成交量的比率。

公式:交割率=交割量/合约挂牌后总成交量*100%

杠杆率 指统计期末持仓金额与对应期货合约交易保证金的比率。

公式: 杠杆率=持仓金额总额/交易保证金总额

贰 零 壹 叁

六. 投资者

Investors

贰 零 壹 叁

2012年证券期货市场投资者情况概述

一、股票账户

截至2012年底，股票账户存量14045.84万户，较上年下降4.48万户，微降0.03%，其中，个人股票账户存量13998.34万户，较上年下降0.03%，机构账户存量47.50万户，较上年下降0.94%；存量有效账户14046.10户，较上年微降0.03%。2012年，A股新开账户552.45万户,较上年减少588.48万户，下降51.39%，降幅明显；持A股在100万股以上的账户所持A股市值最大,占全部市值的78.42%。2012年新开信用交易账户650370户,较上年增加340949万户，增幅达110.19%；年末信用交易账户存量990284户，较上年增长184.07%。

二、基金账户

截至2012年底，基金账户存量22948万户，较上年减少39万户，下降0.17%。

三、期货账户

截至2012年底，期货账户存量89.69万户，较上年减少89.65万户，下降49.99%，降幅明显；其中，个人期货账户存量87.11万户，较上年下降50.08%，机构期货账户存量2.59万户，较上年下降110.11%。

6-1 证券期货市场投资者账户情况
Investor Accounts of Securities and Futures Market

年份 Year	股票 Stock						基金 Fund
	股票账户数(万户) Number of Accounts(10 thousand units)			股票投资者数(万个) Number of Stock Investors(10 thousand units)			基金账户数(万户) Number of Accounts (10 thousand units)
	个人 Individual	机构 Institution	合计 Total	个人 Individual	机构 Institution	合计 Total	
2003	6927.24	33.78	6961.02	3992.23	18.99	4011.22	-
2004	7071.20	34.91	7106.11	4067.30	19.69	4086.99	-
2005	7153.72	35.72	7189.44	4107.71	20.05	4127.76	-
2006	7443.96	38.15	7482.11	4241.15	21.39	4262.54	-
2007	9243.52	35.55	9279.07	4925.15	19.59	4944.74	-
2008	10411.31	38.38	10449.69	5488.20	20.82	5509.02	16846.00
2009	11994.52	43.17	12037.69	6243.76	22.35	6266.11	17480.00
2010	13344.43	46.61	13391.04	6909.98	24.02	6934.00	19672.00
2011	14002.34	48.03	14050.37	7219.31	24.89	7244.20	22987.00
2012	13998.30	47.61	14045.91	7230.45	24.78	7255.23	22948.00

注：1.股票账户数为有效账户数。
2.期货账户数从06-11年为账户总数，12年为有效账户数。
数据来源：中国证券登记结算公司、中国期货保证金监控中心公司
Source:CSDC、CFMMC

6-1 续表 continued

年份 Year	期货 Futures						全国中小企业股份转让系统NEEQ		
	期货账户数(万户) Number of Accounts (10 thousand units)			客户数(万个) Number of Valid Futures Investors (10 thousand units)			股票投资者数(个) Number of Accounts (unit)		
	个人 Individual	单位 Institution	合计 Total	个人 Individual	单位 Institution	合计 Total	个人 Individual	机构 Institution	合计 Total
2003	-	-	-	-	-	-	-	-	-
2004	-	-	-	-	-	-	-	-	-
2005	-	-	-	-	-	-	-	-	-
2006	-	-	27.74	-	-	24.46	-	-	-
2007	-	-	44.77	-	-	39.55	-	-	-
2008	69.04	2.24	71.28	59.54	2.10	61.64	-	-	-
2009	107.58	3.03	110.61	88.76	2.86	91.63	-	-	-
2010	146.54	4.02	150.55	117.82	3.55	121.37	-	-	-
2011	174.49	4.85	179.34	137.06	4.08	141.14	2959	699	3658
2012	87.11	2.59	89.69	69.74	1.99	71.73	4313	937	5250

6-2 股票账户情况
Stock Accounts

单位：万户 (10 thousand units)

年份 Year	股票账户开户总数 Number of Newly Opened Accounts					
	A股账户开户总数 Number of Newly Opened A-share Accounts			B股账户开户总数 Number of Newly Opened B-share Accounts		
	个人 Individual	机构 Institution	合计 Total	个人 Individual	机构 Institution	合计 Total
2003	6909.75	37.73	6947.48	156.37	2.07	158.44
2004	7076.32	39.07	7115.39	158.97	2.20	161.17
2005	7161.24	39.93	7201.17	160.03	2.38	162.41
2006	7466.75	42.76	7509.51	163.13	2.60	165.73
2007	11214.76	54.23	11268.99	232.74	2.88	235.62
2008	12639.90	59.53	12699.43	238.67	3.14	241.81
2009	14359.89	66.10	14425.99	244.68	3.33	248.01
2010	15844.74	71.02	15915.76	248.94	3.55	252.49
2011	16985.67	75.21	17060.88	251.44	3.81	255.25
2012	17538.12	77.69	17615.81	252.52	4.02	256.54

注：1.开户总数指截止到统计期末投资者累计开立的股票账户的数量。
2.销户总数指截止到统计期末投资者已办理了销户手续和已被清理的股票账户的数量。
数据来源：中国证券登记结算公司
Source:CSDC

6-2 续表 1 continued

单位：万户 (10 thousand units)

年份 Year	股票账户销户总数 Number of Canceled Stock Accounts					
	A股账户销户总数 Number of Canceled A-share Accounts			B股账户销户总数 Number of Canceled B-share Accounts		
	个人 Individual	机构 Institution	合计 Total	个人 Individual	机构 Institution	合计 Total
2003	154.62	5.70	160.32	0.41	0.40	0.81
2004	163.77	5.76	169.53	0.43	0.48	0.91
2005	167.12	5.91	173.03	0.44	0.67	1.11
2006	185.46	6.50	191.96	0.46	0.71	1.17
2007	209.54	7.33	216.87	0.55	0.76	1.31
2008	564.97	10.92	575.89	0.65	0.81	1.46
2009	632.17	12.05	644.22	0.96	0.95	1.91
2010	698.71	12.99	711.70	1.49	1.03	2.52
2011	752.24	13.89	766.13	1.98	1.12	3.10
2012	789.61	14.78	804.39	2.29	1.20	3.49

6-2 续表 2 continued

单位：万户 (10 thousand units)

年份 Year	股票账户数 Number of Stock Accounts					
	A股账户数 Number of A-share Accounts at the end of This Period			B股账户数 Number of B-share Accounts at the end of This Period		
	个人 Individual	机构 Institution	合计 Total	个人 Individual	机构 Institution	合计 Total
2003	6755.13	32.04	6787.17	155.96	1.67	157.63
2004	6912.65	33.22	6945.87	158.55	1.71	160.26
2005	6994.12	34.01	7028.13	159.60	1.71	161.31
2006	7281.29	36.26	7317.55	162.67	1.89	164.56
2007	11005.22	46.90	11052.12	232.19	2.12	234.31
2008	12074.93	48.61	12123.54	238.02	2.33	240.35
2009	13727.72	54.06	13781.78	243.72	2.38	246.10
2010	15146.04	58.02	15204.06	247.44	2.52	249.96
2011	16233.42	61.32	16294.74	249.46	2.70	252.16
2012	16748.51	62.91	16811.42	250.23	2.82	253.05

6-2 续表 3 continued

单位：万户 (10 thousand units)

年份 Year	有效账户数 Number of Valid Accounts					
	有效A股账户数 Number of Valid A-share Accounts at the end of This Period			有效B股账户数 Number of Valid B-share Accounts at the end of This Period		
	个人 Individual	机构 Institution	合计 Total	个人 Individual	机构 Institution	合计 Total
2003	6771.35	32.18	6803.53	155.89	1.60	157.49
2004	6912.65	33.22	6945.87	158.55	1.69	160.24
2005	6994.12	34.01	7028.13	159.60	1.71	161.31
2006	7281.29	36.26	7317.55	162.67	1.89	164.56
2007	9011.33	33.43	9044.76	232.19	2.12	234.31
2008	10173.29	36.05	10209.34	238.02	2.33	240.35
2009	11750.80	40.79	11791.59	243.72	2.38	246.10
2010	13096.98	44.09	13141.07	247.45	2.52	249.97
2011	13752.88	45.34	13798.22	249.46	2.69	252.15
2012	13748.07	44.79	13792.86	250.23	2.82	253.05

6-3 A股期末账户交易情况

Transaction of A-Share Accounts

单位：万户 (10 thousand units)

年份 Year	期末持股A股账户数 Number of A-share Accounts at the end of This Period				
	当年参与交易A股账户数 Number of A-share Accounts Involved in Stock			当年未参与交易A股账户数 Number of A-share Accounts Not Involved in	合计 Total
	小计 Subtotal	个人 Individual	机构 Institution		
2004	1525.11	1520.31	4.80	1156.25	2681.36
2005	977.82	975.20	2.62	1566.34	2544.16
2006	1577.61	1574.31	3.30	906.87	2484.48
2007	4080.08	4073.92	6.16	222.10	4302.18
2008	4090.85	4085.11	5.74	648.49	4739.34
2009	4318.36	4310.71	7.65	829.14	5147.50
2010	4716.06	4708.46	7.60	896.35	5612.41
2011	4260.83	4254.33	6.50	1433.35	5694.18
2012	2995.24	2990.21	5.03	2519.25	5514.49

数据来源：中国证券登记结算公司
Source:CSDC

6-3 续表 continued

单位：万户 (10 thousand units)

年份 Year	期末未持股A股账户数 Number of Accounts Without Holding Shares				
	当年参与交易A股账户数 Number of A share Accounts Involved in Stock			当年未参与交易A股账户数 Number of A-share Accounts Not Involved in	合计 Total
	小计 Subtotal	个人 Individual	机构 Institution		
2004	528.82	525.07	3.75	3735.69	4264.51
2005	447.89	444.41	3.48	4036.08	4483.97
2006	750.48	747.24	3.24	4082.59	4833.07
2007	1798.72	1790.87	7.85	2943.86	4742.58
2008	1607.13	1595.77	11.36	3862.87	5470.00
2009	2257.97	2253.54	4.43	4386.11	6644.08
2010	2073.76	2068.89	4.87	5454.90	7528.66
2011	1793.53	1789.85	3.68	6310.70	8104.23
2012	1401.92	1399.31	2.60	6876.45	8278.37

6-4 B股期末账户交易情况
Transaction of B-Share Accounts

单位：万户 (10 thousand units)

年份 Year	期末持股B股账户数 Number of B-share Accounts at the end of This Period				
	当年参与交易B股账户数 Number of B-share Accounts Involved in Stock			当年未参与交易B股账户数 Number of B-share Accounts Not Involved in	合计 Total
	小计 Subtotal	个人 Individual	机构 Institutions		
2004	66.83	66.72	0.11	38.53	105.36
2005	57.96	57.84	0.12	43.40	101.36
2006	61.85	61.72	0.13	32.80	94.65
2007	118.97	118.83	0.14	14.32	133.29
2008	93.32	93.19	0.13	42.47	135.79
2009	90.74	90.60	0.14	41.85	132.59
2010	83.51	83.35	0.16	47.05	130.56
2011	82.56	82.40	0.16	48.47	131.03
2012	72.77	72.61	0.16	53.43	126.20

数据来源：中国证券登记结算公司
Source:CSDC

6-4 续表 continued

单位：万户 (10 thousand units)

年份 Year	期末未持股B股账户数 Number of Accounts Without Holding Shares				
	当年参与交易B股账户数 Number of B-share Accounts Involved in Stock Trading at the end of the Year			当年未参与交易B股账户数 Number of B-share Accounts Not Involved in Stock Trading at the end of the Year	合计 Total
	小计 Subtotal	个人 Individual	机构 Institutions		
2004	7.25	7.22	0.03	47.63	54.88
2005	6.62	6.59	0.03	53.33	59.95
2006	12.24	12.20	0.04	57.67	69.91
2007	25.12	25.06	0.06	75.90	101.02
2008	9.46	9.41	0.05	95.10	104.56
2009	12.58	12.54	0.04	100.93	113.51
2010	11.82	11.78	0.04	107.59	119.41
2011	6.96	6.91	0.05	114.16	121.12
2012	7.59	7.55	0.04	119.26	126.85

6-5 投资者按持有分类情况

Investors Classification by Stock Holding

年份 Year	A股 A-Shares 持A股数量(亿股) Number of Stock Holdings(100 million shares)				
	持A股<0.1万股的账户 Stock Holdings of the Accounts are below 0.1	持A股在[0.1,1)万股的账户 Stock Holdings of the Accounts are between 0.1 and 1	持A股在[1,10)万股的账户 Stock Holdings of the Accounts are between 1 and 10	持A股在[10,100)万股的账户 Stock Holdings of the Accounts are between 10 and 100	持A股>=100万股的账户 Stock Holdings of the Accounts are above 100
2003	35.64	504.03	712.65	258.96	215.50
2004	32.67	516.40	830.11	298.97	318.94
2005	29.93	491.40	872.95	373.25	516.56
2006	26.12	491.98	1121.95	604.07	1002.37
2007	56.45	757.87	1338.14	670.88	1871.50
2008	56.94	887.95	1738.37	858.54	3193.01
2009	64.18	931.93	1825.45	1026.50	10122.96
2010	68.50	1027.14	2258.02	1362.45	14654.98
2011	66.02	1065.36	2556.46	1578.90	17100.89
2012	61.34	1029.99	2666.98	1735.05	19218.94

数据来源：中国证券登记结算公司
Source:CSDC

6-5 续表 1 continued

年份 Year	A股 A-Shares 持A股市值(亿元) Market Capitalization of Stock Holdings(100 million yuan)				
	持A股<0.1万股的账户 Stock Holdings of the Accounts are below 0.1	持A股在[0.1,1)万股的账户 Stock Holdings of the Accounts are between 0.1 and 1	持A股在[1,10)万股的账户 Stock Holdings of the Accounts are between 1 and 10	持A股在[10,100)万股的账户 Stock Holdings of the Accounts are between 10 and 100	持A股>=100万股的账户 Stock Holdings of the Accounts are above 100
2003	233.72	3244.98	5060.23	1998.76	1824.33
2004	168.25	2588.66	4326.81	1586.60	2343.21
2005	120.07	1904.55	3436.88	1526.66	3066.63
2006	162.70	2801.77	6461.67	3811.33	10807.50
2007	1044.49	12247.25	21063.62	11034.80	45562.39
2008	346.60	4851.36	9323.41	4861.54	25515.08
2009	868.73	10948.88	20586.55	11895.57	106106.70
2010	968.85	11930.00	23810.33	14442.14	142746.78
2011	591.36	8242.26	18287.07	11339.82	127071.38
2012	530.99	7753.58	18783.56	12348.53	143260.86

6-5 续表 2 continued

年份 Year	B股 B-Shares 持B股数量(亿股) Number of Stock Holdings(100 million shares)				
	持B股<0.1 万股的账户 Stock Holdings of the Accounts are below 0.1	持B股在[0.1,1) 万股的账户 Stock Holdings of the Accounts are between 0.1 and 1	持B股在[1,10) 万股的账户 Stock Holdings of the Accounts are between 1 and 10	持B股在[10,100) 万股的账户 Stock Holdings of the Accounts are between 10 and 100	持B股>=100 万股的账户 Stock Holdings of the Accounts are above 100
2003	0.25	26.26	66.40	44.41	42.06
2004	0.24	26.40	69.95	47.49	53.43
2005	0.23	25.28	69.09	50.44	73.04
2006	0.25	23.27	65.78	51.51	88.19
2007	0.86	30.72	78.35	51.09	89.89
2008	0.80	31.73	86.40	58.77	90.54
2009	0.82	30.57	84.50	60.11	95.55
2010	0.82	29.82	84.48	63.95	102.71
2011	0.80	29.96	88.85	70.42	105.30
2012	0.79	28.62	83.45	67.61	100.72

6-5 续表 3 continued

年份 Year	B股 B-Shares 持B股市值(亿元) Market Capitalization of Stock Holdings(100 million yuan)				
	持B股<0.1 万股的账户 Stock Holdings of the Accounts are below 0.1	持B股在[0.1,1) 万股的账户 Stock Holdings of the Accounts are between 0.1 and 1	持B股在[1,10) 万股的账户 Stock Holdings of the Accounts are between 1 and 10	持B股在[10,100) 万股的账户 Stock Holdings of the Accounts are between 10 and 100	持B股>=100 万股的账户 Stock Holdings of the Accounts are above 100
2003	1.25	112.51	289.07	209.21	263.13
2004	0.84	79.53	214.27	155.62	238.95
2005	0.63	56.19	155.83	121.84	265.92
2006	1.27	91.42	257.35	214.75	703.29
2007	11.77	286.19	675.79	438.85	1105.42
2008	3.19	86.66	219.50	149.16	337.75
2009	7.68	184.45	471.48	337.51	799.62
2010	8.26	196.84	516.65	402.59	1061.15
2011	5.45	127.66	338.48	268.41	694.81
2012	5.92	137.44	366.03	294.43	769.42

6-6 信用证券账户情况
Margin Trading Accounts

单位：户 (unit)

投资者类别 Investors	个人 Individual		机构 Institution	
	2011	2012	2011	2012
期初信用证券账户数 Number of Margin Trading Accounts at the Beginning of this Period	41845	347507	238	1103
本年新开信用证券账户数 Number of Newly Opened Margin Trading Accounts during this year	308520	648006	901	2364
本年新销信用证券账户数 Number of Canceled Margin Trading Accounts during this year	2858	8622	36	74
期末信用证券账户数 Number of Margin Trading Accounts at the end of this Period	347507	986891	1103	3393

注：信用证券账户不同于普通证券户，是投资者为参与融资融券交易而向证券公司申请开立的证券账户，是证券公司在中登公司开立的“客户信用交易担保证券户账户”的二级账户，用于记录投资者委托证券公司持有的担保证券的明细数据。

数据来源：中国证券登记结算公司

Source:CSDC

6-7 全国期货市场投资者分类交易情况
Statistics for Futures Transaction by Investors

年份 Year	商品期货 Commodity Futures				金融期货 Financial Futures			
	成交量(万手) Trading Volume (10 thousand lots)		成交金额(亿元) Trading Turnover (100 million yuan)		成交量(万手) Trading Volume (10 thousand lots)		成交金额(亿元) Trading Turnover (100 million yuan)	
	个人 Individual	单位 Institution	个人 Individual	单位 Institution	个人 Individual	单位 Institution	个人 Individual	单位 Institution
2009	98452.74	9418.74	592977.13	59576.46	-	-	-	-
2010	138724.49	13364.61	1032685.78	102197.60	4497.87	89.45	402691.35	8008.65
2011	89697.26	10670.40	839207.89	98267.65	4886.43	154.76	424262.61	13437.39
2012	121235.59	13304.47	852274.68	100549.86	10162.63	343.55	733600.32	24799.68

数据来源：上海期货交易所、大连商品交易所、郑州商品交易所、中国金融期货交易所

Source:SHFE、DCE、ZCE、CFFEX

主要统计指标解释

股票账户数 指统计期末在中国证券登记结算公司开立的股票账户数量合计，包括 A 股账户和 B 股账户。

股票有效账户数 指统计期末股票账户数中减去休眠账户数之后的股票账户数量。

股票新开户数 指统计期内新开立的股票账户数量。

股票新销账户数 指统计期内销户的股票账户数量。

休眠账户数 指统计期末根据“证券账户余额为零、资金账户余额不超过 100 元且最近连续 3 年以上无交易”原则统计的账户数量。

参与交易股票账户数 指统计期内参与交易所股票交易并完成至少 1 次买或卖行为的账户数量。

持股账户数 指统计期末持有股票数量不为零的账户数。

股票投资者数 指统计期末已开立股票账户的投资者数量。统计时按照“投资者全称相同且证件代码相同”合并。

信用证券账户数 指统计期末投资者为参与融资融券交易开立的信用证券账户数量合计。

基金账户数 通常称基金 TA 账户，是指统计期末注册登记人为投资人建立的用于管理和记录基金持有的账户数量。

基金投资者数 指统计期末已开立基金账户的投资者的数量。按照“投资者全称且证件代码相同”原则合并的基金投资者数量。

期货账户数 统计期末投资者通过期货公司向中国期货保证金监控中心有限责任公司报备的期货账户数量合计。

期货有效账户数 指在统计期末期货账户中剔除休眠账户和逾期未规范账户后的账户数量。休眠账户由中国期货保证金监控中心根据以下条件进行认定: 1.开户时间一年以上; 2.最近一年以上无持仓; 3.最近一年以上无交易（含一年）; 4.认定日的客户权益在 1000 元以下（含 1000 元）。其中，客户权益以期货公司内部资金账户为单位进行认定。逾期未规范账户是指在账户规范工作规定的时间内，资料未上报监控中心，未通过监控中心和期货交易所检查或反馈未成功的历史账户。

客户数 是指统计期末已在期货市场开户的客户数量。按照“客户全称相同且证件代码相同”原则合并的客户数量。

期货成交量 是指在统计期内全部期货合约成交数量合计。期货品种的成交量为统计期内该品种全部期限合约的成交量合计。

期货成交金额 指统计期内全部期货合约成交金额合计。期货品种的成交金额为统计期内该品种全部期限合约的成交金额合计。

贰 零 壹 叁

七. 上市公司

Listed Companies

贰 零 壹 叁

2012年上市公司财报分析

一、上市公司整体盈利能力下降

净利润增幅大幅下降，中小企业板和创业板尤其突出。2012年沪深上市公司净利润总额19652.78亿元，同比增长0.93%[1]，较2011年13.20%的同比增幅下降12.27个百分点。其中，中小企业板实现净利润979.08亿元，同比下降9.45%，与2011年10.37%的增幅相比下降19.82个百分点；创业板实现净利润241.78亿元，同比下降8.52%，与2011年18.44%的增幅相比下降26.96个百分点。这表明，中小市值上市公司经营状况明显恶化。

亏损面小幅扩大，亏损金额大幅增加。2012年沪深上市公司共计223家出现亏损，占全部上市公司家数的8.94%，亏损面比2011年增加2.44个百分点。其中，主板、中小企业板和创业板公司亏损比例分别为11.61%、6.13%和3.66%，主板上市公司亏损面较大；农林牧渔业和制造业公司亏损比例分别为20%和10.42%，是亏损面最大的两个行业。2012年沪深亏损公司合计亏损1011.68亿元，比2011年大幅增长129%；部分上市公司亏损规模较大，亏损额最大的前10家企业合计亏损497.25亿元，占沪深两市亏损企业总亏损额的49.19%。

增收不增利现象明显，凸显上市公司成本压力。2012年沪深上市公司实现营业收入246104.25亿元，同比增加9.69%，而其净利润仅增长0.93%，增收不增利的现象十分明显。在管理费用、销售费用和财务费用等三项费用中，财务费用大幅增长38%，管理费用和销售费用增幅也都在10%以上。

二、上市公司依靠外延式扩张的特征尚未改观

上市公司总资产增速快于净资产增速，杠杆率有所提高。截至2012年末，沪深上市公司总资产119.36万亿元，同比增长15.36%；净资产15.68万亿元，同比增长13.82%。全部上市公司资产负债率85.77%，较上年提高1个百分点。中小企业板和创业板公司资产负债率上升最为明显，分别较上年提高3.28和2.37个百分点。

上市公司净资产收益率下降明显，盈利能力下滑。2012年，沪深上市公司净资产收益率为13.32%，较2011年的15.25%下降了1.93个百分点。其中，主板、中小企业板和创业板净资产收益率分别为14.09%、9.52%和7.87%，较2011年分别下降1.85、2.93和3.23个百分点。净资产收益率下降，表明上市公司内生增长能力较弱，也反映经济转型任重道远。

资产利用效率有所下降。2012年，沪深非金融上市公司平均存货周转率为3.64次，较2011年的4.08次下降10.9%。存货周转率下降导致存货增加，截至2012年底，沪深上市公司存货总额同比增长16.90%，其中创业板同比增长22.92%。2012年，上市公司平均总资产周转次数为0.70次，较2011年下降0.08次。

三、金融服务业和实体经济的业绩反差较大

上市商业银行盈利占比进一步提升，但增速明显趋缓。2012年，16家上市商业银行实现净利润10269.28亿元，占全部上市公司净利润总额的52.25%，较2010年41.16%和2011年45.79%的净利润占比进一步大幅提高。净利润同比增长17.32%，在行业板块中增幅居于前列，但比2011年下降了11.81个百分点，净利润增速明显放缓。增速放缓的

[1]同比指标采用同样本比较，下同。

主要原因是净息差缩小、资产增速减缓和成本上升。截至2012年末，沪深上市商业银行平均资本充足率为12.87%，比2011年末年上升0.45%；平均不良贷款率为0.81%，比上年上升了0.05个百分点，商业银行经营总体稳健。

非金融上市公司业绩增速下滑较大，表明实体经济经营较为困难。剔除16家上市商业银行、中国石油和中国石化两家公司后，其他上市公司2012年实现净利润7592.18亿元，同比下降12.46%。在市场全部19个大的行业门类中，净利润下滑的有7个，其中，农林牧渔业、制造业和批发零售下滑幅度最大，分别下降43.48%、26.41%和19.02%，表明生产性行业和周期性行业景气度较低。

房地产上市公司经营状况和盈利能力明显好转。2012年，沪深房地产上市公司实现营业收入5648.90亿元，同比增长27.89%；实现净利润736.15亿元，同比增长16.07%。2012年，145家房地产上市公司中9家出现亏损，亏损面6.21%，亏损金额5.85亿元，均较上年有所下降。2012年，房地产上市公司销售商品、提供劳务收到的现金总额比2011年增加26.44%，经营活动产生的现金流量也由净流出转变为净流入。因此，2012年上市房地产公司经营情况有所好转。

四、上市公司分红力度进一步加大

2012年年报中披露现金分红预案公司共计1785家，占全部上市公司的71.63%，比2011年提高2.63个百分点。预案税前分红金额6325.03亿元，同比增长13.70%；其中，主板上市公司为5910.00亿元，占比93.44%。预案分红金额最多的行业是金融业制造业和采矿业等，分别为3422.95亿元、1200.89亿元和787.71亿元，占已披露分红预案中金额的比例分别为54.12%、18.99%和12.45%。

7-1 上市公司数量
Number of Listed Companies

单位：家 (unit)

年份 Year	上交所 SSE	深交所 SZSE 合计 Total	主板 Main Board	中小板 SME Board	创业板 GE Board	合计 Total
1991	7	6	6	0	0	13
1992	29	24	24	0	0	53
1993	106	77	77	0	0	183
1994	171	120	120	0	0	291
1995	188	135	135	0	0	323
1996	293	237	237	0	0	530
1997	383	362	362	0	0	745
1998	438	414	414	0	0	852
1999	484	465	465	0	0	949
2000	572	516	516	0	0	1088
2001	646	514	514	0	0	1160
2002	715	509	509	0	0	1224
2003	780	507	507	0	0	1287
2004	837	540	502	38	0	1377
2005	834	547	497	50	0	1381
2006	842	592	490	102	0	1434
2007	860	690	488	202	0	1550
2008	864	761	488	273	0	1625
2009	870	848	485	327	36	1718
2010	894	1169	485	531	153	2063
2011	931	1411	484	646	281	2342
2012	954	1540	484	701	355	2494

注：上市公司数量以首发上市日口径统计。
数据来源：上海证券交易所、深圳证券交易所
Source：SSE、SZSE

7-2 上市公司数量按行业分布
Number of Listed Companies by Industry

单位：家 (unit)

行业	Industry	上交所 SSE 2011	上交所 SSE 2012	深交所 SZSE 2011	深交所 SZSE 2012	合计 Total 2011	合计 Total 2012
农、林、牧、渔	Agriculture,Forestry,Animal Husbandry and Fishery	14	14	23	26	37	40
采矿业	Mining	35	36	22	23	57	59
制造业	Manufacturing	483	499	997	1086	1480	1585
电力、热力、燃气及水生产和供应业	Production and Supply of Electricity,Gas and Water	51	51	29	31	80	82
建筑业	Construction	30	30	28	31	58	61
批发和零售业	Wholesale and Retail Trades	87	89	63	64	150	153
交通运输、仓储和邮政业	Transport,Storage and Post	56	58	23	25	79	83
住宿和餐饮业	Hotels and Catering Services	2	2	10	10	12	12
信息传输、软件和信息技术服务业	Information Transmission,Computer Services and Software	23	25	80	100	103	125
金融业	Financial Intermediation	31	31	10	11	41	42
房地产业	Real Estate	74	74	71	71	145	145
租赁和商务服务业	Leasing and Business Services	9	9	13	13	22	22
科学研究和技术服务业	Scientific Research,Technical Service	1	1	8	11	9	12
水利、环境和公共设施管理业	Management of Water Conservancy,Environment and Public Facilities	6	6	17	18	23	24
教育	Education	1	1	0	0	1	1
卫生和社会工作	Health and Social Works	1	1	2	2	3	3
文化、体育和娱乐业	Culture,Sports and Entertainment	11	11	9	12	20	23
综合	Others	16	16	6	6	22	22

注：上市公司数量以首发上市日口径统计。
数据来源：上海证券交易所、深圳证券交易所
Source：SSE、SZSE

7-3 上市公司数量按监管辖区分布
Number of Listed Companies by Jurisdiction

单位：家 (unit)

辖区	Jurisdiction	上交所 SSE		深交所 SZSE		合计 Total	
		2011	2012	2011	2012	2011	2012
北京	Beijing	97	99	100	120	197	219
天津	Tianjin	19	19	18	19	37	38
河北	Hebei	18	18	29	30	47	48
山西	Shanxi	18	18	16	16	34	34
内蒙古	Inner Mongolia	16	16	7	9	23	25
辽宁	Liaoning	13	14	24	28	37	42
吉林	Jilin	17	18	21	21	38	39
黑龙江	Heilongjiang	23	23	7	8	30	31
上海	Shanghai	142	145	51	57	193	202
江苏	Jiangsu	77	80	137	156	214	236
浙江	Zhejiang	57	59	137	150	194	209
安徽	Anhui	29	29	48	49	77	78
福建	Fujian	20	20	34	39	54	59
江西	Jiangxi	16	16	15	17	31	33
山东	Shandong	40	40	89	96	129	136
河南	Henan	23	26	40	40	63	66
湖北	Hubei	37	37	45	47	82	84
湖南	Hunan	20	19	47	52	67	71
广东	Guangdong	29	32	138	153	167	185
广西	Guangxi	12	12	17	18	29	30
海南	Hainan	8	8	17	18	25	26
重庆	Chongqing	16	18	19	19	35	37
四川	Sichuan	34	36	52	54	86	90
贵州	Guizhou	10	10	10	11	20	21
云南	Yunnan	12	12	16	16	28	28
西藏	Xizang	6	6	3	4	9	10
陕西	Shanxi	17	18	20	21	37	39
甘肃	Gansu	11	11	13	13	24	24
青海	Qinghai	7	7	3	3	10	10
宁夏	Ningxia	4	4	8	8	12	12
新疆	Xinjiang	21	21	16	18	37	39
深圳	Shenzhen	12	12	160	172	172	184
大连	Dalian	13	13	13	13	26	26
宁波	Ningbo	18	19	16	19	34	38
厦门	Xiamen	11	11	17	18	28	29
青岛	Qingdao	8	8	8	8	16	16

注：上市公司数量以首发上市日口径统计。
数据来源：上海证券交易所、深圳证券交易所
Source：SSE、SZSE

7-4 2012年新上市的上市公司数量按行业分布

行业 Industry	上交所 SSE		
	新上市公司家数(家) Number of Newly Listed Companies (unit)	新上市公司市值(亿元) Market Capitalization of Newly Listed Companies (100 million yuan)	占比(%) Proportion(%)
农、林、牧、渔 Agriculture,Forestry,Animal Husbandry and Fishery	0	0.00	0.00
采矿业 Mining	1	313.63	0.99
制造业 Manufacturing	17	979.17	2.49
电力、热力、燃气及水生产和供应业 Production and Supply of Electricity,Gas and Water	0	0.00	0.00
建筑业 Construction	1	622.60	11.62
批发和零售业 Wholesale and Retail Trades	2	46.37	1.06
交通运输、仓储和邮政业 Transport,Storage and Post	2	69.18	1.01
住宿和餐饮业 Hotels and Catering Services	0	0.00	0.00
信息传输、软件和信息技术服务业 Information Transmission,Computer Services and Software	2	206.01	9.07
金融业 Financial Intermediation	0	0.00	0.00
房地产业 Real Estate	0	0.00	0.00
租赁和商务服务业 Leasing and Business Services	0	0.00	0.00
科学研究和技术服务业 Scientific Research,Technical Service	0	0.00	0.00
水利、环境和公共设施管理业 Management of Water Conservancy,Environment and Public Facilities	0	0.00	0.00
教育 Education	0	0.00	0.00
卫生和社会工作 Health and Social Works	0	0.00	0.00
文化、体育和娱乐业 Culture,Sports and Entertainment	0	0.00	0.00
综合 Others	0	0.00	0.00

注：上市公司数量以首发上市日口径统计。
数据来源：上海证券交易所、深圳证券交易所
Source：SSE、SZSE

Number of Newly Listed Companies by Industry in 2012

深交所 SZSE			合计 Total		
新上市公司家数(家) Number of Newly Listed Companies (unit)	新上市公司市值(亿元) Market Capitalization of Newly Listed Companies (100 million yuan)	占比(%) Proportion(%)	新上市公司家数(家) Number of Newly Listed Companies (unit)	新上市公司市值(亿元) Market Capitalization of Newly Listed Companies (100 million yuan)	占比(%) Proportion(%)
3	56.41	5.71	3	56.41	3.25
1	35.03	1.48	2	348.66	1.02
89	2438.22	5.29	106	3417.39	4.00
2	45.67	2.77	2	45.67	0.59
3	123.58	5.80	4	746.19	9.96
1	39.04	1.56	3	85.41	1.24
2	28.30	3.87	4	97.47	1.29
0	0.00	0.00	0	0.00	0.00
20	406.90	14.91	22	612.91	12.26
1	174.00	4.75	1	174.00	0.31
0	0.00	0.00	0	0.00	0.00
0	0.00	0.00	0	0.00	0.00
3	92.97	30.43	3	92.97	25.56
1	47.63	3.53	1	47.63	2.86
0	0.00	0.00	0	0.00	0.00
0	0.00	0.00	0	0.00	0.00
3	86.13	13.70	3	86.13	5.80
0	0.00	0.00	0	0.00	0.00

7-5 2012年新上市的上市公司数量按监管辖区分布

单位：家

辖区	Jurisdiction	上交所 SSE		
		新上市公司家数(家) Number of Newly Listed Companies (unit)	新上市公司市值(亿元) Market Capitalization of Newly Listed Companies (100 million yuan)	占比(%) Proportion(%)
北京	Beijing	3	752.59	1.00
天津	Tianjin	0	0.00	0.00
河北	Hebei	0	0.00	0.00
山西	Shanxi	0	0.00	0.00
内蒙古	Inner Mongolia	0	0.00	0.00
辽宁	Liaoning	1	31.44	1.96
吉林	Jilin	1	101.77	13.50
黑龙江	Heilongjiang	0	0.00	0.00
上海	Shanghai	3	165.25	0.83
江苏	Jiangsu	3	133.69	2.73
浙江	Zhejiang	2	103.45	1.13
安徽	Anhui	0	0.00	0.00
福建	Fujian	0	0.00	0.00
江西	Jiangxi	0	0.00	0.00
山东	Shandong	1	44.34	0.59
河南	Henan	3	478.84	24.31
湖北	Hubei	0	0.00	0.00
湖南	Hunan	0	0.00	0.00
广东	Guangdong	2	109.03	3.24
广西	Guangxi	0	0.00	0.00
海南	Hainan	0	0.00	0.00
重庆	Chongqing	2	120.16	10.57
四川	Sichuan	2	97.45	4.41
贵州	Guizhou	0	0.00	0.00
云南	Yunnan	0	0.00	0.00
西藏	Xizang	0	0.00	0.00
陕西	Shanxi	1	36.62	2.97
甘肃	Gansu	0	0.00	0.00
青海	Qinghai	0	0.00	0.00
宁夏	Ningxia	0	0.00	0.00
新疆	Xinjiang	0	0.00	0.00
深圳	Shenzhen	0	0.00	0.00
大连	Dalian	0	0.00	0.00
宁波	Ningbo	1	62.33	3.37
厦门	Xiamen	0	0.00	0.00
青岛	Qingdao	0	0.00	0.00

注：上市公司数量以首发上市日口径统计。

数据来源：上海证券交易所、深圳证券交易所

Source: SSE、SZSE

Number of Newly Listed Companies by Jurisdiction in 2012

(unit)

深交所 SZSE			合计 Total		
新上市公司家数(家) Number of Newly Listed Companies (unit)	新上市公司市值(亿元) Market Capitalization of Newly Listed Companies (100 million yuan)	占比(%) Proportion(%)	新上市公司家数(家) Number of Newly Listed Companies (unit)	新上市公司市值(亿元) Market Capitalization of Newly Listed Companies (100 million yuan)	占比(%) Proportion(%)
20	588.31	9.89	23	1340.90	1.65
1	37.45	5.00	1	37.45	1.34
1	17.80	0.93	1	17.80	0.54
0	0.00	0.00	0	0.00	0.00
2	64.35	13.31	2	64.35	2.17
4	71.07	6.63	5	102.51	3.83
0	0.00	0.00	1	101.77	5.40
1	72.18	19.31	1	72.18	4.30
6	107.82	7.63	9	273.08	1.28
19	414.76	6.85	22	548.45	5.00
13	335.07	5.52	15	438.52	2.88
1	30.70	1.39	1	30.70	0.69
5	98.27	7.80	5	98.27	1.59
2	63.29	9.39	2	63.29	3.08
7	123.76	2.91	8	168.09	1.42
0	0.00	0.00	3	478.84	11.89
2	67.63	3.73	2	67.63	1.67
5	119.54	4.92	5	119.54	2.84
15	461.86	6.33	17	570.88	5.36
1	24.63	3.07	1	24.63	1.95
1	31.81	5.08	1	31.81	2.20
0	0.00	0.00	2	120.16	5.23
2	122.37	3.27	4	219.82	3.69
1	21.87	4.87	1	21.87	0.68
0	0.00	0.00	0	0.00	0.00
1	76.10	29.02	1	76.10	13.30
1	174.00	19.01	2	210.62	9.80
0	0.00	0.00	0	0.00	0.00
0	0.00	0.00	0	0.00	0.00
0	0.00	0.00	0	0.00	0.00
2	36.74	3.55	2	36.74	1.47
12	240.83	2.47	12	240.83	0.90
0	0.00	0.00	0	0.00	0.00
3	158.44	20.24	4	220.77	8.39
1	13.25	3.93	1	13.25	0.93
0	0.00	0.00	0	0.00	0.00

7-6 2012年各监管辖区按行业上市公司数量分布

单位：家

辖区	Jurisdiction	农、林、牧、渔 Agriculture, Forestry, Animal Husbandry and Fishery	采矿业 Mining	制造业 Manufacturing	电力、热力、燃气及水生产和供应业 Production and Supply of Electricity, Gas and Water	建筑业 Construction	批发和零售业 Wholesale and Retail Trades	交通运输、仓储和邮政业 Transport, Storage and Post	住宿和餐饮业 Hotels and Catering Services
北京	Beijing	1	11	87	5	16	16	3	2
天津	Tianjin	0	2	18	2	0	4	4	0
河北	Hebei	1	1	36	2	0	4	1	0
山西	Shanxi	0	6	21	2	0	2	1	0
内蒙古	Inner Mongolia	0	3	19	2	1	0	0	0
辽宁	Liaoning	0	0	28	4	0	2	2	0
吉林	Jilin	0	0	27	1	0	3	1	0
黑龙江	Heilongjiang	2	0	18	3	1	2	1	0
上海	Shanghai	1	2	92	4	6	19	15	1
江苏	Jiangsu	0	0	179	3	3	15	8	1
浙江	Zhejiang	0	0	158	3	4	12	0	0
安徽	Anhui	2	2	56	1	3	4	2	0
福建	Fujian	4	1	35	1	0	5	2	0
江西	Jiangxi	0	1	25	2	0	1	2	0
山东	Shandong	6	4	104	3	2	5	4	0
河南	Henan	2	4	54	2	0	1	1	0
湖北	Hubei	0	1	54	3	2	8	3	0
湖南	Hunan	4	1	46	3	0	4	2	1
广东	Guangdong	2	1	133	11	3	4	8	2
广西	Guangxi	1	0	21	2	0	1	2	0
海南	Hainan	3	2	8	0	1	1	3	1
重庆	Chongqing	0	0	21	4	0	2	2	0
四川	Sichuan	0	3	62	7	3	4	2	0
贵州	Guizhou	0	1	16	1	0	1	0	0
云南	Yunnan	2	1	16	1	0	1	0	0
西藏	Xizang	0	1	5	0	1	1	0	0
陕西	Shanxi	0	3	23	1	1	2	0	2
甘肃	Gansu	2	3	15	1	0	2	0	0
青海	Qinghai	0	3	7	0	0	0	0	0
宁夏	Ningxia	0	0	11	0	0	1	0	0
新疆	Xinjiang	5	1	23	2	3	2	0	0
深圳	Shenzhen	0	0	104	3	7	10	8	2
大连	Dalian	2	0	10	2	0	5	2	0
宁波	Ningbo	0	0	24	1	4	4	2	0
厦门	Xiamen	0	1	15	0	0	4	2	0
青岛	Qingdao	0	0	14	0	0	1	0	0

注：上市公司数量以首发上市日口径统计。
数据来源：上海证券交易所、深圳证券交易所
Source: SSE、SZSE

Number of Listed Companies by Jurisdiction and by Industry in 2012

(unit)

信息传输、软件和信息技术服务业 Information Transmission, Computer Services and Software	金融业 Financial Intermediation	房地产业 Real Estate	租赁和商务服务业 Leasing and Business Services	科学研究和技术服务业 Scientific Research, Technical Service	水利、环境和公共设施管理业 Management of Water Conservancy, Environment and Public Facilities	教育 Education	卫生和社会工作 Health and Social Works	文化、体育和娱乐业 Culture, Sports and Entertainment	综合 Others
38	11	17	5	1	3	0	0	3	0
0	0	6	0	1	0	0	0	0	1
0	0	2	0	0	0	0	0	0	1
1	1	0	0	0	0	0	0	0	0
0	0	0	0	0	0	0	0	0	0
2	0	3	0	0	0	0	0	1	0
2	1	4	0	0	0	0	0	0	0
1	0	1	0	0	0	0	0	0	2
16	7	24	2	3	2	1	0	3	4
6	3	8	2	2	2	0	0	1	3
10	0	10	3	1	1	0	2	5	0
2	1	2	0	0	1	0	0	2	0
4	2	5	0	0	0	0	0	0	0
0	0	1	0	0	0	0	0	1	0
1	0	4	0	1	0	0	0	0	2
1	0	0	0	0	0	0	0	1	0
0	1	8	0	0	2	0	0	2	0
3	1	1	0	0	2	0	1	2	0
6	1	11	2	0	0	0	0	0	1
0	1	1	0	0	1	0	0	0	0
1	0	5	0	0	0	0	0	1	0
3	1	3	0	0	1	0	0	0	0
4	1	2	0	0	1	0	0	1	0
1	0	1	0	0	0	0	0	0	0
1	1	2	0	0	2	0	0	0	1
0	0	1	0	0	1	0	0	0	0
1	2	0	0	0	2	0	0	0	2
0	0	1	0	0	0	0	0	0	0
0	0	0	0	0	0	0	0	0	0
0	0	0	0	0	0	0	0	0	0
0	1	0	1	0	0	0	0	0	1
17	5	17	6	1	2	0	0	0	2
0	0	2	0	1	1	0	0	0	1
0	1	2	0	0	0	0	0	0	0
3	0	1	1	1	0	0	0	0	1
1	0	0	0	0	0	0	0	0	0

7-7 按股份类别划分的上市公司数量
Number of Listed Companies by Stock Type

单位：家 (unit)

年份 Year	仅发A股 Only A Shares	仅发B股 Only B Shares	仅发A、B股 Only A&B Shares	仅发A、H股 Only A&H Shares	发A、B、H股 A,B&H Shares	仅发B、H股 B&H Shares	合计 Total	A股合计 Total of A Shares	B股合计 Total of B Shares
1994	227	4	54	6	0	0	291	287	58
1995	242	12	58	11	0	0	323	311	70
1996	431	16	69	14	0	0	530	514	85
1997	627	25	76	17	0	0	745	720	101
1998	728	26	80	18	0	0	852	826	106
1999	822	26	82	19	0	0	949	923	108
2000	955	28	86	19	0	0	1088	1060	114
2001	1025	24	88	23	0	0	1160	1136	112
2002	1085	24	87	28	0	0	1224	1200	111
2003	1146	24	87	30	0	0	1287	1263	111
2004	1236	24	86	31	0	0	1377	1353	110
2005	1240	23	86	32	0	0	1381	1358	109
2006	1287	23	86	38	0	0	1434	1411	109
2007	1389	23	86	52	0	0	1550	1527	109
2008	1459	23	85	57	1	0	1625	1602	109
2009	1549	22	85	61	1	0	1718	1696	108
2010	1892	22	85	63	1	0	2063	2041	108
2011	2162	22	85	72	1	0	2342	2320	108
2012	2306	21	84	81	1	1	2494	2472	107

注：上市公司数量以首发上市日口径统计。
数据来源：上海证券交易所、深圳证券交易所
Source：SSE、SZSE

7-8 上海证券交易所按股份类别划分的上市公司数量
Number of Listed Companies by Stock Type of SSE

单位：家 (unit)

年份 Year	仅发A股 Only A Shares	仅发B股 Only B Shares	仅发A、B股 Only A&B Shares	仅发A、H股 Only A&H Shares	发A、B、H股 A,B&H Shares	仅发B、H股 B&H Shares	合计 Total	A股合计 Total of A Shares	B股合计 Total of B Shares
1994	131	2	32	6	0	0	171	169	34
1995	142	4	32	10	0	0	188	184	36
1996	240	6	36	11	0	0	293	287	42
1997	321	11	39	12	0	0	383	372	50
1998	373	13	39	13	0	0	438	425	52
1999	417	13	41	13	0	0	484	471	54
2000	504	13	42	13	0	0	572	559	55
2001	573	10	44	19	0	0	646	636	54
2002	639	10	44	22	0	0	715	705	54
2003	702	10	44	24	0	0	780	770	54
2004	759	10	44	24	0	0	837	827	54
2005	755	10	44	25	0	0	834	824	54
2006	756	10	44	32	0	0	842	832	54
2007	761	10	44	45	0	0	860	850	54
2008	760	10	44	50	0	0	864	854	54
2009	762	10	44	54	0	0	870	860	54
2010	784	10	44	56	0	0	894	884	54
2011	816	10	44	61	0	0	931	921	54
2012	833	9	44	67	0	1	954	944	54

注：上市公司数量以首发上市日口径统计。
数据来源：上海证券交易所
Source：SSE

7-9 深圳证券交易所按股份类别划分的上市公司数量

Number of Listed Companies by Stock Type of SZSE

单位：家 (unit)

年份 Year	仅发A股 Only A Shares	仅发B股 Only B Shares	仅发A、B股 Only A&B Shares	仅发A、H股 Only A&H Shares	发A、B、H股 A,B&H Shares	仅发B、H股 B&H Shares	合计 Total	A股合计 Total of A Shares	B股合计 Total of B Shares
1994	96	2	22	0	0	0	120	118	24
1995	100	8	26	1	0	0	135	127	34
1996	191	10	33	3	0	0	237	227	43
1997	306	14	37	5	0	0	362	348	51
1998	355	13	41	5	0	0	414	401	54
1999	405	13	41	6	0	0	465	452	54
2000	451	15	44	6	0	0	516	501	59
2001	452	14	44	4	0	0	514	500	58
2002	446	14	43	6	0	0	509	495	57
2003	444	14	43	6	0	0	507	493	57
2004	477	14	42	7	0	0	540	526	56
2005	485	13	42	7	0	0	547	534	55
2006	531	13	42	6	0	0	592	579	55
2007	628	13	42	7	0	0	690	677	55
2008	699	13	41	7	1	0	761	748	55
2009	787	12	41	7	1	0	848	836	54
2010	1108	12	41	7	1	0	1169	1157	54
2011	1346	12	41	11	1	0	1411	1399	54
2012	1473	12	40	14	1	0	1540	1528	54

注：上市公司数量以首发上市日口径统计。
数据来源：深圳证券交易所
Source：SZSE

7-10 按股本规模划分的上市公司数量

Number of Listed Companies by Equity Scale

单位：家 (unit)

年份 Year	1亿以下 Below 100 million			1-2亿 100-200 million			2-3亿 200-300 million		
	合计 Total	上交所 SSE	深交所 SZSE	合计 Total	上交所 SSE	深交所 SZSE	合计 Total	上交所 SSE	深交所 SZSE
2001	64	35	29	384	204	180	285	153	132
2002	75	50	25	394	224	170	280	152	128
2003	78	55	23	392	240	152	297	163	134
2004	102	51	51	399	250	149	306	181	125
2005	88	41	47	393	236	157	304	182	122
2006	80	29	51	385	211	174	296	174	122
2007	113	22	91	365	172	193	297	169	128
2008	91	17	74	346	136	210	308	152	156
2009	103	16	87	352	118	234	313	137	176
2010	191	11	180	459	109	350	332	115	217
2011	197	10	187	495	82	413	379	112	267
2012	148	8	140	513	70	443	410	107	303

注：上市公司数量以首发上市日口径统计。
数据来源：上海证券交易所、深圳证券交易所
Source：SSE、SZSE

7-10 续表 continued

单位：家 (unit)

年份 Year	3-5亿 300-500 million			5-10亿 500-1000 million			10亿以上 Above 1000 million		
	合计 Total	上交所 SSE	深交所 SZSE	合计 Total	上交所 SSE	深交所 SZSE	合计 Total	上交所 SSE	深交所 SZSE
2001	263	149	114	112	70	42	52	35	17
2002	285	167	118	128	78	50	62	44	18
2003	300	180	120	143	86	57	77	56	21
2004	309	191	118	169	98	71	92	66	26
2005	319	202	117	174	103	71	103	70	33
2006	344	221	123	195	113	82	134	94	40
2007	365	228	137	231	139	92	179	130	49
2008	379	232	147	269	164	105	232	163	69
2009	391	233	158	292	176	116	267	190	77
2010	425	229	196	333	203	130	323	227	96
2011	485	235	250	411	226	185	375	266	109
2012	515	220	295	479	247	232	429	302	127

注：上市公司数量以首发上市日口径统计。
数据来源：上海证券交易所、深圳证券交易所
Source: SSE、SZSE

7-11 按市值规模划分的上市公司数量
Number of Listed Companies by Market Capitalization

单位：家 (unit)

年份 Year	1亿以下 Below 100 million			1-5亿 100-500 million		
	合计 Total	上交所 SSE	深交所 SZSE	合计 Total	上交所 SSE	深交所 SZSE
2001	5	5	0	1	0	1
2002	4	4	0	13	5	8
2003	1	1	0	33	19	14
2004	1	0	1	96	48	48
2005	4	2	2	204	107	97
2006	8	7	1	113	57	56
2007	11	10	1	12	1	11
2008	9	8	1	70	33	37
2009	8	8	0	10	2	8
2010	11	11	0	9	2	7
2011	6	6	0	15	5	10
2012	3	3	0	11	3	8

注：1.暂停上市的上市公司市值记为0。
2.上市公司数量以首发上市日口径统计。
数据来源：上海证券交易所、深圳证券交易所
Source: SSE、SZSE

7-11 续表 1 continued

单位：家 (unit)

年份 Year	5-10亿 500-1000 million			10-20亿 1000-2000 million		
	合计 Total	上交所 SSE	深交所 SZSE	合计 Total	上交所 SSE	深交所 SZSE
2001	30	14	16	306	145	161
2002	75	35	40	536	307	229
2003	267	142	125	496	305	191
2004	399	237	162	486	300	186
2005	479	270	209	383	248	135
2006	339	174	165	423	258	165
2007	34	11	23	220	99	121
2008	350	151	199	498	241	257
2009	28	10	18	236	97	139
2010	19	7	12	192	79	113
2011	74	24	50	584	151	433
2012	89	23	66	650	135	515

7-11 续表 2 continued

单位：家 (unit)

年份 Year	20-30亿 2000-3000 million			30-50亿 3000-5000 million			50亿以上 Above 5000 million		
	合计 Total	上交所 SSE	深交所 SZSE	合计 Total	上交所 SSE	深交所 SZSE	合计 Total	上交所 SSE	深交所 SZSE
2001	357	199	158	286	163	123	175	120	55
2002	290	166	124	177	106	71	129	92	37
2003	196	120	76	142	90	52	152	103	49
2004	149	94	55	123	74	49	123	84	39
2005	113	76	37	93	61	32	105	70	35
2006	173	98	75	156	96	60	222	152	70
2007	271	137	134	321	173	148	681	429	252
2008	225	127	98	180	100	80	293	204	89
2009	309	138	171	389	176	213	738	439	299
2010	339	111	228	541	198	343	952	486	466
2011	496	169	327	470	183	287	697	393	304
2012	503	172	331	496	199	297	742	419	323

7-12 2012年主板上市公司行业规模
Industry Scale of Main Board Listed Companies in 2012

行业 Industry	上市公司家数(家) Number of Listed Companies (unit)	上市公司股本(万股) Share Capital of Listed Companies (10 thousand shares)	其中：流通股本(万股) Thereinto: Negotiable Shares (10 thousand shares)	上市公司市值(亿元) Market Capitalization of Listed Companies (100 million yuan)	其中：流通市值(亿元) Thereinto: Negotiable Market Capitalization (100 million yuan)
农、林、牧、渔 Agriculture,Forestry,Animal Husbandry and Fishery	21	1415162.28	1082772.11	1005.95	807.70
采矿业 Mining	49	34387478.36	32738684.12	33505.36	31698.30
制造业 Manufacturing	764	71008514.11	60161683.91	58017.01	49184.81
电力、热力、燃气及水生产和供应业 Production and Supply of Electricity, Gas and Water	77	13414734.78	10811746.42	7565.44	5930.95
建筑业 Construction	35	12187142.28	9586977.60	5649.65	4145.14
批发和零售业 Wholesale and Retail Trades	131	7003294.28	6003310.90	5668.25	4725.71
交通运输、仓储和邮政业 Transport,Storage and Post	73	18194281.18	15193747.71	7380.04	6310.91
住宿和餐饮业 Hotels and Catering Services	10	388530.35	378937.56	291.77	282.65
信息传输、软件和信息技术服务业 Information Transmission,Computer Services and Software	35	4312718.03	3926545.81	2671.71	2309.96
金融业 Financial Intermediation	39	106503935.91	74358809.09	56161.34	44735.59
房地产业 Real Estate	137	13928359.86	12445825.65	10197.91	8798.69
租赁和商务服务业 Leasing and Business Services	13	1105125.72	925837.36	894.22	782.73
科学研究和技术服务业 Scientific Research,Technical Service	1	32504.10	32240.74	58.31	57.84
水利、环境和公共设施管理业 Management of Water Conservancy, Environment and Public Facilities	13	1449181.07	992269.57	1102.97	738.67
教育 Education	1	17367.68	17367.68	10.04	10.04
卫生和社会工作 Health and Social Works	1	16032.00	16032.00	33.07	33.07
文化、体育和娱乐业 Culture,Sports and Entertainment	16	1394580.46	648557.16	1154.55	483.00
综合 Others	22	1465778.92	1176463.19	1454.82	1043.11

注：上市公司数量以首发上市日口径统计。
数据来源：上海证券交易所、深圳证券交易所
Source: SSE、SZSE

7-13 2012年中小板上市公司行业规模

Industry Scale of SME Board Listed Companies in 2012

行业 Industry	上市公司家数(家) Number of Listed Companies (unit)	上市公司股本(万股) Share Capital of Listed Companies (10 thousand shares)	其中：流通股本(万股) Thereinto: Negotiable Shares (10 thousand shares)	上市公司市值(亿元) Market Capitalization of Listed Companies (100 million yuan)	其中：流通市值(亿元) Thereinto: Negotiable Market Capitalization (100 million yuan)
农、林、牧、渔 Agriculture,Forestry,Animal Husbandry and Fishery	13	838382.48	354610.96	1183.06	877.00
采矿业 Mining	6	411364.35	244775.00	638.82	561.95
制造业 Manufacturing	569	30256051.63	12099364.43	35627.20	19741.76
电力、热力、燃气及水生产和供应业 Production and Supply of Electricity, Gas and Water	4	193137.36	144679.38	226.80	171.30
建筑业 Construction	21	1599465.93	662831.01	2877.24	1889.06
批发和零售业 Wholesale and Retail Trades	19	2597516.50	854616.85	2122.51	1298.00
交通运输、仓储和邮政业 Transport,Storage and Post	7	276609.33	125358.33	227.18	169.33
住宿和餐饮业 Hotels and Catering Services	2	108312.00	53859.00	168.01	148.58
信息传输、软件和信息技术服务业 Information Transmission,Computer Services and Software	32	1525690.61	658784.33	1962.21	1294.03
金融业 Financial Intermediation	3	1225126.16	415793.78	1273.95	930.65
房地产业 Real Estate	8	1203223.32	602775.61	1227.29	1042.68
租赁和商务服务业 Leasing and Business Services	6	509448.14	186817.96	611.00	247.87
科学研究和技术服务业 Scientific Research,Technical Service	4	105092.23	43835.90	160.43	98.83
水利、环境和公共设施管理业 Management of Water Conservancy, Environment and Public Facilities	6	165970.13	64903.30	296.97	161.75
教育 Education	0	0.00	0.00	0.00	0.00
卫生和社会工作 Health and Social Works	0	0.00	0.00	0.00	0.00
文化、体育和娱乐业 Culture,Sports and Entertainment	1	9350.00	2350.00	18.02	4.53
综合 Others	0	0.00	0.00	0.00	0.00

注：上市公司数量以首发上市日口径统计。
数据来源：深圳证券交易所
Source：SZSE

7-14　2012年创业板上市公司行业规模

Industry Scale of GE Board Listed Companies in 2012

行业 Industry	上市公司家数(家) Number of Listed Companies (unit)	上市公司股本(万股) Share Capital of Listed Companies (10 thousand shares)	其中：流通股本(万股) Negotiable Shares (10 thousand shares)	上市公司市值(亿元) Market Capitalization of Listed Companies (100 million yuan)	其中：流通市值(亿元) Negotiable Market Capitalization (100 million yuan)
农、林、牧、渔 Agriculture,Forestry,Animal Husbandry and Fishery	6	194131.00	45495.48	161.37	69.61
采矿业 Mining	4	110212.75	37588.19	172.00	92.84
制造业 Manufacturing	252	6878517.90	1939212.38	9206.72	3632.69
电力、热力、燃气及水生产和供应业 Production and Supply of Electricity, Gas and Water	1	13948.88	3488.00	20.06	5.02
建筑业 Construction	5	127085.15	29088.92	300.88	83.29
批发和零售业 Wholesale and Retail Trades	3	104890.00	47127.45	90.31	62.58
交通运输、仓储和邮政业 Transport,Storage and Post	3	34377.00	13213.00	40.78	15.02
住宿和餐饮业 Hotels and Catering Services	0	0.00	0.00	0.00	0.00
信息传输、软件和信息技术服务业 Information Transmission,Computer Services and Software	58	1271023.53	388597.04	1895.03	783.48
金融业 Financial Intermediation	0	0.00	0.00	0.00	0.00
房地产业 Real Estate	0	0.00	0.00	0.00	0.00
租赁和商务服务业 Leasing and Business Services	3	122639.61	32815.14	222.03	105.91
科学研究和技术服务业 Scientific Research,Technical Service	7	183433.30	63910.87	248.54	94.95
水利、环境和公共设施管理业 Management of Water Conservancy, Environment and Public Facilities	5	270565.10	65089.29	675.50	281.35
教育 Education	0	0.00	0.00	0.00	0.00
卫生和社会工作 Health and Social Works	2	103836.00	47639.33	196.66	69.96
文化、体育和娱乐业 Culture,Sports and Entertainment	6	262834.80	69222.36	477.19	199.94
综合 Others	0	0.00	0.00	0.00	0.00

注：上市公司数量以首发上市日口径统计。
数据来源：深圳证券交易所
Source: SZSE

7-15 历年末股本结构
Equity Structure by the End of Year

单位：万股 (10 thousand shares)

年份 Year	上交所 SSE 非限售股本 Negotiable Shares	上交所 SSE 限售股本 Restricted Shares 暂未上市部分 Non-listed Shares	上交所 SSE 限售股本 Restricted Shares 非流通股本 Non-negotiable Shares	深交所 SZSE 非限售股本 Negotiable Shares	深交所 SZSE 限售股本 Restricted Shares 暂未上市部分 Non-listed Shares	深交所 SZSE 限售股本 Restricted Shares 非流通股本 Non-negotiable Shares
2003	10648942.01	149070.00	30012290.30	6680395.67	0.00	10902483.48
2004	12674016.16	49545.59	33300104.87	7365819.32	0.00	11805119.86
2005	14618470.98	6184072.86	28394210.76	8285257.07	2180212.81	9802132.53
2006	21504586.44	77524903.92	2819415.92	10960224.17	10343097.11	2397498.99
2007	32843749.95	106670812.05	1197574.46	14104729.76	12053077.55	833565.50
2008	48096405.85	103923727.39	910755.94	19251722.40	13894780.44	409227.06
2009	114551191.03	50497112.07	844827.13	25159044.26	12897946.11	207994.67
2010	160133265.14	57660242.39	832121.12	33577593.01	15406677.86	117251.01
2011	178672127.42	54028923.31	810752.21	45004214.93	16146525.47	61594.26
2012	193807997.72	50259372.90	726217.71	53314959.94	17553073.55	61594.26

注：股本只包含境内A股股本。
数据来源：中国证券登记结算公司
Source：CSDC

7-16 历年末主板、中小板及创业板公司股本结构
Equity Structure of Main Board, SME Board and GE Board by the End of Year

单位：万股 (10 thousand shares)

		主板 Main Board 2011	主板 Main Board 2012	中小板 SME Board 2011	中小板 SME Board 2012	创业板 GE Board 2011	创业板 GE Board 2012
非限售股本 Negotiable Shares		209539607.09	227825114.93	12610678.41	16515355.31	1526056.85	2782487.42
限售股 Restricted Shares	暂未上市部分 Non-listed Shares	60831721.27	56998819.45	6869650.41	7587161.23	2474077.10	3226465.76
	非流通股本 Non-negotiable Shares	872345.97	787811.47	0.50	0.50	0.00	0.00

注：股本只包含境内A股股本。
数据来源：中国证券登记结算公司
Source：CSDC

7-17 2012年按行业划分上市公司募集金额情况
Summary of Listed Companies Financing by Industry in 2012

单位：亿元 (100 million yuan)

行业 Industry	主板 Main Board	中小板 SME Board	创业板 GEB	合计 Total
农、林、牧、渔 Agriculture,Forestry,Animal Husbandry and Fishery	42.78	9.42	2.95	55.16
采矿业 Mining	206.33	7.92	2.91	217.16
制造业 Manufacturing	1831.18	559.93	244.03	2635.14
电力、热力、燃气及水生产和供应业 Production and Supply of Electricity, Gas and Water	285.88	4.39	4.87	295.14
建筑业 Construction	142.87	31.13	4.05	178.05
批发和零售业 Wholesale and Retail Trades	258.81	63.50	0.00	322.31
交通运输、仓储和邮政业 Transport,Storage and Post	85.88	4.24	2.53	92.65
住宿和餐饮业 Hotels and Catering Services	18.11	0.00	0.00	18.11
信息传输、软件和信息技术服务业 Information Transmission,Computer Services and Software	506.42	12.44	72.51	591.38
金融业 Financial Intermediation	133.28	17.40	0.00	150.68
房地产业 Real Estate	73.15	0.73	0.00	73.88
租赁和商务服务业 Leasing and Business Services	44.95	38.32	3.95	87.22
科学研究和技术服务业 Scientific Research,Technical Service	98.09	0.00	19.60	117.68
水利、环境和公共设施管理业 Management of Water Conservancy, Environment and Public Facilities	0.38	12.85	0.25	13.49
教育 Education	0.00	0.00	0.00	0.00
卫生和社会工作 Health and Social Works	0.00	0.00	0.00	0.00
文化、体育和娱乐业 Culture,Sports and Entertainment	41.53	4.74	12.75	59.03
综合 Others	0.00	0.00	0.00	0.00

注：募集金额为上市公司股票募集金额，并以股票上市日口径统计。
数据来源：上海证券交易所、深圳证券交易所
Source：SSE、SZSE

7-18　2012年按监管辖区划分上市公司募集金额情况

Summary of Listed Companies Financing by Jurisdiction in 2012

单位：亿元　　(100 million yuan)

辖区	Jurisdiction	主板 Main Board	中小板 SME Board	创业板 GEB	合计 Total
北京	Beijing	561.97	96.55	78.55	737.07
天津	Tianjin	0.00	18.98	9.42	28.41
河北	Hebei	90.44	34.05	0.30	124.79
山西	Shanxi	3.61	0.00	0.00	3.61
内蒙古	Inner Mongolia	57.39	4.90	4.05	66.35
辽宁	Liaoning	97.91	10.45	5.61	113.97
吉林	Jilin	96.06	0.00	0.00	96.06
黑龙江	Heilongjiang	114.87	5.25	0.00	120.12
上海	Shanghai	843.38	3.65	19.38	866.41
江苏	Jiangsu	76.87	83.16	71.38	231.42
浙江	Zhejiang	147.59	51.91	41.18	240.69
安徽	Anhui	20.91	20.74	0.00	41.65
福建	Fujian	0.00	38.92	2.87	41.78
江西	Jiangxi	46.43	9.66	4.76	60.84
山东	Shandong	158.22	55.98	12.75	226.95
河南	Henan	444.39	5.40	0.22	450.01
湖北	Hubei	139.01	41.87	10.11	190.99
湖南	Hunan	42.58	33.10	14.56	90.24
广东	Guangdong	170.74	132.21	25.73	328.68
广西	Guangxi	0.00	5.26	0.00	5.26
海南	Hainan	93.32	6.00	0.00	99.32
重庆	Chongqing	30.01	0.00	0.00	30.01
四川	Sichuan	180.46	25.15	0.00	205.61
贵州	Guizhou	11.20	6.26	3.01	20.47
云南	Yunnan	0.23	2.10	0.48	2.82
西藏	Xizang	0.00	8.02	0.00	8.02
陕西	Shanxi	85.53	17.40	0.00	102.93
甘肃	Gansu	58.95	0.00	0.00	58.95
青海	Qinghai	3.39	0.00	0.00	3.39
宁夏	Ningxia	17.14	0.00	0.00	17.14
新疆	Xinjiang	118.55	3.98	2.95	125.49
深圳	Shenzhen	5.40	43.11	30.56	79.07
大连	Dalian	0.00	0.00	0.00	0.00
宁波	Ningbo	24.56	0.71	28.87	54.14
厦门	Xiamen	9.59	0.32	3.33	13.24
青岛	Qingdao	4.76	1.92	0.34	7.02

注：募集金额为上市公司股票募集金额，并以股票上市日口径统计。
数据来源：上海证券交易所、深圳证券交易所
Source：SSE、SZSE

7-19 上市公司分红情况
Summary of Dividend of Listed Companies

年份 Year	上市公司家数(家) Number of Listed Companies (unit)	其中：分红公司家数(家) Number of Dividend (unit)	实际分红总额(亿元) Total Amount of Dividends Actually Distributed (100 million yuan)
2006	1434	643	784.50
2007	1550	726	1180.05
2008	1625	816	2524.51
2009	1718	855	2526.74
2010	2063	1031	3023.97
2011	2342	1347	3900.69
2012	2494	1688	4764.21

注：1.上市公司数量以首发上市日口径统计。
2.分红指上市公司归属境内A、B股的实际现金分红。
数据来源：上海证券交易所、深圳证券交易所
Source：SSE、SZSE

7-20　按行业划分的上市公司分红情况
Summary of Dividend of Listed Companies by Industry

行业 Industry	上市公司家数(家) Number of Listed Companies (unit)		其中：分红公司家数(家) Number of Dividend (unit)		实际分红总额(亿元) Total Amount of Dividends Actually Distributed (100 million yuan)	
	2011	2012	2011	2012	2011	2012
农、林、牧、渔 Agriculture,Forestry,Animal Husbandry and Fishery	37	40	18	24	12.37	20.02
采矿业 Mining	57	59	37	48	995.01	1032.09
制造业 Manufacturing	1480	1585	852	1090	870.03	1091.52
电力、热力、燃气及水生产和供应业 Production and Supply of Electricity, Gas and Water	80	82	47	50	146.30	141.82
建筑业 Construction	58	61	39	43	65.68	88.08
批发和零售业 Wholesale and Retail Trades	150	153	76	90	50.25	70.72
交通运输、仓储和邮政业 Transport,Storage and Post	79	83	62	67	174.28	217.57
住宿和餐饮业 Hotels and Catering Services	12	12	3	4	3.30	4.08
信息传输、软件和信息技术服务业 Information Transmission,Computer Services and Software	103	125	65	100	29.10	42.21
金融业 Financial Intermediation	41	42	32	38	1447.08	1916.54
房地产业 Real Estate	145	145	65	69	80.64	89.51
租赁和商务服务业 Leasing and Business Services	22	22	13	14	6.70	9.72
科学研究和技术服务业 Scientific Research,Technical Service	9	12	7	8	1.94	2.61
水利、环境和公共设施管理业 Management of Water Conservancy, Environment and Public Facilities	23	24	12	17	7.72	12.07
教育 Education	1	1	1	0	0.05	0.00
卫生和社会工作 Health and Social Works	3	3	1	2	0.40	0.79
文化、体育和娱乐业 Culture,Sports and Entertainment	20	23	10	15	5.11	19.01
综合 Others	22	22	7	9	4.73	5.75

注：1.上市公司数量以首发上市日口径统计。
　　2.分红指上市公司归属境内A、B股的实际现金分红。
数据来源：上海证券交易所、深圳证券交易所
Source：SSE、SZSE

7-21 按类别划分的上市公司分红情况
Summary of Dividend of Listed Companies by Category

	2011	2012
上市公司分红家数(家) Number of Dividend (unit)	1347	1688
其中：主板 Main Board	726	805
中小板 SME Board	456	582
创业板 GEB	165	301
其中：上交所 SSE	512	577
深交所 SZSE	835	1111
上市公司实际分红总额(亿元) Total Amount of Dividends Actually Distributed (100 million yuan)	3900.69	4764.21
其中：主板 Main Board	3575.70	4333.00
中小板 SME Board	270.80	349.70
创业板 GEB	54.20	89.50
其中：上交所 SSE	3229.32	3950.25
深交所 SZSE	671.37	813.96

注：1.上市公司数量以首发上市日口径统计。
2.分红指上市公司归属境内A、B股的实际现金分红。
数据来源：上海证券交易所、深圳证券交易所
Source：SSE、SZSE

7-22 上市公司主要财务指标
Financial Indicator of Listed Companies

年份 Year	资产规模 Asset Size				经营情况 Business Circumstance	
	总资产(亿元) Total Asset (100 million yuan)	其中：非金融上市公司总资产(亿元) Total Asset of Non-financial Listed Companies (100 million yuan)	归属母公司股东净资产(亿元) Net Asset Attributable to Parent Company Shareholders (100 million yuan)	其中：非金融上市公司归属母公司净资产(亿元) Net Asset Attributable to Parent Company Shareholders of Non-financial Listed Companies (100 million yuan)	营业收入(亿元) Revenue (100 million yuan)	利润总额(亿元) Total Profit (100 million yuan)
1995	4301.61	4024.03	1951.20	1914.24	2202.05	264.91
1996	6346.68	5962.19	2944.35	2895.20	3253.04	347.84
1997	9681.16	9202.94	4828.11	4725.17	5117.70	580.43
1998	12404.86	11836.01	6237.42	6120.51	6246.24	613.45
1999	16174.41	14485.64	7651.99	7458.82	7961.96	795.93
2000	21676.39	18778.83	10068.08	9798.93	10715.19	997.02
2001	30457.30	25862.66	12929.06	12663.01	15398.83	1000.46
2002	41539.86	30653.72	14603.34	14167.44	18908.60	1289.65
2003	53302.61	36167.56	16989.94	16307.99	24874.35	1844.36
2004	63277.29	42776.28	19078.26	18314.86	33885.96	2552.87
2005	72769.33	47907.48	20402.38	19546.93	40784.35	2535.22
2006	221069.33	61114.65	34120.86	24119.59	55555.63	5256.47
2007	414286.97	93475.93	63548.44	40477.95	91931.90	13446.40
2008	487007.21	114899.25	71131.38	46349.41	113233.89	10718.78
2009	617738.72	146061.96	85135.77	55180.06	121654.87	14553.27
2010	862290.24	185015.50	114091.20	69977.02	173389.61	22208.16
2011	1028873.51	228335.20	135847.32	83479.44	221275.29	26107.86
2012	1193598.71	266291.64	156762.70	94557.84	246104.25	26986.96

注：1.每股指标指境内部分；每股指标均使用整体法来计算。
2.历年数据采用当年年报数据；当年数据剔除掉缺少年报的上市公司。
数据来源：上海证券交易所、深圳证券交易所
Source：SSE、SZSE

7-22 续表 1 continued

年份 Year	经营情况 Business Circumstance 归属母公司股东净利润(亿元) Net Profit Attributable to Parent Company Shareholders (100 million yuan)	其中：非金融上市公司归属母公司股东净利润(亿元) Net Profit Attributable to Parent Company Shareholders of Non-financial Listed Companies (100 million yuan)	经营活动产生的现金流量净额(亿元) Net Cash Flow from Operating Activities (100 million yuan)	资产负债率(%) Asset-liability Ratio (%)	其中：非金融上市公司资产负债率(%) Asset-liability Ratio Non-financial Listed Companies (%)	总资产收益率(%) ROE (%)	其中：非金融上市公司总资产收益率(%) ROE of Non-financial Listed Companies (%)
1995	210.99	204.24	-	52.20	49.82	4.90	5.08
1996	281.75	271.02	-	51.32	49.01	4.44	4.55
1997	469.86	453.62	-	48.06	46.49	4.85	4.93
1998	465.91	450.48	449.69	47.58	46.05	3.76	3.81
1999	617.94	601.50	793.72	50.51	46.08	3.82	4.15
2000	758.50	736.57	1180.28	51.18	45.09	3.50	3.92
2001	687.38	666.16	2266.94	54.50	47.45	2.26	2.58
2002	807.84	766.06	3337.57	61.56	49.33	1.94	2.50
2003	1221.10	1156.98	3376.18	65.03	50.35	2.29	3.20
2004	1649.80	1571.88	3808.47	66.69	52.53	2.61	3.67
2005	1584.55	1496.59	4625.05	68.88	54.55	2.18	3.12
2006	3469.29	2362.05	11737.86	83.21	56.22	1.57	3.86
2007	9332.14	5748.67	19916.13	83.60	52.48	2.25	6.15
2008	8178.61	4193.81	26207.73	84.14	54.70	1.68	3.65
2009	10666.19	5510.23	28406.09	85.02	57.55	1.73	3.77
2010	16455.95	8729.75	26158.81	85.74	57.66	1.91	4.72
2011	19116.22	9608.09	30092.22	85.72	59.06	1.86	4.21
2012	19652.78	8795.95	45527.09	85.77	60.05	1.65	3.30

7-22 续表 2 continued

年份 Year	经营情况 Business Circumstance 平均净资产收益率(%) Average ROE (%)	其中：非金融上市公司平均净资产收益率(%) Average ROE of Non-financial Listed Companies (%)	每股指标 Share index 每股净资产(元) BPS (yuan)	每股收益(元) EPS (yuan)	每股未分配利润(元) Undistributed Profit Per Share (yuan)	每股经营活动现金流量净额(元) Net Cash Flow from Operating Activities Per Share (yuan)
1995	11.26	11.11	2.29	0.25	0.05	-
1996	10.63	10.40	2.42	0.23	0.13	-
1997	11.31	11.15	2.47	0.24	0.16	-
1998	8.14	8.02	2.46	0.18	0.14	0.18
1999	8.62	8.59	2.47	0.20	0.12	0.26
2000	8.29	8.26	2.65	0.20	0.13	0.31
2001	5.53	5.47	2.48	0.13	0.07	0.43
2002	5.73	5.58	2.48	0.14	0.08	0.57
2003	7.61	7.49	2.64	0.19	0.19	0.52
2004	9.08	9.01	2.66	0.23	0.26	0.53
2005	7.99	7.87	2.67	0.21	0.32	0.61
2006	11.52	10.63	2.30	0.23	0.27	0.79
2007	16.73	15.98	2.85	0.42	0.54	0.89
2008	12.07	9.57	2.92	0.34	0.63	1.08
2009	13.60	10.81	3.25	0.41	0.80	1.08
2010	16.04	13.75	3.43	0.49	0.93	0.79
2011	15.19	12.39	3.75	0.53	1.17	0.83
2012	13.35	9.78	4.07	0.51	1.35	1.18

7-23　2012年按行业划分上市公司主要财务指标

行业 Industry	资产规模 Asset Size			
	总资产（亿元） Total Asset (100 million yuan)	归属母公司股东净资产(亿元) Net Asset Attributable to Parent Company Shareholders (100 million yuan)	营业收入（亿元） Revenue (100 million yuan)	利润总额（亿元） Total Profit (100 million yuan)
农、林、牧、渔 Agriculture,Forestry,Animal Husbandry and Fishery	1074.99	584.62	633.01	25.85
采矿业 Mining	49516.12	23138.53	58074.78	4034.15
制造业 Manufacturing	98360.42	41683.84	76562.77	4114.77
电力、热力、燃气及水生产和供应业 Production and Supply of Electricity, Gas and Water	20158.68	5334.97	6997.56	838.40
建筑业 Construction	32850.62	5635.77	26748.69	889.73
批发和零售业 Wholesale and Retail Trades	11079.21	3519.00	17526.11	452.13
交通运输、仓储和邮政业 Transport,Storage and Post	17083.76	6821.72	7471.71	692.77
住宿和餐饮业 Hotels and Catering Services	236.77	128.84	100.82	12.92
信息传输、软件和信息技术服务业 Information Transmission,Computer Services and Software	7454.64	2176.73	3329.22	246.99
金融业 Financial Intermediation	926655.90	62158.21	1.58	14208.80
房地产业 Real Estate	23626.74	5839.80	5648.90	1127.13
租赁和商务服务业 Leasing and Business Services	1447.05	573.79	1088.35	76.49
科学研究和技术服务业 Scientific Research,Technical Service	184.49	103.63	112.98	12.84
水利、环境和公共设施管理业 Management of Water Conservancy, Environment and Public Facilities	1295.11	599.29	415.63	95.39
教育 Education	10.09	3.71	4.93	-0.46
卫生和社会工作 Health and Social Works	31.43	25.15	27.22	4.45
文化、体育和娱乐业 Culture,Sports and Entertainment	911.70	576.52	535.11	70.87
综合 Others	1616.07	434.30	240.44	82.58

注：每股指标指境内部分；每股指标均使用整体法来计算。
数据来源：上海证券交易所、深圳证券交易所
Source：SSE、SZSE

Financial Indicator of Listed Companies by Industry in 2012

经营情况 Business Circumstance				每股指标 Share index			
归属母公司股东净利润(亿元) Net Profit Attributable to Parent Company Shareholders (100 million yuan)	经营活动产生的现金流量净额(亿元) Net Cash Flow from Operating Activities (100 million yuan)	资产负债率(%) Asset-liability Ratio (%)	平均净资产收益率(%) Average ROE (%)	每股净资产(元) BPS (yuan)	每股收益(元) EPS (yuan)	每股未分配利润(元) Undistributed Profit Per Share (yuan)	每股经营活动现金流量净额(元) Net Cash Flow from Operating Activities Per Share (yuan)
21.26	51.01	44.49	3.87	2.94	0.11	0.41	0.26
2840.60	5310.22	48.09	12.84	5.74	0.70	2.84	1.32
2882.74	4744.69	55.59	7.55	4.29	0.30	1.21	0.49
554.82	1822.87	68.81	11.53	3.59	0.37	0.79	1.23
589.19	297.25	80.22	11.21	3.86	0.40	1.33	0.20
295.06	426.99	65.47	9.06	4.10	0.34	1.40	0.50
467.42	1041.11	56.72	7.14	3.27	0.22	0.84	0.50
9.01	19.43	43.01	7.46	2.91	0.20	0.43	0.44
155.48	865.24	51.80	7.64	3.66	0.26	1.04	1.46
10849.61	30210.74	91.00	18.94	3.91	0.68	1.22	1.90
736.15	397.17	73.29	14.56	4.02	0.51	1.54	0.27
50.28	105.92	58.28	10.26	3.86	0.34	0.99	0.71
10.35	8.12	43.10	11.16	4.41	0.44	0.92	0.35
70.00	104.38	52.97	13.47	3.53	0.41	1.09	0.62
-0.50	0.23	54.01	-12.77	2.13	-0.29	-0.18	0.13
3.34	4.39	18.83	14.56	3.70	0.49	0.98	0.65
61.09	55.72	34.70	11.70	3.88	0.41	1.06	0.38
56.91	68.58	68.55	16.08	2.96	0.39	0.79	0.47

7-24 2012年按辖区划分上市公司主要财务指标

辖区	Jurisdiction	资产规模 Asset Size 总资产(亿元) Total Asset (100 million yuan)	资产规模 Asset Size 归属母公司股东净资产(亿元) Net Asset Attributable to Parent Company Shareholders (100 million yuan)	营业收入(亿元) Revenue (100 million yuan)	利润总额(亿元) Total Profit (100 million yuan)
北京	Beijing	804002.11	77689.22	117895.88	16246.27
天津	Tianjin	4529.55	1397.05	2676.46	74.29
河北	Hebei	6289.23	1872.89	4418.43	202.44
山西	Shanxi	5344.85	2147.04	4711.08	356.49
内蒙古	Inner Mongolia	3070.98	1016.61	1862.31	219.44
辽宁	Liaoning	3418.93	1283.47	2567.47	-32.36
吉林	Jilin	2281.97	822.23	955.52	62.36
黑龙江	Heilongjiang	2387.71	785.80	1024.96	67.71
上海	Shanghai	120667.85	17077.85	26298.48	2651.13
江苏	Jiangsu	14782.46	5078.97	7752.56	560.94
浙江	Zhejiang	8156.23	3795.23	5676.70	457.94
安徽	Anhui	5552.51	2387.99	4688.44	245.42
福建	Fujian	35553.07	2948.80	2746.90	663.33
江西	Jiangxi	2663.31	1180.71	3489.27	136.10
山东	Shandong	10201.61	3808.30	6589.75	404.73
河南	Henan	4234.46	1750.57	3372.69	170.69
湖北	Hubei	6346.23	2089.14	4114.68	181.55
湖南	Hunan	4202.46	1601.84	2718.15	150.37
广东	Guangdong	14514.46	5205.25	8247.96	712.23
广西	Guangxi	1686.55	550.55	1245.79	36.29
海南	Hainan	1675.42	666.27	686.16	53.92
重庆	Chongqing	2886.50	976.30	1574.81	104.85
四川	Sichuan	6297.44	2376.13	4638.36	376.50
贵州	Guizhou	1587.51	732.80	795.34	238.41
云南	Yunnan	2317.87	644.40	1424.67	22.82
西藏	Xizang	378.83	141.16	153.01	16.66
陕西	Shanxi	1849.92	897.14	876.42	45.15
甘肃	Gansu	2761.86	567.70	1186.06	66.49
青海	Qinghai	1044.93	387.42	487.91	36.60
宁夏	Ningxia	387.55	162.45	218.80	15.06
新疆	Xinjiang	3234.28	1130.71	1382.92	78.67
深圳	Shenzhen	96826.71	10468.35	13046.08	1868.87
大连	Dalian	2862.91	745.07	1146.89	120.18
宁波	Ningbo	5992.15	1182.58	1133.58	152.05
厦门	Xiamen	1705.50	488.34	2450.83	88.97
青岛	Qingdao	1292.58	503.07	1595.78	111.91

注：每股指标指境内部分；每股指标均使用整体法来计算。
数据来源：上海证券交易所、深圳证券交易所
Source: SSE、SZSE

Financial Indicator of Listed Companies by Jurisdiction in 2012

经营情况 Business Circumstance				每股指标 Share index			
归属母公司股东净利润(亿元) Net Profit Attributable to Parent Company Shareholders (100 million yuan)	经营活动产生的现金流量净额(亿元) Net Cash Flow from Operating Activities (100 million yuan)	资产负债率(%) Asset-liability Ratio (%)	平均净资产收益率(%) Average ROE (%)	每股净资产(元) BPS (yuan)	每股收益(元) EPS (yuan)	每股未分配利润(元) Undistributed Profit Per Share (yuan)	每股经营活动现金流量净额(元) Net Cash Flow from Operating Activities Per Share (yuan)
12052.93	26078.12	89.76	16.49	3.84	0.60	1.40	1.29
14.07	49.07	63.54	1.01	3.40	0.03	0.71	0.12
142.78	163.14	67.38	8.01	4.11	0.31	1.16	0.36
249.84	314.79	54.95	12.26	4.31	0.50	1.52	0.63
159.09	258.75	60.27	16.97	4.00	0.63	1.57	1.02
-35.20	50.31	61.01	-2.77	4.06	-0.11	0.51	0.16
46.86	31.77	61.02	6.16	3.61	0.21	1.05	0.14
42.84	66.38	63.60	5.83	3.07	0.17	0.64	0.26
1825.53	4097.14	83.67	11.55	4.70	0.50	1.25	1.13
427.01	407.23	63.75	8.84	4.09	0.34	1.22	0.33
344.65	448.97	50.14	9.58	3.94	0.36	1.29	0.47
181.70	324.35	54.57	7.89	4.57	0.35	1.62	0.62
484.99	1331.91	91.24	18.55	4.86	0.80	1.89	2.20
107.37	170.01	52.48	9.61	5.56	0.51	1.76	0.80
309.75	599.00	59.45	8.65	4.34	0.35	1.57	0.68
126.07	268.40	55.89	7.90	3.86	0.28	1.09	0.59
120.93	254.81	63.89	6.15	3.75	0.22	1.00	0.46
113.45	155.27	59.88	7.34	3.75	0.27	0.85	0.36
505.53	772.78	60.11	10.41	4.02	0.39	1.29	0.60
26.20	26.08	63.82	4.92	2.99	0.14	0.75	0.14
34.76	104.73	57.22	5.76	2.84	0.15	0.44	0.45
91.19	117.41	64.46	9.84	3.36	0.31	0.85	0.40
269.00	280.88	58.93	12.33	3.80	0.43	1.18	0.45
172.17	151.71	49.84	25.93	6.71	1.58	3.59	1.39
13.75	30.49	68.38	2.14	3.73	0.08	0.80	0.18
13.10	18.73	59.83	9.74	2.40	0.22	0.72	0.32
40.73	37.46	49.64	4.84	3.48	0.16	0.41	0.15
45.54	128.85	73.79	8.74	3.14	0.25	0.85	0.71
29.47	36.09	59.28	7.90	4.31	0.33	1.20	0.40
12.52	6.65	55.64	8.69	3.64	0.28	0.35	0.15
53.98	44.77	62.54	5.12	4.24	0.20	0.84	0.17
1285.35	7644.58	87.92	12.99	6.25	0.77	2.17	4.57
79.10	197.12	67.30	11.36	2.88	0.31	0.97	0.76
116.64	615.26	79.44	10.53	3.80	0.37	1.29	1.98
55.11	94.96	66.24	11.97	4.01	0.45	1.50	0.78
77.99	109.82	57.07	16.63	4.90	0.76	1.97	1.07

7-25 货币金融类上市公司与其他上市公司主要财务指标对比
Financial Indicator of Monetary Financial Listed Companies and Others

年份 Year	总资产(亿元) Total Asset (100 million yuan)		归属母公司股东净利润(亿元) Net Profit Attributable to Parent Company Shareholders (100 million yuan)		平均净资产收益率(%) Average ROE (%)	
	货币金融类上市公司 Monetary Financial Listed Companies	其他上市公司 Others	货币金融类上市公司 Monetary Financial Listed Companies	其他上市公司 Others	货币金融类上市公司 Monetary Financial Listed Companies	其他上市公司 Others
2001	4327.16	26130.14	21.11	666.27	12.31	5.43
2002	10634.08	30905.79	43.43	764.40	15.79	5.53
2003	16756.94	36545.67	63.05	1158.04	14.03	7.43
2004	20123.09	43154.21	84.19	1565.61	14.76	8.89
2005	24438.87	48330.46	106.09	1478.46	15.77	7.72
2006	158639.16	62430.17	1076.63	2392.65	14.02	10.67
2007	298402.19	115884.78	2809.64	6522.50	16.99	16.62
2008	349114.31	137892.90	3734.00	4444.61	18.89	9.26
2009	439733.86	178004.86	4348.33	6317.86	19.20	11.32
2010	638362.13	223928.11	6773.89	9682.06	20.69	13.86
2011	744953.81	283919.70	8750.06	10366.15	21.35	12.21
2012	859022.11	334576.59	10269.28	9383.51	20.98	9.55

注：1.每股指标指境内部分；每股指标均使用整体法来计算。
2.历年数据采用当年年报数据。

数据来源：上海证券交易所、深圳证券交易所
Source: SSE、SZSE

7-25　续表　continued

年份 Year	每股收益(元) EPS (yuan)		每股净资产(元) BPS (yuan)		每股经营活动现金流量净额(元) Net Cash Flow from Operating Activities Per Share (yuan)	
	货币金融类上市公司 Monetary Financial Listed Companies	其他上市公司 Others	货币金融类上市公司 Monetary Financial Listed Companies	其他上市公司 Others	货币金融类上市公司 Monetary Financial Listed Companies	其他上市公司 Others
2001	0.32	0.13	2.44	2.48	4.89	0.38
2002	0.31	0.13	2.44	2.49	5.85	0.44
2003	0.34	0.19	2.81	2.63	2.50	0.47
2004	0.38	0.23	2.79	2.66	0.91	0.52
2005	0.38	0.20	2.63	2.67	1.27	0.58
2006	0.17	0.28	1.56	2.83	0.95	0.68
2007	0.29	0.52	1.92	3.56	0.93	0.86
2008	0.38	0.30	2.16	3.42	1.66	0.69
2009	0.44	0.39	2.47	3.72	1.12	1.06
2010	0.47	0.51	2.61	4.04	0.77	0.80
2011	0.60	0.48	3.07	4.21	1.22	0.57
2012	0.70	0.39	3.62	4.35	1.75	0.83

7-26 2012年上市公司按行业每股收益分布

单位：家

行业 Industry	1.00元以上 Above 1.00 yuan	0.80-1.00元 0.80-1.00 yuan
农、林、牧、渔 Agriculture,Forestry,Animal Husbandry and Fishery	0	1
采矿业 Mining	13	3
制造业 Manufacturing	113	66
电力、热力、燃气及水生产和供应业 Production and Supply of Electricity, Gas and Water	1	3
建筑业 Construction	3	7
批发和零售业 Wholesale and Retail Trades	12	5
交通运输、仓储和邮政业 Transport,Storage and Post	3	1
住宿和餐饮业 Hotels and Catering Services	1	0
信息传输、软件和信息技术服务业 Information Transmission,Computer Services and Software	7	10
金融业 Financial Intermediation	10	1
房地产业 Real Estate	18	4
租赁和商务服务业 Leasing and Business Services	2	1
科学研究和技术服务业 Scientific Research,Technical Service	1	1
水利、环境和公共设施管理业 Management of Water Conservancy, Environment and Public Facilities	2	3
教育 Education	0	0
卫生和社会工作 Health and Social Works	0	0
文化、体育和娱乐业 Culture,Sports and Entertainment	2	2
综合 Others	2	0

注：每股指标指境内部分；每股指标均使用整体法来计算。
数据来源：上海证券交易所、深圳证券交易所
Source: SSE、SZSE

EPS of Listed Companies by Industry in 2012

(unit)

0.50–0.80元 0.50-0.80 yuan	0.20–0.50元 0.20-0.50 yuan	0.10–0.20元 0.10-0.20 yuan	0.05–0.10元 0.05-0.10 yuan	0.00–0.05元 0.00-0.05 yuan	亏损 Deficit	合计 Total
3	12	4	5	7	8	40
15	14	3	3	6	2	59
216	481	220	128	196	165	1585
10	35	17	5	6	5	82
14	19	5	2	6	5	61
24	51	18	16	16	11	153
14	39	13	3	5	5	83
1	2	2	2	3	1	12
30	41	20	3	8	6	125
6	17	3	4	1	0	42
15	46	18	11	24	9	145
3	10	2	1	1	2	22
5	1	3	0	1	0	12
4	7	5	2	0	1	24
0	0	0	0	0	1	1
2	1	0	0	0	0	3
6	7	5	0	1	0	23
1	6	2	3	6	2	22

7-27　2012年上市公司按监管辖区每股收益分布

单位：家

辖区　Jurisdiction		1.00元以上 Above 1.00 yuan	0.80-1.00元 0.80-1.00 yuan	0.50-0.80元 0.50-0.80 yuan	0.20-0.50元 0.20-0.50 yuan
北京	Beijing	26	15	54	71
天津	Tianjin	4	2	6	5
河北	Hebei	4	2	4	12
山西	Shanxi	3	1	5	7
内蒙古	Inner Mongolia	3	4	4	6
辽宁	Liaoning	2	3	4	9
吉林	Jilin	6	0	2	9
黑龙江	Heilongjiang	1	0	5	8
上海	Shanghai	10	6	30	70
江苏	Jiangsu	18	13	39	79
浙江	Zhejiang	18	10	33	80
安徽	Anhui	5	3	20	27
福建	Fujian	6	1	8	17
江西	Jiangxi	2	2	6	13
山东	Shandong	14	6	21	44
河南	Henan	4	3	10	19
湖北	Hubei	1	5	16	27
湖南	Hunan	4	4	11	19
广东	Guangdong	11	12	29	54
广西	Guangxi	0	2	2	6
海南	Hainan	0	0	1	9
重庆	Chongqing	3	1	5	13
四川	Sichuan	6	3	11	25
贵州	Guizhou	2	3	1	8
云南	Yunnan	2	1	2	4
西藏	Xizang	1	0	0	4
陕西	Shanxi	1	0	1	12
甘肃	Gansu	1	1	0	8
青海	Qinghai	2	0	1	0
宁夏	Ningxia	1	0	1	3
新疆	Xinjiang	1	1	3	15
深圳	Shenzhen	14	2	33	64
大连	Dalian	1	0	4	9
宁波	Ningbo	1	2	5	17
厦门	Xiamen	2	2	3	10
青岛	Qingdao	4	0	0	8

注：每股指标指境内部分；每股指标均使用整体法来计算。
数据来源：上海证券交易所、深圳证券交易所
Source: SSE、SZSE

EPS of Listed Companies by Jurisdiction in 2012

(unit)

0.10-0.20元 0.10-0.20 yuan	0.05-0.10元 0.05-0.10 yuan	0.00-0.05元 0.00-0.05 yuan	亏损 Deficit	合计 Total
17	12	8	16	219
4	5	7	5	38
7	6	8	5	48
4	4	5	5	34
3	0	3	2	25
5	3	12	4	42
4	4	9	5	39
6	3	4	4	31
29	16	25	16	202
26	19	24	18	236
24	18	11	15	209
9	4	3	7	78
10	7	6	4	59
4	1	2	3	33
16	12	9	14	136
13	3	7	7	66
9	3	17	6	84
6	7	11	9	71
40	15	14	10	185
8	4	3	5	30
4	2	6	4	26
7	2	3	3	37
17	10	12	6	90
4	1	2	0	21
4	1	6	8	28
1	2	0	2	10
8	8	4	5	39
7	1	4	2	24
0	0	4	3	10
3	2	2	0	12
5	5	3	6	39
23	12	20	16	184
6	3	1	2	26
6	1	2	4	38
5	4	3	0	29
1	0	2	1	16

7-28 2012年上市公司按行业每股净资产分布

单位：家

行业 Industry	5.00元以上 Above 5.00 yuan	3.00-5.00元 3.00-5.00 yuan
农、林、牧、渔 Agriculture,Forestry,Animal Husbandry and Fishery	0	7
采矿业 Mining	18	16
制造业 Manufacturing	121	637
电力、热力、燃气及水生产和供应业 Production and Supply of Electricity, Gas and Water	8	29
建筑业 Construction	6	26
批发和零售业 Wholesale and Retail Trades	20	40
交通运输、仓储和邮政业 Transport,Storage and Post	10	33
住宿和餐饮业 Hotels and Catering Services	1	2
信息传输、软件和信息技术服务业 Information Transmission,Computer Services and Software	5	61
金融业 Financial Intermediation	17	16
房地产业 Real Estate	14	28
租赁和商务服务业 Leasing and Business Services	3	9
科学研究和技术服务业 Scientific Research,Technical Service	0	5
水利、环境和公共设施管理业 Management of Water Conservancy, Environment and Public Facilities	0	14
教育 Education	0	0
卫生和社会工作 Health and Social Works	0	1
文化、体育和娱乐业 Culture,Sports and Entertainment	2	11
综合 Others	1	4

注：每股指标指境内部分；每股指标均使用整体法来计算。
数据来源：上海证券交易所、深圳证券交易所
Source：SSE、SZSE

BPS of Listed Companies by Industry in 2012

(unit)

2.00−3.00元 2.00-3.00 yuan	1.00−2.00元 1.00-2.00 yuan	0.50−1.00元 0.50-1.00 yuan	0.00−0.50元 0.00-0.50 yuan	小于0.00元 Below 0.00 yuan	合计 Total
20	8	4	1	0	40
16	6	3	0	0	59
465	200	101	42	19	1585
25	16	1	3	0	82
16	8	3	2	0	61
47	29	11	5	1	153
30	8	1	1	0	83
1	3	3	1	1	12
43	11	2	0	3	125
5	3	1	0	0	42
38	38	18	8	1	145
3	4	3	0	0	22
3	3	0	1	0	12
5	4	1	0	0	24
1	0	0	0	0	1
2	0	0	0	0	3
7	1	0	1	1	23
4	7	3	0	3	22

7-29　2012年上市公司按监管辖区每股净资产分布

单位：家

辖区	Jurisdiction	5.00元以上 Above 5.00 yuan	3.00-5.00元 3.00-5.00 yuan	2.00-3.00元 2.00-3.00 yuan
北京	Beijing	91	82	31
天津	Tianjin	12	6	10
河北	Hebei	15	13	11
山西	Shanxi	10	9	8
内蒙古	Inner Mongolia	8	11	3
辽宁	Liaoning	7	21	4
吉林	Jilin	11	6	11
黑龙江	Heilongjiang	4	11	10
上海	Shanghai	48	63	48
江苏	Jiangsu	106	62	36
浙江	Zhejiang	78	76	41
安徽	Anhui	25	35	10
福建	Fujian	16	21	12
江西	Jiangxi	15	7	7
山东	Shandong	58	38	16
河南	Henan	24	23	11
湖北	Hubei	27	27	15
湖南	Hunan	20	25	13
广东	Guangdong	59	77	28
广西	Guangxi	4	12	5
海南	Hainan	4	3	8
重庆	Chongqing	12	10	6
四川	Sichuan	22	29	15
贵州	Guizhou	8	9	2
云南	Yunnan	9	5	10
西藏	Xizang	0	4	4
陕西	Shanxi	7	16	7
甘肃	Gansu	4	8	4
青海	Qinghai	1	4	2
宁夏	Ningxia	4	2	2
新疆	Xinjiang	12	12	7
深圳	Shenzhen	76	43	33
大连	Dalian	9	10	5
宁波	Ningbo	16	12	8
厦门	Xiamen	10	10	5
青岛	Qingdao	7	3	4

注：每股指标指境内部分；每股指标均使用整体法来计算。
数据来源：上海证券交易所、深圳证券交易所
Source：SSE、SZSE

BPS of Listed Companies by Jurisdiction in 2012

(unit)

1.00−2.00元 1.00-2.00 yuan	0.50−1.00元 0.50-1.00 yuan	0.00−0.50元 0.00-0.50 yuan	小于0.00元 Below 0.00 yuan	合计 Total
9	3	3	0	219
7	0	3	0	38
4	2	1	2	48
3	2	1	1	34
3	0	0	0	25
4	2	3	1	42
6	2	1	2	39
5	1	0	0	31
37	0	5	1	202
25	5	1	1	236
11	3	0	0	209
7	0	0	1	78
9	0	1	0	59
3	0	1	0	33
18	3	2	1	136
3	3	2	0	66
6	3	2	4	84
9	3	0	1	71
17	2	2	0	185
6	0	1	2	30
8	1	2	0	26
4	2	2	1	37
15	4	3	2	90
1	1	0	0	21
3	0	1	0	28
1	0	1	0	10
7	1	1	0	39
6	1	1	0	24
2	0	1	0	10
3	0	1	0	12
7	1	0	0	39
19	6	3	4	184
0	2	0	0	26
2	0	0	0	38
2	0	1	1	29
1	0	0	1	16

7-30 2012年上市公司按行业平均净资产收益率分布

单位：家

行业 Industry	100%以上 Above 100%	60%-100%	40%-60%
农、林、牧、渔 Agriculture,Forestry,Animal Husbandry and Fishery	0	0	0
采矿业 Mining	0	0	1
制造业 Manufacturing	2	2	12
电力、热力、燃气及水生产和供应业 Production and Supply of Electricity, Gas and Water	0	0	0
建筑业 Construction	0	0	0
批发和零售业 Wholesale and Retail Trades	0	0	1
交通运输、仓储和邮政业 Transport,Storage and Post	0	0	0
住宿和餐饮业 Hotels and Catering Services	0	0	0
信息传输、软件和信息技术服务业 Information Transmission,Computer Services and Software	0	0	0
金融业 Financial Intermediation	0	0	0
房地产业 Real Estate	0	0	2
租赁和商务服务业 Leasing and Business Services	0	0	0
科学研究和技术服务业 Scientific Research,Technical Service	0	0	0
水利、环境和公共设施管理业 Management of Water Conservancy, Environment and Public Facilities	0	0	0
教育 Education	0	0	0
卫生和社会工作 Health and Social Works	0	0	0
文化、体育和娱乐业 Culture,Sports and Entertainment	0	0	1
综合 Others	0	0	0

数据来源：上海证券交易所、深圳证券交易所
Source: SSE、SZSE

ROE of Listed Companies by Industry in 2012

(unit)

30%-40%	20%-30%	10%-20%	5%-10%	0%-5%	小于0% Below 0%	净资产为负 Negative Net Asset	合计 Total
0	2	8	8	14	8	0	40
4	5	25	12	10	2	0	59
18	73	361	445	493	154	25	1585
1	1	26	36	13	4	1	82
2	7	26	12	9	5	0	61
1	10	49	41	39	11	1	153
0	2	37	23	15	4	2	83
0	0	1	5	5	1	0	12
1	10	46	39	22	4	3	125
0	8	12	10	12	0	0	42
1	23	37	33	39	8	2	145
0	2	7	8	3	2	0	22
0	1	7	2	2	0	0	12
1	2	7	7	6	1	0	24
0	0	0	0	0	1	0	1
0	1	2	0	0	0	0	3
0	2	14	1	5	0	0	23
1	1	4	4	8	1	3	22

7-31 2012年上市公司按监管辖区平均净资产收益率分布

单位：家

辖区	Jurisdiction	100%以上 Above 100%	60%-100%	40%-60%	30%-40%
北京	Beijing	0	0	1	1
天津	Tianjin	0	0	1	0
河北	Hebei	0	1	2	0
山西	Shanxi	0	0	2	1
内蒙古	Inner Mongolia	1	0	0	2
辽宁	Liaoning	0	0	0	0
吉林	Jilin	0	0	0	1
黑龙江	Heilongjiang	0	0	0	1
上海	Shanghai	0	0	0	1
江苏	Jiangsu	0	0	1	3
浙江	Zhejiang	0	0	1	1
安徽	Anhui	0	0	1	2
福建	Fujian	0	0	0	0
江西	Jiangxi	0	0	0	0
山东	Shandong	0	0	2	4
河南	Henan	0	0	0	1
湖北	Hubei	0	0	1	1
湖南	Hunan	0	0	0	3
广东	Guangdong	0	1	1	4
广西	Guangxi	0	0	0	0
海南	Hainan	0	0	0	0
重庆	Chongqing	0	0	0	0
四川	Sichuan	1	0	1	1
贵州	Guizhou	0	0	1	0
云南	Yunnan	0	0	0	0
西藏	Xizang	0	0	0	1
陕西	Shanxi	0	0	0	0
甘肃	Gansu	0	0	0	1
青海	Qinghai	0	0	0	0
宁夏	Ningxia	0	0	0	0
新疆	Xinjiang	0	0	0	0
深圳	Shenzhen	0	0	1	1
大连	Dalian	0	0	0	0
宁波	Ningbo	0	0	0	0
厦门	Xiamen	0	0	0	0
青岛	Qingdao	0	0	0	1

数据来源：上海证券交易所、深圳证券交易所
Source: SSE、SZSE

ROE of Listed Companies by Jurisdiction in 2012

(unit)

20%-30%	10%-20%	5%-10%	0%-5%	小于0% Below 0%	净资产为负 Negative Net Asset	合计 Total
26	88	53	33	16	1	219
4	6	12	9	5	1	38
5	8	10	17	3	2	48
3	8	5	10	4	1	34
3	7	4	6	2	0	25
3	9	8	17	3	2	42
2	7	6	16	6	1	39
4	5	8	9	4	0	31
13	60	56	55	15	2	202
7	55	79	72	18	1	236
13	64	60	55	15	0	209
5	26	21	16	6	1	78
5	18	15	17	4	0	59
0	15	8	7	3	0	33
9	34	34	37	13	3	136
3	15	20	20	7	0	66
3	21	26	25	3	4	84
2	19	18	20	8	1	71
10	47	62	50	10	0	185
1	5	5	13	5	1	30
2	4	5	11	4	0	26
3	10	16	5	2	1	37
1	24	24	30	4	4	90
3	4	6	7	0	0	21
2	4	4	10	8	0	28
0	2	2	2	2	1	10
1	8	8	16	5	1	39
1	5	6	9	2	0	24
0	2	0	4	3	1	10
1	1	1	8	0	1	12
3	4	13	13	6	0	39
8	51	56	49	14	4	184
1	6	8	9	2	0	26
0	14	12	8	4	0	38
1	10	7	9	0	2	29
2	3	7	1	1	1	16

7-32 2012年上市公司按行业每股经营活动产生的现金流量净额分布

单位：家

行业 Industry	3.00元以上 Above 3.00 yuan	2.50-3.00元 2.50-3.00 yuan
农、林、牧、渔 Agriculture,Forestry,Animal Husbandry and Fishery	0	0
采矿业 Mining	2	0
制造业 Manufacturing	14	13
电力、热力、燃气及水生产和供应业 Production and Supply of Electricity, Gas and Water	5	0
建筑业 Construction	0	0
批发和零售业 Wholesale and Retail Trades	6	2
交通运输、仓储和邮政业 Transport,Storage and Post	1	0
住宿和餐饮业 Hotels and Catering Services	0	0
信息传输、软件和信息技术服务业 Information Transmission,Computer Services and Software	1	1
金融业 Financial Intermediation	12	0
房地产业 Real Estate	2	0
租赁和商务服务业 Leasing and Business Services	1	1
科学研究和技术服务业 Scientific Research,Technical Service	0	0
水利、环境和公共设施管理业 Management of Water Conservancy, Environment and Public Facilities	0	1
教育 Education	0	0
卫生和社会工作 Health and Social Works	0	0
文化、体育和娱乐业 Culture,Sports and Entertainment	0	0
综合 Others	0	0

注：每股指标指境内部分；每股指标均使用整体法来计算。
数据来源：上海证券交易所、深圳证券交易所
Source：SSE、SZSE

Net Cash Flow from Operating Activities Per Share of Listed Companies by Industry in 2012

(unit)

2.00−2.50元 2.00-2.50 yuan	1.50−2.00元 1.50-2.00 yuan	1.00−1.50元 1.00-1.50 yuan	0.50−1.00元 0.50-1.00 yuan	0.00−0.50元 0.00-0.50 yuan	小于0.00元 below 0.00 yuan	合计 Total
1	2	1	6	18	12	40
1	8	4	16	22	6	59
18	92	60	336	678	374	1585
3	10	11	19	33	1	82
1	3	1	8	15	33	61
5	15	7	25	54	39	153
0	10	6	22	33	11	83
0	0	1	3	7	1	12
0	6	1	25	63	28	125
0	1	3	1	3	22	42
3	7	11	17	38	67	145
0	0	3	4	9	4	22
0	1	0	2	8	1	12
0	1	1	8	8	5	24
0	0	0	0	1	0	1
0	0	0	2	1	0	3
1	1	0	7	6	8	23
2	1	0	4	9	6	22

7-33 2012年上市公司按监管辖区每股经营活动产生的现金流量净额分布

Net Cash Flow from Operating Activities Per Share of Listed Companies by Jurisdiction in 2012

单位：家 (unit)

辖区	Jurisdiction	3.00元以上 Above 3.00 yuan	2.50-3.00元 2.50-3.00 yuan	2.00-2.50元 2.00-2.50 yuan	1.50-2.00元 1.50-2.00 yuan	1.00-1.50元 1.00-1.50 yuan	0.50-1.00元 0.50-1.00 yuan	0.00-0.50元 0.00-0.50 yuan	小于0.00元 below 0.00 yuan	合计 Total
北京	Beijing	9	1	1	10	20	40	73	65	219
天津	Tianjin	0	0	0	2	1	8	16	11	38
河北	Hebei	0	0	0	2	5	5	16	20	48
山西	Shanxi	0	0	0	1	5	9	9	10	34
内蒙古	Inner Mongolia	2	0	0	2	2	6	7	6	25
辽宁	Liaoning	1	1	1	0	1	4	18	16	42
吉林	Jilin	2	1	1	1	2	5	14	13	39
黑龙江	Heilongjiang	0	0	1	0	2	5	15	8	31
上海	Shanghai	4	1	3	7	15	32	85	55	202
江苏	Jiangsu	3	1	3	4	24	53	90	58	236
浙江	Zhejiang	1	1	2	8	16	58	84	39	209
安徽	Anhui	0	0	4	4	4	23	26	17	78
福建	Fujian	1	0	2	2	5	12	18	19	59
江西	Jiangxi	0	1	1	2	6	5	13	5	33
山东	Shandong	2	1	1	6	11	29	60	26	136
河南	Henan	2	0	1	5	2	15	32	9	66
湖北	Hubei	3	1	1	0	7	19	26	27	84
湖南	Hunan	0	1	1	3	5	14	36	11	71
广东	Guangdong	2	0	1	3	17	36	92	34	185
广西	Guangxi	0	0	0	0	0	10	11	9	30
海南	Hainan	0	0	0	1	0	2	15	8	26
重庆	Chongqing	1	1	0	0	2	7	19	7	37
四川	Sichuan	1	0	1	0	9	17	36	26	90
贵州	Guizhou	2	0	1	0	1	4	5	8	21
云南	Yunnan	0	0	0	4	2	4	7	11	28
西藏	Xizang	0	0	0	0	1	1	6	2	10
陕西	Shanxi	0	0	0	0	4	4	19	12	39
甘肃	Gansu	0	0	1	1	2	2	13	5	24
青海	Qinghai	0	0	0	0	1	3	3	3	10
宁夏	Ningxia	0	0	0	1	0	2	5	4	12
新疆	Xinjiang	0	0	1	1	3	9	18	7	39
深圳	Shenzhen	5	3	3	2	17	34	75	45	184
大连	Dalian	1	1	0	1	2	8	11	2	26
宁波	Ningbo	1	1	1	3	2	5	19	6	38
厦门	Xiamen	0	0	3	2	1	7	9	7	29
青岛	Qingdao	0	0	2	1	1	3	9	0	16

注：每股指标指境内部分；每股指标均使用整体法来计算。

数据来源：上海证券交易所、深圳证券交易所

Source: SSE、SZSE

7-34　上市公司配股情况
Rights Issue of Listed Companies

序号 No.	股权登记日 Date of Equity Registration	股票代码 Stock Code	股票简称 Stock Abbreviation	配股比例(%) Proportion (%)	配股价(元/股) Price of Rights Issue (yuan/share)
1	40949	600066	宇通客车	3.00	14.38
2	40963	601299	中国北车	2.50	3.42
3	40970	002046	轴研科技	3.00	12.50
4	41011	600587	新华医疗	3.00	15.66
5	41148	000982	中银绒业	3.00	3.89
6	41206	600667	太极实业	3.00	2.25
7	41239	600720	祁连山	3.00	6.26

数据来源：上海证券交易所、深圳证券交易所
Source：SSE、SZSE

7-34　续表　continued

序号 No.	配股前总股本(股) Share Capital Before Rights Issue (share)	配股后总股本(股) Share Capital After Rights Issue (share)	筹资总额(万元) Proceeds Raised through Offering (10 thousand yuan)	增加股本(股) Shares Changes (share)	交易所 Exchange	辖区 Jurisdiction
1	519891723	673660590	221119.63	153768867	上海证券交易所	河南
2	8300000000	10320056303	690859.26	2020056303	上海证券交易所	北京
3	108090000	139302174	390152175.00	31212174	深圳证券交易所	河南
4	134394000	174053136	62106.21	39659136	上海证券交易所	山东
5	556000000	718851205	633491187.00	162851205	深圳证券交易所	宁夏
6	937634760	1191274272	57068.89	253639512	上海证券交易所	江苏
7	474902332	597146371	76524.77	122244039	上海证券交易所	甘肃

7-35 上市公司送转股情况

单位：股

序号 No.	股票代码 Stock Code	股票简称 Stock Abbreviation	送转股比例(%) Proportion (%)	股权登记日 Date of Equity Registration
1	600862	南通科技	10.00	2012-01-04
2	002389	南洋科技	5.00	2012-02-17
3	300166	东方国信	10.00	2012-02-20
4	300146	汤臣倍健	10.00	2012-03-02
5	002270	法因数控	3.00	2012-03-12
6	601717	郑煤机	10.00	2012-03-12
7	002272	川润股份	10.00	2012-03-13
8	002288	超华科技	6.00	2012-03-21
9	002450	康得新	6.00	2012-03-21
10	000703	恒逸石化	7.00	2012-03-26
11	002371	七星电子	8.00	2012-03-26
12	300182	捷成股份	5.00	2012-03-26
13	002276	万马电缆	8.00	2012-03-27
14	002367	康力电梯	5.00	2012-03-27
15	300141	和顺电气	10.00	2012-03-27
16	002469	三维工程	5.00	2012-03-28
17	002614	蒙发利	10.00	2012-03-28
18	002628	成都路桥	10.00	2012-03-28
19	002530	丰东股份	10.00	2012-03-29
20	300222	科大智能	8.00	2012-03-29
21	002538	司尔特	10.00	2012-03-30
22	002621	大连三垒	5.00	2012-03-30
23	300271	紫光华宇	10.00	2012-03-30
24	600406	国电南瑞	5.00	2012-03-30
25	002229	鸿博股份	9.00	2012-04-05
26	002537	海立美达	5.00	2012-04-05
27	002549	凯美特气	5.00	2012-04-05
28	002050	三花股份	10.00	2012-04-06
29	002177	御银股份	7.00	2012-04-06
30	002231	奥维通信	10.00	2012-04-06
31	002298	鑫龙电器	8.00	2012-04-06
32	002533	金杯电工	2.00	2012-04-06
33	300031	宝通带业	5.00	2012-04-06
34	300177	中海达	10.00	2012-04-06
35	002013	中航精机	3.00	2012-04-09
36	002463	沪电股份	4.00	2012-04-09
37	002637	赞宇科技	10.00	2012-04-09
38	600323	南海发展	5.00	2012-04-09
39	002442	龙星化工	5.00	2012-04-10
40	300059	东方财富	6.00	2012-04-10
41	300209	天泽信息	10.00	2012-04-10
42	300274	阳光电源	8.00	2012-04-10
43	600577	精达股份	10.00	2012-04-10
44	002541	鸿路钢构	10.00	2012-04-11
45	300011	鼎汉技术	5.00	2012-04-11
46	601599	鹿港科技	5.00	2012-04-11
47	600858	银座股份	8.00	2012-04-11
48	002339	积成电子	10.00	2012-04-12

数据来源：上海证券交易所、深圳证券交易所
Source: SSE、SZSE

Bonus Shares of Listed Companies

(share)

送转股上市交易日 Bonus Shares Trading Date	送转股前总股本 Previous Shares	送股股本数 Bonus Shares	转股股本数 Bonus Shares	送转股后总股本 After Shares	交易所 Exchange	辖区 Region
2012-01-06	318964244	0	318964244	637928488	上海证券交易所	江苏
2012-02-20	134000000	0	67000000	201000000	深圳证券交易所	浙江
2012-02-21	40500000	0	40500000	81000000	深圳证券交易所	北京
2012-03-05	109360000	0	109360000	218720000	深圳证券交易所	广东
2012-03-13	145500000	0	43650000	189150000	深圳证券交易所	山东
2012-03-14	700000000	0	700000000	1400000000	上海证券交易所	河南
2012-03-14	170550000	0	170550000	341100000	深圳证券交易所	四川
2012-03-22	164985600	0	98991360	263976960	深圳证券交易所	广东
2012-03-22	323200000	0	193920000	517120000	深圳证券交易所	北京
2012-03-27	576793814	173038143	403755669	1153587626	深圳证券交易所	广西
2012-03-27	84500000	0	67600000	152100000	深圳证券交易所	北京
2012-03-27	112000000	0	56000000	168000000	深圳证券交易所	北京
2012-03-28	431600000	0	345280000	776880000	深圳证券交易所	浙江
2012-03-28	252480000	0	126240000	378720000	深圳证券交易所	江苏
2012-03-28	55200000	0	55200000	110400000	深圳证券交易所	江苏
2012-03-29	112614895	0	56307447	168922342	深圳证券交易所	山东
2012-03-29	120000000	0	120000000	240000000	深圳证券交易所	厦门
2012-03-29	167000000	0	167000000	334000000	深圳证券交易所	四川
2012-03-30	134000000	0	134000000	268000000	深圳证券交易所	江苏
2012-03-30	60000000	0	48000000	108000000	深圳证券交易所	上海
2012-04-05	148000000	0	148000000	296000000	深圳证券交易所	安徽
2012-04-05	100000000	0	50000000	150000000	深圳证券交易所	大连
2012-04-05	74000000	0	74000000	148000000	深圳证券交易所	北京
2012-04-06	1050358858	420143543	105035886	1575538287	上海证券交易所	江苏
2012-04-06	156940000	0	141246000	298186000	深圳证券交易所	福建
2012-04-06	100000000	0	50000000	150000000	深圳证券交易所	青岛
2012-04-06	120000000	0	60000000	180000000	深圳证券交易所	湖南
2012-04-09	297368666	0	297368666	594737332	深圳证券交易所	浙江
2012-04-09	344430450	0	241101315	585531765	深圳证券交易所	广东
2012-04-09	178400000	0	178400000	356800000	深圳证券交易所	辽宁
2012-04-09	165000000	33000000	132000000	330000000	深圳证券交易所	安徽
2012-04-09	280000000	0	56000000	336000000	深圳证券交易所	湖南
2012-04-09	100000000	0	50000000	150000000	深圳证券交易所	江苏
2012-04-09	100000000	0	100000000	200000000	深圳证券交易所	广东
2012-04-10	217198800	0	65159640	282358440	深圳证券交易所	湖北
2012-04-10	830436391	0	332174556	1162610947	深圳证券交易所	江苏
2012-04-10	80000000	0	80000000	160000000	深圳证券交易所	浙江
2012-04-11	325282103	0	162641052	487923155	上海证券交易所	广东
2012-04-11	320000000	0	160000000	480000000	深圳证券交易所	河北
2012-04-11	210000000	0	126000000	336000000	深圳证券交易所	上海
2012-04-11	80000000	0	80000000	160000000	深圳证券交易所	江苏
2012-04-11	179200000	0	143360000	322560000	深圳证券交易所	安徽
2012-04-12	360566900	0	360566900	721133800	上海证券交易所	安徽
2012-04-12	134000000	0	134000000	268000000	深圳证券交易所	安徽
2012-04-12	102752000	0	51376000	154128000	深圳证券交易所	北京
2012-04-13	212000000	0	106000000	318000000	上海证券交易所	江苏
2012-04-13	288925883	0	231140706	520066589	上海证券交易所	山东
2012-04-13	86000000	0	86000000	172000000	深圳证券交易所	山东

7-35 续表 1

单位：股

序号 No.	股票代码 Stock Code	股票简称 Stock Abbreviation	送转股比例(%) Proportion (%)	股权登记日 Date of Equity Registration
49	300108	双龙股份	10.00	2012-04-12
50	300144	宋城股份	5.00	2012-04-12
51	300190	维尔利	8.00	2012-04-12
52	300275	梅安森	4.00	2012-04-12
53	000762	西藏矿业	5.00	2012-04-13
54	600784	鲁银投资	10.00	2012-04-13
55	002313	日海通讯	10.00	2012-04-16
56	002322	理工监测	10.00	2012-04-16
57	002353	杰瑞股份	10.00	2012-04-16
58	300267	尔康制药	3.00	2012-04-16
59	002321	华英农业	10.00	2012-04-17
60	002405	四维图新	2.00	2012-04-17
61	002566	益盛药业	10.00	2012-04-17
62	300048	合康变频	4.00	2012-04-17
63	300219	鸿利光电	5.00	2012-04-18
64	600588	用友软件	2.00	2012-04-18
65	600372	中航电子	6.00	2012-04-18
66	002264	新 华 都	5.00	2012-04-19
67	002410	广联达	5.00	2012-04-19
68	300120	经纬电材	5.00	2012-04-19
69	300282	汇冠股份	2.00	2012-04-19
70	600067	冠城大通	6.00	2012-04-19
71	000088	盐 田 港	3.00	2012-04-20
72	002161	远望谷	10.00	2012-04-20
73	300008	上海佳豪	5.00	2012-04-20
74	300270	中威电子	5.00	2012-04-20
75	600712	南宁百货	6.00	2012-04-20
76	002035	华帝股份	0.00	2012-04-23
77	002428	云南锗业	10.00	2012-04-23
78	002468	艾迪西	2.00	2012-04-23
79	002474	榕基软件	10.00	2012-04-23
80	002477	雏鹰农牧	10.00	2012-04-23
81	300037	新宙邦	6.00	2012-04-23
82	300063	天龙集团	5.00	2012-04-23
83	300138	晨光生物	10.00	2012-04-23
84	300229	拓尔思	7.00	2012-04-23
85	600157	永泰能源	10.00	2012-04-23
86	600106	重庆路桥	10.00	2012-04-23
87	000948	南天信息	1.00	2012-04-24
88	002084	海鸥卫浴	1.00	2012-04-24
89	002117	东港股份	10.00	2012-04-24
90	002318	久立特材	5.00	2012-04-24
91	002320	海峡股份	3.00	2012-04-24
92	002199	东晶电子	5.00	2012-04-25
93	002273	水晶光电	10.00	2012-04-25
94	002642	荣之联	10.00	2012-04-25
95	300101	国腾电子	10.00	2012-04-25
96	600139	西部资源	8.00	2012-04-25
97	000885	同力水泥	3.00	2012-04-26

continued

(share)

送转股上市交易日 Bonus Shares Trading Date	送转股前总股本 Previous Shares	送股股本数 Bonus Shares	转股股本数 Bonus Shares	送转股后总股本 After Shares	交易所 Exchange	辖区 Region
2012-04-13	67600000	0	67600000	135200000	深圳证券交易所	吉林
2012-04-13	369600000	0	184800000	554400000	深圳证券交易所	浙江
2012-04-13	53000000	0	42400000	95400000	深圳证券交易所	江苏
2012-04-13	58670000	0	23468000	82138000	深圳证券交易所	重庆
2012-04-16	317316585	0	158658292	475974877	深圳证券交易所	西藏
2012-04-17	248306873	248306873	0	496613746	上海证券交易所	山东
2012-04-17	100000000	0	100000000	200000000	深圳证券交易所	深圳
2012-04-17	66700000	0	66700000	133400000	深圳证券交易所	宁波
2012-04-17	229636000	0	229636000	459272000	深圳证券交易所	山东
2012-04-17	184000000	0	55200000	239200000	深圳证券交易所	湖南
2012-04-18	147000000	0	147000000	294000000	深圳证券交易所	河南
2012-04-18	480275494	0	96055098	576330592	深圳证券交易所	北京
2012-04-18	110317200	0	110317200	220634400	深圳证券交易所	吉林
2012-04-18	241532000	0	96612800	338144800	深圳证券交易所	北京
2012-04-19	122733000	61366500	61366500	245466000	深圳证券交易所	广东
2012-04-20	815903367	0	163180673	979084040	上海证券交易所	北京
2012-04-20	821698975	0	493019385	1314718360	上海证券交易所	江西
2012-04-20	357066517	0	178533258	535599775	深圳证券交易所	厦门
2012-04-20	270000000	0	135000000	405000000	深圳证券交易所	北京
2012-04-20	113100000	0	56550000	169650000	深圳证券交易所	天津
2012-04-20	46030000	0	9206000	55236000	深圳证券交易所	北京
2012-04-23	735502537	367751268	73550254	1176804059	上海证券交易所	福建
2012-04-23	1494000000	0	448200000	1942200000	深圳证券交易所	深圳
2012-04-23	369878700	0	369878700	739757400	深圳证券交易所	深圳
2012-04-23	145656000	0	72828000	218484000	深圳证券交易所	上海
2012-04-23	40000000	0	20000000	60000000	深圳证券交易所	浙江
2012-04-24	340409600	0	204245760	544655360	上海证券交易所	广西
2012-04-24	223303080	22330308	0	245633388	深圳证券交易所	广东
2012-04-24	163280000	0	163280000	326560000	深圳证券交易所	云南
2012-04-24	192000000	0	38400000	230400000	深圳证券交易所	浙江
2012-04-24	103700000	0	103700000	207400000	深圳证券交易所	福建
2012-04-24	267000000	0	267000000	534000000	深圳证券交易所	河南
2012-04-24	107000000	0	64200000	171200000	深圳证券交易所	深圳
2012-04-24	67000000	0	33500000	100500000	深圳证券交易所	广东
2012-04-24	89785436	0	89785436	179570872	深圳证券交易所	河北
2012-04-24	120000000	0	84000000	204000000	深圳证券交易所	北京
2012-04-25	883779765	0	883779765	1767559530	上海证券交易所	山东
2012-04-25	453871000	204241950	249629050	907742000	上海证券交易所	重庆
2012-04-25	210550951	0	21055095	231606046	深圳证券交易所	云南
2012-04-25	335583318	0	33558331	369141649	深圳证券交易所	广东
2012-04-25	126414172	0	126414172	252828344	深圳证券交易所	山东
2012-04-25	208000000	0	104000000	312000000	深圳证券交易所	浙江
2012-04-25	327600000	0	98280000	425880000	深圳证券交易所	海南
2012-04-26	126258873	0	63129436	189388309	深圳证券交易所	浙江
2012-04-26	124853000	0	124853000	249706000	深圳证券交易所	浙江
2012-04-26	100000000	0	100000000	200000000	深圳证券交易所	北京
2012-04-26	139000000	0	139000000	278000000	深圳证券交易所	四川
2012-04-27	367716949	0	294173559	661890508	上海证券交易所	四川
2012-04-27	252543955	0	75763186	328307141	深圳证券交易所	河南

7-35 续表 2

单位：股

序号 No.	股票代码 Stock Code	股票简称 Stock Abbreviation	送转股比例(%) Proportion (%)	股权登记日 Date of Equity Registration
98	002079	苏州固锝	8.00	2012-04-26
99	002152	广电运通	4.00	2012-04-26
100	002513	蓝丰生化	6.00	2012-04-26
101	002562	兄弟科技	10.00	2012-04-26
102	002582	好想你	10.00	2012-04-26
103	300072	三聚环保	10.00	2012-04-26
104	300147	香雪制药	2.00	2012-04-26
105	300148	天舟文化	3.00	2012-04-26
106	300204	舒泰神	10.00	2012-04-26
107	300226	上海钢联	5.00	2012-04-26
108	300239	东宝生物	10.00	2012-04-26
109	300251	光线传媒	12.00	2012-04-26
110	300263	隆华传热	10.00	2012-04-26
111	000596	古井贡酒	10.00	2012-04-27
112	002349	精华制药	10.00	2012-04-27
113	002548	金新农	5.00	2012-04-27
114	002588	史丹利	3.00	2012-04-27
115	200596	古井贡酒	10.00	2012-04-27
116	300201	海伦哲	12.00	2012-04-27
117	601008	连云港	3.00	2012-04-27
118	002250	联化科技	3.00	2012-05-02
119	002598	山东章鼓	10.00	2012-05-02
120	300056	三维丝	8.00	2012-05-02
121	300197	铁汉生态	8.00	2012-05-02
122	002210	飞马国际	0.00	2012-05-03
123	002290	禾盛新材	4.00	2012-05-03
124	002294	信立泰	2.00	2012-05-03
125	002385	大北农	10.00	2012-05-03
126	002458	益生股份	10.00	2012-05-03
127	002489	浙江永强	9.92	2012-05-03
128	300066	三川股份	5.00	2012-05-03
129	300088	长信科技	3.00	2012-05-03
130	300103	达刚路机	8.00	2012-05-03
131	300119	瑞普生物	3.00	2012-05-03
132	300250	初灵股份	10.00	2012-05-03
133	300261	雅本化学	6.00	2012-05-03
134	600354	敦煌种业	12.00	2012-05-03
135	600111	包钢稀土	10.00	2012-05-03
136	002055	得润电子	10.00	2012-05-04
137	002430	杭氧股份	3.50	2012-05-04
138	002557	洽洽食品	3.00	2012-05-04
139	300142	沃森生物	2.00	2012-05-04
140	300238	冠昊生物	10.00	2012-05-04
141	300266	兴源过滤	6.00	2012-05-04
142	600828	成商集团	3.00	2012-05-04
143	601208	东材科技	10.00	2012-05-04
144	600193	创兴资源	5.00	2012-05-04
145	600567	山鹰纸业	11.00	2012-05-04
146	002029	七匹狼	5.00	2012-05-07

continued

(share)

送转股上市交易日 Bonus Shares Trading Date	送转股前总股本 Previous Shares	送股股本数 Bonus Shares	转股股本数 Bonus Shares	送转股后总股本 After Shares	交易所 Exchange	辖区 Region
2012-04-27	401699790	0	321359832	723059622	深圳证券交易所	江苏
2012-04-27	444784111	0	177913644	622697755	深圳证券交易所	广东
2012-04-27	133200000	0	79920000	213120000	深圳证券交易所	江苏
2012-04-27	106700000	0	106700000	213400000	深圳证券交易所	浙江
2012-04-27	73800000	0	73800000	147600000	深圳证券交易所	河南
2012-04-27	194540000	0	194540000	389080000	深圳证券交易所	北京
2012-04-27	246000000	0	49200000	295200000	深圳证券交易所	广东
2012-04-27	97500000	0	29250000	126750000	深圳证券交易所	湖南
2012-04-27	66700000	0	66700000	133400000	深圳证券交易所	北京
2012-04-27	40000000	20000000	20000000	80000000	深圳证券交易所	上海
2012-04-27	75980000	0	75980000	151960000	深圳证券交易所	内蒙古
2012-04-27	109600000	0	131520000	241120000	深圳证券交易所	北京
2012-04-27	80000000	0	80000000	160000000	深圳证券交易所	河南
2012-05-02	191800000	0	191800000	383600000	深圳证券交易所	安徽
2012-05-02	100000000	0	100000000	200000000	深圳证券交易所	江苏
2012-05-02	94000000	0	47000000	141000000	深圳证券交易所	深圳
2012-05-02	130000000	0	39000000	169000000	深圳证券交易所	山东
2012-05-02	0	0	60000000	60000000	深圳证券交易所	安徽
2012-05-02	80000000	0	96000000	176000000	深圳证券交易所	江苏
2012-05-03	624334693	0	187300408	811635101	上海证券交易所	江苏
2012-05-03	396992550	0	119097765	516090315	深圳证券交易所	浙江
2012-05-03	156000000	0	156000000	312000000	深圳证券交易所	山东
2012-05-03	52496000	0	41996800	94492800	深圳证券交易所	厦门
2012-05-03	116965140	0	93572112	210537252	深圳证券交易所	深圳
2012-05-04	306000000	91800000	0	397800000	深圳证券交易所	深圳
2012-05-04	150480000	0	60192000	210672000	深圳证券交易所	江苏
2012-05-04	363200000	0	72640000	435840000	深圳证券交易所	深圳
2012-05-04	400800000	0	400800000	801600000	深圳证券交易所	北京
2012-05-04	140400000	0	140400000	280800000	深圳证券交易所	山东
2012-05-04	241830653	0	239999346	481829999	深圳证券交易所	浙江
2012-05-04	104000000	0	52000000	156000000	深圳证券交易所	江西
2012-05-04	251000000	0	75300000	326300000	深圳证券交易所	安徽
2012-05-04	117630000	0	94104000	211734000	深圳证券交易所	陕西
2012-05-04	148296000	0	44488800	192784800	深圳证券交易所	天津
2012-05-04	40000000	0	40000000	80000000	深圳证券交易所	浙江
2012-05-04	90700000	0	54420000	145120000	深圳证券交易所	江苏
2012-05-07	203546400	0	244255680	447802080	上海证券交易所	甘肃
2012-05-07	1211022000	1211022000	0	2422044000	上海证券交易所	内蒙
2012-05-07	205221069	0	205221069	410442138	深圳证券交易所	深圳
2012-05-07	601500000	0	210525000	812025000	深圳证券交易所	浙江
2012-05-07	260000000	0	78000000	338000000	深圳证券交易所	安徽
2012-05-07	150000000	0	30000000	180000000	深圳证券交易所	云南
2012-05-07	61100000	0	61100000	122200000	深圳证券交易所	广东
2012-05-07	56000000	0	33600000	89600000	深圳证券交易所	浙江
2012-05-08	438799736	131639921	0	570439657	上海证券交易所	四川
2012-05-08	307880000	0	307880000	615760000	上海证券交易所	四川
2012-05-08	218140000	109070000	0	327210000	上海证券交易所	上海
2012-05-08	755246185	0	830770804	1586016989	上海证券交易所	安徽
2012-05-08	282900000	0	141450000	424350000	深圳证券交易所	福建

7-35 续表 3

单位：股

序号 No.	股票代码 Stock Code	股票简称 Stock Abbreviation	送转股比例(%) Proportion (%)	股权登记日 Date of Equity Registration
147	002252	上海莱士	8.00	2012-05-07
148	002400	省广股份	3.00	2012-05-07
149	002409	雅克科技	5.00	2012-05-07
150	300174	元力股份	10.00	2012-05-07
151	600241	时代万恒	7.00	2012-05-07
152	000826	桑德环境	2.00	2012-05-08
153	002135	东南网架	8.00	2012-05-08
154	002515	金字火腿	5.00	2012-05-08
155	002547	春兴精工	10.00	2012-05-08
156	002554	惠博普	5.00	2012-05-08
157	002577	雷柏科技	7.00	2012-05-08
158	300248	新开普	10.00	2012-05-08
159	600340	华夏幸福	5.00	2012-05-08
160	000061	农 产 品	6.00	2012-05-09
161	002438	江苏神通	10.00	2012-05-09
162	300026	红日药业	5.00	2012-05-09
163	300224	正海磁材	5.00	2012-05-09
164	300272	开能环保	3.00	2012-05-09
165	600756	浪潮软件	5.00	2012-05-09
166	600973	宝胜股份	5.00	2012-05-09
167	600170	上海建工	10.00	2012-05-09
168	600522	中天科技	8.00	2012-05-09
169	002042	华孚色纺	5.00	2012-05-10
170	002063	远光软件	0.00	2012-05-10
171	002138	顺络电子	5.00	2012-05-10
172	002306	湘鄂情	10.00	2012-05-10
173	002327	富安娜	2.00	2012-05-10
174	002457	青龙管业	5.00	2012-05-10
175	002481	双塔食品	8.00	2012-05-10
176	002580	圣阳股份	4.00	2012-05-10
177	300070	碧水源	7.00	2012-05-10
178	300079	数码视讯	5.00	2012-05-10
179	300179	四方达	5.00	2012-05-10
180	300183	东软载波	12.00	2012-05-10
181	300185	通裕重工	15.00	2012-05-10
182	300210	森远股份	8.00	2012-05-10
183	300223	北京君正	3.00	2012-05-10
184	002139	拓邦股份	1.00	2012-05-11
185	002338	奥普光电	5.00	2012-05-11
186	002518	科士达	8.00	2012-05-11
187	002572	索菲亚	10.00	2012-05-11
188	002645	华宏科技	8.00	2012-05-11
189	300205	天喻信息	8.00	2012-05-11
190	002004	华邦制药	10.00	2012-05-14
191	002520	日发数码	5.00	2012-05-14
192	002524	光正钢构	2.00	2012-05-14
193	002576	通达动力	3.00	2012-05-14
194	300105	龙源技术	8.00	2012-05-14
195	300109	新开源	5.00	2012-05-14

continued

(share)

送转股上市交易日 Bonus Shares Trading Date	送转股前总股本 Previous Shares	送股股本数 Bonus Shares	转股股本数 Bonus Shares	送转股后总股本 After Shares	交易所 Exchange	辖区 Region
2012-05-08	272000000	0	217600000	489600000	深圳证券交易所	上海
2012-05-08	148269159	0	44480747	192749906	深圳证券交易所	广东
2012-05-08	110880000	0	55440000	166320000	深圳证券交易所	江苏
2012-05-08	68000000	0	68000000	136000000	深圳证券交易所	福建
2012-05-09	106000000	0	74200000	180200000	上海证券交易所	辽宁
2012-05-09	415098665	0	83019733	498118398	深圳证券交易所	湖北
2012-05-09	374300000	74860000	299440000	748600000	深圳证券交易所	浙江
2012-05-09	95550000	0	47775000	143325000	深圳证券交易所	浙江
2012-05-09	142000000	0	142000000	284000000	深圳证券交易所	江苏
2012-05-09	202500000	0	101250000	303750000	深圳证券交易所	北京
2012-05-09	128000000	0	89600000	217600000	深圳证券交易所	深圳
2012-05-09	44600000	0	44600000	89200000	深圳证券交易所	河南
2012-05-10	587946540	176383962	117589308	881919810	上海证券交易所	浙江
2012-05-10	768507851	153701570	461104710	1383314131	深圳证券交易所	深圳
2012-05-10	104000000	0	104000000	208000000	深圳证券交易所	江苏
2012-05-10	151026000	0	75513000	226539000	深圳证券交易所	天津
2012-05-10	160000000	0	80000000	240000000	深圳证券交易所	山东
2012-05-10	110000000	0	33000000	143000000	深圳证券交易所	上海
2012-05-11	185831520	37166304	55749456	278747280	上海证券交易所	山东
2012-05-11	203154300	0	101577150	304731450	上海证券交易所	江苏
2012-05-11	1156361487	578180743	578180744	2312722974	上海证券交易所	上海
2012-05-11	391391235	0	313112988	704504223	上海证券交易所	江苏
2012-05-11	555328382	0	277664191	832992573	深圳证券交易所	安徽
2012-05-11	339925608	101977682	0	441903290	深圳证券交易所	广东
2012-05-11	212338500	0	106169250	318507750	深圳证券交易所	深圳
2012-05-11	200000000	0	200000000	400000000	深圳证券交易所	北京
2012-05-11	133900000	0	26780000	160680000	深圳证券交易所	深圳
2012-05-11	223328000	0	111664000	334992000	深圳证券交易所	宁夏
2012-05-11	120000000	0	96000000	216000000	深圳证券交易所	山东
2012-05-11	75100000	0	30040000	105140000	深圳证券交易所	山东
2012-05-11	323400000	0	226380000	549780000	深圳证券交易所	北京
2012-05-11	224000000	0	112000000	336000000	深圳证券交易所	北京
2012-05-11	80000000	0	40000000	120000000	深圳证券交易所	河南
2012-05-11	100000000	0	120000000	220000000	深圳证券交易所	青岛
2012-05-11	360000000	0	540000000	900000000	深圳证券交易所	山东
2012-05-11	74850000	0	59880000	134730000	深圳证券交易所	辽宁
2012-05-11	80000000	0	24000000	104000000	深圳证券交易所	北京
2012-05-14	168000000	33600000	16800000	218400000	深圳证券交易所	深圳
2012-05-14	80000000	0	40000000	120000000	深圳证券交易所	吉林
2012-05-14	115000000	0	92000000	207000000	深圳证券交易所	深圳
2012-05-14	107000000	0	107000000	214000000	深圳证券交易所	广东
2012-05-14	66670000	0	53336000	120006000	深圳证券交易所	江苏
2012-05-14	79640000	0	63712000	143352000	深圳证券交易所	湖北
2012-05-15	167493000	0	167493000	334986000	深圳证券交易所	重庆
2012-05-15	96000000	0	48000000	144000000	深圳证券交易所	浙江
2012-05-15	180760000	0	36152000	216912000	深圳证券交易所	新疆
2012-05-15	127000000	0	38100000	165100000	深圳证券交易所	江苏
2012-05-15	158400000	0	126720000	285120000	深圳证券交易所	山东
2012-05-15	72000000	7200000	36000000	115200000	深圳证券交易所	河南

7-35 续表 4

单位：股

序号 No.	股票代码 Stock Code	股票简称 Stock Abbreviation	送转股比例(%) Proportion (%)	股权登记日 Date of Equity Registration
196	300135	宝利沥青	10.00	2012-05-14
197	300159	新研股份	10.00	2012-05-14
198	601616	广电电气	8.00	2012-05-14
199	600381	*ST贤成	7.00	2012-05-14
200	600039	四川路桥	8.00	2012-05-14
201	000877	天山股份	8.00	2012-05-15
202	002006	精功科技	5.00	2012-05-15
203	002062	宏润建设	2.50	2012-05-15
204	002217	联合化工	5.00	2012-05-15
205	002309	中利科技	10.00	2012-05-15
206	002328	新朋股份	5.00	2012-05-15
207	002404	嘉欣丝绸	5.00	2012-05-15
208	002472	双环传动	3.00	2012-05-15
209	002485	希努尔	6.00	2012-05-15
210	002487	大金重工	5.00	2012-05-15
211	300112	万讯自控	5.00	2012-05-15
212	300160	秀强股份	10.00	2012-05-15
213	300208	恒顺电气	10.00	2012-05-15
214	300286	安科瑞	10.00	2012-05-15
215	601996	丰林集团	10.00	2012-05-15
216	600560	金自天正	5.00	2012-05-15
217	600380	健康元	2.00	2012-05-15
218	000043	中航地产	10.00	2012-05-16
219	002032	苏泊尔	1.00	2012-05-16
220	002648	卫星石化	10.00	2012-05-16
221	300058	蓝色光标	10.00	2012-05-16
222	300124	汇川技术	8.00	2012-05-16
223	300164	通源石油	10.00	2012-05-16
224	300199	翰宇药业	10.00	2012-05-16
225	300212	易华录	10.00	2012-05-16
226	300221	银禧科技	10.00	2012-05-16
227	601519	大智慧	10.00	2012-05-16
228	600665	天地源	2.00	2012-05-16
229	600284	浦东建设	2.00	2012-05-16
230	000514	渝开发	0.00	2012-05-17
231	002115	三维通信	5.00	2012-05-17
232	002311	海大集团	3.00	2012-05-17
233	002325	洪涛股份	10.00	2012-05-17
234	002542	中化岩土	10.00	2012-05-17
235	002606	大连电瓷	10.00	2012-05-17
236	002649	博彦科技	5.00	2012-05-17
237	300005	探路者	3.00	2012-05-17
238	300149	量子高科	5.00	2012-05-17
239	300152	燃控科技	12.00	2012-05-17
240	300216	千山药机	10.00	2012-05-17
241	300259	新天科技	10.00	2012-05-17
242	000415	渤海租赁	3.00	2012-05-18
243	000965	天保基建	5.00	2012-05-18
244	002230	科大讯飞	5.00	2012-05-18

continued

(share)

送转股上市交易日 Bonus Shares Trading Date	送转股前总股本 Previous Shares	送股股本数 Bonus Shares	转股股本数 Bonus Shares	送转股后总股本 After Shares	交易所 Exchange	辖区 Region
2012-05-15	160000000	0	160000000	320000000	深圳证券交易所	江苏
2012-05-15	90200000	0	90200000	180400000	深圳证券交易所	新疆
2012-05-16	518100000	0	414480000	932580000	上海证券交易所	上海
2012-05-16	942261994	0	659583396	1601845390	上海证券交易所	青海
2012-05-16	304000000	45600000	197600000	547200000	上海证券交易所	四川
2012-05-16	488945144	0	391156115	880101259	深圳证券交易所	新疆
2012-05-16	303440000	0	151720000	455160000	深圳证券交易所	浙江
2012-05-16	450000000	0	112500000	562500000	深圳证券交易所	宁波
2012-05-16	222984000	0	111492000	334476000	深圳证券交易所	山东
2012-05-16	240300000	0	240300000	480600000	深圳证券交易所	江苏
2012-05-16	300000000	0	150000000	450000000	深圳证券交易所	上海
2012-05-16	173550000	0	86775000	260325000	深圳证券交易所	浙江
2012-05-16	213840000	0	64152000	277992000	深圳证券交易所	浙江
2012-05-16	200000000	0	120000000	320000000	深圳证券交易所	山东
2012-05-16	120000000	0	60000000	180000000	深圳证券交易所	辽宁
2012-05-16	107445000	0	53722500	161167500	深圳证券交易所	深圳
2012-05-16	93400000	0	93400000	186800000	深圳证券交易所	江苏
2012-05-16	70000000	0	70000000	140000000	深圳证券交易所	青岛
2012-05-16	34670000	0	34670000	69340000	深圳证券交易所	上海
2012-05-17	234456000	0	234456000	468912000	上海证券交易所	广西
2012-05-17	149097000	29819400	44729100	223645500	上海证券交易所	北京
2012-05-17	1288196577	0	257639315	1545835892	上海证券交易所	广东
2012-05-17	333480708	0	333480708	666961416	深圳证券交易所	深圳
2012-05-17	577252000	0	57725200	634977200	深圳证券交易所	浙江
2012 05 17	200000000	0	200000000	400000000	深圳证券交易所	浙江
2012-05-17	180000000	0	180000000	360000000	深圳证券交易所	北京
2012-05-17	216000000	0	172800000	388800000	深圳证券交易所	深圳
2012-05-17	79200000	0	79200000	158400000	深圳证券交易所	陕西
2012-05-17	100000000	0	100000000	200000000	深圳证券交易所	深圳
2012-05-17	67000000	0	67000000	134000000	深圳证券交易所	北京
2012-05-17	100000000	0	100000000	200000000	深圳证券交易所	广东
2012-05-18	695000000	0	695000000	1390000000	上海证券交易所	上海
2012-05-18	720102101	0	144020420	864122521	上海证券交易所	上海
2012-05-18	415200000	0	83040000	498240000	上海证券交易所	上海
2012-05-18	697331377	69733137	0	767064514	深圳证券交易所	重庆
2012-05-18	228160000	0	114080000	342240000	深圳证券交易所	浙江
2012-05-18	582400000	0	174720000	757120000	深圳证券交易所	广东
2012-05-18	230250000	0	230250000	460500000	深圳证券交易所	深圳
2012-05-18	100200000	0	100200000	200400000	深圳证券交易所	北京
2012-05-18	100000000	0	100000000	200000000	深圳证券交易所	大连
2012-05-18	100000000	0	50000000	150000000	深圳证券交易所	北京
2012-05-18	268000000	0	80400000	348400000	深圳证券交易所	北京
2012-05-18	134000000	0	67000000	201000000	深圳证券交易所	广东
2012-05-18	108000000	0	129600000	237600000	深圳证券交易所	江苏
2012-05-18	67000000	0	67000000	134000000	深圳证券交易所	湖南
2012-05-18	75680000	0	75680000	151360000	深圳证券交易所	河南
2012-05-21	976348440	0	292904532	1269252972	深圳证券交易所	新疆
2012-05-21	461558119	0	230779059	692337178	深圳证券交易所	天津
2012-05-21	252077251	0	126038625	378115876	深圳证券交易所	安徽

7-35 续表 5

单位：股

序号 No.	股票代码 Stock Code	股票简称 Stock Abbreviation	送转股比例(%) Proportion (%)	股权登记日 Date of Equity Registration
245	002449	国星光电	10.00	2012-05-18
246	002523	天桥起重	6.00	2012-05-18
247	002650	加加食品	2.00	2012-05-18
248	300045	华力创通	10.00	2012-05-18
249	300207	欣旺达	3.00	2012-05-18
250	600675	中华企业	1.00	2012-05-18
251	601311	骆驼股份	10.00	2012-05-18
252	600160	巨化股份	6.00	2012-05-18
253	600449	宁夏建材	10.00	2012-05-18
254	002043	兔宝宝	10.00	2012-05-21
255	002081	金螳螂	5.00	2012-05-21
256	002099	海翔药业	10.00	2012-05-21
257	002223	鱼跃医疗	3.00	2012-05-21
258	002509	天广消防	10.00	2012-05-21
259	002526	山东矿机	8.00	2012-05-21
260	300025	华星创业	3.00	2012-05-21
261	300115	长盈精密	5.00	2012-05-21
262	300129	泰胜风能	5.00	2012-05-21
263	300258	精锻科技	5.00	2012-05-21
264	600674	川投能源	8.00	2012-05-21
265	600118	中国卫星	3.00	2012-05-21
266	002219	独一味	0.00	2012-05-22
267	002341	新纶科技	10.00	2012-05-22
268	002350	北京科锐	7.00	2012-05-22
269	002358	森源电气	8.00	2012-05-22
270	002452	长高集团	3.00	2012-05-22
271	002484	江海股份	3.00	2012-05-22
272	300064	豫金刚石	10.00	2012-05-22
273	600261	阳光照明	5.00	2012-05-22
274	000711	天伦置业	5.00	2012-05-23
275	002005	德豪润达	10.00	2012-05-23
276	002066	瑞泰科技	10.00	2012-05-23
277	300184	力源信息	5.00	2012-05-23
278	300276	三丰智能	3.00	2012-05-23
279	601216	内蒙君正	10.00	2012-05-23
280	600172	黄河旋风	7.00	2012-05-23
281	000650	仁和药业	0.00	2012-05-24
282	002070	众和股份	3.00	2012-05-24
283	002089	新海宜	2.00	2012-05-24
284	002579	中京电子	6.00	2012-05-24
285	002633	申科股份	5.00	2012-05-24
286	300080	新大新材	3.00	2012-05-24
287	300172	中电环保	3.00	2012-05-24
288	300240	飞力达	5.00	2012-05-24
289	300256	星星科技	5.00	2012-05-24
290	600888	新疆众和	3.00	2012-05-24
291	600267	海正药业	6.00	2012-05-24
292	600256	广汇能源	8.00	2012-05-24
293	000069	华侨城	0.00	2012-05-25

continued

(share)

送转股上市交易日 Bonus Shares Trading Date	送转股前总股本 Previous Shares	送股股本数 Bonus Shares	转股股本数 Bonus Shares	送转股后总股本 After Shares	交易所 Exchange	辖区 Region
2012-05-21	215000000	0	215000000	430000000	深圳证券交易所	广东
2012-05-21	160000000	0	96000000	256000000	深圳证券交易所	湖南
2012-05-21	160000000	0	32000000	192000000	深圳证券交易所	湖南
2012-05-21	134000000	0	134000000	268000000	深圳证券交易所	北京
2012-05-21	188000000	0	56400000	244400000	深圳证券交易所	深圳
2012-05-22	1414438938	141443894	0	1555882832	上海证券交易所	上海
2012-05-22	420396875	0	420396875	840793750	上海证券交易所	湖北
2012-05-22	885574000	0	531344400	1416918400	上海证券交易所	浙江
2012-05-22	239159417	239159417	0	478318834	上海证券交易所	宁夏
2012-05-22	235009890	0	235009890	470019780	深圳证券交易所	浙江
2012-05-22	518247050	0	259123525	777370575	深圳证券交易所	江苏
2012-05-22	161462500	0	161462500	322925000	深圳证券交易所	浙江
2012-05-22	408928000	0	122678400	531606400	深圳证券交易所	江苏
2012-05-22	100000000	0	100000000	200000000	深圳证券交易所	福建
2012-05-22	267000000	53400000	213600000	534000000	深圳证券交易所	山东
2012-05-22	120000000	0	36000000	156000000	深圳证券交易所	浙江
2012-05-22	172000000	0	86000000	258000000	深圳证券交易所	深圳
2012-05-22	216000000	0	108000000	324000000	深圳证券交易所	上海
2012-05-22	100000000	0	50000000	150000000	深圳证券交易所	江苏
2012-05-23	1095923973	0	876739178	1972663151	上海证券交易所	四川
2012-05-23	705075980	70507598	141015196	916598774	上海证券交易所	北京
2012-05-23	373600000	56040000	0	429640000	深圳证券交易所	甘肃
2012-05-23	146400000	0	146400000	292800000	深圳证券交易所	深圳
2012-05-23	128400000	0	89880000	218280000	深圳证券交易所	北京
2012-05-23	172000000	34400000	137600000	344000000	深圳证券交易所	河南
2012-05-23	100000000	0	30000000	130000000	深圳证券交易所	湖南
2012-05-23	160000000	0	48000000	208000000	深圳证券交易所	江苏
2012-05-23	304000000	0	304000000	608000000	深圳证券交易所	河南
2012-05-24	430252720	215126360	0	645379080	上海证券交易所	浙江
2012-05-24	107265600	0	53632800	160898400	深圳证券交易所	黑龙江
2012-05-24	583200000	0	583200000	1166400000	深圳证券交易所	广东
2012-05-24	115500000	0	115500000	231000000	深圳证券交易所	北京
2012-05-24	66700000	0	33350000	100050000	深圳证券交易所	湖北
2012-05-24	60000000	0	18000000	78000000	深圳证券交易所	湖北
2012-05-25	640000000	0	640000000	1280000000	上海证券交易所	内蒙
2012-05-25	313742434	0	219619704	533362138	上海证券交易所	河南
2012-05-25	630248041	315124020	0	945372061	深圳证券交易所	江西
2012-05-25	375892400	0	112767720	488660120	深圳证券交易所	福建
2012-05-25	352888800	0	70577760	423466560	深圳证券交易所	江苏
2012-05-25	97350000	0	58410000	155760000	深圳证券交易所	广东
2012-05-25	100000000	0	50000000	150000000	深圳证券交易所	浙江
2012-05-25	280000000	0	84000000	364000000	深圳证券交易所	河南
2012-05-25	100000000	0	30000000	130000000	深圳证券交易所	江苏
2012-05-25	111400000	0	55700000	167100000	深圳证券交易所	江苏
2012-05-25	100000000	0	50000000	150000000	深圳证券交易所	浙江
2012-05-28	411042225	41104223	82208445	534354893	上海证券交易所	新疆
2012-05-28	524818161	0	314890897	839709058	上海证券交易所	浙江
2012-05-28	1946868038	0	1557494430	3504362468	上海证券交易所	新疆
2012-05-28	5593460436	1678038130	0	7271498566	深圳证券交易所	深圳

7-35 续表 6

单位：股

序号 No.	股票代码 Stock Code	股票简称 Stock Abbreviation	送转股比例(%) Proportion (%)	股权登记日 Date of Equity Registration
294	000551	创元科技	5.00	2012-05-25
295	002176	江特电机	10.00	2012-05-25
296	002383	合众思壮	3.00	2012-05-25
297	002585	双星新材	10.00	2012-05-25
298	002626	金达威	10.00	2012-05-25
299	300171	东富龙	3.00	2012-05-25
300	300215	电科院	10.00	2012-05-25
301	300234	开尔新材	5.00	2012-05-25
302	600378	天科股份	1.00	2012-05-25
303	002236	大华股份	10.00	2012-05-28
304	002334	英威腾	8.00	2012-05-28
305	002340	格林美	10.00	2012-05-28
306	002499	科林环保	5.00	2012-05-28
307	002517	泰亚股份	10.00	2012-05-28
308	002607	亚夏汽车	10.00	2012-05-28
309	002638	勤上光电	10.00	2012-05-28
310	300098	高新兴	10.00	2012-05-28
311	300133	华策影视	10.00	2012-05-28
312	300173	松德股份	3.00	2012-05-28
313	300191	潜能恒信	10.00	2012-05-28
314	300213	佳讯飞鸿	5.00	2012-05-28
315	300218	安利股份	10.00	2012-05-28
316	600276	恒瑞医药	1.00	2012-05-28
317	002190	成飞集成	3.00	2012-05-29
318	002256	彩虹精化	2.00	2012-05-29
319	002286	保龄宝	3.00	2012-05-29
320	002335	科华恒盛	4.00	2012-05-29
321	002382	蓝帆股份	10.00	2012-05-29
322	002387	黑牛食品	3.00	2012-05-29
323	002597	金禾实业	6.00	2012-05-29
324	300217	东方电热	12.00	2012-05-29
325	300232	洲明科技	3.00	2012-05-29
326	600433	冠豪高新	4.00	2012-05-29
327	000422	湖北宜化	4.33	2012-05-30
328	000592	中福实业	3.00	2012-05-30
329	002168	深圳惠程	1.70	2012-05-30
330	002249	大洋电机	5.00	2012-05-30
331	002255	海陆重工	10.00	2012-05-30
332	002417	三元达	5.00	2012-05-30
333	002503	搜于特	8.00	2012-05-30
334	300061	康耐特	6.00	2012-05-30
335	300118	东方日升	6.00	2012-05-30
336	300244	迪安诊断	8.00	2012-05-30
337	300253	卫宁软件	10.00	2012-05-30
338	300273	和佳股份	5.00	2012-05-30
339	601222	林洋电子	2.00	2012-05-30
340	600278	东方创业	3.00	2012-05-30
341	600176	中国玻纤	5.00	2012-05-30
342	002130	沃尔核材	5.00	2012-05-31

continued

(share)

送转股上市交易日 Bonus Shares Trading Date	送转股前总股本 Previous Shares	送股股本数 Bonus Shares	转股股本数 Bonus Shares	送转股后总股本 After Shares	交易所 Exchange	辖区 Region
2012-05-28	266720270	0	133360135	400080405	深圳证券交易所	江苏
2012-05-28	212213822	0	212213822	424427644	深圳证券交易所	江西
2012-05-28	144000000	0	43200000	187200000	深圳证券交易所	北京
2012-05-28	208000000	0	208000000	416000000	深圳证券交易所	江苏
2012-05-28	90000000	0	90000000	180000000	深圳证券交易所	厦门
2012-05-28	160000000	0	48000000	208000000	深圳证券交易所	上海
2012-05-28	90000000	0	90000000	180000000	深圳证券交易所	江苏
2012-05-28	80000000	0	40000000	120000000	深圳证券交易所	浙江
2012-05-29	270175720	27017572	0	297193292	上海证券交易所	四川
2012-05-29	279080400	0	279080400	558160800	深圳证券交易所	浙江
2012-05-29	121600000	0	97280000	218880000	深圳证券交易所	深圳
2012-05-29	289791090	0	289791090	579582180	深圳证券交易所	深圳
2012-05-29	75000000	0	37500000	112500000	深圳证券交易所	江苏
2012-05-29	88400000	0	88400000	176800000	深圳证券交易所	福建
2012-05-29	88000000	0	88000000	176000000	深圳证券交易所	安徽
2012-05-29	187335000	0	187335000	374670000	深圳证券交易所	广东
2012-05-29	88920000	0	88920000	177840000	深圳证券交易所	广东
2012-05-29	192032000	0	192032000	384064000	深圳证券交易所	浙江
2012-05-29	87100000	0	26130000	113230000	深圳证券交易所	广东
2012-05-29	80000000	0	80000000	160000000	深圳证券交易所	北京
2012-05-29	84000000	0	42000000	126000000	深圳证券交易所	北京
2012-05-29	105600000	0	105600000	211200000	深圳证券交易所	安徽
2012-05-30	1124149746	112414975	0	1236564721	上海证券交易所	江苏
2012-05-30	265529525	0	79658857	345188382	深圳证券交易所	四川
2012-05-30	208800000	62640000	41760000	313200000	深圳证券交易所	深圳
2012-05-30	104000000	0	31200000	135200000	深圳证券交易所	山东
2012-05-30	159965000	0	63986000	223951000	深圳证券交易所	厦门
2012-05-30	120000000	0	120000000	240000000	深圳证券交易所	山东
2012-05-30	241987600	0	72596280	314583880	深圳证券交易所	广东
2012-05-30	133500000	0	80100000	213600000	深圳证券交易所	安徽
2012 05 30	89880000	0	107856000	197736000	深圳证券交易所	江苏
2012-05-30	77720058	0	23316017	101036075	深圳证券交易所	深圳
2012-05-31	425100000	0	170040000	595140000	上海证券交易所	广东
2012-05-31	626678052	0	271188660	897866712	深圳证券交易所	湖北
2012-05-31	651851565	0	195555469	847407034	深圳证券交易所	福建
2012-05-31	630920641	18927619	107256508	757104768	深圳证券交易所	深圳
2012-05-31	477351900	0	238675950	716027850	深圳证券交易所	广东
2012-05-31	129100000	0	129100000	258200000	深圳证券交易所	江苏
2012-05-31	180000000	0	90000000	270000000	深圳证券交易所	福建
2012-05-31	160000000	0	128000000	288000000	深圳证券交易所	广东
2012-05-31	60000000	0	36000000	96000000	深圳证券交易所	上海
2012-05-31	350000000	0	210000000	560000000	深圳证券交易所	宁波
2012-05-31	51100000	0	40880000	91980000	深圳证券交易所	浙江
2012-05-31	53500000	0	53500000	107000000	深圳证券交易所	上海
2012-05-31	133350000	0	66675000	200025000	深圳证券交易所	广东
2012-06-01	290000000	0	58000000	348000000	上海证券交易所	江苏
2012-06-01	401724414	0	120517324	522241739	上海证券交易所	上海
2012-06-01	581753000	0	290876500	872629500	上海证券交易所	北京
2012-06-01	293455345	0	146727672	440183017	深圳证券交易所	深圳

7-35 续表 7

单位：股

序号 No.	股票代码 Stock Code	股票简称 Stock Abbreviation	送转股比例(%) Proportion (%)	股权登记日 Date of Equity Registration
343	002304	洋河股份	2.00	2012-05-31
344	002467	二六三	10.00	2012-05-31
345	002571	德力股份	10.00	2012-05-31
346	002624	金磊股份	10.00	2012-05-31
347	300169	天晟新材	10.00	2012-05-31
348	600183	生益科技	3.00	2012-05-31
349	600123	兰花科创	10.00	2012-05-31
350	002476	宝莫股份	10.00	2012-06-01
351	300042	朗科科技	10.00	2012-06-01
352	600439	瑞贝卡	2.00	2012-06-01
353	600841	上柴股份	6.00	2012-06-01
354	600143	金发科技	6.00	2012-06-01
355	600070	浙江富润	3.00	2012-06-01
356	600112	长征电气	2.00	2012-06-01
357	000809	铁岭新城	5.00	2012-06-04
358	002155	辰州矿业	4.00	2012-06-04
359	002167	东方锆业	10.00	2012-06-04
360	002187	广百股份	2.00	2012-06-04
361	002443	金洲管道	7.00	2012-06-04
362	002482	广田股份	6.00	2012-06-04
363	002567	唐人神	10.00	2012-06-04
364	002590	万安科技	3.00	2012-06-04
365	300038	梅泰诺	5.00	2012-06-04
366	601113	华鼎锦纶	10.00	2012-06-04
367	000750	国海证券	2.00	2012-06-05
368	002133	广宇集团	2.00	2012-06-05
369	002203	海亮股份	5.00	2012-06-05
370	002261	拓维信息	3.00	2012-06-05
371	002384	东山精密	8.00	2012-06-05
372	002613	北玻股份	0.00	2012-06-05
373	002644	佛慈制药	0.00	2012-06-05
374	300188	美亚柏科	10.00	2012-06-05
375	600766	园城黄金	3.10	2012-06-05
376	000729	燕京啤酒	10.00	2012-06-06
377	002375	亚厦股份	5.00	2012-06-06
378	002535	林州重机	3.00	2012-06-06
379	002602	世纪华通	5.00	2012-06-06
380	002610	爱康科技	5.00	2012-06-06
381	002619	巨龙管业	3.00	2012-06-06
382	300262	巴安水务	10.00	2012-06-06
383	900920	上柴股份	6.00	2012-06-06
384	600169	太原重工	5.00	2012-06-06
385	000973	佛塑科技	5.00	2012-06-07
386	002021	中捷股份	3.00	2012-06-07
387	002279	久其软件	6.00	2012-06-07
388	002310	东方园林	9.94	2012-06-07
389	002475	立讯精密	4.00	2012-06-07
390	002556	辉隆股份	10.00	2012-06-07
391	300065	海兰信	9.00	2012-06-07

continued

(share)

送转股上市交易日 Bonus Shares Trading Date	送转股前总股本 Previous Shares	送股股本数 Bonus Shares	转股股本数 Bonus Shares	送转股后总股本 After Shares	交易所 Exchange	辖区 Region
2012-06-01	900000000	0	180000000	1080000000	深圳证券交易所	江苏
2012-06-01	120000000	0	120000000	240000000	深圳证券交易所	北京
2012-06-01	85100000	0	85100000	170200000	深圳证券交易所	安徽
2012-06-01	100000000	0	100000000	200000000	深圳证券交易所	浙江
2012-06-01	140250000	0	140250000	280500000	深圳证券交易所	江苏
2012-06-04	1094629454	0	328388836	1423018290	上海证券交易所	广东
2012-06-04	571200000	285600000	285600000	1142400000	上海证券交易所	山西
2012-06-04	180000000	0	180000000	360000000	深圳证券交易所	山东
2012-06-04	66800000	0	66800000	133600000	深圳证券交易所	深圳
2012-06-05	786101000	0	157220200	943321200	上海证券交易所	河南
2012-06-05	543182831	0	195709699	738892530	上海证券交易所	上海
2012-06-05	1646500000	493950000	493950000	2634400000	上海证券交易所	广东
2012-06-05	140675760	0	42202728	182878488	上海证券交易所	浙江
2012-06-05	424337372	0	84867474	509204846	上海证券交易所	贵州
2012-06-05	366573908	0	183286954	549860862	深圳证券交易所	辽宁
2012-06-05	547400000	0	218960000	766360000	深圳证券交易所	湖南
2012-06-05	206982000	0	206982000	413964000	深圳证券交易所	广东
2012-06-05	285352140	0	57070428	342422568	深圳证券交易所	广东
2012-06-05	173550000	0	121485000	295035000	深圳证券交易所	浙江
2012-06-05	320000000	0	192000000	512000000	深圳证券交易所	深圳
2012-06-05	138000000	0	138000000	276000000	深圳证券交易所	湖南
2012-06-05	93340000	0	28002000	121342000	深圳证券交易所	浙江
2012-06-05	91570000	0	45785000	137355000	深圳证券交易所	北京
2012-06-06	320000000	0	320000000	640000000	上海证券交易所	浙江
2012-06-06	716780630	931814817	143356125	1791951572	深圳证券交易所	广西
2012-06-06	498600000	0	99720000	598320000	深圳证券交易所	浙江
2012-06-06	516012209	0	258006104	774018313	深圳证券交易所	浙江
2012-06-06	218033724	0	65410117	283443841	深圳证券交易所	湖南
2012-06-06	192000000	38400000	153600000	384000000	深圳证券交易所	江苏
2012-06-06	267000000	133500000	0	400500000	深圳证券交易所	河南
2012 06 06	80780000	8078000	0	88858000	深圳证券交易所	甘肃
2012-06-06	53500000	0	53500000	107000000	深圳证券交易所	厦门
2012-06-07	171165513	0	53061309	224226822	上海证券交易所	山东
2012-06-07	1261294124	0	1261291760	2522585884	深圳证券交易所	北京
2012-06-07	422000000	0	211000000	633000000	深圳证券交易所	浙江
2012-06-07	414179600	0	124253880	538433480	深圳证券交易所	河南
2012-06-07	175000000	0	87500000	262500000	深圳证券交易所	浙江
2012-06-07	200000000	0	100000000	300000000	深圳证券交易所	江苏
2012-06-07	93500000	0	28050000	121550000	深圳证券交易所	浙江
2012-06-07	66700000	0	66700000	133400000	深圳证券交易所	上海
2012-06-08	738892530	0	130200000	869092530	上海证券交易所	上海
2012-06-08	1615970000	0	807985000	2423955000	上海证券交易所	山西
2012-06-08	612554865	0	306277432	918832297	深圳证券交易所	广东
2012-06-08	436780800	0	131034240	567815040	深圳证券交易所	浙江
2012-06-08	109872066	0	65923239	175795305	深圳证券交易所	北京
2012-06-08	151106720	0	150244576	301351296	深圳证券交易所	北京
2012-06-08	260700000	0	104280000	364980000	深圳证券交易所	深圳
2012-06-08	239200000	0	239200000	478400000	深圳证券交易所	安徽
2012-06-08	55396300	0	49856670	105252970	深圳证券交易所	北京

7-35 续表 8

单位：股

序号 No.	股票代码 Stock Code	股票简称 Stock Abbreviation	送转股比例(%) Proportion (%)	股权登记日 Date of Equity Registration
392	300089	长城集团	5.00	2012-06-07
393	300139	福星晓程	10.00	2012-06-07
394	600175	美都控股	1.00	2012-06-07
395	002220	天宝股份	10.00	2012-06-08
396	002368	太极股份	2.00	2012-06-08
397	002514	宝馨科技	6.00	2012-06-08
398	002603	以岭药业	3.00	2012-06-08
399	300187	永清环保	10.00	2012-06-08
400	601908	京运通	10.00	2012-06-08
401	600970	中材国际	2.00	2012-06-08
402	600460	士兰微	10.00	2012-06-08
403	000623	吉林敖东	0.00	2012-06-11
404	000998	隆平高科	5.00	2012-06-11
405	002126	银轮股份	10.00	2012-06-11
406	002253	川大智胜	6.00	2012-06-11
407	002266	浙富股份	10.00	2012-06-11
408	002408	齐翔腾达	2.00	2012-06-11
409	002586	围海股份	9.00	2012-06-11
410	002611	东方精工	3.00	2012-06-11
411	300156	天立环保	8.00	2012-06-11
412	300228	富瑞特装	10.00	2012-06-11
413	300268	万福生科	10.00	2012-06-11
414	600410	华胜天成	2.00	2012-06-11
415	600809	山西汾酒	10.00	2012-06-11
416	600368	五洲交通	5.00	2012-06-11
417	600063	皖维高新	6.00	2012-06-11
418	600150	中国船舶	3.00	2012-06-11
419	002415	海康威视	10.00	2012-06-12
420	300104	乐视网	9.00	2012-06-12
421	300211	亿通科技	1.00	2012-06-12
422	300225	金力泰	5.00	2012-06-12
423	300279	和晶科技	10.00	2012-06-12
424	600527	江南高纤	10.00	2012-06-12
425	600277	亿利能源	7.00	2012-06-12
426	002512	达华智能	5.00	2012-06-13
427	601139	深圳燃气	5.00	2012-06-13
428	000639	西王食品	5.00	2012-06-14
429	002030	达安基因	0.00	2012-06-14
430	002096	南岭民爆	0.00	2012-06-14
431	002451	摩恩电气	5.00	2012-06-14
432	002634	棒杰股份	5.00	2012-06-14
433	300071	华谊嘉信	5.00	2012-06-14
434	300202	聚龙股份	10.00	2012-06-14
435	000869	张　裕	0.00	2012-06-15
436	002060	粤 水 电	2.00	2012-06-15
437	002125	湘潭电化	6.00	2012-06-15
438	002143	高金食品	3.00	2012-06-15
439	002234	民和股份	10.00	2012-06-15
440	002591	恒大高新	1.50	2012-06-15

continued

(share)

送转股上市交易日 Bonus Shares Trading Date	送转股前总股本 Previous Shares	送股股本数 Bonus Shares	转股股本数 Bonus Shares	送转股后总股本 After Shares	交易所 Exchange	辖区 Region
2012-06-08	100000000	0	50000000	150000000	深圳证券交易所	广东
2012-06-08	54800000	0	54800000	109600000	深圳证券交易所	北京
2012-06-11	1246617504	124661750	0	1371279254	上海证券交易所	浙江
2012-06-11	232363600	0	232363600	464727200	深圳证券交易所	大连
2012-06-11	197578400	0	39515680	237094080	深圳证券交易所	北京
2012-06-11	68000000	0	40800000	108800000	深圳证券交易所	江苏
2012-06-11	425000000	0	127500000	552500000	深圳证券交易所	河北
2012-06-11	66780000	0	66780000	133560000	深圳证券交易所	湖南
2012-06-12	429885136	0	429885136	859770272	上海证券交易所	北京
2012-06-12	911081050	182216210	0	1093297260	上海证券交易所	江苏
2012-06-12	434080000	0	434080000	868160000	上海证券交易所	浙江
2012-06-12	688029564	206408869	0	894438433	深圳证券交易所	吉林
2012-06-12	277200000	0	138600000	415800000	深圳证券交易所	湖南
2012-06-12	159000000	0	159000000	318000000	深圳证券交易所	浙江
2012-06-12	87028500	0	52217100	139245600	深圳证券交易所	四川
2012-06-12	299280000	0	299280000	598560000	深圳证券交易所	浙江
2012-06-12	467208000	0	93441600	560649600	深圳证券交易所	山东
2012-06-12	107000000	0	96300000	203300000	深圳证券交易所	宁波
2012-06-12	136000000	0	40800000	176800000	深圳证券交易所	广东
2012-06-12	160400000	0	128320000	288720000	深圳证券交易所	北京
2012-06-12	67000000	0	67000000	134000000	深圳证券交易所	江苏
2012-06-12	67000000	0	67000000	134000000	深圳证券交易所	湖南
2012-06-13	542996996	0	108747637	651744895	上海证券交易所	北京
2012-06-13	432924133	432924133	0	865848266	上海证券交易所	山西
2012-06-13	555867688	138966922	138966922	833801532	上海证券交易所	广西
2012-06-13	936158300	0	561694980	1497853280	上海证券交易所	安徽
2012-06-13	1060090460	0	318027138	1378117598	上海证券交易所	上海
2012-06-13	1000000000	0	1000000000	2000000000	深圳证券交易所	浙江
2012-06-13	220000000	0	198000000	418000000	深圳证券交易所	北京
2012-06-13	48860000	0	4886000	53746000	深圳证券交易所	江苏
2012-06-13	67000000	0	33500000	100500000	深圳证券交易所	上海
2012-06-13	60000000	0	60000000	120000000	深圳证券交易所	江苏
2012-06-14	401044695	0	401044695	802089390	上海证券交易所	江苏
2012-06-14	901935000	0	631354500	1533289500	上海证券交易所	内蒙
2012-06-14	212389200	0	106194600	318583800	深圳证券交易所	广东
2012-06-15	1320300000	0	660150000	1980450000	上海证券交易所	广东
2012-06-15	125548556	0	62774278	188322834	深圳证券交易所	山东
2012-06-15	346705920	69341184	0	416047104	深圳证券交易所	广东
2012-06-15	132200100	132200100	0	264400200	深圳证券交易所	湖南
2012-06-15	146400000	0	73200000	219600000	深圳证券交易所	上海
2012-06-15	66700000	0	33350000	100050000	深圳证券交易所	浙江
2012-06-15	103510544	0	51755272	155265816	深圳证券交易所	北京
2012-06-15	84800000	0	84800000	169600000	深圳证券交易所	辽宁
2012-06-18	348816000	104644800	0	453460800	深圳证券交易所	山东
2012-06-18	418387278	0	83677455	502064733	深圳证券交易所	广东
2012-06-18	86956635	0	52173981	139130616	深圳证券交易所	湖南
2012-06-18	160500000	0	48150000	208650000	深圳证券交易所	四川
2012-06-18	151023316	0	151023316	302046632	深圳证券交易所	山东
2012-06-18	80000000	8000000	12000000	100000000	深圳证券交易所	江西

7-35 续表 9

单位：股

序号 No.	股票代码 Stock Code	股票简称 Stock Abbreviation	送转股比例(%) Proportion (%)	股权登记日 Date of Equity Registration
441	002592	八菱科技	3.00	2012-06-15
442	200869	张　裕	0.00	2012-06-15
443	300264	佳创视讯	5.00	2012-06-15
444	600048	保利地产	2.00	2012-06-15
445	000426	兴业矿业	0.00	2012-06-18
446	000862	银星能源	2.00	2012-06-18
447	002051	中工国际	0.00	2012-06-18
448	002511	中顺洁柔	3.00	2012-06-18
449	300167	迪威视讯	5.00	2012-06-18
450	300214	日科化学	5.00	2012-06-18
451	300231	银信科技	10.00	2012-06-18
452	300257	开山股份	10.00	2012-06-18
453	300260	新莱应材	5.00	2012-06-18
454	600761	安徽合力	2.00	2012-06-18
455	002165	红宝丽	8.00	2012-06-19
456	002502	骅威股份	6.00	2012-06-19
457	300192	科斯伍德	5.00	2012-06-19
458	002116	中国海诚	8.00	2012-06-20
459	002151	北斗星通	2.00	2012-06-20
460	002587	奥拓电子	3.00	2012-06-20
461	002625	龙生股份	5.00	2012-06-20
462	300054	鼎龙股份	5.00	2012-06-20
463	300230	永利带业	8.00	2012-06-20
464	601100	恒立油缸	5.00	2012-06-20
465	000507	珠海港	8.00	2012-06-21
466	600886	国投电力	5.00	2012-06-21
467	600391	成发科技	8.00	2012-06-21
468	600073	上海梅林	5.00	2012-06-21
469	601558	华锐风电	10.00	2012-06-25
470	601012	隆基股份	8.00	2012-06-25
471	600684	珠江实业	3.00	2012-06-25
472	002046	轴研科技	10.00	2012-06-26
473	300277	海联讯	10.00	2012-06-26
474	000090	深天健	0.00	2012-06-27
475	000680	山推股份	0.00	2012-06-27
476	002495	佳隆股份	5.00	2012-06-27
477	200771	杭汽轮	0.00	2012-06-25
478	600513	联环药业	3.00	2012-06-27
479	600321	国栋建设	10.00	2012-06-27
480	600020	中原高速	0.50	2012-06-27
481	002204	大连重工	5.00	2012-06-28
482	002551	尚荣医疗	5.00	2012-06-28
483	300165	天瑞仪器	3.00	2012-06-28
484	300246	宝莱特	8.00	2012-06-28
485	601567	三星电气	5.00	2012-06-28
486	002237	恒邦股份	10.00	2012-06-29
487	600869	三普药业	10.00	2012-06-29
488	600651	飞乐音响	2.00	2012-06-29
489	002505	大康牧业	5.00	2012-07-02

continued

(share)

送转股上市交易日 Bonus Shares Trading Date	送转股前总股本 Previous Shares	送股股本数 Bonus Shares	转股股本数 Bonus Shares	送转股后总股本 After Shares	交易所 Exchange	辖区 Region
2012-06-18	75519166	0	22655749	98174915	深圳证券交易所	广西
2012-06-18	124924800	53539200	0	178464000	深圳证券交易所	山东
2012-06-18	102000000	0	51000000	153000000	深圳证券交易所	深圳
2012-06-19	5948328659	0	1189665732	7137994391	上海证券交易所	广东
2012-06-19	398129881	39812988	0	437942869	深圳证券交易所	内蒙古
2012-06-19	235890000	0	47178000	283068000	深圳证券交易所	宁夏
2012-06-19	440700000	132210000	0	572910000	深圳证券交易所	北京
2012-06-19	160000000	0	48000000	208000000	深圳证券交易所	广东
2012-06-19	66720000	0	33360000	100080000	深圳证券交易所	深圳
2012-06-19	135000000	0	67500000	202500000	深圳证券交易所	山东
2012-06-19	40000000	0	40000000	80000000	深圳证券交易所	北京
2012-06-19	143000000	0	143000000	286000000	深圳证券交易所	浙江
2012-06-19	66700000	0	33350000	100050000	深圳证券交易所	江苏
2012-06-20	428345372	0	85669074	514014446	上海证券交易所	安徽
2012-06-20	268230845	53646168	214584675	536461688	深圳证券交易所	江苏
2012-06-20	88000000	0	52800000	140800000	深圳证券交易所	广东
2012-06-20	73500000	0	36750000	110250000	深圳证券交易所	江苏
2012-06-21	114000000	0	91200000	205200000	深圳证券交易所	上海
2012-06-21	151253617	0	30250723	181504340	深圳证券交易所	北京
2012-06-21	84000000	0	25200000	109200000	深圳证券交易所	深圳
2012-06-21	77338000	0	38669000	116007000	深圳证券交易所	浙江
2012-06-21	90000000	0	45000000	135000000	深圳证券交易所	湖北
2012-06-21	89736000	0	71788800	161524800	深圳证券交易所	上海
2012-06-25	420000000	0	210000000	630000000	上海证券交易所	江苏
2012-06-25	344997420	0	275997936	620995356	深圳证券交易所	广东
2012-06-26	2345103031	0	1172551516	3517654407	上海证券交易所	甘肃
2012-06-26	183405204	0	146724163	330129367	上海证券交易所	四川
2012-06-26	498627358	0	249313679	747941037	上海证券交易所	上海
2012-06-27	2010200000	0	2010200000	4020400000	上海证券交易所	北京
2012-06-27	299180000	0	239344000	538524000	上海证券交易所	陕西
2012-06-27	243151203	0	72945361	316096564	上海证券交易所	广东
2012-06-27	139302174	0	139302174	278604348	深圳证券交易所	河南
2012-06-27	67000000	0	67000000	134000000	深圳证券交易所	深圳
2012-06-28	456637020	45663702	0	502300722	深圳证券交易所	深圳
2012-06-28	759164530	379582265	0	1138746795	深圳证券交易所	山东
2012-06-28	188736000	0	94368000	283104000	深圳证券交易所	广东
2012-06-29	148517200	125668400	0	274185600	深圳证券交易所	浙江
2012-06-29	117000000	0	35100000	152100000	上海证券交易所	江苏
2012-06-29	590440000	0	590440000	1180880000	上海证券交易所	四川
2012-06-29	2140354125	107017706	0	2247371832	上海证券交易所	河南
2012-06-29	429193341	0	214596670	643790011	深圳证券交易所	大连
2012-06-29	123000000	0	61500000	184500000	深圳证券交易所	深圳
2012-06-29	118400000	0	35520000	153920000	深圳证券交易所	江苏
2012-06-29	40580000	0	32464000	73044000	深圳证券交易所	广东
2012-07-02	267000000	0	133500000	400500000	上海证券交易所	浙江
2012-07-02	227600000	0	227600000	455200000	深圳证券交易所	山东
2012-07-03	495021684	0	495021684	990043368	上海证券交易所	青海
2012-07-03	615887759	123177552	0	739065311	上海证券交易所	上海
2012-07-03	164480000	0	82240000	246720000	深圳证券交易所	湖南

7-35 续表 10

单位：股

序号 No.	股票代码 Stock Code	股票简称 Stock Abbreviation	送转股比例(%) Proportion (%)	股权登记日 Date of Equity Registration
490	600379	宝光股份	1.00	2012-07-02
491	600704	物产中大	2.00	2012-07-03
492	600606	金丰投资	0.50	2012-07-03
493	600240	华业地产	12.00	2012-07-03
494	000776	广发证券	10.00	2012-07-04
495	002301	齐心文具	10.00	2012-07-04
496	002398	建研集团	3.00	2012-07-04
497	002640	百圆裤业	10.00	2012-07-04
498	600743	华远地产	2.50	2012-07-04
499	600060	海信电器	5.00	2012-07-04
500	000417	合肥百货	5.00	2012-07-05
501	000629	攀钢钒钛	5.00	2012-07-05
502	000900	现代投资	5.00	2012-07-05
503	002506	超日太阳	6.00	2012-07-05
504	600975	新五丰	3.00	2012-07-05
505	600077	宋都股份	10.00	2012-07-05
506	002067	景兴纸业	10.00	2012-07-06
507	300181	佐力药业	8.00	2012-07-06
508	300235	方直科技	10.00	2012-07-06
509	600636	三爱富	1.00	2012-07-06
510	000848	承德露露	1.00	2012-07-09
511	300255	常山药业	7.00	2012-07-09
512	601099	太平洋	1.00	2012-07-09
513	000006	深 振 业	0.00	2012-07-10
514	000685	中山公用	0.00	2012-07-10
515	000882	华联股份	2.00	2012-07-10
516	601169	北京银行	2.00	2012-07-10
517	600962	国投中鲁	3.00	2012-07-10
518	002185	华天科技	6.00	2012-07-11
519	002620	瑞和股份	5.00	2012-07-11
520	601101	昊华能源	2.00	2012-07-11
521	000917	电广传媒	12.00	2012-07-12
522	000988	华工科技	10.00	2012-07-12
523	002528	英飞拓	5.00	2012-07-12
524	300278	华昌达	10.00	2012-07-12
525	002267	陕天然气	10.00	2012-07-13
526	300243	瑞丰高材	6.00	2012-07-13
527	600770	综艺股份	5.00	2012-07-13
528	600582	天地科技	2.00	2012-07-13
529	600395	盘江股份	5.00	2012-07-13
530	300189	神农大丰	4.00	2012-07-16
531	002065	东华软件	0.00	2012-07-17
532	002316	键桥通讯	5.00	2012-07-17
533	002401	中海科技	9.00	2012-07-19
534	002490	山东墨龙	10.00	2012-07-19
535	300293	蓝英装备	5.00	2012-07-19
536	002601	佰利联	10.00	2012-07-20
537	300158	振东制药	10.00	2012-07-20
538	600649	城投控股	3.00	2012-07-20

continued

(share)

送转股上市交易日 Bonus Shares Trading Date	送转股前总股本 Previous Shares	送股股本数 Bonus Shares	转股股本数 Bonus Shares	送转股后总股本 After Shares	交易所 Exchange	辖区 Region
2012-07-04	214416600	0	21441660	235858260	上海证券交易所	陕西
2012-07-05	658763112	0	131752622	790515734	上海证券交易所	浙江
2012-07-05	493638180	24681909	0	518320089	上海证券交易所	上海
2012-07-05	645000000	0	774000000	1419000000	上海证券交易所	北京
2012-07-05	2959645732	0	2959645732	5919291464	深圳证券交易所	广东
2012-07-05	191689999	0	191689999	383379998	深圳证券交易所	深圳
2012-07-05	156000000	0	46800000	202800000	深圳证券交易所	厦门
2012-07-05	66670000	0	66670000	133340000	深圳证券交易所	山西
2012-07-06	1264459830	316114958	0	1580574788	上海证券交易所	湖北
2012-07-06	868874265	0	434437133	1303311397	上海证券交易所	山东
2012-07-06	519922800	0	259961400	779884200	深圳证券交易所	安徽
2012-07-06	5726497468	0	2863248734	8589746202	深圳证券交易所	四川
2012-07-06	399165900	0	199582950	598748850	深圳证券交易所	湖南
2012-07-06	527200000	0	316320000	843520000	深圳证券交易所	上海
2012-07-09	180277020	0	54083106	234360126	上海证券交易所	湖南
2012-07-09	536827776	0	536827776	1073655552	上海证券交易所	辽宁
2012-07-09	546975500	0	546975500	1093951000	深圳证券交易所	浙江
2012-07-09	80000000	0	64000000	144000000	深圳证券交易所	浙江
2012-07-09	44000000	0	44000000	88000000	深圳证券交易所	深圳
2012-07-10	347227792	0	34722779	381950571	上海证券交易所	上海
2012-07-10	364965120	0	36496512	401461632	深圳证券交易所	河北
2012-07-10	107850000	0	75495000	183345000	深圳证券交易所	河北
2012-07-11	1503313349	150331335	0	1653644684	上海证券交易所	云南
2012-07-11	989007360	296702208	0	1285709568	深圳证券交易所	深圳
2012-07-11	598987089	179696126	0	778683215	深圳证券交易所	广东
2012-07-11	893302441	0	178660488	1071962929	深圳证券交易所	北京
2012-07-12	7333466282	1466693256	0	8800159539	上海证券交易所	北京
2012-07-12	201700000	0	60510000	262210000	上海证券交易所	北京
2012-07-12	406130000	0	243678000	649808000	深圳证券交易所	甘肃
2012-07-12	80000000	0	40000000	120000000	深圳证券交易所	广东
2012 07 13	999998560	199999712	0	1199998272	上海证券交易所	北京
2012-07-13	406378405	0	487654086	894032491	深圳证券交易所	湖南
2012-07-13	445558316	0	445558316	891116632	深圳证券交易所	湖北
2012-07-13	236064000	0	118032000	354096000	深圳证券交易所	深圳
2012-07-13	86700000	0	86700000	173400000	深圳证券交易所	湖北
2012-07-16	508418675	0	508418675	1016837350	深圳证券交易所	陕西
2012-07-16	53500000	0	32100000	85600000	深圳证券交易所	山东
2012-07-17	736400000	0	368200000	1104600000	上海证券交易所	江苏
2012-07-17	1011600000	202320000	0	1213920000	上海证券交易所	北京
2012-07-17	1103367907	0	551683954	1655051861	上海证券交易所	贵州
2012-07-17	160000000	32000000	64000000	256000000	深圳证券交易所	海南
2012-07-18	530744000	159223200	0	689967200	深圳证券交易所	北京
2012-07-18	218400000	0	109200000	327600000	深圳证券交易所	深圳
2012-07-20	106400000	0	95760000	202160000	深圳证券交易所	上海
2012-07-20	270861000	0	270861000	541722000	深圳证券交易所	山东
2012-07-20	60000000	0	30000000	90000000	深圳证券交易所	辽宁
2012-07-23	94000000	0	94000000	188000000	深圳证券交易所	河南
2012-07-23	144000000	0	144000000	288000000	深圳证券交易所	山西
2012-07-24	2298095014	689428504	0	2987523518	上海证券交易所	上海

7-35 续表 11

单位：股

序号 No.	股票代码 Stock Code	股票简称 Stock Abbreviation	送转股比例(%) Proportion (%)	股权登记日 Date of Equity Registration
539	300245	天玑科技	10.00	2012-07-23
540	000868	安凯客车	10.00	2012-07-26
541	600817	ST宏盛	2.50	2012-07-30
542	000547	神州学人	2.50	2012-08-02
543	600612	老凤祥	2.00	2012-08-03
544	000419	通程控股	2.00	2012-08-07
545	900905	老凤祥	2.00	2012-08-08
546	000338	潍柴动力	0.00	2012-08-16
547	000521	美菱电器	2.00	2012-08-20
548	200521	美菱电器	2.00	2012-08-20
549	600489	中金黄金	5.00	2012-08-20
550	300166	东方国信	5.00	2012-08-21
551	002014	永新股份	5.00	2012-08-22
552	300175	朗源股份	10.00	2012-08-22
553	600711	盛屯矿业	8.00	2012-08-23
554	002565	上海绿新	6.00	2012-08-27
555	000590	紫光古汉	0.00	2012-09-03
556	002004	华邦制药	5.00	2012-09-03
557	300306	远方光电	10.00	2012-09-05
558	002663	普邦园林	6.00	2012-09-06
559	601000	唐山港	8.00	2012-09-07
560	000602	金马集团	10.00	2012-09-14
561	002559	亚威股份	10.00	2012-09-17
562	300303	聚飞光电	7.00	2012-09-20
563	002453	天马精化	10.00	2012-09-24
564	300168	万达信息	10.00	2012-09-25
565	300198	纳川股份	5.00	2012-09-25
566	300301	长方照明	15.00	2012-09-25
567	300307	慈星股份	10.00	2012-09-25
568	300309	吉艾科技	10.00	2012-09-25
569	300310	宜通世纪	10.00	2012-09-25
570	002568	百润股份	10.00	2012-09-26
571	600490	鹏欣资源	15.00	2012-09-26
572	600409	三友化工	5.00	2012-09-27
573	600667	太极实业	10.00	2012-10-10
574	600710	常林股份	2.00	2012-10-12
575	002421	达实智能	10.00	2012-10-15
576	002497	雅化集团	5.00	2012-10-16
577	603333	明星电缆	5.00	2012-10-16
578	002012	凯恩股份	10.00	2012-10-22
579	000566	海南海药	10.00	2012-10-25
580	002447	壹桥苗业	10.00	2012-11-01
581	600462	石岘纸业	3.00	2012-10-25
582	600568	中珠控股	12.00	2012-11-09
583	601872	招商轮船	1.00	2012-11-23

continued

(share)

送转股上市交易日 Bonus Shares Trading Date	送转股前总股本 Previous Shares	送股股本数 Bonus Shares	转股股本数 Bonus Shares	送转股后总股本 After Shares	交易所 Exchange	辖区 Region
2012-07-24	67000000	0	67000000	134000000	深圳证券交易所	上海
2012-07-27	352010000	0	352010000	704020000	深圳证券交易所	安徽
2012-08-02	128728066	0	32182017	160910082	上海证券交易所	上海
2012-08-03	618428327	61842832	154607081	834878240	深圳证券交易所	福建
2012-08-07	435931470	0	52851605	488783075	上海证券交易所	上海
2012-08-08	452985546	0	90597109	543582655	深圳证券交易所	湖南
2012-08-10	488783075	0	34334689	523117764	上海证券交易所	上海
2012-08-17	1261291366	252258273	0	1513549639	深圳证券交易所	山东
2012-08-21	500729338	0	100145867	600875205	深圳证券交易所	安徽
2012-08-21	108576000	0	27144000	135720000	深圳证券交易所	安徽
2012-08-22	1962152531	0	981076266	2943228797	上海证券交易所	北京
2012-08-22	81000000	0	40500000	121500000	深圳证券交易所	北京
2012-08-23	217172300	0	108586150	325758450	深圳证券交易所	安徽
2012-08-23	235400000	0	235400000	470800000	深圳证券交易所	山东
2012-08-27	163217300	0	130573840	293791140	上海证券交易所	福建
2012-08-28	213600000	0	128160000	341760000	深圳证券交易所	上海
2012-09-04	203028425	20302842	0	223331267	深圳证券交易所	湖南
2012-09-04	334986000	0	167493000	502479000	深圳证券交易所	重庆
2012-09-06	60000000	0	60000000	120000000	深圳证券交易所	浙江
2012-09-07	174680000	0	104808000	279488000	深圳证券交易所	广东
2012-09-11	1127973058	0	902378446	2030351504	上海证券交易所	河北
2012-09-17	504574149	0	504574149	1009148298	深圳证券交易所	广东
2012-09-18	88000000	0	88000000	176000000	深圳证券交易所	江苏
2012-09-21	80000000	-	56000000	136000000	深圳证券交易所	深圳
2012-09-25	120000000	0	120000000	240000000	深圳证券交易所	江苏
2012-09-26	120000000	0	120000000	240000000	深圳证券交易所	上海
2012-09-26	139220000	0	69610000	208830000	深圳证券交易所	福建
2012-09-26	108000000	0	162000000	270000000	深圳证券交易所	深圳
2012-09-26	401000000	0	401000000	802000000	深圳证券交易所	宁波
2012-09-26	108637000	0	108637000	217274000	深圳证券交易所	北京
2012-09-26	88000000	0	88000000	176000000	深圳证券交易所	广东
2012-09-27	80000000	0	80000000	160000000	深圳证券交易所	上海
2012-09-28	232000000	0	348000000	580000000	上海证券交易所	上海
2012-10-08	1233590325	0	616795163	1850385487	上海证券交易所	河北
2012-10-12	468817381	121892519	346924862	937634760	上海证券交易所	江苏
2012-10-16	533570000	0	106714000	640284000	上海证券交易所	江苏
2012-10-16	104400000	0	104400000	208800000	深圳证券交易所	深圳
2012-10-17	320000000	0	160000000	480000000	深圳证券交易所	四川
2012-10-18	346670000	0	173335000	520005000	上海证券交易所	四川
2012-10-23	233812735	0	233812735	467625470	深圳证券交易所	浙江
2012-10-26	247594974	0	247594974	495189948	深圳证券交易所	海南
2012-11-02	134000000	0	134000000	268000000	深圳证券交易所	大连
2012-11-05	410600000	0	123180000	533780000	上海证券交易所	吉林
2012-11-13	166466600	33293320	166466600	366226520	上海证券交易所	湖北
2012-11-27	4291747099	0	429174710	4720921809	上海证券交易所	上海

7-36 上市公司红利分配情况

序号 No.	公司名称 Companies	股票代码 Stock Code	股票简称 Stock Abbreviation
1	山东兴民钢圈股份有限公司	002355	兴民钢圈
2	浙江富春江环保热电股份有限公司	002479	富春环保
3	黄山永新股份有限公司	002014	永新股份
4	浙江南洋科技股份有限公司	002389	南洋科技
5	北京东方国信科技股份有限公司	300166	东方国信
6	上海徐家汇商城股份有限公司	002561	徐家汇
7	汤臣倍健股份有限公司	300146	汤臣倍健
8	西藏海思科药业集团股份有限公司	002653	海思科
9	郑州煤矿机械集团股份有限公司	601717	郑煤机
10	牡丹江恒丰纸业股份有限公司	600356	恒丰纸业
11	山东法因数控机械股份有限公司	002270	法因数控
12	四川川润股份有限公司	002272	川润股份
13	广东科达机电股份有限公司	600499	科达机电
14	滨化集团股份有限公司	601678	滨化股份
15	南京新联电子股份有限公司	002546	新联电子
16	张家港保税科技股份有限公司	600794	保税科技
17	中弘控股股份有限公司	000979	中弘股份
18	北京康得新复合材料股份有限公司	002450	康得新
19	广东超华科技股份有限公司	002288	超华科技
20	三安光电股份有限公司	600703	三安光电
21	浙江刚泰控股(集团)股份有限公司	600687	刚泰控股
22	北京七星华创电子股份有限公司	002371	七星电子
23	北京捷成世纪科技股份有限公司	300182	捷成股份
24	恒逸石化股份有限公司	000703	恒逸石化
25	苏州工业园区和顺电气股份有限公司	300141	和顺电气
26	康力电梯股份有限公司	002367	康力电梯
27	浙江万马电缆股份有限公司	002276	万马电缆
28	北汽福田汽车股份有限公司	600166	福田汽车
29	厦门蒙发利科技(集团)股份有限公司	002614	蒙发利
30	沧州明珠塑料股份有限公司	002108	沧州明珠
31	山东三维石化工程股份有限公司	002469	三维工程
32	成都市路桥工程股份有限公司	002628	成都路桥
33	广东星河生物科技股份有限公司	300143	菇木真
34	江苏丰东热技术股份有限公司	002530	丰东股份
35	山东丽鹏股份有限公司	002374	丽鹏股份
36	科大智能科技股份有限公司	300222	科大智能
37	国电南瑞科技股份有限公司	600406	国电南瑞
38	安徽省司尔特肥业股份有限公司	002538	司尔特
39	北京华宇软件股份有限公司	300271	紫光华宇
40	大连三垒机器股份有限公司	002621	大连三垒
41	杭州中恒电气股份有限公司	002364	中恒电气
42	鸿博股份有限公司	002229	鸿博股份
43	湖南凯美特气体股份有限公司	002549	凯美特气
44	安徽鑫龙电器股份有限公司	002298	鑫龙电器
45	厦门乾照光电股份有限公司	300102	乾照光电
46	广州中海达卫星导航技术股份有限公司	300177	中海达
47	广州御银科技股份有限公司	002177	御银股份
48	金杯电工股份有限公司	002533	金杯电工
49	无锡宝通带业股份有限公司	300031	宝通带业
50	奥维通信股份有限公司	002231	奥维通信

注：对本年存在多次分红的上市公司分别按除息日纳入，A、B股同时分红的上市公司分红金额为合计金额，相应股票代码和简称均使用A股代码。

数据来源：上海证券交易所、深圳证券交易所

Source：SSE、SZSE

Dividend of Listed Companies

除息日 Ex-dividend Date	每股现金红利(元) Dividend Per Share (yuan)	上市公司分红总额(元) Total Dividend (yuan)	交易所 Exchange	辖区 Region
2012-02-15	0.25	52600000.00	深圳证券交易所	山东
2012-02-17	0.40	171200000.00	深圳证券交易所	浙江
2012-02-20	0.30	54905760.00	深圳证券交易所	安徽
2012-02-20	0.13	26800000.00	深圳证券交易所	浙江
2012-02-21	0.10	8100000.00	深圳证券交易所	北京
2012-03-01	0.36	149674680.00	深圳证券交易所	上海
2012-03-05	0.50	109360000.00	深圳证券交易所	广东
2012-03-08	0.60	240060000.00	深圳证券交易所	西藏
2012-03-13	0.06	84000000.00	上海证券交易所	河南
2012-03-13	0.10	23391600.00	上海证券交易所	黑龙江
2012-03-13	0.04	7275000.00	深圳证券交易所	山东
2012-03-14	0.05	17055000.00	深圳证券交易所	四川
2012-03-15	0.10	63201170.00	上海证券交易所	广东
2012-03-15	0.20	132000000.00	上海证券交易所	山东
2012-03-21	0.25	42000000.00	深圳证券交易所	江苏
2012-03-22	0.07	14974119.02	上海证券交易所	江苏
2012-03-22	0.10	101209260.70	深圳证券交易所	安徽
2012-03-22	0.03	12928000.00	深圳证券交易所	北京
2012-03-22	0.01	3299712.00	深圳证券交易所	广东
2012-03-26	0.30	433204132.80	上海证券交易所	湖北
2012-03-27	0.01	1268885.63	上海证券交易所	浙江
2012-03-27	0.06	8450000.00	深圳证券交易所	北京
2012-03-27	0.27	44800000.00	深圳证券交易所	北京
2012-03-27	0.50	576793813.00	深圳证券交易所	广西
2012-03-28	0.10	11040000.00	深圳证券交易所	江苏
2012-03-28	0.20	75744000.00	深圳证券交易所	江苏
2012-03-28	0.06	43160000.00	深圳证券交易所	浙江
2012-03-29	0.12	253160592.00	上海证券交易所	北京
2012-03-29	0.20	48000000.00	深圳证券交易所	厦门
2012-03-29	0.10	30165480.00	深圳证券交易所	河北
2012-03-29	0.07	11261489.50	深圳证券交易所	山东
2012-03-29	0.06	20040000.00	深圳证券交易所	四川
2012-03-30	0.20	29480000.00	深圳证券交易所	广东
2012-03-30	0.06	16080000.00	深圳证券交易所	江苏
2012-03-30	0.10	8560000.00	深圳证券交易所	山东
2012-03-30	0.22	24000000.00	深圳证券交易所	上海
2012-04-05	0.07	105035885.80	上海证券交易所	江苏
2012-04-05	0.10	29600000.00	深圳证券交易所	安徽
2012-04-05	0.75	111000000.00	深圳证券交易所	北京
2012-04-05	0.10	15000000.00	深圳证券交易所	大连
2012-04-05	0.15	15030000.00	深圳证券交易所	浙江
2012-04-06	0.14	41589100.00	深圳证券交易所	福建
2012-04-06	0.08	14400000.00	深圳证券交易所	湖南
2012-04-09	0.01	4125000.00	深圳证券交易所	安徽
2012-04-09	0.40	118000000.00	深圳证券交易所	厦门
2012-04-09	0.05	10000000.00	深圳证券交易所	广东
2012-04-09	0.03	17221522.50	深圳证券交易所	广东
2012-04-09	0.08	28000000.00	深圳证券交易所	湖南
2012-04-09	0.13	20000000.00	深圳证券交易所	江苏
2012-04-09	0.08	26760000.00	深圳证券交易所	辽宁

7-36 续表 1

序号 No.	公司名称 Companies	股票代码 Stock Code	股票简称 Stock Abbreviation
51	尤洛卡矿业安全工程股份有限公司	300099	尤洛卡
52	成都银河磁体股份有限公司	300127	银河磁体
53	浙江三花股份有限公司	002050	三花股份
54	南海发展股份有限公司	600323	南海发展
55	深圳市实益达科技股份有限公司	002137	实 益 达
56	深圳达实智能股份有限公司	002421	达实智能
57	湖北中航精机科技股份有限公司	002013	中航精机
58	湖南友谊阿波罗商业股份有限公司	002277	友阿股份
59	沪士电子股份有限公司	002463	沪电股份
60	浙江赞宇科技股份有限公司	002637	赞宇科技
61	浙江双箭橡胶股份有限公司	002381	双箭股份
62	铜陵精达特种电磁线股份有限公司	600577	精达股份
63	河南大有能源股份有限公司	600403	大有能源
64	山东南山铝业股份有限公司	600219	南山铝业
65	浙江正泰电器股份有限公司	601877	正泰电器
66	阳光电源股份有限公司	300274	阳光电源
67	北京北陆药业股份有限公司	300016	北陆药业
68	广东宝丽华新能源股份有限公司	000690	宝新能源
69	龙星化工股份有限公司	002442	龙星化工
70	天泽信息产业股份有限公司	300209	天泽信息
71	辽宁奥克化学股份有限公司	300082	奥克股份
72	宁夏中银绒业股份有限公司	000982	中银绒业
73	东方财富信息股份有限公司	300059	东方财富
74	江苏鹿港科技股份有限公司	601599	鹿港科技
75	内蒙古伊利实业集团股份有限公司	600887	伊利股份
76	银座集团股份有限公司	600858	银座股份
77	安徽鸿路钢结构(集团)股份有限公司	002541	鸿路钢构
78	北京鼎汉技术股份有限公司	300011	鼎汉技术
79	通化双龙化工股份有限公司	300108	双龙股份
80	江苏维尔利环保科技股份有限公司	300190	维尔利
81	积成电子股份有限公司	002339	积成电子
82	成都市兴蓉投资股份有限公司	000598	兴蓉投资
83	成都市新都化工股份有限公司	002539	新都化工
84	杭州宋城旅游发展股份有限公司	300144	宋城股份
85	重庆梅安森科技股份有限公司	300275	梅安森
86	武汉三镇实业控股股份有限公司	600168	武汉控股
87	鲁银投资集团股份有限公司	600784	鲁银投资
88	深圳市宇顺电子股份有限公司	002289	宇顺电子
89	西藏矿业发展股份有限公司	000762	西藏矿业
90	深圳日海通讯技术股份有限公司	002313	日海通讯
91	同方国芯电子股份有限公司	002049	同方国芯
92	湖北台基半导体股份有限公司	300046	台基股份
93	湖南尔康制药股份有限公司	300267	尔康制药
94	苏州天马精细化学品股份有限公司	002453	天马精化
95	烟台杰瑞石油服务集团股份有限公司	002353	杰瑞股份
96	杭州新世纪信息技术股份有限公司	002280	新世纪
97	宁波理工监测科技股份有限公司	002322	理工监测
98	昆明制药集团股份有限公司	600422	昆明制药
99	北京四维图新科技股份有限公司	002405	四维图新
100	北京合康亿盛变频科技股份有限公司	300048	合康变频
101	人人乐连锁商业集团股份有限公司	002336	人人乐

continued

除息日 Ex-dividend Date	每股现金红利(元) Dividend Per Share (yuan)	上市公司分红总额(元) Total Dividend (yuan)	交易所 Exchange	辖区 Region
2012-04-09	0.50	51675000.00	深圳证券交易所	山东
2012-04-09	0.60	96943908.00	深圳证券交易所	四川
2012-04-09	0.25	148684333.00	深圳证券交易所	浙江
2012-04-10	0.05	26022568.24	上海证券交易所	广东
2012-04-10	0.08	24972480.00	深圳证券交易所	深圳
2012-04-10	0.20	20280000.00	深圳证券交易所	深圳
2012-04-10	0.02	4343976.00	深圳证券交易所	湖北
2012-04-10	0.15	52380000.00	深圳证券交易所	湖南
2012-04-10	0.07	83043639.10	深圳证券交易所	江苏
2012-04-10	0.20	32000000.00	深圳证券交易所	浙江
2012-04-10	0.20	23400000.00	深圳证券交易所	浙江
2012-04-11	0.05	36056690.00	上海证券交易所	安徽
2012-04-11	0.70	583554974.10	上海证券交易所	河南
2012-04-11	0.10	193415449.50	上海证券交易所	山东
2012-04-11	0.70	703500000.00	上海证券交易所	浙江
2012-04-11	0.11	35840000.00	深圳证券交易所	安徽
2012-04-11	0.20	30549820.80	深圳证券交易所	北京
2012-04-11	0.06	94963687.50	深圳证券交易所	广东
2012-04-11	0.13	64000000.00	深圳证券交易所	河北
2012-04-11	0.05	8000000.00	深圳证券交易所	江苏
2012-04-11	0.33	85536000.00	深圳证券交易所	辽宁
2012-04-11	0.03	18348000.00	深圳证券交易所	宁夏
2012-04-11	0.06	21000000.00	深圳证券交易所	上海
2012-04-12	0.13	42400000.00	上海证券交易所	江苏
2012-04-12	0.25	399661375.00	上海证券交易所	内蒙古
2012-04-12	0.02	8667776.49	上海证券交易所	山东
2012-04-12	0.19	49580000.00	深圳证券交易所	安徽
2012-04-12	0.19	28770560.00	深圳证券交易所	北京
2012-04-13	0.05	6760000.00	深圳证券交易所	吉林
2012-04-13	0.17	15900000.00	深圳证券交易所	江苏
2012-04-13	0.10	17200000.00	深圳证券交易所	山东
2012-04-13	0.10	115357170.00	深圳证券交易所	四川
2012-04-13	0.25	82760000.00	深圳证券交易所	四川
2012-04-13	0.13	73920000.00	深圳证券交易所	浙江
2012-04-13	0.29	23468000.00	深圳证券交易所	重庆
2012-04-16	0.03	11469900.00	上海证券交易所	湖北
2012-04-16	0.06	29796824.76	上海证券交易所	山东
2012-04-16	0.05	3675000.00	深圳证券交易所	深圳
2012-04-16	0.07	31731658.50	深圳证券交易所	西藏
2012-04-17	0.15	30000000.00	深圳证券交易所	深圳
2012-04-17	0.10	13500000.00	深圳证券交易所	河北
2012-04-17	0.60	85248000.00	深圳证券交易所	湖北
2012-04-17	0.23	55200000.00	深圳证券交易所	湖南
2012-04-17	0.20	24000000.00	深圳证券交易所	江苏
2012-04-17	0.15	68890800.00	深圳证券交易所	山东
2012-04-17	0.12	12840000.00	深圳证券交易所	浙江
2012-04-17	0.10	13340000.00	深圳证券交易所	宁波
2012-04-18	0.20	62835200.00	上海证券交易所	云南
2012-04-18	0.14	81646833.98	深圳证券交易所	北京
2012-04-18	0.14	48306400.00	深圳证券交易所	北京
2012-04-18	0.50	200000000.00	深圳证券交易所	深圳

7-36 续表 2

序号 No.	公司名称 Companies	股票代码 Stock Code	股票简称 Stock Abbreviation
102	巨力索具股份有限公司	002342	巨力索具
103	河南华英农业发展股份有限公司	002321	华英农业
104	吉林省集安益盛药业股份有限公司	002566	益盛药业
105	淄博万昌科技股份有限公司	002581	万昌科技
106	新疆中泰化学股份有限公司	002092	中泰化学
107	新界泵业集团股份有限公司	002532	新界泵业
108	用友软件股份有限公司	600588	用友软件
109	沧州大化股份有限公司	600230	沧州大化
110	常州星宇车灯股份有限公司	601799	星宇股份
111	营口港务股份有限公司	600317	营口港
112	上海置信电气股份有限公司	600517	置信电气
113	浙江华海药业股份有限公司	600521	华海药业
114	福建圣农发展股份有限公司	002299	圣农发展
115	广州市鸿利光电股份有限公司	300219	鸿利光电
116	武汉凡谷电子技术股份有限公司	002194	武汉凡谷
117	吉林利源铝业股份有限公司	002501	利源铝业
118	冠城大通股份有限公司	600067	冠城大通
119	广联达软件股份有限公司	002410	广联达
120	北京汇冠新技术股份有限公司	300282	汇冠股份
121	新华都购物广场股份有限公司	002264	新 华 都
122	江苏亚威机床股份有限公司	002559	亚威股份
123	天津经纬电材股份有限公司	300120	经纬电材
124	浙江伟星新型建材股份有限公司	002372	伟星新材
125	甘肃祁连山水泥集团股份有限公司	600720	祁连山
126	南宁百货大楼股份有限公司	600712	南宁百货
127	乐普(北京)医疗器械股份有限公司	300003	乐普医疗
128	深圳市信维通信股份有限公司	300136	信维通信
129	深圳市远望谷信息技术股份有限公司	002161	远 望 谷
130	深圳市盐田港股份有限公司	000088	盐 田 港
131	多氟多化工股份有限公司	002407	多氟多
132	江苏国泰国际集团国贸股份有限公司	002091	江苏国泰
133	上海佳豪船舶工程设计股份有限公司	300008	上海佳豪
134	杭州中威电子股份有限公司	300270	中威电子
135	江南嘉捷电梯股份有限公司	601313	江南嘉捷
136	方华化学集团股份有限公司	600309	方华化学
137	永泰能源股份有限公司	600157	永泰能源
138	重庆路桥股份有限公司	600106	重庆路桥
139	泰尔重工股份有限公司	002347	泰尔重工
140	北京拓尔思信息技术股份有限公司	300229	拓尔思
141	福建榕基软件股份有限公司	002474	榕基软件
142	深圳新宙邦科技股份有限公司	300037	新宙邦
143	广东天龙油墨集团股份有限公司	300063	天龙集团
144	中山华帝燃具股份有限公司	002035	华帝股份
145	晨光生物科技集团股份有限公司	300138	晨光生物
146	雏鹰农牧集团股份有限公司	002477	雏鹰农牧
147	克明面业股份有限公司	002661	克明面业
148	上海科华生物工程股份有限公司	002022	科华生物
149	云南临沧鑫圆锗业股份有限公司	002428	云南锗业
150	浙江艾迪西流体控制股份有限公司	002468	艾迪西
151	朗姿股份有限公司	002612	朗姿股份
152	广州海鸥卫浴用品股份有限公司	002084	海鸥卫浴

continued

除息日 Ex-dividend Date	每股现金红利(元) Dividend Per Share (yuan)	上市公司分红总额(元) Total Dividend (yuan)	交易所 Exchange	辖区 Region
2012-04-18	0.05	48000000.00	深圳证券交易所	河北
2012-04-18	0.05	14700000.00	深圳证券交易所	河南
2012-04-18	0.10	22063440.00	深圳证券交易所	吉林
2012-04-18	0.50	54140000.00	深圳证券交易所	山东
2012-04-18	0.10	115434000.00	深圳证券交易所	新疆
2012-04-18	0.10	16000000.00	深圳证券交易所	浙江
2012-04-19	0.33	326361346.80	上海证券交易所	北京
2012-04-19	0.03	7779948.60	上海证券交易所	河北
2012-04-19	0.58	138944800.00	上海证券交易所	江苏
2012-04-19	0.05	54878581.30	上海证券交易所	辽宁
2012-04-19	0.40	247482000.00	上海证券交易所	上海
2012-04-19	0.10	53860728.50	上海证券交易所	浙江
2012-04-19	0.33	300597000.00	深圳证券交易所	福建
2012-04-19	0.05	12273300.00	深圳证券交易所	广东
2012-04-19	0.25	138970000.00	深圳证券交易所	湖北
2012-04-19	0.20	37440000.00	深圳证券交易所	吉林
2012-04-20	0.08	95615329.81	上海证券交易所	福建
2012-04-20	0.33	135000000.00	深圳证券交易所	北京
2012-04-20	0.13	6904500.00	深圳证券交易所	北京
2012-04-20	0.05	28565321.36	深圳证券交易所	厦门
2012-04-20	0.35	30800000.00	深圳证券交易所	江苏
2012-04-20	0.11	18096000.00	深圳证券交易所	天津
2012-04-20	0.80	202720000.00	深圳证券交易所	浙江
2012-04-23	0.15	71235349.80	上海证券交易所	甘肃
2012-04-23	0.04	23828672.00	上海证券交易所	广西
2012-04-23	0.18	146160000.00	深圳证券交易所	北京
2012-04-23	0.15	20001000.00	深圳证券交易所	深圳
2012-04-23	0.05	36987870.00	深圳证券交易所	深圳
2012-04-23	0.27	522900000.00	深圳证券交易所	深圳
2012-04-23	0.10	22256000.00	深圳证券交易所	河南
2012-04-23	0.15	54000000.00	深圳证券交易所	江苏
2012-04-23	0.11	24761520.00	深圳证券交易所	上海
2012-04-23	0.07	4000000.00	深圳证券交易所	浙江
2012-04-24	0.15	33600000.00	上海证券交易所	江苏
2012-04-24	0.60	1297400832.00	上海证券交易所	山东
2012-04-24	0.05	88377976.50	上海证券交易所	山西
2012-04-24	0.04	31770970.00	上海证券交易所	重庆
2012-04-24	0.30	31200000.00	深圳证券交易所	安徽
2012-04-24	0.18	36000000.00	深圳证券交易所	北京
2012-04-24	0.15	31110000.00	深圳证券交易所	福建
2012-04-24	0.25	42800000.00	深圳证券交易所	深圳
2012-04-24	0.10	10050000.00	深圳证券交易所	广东
2012-04-24	0.18	44660616.00	深圳证券交易所	广东
2012-04-24	0.10	17957087.20	深圳证券交易所	河北
2012-04-24	0.23	120150000.00	深圳证券交易所	河南
2012-04-24	0.50	41540000.00	深圳证券交易所	湖南
2012-04-24	0.40	196911000.00	深圳证券交易所	上海
2012-04-24	0.05	16328000.00	深圳证券交易所	云南
2012-04-24	0.21	48000000.00	深圳证券交易所	浙江
2012-04-25	0.60	120000000.00	深圳证券交易所	北京
2012-04-25	0.09	33558331.80	深圳证券交易所	广东

7-36 续表 3

序号 No.	公司名称 Companies	股票代码 Stock Code	股票简称 Stock Abbreviation
153	海南海峡航运股份有限公司	002320	海峡股份
154	东港股份有限公司	002117	东港股份
155	云南南天电子信息产业股份有限公司	000948	南天信息
156	浙江久立特材科技股份有限公司	002318	久立特材
157	浙江凯恩特种材料股份有限公司	002012	凯恩股份
158	唐山港集团股份有限公司	601000	唐山港
159	郑州煤电股份有限公司	600121	郑州煤电
160	国元证券股份有限公司	000728	国元证券
161	安徽安纳达钛业股份有限公司	002136	安纳达
162	北京荣之联科技股份有限公司	002642	荣之联
163	北京顺鑫农业股份有限公司	000860	顺鑫农业
164	广东安居宝数码科技股份有限公司	300155	安居宝
165	广东塔牌集团股份有限公司	002233	塔牌集团
166	深圳市华测检测技术股份有限公司	300012	华测检测
167	辽宁华锦通达化工股份有限公司	000059	辽通化工
168	齐峰新材料股份有限公司	002521	齐峰股份
169	上海凯宝药业股份有限公司	300039	上海凯宝
170	成都国腾电子技术股份有限公司	300101	国腾电子
171	四川雅化实业集团股份有限公司	002497	雅化集团
172	荣盛石化股份有限公司	002493	荣盛石化
173	杭州老板电器股份有限公司	002508	老板电器
174	浙江东晶电子股份有限公司	002199	东晶电子
175	浙江水晶光电科技股份有限公司	002273	水晶光电
176	重庆智飞生物制品股份有限公司	300122	智飞生物
177	吉林华微电子股份有限公司	600360	华微电子
178	舒泰神(北京)生物制药股份有限公司	300204	舒泰神
179	北京光线传媒股份有限公司	300251	光线传媒
180	北京三聚环保新材料股份有限公司	300072	三聚环保
181	华映科技(集团)股份有限公司	000536	华映科技
182	福建青松股份有限公司	300132	青松股份
183	广州市香雪制药股份有限公司	300147	香雪制药
184	广州广电运通金融电子股份有限公司	002152	广电运通
185	深圳市漫步者科技股份有限公司	002351	漫步者
186	海能达通信股份有限公司	002583	海能达
187	广东大华农动物保健品股份有限公司	300186	大华农
188	洛阳隆华传热节能股份有限公司	300263	隆华传热
189	好想你枣业股份有限公司	002582	好想你
190	湖北回天胶业股份有限公司	300041	回天胶业
191	天舟文化股份有限公司	300148	天舟文化
192	苏州固锝电子股份有限公司	002079	苏州固锝
193	江苏蓝丰生物化工股份有限公司	002513	蓝丰生化
194	包头东宝生物技术股份有限公司	300239	东宝生物
195	烟台万润精细化工股份有限公司	002643	烟台万润
196	上海钢联电子商务股份有限公司	300226	上海钢联
197	兄弟科技股份有限公司	002562	兄弟科技
198	贵州赤天化股份有限公司	600227	赤天化
199	江苏连云港港口股份有限公司	601008	连云港
200	江苏亨通光电股份有限公司	600487	亨通光电
201	安徽古井贡酒股份有限公司	000596	古井贡酒
202	深圳市金新农饲料股份有限公司	002548	金新农
203	武汉南国置业股份有限公司	002305	南国置业

continued

除息日 Ex-dividend Date	每股现金红利(元) Dividend Per Share (yuan)	上市公司分红总额(元) Total Dividend (yuan)	交易所 Exchange	辖区 Region
2012-04-25	0.31	131040000.00	深圳证券交易所	海南
2012-04-25	0.20	50565668.80	深圳证券交易所	山东
2012-04-25	0.07	16844076.08	深圳证券交易所	云南
2012-04-25	0.07	20800000.00	深圳证券交易所	浙江
2012-04-25	0.20	46762547.00	深圳证券交易所	浙江
2012-04-26	0.08	90237844.64	上海证券交易所	河北
2012-04-26	0.10	62914000.00	上海证券交易所	河南
2012-04-26	0.10	196410000.00	深圳证券交易所	安徽
2012-04-26	0.10	21502000.00	深圳证券交易所	安徽
2012-04-26	0.15	30000000.00	深圳证券交易所	北京
2012-04-26	0.20	87708000.00	深圳证券交易所	北京
2012-04-26	0.28	50400000.00	深圳证券交易所	广东
2012-04-26	0.22	196824313.18	深圳证券交易所	广东
2012-04-26	0.20	36796500.00	深圳证券交易所	深圳
2012-04-26	0.10	120050636.70	深圳证券交易所	辽宁
2012-04-26	0.30	61845000.00	深圳证券交易所	山东
2012-04-26	0.60	157824000.00	深圳证券交易所	上海
2012-04-26	0.08	20850000.00	深圳证券交易所	四川
2012-04-26	0.30	96000000.00	深圳证券交易所	四川
2012-04-26	0.50	556000000.00	深圳证券交易所	浙江
2012-04-26	0.20	51200000.00	深圳证券交易所	浙江
2012-04-26	0.07	12625887.30	深圳证券交易所	浙江
2012-04-26	0.25	62426500.00	深圳证券交易所	浙江
2012-04-26	0.25	100000000.00	深圳证券交易所	重庆
2012-04-27	0.05	33904000.00	上海证券交易所	吉林
2012-04-27	0.25	33350000.00	深圳证券交易所	北京
2012-04-27	0.45	109600000.00	深圳证券交易所	北京
2012-04-27	0.05	19454000.00	深圳证券交易所	北京
2012-04-27	0.52	364256623.12	深圳证券交易所	福建
2012-04-27	0.10	12060000.00	深圳证券交易所	福建
2012-04-27	0.17	49200000.00	深圳证券交易所	广东
2012-04-27	0.07	44478411.10	深圳证券交易所	广东
2012-04-27	0.20	58800000.00	深圳证券交易所	深圳
2012-04-27	0.06	16680000.00	深圳证券交易所	深圳
2012-04-27	0.60	160200000.00	深圳证券交易所	广东
2012-04-27	0.15	24000000.00	深圳证券交易所	河南
2012-04-27	0.15	22140000.00	深圳证券交易所	河南
2012-04-27	0.30	31679047.50	深圳证券交易所	湖北
2012-04-27	0.12	14625000.00	深圳证券交易所	湖南
2012-04-27	0.04	32135983.20	深圳证券交易所	江苏
2012-04-27	0.13	26640000.00	深圳证券交易所	江苏
2012-04-27	0.05	7598000.00	深圳证券交易所	内蒙古
2012-04-27	0.50	68910000.00	深圳证券交易所	山东
2012-04-27	0.05	4000000.00	深圳证券交易所	上海
2012-04-27	0.05	10670000.00	深圳证券交易所	浙江
2012-05-02	0.02	19007850.52	上海证券交易所	贵州
2012-05-02	0.03	24973387.72	上海证券交易所	江苏
2012-05-02	0.10	20708250.50	上海证券交易所	江苏
2012-05-02	0.24	119553000.00	深圳证券交易所	安徽
2012-05-02	0.20	28200000.00	深圳证券交易所	深圳
2012-05-02	0.08	76800000.00	深圳证券交易所	湖北

7-36 续表 4

序号 No.	公司名称 Companies	股票代码 Stock Code	股票简称 Stock Abbreviation
204	精华制药集团股份有限公司	002349	精华制药
205	徐州海伦哲专用车辆股份有限公司	300201	海伦哲
206	长江润发机械股份有限公司	002435	长江润发
207	山东豪迈机械科技股份有限公司	002595	豪迈科技
208	史丹利化肥股份有限公司	002588	史丹利
209	浙江众成包装材料股份有限公司	002522	浙江众成
210	道明光学股份有限公司	002632	道明光学
211	宁波天邦股份有限公司	002124	天邦股份
212	东睦新材料集团股份有限公司	600114	东睦股份
213	厦门三维丝环保股份有限公司	300056	三维丝
214	深圳市铁汉生态环境股份有限公司	300197	铁汉生态
215	威海华东数控股份有限公司	002248	华东数控
216	山东省章丘鼓风机股份有限公司	002598	山东章鼓
217	联化科技股份有限公司	002250	联化科技
218	北京城乡贸易中心股份有限公司	600861	北京城乡
219	厦门法拉电子股份有限公司	600563	法拉电子
220	内蒙古包钢稀土(集团)高科技股份有限公司	600111	包钢稀土
221	安徽安科生物工程(集团)股份有限公司	300009	安科生物
222	芜湖长信科技股份有限公司	300088	长信科技
223	北京北纬通信科技股份有限公司	002148	北纬通信
224	北京大北农科技集团股份有限公司	002385	大北农
225	广州海格通信集团股份有限公司	002465	海格通信
226	深圳信立泰药业股份有限公司	002294	信立泰
227	深圳市飞马国际供应链股份有限公司	002210	飞马国际
228	深圳天源迪科信息技术股份有限公司	300047	天源迪科
229	深圳雷曼光电科技股份有限公司	300162	雷曼光电
230	河南双汇投资发展股份有限公司	000895	双汇发展
231	苏州禾盛新型材料股份有限公司	002290	禾盛新材
232	雅本化学股份有限公司	300261	雅本化学
233	江西三川水表股份有限公司	300066	三川股份
234	山东益生种畜禽股份有限公司	002458	益生股份
235	山西同德化工股份有限公司	002360	同德化工
236	西安达刚路面机械股份有限公司	300103	达刚路机
237	天津瑞普生物技术股份有限公司	300119	瑞普生物
238	杭州初灵信息技术股份有限公司	300250	初灵信息
239	浙江禾欣实业集团股份有限公司	002343	禾欣股份
240	浙江永强集团股份有限公司	002489	浙江永强
241	兴业银行股份有限公司	601166	兴业银行
242	江苏江南水务股份有限公司	601199	江南水务
243	西安陕鼓动力股份有限公司	601369	陕鼓动力
244	上海创兴资源开发股份有限公司	600193	创兴资源
245	成商集团股份有限公司	600828	成商集团
246	四川东材科技集团股份有限公司	601208	东材科技
247	宁波富达股份有限公司	600724	宁波富达
248	安徽皖通科技股份有限公司	002331	皖通科技
249	洽洽食品股份有限公司	002557	洽洽食品
250	盛达矿业股份有限公司	000603	盛达矿业
251	广东冠昊生物科技股份有限公司	300238	冠昊生物
252	深圳市得润电子股份有限公司	002055	得润电子
253	珠海世纪鼎利通信科技股份有限公司	300050	世纪鼎利
254	茂业物流股份有限公司	000889	渤海物流

continued

除息日 Ex-dividend Date	每股现金红利(元) Dividend Per Share (yuan)	上市公司分红总额(元) Total Dividend (yuan)	交易所 Exchange	辖区 Region
2012-05-02	0.05	10000000.00	深圳证券交易所	江苏
2012-05-02	0.05	8000000.00	深圳证券交易所	江苏
2012-05-02	0.10	13200000.00	深圳证券交易所	江苏
2012-05-02	0.60	120000000.00	深圳证券交易所	山东
2012-05-02	0.15	26000000.00	深圳证券交易所	山东
2012-05-02	0.30	51201600.00	深圳证券交易所	浙江
2012-05-02	0.20	21334000.00	深圳证券交易所	浙江
2012-05-02	0.10	20550000.00	深圳证券交易所	浙江
2012-05-03	0.12	23460000.00	上海证券交易所	宁波
2012-05-03	0.06	5249600.00	深圳证券交易所	厦门
2012-05-03	0.17	35089542.00	深圳证券交易所	深圳
2012-05-03	0.05	12874780.00	深圳证券交易所	山东
2012-05-03	0.20	62400000.00	深圳证券交易所	山东
2012-05-03	0.08	39699255.00	深圳证券交易所	浙江
2012-05-04	0.12	38016593.88	上海证券交易所	北京
2012-05-04	0.60	135000000.00	上海证券交易所	厦门
2012-05-04	0.18	423857700.00	上海证券交易所	内蒙古
2012-05-04	0.20	37800000.00	深圳证券交易所	安徽
2012-05-04	0.12	37650000.00	深圳证券交易所	安徽
2012-05-04	0.03	3402000.00	深圳证券交易所	北京
2012-05-04	0.15	120240000.00	深圳证券交易所	北京
2012-05-04	0.60	199503906.00	深圳证券交易所	广东
2012-05-04	0.38	163440000.00	深圳证券交易所	深圳
2012-05-04	0.08	30600000.00	深圳证券交易所	深圳
2012-05-04	0.30	47070000.00	深圳证券交易所	深圳
2012-05-04	0.10	13400000.00	深圳证券交易所	深圳
2012-05-04	0.55	333297195.00	深圳证券交易所	河南
2012-05-04	0.07	15048000.00	深圳证券交易所	江苏
2012-05-04	0.19	27210000.00	深圳证券交易所	江苏
2012-05-04	0.13	20800000.00	深圳证券交易所	江西
2012-05-04	0.50	140400000.00	深圳证券交易所	山东
2012-05-04	0.10	12000000.00	深圳证券交易所	山西
2012-05-04	0.11	23526000.00	深圳证券交易所	陕西
2012-05-04	0.23	44488800.00	深圳证券交易所	天津
2012-05-04	0.13	10000000.00	深圳证券交易所	浙江
2012-05-04	0.25	49530000.00	深圳证券交易所	浙江
2012-05-04	0.50	239999346.90	深圳证券交易所	浙江
2012-05-07	0.37	3990972119.58	上海证券交易所	福建
2012-05-07	0.06	14028000.00	上海证券交易所	江苏
2012-05-07	0.35	573569581.55	上海证券交易所	陕西
2012-05-07	0.04	13088400.00	上海证券交易所	上海
2012-05-07	0.03	17551989.44	上海证券交易所	四川
2012-05-07	0.25	153940000.00	上海证券交易所	四川
2012-05-07	0.10	144524107.10	上海证券交易所	浙江
2012-05-07	0.15	20086558.20	深圳证券交易所	安徽
2012-05-07	0.54	182000000.00	深圳证券交易所	安徽
2012-05-07	0.48	242394560.16	深圳证券交易所	北京
2012-05-07	0.13	15275000.00	深圳证券交易所	广东
2012-05-07	0.05	20522106.90	深圳证券交易所	深圳
2012-05-07	0.15	32400000.00	深圳证券交易所	广东
2012-05-07	0.02	7451566.50	深圳证券交易所	河北

7-36 续表 5

序号 No.	公司名称 Companies	股票代码 Stock Code	股票简称 Stock Abbreviation
255	步步高商业连锁股份有限公司	002251	步 步 高
256	江苏裕兴薄膜科技股份有限公司	300305	裕兴股份
257	江苏华盛天龙光电设备股份有限公司	300029	天龙光电
258	云南沃森生物技术股份有限公司	300142	沃森生物
259	杭州杭氧股份有限公司	002430	杭氧股份
260	银江股份有限公司	300020	银江股份
261	杭州兴源过滤科技股份有限公司	300266	兴源过滤
262	江苏三房巷实业股份有限公司	600370	三房巷
263	中储发展股份有限公司	600787	中储股份
264	民丰特种纸股份有限公司	600235	民丰特纸
265	福建七匹狼实业股份有限公司	002029	七 匹 狼
266	福建元力活性炭股份有限公司	300174	元力股份
267	广东省广告股份有限公司	002400	省广股份
268	广东星辉车模股份有限公司	300043	星辉车模
269	深圳市兆驰股份有限公司	002429	兆驰股份
270	爱尔眼科医院集团股份有限公司	300015	爱尔眼科
271	江苏中联电气股份有限公司	002323	中联电气
272	江苏雅克科技股份有限公司	002409	雅克科技
273	上海莱士血液制品股份有限公司	002252	上海莱士
274	浙江亚太机电股份有限公司	002284	亚太股份
275	浙江方正电机股份有限公司	002196	方正电机
276	华夏幸福基业投资开发股份有限公司	600340	华夏幸福
277	郑州宇通客车股份有限公司	600066	宇通客车
278	吉林高速公路股份有限公司	601518	吉林高速
279	宝鸡钛业股份有限公司	600456	宝钛股份
280	重庆三峡水利电力(集团)股份有限公司	600116	三峡水利
281	华油惠博普科技股份有限公司	002554	惠博普
282	安泰科技股份有限公司	000969	安泰科技
283	广东众生药业股份有限公司	002317	众生药业
284	广东雪莱特光电科技股份有限公司	002076	雪 莱 特
285	众业达电气股份有限公司	002441	众业达
286	深圳市海普瑞药业股份有限公司	002399	海普瑞
287	深圳雷柏科技股份有限公司	002577	雷柏科技
288	郑州新开普电子股份有限公司	300248	新开普
289	桑德环境资源股份有限公司	000826	桑德环境
290	南通锻压设备股份有限公司	300280	南通锻压
291	浙江东南网架股份有限公司	002135	东南网架
292	金字火腿股份有限公司	002515	金字火腿
293	三力士股份有限公司	002224	三 力 士
294	北京电子城投资开发股份有限公司	600658	电子城
295	中国船舶重工股份有限公司	601989	中国重工
296	广西桂东电力股份有限公司	600310	桂东电力
297	文峰大世界连锁发展股份有限公司	601010	文峰股份
298	江苏中天科技股份有限公司	600522	中天科技
299	山东浪潮齐鲁软件产业股份有限公司	600756	浪潮软件
300	上海建工集团股份有限公司	600170	上海建工
301	北京高盟新材料股份有限公司	300200	高盟新材
302	深圳市农产品股份有限公司	000061	农 产 品
303	江苏华西村股份有限公司	000936	华西股份
304	南京科远自动化集团股份有限公司	002380	科远股份
305	江苏神通阀门股份有限公司	002438	江苏神通

continued

除息日 Ex-dividend Date	每股现金红利(元) Dividend Per Share (yuan)	上市公司分红总额(元) Total Dividend (yuan)	交易所 Exchange	辖区 Region
2012-05-07	0.50	135180000.00	深圳证券交易所	湖南
2012-05-07	0.34	26800000.00	深圳证券交易所	江苏
2012-05-07	0.10	20000000.00	深圳证券交易所	江苏
2012-05-07	0.25	45000000.00	深圳证券交易所	云南
2012-05-07	0.15	120300000.00	深圳证券交易所	浙江
2012-05-07	0.05	12000000.00	深圳证券交易所	浙江
2012-05-07	0.08	6720000.00	深圳证券交易所	浙江
2012-05-08	0.05	15944884.60	上海证券交易所	江苏
2012-05-08	0.10	84010278.20	上海证券交易所	天津
2012-05-08	0.20	52680000.00	上海证券交易所	浙江
2012-05-08	0.13	56580000.00	深圳证券交易所	福建
2012-05-08	0.10	13600000.00	深圳证券交易所	福建
2012-05-08	0.15	29653831.80	深圳证券交易所	广东
2012-05-08	0.10	15840000.00	深圳证券交易所	广东
2012-05-08	0.20	141762750.00	深圳证券交易所	深圳
2012-05-08	0.15	64080000.00	深圳证券交易所	湖南
2012-05-08	0.60	49656000.00	深圳证券交易所	江苏
2012-05-08	0.13	22176000.00	深圳证券交易所	江苏
2012-05-08	0.28	136000000.00	深圳证券交易所	上海
2012-05-08	0.10	28704000.00	深圳证券交易所	浙江
2012-05-08	0.15	17358750.00	深圳证券交易所	浙江
2012-05-09	0.13	117589308.00	上海证券交易所	河北
2012-05-09	0.30	202098177.00	上海证券交易所	河南
2012-05-09	0.05	59446800.00	上海证券交易所	吉林
2012-05-09	0.05	21513285.00	上海证券交易所	陕西
2012-05-09	0.10	26753320.00	上海证券交易所	重庆
2012-05-09	0.10	30375000.00	深圳证券交易所	北京
2012-05-09	0.12	103535561.76	深圳证券交易所	北京
2012-05-09	0.40	72000000.00	深圳证券交易所	广东
2012-05-09	0.10	18427067.60	深圳证券交易所	广东
2012-05-09	0.25	58000000.00	深圳证券交易所	广东
2012-05-09	0.60	480120000.00	深圳证券交易所	深圳
2012-05-09	0.41	89600000.00	深圳证券交易所	深圳
2012-05-09	0.10	8920000.00	深圳证券交易所	河南
2012-05-09	0.08	41509866.50	深圳证券交易所	湖北
2012-05-09	0.10	12800000.00	深圳证券交易所	江苏
2012-05-09	0.01	9357500.00	深圳证券交易所	浙江
2012-05-09	0.10	14332500.00	深圳证券交易所	浙江
2012-05-09	0.10	15984000.00	深圳证券交易所	浙江
2012-05-10	0.17	98616558.34	上海证券交易所	北京
2012-05-10	0.07	997404041.73	上海证券交易所	北京
2012-05-10	0.20	55185000.00	上海证券交易所	广西
2012-05-10	0.42	206976000.00	上海证券交易所	江苏
2012-05-10	0.11	78278247.00	上海证券交易所	江苏
2012-05-10	0.03	9291576.00	上海证券交易所	山东
2012-05-10	0.05	115636148.70	上海证券交易所	上海
2012-05-10	0.30	32040000.00	深圳证券交易所	北京
2012-05-10	0.06	76850785.10	深圳证券交易所	深圳
2012-05-10	0.05	37400644.35	深圳证券交易所	江苏
2012-05-10	0.20	13600000.00	深圳证券交易所	江苏
2012-05-10	0.05	10400000.00	深圳证券交易所	江苏

7-36 续表 6

序号 No.	公司名称 Companies	股票代码 Stock Code	股票简称 Stock Abbreviation
306	德尔国际家居股份有限公司	002631	德尔家居
307	江西万年青水泥股份有限公司	000789	江西水泥
308	大连易世达新能源发展股份有限公司	300125	易世达
309	九阳股份有限公司	002242	九阳股份
310	烟台正海磁性材料股份有限公司	300224	正海磁材
311	陕西兴化化学股份有限公司	002109	兴化股份
312	上海威尔泰工业自动化股份有限公司	002058	威尔泰
313	上海开能环保设备股份有限公司	300272	开能环保
314	天津汽车模具股份有限公司	002510	天汽模
315	天津红日药业股份有限公司	300026	红日药业
316	杭州滨江房产集团股份有限公司	002244	滨江集团
317	浙江森马服饰股份有限公司	002563	森马服饰
318	中文天地出版传媒股份有限公司	600373	中文传媒
319	天津天药药业股份有限公司	600488	天药股份
320	华孚色纺股份有限公司	002042	华孚色纺
321	马鞍山方圆回转支承股份有限公司	002147	方圆支承
322	北京湘鄂情集团股份有限公司	002306	湘鄂情
323	北京君正集成电路股份有限公司	300223	北京君正
324	北京数码视讯科技股份有限公司	300079	数码视讯
325	北京碧水源科技股份有限公司	300070	碧水源
326	广东伊立浦电器股份有限公司	002260	伊立浦
327	广州毅昌科技股份有限公司	002420	毅昌股份
328	TCL集团股份有限公司	000100	TCL 集团
329	深圳顺络电子股份有限公司	002138	顺络电子
330	深圳市理邦精密仪器股份有限公司	300206	理邦仪器
331	远光软件股份有限公司	002063	远光软件
332	河南四方达超硬材料股份有限公司	300179	四方达
333	江汉石油钻头股份有限公司	000852	江钻股份
334	鞍山森远路桥股份有限公司	300210	森远股份
335	大连智云自动化装备股份有限公司	300097	智云股份
336	宁夏青龙管业股份有限公司	002457	青龙管业
337	青岛东软载波科技股份有限公司	300183	东软载波
338	山东圣阳电源股份有限公司	002580	圣阳股份
339	通裕重工股份有限公司	300185	通裕重工
340	烟台双塔食品股份有限公司	002481	双塔食品
341	太原煤气化股份有限公司	000968	煤气化
342	杭州锅炉集团股份有限公司	002534	杭锅股份
343	重庆市涪陵榨菜集团股份有限公司	002507	涪陵榨菜
344	重庆新世纪游轮股份有限公司	002558	世纪游轮
345	航天信息股份有限公司	600271	航天信息
346	江西长运股份有限公司	600561	江西长运
347	北京中长石基信息技术股份有限公司	002153	石基信息
348	佛山星期六鞋业股份有限公司	002291	星期六
349	广东海印集团股份有限公司	000861	海印股份
350	索菲亚家居股份有限公司	002572	索菲亚
351	深圳科士达科技股份有限公司	002518	科士达
352	深圳拓邦股份有限公司	002139	拓邦股份
353	武汉天喻信息产业股份有限公司	300205	天喻信息
354	长春奥普光电技术股份有限公司	002338	奥普光电
355	江苏华宏科技股份有限公司	002645	华宏科技
356	江苏省交通科学研究院股份有限公司	300284	苏交科

continued

除息日 Ex-dividend Date	每股现金红利(元) Dividend Per Share (yuan)	上市公司分红总额(元) Total Dividend (yuan)	交易所 Exchange	辖区 Region
2012-05-10	0.30	48000000.00	深圳证券交易所	江苏
2012-05-10	0.26	102936490.54	深圳证券交易所	江西
2012-05-10	0.10	11800000.00	深圳证券交易所	大连
2012-05-10	0.13	98923500.00	深圳证券交易所	山东
2012-05-10	0.33	80000000.00	深圳证券交易所	山东
2012-05-10	0.20	71680000.00	深圳证券交易所	陕西
2012-05-10	0.05	6236884.00	深圳证券交易所	上海
2012-05-10	0.23	33000000.00	深圳证券交易所	上海
2012-05-10	0.15	30864000.00	深圳证券交易所	天津
2012-05-10	0.11	25674420.00	深圳证券交易所	天津
2012-05-10	0.06	78416000.00	深圳证券交易所	浙江
2012-05-10	1.00	670000000.00	深圳证券交易所	浙江
2012-05-11	0.80	453796014.40	上海证券交易所	江西
2012-05-11	0.03	17915369.11	上海证券交易所	天津
2012-05-11	0.07	55532838.20	深圳证券交易所	安徽
2012-05-11	0.15	38778271.50	深圳证券交易所	安徽
2012-05-11	0.25	100000000.00	深圳证券交易所	北京
2012-05-11	0.46	48000000.00	深圳证券交易所	北京
2012-05-11	0.13	44800000.00	深圳证券交易所	北京
2012-05-11	0.06	32340000.00	深圳证券交易所	北京
2012-05-11	0.10	15600000.00	深圳证券交易所	广东
2012-05-11	0.03	12030000.00	深圳证券交易所	广东
2012-05-11	0.05	423810941.70	深圳证券交易所	广东
2012-05-11	0.10	31850775.00	深圳证券交易所	深圳
2012-05-11	0.20	20000000.00	深圳证券交易所	深圳
2012-05-11	0.17	74783633.76	深圳证券交易所	广东
2012-05-11	0.07	8000000.00	深圳证券交易所	河南
2012-05-11	0.20	80080000.00	深圳证券交易所	湖北
2012-05-11	0.11	14970000.00	深圳证券交易所	辽宁
2012-05-11	0.05	3000000.00	深圳证券交易所	大连
2012-05-11	0.07	22332800.00	深圳证券交易所	宁夏
2012-05-11	0.45	100000000.00	深圳证券交易所	青岛
2012-05-11	0.11	11265000.00	深圳证券交易所	山东
2012-05-11	0.12	108000000.00	深圳证券交易所	山东
2012-05-11	0.03	6000000.00	深圳证券交易所	山东
2012-05-11	0.10	51374700.00	深圳证券交易所	山西
2012-05-11	0.30	120156000.00	深圳证券交易所	浙江
2012-05-11	0.35	54250000.00	深圳证券交易所	重庆
2012-05-11	0.40	23800000.00	深圳证券交易所	重庆
2012-05-14	0.42	387828000.00	上海证券交易所	北京
2012-05-14	0.18	33430320.00	上海证券交易所	江西
2012-05-14	0.30	92736000.00	深圳证券交易所	北京
2012-05-14	0.10	36335000.00	深圳证券交易所	广东
2012-05-14	0.10	49218896.60	深圳证券交易所	广东
2012-05-14	0.25	53500000.00	深圳证券交易所	广东
2012-05-14	0.17	34500000.00	深圳证券交易所	深圳
2012-05-14	0.15	33600000.00	深圳证券交易所	深圳
2012-05-14	0.17	23892000.00	深圳证券交易所	湖北
2012-05-14	0.37	44000000.00	深圳证券交易所	吉林
2012-05-14	0.11	13334000.00	深圳证券交易所	江苏
2012-05-14	0.20	48000000.00	深圳证券交易所	江苏

7-36 续表 7

序号 No.	公司名称 Companies	股票代码 Stock Code	股票简称 Stock Abbreviation
357	合肥荣事达三洋电器股份有限公司	600983	合肥三洋
358	北京首都开发股份有限公司	600376	首开股份
359	江河创建集团股份有限公司	601886	江河创建
360	武汉健民药业集团股份有限公司	600976	武汉健民
361	江西赣粤高速公路股份有限公司	600269	赣粤高速
362	西部矿业股份有限公司	601168	西部矿业
363	上海广电电气(集团)股份有限公司	601616	广电电气
364	四川路桥建设股份有限公司	600039	四川路桥
365	新疆八一钢铁股份有限公司	600581	八一钢铁
366	宁波建工股份有限公司	601789	宁波建工
367	深圳市新国都技术股份有限公司	300130	新国都
368	深圳市怡亚通供应链股份有限公司	002183	怡 亚 通
369	深圳世联地产顾问股份有限公司	002285	世联地产
370	博爱新开源制药股份有限公司	300109	新开源
371	江苏宝利沥青股份有限公司	300135	宝利沥青
372	江苏通达动力科技股份有限公司	002576	通达动力
373	软控股份有限公司	002073	软控股份
374	烟台龙源电力技术股份有限公司	300105	龙源技术
375	四川天齐锂业股份有限公司	002466	天齐锂业
376	新疆机械研究院股份有限公司	300159	新研股份
377	光正集团股份有限公司	002524	光正钢构
378	浙江日发精密机械股份有限公司	002520	日发数码
379	华邦颖泰股份有限公司	002004	华邦制药
380	北京金自天正智能控制股份有限公司	600560	金自天正
381	广西丰林木业集团股份有限公司	601996	丰林集团
382	湖北洪城通用机械股份有限公司	600566	洪城股份
383	中化国际(控股)股份有限公司	600500	中化国际
384	光明乳业股份有限公司	600597	光明乳业
385	浙报传媒集团股份有限公司	600633	浙报传媒
386	卧龙电气集团股份有限公司	600580	卧龙电气
387	重庆市迪马实业股份有限公司	600565	迪马股份
388	芜湖顺荣汽车部件股份有限公司	002555	顺荣股份
389	深圳市银之杰科技股份有限公司	300085	银之杰
390	深圳万讯自控股份有限公司	300112	万讯自控
391	桂林三金药业股份有限公司	002275	桂林三金
392	河南神火煤电股份有限公司	000933	神火股份
393	河南辉煌科技股份有限公司	002296	辉煌科技
394	航天科技控股集团股份有限公司	000901	航天科技
395	中利科技集团股份有限公司	002309	中利科技
396	江苏秀强玻璃工艺股份有限公司	300160	秀强股份
397	辽宁大金重工股份有限公司	002487	大金重工
398	青岛市恒顺电气股份有限公司	300208	恒顺电气
399	希努尔男装股份有限公司	002485	希努尔
400	山东联合化工股份有限公司	002217	联合化工
401	安科瑞电气股份有限公司	300286	安科瑞
402	上海新朋实业股份有限公司	002328	新朋股份
403	峨眉山旅游股份有限公司	000888	峨眉山A
404	宜宾五粮液股份有限公司	000858	五 粮 液
405	天津长荣印刷设备股份有限公司	300195	长荣股份
406	新疆天山水泥股份有限公司	000877	天山股份
407	浙江嘉欣丝绸股份有限公司	002404	嘉欣丝绸

continued

除息日 Ex-dividend Date	每股现金红利(元) Dividend Per Share (yuan)	上市公司分红总额(元) Total Dividend (yuan)	交易所 Exchange	辖区 Region
2012-05-15	0.06	32500800.00	上海证券交易所	安徽
2012-05-15	0.15	224201250.00	上海证券交易所	北京
2012-05-15	0.20	112000000.00	上海证券交易所	北京
2012-05-15	0.40	61359440.00	上海证券交易所	湖北
2012-05-15	0.10	233540701.40	上海证券交易所	江西
2012-05-15	0.10	238300000.00	上海证券交易所	青海
2012-05-15	0.06	51810000.00	上海证券交易所	上海
2012-05-15	0.06	30400000.00	上海证券交易所	四川
2012-05-15	0.20	153289787.00	上海证券交易所	西藏
2012-05-15	0.10	40066000.00	上海证券交易所	宁波
2012-05-15	0.10	11430000.00	深圳证券交易所	深圳
2012-05-15	0.08	66730099.28	深圳证券交易所	深圳
2012-05-15	0.24	78336000.00	深圳证券交易所	深圳
2012-05-15	0.06	7200000.00	深圳证券交易所	河南
2012-05-15	0.10	32000000.00	深圳证券交易所	江苏
2012-05-15	0.20	33020000.00	深圳证券交易所	江苏
2012-05-15	0.02	14847300.00	深圳证券交易所	青岛
2012-05-15	0.06	15840000.00	深圳证券交易所	山东
2012-05-15	0.10	14700000.00	深圳证券交易所	四川
2012-05-15	0.10	18040000.00	深圳证券交易所	新疆
2012-05-15	0.02	3615200.00	深圳证券交易所	新疆
2012-05-15	0.67	96000000.00	深圳证券交易所	浙江
2012-05-15	0.25	83746500.00	深圳证券交易所	重庆
2012-05-16	0.04	8945820.00	上海证券交易所	北京
2012-05-16	0.05	23445600.00	上海证券交易所	广西
2012-05-16	0.01	1382004.00	上海证券交易所	湖北
2012-05-16	0.15	215638435.65	上海证券交易所	上海
2012-05-16	0.15	157379004.00	上海证券交易所	上海
2012-05-16	0.20	85946745.80	上海证券交易所	浙江
2012-05-16	0.05	34386437.80	上海证券交易所	浙江
2012-05-16	0.01	7200000.00	上海证券交易所	重庆
2012-05-16	0.03	4020000.00	深圳证券交易所	安徽
2012-05-16	0.15	18000000.00	深圳证券交易所	深圳
2012-05-16	0.05	7521150.00	深圳证券交易所	深圳
2012-05-16	0.40	236080000.00	深圳证券交易所	广西
2012-05-16	0.08	134400000.00	深圳证券交易所	河南
2012-05-16	0.15	26660250.00	深圳证券交易所	河南
2012-05-16	0.05	12517956.10	深圳证券交易所	黑龙江
2012-05-16	0.05	24030000.00	深圳证券交易所	江苏
2012-05-16	0.20	37360000.00	深圳证券交易所	江苏
2012-05-16	0.07	12000000.00	深圳证券交易所	辽宁
2012-05-16	0.10	14000000.00	深圳证券交易所	青岛
2012-05-16	0.31	100000000.00	深圳证券交易所	山东
2012-05-16	0.07	22298400.00	深圳证券交易所	山东
2012-05-16	0.40	27736000.00	深圳证券交易所	上海
2012-05-16	0.10	45000000.00	深圳证券交易所	上海
2012-05-16	0.15	35278200.00	深圳证券交易所	四川
2012-05-16	0.50	1897983360.00	深圳证券交易所	四川
2012-05-16	0.70	98000000.00	深圳证券交易所	天津
2012-05-16	0.39	342261600.80	深圳证券交易所	新疆
2012-05-16	0.20	52065000.00	深圳证券交易所	浙江

7-36 续表 8

序号 No.	公司名称 Companies	股票代码 Stock Code	股票简称 Stock Abbreviation
408	宏润建设集团股份有限公司	002062	宏润建设
409	浙江精功科技股份有限公司	002006	精功科技
410	浙江双环传动机械股份有限公司	002472	双环传动
411	南京钢铁股份有限公司	600282	南钢股份
412	内蒙古包钢钢联股份有限公司	600010	包钢股份
413	上海益民商业集团股份有限公司	600824	益民集团
414	上海浦东路桥建设股份有限公司	600284	浦东建设
415	双钱集团股份有限公司	600623	双钱股份
416	上海大智慧股份有限公司	601519	大智慧
417	成都博瑞传播股份有限公司	600880	博瑞传播
418	重庆港九股份有限公司	600279	重庆港九
419	北京蓝色光标品牌管理顾问股份有限公司	300058	蓝色光标
420	北京易华录信息技术股份有限公司	300212	易华录
421	广东银禧科技股份有限公司	300221	银禧科技
422	深圳市汇川技术股份有限公司	300124	汇川技术
423	中航地产股份有限公司	000043	中航地产
424	深圳翰宇药业股份有限公司	300199	翰宇药业
425	太阳鸟游艇股份有限公司	300123	太阳鸟
426	江苏常铝铝业股份有限公司	002160	常铝股份
427	江西赣锋锂业股份有限公司	002460	赣锋锂业
428	西安通源石油科技股份有限公司	300164	通源石油
429	成都硅宝科技股份有限公司	300019	硅宝科技
430	新疆国际实业股份有限公司	000159	国际实业
431	丽江玉龙旅游股份有限公司	002033	丽江旅游
432	浙江核新同花顺网络信息股份有限公司	300033	同花顺
433	浙江卫星石化股份有限公司	002648	卫星石化
434	浙江南都电源动力股份有限公司	300068	南都电源
435	浙江苏泊尔股份有限公司	002032	苏 泊 尔
436	北大国际医院集团西南合成制药股份有限公司	000788	西南合成
437	华夏银行股份有限公司	600015	华夏银行
438	广州白云山医药集团股份有限公司	600332	广州药业
439	北方光电股份有限公司	600184	光电股份
440	新疆天业股份有限公司	600075	新疆天业
441	贵研铂业股份有限公司	600459	贵研铂业
442	中粮生物化学(安徽)股份有限公司	000930	中粮生化
443	北京探路者户外用品股份有限公司	300005	探路者
444	中化岩土工程股份有限公司	002542	中化岩土
445	中国有色金属建设股份有限公司	000758	中色股份
446	博彦科技股份有限公司	002649	博彦科技
447	广东海大集团股份有限公司	002311	海大集团
448	银泰资源股份有限公司	000975	科 学 城
449	量子高科(中国)生物股份有限公司	300149	量子高科
450	深圳市联建光电股份有限公司	300269	联建光电
451	深圳市洪涛装饰股份有限公司	002325	洪涛股份
452	深圳市佳士科技股份有限公司	300193	佳士科技
453	棕榈园林股份有限公司	002431	棕榈园林
454	河南新天科技股份有限公司	300259	新天科技
455	湖南千山制药机械股份有限公司	300216	千山药机
456	江苏长海复合材料股份有限公司	300196	长海股份
457	南京红太阳股份有限公司	000525	红 太 阳
458	罗莱家纺股份有限公司	002293	罗莱家纺

continued

除息日 Ex-dividend Date	每股现金红利(元) Dividend Per Share (yuan)	上市公司分红总额(元) Total Dividend (yuan)	交易所 Exchange	辖区 Region
2012-05-16	0.08	45000000.00	深圳证券交易所	宁波
2012-05-16	0.07	30344000.00	深圳证券交易所	浙江
2012-05-16	0.23	64152000.00	深圳证券交易所	浙江
2012-05-17	0.07	271302671.99	上海证券交易所	江苏
2012-05-17	0.03	192709309.77	上海证券交易所	内蒙古
2012-05-17	0.06	43917794.70	上海证券交易所	上海
2012-05-17	0.08	41520000.00	上海证券交易所	上海
2012-05-17	0.06	51616109.84	上海证券交易所	上海
2012-05-17	0.05	69500000.00	上海证券交易所	上海
2012-05-17	0.15	94197011.55	上海证券交易所	四川
2012-05-17	0.05	17104613.10	上海证券交易所	重庆
2012-05-17	0.10	36000000.00	深圳证券交易所	北京
2012-05-17	0.02	2010000.00	深圳证券交易所	北京
2012-05-17	0.10	20000000.00	深圳证券交易所	广东
2012-05-17	0.33	129600000.00	深圳证券交易所	深圳
2012-05-17	0.10	66696141.60	深圳证券交易所	深圳
2012-05-17	0.25	50000000.00	深圳证券交易所	深圳
2012-05-17	0.10	13910552.10	深圳证券交易所	湖南
2012-05-17	0.01	3400000.00	深圳证券交易所	江苏
2012-05-17	0.20	30000000.00	深圳证券交易所	江西
2012-05-17	0.15	23760000.00	深圳证券交易所	陕西
2012-05-17	0.20	20400000.00	深圳证券交易所	四川
2012-05-17	0.04	19245571.76	深圳证券交易所	新疆
2012-05-17	0.15	24570730.65	深圳证券交易所	云南
2012-05-17	0.14	18816000.00	深圳证券交易所	浙江
2012-05-17	0.50	200000000.00	深圳证券交易所	浙江
2012-05-17	0.10	29760000.00	深圳证券交易所	浙江
2012-05-17	0.27	173175600.00	深圳证券交易所	浙江
2012-05-17	0.03	14899685.63	深圳证券交易所	重庆
2012-05-18	0.25	1712431444.00	上海证券交易所	北京
2012-05-18	0.10	59100000.00	上海证券交易所	广东
2012-05-18	0.05	10469020.65	上海证券交易所	湖北
2012-05-18	0.05	21929600.00	上海证券交易所	西藏
2012-05-18	0.06	9325687.50	上海证券交易所	云南
2012-05-18	0.05	48220555.75	深圳证券交易所	安徽
2012-05-18	0.08	26800000.00	深圳证券交易所	北京
2012-05-18	0.05	10020000.00	深圳证券交易所	北京
2012-05-18	0.10	76665600.00	深圳证券交易所	北京
2012-05-18	0.21	32000000.00	深圳证券交易所	北京
2012-05-18	0.12	87360000.00	深圳证券交易所	广东
2012-05-18	0.02	9343885.46	深圳证券交易所	广东
2012-05-18	0.04	8040000.00	深圳证券交易所	广东
2012-05-18	0.30	22074000.00	深圳证券交易所	深圳
2012-05-18	0.08	34537500.00	深圳证券交易所	深圳
2012-05-18	0.50	110750000.00	深圳证券交易所	深圳
2012-05-18	0.05	19200000.00	深圳证券交易所	广东
2012-05-18	0.11	16649600.00	深圳证券交易所	河南
2012-05-18	0.15	20100000.00	深圳证券交易所	湖南
2012-05-18	0.20	24000000.00	深圳证券交易所	江苏
2012-05-18	0.02	10144936.98	深圳证券交易所	江苏
2012-05-18	1.00	140363100.00	深圳证券交易所	江苏

7-36 续表 9

序号 No.	公司名称 Companies	股票代码 Stock Code	股票简称 Stock Abbreviation
459	江苏通鼎光电股份有限公司	002491	通鼎光电
460	徐州燃控科技股份有限公司	300152	燃控科技
461	江苏长青农化股份有限公司	002391	长青股份
462	崇义章源钨业股份有限公司	002378	章源钨业
463	大连电瓷集团股份有限公司	002606	大连电瓷
464	亿城集团股份有限公司	000616	亿城股份
465	内蒙古平庄能源股份有限公司	000780	平庄能源
466	山东阳谷华泰化工股份有限公司	300121	阳谷华泰
467	山东海化股份有限公司	000822	山东海化
468	山东威达机械股份有限公司	002026	山东威达
469	四川美丰化工股份有限公司	000731	四川美丰
470	三维通信股份有限公司	002115	三维通信
471	浙江万里扬变速器股份有限公司	002434	万里扬
472	宁波双林汽车部件股份有限公司	300100	双林股份
473	宁波先锋新材料股份有限公司	300163	先锋新材
474	浙江仙琚制药股份有限公司	002332	仙琚制药
475	重庆渝开发股份有限公司	000514	渝 开 发
476	福安药业(集团)股份有限公司	300194	福安药业
477	厦门国际航空港股份有限公司	600897	厦门空港
478	长城汽车股份有限公司	601633	长城汽车
479	骆驼集团股份有限公司	601311	骆驼股份
480	江苏红豆实业股份有限公司	600400	红豆股份
481	江苏悦达投资股份有限公司	600805	悦达投资
482	辽宁曙光汽车集团股份有限公司	600303	曙光股份
483	宁夏建材集团股份有限公司	600449	宁夏建材
484	中华企业股份有限公司	600675	中华企业
485	杭州钢铁股份有限公司	600126	杭钢股份
486	三江购物俱乐部股份有限公司	601116	三江购物
487	龙元建设集团股份有限公司	600491	龙元建设
488	浙江巨化股份有限公司	600160	巨化股份
489	安徽科大讯飞信息科技股份有限公司	002230	科大讯飞
490	北京华力创通科技股份有限公司	300045	华力创通
491	佛山市国星光电股份有限公司	002449	国星光电
492	深圳市瑞凌实业股份有限公司	300154	瑞凌股份
493	深圳市英唐智能控制股份有限公司	300131	英唐智控
494	欣旺达电子股份有限公司	300207	欣旺达
495	河北建新化工股份有限公司	300107	建新股份
496	加加食品集团股份有限公司	002650	加加食品
497	株洲天桥起重机股份有限公司	002523	天桥起重
498	江苏三六五网络股份有限公司	300295	三六五网
499	山东登海种业股份有限公司	002041	登海种业
500	新疆天康畜牧生物技术股份有限公司	002100	天康生物
501	云南旅游股份有限公司	002059	云南旅游
502	北京四方继保自动化股份有限公司	601126	四方股份
503	中国东方红卫星股份有限公司	600118	中国卫星
504	珠海华发实业股份有限公司	600325	华发股份
505	贵州益佰制药股份有限公司	600594	益佰制药
506	烽火通信科技股份有限公司	600498	烽火通信
507	安琪酵母股份有限公司	600298	安琪酵母
508	江苏新城地产股份有限公司	900950	新城B股
509	双良节能系统股份有限公司	600481	双良节能

continued

除息日 Ex-dividend Date	每股现金红利(元) Dividend Per Share (yuan)	上市公司分红总额(元) Total Dividend (yuan)	交易所 Exchange	辖区 Region
2012-05-18	0.20	53560000.00	深圳证券交易所	江苏
2012-05-18	0.23	54000000.00	深圳证券交易所	江苏
2012-05-18	0.30	61726080.00	深圳证券交易所	江苏
2012-05-18	0.40	171285458.40	深圳证券交易所	江西
2012-05-18	0.10	20000000.00	深圳证券交易所	大连
2012-05-18	0.01	11918620.21	深圳证券交易所	大连
2012-05-18	0.10	101430632.40	深圳证券交易所	内蒙古
2012-05-18	0.10	10800000.00	深圳证券交易所	山东
2012-05-18	0.10	89509192.60	深圳证券交易所	山东
2012-05-18	0.05	8775000.00	深圳证券交易所	山东
2012-05-18	0.20	100465075.80	深圳证券交易所	四川
2012-05-18	0.10	34224000.00	深圳证券交易所	浙江
2012-05-18	0.10	34000000.00	深圳证券交易所	浙江
2012-05-18	0.30	42075000.00	深圳证券交易所	宁波
2012-05-18	0.30	23700000.00	深圳证券交易所	宁波
2012-05-18	0.22	75108000.00	深圳证券交易所	浙江
2012-05-18	0.02	13946627.54	深圳证券交易所	重庆
2012-05-18	0.30	40020000.00	深圳证券交易所	重庆
2012-05-21	0.10	29781000.00	上海证券交易所	厦门
2012-05-21	0.30	602772900.00	上海证券交易所	河北
2012-05-21	0.20	168158750.00	上海证券交易所	湖北
2012-05-21	0.02	11207992.80	上海证券交易所	江苏
2012-05-21	0.15	106361811.75	上海证券交易所	江苏
2012-05-21	0.04	22980239.84	上海证券交易所	辽宁
2012-05-21	0.23	107621737.65	上海证券交易所	宁夏
2012-05-21	0.01	21216584.07	上海证券交易所	上海
2012-05-21	0.05	41946937.50	上海证券交易所	浙江
2012-05-21	0.15	61613820.00	上海证券交易所	宁波
2012-05-21	0.08	75808000.00	上海证券交易所	宁波
2012-05-21	0.31	442787000.00	上海证券交易所	浙江
2012-05-21	0.10	37811587.65	深圳证券交易所	安徽
2012-05-21	0.08	20100000.00	深圳证券交易所	北京
2012-05-21	0.13	53750000.00	深圳证券交易所	广东
2012-05-21	0.10	22350000.00	深圳证券交易所	深圳
2012-05-21	0.10	10120000.00	深圳证券交易所	深圳
2012-05-21	0.08	18800000.00	深圳证券交易所	深圳
2012-05-21	0.03	4014000.00	深圳证券交易所	河北
2012-05-21	0.50	96000000.00	深圳证券交易所	湖南
2012-05-21	0.06	16000000.00	深圳证券交易所	湖南
2012-05-21	0.50	26675000.00	深圳证券交易所	江苏
2012-05-21	0.10	35200000.00	深圳证券交易所	山东
2012-05-21	0.10	29475797.00	深圳证券交易所	新疆
2012-05-21	0.05	10750000.00	深圳证券交易所	云南
2012-05-22	0.25	101666000.00	上海证券交易所	北京
2012-05-22	0.04	35253799.00	上海证券交易所	北京
2012-05-22	0.10	81704562.00	上海证券交易所	广东
2012-05-22	0.08	28861680.00	上海证券交易所	贵州
2012-05-22	0.22	97313947.50	上海证券交易所	湖北
2012-05-22	0.15	49444856.55	上海证券交易所	湖北
2012-05-22	0.05	32333303.17	上海证券交易所	江苏
2012-05-22	0.15	121515136.95	上海证券交易所	江苏

7-36 续表 10

序号 No.	公司名称 Companies	股票代码 Stock Code	股票简称 Stock Abbreviation
510	江西洪城水业股份有限公司	600461	洪城水业
511	上海陆家嘴金融贸易区开发股份有限公司	600663	陆家嘴
512	上海宝信软件股份有限公司	600845	宝信软件
513	四川川投能源股份有限公司	600674	川投能源
514	宁波海运股份有限公司	600798	宁波海运
515	北京利德曼生化股份有限公司	300289	利德曼
516	北京世纪瑞尔技术股份有限公司	300150	世纪瑞尔
517	北京国电清新环保技术股份有限公司	002573	国电清新
518	福建福晶科技股份有限公司	002222	福晶科技
519	天广消防股份有限公司	002509	天广消防
520	惠州亿纬锂能股份有限公司	300014	亿纬锂能
521	深圳市长盈精密技术股份有限公司	300115	长盈精密
522	深圳市新亚电子制程股份有限公司	002388	新亚制程
523	深圳市赛为智能股份有限公司	300044	赛为智能
524	贵州久联民爆器材发展股份有限公司	002037	久联发展
525	江苏南方轴承股份有限公司	002553	南方轴承
526	江苏鱼跃医疗设备股份有限公司	002223	鱼跃医疗
527	江苏太平洋精锻科技股份有限公司	300258	精锻科技
528	苏州金螳螂建筑装饰股份有限公司	002081	金 螳 螂
529	山东矿机集团股份有限公司	002526	山东矿机
530	上海泰胜风能装备股份有限公司	300129	泰胜风能
531	新疆准东石油技术股份有限公司	002207	准油股份
532	德华兔宝宝装饰新材股份有限公司	002043	兔 宝 宝
533	温州宏丰电工合金股份有限公司	300283	温州宏丰
534	浙江海翔药业股份有限公司	002099	海翔药业
535	厦门厦工机械股份有限公司	600815	厦工股份
536	新疆独山子天利高新技术股份有限公司	600339	天利高新
537	新疆天富热电股份有限公司	600509	天富热电
538	宁波博威合金材料股份有限公司	601137	博威合金
539	浙江阳光照明电器集团股份有限公司	600261	阳光照明
540	安徽盛运机械股份有限公司	300090	盛运股份
541	北京科锐配电自动化股份有限公司	002350	北京科锐
542	甘肃独一味生物制药股份有限公司	002219	独 一 味
543	广东潮宏基实业股份有限公司	002345	潮宏基
544	深圳莱宝高科技股份有限公司	002106	莱宝高科
545	深圳市新纶科技股份有限公司	002341	新纶科技
546	河南森源电气股份有限公司	002358	森源电气
547	郑州华晶金刚石股份有限公司	300064	豫金刚石
548	湖南长高高压开关集团股份公司	002452	长高集团
549	苏州扬子江新型材料股份有限公司	002652	扬子新材
550	大连冷冻机股份有限公司	000530	大冷股份
551	沈阳机床股份有限公司	000410	沈阳机床
552	山东得利斯食品股份有限公司	002330	得利斯
553	中航电测仪器股份有限公司	300114	中航电测
554	上海海隆软件股份有限公司	002195	海隆软件
555	成都市新筑路桥机械股份有限公司	002480	新筑股份
556	四川富临运业集团股份有限公司	002357	富临运业
557	天津九安医疗电子股份有限公司	002432	九安医疗
558	长江精工钢结构(集团)股份有限公司	600496	精工钢构
559	华菱星马汽车(集团)股份有限公司	600375	华菱星马
560	北京万通地产股份有限公司	600246	万通地产

continued

除息日 Ex-dividend Date	每股现金红利(元) Dividend Per Share (yuan)	上市公司分红总额(元) Total Dividend (yuan)	交易所 Exchange	辖区 Region
2012-05-22	0.20	66000000.00	上海证券交易所	江西
2012-05-22	0.15	280533344.63	上海证券交易所	上海
2012-05-22	0.15	51189080.72	上海证券交易所	上海
2012-05-22	0.02	43836958.92	上海证券交易所	四川
2012-05-22	0.03	26135236.26	上海证券交易所	宁波
2012-05-22	0.10	15360000.00	深圳证券交易所	北京
2012-05-22	0.60	81000000.00	深圳证券交易所	北京
2012-05-22	0.15	44400000.00	深圳证券交易所	北京
2012-05-22	0.12	34200000.00	深圳证券交易所	福建
2012-05-22	0.10	20000000.00	深圳证券交易所	福建
2012-05-22	0.10	19800000.00	深圳证券交易所	广东
2012-05-22	0.07	17200000.00	深圳证券交易所	深圳
2012-05-22	0.10	19980000.00	深圳证券交易所	深圳
2012-05-22	0.10	10000000.00	深圳证券交易所	深圳
2012-05-22	0.20	34606000.00	深圳证券交易所	贵州
2012-05-22	0.10	8700000.00	深圳证券交易所	江苏
2012-05-22	0.08	40892800.00	深圳证券交易所	江苏
2012-05-22	0.16	24600000.00	深圳证券交易所	江苏
2012-05-22	0.13	103649410.00	深圳证券交易所	江苏
2012-05-22	0.01	6675000.00	深圳证券交易所	山东
2012-05-22	0.03	10800000.00	深圳证券交易所	上海
2012-05-22	0.05	4972934.45	深圳证券交易所	新疆
2012-05-22	0.04	18800791.20	深圳证券交易所	浙江
2012-05-22	0.80	56664800.00	深圳证券交易所	浙江
2012-05-22	0.15	48438750.00	深圳证券交易所	浙江
2012-05-23	0.10	79896998.90	上海证券交易所	厦门
2012-05-23	0.05	26016960.96	上海证券交易所	西藏
2012-05-23	0.23	150810214.78	上海证券交易所	西藏
2012-05-23	0.20	43000000.00	上海证券交易所	宁波
2012-05-23	0.10	64537908.00	上海证券交易所	浙江
2012-05-23	0.05	12763608.50	深圳证券交易所	安徽
2012-05-23	0.18	38520000.00	深圳证券交易所	北京
2012-05-23	0.01	6351200.00	深圳证券交易所	甘肃
2012-05-23	0.35	63000000.00	深圳证券交易所	广东
2012-05-23	0.15	90059424.00	深圳证券交易所	深圳
2012-05-23	0.08	21960000.00	深圳证券交易所	深圳
2012-05-23	0.10	34400000.00	深圳证券交易所	河南
2012-05-23	0.05	30400000.00	深圳证券交易所	河南
2012-05-23	0.12	15000000.00	深圳证券交易所	湖南
2012-05-23	0.10	10668000.00	深圳证券交易所	江苏
2012-05-23	0.16	56532996.25	深圳证券交易所	大连
2012-05-23	0.06	32728253.04	深圳证券交易所	辽宁
2012-05-23	0.20	50200000.00	深圳证券交易所	山东
2012-05-23	0.08	9600000.00	深圳证券交易所	陕西
2012-05-23	0.10	11396000.00	深圳证券交易所	上海
2012-05-23	0.20	56000000.00	深圳证券交易所	四川
2012-05-23	0.15	29389597.20	深圳证券交易所	四川
2012-05-23	0.10	24800000.00	深圳证券交易所	天津
2012-05-24	0.07	41059620.00	上海证券交易所	安徽
2012-05-24	0.37	150124020.89	上海证券交易所	安徽
2012-05-24	0.06	73008000.00	上海证券交易所	北京

7-36 续表 11

序号 No.	公司名称 Companies	股票代码 Stock Code	股票简称 Stock Abbreviation
561	广州发展集团股份有限公司	600098	广州发展
562	广东明珠集团股份有限公司	600382	广东明珠
563	开滦能源化工股份有限公司	600997	开滦股份
564	河南豫光金铅股份有限公司	600531	豫光金铅
565	河南黄河旋风股份有限公司	600172	黄河旋风
566	株洲时代新材料科技股份有限公司	600458	时代新材
567	江苏舜天股份有限公司	600287	江苏舜天
568	苏州新区高新技术产业股份有限公司	600736	苏州高新
569	江苏玉龙钢管股份有限公司	601028	玉龙股份
570	内蒙古君正能源化工股份有限公司	601216	内蒙君正
571	申能股份有限公司	600642	申能股份
572	长发集团长江投资实业股份有限公司	600119	长江投资
573	马鞍山鼎泰稀土新材料股份有限公司	002352	鼎泰新材
574	瑞泰科技股份有限公司	002066	瑞泰科技
575	北京钢研高纳科技股份有限公司	300034	钢研高纳
576	利亚德光电股份有限公司	300296	利亚德
577	广东德美精细化工股份有限公司	002054	德美化工
578	广州达意隆包装机械股份有限公司	002209	达 意 隆
579	珠海恒基达鑫国际化工仓储股份有限公司	002492	恒基达鑫
580	广东德豪润达电气股份有限公司	002005	德豪润达
581	桂林旅游股份有限公司	000978	桂林旅游
582	湖北三丰智能输送装备股份有限公司	300276	三丰智能
583	武汉力源信息技术股份有限公司	300184	力源信息
584	东华能源股份有限公司	002221	东华能源
585	横店集团东磁股份有限公司	002056	横店东磁
586	浙江海利得新材料股份有限公司	002206	海 利 得
587	浙江帝龙新材料股份有限公司	002247	帝龙新材
588	华新水泥股份有限公司	600801	华新水泥
589	江中药业股份有限公司	600750	江中药业
590	新疆众和股份有限公司	600888	新疆众和
591	浙江海正药业股份有限公司	600267	海正药业
592	安徽精诚铜业股份有限公司	002171	精诚铜业
593	福建众和股份有限公司	002070	众和股份
594	广州阳普医疗科技股份有限公司	300030	阳普医疗
595	惠州中京电子科技股份有限公司	002579	中京电子
596	汕头万顺包装材料股份有限公司	300057	万顺股份
597	深圳万润科技股份有限公司	002654	万润科技
598	招商局地产控股股份有限公司	000024	招商地产
599	中国南玻集团股份有限公司	000012	南 玻A
600	山河智能装备股份有限公司	002097	山河智能
601	江苏飞力达国际物流股份有限公司	300240	飞力达
602	南京中电环保股份有限公司	300172	中电环保
603	苏州新海宜通信科技股份有限公司	002089	新 海 宜
604	仁和药业股份有限公司	000650	仁和药业
605	山东新北洋信息技术股份有限公司	002376	新北洋
606	山东金城医药化工股份有限公司	300233	金城医药
607	山西仟源制药股份有限公司	300254	仟源制药
608	上海美特斯邦威服饰股份有限公司	002269	美邦服饰
609	上海科泰电源股份有限公司	300153	科泰电源
610	四川依米康环境科技股份有限公司	300249	依米康
611	四川仁智油田技术服务股份有限公司	002629	仁智油服

continued

除息日 Ex-dividend Date	每股现金红利(元) Dividend Per Share (yuan)	上市公司分红总额(元) Total Dividend (yuan)	交易所 Exchange	辖区 Region
2012-05-24	0.10	205920000.00	上海证券交易所	广东
2012-05-24	0.03	10252398.00	上海证券交易所	广东
2012-05-24	0.10	123464000.00	上海证券交易所	河北
2012-05-24	0.10	29525077.60	上海证券交易所	河南
2012-05-24	0.03	15687121.70	上海证券交易所	河南
2012-05-24	0.10	51734144.00	上海证券交易所	湖南
2012-05-24	0.03	13103882.22	上海证券交易所	江苏
2012-05-24	0.04	42315264.00	上海证券交易所	江苏
2012-05-24	0.20	63500000.00	上海证券交易所	江苏
2012-05-24	0.05	64000000.00	上海证券交易所	内蒙古
2012-05-24	0.10	472877406.00	上海证券交易所	上海
2012-05-24	0.06	18444000.00	上海证券交易所	上海
2012-05-24	0.45	35023851.00	深圳证券交易所	安徽
2012-05-24	0.08	17325000.00	深圳证券交易所	北京
2012-05-24	0.08	16959052.32	深圳证券交易所	北京
2012-05-24	0.07	6500000.00	深圳证券交易所	北京
2012-05-24	0.11	34331094.49	深圳证券交易所	广东
2012-05-24	0.05	9762202.50	深圳证券交易所	广东
2012-05-24	0.10	12000000.00	深圳证券交易所	广东
2012-05-24	0.05	58320000.00	深圳证券交易所	广东
2012-05-24	0.10	36010000.00	深圳证券交易所	广西
2012-05-24	0.09	7200000.00	深圳证券交易所	湖北
2012-05-24	0.20	20010000.00	深圳证券交易所	湖北
2012-05-24	0.04	8996000.00	深圳证券交易所	江苏
2012-05-24	0.02	8218000.00	深圳证券交易所	浙江
2012-05-24	0.40	179032200.00	深圳证券交易所	浙江
2012-05-24	0.10	10020000.00	深圳证券交易所	浙江
2012-05-25	0.15	140482001.32	上海证券交易所	湖北
2012-05-25	0.30	93345000.00	上海证券交易所	江西
2012-05-25	0.05	24662533.50	上海证券交易所	西藏
2012-05-25	0.09	78722724.15	上海证券交易所	浙江
2012-05-25	0.02	6520800.00	深圳证券交易所	安徽
2012-05-25	0.02	7517848.00	深圳证券交易所	福建
2012-05-25	0.06	8880000.00	深圳证券交易所	广东
2012-05-25	0.03	4867500.00	深圳证券交易所	广东
2012-05-25	0.05	21100000.00	深圳证券交易所	广东
2012-05-25	0.12	10560000.00	深圳证券交易所	深圳
2012-05-25	0.21	359256530.75	深圳证券交易所	深圳
2012-05-25	0.20	405595314.22	深圳证券交易所	深圳
2012-05-25	0.04	16857106.50	深圳证券交易所	湖南
2012-05-25	0.13	22280000.00	深圳证券交易所	江苏
2012-05-25	0.08	10000000.00	深圳证券交易所	江苏
2012-05-25	0.08	35288880.00	深圳证券交易所	江苏
2012-05-25	0.04	35041791.08	深圳证券交易所	江西
2012-05-25	0.20	60000000.00	深圳证券交易所	山东
2012-05-25	0.20	24200000.00	深圳证券交易所	山东
2012-05-25	0.08	10704000.00	深圳证券交易所	山西
2012-05-25	0.84	844200000.00	深圳证券交易所	上海
2012-05-25	0.15	24000000.00	深圳证券交易所	上海
2012-05-25	0.10	7840000.00	深圳证券交易所	四川
2012-05-25	0.32	36617600.00	深圳证券交易所	四川

7-36 续表 12

序号 No.	公司名称 Companies	股票代码 Stock Code	股票简称 Stock Abbreviation
612	天津赛象科技股份有限公司	002337	赛象科技
613	浙江传化股份有限公司	002010	传化股份
614	浙江星星瑞金科技股份有限公司	300256	星星科技
615	申科滑动轴承股份有限公司	002633	申科股份
616	重庆宗申动力机械股份有限公司	001696	宗申动力
617	中国石油化工股份有限公司	600028	中国石化
618	北京歌华有线电视网络股份有限公司	600037	歌华有线
619	北京京能热电股份有限公司	600578	京能热电
620	岳阳林纸股份有限公司	600963	岳阳林纸
621	国电南京自动化股份有限公司	600268	国电南自
622	江苏扬农化工股份有限公司	600486	扬农化工
623	大商股份有限公司	600694	大商股份
624	金堆城钼业股份有限公司	601958	金钼股份
625	四川天一科技股份有限公司	600378	天科股份
626	北京合众思壮科技股份有限公司	002383	合众思壮
627	厦门金达威集团股份有限公司	002626	金达威
628	深圳华侨城股份有限公司	000069	华侨城A
629	创元科技股份有限公司	000551	创元科技
630	苏州电器科学研究院股份有限公司	300215	电科院
631	江苏双星彩塑新材料股份有限公司	002585	双星新材
632	江西特种电机股份有限公司	002176	江特电机
633	西安开元投资集团股份有限公司	000516	开元投资
634	上海汉钟精机股份有限公司	002158	汉钟精机
635	上海东富龙科技股份有限公司	300171	东富龙
636	宏达高科控股股份有限公司	002144	宏达高科
637	浙江开尔新材料股份有限公司	300234	开尔新材
638	康美药业股份有限公司	600518	康美药业
639	河南羚锐制药股份有限公司	600285	羚锐制药
640	江苏恒瑞医药股份有限公司	600276	恒瑞医药
641	江苏凤凰出版传媒股份有限公司	601928	凤凰传媒
642	西藏城市发展投资股份有限公司	600773	西藏城投
643	浙江新安化工集团股份有限公司	600596	新安股份
644	安徽安利合成革股份有限公司	300218	安利股份
645	芜湖亚夏汽车股份有限公司	002607	亚夏汽车
646	北京佳讯飞鸿电气股份有限公司	300213	佳讯飞鸿
647	潜能恒信能源技术股份有限公司	300191	潜能恒信
648	中国全聚德(集团)股份有限公司	002186	全 聚 德
649	泰亚鞋业股份有限公司	002517	泰亚股份
650	厦门合兴包装印刷股份有限公司	002228	合兴包装
651	东莞勤上光电股份有限公司	002638	勤上光电
652	高新兴科技集团股份有限公司	300098	高新兴
653	广东奥飞动漫文化股份有限公司	002292	奥飞动漫
654	深圳市格林美高新技术股份有限公司	002340	格林美
655	国民技术股份有限公司	300077	国民技术
656	深圳和而泰智能控制股份有限公司	002402	和而泰
657	深圳市英威腾电气股份有限公司	002334	英威腾
658	松德机械股份有限公司	300173	松德股份
659	湖南梦洁家纺股份有限公司	002397	梦洁家纺
660	江苏旷达汽车织物集团股份有限公司	002516	江苏旷达
661	江阴中南重工股份有限公司	002445	中南重工
662	江苏九九久科技股份有限公司	002411	九九久

continued

除息日 Ex-dividend Date	每股现金红利(元) Dividend Per Share (yuan)	上市公司分红总额(元) Total Dividend (yuan)	交易所 Exchange	辖区 Region
2012-05-25	0.10	19200000.00	深圳证券交易所	天津
2012-05-25	0.05	24399000.00	深圳证券交易所	浙江
2012-05-25	0.20	30000000.00	深圳证券交易所	浙江
2012-05-25	0.13	20000000.00	深圳证券交易所	浙江
2012-05-25	0.20	237299165.60	深圳证券交易所	重庆
2012-05-28	0.20	14007949218.20	上海证券交易所	北京
2012-05-28	0.10	106036533.60	上海证券交易所	北京
2012-05-28	0.20	157445109.60	上海证券交易所	北京
2012-05-28	0.02	16863182.96	上海证券交易所	湖南
2012-05-28	0.10	63524643.40	上海证券交易所	江苏
2012-05-28	0.20	34433211.80	上海证券交易所	江苏
2012-05-28	0.30	88115595.90	上海证券交易所	大连
2012-05-28	0.20	645320880.00	上海证券交易所	陕西
2012-05-28	0.02	5403514.40	上海证券交易所	四川
2012-05-28	0.15	28800000.00	深圳证券交易所	北京
2012-05-28	0.30	54000000.00	深圳证券交易所	厦门
2012-05-28	0.05	335607626.16	深圳证券交易所	深圳
2012-05-28	0.07	26672027.00	深圳证券交易所	江苏
2012-05-28	0.30	54000000.00	深圳证券交易所	江苏
2012-05-28	0.50	208000000.00	深圳证券交易所	江苏
2012-05-28	0.02	6366414.66	深圳证券交易所	江西
2012-05-28	0.05	35670986.05	深圳证券交易所	陕西
2012-05-28	0.40	87229800.00	深圳证券交易所	上海
2012-05-28	0.46	96000000.00	深圳证券交易所	上海
2012-05-28	0.20	30267760.00	深圳证券交易所	浙江
2012-05-28	0.13	16000000.00	深圳证券交易所	浙江
2012-05-29	0.05	109935724.15	上海证券交易所	广东
2012-05-29	0.15	30108000.00	上海证券交易所	河南
2012-05-29	0.08	101173477.14	上海证券交易所	江苏
2012-05-29	0.08	203592000.00	上海证券交易所	江苏
2012-05-29	0.04	20149674.93	上海证券交易所	西藏
2012-05-29	0.06	40751077.98	上海证券交易所	浙江
2012-05-29	0.05	10560000.00	深圳证券交易所	安徽
2012-05-29	0.15	26400000.00	深圳证券交易所	安徽
2012-05-29	0.07	8400000.00	深圳证券交易所	北京
2012-05-29	0.20	32000000.00	深圳证券交易所	北京
2012-05-29	0.60	84936000.00	深圳证券交易所	北京
2012-05-29	0.10	17680000.00	深圳证券交易所	福建
2012-05-29	0.10	34750400.00	深圳证券交易所	厦门
2012-05-29	0.05	18733500.00	深圳证券交易所	广东
2012-05-29	0.08	13338000.00	深圳证券交易所	广东
2012-05-29	0.20	81920000.00	深圳证券交易所	广东
2012-05-29	0.10	57958218.00	深圳证券交易所	深圳
2012-05-29	0.30	81600000.00	深圳证券交易所	深圳
2012-05-29	0.15	15007500.00	深圳证券交易所	深圳
2012-05-29	0.14	30400000.00	深圳证券交易所	深圳
2012-05-29	0.15	17420000.00	深圳证券交易所	广东
2012-05-29	0.20	30240000.00	深圳证券交易所	湖南
2012-05-29	0.20	50000000.00	深圳证券交易所	江苏
2012-05-29	0.10	25215000.00	深圳证券交易所	江苏
2012-05-29	0.05	11610000.00	深圳证券交易所	江苏

7-36 续表 13

序号 No.	公司名称 Companies	股票代码 Stock Code	股票简称 Stock Abbreviation
663	苏州胜利精密制造科技股份有限公司	002426	胜利精密
664	江苏亚太轻合金科技股份有限公司	002540	亚太科技
665	科林环保装备股份有限公司	002499	科林环保
666	江苏江淮动力股份有限公司	000816	江淮动力
667	山东瑞康医药股份有限公司	002589	瑞康医药
668	思源电气股份有限公司	002028	思源电气
669	浙江大华技术股份有限公司	002236	大华股份
670	浙江华策影视股份有限公司	300133	华策影视
671	露笑科技股份有限公司	002617	露笑科技
672	中国国际贸易中心股份有限公司	600007	中国国贸
673	汕头东风印刷股份有限公司	601515	东风股份
674	广东冠豪高新技术股份有限公司	600433	冠豪高新
675	山东好当家海洋发展股份有限公司	600467	好当家
676	中视传媒股份有限公司	600088	中视传媒
677	浙江东南发电股份有限公司	900949	东电B股
678	宁波联合集团股份有限公司	600051	宁波联合
679	安徽金禾实业股份有限公司	002597	金禾实业
680	厦门科华恒盛股份有限公司	002335	科华恒盛
681	黑牛食品股份有限公司	002387	黑牛食品
682	深圳市洲明科技股份有限公司	300232	洲明科技
683	深圳市彩虹精细化工股份有限公司	002256	彩虹精化
684	深圳奥特迅电力设备股份有限公司	002227	奥 特 迅
685	珠海万力达电气股份有限公司	002180	万 力 达
686	顺发恒业股份公司	000631	顺发恒业
687	常州千红生化制药股份有限公司	002550	千红制药
688	江苏联发纺织股份有限公司	002394	联发股份
689	江苏银河电子股份有限公司	002519	银河电子
690	镇江东方电热科技股份有限公司	300217	东方电热
691	江西博雅生物制药股份有限公司	300294	博雅生物
692	山东金正大生态工程股份有限公司	002470	金正大
693	华仁药业股份有限公司	300110	华仁药业
694	保龄宝生物股份有限公司	002286	保龄宝
695	山东蓝帆塑胶股份有限公司	002382	蓝帆股份
696	四川成飞集成科技股份有限公司	002190	成飞集成
697	华谊兄弟传媒股份有限公司	300027	华谊兄弟
698	杭州中瑞思创科技股份有限公司	300078	中瑞思创
699	中国软件与技术服务股份有限公司	600536	中国软件
700	中国玻纤股份有限公司	600176	中国玻纤
701	中国光大银行股份有限公司	601818	光大银行
702	九牧王股份有限公司	601566	九牧王
703	漳州片仔癀药业股份有限公司	600436	片仔癀
704	湖南华升股份有限公司	600156	华升股份
705	吉视传媒股份有限公司	601929	吉视传媒
706	江苏林洋电子股份有限公司	601222	林洋电子
707	内蒙古金宇集团股份有限公司	600201	金宇集团
708	东方国际创业股份有限公司	600278	东方创业
709	交通银行股份有限公司	601328	交通银行
710	特变电工股份有限公司	600089	特变电工
711	东方通信股份有限公司	600776	东方通信
712	北京万邦达环保技术股份有限公司	300055	万邦达
713	北京华录百纳影视股份有限公司	300291	华录百纳

continued

除息日 Ex-dividend Date	每股现金红利(元) Dividend Per Share (yuan)	上市公司分红总额(元) Total Dividend (yuan)	交易所 Exchange	辖区 Region
2012-05-29	0.10	40041000.00	深圳证券交易所	江苏
2012-05-29	0.25	52000000.00	深圳证券交易所	江苏
2012-05-29	0.07	7500000.00	深圳证券交易所	江苏
2012-05-29	0.01	10888033.18	深圳证券交易所	江苏
2012-05-29	0.10	9380000.00	深圳证券交易所	山东
2012-05-29	0.10	43968000.00	深圳证券交易所	上海
2012-05-29	0.13	69770100.00	深圳证券交易所	浙江
2012-05-29	0.10	38406400.00	深圳证券交易所	浙江
2012-05-29	0.10	12000000.00	深圳证券交易所	浙江
2012-05-30	0.13	130946729.42	上海证券交易所	北京
2012-05-30	0.36	200160000.00	上海证券交易所	广东
2012-05-30	0.04	25506000.00	上海证券交易所	广东
2012-05-30	0.05	36524857.60	上海证券交易所	山东
2012-05-30	0.09	28502292.00	上海证券交易所	上海
2012-05-30	0.06	41558593.74	上海证券交易所	浙江
2012-05-30	0.10	30240000.00	上海证券交易所	宁波
2012-05-30	0.19	40050000.00	深圳证券交易所	安徽
2012-05-30	0.11	23994750.00	深圳证券交易所	厦门
2012-05-30	0.08	24198760.00	深圳证券交易所	广东
2012-05-30	0.08	7772005.80	深圳证券交易所	深圳
2012-05-30	0.04	12528000.00	深圳证券交易所	深圳
2012-05-30	0.10	10857695.00	深圳证券交易所	深圳
2012-05-30	0.10	12498300.00	深圳证券交易所	广东
2012-05-30	0.04	41820390.12	深圳证券交易所	吉林
2012-05-30	0.35	56000000.00	深圳证券交易所	江苏
2012-05-30	0.20	43160000.00	深圳证券交易所	江苏
2012-05-30	0.40	56320000.00	深圳证券交易所	江苏
2012-05-30	0.09	17976000.00	深圳证券交易所	江苏
2012-05-30	0.25	18950000.00	深圳证券交易所	江西
2012-05-30	0.15	105000000.00	深圳证券交易所	山东
2012-05-30	0.20	42720635.14	深圳证券交易所	青岛
2012-05-30	0.08	10400000.00	深圳证券交易所	山东
2012-05-30	0.03	6000000.00	深圳证券交易所	山东
2012-05-30	0.12	39829428.75	深圳证券交易所	四川
2012-05-30	0.15	90720000.00	深圳证券交易所	浙江
2012-05-30	0.40	67000000.00	深圳证券交易所	浙江
2012-05-31	0.10	22569387.90	上海证券交易所	北京
2012-05-31	0.09	80281914.00	上海证券交易所	北京
2012-05-31	0.13	5377827070.00	上海证券交易所	北京
2012-05-31	0.60	343758000.00	上海证券交易所	福建
2012-05-31	0.70	98000000.00	上海证券交易所	福建
2012-05-31	0.02	8042214.04	上海证券交易所	湖南
2012-05-31	0.02	30755753.38	上海证券交易所	吉林
2012-05-31	0.17	58000000.00	上海证券交易所	江苏
2012-05-31	0.15	42122239.50	上海证券交易所	内蒙古
2012-05-31	0.04	20086220.70	上海证券交易所	上海
2012-05-31	0.10	3270905334.60	上海证券交易所	上海
2012-05-31	0.08	210844787.20	上海证券交易所	西藏
2012-05-31	0.08	100585860.72	上海证券交易所	浙江
2012-05-31	0.10	22880000.00	深圳证券交易所	北京
2012-05-31	0.20	12000000.00	深圳证券交易所	北京

7-36 续表 14

序号 No.	公司名称 Companies	股票代码 Stock Code	股票简称 Stock Abbreviation
714	福建三元达通讯股份有限公司	002417	三元达
715	兰州海默科技股份有限公司	300084	海默科技
716	东莞市搜于特服装股份有限公司	002503	搜于特
717	凯撒(中国)股份有限公司	002425	凯撒股份
718	天虹商场股份有限公司	002419	天虹商场
719	深圳市惠程电气股份有限公司	002168	深圳惠程
720	中航三鑫股份有限公司	002163	中航三鑫
721	深圳市兴森快捷电路科技股份有限公司	002436	兴森科技
722	深圳市瑞丰光电子股份有限公司	300241	瑞丰光电
723	中山大洋电机股份有限公司	002249	大洋电机
724	珠海和佳医疗设备股份有限公司	300273	和佳股份
725	河南通达电缆股份有限公司	002560	通达股份
726	湖北宜化化工股份有限公司	000422	湖北宜化
727	岳阳兴长石化股份有限公司	000819	岳阳兴长
728	九芝堂股份有限公司	000989	九 芝 堂
729	苏宁云商集团股份有限公司	002024	苏宁电器
730	苏州安洁科技股份有限公司	002635	安洁科技
731	苏州海陆重工股份有限公司	002255	海陆重工
732	山东隆基机械股份有限公司	002363	隆基机械
733	西安启源机电装备股份有限公司	300140	启源装备
734	网宿科技股份有限公司	300017	网宿科技
735	上海金仕达卫宁软件股份有限公司	300253	卫宁软件
736	上海普利特复合材料股份有限公司	002324	普利特
737	四川科新机电股份有限公司	300092	科新机电
738	浙江迪安诊断技术股份有限公司	300244	迪安诊断
739	宁波新海电气股份有限公司	002120	新海股份
740	东方日升新能源股份有限公司	300118	东方日升
741	浙江大东南股份有限公司	002263	大 东 南
742	北京首创股份有限公司	600008	首创股份
743	广东生益科技股份有限公司	600183	生益科技
744	河南明泰铝业股份有限公司	601677	明泰铝业
745	凯诺科技股份有限公司	600398	凯诺科技
746	无锡商业大厦大东方股份有限公司	600327	大东方
747	内蒙古鄂尔多斯资源股份有限公司	600295	鄂尔多斯
748	山西兰花科技创业股份有限公司	600123	兰花科创
749	中海发展股份有限公司	600026	中海发展
750	二六三网络通信股份有限公司	002467	二六三
751	北京立思辰科技股份有限公司	300010	立思辰
752	飞亚达(集团)股份有限公司	000026	飞亚达A
753	深圳市沃尔核材股份有限公司	002130	沃尔核材
754	广西皇氏甲天下乳业股份有限公司	002329	皇氏乳业
755	濮阳濮耐高温材料(集团)股份有限公司	002225	濮耐股份
756	常州天晟新材料股份有限公司	300169	天晟新材
757	江苏通光电子线缆股份有限公司	300265	通光线缆
758	江苏中泰桥梁钢构股份有限公司	002659	中泰桥梁
759	江苏洋河酒厂股份有限公司	002304	洋河股份
760	山东鲁阳股份有限公司	002088	鲁阳股份
761	浙江金磊高温材料股份有限公司	002624	金磊股份
762	安徽鑫科新材料股份有限公司	600255	鑫科材料
763	金发科技股份有限公司	600143	金发科技
764	贵州长征电气股份有限公司	600112	长征电气

continued

除息日 Ex-dividend Date	每股现金红利(元) Dividend Per Share (yuan)	上市公司分红总额(元) Total Dividend (yuan)	交易所 Exchange	辖区 Region
2012-05-31	0.07	18000000.00	深圳证券交易所	福建
2012-05-31	0.06	7680000.00	深圳证券交易所	甘肃
2012-05-31	0.28	80000000.00	深圳证券交易所	广东
2012-05-31	0.05	10700000.00	深圳证券交易所	广东
2012-05-31	0.33	264066000.00	深圳证券交易所	深圳
2012-05-31	0.00	2208222.24	深圳证券交易所	深圳
2012-05-31	0.05	40177500.00	深圳证券交易所	深圳
2012-05-31	0.30	67020000.00	深圳证券交易所	深圳
2012-05-31	0.10	10700000.00	深圳证券交易所	深圳
2012-05-31	0.26	186167241.00	深圳证券交易所	广东
2012-05-31	0.33	66675000.00	深圳证券交易所	广东
2012-05-31	0.15	15499920.00	深圳证券交易所	河南
2012-05-31	0.03	27116359.31	深圳证券交易所	湖北
2012-05-31	0.10	21308368.70	深圳证券交易所	湖南
2012-05-31	0.40	119042107.20	深圳证券交易所	湖南
2012-05-31	0.15	1049431779.90	深圳证券交易所	江苏
2012-05-31	0.30	36000000.00	深圳证券交易所	江苏
2012-05-31	0.05	12910000.00	深圳证券交易所	江苏
2012-05-31	0.10	12000000.00	深圳证券交易所	山东
2012-05-31	0.15	18300000.00	深圳证券交易所	陕西
2012-05-31	0.15	23132142.90	深圳证券交易所	上海
2012-05-31	0.05	5350000.00	深圳证券交易所	上海
2012-05-31	0.10	27000000.00	深圳证券交易所	上海
2012-05-31	0.12	10920000.00	深圳证券交易所	四川
2012-05-31	0.17	15330000.00	深圳证券交易所	浙江
2012-05-31	0.05	7514000.00	深圳证券交易所	宁波
2012-05-31	0.05	28000000.00	深圳证券交易所	宁波
2012-05-31	0.10	60351000.00	深圳证券交易所	浙江
2012-06-01	0.13	286000000.00	上海证券交易所	北京
2012-06-01	0.25	350281425.28	上海证券交易所	广东
2012-06-01	0.10	40100000.00	上海证券交易所	河南
2012-06-01	0.05	32330203.90	上海证券交易所	江苏
2012-06-01	0.08	41736945.04	上海证券交易所	江苏
2012-06-01	0.10	103383918.84	上海证券交易所	内蒙古
2012-06-01	0.30	342720000.00	上海证券交易所	山西
2012-06-01	0.10	210855261.30	上海证券交易所	上海
2012-06-01	0.20	48000000.00	深圳证券交易所	北京
2012-06-01	0.10	23658750.00	深圳证券交易所	北京
2012-06-01	0.10	41192249.08	深圳证券交易所	深圳
2012-06-01	0.03	14672767.25	深圳证券交易所	深圳
2012-06-01	0.10	21400000.00	深圳证券交易所	广西
2012-06-01	0.05	36523254.15	深圳证券交易所	河南
2012-06-01	0.13	35062500.00	深圳证券交易所	江苏
2012-06-01	0.05	6750000.00	深圳证券交易所	江苏
2012-06-01	0.12	17882500.00	深圳证券交易所	江苏
2012-06-01	1.25	1350000000.00	深圳证券交易所	江苏
2012-06-01	0.10	23397868.90	深圳证券交易所	山东
2012-06-01	0.13	25000000.00	深圳证券交易所	浙江
2012-06-04	0.03	13485000.00	上海证券交易所	安徽
2012-06-04	0.19	493950000.00	上海证券交易所	广东
2012-06-04	0.01	4243373.72	上海证券交易所	贵州

7-36 续表 15

序号 No.	公司名称 Companies	股票代码 Stock Code	股票简称 Stock Abbreviation
765	河南瑞贝卡发制品股份有限公司	600439	瑞贝卡
766	株洲旗滨集团股份有限公司	601636	旗滨集团
767	内蒙古北方重型汽车股份有限公司	600262	北方股份
768	青海华鼎实业股份有限公司	600243	青海华鼎
769	陕西广电网络传媒(集团)股份有限公司	600831	广电网络
770	上海柴油机股份有限公司	600841	上柴股份
771	中铁二局股份有限公司	600528	中铁二局
772	云南云维股份有限公司	600725	云维股份
773	浙江航民股份有限公司	600987	航民股份
774	浙江富润股份有限公司	600070	浙江富润
775	福建海源自动化机械股份有限公司	002529	海源机械
776	易联众信息技术股份有限公司	300096	易联众
777	深圳市朗科科技股份有限公司	300042	朗科科技
778	山东宝莫生物化工股份有限公司	002476	宝莫股份
779	安徽水利开发股份有限公司	600502	安徽水利
780	安徽金种子酒业股份有限公司	600199	金种子酒
781	贵州钢绳股份有限公司	600992	贵绳股份
782	湘潭电机股份有限公司	600416	湘电股份
783	长春一汽富维汽车零部件股份有限公司	600742	一汽富维
784	无锡华光锅炉股份有限公司	600475	华光股份
785	西安航空动力股份有限公司	600893	航空动力
786	光大证券股份有限公司	601788	光大证券
787	海洋石油工程股份有限公司	600583	海油工程
788	沈机集团昆明机床股份有限公司	600806	昆明机床
789	浙江东方集团股份有限公司	600120	浙江东方
790	浙江龙盛集团股份有限公司	600352	浙江龙盛
791	义乌华鼎锦纶股份有限公司	601113	华鼎锦纶
792	北京启明星辰信息技术股份有限公司	002439	启明星辰
793	北京梅泰诺通信技术股份有限公司	300038	梅泰诺
794	广州市广百股份有限公司	002187	广百股份
795	广东东方锆业科技股份有限公司	002167	东方锆业
796	深圳市通产丽星股份有限公司	002243	通产丽星
797	深圳广田装饰集团股份有限公司	002482	广田股份
798	桂林广陆数字测控股份有限公司	002175	广陆数测
799	湖南辰州矿业股份有限公司	002155	辰州矿业
800	唐人神集团股份有限公司	002567	唐人神
801	中核苏阀科技实业股份有限公司	000777	中核科技
802	江苏中超电缆股份有限公司	002471	中超电缆
803	内蒙古远兴能源股份有限公司	000683	远兴能源
804	浙江金洲管道科技股份有限公司	002443	金洲管道
805	浙江盾安人工环境股份有限公司	002011	盾安环境
806	浙江万安科技股份有限公司	002590	万安科技
807	安徽新华传媒股份有限公司	601801	皖新传媒
808	中国国旅股份有限公司	601888	中国国旅
809	平顶山天安煤业股份有限公司	601666	平煤股份
810	四川大西洋焊接材料股份有限公司	600558	大西洋
811	哈工大首创科技股份有限公司	600857	工大首创
812	宁波热电股份有限公司	600982	宁波热电
813	铜陵有色金属集团股份有限公司	000630	铜陵有色
814	福建南平太阳电缆股份有限公司	002300	太阳电缆
815	厦门市美亚柏科信息股份有限公司	300188	美亚柏科

continued

除息日 Ex-dividend Date	每股现金红利(元) Dividend Per Share (yuan)	上市公司分红总额(元) Total Dividend (yuan)	交易所 Exchange	辖区 Region
2012-06-04	0.08	78610100.00	上海证券交易所	河南
2012-06-04	0.15	100200000.00	上海证券交易所	湖南
2012-06-04	0.15	25500000.00	上海证券交易所	内蒙古
2012-06-04	0.05	11842500.00	上海证券交易所	青海
2012-06-04	0.03	16903156.11	上海证券交易所	陕西
2012-06-04	0.03	27192255.23	上海证券交易所	上海
2012-06-04	0.10	145920000.00	上海证券交易所	四川
2012-06-04	0.05	30811750.00	上海证券交易所	云南
2012-06-04	0.20	84708000.00	上海证券交易所	浙江
2012-06-04	0.23	42202728.00	上海证券交易所	浙江
2012-06-04	0.19	30000000.00	深圳证券交易所	福建
2012-06-04	0.10	17200000.00	深圳证券交易所	厦门
2012-06-04	0.05	6680000.00	深圳证券交易所	深圳
2012-06-04	0.03	9000000.00	深圳证券交易所	山东
2012-06-05	0.10	33462000.00	上海证券交易所	安徽
2012-06-05	0.18	100039500.36	上海证券交易所	安徽
2012-06-05	0.08	13149600.00	上海证券交易所	贵州
2012-06-05	0.10	60848454.20	上海证券交易所	湖南
2012-06-05	0.20	42304680.00	上海证券交易所	吉林
2012-06-05	0.10	25600000.00	上海证券交易所	江苏
2012-06-05	0.07	71911833.58	上海证券交易所	陕西
2012-06-05	0.26	895516000.00	上海证券交易所	上海
2012-06-05	0.04	136130400.00	上海证券交易所	天津
2012-06-05	0.02	7803725.82	上海证券交易所	云南
2012-06-05	0.12	60656814.48	上海证券交易所	浙江
2012-06-05	0.10	146841593.00	上海证券交易所	浙江
2012-06-05	0.08	48000000.00	上海证券交易所	浙江
2012-06-05	0.10	19751824.60	深圳证券交易所	北京
2012-06-05	0.07	9157000.00	深圳证券交易所	北京
2012-06-05	0.17	57070428.00	深圳证券交易所	广东
2012-06-05	0.05	20698200.00	深圳证券交易所	广东
2012-06-05	0.10	25806895.60	深圳证券交易所	深圳
2012 06 05	0.06	32000000.00	深圳证券交易所	深圳
2012-06-05	0.11	9393811.68	深圳证券交易所	广西
2012-06-05	0.11	82110000.00	深圳证券交易所	湖南
2012-06-05	0.18	48300000.00	深圳证券交易所	湖南
2012-06-05	0.12	25561172.88	深圳证券交易所	江苏
2012-06-05	0.15	31200000.00	深圳证券交易所	江苏
2012-06-05	0.10	76781398.30	深圳证券交易所	内蒙古
2012-06-05	0.09	26032500.00	深圳证券交易所	浙江
2012-06-05	0.20	167587492.00	深圳证券交易所	浙江
2012-06-05	0.08	9334000.00	深圳证券交易所	浙江
2012-06-06	0.12	109200000.00	上海证券交易所	安徽
2012-06-06	0.10	88000000.00	上海证券交易所	北京
2012-06-06	0.20	472232996.40	上海证券交易所	河南
2012-06-06	0.08	11053750.08	上海证券交易所	四川
2012-06-06	0.05	11215995.95	上海证券交易所	宁波
2012-06-06	0.10	16800000.00	上海证券交易所	宁波
2012-06-06	0.10	142160670.70	深圳证券交易所	安徽
2012-06-06	0.33	99495000.00	深圳证券交易所	福建
2012-06-06	0.10	10700000.00	深圳证券交易所	厦门

7-36 续表 16

序号 No.	公司名称 Companies	股票代码 Stock Code	股票简称 Stock Abbreviation
816	兰州佛慈制药股份有限公司	002644	佛慈制药
817	国海证券股份有限公司	000750	国海证券
818	洛阳北方玻璃技术股份有限公司	002613	北玻股份
819	武汉高德红外股份有限公司	002414	高德红外
820	拓维信息系统股份有限公司	002261	拓维信息
821	苏州东山精密制造股份有限公司	002384	东山精密
822	天顺风能(苏州)股份有限公司	002531	天顺风能
823	江西正邦科技股份有限公司	002157	正邦科技
824	鞍山重型矿山机器股份有限公司	002667	鞍重股份
825	中国重汽集团济南卡车股份有限公司	000951	中国重汽
826	鲁西化工集团股份有限公司	000830	鲁西化工
827	上海嘉麟杰纺织品股份有限公司	002486	嘉麟杰
828	广宇集团股份有限公司	002133	广宇集团
829	万向钱潮股份有限公司	000559	万向钱潮
830	浙江伟星实业发展股份有限公司	002003	伟星股份
831	宁波华翔电子股份有限公司	002048	宁波华翔
832	浙江明牌珠宝股份有限公司	002574	明牌珠宝
833	浙江步森服饰股份有限公司	002569	步森股份
834	浙江海亮股份有限公司	002203	海亮股份
835	中国石油天然气股份有限公司	601857	中国石油
836	招商银行股份有限公司	600036	招商银行
837	乐山电力股份有限公司	600644	乐山电力
838	天士力制药集团股份有限公司	600535	天士力
839	杭州前进齿轮箱集团股份有限公司	601177	杭齿前进
840	浙江中国小商品城集团股份有限公司	600415	小商品城
841	北京燕京啤酒股份有限公司	000729	燕京啤酒
842	海南瑞泽新型建材股份有限公司	002596	海南瑞泽
843	河南省中原内配股份有限公司	002448	中原内配
844	林州重机集团股份有限公司	002535	林州重机
845	江苏爱康科技股份有限公司	002610	爱康科技
846	中材科技股份有限公司	002080	中材科技
847	焦点科技股份有限公司	002315	焦点科技
848	陕西秦川机械发展股份有限公司	000837	秦川发展
849	万达信息股份有限公司	300168	万达信息
850	上海锐奇工具股份有限公司	300126	锐奇股份
851	四川海特高新技术股份有限公司	002023	海特高新
852	成都利君实业股份有限公司	002651	利君股份
853	浙江巨龙管业股份有限公司	002619	巨龙管业
854	宁波圣莱达电器股份有限公司	002473	圣莱达
855	浙江世纪华通车业股份有限公司	002602	世纪华通
856	浙江亚厦装饰股份有限公司	002375	亚厦股份
857	浙江新和成股份有限公司	002001	新 和 成
858	时代出版传媒股份有限公司	600551	时代出版
859	中国中煤能源股份有限公司	601898	中煤能源
860	中国人寿保险股份有限公司	601628	中国人寿
861	金地(集团)股份有限公司	600383	金地集团
862	广西桂冠电力股份有限公司	600236	桂冠电力
863	江苏澄星磷化工股份有限公司	600078	澄星股份
864	海润光伏科技股份有限公司	600401	海润光伏
865	江苏汇鸿股份有限公司	600981	汇鸿股份

continued

除息日 Ex-dividend Date	每股现金红利(元) Dividend Per Share (yuan)	上市公司分红总额(元) Total Dividend (yuan)	交易所 Exchange	辖区 Region
2012-06-06	0.03	2908080.00	深圳证券交易所	甘肃
2012-06-06	0.06	107517094.35	深圳证券交易所	广西
2012-06-06	0.20	80100000.00	深圳证券交易所	河南
2012-06-06	0.48	144000000.00	深圳证券交易所	湖北
2012-06-06	0.02	6541011.72	深圳证券交易所	湖南
2012-06-06	0.05	19200000.00	深圳证券交易所	江苏
2012-06-06	0.20	41150000.00	深圳证券交易所	江苏
2012-06-06	0.10	43105656.80	深圳证券交易所	江西
2012-06-06	0.10	6798000.00	深圳证券交易所	辽宁
2012-06-06	0.17	71302335.00	深圳证券交易所	山东
2012-06-06	0.10	146486077.80	深圳证券交易所	山东
2012-06-06	0.12	24960000.00	深圳证券交易所	上海
2012-06-06	0.08	49860000.00	深圳证券交易所	浙江
2012-06-06	0.30	477979072.20	深圳证券交易所	浙江
2012-06-06	0.70	181291604.20	深圳证券交易所	浙江
2012-06-06	0.08	44255999.04	深圳证券交易所	宁波
2012-06-06	0.25	60000000.00	深圳证券交易所	浙江
2012-06-06	0.10	9334000.00	深圳证券交易所	浙江
2012-06-06	0.08	61921465.08	深圳证券交易所	浙江
2012-06-07	0.16	26655612450.40	上海证券交易所	北京
2012-06-07	0.42	7419774971.70	上海证券交易所	深圳
2012-06-07	0.06	19588807.86	上海证券交易所	四川
2012-06-07	0.70	361494928.90	上海证券交易所	天津
2012-06-07	0.09	36405460.00	上海证券交易所	浙江
2012-06-07	0.10	272160708.80	上海证券交易所	浙江
2012-06-07	0.10	264871269.60	深圳证券交易所	北京
2012-06-07	0.20	26800000.00	深圳证券交易所	海南
2012-06-07	0.30	27753138.30	深圳证券交易所	河南
2012-06-07	0.08	41417960.00	深圳证券交易所	河南
2012-06-07	0.33	100000000.00	深圳证券交易所	江苏
2012-06-07	0.10	40000000.00	深圳证券交易所	江苏
2012-06-07	0.80	94000000.00	深圳证券交易所	江苏
2012-06-07	0.10	33825607.20	深圳证券交易所	陕西
2012-06-07	0.10	12000000.00	深圳证券交易所	上海
2012-06-07	0.50	75780000.00	深圳证券交易所	上海
2012-06-07	0.15	44276307.75	深圳证券交易所	四川
2012-06-07	0.32	128320000.00	深圳证券交易所	四川
2012-06-07	0.19	23375000.00	深圳证券交易所	浙江
2012-06-07	0.10	16000000.00	深圳证券交易所	宁波
2012-06-07	0.20	52500000.00	深圳证券交易所	浙江
2012-06-07	0.09	54860000.00	深圳证券交易所	浙江
2012-06-07	0.60	435567600.00	深圳证券交易所	浙江
2012-06-08	0.14	70815541.44	上海证券交易所	安徽
2012-06-08	0.22	1967680086.00	上海证券交易所	北京
2012-06-08	0.23	4789411900.00	上海证券交易所	北京
2012-06-08	0.07	304062582.90	上海证券交易所	深圳
2012-06-08	0.03	68413485.42	上海证券交易所	广西
2012-06-08	0.03	19877185.83	上海证券交易所	江苏
2012-06-08	0.14	145098522.66	上海证券交易所	江苏
2012-06-08	0.03	15483195.00	上海证券交易所	江苏

7-36 续表 17

序号 No.	公司名称 Companies	股票代码 Stock Code	股票简称 Stock Abbreviation
866	上海海博股份有限公司	600708	海博股份
867	云南城投置业股份有限公司	600239	云南城投
868	美都控股股份有限公司	600175	美都控股
869	安徽辉隆农资集团股份有限公司	002556	辉隆股份
870	北京久其软件股份有限公司	002279	久其软件
871	北京海兰信数据科技股份有限公司	300065	海兰信
872	北京福星晓程电子科技股份有限公司	300139	福星晓程
873	金融街控股股份有限公司	000402	金 融 街
874	厦门港务发展股份有限公司	000905	厦门港务
875	广东长城集团股份有限公司	300089	长城集团
876	佛山佛塑科技集团股份有限公司	000973	佛塑科技
877	立讯精密工业股份有限公司	002475	立讯精密
878	深圳市爱施德股份有限公司	002416	爱施德
879	中信海洋直升机股份有限公司	000099	中信海直
880	广东长青(集团)股份有限公司	002616	长青集团
881	丽珠医药集团股份有限公司	000513	丽珠集团
882	华斯农业开发股份有限公司	002494	华斯股份
883	荣盛房地产发展股份有限公司	002146	荣盛发展
884	河北钢铁股份有限公司	000709	河北钢铁
885	新兴铸管股份有限公司	000778	新兴铸管
886	河南新野纺织股份有限公司	002087	新野纺织
887	吉林永大集团股份有限公司	002622	永大集团
888	江苏常宝钢管股份有限公司	002478	常宝股份
889	江苏三友集团股份有限公司	002044	江苏三友
890	江苏恩华药业股份有限公司	002262	恩华药业
891	江苏澳洋顺昌股份有限公司	002245	澳洋顺昌
892	海宁中国皮革城股份有限公司	002344	海宁皮城
893	浙江网盛生意宝股份有限公司	002095	生 意 宝
894	天马轴承集团股份有限公司	002122	天马股份
895	宁波银行股份有限公司	002142	宁波银行
896	中捷缝纫机股份有限公司	002021	中捷股份
897	安徽六国化工股份有限公司	600470	六国化工
898	北京京运通科技股份有限公司	601908	京运通
899	中国神华能源股份有限公司	601088	中国神华
900	福建发展高速公路股份有限公司	600033	福建高速
901	风神轮胎股份有限公司	600469	风神股份
902	黑龙江北大荒农业股份有限公司	600598	北大荒
903	常熟风范电力设备股份有限公司	601700	风范股份
904	中国中材国际工程股份有限公司	600970	中材国际
905	凌源钢铁股份有限公司	600231	凌钢股份
906	宝山钢铁股份有限公司	600019	宝钢股份
907	上海复星医药(集团)股份有限公司	600196	复星医药
908	上海金枫酒业股份有限公司	600616	金枫酒业
909	上海豫园旅游商城股份有限公司	600655	豫园商城
910	天津市房地产发展(集团)股份有限公司	600322	天房发展
911	杭州士兰微电子股份有限公司	600460	士兰微
912	宁波杉杉股份有限公司	600884	杉杉股份
913	雅戈尔集团股份有限公司	600177	雅戈尔
914	浙江古越龙山绍兴酒股份有限公司	600059	古越龙山
915	太极计算机股份有限公司	002368	太极股份

continued

除息日 Ex-dividend Date	每股现金红利(元) Dividend Per Share (yuan)	上市公司分红总额(元) Total Dividend (yuan)	交易所 Exchange	辖区 Region
2012-06-08	0.10	51037025.20	上海证券交易所	上海
2012-06-08	0.05	41171459.20	上海证券交易所	云南
2012-06-08	0.01	14959410.05	上海证券交易所	浙江
2012-06-08	0.10	47840000.00	深圳证券交易所	安徽
2012-06-08	0.13	21974413.20	深圳证券交易所	北京
2012-06-08	0.04	4431704.00	深圳证券交易所	北京
2012-06-08	0.25	27400000.00	深圳证券交易所	北京
2012-06-08	0.10	302707980.90	深圳证券交易所	北京
2012-06-08	0.02	10620000.00	深圳证券交易所	厦门
2012-06-08	0.08	12000000.00	深圳证券交易所	广东
2012-06-08	0.02	18376645.95	深圳证券交易所	广东
2012-06-08	0.14	52140000.00	深圳证券交易所	深圳
2012-06-08	0.25	249775000.00	深圳证券交易所	深圳
2012-06-08	0.05	25680000.00	深圳证券交易所	深圳
2012-06-08	0.10	14800000.00	深圳证券交易所	广东
2012-06-08	0.54	160867834.13	深圳证券交易所	广东
2012-06-08	0.10	11350000.00	深圳证券交易所	河北
2012-06-08	0.12	223641600.00	深圳证券交易所	河北
2012-06-08	0.03	318558221.01	深圳证券交易所	河北
2012-06-08	0.50	958435787.00	深圳证券交易所	河北
2012-06-08	0.04	20790336.00	深圳证券交易所	河南
2012-06-08	0.30	45000000.00	深圳证券交易所	吉林
2012-06-08	0.13	50012500.00	深圳证券交易所	江苏
2012-06-08	0.10	22425000.00	深圳证券交易所	江苏
2012-06-08	0.05	11700000.00	深圳证券交易所	江苏
2012-06-08	0.02	7296000.00	深圳证券交易所	江苏
2012-06-08	0.25	140000000.00	深圳证券交易所	浙江
2012-06-08	0.10	16200000.00	深圳证券交易所	浙江
2012-06-08	0.10	118800000.00	深圳证券交易所	浙江
2012-06-08	0.20	576764105.80	深圳证券交易所	宁波
2012-06-08	0.02	13103424.00	深圳证券交易所	浙江
2012-06-11	0.10	52160000.00	上海证券交易所	安徽
2012-06-11	0.15	128965540.80	上海证券交易所	北京
2012-06-11	0.90	14841934159.50	上海证券交易所	北京
2012-06-11	0.10	274440000.00	上海证券交易所	福建
2012-06-11	0.10	37494214.80	上海证券交易所	河南
2012-06-11	0.19	328870783.17	上海证券交易所	黑龙江
2012-06-11	0.20	43920000.00	上海证券交易所	江苏
2012-06-11	0.42	461918092.35	上海证券交易所	江苏
2012-06-11	0.02	16080044.00	上海证券交易所	辽宁
2012-06-11	0.20	3502409617.60	上海证券交易所	上海
2012-06-11	0.10	190439236.40	上海证券交易所	上海
2012-06-11	0.10	43867149.20	上海证券交易所	上海
2012-06-11	0.07	100612538.32	上海证券交易所	上海
2012-06-11	0.07	77399000.00	上海证券交易所	天津
2012-06-11	0.05	43408000.00	上海证券交易所	浙江
2012-06-11	0.06	24651494.82	上海证券交易所	宁波
2012-06-11	0.40	890644678.00	上海证券交易所	宁波
2012-06-11	0.05	31742818.15	上海证券交易所	浙江
2012-06-11	0.13	29636760.00	深圳证券交易所	北京

7-36 续表 18

序号 No.	公司名称 Companies	股票代码 Stock Code	股票简称 Stock Abbreviation
916	北京神州泰岳软件股份有限公司	300002	神州泰岳
917	广东金明精机股份有限公司	300281	金明精机
918	珠海欧比特控制工程股份有限公司	300053	欧比特
919	贵州信邦制药股份有限公司	002390	信邦制药
920	石家庄以岭药业股份有限公司	002603	以岭药业
921	永清环保股份有限公司	300187	永清环保
922	江苏金智科技股份有限公司	002090	金智科技
923	无锡小天鹅股份有限公司	000418	小天鹅A
924	大连天宝绿色食品股份有限公司	002220	天宝股份
925	杭州顺网科技股份有限公司	300113	顺网科技
926	信质电机股份有限公司	002664	信质电机
927	中国建筑股份有限公司	601668	中国建筑
928	北京华胜天成科技股份有限公司	600410	华胜天成
929	长园集团股份有限公司	600525	长园集团
930	广西五洲交通股份有限公司	600368	五洲交通
931	海南航空股份有限公司	600221	海南航空
932	维维食品饮料股份有限公司	600300	维维股份
933	国电电力发展股份有限公司	600795	国电电力
934	青岛海尔股份有限公司	600690	青岛海尔
935	山西杏花村汾酒厂股份有限公司	600809	山西汾酒
936	上海实业发展股份有限公司	600748	上实发展
937	中国船舶工业股份有限公司	600150	中国船舶
938	中体产业集团股份有限公司	600158	中体产业
939	重庆啤酒股份有限公司	600132	重庆啤酒
940	恒泰艾普石油天然气技术服务股份有限公司	300157	恒泰艾普
941	北新集团建材股份有限公司	000786	北新建材
942	广东东方精工科技股份有限公司	002611	东方精工
943	河南省西峡汽车水泵股份有限公司	002536	西泵股份
944	万福生科(湖南)农业开发股份有限公司	300268	万福生科
945	袁隆平农业高科技股份有限公司	000998	隆平高科
946	长城信息产业股份有限公司	000748	长城信息
947	吉林敖东药业集团股份有限公司	000623	吉林敖东
948	宁夏东方钽业股份有限公司	000962	东方钽业
949	淄博齐翔腾达化工股份有限公司	002408	齐翔腾达
950	上海安诺其纺织化工股份有限公司	300067	安诺其
951	四川川大智胜软件股份有限公司	002253	川大智胜
952	昆明云内动力股份有限公司	000903	云内动力
953	浙江富春江水电设备股份有限公司	002266	浙富股份
954	浙江省围海建设集团股份有限公司	002586	围海股份
955	浙江银轮机械股份有限公司	002126	银轮股份
956	中国银行股份有限公司	601988	中国银行
957	中外运空运发展股份有限公司	600270	外运发展
958	庞大汽贸集团股份有限公司	601258	庞大集团
959	江苏亚星锚链股份有限公司	601890	亚星锚链
960	江苏江南高纤股份有限公司	600527	江南高纤
961	内蒙古亿利能源股份有限公司	600277	亿利能源
962	上海锦江国际旅游股份有限公司	900929	锦旅B股
963	四川成渝高速公路股份有限公司	601107	四川成渝
964	国机汽车股份有限公司	600335	国机汽车
965	北京飞利信科技股份有限公司	300287	飞利信

continued

除息日 Ex-dividend Date	每股现金红利(元) Dividend Per Share (yuan)	上市公司分红总额(元) Total Dividend (yuan)	交易所 Exchange	辖区 Region
2012-06-11	0.30	113760000.00	深圳证券交易所	北京
2012-06-11	0.09	5400000.00	深圳证券交易所	广东
2012-06-11	0.05	10000000.00	深圳证券交易所	广东
2012-06-11	0.06	10416000.00	深圳证券交易所	贵州
2012-06-11	0.08	42500000.00	深圳证券交易所	河北
2012-06-11	0.10	13356000.00	深圳证券交易所	湖南
2012-06-11	0.05	10200000.00	深圳证券交易所	江苏
2012-06-11	0.21	135331051.52	深圳证券交易所	江苏
2012-06-11	0.08	34854540.00	深圳证券交易所	大连
2012-06-11	0.20	26400000.00	深圳证券交易所	浙江
2012-06-11	0.05	6800340.00	深圳证券交易所	浙江
2012-06-12	0.08	2400000000.00	上海证券交易所	北京
2012-06-12	0.10	65246519.04	上海证券交易所	北京
2012-06-12	0.08	69080808.96	上海证券交易所	深圳
2012-06-12	0.04	36131399.72	上海证券交易所	广西
2012-06-12	0.12	495141841.76	上海证券交易所	海南
2012-06-12	0.05	83600000.00	上海证券交易所	江苏
2012-06-12	0.10	1539480687.10	上海证券交易所	大连
2012-06-12	0.17	456471681.80	上海证券交易所	青岛
2012-06-12	0.25	216462066.50	上海证券交易所	山西
2012-06-12	0.04	41168093.17	上海证券交易所	上海
2012-06-12	0.23	318027138.00	上海证券交易所	上海
2012-06-12	0.05	42186768.65	上海证券交易所	天津
2012-06-12	0.20	96794239.60	上海证券交易所	重庆
2012-06-12	0.16	28441600.00	深圳证券交易所	北京
2012-06-12	0.29	166793500.00	深圳证券交易所	北京
2012-06-12	0.08	13600000.00	深圳证券交易所	广东
2012-06-12	0.20	19200000.00	深圳证券交易所	河南
2012-06-12	0.15	20100000.00	深圳证券交易所	湖南
2012-06-12	0.07	27720000.00	深圳证券交易所	湖南
2012-06-12	0.05	18778108.50	深圳证券交易所	湖南
2012-06-12	0.15	137605912.80	深圳证券交易所	吉林
2012-06-12	0.06	26449958.64	深圳证券交易所	宁夏
2012-06-12	0.25	140162400.00	深圳证券交易所	山东
2012-06-12	0.10	16050000.00	深圳证券交易所	上海
2012-06-12	0.19	26108550.00	深圳证券交易所	四川
2012-06-12	0.05	34038000.00	深圳证券交易所	云南
2012-06-12	0.07	38906400.00	深圳证券交易所	浙江
2012-06-12	0.05	10700000.00	深圳证券交易所	宁波
2012-06-12	0.03	7950000.00	深圳证券交易所	浙江
2012-06-13	0.15	30306384338.29	上海证券交易所	北京
2012-06-13	0.20	181096344.00	上海证券交易所	北京
2012-06-13	0.03	78645000.00	上海证券交易所	河北
2012-06-13	0.10	46800000.00	上海证券交易所	江苏
2012-06-13	0.03	20052234.75	上海证券交易所	江苏
2012-06-13	0.06	90193500.00	上海证券交易所	内蒙古
2012-06-13	0.10	6642208.82	上海证券交易所	上海
2012-06-13	0.09	194646600.00	上海证券交易所	四川
2012-06-13	0.09	49280405.42	上海证券交易所	天津
2012-06-13	0.11	9240000.00	深圳证券交易所	北京

7-36 续表 19

序号 No.	公司名称 Companies	股票代码 Stock Code	股票简称 Stock Abbreviation
966	乐视网信息技术(北京)股份有限公司	300104	乐视网
967	广东明家科技股份有限公司	300242	明家科技
968	广东威创视讯科技股份有限公司	002308	威创股份
969	深圳市大族激光科技股份有限公司	002008	大族激光
970	深圳市卓翼科技股份有限公司	002369	卓翼科技
971	三全食品股份有限公司	002216	三全食品
972	湖南中科电气股份有限公司	300035	中科电气
973	江苏亿通高科技股份有限公司	300211	亿通科技
974	常柴股份有限公司	000570	苏常柴A
975	无锡和晶科技股份有限公司	300279	和晶科技
976	青海互助青稞酒股份有限公司	002646	青青稞酒
977	山东龙力生物科技股份有限公司	002604	龙力生物
978	上海金力泰化工股份有限公司	300225	金力泰
979	成都卫士通信息产业股份有限公司	002268	卫 士 通
980	数源科技股份有限公司	000909	数源科技
981	杭州海康威视数字技术股份有限公司	002415	海康威视
982	安徽海螺水泥股份有限公司	600585	海螺水泥
983	五矿发展股份有限公司	600058	五矿发展
984	北京首旅酒店(集团)股份有限公司	600258	首旅股份
985	中国工商银行股份有限公司	601398	工商银行
986	广东省宜华木业股份有限公司	600978	宜华木业
987	深圳市燃气集团股份有限公司	601139	深圳燃气
988	深圳高速公路股份有限公司	600548	深高速
989	海南正和实业集团股份有限公司	600759	正和股份
990	通化东宝药业股份有限公司	600867	通化东宝
991	中铁铁龙集装箱物流股份有限公司	600125	铁龙物流
992	山东滨州渤海活塞股份有限公司	600960	渤海活塞
993	上海同济科技实业股份有限公司	600846	同济科技
994	环旭电子股份有限公司	601231	环旭电子
995	北京利尔高温材料股份有限公司	002392	北京利尔
996	福建星网锐捷通讯股份有限公司	002396	星网锐捷
997	广州白云山制药股份有限公司	000522	白云山A
998	深圳能源集团股份有限公司	000027	深圳能源
999	广东鸿特精密技术股份有限公司	300176	鸿特精密
1000	中山达华智能科技股份有限公司	002512	达华智能
1001	广西柳工机械股份有限公司	000528	柳 工
1002	南宁糖业股份有限公司	000911	南宁糖业
1003	无锡百川化工股份有限公司	002455	百川股份
1004	昆山金利表面材料应用科技股份有限公司	002464	金利科技
1005	江苏润邦重工股份有限公司	002483	润邦股份
1006	陕西金叶科教集团股份有限公司	000812	陕西金叶
1007	上海新时达电气股份有限公司	002527	新时达
1008	四川北方硝化棉股份有限公司	002246	北化股份
1009	云南盐化股份有限公司	002053	云南盐化
1010	永辉超市股份有限公司	601933	永辉超市
1011	万向德农股份有限公司	600371	万向德农
1012	中国葛洲坝集团股份有限公司	600068	葛洲坝
1013	日照港股份有限公司	600017	日照港
1014	山西潞安环保能源开发股份有限公司	601699	潞安环能
1015	上海贝岭股份有限公司	600171	上海贝岭

continued

除息日 Ex-dividend Date	每股现金红利(元) Dividend Per Share (yuan)	上市公司分红总额(元) Total Dividend (yuan)	交易所 Exchange	辖区 Region
2012-06-13	0.04	16060000.00	深圳证券交易所	北京
2012-06-13	0.20	15000000.00	深圳证券交易所	广东
2012-06-13	0.25	160350000.00	深圳证券交易所	广东
2012-06-13	0.20	208879320.00	深圳证券交易所	深圳
2012-06-13	0.20	40000000.00	深圳证券交易所	深圳
2012-06-13	0.10	20105438.30	深圳证券交易所	河南
2012-06-13	0.20	23985000.00	深圳证券交易所	湖南
2012-06-13	0.09	4886000.00	深圳证券交易所	江苏
2012-06-13	0.02	11909986.52	深圳证券交易所	江苏
2012-06-13	0.10	12000000.00	深圳证券交易所	江苏
2012-06-13	0.20	90000000.00	深圳证券交易所	青海
2012-06-13	0.05	9320000.00	深圳证券交易所	山东
2012-06-13	0.33	33500000.00	深圳证券交易所	上海
2012-06-13	0.05	8635603.25	深圳证券交易所	四川
2012-06-13	0.10	19600000.00	深圳证券交易所	浙江
2012-06-13	0.20	400000000.00	深圳证券交易所	浙江
2012-06-14	0.35	1399895902.65	上海证券交易所	安徽
2012-06-14	0.21	225101249.31	上海证券交易所	北京
2012-06-14	0.20	46280000.00	上海证券交易所	北京
2012-06-14	0.20	53291436849.44	上海证券交易所	北京
2012-06-14	0.05	57633135.90	上海证券交易所	广东
2012-06-14	0.09	171639000.00	上海证券交易所	深圳
2012-06-14	0.16	229323252.16	上海证券交易所	深圳
2012-06-14	0.06	73207052.70	上海证券交易所	海南
2012-06-14	0.20	155242504.20	上海证券交易所	吉林
2012-06-14	0.06	78331312.44	上海证券交易所	大连
2012-06-14	0.05	8141175.00	上海证券交易所	山东
2012-06-14	0.02	12495230.32	上海证券交易所	上海
2012-06-14	0.05	45527571.05	上海证券交易所	上海
2012-06-14	0.05	27000000.00	深圳证券交易所	北京
2012-06-14	0.30	105318000.00	深圳证券交易所	福建
2012-06-14	0.05	25797952.89	深圳证券交易所	广东
2012-06-14	0.10	264299439.80	深圳证券交易所	深圳
2012-06-14	0.20	17880000.00	深圳证券交易所	广东
2012-06-14	0.07	21238920.00	深圳证券交易所	广东
2012-06-14	0.30	337572640.80	深圳证券交易所	广西
2012-06-14	0.10	28664000.00	深圳证券交易所	广西
2012-06-14	0.10	13170000.00	深圳证券交易所	江苏
2012-06-14	0.22	29700000.00	深圳证券交易所	江苏
2012-06-14	0.12	43200000.00	深圳证券交易所	江苏
2012-06-14	0.04	15658147.79	深圳证券交易所	陕西
2012-06-14	0.16	34000810.05	深圳证券交易所	上海
2012-06-14	0.05	9894551.20	深圳证券交易所	四川
2012-06-14	0.05	9292555.15	深圳证券交易所	云南
2012-06-15	0.20	153580000.00	上海证券交易所	福建
2012-06-15	0.30	51150000.00	上海证券交易所	黑龙江
2012-06-15	0.10	348745897.70	上海证券交易所	湖北
2012-06-15	0.06	184539233.28	上海证券交易所	山东
2012-06-15	0.50	1150542000.00	上海证券交易所	山西
2012-06-15	0.02	10107116.60	上海证券交易所	上海

7-36 续表 20

序号 No.	公司名称 Companies	股票代码 Stock Code	股票简称 Stock Abbreviation
1016	上海大屯能源股份有限公司	600508	上海能源
1017	宁波维科精华集团股份有限公司	600152	维科精华
1018	香溢融通控股集团股份有限公司	600830	香溢融通
1019	力帆实业(集团)股份有限公司	601777	力帆股份
1020	重庆水务集团股份有限公司	601158	重庆水务
1021	安徽省皖能股份有限公司	000543	皖能电力
1022	合肥丰乐种业股份有限公司	000713	丰乐种业
1023	北京华谊嘉信整合营销顾问集团股份有限公司	300071	华谊嘉信
1024	富春通信股份有限公司	300299	富春通信
1025	中山大学达安基因股份有限公司	002030	达安基因
1026	深圳市机场股份有限公司	000089	深圳机场
1027	深圳金信诺高新技术股份有限公司	300252	金信诺
1028	中原特钢股份有限公司	002423	中原特钢
1029	许继电气股份有限公司	000400	许继电气
1030	湖北宜昌交运集团股份有限公司	002627	宜昌交运
1031	湖南南岭民用爆破器材股份有限公司	002096	南岭民爆
1032	辽宁聚龙金融设备股份有限公司	300202	聚龙股份
1033	獐子岛集团股份有限公司	002069	獐 子 岛
1034	中兴-沈阳商业大厦(集团)股份有限公司	000715	中兴商业
1035	西王食品股份有限公司	000639	西王食品
1036	青岛特锐德电气股份有限公司	300001	特锐德
1037	山西西山煤电股份有限公司	000983	西山煤电
1038	四川科伦药业股份有限公司	002422	科伦药业
1039	西藏奇正藏药股份有限公司	002287	奇正藏药
1040	云南白药集团股份有限公司	000538	云南白药
1041	浙江尤夫高新纤维股份有限公司	002427	尤夫股份
1042	浙江棒杰数码针织品股份有限公司	002634	棒杰股份
1043	浙江哈尔斯真空器皿股份有限公司	002615	哈尔斯
1044	甘肃蓝科石化高新装备股份有限公司	601798	蓝科高新
1045	保利房地产(集团)股份有限公司	600048	保利地产
1046	柳州化工股份有限公司	600423	柳化股份
1047	中航重机股份有限公司	600765	中航重机
1048	东风汽车股份有限公司	600006	东风汽车
1049	长春一东离合器股份有限公司	600148	长春一东
1050	南京熊猫电子股份有限公司	600775	南京熊猫
1051	南京银行股份有限公司	601009	南京银行
1052	上海锦江国际酒店发展股份有限公司	600754	锦江股份
1053	中海油田服务股份有限公司	601808	中海油服
1054	美克国际家具股份有限公司	600337	美克股份
1055	恒生电子股份有限公司	600570	恒生电子
1056	信雅达系统工程股份有限公司	600571	信雅达
1057	东华工程科技股份有限公司	002140	东华科技
1058	嘉事堂药业股份有限公司	002462	嘉事堂
1059	厦门日上车轮集团股份有限公司	002593	日上集团
1060	广东水电二局股份有限公司	002060	粤 水 电
1061	深圳诺普信农化股份有限公司	002215	诺 普 信
1062	深圳市佳创视讯技术股份有限公司	300264	佳创视讯
1063	深圳市捷顺科技实业股份有限公司	002609	捷顺科技
1064	沙河实业股份有限公司	000014	沙河股份
1065	南宁八菱科技股份有限公司	002592	八菱科技

continued

除息日 Ex-dividend Date	每股现金红利(元) Dividend Per Share (yuan)	上市公司分红总额(元) Total Dividend (yuan)	交易所 Exchange	辖区 Region
2012-06-15	0.30	216815400.00	上海证券交易所	上海
2012-06-15	0.06	17609652.00	上海证券交易所	宁波
2012-06-15	0.05	22716137.35	上海证券交易所	宁波
2012-06-15	0.20	190289017.40	上海证券交易所	重庆
2012-06-15	0.23	1118400000.00	上海证券交易所	重庆
2012-06-15	0.01	7730088.16	深圳证券交易所	安徽
2012-06-15	0.03	8966279.04	深圳证券交易所	安徽
2012-06-15	0.07	10351054.40	深圳证券交易所	北京
2012-06-15	0.15	10050000.00	深圳证券交易所	福建
2012-06-15	0.02	8320942.08	深圳证券交易所	广东
2012-06-15	0.06	94654245.28	深圳证券交易所	深圳
2012-06-15	0.05	5400000.00	深圳证券交易所	深圳
2012-06-15	0.06	26999580.00	深圳证券交易所	河南
2012-06-15	0.10	37827200.00	深圳证券交易所	河南
2012-06-15	0.30	40050000.00	深圳证券交易所	湖北
2012-06-15	0.08	19830015.00	深圳证券交易所	湖南
2012-06-15	0.10	16960000.00	深圳证券交易所	辽宁
2012-06-15	0.40	284444877.60	深圳证券交易所	大连
2012-06-15	0.07	19530420.00	深圳证券交易所	辽宁
2012-06-15	0.20	37664566.80	深圳证券交易所	山东
2012-06-15	0.20	40080000.00	深圳证券交易所	青岛
2012-06-15	0.20	630240000.00	深圳证券交易所	山西
2012-06-15	0.25	120000000.00	深圳证券交易所	四川
2012-06-15	0.28	113680000.00	深圳证券交易所	西藏
2012-06-15	0.16	111082636.64	深圳证券交易所	云南
2012-06-15	0.03	5954897.00	深圳证券交易所	浙江
2012-06-15	0.20	20010000.00	深圳证券交易所	浙江
2012-06-15	0.40	36480000.00	深圳证券交易所	浙江
2012-06-18	0.06	19200000.00	上海证券交易所	甘肃
2012-06-18	0.18	1278890661.69	上海证券交易所	广东
2012-06-18	0.10	39934751.30	上海证券交易所	广西
2012-06-18	0.02	15560064.00	上海证券交易所	贵州
2012-06-18	0.05	100000000.00	上海证券交易所	湖北
2012-06-18	0.06	8490987.00	上海证券交易所	吉林
2012-06-18	0.05	20650750.00	上海证券交易所	江苏
2012-06-18	0.30	890679958.20	上海证券交易所	江苏
2012-06-18	0.36	217061116.72	上海证券交易所	上海
2012-06-18	0.18	532884240.00	上海证券交易所	天津
2012-06-18	0.05	31634020.95	上海证券交易所	西藏
2012-06-18	0.08	49900032.00	上海证券交易所	浙江
2012-06-18	0.05	10143369.00	上海证券交易所	浙江
2012-06-18	0.12	53524144.08	深圳证券交易所	安徽
2012-06-18	0.15	36000000.00	深圳证券交易所	北京
2012-06-18	0.15	31800000.00	深圳证券交易所	厦门
2012-06-18	0.03	12551618.34	深圳证券交易所	广东
2012-06-18	0.13	46030590.80	深圳证券交易所	深圳
2012-06-18	0.07	10200000.00	深圳证券交易所	深圳
2012-06-18	0.30	35595761.40	深圳证券交易所	深圳
2012-06-18	0.02	4034103.74	深圳证券交易所	深圳
2012-06-18	0.23	22655749.80	深圳证券交易所	广西

7-36 续表 21

序号 No.	公司名称 Companies	股票代码 Stock Code	股票简称 Stock Abbreviation
1066	哈尔滨九洲电气股份有限公司	300040	九洲电气
1067	潜江永安药业股份有限公司	002365	永安药业
1068	武汉中元华电科技股份有限公司	300018	中元华电
1069	湘潭电化科技股份有限公司	002125	湘潭电化
1070	江苏常发制冷股份有限公司	002413	常发股份
1071	江西恒大高新技术股份有限公司	002591	恒大高新
1072	山东民和牧业股份有限公司	002234	民和股份
1073	烟台张裕葡萄酿酒股份有限公司	000869	张 裕A
1074	四川高金食品股份有限公司	002143	高金食品
1075	金龙机电股份有限公司	300032	金龙机电
1076	安徽江淮汽车股份有限公司	600418	江淮汽车
1077	安徽合力股份有限公司	600761	安徽合力
1078	信达地产股份有限公司	600657	信达地产
1079	国药集团药业股份有限公司	600511	国药股份
1080	中电广通股份有限公司	600764	中电广通
1081	北京空港科技园区股份有限公司	600463	空港股份
1082	马应龙药业集团股份有限公司	600993	马应龙
1083	方正证券股份有限公司	601901	方正证券
1084	黑牡丹(集团)股份有限公司	600510	黑牡丹
1085	江苏康缘药业股份有限公司	600557	康缘药业
1086	山东黄金矿业股份有限公司	600547	山东黄金
1087	上海申通地铁股份有限公司	600834	申通地铁
1088	上海申达股份有限公司	600626	申达股份
1089	钱江水利开发股份有限公司	600283	钱江水利
1090	浙江康恩贝制药股份有限公司	600572	康恩贝
1091	中工国际工程股份有限公司	002051	中工国际
1092	北京银信长远科技股份有限公司	300231	银信科技
1093	福建浔兴拉链科技股份有限公司	002098	浔兴股份
1094	东莞发展控股股份有限公司	000828	东莞控股
1095	广东美的电器股份有限公司	000527	美的电器
1096	国光电器股份有限公司	002045	国光电器
1097	中粮地产(集团)股份有限公司	000031	中粮地产
1098	国药集团一致药业股份有限公司	000028	国药一致
1099	雅致集成房屋股份有限公司	002314	雅致股份
1100	深圳丹邦科技股份有限公司	002618	丹邦科技
1101	深圳市迪威视讯股份有限公司	300167	迪威视讯
1102	中顺洁柔纸业股份有限公司	002511	中顺洁柔
1103	贵阳朗玛信息技术股份有限公司	300288	朗玛信息
1104	昆山新莱洁净应用材料股份有限公司	300260	新莱应材
1105	江苏金飞达服装股份有限公司	002239	金飞达
1106	江苏金通灵流体机械科技股份有限公司	300091	金通灵
1107	内蒙古兴业矿业股份有限公司	000426	兴业矿业
1108	山东航空股份有限公司	200152	山 航B
1109	潍柴重机股份有限公司	000880	潍柴重机
1110	山东日科化学股份有限公司	300214	日科化学
1111	浙江开山压缩机股份有限公司	300257	开山股份
1112	中国农业银行股份有限公司	601288	农业银行
1113	航天晨光股份有限公司	600501	航天晨光
1114	安徽荃银高科种业股份有限公司	300087	荃银高科
1115	厦门信达股份有限公司	000701	厦门信达

continued

除息日 Ex-dividend Date	每股现金红利(元) Dividend Per Share (yuan)	上市公司分红总额(元) Total Dividend (yuan)	交易所 Exchange	辖区 Region
2012-06-18	0.10	13890000.00	深圳证券交易所	黑龙江
2012-06-18	0.20	37400000.00	深圳证券交易所	湖北
2012-06-18	0.15	19500000.00	深圳证券交易所	湖北
2012-06-18	0.03	3478265.40	深圳证券交易所	湖南
2012-06-18	0.10	22050000.00	深圳证券交易所	江苏
2012-06-18	0.08	8000000.00	深圳证券交易所	江西
2012-06-18	0.50	151023316.00	深圳证券交易所	山东
2012-06-18	1.26	863613903.36	深圳证券交易所	山东
2012-06-18	0.08	16050000.00	深圳证券交易所	四川
2012-06-18	0.25	35675000.00	深圳证券交易所	浙江
2012-06-19	0.15	193310495.25	上海证券交易所	安徽
2012-06-19	0.17	85669074.40	上海证券交易所	安徽
2012-06-19	0.06	91455626.52	上海证券交易所	北京
2012-06-19	0.06	28728000.00	上海证券交易所	北京
2012-06-19	0.02	6594539.68	上海证券交易所	北京
2012-06-19	0.10	25200000.00	上海证券交易所	北京
2012-06-19	0.11	36473790.76	上海证券交易所	湖北
2012-06-19	0.07	427000000.00	上海证券交易所	湖南
2012-06-19	0.09	71597043.00	上海证券交易所	江苏
2012-06-19	0.06	24938801.46	上海证券交易所	江苏
2012-06-19	0.15	213460861.20	上海证券交易所	山东
2012-06-19	0.05	23869095.25	上海证券交易所	上海
2012-06-19	0.10	71024281.60	上海证券交易所	上海
2012-06-19	0.20	57066000.00	上海证券交易所	浙江
2012-06-19	0.15	105540000.00	上海证券交易所	浙江
2012-06-19	0.27	154245000.00	深圳证券交易所	北京
2012-06-19	0.10	8000000.00	深圳证券交易所	北京
2012-06-19	0.30	46500000.00	深圳证券交易所	福建
2012-06-19	0.15	155927548.80	深圳证券交易所	广东
2012-06-19	0.45	1522956442.50	深圳证券交易所	广东
2012-06-19	0.08	33352320.00	深圳证券交易所	广东
2012-06-19	0.03	54411947.88	深圳证券交易所	深圳
2012-06-19	0.14	39157033.61	深圳证券交易所	深圳
2012-06-19	0.20	58000000.00	深圳证券交易所	深圳
2012-06-19	0.04	5600000.00	深圳证券交易所	深圳
2012-06-19	0.13	13344000.00	深圳证券交易所	深圳
2012-06-19	0.15	32000000.00	深圳证券交易所	广东
2012-06-19	0.30	16020000.00	深圳证券交易所	贵州
2012-06-19	0.20	20010000.00	深圳证券交易所	江苏
2012-06-19	0.02	4020000.00	深圳证券交易所	江苏
2012-06-19	0.10	20900000.00	深圳证券交易所	江苏
2012-06-19	0.05	23887792.86	深圳证券交易所	内蒙古
2012-06-19	0.49	69204800.00	深圳证券交易所	山东
2012-06-19	0.05	13805025.00	深圳证券交易所	山东
2012-06-19	0.10	20250000.00	深圳证券交易所	山东
2012-06-19	0.50	143000000.00	深圳证券交易所	浙江
2012-06-20	0.13	38668271148.38	上海证券交易所	北京
2012-06-20	0.05	19464180.00	上海证券交易所	江苏
2012-06-20	0.10	10560000.00	深圳证券交易所	安徽
2012-06-20	0.06	14415000.00	深圳证券交易所	厦门

7-36 续表 22

序号 No.	公司名称 Companies	股票代码 Stock Code	股票简称 Stock Abbreviation
1116	骅威科技股份有限公司	002502	骅威股份
1117	深圳市长城投资控股股份有限公司	000042	深长城
1118	深圳市天威视讯股份有限公司	002238	天威视讯
1119	深圳市特尔佳科技股份有限公司	002213	特尔佳
1120	深圳浩宁达仪表股份有限公司	002356	浩宁达
1121	贵州航天电器股份有限公司	002025	航天电器
1122	中航光电科技股份有限公司	002179	中航光电
1123	河南汉威电子股份有限公司	300007	汉威电子
1124	武汉光迅科技股份有限公司	002281	光迅科技
1125	南京红宝丽股份有限公司	002165	红宝丽
1126	苏州科斯伍德油墨股份有限公司	300192	科斯伍德
1127	青岛东方铁塔股份有限公司	002545	东方铁塔
1128	山东共达电声股份有限公司	002655	共达电声
1129	烟台冰轮股份有限公司	000811	烟台冰轮
1130	重庆莱美药业股份有限公司	300006	莱美药业
1131	中国医药保健品股份有限公司	600056	中国医药
1132	北京华联综合超市股份有限公司	600361	华联综超
1133	中南出版传媒集团股份有限公司	601098	中南传媒
1134	江苏恒立高压油缸股份有限公司	601100	恒立油缸
1135	华泰证券股份有限公司	601688	华泰证券
1136	东吴证券股份有限公司	601555	东吴证券
1137	山西通宝能源股份有限公司	600780	通宝能源
1138	天津海泰科技发展股份有限公司	600082	海泰发展
1139	云南博闻科技实业股份有限公司	600883	博闻科技
1140	云南驰宏锌锗股份有限公司	600497	驰宏锌锗
1141	北方国际合作股份有限公司	000065	北方国际
1142	紫光股份有限公司	000938	紫光股份
1143	北京北斗星通导航技术股份有限公司	002151	北斗星通
1144	新华联不动产股份有限公司	000620	新华联
1145	福建三钢闽光股份有限公司	002110	三钢闽光
1146	广东高乐玩具股份有限公司	002348	高乐股份
1147	深圳中青宝互动网络股份有限公司	300052	中青宝
1148	中国国际海运集装箱(集团)股份有限公司	000039	中集集团
1149	深圳市奥拓电子股份有限公司	002587	奥拓电子
1150	博深工具股份有限公司	002282	博深工具
1151	大冶特殊钢股份有限公司	000708	大冶特钢
1152	湖北鼎龙化学股份有限公司	300054	鼎龙股份
1153	湖北能源集团股份有限公司	000883	湖北能源
1154	南京港股份有限公司	002040	南京港
1155	山东国瓷功能材料股份有限公司	300285	国瓷材料
1156	浪潮电子信息产业股份有限公司	000977	浪潮信息
1157	山东美晨科技股份有限公司	300237	美晨科技
1158	山西证券股份有限公司	002500	山西证券
1159	中国海诚工程科技股份有限公司	002116	中国海诚
1160	上海神开石油化工装备股份有限公司	002278	神开股份
1161	上海永利带业股份有限公司	300230	永利带业
1162	云南铝业股份有限公司	000807	云铝股份
1163	浙江金固股份有限公司	002488	金固股份
1164	浙江龙生汽车部件股份有限公司	002625	龙生股份
1165	中国建设银行股份有限公司	601939	建设银行

continued

除息日 Ex-dividend Date	每股现金红利(元) Dividend Per Share (yuan)	上市公司分红总额(元) Total Dividend (yuan)	交易所 Exchange	辖区 Region
2012-06-20	0.06	8800000.00	深圳证券交易所	广东
2012-06-20	0.40	95785216.00	深圳证券交易所	深圳
2012-06-20	0.10	32040000.00	深圳证券交易所	深圳
2012-06-20	0.05	10300000.00	深圳证券交易所	深圳
2012-06-20	0.20	16000000.00	深圳证券交易所	深圳
2012-06-20	0.10	33000000.00	深圳证券交易所	贵州
2012-06-20	0.10	40162500.00	深圳证券交易所	河南
2012-06-20	0.10	11800000.00	深圳证券交易所	河南
2012-06-20	0.25	40000000.00	深圳证券交易所	湖北
2012-06-20	0.05	26823084.40	深圳证券交易所	江苏
2012-06-20	0.13	14700000.00	深圳证券交易所	江苏
2012-06-20	0.20	52050000.00	深圳证券交易所	山东
2012-06-20	0.10	12000000.00	深圳证券交易所	山东
2012-06-20	0.10	39459741.70	深圳证券交易所	山东
2012-06-20	0.10	18300000.00	深圳证券交易所	重庆
2012-06-21	0.10	31095792.00	上海证券交易所	北京
2012-06-21	0.08	53264633.44	上海证券交易所	北京
2012-06-21	0.12	215520000.00	上海证券交易所	湖南
2012-06-21	0.17	105000000.00	上海证券交易所	江苏
2012-06-21	0.15	840000000.00	上海证券交易所	江苏
2012-06-21	0.08	160000000.00	上海证券交易所	江苏
2012-06-21	0.10	114650252.30	上海证券交易所	山西
2012-06-21	0.05	32305791.30	上海证券交易所	天津
2012-06-21	0.05	11804400.00	上海证券交易所	云南
2012-06-21	0.15	196514362.35	上海证券交易所	云南
2012-06-21	0.06	9746227.20	深圳证券交易所	北京
2012-06-21	0.06	12364800.00	深圳证券交易所	北京
2012-06-21	0.08	15125361.70	深圳证券交易所	北京
2012-06-21	0.10	159797064.90	深圳证券交易所	北京
2012-06-21	0.01	5347000.00	深圳证券交易所	福建
2012-06-21	0.30	71040000.00	深圳证券交易所	广东
2012-06-21	0.05	6500000.00	深圳证券交易所	深圳
2012-06-21	0.21	566681149.32	深圳证券交易所	深圳
2012-06-21	0.23	25200000.00	深圳证券交易所	深圳
2012-06-21	0.10	22542000.00	深圳证券交易所	河北
2012-06-21	0.40	179763392.00	深圳证券交易所	湖北
2012-06-21	0.27	36000000.00	深圳证券交易所	湖北
2012-06-21	0.04	82711988.52	深圳证券交易所	湖北
2012-06-21	0.03	7376160.00	深圳证券交易所	江苏
2012-06-21	0.10	6240000.00	深圳证券交易所	山东
2012-06-21	0.10	21500000.00	深圳证券交易所	山东
2012-06-21	0.60	34200000.00	深圳证券交易所	山东
2012-06-21	0.05	119990000.00	深圳证券交易所	山西
2012-06-21	0.19	39900000.00	深圳证券交易所	上海
2012-06-21	0.20	52304656.80	深圳证券交易所	上海
2012-06-21	0.09	14357760.00	深圳证券交易所	上海
2012-06-21	0.03	46175189.52	深圳证券交易所	云南
2012-06-21	0.30	54000000.00	深圳证券交易所	浙江
2012-06-21	0.07	7733800.00	深圳证券交易所	浙江
2012-06-25	0.24	2268900023.82	上海证券交易所	北京

7-36 续表 23

序号 No.	公司名称 Companies	股票代码 Stock Code	股票简称 Stock Abbreviation
1166	兴业证券股份有限公司	601377	兴业证券
1167	福建省燕京惠泉啤酒股份有限公司	600573	惠泉啤酒
1168	国投电力控股股份有限公司	600886	国投电力
1169	广西梧州中恒集团股份有限公司	600252	中恒集团
1170	武汉钢铁股份有限公司	600005	武钢股份
1171	新余钢铁股份有限公司	600782	新钢股份
1172	山东华泰纸业股份有限公司	600308	华泰股份
1173	上海梅林正广和股份有限公司	600073	上海梅林
1174	上海强生控股股份有限公司	600662	强生控股
1175	中国太平洋保险(集团)股份有限公司	601601	中国太保
1176	华域汽车系统股份有限公司	600741	华域汽车
1177	四川成发航空科技股份有限公司	600391	成发科技
1178	浙江中国轻纺城集团股份有限公司	600790	轻纺城
1179	北京盛通印刷股份有限公司	002599	盛通股份
1180	北京同有飞骥科技股份有限公司	300302	同有科技
1181	北京京西风光旅游开发股份有限公司	000802	北京旅游
1182	深圳长城开发科技股份有限公司	000021	长城开发
1183	珠海港股份有限公司	000507	珠海港
1184	青海盐湖工业股份有限公司	000792	盐湖股份
1185	宜宾天原集团股份有限公司	002386	天原集团
1186	云南锡业股份有限公司	000960	锡业股份
1187	浙江康盛股份有限公司	002418	康盛股份
1188	华锐风电科技(集团)股份有限公司	601558	华锐风电
1189	中国民生银行股份有限公司	600016	民生银行
1190	福建龙溪轴承(集团)股份有限公司	600592	龙溪股份
1191	中国第一重型机械股份公司	601106	中国一重
1192	株洲千金药业股份有限公司	600479	千金药业
1193	山东新华医疗器械股份有限公司	600587	新华医疗
1194	西安标准工业股份有限公司	600302	标准股份
1195	西安隆基硅材料股份有限公司	601012	隆基股份
1196	招商局能源运输股份有限公司	601872	招商轮船
1197	上海浦东发展银行股份有限公司	600000	浦发银行
1198	国金证券股份有限公司	600109	国金证券
1199	四川明星电力股份有限公司	600101	明星电力
1200	新疆友好(集团)股份有限公司	600778	友好集团
1201	中水集团远洋股份有限公司	000798	中水渔业
1202	广州友谊集团股份有限公司	000987	广州友谊
1203	杭州汽轮机股份有限公司	200771	杭汽轮B
1204	福建水泥股份有限公司	600802	福建水泥
1205	安徽江南化工股份有限公司	002226	江南化工
1206	广东群兴玩具股份有限公司	002575	群兴玩具
1207	深圳海联讯科技股份有限公司	300277	海联讯
1208	洛阳轴研科技股份有限公司	002046	轴研科技
1209	本钢板材股份有限公司	000761	本钢板材
1210	大连壹桥海洋苗业股份有限公司	002447	壹桥苗业
1211	山东东方海洋科技股份有限公司	002086	东方海洋
1212	鲁泰纺织股份有限公司	000726	鲁 泰A
1213	山西太钢不锈钢股份有限公司	000825	太钢不锈
1214	陕西省国际信托股份有限公司	000563	陕国投A
1215	上海加冷松芝汽车空调股份有限公司	002454	松芝股份

continued

除息日 Ex-dividend Date	每股现金红利(元) Dividend Per Share (yuan)	上市公司分红总额(元) Total Dividend (yuan)	交易所 Exchange	辖区 Region
2012-06-25	0.10	220000000.00	上海证券交易所	福建
2012-06-25	0.05	12500000.00	上海证券交易所	福建
2012-06-25	0.01	35176545.47	上海证券交易所	甘肃
2012-06-25	0.10	109174752.80	上海证券交易所	广西
2012-06-25	0.05	504688991.15	上海证券交易所	湖北
2012-06-25	0.03	41802921.99	上海证券交易所	江西
2012-06-25	0.05	58378070.95	上海证券交易所	山东
2012-06-25	0.03	24931367.90	上海证券交易所	上海
2012-06-25	0.10	105336219.10	上海证券交易所	上海
2012-06-25	0.35	2200345000.00	上海证券交易所	上海
2012-06-25	0.30	774960052.50	上海证券交易所	上海
2012-06-25	0.03	11004312.24	上海证券交易所	四川
2012-06-25	0.10	61877618.10	上海证券交易所	浙江
2012-06-25	0.16	21120000.00	深圳证券交易所	北京
2012-06-25	0.10	6000000.00	深圳证券交易所	北京
2012-06-25	0.02	3749803.60	深圳证券交易所	北京
2012-06-25	0.10	131927778.10	深圳证券交易所	深圳
2012-06-25	0.06	34499742.00	深圳证券交易所	广东
2012-06-25	0.16	254481472.48	深圳证券交易所	青海
2012-06-25	0.05	23988564.50	深圳证券交易所	四川
2012-06-25	0.13	117847650.83	深圳证券交易所	云南
2012-06-25	0.10	22880000.00	深圳证券交易所	浙江
2012-06-26	0.18	703570000.00	上海证券交易所	北京
2012-06-26	0.30	6776280716.10	上海证券交易所	北京
2012-06-26	0.10	30000000.00	上海证券交易所	福建
2012-06-26	0.01	41189400.00	上海证券交易所	黑龙江
2012-06-26	0.20	60963840.00	上海证券交易所	湖南
2012-06-26	0.10	17405313.60	上海证券交易所	山东
2012-06-26	0.05	17300490.20	上海证券交易所	陕西
2012-06-26	0.08	44877000.00	上海证券交易所	陕西
2012-06-26	0.01	42917470.99	上海证券交易所	上海
2012-06-26	0.30	5596041424.50	上海证券交易所	上海
2012-06-26	0.10	100024212.40	上海证券交易所	四川
2012-06-26	0.05	16208948.85	上海证券交易所	四川
2012-06-26	0.05	15574567.60	上海证券交易所	西藏
2012-06-26	0.05	15972750.00	深圳证券交易所	北京
2012-06-26	0.50	179479053.50	深圳证券交易所	广东
2012-06-26	0.85	231946165.88	深圳证券交易所	浙江
2012-06-27	0.05	19093683.30	上海证券交易所	福建
2012-06-27	0.20	79127899.20	深圳证券交易所	安徽
2012-06-27	0.10	13380000.00	深圳证券交易所	广东
2012-06-27	0.15	20100000.00	深圳证券交易所	深圳
2012-06-27	0.05	13930217.40	深圳证券交易所	河南
2012-06-27	0.10	322872000.00	深圳证券交易所	辽宁
2012-06-27	0.05	6700000.00	深圳证券交易所	大连
2012-06-27	0.20	48770000.00	深圳证券交易所	山东
2012-06-27	0.31	312000844.09	深圳证券交易所	山东
2012-06-27	0.05	284812389.80	深圳证券交易所	山西
2012-06-27	0.06	34704781.56	深圳证券交易所	陕西
2012-06-27	0.30	93600000.00	深圳证券交易所	上海

7-36 续表 24

序号 No.	公司名称 Companies	股票代码 Stock Code	股票简称 Stock Abbreviation
1216	华润锦华股份有限公司	000810	华润锦华
1217	华能国际电力股份有限公司	600011	华能国际
1218	福耀玻璃工业集团股份有限公司	600660	福耀玻璃
1219	凌云工业股份有限公司	600480	凌云股份
1220	河南中原高速公路股份有限公司	600020	中原高速
1221	武汉长江通信产业集团股份有限公司	600345	长江通信
1222	江苏联环药业股份有限公司	600513	联环药业
1223	广东佳隆食品股份有限公司	002495	佳隆股份
1224	西陇化工股份有限公司	002584	西陇化工
1225	深圳市天健(集团)股份有限公司	000090	深 天 健
1226	深圳信隆实业股份有限公司	002105	信隆实业
1227	冀中能源股份有限公司	000937	冀中能源
1228	许昌远东传动轴股份有限公司	002406	远东传动
1229	江苏通润装备科技股份有限公司	002150	江苏通润
1230	山推工程机械股份有限公司	000680	山推股份
1231	新疆国统管道股份有限公司	002205	国统股份
1232	宝鼎重工股份有限公司	002552	宝鼎重工
1233	浙江美欣达印染集团股份有限公司	002034	美 欣 达
1234	同方股份有限公司	600100	同方股份
1235	福建东百集团股份有限公司	600693	东百集团
1236	湖北兴发化工集团股份有限公司	600141	兴发集团
1237	南京新街口百货商店股份有限公司	600682	南京新百
1238	山煤国际能源集团股份有限公司	600546	山煤国际
1239	新疆冠农果茸集团股份有限公司	600251	冠农股份
1240	宁波三星电气股份有限公司	601567	三星电气
1241	甘肃靖远煤电股份有限公司	000552	靖远煤电
1242	佛山华新包装股份有限公司	200986	粤华包Ｂ
1243	深圳市尚荣医疗股份有限公司	002551	尚荣医疗
1244	深圳市昌红科技股份有限公司	300151	昌红科技
1245	广东宝莱特医用科技股份有限公司	300246	宝莱特
1246	三诺生物传感股份有限公司	300298	三诺生物
1247	江苏天瑞仪器股份有限公司	300165	天瑞仪器
1248	天奇自动化工程股份有限公司	002009	天奇股份
1249	诚志股份有限公司	000990	诚志股份
1250	大连华锐重工集团股份有限公司	002204	大连重工
1251	中国石化山东泰山石油股份有限公司	000554	泰山石油
1252	上海汉得信息技术股份有限公司	300170	汉得信息
1253	上海新阳半导体材料股份有限公司	300236	上海新阳
1254	天津力生制药股份有限公司	002393	力生制药
1255	浙江栋梁新材股份有限公司	002082	栋梁新材
1256	浙江亚太药业股份有限公司	002370	亚太药业
1257	北京北辰实业股份有限公司	601588	北辰实业
1258	中国长江电力股份有限公司	600900	长江电力
1259	厦门钨业股份有限公司	600549	厦门钨业
1260	厦门国贸集团股份有限公司	600755	厦门国贸
1261	厦门金龙汽车集团股份有限公司	600686	金龙汽车
1262	龙建路桥股份有限公司	600853	龙建股份
1263	南京高科股份有限公司	600064	南京高科
1264	泰豪科技股份有限公司	600590	泰豪科技
1265	远东电缆股份有限公司	600869	三普药业

continued

除息日 Ex-dividend Date	每股现金红利(元) Dividend Per Share (yuan)	上市公司分红总额(元) Total Dividend (yuan)	交易所 Exchange	辖区 Region
2012-06-27	0.15	19449857.70	深圳证券交易所	四川
2012-06-28	0.05	525000000.00	上海证券交易所	北京
2012-06-28	0.40	801194532.80	上海证券交易所	福建
2012-06-28	0.40	144685935.20	上海证券交易所	河北
2012-06-28	0.01	21403541.25	上海证券交易所	河南
2012-06-28	0.20	39600000.00	上海证券交易所	湖北
2012-06-28	0.04	5850000.00	上海证券交易所	江苏
2012-06-28	0.17	47184000.00	深圳证券交易所	广东
2012-06-28	0.15	30000000.00	深圳证券交易所	广东
2012-06-28	0.03	15982295.70	深圳证券交易所	深圳
2012-06-28	0.10	26800000.00	深圳证券交易所	深圳
2012-06-28	0.25	578221051.00	深圳证券交易所	河北
2012-06-28	0.20	56100000.00	深圳证券交易所	河南
2012-06-28	0.10	25020000.00	深圳证券交易所	江苏
2012-06-28	0.13	151832906.00	深圳证券交易所	山东
2012-06-28	0.08	8711401.35	深圳证券交易所	新疆
2012-06-28	0.20	30000000.00	深圳证券交易所	浙江
2012-06-28	0.30	24336000.00	深圳证券交易所	浙江
2012-06-29	0.10	198770110.80	上海证券交易所	北京
2012-06-29	0.15	51483389.10	上海证券交易所	福建
2012-06-29	0.20	73096005.40	上海证券交易所	湖北
2012-06-29	0.10	35832168.50	上海证券交易所	江苏
2012-06-29	0.30	297368421.00	上海证券交易所	山西
2012-06-29	0.15	54315000.00	上海证券交易所	西藏
2012-06-29	0.33	133500000.00	上海证券交易所	宁波
2012-06-29	0.03	5336100.00	深圳证券交易所	甘肃
2012-06-29	0.73	125057307.75	深圳证券交易所	广东
2012-06-29	0.13	24600000.00	深圳证券交易所	深圳
2012-06-29	0.20	20100000.00	深圳证券交易所	深圳
2012-06-29	0.28	20290000.00	深圳证券交易所	广东
2012-06-29	0.50	44000000.00	深圳证券交易所	湖南
2012-06-29	0.31	47360000.00	深圳证券交易所	江苏
2012-06-29	0.03	6630324.66	深圳证券交易所	江苏
2012-06-29	0.04	11881296.56	深圳证券交易所	江西
2012-06-29	0.11	68670934.56	深圳证券交易所	大连
2012-06-29	0.02	9615866.36	深圳证券交易所	山东
2012-06-29	0.20	33601151.74	深圳证券交易所	上海
2012-06-29	0.27	22998600.00	深圳证券交易所	上海
2012-06-29	0.90	164209492.80	深圳证券交易所	天津
2012-06-29	0.20	47600000.00	深圳证券交易所	浙江
2012-06-29	0.08	16320000.00	深圳证券交易所	浙江
2012-07-02	0.03	79800000.00	上海证券交易所	北京
2012-07-02	0.25	4201230000.00	上海证券交易所	北京
2012-07-02	0.20	136396000.00	上海证券交易所	厦门
2012-07-02	0.07	93158512.16	上海证券交易所	厦门
2012-07-02	0.10	44259709.70	上海证券交易所	厦门
2012-07-02	0.01	5368076.58	上海证券交易所	黑龙江
2012-07-02	0.20	103243766.40	上海证券交易所	江苏
2012-07-02	0.05	25016285.60	上海证券交易所	江西
2012-07-02	0.50	495021684.00	上海证券交易所	青海

7-36 续表 25

序号 No.	公司名称 Companies	股票代码 Stock Code	股票简称 Stock Abbreviation
1266	赛轮股份有限公司	601058	赛轮股份
1267	上海飞乐音响股份有限公司	600651	飞乐音响
1268	上海耀皮玻璃集团股份有限公司	600819	耀皮玻璃
1269	上海友谊集团股份有限公司	600827	友谊股份
1270	上海交大昂立股份有限公司	600530	交大昂立
1271	浙大网新科技股份有限公司	600797	浙大网新
1272	浙江尖峰集团股份有限公司	600668	尖峰集团
1273	宁波韵升股份有限公司	600366	宁波韵升
1274	大庆华科股份有限公司	000985	大庆华科
1275	湖北福星科技股份有限公司	000926	福星股份
1276	山东恒邦冶炼股份有限公司	002237	恒邦股份
1277	华西能源工业股份有限公司	002630	华西能源
1278	中国北车股份有限公司	601299	中国北车
1279	福建龙净环保股份有限公司	600388	龙净环保
1280	人福医药集团股份公司	600079	人福医药
1281	长春欧亚集团股份有限公司	600697	欧亚集团
1282	上海机电股份有限公司	600835	上海机电
1283	上海海立(集团)股份有限公司	600619	海立股份
1284	通威股份有限公司	600438	通威股份
1285	四川沱牌舍得酒业股份有限公司	600702	沱牌舍得
1286	四川西昌电力股份有限公司	600505	西昌电力
1287	新疆城建(集团)股份有限公司	600545	新疆城建
1288	云南云天化股份有限公司	600096	云天化
1289	福建省闽发铝业股份有限公司	002578	闽发铝业
1290	湖南大康牧业股份有限公司	002505	大康牧业
1291	苏州罗普斯金铝业股份有限公司	002333	罗普斯金
1292	张家港化工机械股份有限公司	002564	张化机
1293	广博集团股份有限公司	002103	广博股份
1294	北京同仁堂股份有限公司	600085	同仁堂
1295	中国水利水电建设股份有限公司	601669	中国水电
1296	江苏宁沪高速公路股份有限公司	600377	宁沪高速
1297	山东省药用玻璃股份有限公司	600529	山东药玻
1298	阳泉煤业(集团)股份有限公司	600348	阳泉煤业
1299	上海新世界股份有限公司	600628	新世界
1300	上海金丰投资股份有限公司	600606	金丰投资
1301	天津创业环保集团股份有限公司	600874	创业环保
1302	浙江物产中大元通集团股份有限公司	600704	物产中大
1303	北京数字政通科技股份有限公司	300075	数字政通
1304	北京东方雨虹防水技术股份有限公司	002271	东方雨虹
1305	广东江粉磁材股份有限公司	002600	江粉磁材
1306	广东金刚玻璃科技股份有限公司	300093	金刚玻璃
1307	深圳市科陆电子科技股份有限公司	002121	科陆电子
1308	深圳市广聚能源股份有限公司	000096	广聚能源
1309	河北建投能源投资股份有限公司	000600	建投能源
1310	江苏舜天船舶股份有限公司	002608	舜天船舶
1311	中国大连国际合作(集团)股份有限公司	000881	大连国际
1312	上海姚记扑克股份有限公司	002605	姚记扑克
1313	聚光科技(杭州)股份有限公司	300203	聚光科技
1314	宁波宜科科技实业股份有限公司	002036	宜科科技
1315	浙江闰土股份有限公司	002440	闰土股份

continued

除息日 Ex-dividend Date	每股现金红利(元) Dividend Per Share (yuan)	上市公司分红总额(元) Total Dividend (yuan)	交易所 Exchange	辖区 Region
2012-07-02	0.10	37800000.00	上海证券交易所	青岛
2012-07-02	0.02	14165418.46	上海证券交易所	上海
2012-07-02	0.02	14629620.40	上海证券交易所	上海
2012-07-02	0.25	430548555.92	上海证券交易所	上海
2012-07-02	0.12	37440000.00	上海证券交易所	上海
2012-07-02	0.01	8420084.95	上海证券交易所	浙江
2012-07-02	0.12	41290059.36	上海证券交易所	浙江
2012-07-02	0.15	77174662.50	上海证券交易所	宁波
2012-07-02	0.10	12963950.00	深圳证券交易所	黑龙江
2012-07-02	0.10	71235565.00	深圳证券交易所	湖北
2012-07-02	0.15	68280000.00	深圳证券交易所	山东
2012-07-02	0.10	16700000.00	深圳证券交易所	四川
2012-07-03	0.05	516002815.15	上海证券交易所	北京
2012-07-03	0.50	106905000.00	上海证券交易所	福建
2012-07-03	0.07	34541054.52	上海证券交易所	湖北
2012-07-03	0.30	47726422.50	上海证券交易所	吉林
2012-07-03	0.30	306823734.56	上海证券交易所	上海
2012-07-03	0.10	60282451.65	上海证券交易所	上海
2012-07-03	0.06	41251200.00	上海证券交易所	四川
2012-07-03	0.18	60714000.00	上海证券交易所	四川
2012-07-03	0.03	10937025.00	上海证券交易所	四川
2012-07-03	0.05	33789288.90	上海证券交易所	西藏
2012-07-03	0.20	138726902.00	上海证券交易所	云南
2012-07-03	0.25	42950000.00	深圳证券交易所	福建
2012-07-03	0.07	16448000.00	深圳证券交易所	湖南
2012-07-03	0.15	37854900.00	深圳证券交易所	江苏
2012-07-03	0.02	6077120.00	深圳证券交易所	江苏
2012-07-03	0.10	21843100.00	深圳证券交易所	宁波
2012-07-04	0.15	195309854.25	上海证券交易所	北京
2012-07-04	0.04	364800000.00	上海证券交易所	北京
2012-07-04	0.36	1373669100.00	上海证券交易所	江苏
2012-07-04	0.10	25738011.10	上海证券交易所	山东
2012-07-04	0.20	481000000.00	上海证券交易所	山西
2012-07-04	0.12	63815912.40	上海证券交易所	上海
2012-07-04	0.05	24681909.00	上海证券交易所	上海
2012-07-04	0.04	43489137.20	上海证券交易所	天津
2012-07-04	0.04	32938155.60	上海证券交易所	浙江
2012-07-04	0.20	16800000.00	深圳证券交易所	北京
2012-07-04	0.10	34352000.00	深圳证券交易所	北京
2012-07-04	0.10	31780000.00	深圳证券交易所	广东
2012-07-04	0.02	4320000.00	深圳证券交易所	广东
2012-07-04	0.02	7933800.00	深圳证券交易所	深圳
2012-07-04	0.06	31680000.00	深圳证券交易所	深圳
2012-07-04	0.02	18273202.42	深圳证券交易所	河北
2012-07-04	0.15	22050000.00	深圳证券交易所	江苏
2012-07-04	0.10	30891840.00	深圳证券交易所	大连
2012-07-04	0.66	61710000.00	深圳证券交易所	上海
2012-07-04	0.04	17800000.00	深圳证券交易所	浙江
2012-07-04	0.05	10112445.00	深圳证券交易所	宁波
2012-07-04	0.40	153400000.00	深圳证券交易所	浙江

7-36 续表 26

序号 No.	公司名称 Companies	股票代码 Stock Code	股票简称 Stock Abbreviation
1316	新华人寿保险股份有限公司	601336	新华保险
1317	广东榕泰实业股份有限公司	600589	广东榕泰
1318	贵州茅台酒股份有限公司	600519	贵州茅台
1319	神马实业股份有限公司	600810	神马股份
1320	华远地产股份有限公司	600743	华远地产
1321	湖北楚天高速公路股份有限公司	600035	楚天高速
1322	南京中央商场(集团)股份有限公司	600280	南京中商
1323	上海汽车集团股份有限公司	600104	上汽集团
1324	浙江医药股份有限公司	600216	浙江医药
1325	浙江金鹰股份有限公司	600232	金鹰股份
1326	芜湖海螺型材科技股份有限公司	000619	海螺型材
1327	厦门市建筑科学研究院集团股份有限公司	002398	建研集团
1328	广发证券股份有限公司	000776	广发证券
1329	深圳市腾邦国际商业服务股份有限公司	300178	腾邦国际
1330	深圳市齐心文具股份有限公司	002301	齐心文具
1331	万科企业股份有限公司	000002	万 科A
1332	力合股份有限公司	000532	力合股份
1333	山西百圆裤业连锁经营股份有限公司	002640	百圆裤业
1334	南方泵业股份有限公司	300145	南方泵业
1335	浙江报喜鸟服饰股份有限公司	002154	报 喜 鸟
1336	安徽巢东水泥股份有限公司	600318	巢东股份
1337	中牧实业股份有限公司	600195	中牧股份
1338	紫金矿业集团股份有限公司	601899	紫金矿业
1339	大连大杨创世股份有限公司	600233	大杨创世
1340	上海锦江国际实业投资股份有限公司	600650	锦江投资
1341	中国联合网络通信股份有限公司	600050	中国联通
1342	宋都基业投资股份有限公司	600077	宋都股份
1343	宁波港股份有限公司	601018	宁波港
1344	合肥百货大楼集团股份有限公司	000417	合肥百货
1345	广东万和新电气股份有限公司	002543	万和电气
1346	珠海格力电器股份有限公司	000651	格力电器
1347	常州亚玛顿股份有限公司	002623	亚玛顿
1348	江苏新民纺织科技股份有限公司	002127	新民科技
1349	荣科科技股份有限公司	300290	荣科科技
1350	山东中际电工装备股份有限公司	300308	中际装备
1351	山东太阳纸业股份有限公司	002078	太阳纸业
1352	上海超日太阳能科技股份有限公司	002506	超日太阳
1353	中建西部建设股份有限公司	002302	西部建设
1354	浙江京新药业股份有限公司	002020	京新药业
1355	浙江宏磊铜业股份有限公司	002647	宏磊股份
1356	中国南车股份有限公司	601766	中国南车
1357	甘肃酒钢集团宏兴钢铁股份有限公司	600307	酒钢宏兴
1358	中国南方航空股份有限公司	600029	南方航空
1359	七台河宝泰隆煤化工股份有限公司	601011	宝泰隆
1360	南京栖霞建设股份有限公司	600533	栖霞建设
1361	内蒙古伊泰煤炭股份有限公司	900948	伊泰B股
1362	上海三爱富新材料股份有限公司	600636	三爱富
1363	上海万业企业股份有限公司	600641	万业企业
1364	大众交通(集团)股份有限公司	600611	大众交通
1365	天津港股份有限公司	600717	天津港

continued

除息日 Ex-dividend Date	每股现金红利(元) Dividend Per Share (yuan)	上市公司分红总额(元) Total Dividend (yuan)	交易所 Exchange	辖区 Region
2012-07-05	0.09	187689540.60	上海证券交易所	北京
2012-07-05	0.02	9025950.00	上海证券交易所	广东
2012-07-05	4.00	4149605460.00	上海证券交易所	贵州
2012-07-05	0.05	22114000.00	上海证券交易所	河南
2012-07-05	0.08	126445983.00	上海证券交易所	湖北
2012-07-05	0.08	74532199.60	上海证券交易所	湖北
2012-07-05	0.16	22966697.44	上海证券交易所	江苏
2012-07-05	0.30	3307669988.70	上海证券交易所	上海
2012-07-05	0.60	270036000.00	上海证券交易所	浙江
2012-07-05	0.10	36471854.40	上海证券交易所	浙江
2012-07-05	0.05	18000000.00	深圳证券交易所	安徽
2012-07-05	0.08	15600000.00	深圳证券交易所	厦门
2012-07-05	0.25	1479822866.00	深圳证券交易所	广东
2012-07-05	0.20	23880000.00	深圳证券交易所	深圳
2012-07-05	0.05	19168999.90	深圳证券交易所	深圳
2012-07-05	0.13	1469010086.15	深圳证券交易所	深圳
2012-07-05	0.06	20682500.40	深圳证券交易所	广东
2012-07-05	0.05	6667000.00	深圳证券交易所	山西
2012-07-05	0.15	21600000.00	深圳证券交易所	浙江
2012-07-05	0.15	89072299.20	深圳证券交易所	浙江
2012-07-06	0.10	24200000.00	上海证券交易所	安徽
2012-07-06	0.40	156000000.00	上海证券交易所	北京
2012-07-06	0.10	1580380365.00	上海证券交易所	福建
2012-07-06	0.12	19800000.00	上海证券交易所	大连
2012-07-06	0.30	165462068.85	上海证券交易所	上海
2012-07-06	0.03	710085979.23	上海证券交易所	上海
2012-07-06	0.03	32209666.56	上海证券交易所	浙江
2012-07-06	0.07	844800000.00	上海证券交易所	宁波
2012-07-06	0.08	62390736.00	深圳证券交易所	安徽
2012-07-06	0.30	60000000.00	深圳证券交易所	广东
2012-07-06	0.50	1503932719.50	深圳证券交易所	广东
2012-07-06	0.30	48000000.00	深圳证券交易所	江苏
2012-07-06	0.02	8929178.04	深圳证券交易所	江苏
2012-07-06	0.20	13600000.00	深圳证券交易所	辽宁
2012-07-06	0.20	13334000.00	深圳证券交易所	山东
2012-07-06	0.10	100481039.40	深圳证券交易所	山东
2012-07-06	0.06	52720000.00	深圳证券交易所	上海
2012-07-06	0.10	21000000.00	深圳证券交易所	新疆
2012-07-06	0.20	25266284.00	深圳证券交易所	浙江
2012-07-06	0.10	16891000.00	深圳证券交易所	浙江
2012-07-09	0.18	2120220000.00	上海证券交易所	北京
2012-07-09	0.12	490962890.88	上海证券交易所	甘肃
2012-07-09	0.20	1404530000.00	上海证券交易所	广东
2012-07-09	0.30	116100000.00	上海证券交易所	黑龙江
2012-07-09	0.10	105000000.00	上海证券交易所	江苏
2012-07-09	1.51	1002085835.10	上海证券交易所	内蒙古
2012-07-09	0.02	6944555.84	上海证券交易所	上海
2012-07-09	0.05	40307937.40	上海证券交易所	上海
2012-07-09	0.07	110290722.00	上海证券交易所	上海
2012-07-09	0.10	167476912.00	上海证券交易所	天津

7-36 续表 27

序号 No.	公司名称 Companies	股票代码 Stock Code	股票简称 Stock Abbreviation
1366	杭州解百集团股份有限公司	600814	杭州解百
1367	福建雪人股份有限公司	002639	雪人股份
1368	东莞宏远工业区股份有限公司	000573	粤宏远A
1369	南方风机股份有限公司	300004	南风股份
1370	广东电力发展股份有限公司	000539	粤电力A
1371	康佳集团股份有限公司	000016	深康佳A
1372	深圳市方直科技股份有限公司	300235	方直科技
1373	贵州百灵企业集团制药股份有限公司	002424	贵州百灵
1374	武汉华中数控股份有限公司	300161	华中数控
1375	内蒙古福瑞医疗科技股份有限公司	300049	福瑞股份
1376	浙江佐力药业股份有限公司	300181	佐力药业
1377	重庆长安汽车股份有限公司	000625	长安汽车
1378	中国化学工程股份有限公司	601117	中国化学
1379	亿阳信通股份有限公司	600289	亿阳信通
1380	江西铜业股份有限公司	600362	江西铜业
1381	内蒙古兰太实业股份有限公司	600328	兰太实业
1382	上海电力股份有限公司	600021	上海电力
1383	东方电气股份有限公司	600875	东方电气
1384	太平洋证券股份有限公司	601099	太平洋
1385	百大集团股份有限公司	600865	百大集团
1386	合肥城建发展股份有限公司	002208	合肥城建
1387	阳光城集团股份有限公司	000671	阳 光 城
1388	茂硕电源科技股份有限公司	002660	茂硕电源
1389	贵州轮胎股份有限公司	000589	黔轮胎A
1390	河北承德露露股份有限公司	000848	承德露露
1391	河北常山生化药业股份有限公司	300255	常山药业
1392	江苏宏宝五金股份有限公司	002071	江苏宏宝
1393	威海广泰空港设备股份有限公司	002111	威海广泰
1394	西安饮食股份有限公司	000721	西安饮食
1395	宁波GQY视讯股份有限公司	300076	宁波GQY
1396	永高股份有限公司	002641	永高股份
1397	国投中鲁果汁股份有限公司	600962	国投中鲁
1398	北京银行股份有限公司	601169	北京银行
1399	海南天然橡胶产业集团股份有限公司	601118	海南橡胶
1400	上海现代制药股份有限公司	600420	现代制药
1401	上海复旦复华科技股份有限公司	600624	复旦复华
1402	上海国际港务(集团)股份有限公司	600018	上港集团
1403	经纬纺织机械股份有限公司	000666	经纬纺机
1404	北京华联商厦股份有限公司	000882	华联股份
1405	深圳市振业(集团)股份有限公司	000006	深振业A
1406	深圳市证通电子股份有限公司	002197	证通电子
1407	中山公用事业集团股份有限公司	000685	中山公用
1408	徐工集团工程机械股份有限公司	000425	徐工机械
1409	江西华伍制动器股份有限公司	300095	华伍股份
1410	孚日集团股份有限公司	002083	孚日股份
1411	吉峰农机连锁股份有限公司	300022	吉峰农机
1412	宁波东力传动设备股份有限公司	002164	东力传动
1413	北京昊华能源股份有限公司	601101	昊华能源
1414	广深铁路股份有限公司	601333	广深铁路
1415	吉林森林工业股份有限公司	600189	吉林森工

continued

除息日 Ex-dividend Date	每股现金红利(元) Dividend Per Share (yuan)	上市公司分红总额(元) Total Dividend (yuan)	交易所 Exchange	辖区 Region
2012-07-09	0.07	21726811.47	上海证券交易所	浙江
2012-07-09	0.13	20800000.00	深圳证券交易所	福建
2012-07-09	0.04	24910224.16	深圳证券交易所	广东
2012-07-09	0.10	18800000.00	深圳证券交易所	广东
2012-07-09	0.06	176782584.48	深圳证券交易所	广东
2012-07-09	0.01	12980894.91	深圳证券交易所	深圳
2012-07-09	0.10	8800000.00	深圳证券交易所	深圳
2012-07-09	0.20	94080000.00	深圳证券交易所	贵州
2012-07-09	0.20	21566000.00	深圳证券交易所	湖北
2012-07-09	0.30	37518000.00	深圳证券交易所	内蒙古
2012-07-09	0.28	40000000.00	深圳证券交易所	浙江
2012-07-09	0.04	194714498.35	深圳证券交易所	重庆
2012-07-10	0.05	246650000.00	上海证券交易所	北京
2012-07-10	0.06	34634228.04	上海证券交易所	黑龙江
2012-07-10	0.50	1037623702.50	上海证券交易所	江西
2012-07-10	0.03	10773540.90	上海证券交易所	内蒙古
2012-07-10	0.05	106986962.85	上海证券交易所	上海
2012-07-10	0.16	266217600.00	上海证券交易所	四川
2012-07-10	0.03	52615967.22	上海证券交易所	云南
2012-07-10	0.08	30099225.28	上海证券交易所	浙江
2012-07-10	0.10	32010000.00	深圳证券交易所	安徽
2012-07-10	0.03	13400138.63	深圳证券交易所	福建
2012-07-10	0.20	19416000.00	深圳证券交易所	深圳
2012-07-10	0.06	29334258.24	深圳证券交易所	贵州
2012-07-10	0.45	182482560.00	深圳证券交易所	河北
2012-07-10	0.12	21570000.00	深圳证券交易所	河北
2012-07-10	0.03	5520600.00	深圳证券交易所	江苏
2012-07-10	0.06	18436244.10	深圳证券交易所	山东
2012-07-10	0.03	5985838.80	深圳证券交易所	陕西
2012-07-10	0.30	31800000.00	深圳证券交易所	宁波
2012-07-10	0.11	22000000.00	深圳证券交易所	浙江
2012-07-11	0.04	10085000.00	上海证券交易所	北京
2012-07-11	0.17	1466693256.40	上海证券交易所	北京
2012-07-11	0.08	314493728.00	上海证券交易所	海南
2012-07-11	0.10	28773340.20	上海证券交易所	上海
2012-07-11	0.03	10699806.09	上海证券交易所	上海
2012-07-11	0.12	2685111198.70	上海证券交易所	上海
2012-07-11	0.06	25380000.00	深圳证券交易所	北京
2012-07-11	0.06	62531170.87	深圳证券交易所	北京
2012-07-11	0.03	39560294.40	深圳证券交易所	深圳
2012-07-11	0.10	20983200.00	深圳证券交易所	深圳
2012-07-11	0.08	59898708.90	深圳证券交易所	广东
2012-07-11	0.25	515689538.50	深圳证券交易所	江苏
2012-07-11	0.05	3850000.00	深圳证券交易所	江西
2012-07-11	0.06	56308978.68	深圳证券交易所	山东
2012-07-11	0.05	17870000.00	深圳证券交易所	四川
2012-07-11	0.03	13368750.00	深圳证券交易所	宁波
2012-07-12	0.29	349999496.00	上海证券交易所	北京
2012-07-12	0.10	565223700.00	上海证券交易所	深圳
2012-07-12	0.20	62100000.00	上海证券交易所	吉林

7-36 续表 28

序号 No.	公司名称 Companies	股票代码 Stock Code	股票简称 Stock Abbreviation
1416	日出东方太阳能股份有限公司	603366	日出东方
1417	兖州煤业股份有限公司	600188	兖州煤业
1418	上海新华传媒股份有限公司	600825	新华传媒
1419	上海开创国际海洋资源股份有限公司	600097	开创国际
1420	天水华天科技股份有限公司	002185	华天科技
1421	佛山电器照明股份有限公司	000541	佛山照明
1422	广东华声电器股份有限公司	002670	华声股份
1423	广州杰赛科技股份有限公司	002544	杰赛科技
1424	广东汕头超声电子股份有限公司	000823	超声电子
1425	深圳瑞和建筑装饰股份有限公司	002620	瑞和股份
1426	深圳市德赛电池科技股份有限公司	000049	德赛电池
1427	珠海市乐通化工股份有限公司	002319	乐通股份
1428	金陵药业股份有限公司	000919	金陵药业
1429	大连友谊(集团)股份有限公司	000679	大连友谊
1430	内蒙古霍林河露天煤业股份有限公司	002128	露天煤业
1431	中国石化仪征化纤股份有限公司	600871	仪征化纤
1432	安徽桑乐金股份有限公司	300247	桑乐金
1433	厦门三五互联科技股份有限公司	300051	三五互联
1434	深圳英飞拓科技股份有限公司	002528	英飞拓
1435	珠海中富实业股份有限公司	000659	珠海中富
1436	华兰生物工程股份有限公司	002007	华兰生物
1437	湖北华昌达智能装备股份有限公司	300278	华昌达
1438	华工科技产业股份有限公司	000988	华工科技
1439	湖南电广传媒股份有限公司	000917	电广传媒
1440	南京中北(集团)股份有限公司	000421	南京中北
1441	江铃汽车股份有限公司	000550	江铃汽车
1442	上海华峰超纤材料股份有限公司	300180	华峰超纤
1443	成都三泰电子实业股份有限公司	002312	三泰电子
1444	泸州老窖股份有限公司	000568	泸州老窖
1445	安徽皖通高速公路股份有限公司	600012	皖通高速
1446	天地科技股份有限公司	600582	天地科技
1447	北京金隅股份有限公司	601992	金隅股份
1448	际华集团股份有限公司	601718	际华集团
1449	福建南纺股份有限公司	600483	福建南纺
1450	广东东阳光铝业股份有限公司	600673	东阳光铝
1451	中国平安保险(集团)股份有限公司	601318	中国平安
1452	贵州贵航汽车零部件股份有限公司	600523	贵航股份
1453	贵州盘江精煤股份有限公司	600395	盘江股份
1454	江苏综艺股份有限公司	600770	综艺股份
1455	江苏恒顺醋业股份有限公司	600305	恒顺醋业
1456	山东鲁抗医药股份有限公司	600789	鲁抗医药
1457	大同煤业股份有限公司	601001	大同煤业
1458	上海家化联合股份有限公司	600315	上海家化
1459	上海阳晨投资股份有限公司	900935	阳晨B股
1460	安徽华茂纺织股份有限公司	000850	华茂股份
1461	中天城投集团股份有限公司	000540	中天城投
1462	新大洲控股股份有限公司	000571	新大洲A
1463	山东瑞丰高分子材料股份有限公司	300243	瑞丰高材
1464	陕西省天然气股份有限公司	002267	陕天然气
1465	中国国际航空股份有限公司	601111	中国国航

continued

除息日 Ex-dividend Date	每股现金红利(元) Dividend Per Share (yuan)	上市公司分红总额(元) Total Dividend (yuan)	交易所 Exchange	辖区 Region
2012-07-12	0.35	140000000.00	上海证券交易所	江苏
2012-07-12	0.57	1687200000.00	上海证券交易所	山东
2012-07-12	0.04	41795514.00	上海证券交易所	上海
2012-07-12	0.08	16207832.08	上海证券交易所	上海
2012-07-12	0.06	40613000.00	深圳证券交易所	甘肃
2012-07-12	0.19	188334686.25	深圳证券交易所	广东
2012-07-12	0.20	40000000.00	深圳证券交易所	广东
2012-07-12	0.13	21490000.00	深圳证券交易所	广东
2012-07-12	0.12	52852320.00	深圳证券交易所	广东
2012-07-12	0.08	9600000.00	深圳证券交易所	深圳
2012-07-12	0.25	34207289.75	深圳证券交易所	深圳
2012-07-12	0.05	5000000.00	深圳证券交易所	广东
2012-07-12	0.15	75600000.00	深圳证券交易所	江苏
2012-07-12	0.08	28512000.00	深圳证券交易所	大连
2012-07-12	0.50	663343083.00	深圳证券交易所	内蒙古
2012-07-13	0.39	78000000.00	上海证券交易所	江苏
2012-07-13	0.30	24525000.00	深圳证券交易所	安徽
2012-07-13	0.08	12840000.00	深圳证券交易所	厦门
2012-07-13	0.13	47212800.00	深圳证券交易所	深圳
2012-07-13	0.01	12857025.20	深圳证券交易所	广东
2012-07-13	0.12	69144576.00	深圳证券交易所	河南
2012-07-13	0.10	17340000.00	深圳证券交易所	湖北
2012-07-13	0.08	66833747.40	深圳证券交易所	湖北
2012-07-13	0.06	56486598.30	深圳证券交易所	湖南
2012-07-13	0.05	17584205.00	深圳证券交易所	江苏
2012-07-13	0.94	810857880.00	深圳证券交易所	江西
2012-07-13	0.15	23700000.00	深圳证券交易所	上海
2012-07-13	0.10	17744157.08	深圳证券交易所	四川
2012-07-13	1.40	1957575866.40	深圳证券交易所	四川
2012-07-16	0.21	244776000.00	上海证券交易所	安徽
2012-07-16	0.13	151740000.00	上海证券交易所	北京
2012-07-16	0.07	224233533.00	上海证券交易所	北京
2012-07-16	0.03	96425000.00	上海证券交易所	北京
2012-07-16	0.10	28848371.20	上海证券交易所	福建
2012-07-16	0.04	33098671.52	上海证券交易所	广东
2012-07-16	0.25	1196602409.00	上海证券交易所	深圳
2012-07-16	0.13	38409575.40	上海证券交易所	贵州
2012-07-16	0.57	937862720.95	上海证券交易所	贵州
2012-07-16	0.03	36820000.00	上海证券交易所	江苏
2012-07-16	0.04	4577400.00	上海证券交易所	江苏
2012-07-16	0.02	11631509.50	上海证券交易所	山东
2012-07-16	0.19	318003000.00	上海证券交易所	山西
2012-07-16	0.40	179344401.60	上海证券交易所	上海
2012-07-16	0.01	667888.32	上海证券交易所	上海
2012-07-16	0.05	47183250.45	深圳证券交易所	安徽
2012-07-16	0.10	127881229.20	深圳证券交易所	贵州
2012-07-16	0.06	44163840.00	深圳证券交易所	海南
2012-07-16	0.09	8025000.00	深圳证券交易所	山东
2012-07-16	0.12	122020482.00	深圳证券交易所	陕西
2012-07-17	0.12	982854014.46	上海证券交易所	北京

7-36 续表 29

序号 No.	公司名称 Companies	股票代码 Stock Code	股票简称 Stock Abbreviation
1466	厦门建发股份有限公司	600153	建发股份
1467	山东金晶科技股份有限公司	600586	金晶科技
1468	晋西车轴股份有限公司	600495	晋西车轴
1469	浙江奥康鞋业股份有限公司	603001	奥康国际
1470	泛海建设集团股份有限公司	000046	泛海建设
1471	巨轮股份有限公司	002031	巨轮股份
1472	海南神农大丰种业科技股份有限公司	300189	神农大丰
1473	长江证券股份有限公司	000783	长江证券
1474	江苏东源电器集团股份有限公司	002074	东源电器
1475	荣丰控股集团股份有限公司	000668	荣丰控股
1476	四川丹甫制冷压缩机股份有限公司	002366	丹甫股份
1477	新疆西部牧业股份有限公司	300106	西部牧业
1478	中远航运股份有限公司	600428	中远航运
1479	上海物资贸易股份有限公司	600822	上海物贸
1480	东华软件股份公司	002065	东华软件
1481	广东省高速公路发展股份有限公司	000429	粤高速A
1482	广东南洋电缆集团股份有限公司	002212	南洋股份
1483	中兴通讯股份有限公司	000063	中兴通讯
1484	深圳键桥通讯技术股份有限公司	002316	键桥通讯
1485	无锡威孚高科技集团股份有限公司	000581	威孚高科
1486	天润曲轴股份有限公司	002283	天润曲轴
1487	烟台泰和新材料股份有限公司	002254	泰和新材
1488	新希望六和股份有限公司	000876	新 希 望
1489	国投新集能源股份有限公司	601918	国投新集
1490	北京天坛生物制品股份有限公司	600161	天坛生物
1491	中信银行股份有限公司	601998	中信银行
1492	北京翠微大厦股份有限公司	603123	翠微股份
1493	银川新华百货商业集团股份有限公司	600785	新华百货
1494	大秦铁路股份有限公司	601006	大秦铁路
1495	四川水井坊股份有限公司	600779	水井坊
1496	浙江万好万家实业股份有限公司	600576	万好万家
1497	海南海药股份有限公司	000566	海南海药
1498	山东晨鸣纸业集团股份有限公司	000488	晨鸣纸业
1499	上海海得控制系统股份有限公司	002184	海得控制
1500	天津一汽夏利汽车股份有限公司	000927	一汽夏利
1501	金科地产集团股份有限公司	000656	金科股份
1502	华润双鹤药业股份有限公司	600062	华润双鹤
1503	抚顺特殊钢股份有限公司	600399	抚顺特钢
1504	上海第一医药股份有限公司	600833	第一医药
1505	上海交运集团股份有限公司	600676	交运股份
1506	上海医药集团股份有限公司	601607	上海医药
1507	上海电气集团股份有限公司	601727	上海电气
1508	北京双鹭药业股份有限公司	002038	双鹭药业
1509	东莞劲胜精密组件股份有限公司	300083	劲胜股份
1510	深圳赤湾港航股份有限公司	000022	深赤湾A
1511	深圳市中金岭南有色金属股份有限公司	000060	中金岭南
1512	河北先河环保科技股份有限公司	300137	先河环保
1513	江苏东光微电子股份有限公司	002504	东光微电
1514	沈阳蓝英工业自动化装备股份有限公司	300293	蓝英装备
1515	山东墨龙石油机械股份有限公司	002490	山东墨龙

continued

除息日 Ex-dividend Date	每股现金红利(元) Dividend Per Share (yuan)	上市公司分红总额(元) Total Dividend (yuan)	交易所 Exchange	辖区 Region
2012-07-17	0.10	223775074.10	上海证券交易所	厦门
2012-07-17	0.03	35567685.00	上海证券交易所	山东
2012-07-17	0.04	10578330.00	上海证券交易所	山西
2012-07-17	0.23	92225400.00	上海证券交易所	浙江
2012-07-17	0.06	273438706.08	深圳证券交易所	北京
2012-07-17	0.04	16504626.40	深圳证券交易所	广东
2012-07-17	0.06	16000000.00	深圳证券交易所	海南
2012-07-17	0.10	237123383.90	深圳证券交易所	湖北
2012-07-17	0.10	25336800.00	深圳证券交易所	江苏
2012-07-17	0.01	1468418.90	深圳证券交易所	上海
2012-07-17	0.30	40050000.00	深圳证券交易所	四川
2012-07-17	0.07	7605000.00	深圳证券交易所	新疆
2012-07-18	0.02	33808927.86	上海证券交易所	广东
2012-07-18	0.10	49597274.60	上海证券交易所	上海
2012-07-18	0.15	106148800.00	深圳证券交易所	北京
2012-07-18	0.05	66800249.90	深圳证券交易所	广东
2012-07-18	0.05	25513000.00	深圳证券交易所	广东
2012-07-18	0.20	562098515.00	深圳证券交易所	深圳
2012-07-18	0.03	10920000.00	深圳证券交易所	深圳
2012-07-18	0.31	211891532.90	深圳证券交易所	江苏
2012-07-18	0.03	16782352.92	深圳证券交易所	山东
2012-07-18	0.25	97890000.00	深圳证券交易所	山东
2012-07-18	0.17	295403833.70	深圳证券交易所	四川
2012-07-19	0.20	370077400.00	上海证券交易所	安徽
2012-07-19	0.10	51546686.80	上海证券交易所	北京
2012-07-19	0.15	4626248788.27	上海证券交易所	北京
2012-07-19	0.09	26488000.00	上海证券交易所	北京
2012-07-19	0.30	62229384.00	上海证券交易所	宁夏
2012-07-19	0.39	5798048681.49	上海证券交易所	山西
2012-07-19	0.23	112365510.54	上海证券交易所	四川
2012-07-19	0.02	3271396.35	上海证券交易所	浙江
2012-07-19	0.10	24759497.40	深圳证券交易所	海南
2012-07-19	0.16	269560155.69	深圳证券交易所	山东
2012-07-19	0.05	11000000.00	深圳证券交易所	上海
2012-07-19	0.02	31903480.40	深圳证券交易所	天津
2012-07-19	0.10	115854005.10	深圳证券交易所	重庆
2012-07-20	0.38	219531244.03	上海证券交易所	北京
2012-07-20	0.02	10400000.00	上海证券交易所	辽宁
2012-07-20	0.05	11154317.35	上海证券交易所	上海
2012-07-20	0.10	86237392.40	上海证券交易所	上海
2012-07-20	0.16	307682658.88	上海证券交易所	上海
2012-07-20	0.08	752594600.02	上海证券交易所	上海
2012-07-20	0.20	76140000.00	深圳证券交易所	北京
2012-07-20	0.05	10000000.00	深圳证券交易所	广东
2012-07-20	0.43	274250790.77	深圳证券交易所	深圳
2012-07-20	0.07	148531743.36	深圳证券交易所	深圳
2012-07-20	0.05	7800000.00	深圳证券交易所	河北
2012-07-20	0.10	10700000.00	深圳证券交易所	江苏
2012-07-20	0.13	12000000.00	深圳证券交易所	辽宁
2012-07-20	0.05	27086100.00	深圳证券交易所	山东

7-36 续表 30

序号 No.	公司名称 Companies	股票代码 Stock Code	股票简称 Stock Abbreviation
1516	上海柘中建设股份有限公司	002346	柘中建设
1517	中海网络科技股份有限公司	002401	中海科技
1518	中青旅控股股份有限公司	600138	中青旅
1519	唐山三友化工股份有限公司	600409	三友化工
1520	江西联创光电科技股份有限公司	600363	联创光电
1521	中国石化上海石油化工股份有限公司	600688	上海石化
1522	上海城投控股股份有限公司	600649	城投控股
1523	上海大众公用事业(集团)股份有限公司	600635	大众公用
1524	上海紫江企业集团股份有限公司	600210	紫江企业
1525	中粮屯河股份有限公司	600737	中粮屯河
1526	河南佰利联化学股份有限公司	002601	佰利联
1527	山西振东制药股份有限公司	300158	振东制药
1528	广东风华高新科技股份有限公司	000636	风华高科
1529	上海天玑科技股份有限公司	300245	天玑科技
1530	广州白云国际机场股份有限公司	600004	白云机场
1531	广州汽车集团股份有限公司	601238	广汽集团
1532	江苏弘业股份有限公司	600128	弘业股份
1533	上海张江高科技园区开发股份有限公司	600895	张江高科
1534	深圳赤湾石油基地股份有限公司	200053	深基地B
1535	青岛啤酒股份有限公司	600600	青岛啤酒
1536	华北高速公路股份有限公司	000916	华北高速
1537	黄山旅游发展股份有限公司	600054	黄山旅游
1538	中国交通建设股份有限公司	601800	中国交建
1539	大唐国际发电股份有限公司	601991	大唐发电
1540	安徽安凯汽车股份有限公司	000868	安凯客车
1541	中国中铁股份有限公司	601390	中国中铁
1542	中国铁建股份有限公司	601186	中国铁建
1543	山东高速股份有限公司	600350	山东高速
1544	福建中能电气股份有限公司	300062	中能电气
1545	怡球金属资源再生(中国)股份有限公司	601388	怡球资源
1546	上海兰生股份有限公司	600826	兰生股份
1547	广东德联集团股份有限公司	002666	德联集团
1548	中国长城计算机深圳股份有限公司	000066	长城电脑
1549	中国振华(集团)科技股份有限公司	000733	振华科技
1550	招商证券股份有限公司	600999	招商证券
1551	中信证券股份有限公司	600030	中信证券
1552	神州学人集团股份有限公司	000547	闽福发A
1553	宝安鸿基地产集团股份有限公司	000040	宝安地产
1554	中联重科股份有限公司	000157	中联重科
1555	吉林亚泰(集团)股份有限公司	600881	亚泰集团
1556	老凤祥股份有限公司	600612	老凤祥
1557	上海华鑫股份有限公司	600621	华鑫股份
1558	上海普天邮通科技股份有限公司	600680	上海普天
1559	三一重工股份有限公司	600031	三一重工
1560	上海嘉宝实业(集团)股份有限公司	600622	嘉宝集团
1561	方正科技集团股份有限公司	600601	方正科技
1562	华润三九医药股份有限公司	000999	华润三九
1563	长沙通程控股股份有限公司	000419	通程控股
1564	北京王府井百货(集团)股份有限公司	600859	王府井
1565	上海金桥出口加工区开发股份有限公司	600639	浦东金桥

continued

除息日 Ex-dividend Date	每股现金红利(元) Dividend Per Share (yuan)	上市公司分红总额(元) Total Dividend (yuan)	交易所 Exchange	辖区 Region
2012-07-20	0.15	20250000.00	深圳证券交易所	上海
2012-07-20	0.05	10640000.00	深圳证券交易所	上海
2012-07-23	0.20	83070000.00	上海证券交易所	北京
2012-07-23	0.12	148030839.00	上海证券交易所	河北
2012-07-23	0.03	9270168.75	上海证券交易所	江西
2012-07-23	0.34	243500000.00	上海证券交易所	上海
2012-07-23	0.04	114904750.70	上海证券交易所	上海
2012-07-23	0.07	115140884.81	上海证券交易所	上海
2012-07-23	0.20	287347231.60	上海证券交易所	上海
2012-07-23	0.03	30168126.78	上海证券交易所	西藏
2012-07-23	0.35	65800000.00	深圳证券交易所	河南
2012-07-23	0.15	43200000.00	深圳证券交易所	山西
2012-07-24	0.08	53677304.96	深圳证券交易所	广东
2012-07-24	0.10	13400000.00	深圳证券交易所	上海
2012-07-25	0.35	402500000.00	上海证券交易所	广东
2012-07-25	0.20	844343975.80	上海证券交易所	广东
2012-07-25	0.10	24676750.00	上海证券交易所	江苏
2012-07-25	0.20	309737910.00	上海证券交易所	上海
2012-07-25	0.19	21548907.60	深圳证券交易所	深圳
2012-07-26	0.26	180937540.42	上海证券交易所	青岛
2012-07-26	0.08	87200000.00	深圳证券交易所	北京
2012-07-27	0.14	66025638.78	上海证券交易所	安徽
2012-07-27	0.18	2107454035.25	上海证券交易所	北京
2012-07-27	0.11	1099379600.00	上海证券交易所	北京
2012-07-27	0.05	35201000.00	深圳证券交易所	安徽
2012-07-30	0.05	820440480.00	上海证券交易所	北京
2012-07-30	0.10	1026124550.00	上海证券交易所	北京
2012-07-30	0.16	745730707.84	上海证券交易所	山东
2012-07-30	0.13	20019276.00	深圳证券交易所	福建
2012-07-31	0.15	61500000.00	上海证券交易所	江苏
2012-07-31	0.03	12619268.64	上海证券交易所	上海
2012-07-31	0.04	5600000.00	深圳证券交易所	广东
2012-08-01	0.02	30442659.38	深圳证券交易所	深圳
2012-08-01	0.04	14324800.00	深圳证券交易所	贵州
2012-08-02	0.15	699164974.35	上海证券交易所	深圳
2012-08-02	0.43	4230589701.00	上海证券交易所	深圳
2012-08-03	0.01	7421139.91	深圳证券交易所	福建
2012-08-03	0.03	14087800.92	深圳证券交易所	深圳
2012-08-03	0.25	1568981291.00	深圳证券交易所	湖南
2012-08-06	0.10	189473205.80	上海证券交易所	吉林
2012-08-06	0.08	43650146.36	上海证券交易所	上海
2012-08-06	0.10	52408235.10	上海证券交易所	上海
2012-08-06	0.03	11478399.52	上海证券交易所	上海
2012-08-08	0.30	2278111841.10	上海证券交易所	北京
2012-08-08	0.15	77145570.30	上海证券交易所	上海
2012-08-08	0.01	21948912.04	上海证券交易所	上海
2012-08-08	0.24	234936000.00	深圳证券交易所	深圳
2012-08-08	0.17	90597109.20	深圳证券交易所	湖南
2012-08-09	0.30	138830426.40	上海证券交易所	北京
2012-08-09	0.08	74364488.64	上海证券交易所	上海

7-36 续表 31

序号 No.	公司名称 Companies	股票代码 Stock Code	股票简称 Stock Abbreviation
1566	上海外高桥保税区开发股份有限公司	600648	外高桥
1567	山东东阿阿胶股份有限公司	000423	东阿阿胶
1568	北京城建投资发展股份有限公司	600266	北京城建
1569	哈飞航空工业股份有限公司	600038	哈飞股份
1570	大连港股份有限公司	601880	大连港
1571	沈阳金山能源股份有限公司	600396	金山股份
1572	上海国际机场股份有限公司	600009	上海机场
1573	上海九百股份有限公司	600838	上海九百
1574	瓦房店轴承股份有限公司	200706	瓦 轴B
1575	安徽雷鸣科化股份有限公司	600985	雷鸣科化
1576	山东新华制药股份有限公司	000756	新华制药
1577	西藏银河科技发展股份有限公司	000752	西藏发展
1578	大恒新纪元科技股份有限公司	600288	大恒科技
1579	包头北方创业股份有限公司	600967	北方创业
1580	中国武夷实业股份有限公司	000797	中国武夷
1581	京能置业股份有限公司	600791	京能置业
1582	新华人寿保险股份有限公司	601336	新华保险
1583	中信国安信息产业股份有限公司	000839	中信国安
1584	深圳市天地(集团)股份有限公司	000023	深天地A
1585	新疆金风科技股份有限公司	002202	金风科技
1586	哈尔滨哈投投资股份有限公司	600864	哈投股份
1587	海通证券股份有限公司	600837	海通证券
1588	重庆百货大楼股份有限公司	600729	重庆百货
1589	华闻传媒投资集团股份有限公司	000793	华闻传媒
1590	潍柴动力股份有限公司	000338	潍柴动力
1591	哈尔滨秋林集团股份有限公司	600891	秋林集团
1592	上海东方明珠(集团)股份有限公司	600832	东方明珠
1593	大连科冕木业股份有限公司	002354	科冕木业
1594	中金黄金股份有限公司	600489	中金黄金
1595	合肥美菱股份有限公司	000521	美菱电器
1596	湖北双环科技股份有限公司	000707	双环科技
1597	内蒙古蒙电华能热电股份有限公司	600863	内蒙华电
1598	福建闽东电力股份有限公司	000993	闽东电力
1599	深圳市奋达科技股份有限公司	002681	奋达科技
1600	四川友利投资控股股份有限公司	000584	友利控股
1601	浙江万丰奥威汽轮股份有限公司	002085	万丰奥威
1602	深圳市金证科技股份有限公司	600446	金证股份
1603	黑龙江交通发展股份有限公司	601188	龙江交通
1604	广东新会美达锦纶股份有限公司	000782	美达股份
1605	广西贵糖(集团)股份有限公司	000833	贵糖股份
1606	新疆伊力特实业股份有限公司	600197	伊力特
1607	万泽实业股份有限公司	000534	万泽股份
1608	广东韶能集团股份有限公司	000601	韶能股份
1609	苏州锦富新材料股份有限公司	300128	锦富新材
1610	武汉凯迪电力股份有限公司	000939	凯迪电力
1611	歌尔声学股份有限公司	002241	歌尔声学
1612	上海绿新包装材料科技股份有限公司	002565	上海绿新
1613	中国民生银行股份有限公司	600016	民生银行
1614	紫光古汉集团股份有限公司	000590	紫光古汉
1615	深圳市华测检测技术股份有限公司	300012	华测检测

continued

除息日 Ex-dividend Date	每股现金红利(元) Dividend Per Share (yuan)	上市公司分红总额(元) Total Dividend (yuan)	交易所 Exchange	辖区 Region
2012-08-09	0.10	101165035.09	上海证券交易所	上海
2012-08-10	0.30	196206461.10	深圳证券交易所	山东
2012-08-13	0.20	177840000.00	上海证券交易所	北京
2012-08-13	0.10	33735000.00	上海证券交易所	黑龙江
2012-08-13	0.06	201804000.00	上海证券交易所	大连
2012-08-13	0.03	10218000.00	上海证券交易所	辽宁
2012-08-13	0.60	1156175068.80	上海证券交易所	上海
2012-08-13	0.10	40088198.10	上海证券交易所	上海
2012-08-13	0.12	19819998.00	深圳证券交易所	辽宁
2012-08-14	0.10	12960000.00	上海证券交易所	安徽
2012-08-14	0.03	9219384.90	深圳证券交易所	山东
2012-08-14	0.02	5275169.82	深圳证券交易所	西藏
2012-08-15	0.08	34944000.00	上海证券交易所	北京
2012-08-15	0.20	34646000.00	上海证券交易所	内蒙古
2012-08-15	0.06	23367146.40	深圳证券交易所	福建
2012-08-16	0.03	13586400.00	上海证券交易所	北京
2012-08-16	0.32	668508434.83	上海证券交易所	北京
2012-08-16	0.10	156793054.10	深圳证券交易所	北京
2012-08-16	0.03	4162687.20	深圳证券交易所	深圳
2012-08-16	0.05	109727060.00	深圳证券交易所	新疆
2012-08-17	0.25	136594549.00	上海证券交易所	黑龙江
2012-08-17	0.15	1213819677.00	上海证券交易所	上海
2012-08-17	0.45	167892038.10	上海证券交易所	重庆
2012-08-17	0.02	27202651.52	深圳证券交易所	海南
2012-08-17	0.08	126129136.60	深圳证券交易所	山东
2012-08-20	0.05	16276447.25	上海证券交易所	黑龙江
2012-08-20	0.12	382360184.88	上海证券交易所	上海
2012-08-20	0.10	9350000.00	深圳证券交易所	大连
2012-08-21	0.03	98107626.55	上海证券交易所	北京
2012-08-21	0.04	33371032.10	深圳证券交易所	安徽
2012-08-21	0.10	46414576.50	深圳证券交易所	湖北
2012-08-22	0.12	309746400.00	上海证券交易所	内蒙古
2012-08-22	0.03	10071000.00	深圳证券交易所	福建
2012-08-22	0.15	22500000.00	深圳证券交易所	深圳
2012-08-22	0.10	40888289.30	深圳证券交易所	四川
2012-08-22	0.50	195049484.00	深圳证券交易所	浙江
2012-08-23	0.10	26113600.00	上海证券交易所	深圳
2012-08-23	0.01	12132000.00	上海证券交易所	黑龙江
2012-08-23	0.04	16180530.00	深圳证券交易所	广东
2012-08-23	0.10	29606788.00	深圳证券交易所	广西
2012-08-24	0.20	88200000.00	上海证券交易所	西藏
2012-08-24	0.05	24284604.80	深圳证券交易所	广东
2012-08-24	0.02	18511033.38	深圳证券交易所	广东
2012-08-27	0.20	39999981.91	深圳证券交易所	江苏
2012-08-28	0.10	94330880.00	深圳证券交易所	湖北
2012-08-28	0.20	169603346.60	深圳证券交易所	山东
2012-08-28	0.08	27768000.00	深圳证券交易所	上海
2012-09-03	0.15	3388140358.05	上海证券交易所	北京
2012-09-04	0.09	20302842.50	深圳证券交易所	湖南
2012-09-05	0.10	18398250.00	深圳证券交易所	深圳

7-36 续表 32

序号 No.	公司名称 Companies	股票代码 Stock Code	股票简称 Stock Abbreviation
1616	杭州远方光电信息股份有限公司	300306	远方光电
1617	广州普邦园林股份有限公司	002663	普邦园林
1618	江苏联发纺织股份有限公司	002394	联发股份
1619	浙江晶盛机电股份有限公司	300316	晶盛机电
1620	深圳市德赛电池科技股份有限公司	000049	德赛电池
1621	浙江贝因美科工贸股份有限公司	002570	贝因美
1622	深圳市麦捷微电子科技股份有限公司	300319	麦捷科技
1623	江苏云意电气股份有限公司	300304	云意电气
1624	河北福成五丰食品股份有限公司	600965	福成五丰
1625	江苏辉丰农化股份有限公司	002496	辉丰股份
1626	南京云海特种金属股份有限公司	002182	云海金属
1627	中颖电子股份有限公司	300327	中颖电子
1628	中国石油化工股份有限公司	600028	中国石化
1629	广东金马旅游集团股份有限公司	000602	金马集团
1630	中国石油天然气股份有限公司	601857	中国石油
1631	新疆青松建材化工(集团)股份有限公司	600425	青松建化
1632	张家港富瑞特种装备股份有限公司	300228	富瑞特装
1633	芜湖港储运股份有限公司	600575	芜湖港
1634	江阴海达橡塑股份有限公司	300320	海达股份
1635	北京京能热电股份有限公司	600578	京能热电
1636	深圳市聚飞光电股份有限公司	300303	聚飞光电
1637	江苏德威新材料股份有限公司	300325	德威新材
1638	广西桂东电力股份有限公司	600310	桂东电力
1639	上海凯利泰医疗科技股份有限公司	300326	凯利泰
1640	深圳兆日科技股份有限公司	300333	兆日科技
1641	新疆国际实业股份有限公司	000159	国际实业
1642	中国平安保险(集团)股份有限公司	601318	中国平安
1643	广东宜通世纪科技股份有限公司	300310	宜通世纪
1644	深圳市长方半导体照明股份有限公司	300301	长方照明
1645	江苏润和软件股份有限公司	300339	润和软件
1646	宁波慈星股份有限公司	300307	慈星股份
1647	北京万通地产股份有限公司	600246	万通地产
1648	马鞍山鼎泰稀土新材料股份有限公司	002352	鼎泰新材
1649	深圳光韵达光电科技股份有限公司	300227	光韵达
1650	上海百润香精香料股份有限公司	002568	百润股份
1651	北京首都开发股份有限公司	600376	首开股份
1652	四川大通燃气开发股份有限公司	000593	大通燃气
1653	浙江正泰电器股份有限公司	601877	正泰电器
1654	四川天一科技股份有限公司	600378	天科股份
1655	无锡市太极实业股份有限公司	600667	太极实业
1656	东江环保股份有限公司	002672	东江环保
1657	江苏华昌化工股份有限公司	002274	华昌化工
1658	广州汽车集团股份有限公司	601238	广汽集团
1659	常林股份有限公司	600710	常林股份
1660	苏州苏大维格光电科技股份有限公司	300331	苏大维格
1661	天津中环半导体股份有限公司	002129	中环股份
1662	南通江海电容器股份有限公司	002484	江海股份
1663	大亚科技股份有限公司	000910	大亚科技
1664	江苏吴江中国东方丝绸市场股份有限公司	000301	东方市场
1665	潍柴动力股份有限公司	000338	潍柴动力

continued

除息日 Ex-dividend Date	每股现金红利(元) Dividend Per Share (yuan)	上市公司分红总额(元) Total Dividend (yuan)	交易所 Exchange	辖区 Region
2012-09-06	0.15	18000000.00	深圳证券交易所	浙江
2012-09-07	0.03	8734000.00	深圳证券交易所	广东
2012-09-07	0.15	32370000.00	深圳证券交易所	江苏
2012-09-07	0.50	66675000.00	深圳证券交易所	浙江
2012-09-10	0.40	54731663.60	深圳证券交易所	深圳
2012-09-10	0.70	298235000.00	深圳证券交易所	浙江
2012-09-12	0.50	26670000.00	深圳证券交易所	深圳
2012-09-12	0.30	30000000.00	深圳证券交易所	江苏
2012-09-13	0.03	8382097.11	上海证券交易所	河北
2012-09-13	0.10	16341500.00	深圳证券交易所	江苏
2012-09-13	0.05	14400000.00	深圳证券交易所	江苏
2012-09-14	0.40	51200000.00	深圳证券交易所	上海
2012-09-17	0.10	7003978898.40	上海证券交易所	北京
2012-09-17	0.50	504574149.00	深圳证券交易所	广东
2012-09-18	0.15	24693116867.25	上海证券交易所	北京
2012-09-18	0.35	241288265.05	上海证券交易所	西藏
2012-09-19	0.04	5360000.00	深圳证券交易所	江苏
2012-09-20	0.05	60882399.70	上海证券交易所	安徽
2012-09-20	0.20	13334000.00	深圳证券交易所	江苏
2012-09-21	0.25	196806387.00	上海证券交易所	北京
2012-09-21	0.18	24000000.00	深圳证券交易所	深圳
2012-09-21	0.10	8000000.00	深圳证券交易所	江苏
2012-09-24	0.10	27592500.00	上海证券交易所	广西
2012-09-24	0.60	30750000.00	深圳证券交易所	上海
2012-09-25	0.75	84000000.00	深圳证券交易所	深圳
2012-09-25	0.10	48113929.40	深圳证券交易所	新疆
2012-09-26	0.15	717961445.40	上海证券交易所	深圳
2012-09-26	0.13	22000000.00	深圳证券交易所	广东
2012-09-26	0.08	21600000.00	深圳证券交易所	深圳
2012-09-26	0.15	11511000.00	深圳证券交易所	江苏
2012-09-26	0.25	200500000.00	深圳证券交易所	宁波
2012-09-27	0.06	73008000.00	上海证券交易所	北京
2012-09-27	0.25	19457695.00	深圳证券交易所	安徽
2012-09-27	0.10	6700000.00	深圳证券交易所	深圳
2012-09-27	0.30	48000000.00	深圳证券交易所	上海
2012-09-28	0.14	209254500.00	上海证券交易所	北京
2012-09-28	0.06	13400185.74	深圳证券交易所	四川
2012-10-08	0.29	291450000.00	上海证券交易所	浙江
2012-10-10	0.02	5943865.84	上海证券交易所	四川
2012-10-11	0.01	13548822.31	上海证券交易所	江苏
2012-10-11	0.50	57448187.00	深圳证券交易所	深圳
2012-10-11	0.05	13073658.80	深圳证券交易所	江苏
2012-10-12	0.07	295520391.53	上海证券交易所	广东
2012-10-15	0.02	13339250.00	上海证券交易所	江苏
2012-10-16	0.20	12400000.00	深圳证券交易所	江苏
2012-10-16	0.01	8690932.94	深圳证券交易所	天津
2012-10-17	0.05	10400000.00	深圳证券交易所	江苏
2012-10-18	0.02	10550000.00	深圳证券交易所	江苏
2012-10-18	0.02	24364728.90	深圳证券交易所	江苏
2012-10-18	0.10	151354963.90	深圳证券交易所	山东

7-36 续表 33

序号 No.	公司名称 Companies	股票代码 Stock Code	股票简称 Stock Abbreviation
1666	新疆天山畜牧生物工程股份有限公司	300313	天山生物
1667	安徽德力日用玻璃股份有限公司	002571	德力股份
1668	北京中科三环高技术股份有限公司	000970	中科三环
1669	平安银行股份有限公司	000001	平安银行
1670	任子行网络技术股份有限公司	300311	任子行
1671	南通富士通微电子股份有限公司	002156	通富微电
1672	大连天宝绿色食品股份有限公司	002220	天宝股份
1673	山东同大海岛新材料股份有限公司	300321	同大股份
1674	青岛汉缆股份有限公司	002498	汉缆股份
1675	宁波戴维医疗器械股份有限公司	300314	戴维医疗
1676	北京掌趣科技股份有限公司	300315	掌趣科技
1677	蓝盾信息安全技术股份有限公司	300297	蓝盾股份
1678	江苏南大光电材料股份有限公司	300346	南大光电
1679	江苏新宁现代物流股份有限公司	300013	新宁物流
1680	宏源证券股份有限公司	000562	宏源证券
1681	江苏法尔胜股份有限公司	000890	法 尔 胜
1682	广东德联集团股份有限公司	002666	德联集团
1683	浙江大立科技股份有限公司	002214	大立科技
1684	安徽四创电子股份有限公司	600990	四创电子
1685	千足珍珠集团股份有限公司	002173	千足珍珠
1686	中电投远达环保(集团)股份有限公司	600292	中电远达
1687	北京雪迪龙科技股份有限公司	002658	雪迪龙
1688	江苏凤凰出版传媒股份有限公司	601928	凤凰传媒
1689	无锡双象超纤材料股份有限公司	002395	双象股份
1690	大连壹桥海洋苗业股份有限公司	002447	壹桥苗业
1691	安源煤业集团股份有限公司	600397	安源煤业
1692	深圳珈伟光伏照明股份有限公司	300317	珈伟股份
1693	广东顺威精密塑料股份有限公司	002676	顺威股份
1694	宏昌电子材料股份有限公司	603002	宏昌电子
1695	梅花生物科技集团股份有限公司	600873	梅花集团
1696	江苏九鼎新材料股份有限公司	002201	九鼎新材
1697	中珠控股股份有限公司	600568	中珠控股
1698	深圳劲嘉彩印集团股份有限公司	002191	劲嘉股份
1699	深圳市芭田生态工程股份有限公司	002170	芭田股份
1700	重庆建峰化工股份有限公司	000950	建峰化工
1701	上海世茂股份有限公司	600823	世茂股份
1702	广东万家乐股份有限公司	000533	万 家 乐
1703	苏州春兴精工股份有限公司	002547	春兴精工
1704	上海华虹计通智能系统股份有限公司	300330	华虹计通
1705	汉鼎信息科技股份有限公司	300300	汉鼎股份
1706	西部证券股份有限公司	002673	西部证券
1707	天津中新药业集团股份有限公司	600329	中新药业
1708	现代投资股份有限公司	000900	现代投资
1709	江苏大港股份有限公司	002077	大港股份
1710	洛阳栾川钼业集团股份有限公司	603993	洛阳钼业

continued

除息日 Ex-dividend Date	每股现金红利(元) Dividend Per Share (yuan)	上市公司分红总额(元) Total Dividend (yuan)	交易所 Exchange	辖区 Region
2012-10-18	0.10	9091000.00	深圳证券交易所	新疆
2012-10-19	0.06	10212000.00	深圳证券交易所	安徽
2012-10-19	0.20	106520000.00	深圳证券交易所	北京
2012-10-19	0.10	512335041.60	深圳证券交易所	深圳
2012-10-19	0.10	7070000.00	深圳证券交易所	深圳
2012-10-19	0.02	9748000.80	深圳证券交易所	江苏
2012-10-19	0.10	46472720.00	深圳证券交易所	大连
2012-10-19	0.22	9546000.00	深圳证券交易所	山东
2012-10-19	0.15	107316000.00	深圳证券交易所	青岛
2012-10-19	0.15	12000000.00	深圳证券交易所	宁波
2012-10-22	0.15	24549000.00	深圳证券交易所	北京
2012-10-22	0.05	4900000.00	深圳证券交易所	广东
2012-10-22	1.00	50270000.00	深圳证券交易所	江苏
2012-10-23	0.01	900000.00	深圳证券交易所	江苏
2012-10-23	0.10	198620416.60	深圳证券交易所	新疆
2012-10-24	0.02	7592832.00	深圳证券交易所	江苏
2012-10-26	0.19	30400000.00	深圳证券交易所	广东
2012-10-26	0.10	10000000.00	深圳证券交易所	浙江
2012-10-30	0.08	9408000.00	上海证券交易所	安徽
2012-10-31	0.05	10275000.00	深圳证券交易所	浙江
2012-11-01	0.02	10237452.72	上海证券交易所	重庆
2012-11-01	0.15	20620920.00	深圳证券交易所	北京
2012-11-02	0.12	305388000.00	上海证券交易所	江苏
2012-11-02	0.30	26820900.00	深圳证券交易所	江苏
2012-11-02	0.01	2680000.00	深圳证券交易所	大连
2012-11-05	0.50	247489970.50	上海证券交易所	江西
2012-11-07	0.07	9100000.00	深圳证券交易所	深圳
2012-11-08	0.20	32000000.00	深圳证券交易所	广东
2012-11-09	0.03	12000000.00	上海证券交易所	广东
2012-11-09	0.10	270823660.30	上海证券交易所	西藏
2012-11-09	0.01	1757600.00	深圳证券交易所	江苏
2012-11-12	0.01	4161665.00	上海证券交易所	湖北
2012-11-15	0.20	128400000.00	深圳证券交易所	深圳
2012-11-19	0.08	37846816.00	深圳证券交易所	深圳
2012-11-22	0.15	89819885.25	深圳证券交易所	重庆
2012-11-26	0.16	187295254.08	上海证券交易所	上海
2012-12-05	0.05	34540800.00	深圳证券交易所	广东
2012-12-07	0.10	28400000.00	深圳证券交易所	江苏
2012-12-07	0.15	12000000.00	深圳证券交易所	上海
2012-12-07	0.10	8700000.00	深圳证券交易所	浙江
2012-12-11	0.45	540000000.00	深圳证券交易所	陕西
2012-12-13	0.20	107861744.00	上海证券交易所	天津
2012-12-13	0.30	179624655.00	深圳证券交易所	湖南
2012-12-19	0.03	7560000.00	深圳证券交易所	江苏
2012-12-28	0.09	338851307.25	上海证券交易所	河南

7-37 上市公司增发情况

序号 No.	股票代码 Stock Code	股票简称 Stock Abbreviation	增发方式 Re-Issuing Mode	增发公告日 Issue Date
1	000809	铁岭新城	网下询价发行,上网定价发行	2012-01-04
2	002063	远光软件	网下询价发行,上网定价发行	2012-01-06
3	600855	航天长峰	A股定向增发	2012-01-07
4	600664	哈药股份	A股定向增发	2012-01-12
5	002033	丽江旅游	网下询价发行,上网定价发行	2012-01-13
6	000534	万泽股份	网下询价发行,上网定价发行	2012-01-17
7	002131	利欧股份	网下询价发行,上网定价发行	2012-01-18
8	000422	湖北宜化	网下询价发行,上网定价发行	2012-01-19
9	000697	咸阳偏转	网下询价发行,上网定价发行	2012-01-19
10	000826	桑德环境	网下询价发行,上网定价发行	2012-01-19
11	600757	长江传媒	A股定向增发	2012-01-20
12	002031	巨轮股份	网下询价发行,上网定价发行	2012-01-30
13	000401	冀东水泥	网下询价发行,上网定价发行	2012-01-31
14	000651	格力电器	网下询价发行,上网定价发行	2012-01-11
15	000877	天山股份	网下询价发行,上网定价发行	2012-01-12
16	600397	安源煤业	A股定向增发	2012-02-04
17	002195	海隆软件	网下询价发行,上网定价发行	2012-02-08
18	002154	报喜鸟	网下询价发行,上网定价发行	2012-02-17
19	600143	金发科技	A股向公众增发	2012-02-10
20	000581	威孚高科	网下询价发行,上网定价发行	2012-02-28
21	300110	华仁药业	网下询价发行,上网定价发行	2012-02-29
22	002387	黑牛食品	网下询价发行,上网定价发行	2012-02-27
23	600409	三友化工	A股定向增发	2012-03-02
24	600676	交运股份	A股定向增发	2012-03-02
25	600815	厦工股份	A股定向增发	2012-03-02
26	000426	兴业矿业	网下询价发行,上网定价发行	2012-03-06
27	600157	永泰能源	A股定向增发	2012-03-08
28	002130	沃尔核材	网下询价发行,上网定价发行	2012-03-10
29	601872	招商轮船	A股定向增发	2012-03-10
30	600022	山东钢铁	A股定向增发	2012-03-15
31	601766	中国南车	A股定向增发	2012-03-17
32	002014	永新股份	网下询价发行,上网定价发行	2012-03-16
33	600674	川投能源	A股向公众增发	2012-03-07
34	001696	宗申动力	网下询价发行,上网定价发行	2012-03-21
35	600863	内蒙华电	A股定向增发	2012-03-21
36	600841	上柴股份	A股定向增发	2012-03-23
37	600261	阳光照明	A股定向增发	2012-03-27
38	601169	北京银行	A股定向增发	2012-03-28
39	002005	德豪润达	网下询价发行,上网定价发行	2012-04-05
40	002272	川润股份	网下询价发行,上网定价发行	2012-04-10
41	002241	歌尔声学	网下询价发行,上网定价发行	2012-04-11
42	002495	佳隆股份	网下询价发行,上网定价发行	2012-04-12
43	600017	日照港	A股定向增发	2012-04-14
44	600575	芜湖港	A股定向增发	2012-04-16
45	002364	中恒电气	网下询价发行,上网定价发行	2012-04-17
46	000635	英力特	网下询价发行,上网定价发行	2012-04-19
47	300240	飞力达	网下询价发行,上网定价发行	2012-04-19

数据来源：上海证券交易所、深圳证券交易所
Source：SSE、SZSE

Re-Issuing of Listed Companies

流通股上市日 Trading Date of Negotiable Shares	增发总股数(股) Shares Changes (share)	每股增发价格(元/股) Re-Issuing Price (yuan/share)	筹资总额(万元) Proceeds Raised through Offering (10 thousand yuan)	交易所 Exchange	辖区 Region
2012-01-05	252003908	10.23	2577999979.00	深圳证券交易所	辽宁
2012-01-09	2549823	4.24	10811250.00	深圳证券交易所	广东
2012-01-10	39013425	9.02	35190.11	上海证券交易所	北京
2012-01-13	302876174	18.10	548205.87	上海证券交易所	黑龙江
2012-01-16	12584909	16.69	210042131.00	深圳证券交易所	云南
2012-01-18	230581000	3.27	753999870.00	深圳证券交易所	广东
2012-01-19	18524353	14.58	270085067.00	深圳证券交易所	浙江
2012-01-20	84300000	19.30	1626990000.00	深圳证券交易所	湖北
2012-01-20	294481830	2.24	659639299.00	深圳证券交易所	陕西
2012-01-30	1742525	22.05	38422676.00	深圳证券交易所	湖北
2012-01-30	487512222	5.20	253506.36	上海证券交易所	湖北
2012-01-31	14700000	3.99	58653000.00	深圳证券交易所	广东
2012-02-01	134752300	14.21	1914830183.00	深圳证券交易所	河北
2012-02-03	189976689	17.16	3259999983.00	深圳证券交易所	广东
2012-02-03	100000000	20.64	2064000000.00	深圳证券交易所	新疆
2012-02-07	225747941	11.63	262544.86	上海证券交易所	江西
2012-02-09	2030000	8.95	18168500.00	深圳证券交易所	上海
2012-02-21	6320280	6.00	37921680.00	深圳证券交易所	浙江
2012-02-29	250000000	12.63	315750.00	上海证券交易所	广东
2012-02-29	112858000	25.40	2866028910.00	深圳证券交易所	江苏
2012-02-29	4763500	7.19	33971325.00	深圳证券交易所	青岛
2012-03-01	1687600	7.95	13416420.00	深圳证券交易所	广东
2012-03-05	174010000	7.95	138337.95	上海证券交易所	河北
2012-03-05	130977976	7.14	93518.27	上海证券交易所	上海
2012-03-05	19260401	12.98	25000.00	上海证券交易所	福建
2012-03-07	17453363	14.50	253073764.00	深圳证券交易所	内蒙古
2012-03-09	316129032	15.50	490000.00	上海证券交易所	山东
2012-03-13	2569000	7.57	19447330.00	深圳证券交易所	深圳
2012-03-13	858349420	3.37	289263.75	上海证券交易所	上海
2012-03-16	1093137645	3.44	376039.35	上海证券交易所	山东
2012 03 20	1963000000	4.46	875498.00	上海证券交易所	北京
2012-03-21	2745600	2.88	7907328.00	深圳证券交易所	安徽
2012-03-22	163000000	12.22	199186.00	上海证券交易所	四川
2012-03-22	165441175	5.44	899999992.00	深圳证券交易所	重庆
2012-03-22	600000000	7.76	465600.00	上海证券交易所	内蒙
2012-03-26	62873551	13.46	84627.80	上海证券交易所	上海
2012-03-28	55600000	16.50	91740.00	上海证券交易所	浙江
2012-03-29	1105904401	10.67	1180000.00	上海证券交易所	北京
2012-04-06	100000000	15.61	1561000000.00	深圳证券交易所	广东
2012-04-11	78600000	6.30	495180000.00	深圳证券交易所	四川
2012-04-12	96434183	24.69	2380959978.00	深圳证券交易所	山东
2012-04-16	1536000	5.13	7879680.00	深圳证券交易所	广东
2012-04-17	445022228	4.27	190024.49	上海证券交易所	山东
2012-04-17	170842824	8.78	150000.00	上海证券交易所	安徽
2012-04-18	2940000	8.33	24490200.00	深圳证券交易所	浙江
2012-04-20	126026470	13.60	1713959992.00	深圳证券交易所	宁夏
2012-04-20	4400000	10.70	47080000.00	深圳证券交易所	江苏

7-37 续表 1

序号 No.	股票代码 Stock Code	股票简称 Stock Abbreviation	增发方式 Re-Issuing Mode	增发公告日 Issue Date
48	000969	安泰科技	网下询价发行,上网定价发行	2012-04-20
49	002489	浙江永强	网下询价发行,上网定价发行	2012-04-23
50	002355	兴民钢圈	网下询价发行,上网定价发行	2012-04-20
51	000563	陕 国 投	网下询价发行,上网定价发行	2012-04-24
52	000955	欣龙控股	网下询价发行,上网定价发行	2012-04-24
53	000687	保定天鹅	网下询价发行,上网定价发行	2012-04-27
54	002108	沧州明珠	网下询价发行,上网定价发行	2012-05-03
55	002215	诺普信	网下询价发行,上网定价发行	2012-05-04
56	002049	晶源电子	网下询价发行,上网定价发行	2012-05-09
57	002170	芭田股份	网下询价发行,上网定价发行	2012-05-09
58	600108	亚盛集团	A股定向增发	2012-05-10
59	000970	中科三环	网下询价发行,上网定价发行	2012-05-15
60	002498	汉缆股份	网下询价发行,上网定价发行	2012-05-15
61	002527	新时达	网下询价发行,上网定价发行	2012-05-15
62	002057	中钢天源	网下询价发行,上网定价发行	2012-05-16
63	002288	超华科技	网下询价发行,上网定价发行	2012-05-17
64	300190	维尔利	网下询价发行,上网定价发行	2012-05-18
65	600640	号百控股	A股定向增发	2012-05-18
66	002389	南洋科技	网下询价发行,上网定价发行	2012-05-22
67	600490	中科合臣	A股定向增发	2012-05-23
68	002496	辉丰股份	网下询价发行,上网定价发行	2012-05-23
69	002054	德美化工	网下询价发行,上网定价发行	2012-05-28
70	002312	三泰电子	网下询价发行,上网定价发行	2012-05-29
71	002310	东方园林	网下询价发行,上网定价发行	2012-05-30
72	300058	蓝色光标	网下询价发行,上网定价发行	2012-05-31
73	600705	ST航投	A股定向增发	2012-05-31
74	600590	泰豪科技	A股定向增发	2012-06-02
75	002450	康得新	网下询价发行,上网定价发行	2012-06-06
76	300131	英唐智控	网下询价发行,上网定价发行	2012-05-30
77	600643	爱建股份	A股定向增发	2012-06-07
78	002322	理工监测	网下询价发行,上网定价发行	2012-06-07
79	601636	旗滨集团	A股定向增发	2012-06-09
80	000722	湖南发展	网下询价发行,上网定价发行	2011-01-21
81	300198	纳川股份	网下询价发行,上网定价发行	2012-06-15
82	002181	粤传媒	网下询价发行,上网定价发行	2012-06-18
83	600425	青松建化	A股定向增发	2012-06-20
84	600498	烽火通信	A股定向增发	2012-05-24
85	300058	蓝色光标	网下询价发行,上网定价发行	2012-06-21
86	600166	福田汽车	A股定向增发	2012-06-21
87	002029	七 匹 狼	网下询价发行,上网定价发行	2012-06-26
88	600315	上海家化	A股定向增发	2012-06-26
89	601566	九牧王	A股定向增发	2012-06-26
90	000562	宏源证券	网下询价发行,上网定价发行	2012-06-28
91	002421	达实智能	网下询价发行,上网定价发行	2012-06-28
92	600820	隧道股份	A股定向增发	2012-06-29
93	000568	泸州老窖	网下询价发行,上网定价发行	2012-06-30
94	002170	芭田股份	网下询价发行,上网定价发行	2012-07-04
95	300147	香雪制药	网下询价发行,上网定价发行	2012-07-04

continued

流通股上市日 Trading Date of Negotiable Shares	增发总股数(股) Shares Changes (share)	每股增发价格(元/股) Re-Issuing Price (yuan/share)	筹资总额(万元) Proceeds Raised through Offering (10 thousand yuan)	交易所 Exchange	辖区 Region
2012-04-23	3911300	9.51	37196463.00	深圳证券交易所	北京
2012-04-24	1830000	13.44	24595200.00	深圳证券交易所	浙江
2012-04-25	47200000	12.99	613128000.00	深圳证券交易所	山东
2012-04-25	220000000	9.65	2123000000.00	深圳证券交易所	陕西
2012-04-25	121000000	4.48	542080000.00	深圳证券交易所	海南
2012-05-02	115768462	5.01	579999995.00	深圳证券交易所	河北
2012-05-07	38500000	8.11	312235000.00	深圳证券交易所	河北
2012-05-09	8280000	4.10	33948000.00	深圳证券交易所	深圳
2012-05-10	106753049	13.97	1491340095.00	深圳证券交易所	河北
2012-05-10	5029700	6.62	33296614.00	深圳证券交易所	深圳
2012-05-11	209923900	5.48	115038.30	上海证券交易所	甘肃
2012-05-16	25000000	24.00	600000000.00	深圳证券交易所	北京
2012-05-16	10440000	18.39	191991600.00	深圳证券交易所	青岛
2012-05-16	6805000	6.89	46886450.00	深圳证券交易所	上海
2012-05-17	15690835	15.90	249484277.00	深圳证券交易所	安徽
2012-05-18	65874600	9.26	609998796.00	深圳证券交易所	广东
2012-05-21	2439000	10.29	25097310.00	深圳证券交易所	江苏
2012-05-21	133993356	14.92	199918.09	上海证券交易所	上海
2012-05-23	48184818	15.15	729999993.00	深圳证券交易所	浙江
2012-05-24	100000000	14.40	144000.00	上海证券交易所	上海
2012-05-28	3415000	7.70	26295500.00	深圳证券交易所	江苏
2012-05-29	10829504	7.34	79521048.00	深圳证券交易所	广东
2012-05-30	8469500	6.75	57169125.00	深圳证券交易所	四川
2012-05-31	863500	64.89	56032515.00	深圳证券交易所	北京
2012-06-01	4388250	10.81	47436983.00	深圳证券交易所	北京
2012-06-01	777828113	7.72	600483.30	上海证券交易所	黑龙江
2012-06-05	45000000	8.87	39915.00	上海证券交易所	江西
2012-06-07	102500000	15.85	1624625000.00	深圳证券交易所	北京
2012-06-08	1830000	9.93	18171900.00	深圳证券交易所	深圳
2012-06-08	285087700	9.12	259999.98	上海证券交易所	上海
2012-06-11	7260000	9.00	65303700.00	深圳证券交易所	宁波
2012-06-12	26663000	3.82	10185.27	上海证券交易所	湖南
2012-06-15	196027546	8.58	1681916345.00	深圳证券交易所	湖南
2012-06-18	1220000	8.29	10113800.00	深圳证券交易所	福建
2012-06-19	341840776	11.21	3832035099.00	深圳证券交易所	广东
2012-06-21	210700000	13.53	285077.10	上海证券交易所	新疆
2012-06-25	525150	17.04	894.86	上海证券交易所	湖北
2012-06-25	32333991	10.09	326249969.00	深圳证券交易所	北京
2012-06-25	700000000	7.00	490000.00	上海证券交易所	北京
2012-06-27	78200000	23.00	1798600000.00	深圳证券交易所	福建
2012-06-27	25350000	16.41	41599.35	上海证券交易所	上海
2012-06-27	5727500	9.74	5578.59	上海证券交易所	福建
2012-06-29	525000000	13.22	6940500000.00	深圳证券交易所	新疆
2012-06-29	3000000	8.51	25530000.00	深圳证券交易所	深圳
2012-07-02	565137985	11.27	636910.51	上海证券交易所	上海
2012-07-04	4029000	12.78	51490620.00	深圳证券交易所	四川
2012-07-05	227500	6.62	1506050.00	深圳证券交易所	深圳
2012-07-05	5773200	4.49	25921668.00	深圳证券交易所	广东

7-37 续表 2

序号 No.	股票代码 Stock Code	股票简称 Stock Abbreviation	增发方式 Re-Issuing Mode	增发公告日 Issue Date
96	600098	广州发展	A股定向增发	2012-07-04
97	600894	广日股份	A股定向增发	2012-07-04
98	600027	华电国际	A股定向增发	2012-07-05
99	600039	四川路桥	A股定向增发	2012-07-05
100	600521	华海药业	A股定向增发	2012-07-04
101	002037	久联发展	网下询价发行,上网定价发行	2012-07-05
102	600498	烽火通信	A股定向增发	2012-07-06
103	600706	曲江文旅	A股定向增发	2012-07-06
104	002024	苏宁电器	网下询价发行,上网定价发行	2012-07-07
105	002146	荣盛发展	网下询价发行,上网定价发行	2012-07-07
106	300005	探路者	网下询价发行,上网定价发行	2012-07-10
107	000650	仁和药业	网下询价发行,上网定价发行	2012-07-11
108	002014	永新股份	网下询价发行,上网定价发行	2012-07-11
109	600515	海岛建设	A股定向增发	2012-07-11
110	002264	新 华 都	网下询价发行,上网定价发行	2012-07-12
111	600728	佳都新太	A股定向增发	2012-07-16
112	002313	日海通讯	网下询价发行,上网定价发行	2012-07-17
113	300062	中能电气	网下询价发行,上网定价发行	2012-07-18
114	002170	芭田股份	网下询价发行,上网定价发行	2012-07-18
115	002298	鑫龙电器	网下询价发行,上网定价发行	2012-07-18
116	000801	四川九洲	网下询价发行,上网定价发行	2012-07-19
117	300152	燃控科技	网下询价发行,上网定价发行	2012-07-19
118	300188	美亚柏科	网下询价发行,上网定价发行	2012-07-23
119	600066	宇通客车	A股定向增发	2012-07-24
120	002439	启明星辰	网下询价发行,上网定价发行	2012-07-25
121	002580	圣阳股份	网下询价发行,上网定价发行	2012-07-25
122	600619	海立股份	A股定向增发	2012-07-27
123	000895	双汇发展	网下询价发行,上网定价发行	2012-07-30
124	000933	神火股份	网下询价发行,上网定价发行	2012-07-30
125	600208	新湖中宝	A股定向增发	2012-07-27
126	300010	立思辰	网下询价发行,上网定价发行	2012-08-01
127	000863	三湘股份	网下询价发行,上网定价发行	2012-03-09
128	002173	千足珍珠	网下询价发行,上网定价发行	2012-08-01
129	600323	南海发展	A股定向增发	2012-08-09
130	300263	隆华传热	网下询价发行,上网定价发行	2012-08-10
131	600499	科达机电	A股定向增发	2012-08-10
132	600221	海南航空	A股定向增发	2012-08-15
133	300128	锦富新材	网下询价发行,上网定价发行	2012-08-16
134	600151	航天机电	A股定向增发	2012-08-16
135	600850	华东电脑	A股定向增发	2012-08-17
136	300005	探路者	网下询价发行,上网定价发行	2012-08-22
137	002029	七 匹 狼	网下询价发行,上网定价发行	2012-08-23
138	600882	华联矿业	A股定向增发	2012-08-23
139	601328	交通银行	A股定向增发	2012-08-25
140	600216	浙江医药	A股定向增发	2012-08-28
141	002099	海翔药业	网下询价发行,上网定价发行	2012-08-28
142	000712	锦龙股份	网下询价发行,上网定价发行	2012-08-30
143	600180	瑞茂通	A股定向增发	2012-08-30

continued

流通股上市日 Trading Date of Negotiable Shares	增发总股数(股) Shares Changes (share)	每股增发价格(元/股) Re-Issuing Price (yuan/share)	筹资总额(万元) Proceeds Raised through Offering (10 thousand yuan)	交易所 Exchange	辖区 Region
2012-07-05	683021806	6.42	438500.00	上海证券交易所	广东
2012-07-05	26108701	7.14	18641.61	上海证券交易所	广东
2012-07-06	600000000	3.12	187200.00	上海证券交易所	山东
2012-07-06	499300000	5.01	250149.30	上海证券交易所	四川
2012-07-09	8840200	7.55	6674.35	上海证券交易所	浙江
2012-07-09	31575100	19.82	625818482.00	深圳证券交易所	贵州
2012-07-09	39500000	25.48	100646.00	上海证券交易所	湖北
2012-07-09	92176234	9.93	91531.00	上海证券交易所	陕西
2012-07-10	386831284	12.15	4700000101.00	深圳证券交易所	江苏
2012-07-10	8119700	9.03	73320891.00	深圳证券交易所	河北
2012-07-11	1528332	8.48	12960255.00	深圳证券交易所	北京
2012-07-12	45300000	8.10	366930000.00	深圳证券交易所	江西
2012-07-12	31407500	13.89	436250175.00	深圳证券交易所	安徽
2012-07-12	127214170	6.21	79000.00	上海证券交易所	海南
2012-07-13	5902200	5.43	32048946.00	深圳证券交易所	厦门
2012-07-17	38000000	9.81	37278.00	上海证券交易所	广东
2012-07-18	40000000	20.00	800000000.00	深圳证券交易所	深圳
2012-07-18	900000	4.94	4446000.00	深圳证券交易所	福建
2012-07-19	71900000	7.64	549316000.00	深圳证券交易所	深圳
2012-07-19	78869000	6.72	529999680.00	深圳证券交易所	安徽
2012-07-20	79900000	6.20	495380000.00	深圳证券交易所	四川
2012-07-20	3223000	4.82	15534860.00	深圳证券交易所	江苏
2012-07-25	3906600	8.58	33518628.00	深圳证券交易所	厦门
2012-07-25	31626000	12.78	40418.03	上海证券交易所	河南
2012-07-26	10043421	23.03	231299986.00	深圳证券交易所	北京
2012-07-26	3861000	7.70	29729700.00	深圳证券交易所	山东
2012-07-30	65000000	7.79	50635.00	上海证券交易所	上海
2012-07-31	494294324	49.89	24660343824.00	深圳证券交易所	河南
2012-07-31	220500000	8.24	1816920000.00	深圳证券交易所	河南
2012-08-01	48142080	5.49	26430.00	上海证券交易所	浙江
2012-08-02	24279833	12.15	294999971.00	深圳证券交易所	北京
2012-08-03	564070661	3.00	1692211983.00	深圳证券交易所	广东
2012-08-03	4500000	4.89	22005000.00	深圳证券交易所	浙江
2012-08-10	91319726	6.57	59997.06	上海证券交易所	广东
2012-08-10	3320000	6.48	21513600.00	深圳证券交易所	河南
2012-08-13	19654841	10.43	20500.00	上海证券交易所	广东
2012-08-16	1965600000	4.07	799999.20	上海证券交易所	海南
2012-08-17	4460000	6.03	26893800.00	深圳证券交易所	江苏
2012-08-17	292705167	6.58	192600.00	上海证券交易所	上海
2012-08-20	150713387	11.58	174526.10	上海证券交易所	上海
2012-08-23	2730000	6.35	17346420.00	深圳证券交易所	北京
2012-08-24	1230000	16.16	19876800.00	深圳证券交易所	福建
2012-08-24	185511623	8.52	158055.90	上海证券交易所	山东
2012-08-28	6541810669	4.55	2976523.85	上海证券交易所	上海
2012-08-29	70000000	18.33	128310.00	上海证券交易所	浙江
2012-08-30	1565000	5.06	7911075.00	深圳证券交易所	浙江
2012-08-31	143376952	9.31	1334839423.00	深圳证券交易所	广东
2012-08-31	618133813	4.30	265797.54	上海证券交易所	山东

7-37 续表 3

序号 No.	股票代码 Stock Code	股票简称 Stock Abbreviation	增发方式 Re-Issuing Mode	增发公告日 Issue Date
144	000686	东北证券	网下询价发行,上网定价发行	2012-08-31
145	002165	红 宝 丽	网下询价发行,上网定价发行	2012-09-03
146	600597	光明乳业	A股定向增发	2012-09-05
147	300157	恒泰艾普	网下询价发行,上网定价发行	2012-09-06
148	600695	大江股份	A股定向增发	2012-09-07
149	000917	电广传媒	网下询价发行,上网定价发行	2012-09-10
150	002371	七星电子	网下询价发行,上网定价发行	2012-09-12
151	002415	海康威视	网下询价发行,上网定价发行	2012-09-12
152	600722	ST金化	A股定向增发	2012-09-12
153	601222	林洋电子	A股定向增发	2012-09-12
154	300014	亿纬锂能	网下询价发行,上网定价发行	2012-09-13
155	002367	康力电梯	网下询价发行,上网定价发行	2012-09-13
156	600060	海信电器	A股定向增发	2012-09-17
157	300054	鼎龙股份	网下询价发行,上网定价发行	2012-09-19
158	000564	西安民生	网下询价发行,上网定价发行	2012-09-20
159	300142	沃森生物	网下询价发行,上网定价发行	2012-09-21
160	002609	捷顺科技	网下询价发行,上网定价发行	2012-09-24
161	600790	轻纺城	A股定向增发	2012-09-25
162	300182	捷成股份	网下询价发行,上网定价发行	2012-09-26
163	000883	湖北能源	网下询价发行,上网定价发行	2012-09-27
164	002301	齐心文具	网下询价发行,上网定价发行	2012-09-27
165	300255	常山药业	网下询价发行,上网定价发行	2012-09-27
166	002375	亚厦股份	网下询价发行,上网定价发行	2012-09-28
167	600313	中农资源	A股定向增发	2012-09-28
168	002369	卓翼科技	网下询价发行,上网定价发行	2012-09-29
169	002322	理工监测	网下询价发行,上网定价发行	2012-10-12
170	600317	营口港	A股定向增发	2012-10-15
171	000667	名流置业	网下询价发行,上网定价发行	2012-10-15
172	600351	亚宝药业	A股定向增发	2012-10-17
173	000156	华数传媒	网下询价发行,上网定价发行	2012-10-12
174	600812	华北制药	A股定向增发	2012-10-19
175	002448	中原内配	网下询价发行,上网定价发行	2012-10-24
176	600372	中航电子	A股定向增发	2012-10-24
177	600885	ST宏发	A股定向增发	2012-10-26
178	300002	神州泰岳	网下询价发行,上网定价发行	2012-10-27
179	600691	*ST东碳	A股定向增发	2012-10-29
180	002460	赣锋锂业	网下询价发行,上网定价发行	2012-11-02
181	002276	万马电缆	网下询价发行,上网定价发行	2012-11-05
182	002311	海大集团	网下询价发行,上网定价发行	2012-11-05
183	002374	丽鹏股份	网下询价发行,上网定价发行	2012-11-07
184	600198	大唐电信	A股定向增发	2012-11-07
185	600403	大有能源	A股定向增发	2012-11-09
186	000889	渤海物流	网下询价发行,上网定价发行	2012-11-10
187	000705	浙江震元	网下询价发行,上网定价发行	2012-11-12
188	000768	西飞国际	网下询价发行,上网定价发行	2012-11-14
189	000789	江西水泥	网下询价发行,上网定价发行	2012-11-14
190	002460	赣锋锂业	网下询价发行,上网定价发行	2012-11-15
191	300026	红日药业	网下询价发行,上网定价发行	2012-11-15

continued

流通股上市日 Trading Date of Negotiable Shares	增发总股数(股) Shares Changes (share)	每股增发价格(元/股) Re-Issuing Price (yuan/share)	筹资总额(万元) Proceeds Raised through Offering (10 thousand yuan)	交易所 Exchange	辖区 Region
2012-09-03	339270568	11.79	3999999997.00	深圳证券交易所	吉林
2012-09-06	7511500	2.88	21633120.00	深圳证券交易所	江苏
2012-09-06	175845297	8.08	142083.00	上海证券交易所	上海
2012-09-07	6903742	42.18	291199838.00	深圳证券交易所	北京
2012-09-10	36894304	5.27	19443.30	上海证券交易所	上海
2012-09-11	121917388	11.57	1410584179.00	深圳证券交易所	湖南
2012-09-13	24000000	25.79	618960000.00	深圳证券交易所	北京
2012-09-13	8611611	10.65	91713657.00	深圳证券交易所	浙江
2012-09-13	258899676	6.18	160000.00	上海证券交易所	河北
2012-09-13	7290000	5.54	4038.66	上海证券交易所	江苏
2012-09-13	330000	7.38	2435400.00	深圳证券交易所	广东
2012-09-14	1950000	4.14	8073000.00	深圳证券交易所	江苏
2012-09-19	3333825	2.28	760.11	上海证券交易所	山东
2012-09-20	1200000	9.33	11196000.00	深圳证券交易所	湖北
2012-09-21	169000000	5.74	970060000.00	深圳证券交易所	陕西
2012-09-25	2232000	21.66	48345120.00	深圳证券交易所	云南
2012-09-25	3859600	5.39	20803244.00	深圳证券交易所	深圳
2012-09-26	186603450	7.91	147603.33	上海证券交易所	浙江
2012-09-27	3024500	10.88	32906560.00	深圳证券交易所	北京
2012-09-28	606575126	5.20	3154190655.00	深圳证券交易所	湖北
2012-09-28	1160000	3.17	3677200.00	深圳证券交易所	深圳
2012-09-28	5073700	5.95	30188515.00	深圳证券交易所	河北
2012-10-08	2437500	21.50	52406250.00	深圳证券交易所	浙江
2012-10-08	63087248	7.45	47000.00	上海证券交易所	北京
2012-10-11	40000000	12.95	518000000.00	深圳证券交易所	深圳
2012-10-16	600000	9.12	5469000.00	深圳证券交易所	宁波
2012-10-16	1060089375	5.70	604250.94	上海证券交易所	辽宁
2012-10-17	20290000	1.15	23333500.00	深圳证券交易所	云南
2012-10-18	59048000	6.11	36078.33	上海证券交易所	山西
2012-10-19	978090000	2.00	1956180000.00	深圳证券交易所	浙江
2012-10-22	350000000	8.53	298550.00	上海证券交易所	河北
2012-10-25	25110000	21.52	540367200.00	深圳证券交易所	河南
2012-10-25	38483900	17.15	65999.89	上海证券交易所	江西
2012-10-29	322895465	7.33	236682.38	上海证券交易所	湖北
2012-10-30	4183700	8.97	37527789.00	深圳证券交易所	北京
2012-10-30	472663380	10.36	489679.26	上海证券交易所	四川
2012-11-05	2747000	13.11	36013170.00	深圳证券交易所	江西
2012-11-06	152057488	6.61	1005099996.00	深圳证券交易所	浙江
2012-11-07	3422900	12.18	41690922.00	深圳证券交易所	广东
2012-11-08	20738461	13.00	269599993.00	深圳证券交易所	山东
2012-11-08	302720913	8.39	253982.85	上海证券交易所	北京
2012-11-12	361756238	20.84	753900.00	上海证券交易所	河南
2012-11-13	106813996	5.43	579999998.00	深圳证券交易所	河北
2012-11-13	41732283	12.70	529999994.00	深圳证券交易所	浙江
2012-11-15	176216069	13.11	2310192665.00	深圳证券交易所	陕西
2012-11-15	13000000	10.30	133900000.00	深圳证券交易所	江西
2012-11-16	54000	11.50	621000.00	深圳证券交易所	江西
2012-11-16	22775879	20.00	455449252.00	深圳证券交易所	天津

7-37 续表 4

序号 No.	股票代码 Stock Code	股票简称 Stock Abbreviation	增发方式 Re-Issuing Mode	增发公告日 Issue Date
192	002364	中恒电气	网下询价发行,上网定价发行	2012-11-15
193	300178	腾邦国际	网下询价发行,上网定价发行	2012-11-15
194	002055	得润电子	网下询价发行,上网定价发行	2012-11-16
195	000665	武汉塑料	网下询价发行,上网定价发行	2012-11-20
196	600133	东湖高新	A股定向增发	2012-11-20
197	002379	鲁丰股份	网下询价发行,上网定价发行	2012-11-29
198	600735	新华锦	A股定向增发	2012-11-30
199	600870	ST厦华	A股定向增发	2012-11-30
200	002221	东华能源	网下询价发行,上网定价发行	2012-12-04
201	600363	联创光电	A股定向增发	2012-12-04
202	600985	雷鸣科化	A股定向增发	2012-12-04
203	002096	南岭民爆	网下询价发行,上网定价发行	2012-11-30
204	600988	ST宝龙	A股定向增发	2012-12-04
205	002154	报 喜 鸟	网下询价发行,上网定价发行	2012-11-20
206	000851	高鸿股份	网下询价发行,上网定价发行	2012-12-06
207	002471	中超电缆	网下询价发行,上网定价发行	2012-12-06
208	600532	宏达矿业	A股定向增发	2012-12-07
209	000534	万泽股份	网下询价发行,上网定价发行	2012-12-11
210	002429	兆驰股份	网下询价发行,上网定价发行	2012-12-11
211	000666	经纬纺机	网下询价发行,上网定价发行	2012-12-13
212	000669	*ST领先	网下询价发行,上网定价发行	2012-12-13
213	002063	远光软件	网下询价发行,上网定价发行	2012-12-13
214	601268	二重重装	A股定向增发	2012-12-15
215	600967	北方创业	A股定向增发	2012-12-19
216	600699	均胜电子	A股定向增发	2012-12-20
217	600963	岳阳林纸	A股定向增发	2012-12-20
218	600109	国金证券	A股定向增发	2012-12-22
219	002433	太安堂	网下询价发行,上网定价发行	2012-12-24
220	002013	中航精机	网下询价发行,上网定价发行	2012-12-24
221	002479	富春环保	网下询价发行,上网定价发行	2012-12-25
222	600175	美都控股	A股定向增发	2012-12-25
223	601789	宁波建工	A股定向增发	2012-12-25
224	002049	同方国芯	网下询价发行,上网定价发行	2012-12-26
225	002051	中工国际	网下询价发行,上网定价发行	2012-12-26
226	002660	茂硕电源	网下询价发行,上网定价发行	2012-12-26
227	000606	青海明胶	网下询价发行,上网定价发行	2012-12-27
228	000791	甘肃电投	网下询价发行,上网定价发行	2012-12-27
229	002035	华帝股份	网下询价发行,上网定价发行	2012-12-27
230	600572	康恩贝	A股定向增发	2012-12-27
231	600578	京能热电	A股定向增发	2012-12-27
232	601311	骆驼股份	A股定向增发	2012-12-27
233	000008	ST宝利来	网下询价发行,上网定价发行	2012-12-28
234	002129	中环股份	网下询价发行,上网定价发行	2012-12-28
235	600121	郑州煤电	A股定向增发	2012-12-28

continued

流通股上市日 Trading Date of Negotiable Shares	增发总股数(股) Shares Changes (share)	每股增发价格(元/股) Re-Issuing Price (yuan/share)	筹资总额(万元) Proceeds Raised through Offering (10 thousand yuan)	交易所 Exchange	辖区 Region
2012-11-19	23654595	16.13	381548617.00	深圳证券交易所	浙江
2012-11-19	3020000	7.14	21562800.00	深圳证券交易所	深圳
2012-11-19	4069942	3.65	14855288.00	深圳证券交易所	深圳
2012-11-21	211272785	10.40	2197236964.00	深圳证券交易所	湖北
2012-11-21	96308869	9.55	91974.97	上海证券交易所	湖北
2012-11-30	76600000	10.14	776724000.00	深圳证券交易所	山东
2012-12-03	41702202	11.41	47582.21	上海证券交易所	山东
2012-12-03	152380950	6.30	96000.00	上海证券交易所	福建
2012-12-05	68273092	9.96	679999996.00	深圳证券交易所	江苏
2012-12-05	72670000	6.29	45709.43	上海证券交易所	江西
2012-12-05	45636496	12.96	59144.90	上海证券交易所	安徽
2012-12-06	106886800	15.66	1673847288.00	深圳证券交易所	湖南
2012-12-06	183664501	8.68	159420.79	上海证券交易所	广东
2012-12-07	5000000	9.26	46300000.00	深圳证券交易所	浙江
2012-12-07	183040000	6.12	1120204800.00	深圳证券交易所	贵州
2012-12-07	45600000	13.28	605568000.00	深圳证券交易所	江苏
2012-12-10	244134400	9.50	231927.68	上海证券交易所	山东
2012-12-13	10860000	2.46	26715600.00	深圳证券交易所	广东
2012-12-13	3138121	5.97	18734582.00	深圳证券交易所	深圳
2012-12-14	100330000	9.34	937082200.00	深圳证券交易所	北京
2012-12-14	176522887	12.38	2185353341.00	深圳证券交易所	吉林
2012-12-14	1279860	3.09	3954767.00	深圳证券交易所	广东
2012-12-18	603449524	4.23	255259.15	上海证券交易所	四川
2012-12-20	55333333	15.00	83000.00	上海证券交易所	内蒙
2012-12-21	187000000	7.81	146047.00	上海证券交易所	吉林
2012-12-21	200000000	5.32	106400.00	上海证券交易所	湖南
2012-12-25	293829578	10.21	300000.00	上海证券交易所	四川
2012-12-25	39000000	20.55	801450000.00	深圳证券交易所	广东
2012-12-26	433927874	8.57	3718761880.00	深圳证券交易所	湖北
2012-12-26	6000000	6.82	40920000.00	深圳证券交易所	浙江
2012-12-26	19500000	1.32	2574.00	上海证券交易所	浙江
2012-12-26	61940000	6.72	41623.68	上海证券交易所	浙江
2012-12-27	55188274	20.98	1157849989.00	深圳证券交易所	河北
2012-12-28	64292779	20.22	1299999991.00	深圳证券交易所	北京
2012-12-28	1708800	9.20	15720960.00	深圳证券交易所	深圳
2012-12-28	66150000	5.13	339349500.00	深圳证券交易所	青海
2012-12-28	533157900	7.44	3966694776.00	深圳证券交易所	甘肃
2012-12-28	42000000	7.89	331380000.00	深圳证券交易所	广东
2012-12-28	106000000	7.56	80136.00	上海证券交易所	浙江
2012-12-28	1160163253	7.67	889845.22	上海证券交易所	北京
2012-12-28	11040000	4.28	4725.12	上海证券交易所	湖北
2012-12-31	78147612	6.91	539999999.00	深圳证券交易所	深圳
2012-12-31	154597233	12.28	1898454021.00	深圳证券交易所	天津
2012-12-31	316999213	10.09	319852.21	上海证券交易所	河南

7-38 全国中小企业股份转让系统挂牌情况
Summary of NEEQ in 2012

年份 Year	挂牌公司家数(家) Number of Listed Company (unit)	在审公司家数(家) Number of Company Auditing (unit)	当期新增家数(家) Number of Company Increase of this year (unit)	当期减少家数(家) Number of Company Decrease of this year (unit)	挂牌公司总股本(万股) Share Capital of Listed Companies(10 thousand units)	
					流通股份 Negotiable Shares	非流通股份 Unnegotiable Shares
2011	97	19	25	2	155884.27	169813.82
2012	200	37	105	2	318739.57	233990.47

注：2011年减少的2家挂牌公司为佳讯飞鸿和紫光华宇，现为深交所创业板上市公司，股票名称和代码为：佳讯飞鸿(300213)、华宇软件(300271)；2012年减少的2家挂牌公司为博晖创新和东土科技，现为深交所创业板上市公司，股票名称和代码为：博晖创新(300318)、东土科技(300353)。
数据来源：全国中小企业股份转让系统
Source: NEEQ

7-39 全国中小企业股份转让系统挂牌公司主要财务指标
Financial Indicator of NEEQ Companies

年份 Year	总资产(万元) Total Asset (10 thousand yuan)	净资产(万元) Net Asset (10 thousand yuan)	营业收入(万元) Revenue (10 thousand yuan)	利润总额(万元) Total Profit (10 thousand yuan)	净利润(万元) Net Profit (10 thousand yuan)	经营活动产生的现金流量净额(万元) Net Cash Flow from Operating Activities (10 thousand yuan)	资产负债率(%) Asset-liability Ratio (%)	净资产收益率(%) ROE (%)
2011	1562493.99	903455.87	1256290.35	152183.85	130639.85	15677.64	42.18	14.46
2012	2396509.15	1230003.81	1885665.05	195736.85	164453.11	37091.32	48.68	13.37

注：历年数据采用当年年报数据。
数据来源：全国中小企业股份转让系统
Source: NEEQ

7-40　2012年全国中小企业股份转让系统分试点园区主要财务指标
Financial Indicator of NEEQ Companies by Development Zone

试点园区名称 Name of Development Zone	总资产（万元） Total Asset (10 thousand yuan)	净资产（万元） Net Asset (10 thousand yuan)	营业收入（万元） Revernue (10 thousand yuan)	利润总额（万元） Total Profit (10 thousand yuan)
中关村科技园区	2157552.34	1084699.73	1696455.74	170501.56
上海张江高新产业开发区	42689.92	27559.80	38601.58	6234.55
东湖新技术产业开发区	92693.68	55829.91	57011.02	7316.98
天津滨海高新区	103573.21	61914.36	93596.72	11683.76

数据来源：全国中小企业股份转让系统
Source: NEEQ

7-40　续表　continued

试点园区名称 Name of Development Zone	净利润（万元） Net Profit (10 thousand yuan)	经营活动产生的现金流量净额（万元） Net Cash Flow from Operating Activities (10 thousand yuan)	资产负债率（%） Asset-liability Ratio (%)	净资产收益率（%） ROE (%)
中关村科技园区	143043.36	26875.93	49.73	13.19
上海张江高新产业开发区	5458.69	6245.43	35.44	19.81
东湖新技术产业开发区	6442.20	1853.15	39.77	11.54
天津滨海高新区	9508.86	2116.81	40.22	15.36

数据来源：全国中小企业股份转让系统
Source: NEEQ

主要统计指标解释

上市公司家数 指在统计期末其发行的股票在沪、深证券交易所上市的股份有限公司的数量. 上市公司家数按照股票上市日统计。

上市公司股本 也称上市公司总股本，是指统计期末上市公司发行的全部股份数量合计.上市公司股本仅指上市公司在境内发行的股份数量，包括 A 股股本、B 股股本和其他不流通的境内股本。

非限售股本 非限售股本通常也称为流通股本。

公式: 非限售股本=上市公司股本-限售股本

上市公司市值 指统计期末根据上市公司股票价格和对应股本计算的股权价值合计。

公式: 上市公司市值=A 股价格 × A 股股本+B 股价格 × B 股股本

上市公司流通市值 上市公司 A 股流通市值和 B 股流通市值的合计。

上市公司分红总额 统计期内上市公司现金分红金额合计，包括股息和红利。

实际分红总额 上市公司最近 12 个月内的现金分红金额合计。实际分红总额以除息日计算;“最近 12 个月”根据以下原则处理: 统计期末为当月最后一个自然日，统计期含当月，否则不含当月。

预案分红总额 会计年度内根据每期财务报告的分红预案中拟现金分红数据计算的分红总额合计. 预案分红总额不含未在财务报告中披露的特别分红数据。

股息率 每股现金分红与股票价格之间的比率。为了消除股本变动带来的影响，通常用对应的实际分红总额与期末股票市值的比率来计算股息率。

公式: 股息率=（统计期内的对应现金分红合计/样本股票期末市值）× 100%

股票市值 统计期末根据上市公司股票价格和对应股票数量计算的股权价值合计。

上市公司净利润总额 统计期内上市公司净利润的合计。

上市公司平均净资产收益率 上市公司净利润总额与上市公司净资产总额的比率。

公式: 净资产收益率= Σ上市公司净利润/ Σ上市公司净资产

现金分红率 预案实施分红总额与年度上市公司净利润总额的比率。

贰零壹叁

八. 证券期货经营结构

Securities and Futures Institutions

贰零壹叁

2012 年机构监管工作概述

2012 年，按照全国金融工作会议精神和全国证券期货监管工作会议的总体要求和部署，证监会以改进完善监管机制、推动证券行业改革开放和创新发展为中心开展机构监管工作，主要工作情况如下:

一、广泛调研，研究明确证券公司改革开放、创新发展的思路与措施

证监会认真开展了领导干部下基层活动，深入了解基层和市场一线真实情况，广泛听取各方意见建议。2012 年以来，先后共召开了 48 次座谈会、5 次行业培训会，实地走访了 35 家证券机构，约谈了 135 名投资者，电话访谈了 111 家次证监局和证券公司。汇编整理成 10 个方面 50 多条意见和建议，形成《证券公司调研情况综述》，并在行业和系统内予以通报，各方给予了积极评价。

在广泛调研基础上，立足于新时期、新任务和新要求，制定出台了《关于推进证券公司改革开放、创新发展的思路与措施》(证监办发[2012]67 号)，召开了证券公司创新发展研讨会，推动行业加快创新发展。目前，证监办发[2012]67 号文件明确的 11 条措施已基本完成，证券行业创新发展已经进入快车道，取得了初步成效。

二、平稳、有序推出多项改革措施，大力支持证券公司创新发展

(一) 积极推进证券公司业务和产品创新。一是进一步完善创新工作机制。完善创新试点审核流程，简化工作程序，缩短试点周期，扩大试点范围。证券公司创新热情被激发，截至 2012 年底，证券公司共提出 23 项业务和产品创新方案，其中 16 项通过自律组织评审，7 项已开始试点。二是推进债券质押式报价回购、约定购回式证券交易、现金管理产品三项创新试点转常规工作，“三项创新”成为证券公司收入新的增长点。与 2011 年底相比，2012 年底开展质押式报价回购业务的公司由 7 家扩大到 37 家，业务规模由 42 亿元扩大到 259 亿元；开展约定购回式证券交易的公司由 3 家扩大到 54 家，待购回金额由 2 亿元扩大到 60 亿元；推出现金管理产品的公司由 1 家扩大到 18 家，管理资金规模由 3 亿元扩大到 222 亿元。三是修订发布《证券公司客户资产管理业务管理办法》及其实施细则，支持证券公司大力发展资产管理业务。证券公司设立集合资产管理计划取消行政审批，改为事后向中国证券业协会备案。证券公司资产管理产品类型不断丰富，业务规模快速增长，2012 年 12 月底管理资产规模达到 18934 亿元，比 2011 年底的 2819 亿元增长 5.7 倍。四是制定发布《证券公司代销金融产品管理规定》，允许证券公司代销经国家有关部门或者其授权机构批准或者备案的各类金融产品，支持证券公司充分利用现有营业网点和客户资源，围绕自身功能定位，探索综合金融服务模式。五是支持证券公司发展托管结算、支付、交易、融资、投资等基础功能。同意 6 家公司开展了综合理财、消费支付、资产托管、场外衍生品交易等试点。指导中国证券业协会出台《证券公司柜台交易业务规范》，支持 7 家证券公司进行柜台市场建设试点。六是支持证券公司参与中小企业私募债券试点，帮助中小企业解决融资难问题。截至 2012 年底，已有 66 家证券公司取得私募债承销资格，217 家企业在交易所备案，其中 94 家企业已经发行私募债 108 亿元。

(二) 着力推动证券公司提升专业能力和服务水平。一是稳步扩大融资融券业务，平稳推出转融通业务试点，融资融券业务实现“增产又增收”。截至 12 月底，共有 74 家证券公司开展融资融券业务，累计交易金额 23558 亿元，余额 895 亿元。有 30 家

证券公司开展了转融资业务试点。2012年，证券公司融资融券业务收入58亿元，占全行业营业收入的4.5%。二是修订发布《关于证券公司证券自营业务投资范围及有关事项的规定》，扩大证券自营业务的投资范围，明确证券公司投资金融衍生品的监管规定，支持证券公司提高投资能力。三是下发《关于进一步完善证券公司直接投资业务监管的通知》，明确证券公司直投子公司及直投业务转为自律管理，并指导中国证券业协会制定出台相关自律规则，引导证券公司直投业务健康发展。四是指导中国证券业协会健全投资者适当性管理自律规则，督导证券公司改进和深化适当性管理。

（三）逐步拓宽证券公司融资渠道，支持证券公司创新发展。一是支持符合条件的证券公司境内外IPO上市和再融资。2012年共向7家证券公司出具IPO监管意见书。西部证券实现A股上市，中信证券、海通证券实现H股上市，共募集资金251亿元。另有5家公司申请定向增发。二是修订发布《证券公司次级债管理规定》，支持证券公司更加灵活、便捷地借入次级债务、发行次级债券。三是支持证券公司在银行间市场融资。暂停7年的证券公司短期融资券于2012年5月恢复发行，2012年证监会向16家证券公司出具监管意见函，计划发行总规模1215亿元，人民银行已核准8家公司发行最大规模739亿元，其中4家公司已累计发行15期共531亿元。

（四）积极为证券公司创新发展创造良好外部环境。一是协调人民银行和银行间市场交易商协会，获得非金融企业债务融资工具主承销商资格的证券公司由2家增至12家。二是协调人民银行支持证券公司参与银行间市场利率互换业务，目前有12家证券公司取得业务资格，其中6家公司已开展业务。三是协调人民银行支持证券公司加入支付结算体系及查询征信系统事宜，试点工作正在抓紧准备。四是协调保监会支持证券公司参与保险资金委托投资管理，目前有10家证券公司取得相关资格。

三、守住底线，加强和完善风险监控和合规管理

（一）进一步健全证券公司风险防范预警机制。一是根据市场变化和行业发展需要，4月和11月两次调整证券公司风控指标计算标准，进一步调减风险资本准备计算比例和净资本扣减比例，适度放大净资本空间，适应证券公司业务扩张和创新发展需要。二是借鉴国际金融监管改革的最新做法，研究修订《证券公司风险控制指标管理办法》，改进完善以净资本为核心的风险控制指标体系。三是及时明确证券公司参与中小企业私募债、转融通、利率互换的风控指标计算标准，严密防控新业务新产品风险。四是持续关注、跟踪资产管理业务扩张及潜在风险情况，尤其是证券公司与商业银行、信托公司合作开展定向资产管理业务风险情况。五是召开证券公司风险管理专题培训会，督促证券公司一手抓创新，一手抓风控。

（二）持续推动证券公司改进深化合规管理。一是指导中国证券业协会发布合规管理有效性评估指引，开展合规管理有效性评估的培训，推动证券公司以发现问题、校正偏差、改进机制为目的，认真务实开展合规管理有效性评估。二是修订发布《证券公司治理准则》、《证券公司董事、监事和高级管理人员任职资格监管办法》，推动证券公司进一步健全治理结构。组织对2009年9月以来入股的控股股东、第一大股东、实际控制人进行了集中培训、集体谈话，督促其依法行使权利、切实履行义务。三是研究证券公司集团化经营和一体化管理有关政策，支持证券公司探索集团化经营和一体化管理。四是督导证券公司多管齐下，防范和抑制"新股热"等非理性炒作行为。

四、完善监管机制，提升监管效能

（一）深入推进行政审批制度改革。一是取消2项审批项目，下放6项审批项目。二是简化审核程序，将证券公司融资融券业务资格、集合资产管理计划（取消审批前）审核方式由一般程序改为简

易程序，提高审核效率。三是做好取消、授权行政许可事项后的配套衔接工作，对授权审核工作进行现场检查、评估，推动派出机构改进完善行政许可审核工作。

（二）进一步改进完善日常监管机制。一是全面开展法规清理工作，适应行业创新发展需要，提出“废、改、并、立”计划，目前已完成部分法规的废止论证工作。二是制定《证券经营机构监督管理措施实施工作指导意见》，指导派出机构规范实施监管措施，努力做到监管尺度统一和监管力度均衡。三是深入开展现场检查和非现场检查等日常监管工作，支持配合专员办做好巡检工作。四是完成 2012 年证券公司分类评价和 2011 年度证券公司年报分析工作。五是完善机构信访处理和信息系统安全监测分析机制。六是继续做好整非和证券公司风险处置后续工作，持续打击非法证券投资咨询活动，维护风险处置政策的统一性和严肃性。

（三）认真做好证券投资咨询业务和资信评级业务监管。一是制定发布《关于加强对利用“荐股软件”从事证券投资咨询业务监管的规定》，部署“荐股软件”规范和“整非”工作。二是研究起草《证券投资咨询机构监管规定（草案）》。三是完成证券投资咨询机构 2011 年度年检工作。四是指导中国证券业协会制定证券投资咨询业务和资信评级业务的执业规范和行为准则，督促证券机构提高业务水平。

（四）积极支持行业自律组织归位尽责，强化自律管理。一是支持中国证券业协会制定自律规范，加强对证券公司资产管理、直接投资、柜台交易等业务的自律管理。二是支持沪深证券交易所、中国证券登记结算公司制定完善业务规则，将“三项创新”试点转为常规，支持其发挥自身优势为证券行业创新发展提供服务。三是支持投资者保护基金公司建设和维护证券市场交易结算资金监控系统，保障客户资产安全。

五、推进对外开放，支持证券公司拓展跨境业务

（一）积极推进证券行业对外开放。全面分析、评估证券行业对外开放的实际效果，修订发布《外资参股证券公司设立规则》和《证券公司设立子公司试行规定》，外资参股比例由 33%提高至 49%。

（二）鼓励证券行业“引进来”。做好合资证券公司、合资证券投资咨询机构的设立审批和日常监管工作。指导新批准的东方花旗证券依法合规做好筹建开业工作，批准设立了第 1 家合资证券投资咨询公司（广州广证恒生证券投资咨询有限公司）。

（三）支持证券公司“走出去”。新批准齐鲁证券等 3 家公司在香港设立子公司，批准太平洋证券在老挝设立合资证券公司。支持 12 家证券公司香港子公司开展 RQFII 业务。

综上，证监会较好地完成了 2012 年的机构监管工作。证券行业资产质量优良，资本相对充足，财务稳健，没有出现系统性、区域性金融风险或风险隐患。截至 2012 年底，114 家证券公司总资产 17209.32 亿元，净资产 6946.15 亿元，净资本 4964.36 亿元，注册资本 2349 亿元。收入及利润较上年小幅收缩，但全行业仍保持了连续 7 年整体盈利。2012 年，114 家证券公司累计营业收入 1301.21 亿元，比去年同期减少 4.27%；累计实现净利润 331.40 亿元，比去年同期减少 14.82%。得益于监管改革和创新发展的实惠和预期，上市证券公司（券商板块）市场表现明显好于大盘，2012 年券商板块年涨幅为 38.45%（上证指数 2012 年涨幅 3.18%），良好的表现对提振市场信心、维护市场稳定运行已经并将持续产生积极影响。

8-1 证券期货经营机构数量
Number of Securities and Futures Institutions

单位：家 (unit)

年份 Year	证券公司家数 Number of Securities Companies			证券营业部家数 Number of Securities Business Departments	基金管理公司家数 Number of Fund Management Companies		
	合计 Total	中资 China-funded	中外合资 Sino-foreign Joint Venture		合计 Total	中资 China-funded	中外合资 Sino-foreign Joint Venture
1994	91	-	-	2262	-	-	-
1995	97	-	-	-	-	-	-
1996	94	-	-	2420	-	-	-
1997	90	-	-	2412	-	-	-
1998	90	-	-	2412	6	3	3
1999	90	-	-	2412	10	4	6
2000	100	-	-	2680	10	4	6
2001	109	-	-	2700	15	8	7
2002	127	-	-	2936	21	10	11
2003	133	-	-	3020	33	15	18
2004	133	-	-	3075	44	20	24
2005	116	-	-	3090	52	23	29
2006	104	-	-	3105	57	23	34
2007	106	-	-	3060	58	23	35
2008	107	-	-	3170	60	23	37
2009	106	-	-	3956	60	23	37
2010	106	97	9	4644	63	24	39
2011	109	97	12	5008	69	29	40
2012	114	101	13	5261	77	34	43

注：截至2012年12月底，持牌期货公司共有161家，其中华元期货被中国国际期货合并，正常经营的期货公司家数为160家。
数据来源：中国证监会
Source: CSRC

8-1 续表 continued

单位：家 (unit)

年份 Year	基金管理公司子公司家数 Number of Subsidiaries of Fund Management Companies	期货公司家数 Number of Futures Companies			期货营业部家数 Number of Future Business Departments	证券投资咨询机构家数 Number of Security Investment Consulting Institutions
		合计 Total	中资 China-funded	中外合资 Sino-foreign Joint Venture		
1994					-	-
1995	-	-	-	-	-	-
1996	-	329	-	-	-	-
1997	-	294	-	-	-	-
1998	-	278	-	-	-	-
1999	-	213	-	-	-	-
2000	-	178	-	-	-	-
2001	-	200	-	-	-	-
2002	-	179	-	-	-	-
2003	-	186	-	-	-	111
2004	-	188	-	-	-	116
2005	-	183	-	-	-	109
2006	-	183	-	-	-	102
2007	-	177	-	-	-	101
2008	4	171	-	-	-	100
2009	7	167	-	-	-	98
2010	12	163	-	-	-	91
2011	15	163	160	3	1186	88
2012	33	161	158	3	1330	89

8-2　2012年证券期货经营机构按监管辖区分布

Regulatory Jurisdiction Distribution of Securities and Futures Institutions in 2012

单位：家　　(unit)

辖区	Jurisdiction	证券公司 Securities Companies	基金管理公司 Fund Management Companies	期货公司 Futures Companies	合计 Total
北京	Beijing	18	15	20	53
天津	Tianjin	1	1	6	8
河北	Hebei	1	0	1	2
山西	Shanxi	2	0	4	6
内蒙古	Inner Mongolia	2	0	0	2
辽宁	Liaoning	2	0	3	5
吉林	Jilin	2	0	3	5
黑龙江	Heilongjiang	1	0	3	4
上海	Shanghai	20	37	30	87
江苏	Jiangsu	6	0	11	17
浙江	Zhejiang	3	1	10	14
安徽	Anhui	2	0	3	5
福建	Fujian	2	0	3	5
江西	Jiangxi	2	0	1	3
山东	Shandong	1	0	3	4
河南	Henan	1	0	3	4
湖北	Hubei	2	0	2	4
湖南	Hunan	3	0	4	7
广东	Guangdong	5	3	11	19
广西	Guangxi	1	0	0	1
海南	Hainan	2	0	4	6
重庆	Chongqing	1	1	4	6
四川	Sichuan	4	0	3	7
贵州	Guizhou	1	0	0	1
云南	Yunnan	2	0	2	4
西藏	Xizang	1	0	0	1
陕西	Shanxi	3	0	3	6
甘肃	Gansu	1	0	1	2
青海	Qinghai	1	0	1	2
宁夏	Ningxia	0	0	0	0
新疆	Xinjiang	1	0	2	3
深圳	Shenzhen	17	19	13	49
大连	Dalian	1	0	4	5
宁波	Ningbo	0	0	1	1
厦门	Xiamen	1	0	2	3
青岛	Qingdao	1	0	0	1
合计	Total	114	77	161	352

注：证券公司和期货公司按照公司注册地所在辖区统计，基金管理公司按照公司办公地所在辖区统计。
数据来源：中国证监会
Source: CSRC

8-3 证券期货经营机构业务资格情况
Qualification of Securities and Futures Institutions

单位：家 (unit)

年份 Year	证券公司家数 Number of Securities Companies	其中具有: Which having: 资产管理业务资格 Qualification for Asset Management Business	保荐机构资格 Qualification for Sponsor Institution	基金代销业务资格 Qualification for Fund Sales Agency Business	全国中小企业股份转让系统主办券商业务资格 Qualification for Broker-dealer Business on NSSTS	融资融券业务资格 Qualification for Margin Financing and Securities Lending Business	转融通业务资格 Qualification for Refinancing Business
1994	91	-	-	-	-	-	-
1995	97	-	-	-	-	-	-
1996	94	-	-	-	-	-	-
1997	90	-	-	-	-	-	-
1998	90	-	-	-	-	-	-
1999	90	-	-	-	-	-	-
2000	100	-	-	-	-	-	-
2001	109	-	-	6	-	-	-
2002	127	61	-	13	-	-	-
2003	133	70	-	17	-	-	-
2004	133	71	75	28	-	-	-
2005	116	62	76	10	-	-	-
2006	104	53	68	2	-	-	-
2007	106	54	67	2	-	-	-
2008	107	55	67	22	-	-	-
2009	106	69	71	17	-	-	-
2010	106	70	72	18	-	25	-
2011	109	76	74	18	-	25	-
2012	114	87	77	27	66	74	30

数据来源：中国证监会
Source: CSRC

8-3 续表 continued

单位：家 (unit)

年份 Year	基金管理公司家数 Number of Fund Management Companies	其中具有: Which having: 专户理财业务资格 Qualification for Account Management Business	QDII业务资格 QDII Qualification	期货公司家数 Number of Future Companies	其中具有: Which having: 金融期货经纪业务资格 Qualification for Financial Futures Brokerage Business	期货投资咨询业务资格 Qualification for Futures Investment Consulting Business	资产管理业务资格 Qualification for Asset Management Business
1994	-	-	-	-	-	-	-
1995	-	-	-	-	-	-	-
1996	-	-	-	329	-	-	-
1997	-	-	-	294	-	-	-
1998	6	-	-	278	-	-	-
1999	10	-	-	213	-	-	-
2000	10	-	-	178	-	-	-
2001	15	-	-	200	-	-	-
2002	21	-	-	179	-	-	-
2003	33	-	-	186	-	-	-
2004	44	-	-	188	-	-	-
2005	52	-	-	183	-	-	-
2006	57	-	1	183	-	-	-
2007	58	-	15	177	-	-	-
2008	60	32	26	171	-	-	-
2009	60	35	31	167	-	-	-
2010	63	35	31	163	-	-	-
2011	69	63	32	163	-	-	-
2012	77	76	32	161	152	83	20

8-4　证券公司重要指标情况

Important Indicators of Securities Companies

单位：亿元　　(100 million yuan)

年份 Year	总资产 Total Assets	净资产 Net Assets	净资本 Net Capital	营业收入 Operating Revenue	营业利润 Operating Profit	利润总额 Total Profit	净利润 Net Profit	期末风险资本准备 Risk Capital Reserves at the end of This Period
2007	17313.39	3446.91	2976.83	2847.49	1909.42	1910.69	1320.46	-
2008	11912.23	3584.83	2916.62	1247.28	603.88	609.16	500.43	625.25
2009	20286.91	4840.38	3819.54	2052.95	1195.79	1209.43	933.87	975.60
2010	19686.13	5674.36	4338.22	1926.29	999.24	1010.29	783.05	1105.18
2011	15722.53	6298.25	4648.71	1359.32	482.85	503.37	389.06	1071.54
2012	17209.32	6946.15	4964.36	1301.21	401.76	422.88	331.40	604.02

数据来源：中国证监会
Source: CSRC

8-5 2012年证券公司资产负债表
Balance Sheet of Securities Companies in 2012

单位：亿元 (100 million yuan)

资产	Assets	期初余额 Beginning Balance	期末余额 Ending Balance
资产	**Assets:**		
货币资金	Monetary Assets	6918.40	7966.41
其中：客户资金存款	Thereinto:Clients' Capital Deposit	5315.52	6013.82
客户信用资金存款	Clients' Credit Fund Deposit	135.19	44.59
自有信用资金存款	Self-Owned Credit Fund Deposit	25.20	23.52
结算备付金	Transaction Settlement Funds	819.03	875.27
其中：客户备付金	Thereinto:Clients' Reserve for Settlement	615.27	708.72
信用备付金	Credit Reserve for Settlement	43.29	16.87
拆出资金	Inter-bank Lending Capital	2.00	7.90
融出资金	Capital Lending	857.15	376.42
融出证券	Securities Lending	38.00	6.59
交易性金融资产	Financial Assets Held for Trade	3545.71	2645.36
其中：抵押证券	Thereinto:Mortgage-backed Securities	128.23	57.19
衍生金融资产	Derivative Financial Assets	5.06	16.35
买入返售金融资产	Financial Assets Purchased under Agreements to Resell	715.41	430.95
其中：约定购回融出资金	Thereinto:Capital Lending of Pre-arranged Repo	60.86	0.54
应收利息	Interests Receivable	91.15	64.30
存出保证金	Margin Paid	188.49	182.57
其中：交易保证金	Thereinto:Trading Margin	135.27	152.88
履约保证金	Performance Bond Margin	25.90	15.98
可供出售金融资产	Financial Assets Available for Sales	2134.78	1589.43
持有至到期投资	Held-to-Maturity Investment	56.59	90.98
长期股权投资	Long-term Equity Investment	1206.27	854.93
投资性房地产	Investment Real Estate	21.68	20.56
固定资产	Fixed Assets	299.35	293.54
其中：在建工程	Thereinto:Construction in Progress	45.38	33.06
无形资产	Intangible Assets	62.65	60.67
其中：交易席位费	Thereinto:Seat Fees on the Exchange	8.66	9.27
商誉	Goodwill	5.91	5.98
递延所得税资产	Deferred Income Tax Assets	63.73	83.66
其他资产	Other Assets	177.97	167.48
其中：应收融资融券客户款	Thereinto:Margin Requirement clients' Account Receivable	1.70	0.71
应收款项	Accounts Receivable	97.80	90.03
应收股利	Dividends Receivable	1.53	3.25
抵债资产	Debt- expiated Assets	1.42	2.11
代理兑付债券	Proxy Cashing Bonds	0.07	0.07
资产总计	Total Assets	17209.32	15739.36

数据来源：中国证监会
Source: CSRC

8-5　续表 continued

单位：亿元　　(100 million yuan)

负债和所有者权益	Liabilities and Owner's Equity	期初余额 Beginning Balance	期末余额 Ending Balance
负债	**Liabilities:**		
短期借款	Short-term Loan	50.00	0.00
其中：质押借款	Thereinto:Pledge Loan	0.00	0.00
拆入资金	Money Borrowing	218.51	3.90
其中：转融通融入资金	Thereinto:Money Borrowing from Refinancing Business	68.51	0.00
交易性金融负债	Financial Liabilities Held for Trade	17.38	0.61
衍生金融负债	Derivative Financial Liabilities	6.95	13.19
卖出回购金融资产款	Money from Celling Repo Financial Assets	2915.69	1866.26
其中：报价回购融入资金	Thereinto:Money Borrowing from Quotation-based Repo	140.58	46.47
代理买卖证券款	Money from Acting Securities Trading	6003.23	6820.79
信用交易代理买卖证券款	Money from Acting Securities Trading for Credit Transaction	145.71	44.48
代理承销证券款	Money from Acting to Underwrite Securities	10.84	2.65
应付职工薪酬	Employee Salary Payable	197.50	197.17
应交税费	Tax Payable	62.58	77.44
应付利息	Interests Payable	8.42	6.60
预计负债	Estimated Liabilities	5.90	4.59
长期借款	Long-term Equity Loan	88.69	105.85
应付债券	Bonds Payable	136.42	59.01
递延所得税负债	Deferred Income Tax Liabilities	15.81	6.44
其他负债	Other Liabilities	379.54	217.77
其中：应付款项	Thereinto:Accounts Payable	125.40	125.08
应付股利	Dividends Payable	10.92	21.27
代理兑付债券款	Proxy Cashing Bonds	3.27	3.29
负债合计	Total Liabilities	10263.17	9426.76
所有者权益	**Owners' Equity:**		
实收资本(或股本)	Equity	2349.16	2146.90
资本公积	Capital Reserve	2015.55	1704.84
减：库存股	less:Treasury Stock	0.00	0.00
盈余公积	Surplus Reserve	396.81	370.99
一般风险准备	General Contingency Reserve	425.73	392.26
交易风险准备	Risk Reserves for Exchange	405.98	372.17
未分配利润	Undistributed Profits	1304.40	1278.16
外币报表折算差额	Foreign Currency Statements Convert the Difference	48.51	47.26
所有者权益合计	Owner's Equity-Total	6946.15	6312.60
负债和所有者权益总计	Total Liabilities and Owner's Equity	17209.32	15739.36

8-6 2012年证券公司利润表

Income Statement of Securities Companies in 2012

单位：亿元 (100 million yuan)

项目	Item	期初余额 Beginning Balance	期末余额 Ending Balance
营业收入	**Operating Revenue:**	**1301.21**	**1363.56**
手续费及佣金净收入	Net Income from Commissions	754.13	954.43
其中：代理买卖证券业务净收入	Thereinto:Net Income from Acting Securities Trading	505.09	689.12
其中：经纪业务席位净收入	Thereinto:Net Income from Brokerage Business	52.11	61.78
代理销售金融产品净收入	Net Income from Financial Sales Agency Business	6.71	6.78
证券承销业务净收入	Net Income from Securities Underwriting Business	164.72	196.80
保荐业务服务净收入	Net Income from Sponsor Business	13.36	18.59
财务顾问服务净收入	Net Income from Financial Advisory Business	35.99	26.49
投资咨询服务净收入	Net Income from Investment Consulting Business	13.17	4.43
受托客户资产管理业务净收入	Net Income from Trusted Clients' Asset Management Business	26.71	23.59
其中：定向资产管理业务净收入	Thereinto:Net Income from Directional Asset Management Business	9.56	4.25
集合资产管理业务净收入	Net Income from Aggregate Asset Management Business	17.09	19.33
专项资产管理业务净收入	Net Income from Specific Asset Management Business	0.00	0.01
利息净收入	Net Interests Income	175.13	194.32
其中：存放金融同业利息净收入	Thereinto:Net Interests Income of Deposits in Financial Institutions	195.55	220.64
资金拆借净收入	Net Interests Income of Money Lending	-12.23	-10.57
融资融券利息净收入	Net Interests Income of Margin Requirement	52.54	24.79
债券回购利息净收入	Net Interests Income of Bond Repurchase	-48.47	-27.36
约定购回利息净收入	Net Interests Income of Pre-arranged Repo	0.96	0.01
投资收益	Investment Income	278.65	243.11
其中：对联营企业和合营企业的投资收益	Thereinto:Return of Investment on Joint Ownership Enterprises	23.27	24.93
对子公司的投资收益	Return of Investment on Subsidiary Company	15.29	108.56
交易性金融工具的投资收益	Return of Investment on Trading Financial Instrument	109.81	-30.45
可供出售金融资产的投资收益	Return of Investment on Financial Assets Available for Sales	75.14	63.48
持有至到期金融资产的投资收益	Return of Investment on Held-to-Maturity Investment	6.77	4.95
衍生金融工具的投资收益	Return of Investment on Derivative Financial Instrument	45.90	69.02
公允价值变动收益	Profit from Fair Value Change	54.79	-57.46
其中：交易性金融工具公允价值变动收益	Thereinto:Fair Value Change of Trading Financial Instrument	80.36	-53.02
衍生金融工具公允价值变动收益	Fair Value Change of Derivative Financial Instrument	-27.52	-4.84
融出证券公允价值变动收益	Fair Value Change of Lending Securities	0.68	0.00
汇兑净收益	Net Exchange Gain	0.84	-2.23
其他业务收入	Other Business Income	10.95	7.81
营业支出	**Operating Cost:**	**899.45**	**880.00**
营业税金及附加	Business Tax and Surcharges	61.77	65.85
业务及管理费	General and Administrative Expenses	818.10	793.65
其中：折旧及摊销	Thereinto:Depreciation and Amortization	64.46	60.29
场地设备租赁费	Venue and Equipment Rental Fees	57.43	52.27
职工薪酬	Employee Salary	455.65	423.48
证券投资者保护基金	Securities Investor Protection Fund	10.94	18.82
资产减值损失	Asset Impairment Loss	16.32	18.96
其他业务成本	Cost of Other Businesses	3.27	1.54
营业利润	**Operating Profit:**	**401.76**	**483.56**
加：营业外收入	Add: Non-operating Income	25.10	23.06
减：营业外支出	Less: Non-operating Expenditure	3.98	2.39
利润总额	**Total Profit:**	**422.88**	**504.22**
减：所得税费用	Less: Income Tax	91.48	114.60
净利润	**Net Profit**	**331.40**	**389.62**

注：净损失以"－"号填列，冲回以"－"列示。

数据来源：中国证监会

Source: CSRC

8-7　2012年证券公司净资本表
Net Capital Sheet of Securities Companies in 2012

单位：亿元　(100 million yuan)

项目	Item	期初余额 Beginning Balance	期末余额 Ending Balance
净资产	Net Assets	6312.19	6946.15
减：金融资产的风险调整合计	Less: Risk Adjustment of Financial Assets	200.76	258.74
减：衍生金融资产的风险调整合计	Less: Risk Adjustment of Derivative Financial Assets	13.00	5.03
减：其他资产项目的风险调整合计	Less: Risk Adjustment of Other assets	1458.92	1837.19
减：或有负债的风险调整合计	Less: Risk Adjustment of Contingent Liabilities	15.13	27.71
减：中国证监会认定的其他调整项目合计	Less: Other Adjustment of CSRC	0.33	2.88
加：中国证监会核准的其他调整项目	Add: Other Adjustment of CSRC	161.20	147.30
净资本金额	Net Capital	4785.16	4964.36

数据来源：中国证监会
Source: CSRC

8-8　2012年证券公司风险资本准备表
Risk Capital Reserve Sheet of Securities Companies in 2012

单位：亿元　(100 million yuan)

项目	Item	期初余额 Beginning Balance	期末余额 Ending Balance
经纪业务风险资本准备	Risk Capital Reserves for Brokerage Business	54.00	33.34
自营业务风险资本准备	Risk Capital Reserves for Self-operated Business	141.46	139.96
承销业务风险资本准备	Risk Capital Reserves for Underwriting Business	32.88	41.81
资产管理业务风险资本准备	Risk Capital Reserves for Asset Management Business	17.41	56.98
融资融券业务风险资本准备	Risk Capital Reserves for Margin Requirement Business	7.03	10.44
分支机构风险资本准备	Risk Capital Reserves for Branches	213.46	212.74
营运风险资本准备	Risk Capital Reserves for Operation	84.18	81.58
其他风险资本准备	Other Capital Reserves	7.19	27.18
各项风险资本准备之和	Total Risk Capital Reserves	546.68	603.93

8-9 2012年期货公司资产负债表

Balance Sheet of Futures Companies in 2012

单位：亿元 (100 million yuan)

资产	Assets	期初余额 Beginning Balance	期末余额 Ending Balance
资产:	**Assets:**		
货币资金	Monetary Assets	877.48	1073.70
其中：期货保证金存款	Thereinto:Futures Margin Deposit	626.48	767.82
应收货币保证金	Monetary Margin Receivable	929.68	1071.14
应收质押保证金	Pledged Margin Receivable	20.69	60.38
存出保证金	Margin Paid	0.77	0.64
交易性金融资产	Financial Assets Held for Trade	23.45	35.23
应收结算担保金	Receivable Guaranty Money for Settlement	9.15	9.16
应收风险损失款	Receivable Money for Risk Loss	0.02	0.02
应收利息	Interests Receivable	2.17	3.36
应收佣金	Commission Receivable	0.00	0.00
其他应收款	Other Receivable	4.62	6.91
可供出售金融资产	Financial Assets Available for Sales	3.07	4.96
持有至到期投资	Held-to-Maturity Investment	7.46	5.91
长期股权投资	Long-term Equity Investment	3.30	4.44
期货会员资格投资	Futures Membership Investment	2.26	2.24
固定资产	Fixed Assets	17.48	19.19
无形资产	Intangible Assets	2.61	3.04
递延所得税资产	Deferred Income Tax Assets	1.85	2.15
其他资产	Other Assets	10.07	16.01
资产总计	Total Assets	1916.15	2318.48

数据来源：中国证监会
Source: CSRC

8-9 续表 continued

单位：亿元 (100 million yuan)

负债和所有者权益	Liabilities and Owner's Equity	期初余额 Beginning Balance	期末余额 Ending Balance
负债:	**Liabilities:**		
短期借款	Short-term Loan	0.00	1.27
应付货币保证金	Monetary Margin Payable	1493.02	1751.56
应付质押保证金	Pledged Margin Payable	20.69	60.41
交易性金融负债	Financial Liabilities Held for Trade	0.00	0.03
期货风险准备金	Capital Reserve for Futures	19.52	25.52
应付期货投资者保障基金	Futures Investors Protection Fund Payable	0.62	0.83
应付职工薪酬	Employee Salary Payable	6.12	9.74
应交税费	Tax Payable	7.59	6.39
应付利息	Interests Payable	0.08	0.01
应付手续费及佣金	Fees and Commission Payable	0.32	0.40
其他应付款	Other Payable	7.54	4.69
预计负债	Estimated Liabilities	0.00	0.00
长期借款	Long-term Equity Loan	0.00	0.00
递延所得税负债	Deferred Income Tax Liabilities	0.16	0.18
其他负债	Other Liabilities	1.61	0.78
负债合计	Total Liabilities	1557.25	1861.81
所有者权益(或股东权益):	**Owners' Equity**		
实收资本(或股本)	Equity	281.50	344.48
资本公积	Capital Reserve	20.78	45.08
减：库存股	less:Treasury Stock	0.00	0.00
盈余公积	Surplus Reserve	9.33	11.42
一般风险准备	General Contingency Reserve	3.56	7.58
未分配利润	Undistributed Profits	43.74	48.10
所有者权益(或股东权益)合计	Owner's Equity-Total	358.90	456.67
负债和所有者权益总计	Total Liabilities and Owner's Equity	1916.15	2318.48

8-10　2012年期货公司利润表
Income Statement of Futures Companies in 2012

单位：亿元　　(100 million yuan)

项目	Item	本期金额
营业收入：	**Operating Revenue:**	**172.69**
手续费收入	Net Income from Fees	122.85
佣金净收入	Net Income from Commissions	0.00
利息净收入	Net Interests Income	42.60
投资收益	Investment Income	2.62
公允价值变动收益	Profit from Fair Value Change	1.33
汇兑净收益	Net Exchange Gain	0.00
其他业务收入	Other Business Income	3.29
营业支出：	**Operating Cost:**	**126.47**
提取期货风险准备金	Reserve for Futures Risk	6.00
营业税金及附加	Business Tax and Surcharges	6.89
业务及管理费	General and Administrative Expenses	110.69
资产减值损失	Asset Impairment Loss	0.19
其他业务成本	Cost of Other Businesses	2.70
营业利润：	**Operating Profit:**	**46.22**
加：营业外收入	Add: Non-operating Income	1.37
减：营业外支出	Less: Non-operating Expenditure	0.14
利润总额：	**Total Profit:**	**47.45**
减：所得税费用	Less: Income Tax	11.89
净利润	**Net Profit**	**35.56**

数据来源：中国证监会
Source: CSRC

8-11　2012年证券公司财务情况前20排名表
Top 20 Securities Companies Ranked by Pecuniary Condition in 2012

排名 Rank	总资产 Total Assets			排名 Rank	净利润 Net Profit		
	公司名称 Company Name	金额(亿元) Amount (100 million yuan)	占比(%) Proportion(%)		公司名称 Company Name	金额(亿元) Amount (100 million yuan)	占比(%) Proportion(%)
1	中信证券股份有限公司	1302.02	7.57	1	中信证券股份有限公司	31.31	9.45
2	海通证券股份有限公司	1086.08	6.31	2	海通证券股份有限公司	27.02	8.15
3	国泰君安证券股份有限公司	898.60	5.22	3	国泰君安证券股份有限公司	20.55	6.20
4	广发证券股份有限公司	825.32	4.80	4	广发证券股份有限公司	20.14	6.08
5	华泰证券股份有限公司	694.18	4.03	5	招商证券股份有限公司	16.70	5.04
6	招商证券股份有限公司	690.08	4.01	6	国信证券股份有限公司	16.47	4.97
7	中国银河证券股份有限公司	581.05	3.38	7	中国银河证券股份有限公司	13.96	4.21
8	国信证券股份有限公司	578.27	3.36	8	华泰证券股份有限公司	13.78	4.16
9	光大证券股份有限公司	534.42	3.11	9	申银万国证券股份有限公司	13.45	4.06
10	申银万国证券股份有限公司	491.76	2.86	10	中信建投证券股份有限公司	12.87	3.88
11	中信建投证券股份有限公司	485.10	2.82	11	光大证券股份有限公司	10.05	3.03
12	东方证券股份有限公司	456.63	2.65	12	宏源证券股份有限公司	8.04	2.43
13	平安证券有限责任公司	312.67	1.82	13	平安证券有限责任公司	7.50	2.26
14	齐鲁证券有限公司	305.24	1.77	14	长江证券股份有限公司	7.37	2.22
15	宏源证券股份有限公司	298.74	1.74	15	东方证券股份有限公司	7.02	2.12
16	长江证券股份有限公司	294.85	1.71	16	方正证券股份有限公司	4.94	1.49
17	安信证券股份有限公司	277.73	1.61	17	国开证券有限责任公司	4.86	1.47
18	方正证券股份有限公司	257.09	1.49	18	齐鲁证券有限公司	4.59	1.39
19	中国中投证券有限责任公司	239.29	1.39	19	兴业证券股份有限公司	4.48	1.35
20	中国国际金融有限公司	219.78	1.28	20	东兴证券股份有限公司	4.01	1.21
合计 Total		10828.86	62.92	合计 Total		249.12	75.17

注：“占比”是指单个公司数据占全行业公司数据的比重。
数据来源：中国证券业协会
Source:SAC

8-12　2012年证券公司股票成交金额前20排名表
Top 20 Securities Companies Ranked by Stock Trading Turnover in 2012

排名 Rank	A股 A-Shares			排名 Rank	B股 B-Shares		
	公司名称 Company Name	金额(亿元) Amount (100 million yuan)	占比(%) Proportion (%)		公司名称 Company Name	金额(亿元) Amount (100 million yuan)	占比(%) Proportion (%)
1	华泰证券股份有限公司	33361.17	5.32	1	申银万国证券股份有限公司	135.81	7.82
2	中国银河证券股份有限公司	32182.27	5.13	2	国泰君安证券股份有限公司	121.71	7.01
3	国泰君安证券股份有限公司	29483.97	4.70	3	中国国际金融有限公司	115.53	6.65
4	海通证券股份有限公司	27704.69	4.42	4	招商证券股份有限公司	109.36	6.30
5	申银万国证券股份有限公司	26672.87	4.25	5	中国银河证券股份有限公司	93.33	5.38
6	国信证券股份有限公司	25706.66	4.10	6	广发证券股份有限公司	85.42	4.92
7	广发证券股份有限公司	25365.34	4.04	7	海通证券股份有限公司	81.29	4.68
8	招商证券股份有限公司	25231.75	4.02	8	国信证券股份有限公司	77.29	4.45
9	中信建投证券股份有限公司	20146.56	3.21	9	华泰证券股份有限公司	70.44	4.06
10	中信证券股份有限公司	19190.34	3.06	10	光大证券股份有限公司	44.71	2.58
11	光大证券股份有限公司	19070.66	3.04	11	安信证券股份有限公司	40.92	2.36
12	中国中投证券有限责任公司	15540.76	2.48	12	中银国际证券有限责任公司	35.73	2.06
13	齐鲁证券有限公司	15160.55	2.42	13	中国中投证券有限责任公司	35.72	2.06
14	安信证券股份有限公司	14582.11	2.32	14	中信证券股份有限公司	35.62	2.05
15	中信证券(浙江)有限责任公司	12109.62	1.93	15	中信建投证券股份有限公司	31.21	1.80
16	方正证券股份有限公司	11590.61	1.85	16	方正证券股份有限公司	27.98	1.61
17	长江证券股份有限公司	11117.75	1.77	17	东方证券股份有限公司	25.08	1.44
18	兴业证券股份有限公司	10375.95	1.65	18	平安证券有限责任公司	24.44	1.41
19	东方证券股份有限公司	9736.09	1.55	19	长江证券股份有限公司	22.34	1.29
20	宏源证券股份有限公司	8294.76	1.32	20	中信证券(浙江)有限责任公司	21.57	1.24
合计Total		392624.49	62.58	合计Total		1235.49	71.16

注："占比"是指单个公司数据占全行业公司数据的比重。
数据来源：上海证券交易所、深圳证券交易所
Source:SSE、SZSE

8-13 2012年证券公司债券成交金额前20排名表
Top 20 Securities Companies Ranked by Bond Trading Turnover in 2012

排名 Rank	现货 Spot Transaction		
	公司名称 Company Name	金额(亿元) Amount(100 million yuan)	占比(%) Proportion(%)
1	中信证券股份有限公司	2258.46	11.40
2	国泰君安证券股份有限公司	1665.85	8.41
3	中信建投证券股份有限公司	1406.53	7.10
4	海通证券股份有限公司	1178.85	5.95
5	国信证券股份有限公司	937.62	4.73
6	中国国际金融有限公司	858.12	4.33
7	申银万国证券股份有限公司	759.01	3.83
8	招商证券股份有限公司	730.77	3.69
9	华泰证券股份有限公司	712.90	3.60
10	中国银河证券股份有限公司	701.64	3.54
11	广发证券股份有限公司	673.06	3.40
12	平安证券有限责任公司	522.77	2.64
13	南京证券股份有限公司	404.08	2.04
14	长江证券股份有限公司	352.45	1.78
15	光大证券股份有限公司	352.41	1.78
16	东方证券股份有限公司	340.50	1.72
17	安信证券股份有限公司	310.07	1.57
18	宏源证券股份有限公司	269.26	1.36
19	瑞银证券有限责任公司	229.42	1.16
20	兴业证券股份有限公司	223.13	1.13
合计Total		14886.89	75.17

注：1.本表仅统计交易所债券的交易情况；2.“占比”是指单个公司数据占全行业公司数据的比重。
数据来源：上海证券交易所、深圳证券交易所
Source:SSE、SZSE

8-13 续表 continued

排名 Rank	回购 Repo Transaction		
	公司名称 Company Name	金额(亿元) Amount(100 million yuan)	占比(%) Proportion(%)
1	国泰君安证券股份有限公司	58515.54	7.43
2	海通证券股份有限公司	44182.85	5.61
3	中国银河证券股份有限公司	40535.39	5.15
4	申银万国证券股份有限公司	39433.77	5.01
5	中信证券股份有限公司	38940.13	4.95
6	招商证券股份有限公司	35002.11	4.45
7	国信证券股份有限公司	32777.60	4.16
8	中信建投证券股份有限公司	32081.31	4.08
9	新华资产管理股份有限公司	30330.44	3.85
10	广发证券股份有限公司	28434.18	3.61
11	中国国际金融有限公司	26600.81	3.38
12	华泰证券股份有限公司	25064.35	3.18
13	平安证券有限责任公司	19025.34	2.42
14	长江证券股份有限公司	18431.83	2.34
15	东方证券股份有限公司	18144.04	2.31
16	光大证券股份有限公司	17974.40	2.28
17	安信证券股份有限公司	15119.66	1.92
18	兴业证券股份有限公司	11596.28	1.47
19	泰康资产管理有限责任公司	11347.19	1.44
20	齐鲁证券有限公司	10473.41	1.33
合计Total		554010.60	70.39

8-14　2012年证券公司经纪业务前20排名表
Top 20 Securities Companies Ranked by Brokerage Business in 2012

排名 Rank	代理买卖证券业务净收入 Net Income from Acting Securities Trading		
	公司名称 Company Name	金额(亿元) Amount(100 million yuan)	占比(%) Proportion(%)
1	中国银河证券股份有限公司	26.20	5.19
2	中信证券股份有限公司(中信证券(浙江)有限责任公司、中信万通证券有限责任公司)	25.05	4.96
3	国泰君安证券股份有限公司(上海国泰君安证券资产管理有限公司)	23.97	4.74
4	华泰证券股份有限公司(华泰联合证券有限责任公司)	23.93	4.74
5	国信证券股份有限公司	23.63	4.68
6	广发证券股份有限公司	22.79	4.51
7	申银万国证券股份有限公司	21.40	4.24
8	海通证券股份有限公司(上海海通证券资产管理有限公司)	21.16	4.19
9	中信建投证券股份有限公司	17.03	3.37
10	招商证券股份有限公司	15.64	3.10
11	齐鲁证券有限公司	15.34	3.04
12	光大证券股份有限公司(上海光大证券资产管理有限公司)	12.82	2.54
13	中国中投证券有限责任公司	12.19	2.41
14	安信证券股份有限公司	11.34	2.24
15	方正证券股份有限公司(瑞信方正证券有限责任公司)	9.15	1.81
16	长江证券股份有限公司(长江证券承销保荐有限公司)	8.82	1.75
17	宏源证券股份有限公司	8.03	1.59
18	华西证券有限责任公司	7.64	1.51
19	东方证券股份有限公司(上海东方证券资产管理有限公司、东方花旗证券有限公司)	7.39	1.46
20	兴业证券股份有限公司	6.31	1.25
合计Total		319.83	63.31

注：1.“占比”是指单个公司数据占全行业公司数据的比重；　　2.按合并口径统计。
数据来源：中国证券业协会
Source: SAC

8-15 2012年证券公司承销业务前20排名表
Top 20 Securities Companies Ranked by Underwriting Business in 2012

排名 Rank	承销与保荐业务净收入 Net Income of Underwritings and Sponsors		
	公司名称 Company Name	金额(亿元) Amount(100 million yuan)	占比(%) Proportion(%)
1	中信证券股份有限公司(中信证券(浙江)有限责任公司、中信万通证券有限责任公司)	17.04	9.57
2	国信证券股份有限公司	15.55	8.73
3	广发证券股份有限公司	9.54	5.36
4	中信建投证券股份有限公司	9.45	5.31
5	平安证券有限责任公司	9.11	5.12
6	宏源证券股份有限公司	7.37	4.14
7	国泰君安证券股份有限公司(上海国泰君安证券资产管理有限公司)	7.17	4.03
8	中国银河证券股份有限公司	6.51	3.66
9	中国国际金融有限公司	5.96	3.35
10	海通证券股份有限公司(上海海通证券资产管理有限公司)	5.78	3.25
11	华泰证券股份有限公司(华泰联合证券有限责任公司)	5.24	2.94
12	中银国际证券有限责任公司	4.51	2.53
13	招商证券股份有限公司	4.21	2.37
14	民生证券股份有限公司	4.10	2.30
15	国开证券有限责任公司	3.89	2.19
16	国金证券股份有限公司	3.82	2.15
17	华林证券有限责任公司	3.53	1.98
18	瑞银证券有限责任公司	2.68	1.51
19	安信证券股份有限公司	2.63	1.48
20	齐鲁证券有限公司	2.29	1.29
合计	Total	130.40	73.24

注：1.“占比”是指单个公司数据占全行业公司数据的比重； 2.按合并口径统计。
数据来源：中国证券业协会
Source: SAC

8-15 续表 continued

排名 Rank	并购重组财务顾问业务净收入 Net Income of Take Over Consultants		
	公司名称 Company Name	金额(亿元) Amount(100 million yuan)	占比(%) Proportion(%)
1	中国国际金融有限公司	2.43	18.05
2	中信证券股份有限公司(中信证券(浙江)有限责任公司、中信万通证券有限责任公司)	1.56	11.62
3	华泰证券股份有限公司(华泰联合证券有限责任公司)	1.35	10.06
4	西南证券股份有限公司	1.06	7.85
5	广发证券股份有限公司	0.61	4.55
6	海通证券股份有限公司(上海海通证券资产管理有限公司)	0.60	4.48
7	中银国际证券有限责任公司	0.44	3.28
8	瑞银证券有限责任公司	0.41	3.08
9	中信建投证券股份有限公司	0.36	2.68
10	齐鲁证券有限公司	0.31	2.32
11	华融证券股份有限公司	0.30	2.23
12	华龙证券有限责任公司	0.30	2.20
13	招商证券股份有限公司	0.28	2.11
14	国信证券股份有限公司	0.27	1.98
15	民生证券股份有限公司	0.22	1.64
16	国泰君安证券股份有限公司(上海国泰君安证券资产管理有限公司)	0.20	1.50
17	国元证券股份有限公司	0.19	1.42
18	平安证券有限责任公司	0.17	1.25
19	山西证券股份有限公司(中德证券有限责任公司)	0.17	1.24
20	申银万国证券股份有限公司	0.17	1.23
合计	Total	11.40	84.76

8-16　2012年证券公司资产管理业务前20排名表
Top 20 Securities Companies Ranked by Asset Management Business in 2012

排名 Rank	受托管理资金本金总额 Total Collcation Capital		
	公司名称 Company Name	金额(亿元) Amount(100 million yuan)	占比(%) Proportion(%)
1	中信证券股份有限公司	2508.39	13.26
2	上海国泰君安证券资产管理有限公司	1979.36	10.46
3	宏源证券股份有限公司	1655.22	8.75
4	上海光大证券资产管理有限公司	916.41	4.84
5	申银万国证券股份有限公司	859.71	4.54
6	中信建投证券股份有限公司	574.41	3.04
7	华泰证券股份有限公司	523.12	2.76
8	东北证券股份有限公司	457.42	2.42
9	安信证券股份有限公司	453.39	2.40
10	兴业证券股份有限公司	444.43	2.35
11	东吴证券股份有限公司	440.65	2.33
12	西南证券股份有限公司	389.25	2.06
13	上海海通证券资产管理有限公司	352.57	1.86
14	齐鲁证券有限公司	350.96	1.85
15	德邦证券有限责任公司	333.27	1.76
16	中国国际金融有限公司	327.32	1.73
17	中银国际证券有限责任公司	303.96	1.61
18	中国民族证券有限责任公司	288.83	1.53
19	长城证券有限责任公司	276.64	1.46
20	第一创业证券股份有限公司	275.81	1.46
合计Total		13711.14	72.47

注：1.“占比”是指单个公司数据占全行业公司数据的比重；　2.受托客户资产管理业务净收入按合并口径统计。
数据来源：中国证券业协会
Source: SAC

8-16　续表 continued

排名 Rank	受托客户资产管理业务净收入 Net Income from Asset Management Business		
	公司名称 Company Name	金额(亿元) Amount(100 million yuan)	占比(%) Proportion(%)
1	国泰君安证券股份有限公司(上海国泰君安证券资产管理有限公司)	2.75	10.27
2	中信证券股份有限公司	1.98	7.41
3	申银万国证券股份有限公司	1.26	4.73
4	中国国际金融有限公司	1.24	4.65
5	光大证券股份有限公司(上海光大证券资产管理有限公司)	1.19	4.46
6	广发证券股份有限公司	1.12	4.19
7	东方证券股份有限公司(上海东方证券资产管理有限公司、东方花旗证券有限公司)	0.97	3.64
8	宏源证券股份有限公司	0.95	3.57
9	华泰证券股份有限公司(华泰联合证券有限责任公司)	0.87	3.24
10	兴业证券股份有限公司	0.84	3.16
11	招商证券股份有限公司	0.83	3.12
12	东海证券有限责任公司	0.83	3.09
13	信达证券股份有限公司	0.79	2.97
14	长江证券股份有限公司(长江证券承销保荐有限公司)	0.65	2.43
15	华融证券股份有限公司	0.62	2.33
16	中信建投证券股份有限公司	0.62	2.30
17	东兴证券股份有限公司	0.56	2.11
18	安信证券股份有限公司	0.52	1.94
19	浙商证券股份有限公司	0.47	1.78
20	国信证券股份有限公司	0.46	1.74
合计Total		19.54	73.12

8-17 2012年证券公司客户交易结算资金余额前20排名表

Top 20 Securities Companies Ranked by Balance of Clients' Transaction Settlement Funds in 2012

排名 Rank	客户交易结算资金余额 Balance of Clients' Transaction Settlement Funds		
	公司名称 Company Name	金额(亿元) Amount(100 million yuan)	占比(%) Proportion(%)
1	银河证券股份有限公司	321.19	5.48
2	国泰君安股份有限公司	283.91	4.85
3	华泰证券股份有限公司	274.13	4.68
4	广发证券股份有限公司	271.27	4.63
5	申银万国股份有限公司	258.45	4.41
6	国信证券股份有限公司	248.86	4.25
7	海通证券股份有限公司	235.76	4.02
8	招商证券股份有限公司	228.47	3.90
9	中信建投证券股份有限公司	209.62	3.58
10	光大证券股份有限公司	154.39	2.63
11	中国中投证券有限责任公司	144.98	2.47
12	中信证券股份有限公司	135.23	2.31
13	齐鲁证券有限公司	133.95	2.29
14	安信证券股份有限公司	123.48	2.11
15	方正证券股份有限公司	93.79	1.60
16	长江证券股份有限公司	92.99	1.59
17	宏源证券股份有限公司	83.10	1.42
18	中信证券(浙江)有限责任公司	80.57	1.38
19	平安证券有限责任公司	77.71	1.33
20	东方证券股份有限公司	77.43	1.32
合计 Total		3529.29	60.24

注：1."占比"是指单个公司数据占全行业公司数据的比重；

2.本表中的"客户"仅指普通投资者，"客户交易结算资金余额"不含B股和融资融券余额。

数据来源：中国证券投资者保护基金公司

Source:SIPF

8-18　2012年期货公司期货成交金额前20排名表

Top 20 Futures Companies Ranked by Futures Trading Turnover in 2012

排名 Rank	商品期货 Commodity Futures			排名 Rank	金融期货 Financial Futures		
	公司名称 Company Name	金额(亿元) Amount(100 million yuan)	占比(%) Proportion (%)		公司名称 Company Name	金额(亿元) Amount(100 million yuan)	占比(%) Proportion (%)
1	中证期货有限公司	6.04	3.20	1	海通期货有限公司	10.37	6.85
2	徽商期货有限责任公司	5.80	3.07	2	兴业期货有限公司	10.35	6.84
3	华泰长城期货有限公司	5.11	2.71	3	广发期货有限公司	8.60	5.68
4	广发期货有限公司	5.11	2.71	4	国泰君安期货有限公司	7.98	5.27
5	银河期货有限公司	4.99	2.64	5	华泰长城期货有限公司	7.56	4.99
6	永安期货股份有限公司	4.89	2.59	6	申银万国期货有限公司	5.86	3.87
7	海通期货有限公司	4.67	2.47	7	中证期货有限公司	5.04	3.33
8	申银万国期货有限公司	4.44	2.35	8	银河期货有限公司	4.62	3.05
9	中国国际期货有限公司	4.15	2.20	9	光大期货有限公司	4.07	2.69
10	弘业期货股份有限公司	3.99	2.11	10	上海东证期货有限公司	3.56	2.35
11	南华期货股份有限公司	3.90	2.07	11	中投天琪期货有限公司	3.43	2.27
12	万达期货有限公司	3.49	1.85	12	渤海期货有限公司	3.14	2.07
13	浙商期货有限公司	3.47	1.84	13	华西期货有限责任公司	2.95	1.95
14	东海期货有限责任公司	2.94	1.56	14	鲁证期货股份有限公司	2.84	1.88
15	华安期货有限责任公司	2.84	1.51	15	南华期货股份有限公司	2.65	1.75
16	光大期货有限公司	2.83	1.50	16	招商期货有限公司	2.59	1.71
17	瑞达期货股份有限公司	2.74	1.45	17	国信期货有限责任公司	2.36	1.56
18	国泰君安期货有限公司	2.72	1.44	18	瑞达期货股份有限公司	2.22	1.47
19	北京中期期货有限公司	2.71	1.44	19	浙商期货有限公司	2.21	1.46
20	安粮期货有限公司	2.64	1.40	20	永安期货股份有限公司	2.21	1.46
合计 Total		79.50	42.11	合计 Total		94.62	62.48

注：“占比”是指单个公司数据占全行业公司数据的比重。
数据来源：中国证监会
Source: CSRC

8-19　2012年期货公司期末客户权益总额前20排名表
Top 20 Futures Companies Ranked by Total Value of Customer Equity in 2012

排名 Rank	公司名称 Company Name	金额(亿元) Amount(100 million yuan)	占比(%) Proportion(%)
1	中证期货有限公司	93.01	5.26
2	海通期货有限公司	67.78	3.84
3	永安期货股份有限公司	67.67	3.83
4	国泰君安期货有限公司	59.70	3.38
5	银河期货有限公司	56.55	3.20
6	申银万国期货有限公司	53.12	3.01
7	中国国际期货有限公司	47.54	2.69
8	华泰长城期货有限公司	46.63	2.64
9	光大期货有限公司	44.85	2.54
10	中粮期货有限公司	42.59	2.41
11	广发期货有限公司	42.38	2.40
12	南华期货股份有限公司	36.40	2.06
13	万达期货有限公司	35.40	2.00
14	金瑞期货有限公司	31.12	1.76
15	国投中谷期货有限公司	29.11	1.65
16	上海中期期货经纪有限公司	27.47	1.55
17	上海东证期货有限公司	26.67	1.51
18	新湖期货有限公司	26.48	1.50
19	浙商期货有限公司	23.74	1.34
20	鲁证期货股份有限公司	22.85	1.29
合计 Total		881.07	49.86

注：“占比”是指单个公司数据占全行业公司数据的比重。
数据来源：中国证监会
Source: CSRC

8-20　2012年证券公司名录
List of Securities Companies in 2012

序号 No.	公司名称 Company Name	注册资本(亿元) Registered Capital(100 million yuan)	注册地 Place of Registration	2012年分类评级 Category Rating for 2012	从业人员数量(个) Number of Practitioner (unit)	是否具有以下业务资格: Business Qualification Available 融资融券 Margin Reguirement Business	转融通 Refinancing Business	全国中小企业股份转让系统主办券商 Broker-dealer Business on NEEQ
1	爱建证券有限责任公司	11.00	上海	C	594	否	否	是
2	安信证券股份有限公司	32.00	深圳	A	5055	是	是	是
3	北京高华证券有限责任公司	10.72	北京	A	168	否	否	否
4	渤海证券股份有限公司	32.27	天津	B	1898	是	否	是
5	财达证券有限责任公司	14.17	河北	A	1885	是	否	否
6	财富里昂证券有限责任公司	5.00	上海	B	127	否	否	否
7	财富证券有限责任公司	21.36	湖南	B	1612	是	否	是
8	财通证券有限责任公司	14.00	浙江	B	2664	是	否	是
9	长城证券有限责任公司	20.67	深圳	B	2733	是	是	是
10	长江证券承销保荐有限公司	1.00	上海	A	141	否	否	否
11	长江证券股份有限公司	23.71	湖北	A	5938	是	是	是
12	诚浩证券有限责任公司	2.01	辽宁	C	261	否	否	否
13	川财证券经纪有限公司	6.50	四川	B	183	否	否	否
14	大通证券股份有限公司	22.00	大连	B	1321	是	否	是
15	大同证券经纪有限责任公司	1.00	山西	B	1303	否	否	否
16	德邦证券有限责任公司	13.00	上海	C	632	是	否	否
17	第一创业摩根大通证券有限责任公司	8.00	北京	B	103	否	否	否
18	第一创业证券股份有限公司	19.70	深圳	B	1276	是	否	是
19	东北证券股份有限公司	9.79	吉林	B	3085	是	否	是
20	东方花旗证券有限公司	8.00	上海	无	214	否	否	否
21	东方证券股份有限公司	42.82	上海	A	2908	是	是	是
22	东海证券有限责任公司	16.70	江苏	A	3239	否	否	是
23	东莞证券有限责任公司	15.00	广东	B	2273	是	否	是
24	东吴证券股份有限公司	20.00	江苏	B	2431	是	是	是
25	东兴证券股份有限公司	20.04	北京	A	2341	是	否	是
26	方正证券股份有限公司	61.00	湖南	A	4765	是	是	是
27	高盛高华证券有限责任公司	8.00	北京	A	82	否	否	否
28	光大证券股份有限公司	34.18	上海	A	7003	是	是	是
29	广发证券股份有限公司	59.19	广东	A	8758	是	是	是
30	广州证券有限责任公司	19.78	广东	B	1722	是	否	是

注：截至2012年底，上海国泰君安证券资产管理有限公司和上海光大证券资产管理有限公司不是中国证券业协会会员，故无法统计从业人员数量。

数据来源：中国证监会、中国证券业协会

Source: CSRC、SAC

8-20 续表 1 continued

序号 No.	公司名称 Company Name	注册资本(亿元) Registered Capital(100 million yuan)	注册地 Place of Registration	2012年分类评级 Category Rating for 2012	从业人员数量(个) Number of Practitioner (unit)	是否具有以下业务资格: Business Qualification Available 融资融券 Margin Reguirement Business	转融通 Refinancing Business	全国中小企业股份转让系统主办券商 Broker-dealer Business on NEEQ
31	国都证券有限责任公司	26.23	北京	A	1115	是	是	是
32	国海证券股份有限公司	17.92	广西	B	2650	是	是	是
33	国金证券股份有限公司	12.94	四川	A	1657	是	否	是
34	国开证券有限责任公司	73.70	北京	B	470	否	否	否
35	国联证券股份有限公司	15.00	江苏	B	1471	是	否	是
36	国盛证券有限责任公司	5.93	江西	B	1282	是	否	是
37	国泰君安证券股份有限公司	61.00	上海	A	9010	是	是	是
38	国信证券股份有限公司	70.00	深圳	A	7403	是	是	是
39	国元证券股份有限公司	19.64	安徽	B	3409	是	是	是
40	海际大和证券有限责任公司	5.00	上海	B	66	否	否	否
41	海通证券股份有限公司	95.85	上海	A	10184	是	是	是
42	航天证券有限责任公司	6.00	上海	C	168	否	否	否
43	恒泰长财证券有限责任公司	0.56	吉林	B	618	否	否	否
44	恒泰证券股份有限公司	21.95	内蒙古	B	1625	是	否	是
45	红塔证券股份有限公司	13.87	云南	B	911	是	否	是
46	宏信证券有限责任公司	5.00	四川	B	772	否	否	否
47	宏源证券股份有限公司	19.86	新疆	A	4335	是	是	是
48	华安证券有限责任公司	28.21	安徽	B	1975	是	否	是
49	华宝证券有限责任公司	15.00	上海	B	447	是	否	否
50	华创证券有限责任公司	7.50	贵州	B	1255	是	否	否
51	华福证券有限责任公司	5.50	福建	A	1486	是	否	否
52	华林证券有限责任公司	8.07	深圳	C	990	否	否	否
53	华龙证券有限责任公司	21.76	甘肃	B	1109	是	否	是
54	华融证券股份有限公司	30.03	北京	A	1171	是	否	是
55	华泰联合证券有限责任公司	10.00	深圳	A	433	否	否	否
56	华泰证券股份有限公司	56.00	江苏	A	10141	是	是	是
57	华西证券有限责任公司	14.13	四川	A	2686	是	否	是
58	华鑫证券有限责任公司	16.00	深圳	B	815	是	否	否
59	华英证券有限责任公司	8.00	江苏	B	144	否	否	否
60	江海证券有限公司	13.63	黑龙江	B	1971	是	否	是

8-20　续表 2　continued

序号 No.	公司名称 Company Name	注册资本(亿元) Registered Capital (100 million yuan)	注册地 Place of Registration	2012年分类评级 Category Rating for 2012	从业人员数量(个) Number of Practitioner (unit)	是否具有以下业务资格: Business Qualification Available 融资融券 Margin Reguirement Business	转融通 Refinancing Business	全国中小企业股份转让系统主办券商 Broker-dealer Business on NEEQ
61	金元证券股份有限公司	31.74	海南	B	1560	是	否	是
62	开源证券有限责任公司	13.00	陕西	B	383	是	否	否
63	联讯证券有限责任公司	1.16	广东	B	1457	否	否	否
64	民生证券股份有限公司	21.77	北京	B	2525	是	否	是
65	摩根士丹利华鑫证券有限责任公司	10.20	上海	B	175	否	否	否
66	南京证券股份有限公司	19.00	江苏	A	1690	是	否	是
67	平安证券有限责任公司	30.00	深圳	A	2805	是	是	是
68	齐鲁证券有限公司	52.12	山东	A	5662	是	是	是
69	日信证券有限责任公司	9.00	内蒙古	C	717	是	否	否
70	瑞信方正证券有限责任公司	8.00	北京	A	113	否	否	否
71	瑞银证券有限责任公司	14.90	北京	B	386	否	否	否
72	厦门证券有限公司	0.50	厦门	B	647	否	否	否
73	山西证券股份有限公司	24.00	山西	B	1966	是	否	是
74	上海东方证券资产管理有限公司	3.00	上海	A	84	否	否	否
75	上海国泰君安证券资产管理有限公司	8.00	上海	A	无	否	否	否
76	上海光大证券资产管理有限公司	2.00	上海	无	无	否	否	否
77	上海海通证券资产管理有限公司	10.00	上海	无	54	否	否	否
78	上海证券有限责任公司	26.10	上海	B	1738	是	否	是
79	申银万国证券股份有限公司	67.16	上海	A	6270	是	是	是
80	世纪证券有限责任公司	7.00	深圳	C	1422	否	否	是
81	首创证券有限责任公司	6.50	北京	B	767	是	否	是
82	太平洋证券股份有限公司	16.54	云南	B	1151	否	否	是
83	天风证券股份有限公司	15.70	湖北	B	925	是	否	否
84	天源证券有限公司	1.84	青海	B	412	否	否	否
85	万和证券有限责任公司	1.25	海南	C	293	否	否	否
86	万联证券有限责任公司	11.50	广东	B	1234	否	否	是
87	五矿证券有限公司	8.80	深圳	B	370	否	否	否
88	西部证券股份有限公司	12.00	陕西	B	1945	是	否	是
89	西藏同信证券有限责任公司	6.00	西藏	B	1002	否	否	否

8-20 续表 3 continued

序号 No.	公司名称 Company Name	注册资本（亿元） Registered Capital (100 million yuan)	注册地 Place of Registration	2012年分类评级 Category Rating for 2012	从业人员数量(个) Number of Practitioner (unit)	是否具有以下业务资格: Business Qualification Available 融资融券 Margin Reguirement Business	转融通 Refinancing Business	全国中小企业股份转让系统主办券商 Broker-dealer Business on NEEQ
90	西南证券股份有限公司	23.23	重庆	A	2226	是	是	是
91	湘财证券有限责任公司	31.97	湖南	B	2142	是	否	是
92	新时代证券有限责任公司	14.63	北京	B	2139	是	否	是
93	信达证券股份有限公司	25.69	北京	A	3378	是	否	是
94	兴业证券股份有限公司	22.00	福建	A	3024	是	是	是
95	银泰证券有限责任公司	10.00	深圳	B	585	是	否	否
96	英大证券有限责任公司	12.00	深圳	B	937	否	否	否
97	招商证券股份有限公司	46.61	深圳	A	6946	是	是	是
98	浙商证券股份有限公司	30.00	浙江	B	2836	是	否	是
99	中德证券有限责任公司	10.00	北京	B	163	否	否	否
100	中国国际金融有限公司	16.67	北京	A	1426	是	是	是
101	中国民族证券有限责任公司	13.94	北京	B	1951	是	是	是
102	中国银河证券股份有限公司	60.00	北京	A	8099	是	是	是
103	中国中投证券有限责任公司	50.00	深圳	A	4726	是	是	是
104	中航证券有限公司	13.26	江西	B	1678	是	否	是
105	中山证券有限责任公司	13.55	深圳	B	852	是	否	否
106	中天证券有限责任公司	10.38	辽宁	C	594	否	否	否
107	中信建投证券股份有限公司	61.00	北京	A	6444	是	是	是
108	中信万通证券有限责任公司	8.00	青岛	A	2133	是	是	否
109	中信证券(浙江)有限责任公司	8.85	浙江	A	2498	是	是	否
110	中信证券股份有限公司	110.17	深圳	A	4421	是	是	是
111	中银国际证券有限责任公司	15.00	上海	A	2702	是	否	是
112	中邮证券有限责任公司	5.60	陕西	B	265	否	否	否
113	中原证券股份有限公司	20.34	河南	B	2188	是	否	是
114	众成证券经纪有限公司	0.63	深圳	B	332	否	否	否

8-21　2012年具有外资股业务资格的境外证券经营机构名录

List of Overseas Securities Institutions with Foreign Business Qualification in 2012

序号 No.	公司名称 Company Name	注册地 Place of Registration	资格种类 Qualification Type
1	星展唯高达香港有限公司	香港	经纪商、主承销商
2	ING霸菱证券(香港)有限公司	香港	经纪商、主承销商
3	百德能证券有限公司	香港	经纪商、主承销商
4	宝来证券(香港)有限公司	香港	经纪商、主承销商
5	倍利证券(香港)有限公司	香港	主承销商
6	大福证券有限公司	香港	经纪商、主承销商
7	大和证券住银资本市场(香港)有限公司	香港	经纪商、主承销商
8	德意志证券亚洲有限公司	香港	经纪商、主承销商
9	帝杰亚洲有限公司	香港	经纪商、主承销商
10	东方惠嘉证券有限公司	香港	经纪商、主承销商
11	东亚证券有限公司	香港	经纪商
12	东洋证券亚洲有限公司	香港	经纪商
13	东洋证券株式会社	香港	经纪商、主承销商
14	发展证券香港有限公司	香港	经纪商
15	法国巴黎融资(亚太)有限公司	香港	主承销商
16	法国巴黎证券(亚洲)有限公司	香港	经纪商、主承销商
17	法国兴业证券(香港)有限公司	香港	经纪商、主承销商
18	高盛(亚洲)有限责任公司	香港	经纪商、主承销商
19	东盛证券(经纪)有限公司	香港	经纪商、主承销商
20	广利证券有限公司	香港	经纪商
21	联昌国际(香港)有限公司	香港	经纪商
22	和升国际有限公司	香港	经纪商、主承销商
23	荷银融资亚洲有限公司	香港	主承销商
24	荷银证券亚洲有限公司	香港	经纪商
25	亨泰证券有限公司	香港	经纪商
26	恒生证券有限公司	香港	经纪商
27	汇富证券有限公司	香港	经纪商、主承销商
28	极讯亚太有限公司	香港	经纪商
29	加拿大怡东融资有限公司	香港	主承销商
30	加怡证券经纪有限公司	香港	经纪商
31	嘉诚亚洲有限公司	香港	经纪商、主承销商
32	嘉佳证券有限公司	香港	经纪商
33	永丰金证券(亚洲)有限公司	香港	经纪商、主承销商
34	京华山-国际(香港)有限公司	香港	经纪商、主承销商
35	京华证券国际有限公司	香港	经纪商、主承销商
36	凯基证券亚洲有限公司	香港	经纪商、主承销商
37	乐金投资证券公司	香港	经纪商、主承销商

数据来源：中国证监会

Source: CSRC

8-21 续表 continued

序号 No.	公司名称 Company Name	注册地 Place of Registration	资格种类 Qualification Type
38	里昂证券有限公司	香港	经纪商、主承销商
39	摩根士丹利亚洲有限公司	香港	经纪商
40	内藤证券株式会社	香港	经纪商
41	培基证券有限公司	香港	主承销商
42	群益证券(香港)有限公司	香港	经纪商、主承销商
43	软库金汇投资服务有限公司	香港	经纪商、主承销商
44	瑞士信贷(香港)有限公司	香港	经纪商、主承销商
45	三星证券株式会社	香港	经纪商、主承销商
46	顺隆证券行有限公司	香港	经纪商
47	所罗门美邦香港有限公司	香港	经纪商
48	万信证券有限公司	香港	经纪商
49	联昌国际(香港)有限公司	香港	经纪商
50	新鸿基投资服务有限公司	香港	经纪商、主承销商
51	新加坡大华亚洲(香港)有限公司	香港	主承销商
52	新加坡发展亚洲融资有限公司	香港	主承销商
53	新日本证券国际(香港)有限公司	香港	经纪商、主承销商
54	信诚证券有限公司	香港	经纪商
55	野村国际(香港)有限公司	香港	经纪商、主承销商
56	怡富证券有限公司	香港	经纪商、主承销商
57	英明证券有限公司	香港	经纪商
58	元富证券(香港)有限公司	香港	经纪商、主承销商
59	中银国际证券有限公司	香港	经纪商
60	周生生证券有限公司	香港	经纪商
61	大华继显(香港)有限公司	香港	经纪商
62	东海东京证券公司	香港	经纪商
63	中国国际金融香港有限公司	香港	经纪商
64	美林远东有限公司	香港	经纪商
65	敦沛证券有限公司	香港	经纪商
66	瑞银证券亚洲有限公司	香港	经纪商
67	日本日联飞翼证券股份有限公司	香港	经纪商
68	香港上海汇丰银行有限公司	香港	经纪商
69	国泰君安证券(香港)有限公司	香港	经纪商
70	致富证券有限公司	香港	经纪商
71	中银万国证券(香港)有限公司	香港	经纪商

8-22　2012年基金管理公司名录
List of Fund Management Companies in 2012

序号 No.	基金管理公司 Fund Management Company	注册资本(亿元) Registered Capital(100 million yuan)	注册地 Place of Registration	成立时间 Established Time	管理基金只数(只) Number of Funds(unit)	管理基金份额(亿份) Fund units(100 million units)	管理基金资产规模(亿元) Fund Asset Value(100 million yuan)
1	国泰基金管理有限公司	1.10	上海	1998年3月	31	679.38	571.21
2	南方基金管理有限公司	1.50	深圳	1998年3月	39	1644.46	1532.62
3	华夏基金管理有限公司	2.38	北京	1998年3月	32	2271.06	2353.43
4	华安基金管理有限公司	1.50	上海	1998年5月	36	1148.69	955.90
5	博时基金管理有限公司	2.50	深圳	1998年7月	35	1544.62	1381.75
6	鹏华基金管理有限公司	1.50	深圳	1998年12月	33	660.88	624.58
7	长盛基金管理有限公司	1.50	深圳	1999年3月	25	371.65	334.00
8	嘉实基金管理有限公司	1.50	上海	1999年3月	39	1892.80	1945.00
9	大成基金管理有限公司	2.00	深圳	1999年4月	33	1202.82	983.40
10	富国基金管理有限公司	1.80	上海	1999年4月	32	794.25	754.92
11	易方达基金管理有限公司	1.20	广东	2001年4月	40	2235.62	1995.22
12	宝盈基金管理有限公司	1.00	深圳	2001年5月	9	163.58	114.12
13	融通基金管理有限公司	1.25	深圳	2001年5月	16	594.78	509.98
14	银华基金管理有限公司	2.00	深圳	2001年5月	28	822.54	794.85
15	长城基金管理有限公司	1.50	深圳	2001年12月	16	402.44	319.36
16	银河基金管理有限公司	1.50	上海	2002年5月	16	226.09	220.44
17	泰达宏利基金管理有限公司	1.80	北京	2002年7月	18	254.19	244.77
18	国投瑞银基金管理有限公司	1.00	深圳	2002年6月	19	414.06	367.41
19	万家基金管理有限公司	1.00	上海	2002年8月	12	301.80	243.51
20	金鹰基金管理有限公司	2.50	广东	2002年12月	14	129.86	106.55
21	招商基金管理有限公司	2.10	深圳	2002年12月	28	592.66	554.14
22	华宝兴业基金管理有限公司	1.50	上海	2003年2月	25	406.59	376.59
23	摩根士丹利华鑫基金管理有限公司	2.28	深圳	2003年3月	12	130.41	132.35
24	国联安基金管理有限公司	1.50	上海	2003年3月	18	186.70	172.63
25	海富通基金管理有限公司	1.50	上海	2003年4月	21	503.00	342.93
26	长信基金管理有限责任公司	1.50	上海	2003年4月	14	284.22	222.20
27	泰信基金管理有限公司	2.00	上海	2003年5月	13	116.18	71.06
28	天治基金管理有限公司	1.60	上海	2003年5月	9	63.53	40.23
29	景顺长城基金管理有限公司	1.30	深圳	2003年6月	19	498.73	400.12
30	广发基金管理有限公司	1.20	广东	2003年7月	28	1220.95	1131.08
31	兴业全球基金管理有限公司	1.50	上海	2003年9月	13	307.03	331.46
32	诺安基金管理有限公司	1.50	深圳	2003年12月	24	573.91	468.39
33	申万菱信基金管理有限公司	1.50	上海	2003年12月	14	251.26	164.68
34	中海基金管理有限公司	1.47	上海	2004年3月	13	204.95	139.11
35	光大保德信基金管理有限公司	1.60	上海	2004年4月	14	313.77	255.90
36	华富基金管理有限公司	1.20	上海	2004年3月	10	91.89	73.86
37	上投摩根基金管理有限公司	2.50	上海	2004年4月	20	657.02	603.49
38	东方基金管理有限责任公司	1.00	北京	2004年6月	10	107.81	102.76
39	中银基金管理有限公司	1.00	上海	2004年6月	23	1039.09	1000.76
40	东吴基金管理有限公司	1.00	上海	2004年8月	13	129.81	108.30

数据来源：中国证监会

Source: CSRC

8-22 续表 continued

序号 No.	基金管理公司 Fund Management Company	注册资本(亿元) Registered Capital(100 million yuan)	注册地 Place of Registration	成立时间 Established Time	管理基金只数(只) Number of Funds(unit)	管理基金份额(亿份) Fund units(100 million units)	管理基金资产规模(亿元) Fund Asset Value(100 million yuan)
41	国海富兰克林基金管理有限公司	2.20	南宁	2004年9月	12	169.80	169.76
42	天弘基金管理有限公司	1.80	天津	2004年10月	10	120.73	99.49
43	华泰柏瑞基金管理有限公司	2.00	上海	2004年11月	15	296.62	387.25
44	新华基金管理有限公司	1.60	重庆	2004年12月	9	114.69	116.80
45	汇添富基金管理有限公司	1.00	上海	2005年1月	27	692.80	610.25
46	工银瑞信基金管理有限公司	2.00	北京	2005年6月	28	1346.25	1080.45
47	交银施罗德基金管理有限公司	2.00	上海	2005年7月	24	593.41	572.78
48	信诚基金管理有限公司	2.00	上海	2005年8月	19	275.92	235.40
49	建信基金管理有限责任公司	2.00	北京	2005年9月	28	1034.03	952.19
50	华商基金管理有限公司	1.00	北京	2005年9月	11	241.43	236.58
51	汇丰晋信基金管理有限公司	2.00	上海	2005年10月	12	76.11	72.65
52	益民基金管理有限公司	1.00	重庆	2005年12月	5	66.83	40.57
53	中邮创业基金管理有限公司	1.00	北京	2006年2月	8	429.94	261.43
54	信达澳银基金管理有限公司	1.00	深圳	2006年4月	8	60.52	57.23
55	诺德基金管理有限公司	1.00	上海	2006年5月	9	46.11	38.93
56	中欧基金管理有限公司	1.20	深圳	2006年5月	12	93.39	85.68
57	金元惠理基金管理有限公司	2.45	上海	2006年11月	8	10.76	9.04
58	浦银安盛基金管理有限公司	2.00	上海	2007年7月	9	55.99	54.74
59	农银汇理基金管理有限公司	2.00	上海	2008年2月	15	189.23	184.92
60	民生加银基金管理有限公司	3.00	深圳	2008年10月	11	215.17	210.87
61	纽银梅隆西部基金管理有限公司	2.00	上海	2010年6月	4	21.53	20.09
62	浙商基金管理有限公司	3.00	杭州	2010年9月	4	13.25	12.59
63	平安大华基金管理有限公司	3.00	深圳	2010年12月	5	54.33	53.31
64	富安达基金管理有限公司	1.60	上海	2011年4月	3	7.72	7.36
65	财通基金管理有限公司	2.00	上海	2011年5月	3	25.24	25.38
66	方正富邦基金管理有限公司	2.00	北京	2011年6月	3	9.66	9.68
67	长安基金管理有限公司	2.00	上海	2011年8月	2	1.87	1.85
68	国金通用基金管理有限公司	2.80	北京	2011年10月	1	1.10	1.13
69	安信基金管理有限责任公司	2.00	深圳	2011年11月	3	7.70	7.88
70	德邦基金管理有限公司	1.20	上海	2012年2月	1	1.22	1.33
71	华宸未来基金管理有限公司	2.00	上海	2012年3月	0	0.00	0.00
72	红塔红土基金管理有限公司	2.00	深圳	2012年5月	0	0.00	0.00
73	英大基金管理有限公司	1.20	北京	2012年6月	0	0.00	0.00
74	江信基金管理有限公司	1.00	北京	2012年12月	0	0.00	0.00
75	中原英石基金管理有限公司	2.00	上海	2012年12月	0	0.00	0.00
76	华润元大基金管理有限公司	2.00	深圳	2012年12月	0	0.00	0.00
77	前海开源基金管理有限公司	1.20	深圳	2012年12月	0	0.00	0.00

8-23　2012年基金托管人名录
List of Fund Custodians in 2012

序号 No.	托管人名称 Fund Custodian	注册地 Place of Registration	取得托管资格时间 Custody Qualification-obtaining Time	托管基金只数(只) Number of Funds under Custody (unit)	托管基金份额(亿份) Fund Units under Custody (100 million units)	托管基金资产规模(亿元) Fund Asset Value under Custody(100 million yuan)
1	中国工商银行股份有限公司	北京	1998-02-24	304	9171.74	8412.81
2	中国建设银行股份有限公司	北京	1998-03-18	284	6874.14	6413.84
3	中国农业银行股份有限公司	北京	1998-05-29	144	3504.28	3050.74
4	交通银行股份有限公司	上海	1998-07-03	76	2700.61	2189.38
5	中国银行股份有限公司	北京	1998-07-07	189	5534.87	4949.47
6	中国光大银行股份有限公司	北京	2002-10-23	21	796.73	723.60
7	招商银行股份有限公司	深圳	2002-11-06	53	1152.35	1067.83
8	上海浦东发展银行股份有限公司	上海	2003-09-10	10	348.46	339.97
9	中国民生银行股份有限公司	北京	2004-07-09	19	704.42	637.38
10	中信银行股份有限公司	北京	2004-08-18	20	243.03	208.37
11	华夏银行股份有限公司	北京	2005-02-23	9	213.97	187.00
12	兴业银行股份有限公司	福建	2005-04-25	16	312.27	320.87
13	北京银行股份有限公司	北京	2008-06-03	1	15.29	15.69
14	深圳发展银行股份有限公司	深圳	2008-08-06	3	4.76	3.74
15	广东发展银行股份有限公司	广东	2009-05-04	4	11.03	11.38
16	中国邮政储蓄银行有限责任公司	北京	2009-07-16	17	108.20	116.28
17	上海银行股份有限公司	上海	2009-08-18	2	10.87	11.96
18	渤海银行股份有限公司	天津	2010-06-29	1	1.39	1.49
19	宁波银行股份有限公司	浙江	2012-11-05	0	0.00	0.00

数据来源：中国证监会
Source:CSRC

8-24 2012年基金销售机构名录
List of Fund Sales Institutions in 2012

序号 No.	销售机构名称 Sales Institution Name	销售机构类型 Sales Institution Type	取得销售资格时间 Sales Qualification-Obtaining Time	注册地 Place of Registration
1	中国工商银行	银行	2001年8月	北京
2	中国农业银行	银行	2001年12月	北京
3	中国银行	银行	2001年12月	北京
4	中国建设银行	银行	2001年7月	北京
5	交通银行	银行	2001年9月	上海
6	中信银行	银行	2002年1月	北京
7	平安银行	银行	2002年5月	深圳
8	上海浦东发展银行	银行	2002年7月	上海
9	招商银行	银行	2001年12月	深圳
10	兴业银行	银行	2002年8月	福建
11	中国民生银行	银行	2002年9月	北京
12	中国光大银行	银行	2003年1月	北京
13	华夏银行	银行	2004年11月	北京
14	广发银行	银行	2005年7月	广东
15	中国邮政储蓄银行	银行	2006年7月	北京
16	浙商银行	银行	2008年8月	浙江
17	渤海银行	银行	2009年10月	天津
18	北京银行	银行	2004年10月	北京
19	上海银行	银行	2005年1月	上海
20	宁波银行	银行	2008年2月	宁波
21	青岛银行	银行	2008年5月	青岛
22	徽商银行	银行	2008年7月	安徽
23	东莞银行	银行	2008年10月	广东
24	南京银行	银行	2008年10月	江苏
25	杭州银行	银行	2009年1月	浙江
26	临商银行	银行	2009年2月	山东
27	温州银行	银行	2009年5月	浙江
28	汉口银行	银行	2009年6月	湖北
29	江苏银行	银行	2009年9月	江苏
30	洛阳银行	银行	2010年1月	河南
31	乌鲁木齐商业银行	银行	2010年2月	新疆
32	烟台银行	银行	2010年6月	山东
33	齐商银行	银行	2010年9月	山东
34	浙江民泰商业银行	银行	2010年10月	浙江
35	大连银行	银行	2010年10月	大连
36	哈尔滨银行	银行	2010年10月	黑龙江
37	重庆银行	银行	2010年11月	重庆
38	浙江稠州商业银行	银行	2010年11月	浙江
39	天津银行	银行	2011年2月	天津
40	河北银行	银行	2011年5月	河北
41	嘉兴银行	银行	2011年6月	浙江
42	广州银行	银行	2011年7月	广东
43	西安银行	银行	2011年9月	陕西
44	长沙银行	银行	2011年9月	湖南
45	金华银行	银行	2011年9月	浙江
46	包商银行	银行	2011年9月	内蒙古

数据来源：中国证监会

Source: CSRC

8-24　续表 1　continued

序号 No.	销售机构名称 Sales Institution Name	销售机构类型 Sales Institution Type	取得销售资格时间 Sales Qualification-Obtaining Time	注册地 Place of Registration
47	郑州银行	银行	2012年4月	河南
48	厦门银行	银行	2012年5月	厦门
49	吉林银行	银行	2012年10月	吉林
50	苏州银行	银行	2012年12月	江苏
51	珠海华润银行	银行	2012年12月	广东
52	上海农商银行	银行	2008年2月	上海
53	北京农商银行	银行	2008年4月	北京
54	张家港农村商业银行	银行	2009年12月	江苏
55	深圳农村商业银行	银行	2010年1月	深圳
56	东莞农村商业银行	银行	2011年2月	广东
57	常熟农村商业银行	银行	2011年7月	江苏
58	顺德农村商业银行	银行	2011年8月	广东
59	重庆农村商业银行(业务网点仅限于县级支行及城市地区网点，不包括三农服务性网点)	银行	2011年8月	重庆
60	吴江农村商业银行	银行	2011年9月	江苏
61	江南农村商业银行	银行	2011年9月	江苏
62	江阴农村商业银行	银行	2011年9月	江苏
63	昆山农村商业银行	银行	2011年10月	江苏
64	广州农村商业银行(村社网点除外)	银行	2012年7月	广东
65	成都农村商业银行(业务网点仅限于非三农服务性网点)	银行	2012年9月	四川
66	国泰君安证券	证券公司	2002年7月	上海
67	广发证券	证券公司	2002年8月	广东
68	国信证券	证券公司	2002年8月	深圳
69	招商证券	证券公司	2002年8月	深圳
70	华泰联合证券	证券公司	2002年8月	深圳
71	中信证券	证券公司	2002年8月	深圳
72	海通证券	证券公司	2002年10月	上海
73	申银万国证券	证券公司	2002年10月	上海
74	西南证券	证券公司	2003年1月	重庆
75	华龙证券	证券公司	2003年1月	甘肃
76	大同证券	证券公司	2003年1月	山西
77	民生证券	证券公司	2003年1月	北京
78	山西证券	证券公司	2003年1月	山西
79	长江证券	证券公司	2003年2月	湖北
80	中信万通证券	证券公司	2003年2月	青岛
81	广州证券	证券公司	2003年2月	广东
82	兴业证券	证券公司	2003年2月	福建
83	华泰证券	证券公司	2003年2月	江苏
84	渤海证券	证券公司	2003年2月	天津
85	中信证券(浙江)	证券公司	2003年2月	浙江
86	万联证券	证券公司	2003年2月	广东
87	国元证券	证券公司	2003年2月	安徽
88	湘财证券	证券公司	2003年3月	湖南
89	东吴证券	证券公司	2003年12月	江苏
90	东方证券	证券公司	2004年4月	上海
91	光大证券	证券公司	2004年4月	上海
92	上海证券	证券公司	2004年5月	上海

8-24 续表 2 continued

序号 No.	销售机构名称 Sales Institution Name	销售机构类型 Sales Institution Type	取得销售资格时间 Sales Qualification-Obtaining Time	注册地 Place of Registration
93	国联证券	证券公司	2004年6月	江苏
94	浙商证券	证券公司	2004年6月	浙江
95	平安证券	证券公司	2004年8月	深圳
96	华安证券	证券公司	2004年8月	安徽
97	东北证券	证券公司	2004年7月	吉林
98	南京证券	证券公司	2004年8月	江苏
99	长城证券	证券公司	2004年8月	深圳
100	国海证券	证券公司	2004年9月	广西
101	财富证券	证券公司	2004年9月	湖南
102	东莞证券	证券公司	2004年9月	广东
103	中原证券	证券公司	2004年10月	河南
104	国都证券	证券公司	2004年11月	北京
105	恒泰证券	证券公司	2004年11月	内蒙古
106	中银国际证券	证券公司	2004年11月	上海
107	齐鲁证券	证券公司	2004年11月	山东
108	华西证券	证券公司	2004年11月	四川
109	国盛证券	证券公司	2004年11月	江西
110	新时代证券	证券公司	2004年11月	北京
111	华林证券	证券公司	2004年11月	深圳
112	中金公司	证券公司	2004年12月	北京
113	宏源证券	证券公司	2004年12月	新疆
114	广发华福证券	证券公司	2005年1月	福建
115	世纪证券	证券公司	2005年2月	深圳
116	德邦证券	证券公司	2005年2月	上海
117	金元证券	证券公司	2005年4月	海南
118	西部证券	证券公司	2005年4月	陕西
119	东海证券	证券公司	2004年9月	江苏
120	中航证券	证券公司	2005年4月	江西
121	第一创业证券	证券公司	2005年3月	深圳
122	中信建投证券	证券公司	2005年12月	北京
123	财通证券	证券公司	2006年7月	浙江
124	安信证券	证券公司	2007年4月	深圳
125	银河证券	证券公司	2007年5月	北京
126	华鑫证券	证券公司	2008年1月	深圳
127	瑞银证券	证券公司	2008年2月	北京
128	国金证券	证券公司	2008年3月	四川
129	中投证券	证券公司	2008年3月	深圳
130	中山证券	证券公司	2008年3月	深圳
131	红塔证券	证券公司	2008年3月	云南
132	日信证券	证券公司	2008年5月	内蒙古
133	西藏同信证券	证券公司	2008年5月	西藏
134	方正证券	证券公司	2008年6月	湖南
135	联讯证券	证券公司	2008年6月	广东
136	天源证券	证券公司	2008年8月	青海
137	江海证券	证券公司	2008年8月	黑龙江

8-24　续表 3　continued

序号 No.	销售机构名称 Sales Institution Name	销售机构类型 Sales Institution Type	取得销售资格时间 Sales Qualification-Obtaining Time	注册地 Place of Registration
138	银泰证券	证券公司	2008年12月	深圳
139	民族证券	证券公司	2008年12月	北京
140	华宝证券	证券公司	2009年1月	上海
141	厦门证券	证券公司	2009年1月	厦门
142	爱建证券	证券公司	2009年1月	上海
143	英大证券	证券公司	2009年3月	深圳
144	信达证券	证券公司	2009年7月	北京
145	东兴证券	证券公司	2009年7月	北京
146	华融证券	证券公司	2009年9月	北京
147	天风证券	证券公司	2009年11月	湖北
148	大通证券	证券公司	2009年12月	大连
149	财达证券	证券公司	2009年12月	河北
150	中天证券	证券公司	2010年1月	辽宁
151	财富里昂证券	证券公司	2010年2月	湖南
152	五矿证券	证券公司	2010年4月	深圳
153	高华证券	证券公司	2010年5月	北京
154	华创证券	证券公司	2010年6月	贵州
155	恒泰长财证券	证券公司	2010年7月	吉林
156	万和证券	证券公司	2010年9月	海南
157	中邮证券	证券公司	2010年11月	陕西
158	首创证券	证券公司	2011年2月	北京
159	国开证券	证券公司	2011年5月	北京
160	太平洋证券	证券公司	2012年11月	云南
161	开源证券	证券公司	2012年12月	陕西
162	天相投资顾问有限公司	证券投资咨询机构	2004年7月	北京
163	江苏金百临投资咨询有限公司	证券投资咨询机构	2012年5月	江苏
164	鼎信汇金(北京)投资管理有限公司	证券投资咨询机构	2012年5月	北京
165	和讯信息科技有限公司	证券投资咨询机构	2012年6月	北京
166	深圳市新兰德证券投资咨询有限公司	证券投资咨询机构	2012年9月	深圳
167	诺亚正行(上海)基金销售投资顾问有限公司	基金独立销售机构	2012年2月	上海
168	深圳众禄基金销售有限公司	基金独立销售机构	2012年2月	深圳
169	上海天天基金销售有限公司	基金独立销售机构	2012年2月	上海
170	上海好买基金销售有限公司	基金独立销售机构	2012年2月	上海
171	杭州数米基金销售有限公司	基金独立销售机构	2012年4月	浙江
172	上海长量基金销售投资顾问有限公司	基金独立销售机构	2012年4月	上海
173	浙江同花顺基金销售有限公司	基金独立销售机构	2012年4月	浙江
174	北京展恒基金销售有限公司	基金独立销售机构	2012年6月	北京
175	上海利得基金销售有限公司	基金独立销售机构	2012年8月	上海
176	天津凤凰财富基金销售有限公司	基金独立销售机构	2012年10月	深圳
177	中期时代基金销售(北京)有限公司	基金独立销售机构	2012年11月	北京
178	杭州金观诚基金销售有限公司	基金独立销售机构	2012年12月	浙江
179	北京创金启富投资管理有限公司	基金独立销售机构	2012年12月	北京
180	嘉实财富管理有限公司	基金独立销售机构	2012年12月	上海

8-25　2012年合格境外机构投资者(QFII)名录
List of QFII in 2012

序号 No.	QFII公司名称 Company Name	取得资格时间 Qualification-obtaining Time	2012年获批额度(亿美元) Approved Quota in 2012 (100 million USD)	累计批准额度(亿美元) Cumulative Approved Quota (100 million USD)	基金资产规模(亿美元) Fund Asset Value (100 million USD)
1	瑞士银行	2003-05-23	0.00	7.90	42.44
2	野村证券株式会社	2003-05-23	0.00	3.50	7.07
3	摩根士丹利国际股份有限公司	2003-06-05	0.00	4.00	21.34
4	花旗环球金融有限公司	2003-06-05	0.00	5.50	17.66
5	高盛公司	2003-07-04	0.00	3.00	11.50
6	德意志银行	2003-07-30	0.00	4.00	15.91
7	香港上海汇丰银行有限公司	2003-08-04	2.00	6.00	16.86
8	荷兰安智银行股份有限公司	2003-09-10	0.00	4.00	9.63
9	摩根大通银行	2003-09-30	2.50	4.00	9.80
10	瑞士信贷(香港)有限公司	2003-10-24	0.00	5.00	19.16
11	渣打银行(香港)有限公司	2003-12-11	1.00	1.75	4.64
12	日兴资产管理有限公司	2003-12-11	0.00	4.50	2.50
13	美林国际	2004-04-30	2.00	5.00	20.24
14	恒生银行有限公司	2004-05-10	0.50	1.50	4.30
15	大和证券资本市场株式会社	2004-05-10	0.00	0.50	1.53
16	雷曼兄弟国际(欧洲)公司	2004-07-06	0.00	2.00	0.00
17	比尔及梅林达盖茨信托基金会	2004-07-19	0.00	3.00	8.27
18	景顺资产管理有限公司	2004-08-04	0.00	3.50	5.09
19	苏格兰皇家银行有限公司	2004-09-02	0.00	1.75	8.22
20	法国兴业银行	2004-09-02	2.00	2.50	1.02
21	巴克莱银行	2004-09-15	2.00	6.00	7.64
22	德国商业银行	2004-09-27	2.50	3.25	1.08
23	富通银行	2004-09-29	0.00	5.00	30.98
24	法国巴黎银行	2004-09-29	0.00	2.00	9.52
25	加拿大鲍尔公司	2004-10-15	0.00	0.50	2.42
26	东方汇理银行	2004-10-15	0.00	0.75	7.41
27	高盛国际资产管理公司	2005-05-09	0.00	5.00	4.21
28	马丁可利投资管理有限公司	2005-10-25	0.00	1.20	7.64
29	新加坡政府投资有限公司	2005-10-25	7.00	10.00	10.17
30	柏瑞投资有限责任公司	2005-11-14	0.00	1.50	2.83
31	淡马锡富敦投资有限公司	2005-11-15	7.00	10.00	13.32
32	JF资产管理有限公司	2005-12-28	0.00	3.75	6.89
33	日本第一生命保险株式会社	2005-12-28	0.50	2.50	4.62
34	星展银行有限公司	2006-02-13	0.00	1.00	2.48
35	安保资本投资有限公司	2006-04-10	2.00	5.00	4.99
36	加拿大丰业银行	2006-04-10	0.00	1.50	2.86

数据来源：中国证监会
Source: CSRC

8-25　续表 1　continued

序号 No.	QFII公司名称 Company Name	取得资格时间 Qualification-obtaining Time	2012年获批额度(亿美元) Approved Quota in 2012 (100 million USD)	累计批准额度(亿美元) Cumulative Approved Quota (100 million USD)	基金资产规模(亿美元) Fund Asset Value (100 million USD)
37	比联金融产品英国有限公司	2006-04-10	0.00	0.20	1.62
38	法国爱德蒙得洛希尔银行	2006-04-10	1.00	2.00	4.91
39	耶鲁大学	2006-04-14	0.00	1.50	5.59
40	摩根士丹利投资管理公司	2006-07-07	0.00	4.50	4.74
41	英国保诚资产管理(香港)有限公司	2006-07-07	0.00	3.00	3.67
42	斯坦福大学	2006-08-05	0.00	1.00	2.13
43	通用电气资产管理公司	2006-08-05	-0.50	3.00	3.30
44	大华银行有限公司	2006-08-05	0.00	0.50	0.71
45	施罗德投资管理有限公司	2006-08-29	1.25	4.25	3.33
46	汇丰环球投资管理(香港)有限公司	2006-09-05	1.00	4.50	4.19
47	瑞穗证券株式会社	2006-09-05	0.00	0.50	0.49
48	瑞银环球资产管理(新加坡)有限公司	2006-09-25	0.00	2.50	3.30
49	三井住友资产管理株式会社	2006-09-25	0.00	3.50	2.05
50	挪威中央银行	2006-10-24	3.00	10.00	10.34
51	百达资产管理有限公司	2006-10-25	0.00	1.00	1.21
52	哥伦比亚大学	2008-03-12	0.00	1.00	1.65
53	保德信资产运用株式会社	2008-04-07	-0.75	0.00	0.00
54	荷宝基金管理公司	2008-05-05	0.85	2.35	2.13
55	道富环球投资管理亚洲有限公司	2008-05-16	0.00	0.50	0.34
56	铂金投资管理有限公司	2008-06-02	0.00	1.50	1.85
57	比利时联合资产管理有限公司	2008-06-02	0.00	2.10	0.52
58	未来资产基金管理公司	2008-07-25	0.00	2.50	1.91
59	安达国际控股有限公司	2008-08-05	0.00	1.50	1.79
60	魁北克储蓄投资集团	2008-08-22	0.00	2.00	2.90
61	哈佛大学	2008-08-22	0.00	2.00	0.47
62	三星资产运用株式会社	2008-08-25	1.50	4.50	2.96
63	联博有限公司	2008-08-28	0.00	1.50	1.00
64	华侨银行有限公司	2008-08-28	0.00	1.50	1.79
65	首域投资管理(英国)有限公司	2008-09-11	1.00	2.20	2.27
66	大和证券投资信托株式会社	2008-09-11	0.00	2.00	0.84
67	壳牌资产管理有限公司	2008-09-12	0.00	0.00	0.00
68	普信国际公司	2008-09-12	0.00	1.10	1.84
69	瑞士信贷银行股份有限公司	2008-10-14	1.00	3.00	1.75
70	大华资产管理有限公司	2008-11-28	0.00	0.50	0.39
71	阿布达比投资局	2008-12-03	3.00	5.00	5.92

8-25 续表 2 continued

序号 No.	QFII公司名称 Company Name	取得资格时间 Qualification-obtaining Time	2012年获批额度（亿美元） Approved Quota in 2012 (100 million USD)	累计批准额度（亿美元） Cumulative Approved Quota (100 million USD)	基金资产规模（亿美元） Fund Asset Value (100 million USD)
72	德盛安联资产管理卢森堡	2008-12-16	1.00	2.00	0.67
73	资本国际公司	2008-12-18	0.00	1.00	1.18
74	三菱日联摩根士丹利证券股份有限公司	2008-12-29	0.00	1.00	0.28
75	韩华投资信托管理株式会社	2009-02-05	1.68	2.38	0.87
76	安石新兴市场管理有限公司	2009-02-10	0.00	0.50	0.67
77	DWS投资管理有限公司	2009-02-24	0.00	2.00	0.37
78	韩国产业银行	2009-04-23	0.50	1.50	1.00
79	韩国友利银行股份有限公司	2009-05-04	0.00	0.50	0.45
80	马来西亚国家银行	2009-05-19	2.00	4.00	4.56
81	罗祖儒投资管理(香港)有限公司	2009-05-27	0.00	0.50	0.34
82	邓普顿投资顾问有限公司	2009-06-05	1.00	3.00	2.31
83	东亚联丰投资管理有限公司	2009-06-18	0.00	1.00	0.38
84	日本住友信托银行股份有限公司	2009-06-26	0.00	0.50	0.37
85	韩国投资信托运用株式会社	2009-07-21	1.00	2.00	2.01
86	霸菱资产管理有限公司	2009-08-06	0.00	2.00	0.64
87	安石投资管理有限公司	2009-09-14	1.50	3.50	1.91
88	纽约梅隆资产管理国际有限公司	2009-11-06	0.00	1.50	0.25
89	宏利资产管理(香港)有限公司	2009-11-20	1.00	3.00	1.92
90	野村资产管理株式会社	2009-11-23	1.50	3.50	1.87
91	东洋资产运用(株)	2009-12-11	-0.30	0.70	0.51
92	加拿大皇家银行	2009-12-23	0.00	1.00	0.98
93	英杰华投资集团全球服务有限公司	2009-12-28	0.00	1.00	0.98
94	常青藤资产管理公司	2010-02-08	0.00	1.00	0.97
95	达以安资产管理公司	2010-04-20	0.00	1.00	0.48
96	法国欧非资产管理公司	2010-05-21	0.00	1.50	1.00
97	安本亚洲资产管理公司	2010-07-06	0.00	2.00	2.10
98	KB资产运用	2010-08-09	0.00	1.00	0.78
99	富达基金(香港)有限公司	2010-09-01	1.50	3.00	3.06
100	美盛投资(欧洲)有限公司	2010-10-08	0.00	1.00	0.99
101	香港金融管理局	2010-10-27	7.00	10.00	10.51
102	富邦证券投资信托股份有限公司	2010-10-29	1.50	2.50	2.65
103	群益证券投资信托股份有限公司	2010-10-29	0.00	1.00	0.98
104	蒙特利尔银行投资公司	2010-12-06	1.00	1.00	0.00
105	瑞士宝盛银行	2010-12-14	0.00	1.00	0.91
106	科提比资产运用株式会社	2010-12-28	0.00	1.00	0.40

8-25 续表 3 continued

序号 No.	QFII公司名称 Company Name	取得资格时间 Qualification-obtaining Time	2012年获批额度（亿美元） Approved Quota in 2012 (100 million USD)	累计批准额度（亿美元） Cumulative Approved Quota (100 million USD)	基金资产规模（亿美元） Fund Asset Value (100 million USD)
107	领先资产管理	2011-02-16	0.00	1.00	0.28
108	元大宝来证券投资信托股份有限公司	2011-03-04	0.00	1.00	1.03
109	忠利保险有限公司	2011-03-18	0.00	1.00	1.11
110	西班牙对外银行有限公司	2011-05-06	0.00	1.00	0.51
111	国泰证券投资信托股份有限公司	2011-06-09	0.00	1.00	1.05
112	复华证券投资信托股份有限公司	2011-06-09	0.00	1.00	0.99
113	亢简资产管理公司	2011-06-24	1.00	1.00	0.72
114	东方汇理资产管理香港有限公司	2011-07-14	1.00	1.00	0.37
115	贝莱德机构信托公司	2011-07-14	1.00	1.00	1.15
116	GMO有限责任公司	2011-08-09	1.00	1.00	1.02
117	新加坡金融管理局	2011-10-08	1.00	1.00	1.01
118	中国人寿保险股份有限公司(台湾)	2011-10-26	1.00	1.00	1.08
119	新光人寿保险股份有限公司	2011-10-26	1.00	1.00	1.02
120	普林斯顿大学	2011-11-25	0.50	0.50	0.54
121	新光投信株式会社	2011-11-25	1.00	1.00	0.91
122	加拿大年金计划投资委员会	2011-12-09	1.00	1.00	1.05
123	泛达公司	2011-12-09	1.00	1.00	0.00
124	瀚博环球投资公司	2011-12-13	0.00	0.00	0.00
125	安耐德合伙人有限公司	2011-12-13	1.50	1.50	0.00
126	泰国银行	2011-12-16	3.00	3.00	3.04
127	科威特政府投资局	2011-12-21	3.00	3.00	3.30
128	北美信托环球投资公司	2011 12 21	1.00	1.00	0.00
129	台湾人寿保险股份有限公司	2011-12-21	1.00	1.00	1.02
130	韩国银行	2011-12-21	3.00	3.00	3.17
131	安大略省教师养老金计划委员会	2011-12-22	1.00	1.00	1.12
132	韩国投资公司	2011-12-28	2.00	2.00	2.33
133	罗素投资爱尔兰有限公司	2011-12-28	1.00	1.00	1.09
134	迈世勒资产管理有限责任公司	2011-12-31	2.00	2.00	0.00
135	华宜资产运用有限公司	2011-12-31	1.00	1.00	0.47
136	新韩法国巴黎资产运用株式会社	2012-01-05	1.00	1.00	0.79
137	家庭医生退休基金	2012-01-05	0.60	0.60	0.67
138	国民年金公团(韩国)	2012-01-05	1.00	1.00	1.10
139	三商美邦人寿保险股份有限公司	2012-01-30	0.50	0.50	0.48
140	保德信证券投资信托股份有限公司	2012-01-31	0.70	0.70	0.77
141	信安环球投资有限公司	2012-01-31	1.50	1.50	0.00

8-25 续表 4 continued

序号 No.	QFII公司名称 Company Name	取得资格时间 Qualification-obtaining Time	2012年获批额度 (亿美元) Approved Quota in 2012 (100 million USD)	累计批准额度 (亿美元) Cumulative Approved Quota (100 million USD)	基金资产规模 (亿美元) Fund Asset Value (100 million USD)
142	医院管理局公积金计划	2012-01-31	1.00	1.00	1.05
143	全球人寿保险股份有限公司	2012-02-03	1.50	1.50	0.76
144	大众信托基金有限公司	2012-02-03	0.00	0.00	0.00
145	明治安田资产管理有限公司	2012-02-27	0.00	0.00	0.00
146	国泰人寿保险股份有限公司	2012-02-28	1.50	1.50	1.69
147	三井住友银行株式会社	2012-02-28	1.00	1.00	0.32
148	富邦人寿保险股份有限公司	2012-03-01	1.50	1.50	1.58
149	美国友邦保险有限公司	2012-03-05	1.50	1.50	1.60
150	纽伯格伯曼欧洲有限公司	2012-03-05	1.00	1.00	1.12
151	马来西亚国库控股公司	2012-03-07	2.50	2.50	2.50
152	资金研究与管理公司	2012-03-09	1.00	1.00	1.15
153	日本东京海上资产管理株式会社	2012-03-14	0.00	0.00	0.00
154	韩亚大投证券株式会社	2012-03-29	0.00	0.00	0.00
155	兴元资产管理有限公司	2012-03-30	0.00	0.00	0.00
156	伦敦市投资管理有限公司	2012-03-30	1.00	1.00	1.06
157	摩根资产管理(英国)有限公司	2012-03-30	0.00	0.00	0.00
158	冈三资产管理股份有限公司	2012-03-30	0.50	0.50	0.27
159	预知投资管理公司	2012-04-18	0.50	0.50	0.00
160	东部资产运用株式会社	2012-04-20	0.00	0.00	0.00
161	骏利资产管理有限公司	2012-04-20	1.00	1.00	0.00
162	瑞穗投信投资顾问有限公司	2012-04-26	1.00	1.00	0.00
163	瀚森全球投资有限公司	2012-04-28	0.00	0.00	0.00
164	欧利盛资产管理有限公司	2012-05-02	0.00	0.00	0.00
165	中银国际英国保诚资产管理有限公司	2012-05-03	1.50	1.50	0.00
166	富敦资金管理有限公司	2012-05-04	2.50	2.50	0.00
167	利安资金管理公司	2012-05-07	0.00	0.00	0.00
168	忠利基金管理有限公司	2012-05-23	0.00	0.00	0.00
169	威廉博莱公司	2012-05-24	1.00	1.00	0.00
170	天达资产管理有限公司	2012-05-28	0.00	0.00	0.00
171	安智投资管理亚太(香港)有限公司	2012-06-04	1.50	1.50	0.00
172	三菱日联资产管理公司	2012-06-04	0.00	0.00	0.00
173	中银集团人寿保险有限公司	2012-07-12	0.00	0.00	0.00
174	霍尔资本有限公司	2012-08-06	0.00	0.00	0.00
175	得克萨斯大学体系董事会	2012-08-06	1.00	1.00	0.00
176	南山人寿保险股份有限公司	2012-08-06	2.00	2.00	0.00

8-25 续表 5 continued

序号 No.	QFII公司名称 Company Name	取得资格时间 Qualification-obtaining Time	2012年获批额度(亿美元) Approved Quota in 2012 (100 million USD)	累计批准额度(亿美元) Cumulative Approved Quota (100 million USD)	基金资产规模(亿美元) Fund Asset Value (100 million USD)
177	SUVA瑞士国家工伤保险机构	2012-08-13	3.00	3.00	0.00
178	不列颠哥伦比亚省投资管理公司	2012-08-17	0.00	0.00	0.00
179	惠理基金管理香港有限公司	2012-08-21	0.00	0.00	0.00
180	安大略退休金管理委员会	2012-08-29	1.50	1.50	0.00
181	教会养老基金	2012-08-31	0.00	0.00	0.00
182	麦格理银行有限公司	2012-09-04	2.00	2.00	0.00
183	瑞典第二国家养老金	2012-09-20	0.00	0.00	0.00
184	海通资产管理(香港)有限公司	2012-09-20	1.00	1.00	0.00
185	IDG资本管理(香港)有限公司	2012-09-20	0.00	0.00	0.00
186	杜克大学	2012-09-24	0.00	0.00	0.00
187	卡塔尔控股有限责任公司	2012-09-25	10.00	10.00	0.00
188	瑞士盈丰银行股份有限公司	2012-09-26	0.00	0.00	0.00
189	海拓投资管理公司	2012-10-26	0.00	0.00	0.00
190	奥博医疗股份有限公司	2012-10-26	0.00	0.00	0.00
191	新思路投资有限公司	2012-10-26	0.00	0.00	0.00
192	贝莱德资产管理北亚有限公司	2012-10-26	0.00	0.00	0.00
193	摩根证券投资信托股份有限公司	2012-11-05	0.00	0.00	0.00
194	全球保险集团美国投资管理有限公司	2012-11-05	0.00	0.00	0.00
195	鼎晖投资咨询新加坡有限公司	2012-11-07	0.00	0.00	0.00
196	瑞典北欧斯安银行有限公司	2012-11-12	0.00	0.00	0.00
197	嘉实国际资产管理有限公司	2012-11-12	0.00	0.00	0.00
198	灰石投资管理有限公司	2012-11-21	0.00	0.00	0.00
199	统一证券投资信托股份有限公司	2012-11-21	0.00	0.00	0.00
200	大和住银投信投资顾问株式会社	2012-11-19	0.00	0.00	0.00
201	毕盛资产管理有限公司	2012-11-27	0.00	0.00	0.00
202	中信证券国际投资管理(香港)有限公司	2012-12-11	0.00	0.00	0.00
203	太平洋投资策略有限公司	2012-12-11	0.00	0.00	0.00
204	易方达资产管理(香港)有限公司	2012-12-11	0.00	0.00	0.00
205	高瓴资本管理有限公司	2012-12-11	0.00	0.00	0.00
206	永丰证券投资信托股份有限公司	2012-12-13	0.00	0.00	0.00
207	华夏基金(香港)有限公司	2012-12-25	0.00	0.00	0.00

8-26 2012年人民币合格境外机构投资者(RQFII)名录
List of RQFII in 2012

序号 NO.	RQFII公司名称 Company Name	取得资格时间 Qualification-obtaining Time	2012年获批额度(亿元) Approved Quota in 2012 (100 million yuan)	累计批准额度(亿元) Cumulative Approved Quota(100 million yuan)	基金资产规模(亿元) Fund Asset Value(100 million yuan)
1	南方东英资产管理有限公司	2011-12-21	150.00	161.00	177.83
2	易方达资产管理(香港)有限公司	2011-12-21	119.00	119.00	116.96
3	嘉实国际资产管理有限公司	2011-12-21	50.00	61.00	34.11
4	华夏基金(香港)有限公司	2011-12-21	138.00	150.00	154.10
5	大成国际资产管理有限公司	2011-12-21	0.00	11.00	2.36
6	汇添富资产管理(香港)有限公司	2011-12-21	0.00	11.00	4.46
7	博时基金(国际)有限公司	2011-12-21	0.00	11.00	5.68
8	海富通资产管理(香港)有限公司	2011-12-21	0.00	11.00	0.84
9	华安资产管理(香港)有限公司	2011-12-21	0.00	11.00	10.66
10	申银万国(香港)有限公司	2011-12-22	0.00	9.00	8.71
11	安信国际金融控股有限公司	2011-12-22	0.00	9.00	1.06
12	中国国际金融(香港)有限公司	2011-12-22	9.00	9.00	7.97
13	国信证券(香港)金融控股有限公司	2011-12-22	9.00	9.00	9.04
14	光大证券金融控股有限公司	2011-12-22	9.00	9.00	9.00
15	华泰金融控股(香港)有限公司	2011-12-22	5.00	5.00	5.14
16	国泰君安金融控股有限公司	2011-12-22	9.00	9.00	3.70
17	海通国际控股有限公司	2011-12-22	9.00	9.00	8.84
18	广发控股(香港)有限公司	2011-12-22	9.00	9.00	8.50
19	招商证券国际有限公司	2011-12-22	9.00	9.00	2.70
20	中信证券国际有限公司	2011-12-22	9.00	9.00	3.75
21	国元证券(香港)有限公司	2011-12-22	5.00	5.00	3.02
22	工银瑞信资产管理(国际)有限公司	2012-08-07	8.00	8.00	0.00
23	广发国际资产管理有限公司	2012-08-07	8.00	8.00	0.00
24	上投摩根资产管理(香港)有限公司	2012-10-26	8.00	8.00	0.00
25	国投瑞银资产管理(香港)有限公司	2012-12-17	0.00	0.00	0.00
26	富国资产管理(香港)有限公司	2012-12-17	0.00	0.00	0.00

数据来源：中国证监会
Source: CSRC

8-27　2012年期货公司名录
List of Futures Companies in 2012

序号 No.	公司名称 Company Name	注册资本（亿元）Registered Capital (100 million yuan)	注册地 Place of Registration	成立时间 Established Time	从业人员数量（个）Number of Practitioner (unit)	2012年分类评级 Category Rating for 2012	是否具有以下业务资格: Business Qualification Available 金融期货经纪业务资格 Qualification for Financial Futures Brokerage Business	期货投资咨询业务资格 Qualification for Futures Investment Consulting Business	资产管理业务资格 Qualification for Asset Management Business
1	安粮期货有限公司	1.00	安徽	1996-07-09	154	B	是	否	否
2	安信期货有限责任公司	2.86	北京	2003-07-10	130	BB	是	是	否
3	宝城期货有限责任公司	1.20	浙江	1993-03-27	295	B	是	是	否
4	北方期货经纪有限责任公司	1.30	大连	1996-03-29	135	CC	是	否	否
5	北京首创期货有限责任公司	1.50	北京	1996-01-12	274	BB	是	是	否
6	北京中期期货有限公司	1.40	北京	2005-08-09	331	BBB	是	是	否
7	渤海期货有限公司	1.50	大连	1996-01-12	189	B	是	否	否
8	财达期货有限公司	1.00	天津	1996-03-01	66	CC	是	否	否
9	财富期货有限公司	2.00	青海	2004-07-22	46	B	是	否	否
10	成都倍特期货经纪有限公司	0.47	四川	1993-02-08	227	BB	是	否	否
11	创元期货经纪有限公司	1.20	江苏	1995-02-25	127	B	是	否	否
12	大地期货有限公司	2.40	浙江	1995-09-05	192	BBB	是	是	否
13	大华期货有限公司	3.00	上海	1995-11-21	253	CCC	是	否	否
14	大连良运期货经纪有限公司	1.00	大连	1996-03-21	138	CCC	是	是	否
15	大通期货经纪有限公司	0.30	黑龙江	1996-03-01	64	CC	是	否	否
16	大有期货有限公司	1.50	湖南	2002-07-28	222	CCC	是	是	否
17	道通期货经纪有限公司	0.50	江苏	1995-09-10	102	CCC	是	否	否
18	德盛期货有限公司	1.00	湖南	2005-08-01	229	CC	是	否	否
19	第一创业期货有限责任公司	1.00	北京	1993-03-31	63	C	是	否	否
20	东方汇金期货有限公司	1.30	吉林	2004-12-28	92	C	是	否	否
21	东海期货有限责任公司	2.00	江苏	1993-04-18	414	BBB	是	是	否
22	东航期货有限责任公司	1.00	上海	1995-02-21	85	B	是	是	否
23	东吴期货有限公司	2.00	上海	1993-03-18	249	B	是	是	否
24	东兴期货有限责任公司	2.88	上海	1995-10-23	83	CC	是	否	否
25	方正期货有限公司	2.00	湖南	1993-02-26	367	BBB	是	否	否
26	格林期货有限公司	2.80	北京	1993-02-28	336	BBB	是	是	否
27	冠通期货有限公司	1.00	北京	1996-12-03	241	B	是	是	否
28	光大期货有限公司	6.00	上海	1993-04-08	412	A	是	是	是
29	广东鸿海期货有限公司	0.50	深圳	1995-01-03	81	C	是	否	否
30	广发期货有限公司	11.00	广东	1993-03-23	430	A	是	是	是
31	广永期货有限公司	1.50	广东	2003-06-13	172	CC	是	是	否
32	广州期货有限公司	1.28	广东	2003-08-22	156	CCC	是	是	否
33	国都期货有限公司	2.00	北京	1992-09-24	179	CC	是	是	否

注：华元期货被中国国际期货合并，所以注册资本和从业人员数量为零。
数据来源：中国证监会
Source: CSRC

8-27 续表 1 continued

序号 No.	公司名称 Company Name	注册资本（亿元）Registered Capital (100 million yuan)	注册地 Place of Registration	成立时间 Established Time	从业人员数量（个）Number of Practitioner (unit)	2012年分类评级 Category Rating for 2012	是否具有以下业务资格: Business Qualification Available 金融期货经纪业务资格 Qualification for Financial Futures Brokerage Business	期货投资咨询业务资格 Qualification for Futures Investment Consulting Business	资产管理业务资格 Qualification for Asset Management Business
34	国富期货有限公司	0.65	大连	1992-12-16	36	CC	是	否	否
35	国海良时期货有限公司	2.00	浙江	1996-05-22	305	BBB	是	否	否
36	国金期货有限责任公司	1.50	四川	1993-07-28	175	CCC	是	是	否
37	国联期货有限责任公司	2.00	江苏	1993-04-30	324	BBB	是	是	否
38	国贸期货经纪有限公司	5.00	厦门	1995-12-07	296	BB	是	是	否
39	国泰君安期货有限公司	5.00	上海	2000-04-06	319	A	是	是	是
40	国投中谷期货有限公司	3.00	上海	1993-04-23	154	A	是	是	是
41	国信期货有限责任公司	6.00	河南	1995-05-04	240	BBB	是	是	否
42	国元海勤期货有限公司	2.00	北京	1996-04-17	141	CC	是	是	否
43	海航东银期货有限公司	1.00	深圳	1993-02-22	189	B	是	是	否
44	海南金海岸期货经纪有限公司	0.30	海南	1995-09-20	23	D	否	否	否
45	海通期货有限公司	10.00	上海	1993-03-18	560	A	是	是	是
46	海证期货有限公司	1.60	上海	1995-12-14	115	CC	是	是	否
47	和合期货经纪有限公司	0.30	山西	1993-04-22	56	C	是	否	否
48	和融期货经纪有限责任公司	0.85	天津	2001-04-24	48	CC	是	否	否
49	河北恒银期货经纪有限公司	0.50	河北	1999-09-21	98	C	是	否	否
50	黑龙江三力期货经纪有限责任公司	0.36	黑龙江	2000-08-02	24	D	否	否	否
51	黑龙江时代期货经纪有限公司	0.30	黑龙江	1996-02-12	27	D	否	否	否
52	恒泰期货有限公司	1.00	上海	1992-12-20	81	CC	是	是	否
53	弘业期货股份有限公司	6.80	江苏	1995-07-31	520	A	是	是	是
54	红塔期货有限责任公司	1.01	云南	1993-04-13	103	CCC	是	是	否
55	宏源期货有限公司	5.50	北京	1995-05-02	245	BB	是	是	否
56	华安期货有限责任公司	2.00	安徽	1995-05-15	194	BB	是	是	否
57	华创期货有限责任公司	1.00	重庆	1995-08-23	79	C	是	否	否
58	华海期货有限公司	0.40	辽宁	1993-04-18	64	CC	是	否	否
59	华联期货有限公司	1.00	广东	1993-04-10	148	CC	是	是	否
60	华龙期货有限公司	1.09	甘肃	1992-11-12	64	CC	是	是	否
61	华南期货经纪有限公司	0.50	广东	1993-12-31	19	D	否	否	否
62	华融期货有限责任公司	1.20	海南	1993-09-22	43	C	是	否	否
63	华泰长城期货有限公司	6.00	广东	1994-03-28	566	A	是	是	是
64	华闻期货经纪有限公司	1.00	上海	1995-07-31	84	CC	是	否	否
65	华西期货有限责任公司	2.00	四川	1993-03-20	95	B	是	是	否
66	华鑫期货有限公司	1.00	上海	1992-12-23	106	CCC	是	是	否

8-27 续表 2 continued

序号 No.	公司名称 Company Name	注册资本（亿元） Registered Capital (100 million yuan)	注册地 Place of Registration	成立时间 Established Time	从业人员数量（个） Number of Practitioner (unit)	2012年分类评级 Category Rating for 2012	是否具有以下业务资格: Business Qualification Available 金融期货经纪业务资格 Qualification for Financial Futures Brokerage Business	期货投资咨询业务资格 Qualification for Futures Investment Consulting Business	资产管理业务资格 Qualification for Asset Management Business
67	华元期货有限责任公司	0.00	上海	1995-10-30	0	C	是	是	否
68	华证期货有限公司	0.40	江苏	1995-05-19	92	D	是	否	否
69	徽商期货有限责任公司	0.52	安徽	1996-02-14	203	BB	是	否	否
70	集成期货有限公司	0.55	广东	1996-04-10	179	C	是	否	否
71	江海汇鑫期货有限公司	1.00	辽宁	1995-05-02	163	CCC	是	否	否
72	江南期货经纪有限公司	0.30	广东	1993-04-08	80	C	是	否	否
73	江苏东华期货有限公司	0.50	江苏	1993-10-19	131	CCC	是	否	否
74	江西瑞奇期货经纪有限公司	0.56	江西	1993-04-10	129	CCC	是	否	否
75	江信国盛期货有限责任公司	0.53	辽宁	1999-01-29	39	CC	是	否	否
76	金谷期货有限公司	0.80	天津	1995-06-26	32	CC	否	否	否
77	金鹏期货经纪有限公司	1.01	北京	1991-05-15	141	CCC	是	是	否
78	金瑞期货有限公司	2.04	深圳	1996-03-18	244	A	是	否	否
79	金石期货有限公司	0.66	新疆	1995-03-31	151	CCC	是	否	否
80	金信期货有限公司	1.00	湖南	1995-10-23	165	C	是	否	否
81	金友期货经纪有限责任公司	1.00	福建	1995-05-18	163	C	是	是	否
82	金元期货经纪有限公司	1.50	海南	1991-12-03	148	B	是	是	否
83	津投期货经纪有限公司	0.85	天津	2004-05-31	42	D	否	否	否
84	锦泰期货有限公司	3.00	江苏	1995-09-28	245	B	是	是	否
85	京都期货有限公司	1.00	北京	1993-03-06	39	CC	是	否	否
86	经易期货经纪有限公司	2.00	北京	1993-05-15	181	BB	是	是	否
87	鲁证期货股份有限公司	7.50	山东	1995-06-05	457	A	是	是	是
88	迈科期货经纪有限公司	1.20	陕西	1993-12-20	167	BBB	是	否	否
89	美尔雅期货经纪有限公司	0.60	湖北	1995-05-15	365	BB	是	否	否
90	民生期货有限公司	1.00	北京	1996-01-29	185	CCC	是	是	否
91	摩根大通期货有限公司	4.60	广东	1996-05-27	27	BB	是	否	否
92	南华期货股份有限公司	5.10	浙江	1996-05-28	991	A	是	是	是
93	南证期货有限责任公司	1.26	江苏	1995-05-18	172	CCC	是	是	否
94	宁波杉立期货经纪有限公司	1.00	宁波	1993-03-22	89	CCC	是	是	否
95	平安期货有限公司	1.20	深圳	1996-04-10	85	CCC	是	是	否
96	乾坤期货有限公司	1.50	深圳	1993-11-05	45	CC	是	否	否
97	瑞达期货股份有限公司	3.00	厦门	1993-03-24	544	BBB	是	是	是
98	山西三立期货经纪有限公司	0.30	山西	1993-12-20	105	CCC	是	否	否
99	上海大陆期货有限公司	1.26	上海	1993-04-21	220	BB	是	是	否

8-27 续表 3 continued

序号 No.	公司名称 Company Name	注册资本（亿元） Registered Capital (100 million yuan)	注册地 Place of Registration	成立时间 Established Time	从业人员数量（个） Number of Practitioner (unit)	2012年分类评级 Category Rating for 2012	是否具有以下业务资格: Business Qualification Available 金融期货经纪业务资格 Qualification for Financial Futures Brokerage Business	期货投资咨询业务资格 Qualification for Futures Investment Consulting Business	资产管理业务资格 Qualification for Asset Management Business
100	上海东方期货经纪有限责任公司	0.30	上海	1993-04-14	20	C	否	否	否
101	上海东亚期货有限公司	1.00	上海	1993-04-17	58	B	是	是	否
102	上海东证期货有限公司	5.00	上海	1995-12-08	268	A	是	是	是
103	上海金源期货有限公司	0.40	上海	1992-11-30	82	CCC	是	否	否
104	上海良茂期货经纪有限公司	0.70	上海	1993-04-26	167	CCC	是	否	否
105	上海普民期货经纪有限公司	0.30	上海	1995-07-10	16	D	否	否	否
106	上海通联期货有限公司	1.25	上海	1995-10-30	40	D	是	否	否
107	上海浙石期货经纪有限公司	2.00	上海	1995-05-19	47	C	是	否	否
108	上海中财期货有限公司	1.40	上海	1995-02-25	280	B	是	是	否
109	上海中期期货经纪有限公司	2.00	上海	1995-09-19	253	AA	是	是	否
110	申银万国期货有限公司	7.76	上海	1993-01-07	320	A	是	是	是
111	深圳金汇期货经纪有限公司	1.60	深圳	1993-03-19	62	CC	是	否	否
112	深圳瑞龙期货有限公司	1.00	深圳	1993-03-26	52	CC	是	否	否
113	神华期货经纪有限公司	0.50	深圳	1995-01-06	108	CCC	是	否	否
114	晟鑫期货经纪有限公司	0.70	山西	1995-11-22	115	CC	否	否	否
115	盛达期货有限公司	0.50	广东	2003-07-07	90	BB	是	否	否
116	天富期货有限公司	1.50	吉林	1996-04-17	121	CCC	是	是	否
117	天鸿期货经纪有限公司	0.63	上海	1996-06-13	53	CC	是	否	否
118	同信久恒期货有限责任公司	0.80	上海	1995-05-15	32	C	是	否	否
119	万达期货有限公司	5.06	河南	1993-04-08	361	A	是	是	是
120	文峰期货有限公司	1.00	江苏	1995-07-07	71	C	是	是	否
121	五矿期货有限公司	5.00	深圳	1993-04-21	174	BBB	是	否	否
122	西部期货有限公司	0.80	陕西	1993-03-29	101	CC	是	否	否
123	西南期货经纪有限公司	0.50	重庆	1995-06-26	36	C	是	否	否
124	湘财祈年期货经纪有限公司	1.10	上海	1993-04-09	150	CC	是	是	否
125	象屿期货有限责任公司	1.00	天津	1992-11-24	82	CC	是	是	否
126	新湖期货有限公司	2.25	上海	1995-10-23	447	BBB	是	是	是
127	新纪元期货有限公司	1.08	江苏	1995-03-15	153	BB	是	是	否
128	新疆天利期货经纪有限公司	0.30	新疆	1993-05-29	56	C	是	否	否
129	新晟期货有限公司	1.20	广东	1996-01-18	160	CC	是	否	否
130	鑫鼎盛期货有限公司	0.50	福建	1995-10-04	55	CC	是	否	否
131	信达期货有限公司	3.00	浙江	1995-10-05	287	BBB	是	是	否
132	兴业期货有限公司	3.30	福建	1995-12-14	263	B	是	否	否

8-27　续表 4　continued

序号 No.	公司名称 Company Name	注册资本（亿元） Registered Capital (100 million yuan)	注册地 Place of Registration	成立时间 Established Time	从业人员数量（个） Number of Practitioner (unit)	2012年分类评级 Category Rating for 2012	是否具有以下业务资格: Business Qualification Available 金融期货经纪业务资格 Qualification for Financial Futures Brokerage Business	期货投资咨询业务资格 Qualification for Futures Investment Consulting Business	资产管理业务资格 Qualification for Asset Management Business
133	一德期货有限公司	1.30	天津	1995-07-10	251	BB	是	是	否
134	银河期货有限公司	6.00	北京	2006-12-25	624	A	是	是	是
135	银建期货经纪有限责任公司	0.50	北京	1997-01-16	119	C	是	否	否
136	英大期货有限公司	3.50	北京	1996-04-17	230	BB	是	是	否
137	永安期货股份有限公司	8.60	浙江	1992-09-07	802	AA	是	是	是
138	云晨期货有限责任公司	1.10	云南	2002-03-07	61	CCC	是	否	否
139	长安期货有限公司	2.00	陕西	1993-04-06	85	CC	是	是	否
140	长江期货有限公司	3.10	湖北	1996-07-24	258	BBB	是	否	否
141	招金期货有限公司	1.00	山东	1993-04-09	111	C	是	是	否
142	招商期货有限公司	4.00	深圳	1993-01-04	106	A	是	是	否
143	浙江大越期货经纪有限责任公司	1.00	浙江	1995-09-14	131	B	是	是	否
144	浙江新世纪期货有限公司	1.50	浙江	1993-09-18	181	CCC	是	否	否
145	浙江中大期货有限公司	3.60	浙江	1993-09-18	421	A	是	是	否
146	浙商期货有限公司	5.00	浙江	1995-09-07	434	A	是	是	是
147	中电投先融期货有限公司	1.00	重庆	1995-08-23	97	CCC	是	是	否
148	中钢期货有限公司	2.80	北京	1996-07-10	124	BBB	是	是	否
149	中国国际期货有限公司	17.00	北京	1995-10-30	856	AA	是	是	是
150	中航期货经纪有限公司	0.65	深圳	1993-04-07	80	CCC	是	否	否
151	中辉期货经纪有限公司	0.62	山西	1993-12-04	279	BB	是	否	否
152	中粮期货有限公司	8.46	北京	1996-03-01	303	AA	是	是	是
153	中融汇信期货有限公司	2.00	吉林	1995-12-14	94	B	是	否	否
154	中投天琪期货有限公司	3.00	深圳	1996-03-01	212	BB	是	否	否
155	中信建投期货经纪有限公司	3.90	重庆	1993-03-16	339	BBB	是	是	否
156	中信新际期货有限公司	2.00	上海	1993-10-30	94	B	是	是	否
157	中衍期货有限公司	1.35	北京	1996-03-29	103	CCC	是	是	否
158	中银国际期货有限责任公司	1.00	海南	2008-01-21	68	CC	是	否	否
159	中原期货有限公司	1.10	河南	1993-04-18	166	C	是	否	否
160	中证期货有限公司	15.00	深圳	1993-03-30	721	AA	是	是	是
161	中州期货有限公司	1.00	山东	1995-09-21	127	CCC	是	是	否

8-28　2012年证券投资咨询机构名录
List of Securities Investment Consulting Institutions in 2012

序号 No.	机构名称 Company Name	注册地 Place of Registration
1	安徽大时代投资咨询有限公司	安徽
2	安徽华安新兴证券投资咨询有限责任公司	安徽
3	北京博星投资顾问有限公司	北京
4	北京东方高圣投资顾问有限公司	北京
5	北京海问咨询有限公司	北京
6	北京和众汇富咨询有限公司	北京
7	北京金美林投资顾问有限公司	北京
8	北京京放投资管理顾问有限责任公司	北京
9	北京君之创证券投资咨询有限公司	北京
10	北京盛世华商投资咨询有限公司	北京
11	北京首证投资顾问有限公司	北京
12	北京禧达丰证券投资顾问有限公司(立案稽查中)	北京
13	北京新兰德证券投资咨询有限责任公司	北京
14	北京中方信富投资管理咨询有限公司	北京
15	北京中富金石投资顾问有限责任公司	北京
16	北京中和应泰财务顾问有限公司	北京
17	北京中资北方投资顾问有限公司	北京
18	成都汇阳投资顾问有限公司	四川
19	重庆东金投资顾问有限公司	重庆
20	大连北部资产经营有限公司	大连
21	大连华讯投资咨询有限公司	大连
22	鼎信汇金(北京)投资管理有限公司	北京
23	福建天信投资咨询顾问有限公司	福建
24	福建中讯证券研究有限责任公司	福建
25	广东百灵信投资管理有限公司	广东
26	广东博众证券投资咨询有限公司	广东
27	广东科德投资顾问有限公司	广东
28	广州广证恒生证券投资咨询有限公司	广东
29	广州汇正财经顾问有限公司	广东
30	广州市万隆证券咨询顾问有限公司	广东
31	广州越声理财咨询有限公司	广东
32	哈尔滨大富证券投资顾问有限公司	黑龙江
33	哈尔滨新思路投资咨询有限公司	黑龙江
34	海南港澳资讯产业股份有限公司	海南
35	杭州顶点财经证券投资顾问有限公司	浙江
36	杭州海能证券投资顾问有限公司	浙江
37	和讯信息科技有限公司	北京
38	河北源达证券投资咨询有限公司	河北
39	河南九鼎德盛投资顾问有限公司	河南
40	黑龙江省容维投资顾问有限责任公司	黑龙江
41	湖南金证投资咨询顾问有限公司	湖南
42	江苏金百临投资咨询有限公司	江苏
43	江苏天鼎投资咨询有限公司	江苏
44	联合信用投资咨询有限公司	天津
45	宁波海顺投资咨询有限公司	宁波
46	青岛市大摩投资咨询有限公司	青岛

数据来源：中国证监会
Source: CSRC

8-28 续表 continued

序号 No.	机构名称 Company Name	注册地 Place of Registration
47	厦门高能投资咨询有限公司	厦门
48	厦门金相投资咨询有限公司	厦门
49	厦门市新汇通投资咨询有限公司	厦门
50	厦门市鑫鼎盛证券投资咨询服务有限公司	厦门
51	山东神光咨询服务有限责任公司	山东
52	山东英大投资顾问有限责任公司	山东
53	陕西巨丰投资资讯有限责任公司	陕西
54	上海大智慧投资咨询有限公司	上海
55	上海东方财富证券研究所有限公司	上海
56	上海金汇信息系统有限公司	上海
57	上海凯石证券投资咨询有限公司	上海
58	上海迈步投资管理有限公司	上海
59	上海荣正投资咨询有限公司	上海
60	上海森洋投资咨询有限公司	上海
61	上海申银万国证券研究所有限公司	上海
62	上海世基投资顾问有限公司	上海
63	上海新兰德证券投资咨询顾问有限公司	上海
64	上海新资源证券咨询有限公司	上海
65	上海亚商投资顾问有限公司	上海
66	上海益邦投资咨询有限公司	上海
67	上海益盟操盘手证券研究有限公	上海
68	上海涌金理财顾问有限公司	上海
69	上海证联投资咨询服务有限责任公司	上海
70	上海证券通投资资讯科技有限公司	上海
71	上海证券之星综合研究有限公司	上海
72	上海中广信息传播咨询有限公司	上海
73	深圳大德汇富咨询顾问有限公司	深圳
74	深圳君银证券投资咨询顾问有限公司	深圳
75	深圳市芙浪特证券投资顾问有限公司	深圳
76	深圳市国诚投资咨询有限公司	深圳
77	深圳市怀新企业投资顾问有限公司	深圳
78	深圳市珞珈投资咨询有限公司	深圳
79	深圳市新兰德证券投资咨询有限公司	深圳
80	深圳市智多盈投资顾问有限公司	深圳
81	深圳市中证投资资讯有限公司	深圳
82	深圳市尊悦证券投资顾问有限公司	深圳
83	沈阳麟龙投资顾问有限公司	辽宁
84	四川大决策证券投资顾问有限公司	四川
85	四川省钱坤证券投资咨询有限公司	四川
86	天津证券投资咨询有限公司	天津
87	天相投资顾问有限公司	北京
88	云南产业投资管理有限公司	云南
89	浙江同花顺投资咨询有限公司	浙江

8-29 2012年外资证券经营机构驻华代表处名录

List of Chinese Representative Offices of Foreign Securities Institutions in 2012

序号 No.	机构名称 Company Name	所在地 Location
1	安智投资管理亚太(香港)有限公司北京代表处	北京
2	澳大利亚罗素投资集团有限公司北京代表处	北京
3	巴克莱证券有限公司上海代表处	上海
4	标准人寿投资公司北京代表处	北京
5	布朗兄弟哈里曼(香港)有限公司北京代表处	北京
6	城市信贷投资银行有限公司北京代表处	北京
7	大和投资管理(香港)有限公司上海代表处	上海
8	大和证券株式会社北京代表处	北京
9	大华证券(香港)有限公司上海代表处	上海
10	大宇证券股份有限公司上海代表处	上海
11	道富环球投资管理亚洲有限公司上海代表处	上海
12	德盛安联资产管理香港有限公司上海代表处	上海
13	德意志银行股份有限公司(证券业务)北京代表处	北京
14	德意志银行股份有限公司(证券业务)上海代表处	上海
15	邓普顿国际股份有限公司北京代表处	北京
16	东方汇理基金管理公司北京代表处	北京
17	东洋证券股份有限公司上海代表处	上海
18	法国安盛投资管理巴黎公司北京代表处	北京
19	法国巴黎投资管理亚洲有限公司上海代表处	上海
20	法国巴黎资本(亚洲)有限公司北京代表处	北京
21	法国巴黎资本(亚洲)有限公司上海代表处	上海
22	法国巴黎资产管理有限公司北京代表处	北京
23	法国外贸银行(证券业务)北京代表处	北京
24	法国兴业银行(香港)有限公司上海代表处	上海
25	法盛全球资产管理公司北京代表处	北京
26	富邦综合证券股份有限公司北京代表处	北京
27	富邦综合证券股份有限公司厦门代表处	厦门
28	富邦综合证券股份有限公司上海代表处	上海
29	富昌证券有限公司深圳代表处	深圳
30	富达基金(香港)有限公司北京代表处	北京
31	富达基金(香港)有限公司上海代表处	上海
32	冈三证券股份有限公司上海代表处	上海
33	高盛(中国)有限责任公司北京代表处	北京
34	高盛(中国)有限责任公司上海代表处	上海
35	海通国际证券有限公司上海代表处	上海
36	韩国爱思开证券股份有限公司上海代表处	上海
37	韩国大信证券股份有限公司上海代表处	上海
38	韩国大宇证券股份有限公司北京代表处	北京
39	韩国华宜资产运用株式会社上海代表处	上海
40	韩国三星证券公司上海代表处	上海
41	韩国投资信托运用株式会社上海代表处	上海
42	韩国未来资产证券株式会社北京代表处	北京
43	韩国现代证券公司上海代表处	上海

数据来源：中国证监会
Source: CSRC

8-29 续表 1 continued

序号 No.	机构名称 Company Name	所在地 Location
44	韩国友利投资证券股份有限公司北京代表处	北京
45	韩华证券股份有限公司上海代表处	上海
46	韩国韩亚大投证券株式会社北京代表处	北京
47	荷宝基金管理公司上海代表处	上海
48	恒生投资管理有限公司深圳代表处	深圳
49	宏富投资管理有限公司北京代表处	北京
50	花旗环球金融亚洲有限公司上海代表处	上海
51	花旗环球金融中国有限公司北京代表处	北京
52	华南永昌综合证券股份有限公司上海代表处	上海
53	汇富金融服务有限公司北京代表处	北京
54	加皇投资理财有限公司北京代表处	北京
55	加拿大帝国商业银行世界市场公司(证券业务)北京代表处	北京
56	交银国际控股有限公司北京代表处	北京
57	结好证券有限公司宁波代表处	宁波
58	京华山一国际(香港)有限公司北京代表处	北京
59	凯基证券亚洲有限公司上海代表处	上海
60	凯基证券亚洲有限公司深圳代表处	深圳
61	科提比资产运用株式会社上海代表处	上海
62	蓝泽证券股份有限公司上海代表处	上海
63	里昂证券有限公司北京代表处	北京
64	里昂证券有限公司上海代表处	上海
65	里昂证券有限公司深圳代表处	深圳
66	洛希尔中国控股有限公司北京代表处	北京
67	洛希尔中国控股有限公司上海代表处	上海
68	马丁可利投资管理有限公司上海代表处	上海
69	麦格理证券(澳大利亚)股份有限公司上海代表处	上海
70	美国飞腾投资公司北京代表处	北京
71	美国富瑞金融集团上海代表处	上海
72	美国桥水投资公司北京代表处	北京
73	美国先锋投资管理公司北京代表处	北京
74	美林国际有限公司北京代表处	北京
75	美林国际有限公司上海代表处	上海
76	蒙特利尔银行利时证券公司北京代表处	北京
77	明富环球新加坡私人有限公司(证券业务)上海代表处	上海
78	摩根大通证券(亚太)有限公司上海代表处	上海
79	摩根士丹利亚洲有限公司北京代表处	北京
80	摩根士丹利亚洲有限公司上海代表处	上海
81	摩乃科斯证券股份有限公司北京代表处	北京
82	内藤证券公司上海代表处	上海
83	派杰公司上海代表处	上海
84	群益国际控股有限公司上海代表处	上海
85	日本大和住银投信投资顾问株式会社上海代表处	上海
86	日本瑞穗证券股份有限公司北京代表处	北京

8-29 续表 2 continued

序号 No.	机构名称 Company Name	所在地 Location
87	日本瑞穗证券股份有限公司上海代表处	上海
88	日本三井住友信托银行股份有限公司(证券业务)北京代表处	北京
89	日本野村证券株式会社北京代表处	北京
90	日盛嘉富证券国际有限公司上海代表处	上海
91	瑞士信贷(香港)有限公司北京代表处	北京
92	瑞士信贷(香港)有限公司上海代表处	上海
93	瑞银环球资产管理(香港)有限公司北京代表处	北京
94	瑞银证券亚洲有限公司北京代表处	北京
95	瑞银证券亚洲有限公司上海代表处	上海
96	三井住友资产管理股份有限公司上海代表处	上海
97	三菱日联证券股份有限公司北京代表处	北京
98	施罗德集团北京代表处	北京
99	苏皇融资亚洲有限公司北京代表处	北京
100	苏皇融资亚洲有限公司深圳代表处	深圳
101	苏皇证券亚洲有限公司上海代表处	上海
102	台湾宝来证券股份有限公司北京代表处	北京
103	台湾复华证券投资信托股份有限公司上海代表处	上海
104	台湾摩根大通证券(亚太)有限公司北京代表处	北京
105	台湾元大宝来证券股份有限公司上海代表处	上海
106	台湾元大宝来证券投资信托股份有限公司上海代表处	上海
107	太平洋顶峰证券有限公司北京代表处	北京
108	统一证券(香港)有限公司上海代表处	上海
109	统一综合证券股份有限公司厦门代表处	厦门
110	威廉-博莱有限责任公司上海代表处	上海
111	韦仕投资银行集团有限合伙上海代表处	上海
112	未来资产迈普斯资产运用株式会社上海代表处	上海
113	现汽投资证券股份有限公司北京代表处	北京
114	香港贝莱德资产管理北亚有限公司北京代表处	北京
115	香港博大证券有限公司上海代表处	上海
116	香港第一金和昇证券有限公司上海代表处	上海
117	香港第一上海融资有限公司北京代表处	北京
118	香港国浩资本有限公司北京代表处	北京
119	香港华富嘉洛证券有限责任公司沈阳代表处	辽宁
120	香港景顺投资管理有限公司北京代表处	北京
121	香港联昌证券有限公司上海代表处	上海
122	香港摩根资产管理有限公司北京代表处	北京
123	香港上海汇丰银行有限公司(证券业务)北京代表处	北京
124	香港上海汇丰银行有限公司(证券业务)上海代表处	上海
125	香港威灵顿环球投资管理有限公司北京代表处	北京
126	香港星展亚洲融资有限公司北京代表处	北京
127	香港英仕曼投资(香港)有限公司北京代表处	北京
128	香港致富证券有限公司北京代表处	北京

8-29　续表 3　continued

序号 No.	机构名称 Company Name	所在地 Location
129	新百利有限公司北京代表处	北京
130	新韩金融投资股份有限公司上海代表处	上海
131	新鸿基投资服务有限公司(证券业务)广州代表处	广东
132	新鸿基投资服务有限公司(证券业务)南京代表处	江苏
133	新鸿基投资服务有限公司上海代表处	上海
134	新鸿基投资服务有限公司深圳代表处	深圳
135	新加坡安本亚洲资产管理有限公司上海代表处	上海
136	新加坡东京海上国际资产管理有限公司上海代表处	上海
137	新加坡富敦资金管理公司北京代表处	北京
138	新加坡利安资金管理公司上海代表处	上海
139	新加坡摩根士丹利投资管理公司北京代表处	北京
140	信安环球投资有限公司北京代表处	北京
141	星展唯高达香港有限公司上海代表处	上海
142	星展亚洲融资有限公司上海代表处	上海
143	野村投资管理香港有限公司上海代表处	上海
144	野村证券株式会社上海代表处	上海
145	益华证券有限公司上海代表处	上海
146	英国百能投资管理有限公司北京代表处	北京
147	英国纽约银行梅隆资产管理国际有限公司北京代表处	北京
148	英国施罗德集团上海代表处	上海
149	英杰华投资集团全球服务有限公司上海代表处	上海
150	盈透证券有限公司上海代表处	上海
151	永丰金证券(亚洲)有限公司上海代表处	上海
152	友利投资证券公司上海代表处	上海
153	元大宝来证券(香港)有限公司深圳代表处	深圳
154	元大宝来证券股份有限公司北京代表处	北京
155	元大证券(香港)有限公司上海代表处	上海
156	元富证券(香港)有限公司厦门代表处	厦门
157	元富证券(香港)有限公司上海代表处	上海
158	元富证券(香港)有限公司深圳代表处	深圳
159	渣打证券(香港)有限公司北京代表处	北京
160	渣打证券(香港)有限公司上海代表处	上海
161	兆丰资本(亚洲)有限公司北京代表处	北京
162	兆丰资本(亚洲)有限公司上海代表处	上海
163	兆丰资本(亚洲)有限公司深圳代表处	深圳
164	致富证券有限公司上海代表处	上海
165	致富证券有限公司深圳代表处	深圳
166	中银国际控股有限公司北京代表处	北京
167	卓亚(企业融资)有限公司上海代表处	上海

主要统计指标解释

证券公司家数　指统计期末已获得中国证监会颁发经营证券业务许可证的证券公司数量合计。证券公司家数以获得经营证券业务许可证为标准，已办理机构注销的证券公司从统计中剔除。

证券公司分公司家数　指统计期末经中国证监会批准，依法设立的从事证券业务的证券公司分公司数量合计。

证券公司营业部家数　指统计期末经中国证监会批准，依法设立的从事证券业务的营业网点数量合计。证券营业部家数以获得经营证券业务许可证为标准，已办理机构注销的证券营业部从统计中剔除。

期货公司家数　指统计期末经中国证监会批准，并获得中国证监会颁发经营期货业务许可证的期货公司数量合计。期货公司家数以获得经营期货业务许可证为标准，已办理机构注销的期货公司从统计中剔除。

期货公司营业部家数　指统计期末经中国证监会批准，依法设立的从事期货业务的营业网点数量合计。期货营业部家数以获得经营期货业务许可证为标准，已办理机构注销的期货营业部从统计中剔除。

基金管理公司家数　指统计期末经中国证监会批准，并获得基金管理资格证书的基金管理公司的数量合计。基金管理公司家数以获得基金管理资格证书为标准，已办理取消基金管理资格证书的基金管理公司从统计中剔除。

基金管理公司子公司家数　指统计期末经中国证监会批准，依法设立的从事基金管理业务的基金管理公司子公司数量合计。

证券投资咨询机构家数　指统计期末取得中国证监会业务许可的证券投资咨询机构的数量合计。指为证券投资人或者客户提供证券投资分析、预测或者建议等直接或者间接有偿咨询服务的机构的数量合计。

总资产　指统计期末证券期货经营机构全部资产总额合计。

净资产　指统计期末证券期货经营机构净资产合计。

净资本　指统计期末证券公司和期货公司净资本金额的合计。

营业收入　指统计期内证券期货经营机构营业收入金额合计。包括手续费及佣金净收入、受托客户资产管理业务净收入、利息净收入、投资收益、公允价值变动收益、汇兑净收益及其他业务收入等。

利润总额　指统计期内证券期货经营机构利润总额的合计。

净利润　指统计期内证券期货经营机构净利润的合计。

风险资本准备总额　指统计期末全部证券公司风险资本准备的合计。

代理买卖证券业务净收入　指统计期内证券公司代理投资者进行证券买卖的金额合计。代理买卖证券总额包含证券公司出租交易单元上所发生的证券买卖金额。

资产管理业务规模　指统计期末证券公司、基金管理公司和期货公司提供专业资产管理服务的资产金额合计，一般按公允价值计算。

期货公司客户权益总额　指统计期末由期货公司代理进行期货交易的客户的资产总额合计，包括被合约占用的保证金以及未被合约占用的可用资金。

就业人员数量　指统计期末在证券公司、基金管理公司和期货公司工作的人员数量合计。

贰零壹叁

附录

Appendix

贰零壹叁

附录1-1 世界主要国家的证券化率

	2011		2012	
	GDP(十亿美元)	证券化率(%)	GDP(十亿美元)	证券化率(%)
中国	7321.94	46.60	8227.10	44.94
美国	14991.30	104.33	15684.80	119.02
日本	5896.79	56.39	5959.72	58.37
英国	2444.88	133.60	2435.17	139.48
法国	2779.72	88.02	2612.88	108.39
德国	3600.83	32.90	3399.59	43.72
俄罗斯	1899.09	40.58	2014.77	40.96
印度	1872.85	53.78	1841.72	68.60
巴西	2476.65	49.62	2252.66	54.49
南非	401.80	196.37	384.31	236.19
韩国	1114.47	89.38	1129.60	104.41

注：1.计算证券化率所使用股市市值数据来自世界交易所联合会,即该经济体的世界交易所联合会会员交易所国内股市市值之和；

2.GDP数据来自世界银行。

数据来源：世界银行、世界交易所联合会

Source: WORLDBANK、WFE

附录1-2 世界主要交易所业务量排名表

中文名称	英文名称	2011				2012			
		市值		成交金额		市值		成交金额	
		交易所市值(百万美元)	排名	成交金额(百万美元)	排名	交易所市值(百万美元)	排名	成交金额(百万美元)	排名
纽约证券交易所	NYSE Euronext(US)	11795575.45	1	18027085.56	1	14085944.12	1	13442719.57	1
纳斯达克证券交易所	NASDAQ OMX	3845131.59	2	12723510.59	2	4582389.09	2	9784206.24	2
东京证券交易所	Tokyo SE Group	3325387.76	3	3971891.82	3	3478831.52	3	3463094.79	3
伦敦证券交易所	London SE Group	3266418.15	4	2836991.57	6	3396504.93	4	2194257.44	6
泛欧证券交易所	NYSE Euronext(Europe)	2446767.49	5	2134213.36	7	2832188.53	5	1576120.69	7
香港证券交易所	Hong Kong Exchanges	2258035.20	7	1444609.95	11	2831945.86	6	1106068.49	11
上海证券交易所	Shanghai SE	2357423.32	6	3657977.93	4	2547203.79	7	2598805.40	4
多伦多证券交易所集团	TMX Group	1912121.91	8	1542173.88	10	2058838.69	8	1357293.03	9
法兰克福证券交易所	Deutsche Börse	1184500.16	11	1758185.19	9	1486314.81	9	1275949.37	10
澳大利亚证券交易所	Australian SE	1198187.41	10	1196707.22	13	1386873.96	10	935987.51	12
孟买证券交易所	BSE India	1007182.90	15	148488.33	27	1263335.50	11	110345.89	29
印度国家证券交易所	National Stock Exchange India	985269.43	17	588843.14	18	1234491.96	12	526162.70	18
瑞士证券交易所	SIX Swiss Exchange	1089519.37	12	886526.48	16	1233438.94	13	585204.91	17
巴西交易所	BM&FBOVESPA	1228936.23	9	930698.27	14	1227447.02	14	875417.55	13
韩国证券交易所	Korea Exchange	996139.92	16	2029097.84	8	1179419.47	15	1517896.93	8
深圳证券交易所	Shenzhen SE	1054684.97	13	2838053.74	5	1150172.25	16	2369079.56	5
OMX交易所	NASDAQ OMX Nordic Exchange	842100.87	18	828307.80	17	995719.17	17	586971.24	16
西班牙马德里交易所	BME Spanish Exchanges	1030987.55	14	1227913.37	12	995088.45	18	851827.60	14
约翰内斯堡证券交易所(南非)	Johannesburg SE	789037.13	19	372177.24	21	907723.20	19	335909.68	22
莫斯科银行间货币交易所	MICEX/RTS	770609.01	20	514330.51	19	825340.47	20	337110.70	21

注：1.各交易所市值为国内市值，包括各自国内公司在该交易所的上市股票市值、外国公司(还在其他交易所上市)在该交易所上市股票市值及外国公司(仅在该交易所上市)的所有股份(包括不在该交易所上市部分)市值；

2.此表仅对WFE的会员进行排名,样本选用2012年末股市市值全球排名前20位的交易所，但在其它排名时考虑其他交易所；

3.成交金额仅指Electronic order book的成交金额；

4.莫斯科银行间外汇交易所(MICEX)和俄罗斯交易系统(RTS)11年12月20日宣布合并,12年排名数据均为合并后数据，11年排名时仅取MICEX的数据。

数据来源：世界交易所联合会

Source: WFE

附录1-3　世界主要经济体资本市场业务量排名表

名称	所属区域	2011				2012			
		市值		成交金额		市值		成交金额	
		市值(百万美元)	排名	成交金额(百万美元)	排名	市值(百万美元)	排名	成交金额(百万美元)	排名
美国	美洲	15640707.04	1	30750596.15	1	18668333.21	1	23226925.81	1
中国	亚洲	3412108.29	2	6496031.68	2	3697376.04	2	4967884.96	2
日本	亚洲	3325387.76	3	3971891.82	3	3478831.52	3	3463094.79	3
英国	欧洲	3266418.15	4	2836991.57	4	3396504.93	4	2194257.44	4
法国	欧洲	2446767.49	5	2134213.36	5	2832188.53	5	1576120.69	5
香港	亚洲	2258035.20	6	1444609.95	9	2831945.86	6	1106068.49	9
加拿大	美洲	1912121.91	7	1542173.88	8	2058838.69	7	1357293.03	7
德国	欧洲	1184500.16	10	1758185.19	7	1486314.81	8	1275949.37	8
澳大利亚	亚洲	1198187.41	9	1196707.22	11	1386873.96	9	935987.51	10
印度	亚洲	1007182.90	13	148488.33	25	1263335.50	10	110345.89	25
瑞士	欧洲	1089519.37	11	886526.48	14	1233438.94	11	585204.91	15
巴西	美洲	1228936.23	8	930698.27	12	1227447.02	12	875417.55	11
韩国	亚洲	996139.92	14	2029097.84	6	1179419.47	13	1517896.93	6
瑞典	欧洲	842100.87	15	828307.80	15	995719.17	14	586971.24	14
西班牙	欧洲	1030987.55	12	1227913.37	10	995088.45	15	851827.60	12
南非	非洲	789037.13	16	372177.24	19	907723.20	16	335909.68	19
俄罗斯	欧洲	770609.01	17	514330.51	17	825340.47	17	337110.70	18
新加坡	亚洲	598272.70	19	285118.24	21	765077.96	18	256055.92	20
台湾	亚洲	635505.80	18	889903.69	13	735292.57	19	678514.52	13
墨西哥	美洲	408689.83	20	121640.34	27	525056.68	20	126138.98	23

注：1.各主要经济体市值为所在地在各经济体的会员交易所国内市值合计；
2.此表样本选用2012年末股市市值全球排名前20位的经济体，但在其它排名时考虑其他经济体；
3.法国市值为泛欧交易所市值，包含法国、荷兰、比利时、葡萄牙四个国家的市值，因为无法单独提取，所以使用泛欧交易所市值作为法国市值进行计算，法国实际市值应为泛欧交易所市值60%左右；
4.由于印度国家证券交易所和孟买证券交易所市值存在重复统计,因此,按照世界交易所联合会只将孟买证券交易所市值作为印度市值。(成交和筹资相应只计算孟买交易所)
5.由于大阪证券交易所和东京证券交易所市值存在重复统计,因此,按照世界交易所联合会只将东京证券交易所市值作为日本市值。(成交和筹资相应只取东京交易所)

数据来源：世界交易所联合会
Source: WFE

附录1-4 世界期货及期权市场前30大交易所排名表

中文名称	英文名称	2011		2012	
		名次	期货和期权成交量(手)	名次	期货和期权成交量(手)
芝加哥商业交易所集团	CME Group	2	3386986678	1	2890036506
欧洲期权与期货交易所	Eurex	3	2821502018	2	2291465606
印度国家证券交易所	National Stock Exchange of India	5	2200366650	3	2010493487
纽约泛欧交易所集团	NYSE Euronext	4	2283472810	4	1951376420
韩国交易所	Korea Exchange	1	3927956666	5	1835617727
巴西期货交易所-圣保罗证券交易所	BM&FBovespa	6	1500444003	6	1635957604
芝加哥期权交易所集团	CBOE Holdings	8	1216922087	7	1134316703
纳斯达克OMX集团	Nasdaq OMX	7	1295641151	8	1115529138
莫斯科交易所	Moscow Exchange	-	-	9	1061835904
印度多种商品交易所	Multi Commodity Exchange of India	9	1196322051	10	959613240
大连商品交易所	Dalian Commodity Exchange	15	289047000	11	633042976
洲际交易所	IntercontinentalExchange	12	381097787	12	473895526
上海期货交易所	Shanghai Futures Exchange	14	308239140	13	365329379
郑州商品交易所	Zhengzhou Commodity Exchange	11	406390664	14	347091533
澳大利亚证券交易所	ASX Group	16	225353623	15	259966030
孟买证券交易所	BSE(Bombay Stock Exchange)	-	-	16	243757257
加拿大TMX集团	TMX Group	17	201660687	17	209352769
大阪证券交易所	Osaka Securities Exchange	18	194176001	18	205130168
伦敦金属交易所	London Metal Exchange	21	146597545	19	159719781
南非约翰内斯堡证券交易所	JSE South Africa	20	166197652	20	158996880
台湾期货交易所	Taiwan Futures Exchange	19	182995171	21	156731912
BATS交易所	BATS Exchange	21	148338460	22	130624660
香港交易所	Hong Kong Exchanges and Clearing	23	140493472	23	119802638
中国金融期货交易所	China Financial Futures Exchange	-	-	24	105061825
新加坡交易所	Singapore Exchange	28	72119650	25	80548318
伦敦证券交易所集团	London Stock Exchange Group	26	86285501	26	68584760
特拉维夫证券交易所	Tel-Aviv Stock Exchange	25	98965159	27	67179795
阿根廷金融期货期权交易所	MEFF	29	67572131	28	67176529
东京金融交易所	Tokyo Financial Exchange	22	144901960	29	66925893
土耳其衍生品交易所	Turkish Derivatives Exchange	27	74287630	30	62474464

注：1.排名不包括未向FIA报告交易数据的交易所；
2.此表样本选用2012年期货和期权成交量全球排名前30位的交易所，但在2011年排名时考虑其他交易所。
数据来源：美国期货业协会
Source: FIA

附录1-5 上市公司名录

序号	公司全称	股票代码	股票简称	行业分类
1	平安银行股份有限公司	000001	平安银行	金融业
2	万科企业股份有限公司	000002	万科A	房地产业
3	深圳中国农大科技股份有限公司	000004	国农科技	制造业
4	深圳世纪星源股份有限公司	000005	世纪星源	房地产业
5	深圳市振业(集团)股份有限公司	000006	深振业A	房地产业
6	深圳市零七股份有限公司	000007	零七股份	住宿和餐饮业
7	广东宝利来投资股份有限公司	000008	宝利来	住宿和餐饮业
8	中国宝安集团股份有限公司	000009	中国宝安	综合
9	北京深华新股份有限公司	000010	ST华新	制造业
10	深圳市物业发展(集团)股份有限公司	000011	深物业A	房地产业
11	中国南玻集团股份有限公司	000012	南玻A	制造业
12	沙河实业股份有限公司	000014	沙河股份	房地产业
13	康佳集团股份有限公司	000016	深康佳A	制造业
14	深圳中华自行车(集团)股份有限公司	000017	*ST中华A	制造业
15	深圳中冠纺织印染股份有限公司	000018	*ST中冠A	制造业
16	深圳市深宝实业股份有限公司	000019	深深宝A	制造业
17	深圳中恒华发股份有限公司	000020	深华发A	制造业
18	深圳长城开发科技股份有限公司	000021	长城开发	制造业
19	深圳赤湾港航股份有限公司	000022	深赤湾A	交通运输、仓储和邮政业
20	深圳市天地(集团)股份有限公司	000023	深天地A	制造业
21	招商局地产控股股份有限公司	000024	招商地产	房地产业
22	深圳市特力(集团)股份有限公司	000025	特力A	批发和零售业
23	飞亚达(集团)股份有限公司	000026	飞亚达A	批发和零售业
24	深圳能源集团股份有限公司	000027	深圳能源	电力、热力、燃气及水生产和供应业
25	国药集团一致药业股份有限公司	000028	国药一致	批发和零售业
26	深圳经济特区房地产(集团)股份有限公司	000029	深深房A	房地产业
27	富奥汽车零部件股份有限公司	000030	富奥股份	制造业
28	中粮地产(集团)股份有限公司	000031	中粮地产	房地产业
29	深圳市桑达实业股份有限公司	000032	深桑达A	制造业
30	深圳新都酒店股份有限公司	000033	新都酒店	住宿和餐饮业
31	深圳市深信泰丰(集团)股份有限公司	000034	深信泰丰	综合
32	中国科健股份有限公司	000035	*ST科健	制造业
33	华联控股股份有限公司	000036	华联控股	房地产业
34	深圳南山热电股份有限公司	000037	深南电A	电力、热力、燃气及水生产和供应业
35	深圳大通实业股份有限公司	000038	深大通	房地产业
36	中国国际海运集装箱(集团)股份有限公司	000039	中集集团	制造业
37	宝安鸿基地产集团股份有限公司	000040	宝安地产	房地产业
38	深圳市长城投资控股股份有限公司	000042	深长城	房地产业
39	中航地产股份有限公司	000043	中航地产	房地产业
40	深圳市纺织(集团)股份有限公司	000045	深纺织A	批发和零售业
41	泛海建设集团股份有限公司	000046	泛海建设	房地产业
42	深圳市康达尔(集团)股份有限公司	000048	康达尔	制造业
43	深圳市德赛电池科技股份有限公司	000049	德赛电池	制造业
44	天马微电子股份有限公司	000050	深天马A	制造业
45	方大集团股份有限公司	000055	方大集团	制造业
46	深圳市国际企业股份有限公司	000056	*ST国商	房地产业
47	深圳赛格股份有限公司	000058	深赛格	租赁和商务服务业
48	辽宁华锦通达化工股份有限公司	000059	辽通化工	制造业
49	深圳市中金岭南有色金属股份有限公司	000060	中金岭南	制造业
50	深圳市农产品股份有限公司	000061	农产品	租赁和商务服务业
51	深圳华强实业股份有限公司	000062	深圳华强	租赁和商务服务业

注：同时发A、B股公司所用股票代码和简称均为其A股股票代码和简称。
数据来源：上海证券交易所、深圳证券交易所
Source:SSE、SZSE

股本总数（股）	第一大股东名称	第一大股东持股数量(股)	所占比重(%)	上市地点
5123350416	中国平安保险(集团)股份有限公司-集团本级-自有资金	2159807516	42.16	深圳
10995553118	华润股份有限公司	1619094766	14.72	深圳
83976684	深圳中农大科技投资有限公司	21914667	26.10	深圳
914333607	中国投资有限公司	184240445	20.15	深圳
1285709568	深圳市人民政府国有资产监督管理委员会	256268040	19.93	深圳
230965363	广州博融投资有限公司	40206226	17.41	深圳
151800820	深圳市宝安宝利来实业有限公司	95196593	62.71	深圳
1090750529	深圳市富安控股有限公司	134630379	12.34	深圳
147017448	重庆瑞达投资有限公司	35393074	24.07	深圳
595979092	深圳市建设投资控股公司	323783371	54.33	深圳
2075335560	中国北方工业公司	75167934	3.62	深圳
201705187	深业沙河(集团)有限公司	64591422	32.02	深圳
1203972704	华侨城集团公司	228754783	19.00	深圳
551347947	深圳市国晟能源投资发展有限公司	65098412	11.81	深圳
169142356	华联控股股份有限公司	43141032	25.51	深圳
250900154	深圳市农产品股份有限公司	47895097	19.09	深圳
283161227	武汉中恒新科技产业集团有限公司	116489894	41.14	深圳
1319277781	长城科技股份有限公司	654839851	49.64	深圳
644763730	中国南山开发(集团)股份有限公司	370878000	57.52	深圳
138756240	深圳市东部开发(集团)有限公司	41612938	29.99	深圳
1717300503	招商局蛇口工业区有限公司	693419317	40.38	深圳
220281600	深圳市特发集团有限公司	145870560	66.22	深圳
392767870	中航国际控股股份有限公司	162977327	41.49	深圳
2642994398	深圳市深能能源管理有限公司	1684644423	63.74	深圳
288149400	国药控股股份有限公司	110459748	38.33	深圳
1011660000	深圳市投资控股有限公司	642884262	63.55	深圳
288420000	广东盛润集团股份有限公司破产企业财产处置专用账户	64997408	22.54	深圳
1813731596	中粮集团有限公司	918665014	50.65	深圳
232864320	深圳桑达电子集团有限公司	97849865	42.02	深圳
329402050	深圳市瀚明投资有限公司	45551000	13.83	深圳
357973531	中国希格玛有限公司	78306968	21.88	深圳
188953707	中国科健股份有限公司破产企业财产处置专用账户	38947147	20.61	深圳
1123887712	华联发展集团有限公司	352049301	31.32	深圳
602762596	深圳广聚实业有限公司	100769712	16.72	深圳
96227998	青岛亚星实业有限公司	43101098	44.79	深圳
2662396051	HKSCC NOMINEES LIMITED	1430480509	53.73	深圳
469593364	中国宝安集团控股有限公司	92962319	19.80	深圳
239463040	深圳市人民政府国有资产监督管理委员会	71239307	29.75	深圳
666961416	中航国际控股股份有限公司	149087820	22.35	深圳
336521849	深圳市投资控股有限公司	182611460	54.26	深圳
4557311768	中国泛海控股集团有限公司	3357159952	73.67	深圳
390768671	深圳市华超投资集团有限公司	94298857	24.10	深圳
136829159	惠州市德赛工业发展有限公司	64736189	47.31	深圳
574237500	中航国际控股股份有限公司	261976786	45.62	深圳
756909905	深圳市邦林科技发展有限公司	68774273	9.09	深圳
220901184	百利亚太投资有限公司	30264192	13.70	深圳
784799010	深圳市赛格集团有限公司	237359666	30.24	深圳
1200506367	北方华锦化学工业集团有限公司	613930000	51.14	深圳
2062940880	广东省广晟资产经营有限公司	654593573	31.73	深圳
1383314131	深圳市人民政府国有资产监督管理委员会	341379666	24.68	深圳
666949797	深圳华强集团有限公司	499977800	74.96	深圳

附录1-5 续表 1

序号	公司全称	股票代码	股票简称	行业分类
52	中兴通讯股份有限公司	000063	中兴通讯	制造业
53	北方国际合作股份有限公司	000065	北方国际	建筑业
54	中国长城计算机深圳股份有限公司	000066	长城电脑	制造业
55	深圳华控赛格股份有限公司	000068	华控赛格	制造业
56	深圳华侨城股份有限公司	000069	华侨城A	水利、环境和公共设施管理业
57	深圳市特发信息股份有限公司	000070	特发信息	制造业
58	深圳市海王生物工程股份有限公司	000078	海王生物	批发和零售业
59	深圳市盐田港股份有限公司	000088	盐田港	交通运输、仓储和邮政业
60	深圳市机场股份有限公司	000089	深圳机场	交通运输、仓储和邮政业
61	深圳市天健(集团)股份有限公司	000090	深天健	建筑业
62	深圳市广聚能源股份有限公司	000096	广聚能源	批发和零售业
63	中信海洋直升机股份有限公司	000099	中信海直	交通运输、仓储和邮政业
64	TCL集团股份有限公司	000100	TCL集团	制造业
65	宜华地产股份有限公司	000150	宜华地产	房地产业
66	中成进出口股份有限公司	000151	中成股份	批发和零售业
67	安徽丰原药业股份有限公司	000153	丰原药业	制造业
68	川化股份有限公司	000155	川化股份	制造业
69	华数传媒控股股份有限公司	000156	华数传媒	文化、体育和娱乐业
70	中联重科股份有限公司	000157	中联重科	制造业
71	石家庄常山纺织股份有限公司	000158	常山股份	制造业
72	新疆国际实业股份有限公司	000159	国际实业	批发和零售业
73	江苏吴江中国东方丝绸市场股份有限公司	000301	东方市场	电力、热力、燃气及水生产和供应业
74	潍柴动力股份有限公司	000338	潍柴动力	制造业
75	许继电气股份有限公司	000400	许继电气	制造业
76	唐山冀东水泥股份有限公司	000401	冀东水泥	制造业
77	金融街控股股份有限公司	000402	金融街	房地产业
78	振兴生化股份有限公司	000403	*ST生化	制造业
79	华意压缩机股份有限公司	000404	华意压缩	制造业
80	山东胜利股份有限公司	000407	胜利股份	制造业
81	金谷源控股股份有限公司	000408	金谷源	批发和零售业
82	泰复实业股份有限公司	000409	泰复实业	采矿业
83	沈阳机床股份有限公司	000410	沈阳机床	制造业
84	浙江英特集团股份有限公司	000411	英特集团	批发和零售业
85	石家庄宝石电子玻璃股份有限公司	000413	宝石A	制造业
86	渤海租赁股份有限公司	000415	渤海租赁	租赁和商务服务业
87	民生投资管理股份有限公司	000416	民生投资	批发和零售业
88	合肥百货大楼集团股份有限公司	000417	合肥百货	批发和零售业
89	无锡小天鹅股份有限公司	000418	小天鹅A	制造业
90	长沙通程控股股份有限公司	000419	通程控股	批发和零售业
91	吉林化纤股份有限公司	000420	吉林化纤	制造业
92	南京中北(集团)股份有限公司	000421	南京中北	综合
93	湖北宜化化工股份有限公司	000422	湖北宜化	制造业
94	山东东阿阿胶股份有限公司	000423	东阿阿胶	制造业
95	徐工集团工程机械股份有限公司	000425	徐工机械	制造业
96	内蒙古兴业矿业股份有限公司	000426	兴业矿业	采矿业
97	华天酒店集团股份有限公司	000428	华天酒店	住宿和餐饮业
98	广东省高速公路发展股份有限公司	000429	粤高速A	交通运输、仓储和邮政业
99	张家界旅游集团股份有限公司	000430	张家界	水利、环境和公共设施管理业
100	山东晨鸣纸业集团股份有限公司	000488	晨鸣纸业	制造业
101	山东高速路桥集团股份有限公司	000498	山东路桥	建筑业
102	武汉武商集团股份有限公司	000501	鄂武商A	批发和零售业

continued

股本总数(股)	第一大股东名称	第一大股东持股数量(股)	所占比重(%)	上市地点
3440078020	深圳市中兴新通讯设备有限公司	1058191944	30.76	深圳
162437120	中国万宝工程公司	88387159	54.41	深圳
1323593886	长城科技股份有限公司	713647921	53.92	深圳
896671464	深圳赛格股份有限公司	201345033	22.45	深圳
7271498566	华侨城集团公司	4116991411	56.62	深圳
250000000	深圳市特发集团有限公司	122841186	49.14	深圳
652510385	深圳海王集团股份有限公司	180455603	27.66	深圳
1942200000	深圳市盐田港集团有限公司	1308450000	67.37	深圳
1690254380	深圳市机场(集团)有限公司	1037059200	61.36	深圳
502300722	深圳市人民政府国有资产监督管理委员会	182583159	36.35	深圳
528000000	深圳市广聚投资控股(集团)有限公司	304171468	57.61	深圳
513600000	中国中海直有限责任公司	239572064	46.65	深圳
8476218834	惠州市投资控股有限公司	830572858	9.80	深圳
324000000	宜华企业(集团)有限公司	157085616	48.48	深圳
295980000	中国成套设备进出口(集团)总公司	148252133	50.09	深圳
260009200	安徽省无为制药厂	38353742	14.75	深圳
470000000	四川化工控股(集团)有限责任公司	298400000	63.49	深圳
1097025730	华数数字电视传媒集团有限公司	595674536	54.30	深圳
7705954050	香港中央结算(代理人)有限公司 (HKSCC NOMINEES LIMITED)	1427757105	18.53	深圳
718861000	石家庄常山纺织集团有限责任公司	345514011	48.06	深圳
481139294	新疆对外经济贸易(集团)有限责任公司	147100000	30.57	深圳
1218236445	江苏吴江丝绸集团有限公司	447013980	36.69	深圳
1999309639	香港中央结算代理人有限公司	485760000	24.30	深圳
378272000	许继集团有限公司	73317220	19.38	深圳
1347522914	冀东发展集团有限责任公司	520510653	38.63	深圳
3027079809	北京金融街投资(集团)有限公司	803606493	26.55	深圳
211683491	振兴集团有限公司	61621064	29.11	深圳
324581218	四川长虹电器股份有限公司	97100000	29.92	深圳
649232044	山东胜利投资股份有限公司	59915447	9.23	深圳
252301500	北京路源世纪投资管理有限公司	54187670	21.48	深圳
472709345	安徽丰原集团有限公司	45979053	26.83	深圳
545470884	沈阳机床(集团)有限责任公司	230993686	42.35	深圳
207449946	浙江华辰投资发展有限公司	44299945	21.35	深圳
383000000	石家庄宝石电子集团有限责任公司	110785500	28.93	深圳
1269252972	海航资本控股有限公司	569921395	44.90	深圳
531871494	中国泛海控股集团有限公司	119981428	22.56	深圳
779884200	合肥市建设投资控股(集团)有限公司	172598505	22.13	深圳
632487764	广东美的电器股份有限公司	222661571	35.20	深圳
543582655	长沙通程实业(集团)有限公司	245226284	45.11	深圳
378257464	吉林化纤集团有限责任公司	80398684	21.26	深圳
351684100	南京公用控股(集团)有限公司	105730560	30.06	深圳
897866712	湖北宜化集团有限责任公司	151313890	16.85	深圳
654021537	华润东阿阿胶有限公司	151351731	23.14	深圳
2062758154	徐工集团工程机械有限公司	1016110858	49.26	深圳
437942869	内蒙古兴业集团股份有限公司	144598699	33.02	深圳
718926000	华天实业控股集团有限公司	326637675	45.43	深圳
1257117748	广东省交通集团有限公司	513328290	40.83	深圳
320835149	张家界市经济发展投资集团有限公司	96317863	30.02	深圳
2062045941	香港中央结算代理人有限公司	389749000	18.90	深圳
440700000	山东高速集团有限公司	679439063	60.66	深圳
507248590	武汉商联(集团)股份有限公司	111719692	22.02	深圳

附录1-5　续表 2

序号	公司全称	股票代码	股票简称	行业分类
103	绿景控股股份有限公司	000502	绿景控股	房地产业
104	海虹企业(控股)股份有限公司	000503	海虹控股	信息传输、软件和信息技术服务业
105	北京赛迪传媒投资股份有限公司	000504	ST传媒	文化、体育和娱乐业
106	海南珠江控股股份有限公司	000505	*ST珠江	房地产业
107	中润资源投资股份有限公司	000506	中润资源	房地产业
108	珠海港股份有限公司	000507	珠海港	交通运输、仓储和邮政业
109	华塑控股股份有限公司	000509	S*ST华塑	制造业
110	四川金路集团股份有限公司	000510	金路集团	制造业
111	沈阳银基发展股份有限公司	000511	银基发展	房地产业
112	丽珠医药集团股份有限公司	000513	丽珠集团	制造业
113	重庆渝开发股份有限公司	000514	渝开发	房地产业
114	西安开元投资集团股份有限公司	000516	开元投资	批发和零售业
115	荣安地产股份有限公司	000517	荣安地产	房地产业
116	江苏四环生物股份有限公司	000518	四环生物	制造业
117	湖南江南红箭股份有限公司	000519	江南红箭	制造业
118	长航凤凰股份有限公司	000520	*ST凤凰	交通运输、仓储和邮政业
119	合肥美菱股份有限公司	000521	美菱电器	制造业
120	广州白云山制药股份有限公司	000522	白云山A	制造业
121	广州市浪奇实业股份有限公司	000523	广州浪奇	制造业
122	广州市东方宾馆股份有限公司	000524	东方宾馆	住宿和餐饮业
123	南京红太阳股份有限公司	000525	红太阳	制造业
124	厦门银润投资股份有限公司	000526	银润投资	房地产业
125	广东美的电器股份有限公司	000527	美的电器	制造业
126	广西柳工机械股份有限公司	000528	柳工	制造业
127	广东广弘控股股份有限公司	000529	广弘控股	制造业
128	大连冷冻机股份有限公司	000530	大冷股份	制造业
129	广州恒运企业集团股份有限公司	000531	穗恒运A	电力、热力、燃气及水生产和供应业
130	力合股份有限公司	000532	力合股份	综合
131	广东万家乐股份有限公司	000533	万家乐	制造业
132	万泽实业股份有限公司	000534	万泽股份	房地产业
133	华映科技(集团)股份有限公司	000536	华映科技	制造业
134	天津广宇发展股份有限公司	000537	广宇发展	房地产业
135	云南白药集团股份有限公司	000538	云南白药	制造业
136	广东电力发展股份有限公司	000539	粤电力A	电力、热力、燃气及水生产和供应业
137	中天城投集团股份有限公司	000540	中天城投	房地产业
138	佛山电器照明股份有限公司	000541	佛山照明	制造业
139	安徽省皖能股份有限公司	000543	皖能电力	电力、热力、燃气及水生产和供应业
140	中原环保股份有限公司	000544	中原环保	电力、热力、燃气及水生产和供应业
141	吉林金浦钛业股份有限公司	000545	金浦钛业	制造业
142	吉林光华控股集团股份有限公司	000546	光华控股	房地产业
143	神州学人集团股份有限公司	000547	闽福发A	制造业
144	湖南投资集团股份有限公司	000548	湖南投资	交通运输、仓储和邮政业
145	江铃汽车股份有限公司	000550	江铃汽车	制造业
146	创元科技股份有限公司	000551	创元科技	综合
147	甘肃靖远煤电股份有限公司	000552	靖远煤电	采矿业
148	湖北沙隆达股份有限公司	000553	沙隆达A	制造业
149	中国石化山东泰山石油股份有限公司	000554	泰山石油	批发和零售业
150	深圳市太光电信股份有限公司	000555	*ST太光	制造业
151	广夏(银川)实业股份有限公司	000557	*ST广夏	制造业
152	莱茵达置业股份有限公司	000558	莱茵置业	房地产业
153	万向钱潮股份有限公司	000559	万向钱潮	制造业

continued

股本总数(股)	第一大股东名称	第一大股东持股数量(股)	所占比重(%)	上市地点
184819607	广州市天誉房地产开发有限公司	41864466	22.65	深圳
898822204	中海恒实业发展有限公司	240837052	26.79	深圳
311573901	湖南省信托有限责任公司	79701655	25.58	深圳
426745404	北京市万发房地产开发有限责任公司	112479478	26.36	深圳
774181468	金安投资有限公司	365184528	47.17	深圳
620995356	珠海港控股集团有限公司	155597823	25.06	深圳
250009885	济南鑫银投资有限公司	62915700	25.17	深圳
609182254	四川宏达(集团)有限公司	31336614	5.14	深圳
1154832011	沈阳银基集团有限责任公司	254959267	22.08	深圳
295721852	健康元药业集团股份有限公司	77510167	26.21	深圳
767064514	重庆市城市建设投资(集团)有限公司	489590090	63.83	深圳
713419721	陕西世纪新元商业管理有限公司	148837260	20.86	深圳
1061307495	荣安集团股份有限公司	828000000	78.02	深圳
1029556222	广州盛景投资有限公司	40000000	3.89	深圳
191153600	江南工业集团有限公司	41250500	21.58	深圳
674722303	中国长江航运(集团)总公司	180281001	26.72	深圳
763739205	四川长虹电器股份有限公司	164828330	21.58	深圳
469053689	广州医药集团有限公司	166900000	35.58	深圳
445163588	广州轻工工贸集团有限公司	156790098	35.22	深圳
269673744	广州市东方酒店集团有限公司	100301686	37.19	深圳
507246849	南京第一农药集团有限公司	227008007	44.75	深圳
96195107	深圳椰林湾投资策划有限公司	27438544	28.52	深圳
3384347650	美的集团股份有限公司	1393273124	41.17	深圳
1125242136	广西柳工集团有限公司	393562664	34.98	深圳
583790330	广东省广弘资产经营有限公司	298819676	51.19	深圳
350014975	大连冰山集团有限公司	76855683	21.96	深圳
342541410	广州凯得控股有限公司	89457355	26.12	深圳
344708340	珠海水务集团有限公司	46011541	13.35	深圳
690816000	广州汇顺投资有限公司	171645093	24.85	深圳
496552096	万泽集团有限公司	278501429	56.09	深圳
700493506	中华映管(百慕大)股份有限公司	495765572	70.77	深圳
512717581	鲁能集团有限公司	102632930	20.02	深圳
694266479	云南白药控股有限公司	288284398	41.52	深圳
4375236655	广东省粤电集团有限公司	2948297867	67.39	深圳
1278812292	金世旗国际控股股份有限公司	531076275	41.53	深圳
978563745	欧司朗控股有限公司	131815685	13.47	深圳
773008816	安徽省能源集团有限公司	421587541	54.54	深圳
269459799	郑州市热力总公司	87405937	32.44	深圳
158243632	广州无线电集团有限公司	30362500	19.19	深圳
169506479	江苏开元资产管理有限公司	23136348	13.65	深圳
834878240	福建国力民生科技投资有限公司	184906129	22.15	深圳
499215811	长沙市环路建设开发有限公司	151322140	30.31	深圳
863214000	江铃控股有限公司	354176000	41.03	深圳
400080405	苏州创元投资发展(集团)有限公司	136408809	34.10	深圳
177870000	靖远煤业集团有限责任公司	83800761	47.11	深圳
593923220	沙隆达集团公司	119687202	20.15	深圳
480793320	中国石油化工股份有限公司	118140120	24.57	深圳
90627680	昆山市申昌科技有限公司	19897057	21.95	深圳
686133996	宁夏宁东铁路股份有限公司	100430245	14.64	深圳
630269150	莱茵达控股集团有限公司	315564765	50.07	深圳
1593263574	万向集团公司	820993934	51.53	深圳

附录1-5 续表 3

序号	公司全称	股票代码	股票简称	行业分类
154	昆明百货大楼(集团)股份有限公司	000560	昆百大A	批发和零售业
155	陕西烽火电子股份有限公司	000561	烽火电子	制造业
156	宏源证券股份有限公司	000562	宏源证券	金融业
157	陕西省国际信托股份有限公司	000563	陕国投A	金融业
158	西安民生集团股份有限公司	000564	西安民生	批发和零售业
159	重庆三峡油漆股份有限公司	000565	渝三峡A	制造业
160	海南海药股份有限公司	000566	海南海药	制造业
161	海南海德实业股份有限公司	000567	海德股份	房地产业
162	泸州老窖股份有限公司	000568	泸州老窖	制造业
163	常柴股份有限公司	000570	苏常柴A	制造业
164	新大洲控股股份有限公司	000571	新大洲A	采矿业
165	海马汽车集团股份有限公司	000572	海马汽车	制造业
166	东莞宏远工业区股份有限公司	000573	粤宏远A	房地产业
167	江门甘蔗化工厂(集团)股份有限公司	000576	广东甘化	制造业
168	无锡威孚高科技集团股份有限公司	000581	威孚高科	制造业
169	北海港股份有限公司	000582	北海港	交通运输、仓储和邮政业
170	四川友利投资控股股份有限公司	000584	友利控股	制造业
171	东北电气发展股份有限公司	000585	东北电气	制造业
172	四川汇源光通信股份有限公司	000586	汇源通信	制造业
173	金叶珠宝股份有限公司	000587	金叶珠宝	制造业
174	贵州轮胎股份有限公司	000589	黔轮胎A	制造业
175	紫光古汉集团股份有限公司	000590	紫光古汉	制造业
176	重庆桐君阁股份有限公司	000591	桐君阁	批发和零售业
177	福建中福实业股份有限公司	000592	中福实业	农、林、牧、渔业
178	四川大通燃气开发股份有限公司	000593	大通燃气	批发和零售业
179	天津国恒铁路控股股份有限公司	000594	*ST国恒	批发和零售业
180	西北轴承股份有限公司	000595	西北轴承	制造业
181	安徽古井贡酒股份有限公司	000596	古井贡酒	制造业
182	东北制药集团股份有限公司	000597	东北制药	制造业
183	成都市兴蓉投资股份有限公司	000598	兴蓉投资	电力、热力、燃气及水生产和供应业
184	青岛双星股份有限公司	000599	青岛双星	制造业
185	河北建投能源投资股份有限公司	000600	建投能源	电力、热力、燃气及水生产和供应业
186	广东韶能集团股份有限公司	000601	韶能股份	电力、热力、燃气及水生产和供应业
187	广东金马旅游集团股份有限公司	000602	金马集团	电力、热力、燃气及水生产和供应业
188	盛达矿业股份有限公司	000603	盛达矿业	采矿业
189	四环药业股份有限公司	000605	四环药业	制造业
190	青海明胶股份有限公司	000606	青海明胶	制造业
191	浙江华智控股股份有限公司	000607	华智控股	制造业
192	阳光新业地产股份有限公司	000608	阳光股份	房地产业
193	北京绵世投资集团股份有限公司	000609	绵世股份	房地产业
194	西安旅游股份有限公司	000610	西安旅游	水利、环境和公共设施管理业
195	内蒙古四海科技股份有限公司	000611	四海股份	制造业
196	焦作万方铝业股份有限公司	000612	焦作万方	制造业
197	海南大东海旅游中心股份有限公司	000613	大东海A	住宿和餐饮业
198	湖北金环股份有限公司	000615	湖北金环	制造业
199	亿城集团股份有限公司	000616	亿城股份	房地产业
200	济南柴油机股份有限公司	000617	*ST济柴	制造业
201	芜湖海螺型材科技股份有限公司	000619	海螺型材	制造业
202	新华联不动产股份有限公司	000620	新华联	房地产业
203	岳阳恒立冷气设备股份有限公司	000622	岳阳恒立	制造业
204	吉林敖东药业集团股份有限公司	000623	吉林敖东	制造业

continued

股本总数(股)	第一大股东名称	第一大股东持股数量(股)	所占比重(%)	上市地点
164528662	华夏西部经济开发有限公司	41835200	25.43	深圳
595844701	陕西烽火通信集团有限公司	252085786	42.31	深圳
1986204166	中国建银投资有限责任公司	1192103665	60.02	深圳
578413026	陕西煤业化工集团有限责任公司	200000000	34.58	深圳
473311834	海航商业控股有限公司	185969920	39.29	深圳
173436888	重庆化医控股(集团)公司	70308593	40.54	深圳
495189948	深圳市南方同正投资有限公司	107332728	21.68	深圳
151200000	海南祥源投资有限公司	33793137	22.35	深圳
1398268476	泸州老窖集团有限责任公司	300000000	21.46	深圳
561374326	常州市人民政府国有资产监督管理委员会	168497736	30.02	深圳
736064000	海南新元投资有限公司	89481652	12.16	深圳
1644636426	海南汽车有限公司	473600000	28.80	深圳
622755604	广东宏远集团有限公司	102856241	16.52	深圳
322861324	德力西集团有限公司	64000000	19.82	深圳
680133995	无锡产业发展集团有限公司	136039599	20.00	深圳
142122609	广西北部湾国际港务集团有限公司	57964958	40.79	深圳
408882893	江苏双良科技有限公司	133943746	32.76	深圳
873370000	香港中央结算(代理人)有限公司	247567998	28.35	深圳
193440000	明君集团科技有限公司	40000000	20.68	深圳
557134734	深圳九五投资有限公司	166861852	29.95	深圳
488904304	贵阳市工业投资(集团)有限公司	165444902	33.84	深圳
223331267	紫光集团有限公司	40233439	18.02	深圳
274630983	重庆太极实业(集团)股份有限公司	136878000	49.84	深圳
847407034	山田林业开发(福建)有限公司	304061203	35.88	深圳
223336429	天津大通投资集团有限公司	51676886	23.14	深圳
1493771892	深圳市国恒实业发展有限公司	206310436	13.81	深圳
216829334	宁夏宝塔石化集团有限公司	43365867	20.00	深圳
503600000	安徽古井集团有限责任公司	271404022	53.89	深圳
333809998	东北制药集团有限责任公司	75095156	22.50	深圳
1153571700	成都市兴蓉集团有限公司	482963998	41.87	深圳
524828478	双星集团有限责任公司	106581644	20.31	深圳
913660121	河北建设投资集团有限责任公司	502590283	55.01	深圳
925551669	韶关市工业资产经营有限公司	155949490	16.85	深圳
1009148298	神华国能集团有限公司	796970494	78.97	深圳
504988667	北京盛达振兴实业有限公司	230497482	45.64	深圳
93225000	天津泰达投资控股有限公司	51975000	55.75	深圳
472113600	天津泰达科技风险投资股份有限公司	61896369	13.11	深圳
487731995	华立集团股份有限公司	114690754	23.52	深圳
749913309	RECO SHINE PTE LTD	218400000	29.12	深圳
298095522	北京中北能能源科技有限责任公司	77504854	26.00	深圳
196747901	西安旅游集团有限责任公司	63419900	32.23	深圳
321822022	浙江众禾投资有限公司	50000000	15.54	深圳
480176083	中国铝业股份有限公司	115251064	24.00	深圳
364100000	海口农工贸(罗牛山)股份有限公司	61190270	16.81	深圳
211677316	湖北嘉信投资集团有限公司	34668370	16.38	深圳
1191862021	乾通科技实业有限公司	238147019	19.98	深圳
287539200	中国石油集团济柴动力总厂	172523520	60.00	深圳
360000000	安徽海螺集团有限责任公司	115445455	32.07	深圳
1597970649	新华联控股有限公司	1054337608	65.98	深圳
141742000	深圳市傲盛霞实业有限公司	30000000	21.17	深圳
894438433	敦化市金诚实业有限责任公司	212096547	23.71	深圳

附录1-5 续表 4

序号	公司全称	股票代码	股票简称	行业分类
205	重庆长安汽车股份有限公司	000625	长安汽车	制造业
206	连云港如意集团股份有限公司	000626	如意集团	批发和零售业
207	天茂实业集团股份有限公司	000627	天茂集团	制造业
208	成都高新发展股份有限公司	000628	高新发展	建筑业
209	攀钢集团钒钛资源股份有限公司	000629	攀钢钒钛	采矿业
210	铜陵有色金属集团股份有限公司	000630	铜陵有色	制造业
211	顺发恒业股份公司	000631	顺发恒业	房地产业
212	福建三木集团股份有限公司	000632	三木集团	批发和零售业
213	沈阳合金投资股份有限公司	000633	合金投资	制造业
214	宁夏英力特化工股份有限公司	000635	英力特	制造业
215	广东风华高新科技股份有限公司	000636	风华高科	制造业
216	茂名石化实华股份有限公司	000637	茂化实华	制造业
217	万方城镇投资发展股份有限公司	000638	万方发展	批发和零售业
218	西王食品股份有限公司	000639	西王食品	制造业
219	仁和药业股份有限公司	000650	仁和药业	制造业
220	珠海格力电器股份有限公司	000651	格力电器	制造业
221	天津泰达股份有限公司	000652	泰达股份	批发和零售业
222	山东金岭矿业股份有限公司	000655	金岭矿业	采矿业
223	金科地产集团股份有限公司	000656	金科股份	房地产业
224	中钨高新材料股份有限公司	000657	*ST中钨	制造业
225	珠海中富实业股份有限公司	000659	珠海中富	制造业
226	长春高新技术产业(集团)股份有限公司	000661	长春高新	制造业
227	索芙特股份有限公司	000662	索芙特	制造业
228	福建省永安林业(集团)股份有限公司	000663	永安林业	农、林、牧、渔业
229	湖北省广播电视信息网络股份有限公司	000665	湖北广电	文化、体育和娱乐业
230	经纬纺织机械股份有限公司	000666	经纬纺机	制造业
231	名流置业集团股份有限公司	000667	名流置业	房地产业
232	荣丰控股集团股份有限公司	000668	荣丰控股	房地产业
233	中油金鸿能源投资股份有限公司	000669	金鸿能源	电力、热力、燃气及水生产和供应业
234	舜元实业发展股份有限公司	000670	S舜元	房地产业
235	阳光城集团股份有限公司	000671	阳光城	房地产业
236	甘肃上峰水泥股份有限公司	000672	上峰水泥	批发和零售业
237	当代东方投资股份有限公司	000673	当代东方	文化、体育和娱乐业
238	河南思达高科技股份有限公司	000676	*ST思达	制造业
239	山东海龙股份有限公司	000677	山东海龙	制造业
240	襄阳汽车轴承股份有限公司	000678	襄阳轴承	制造业
241	大连友谊(集团)股份有限公司	000679	大连友谊	批发和零售业
242	山推工程机械股份有限公司	000680	山推股份	制造业
243	远东实业股份有限公司	000681	远东股份	信息传输、软件和信息技术服务业
244	东方电子股份有限公司	000682	东方电子	制造业
245	内蒙古远兴能源股份有限公司	000683	远兴能源	制造业
246	中山公用事业集团股份有限公司	000685	中山公用	电力、热力、燃气及水生产和供应业
247	东北证券股份有限公司	000686	东北证券	金融业
248	恒天天鹅股份有限公司	000687	恒天天鹅	制造业
249	建新矿业股份有限责任公司	000688	建新矿业	采矿业
250	广东宝丽华新能源股份有限公司	000690	宝新能源	电力、热力、燃气及水生产和供应业
251	海南亚太实业发展股份有限公司	000691	亚太实业	房地产业
252	沈阳惠天热电股份有限公司	000692	惠天热电	电力、热力、燃气及水生产和供应业
253	成都聚友网络股份有限公司	000693	S*ST聚友	信息传输、软件和信息技术服务业
254	天津滨海能源发展股份有限公司	000695	滨海能源	电力、热力、燃气及水生产和供应业
255	陕西炼石有色资源股份有限公司	000697	炼石有色	采矿业

continued

股本总数(股)	第一大股东名称	第一大股东持股数量(股)	所占比重(%)	上市地点
4662886108	中国长安汽车集团股份有限公司	2094817480	44.93	深圳
202500000	中国远大集团有限责任公司	75085350	37.08	深圳
1353589866	新理益集团有限公司	321938582	23.78	深圳
219480000	成都高新投资集团有限公司	49281550	22.45	深圳
8589746202	攀枝花钢铁有限责任公司	2630785792	30.63	深圳
1421606707	铜陵有色金属集团控股有限公司	736795584	51.83	深圳
1045509753	万向资源有限公司	769996033	73.65	深圳
465519570	福建三联投资有限公司	84086401	18.06	深圳
385106373	辽宁省机械(集团)股份有限公司	141919707	36.85	深圳
303087602	国电英力特能源化工集团股份有限公司	155322687	51.25	深圳
670966312	广东省广晟资产经营有限公司	122484170	18.25	深圳
519875356	北京泰跃房地产开发有限责任公司	153363230	29.50	深圳
154700000	北京万方源房地产开发有限公司	66300000	42.86	深圳
188322834	西王集团有限公司	79025431	41.96	深圳
990672061	仁和(集团)发展有限公司	441253333	44.54	深圳
3007865439	珠海格力集团有限公司	548127812	18.22	深圳
1475573852	天津泰达集团有限公司	497934814	33.75	深圳
595340230	山东金岭铁矿	347740145	58.41	深圳
1158540051	重庆市金科投资有限公司	252835355	21.82	深圳
222574620	湖南有色金属股份有限公司	78523930	35.28	深圳
1285702520	ASIA BOTTLES (HK) COMPANY LIMITED	339329731	26.39	深圳
131326570	长春高新超达投资有限公司	31779851	24.20	深圳
287989200	广西索芙特科技股份有限公司	47853769	16.62	深圳
202760280	福建省永安林业(集团)总公司	64884600	32.00	深圳
388761371	湖北省楚天数字电视有限公司	78485981	20.19	深圳
704130000	中国纺织机械(集团)有限公司	219194674	31.13	深圳
2579882332	名流投资集团有限公司	398828402	15.46	深圳
146841890	盛世达投资有限公司	57680703	39.28	深圳
269027887	新能国际投资有限公司	69009857	25.65	深圳
272209120	上海舜元企业投资发展有限公司	70748320	25.99	深圳
536005545	福建阳光集团有限公司	131960758	24.62	深圳
215471747	北京兴业玉海投资有限公司	37000000	17.17	深圳
208080000	厦门当代投资集团有限公司	62400000	29.99	深圳
314586699	河南正弘置业有限公司	92000000	29.24	深圳
863977948	中国恒天集团有限公司	257178941	29.77	深圳
301079797	襄阳汽车轴承集团公司	82559130	27.42	深圳
356400000	大连友谊集团有限公司	106660000	29.92	深圳
1138746795	山东重工集团有限公司	240282760	21.10	深圳
198750000	物华实业有限公司	30730838	15.46	深圳
978163195	东方电子集团有限公司	193061426	19.74	深圳
767813983	内蒙古博源控股集团有限公司	152452467	19.86	深圳
778683215	中山中汇投资集团有限公司	484707681	62.25	深圳
978583016	吉林亚泰(集团)股份有限公司	300486977	30.71	深圳
757368462	中国恒天集团有限公司	184145662	24.31	深圳
401913108	甘肃建新实业集团有限公司	104000000	25.88	深圳
1726612500	广东宝丽华集团有限公司	533197242	30.88	深圳
323270000	北京大市投资有限公司	32220200	9.97	深圳
266416488	沈阳供暖集团有限公司	93525059	35.10	深圳
192693908	深圳市聚友网络投资有限公司	37558125	19.49	深圳
222147539	天津泰达投资控股有限公司	82850993	37.30	深圳
481094588	张政	138553701	28.80	深圳

附录1-5　续表 5

序号	公司全称	股票代码	股票简称	行业分类
256	沈阳化工股份有限公司	000698	沈阳化工	制造业
257	江南模塑科技股份有限公司	000700	模塑科技	制造业
258	厦门信达股份有限公司	000701	厦门信达	批发和零售业
259	湖南正虹科技发展股份有限公司	000702	正虹科技	制造业
260	恒逸石化股份有限公司	000703	恒逸石化	制造业
261	浙江震元股份有限公司	000705	浙江震元	批发和零售业
262	湖北双环科技股份有限公司	000707	双环科技	制造业
263	大冶特殊钢股份有限公司	000708	大冶特钢	制造业
264	河北钢铁股份有限公司	000709	河北钢铁	制造业
265	成都天兴仪表股份有限公司	000710	天兴仪表	制造业
266	黑龙江天伦置业股份有限公司	000711	天伦置业	房地产业
267	广东锦龙发展股份有限公司	000712	锦龙股份	电力、热力、燃气及水生产和供应业
268	合肥丰乐种业股份有限公司	000713	丰乐种业	农、林、牧、渔业
269	中兴-沈阳商业大厦(集团)股份有限公司	000715	中兴商业	批发和零售业
270	南方黑芝麻集团股份有限公司	000716	南方食品	制造业
271	广东韶钢松山股份有限公司	000717	*ST韶钢	制造业
272	苏宁环球股份有限公司	000718	苏宁环球	房地产业
273	中原大地传媒股份有限公司	000719	大地传媒	文化、体育和娱乐业
274	山东新能泰山发电股份有限公司	000720	新能泰山	电力、热力、燃气及水生产和供应业
275	西安饮食股份有限公司	000721	西安饮食	住宿和餐饮业
276	湖南发展集团股份有限公司	000722	湖南发展	电力、热力、燃气及水生产和供应业
277	山西美锦能源股份有限公司	000723	美锦能源	制造业
278	京东方科技集团股份有限公司	000725	京东方A	制造业
279	鲁泰纺织股份有限公司	000726	鲁泰A	制造业
280	南京华东电子信息科技股份有限公司	000727	华东科技	制造业
281	国元证券股份有限公司	000728	国元证券	金融业
282	北京燕京啤酒股份有限公司	000729	燕京啤酒	制造业
283	四川美丰化工股份有限公司	000731	四川美丰	制造业
284	泰禾集团股份有限公司	000732	泰禾集团	房地产业
285	中国振华(集团)科技股份有限公司	000733	振华科技	制造业
286	罗牛山股份有限公司	000735	罗牛山	农、林、牧、渔业
287	中房重实地产股份有限公司	000736	中房地产	房地产业
288	南风化工集团股份有限公司	000737	南风化工	制造业
289	中航动力控制股份有限公司	000738	中航动控	制造业
290	普洛药业股份有限公司	000739	普洛药业	制造业
291	长城信息产业股份有限公司	000748	长城信息	制造业
292	国海证券股份有限公司	000750	国海证券	金融业
293	葫芦岛锌业股份有限公司	000751	*ST锌业	制造业
294	西藏银河科技发展股份有限公司	000752	西藏发展	制造业
295	福建漳州发展股份有限公司	000753	漳州发展	批发和零售业
296	山西三维集团股份有限公司	000755	山西三维	制造业
297	山东新华制药股份有限公司	000756	新华制药	制造业
298	四川浩物机电股份有限公司	000757	浩物股份	制造业
299	中国有色金属建设股份有限公司	000758	中色股份	采矿业
300	中百控股集团股份有限公司	000759	中百集团	批发和零售业
301	湖北博盈投资股份有限公司	000760	博盈投资	制造业
302	本钢板材股份有限公司	000761	本钢板材	制造业
303	西藏矿业发展股份有限公司	000762	西藏矿业	采矿业
304	通化金马药业集团股份有限公司	000766	通化金马	制造业
305	山西漳泽电力股份有限公司	000767	漳泽电力	电力、热力、燃气及水生产和供应业
306	中航飞机股份有限公司	000768	中航飞机	制造业

continued

股本总数(股)	第一大股东名称	第一大股东持股数量(股)	所占比重(%)	上市地点
660928528	沈阳化工集团有限公司	218663539	33.08	深圳
309043600	江阴模塑集团有限公司	111934774	36.22	深圳
240250000	厦门信息-信达总公司	67750000	28.20	深圳
266634576	岳阳市屈原农垦有限责任公司	63800593	23.93	深圳
1153587626	浙江恒逸集团有限公司	820980316	71.17	深圳
167061643	绍兴市旅游集团有限公司	34469293	20.63	深圳
464145765	湖北双环化工集团有限公司	116563210	25.11	深圳
449408480	湖北新冶钢有限公司	134620000	29.95	深圳
10618607852	邯郸钢铁集团有限责任公司	4546881481	42.82	深圳
151200000	成都天兴仪表(集团)有限公司	89002000	58.86	深圳
160898400	天伦控股有限公司	42855000	26.63	深圳
448000000	东莞市新世纪科教拓展有限公司	224055636	50.01	深圳
298875968	合肥市建设投资控股(集团)有限公司	101941200	34.11	深圳
279006000	沈阳中兴商业集团有限公司	94458091	33.86	深圳
178259538	广西黑五类食品集团有限责任公司	40465422	22.70	深圳
1669524410	宝钢集团广东韶关钢铁有限公司	605512890	36.27	深圳
2043192561	张桂平	403214702	19.73	深圳
439717878	中原出版传媒投资控股集团有限公司	333211906	75.78	深圳
863460000	华能泰山电力有限公司	160087812	18.54	深圳
199527960	西安旅游集团有限责任公司	52500000	26.31	深圳
464158282	湖南发展投资集团有限公司	196027546	42.23	深圳
139599195	美锦能源集团有限公司	41500000	29.73	深圳
13521542341	北京亦庄国际投资发展有限公司	1534059406	11.35	深圳
1008894800	淄博鲁诚纺织投资有限公司	123314700	12.22	深圳
359157356	南京华东电子集团有限公司	81528530	22.70	深圳
1964100000	安徽国元控股(集团)有限责任公司	462498033	23.55	深圳
2522587229	北京燕京啤酒投资有限公司	1450067390	57.48	深圳
502330893	成都华川石油天然气勘探开发总公司	72053552	14.34	深圳
1017177993	福建泰禾投资有限公司	809400795	79.57	深圳
358120000	中国振华电子集团有限公司	129390000	36.13	深圳
880132000	海南罗牛山控股集团有限公司	96089444	10.92	深圳
297193885	中住地产开发公司	158460235	53.32	深圳
548760000	山西焦煤运城盐化集团有限责任公司	140970768	25.69	深圳
942838487	西安航空动力控制有限责任公司	279438629	29.64	深圳
256735686	浙江光泰实业发展有限公司	53259880	20.75	深圳
375562170	中国电子信息产业集团有限公司	75793655	20.18	深圳
1791951572	广西投资集团有限公司	466698216	26.04	深圳
1110133291	中冶葫芦岛有色金属集团有限公司	374007807	33.69	深圳
263758491	西藏光大金联实业有限公司	28099562	10.65	深圳
316302618	福建漳龙实业有限公司	51346070	16.23	深圳
469264621	山西三维华邦集团有限公司	130412280	27.79	深圳
457312830	山东新华医药集团有限责任公司	166115720	36.32	深圳
366333256	天津市浩物机电汽车贸易有限公司	53528100	14.61	深圳
766656000	中国有色矿业集团有限公司	255620474	33.34	深圳
681021500	新光控股集团有限公司	69639776	10.23	深圳
236852292	荆州市恒丰制动系统有限公司	17000000	7.18	深圳
3136000000	本溪钢铁(集团)有限责任公司	2573632420	82.07	深圳
475974877	西藏自治区矿业发展总公司	84212240	17.69	深圳
449016276	通化市永信投资有限责任公司	101436034	22.59	深圳
1323725000	山西省人民政府国有资产监督管理委员会	299130000	22.60	深圳
2653834509	西安飞机工业(集团)有限责任公司	1462853699	55.12	深圳

附录1-5 续表 6

序号	公司全称	股票代码	股票简称	行业分类
307	广发证券股份有限公司	000776	广发证券	金融业
308	中核苏阀科技实业股份有限公司	000777	中核科技	制造业
309	新兴铸管股份有限公司	000778	新兴铸管	制造业
310	兰州三毛实业股份有限公司	000779	三毛派神	制造业
311	内蒙古平庄能源股份有限公司	000780	平庄能源	采矿业
312	广东新会美达锦纶股份有限公司	000782	美达股份	制造业
313	长江证券股份有限公司	000783	长江证券	金融业
314	武汉中商集团股份有限公司	000785	武汉中商	批发和零售业
315	北新集团建材股份有限公司	000786	北新建材	制造业
316	创智信息科技股份有限公司	000787	*ST创智	信息传输、软件和信息技术服务业
317	北大国际医院集团西南合成制药股份有限公司	000788	北大医药	制造业
318	江西万年青水泥股份有限公司	000789	江西水泥	制造业
319	成都华神集团股份有限公司	000790	华神集团	制造业
320	甘肃电投能源发展股份有限公司	000791	甘肃电投	电力、热力、燃气及水生产和供应业
321	青海盐湖工业股份有限公司	000792	盐湖股份	制造业
322	华闻传媒投资集团股份有限公司	000793	华闻传媒	文化、体育和娱乐业
323	太原双塔刚玉股份有限公司	000795	太原刚玉	制造业
324	易食集团股份有限公司	000796	易食股份	住宿和餐饮业
325	中国武夷实业股份有限公司	000797	中国武夷	房地产业
326	中水集团远洋股份有限公司	000798	中水渔业	农、林、牧、渔业
327	酒鬼酒股份有限公司	000799	酒鬼酒	制造业
328	一汽轿车股份有限公司	000800	一汽轿车	制造业
329	四川九洲电器股份有限公司	000801	四川九洲	制造业
330	北京京西风光旅游开发股份有限公司	000802	北京旅游	水利、环境和公共设施管理业
331	四川金宇汽车城(集团)股份有限公司	000803	金宇车城	制造业
332	江苏炎黄在线物流股份有限公司	000805	*ST炎黄	信息传输、软件和信息技术服务业
333	北海银河产业投资股份有限公司	000806	银河投资	制造业
334	云南铝业股份有限公司	000807	云铝股份	制造业
335	铁岭新城投资控股股份有限公司	000809	铁岭新城	房地产业
336	华润锦华股份有限公司	000810	华润锦华	制造业
337	烟台冰轮股份有限公司	000811	烟台冰轮	制造业
338	陕西金叶科教集团股份有限公司	000812	陕西金叶	制造业
339	新疆天山毛纺织股份有限公司	000813	天山纺织	制造业
340	中冶美利纸业股份有限公司	000815	*ST美利	制造业
341	江苏江淮动力股份有限公司	000816	江淮动力	制造业
342	方大锦化化工科技股份有限公司	000818	方大化工	制造业
343	岳阳兴长石化股份有限公司	000819	岳阳兴长	制造业
344	金城造纸股份有限公司	000820	金城股份	制造业
345	湖北京山轻工机械股份有限公司	000821	京山轻机	制造业
346	山东海化股份有限公司	000822	山东海化	制造业
347	广东汕头超声电子股份有限公司	000823	超声电子	制造业
348	山西太钢不锈钢股份有限公司	000825	太钢不锈	制造业
349	桑德环境资源股份有限公司	000826	桑德环境	水利、环境和公共设施管理业
350	东莞发展控股股份有限公司	000828	东莞控股	交通运输、仓储和邮政业
351	天音通信控股股份有限公司	000829	天音控股	批发和零售业
352	鲁西化工集团股份有限公司	000830	鲁西化工	制造业
353	五矿稀土股份有限公司	000831	五矿稀土	制造业
354	广西贵糖(集团)股份有限公司	000833	贵糖股份	制造业
355	四川圣达实业股份有限公司	000835	四川圣达	制造业
356	天津鑫茂科技股份有限公司	000836	鑫茂科技	制造业
357	陕西秦川机械发展股份有限公司	000837	秦川发展	制造业

continued

股本总数(股)	第一大股东名称	第一大股东持股数量(股)	所占比重(%)	上市地点
5919291464	辽宁成大股份有限公司	1250154088	21.12	深圳
213009774	中国核工业集团公司	55507200	26.06	深圳
1916871574	新兴际华集团	958627540	50.01	深圳
186441020	兰州三毛纺织(集团)有限责任公司	26318168	14.12	深圳
1014306324	内蒙古平庄煤业(集团)有限责任公司	622947287	61.42	深圳
404513250	广东天健实业集团有限公司	81818182	20.23	深圳
2371233839	青岛海尔投资发展有限公司	348944054	14.72	深圳
251221698	武汉商联(集团)股份有限公司	105477594	41.99	深圳
575150000	中国建材股份有限公司	301370000	52.40	深圳
378614200	创智信息科技股份有限公司破产企业财产处置专用账户	71734113	18.95	深圳
595987425	西南合成医药集团有限公司	200356260	33.62	深圳
408909579	江西水泥有限责任公司	174129908	42.58	深圳
349855012	四川华神集团股份有限公司	78799309	22.52	深圳
722157900	甘肃省电力投资集团公司	607379805	84.11	深圳
1590509203	青海省国有资产投资管理有限公司	492901654	30.99	深圳
1360132576	上海渝富资产管理有限公司	267205570	19.65	深圳
276800000	横店集团控股有限公司	71035227	25.66	深圳
246542015	海航易控股有限公司	42847964	17.39	深圳
389452440	福建建工集团总公司	122697740	31.51	深圳
319455000	中国农业发展集团有限公司	81003133	25.36	深圳
324928980	中皇有限公司	100727291	31.00	深圳
1627500000	中国第一汽车股份有限公司	862983689	53.03	深圳
459888172	四川九洲电器集团有限责任公司	243453644	52.94	深圳
187490180	中国华力控股集团有限公司	53021616	28.28	深圳
127730893	成都金宇控股集团有限公司	30026000	23.51	深圳
63648789	北京中企华盛投资有限公司	16853300	26.48	深圳
699214962	银河天成集团有限公司	103116092	14.75	深圳
1539172984	云南冶金集团股份有限公司	756169168	49.13	深圳
549860862	铁岭财政资产经营有限公司	190939016	34.72	深圳
129665718	华润纺织(集团)有限公司	66123000	50.99	深圳
394597417	烟台冰轮集团有限公司	94975455	24.07	深圳
447375651	万裕文化产业有限公司	74324572	16.61	深圳
363456000	新疆凯迪投资有限责任公司	206354457	56.78	深圳
316800000	中冶纸业集团有限公司	85258510	26.91	深圳
1088803318	江苏江动集团有限公司	252525000	23.19	深圳
680000000	辽宁方大集团实业有限公司	266177757	39.14	深圳
213083687	中国石化集团资产经营管理有限公司	49995000	23.46	深圳
287834760	高万峰	40028879	13.91	深圳
345238781	京山京源科技投资有限公司	89036824	25.79	深圳
895091926	山东海化集团有限公司	361048878	40.34	深圳
440436000	汕头超声电子(集团)公司	171642341	38.97	深圳
5696247796	太原钢铁(集团)有限公司	3659182800	64.24	深圳
643719540	桑德集团有限公司	222733368	44.71	深圳
1039516992	东莞市公路桥梁开发建设总公司	431771714	41.54	深圳
946901092	中国新闻发展深圳有限公司	131917590	13.93	深圳
1464860778	山东聊城鲁西化工集团有限责任公司	474218251	32.37	深圳
966652606	五矿稀土集团有限公司	235228660	24.33	深圳
296067880	广西贵糖集团有限公司	75800000	25.60	深圳
305370000	四川圣达集团有限公司	36077488	11.81	深圳
292497816	天津鑫茂科技投资集团有限公司	70350872	24.05	深圳
348717600	陕西秦川机床工具集团有限公司	92935348	26.65	深圳

附录1-5　续表 7

序号	公司全称	股票代码	股票简称	行业分类
358	国兴融达地产股份有限公司	000838	国兴地产	房地产业
359	中信国安信息产业股份有限公司	000839	中信国安	信息传输、软件和信息技术服务业
360	河北承德露露股份有限公司	000848	承德露露	制造业
361	安徽华茂纺织股份有限公司	000850	华茂股份	制造业
362	大唐高鸿数据网络技术股份有限公司	000851	高鸿股份	批发和零售业
363	江汉石油钻头股份有限公司	000852	江钻股份	制造业
364	唐山冀东装备工程股份有限公司	000856	冀东装备	制造业
365	宜宾五粮液股份有限公司	000858	五粮液	制造业
366	安徽国风塑业股份有限公司	000859	国风塑业	制造业
367	北京顺鑫农业股份有限公司	000860	顺鑫农业	制造业
368	广东海印集团股份有限公司	000861	海印股份	房地产业
369	宁夏银星能源股份有限公司	000862	银星能源	制造业
370	三湘股份有限公司	000863	三湘股份	房地产业
371	安徽安凯汽车股份有限公司	000868	安凯客车	制造业
372	烟台张裕葡萄酿酒股份有限公司	000869	张裕A	制造业
373	吉林电力股份有限公司	000875	吉电股份	电力、热力、燃气及水生产和供应业
374	新希望六和股份有限公司	000876	新希望	制造业
375	新疆天山水泥股份有限公司	000877	天山股份	制造业
376	云南铜业股份有限公司	000878	云南铜业	制造业
377	潍柴重机股份有限公司	000880	潍柴重机	制造业
378	中国大连国际合作(集团)股份有限公司	000881	大连国际	综合
379	北京华联商厦股份有限公司	000882	华联股份	房地产业
380	湖北能源集团股份有限公司	000883	湖北能源	电力、热力、燃气及水生产和供应业
381	河南同力水泥股份有限公司	000885	同力水泥	制造业
382	海南高速公路股份有限公司	000886	海南高速	房地产业
383	安徽中鼎密封件股份有限公司	000887	中鼎股份	制造业
384	峨眉山旅游股份有限公司	000888	峨眉山A	水利、环境和公共设施管理业
385	茂业物流股份有限公司	000889	茂业物流	批发和零售业
386	江苏法尔胜股份有限公司	000890	法尔胜	制造业
387	星美联合股份有限公司	000892	星美联合	信息传输、软件和信息技术服务业
388	广州东凌粮油股份有限公司	000893	东凌粮油	制造业
389	河南双汇投资发展股份有限公司	000895	双汇发展	制造业
390	天津津滨发展股份有限公司	000897	津滨发展	房地产业
391	鞍钢股份有限公司	000898	*ST鞍钢	制造业
392	江西赣能股份有限公司	000899	赣能股份	电力、热力、燃气及水生产和供应业
393	现代投资股份有限公司	000900	现代投资	交通运输、仓储和邮政业
394	航天科技控股集团股份有限公司	000901	航天科技	制造业
395	中国服装股份有限公司	000902	中国服装	批发和零售业
396	昆明云内动力股份有限公司	000903	云内动力	制造业
397	厦门港务发展股份有限公司	000905	厦门港务	交通运输、仓储和邮政业
398	物产中拓股份有限公司	000906	物产中拓	批发和零售业
399	湖南天一科技股份有限公司	000908	*ST天一	制造业
400	数源科技股份有限公司	000909	数源科技	综合
401	大亚科技股份有限公司	000910	大亚科技	制造业
402	南宁糖业股份有限公司	000911	南宁糖业	制造业
403	四川泸天化股份有限公司	000912	泸天化	制造业
404	浙江钱江摩托股份有限公司	000913	钱江摩托	制造业
405	山东山大华特科技股份有限公司	000915	山大华特	制造业
406	华北高速公路股份有限公司	000916	华北高速	交通运输、仓储和邮政业
407	湖南电广传媒股份有限公司	000917	电广传媒	信息传输、软件和信息技术服务业
408	嘉凯城集团股份有限公司	000918	嘉凯城	房地产业

continued

股本总数(股)	第一大股东名称	第一大股东持股数量(股)	所占比重(%)	上市地点
180999720	北京融达投资有限公司	49624626	27.42	深圳
1567930541	中信国安有限公司	649395338	41.42	深圳
401461632	万向三农有限公司	170831232	42.55	深圳
943665009	安徽华茂集团有限公司	437860568	46.40	深圳
515940000	电信科学技术研究院	67264023	13.04	深圳
400400000	中国石化集团江汉石油管理局	270270000	67.50	深圳
227000000	冀东发展集团有限责任公司	67878421	29.90	深圳
3795966720	宜宾市国有资产经营有限公司	1366548020	36.00	深圳
420480000	安徽国风集团有限公司	135138216	32.14	深圳
438540000	北京顺鑫农业发展集团有限公司	214854025	48.99	深圳
492188966	广州海印实业集团有限公司	342668633	69.62	深圳
283068000	宁夏发电集团有限责任公司	79323793	28.02	深圳
738690925	上海三湘投资控股有限公司	329779527	44.64	深圳
704020000	安徽江淮汽车集团有限公司	144200000	20.48	深圳
685464000	烟台张裕集团有限公司	345473856	50.40	深圳
839100000	吉林省能源交通总公司	214663054	25.58	深圳
1737669610	南方希望实业有限公司	403916262	23.24	深圳
880101259	中国中材股份有限公司	311474427	35.39	深圳
1416398800	云南铜业(集团)有限公司	682348800	48.17	深圳
276100500	潍柴控股集团有限公司	84465500	30.59	深圳
308918400	中国大连国际经济技术合作集团有限公司	56772782	18.38	深圳
1071962929	北京华联集团投资控股有限公司	317033254	29.58	深圳
2674374839	湖北省人民政府国有资产监督管理委员会	888317165	33.22	深圳
328307141	河南投资集团有限公司	214543873	65.35	深圳
988828300	海南省交通投资控股有限公司	199312753	20.16	深圳
595777562	安徽中鼎控股(集团)股份有限公司	342885543	57.55	深圳
235188000	四川省峨眉山乐山大佛旅游集团总公司	93173625	39.62	深圳
445521564	中兆投资管理有限公司	208074832	46.70	深圳
379641600	江苏法尔胜泓昇集团有限公司	79973918	21.07	深圳
413876880	上海鑫以实业有限公司	106938440	25.84	深圳
222000000	广州东凌实业集团有限公司	131971103	59.45	深圳
1100289224	河南省漯河市双汇实业集团有限责任公司	662857069	60.24	深圳
1617272234	天津泰达建设集团有限公司	376623390	23.29	深圳
7234807847	鞍山钢铁集团公司	4868547330	67.29	深圳
646677760	江西省投资集团公司	377849749	58.43	深圳
598748850	湖南省高速公路建设开发总公司	162787759	27.19	深圳
250359122	中国航天科工飞航技术研究院	56696116	22.65	深圳
258000000	中国恒天集团有限公司	73255526	28.39	深圳
680760000	云南内燃机厂	259640640	38.14	深圳
531000000	厦门国际港务股份有限公司	292716000	55.13	深圳
330605802	浙江物产国际贸易有限公司	152497693	46.13	深圳
280000000	中国长城资产管理公司	150816842	53.86	深圳
196000000	西湖电子集团有限公司	104339718	53.23	深圳
527500000	大亚科技集团有限公司	251367200	47.65	深圳
286640000	南宁振宁资产经营有限责任公司	136768800	47.71	深圳
585000000	四川化工控股(集团)有限责任公司	347100000	59.33	深圳
453536000	温岭钱江投资经营有限公司	187971397	41.45	深圳
180254989	山东山大产业集团有限公司	40177450	22.29	深圳
1090000000	招商局华建公路投资有限公司	292367935	26.82	深圳
1015949879	湖南广播电视产业中心	192482929	18.95	深圳
1804191500	浙江省商业集团有限公司	513560276	28.46	深圳

附录1-5 续表 8

序号	公司全称	股票代码	股票简称	行业分类
409	金陵药业股份有限公司	000919	金陵药业	制造业
410	南方汇通股份有限公司	000920	南方汇通	制造业
411	海信科龙电器股份有限公司	000921	海信科龙	制造业
412	哈尔滨电气集团佳木斯电机股份有限公司	000922	佳电股份	制造业
413	河北宣化工程机械股份有限公司	000923	河北宣工	制造业
414	浙江众合机电股份有限公司	000925	众合机电	制造业
415	湖北福星科技股份有限公司	000926	福星股份	房地产业
416	天津一汽夏利汽车股份有限公司	000927	一汽夏利	制造业
417	中钢集团吉林炭素股份有限公司	000928	中钢吉炭	制造业
418	兰州黄河企业股份有限公司	000929	兰州黄河	制造业
419	中粮生物化学(安徽)股份有限公司	000930	中粮生化	制造业
420	北京中关村科技发展(控股)股份有限公司	000931	中关村	建筑业
421	湖南华菱钢铁股份有限公司	000932	华菱钢铁	制造业
422	河南神火煤电股份有限公司	000933	神火股份	制造业
423	四川双马水泥股份有限公司	000935	四川双马	制造业
424	江苏华西村股份有限公司	000936	华西股份	制造业
425	冀中能源股份有限公司	000937	冀中能源	采矿业
426	紫光股份有限公司	000938	紫光股份	制造业
427	武汉凯迪电力股份有限公司	000939	凯迪电力	采矿业
428	云南南天电子信息产业股份有限公司	000948	南天信息	信息传输、软件和信息技术服务业
429	新乡化纤股份有限公司	000949	新乡化纤	制造业
430	重庆建峰化工股份有限公司	000950	建峰化工	制造业
431	中国重汽集团济南卡车股份有限公司	000951	中国重汽	制造业
432	湖北广济药业股份有限公司	000952	广济药业	制造业
433	广西河池化工股份有限公司	000953	*ST河化	制造业
434	欣龙控股(集团)股份有限公司	000955	欣龙控股	制造业
435	中通客车控股股份有限公司	000957	中通客车	制造业
436	石家庄东方热电股份有限公司	000958	*ST东热	电力、热力、燃气及水生产和供应业
437	北京首钢股份有限公司	000959	首钢股份	制造业
438	云南锡业股份有限公司	000960	锡业股份	制造业
439	江苏中南建设集团股份有限公司	000961	中南建设	建筑业
440	宁夏东方钽业股份有限公司	000962	东方钽业	制造业
441	华东医药股份有限公司	000963	华东医药	批发和零售业
442	天津天保基建股份有限公司	000965	天保基建	房地产业
443	国电长源电力股份有限公司	000966	长源电力	电力、热力、燃气及水生产和供应业
444	浙江上风实业股份有限公司	000967	上风高科	制造业
445	太原煤气化股份有限公司	000968	煤气化	制造业
446	安泰科技股份有限公司	000969	安泰科技	制造业
447	北京中科三环高技术股份有限公司	000970	中科三环	制造业
448	湖北蓝鼎控股股份有限公司	000971	蓝鼎控股	制造业
449	新疆中基实业股份有限公司	000972	*ST中基	制造业
450	佛山佛塑科技集团股份有限公司	000973	佛塑科技	制造业
451	银泰资源股份有限公司	000975	银泰资源	采矿业
452	广东开平春晖股份有限公司	000976	春晖股份	制造业
453	浪潮电子信息产业股份有限公司	000977	浪潮信息	制造业
454	桂林旅游股份有限公司	000978	桂林旅游	水利、环境和公共设施管理业
455	中弘控股股份有限公司	000979	中弘股份	房地产业
456	黄山金马股份有限公司	000980	金马股份	制造业
457	银亿房地产股份有限公司	000981	银亿股份	房地产业
458	宁夏中银绒业股份有限公司	000982	中银绒业	制造业
459	山西西山煤电股份有限公司	000983	西山煤电	采矿业

continued

股本总数(股)	第一大股东名称	第一大股东持股数量(股)	所占比重(%)	上市地点
504000000	南京金陵制药(集团)有限公司	227943839	45.23	深圳
422000000	中国南车集团公司	179940000	42.64	深圳
1354054750	青岛海信空调有限公司	612316909	45.22	深圳
524134049	哈尔滨电气集团公司	126531000	24.14	深圳
198000000	河北宣工机械发展有限责任公司	70369667	35.54	深圳
301338108	浙大网新科技股份有限公司	86736169	28.78	深圳
712355650	福星集团控股有限公司	185359071	26.02	深圳
1595174020	中国第一汽车股份有限公司	761427612	47.73	深圳
282899000	中国中钢集团公司	131025539	46.32	深圳
185766000	兰州黄河新盛投资有限公司	39547372	21.29	深圳
964411115	大耀香港有限公司	200000000	20.74	深圳
674846940	国美控股集团有限公司	158114894	23.43	深圳
3015650025	湖南华菱钢铁集团有限责任公司	1206560875	40.01	深圳
1900500000	河南神火集团有限公司	428416686	22.54	深圳
615862000	拉法基中国海外控股公司	296452000	48.14	深圳
748012887	江苏华西集团公司	306791377	41.01	深圳
2312884204	冀中能源集团有限责任公司	843134560	36.45	深圳
206080000	清华控股有限公司	65165546	31.62	深圳
943308800	阳光凯迪新能源集团有限公司	268758667	28.49	深圳
231606046	南天电子信息产业集团公司	65638720	28.34	深圳
829221502	新乡白鹭化纤集团有限责任公司	342563780	41.31	深圳
598799235	重庆建峰工业集团有限公司	311683735	52.05	深圳
419425500	中国重汽(香港)有限公司	267492579	63.78	深圳
251705513	武穴市国有资产经营公司	38044483	15.11	深圳
294059437	广西河池化学工业集团公司	124493589	42.34	深圳
414150000	海南筑华科工贸有限公司	74691223	18.03	深圳
238504950	中通汽车工业集团有限责任公司	51814353	21.72	深圳
299485000	石家庄东方热电集团有限公司	80005412	26.71	深圳
2966526057	首钢总公司	1875897328	63.24	深圳
906520391	云南锡业集团有限责任公司	457887301	50.51	深圳
1167839226	中南城市建设投资有限公司	848245184	72.63	深圳
440832644	中色(宁夏)东方集团有限公司	201916800	45.80	深圳
434059991	中国远大集团有限责任公司	154107432	35.50	深圳
692337178	天津天保控股有限公司	519087178	74.98	深圳
554142040	中国国电集团公司	207220666	37.39	深圳
205179120	盈峰投资控股集团有限公司	82505836	40.21	深圳
513747000	太原煤炭气化(集团)有限责任公司	254037755	49.45	深圳
862796348	中国钢研科技集团有限公司	351886920	40.78	深圳
532600000	北京三环新材料高技术公司	123426636	23.17	深圳
243100000	蓝鼎实业(湖北)有限公司	72687000	29.90	深圳
482053329	农六师国有资产经营有限责任公司	43902439	9.11	深圳
918832297	广东省广新控股集团有限公司	202008338	21.99	深圳
622925697	中国银泰投资有限公司	214719896	34.47	深圳
586642796	广州市鸿汇投资有限公司	71290632	12.15	深圳
215000000	浪潮集团有限公司	103878900	48.32	深圳
360100000	桂林旅游发展总公司	83051422	23.06	深圳
1012092607	中弘卓业集团有限公司	716088579	70.75	深圳
317000000	黄山金马集团有限公司	105566146	33.30	深圳
859005200	宁波银亿控股有限公司	768024118	89.41	深圳
718851205	宁夏中银绒业国际集团有限公司	239720000	33.35	深圳
3151200000	山西焦煤集团有限责任公司	1714215108	54.40	深圳

附录1-5 续表 9

序号	公司全称	股票代码	股票简称	行业分类
460	大庆华科股份有限公司	000985	大庆华科	制造业
461	广州友谊集团股份有限公司	000987	广州友谊	批发和零售业
462	华工科技产业股份有限公司	000988	华工科技	制造业
463	九芝堂股份有限公司	000989	九芝堂	制造业
464	诚志股份有限公司	000990	诚志股份	制造业
465	福建闽东电力股份有限公司	000993	闽东电力	电力、热力、燃气及水生产和供应业
466	甘肃皇台酒业股份有限公司	000995	皇台酒业	制造业
467	中国中期投资股份有限公司	000996	中国中期	批发和零售业
468	福建新大陆电脑股份有限公司	000997	新大陆	信息传输、软件和信息技术服务业
469	袁隆平农业高科技股份有限公司	000998	隆平高科	农、林、牧、渔业
470	华润三九医药股份有限公司	000999	华润三九	制造业
471	重庆宗申动力机械股份有限公司	001696	宗申动力	制造业
472	河南豫能控股股份有限公司	001896	豫能控股	电力、热力、燃气及水生产和供应业
473	浙江新和成股份有限公司	002001	新和成	制造业
474	鸿达兴业股份有限公司	002002	鸿达兴业	制造业
475	浙江伟星实业发展股份有限公司	002003	伟星股份	制造业
476	华邦颖泰股份有限公司	002004	华邦颖泰	制造业
477	广东德豪润达电气股份有限公司	002005	德豪润达	制造业
478	浙江精功科技股份有限公司	002006	精功科技	制造业
479	华兰生物工程股份有限公司	002007	华兰生物	制造业
480	深圳市大族激光科技股份有限公司	002008	大族激光	制造业
481	天奇自动化工程股份有限公司	002009	天奇股份	制造业
482	浙江传化股份有限公司	002010	传化股份	制造业
483	浙江盾安人工环境股份有限公司	002011	盾安环境	制造业
484	浙江凯恩特种材料股份有限公司	002012	凯恩股份	制造业
485	湖北中航精机科技股份有限公司	002013	中航精机	制造业
486	黄山永新股份有限公司	002014	永新股份	制造业
487	江苏霞客环保色纺股份有限公司	002015	霞客环保	制造业
488	广东世荣兆业股份有限公司	002016	世荣兆业	房地产业
489	东信和平科技股份有限公司	002017	东信和平	制造业
490	安徽华星化工股份有限公司	002018	华星化工	制造业
491	浙江杭州鑫富药业股份有限公司	002019	鑫富药业	制造业
492	浙江京新药业股份有限公司	002020	京新药业	制造业
493	中捷缝纫机股份有限公司	002021	中捷股份	制造业
494	上海科华生物工程股份有限公司	002022	科华生物	制造业
495	四川海特高新技术股份有限公司	002023	海特高新	制造业
496	苏宁云商集团股份有限公司	002024	苏宁云商	批发和零售业
497	贵州航天电器股份有限公司	002025	航天电器	制造业
498	山东威达机械股份有限公司	002026	山东威达	制造业
499	七喜控股股份有限公司	002027	七喜控股	制造业
500	思源电气股份有限公司	002028	思源电气	制造业
501	福建七匹狼实业股份有限公司	002029	七匹狼	制造业
502	中山大学达安基因股份有限公司	002030	达安基因	制造业
503	巨轮股份有限公司	002031	巨轮股份	制造业
504	浙江苏泊尔股份有限公司	002032	苏泊尔	制造业
505	丽江玉龙旅游股份有限公司	002033	丽江旅游	水利、环境和公共设施管理业
506	浙江美欣达印染集团股份有限公司	002034	美欣达	制造业
507	中山华帝燃具股份有限公司	002035	华帝股份	制造业
508	宁波宜科科技实业股份有限公司	002036	宜科科技	制造业
509	贵州久联民爆器材发展股份有限公司	002037	久联发展	制造业
510	北京双鹭药业股份有限公司	002038	双鹭药业	制造业

continued

股本总数(股)	第一大股东名称	第一大股东持股数量(股)	所占比重(%)	上市地点
129639500	中国石油大庆石油化工总厂	51000000	39.34	深圳
358958107	广州市人民政府国有资产监督管理委员会	186266107	51.89	深圳
891116632	武汉华中科技大产业集团有限公司	336756398	37.79	深圳
297605268	长沙九芝堂(集团)有限公司	120090769	40.35	深圳
297032414	清华控股有限公司	119139670	40.11	深圳
373000000	宁德市国有资产投资经营有限公司	198470000	53.21	深圳
177408000	上海厚丰投资有限公司	34770000	19.60	深圳
230000000	中期集团有限公司	54060400	23.50	深圳
510266666	福建新大陆科技集团有限公司	183999689	36.06	深圳
415800000	湖南新大新股份有限公司	71700005	17.24	深圳
978900000	华润医药控股有限公司	622498783	63.59	深圳
1186495828	重庆宗申高速艇开发有限公司	230192114	19.40	深圳
623346930	河南投资集团有限公司	520077135	83.43	深圳
725946000	新和成控股集团有限公司	409118838	56.36	深圳
166894000	鸿达兴业集团有限公司	30486422	18.27	深圳
258988006	伟星集团有限公司	79041398	30.52	深圳
502479000	重庆汇邦旅业有限公司	68399939	13.61	深圳
1166400000	芜湖德豪投资有限公司	245356800	21.04	深圳
455160000	精功集团有限公司	136540587	30.00	深圳
576204800	新乡市华兰生物技术有限公司	102723822	17.83	深圳
1044396600	大族控股集团有限公司	188190937	18.02	深圳
221010822	黄伟兴	46665412	21.11	深圳
487980000	传化集团有限公司	112011791	22.95	深圳
837937460	浙江盾安精工集团有限公司	360000000	42.96	深圳
467625470	凯恩集团有限公司	82301206	17.60	深圳
716286314	中航机电系统有限公司	308555919	43.08	深圳
325758450	黄山永佳(集团)有限公司	92197695	28.30	深圳
239942410	江阴中基矿业投资有限公司	32890134	13.71	深圳
461496880	梁社增	309600000	67.09	深圳
218418754	普天东方通信集团有限公司	64703675	29.62	深圳
293857200	谢平	25362169	8.63	深圳
220420000	杭州临安申光贸易有限责任公司	51934896	23.56	深圳
126331420	吕钢	30192220	23.90	深圳
567815040	中捷控股集团有限公司	112953997	19.89	深圳
492277500	徐显德	39046260	7.93	深圳
295175385	李再春	81945012	27.76	深圳
7383043150	张近东	1951811430	26.44	深圳
330000000	贵州航天工业有限责任公司	137435620	41.65	深圳
175500000	山东威达集团有限公司	60992886	34.75	深圳
302335116	易贤忠	129677590	42.89	深圳
439680000	董增平	81427274	18.52	深圳
503780000	福建七匹狼集团有限公司	172757812	34.29	深圳
416047104	广州中大控股有限公司	79753421	19.17	深圳
415038375	揭阳市外轮模具研究开发有限公司	84952293	20.47	深圳
634977200	SEBINTERNATIONALES.A.S	452832233	71.31	深圳
163804871	丽江玉龙雪山旅游开发有限责任公司	34097984	20.82	深圳
81120000	单建明	28732545	35.42	深圳
287633388	中山九洲实业有限公司	62094824	21.59	深圳
202248900	雅戈尔集团股份有限公司	60349674	29.84	深圳
204605100	贵州久联企业集团有限责任公司	61912778	30.26	深圳
380700000	徐明波	86265485	22.66	深圳

附录1-5 续表 10

序号	公司全称	股票代码	股票简称	行业分类
511	贵州黔源电力股份有限公司	002039	黔源电力	电力、热力、燃气及水生产和供应业
512	南京港股份有限公司	002040	南京港	交通运输、仓储和邮政业
513	山东登海种业股份有限公司	002041	登海种业	农、林、牧、渔业
514	华孚色纺股份有限公司	002042	华孚色纺	制造业
515	德华兔宝宝装饰新材股份有限公司	002043	兔宝宝	制造业
516	江苏三友集团股份有限公司	002044	江苏三友	制造业
517	国光电器股份有限公司	002045	国光电器	制造业
518	洛阳轴研科技股份有限公司	002046	轴研科技	制造业
519	深圳成霖洁具股份有限公司	002047	*ST成霖	制造业
520	宁波华翔电子股份有限公司	002048	宁波华翔	制造业
521	同方国芯电子股份有限公司	002049	同方国芯	制造业
522	浙江三花股份有限公司	002050	三花股份	制造业
523	中工国际工程股份有限公司	002051	中工国际	建筑业
524	深圳市同洲电子股份有限公司	002052	同洲电子	制造业
525	云南盐化股份有限公司	002053	云南盐化	制造业
526	广东德美精细化工股份有限公司	002054	德美化工	制造业
527	深圳市得润电子股份有限公司	002055	得润电子	制造业
528	横店集团东磁股份有限公司	002056	横店东磁	制造业
529	中钢集团安徽天源科技股份有限公司	002057	中钢天源	制造业
530	上海威尔泰工业自动化股份有限公司	002058	威尔泰	制造业
531	云南旅游股份有限公司	002059	云南旅游	水利、环境和公共设施管理业
532	广东水电二局股份有限公司	002060	粤水电	建筑业
533	浙江江山化工股份有限公司	002061	江山化工	制造业
534	宏润建设集团股份有限公司	002062	宏润建设	建筑业
535	远光软件股份有限公司	002063	远光软件	信息传输、软件和信息技术服务业
536	浙江华峰氨纶股份有限公司	002064	华峰氨纶	制造业
537	东华软件股份公司	002065	东华软件	信息传输、软件和信息技术服务业
538	瑞泰科技股份有限公司	002066	瑞泰科技	制造业
539	浙江景兴纸业股份有限公司	002067	景兴纸业	制造业
540	江西黑猫炭黑股份有限公司	002068	黑猫股份	制造业
541	獐子岛集团股份有限公司	002069	獐子岛	农、林、牧、渔业
542	福建众和股份有限公司	002070	众和股份	制造业
543	江苏宏宝五金股份有限公司	002071	江苏宏宝	制造业
544	山东德棉股份有限公司	002072	德棉股份	制造业
545	软控股份有限公司	002073	软控股份	制造业
546	江苏东源电器集团股份有限公司	002074	东源电器	制造业
547	江苏沙钢股份有限公司	002075	沙钢股份	制造业
548	广东雪莱特光电科技股份有限公司	002076	雪莱特	制造业
549	江苏大港股份有限公司	002077	大港股份	房地产业
550	山东太阳纸业股份有限公司	002078	太阳纸业	制造业
551	苏州固锝电子股份有限公司	002079	苏州固锝	制造业
552	中材科技股份有限公司	002080	中材科技	制造业
553	苏州金螳螂建筑装饰股份有限公司	002081	金螳螂	建筑业
554	浙江栋梁新材股份有限公司	002082	栋梁新材	制造业
555	孚日集团股份有限公司	002083	孚日股份	制造业
556	广州海鸥卫浴用品股份有限公司	002084	海鸥卫浴	制造业
557	浙江万丰奥威汽轮股份有限公司	002085	万丰奥威	制造业
558	山东东方海洋科技股份有限公司	002086	东方海洋	农、林、牧、渔业
559	河南新野纺织股份有限公司	002087	新野纺织	制造业
560	山东鲁阳股份有限公司	002088	鲁阳股份	制造业
561	苏州新海宜通信科技股份有限公司	002089	新海宜	制造业

continued

股本总数(股)	第一大股东名称	第一大股东持股数量(股)	所占比重(%)	上市地点
203599108	中国华电集团公司	27657680	13.58	深圳
245872000	南京港(集团)有限公司	155844768	63.38	深圳
352000000	莱州市农业科学院	186899227	53.10	深圳
832992573	华孚控股有限公司	352269000	42.29	深圳
470019780	德华集团控股股份有限公司	161119990	34.28	深圳
224250000	南通友谊实业有限公司	61444500	27.40	深圳
416904000	广东国光投资有限公司	91212685	21.88	深圳
278604348	中国机械工业集团有限公司	113724000	40.82	深圳
453664827	GLOBE UNION INDUSTRIAL(BVI) CORP	144622239	31.88	深圳
530047150	周晓峰	89936799	16.97	深圳
296941323	同方股份有限公司	125557622	42.28	深圳
594737332	三花控股集团有限公司	355352304	59.75	深圳
637202779	中国机械工业集团有限公司	390085800	61.22	深圳
341479847	袁明	109428479	32.05	深圳
185851103	云南轻纺集团有限公司	75429364	40.59	深圳
322930363	黄冠雄	70390880	21.80	深圳
414512080	深圳市宝安得胜电子器件有限公司	139771620	33.72	深圳
410900000	横店集团控股有限公司	230100000	56.00	深圳
99690835	中国中钢股份有限公司	26689147	26.77	深圳
124737680	上海紫江(集团)有限公司	32804984	26.30	深圳
215000000	云南世博旅游控股集团有限公司	100455040	46.72	深圳
502064733	广东省水电集团有限公司	147875443	29.45	深圳
139980000	浙江省铁路投资集团有限公司	47475082	33.92	深圳
562500000	浙江宏润控股有限公司	252736527	44.93	深圳
443183150	陈利浩	59100496	13.34	深圳
738400000	华峰集团有限公司	238680000	32.32	深圳
689967200	北京东华诚信电脑科技发展有限公司	158992520	23.04	深圳
231000000	中国建筑材料科学研究总院	103186224	44.67	深圳
1093951000	朱在龙	177900000	16.26	深圳
479699200	景德镇市焦化工业集团有限责任公司	208381971	43.44	深圳
711112194	长海县獐子岛投资发展中心	325428800	45.76	深圳
488660120	许金和	88704802	18.15	深圳
184020000	江苏宏宝集团有限公司	76292196	41.46	深圳
176000000	浙江第五季实业有限公司	45000000	25.57	深圳
742365000	袁仲雪	144725486	19.50	深圳
253368000	孙益源	43146000	17.03	深圳
1576265552	江苏沙钢集团有限公司	1182269558	75.00	深圳
184270676	柴国生	77672812	42.15	深圳
252000000	镇江新区大港开发有限公司	134423520	53.34	深圳
1004810394	山东太阳控股集团有限公司	678388236	67.51	深圳
723059622	苏州通博电子器材有限公司	267477429	36.99	深圳
400000000	中国中材股份有限公司	217298286	54.32	深圳
781470953	苏州金螳螂企业(集团)有限公司	218690468	27.98	深圳
238000000	陆志宝	44943360	18.88	深圳
938482978	山东孚日控股股份有限公司	219818617	23.42	深圳
369141649	中馀投资有限公司	106456948	28.84	深圳
390098968	万丰奥特控股集团有限公司	227614131	58.35	深圳
243850000	山东东方海洋集团有限公司	61000000	25.02	深圳
519758400	新野县财政局	171507840	33.00	深圳
233978689	沂源县南麻镇集体资产经营管理中心	77273618	33.03	深圳
423466560	张亦斌	79121403	18.68	深圳

附录1-5 续表 11

序号	公司全称	股票代码	股票简称	行业分类
562	江苏金智科技股份有限公司	002090	金智科技	制造业
563	江苏国泰国际集团国贸股份有限公司	002091	江苏国泰	批发和零售业
564	新疆中泰化学股份有限公司	002092	中泰化学	制造业
565	国脉科技股份有限公司	002093	国脉科技	信息传输、软件和信息技术服务业
566	青岛金王应用化学股份有限公司	002094	青岛金王	制造业
567	浙江网盛生意宝股份有限公司	002095	生意宝	信息传输、软件和信息技术服务业
568	湖南南岭民用爆破器材股份有限公司	002096	南岭民爆	制造业
569	山河智能装备股份有限公司	002097	山河智能	制造业
570	福建浔兴拉链科技股份有限公司	002098	浔兴股份	制造业
571	浙江海翔药业股份有限公司	002099	海翔药业	制造业
572	新疆天康畜牧生物技术股份有限公司	002100	天康生物	制造业
573	广东鸿图科技股份有限公司	002101	广东鸿图	制造业
574	福建冠福现代家用股份有限公司	002102	冠福家用	制造业
575	广博集团股份有限公司	002103	广博股份	制造业
576	恒宝股份有限公司	002104	恒宝股份	制造业
577	深圳信隆实业股份有限公司	002105	信隆实业	制造业
578	深圳莱宝高科技股份有限公司	002106	莱宝高科	制造业
579	山东沃华医药科技股份有限公司	002107	沃华医药	制造业
580	沧州明珠塑料股份有限公司	002108	沧州明珠	制造业
581	陕西兴化化学股份有限公司	002109	兴化股份	制造业
582	福建三钢闽光股份有限公司	002110	三钢闽光	制造业
583	威海广泰空港设备股份有限公司	002111	威海广泰	制造业
584	三变科技股份有限公司	002112	三变科技	制造业
585	湖南天润实业控股股份有限公司	002113	天润控股	房地产业
586	云南罗平锌电股份有限公司	002114	罗平锌电	制造业
587	三维通信股份有限公司	002115	三维通信	制造业
588	中国海诚工程科技股份有限公司	002116	中国海诚	科学研究和技术服务业
589	东港股份有限公司	002117	东港股份	制造业
590	吉林紫鑫药业股份有限公司	002118	紫鑫药业	制造业
591	宁波康强电子股份有限公司	002119	康强电子	制造业
592	宁波新海电气股份有限公司	002120	新海股份	制造业
593	深圳市科陆电子科技股份有限公司	002121	科陆电子	制造业
594	天马轴承集团股份有限公司	002122	天马股份	制造业
595	荣信电力电子股份有限公司	002123	荣信股份	制造业
596	宁波天邦股份有限公司	002124	天邦股份	制造业
597	湘潭电化科技股份有限公司	002125	湘潭电化	制造业
598	浙江银轮机械股份有限公司	002126	银轮股份	制造业
599	江苏新民纺织科技股份有限公司	002127	新民科技	制造业
600	内蒙古霍林河露天煤业股份有限公司	002128	露天煤业	采矿业
601	天津中环半导体股份有限公司	002129	中环股份	制造业
602	深圳市沃尔核材股份有限公司	002130	沃尔核材	制造业
603	利欧集团股份有限公司	002131	利欧股份	制造业
604	河南恒星科技股份有限公司	002132	恒星科技	制造业
605	广宇集团股份有限公司	002133	广宇集团	房地产业
606	天津普林电路股份有限公司	002134	天津普林	制造业
607	浙江东南网架股份有限公司	002135	东南网架	建筑业
608	安徽安纳达钛业股份有限公司	002136	安纳达	制造业
609	深圳市实益达科技股份有限公司	002137	实益达	制造业
610	深圳顺络电子股份有限公司	002138	顺络电子	制造业
611	深圳拓邦股份有限公司	002139	拓邦股份	制造业
612	东华工程科技股份有限公司	002140	东华科技	建筑业

continued

股本总数(股)	第一大股东名称	第一大股东持股数量(股)	所占比重(%)	上市地点
204000000	南京金智创业投资有限公司	96923800	47.51	深圳
360000000	江苏国泰国际集团有限公司	118680000	32.97	深圳
1154340000	新疆中泰(集团)有限责任公司	193011621	16.72	深圳
865000000	陈国鹰	234234000	27.08	深圳
321916620	青岛金王国际运输有限公司	86999013	27.03	深圳
162000000	杭州中达信息技术有限公司	78975000	48.75	深圳
371287000	湖南省南岭化工集团有限责任公司	173075912	46.62	深圳
411450000	何清华	109308760	26.57	深圳
155000000	福建浔兴集团有限公司	55527500	35.82	深圳
324490000	罗煜竑	79200000	24.41	深圳
294757970	新疆天康控股(集团)有限公司	112706100	38.24	深圳
164000000	高要鸿图工业有限公司	32047382	19.54	深圳
409260000	林福椿	63579002	15.54	深圳
218431000	王利平	42772370	19.58	深圳
440640000	钱云宝	132192000	30.00	深圳
268000000	利田发展有限公司	112380000	41.93	深圳
600396160	中国机电出口产品投资有限公司	134908123	22.47	深圳
163980000	北京中证万融投资集团有限公司	82427944	50.27	深圳
340154800	河北沧州东塑集团股份有限公司	127693569	37.54	深圳
358400000	陕西兴化集团有限责任公司	148315793	41.38	深圳
534700000	福建省三钢(集团)有限责任公司	394620000	73.80	深圳
307270735	新疆广泰空港股权投资有限合伙企业	113940545	37.08	深圳
112000000	浙江三变集团有限公司	22686295	20.26	深圳
118400000	广东恒润华创实业发展有限公司	25400000	21.45	深圳
183852000	罗平县锌电公司	98597600	53.63	深圳
342240000	李越伦	73680000	21.53	深圳
205200000	中国轻工集团公司	111455879	54.32	深圳
252828344	香港喜多来集团有限公司	74394770	29.43	深圳
512991382	敦化市康平投资有限责任公司	251475016	49.02	深圳
194200000	宁波普利赛思电子有限公司	40664400	20.94	深圳
150280000	黄新华	54746773	36.43	深圳
396690000	饶陆华	167286000	42.17	深圳
1188000000	天马控股集团有限公司	509227919	42.86	深圳
504000000	深圳市深港产学研创业投资有限公司	74073316	14.70	深圳
205500000	张邦辉	49500000	24.09	深圳
139130616	湘潭电化集团有限公司	65051800	46.76	深圳
318000000	浙江银轮实业发展股份有限公司	40222000	12.65	深圳
446458902	吴江新民实业投资有限公司	224527043	50.29	深圳
1326686166	中电投蒙东能源集团有限责任公司	920707272	69.40	深圳
878841645	天津中环电子信息集团有限公司	361623951	41.15	深圳
440183017	周和平	223616225	50.80	深圳
319644353	王相荣	81643008	25.54	深圳
539869800	谢保军	187655049	34.76	深圳
598320000	杭州平海投资有限公司	134757000	22.52	深圳
245849768	天津中环电子信息集团有限公司	62314645	25.35	深圳
748600000	浙江东南网架集团有限公司	292500000	39.07	深圳
215020000	铜陵化学工业集团有限公司	66466784	30.91	深圳
312156000	深圳市恒顺昌投资发展有限公司	161289719	51.67	深圳
314332311	金倡投资有限公司	109450000	34.82	深圳
218400000	武永强	61322496	28.08	深圳
446034534	化学工业第三设计院有限公司	267653734	60.01	深圳

附录1-5 续表 12

序号	公司全称	股票代码	股票简称	行业分类
613	广东蓉胜超微线材股份有限公司	002141	蓉胜超微	制造业
614	宁波银行股份有限公司	002142	宁波银行	金融业
615	四川高金食品股份有限公司	002143	高金食品	制造业
616	宏达高科控股股份有限公司	002144	宏达高科	制造业
617	中核华原钛白股份有限公司	002145	中核钛白	制造业
618	荣盛房地产发展股份有限公司	002146	荣盛发展	房地产业
619	马鞍山方圆回转支承股份有限公司	002147	方圆支承	制造业
620	北京北纬通信科技股份有限公司	002148	北纬通信	信息传输、软件和信息技术服务业
621	西部金属材料股份有限公司	002149	西部材料	制造业
622	江苏通润装备科技股份有限公司	002150	江苏通润	制造业
623	北京北斗星通导航技术股份有限公司	002151	北斗星通	制造业
624	广州广电运通金融电子股份有限公司	002152	广电运通	制造业
625	北京中长石基信息技术股份有限公司	002153	石基信息	信息传输、软件和信息技术服务业
626	浙江报喜鸟服饰股份有限公司	002154	报喜鸟	制造业
627	湖南辰州矿业股份有限公司	002155	辰州矿业	采矿业
628	南通富士通微电子股份有限公司	002156	通富微电	制造业
629	江西正邦科技股份有限公司	002157	正邦科技	制造业
630	上海汉钟精机股份有限公司	002158	汉钟精机	制造业
631	武汉三特索道集团股份有限公司	002159	三特索道	水利、环境和公共设施管理业
632	江苏常铝铝业股份有限公司	002160	常铝股份	制造业
633	深圳市远望谷信息技术股份有限公司	002161	远望谷	制造业
634	上海斯米克控股股份有限公司	002162	*ST上控	制造业
635	中航三鑫股份有限公司	002163	中航三鑫	建筑业
636	宁波东力传动设备股份有限公司	002164	东力传动	制造业
637	南京红宝丽股份有限公司	002165	红宝丽	制造业
638	桂林莱茵生物科技股份有限公司	002166	莱茵生物	制造业
639	广东东方锆业科技股份有限公司	002167	东方锆业	制造业
640	深圳市惠程电气股份有限公司	002168	深圳惠程	制造业
641	广州智光电气股份有限公司	002169	智光电气	制造业
642	深圳市芭田生态工程股份有限公司	002170	芭田股份	制造业
643	安徽精诚铜业股份有限公司	002171	精诚铜业	制造业
644	江苏澳洋科技股份有限公司	002172	澳洋科技	制造业
645	千足珍珠集团股份有限公司	002173	千足珍珠	制造业
646	梅花伞业股份有限公司	002174	梅花伞	制造业
647	桂林广陆数字测控股份有限公司	002175	广陆数测	制造业
648	江西特种电机股份有限公司	002176	江特电机	制造业
649	广州御银科技股份有限公司	002177	御银股份	制造业
650	上海延华智能科技(集团)股份有限公司	002178	延华智能	科学研究和技术服务业
651	中航光电科技股份有限公司	002179	中航光电	制造业
652	珠海万力达电气股份有限公司	002180	万力达	制造业
653	广东广州日报传媒股份有限公司	002181	粤传媒	租赁和商务服务业
654	南京云海特种金属股份有限公司	002182	云海金属	制造业
655	深圳市怡亚通供应链股份有限公司	002183	怡亚通	租赁和商务服务业
656	上海海得控制系统股份有限公司	002184	海得控制	制造业
657	天水华天科技股份有限公司	002185	华天科技	制造业
658	中国全聚德(集团)股份有限公司	002186	全聚德	住宿和餐饮业
659	广州市广百股份有限公司	002187	广百股份	批发和零售业
660	浙江新嘉联电子股份有限公司	002188	新嘉联	制造业
661	利达光电股份有限公司	002189	利达光电	制造业
662	四川成飞集成科技股份有限公司	002190	成飞集成	制造业
663	深圳劲嘉彩印集团股份有限公司	002191	劲嘉股份	制造业

continued

股本总数(股)	第一大股东名称	第一大股东持股数量(股)	所占比重(%)	上市地点
181888000	珠海市科见投资有限公司	39265840	21.59	深圳
2883820529	新加坡华侨银行有限公司	396320529	13.74	深圳
208650000	金翔宇	63076012	30.23	深圳
151338800	沈国甫	37759236	24.95	深圳
190000000	李建锋	30000000	15.79	深圳
1871799700	荣盛控股股份有限公司	720000009	38.47	深圳
258521810	钱森力	47194675	18.26	深圳
113400000	傅乐民	26698000	23.54	深圳
174630000	西北有色金属研究院	63693189	36.47	深圳
250200000	常熟市千斤顶厂	104832000	41.90	深圳
181504340	周儒欣	86921941	47.89	深圳
622697755	广州无线电集团有限公司	297027058	47.70	深圳
309120000	李仲初	194745600	63.00	深圳
598815328	报喜鸟集团有限公司	209005681	34.90	深圳
766360000	湖南金鑫黄金集团有限责任公司	264726869	34.54	深圳
649866720	南通华达微电子集团有限公司	239990400	36.93	深圳
431056568	正邦集团有限公司	173534607	40.26	深圳
218074500	巴拿马海尔梅斯公司	80283655	36.81	深圳
120000000	武汉东湖新技术开发区发展总公司	17563305	14.64	深圳
340000000	常熟市铝箔厂	132600000	39.00	深圳
739757400	徐玉锁	223207114	30.17	深圳
418000000	CIMIC INDUSTRIAL INC.(斯米克工业有限公司)	197823488	47.33	深圳
803550000	韩平元	158150000	19.68	深圳
445625000	东力控股集团有限公司	148500000	33.32	深圳
543973188	江苏宝源投资管理有限公司	135744512	24.95	深圳
129533760	秦本军	38613504	29.81	深圳
413964000	陈潮钿	99294000	23.99	深圳
757104768	吕晓义	200443060	26.47	深圳
266472375	广州市金誉实业投资集团有限公司	61032391	22.90	深圳
473085200	黄培钊	132678000	28.05	深圳
326040000	安徽楚江投资集团有限公司	153486620	47.08	深圳
556220977	澳洋集团有限公司	243082979	43.70	深圳
205500000	陈夏英	89552877	43.58	深圳
82939921	梅花实业集团有限公司	38738546	46.71	深圳
85398288	彭朋	15403432	18.04	深圳
424427644	江西江特电气集团有限公司	122643024	28.90	深圳
585531765	杨文江	252649008	43.15	深圳
134400000	上海延华高科技有限公司	35370720	26.32	深圳
401625000	中国航空科技工业股份有限公司	174052911	43.34	深圳
124983000	庞江华	43185650	34.55	深圳
692002640	广州传媒控股有限公司	341840776	49.40	深圳
288000000	梅小明	86423889	30.01	深圳
834126241	深圳市怡亚通投资控股有限公司	413044812	49.52	深圳
220000000	许泓	51894940	23.59	深圳
649808000	天水华天微电子股份有限公司	224827520	34.60	深圳
141560000	北京首都旅游集团有限责任公司	65803387	46.48	深圳
342422568	广州百货企业集团有限公司	182092249	53.18	深圳
156000000	上海天纪投资有限公司	25050000	16.06	深圳
199240000	中国南方工业集团公司	77690015	38.99	深圳
345188382	成都飞机工业(集团)有限责任公司	177178702	51.33	深圳
642000000	深圳市劲嘉创业投资有限公司	215252997	33.53	深圳

附录1-5　续表 13

序号	公司全称	股票代码	股票简称	行业分类
664	路翔股份有限公司	002192	路翔股份	制造业
665	山东济宁如意毛纺织股份有限公司	002193	山东如意	制造业
666	武汉凡谷电子技术股份有限公司	002194	武汉凡谷	制造业
667	上海海隆软件股份有限公司	002195	海隆软件	信息传输、软件和信息技术服务业
668	浙江方正电机股份有限公司	002196	方正电机	制造业
669	深圳市证通电子股份有限公司	002197	证通电子	制造业
670	广东嘉应制药股份有限公司	002198	嘉应制药	制造业
671	浙江东晶电子股份有限公司	002199	东晶电子	制造业
672	云南绿大地生物科技股份有限公司	002200	*ST大地	农、林、牧、渔业
673	江苏九鼎新材料股份有限公司	002201	九鼎新材	制造业
674	新疆金风科技股份有限公司	002202	金风科技	制造业
675	浙江海亮股份有限公司	002203	海亮股份	制造业
676	大连华锐重工集团股份有限公司	002204	大连重工	制造业
677	新疆国统管道股份有限公司	002205	国统股份	制造业
678	浙江海利得新材料股份有限公司	002206	海利得	制造业
679	新疆准东石油技术股份有限公司	002207	准油股份	采矿业
680	合肥城建发展股份有限公司	002208	合肥城建	房地产业
681	广州达意隆包装机械股份有限公司	002209	达意隆	制造业
682	深圳市飞马国际供应链股份有限公司	002210	飞马国际	租赁和商务服务业
683	江苏宏达新材料股份有限公司	002211	宏达新材	制造业
684	广东南洋电缆集团股份有限公司	002212	南洋股份	制造业
685	深圳市特尔佳科技股份有限公司	002213	特尔佳	制造业
686	浙江大立科技股份有限公司	002214	大立科技	制造业
687	深圳诺普信农化股份有限公司	002215	诺普信	制造业
688	三全食品股份有限公司	002216	三全食品	制造业
689	山东联合化工股份有限公司	002217	联合化工	制造业
690	深圳市拓日新能源科技股份有限公司	002218	拓日新能	制造业
691	甘肃独一味生物制药股份有限公司	002219	独一味	制造业
692	大连天宝绿色食品股份有限公司	002220	天宝股份	制造业
693	东华能源股份有限公司	002221	东华能源	批发和零售业
694	福建福晶科技股份有限公司	002222	福晶科技	制造业
695	江苏鱼跃医疗设备股份有限公司	002223	鱼跃医疗	制造业
696	三力士股份有限公司	002224	三力士	制造业
697	濮阳濮耐高温材料(集团)股份有限公司	002225	濮耐股份	制造业
698	安徽江南化工股份有限公司	002226	江南化工	制造业
699	深圳奥特迅电力设备股份有限公司	002227	奥特迅	制造业
700	厦门合兴包装印刷股份有限公司	002228	合兴包装	制造业
701	鸿博股份有限公司	002229	鸿博股份	制造业
702	安徽科大讯飞信息科技股份有限公司	002230	科大讯飞	信息传输、软件和信息技术服务业
703	奥维通信股份有限公司	002231	奥维通信	制造业
704	启明信息技术股份有限公司	002232	启明信息	信息传输、软件和信息技术服务业
705	广东塔牌集团股份有限公司	002233	塔牌集团	制造业
706	山东民和牧业股份有限公司	002234	民和股份	农、林、牧、渔业
707	厦门安妮股份有限公司	002235	安妮股份	制造业
708	浙江大华技术股份有限公司	002236	大华股份	制造业
709	山东恒邦冶炼股份有限公司	002237	恒邦股份	制造业
710	深圳市天威视讯股份有限公司	002238	天威视讯	信息传输、软件和信息技术服务业
711	江苏金飞达服装股份有限公司	002239	金飞达	制造业
712	广东威华股份有限公司	002240	威华股份	制造业
713	歌尔声学股份有限公司	002241	歌尔声学	制造业
714	九阳股份有限公司	002242	九阳股份	制造业

continued

股本总数(股)	第一大股东名称	第一大股东持股数量(股)	所占比重(%)	上市地点
121400000	柯荣卿	25235700	20.79	深圳
160000000	山东如意毛纺集团有限责任公司	45600000	28.50	深圳
555880000	王丽丽	165672000	29.80	深圳
113960000	欧姆龙(中国)有限公司	20077200	17.62	深圳
115725000	张敏	28767000	24.86	深圳
209832000	曾胜强	65423232	31.18	深圳
205000000	黄小彪	46369375	22.62	深圳
189388309	李庆跃	41377560	21.85	深圳
151087104	云南省投资控股集团有限公司	30000000	19.86	深圳
175760000	江苏九鼎集团有限公司	88469099	50.34	深圳
2694588000	香港结算有限公司	497715400	18.47	深圳
774018313	海亮集团有限公司	330954289	42.76	深圳
643790011	大连重工·起重集团有限公司	507590011	78.84	深圳
116152018	新疆天山建材(集团)有限责任公司	35086950	30.21	深圳
447580500	高利民	113700000	25.40	深圳
99458689	秦勇	7739139	7.78	深圳
320100000	合肥市国有资产控股有限公司	185316118	57.89	深圳
195244050	张颂明	80925500	41.45	深圳
397800000	深圳市飞马投资有限公司	245661780	61.76	深圳
432475779	江苏伟伦投资管理有限公司	205259343	47.46	深圳
510260000	郑钟南	307946000	60.35	深圳
206000000	凌兆蔚	41983500	20.38	深圳
100000000	庞惠民	31166476	31.17	深圳
362190000	卢柏强	106942294	29.53	深圳
201054383	陈泽民	27523000	13.69	深圳
334476000	王宜明	73041427	21.84	深圳
489750000	深圳市奥欣投资发展有限公司	202729799	41.39	深圳
429640000	阙文彬	248860000	57.92	深圳
464727200	大连承运投资有限公司	148512000	31.96	深圳
293173092	东华石油(长江)有限公司	81340000	27.74	深圳
285000000	中国科学院福建物质结构研究所	95409360	33.48	深圳
531606400	江苏鱼跃科技发展有限公司	216330400	40.69	深圳
159840000	吴培生	79704000	49.87	深圳
730465083	刘百宽	118527007	16.23	深圳
395639496	盾安控股集团有限公司	131460000	33.23	深圳
108576950	欧华实业有限公司	67966807	62.60	深圳
347504000	新疆兴汇聚股权投资管理有限合伙企业	141847600	40.82	深圳
298186000	尤丽娟	67830000	22.75	深圳
378115876	刘庆峰	25695139	6.80	深圳
356800000	杜方	108000000	30.27	深圳
408548455	中国第一汽车集团公司	198854344	48.67	深圳
894655969	钟烈华	180000000	20.12	深圳
302046632	孙希民	114310000	37.85	深圳
195000000	林旭曦	77597550	39.79	深圳
558160800	傅利泉	246280000	44.12	深圳
455200000	烟台恒邦集团有限公司	193600000	42.53	深圳
320400000	深圳广播电影电视集团	190207200	59.37	深圳
201000000	江苏帝奥控股集团股份有限公司	85500000	42.54	深圳
490704000	李建华	176693600	36.01	深圳
848016733	潍坊歌尔集团有限公司	243000000	28.66	深圳
760950000	上海力鸿新技术投资有限公司	378271380	49.71	深圳

附录1-5 续表 14

序号	公司全称	股票代码	股票简称	行业分类
715	深圳市通产丽星股份有限公司	002243	通产丽星	制造业
716	杭州滨江房产集团股份有限公司	002244	滨江集团	房地产业
717	江苏澳洋顺昌股份有限公司	002245	澳洋顺昌	交通运输、仓储和邮政业
718	四川北方硝化棉股份有限公司	002246	北化股份	制造业
719	浙江帝龙新材料股份有限公司	002247	帝龙新材	制造业
720	威海华东数控股份有限公司	002248	华东数控	制造业
721	中山大洋电机股份有限公司	002249	大洋电机	制造业
722	联化科技股份有限公司	002250	联化科技	制造业
723	步步高商业连锁股份有限公司	002251	步步高	批发和零售业
724	上海莱士血液制品股份有限公司	002252	上海莱士	制造业
725	四川川大智胜软件股份有限公司	002253	川大智胜	信息传输、软件和信息技术服务业
726	烟台泰和新材料股份有限公司	002254	泰和新材	制造业
727	苏州海陆重工股份有限公司	002255	海陆重工	制造业
728	深圳市彩虹精细化工股份有限公司	002256	彩虹精化	制造业
729	利尔化学股份有限公司	002258	利尔化学	制造业
730	四川升达林业产业股份有限公司	002259	升达林业	制造业
731	广东伊立浦电器股份有限公司	002260	伊立浦	制造业
732	拓维信息系统股份有限公司	002261	拓维信息	信息传输、软件和信息技术服务业
733	江苏恩华药业股份有限公司	002262	恩华药业	批发和零售业
734	浙江大东南股份有限公司	002263	大东南	制造业
735	新华都购物广场股份有限公司	002264	新华都	批发和零售业
736	云南西仪工业股份有限公司	002265	*ST西仪	制造业
737	浙江富春江水电设备股份有限公司	002266	浙富股份	制造业
738	陕西省天然气股份有限公司	002267	陕天然气	电力、热力、燃气及水生产和供应业
739	成都卫士通信息产业股份有限公司	002268	卫士通	信息传输、软件和信息技术服务业
740	上海美特斯邦威服饰股份有限公司	002269	美邦服饰	制造业
741	山东法因数控机械股份有限公司	002270	法因数控	制造业
742	北京东方雨虹防水技术股份有限公司	002271	东方雨虹	制造业
743	四川川润股份有限公司	002272	川润股份	制造业
744	浙江水晶光电科技股份有限公司	002273	水晶光电	制造业
745	江苏华昌化工股份有限公司	002274	华昌化工	制造业
746	桂林三金药业股份有限公司	002275	桂林三金	制造业
747	浙江万马电缆股份有限公司	002276	万马电缆	制造业
748	湖南友谊阿波罗商业股份有限公司	002277	友阿股份	批发和零售业
749	上海神开石油化工装备股份有限公司	002278	神开股份	制造业
750	北京久其软件股份有限公司	002279	久其软件	信息传输、软件和信息技术服务业
751	杭州新世纪信息技术股份有限公司	002280	新世纪	信息传输、软件和信息技术服务业
752	武汉光迅科技股份有限公司	002281	光迅科技	制造业
753	博深工具股份有限公司	002282	博深工具	制造业
754	天润曲轴股份有限公司	002283	天润曲轴	制造业
755	浙江亚太机电股份有限公司	002284	亚太股份	制造业
756	深圳世联地产顾问股份有限公司	002285	世联地产	房地产业
757	保龄宝生物股份有限公司	002286	保龄宝	制造业
758	西藏奇正藏药股份有限公司	002287	奇正藏药	制造业
759	广东超华科技股份有限公司	002288	超华科技	制造业
760	深圳市宇顺电子股份有限公司	002289	宇顺电子	制造业
761	苏州禾盛新型材料股份有限公司	002290	禾盛新材	制造业
762	佛山星期六鞋业股份有限公司	002291	星期六	制造业
763	广东奥飞动漫文化股份有限公司	002292	奥飞动漫	制造业
764	罗莱家纺股份有限公司	002293	罗莱家纺	制造业
765	深圳信立泰药业股份有限公司	002294	信立泰	制造业

continued

股本总数(股)	第一大股东名称	第一大股东持股数量(股)	所占比重(%)	上市地点
258068956	深圳市通产集团有限公司	132963552	51.52	深圳
1352000000	杭州滨江投资控股有限公司	720720000	53.31	深圳
364800000	澳洋集团有限公司	154740000	42.42	深圳
197891024	泸州北方化学工业有限公司	99812871	50.44	深圳
100200000	浙江帝龙控股有限公司	38475000	38.40	深圳
257495600	山东省高新技术创业投资有限公司	54649486	21.22	深圳
716027850	鲁楚平	242410016	33.85	深圳
516090315	牟金香	201157203	38.98	深圳
270360000	步步高投资集团股份有限公司	150504156	55.67	深圳
489600000	科瑞天诚投资控股有限公司	184888029	37.76	深圳
139245600	游志胜	14812043	10.64	深圳
391560000	烟台泰和新材集团有限公司	153912059	39.31	深圳
258200000	徐元生	64101900	24.83	深圳
313200000	深圳市彩虹创业投资集团有限公司	122616000	39.15	深圳
202444033	四川久远投资控股集团有限公司	55186206	27.26	深圳
643320000	四川升达林产工业集团有限公司	239438823	37.22	深圳
156000000	立邦(香港)实业有限公司	62302500	39.94	深圳
283443841	李新宇	64827496	22.87	深圳
234000000	徐州恩华投资有限公司	96479682	41.23	深圳
603510000	浙江大东南集团有限公司	229488503	38.03	深圳
541501975	新华都实业集团股份有限公司	227891934	42.09	深圳
291026000	南方工业资产管理有限责任公司	142714120	49.04	深圳
598560000	孙毅	246022070	41.10	深圳
1016837350	陕西省投资集团有限公司	615650588	60.55	深圳
172712065	西南通信研究所(中国电子科技集团公司第三十研究所)	60154937	34.83	深圳
1005000000	上海华服投资有限公司	810000000	80.60	深圳
189150000	刘毅	23571451	12.46	深圳
343520000	李卫国	131991852	38.42	深圳
419700000	罗丽华	87876350	20.94	深圳
249631000	星星集团有限公司	74980000	30.04	深圳
261473176	苏州华纳投资股份有限公司	107864231	41.25	深圳
590200000	桂林三金集团股份有限公司	360672000	61.11	深圳
928937488	浙江万马电气电缆集团有限公司	507690812	54.65	深圳
558720000	湖南友谊阿波罗控股股份有限公司	230452782	41.25	深圳
261523284	顾正	48434539	18.52	深圳
175795305	北京久其科技投资有限公司	45182172	25.70	深圳
107000000	徐智勇	18097992	16.91	深圳
160000000	武汉烽火科技有限公司	77189701	48.24	深圳
225420000	陈怀荣	38031760	16.87	深圳
559411764	天润联合集团有限公司	216000000	38.61	深圳
287040000	亚太机电集团有限公司	143075328	49.85	深圳
326400000	世联地产顾问(中国)有限公司	156720924	48.01	深圳
135200000	刘宗利	46184320	34.16	深圳
406000000	甘肃奇正实业集团有限公司	281050000	69.22	深圳
329851560	梁俊丰	73057280	22.15	深圳
73500000	魏连速	20864800	28.39	深圳
210672000	赵东明	83584550	39.68	深圳
363350000	深圳市星期六投资控股有限公司	146572010	40.34	深圳
409600000	蔡东青	208896000	51.00	深圳
140363100	上海罗莱投资控股有限公司	55000000	39.18	深圳
435840000	信立泰药业有限公司	311875200	71.56	深圳

附录1-5　续表 15

序号	公司全称	股票代码	股票简称	行业分类
766	广东精艺金属股份有限公司	002295	精艺股份	制造业
767	河南辉煌科技股份有限公司	002296	辉煌科技	制造业
768	湖南博云新材料股份有限公司	002297	博云新材	制造业
769	安徽鑫龙电器股份有限公司	002298	鑫龙电器	制造业
770	福建圣农发展股份有限公司	002299	圣农发展	农、林、牧、渔业
771	福建南平太阳电缆股份有限公司	002300	太阳电缆	制造业
772	深圳市齐心文具股份有限公司	002301	齐心文具	制造业
773	新疆西部建设股份有限公司.	002302	西部建设	制造业
774	深圳市美盈森环保科技股份有限公司	002303	美盈森	制造业
775	江苏洋河酒厂股份有限公司	002304	洋河股份	制造业
776	武汉南国置业股份有限公司	002305	南国置业	房地产业
777	北京湘鄂情集团股份有限公司	002306	湘鄂情	住宿和餐饮业
778	新疆北新路桥集团股份有限公司	002307	北新路桥	建筑业
779	广东威创视讯科技股份有限公司	002308	威创股份	制造业
780	中利科技集团股份有限公司	002309	中利科技	制造业
781	北京东方园林股份有限公司	002310	东方园林	建筑业
782	广东海大集团股份有限公司	002311	海大集团	制造业
783	成都三泰电子实业股份有限公司	002312	三泰电子	制造业
784	深圳日海通讯技术股份有限公司	002313	日海通讯	制造业
785	雅致集成房屋股份有限公司	002314	雅致股份	建筑业
786	焦点科技股份有限公司	002315	焦点科技	信息传输、软件和信息技术服务业
787	深圳键桥通讯技术股份有限公司	002316	键桥通讯	信息传输、软件和信息技术服务业
788	广东众生药业股份有限公司	002317	众生药业	制造业
789	浙江久立特材科技股份有限公司	002318	久立特材	制造业
790	珠海市乐通化工股份有限公司	002319	乐通股份	制造业
791	海南海峡航运股份有限公司	002320	海峡股份	交通运输、仓储和邮政业
792	河南华英农业发展股份有限公司	002321	华英农业	农、林、牧、渔业
793	宁波理工监测科技股份有限公司	002322	理工监测	制造业
794	江苏中联电气股份有限公司	002323	中联电气	制造业
795	上海普利特复合材料股份有限公司	002324	普利特	制造业
796	深圳市洪涛装饰股份有限公司	002325	洪涛股份	建筑业
797	浙江永太科技股份有限公司	002326	永太科技	制造业
798	深圳市富安娜家居用品股份有限公司	002327	富安娜	制造业
799	上海新朋实业股份有限公司	002328	新朋股份	制造业
800	广西皇氏甲天下乳业股份有限公司	002329	皇氏乳业	制造业
801	山东得利斯食品股份有限公司	002330	得利斯	制造业
802	安徽皖通科技股份有限公司	002331	皖通科技	信息传输、软件和信息技术服务业
803	浙江仙琚制药股份有限公司	002332	仙琚制药	制造业
804	苏州罗普斯金铝业股份有限公司	002333	罗普斯金	制造业
805	深圳市英威腾电气股份有限公司	002334	英威腾	制造业
806	厦门科华恒盛股份有限公司	002335	科华恒盛	制造业
807	人人乐连锁商业集团股份有限公司	002336	人人乐	批发和零售业
808	天津赛象科技股份有限公司	002337	赛象科技	制造业
809	长春奥普光电技术股份有限公司	002338	奥普光电	制造业
810	积成电子股份有限公司	002339	积成电子	制造业
811	深圳市格林美高新技术股份有限公司	002340	格林美	制造业
812	深圳市新纶科技股份有限公司	002341	新纶科技	制造业
813	巨力索具股份有限公司	002342	巨力索具	制造业
814	浙江禾欣实业集团股份有限公司	002343	禾欣股份	制造业
815	海宁中国皮革城股份有限公司	002344	海宁皮城	租赁和商务服务业
816	广东潮宏基实业股份有限公司	002345	潮宏基	制造业

continued

股本总数(股)	第一大股东名称	第一大股东持股数量(股)	所占比重(%)	上市地点
211800000	周艳贞	39892699	18.84	深圳
177735000	李海鹰	32368000	18.21	深圳
214000000	中南大学粉末冶金工程研究中心有限公司	37938618	17.73	深圳
408869000	束龙胜	97467346	23.84	深圳
910900000	福建省圣农实业有限公司	469587320	51.55	深圳
301500000	福州太顺实业有限公司	67091436	22.25	深圳
383849998	深圳市齐心控股有限公司	184599998	48.09	深圳
210000000	新疆建工(集团)有限责任公司	106654425	50.79	深圳
178800000	王海鹏	88874400	49.71	深圳
1080000000	江苏洋河集团有限公司	367756385	34.05	深圳
960000000	许晓明	475411128	49.52	深圳
400000000	孟凯	110780000	27.70	深圳
428713200	新疆生产建设兵团建设工程(集团)有限责任公司	213248400	49.74	深圳
641400000	VTRON INVESTMENT LIMITED	447376500	69.75	深圳
480600000	王柏兴	262331740	54.58	深圳
301351296	何巧女	161970231	53.75	深圳
760542900	广州市海灏投资有限公司	500323824	65.79	深圳
185919500	补建	66240000	35.63	深圳
240000000	深圳市海若技术有限公司	59250000	24.69	深圳
290000000	赤晓企业有限公司	141440000	48.77	深圳
117500000	沈锦华	69727661	59.34	深圳
327600000	键桥通讯技术有限公司	125282430	38.24	深圳
180000000	张绍日	58927500	32.74	深圳
312000000	久立集团股份有限公司	132288556	42.40	深圳
100000000	新疆智明股权投资有限公司	32000000	32.00	深圳
425880000	海南港航控股有限公司	228814401	53.73	深圳
294000000	河南省潢川华英禽业总公司	84053334	28.59	深圳
141260000	宁波天一世纪投资有限责任公司	51240000	36.27	深圳
82760000	季奎余	24704000	29.85	深圳
270000000	周文	138852000	51.43	深圳
460374000	刘年新	160926750	34.96	深圳
240300000	王莺妹	67860000	28.24	深圳
160680000	林国芳	65182020	40.57	深圳
450000000	宋琳	162000000	36.00	深圳
214000000	黄嘉棣	90960000	42.50	深圳
251000000	诸城同路人投资有限公司	129720000	51.68	深圳
133910388	王中胜	21438953	16.01	深圳
341400000	仙居县国有资产投资集团有限公司	73588300	21.55	深圳
252286000	罗普斯金控股有限公司	176494080	69.96	深圳
218880000	黄申力	40750751	18.62	深圳
223902000	厦门科华伟业股份有限公司	86103249	38.46	深圳
400000000	深圳浩明投资管理有限公司	195000000	48.75	深圳
192000000	天津市橡塑机械研究所有限公司	129600000	67.50	深圳
120000000	中国科学院长春光学精密机械与物理研究所	54990000	45.83	深圳
172000000	杨志强	8969600	5.21	深圳
579582180	深圳市汇丰源投资有限公司	110764160	19.11	深圳
292800000	侯毅	118000000	40.30	深圳
960000000	巨力集团有限公司	451200000	47.00	深圳
198120000	朱善忠	24900000	12.57	深圳
560000000	海宁市资产经营公司	212483600	37.94	深圳
180000000	汕头市潮鸿基投资有限公司	63410760	35.23	深圳

附录1-5 续表 16

序号	公司全称	股票代码	股票简称	行业分类
817	上海柘中建设股份有限公司	002346	柘中建设	制造业
818	泰尔重工股份有限公司	002347	泰尔重工	制造业
819	广东高乐玩具股份有限公司	002348	高乐股份	制造业
820	精华制药集团股份有限公司	002349	精华制药	制造业
821	北京科锐配电自动化股份有限公司	002350	北京科锐	制造业
822	深圳市漫步者科技股份有限公司	002351	漫步者	制造业
823	马鞍山鼎泰稀土新材料股份有限公司	002352	鼎泰新材	制造业
824	烟台杰瑞石油服务集团股份有限公司	002353	杰瑞股份	制造业
825	大连科冕木业股份有限公司	002354	科冕木业	制造业
826	山东兴民钢圈股份有限公司	002355	兴民钢圈	制造业
827	深圳浩宁达仪表股份有限公司	002356	浩宁达	制造业
828	四川富临运业集团股份有限公司	002357	富临运业	交通运输、仓储和邮政业
829	河南森源电气股份有限公司	002358	森源电气	制造业
830	山东齐星铁塔科技股份有限公司	002359	齐星铁塔	制造业
831	山西同德化工股份有限公司	002360	同德化工	制造业
832	安徽神剑新材料股份有限公司	002361	神剑股份	制造业
833	汉王科技股份有限公司	002362	汉王科技	制造业
834	山东隆基机械股份有限公司	002363	隆基机械	制造业
835	杭州中恒电气股份有限公司	002364	中恒电气	制造业
836	潜江永安药业股份有限公司	002365	永安药业	制造业
837	四川丹甫制冷压缩机股份有限公司	002366	丹甫股份	制造业
838	康力电梯股份有限公司	002367	康力电梯	制造业
839	太极计算机股份有限公司	002368	太极股份	信息传输、软件和信息技术服务业
840	深圳市卓翼科技股份有限公司	002369	卓翼科技	制造业
841	浙江亚太药业股份有限公司	002370	亚太药业	制造业
842	北京七星华创电子股份有限公司	002371	七星电子	制造业
843	浙江伟星新型建材股份有限公司	002372	伟星新材	制造业
844	北京联信永益科技股份有限公司	002373	联信永益	信息传输、软件和信息技术服务业
845	山东丽鹏股份有限公司	002374	丽鹏股份	制造业
846	浙江亚厦装饰股份有限公司	002375	亚厦股份	建筑业
847	山东新北洋信息技术股份有限公司	002376	新北洋	制造业
848	湖北国创高新材料股份有限公司	002377	国创高新	制造业
849	崇义章源钨业股份有限公司	002378	章源钨业	制造业
850	山东鲁丰铝箔股份有限公司	002379	鲁丰股份	制造业
851	南京科远自动化集团股份有限公司	002380	科远股份	制造业
852	浙江双箭橡胶股份有限公司	002381	双箭股份	制造业
853	山东蓝帆塑胶股份有限公司	002382	蓝帆股份	制造业
854	北京合众思壮科技股份有限公司	002383	合众思壮	制造业
855	苏州东山精密制造股份有限公司	002384	东山精密	制造业
856	北京大北农科技集团股份有限公司	002385	大北农	制造业
857	宜宾天原集团股份有限公司	002386	天原集团	制造业
858	黑牛食品股份有限公司	002387	黑牛食品	制造业
859	深圳市新亚电子制程股份有限公司	002388	新亚制程	制造业
860	浙江南洋科技股份有限公司	002389	南洋科技	制造业
861	贵州信邦制药股份有限公司	002390	信邦制药	制造业
862	江苏长青农化股份有限公司	002391	长青股份	制造业
863	北京利尔高温材料股份有限公司	002392	北京利尔	制造业
864	天津力生制药股份有限公司	002393	力生制药	制造业
865	江苏联发纺织股份有限公司	002394	联发股份	制造业
866	无锡双象超纤材料股份有限公司	002395	双象股份	制造业
867	福建星网锐捷通讯股份有限公司	002396	星网锐捷	制造业

continued

股本总数(股)	第一大股东名称	第一大股东持股数量(股)	所占比重(%)	上市地点
135000000	上海柘中(集团)有限公司	95100000	70.44	深圳
104000000	郜正彪	50830000	48.88	深圳
236800000	兴昌塑胶五金厂有限公司	73776000	31.16	深圳
200000000	南通产业控股集团有限公司	82606060	41.30	深圳
218280000	北京科锐北方科技发展有限公司	103956309	47.63	深圳
294000000	张文东	96135900	32.70	深圳
77830780	刘冀鲁	35908113	46.14	深圳
459272000	孙伟杰	121296000	26.41	深圳
93500000	为新有限公司	53000000	56.68	深圳
257600000	王志成	86924000	33.74	深圳
80000000	汉桥机器厂有限公司	51000000	63.75	深圳
195930648	四川富临实业集团有限公司	78090648	39.86	深圳
344000000	河南森源集团有限公司	99147520	28.82	深圳
163500000	齐星集团有限公司	39377337	24.08	深圳
120000000	张云升	30120000	25.10	深圳
160000000	刘志坚	56400000	35.25	深圳
214102792	刘迎建	48030838	22.43	深圳
120000000	隆基集团有限公司	67500000	56.25	深圳
126794595	杭州中恒科技投资有限公司	50097431	39.51	深圳
187000000	陈勇	42312000	22.63	深圳
133500000	罗志中	20808855	15.59	深圳
380670000	王友林	177209150	46.55	深圳
237094080	华北计算技术研究所(中国电子科技集团公司第十五研究所)	103894080	43.82	深圳
240000000	田昱	57942000	24.14	深圳
204000000	浙江亚太集团有限公司	91800000	45.00	深圳
176100000	北京七星华电科技集团有限责任公司	90005760	51.11	深圳
253400000	伟星集团有限公司	98800000	38.99	深圳
68530000	陈俭	18253431	26.64	深圳
106338461	孙世尧	24000000	22.57	深圳
635437500	亚厦控股有限公司	228000000	35.88	深圳
300000000	威海北洋电气集团股份有限公司	41129400	13.71	深圳
214000000	国创高科实业集团有限公司	108000000	50.47	深圳
428213646	崇义章源投资控股有限公司	348987770	81.50	深圳
231600000	于荣强	82310000	35.54	深圳
68000000	刘国耀	20509000	30.16	深圳
117000000	沈耿亮	28500000	24.36	深圳
240000000	蓝帆集团股份有限公司	126000000	52.50	深圳
187200000	郭信平	84478680	45.13	深圳
384000000	袁永刚	105143098	27.38	深圳
801600000	邵根伙	358540510	44.73	深圳
479771290	宜宾市国有资产经营有限公司	84048050	17.52	深圳
314339090	林秀浩	147420000	46.86	深圳
199800000	深圳市新力达电子集团有限公司	113400000	56.76	深圳
249184818	邵雨田	89250000	35.82	深圳
173600000	张观福	69720000	40.16	深圳
205753600	于国权	75339264	36.62	深圳
540000000	赵继增	186041936	34.45	深圳
182454992	天津金浩医药有限公司	93710608	51.36	深圳
215800000	江苏联发集团股份有限公司	87289400	40.45	深圳
89403000	江苏双象集团有限公司	57871095	64.73	深圳
351060000	福建省电子信息(集团)有限责任公司	99054600	28.22	深圳

附录1-5 续表 17

序号	公司全称	股票代码	股票简称	行业分类
868	湖南梦洁家纺股份有限公司	002397	梦洁家纺	制造业
869	厦门市建筑科学研究院集团股份有限公司	002398	建研集团	科学研究和技术服务业
870	深圳市海普瑞药业股份有限公司	002399	海普瑞	制造业
871	广东省广告股份有限公司	002400	省广股份	租赁和商务服务业
872	中海网络科技股份有限公司	002401	中海科技	信息传输、软件和信息技术服务业
873	深圳和而泰智能控制股份有限公司	002402	和而泰	制造业
874	浙江爱仕达电器股份有限公司	002403	爱仕达	制造业
875	浙江嘉欣丝绸股份有限公司	002404	嘉欣丝绸	制造业
876	北京四维图新科技股份有限公司	002405	四维图新	信息传输、软件和信息技术服务业
877	许昌远东传动轴股份有限公司	002406	远东传动	制造业
878	多氟多化工股份有限公司	002407	多氟多	制造业
879	淄博齐翔腾达化工股份有限公司	002408	齐翔腾达	制造业
880	江苏雅克科技股份有限公司	002409	雅克科技	制造业
881	广联达软件股份有限公司	002410	广联达	信息传输、软件和信息技术服务业
882	江苏九九久科技股份有限公司	002411	九九久	制造业
883	湖南汉森制药股份有限公司	002412	汉森制药	制造业
884	江苏常发制冷股份有限公司	002413	常发股份	制造业
885	武汉高德红外股份有限公司	002414	高德红外	制造业
886	杭州海康威视数字技术股份有限公司	002415	海康威视	制造业
887	深圳市爱施德股份有限公司	002416	爱施德	批发和零售业
888	福建三元达通讯股份有限公司	002417	三元达	制造业
889	浙江康盛股份有限公司	002418	康盛股份	制造业
890	天虹商场股份有限公司	002419	天虹商场	批发和零售业
891	广州毅昌科技股份有限公司	002420	毅昌股份	制造业
892	深圳达实智能股份有限公司	002421	达实智能	信息传输、软件和信息技术服务业
893	四川科伦药业股份有限公司	002422	科伦药业	制造业
894	中原特钢股份有限公司	002423	中原特钢	制造业
895	贵州百灵企业集团制药股份有限公司	002424	贵州百灵	制造业
896	凯撒(中国)股份有限公司	002425	凯撒股份	制造业
897	苏州胜利精密制造科技股份有限公司	002426	胜利精密	制造业
898	浙江尤夫高新纤维股份有限公司	002427	尤夫股份	制造业
899	云南临沧鑫圆锗业股份有限公司	002428	云南锗业	制造业
900	深圳市兆驰股份有限公司	002429	兆驰股份	制造业
901	杭州杭氧股份有限公司	002430	杭氧股份	制造业
902	棕榈园林股份有限公司	002431	棕榈园林	建筑业
903	天津九安医疗电子股份有限公司	002432	九安医疗	制造业
904	广东太安堂药业股份有限公司	002433	太安堂	制造业
905	浙江万里扬变速器股份有限公司	002434	万里扬	制造业
906	长江润发机械股份有限公司	002435	长江润发	制造业
907	深圳市兴森快捷电路科技股份有限公司	002436	兴森科技	制造业
908	哈尔滨誉衡药业股份有限公司	002437	誉衡药业	制造业
909	江苏神通阀门股份有限公司	002438	江苏神通	制造业
910	北京启明星辰信息技术股份有限公司	002439	启明星辰	信息传输、软件和信息技术服务业
911	浙江闰土股份有限公司	002440	闰土股份	制造业
912	众业达电气股份有限公司	002441	众业达	批发和零售业
913	龙星化工股份有限公司	002442	龙星化工	制造业
914	浙江金洲管道科技股份有限公司	002443	金洲管道	制造业
915	杭州巨星科技股份有限公司	002444	巨星科技	制造业
916	江阴中南重工股份有限公司	002445	中南重工	制造业
917	广东盛路通信科技股份有限公司	002446	盛路通信	制造业
918	大连壹桥海洋苗业股份有限公司	002447	壹桥苗业	农、林、牧、渔业

continued

股本总数(股)	第一大股东名称	第一大股东持股数量(股)	所占比重(%)	上市地点
151200000	姜天武	57876912	38.28	深圳
202800000	蔡永太	35907768	17.71	深圳
800200000	深圳市乐仁科技有限公司	295562100	36.94	深圳
192749906	广东省广新控股集团有限公司	44401998	23.04	深圳
202160000	上海船舶运输科学研究所	112816855	55.81	深圳
100050000	刘建伟	17130000	17.12	深圳
240000000	爱仕达集团有限公司	94500000	39.38	深圳
260325000	周国建	58500000	22.47	深圳
576330592	中国四维测绘技术有限公司	137495016	23.86	深圳
280500000	刘延生	89197500	31.80	深圳
222560000	李世江	34662784	15.57	深圳
560649600	淄博齐翔石油化工集团有限公司	357048316	63.68	深圳
166320000	沈琦	55860000	33.59	深圳
405000000	刁志中	80803002	19.95	深圳
232200000	周新基	50112000	21.58	深圳
148000000	海南汉森投资有限公司	77000000	52.03	深圳
220500000	江苏常发实业集团有限公司	109221450	49.53	深圳
300000000	武汉市高德电气有限公司	205101561	68.37	深圳
2008611611	中国电子科技集团公司第五十二研究所	852100000	42.42	深圳
999100000	深圳市神州通投资集团有限公司	604703586	60.52	深圳
270000000	黄国英	49065750	18.17	深圳
228800000	陈汉康	59018544	25.79	深圳
800200000	中国航空技术深圳有限公司	316257000	39.52	深圳
401000000	广州高金技术产业集团有限公司	172377240	42.99	深圳
208800000	深圳市达实投资发展有限公司	60639626	29.04	深圳
480000000	刘革新	123874560	25.81	深圳
465510000	中国南方工业集团公司	301638570	64.80	深圳
470400000	姜伟	248019200	52.73	深圳
214000000	凯撒集团(香港)有限公司	108800000	50.84	深圳
400410000	高玉根	179892000	44.93	深圳
238195880	湖州尤夫控股有限公司	88845380	37.30	深圳
326560000	临沧飞翔冶炼有限责任公司	91031616	27.88	深圳
711951871	新疆兆驰股权投资合伙企业(有限合伙)	454991250	63.91	深圳
812025000	杭州制氧机集团有限公司	496914349	61.19	深圳
384000000	吴桂昌	58419552	15.21	深圳
248000000	石河子三和股权投资合伙企业(有限合伙)	127971778	51.60	深圳
139000000	太安堂集团有限公司	46750000	33.63	深圳
340000000	万里扬集团有限公司	112455000	33.08	深圳
132000000	长江润发集团有限公司	36186652	27.41	深圳
223400000	邱醒亚	58385391	26.13	深圳
280000000	哈尔滨恒世达昌科技有限公司	124950000	44.63	深圳
208000000	吴建新	46800000	22.50	深圳
207561667	王佳	77271273	37.23	深圳
383500000	阮加根	135535193	35.34	深圳
232000000	吴开贤	90504220	39.01	深圳
480000000	刘江山	241654287	50.34	深圳
295035000	金洲集团有限公司	120480360	40.84	深圳
507000000	巨星控股集团有限公司	244480220	48.22	深圳
252150000	江阴中南投资有限公司	141450000	56.10	深圳
132798558	杨华	34308742	25.84	深圳
268000000	刘德群	130000000	48.51	深圳

附录1-5 续表 18

序号	公司全称	股票代码	股票简称	行业分类
919	河南省中原内配股份有限公司	002448	中原内配	制造业
920	佛山市国星光电股份有限公司	002449	国星光电	制造业
921	北京康得新复合材料股份有限公司	002450	康得新	制造业
922	上海摩恩电气股份有限公司	002451	摩恩电气	制造业
923	湖南长高高压开关集团股份公司	002452	长高集团	制造业
924	苏州天马精细化学品股份有限公司	002453	天马精化	制造业
925	上海加冷松芝汽车空调股份有限公司	002454	松芝股份	制造业
926	无锡百川化工股份有限公司	002455	百川股份	制造业
927	深圳欧菲光科技股份有限公司	002456	欧菲光	制造业
928	宁夏青龙管业股份有限公司	002457	青龙管业	制造业
929	山东益生种畜禽股份有限公司	002458	益生股份	农、林、牧、渔业
930	秦皇岛天业通联重工股份有限公司	002459	天业通联	制造业
931	江西赣锋锂业股份有限公司	002460	赣锋锂业	制造业
932	广州珠江啤酒股份有限公司	002461	珠江啤酒	制造业
933	嘉事堂药业股份有限公司	002462	嘉事堂	批发和零售业
934	沪士电子股份有限公司	002463	沪电股份	制造业
935	昆山金利表面材料应用科技股份有限公司	002464	金利科技	制造业
936	广州海格通信集团股份有限公司	002465	海格通信	制造业
937	四川天齐锂业股份有限公司	002466	天齐锂业	制造业
938	二六三网络通信股份有限公司	002467	二六三	信息传输、软件和信息技术服务业
939	浙江艾迪西流体控制股份有限公司	002468	艾迪西	制造业
940	山东三维石化工程股份有限公司	002469	三维工程	科学研究和技术服务业
941	山东金正大生态工程股份有限公司	002470	金正大	制造业
942	江苏中超电缆股份有限公司	002471	中超电缆	制造业
943	浙江双环传动机械股份有限公司	002472	双环传动	制造业
944	宁波圣莱达电器股份有限公司	002473	圣莱达	制造业
945	福建榕基软件股份有限公司	002474	榕基软件	信息传输、软件和信息技术服务业
946	立讯精密工业股份有限公司	002475	立讯精密	制造业
947	山东宝莫生物化工股份有限公司	002476	宝莫股份	制造业
948	雏鹰农牧集团股份有限公司	002477	雏鹰农牧	农、林、牧、渔业
949	江苏常宝钢管股份有限公司	002478	常宝股份	制造业
950	浙江富春江环保热电股份有限公司	002479	富春环保	电力、热力、燃气及水生产和供应业
951	成都市新筑路桥机械股份有限公司	002480	新筑股份	制造业
952	烟台双塔食品股份有限公司	002481	双塔食品	制造业
953	深圳广田装饰集团股份有限公司	002482	广田股份	建筑业
954	江苏润邦重工股份有限公司	002483	润邦股份	制造业
955	南通江海电容器股份有限公司	002484	江海股份	制造业
956	希努尔男装股份有限公司	002485	希努尔	制造业
957	上海嘉麟杰纺织品股份有限公司	002486	嘉麟杰	制造业
958	辽宁大金重工股份有限公司	002487	大金重工	制造业
959	浙江金固股份有限公司	002488	金固股份	制造业
960	浙江永强集团股份有限公司	002489	浙江永强	制造业
961	山东墨龙石油机械股份有限公司	002490	山东墨龙	制造业
962	江苏通鼎光电股份有限公司	002491	通鼎光电	制造业
963	珠海恒基达鑫国际化工仓储股份有限公司	002492	恒基达鑫	交通运输、仓储和邮政业
964	荣盛石化股份有限公司	002493	荣盛石化	制造业
965	华斯农业开发股份有限公司	002494	华斯股份	制造业
966	广东佳隆食品股份有限公司	002495	佳隆股份	制造业
967	江苏辉丰农化股份有限公司	002496	辉丰股份	制造业
968	四川雅化实业集团股份有限公司	002497	雅化集团	制造业
969	青岛汉缆股份有限公司	002498	汉缆股份	制造业

continued

股本总数(股)	第一大股东名称	第一大股东持股数量(股)	所占比重(%)	上市地点
117620461	薛德龙	22573861	19.19	深圳
430000000	佛山市西格玛创业投资有限公司	60335200	14.03	深圳
619620000	康得投资集团有限公司	177966848	28.72	深圳
219600000	闫泽鸿	145800000	66.39	深圳
130000000	马孝武	31759810	24.43	深圳
240000000	苏州天马医药集团有限公司	116775180	48.66	深圳
312000000	陈福成	190920600	61.19	深圳
131700000	郑铁江	52200000	39.64	深圳
192000000	深圳市欧菲投资控股有限公司	52363584	27.27	深圳
334992000	宁夏和润贸易发展有限责任公司	70106454	20.93	深圳
280800000	曹积生	144492660	51.46	深圳
222300000	朱新生	32942624	14.82	深圳
152801000	李良彬	44157375	28.90	深圳
680161768	广州珠江啤酒集团有限公司	353295165	51.94	深圳
240000000	中国青年实业发展总公司	41876431	17.45	深圳
1162610947	BIGGERING(BVI) HOLDINGS CO., LTD.	318745655	27.42	深圳
135000000	SONEM INC.	90000000	66.67	深圳
332506510	广州无线电集团有限公司	60686510	18.25	深圳
147000000	成都天齐实业(集团)有限公司	93717000	63.75	深圳
240000000	李小龙	49733354	20.72	深圳
230400000	中加企业有限公司	73491840	31.90	深圳
168922342	山东人和投资有限公司	39649585	23.47	深圳
700000000	临沂金正大投资控股有限公司	306720000	43.82	深圳
253600000	江苏中超投资集团有限公司	153380956	60.48	深圳
277992000	吴长鸿	29256496	10.52	深圳
160000000	宁波圣利达投资咨询有限公司	61200000	38.25	深圳
207400000	鲁峰	68018580	32.80	深圳
364980000	立讯有限公司	243432000	66.70	深圳
360000000	胜利油田长安控股集团有限公司	159000000	44.17	深圳
534000000	侯建芳	248001500	46.44	深圳
400100000	曹坚	113858640	28.46	深圳
434000000	浙江富春江通信集团有限公司	166920000	38.46	深圳
280000000	新筑投资集团有限公司	107544000	38.41	深圳
216000000	招远市君兴投资管理中心	83232000	38.53	深圳
512000000	深圳广田投资控股有限公司	234240000	45.75	深圳
360000000	南通威望实业有限公司	152550000	42.38	深圳
208000000	亿威投资有限公司	78000000	37.50	深圳
320000000	新郎希努尔集团股份有限公司	135489447	42.34	深圳
208000000	上海国骏投资有限公司	46918125	22.56	深圳
180000000	阜新金胤新能源技术咨询有限公司	85333500	47.41	深圳
180000000	孙金国	33750000	18.75	深圳
481829999	临海市永强投资有限公司	196648349	40.81	深圳
797848400	张恩荣	279517000	35.03	深圳
267800000	通鼎集团有限公司	139893900	52.24	深圳
120000000	珠海实友化工有限公司	60300000	50.25	深圳
1112000000	浙江荣盛控股集团有限公司	850000000	76.44	深圳
113500000	贺国英	48000000	42.29	深圳
283104000	林平涛	60760732	21.46	深圳
163415000	仲汉根	86306403	52.81	深圳
480000000	郑戎	103259670	21.51	深圳
715440000	青岛汉河集团股份有限公司	609781350	85.23	深圳

附录1-5 续表 19

序号	公司全称	股票代码	股票简称	行业分类
970	科林环保装备股份有限公司	002499	科林环保	制造业
971	山西证券股份有限公司	002500	山西证券	金融业
972	吉林利源铝业股份有限公司	002501	利源铝业	制造业
973	骅威科技股份有限公司	002502	骅威股份	制造业
974	东莞市搜于特服装股份有限公司	002503	搜于特	制造业
975	江苏东光微电子股份有限公司	002504	东光微电	制造业
976	湖南大康牧业股份有限公司	002505	大康牧业	农、林、牧、渔业
977	上海超日太阳能科技股份有限公司	002506	*ST超日	制造业
978	重庆市涪陵榨菜集团股份有限公司	002507	涪陵榨菜	制造业
979	杭州老板电器股份有限公司	002508	老板电器	制造业
980	天广消防股份有限公司	002509	天广消防	制造业
981	天津汽车模具股份有限公司	002510	天汽模	制造业
982	中顺洁柔纸业股份有限公司	002511	中顺洁柔	制造业
983	中山达华智能科技股份有限公司	002512	达华智能	制造业
984	江苏蓝丰生物化工股份有限公司	002513	蓝丰生化	制造业
985	苏州宝馨科技实业股份有限公司	002514	宝馨科技	制造业
986	金字火腿股份有限公司	002515	金字火腿	制造业
987	江苏旷达汽车织物集团股份有限公司	002516	江苏旷达	制造业
988	泰亚鞋业股份有限公司	002517	泰亚股份	制造业
989	深圳科士达科技股份有限公司	002518	科士达	制造业
990	江苏银河电子股份有限公司	002519	银河电子	制造业
991	浙江日发精密机械股份有限公司	002520	日发精机	制造业
992	山东齐峰特种纸业股份有限公司	002521	齐峰股份	制造业
993	浙江众成包装材料股份有限公司	002522	浙江众成	制造业
994	株洲天桥起重机股份有限公司	002523	天桥起重	制造业
995	光正集团股份有限公司	002524	光正集团	建筑业
996	山东矿机集团股份有限公司	002526	山东矿机	制造业
997	上海新时达电气股份有限公司	002527	新时达	制造业
998	深圳英飞拓科技股份有限公司	002528	英飞拓	制造业
999	福建海源自动化机械股份有限公司	002529	海源机械	制造业
1000	江苏丰东热技术股份有限公司	002530	丰东股份	制造业
1001	天顺风能(苏州)股份有限公司	002531	天顺风能	制造业
1002	新界泵业集团股份有限公司	002532	新界泵业	制造业
1003	金杯电工股份有限公司	002533	金杯电工	制造业
1004	杭州锅炉集团股份有限公司	002534	杭锅股份	制造业
1005	林州重机集团股份有限公司	002535	林州重机	制造业
1006	河南省西峡汽车水泵股份有限公司	002536	西泵股份	制造业
1007	青岛海立美达股份有限公司	002537	海立美达	制造业
1008	安徽省司尔特肥业股份有限公司	002538	司尔特	制造业
1009	成都市新都化工股份有限公司	002539	新都化工	制造业
1010	江苏亚太轻合金科技股份有限公司	002540	亚太科技	制造业
1011	安徽鸿路钢结构(集团)股份有限公司	002541	鸿路钢构	制造业
1012	中化岩土工程股份有限公司	002542	中化岩土	建筑业
1013	广东万和新电气股份有限公司	002543	万和电气	制造业
1014	广州杰赛科技股份有限公司	002544	杰赛科技	信息传输、软件和信息技术服务业
1015	青岛东方铁塔股份有限公司	002545	东方铁塔	制造业
1016	南京新联电子股份有限公司	002546	新联电子	制造业
1017	苏州春兴精工股份有限公司	002547	春兴精工	制造业
1018	深圳市金新农饲料股份有限公司	002548	金新农	制造业
1019	湖南凯美特气体股份有限公司	002549	凯美特气	制造业
1020	常州千红生化制药股份有限公司	002550	千红制药	制造业

continued

股本总数(股)	第一大股东名称	第一大股东持股数量(股)	所占比重(%)	上市地点
112500000	宋七棣	31296750	27.81	深圳
2399800000	山西省国信投资(集团)公司	901254324	37.56	深圳
187200000	王民	45000000	24.04	深圳
140800000	郭祥彬	53856000	38.25	深圳
288000000	马鸿	143561585	49.85	深圳
107000000	沈建平	27760070	25.94	深圳
246720000	陈黎明	56597520	22.94	深圳
843520000	倪开禄	315278848	37.38	深圳
155000000	重庆市涪陵区国有资产监督管理委员会	55132759	35.57	深圳
256000000	杭州老板实业集团有限公司	128960000	50.38	深圳
200000000	陈秀玉	84000000	42.00	深圳
205760000	胡津生	18368182	8.93	深圳
208000000	广东中顺纸业集团有限公司	62528232	30.06	深圳
318583800	蔡小如	185695200	58.29	深圳
213120000	江苏苏化集团有限公司	65910240	30.93	深圳
108800000	广讯有限公司	56000000	51.47	深圳
143325000	施延军	39702000	27.70	深圳
250000000	沈介良	137164305	54.87	深圳
176800000	泰亚国际贸易有限公司	102000000	57.69	深圳
207000000	新疆科士达股权投资合伙企业(有限合伙)	137448000	66.40	深圳
140800000	银河电子集团投资有限公司	65600000	46.59	深圳
144000000	浙江日发控股集团有限公司	73198497	50.83	深圳
206150000	李学峰	64297310	31.19	深圳
170672000	陈大魁	93536000	54.80	深圳
256000000	株洲市国有资产投资控股集团有限公司	48700491	19.02	深圳
216912000	光正投资有限公司	84259920	38.85	深圳
534000000	赵笃学	127996686	23.97	深圳
206785000	纪德法	42932865	20.76	深圳
354096000	JHL INFINITE LLC	126720000	35.79	深圳
160000000	福建海诚投资有限公司	38845680	24.28	深圳
268000000	大丰市东润投资管理有限公司	103560000	38.64	深圳
205750000	上海天神投资管理有限公司	77160000	37.50	深圳
160000000	许敏田	35142862	21.96	深圳
336000000	深圳市能翔投资发展有限公司	71992800	21.43	深圳
400520000	西子电梯集团有限公司	180194420	44.99	深圳
538329480	郭现生	205428600	38.16	深圳
96000000	河南省宛西制药股份有限公司	41450000	43.18	深圳
150000000	青岛海立控股有限公司	61875000	41.25	深圳
296000000	安徽省宁国市农业生产资料有限公司	139700000	47.20	深圳
331040000	宋睿	147313180	44.50	深圳
208000000	周福海	97383000	46.82	深圳
268000000	商晓波	141800000	52.91	深圳
200400000	吴延炜	107850000	53.82	深圳
200000000	广东万和集团有限公司	76500000	38.25	深圳
171920000	广州通信研究所(中国电子科技集团公司第七研究所)	60466028	35.17	深圳
260250000	韩汇如	136500000	52.45	深圳
168000000	南京新联创业园管理有限公司	98388000	58.56	深圳
284000000	孙洁晓	144900000	51.02	深圳
141000000	深圳市成农投资有限公司	100743615	71.45	深圳
180000000	浩讯科技有限公司	117450000	65.25	深圳
160000000	王耀方	36486000	22.80	深圳

附录1-5 续表 20

序号	公司全称	股票代码	股票简称	行业分类
1021	深圳市尚荣医疗股份有限公司	002551	尚荣医疗	制造业
1022	宝鼎重工股份有限公司	002552	宝鼎重工	制造业
1023	江苏南方轴承股份有限公司	002553	南方轴承	制造业
1024	华油惠博普科技股份有限公司	002554	惠博普	采矿业
1025	芜湖顺荣汽车部件股份有限公司	002555	顺荣股份	制造业
1026	安徽辉隆农资集团股份有限公司	002556	辉隆股份	批发和零售业
1027	洽洽食品股份有限公司	002557	洽洽食品	制造业
1028	重庆新世纪游轮股份有限公司	002558	世纪游轮	水利、环境和公共设施管理业
1029	江苏亚威机床股份有限公司	002559	亚威股份	制造业
1030	河南通达电缆股份有限公司	002560	通达股份	制造业
1031	上海徐家汇商城股份有限公司	002561	徐家汇	批发和零售业
1032	兄弟科技股份有限公司	002562	兄弟科技	制造业
1033	浙江森马服饰股份有限公司	002563	森马服饰	制造业
1034	张家港化工机械股份有限公司	002564	张化机	制造业
1035	上海绿新包装材料科技股份有限公司	002565	上海绿新	制造业
1036	吉林省集安益盛药业股份有限公司	002566	益盛药业	制造业
1037	唐人神集团股份有限公司	002567	唐人神	制造业
1038	上海百润香精香料股份有限公司	002568	百润股份	制造业
1039	浙江步森服饰股份有限公司	002569	步森股份	制造业
1040	浙江贝因美科工贸股份有限公司	002570	贝因美	制造业
1041	安徽德力日用玻璃股份有限公司	002571	德力股份	制造业
1042	索菲亚家居股份有限公司	002572	索菲亚	制造业
1043	北京国电清新环保技术股份有限公司	002573	国电清新	水利、环境和公共设施管理业
1044	浙江明牌珠宝股份有限公司	002574	明牌珠宝	制造业
1045	广东群兴玩具股份有限公司	002575	群兴玩具	制造业
1046	江苏通达动力科技股份有限公司	002576	通达动力	制造业
1047	深圳雷柏科技股份有限公司	002577	雷柏科技	制造业
1048	福建省闽发铝业股份有限公司	002578	闽发铝业	制造业
1049	惠州中京电子科技股份有限公司	002579	中京电子	制造业
1050	山东圣阳电源股份有限公司	002580	圣阳股份	制造业
1051	淄博万昌科技股份有限公司	002581	万昌科技	制造业
1052	好想你枣业股份有限公司	002582	好想你	制造业
1053	海能达通信股份有限公司	002583	海能达	制造业
1054	西陇化工股份有限公司	002584	西陇化工	制造业
1055	江苏双星彩塑新材料股份有限公司	002585	双星新材	制造业
1056	浙江省围海建设集团股份有限公司	002586	围海股份	建筑业
1057	深圳市奥拓电子股份有限公司	002587	奥拓电子	制造业
1058	史丹利化肥股份有限公司	002588	史丹利	制造业
1059	山东瑞康医药股份有限公司	002589	瑞康医药	批发和零售业
1060	浙江万安科技股份有限公司	002590	万安科技	制造业
1061	江西恒大高新技术股份有限公司	002591	恒大高新	制造业
1062	南宁八菱科技股份有限公司	002592	八菱科技	制造业
1063	厦门日上车轮集团股份有限公司	002593	日上集团	制造业
1064	比亚迪股份有限公司	002594	比亚迪	制造业
1065	山东豪迈机械科技股份有限公司	002595	豪迈科技	制造业
1066	海南瑞泽新型建材股份有限公司	002596	海南瑞泽	制造业
1067	安徽金禾实业股份有限公司	002597	金禾实业	制造业
1068	山东省章丘鼓风机股份有限公司	002598	山东章鼓	制造业
1069	北京盛通印刷股份有限公司	002599	盛通股份	制造业
1070	广东江粉磁材股份有限公司	002600	江粉磁材	制造业
1071	河南佰利联化学股份有限公司	002601	佰利联	制造业

continued

股本总数(股)	第一大股东名称	第一大股东持股数量(股)	所占比重(%)	上市地点
184500000	梁桂秋	78199333	42.38	深圳
150000000	朱丽霞	65250000	43.50	深圳
87000000	史建伟	34450000	39.60	深圳
303750000	黄松	51084000	16.82	深圳
134000000	吴绪顺	29644248	22.12	深圳
478400000	安徽省供销商业总公司	184549760	38.58	深圳
338000000	合肥华泰集团股份有限公司	164775000	48.75	深圳
59500000	彭建虎	39747000	66.80	深圳
176000000	江苏亚威科技投资有限公司	31351528	17.81	深圳
103332800	史万福	29310464	28.37	深圳
415763000	上海徐家汇商城(集团)有限公司	126274555	30.37	深圳
213400000	钱志达	69680000	32.65	深圳
670000000	森马集团有限公司	420000000	62.69	深圳
303856000	陈玉忠	159204287	52.39	深圳
341760000	顺灏投资集团有限公司	158720000	46.44	深圳
220634400	张益胜	85785048	38.88	深圳
276000000	湖南唐人神控股投资股份有限公司	68926330	24.97	深圳
160000000	刘晓东	62080000	38.80	深圳
93340000	步森集团有限公司	55580000	59.55	深圳
426050000	贝因美集团有限公司	170458084	40.01	深圳
170200000	施卫东	82200000	48.30	深圳
214000000	柯建生	60000000	28.04	深圳
296000000	北京世纪地和控股有限公司	148440000	50.15	深圳
240000000	浙江日月首饰集团有限公司	71896736	29.96	深圳
133800000	广东群兴投资有限公司	80000000	59.79	深圳
165100000	姜煜峰	59133177	35.82	深圳
217600000	热键电子(香港)有限公司	152308522	69.99	深圳
171800000	黄天火	73416000	42.73	深圳
155760000	深圳市京港投资发展有限公司	49714872	31.92	深圳
109001000	宋斌	14725204	13.51	深圳
108280000	高宝林	25413500	23.47	深圳
147600000	石聚彬	60009356	40.66	深圳
278000000	陈清州	165445100	59.51	深圳
200000000	黄伟鹏	36600000	18.30	深圳
416000000	吴培服	180000000	43.27	深圳
203300000	浙江围海控股集团有限公司	100700000	49.53	深圳
109200000	吴涵渠	33225075	30.43	深圳
169000000	高文班	39130000	23.15	深圳
93800000	张仁华	27079511	28.87	深圳
121342000	万安集团有限公司	63700000	52.50	深圳
100000000	朱星河	34375000	34.38	深圳
98174915	杨竞忠	19735515	20.10	深圳
212000000	吴子文	97927800	46.19	深圳
2354100000	王传福	570642580	24.24	深圳
200000000	张恭运	59796900	29.90	深圳
134000000	张海林	29150000	21.75	深圳
213600000	安徽金瑞化工投资有限公司	125573320	58.79	深圳
312000000	章丘市公有资产经营有限公司	93000000	29.81	深圳
132000000	栗延秋	38250000	28.98	深圳
317800000	汪南东	123258600	38.78	深圳
188000000	许刚	27927076	14.85	深圳

附录1-5 续表 21

序号	公司全称	股票代码	股票简称	行业分类
1072	浙江世纪华通车业股份有限公司	002602	世纪华通	制造业
1073	石家庄以岭药业股份有限公司	002603	以岭药业	制造业
1074	山东龙力生物科技股份有限公司	002604	龙力生物	制造业
1075	上海姚记扑克股份有限公司	002605	姚记扑克	制造业
1076	大连电瓷集团股份有限公司	002606	大连电瓷	制造业
1077	芜湖亚夏汽车股份有限公司	002607	亚夏汽车	批发和零售业
1078	江苏舜天船舶股份有限公司	002608	舜天船舶	制造业
1079	深圳市捷顺科技实业股份有限公司	002609	捷顺科技	信息传输、软件和信息技术服务业
1080	江苏爱康科技股份有限公司	002610	爱康科技	制造业
1081	广东东方精工科技股份有限公司	002611	东方精工	制造业
1082	朗姿股份有限公司	002612	朗姿股份	制造业
1083	洛阳北方玻璃技术股份有限公司	002613	北玻股份	制造业
1084	厦门蒙发利科技(集团)股份有限公司	002614	蒙发利	制造业
1085	浙江哈尔斯真空器皿股份有限公司	002615	哈尔斯	制造业
1086	广东长青(集团)股份有限公司	002616	长青集团	制造业
1087	露笑科技股份有限公司	002617	露笑科技	制造业
1088	深圳丹邦科技股份有限公司	002618	丹邦科技	制造业
1089	浙江巨龙管业股份有限公司	002619	巨龙管业	制造业
1090	深圳瑞和建筑装饰股份有限公司	002620	瑞和股份	建筑业
1091	大连三垒机器股份有限公司	002621	大连三垒	制造业
1092	吉林永大集团股份有限公司	002622	永大集团	制造业
1093	常州亚玛顿股份有限公司	002623	亚玛顿	制造业
1094	浙江金磊高温材料股份有限公司	002624	金磊股份	制造业
1095	浙江龙生汽车部件股份有限公司	002625	龙生股份	制造业
1096	厦门金达威集团股份有限公司	002626	金达威	制造业
1097	湖北宜昌交运集团股份有限公司	002627	宜昌交运	交通运输、仓储和邮政业
1098	成都市路桥工程股份有限公司	002628	成都路桥	建筑业
1099	四川仁智油田技术服务股份有限公司	002629	仁智油服	采矿业
1100	华西能源工业股份有限公司	002630	华西能源	制造业
1101	德尔国际家居股份有限公司	002631	德尔家居	制造业
1102	道明光学股份有限公司	002632	道明光学	制造业
1103	申科滑动轴承股份有限公司	002633	申科股份	制造业
1104	浙江棒杰数码针织品股份有限公司	002634	棒杰股份	制造业
1105	苏州安洁科技股份有限公司	002635	安洁科技	制造业
1106	金安国纪科技股份有限公司	002636	金安国纪	制造业
1107	浙江赞宇科技股份有限公司	002637	赞宇科技	制造业
1108	东莞勤上光电股份有限公司	002638	勤上光电	制造业
1109	福建雪人股份有限公司	002639	雪人股份	制造业
1110	山西百圆裤业连锁经营股份有限公司	002640	百圆裤业	批发和零售业
1111	永高股份有限公司	002641	永高股份	制造业
1112	北京荣之联科技股份有限公司	002642	荣之联	信息传输、软件和信息技术服务业
1113	烟台万润精细化工股份有限公司	002643	烟台万润	制造业
1114	兰州佛慈制药股份有限公司	002644	佛慈制药	制造业
1115	江苏华宏科技股份有限公司	002645	华宏科技	制造业
1116	青海互助青稞酒股份有限公司	002646	青青稞酒	制造业
1117	浙江宏磊铜业股份有限公司	002647	宏磊股份	制造业
1118	浙江卫星石化股份有限公司	002648	卫星石化	制造业
1119	博彦科技股份有限公司	002649	博彦科技	信息传输、软件和信息技术服务业
1120	加加食品集团股份有限公司	002650	加加食品	制造业
1121	成都利君实业股份有限公司	002651	利君股份	制造业
1122	苏州扬子江新型材料股份有限公司	002652	扬子新材	制造业

continued

股本总数(股)	第一大股东名称	第一大股东持股数量(股)	所占比重(%)	上市地点
262500000	浙江华通控股集团有限公司	136500000	52.00	深圳
552500000	河北以岭医药集团有限公司	187199999	33.88	深圳
186400000	程少博	42025200	22.55	深圳
93500000	姚文琛	13700308	14.65	深圳
200000000	刘桂雪	84000000	42.00	深圳
176000000	安徽亚夏实业股份有限公司	41530000	23.60	深圳
147000000	江苏舜天国际集团有限公司	37697143	25.64	深圳
122512138	唐健	49140000	40.11	深圳
300000000	江苏爱康实业有限责任公司	67999500	22.67	深圳
176800000	唐灼林	64360587	36.40	深圳
200000000	申东日	110907750	55.45	深圳
400500000	高学明	219957873	54.92	深圳
240000000	李五令	73284040	30.54	深圳
91200000	吕强	45144000	49.50	深圳
148000000	麦正辉	42180000	28.50	深圳
120000000	露笑集团有限公司	52000000	43.33	深圳
160000000	深圳丹邦投资集团有限公司	73116000	45.70	深圳
121550000	浙江巨龙控股集团有限公司	39008949	32.09	深圳
120000000	李介平	33488370	27.91	深圳
150000000	俞建模	58342500	38.90	深圳
150000000	吕永祥	50482600	33.66	深圳
160000000	常州市亚玛顿科技有限公司	72000000	45.00	深圳
200000000	陈连庆	67500000	33.75	深圳
116007000	俞龙生	31320000	27.00	深圳
180000000	厦门金达威投资有限公司	63003304	35.00	深圳
133500000	宜昌市人民政府国有资产监督管理委员会	47604636	35.66	深圳
334000000	郑渝力	49276358	14.75	深圳
114430000	钱忠良	15531700	13.57	深圳
167000000	黎仁超	46383800	27.77	深圳
160000000	德尔集团有限公司	89207760	55.75	深圳
106670000	浙江道明投资有限公司	48000000	45.00	深圳
150000000	何全波	56249955	37.50	深圳
100050000	陶建伟	36937500	36.92	深圳
120000000	吕莉	45742725	38.12	深圳
280000000	上海东临投资发展有限公司	111510000	39.83	深圳
160000000	方银军	18517920	11.57	深圳
374670000	东莞勤上集团有限公司	97654572	26.06	深圳
160000000	林汝捷	49104000	30.69	深圳
133340000	杨建新	47226750	35.42	深圳
200000000	公元塑业集团有限公司	87000000	43.50	深圳
200000000	王东辉	69923508	34.96	深圳
137820000	中节能(山东)投资发展公司	37354000	27.10	深圳
88858000	兰州佛慈制药厂	62766000	70.64	深圳
120006000	江苏华宏实业集团有限公司	69750000	58.12	深圳
450000000	青海华实科技投资管理有限公司	292500000	65.00	深圳
168910000	戚建萍	63962800	37.87	深圳
400000000	浙江卫星控股股份有限公司	199500000	49.88	深圳
150000000	北京博宇冠文管理咨询有限公司	17647272	11.76	深圳
192000000	湖南卓越投资有限公司	76903200	40.05	深圳
401000000	何亚民	145199999	36.21	深圳
106680000	上海勤硕来投资有限公司	40000000	37.50	深圳

附录1-5 续表 22

序号	公司全称	股票代码	股票简称	行业分类
1123	西藏海思科药业集团股份有限公司	002653	海思科	制造业
1124	深圳万润科技股份有限公司	002654	万润科技	制造业
1125	山东共达电声股份有限公司	002655	共达电声	制造业
1126	广州卡奴迪路服饰股份有限公司	002656	卡奴迪路	制造业
1127	北京中科金财科技股份有限公司	002657	中科金财	信息传输、软件和信息技术服务业
1128	北京雪迪龙科技股份有限公司	002658	雪迪龙	制造业
1129	江苏中泰桥梁钢构股份有限公司	002659	中泰桥梁	建筑业
1130	茂硕电源科技股份有限公司	002660	茂硕电源	制造业
1131	克明面业股份有限公司	002661	克明面业	制造业
1132	北京威卡威汽车零部件股份有限公司	002662	京威股份	制造业
1133	广州普邦园林股份有限公司	002663	普邦园林	建筑业
1134	信质电机股份有限公司	002664	信质电机	制造业
1135	北京首航艾启威节能技术股份有限公司	002665	首航节能	制造业
1136	广东德联集团股份有限公司	002666	德联集团	制造业
1137	鞍山重型矿山机器股份有限公司	002667	鞍重股份	制造业
1138	广东奥马电器股份有限公司	002668	奥马电器	制造业
1139	上海康达化工新材料股份有限公司	002669	康达新材	制造业
1140	广东华声电器股份有限公司	002670	华声股份	制造业
1141	山东龙泉管道工程股份有限公司	002671	龙泉股份	制造业
1142	东江环保股份有限公司	002672	东江环保	水利、环境和公共设施管理业
1143	西部证券股份有限公司	002673	西部证券	金融业
1144	兴业皮革科技股份有限公司	002674	兴业科技	制造业
1145	烟台东诚生化股份有限公司	002675	东诚生化	制造业
1146	广东顺威精密塑料股份有限公司	002676	顺威股份	制造业
1147	浙江美大实业股份有限公司	002677	浙江美大	制造业
1148	广州珠江钢琴集团股份有限公司	002678	珠江钢琴	制造业
1149	福建金森林业股份有限公司	002679	福建金森	农、林、牧、渔业
1150	连云港黄海机械股份有限公司	002680	黄海机械	制造业
1151	深圳市奋达科技股份有限公司	002681	奋达科技	制造业
1152	福建龙洲运输股份有限公司	002682	龙洲股份	交通运输、仓储和邮政业
1153	广东宏大爆破股份有限公司	002683	宏大爆破	采矿业
1154	广东猛狮电源科技股份有限公司	002684	猛狮科技	制造业
1155	无锡华东重型机械股份有限公司	002685	华东重机	制造业
1156	浙江亿利达风机股份有限公司	002686	亿利达	制造业
1157	浙江乔治白服饰股份有限公司	002687	乔治白	制造业
1158	金河生物科技股份有限公司	002688	金河生物	制造业
1159	沈阳博林特电梯股份有限公司	002689	博林特	制造业
1160	合肥美亚光电技术股份有限公司	002690	美亚光电	制造业
1161	石家庄中煤装备制造股份有限公司	002691	石煤装备	制造业
1162	远程电缆股份有限公司	002692	远程电缆	制造业
1163	海南双成药业股份有限公司	002693	双成药业	制造业
1164	顾地科技股份有限公司	002694	顾地科技	制造业
1165	江西煌上煌集团食品股份有限公司	002695	煌上煌	制造业
1166	百洋水产集团股份有限公司	002696	百洋股份	农、林、牧、渔业
1167	成都红旗连锁股份有限公司	002697	红旗连锁	批发和零售业
1168	哈尔滨博实自动化股份有限公司	002698	博实股份	制造业
1169	美盛文化创意股份有限公司	002699	美盛文化	文化、体育和娱乐业
1170	新疆浩源天然气股份有限公司	002700	新疆浩源	电力、热力、燃气及水生产和供应业
1171	奥瑞金包装股份有限公司	002701	奥瑞金	制造业
1172	海欣食品股份有限公司	002702	海欣食品	制造业
1173	浙江世宝股份有限公司	002703	浙江世宝	制造业

continued

股本总数（股）	第一大股东名称	第一大股东持股数量(股)	所占比重(%)	上市地点
400100000	王俊民	161352000	40.33	深圳
88000000	罗小艳	15000000	17.05	深圳
120000000	潍坊高科电子有限公司	50760000	42.30	深圳
100000000	广州瑞丰投资有限公司	39750000	39.75	深圳
69797534	沈飒	15859144	22.72	深圳
137472800	敖小强	91650000	66.67	深圳
155500000	江苏环宇投资发展有限公司	53185700	34.20	深圳
98788800	深圳德旺投资发展有限公司	23400000	23.69	深圳
83080000	南县克明投资有限公司	51000000	61.39	深圳
600000000	北京中环投资管理有限公司	225000000	37.50	深圳
279488000	涂善忠	96000000	34.35	深圳
133340000	台州市椒江信质工贸有限公司	54270000	40.70	深圳
133350000	北京首航波纹管制造有限公司	37905000	28.43	深圳
160000000	徐团华	70792734	44.25	深圳
67980000	杨永柱	20400000	30.01	深圳
165350000	中山施诺工业投资有限公司	93000000	56.24	深圳
100000000	陆企亭	17972100	17.97	深圳
200000000	佛山市顺德区远茂化工实业有限公司	40813951	20.41	深圳
94370000	刘长杰	29300599	31.05	深圳
150476374	张维仰	43158964	28.68	深圳
1200000000	陕西省电力建设投资开发公司	354094656	29.51	深圳
240000000	晋江万兴投资有限公司	84744000	35.31	深圳
108000000	烟台东益生物工程有限公司	28755000	26.63	深圳
160000000	佛山市顺德区祥得投资咨询有限公司	74499354	46.56	深圳
200000000	美大集团有限公司	135000000	67.50	深圳
478000000	广州市人民政府国有资产监督管理委员会	391248000	81.85	深圳
138680000	福建省将乐县林业总公司	97516040	70.32	深圳
80000000	虞臣潘	27600000	34.50	深圳
150000000	肖奋	75375000	50.25	深圳
160000000	福建省龙岩交通国有资产投资经营有限公司	42194098	26.37	深圳
218960000	广东省广业资产经营有限公司	53029857	24.22	深圳
53076000	汕头市澄海区沪美蓄电池有限公司	21076000	39.71	深圳
200000000	无锡华东重机科技集团有限公司	78000000	39.00	深圳
90670000	章启忠	17000000	18.75	深圳
98570000	温州乔治白制衣有限公司	26145000	26.52	深圳
108920000	内蒙古金河建筑安装有限责任公司	43313420	39.77	深圳
309878941	沈阳远大铝业集团有限公司	126280000	40.75	深圳
200000000	田明	122850000	61.43	深圳
200000000	河北冀凯实业集团有限公司	129000000	64.50	深圳
181350000	杨小明	52130000	28.75	深圳
120000000	海南双成投资有限公司	41338236	34.45	深圳
144000000	广东顾地塑胶有限公司	59144500	41.07	深圳
123876522	煌上煌集团有限公司	64488000	52.06	深圳
88000000	孙忠义	38744785	44.03	深圳
200000000	曹世如	110700000	55.35	深圳
401000000	哈尔滨工业大学资产投资经营有限责任公司	96700000	24.11	深圳
93500000	浙江莱盛实业有限公司	43365000	46.38	深圳
73338000	周举东	20900000	28.50	深圳
306670000	海南原龙投资有限公司	142278000	46.39	深圳
70700000	滕用雄	16700000	23.62	深圳
277657855	浙江世宝控股集团有限公司	165387223	59.57	深圳

附录1-5 续表 23

序号	公司全称	股票代码	股票简称	行业分类
1174	深圳赤湾石油基地股份有限公司	200053	深基地B	交通运输、仓储和邮政业
1175	重庆建设摩托车股份有限公司	200054	*ST建摩B	制造业
1176	山东航空股份有限公司	200152	山航B	交通运输、仓储和邮政业
1177	承德南江股份有限公司	200160	南江B	房地产业
1178	广东雷伊(集团)股份有限公司	200168	雷伊B	房地产业
1179	南京普天通信股份有限公司	200468	宁通信B	制造业
1180	厦门灿坤实业股份有限公司	200512	闽灿坤B	制造业
1181	瓦房店轴承股份有限公司	200706	瓦轴B	制造业
1182	武汉锅炉股份有限公司	200770	*ST武锅B	制造业
1183	杭州汽轮机股份有限公司	200771	杭汽轮B	制造业
1184	佛山华新包装股份有限公司	200986	粤华包B	制造业
1185	山东省中鲁远洋渔业股份有限公司	200992	中鲁B	农、林、牧、渔业
1186	青岛特锐德电气股份有限公司	300001	特锐德	制造业
1187	北京神州泰岳软件股份有限公司	300002	神州泰岳	信息传输、软件和信息技术服务业
1188	乐普(北京)医疗器械股份有限公司	300003	乐普医疗	制造业
1189	南方风机股份有限公司	300004	南风股份	制造业
1190	北京探路者户外用品股份有限公司	300005	探路者	制造业
1191	重庆莱美药业股份有限公司	300006	莱美药业	制造业
1192	河南汉威电子股份有限公司	300007	汉威电子	制造业
1193	上海佳豪船舶工程设计股份有限公司	300008	上海佳豪	科学研究和技术服务业
1194	安徽安科生物工程(集团)股份有限公司	300009	安科生物	制造业
1195	北京立思辰科技股份有限公司	300010	立思辰	信息传输、软件和信息技术服务业
1196	北京鼎汉技术股份有限公司	300011	鼎汉技术	制造业
1197	深圳市华测检测技术股份有限公司	300012	华测检测	科学研究和技术服务业
1198	江苏新宁现代物流股份有限公司	300013	新宁物流	交通运输、仓储和邮政业
1199	惠州亿纬锂能股份有限公司	300014	亿纬锂能	制造业
1200	爱尔眼科医院集团股份有限公司	300015	爱尔眼科	卫生和社会工作
1201	北京北陆药业股份有限公司	300016	北陆药业	制造业
1202	网宿科技股份有限公司	300017	网宿科技	信息传输、软件和信息技术服务业
1203	武汉中元华电科技股份有限公司	300018	中元华电	制造业
1204	成都硅宝科技股份有限公司	300019	硅宝科技	制造业
1205	银江股份有限公司	300020	银江股份	信息传输、软件和信息技术服务业
1206	甘肃大禹节水集团股份有限公司	300021	大禹节水	制造业
1207	吉峰农机连锁股份有限公司	300022	吉峰农机	批发和零售业
1208	西安宝德自动化股份有限公司	300023	宝德股份	制造业
1209	沈阳新松机器人自动化股份有限公司	300024	机器人	制造业
1210	杭州华星创业通信技术股份有限公司	300025	华星创业	信息传输、软件和信息技术服务业
1211	天津红日药业股份有限公司	300026	红日药业	制造业
1212	华谊兄弟传媒股份有限公司	300027	华谊兄弟	文化、体育和娱乐业
1213	成都金亚科技股份有限公司	300028	金亚科技	制造业
1214	江苏华盛天龙光电设备股份有限公司	300029	天龙光电	制造业
1215	广州阳普医疗科技股份有限公司	300030	阳普医疗	制造业
1216	无锡宝通带业股份有限公司	300031	宝通带业	制造业
1217	金龙机电股份有限公司	300032	金龙机电	制造业
1218	浙江核新同花顺网络信息股份有限公司	300033	同花顺	信息传输、软件和信息技术服务业
1219	北京钢研高纳科技股份有限公司	300034	钢研高纳	制造业
1220	湖南中科电气股份有限公司	300035	中科电气	制造业
1221	北京超图软件股份有限公司	300036	超图软件	信息传输、软件和信息技术服务业
1222	深圳新宙邦科技股份有限公司	300037	新宙邦	制造业
1223	北京梅泰诺通信技术股份有限公司	300038	梅泰诺	制造业
1224	上海凯宝药业股份有限公司	300039	上海凯宝	制造业

continued

股本总数(股)	第一大股东名称	第一大股东持股数量(股)	所占比重(%)	上市地点
230600000	中国南山开发(集团)股份有限公司	119420000	51.79	深圳
477500000	中国南方工业集团公司	339625000	71.13	深圳
400000000	山东航空集团有限公司	168004000	42.00	深圳
706320000	王栋	208324800	29.49	深圳
318600000	普宁市升恒昌贸易发展有限公司	117855000	36.99	深圳
215000000	中国普天信息产业股份有限公司	115000000	53.49	深圳
185391680	FORDCHEE DEVELOPMENT LIMITED	53940530	29.10	深圳
402600000	瓦房店轴承集团有限责任公司	244000000	60.61	深圳
297000000	阿尔斯通(中国)投资有限公司	151470000	51.00	深圳
754010400	杭州汽轮动力集团有限公司	479824800	63.64	深圳
505425000	佛山华新发展有限公司	329512030	65.20	深圳
266071320	山东省国有资产投资控股有限公司	88000000	33.07	深圳
200400000	青岛德锐投资有限公司	99750000	49.78	深圳
383383700	王宁	52828968	13.78	深圳
812000000	中国船舶重工集团公司第七二五研究所(洛阳船舶材料研究所)	234807412	28.92	深圳
188000000	杨泽文	41066666	21.84	深圳
352658332	盛发强	110842504	31.43	深圳
183000000	邱宇	41277962	22.56	深圳
118000000	任红军	31708580	26.87	深圳
218484000	刘楠	75213117	34.43	深圳
189000000	宋礼华	58610250	31.01	深圳
260867333	池燕明	70836755	27.15	深圳
154128000	北京鼎汉电气科技有限公司	43200000	28.03	深圳
183982500	郭冰	46065562	25.04	深圳
90000000	杨奕明(YEOYEKBENG)	27270000	30.30	深圳
198330000	惠州市亿威实业有限公司	90081981	45.42	深圳
427200000	湖南爱尔医疗投资有限公司	192292097	45.01	深圳
152749104	王代雪	32279730	21.13	深圳
154214286	陈宝珍	40128911	26.02	深圳
130000000	邓志刚	11700000	9.00	深圳
102000000	王跃林	20520000	20.12	深圳
240000000	银江科技集团有限公司	92913000	38.71	深圳
278600000	王栋	147023548	52.77	深圳
357400000	王新明	49932824	13.97	深圳
90000000	赵敏	45900000	51.00	深圳
297660000	中国科学院沈阳自动化研究所	87961192	29.55	深圳
156000000	程小彦	34632000	22.20	深圳
249314879	天津大通投资集团有限公司	63026419	25.28	深圳
604800000	王忠军	158068800	26.14	深圳
264600000	周旭辉	71992800	27.21	深圳
200000000	常州诺亚科技有限公司	61192406	30.60	深圳
148000000	邓冠华	34404000	23.25	深圳
150000000	包志方	46537875	31.03	深圳
142700000	金龙控股集团有限公司	83001842	58.17	深圳
134400000	易峥	48384000	36.00	深圳
211988154	中国钢研科技集团有限公司	101789597	48.02	深圳
119925000	余新	20670000	17.24	深圳
120000000	钟耳顺	20294400	16.91	深圳
171200000	覃九三	28499968	16.65	深圳
137355000	张敏	49275000	35.87	深圳
263040000	穆来安	79200000	30.11	深圳

附录1-5 续表 24

序号	公司全称	股票代码	股票简称	行业分类
1225	哈尔滨九洲电气股份有限公司	300040	九洲电气	制造业
1226	湖北回天胶业股份有限公司	300041	回天胶业	制造业
1227	深圳市朗科科技股份有限公司	300042	朗科科技	制造业
1228	广东星辉车模股份有限公司	300043	星辉车模	制造业
1229	深圳市赛为智能股份有限公司	300044	赛为智能	信息传输、软件和信息技术服务业
1230	北京华力创通科技股份有限公司	300045	华力创通	制造业
1231	湖北台基半导体股份有限公司	300046	台基股份	制造业
1232	深圳天源迪科信息技术股份有限公司	300047	天源迪科	信息传输、软件和信息技术服务业
1233	北京合康亿盛变频科技股份有限公司	300048	合康变频	制造业
1234	内蒙古福瑞医疗科技股份有限公司	300049	福瑞股份	制造业
1235	珠海世纪鼎利通信科技股份有限公司	300050	世纪鼎利	信息传输、软件和信息技术服务业
1236	厦门三五互联科技股份有限公司	300051	三五互联	信息传输、软件和信息技术服务业
1237	深圳中青宝互动网络股份有限公司	300052	中青宝	信息传输、软件和信息技术服务业
1238	珠海欧比特控制工程股份有限公司	300053	欧比特	制造业
1239	湖北鼎龙化学股份有限公司	300054	鼎龙股份	制造业
1240	北京万邦达环保技术股份有限公司	300055	万邦达	建筑业
1241	厦门三维丝环保股份有限公司	300056	三维丝	制造业
1242	汕头万顺包装材料股份有限公司	300057	万顺股份	制造业
1243	北京蓝色光标品牌管理顾问股份有限公司	300058	蓝色光标	租赁和商务服务业
1244	东方财富信息股份有限公司	300059	东方财富	信息传输、软件和信息技术服务业
1245	上海康耐特光学股份有限公司	300061	康耐特	制造业
1246	福建中能电气股份有限公司	300062	中能电气	制造业
1247	广东天龙油墨集团股份有限公司	300063	天龙集团	制造业
1248	郑州华晶金刚石股份有限公司	300064	豫金刚石	制造业
1249	北京海兰信数据科技股份有限公司	300065	海兰信	制造业
1250	江西三川水表股份有限公司	300066	三川股份	制造业
1251	上海安诺其纺织化工股份有限公司	300067	安诺其	制造业
1252	浙江南都电源动力股份有限公司	300068	南都电源	制造业
1253	浙江金利华电气股份有限公司	300069	金利华电	制造业
1254	北京碧水源科技股份有限公司	300070	碧水源	水利、环境和公共设施管理业
1255	北京华谊嘉信整合营销顾问集团股份有限公司	300071	华谊嘉信	租赁和商务服务业
1256	北京三聚环保新材料股份有限公司	300072	三聚环保	制造业
1257	北京当升材料科技股份有限公司	300073	当升科技	制造业
1258	华平信息技术股份有限公司	300074	华平股份	信息传输、软件和信息技术服务业
1259	北京数字政通科技股份有限公司	300075	数字政通	信息传输、软件和信息技术服务业
1260	宁波GQY视讯股份有限公司	300076	GQY视讯	制造业
1261	国民技术股份有限公司	300077	国民技术	制造业
1262	杭州中瑞思创科技股份有限公司	300078	中瑞思创	制造业
1263	北京数码视讯科技股份有限公司	300079	数码视讯	制造业
1264	河南新大新材料股份有限公司	300080	新大新材	制造业
1265	恒信移动商务股份有限公司	300081	恒信移动	批发和零售业
1266	辽宁奥克化学股份有限公司	300082	奥克股份	制造业
1267	东莞劲胜精密组件股份有限公司	300083	劲胜股份	制造业
1268	兰州海默科技股份有限公司	300084	海默科技	采矿业
1269	深圳市银之杰科技股份有限公司	300085	银之杰	信息传输、软件和信息技术服务业
1270	海南康芝药业股份有限公司	300086	康芝药业	制造业
1271	安徽荃银高科种业股份有限公司	300087	荃银高科	农、林、牧、渔业
1272	芜湖长信科技股份有限公司	300088	长信科技	制造业
1273	广东长城集团股份有限公司	300089	长城集团	制造业
1274	安徽盛运机械股份有限公司	300090	盛运股份	制造业
1275	江苏金通灵流体机械科技股份有限公司	300091	金通灵	制造业

continued

股本总数（股）	第一大股东名称	第一大股东持股数量(股)	所占比重(%)	上市地点
138900000	李寅	30000000	21.60	深圳
105596825	章锋	20103664	19.04	深圳
133600000	邓国顺	30900000	23.13	深圳
158400000	陈雁升	61776000	39.00	深圳
100000000	周勇	23457944	23.46	深圳
268000000	高小离	60183200	22.46	深圳
142080000	襄樊新仪元半导体有限责任公司	70560000	49.66	深圳
156900000	陈友	23068500	14.70	深圳
338144800	上海上丰集团有限公司	98280000	29.06	深圳
125060000	中国高新投资集团公司	20276225	16.21	深圳
216000000	叶滨	72000000	33.33	深圳
160500000	龚少晖	72752400	45.33	深圳
130000000	深圳市宝德投资控股有限公司	35607441	27.39	深圳
200000000	YAN JUN	69867000	34.93	深圳
136200000	朱顺全	31387500	23.05	深圳
228800000	王飘扬	70785000	30.94	深圳
93600000	罗红花	24878484	26.58	深圳
422000000	杜成城	216000000	51.18	深圳
396722241	赵文权	35255400	8.89	深圳
336000000	其实	94201643	28.04	深圳
96000000	费铮翔	53755200	56.00	深圳
154900000	CHEN MANHONG	41040000	26.49	深圳
100500000	冯毅	51764850	51.51	深圳
608000000	河南华晶超硬材料股份有限公司	246600000	40.56	深圳
105252970	申万秋	19430730	18.46	深圳
156000000	江西三川集团有限公司	66150000	42.40	深圳
160500000	纪立军	72036367	44.88	深圳
297600000	杭州南都电源有限公司	61744226	20.75	深圳
78000000	赵坚	35972159	46.12	深圳
552859034	文剑平	139876000	25.30	深圳
155265816	刘伟	58872951	37.92	深圳
389080000	北京海淀科技发展有限公司	110732400	28.46	深圳
160000000	北京矿冶研究总院	49523614	30.95	深圳
100000000	刘晓丹	19260000	19.26	深圳
84000000	吴强华	27566847	32.82	深圳
106000000	宁波高斯投资有限公司	31824000	30.02	深圳
272000000	中国华大集成电路设计集团有限公司	74800000	27.50	深圳
167500000	路楠	56250000	33.58	深圳
336000000	郑海涛	61989303	18.45	深圳
364000000	宋贺臣	82127409	22.56	深圳
67000000	孟宪民	21379517	31.91	深圳
259200000	奥克集团股份公司	145992525	56.32	深圳
200000000	劲辉国际企业有限公司	123000000	61.50	深圳
128000000	窦剑文	29495040	23.04	深圳
120000000	张学君	27909000	23.26	深圳
200000000	海南宏氏投资有限公司	116379310	58.19	深圳
105600000	张琴	9265600	8.77	深圳
326300000	东亚真空电镀厂有限公司	81120000	24.86	深圳
150000000	蔡廷祥	57375000	38.25	深圳
255272170	开晓胜	92194000	36.12	深圳
209000000	季伟	46200000	22.11	深圳

附录1-5　续表 25

序号	公司全称	股票代码	股票简称	行业分类
1276	四川科新机电股份有限公司	300092	科新机电	制造业
1277	广东金刚玻璃科技股份有限公司	300093	金刚玻璃	制造业
1278	湛江国联水产开发股份有限公司	300094	国联水产	农、林、牧、渔业
1279	江西华伍制动器股份有限公司	300095	华伍股份	制造业
1280	易联众信息技术股份有限公司	300096	易联众	信息传输、软件和信息技术服务业
1281	大连智云自动化装备股份有限公司	300097	智云股份	制造业
1282	高新兴科技集团股份有限公司	300098	高新兴	制造业
1283	尤洛卡矿业安全工程股份有限公司	300099	尤洛卡	制造业
1284	宁波双林汽车部件股份有限公司	300100	双林股份	制造业
1285	成都国腾电子技术股份有限公司	300101	国腾电子	制造业
1286	厦门乾照光电股份有限公司	300102	乾照光电	制造业
1287	西安达刚路面机械股份有限公司	300103	达刚路机	制造业
1288	乐视网信息技术(北京)股份有限公司	300104	乐视网	信息传输、软件和信息技术服务业
1289	烟台龙源电力技术股份有限公司	300105	龙源技术	制造业
1290	新疆西部牧业股份有限公司	300106	西部牧业	农、林、牧、渔业
1291	河北建新化工股份有限公司	300107	建新股份	制造业
1292	通化双龙化工股份有限公司	300108	双龙股份	制造业
1293	博爱新开源制药股份有限公司	300109	新开源	制造业
1294	华仁药业股份有限公司	300110	华仁药业	制造业
1295	浙江向日葵光能科技股份有限公司	300111	向日葵	制造业
1296	深圳万讯自控股份有限公司	300112	万讯自控	制造业
1297	杭州顺网科技股份有限公司	300113	顺网科技	信息传输、软件和信息技术服务业
1298	中航电测仪器股份有限公司	300114	中航电测	制造业
1299	深圳市长盈精密技术股份有限公司	300115	长盈精密	制造业
1300	陕西坚瑞消防股份有限公司	300116	坚瑞消防	制造业
1301	北京嘉寓门窗幕墙股份有限公司	300117	嘉寓股份	建筑业
1302	东方日升新能源股份有限公司	300118	东方日升	制造业
1303	天津瑞普生物技术股份有限公司	300119	瑞普生物	制造业
1304	天津经纬电材股份有限公司	300120	经纬电材	制造业
1305	山东阳谷华泰化工股份有限公司	300121	阳谷华泰	制造业
1306	重庆智飞生物制品股份有限公司	300122	智飞生物	制造业
1307	太阳鸟游艇股份有限公司	300123	太阳鸟	制造业
1308	深圳市汇川技术股份有限公司	300124	汇川技术	制造业
1309	大连易世达新能源发展股份有限公司	300125	易世达	科学研究和技术服务业
1310	上海锐奇工具股份有限公司	300126	锐奇股份	制造业
1311	成都银河磁体股份有限公司	300127	银河磁体	制造业
1312	苏州锦富新材料股份有限公司	300128	锦富新材	制造业
1313	上海泰胜风能装备股份有限公司	300129	泰胜风能	制造业
1314	深圳市新国都技术股份有限公司	300130	新国都	制造业
1315	深圳市英唐智能控制股份有限公司	300131	英唐智控	制造业
1316	福建青松股份有限公司	300132	青松股份	制造业
1317	浙江华策影视股份有限公司	300133	华策影视	文化、体育和娱乐业
1318	深圳市大富科技股份有限公司	300134	大富科技	制造业
1319	江苏宝利沥青股份有限公司	300135	宝利沥青	制造业
1320	深圳市信维通信股份有限公司	300136	信维通信	制造业
1321	河北先河环保科技股份有限公司	300137	先河环保	制造业
1322	晨光生物科技集团股份有限公司	300138	晨光生物	制造业
1323	北京福星晓程电子科技股份有限公司	300139	福星晓程	制造业
1324	西安启源机电装备股份有限公司	300140	启源装备	制造业
1325	苏州工业园区和顺电气股份有限公司	300141	和顺电气	制造业
1326	云南沃森生物技术股份有限公司	300142	沃森生物	制造业

continued

股本总数(股)	第一大股东名称	第一大股东持股数量(股)	所占比重(%)	上市地点
91000000	林祯荣	19649348	21.59	深圳
216000000	汕头市金刚玻璃实业有限公司	58122000	26.91	深圳
352000000	湛江市国通水产有限公司	159308160	45.26	深圳
77000000	聂景华	25200000	32.73	深圳
172000000	古培坚	61280000	35.63	深圳
60000000	谭永良	32451000	54.09	深圳
177840000	刘双广	88519860	49.78	深圳
103350000	王晶华	40467028	39.16	深圳
140250000	双林集团股份有限公司	81000000	57.75	深圳
278000000	成都国腾电子集团有限公司	106560000	38.33	深圳
295000000	王维勇	50073300	16.97	深圳
211734000	孙建西	74388695	35.13	深圳
418000000	贾跃亭	195714050	46.82	深圳
285120000	国电科技环保集团股份有限公司	66290400	23.25	深圳
117000000	石河子国有资产经营(集团)有限公司	51856138	44.32	深圳
133800000	朱守琛	54000000	40.36	深圳
135200000	卢忠奎	49734288	36.79	深圳
115200000	王东虎	22996048	19.96	深圳
218313500	华仁世纪集团有限公司	113275000	51.89	深圳
509000000	吴建龙	208585200	40.98	深圳
161167500	傅宇晨	36886500	22.89	深圳
132000000	华勇	59670437	45.20	深圳
120000000	汉中航空工业(集团)有限公司	73775061	61.48	深圳
258000000	深圳市长盈投资有限公司	133162380	51.61	深圳
80000000	郭鸿宝	32621930	40.78	深圳
217200000	北京嘉寓新新资产管理有限公司	86150820	39.66	深圳
560000000	林海峰	240227520	42.90	深圳
192784800	李守军	83510848	43.32	深圳
169650000	永信亚洲有限公司	32916975	19.40	深圳
108000000	王传华	55350000	51.25	深圳
400000000	蒋仁生	223200000	55.80	深圳
139105521	湖南太阳鸟控股有限公司	50400000	36.23	深圳
388800000	深圳市汇川投资有限公司	72900000	18.75	深圳
118000000	大连力科技术工程有限公司	35632872	30.20	深圳
151560000	吴明厅	54000000	35.63	深圳
161573180	戴炎	54257931	33.58	深圳
204460000	上海锦富投资管理有限公司	105750000	51.72	深圳
324000000	柳志成	29079311	8.98	深圳
114300000	刘祥	38070000	33.31	深圳
103030000	胡庆周	31528000	30.60	深圳
120600000	柯维龙	51168510	42.43	深圳
384064000	傅梅城	137025330	35.68	深圳
320000000	深圳市大富配天投资有限公司	161592000	50.50	深圳
320000000	周德洪	120830600	37.76	深圳
133340000	彭浩	35856000	26.89	深圳
156000000	李玉国	30336583	19.45	深圳
179570872	卢庆国	17925210	9.98	深圳
109600000	湖北联赢投资管理有限公司	33600000	30.66	深圳
122000000	中国新时代国际工程公司	36420000	29.85	深圳
110400000	姚建华	52040000	47.14	深圳
182232000	李云春	27082464	14.86	深圳

附录1-5 续表 26

序号	公司全称	股票代码	股票简称	行业分类
1327	广东星河生物科技股份有限公司	300143	星河生物	农、林、牧、渔业
1328	杭州宋城旅游发展股份有限公司	300144	宋城股份	水利、环境和公共设施管理业
1329	南方泵业股份有限公司	300145	南方泵业	制造业
1330	汤臣倍健股份有限公司	300146	汤臣倍健	制造业
1331	广州市香雪制药股份有限公司	300147	香雪制药	制造业
1332	天舟文化股份有限公司	300148	天舟文化	文化、体育和娱乐业
1333	量子高科(中国)生物股份有限公司	300149	量子高科	制造业
1334	北京世纪瑞尔技术股份有限公司	300150	世纪瑞尔	信息传输、软件和信息技术服务业
1335	深圳市昌红科技股份有限公司	300151	昌红科技	制造业
1336	徐州燃控科技股份有限公司	300152	燃控科技	制造业
1337	上海科泰电源股份有限公司	300153	科泰电源	制造业
1338	深圳市瑞凌实业股份有限公司	300154	瑞凌股份	制造业
1339	广东安居宝数码科技股份有限公司	300155	安居宝	制造业
1340	天立环保工程股份有限公司	300156	天立环保	制造业
1341	恒泰艾普石油天然气技术服务股份有限公司	300157	恒泰艾普	采矿业
1342	山西振东制药股份有限公司	300158	振东制药	制造业
1343	新疆机械研究院股份有限公司	300159	新研股份	制造业
1344	江苏秀强玻璃工艺股份有限公司	300160	秀强股份	制造业
1345	武汉华中数控股份有限公司	300161	华中数控	制造业
1346	深圳雷曼光电科技股份有限公司	300162	雷曼光电	制造业
1347	宁波先锋新材料股份有限公司	300163	先锋新材	制造业
1348	西安通源石油科技股份有限公司	300164	通源石油	采矿业
1349	江苏天瑞仪器股份有限公司	300165	天瑞仪器	制造业
1350	北京东方国信科技股份有限公司	300166	东方国信	信息传输、软件和信息技术服务业
1351	深圳市迪威视讯股份有限公司	300167	迪威视讯	信息传输、软件和信息技术服务业
1352	万达信息股份有限公司	300168	万达信息	信息传输、软件和信息技术服务业
1353	常州天晟新材料股份有限公司	300169	天晟新材	制造业
1354	上海汉得信息技术股份有限公司	300170	汉得信息	信息传输、软件和信息技术服务业
1355	上海东富龙科技股份有限公司	300171	东富龙	制造业
1356	南京中电环保股份有限公司	300172	中电环保	水利、环境和公共设施管理业
1357	松德机械股份有限公司	300173	松德股份	制造业
1358	福建元力活性炭股份有限公司	300174	元力股份	制造业
1359	朗源股份有限公司	300175	朗源股份	制造业
1360	广东鸿特精密技术股份有限公司	300176	鸿特精密	制造业
1361	广州中海达卫星导航技术股份有限公司	300177	中海达	制造业
1362	深圳市腾邦国际商业服务股份有限公司	300178	腾邦国际	租赁和商务服务业
1363	河南四方达超硬材料股份有限公司	300179	四方达	制造业
1364	上海华峰超纤材料股份有限公司	300180	华峰超纤	制造业
1365	浙江佐力药业股份有限公司	300181	佐力药业	制造业
1366	北京捷成世纪科技股份有限公司	300182	捷成股份	信息传输、软件和信息技术服务业
1367	青岛东软载波科技股份有限公司	300183	东软载波	信息传输、软件和信息技术服务业
1368	武汉力源信息技术股份有限公司	300184	力源信息	批发和零售业
1369	通裕重工股份有限公司	300185	通裕重工	制造业
1370	广东大华农动物保健品股份有限公司	300186	大华农	制造业
1371	永清环保股份有限公司	300187	永清环保	水利、环境和公共设施管理业
1372	厦门市美亚柏科信息股份有限公司	300188	美亚柏科	信息传输、软件和信息技术服务业
1373	海南神农大丰种业科技股份有限公司	300189	神农大丰	农、林、牧、渔业
1374	江苏维尔利环保科技股份有限公司	300190	维尔利	水利、环境和公共设施管理业
1375	潜能恒信能源技术股份有限公司	300191	潜能恒信	采矿业
1376	苏州科斯伍德油墨股份有限公司	300192	科斯伍德	制造业
1377	深圳市佳士科技股份有限公司	300193	佳士科技	制造业

continued

股本总数(股)	第一大股东名称	第一大股东持股数量(股)	所占比重(%)	上市地点
147400000	叶运寿	53866375	36.54	深圳
554400000	杭州宋城集团控股有限公司	193572895	34.92	深圳
144000000	沈金浩	54365256	37.75	深圳
218720000	梁允超	125751532	57.49	深圳
300973200	广州市昆仑投资有限公司	102708000	34.13	深圳
126750000	湖南天鸿投资集团有限公司	82607200	65.17	深圳
201000000	QUANTUM HI-TECH GROUP LIMITED	64569000	32.12	深圳
135000000	王铁	28500000	21.11	深圳
100500000	李焕昌	50160000	49.91	深圳
240823000	徐州杰能科技发展投资有限公司	88000000	36.54	深圳
160000000	科泰控股有限公司	84120000	52.58	深圳
223500000	邱光	88333400	39.52	深圳
180000000	张波	70250000	39.03	深圳
288720000	王利品	81911279	28.37	深圳
184663742	孙庚文	46451279	25.15	深圳
288000000	山西振东实业集团有限公司	170159224	59.08	深圳
180400000	周卫华	29430720	16.31	深圳
186800000	宿迁市新星投资有限公司	65337400	34.98	深圳
107830000	武汉华中科技大产业集团有限公司	21949843	20.36	深圳
134000000	李漫铁	37932000	28.31	深圳
79000000	卢先锋	36240088	45.87	深圳
158400000	张国桉	36912928	23.30	深圳
153920000	刘召贵	65520000	42.57	深圳
121500000	管连平	31920000	26.27	深圳
100080000	北京安策恒兴投资有限公司	41692500	41.66	深圳
240000000	上海万豪投资有限公司	63897200	26.62	深圳
280500000	吴海宙	39916614	14.23	深圳
167812774	上海迪宣投资管理有限公司	60690000	36.17	深圳
208000000	郑效东	133380000	64.13	深圳
130000000	王政福	39977437	30.75	深圳
113230000	郭景松	19435000	17.16	深圳
136000000	王延安	68425598	50.31	深圳
470800000	龙口市广源贸易有限公司	187545600	39.84	深圳
89400000	广东万和集团有限公司	26136000	29.23	深圳
200000000	廖定海	60423860	30.20	深圳
122420000	腾邦投资控股有限公司	40250000	32.88	深圳
120000000	方海江	33910125	28.26	深圳
158000000	华峰集团有限公司	23500000	14.87	深圳
144000000	俞有强	44550000	30.94	深圳
171024500	徐子泉	97637400	57.09	深圳
220000000	崔健	52272000	23.76	深圳
100050000	MARK ZHAO	31765500	31.75	深圳
900000000	司兴奎	149838750	16.65	深圳
267000000	温鹏程	28213469	10.57	深圳
133560000	湖南永清投资集团有限责任公司	79630000	59.62	深圳
110906600	郭永芳	31200000	28.13	深圳
256000000	黄培劲	57376000	22.41	深圳
97785000	常州德泽实业投资有限公司	56505600	57.79	深圳
160000000	周锦明	91320000	57.08	深圳
110250000	吴贤良	41250000	37.41	深圳
221500000	徐爱平	53095560	23.97	深圳

附录1-5 续表 27

序号	公司全称	股票代码	股票简称	行业分类
1378	福安药业(集团)股份有限公司	300194	福安药业	制造业
1379	天津长荣印刷设备股份有限公司	300195	长荣股份	制造业
1380	江苏长海复合材料股份有限公司	300196	长海股份	制造业
1381	深圳市铁汉生态环境股份有限公司	300197	铁汉生态	建筑业
1382	福建纳川管材科技股份有限公司	300198	纳川股份	制造业
1383	深圳翰宇药业股份有限公司	300199	翰宇药业	制造业
1384	北京高盟新材料股份有限公司	300200	高盟新材	制造业
1385	徐州海伦哲专用车辆股份有限公司	300201	海伦哲	制造业
1386	辽宁聚龙金融设备股份有限公司	300202	聚龙股份	制造业
1387	聚光科技(杭州)股份有限公司	300203	聚光科技	制造业
1388	舒泰神(北京)生物制药股份有限公司	300204	舒泰神	制造业
1389	武汉天喻信息产业股份有限公司	300205	天喻信息	制造业
1390	深圳市理邦精密仪器股份有限公司	300206	理邦仪器	制造业
1391	欣旺达电子股份有限公司	300207	欣旺达	制造业
1392	青岛市恒顺电气股份有限公司	300208	恒顺电气	制造业
1393	天泽信息产业股份有限公司	300209	天泽信息	信息传输、软件和信息技术服务业
1394	鞍山森远路桥股份有限公司	300210	森远股份	制造业
1395	江苏亿通高科技股份有限公司	300211	亿通科技	制造业
1396	北京易华录信息技术股份有限公司	300212	易华录	信息传输、软件和信息技术服务业
1397	北京佳讯飞鸿电气股份有限公司	300213	佳讯飞鸿	制造业
1398	山东日科化学股份有限公司	300214	日科化学	制造业
1399	苏州电器科学研究院股份有限公司	300215	电科院	科学研究和技术服务业
1400	湖南千山制药机械股份有限公司	300216	千山药机	制造业
1401	镇江东方电热科技股份有限公司	300217	东方电热	制造业
1402	安徽安利合成革股份有限公司	300218	安利股份	制造业
1403	广州市鸿利光电股份有限公司	300219	鸿利光电	制造业
1404	武汉金运激光股份有限公司	300220	金运激光	制造业
1405	广东银禧科技股份有限公司	300221	银禧科技	制造业
1406	科大智能科技股份有限公司	300222	科大智能	制造业
1407	北京君正集成电路股份有限公司	300223	北京君正	制造业
1408	烟台正海磁性材料股份有限公司	300224	正海磁材	制造业
1409	上海金力泰化工股份有限公司	300225	金力泰	制造业
1410	上海钢联电子商务股份有限公司	300226	上海钢联	信息传输、软件和信息技术服务业
1411	深圳光韵达光电科技股份有限公司	300227	光韵达	制造业
1412	张家港富瑞特种装备股份有限公司	300228	富瑞特装	制造业
1413	北京拓尔思信息技术股份有限公司	300229	拓尔思	信息传输、软件和信息技术服务业
1414	上海永利带业股份有限公司	300230	永利带业	制造业
1415	北京银信长远科技股份有限公司	300231	银信科技	信息传输、软件和信息技术服务业
1416	深圳市洲明科技股份有限公司	300232	洲明科技	制造业
1417	山东金城医药化工股份有限公司	300233	金城医药	制造业
1418	浙江开尔新材料股份有限公司	300234	开尔新材	制造业
1419	深圳市方直科技股份有限公司	300235	方直科技	信息传输、软件和信息技术服务业
1420	上海新阳半导体材料股份有限公司	300236	上海新阳	制造业
1421	山东美晨科技股份有限公司	300237	美晨科技	制造业
1422	广东冠昊生物科技股份有限公司	300238	冠昊生物	制造业
1423	包头东宝生物技术股份有限公司	300239	东宝生物	制造业
1424	江苏飞力达国际物流股份有限公司	300240	飞力达	交通运输、仓储和邮政业
1425	深圳市瑞丰光电子股份有限公司	300241	瑞丰光电	制造业
1426	广东明家科技股份有限公司	300242	明家科技	制造业
1427	山东瑞丰高分子材料股份有限公司	300243	瑞丰高材	制造业
1428	浙江迪安诊断技术股份有限公司	300244	迪安诊断	卫生和社会工作

continued

股本总数(股)	第一大股东名称	第一大股东持股数量(股)	所占比重(%)	上市地点
133400000	汪天祥	61523161	46.12	深圳
140000000	李莉	69237000	49.46	深圳
120000000	杨鹏威	47250000	39.38	深圳
210537252	刘水	108740253	51.65	深圳
208777500	陈志江	67532400	32.35	深圳
200000000	曾少贵	51474000	25.74	深圳
106800000	广州高金技术产业集团有限公司	40080000	37.53	深圳
176000000	江苏省机电研究所有限公司	43736000	24.85	深圳
169600000	柳永诠	50870400	29.99	深圳
445000000	浙江睿洋科技有限公司	113523200	25.51	深圳
133400000	昭衍(北京)投资有限公司	50220000	37.65	深圳
143352000	武汉华工创业投资有限责任公司	38771136	27.05	深圳
100000000	张浩	20861224	20.86	深圳
244400000	王明旺	80890290	33.10	深圳
140000000	青岛清源环保实业有限公司	47200000	33.71	深圳
160000000	无锡中住集团有限公司	48000000	30.00	深圳
134730000	郭松森	53135089	39.44	深圳
53746000	王振洪	26015000	48.40	深圳
134000000	中国华录集团有限公司	47155600	35.19	深圳
126000000	林菁	19561500	15.53	深圳
202500000	赵东日	62730001	30.98	深圳
180000000	胡德霖	56000000	31.11	深圳
134000000	刘祥华	19430000	13.75	深圳
197736000	谭荣生	44464194	22.49	深圳
211200000	安徽安利科技投资集团股份有限公司	47520000	22.50	深圳
245466000	马成章	67135900	27.35	深圳
35000000	梁伟	19199200	54.85	深圳
200000000	东莞市瑞晨投资有限公司	52500000	26.25	深圳
108000000	安徽东财投资管理有限公司	30780000	28.50	深圳
104000000	刘强	23520423	22.62	深圳
240000000	正海集团有限公司	165276000	68.87	深圳
100500000	吴国政	36877549	36.69	深圳
80000000	上海兴业投资发展有限公司	31750000	39.69	深圳
67000000	深圳市光韵达实业有限公司	32750000	48.88	深圳
134000000	邬品芳	18850000	14.07	深圳
204000000	北京信科互动科技发展有限公司	115856250	56.79	深圳
161524800	史佩浩	72235800	44.72	深圳
80000000	詹立雄	22368000	27.96	深圳
101036075	林洺锋	46291050	45.82	深圳
121000000	淄博金城实业股份有限公司	47580000	39.32	深圳
120000000	邢翰学	45000000	37.50	深圳
88000000	黄元忠	19930660	22.65	深圳
85180000	SIN YANG INDUSTRIES&TRADING PTE LTD	25472000	29.90	深圳
57000000	张磊	23365385	40.99	深圳
122200000	广州知光生物科技有限公司	47051000	38.50	深圳
151960000	包头东宝实业(集团)有限公司	57363000	37.75	深圳
167100000	昆山亚通汽车维修服务有限公司	28500000	17.06	深圳
107000000	龚伟斌	42024364	39.28	深圳
75000000	周建林	33020000	44.03	深圳
85600000	周仕斌	19492480	22.77	深圳
91980000	陈海斌	35017920	38.07	深圳

附录1-5　续表 28

序号	公司全称	股票代码	股票简称	行业分类
1429	上海天玑科技股份有限公司	300245	天玑科技	信息传输、软件和信息技术服务业
1430	广东宝莱特医用科技股份有限公司	300246	宝莱特	制造业
1431	安徽桑乐金股份有限公司	300247	桑乐金	制造业
1432	郑州新开普电子股份有限公司	300248	新开普	信息传输、软件和信息技术服务业
1433	四川依米康环境科技股份有限公司	300249	依米康	制造业
1434	杭州初灵信息技术股份有限公司	300250	初灵信息	制造业
1435	北京光线传媒股份有限公司	300251	光线传媒	文化、体育和娱乐业
1436	深圳金信诺高新技术股份有限公司	300252	金信诺	制造业
1437	上海金仕达卫宁软件股份有限公司	300253	卫宁软件	信息传输、软件和信息技术服务业
1438	山西仟源制药股份有限公司	300254	仟源制药	制造业
1439	河北常山生化药业股份有限公司	300255	常山药业	制造业
1440	浙江星星瑞金科技股份有限公司	300256	星星科技	制造业
1441	浙江开山压缩机股份有限公司	300257	开山股份	制造业
1442	江苏太平洋精锻科技股份有限公司	300258	精锻科技	制造业
1443	河南新天科技股份有限公司	300259	新天科技	制造业
1444	昆山新莱洁净应用材料股份有限公司	300260	新莱应材	制造业
1445	雅本化学股份有限公司	300261	雅本化学	制造业
1446	上海巴安水务股份有限公司	300262	巴安水务	水利、环境和公共设施管理业
1447	洛阳隆华传热节能股份有限公司	300263	隆华节能	制造业
1448	深圳市佳创视讯技术股份有限公司	300264	佳创视讯	信息传输、软件和信息技术服务业
1449	江苏通光电子线缆股份有限公司	300265	通光线缆	制造业
1450	杭州兴源过滤科技股份有限公司	300266	兴源过滤	制造业
1451	湖南尔康制药股份有限公司	300267	尔康制药	制造业
1452	万福生科(湖南)农业开发股份有限公司	300268	万福生科	制造业
1453	深圳市联建光电股份有限公司	300269	联建光电	制造业
1454	杭州中威电子股份有限公司	300270	中威电子	制造业
1455	北京华宇软件股份有限公司	300271	华宇软件	信息传输、软件和信息技术服务业
1456	上海开能环保设备股份有限公司	300272	开能环保	制造业
1457	珠海和佳医疗设备股份有限公司	300273	和佳股份	制造业
1458	阳光电源股份有限公司	300274	阳光电源	制造业
1459	重庆梅安森科技股份有限公司	300275	梅安森	信息传输、软件和信息技术服务业
1460	湖北三丰智能输送装备股份有限公司	300276	三丰智能	制造业
1461	深圳海联讯科技股份有限公司	300277	海联讯	信息传输、软件和信息技术服务业
1462	湖北华昌达智能装备股份有限公司	300278	华昌达	制造业
1463	无锡和晶科技股份有限公司	300279	和晶科技	制造业
1464	南通锻压设备股份有限公司	300280	南通锻压	制造业
1465	广东金明精机股份有限公司	300281	金明精机	制造业
1466	北京汇冠新技术股份有限公司	300282	汇冠股份	制造业
1467	温州宏丰电工合金股份有限公司	300283	温州宏丰	制造业
1468	江苏省交通科学研究院股份有限公司	300284	苏交科	科学研究和技术服务业
1469	山东国瓷功能材料股份有限公司	300285	国瓷材料	制造业
1470	安科瑞电气股份有限公司	300286	安科瑞	制造业
1471	北京飞利信科技股份有限公司	300287	飞利信	信息传输、软件和信息技术服务业
1472	贵阳朗玛信息技术股份有限公司	300288	朗玛信息	信息传输、软件和信息技术服务业
1473	北京利德曼生化股份有限公司	300289	利德曼	制造业
1474	荣科科技股份有限公司	300290	荣科科技	信息传输、软件和信息技术服务业
1475	北京华录百纳影视股份有限公司	300291	华录百纳	文化、体育和娱乐业
1476	江苏吴通通讯股份有限公司	300292	吴通通讯	制造业
1477	沈阳蓝英工业自动化装备股份有限公司	300293	蓝英装备	制造业
1478	江西博雅生物制药股份有限公司	300294	博雅生物	制造业
1479	江苏三六五网络股份有限公司	300295	三六五网	信息传输、软件和信息技术服务业

continued

股本总数(股)	第一大股东名称	第一大股东持股数量(股)	所占比重(%)	上市地点
134000000	陆文雄	31004400	23.14	深圳
73044000	燕金元	24364800	33.36	深圳
81750000	金道明	25029800	30.62	深圳
89200000	杨维国	21200000	23.77	深圳
78400000	孙屹峥	19782500	25.23	深圳
80000000	上海玄战电子有限公司	46902000	58.63	深圳
241120000	上海光线投资控股有限公司	130318588	54.05	深圳
108000000	黄昌华	43416000	40.20	深圳
107000000	周炜	17714094	16.56	深圳
133800000	翁占国	15400800	11.51	深圳
188418700	高树华	59976000	31.83	深圳
150000000	叶仙玉	37117500	24.75	深圳
286000000	开山控股集团股份有限公司	160000000	55.94	深圳
150000000	江苏大洋投资有限公司	75937500	50.63	深圳
151360000	费战波	66094080	43.67	深圳
100050000	李水波	28393875	28.38	深圳
145120000	苏州雅本投资有限公司	76034667	52.39	深圳
133400000	张春霖	70274070	52.68	深圳
163320000	李占强	25000000	15.31	深圳
153000000	陈坤江	56511000	36.94	深圳
135000000	通光集团有限公司	74500000	55.19	深圳
89600000	兴源控股有限公司	40313600	44.99	深圳
239200000	帅放文	117782636	49.24	深圳
134000000	杨荣华	40190000	29.99	深圳
73580000	刘虎军	18722700	25.45	深圳
60000000	石旭刚	35502750	59.17	深圳
148000000	邵学	36275174	24.51	深圳
143000000	瞿建国	55965000	39.14	深圳
200025000	蔡孟珂	44790000	22.39	深圳
322560000	曹仁贤	125280000	38.84	深圳
82138000	马焰	25620000	31.19	深圳
78000000	朱汉平	31021716	39.77	深圳
134000000	章锋	36034712	26.89	深圳
173400000	颜华	84861000	48.94	深圳
120000000	陈柏林	30331250	25.28	深圳
128000000	郭庆	80000000	62.50	深圳
60000000	马镇鑫	27130500	45.22	深圳
55236000	北京丹贝投资有限公司	21438000	38.81	深圳
70831000	陈晓	45000000	63.53	深圳
240000000	符冠华	52999099	22.08	深圳
62400000	东营市盈泰石油科技有限公司	12091320	19.38	深圳
69340000	周中	15722196	22.67	深圳
84000000	杨振华	16690000	19.87	深圳
53400000	王伟	20416000	38.23	深圳
153600000	北京迈迪卡科技有限公司	56448000	36.75	深圳
68000000	付艳杰	19633357	28.87	深圳
60000000	华录文化产业有限公司	18000000	30.00	深圳
66700000	万卫方	35050000	52.55	深圳
90000000	沈阳蓝英自动控制有限公司	38475000	42.75	深圳
75800000	深圳市高特佳投资集团有限公司	26615473	35.11	深圳
53350000	胡光辉	9869008	18.50	深圳

附录1-5 续表 29

序号	公司全称	股票代码	股票简称	行业分类
1480	利亚德光电股份有限公司	300296	利亚德	制造业
1481	蓝盾信息安全技术股份有限公司	300297	蓝盾股份	信息传输、软件和信息技术服务业
1482	三诺生物传感股份有限公司	300298	三诺生物	制造业
1483	富春通信股份有限公司	300299	富春通信	信息传输、软件和信息技术服务业
1484	汉鼎信息科技股份有限公司	300300	汉鼎股份	信息传输、软件和信息技术服务业
1485	深圳市长方半导体照明股份有限公司	300301	长方照明	制造业
1486	北京同有飞骥科技股份有限公司	300302	同有科技	信息传输、软件和信息技术服务业
1487	深圳市聚飞光电股份有限公司	300303	聚飞光电	制造业
1488	江苏云意电气股份有限公司	300304	云意电气	制造业
1489	江苏裕兴薄膜科技股份有限公司	300305	裕兴股份	制造业
1490	杭州远方光电信息股份有限公司	300306	远方光电	制造业
1491	宁波慈星股份有限公司	300307	慈星股份	制造业
1492	山东中际电工装备股份有限公司	300308	中际装备	制造业
1493	吉艾科技(北京)股份公司	300309	吉艾科技	制造业
1494	广东宜通世纪科技股份有限公司	300310	宜通世纪	信息传输、软件和信息技术服务业
1495	任子行网络技术股份有限公司	300311	任子行	信息传输、软件和信息技术服务业
1496	邦讯技术股份有限公司	300312	邦讯技术	信息传输、软件和信息技术服务业
1497	新疆天山畜牧生物工程股份有限公司	300313	天山生物	农、林、牧、渔业
1498	宁波戴维医疗器械股份有限公司	300314	戴维医疗	制造业
1499	北京掌趣科技股份有限公司	300315	掌趣科技	信息传输、软件和信息技术服务业
1500	浙江晶盛机电股份有限公司	300316	晶盛机电	制造业
1501	深圳珈伟光伏照明股份有限公司	300317	珈伟股份	制造业
1502	北京博晖创新光电技术股份有限公司	300318	博晖创新	制造业
1503	深圳市麦捷微电子科技股份有限公司	300319	麦捷科技	制造业
1504	江阴海达橡塑股份有限公司	300320	海达股份	制造业
1505	山东同大海岛新材料股份有限公司	300321	同大股份	制造业
1506	惠州硕贝德无线科技股份有限公司	300322	硕贝德	制造业
1507	华灿光电股份有限公司	300323	华灿光电	制造业
1508	北京旋极信息技术股份有限公司	300324	旋极信息	信息传输、软件和信息技术服务业
1509	江苏德威新材料股份有限公司	300325	德威新材	制造业
1510	上海凯利泰医疗科技股份有限公司	300326	凯利泰	制造业
1511	中颖电子股份有限公司	300327	中颖电子	制造业
1512	东莞宜安科技股份有限公司	300328	宜安科技	制造业
1513	海伦钢琴股份有限公司	300329	海伦钢琴	制造业
1514	上海华虹计通智能系统股份有限公司	300330	华虹计通	信息传输、软件和信息技术服务业
1515	苏州苏大维格光电科技股份有限公司	300331	苏大维格	制造业
1516	天壕节能科技股份有限公司	300332	天壕节能	科学研究和技术服务业
1517	深圳兆日科技股份有限公司	300333	兆日科技	信息传输、软件和信息技术服务业
1518	天津膜天膜科技股份有限公司	300334	津膜科技	制造业
1519	广州迪森热能技术股份有限公司	300335	迪森股份	电力、热力、燃气及水生产和供应业
1520	上海新文化传媒集团股份有限公司	300336	新文化	文化、体育和娱乐业
1521	银邦金属复合材料股份有限公司	300337	银邦股份	制造业
1522	长沙开元仪器股份有限公司	300338	开元仪器	制造业
1523	江苏润和软件股份有限公司	300339	润和软件	信息传输、软件和信息技术服务业
1524	江门市科恒实业股份有限公司	300340	科恒股份	制造业
1525	麦克奥迪(厦门)电气股份有限公司	300341	麦迪电气	制造业
1526	常熟市天银机电股份有限公司	300342	天银机电	制造业
1527	山东联创节能新材料股份有限公司	300343	联创节能	制造业
1528	北京太空板业股份有限公司	300344	太空板业	制造业
1529	湖南红宇耐磨新材料股份有限公司	300345	红宇新材	制造业
1530	江苏南大光电材料股份有限公司	300346	南大光电	制造业

continued

股本总数（股）	第一大股东名称	第一大股东持股数量(股)	所占比重(%)	上市地点
100000000	李军	45300000	45.30	深圳
98000000	柯宗庆	18690700	19.07	深圳
88000000	李少波	30000000	34.09	深圳
67000000	福建富春投资有限公司	21631442	32.29	深圳
87000000	吴艳	37500000	43.10	深圳
270000000	邓子长	69732435	25.83	深圳
60000000	周泽湘	11176293	18.63	深圳
136000000	邢其彬	34520200	25.38	深圳
100000000	徐州云意科技发展有限公司	52128800	52.13	深圳
80000000	王建新	20004000	25.01	深圳
120000000	潘建根	40033980	33.36	深圳
802000000	宁波裕人投资有限公司	364735016	45.48	深圳
66670000	山东中际投资控股有限公司	31907500	47.86	深圳
217274000	高怀雪	65864550	30.31	深圳
176000000	童文伟	19140000	10.88	深圳
70700000	景晓军	37788000	53.45	深圳
106680000	张庆文	39088000	36.64	深圳
90910000	天山农牧业发展有限公司	28040000	30.84	深圳
80000000	陈云勤	22200000	27.75	深圳
163660000	姚文彬	46156500	28.20	深圳
133350000	上虞金轮投资管理咨询有限公司	74944000	56.20	深圳
140000000	丁孔贤	28552650	20.39	深圳
102400000	杜江涛	25627200	25.03	深圳
53340000	广东动能东方投资有限公司	20040000	37.57	深圳
66670000	钱胡寿	16405665	24.61	深圳
44400000	山东同大集团有限公司	19453846	43.81	深圳
93345000	惠州市金海贸易有限公司	31586952	33.84	深圳
200000000	Jing Tian Capital I, Limited	33600000	16.80	深圳
56000000	陈江涛	23855248	42.60	深圳
80000000	苏州德威投资有限公司	26318975	32.90	深圳
51250000	ULTRA TEMPO LIMITED	6537375	12.76	深圳
128000000	威朗国际集团有限公司	39651775	30.98	深圳
112000000	宜安实业有限公司	66150000	59.06	深圳
66990000	宁波北仑海伦投资有限公司	20088000	29.99	深圳
80000000	上海华虹(集团)有限公司	23591313	29.49	深圳
62000000	陈林森	16745997	27.01	深圳
320000000	北京德之宝投资有限公司	82330000	25.73	深圳
112000000	新疆晁骏股权投资有限公司	30888984	27.58	深圳
116000000	天津膜天膜工程技术有限公司	28446429	24.52	深圳
139488834	常厚春	24577599	17.62	深圳
96000000	上海渠丰国际贸易有限公司	30000000	31.25	深圳
186800000	沈于蓝	79100000	42.34	深圳
60000000	罗建文	15533981	25.89	深圳
76740000	江苏润和科技投资有限公司	20851000	27.17	深圳
50000000	万国江	11279250	22.56	深圳
92000000	麦克奥迪控股有限公司	54890535	59.66	深圳
100000000	常熟市天恒投资管理有限公司	50062500	50.06	深圳
40000000	李洪国	13754400	34.39	深圳
100520000	樊立	28479000	28.33	深圳
96000000	朱红玉	21496548	22.39	深圳
50270000	上海同华创业投资有限公司	10030000	19.95	深圳

附录1-5 续表 30

序号	公司全称	股票代码	股票简称	行业分类
1531	杭州泰格医药科技股份有限公司	300347	泰格医药	科学研究和技术服务业
1532	深圳市长亮科技股份有限公司	300348	长亮科技	信息传输、软件和信息技术服务业
1533	金卡高科技股份有限公司	300349	金卡股份	制造业
1534	深圳市华鹏飞现代物流股份有限公司	300350	华鹏飞	交通运输、仓储和邮政业
1535	浙江永贵电器股份有限公司	300351	永贵电器	制造业
1536	北京北信源软件股份有限公司	300352	北信源	信息传输、软件和信息技术服务业
1537	北京东土科技股份有限公司	300353	东土科技	制造业
1538	江苏东华测试技术股份有限公司	300354	东华测试	制造业
1539	内蒙古和信园蒙草抗旱绿化股份有限公司	300355	蒙草抗旱	建筑业
1540	光一科技股份有限公司	300356	光一科技	制造业
1541	上海浦东发展银行股份有限公司	600000	浦发银行	金融业
1542	广州白云国际机场股份有限公司	600004	白云机场	交通运输、仓储和邮政业
1543	武汉钢铁股份有限公司	600005	武钢股份	制造业
1544	东风汽车股份有限公司	600006	东风汽车	制造业
1545	中国国际贸易中心股份有限公司	600007	中国国贸	房地产业
1546	北京首创股份有限公司	600008	首创股份	电力、热力、燃气及水生产和供应业
1547	上海国际机场股份有限公司	600009	上海机场	交通运输、仓储和邮政业
1548	内蒙古包钢钢联股份有限公司	600010	包钢股份	制造业
1549	华能国际电力股份有限公司	600011	华能国际	电力、热力、燃气及水生产和供应业
1550	安徽皖通高速公路股份有限公司	600012	皖通高速	交通运输、仓储和邮政业
1551	华夏银行股份有限公司	600015	华夏银行	金融业
1552	中国民生银行股份有限公司	600016	民生银行	金融业
1553	日照港股份有限公司	600017	日照港	交通运输、仓储和邮政业
1554	上海国际港务(集团)股份有限公司	600018	上港集团	交通运输、仓储和邮政业
1555	宝山钢铁股份有限公司	600019	宝钢股份	制造业
1556	河南中原高速公路股份有限公司	600020	中原高速	交通运输、仓储和邮政业
1557	上海电力股份有限公司	600021	上海电力	电力、热力、燃气及水生产和供应业
1558	山东钢铁股份有限公司	600022	山东钢铁	制造业
1559	中海发展股份有限公司	600026	中海发展	交通运输、仓储和邮政业
1560	华电国际电力股份有限公司	600027	华电国际	电力、热力、燃气及水生产和供应业
1561	中国石油化工股份有限公司	600028	中国石化	采矿业
1562	中国南方航空股份有限公司	600029	南方航空	交通运输、仓储和邮政业
1563	中信证券股份有限公司	600030	中信证券	金融业
1564	三一重工股份有限公司	600031	三一重工	制造业
1565	福建发展高速公路股份有限公司	600033	福建高速	交通运输、仓储和邮政业
1566	湖北楚天高速公路股份有限公司	600035	楚天高速	交通运输、仓储和邮政业
1567	招商银行股份有限公司	600036	招商银行	金融业
1568	北京歌华有线电视网络股份有限公司	600037	歌华有线	信息传输、软件和信息技术服务业
1569	哈飞航空工业股份有限公司	600038	哈飞股份	制造业
1570	四川路桥建设股份有限公司	600039	四川路桥	建筑业
1571	保利房地产(集团)股份有限公司	600048	保利地产	房地产业
1572	中国联合网络通信股份有限公司	600050	中国联通	信息传输、软件和信息技术服务业
1573	宁波联合集团股份有限公司	600051	宁波联合	批发和零售业
1574	浙江广厦股份有限公司	600052	浙江广厦	房地产业
1575	江西中江地产股份有限公司	600053	中江地产	房地产业
1576	黄山旅游发展股份有限公司	600054	黄山旅游	水利、环境和公共设施管理业
1577	华润万东医疗装备股份有限公司	600055	华润万东	制造业
1578	中国医药保健品股份有限公司	600056	中国医药	批发和零售业
1579	厦门象屿股份有限公司	600057	象屿股份	租赁和商务服务业
1580	五矿发展股份有限公司	600058	五矿发展	批发和零售业
1581	浙江古越龙山绍兴酒股份有限公司	600059	古越龙山	制造业

continued

股本总数(股)	第一大股东名称	第一大股东持股数量(股)	所占比重(%)	上市地点
53400000	叶小平	14888960	27.88	深圳
51700000	王长春	13668900	26.44	深圳
60000000	浙江金卡高科技工程有限公司	21565500	35.94	深圳
86670000	张京豫	36497500	42.11	深圳
78600000	范永贵	14080000	17.91	深圳
66700000	林皓	32625000	48.91	深圳
53512800	李平	21155472	39.53	深圳
44349424	刘士钢	25706000	57.96	深圳
136977000	王召明	39896780	29.13	深圳
86670000	江苏光一投资管理有限责任公司	28400000	32.77	深圳
18653471415	中国移动通信集团广东有限公司	3730694283	20.00	上海
1150000000	广东省机场管理集团公司	712591458	61.96	上海
10093779823	武汉钢铁(集团)公司	6666692631	66.05	上海
2000000000	东风汽车有限公司	1202000000	60.10	上海
1007282534	中国国际贸易中心有限公司	812360241	80.65	上海
2200000000	北京首都创业集团有限公司	1309291709	59.52	上海
1926958448	上海机场(集团)有限公司	1026177895	53.25	上海
6423643659	包头钢铁(集团)有限责任公司	3931012313	61.20	上海
14055383440	华能国际电力开发公司	5066662118	36.05	上海
1658610000	安徽省高速公路控股集团有限公司	521733374	31.46	上海
6849725776	首钢总公司	1388851181	20.28	上海
28365585227	香港中央结算(代理人)有限公司	5735573544	20.22	上海
3075653888	日照港集团有限公司	1263740123	41.09	上海
22755179650	上海市国有资产监督管理委员会	9284491490	40.80	上海
17122048088	宝钢集团有限公司	13128825267	76.68	上海
2247371832	河南交通投资集团有限公司	1013313285	45.09	上海
2139739257	中国电力投资集团公司	916646315	42.84	上海
6436295797	济钢集团有限公司	2548435534	39.59	上海
3404552613	中国海运(集团)总公司	1578500000	46.36	上海
7371084200	中国华电集团公司	3256923853	44.19	上海
86820286886	中国石油化工集团公司	65797127692	75.79	上海
9817567000	中国南方航空集团公司	4150050000	42.27	上海
11016908400	中国中信集团有限公司	2236890620	20.30	上海
7593706137	三一集团有限公司	4281311012	56.38	上海
2744400000	福建省高速公路有限责任公司	992367729	36.16	上海
931652495	湖北省交通投资有限公司	376066930	40.37	上海
21576608885	香港中央结算(代理人)有限公司	3855228974	17.87	上海
1060367672	北京北广传媒投资发展中心	476919370	44.98	上海
337350000	哈尔滨航空工业(集团)有限公司	168856523	50.05	上海
1046500000	四川省铁路产业投资集团有限责任公司	695156992	66.43	上海
7137994391	保利南方集团有限公司	3007916449	42.14	上海
21196596395	中国联合网络通信集团有限公司	13180937021	62.18	上海
302400000	浙江荣盛控股集团有限公司	90417600	29.90	上海
871789092	广厦控股集团有限公司	337050000	38.66	上海
433540800	江西中江集团有限责任公司	313737309	72.37	上海
471350000	黄山旅游集团有限公司	197730500	41.95	上海
216450000	北京医药集团有限责任公司	111501000	51.51	上海
310957920	中国通用技术(集团)控股有限责任公司	208665448	67.10	上海
859840000	厦门象屿集团有限公司	554243456	64.46	上海
1071910711	中国五矿股份有限公司	670604922	62.56	上海
634856363	中国绍兴黄酒集团有限公司	257403167	40.55	上海

附录1-5　续表 31

序号	公司全称	股票代码	股票简称	行业分类
1582	青岛海信电器股份有限公司	600060	海信电器	制造业
1583	中纺投资发展股份有限公司	600061	中纺投资	制造业
1584	华润双鹤药业股份有限公司	600062	华润双鹤	制造业
1585	安徽皖维高新材料股份有限公司	600063	皖维高新	制造业
1586	南京高科股份有限公司	600064	南京高科	房地产业
1587	郑州宇通客车股份有限公司	600066	宇通客车	制造业
1588	冠城大通股份有限公司	600067	冠城大通	房地产业
1589	中国葛洲坝集团股份有限公司	600068	葛洲坝	建筑业
1590	河南银鸽实业投资股份有限公司	600069	银鸽投资	制造业
1591	浙江富润股份有限公司	600070	浙江富润	制造业
1592	凤凰光学股份有限公司	600071	凤凰光学	制造业
1593	中船江南重工股份有限公司	600072	中船股份	制造业
1594	上海梅林正广和股份有限公司	600073	上海梅林	制造业
1595	江苏中达新材料集团股份有限公司	600074	*ST中达	制造业
1596	新疆天业股份有限公司	600075	新疆天业	制造业
1597	潍坊北大青鸟华光科技股份有限公司	600076	青鸟华光	制造业
1598	宋都基业投资股份有限公司	600077	宋都股份	房地产业
1599	江苏澄星磷化工股份有限公司	600078	澄星股份	制造业
1600	人福医药集团股份公司	600079	人福医药	制造业
1601	金花企业(集团)股份有限公司	600080	金花股份	制造业
1602	东风电子科技股份有限公司	600081	东风科技	制造业
1603	天津海泰科技发展股份有限公司	600082	海泰发展	综合
1604	广东博信投资控股股份有限公司	600083	博信股份	制造业
1605	中信国安葡萄酒业股份有限公司	600084	中葡股份	制造业
1606	北京同仁堂股份有限公司	600085	同仁堂	制造业
1607	东方金钰股份有限公司	600086	东方金钰	制造业
1608	中国长江航运集团南京油运股份有限公司	600087	*ST长油	交通运输、仓储和邮政业
1609	中视传媒股份有限公司	600088	中视传媒	文化、体育和娱乐业
1610	特变电工股份有限公司	600089	特变电工	制造业
1611	新疆啤酒花股份有限公司	600090	啤酒花	制造业
1612	包头明天科技股份有限公司	600091	ST明科	制造业
1613	四川禾嘉股份有限公司	600093	禾嘉股份	制造业
1614	上海大名城企业股份有限公司	600094	大名城	房地产业
1615	哈尔滨高科技(集团)股份有限公司	600095	哈高科	制造业
1616	云南云天化股份有限公司	600096	云天化	制造业
1617	上海开创国际海洋资源股份有限公司	600097	开创国际	农、林、牧、渔业
1618	广州发展集团股份有限公司	600098	广州发展	电力、热力、燃气及水生产和供应业
1619	林海股份有限公司	600099	林海股份	制造业
1620	同方股份有限公司	600100	同方股份	制造业
1621	四川明星电力股份有限公司	600101	明星电力	电力、热力、燃气及水生产和供应业
1622	福建省青山纸业股份有限公司	600103	青山纸业	制造业
1623	上海汽车集团股份有限公司	600104	上汽集团	制造业
1624	江苏永鼎股份有限公司	600105	永鼎股份	制造业
1625	重庆路桥股份有限公司	600106	重庆路桥	交通运输、仓储和邮政业
1626	湖北美尔雅股份有限公司	600107	美尔雅	制造业
1627	甘肃亚盛实业(集团)股份有限公司	600108	亚盛集团	农、林、牧、渔业
1628	国金证券股份有限公司	600109	国金证券	金融业
1629	中科英华高技术股份有限公司	600110	中科英华	制造业
1630	内蒙古包钢稀土(集团)高科技股份有限公司	600111	包钢稀土	制造业
1631	贵州长征电气股份有限公司	600112	长征电气	制造业
1632	浙江东日股份有限公司	600113	浙江东日	批发和零售业

continued

股本总数（股）	第一大股东名称	第一大股东持股数量(股)	所占比重(%)	上市地点
1306645222	海信集团有限公司	537677573	41.15	上海
429082940	中国国投国际贸易有限公司	154423617	35.99	上海
571695948	北京医药集团有限责任公司	280820611	49.12	上海
1497853280	安徽皖维集团有限责任公司	452285280	30.20	上海
516218832	南京新港开发总公司	178893815	34.65	上海
705286590	郑州宇通集团有限公司	222328635	31.52	上海
1176804059	福建丰榕投资有限公司	297104078	25.25	上海
3487458977	中国葛洲坝集团公司	1413839290	40.54	上海
825374144	漯河银鸽实业集团有限公司	167709690	20.32	上海
182878488	富润控股集团有限公司	47089175	25.75	上海
237472456	凤凰光学控股有限公司	93712694	39.46	上海
478429586	江南造船(集团)有限责任公司	191393580	40.00	上海
747941037	上海益民食品一厂(集团)有限公司	271260000	36.27	上海
661240800	申达集团有限公司	143217360	21.66	上海
438592000	新疆天业(集团)有限公司	189760000	43.27	上海
365536000	北京东方国兴科技发展有限公司	34138850	9.34	上海
1073655552	浙江宋都控股有限公司	599694518	55.86	上海
662572861	江阴澄星实业集团有限公司	170826693	25.78	上海
493443636	武汉当代科技产业集团股份有限公司	83390510	16.90	上海
305295872	金花投资控股集团有限公司	63000000	20.64	上海
313560000	东风汽车零部件(集团)有限公司	203814000	65.00	上海
646115826	天津海泰控股集团有限公司	155736382	24.10	上海
230000000	杨志茂	32400000	14.09	上海
809919300	中信国安集团有限公司	345457419	42.65	上海
1302065695	中国北京同仁堂(集团)有限责任公司	719308540	55.24	上海
352281672	云南兴龙实业有限公司	148447964	42.14	上海
3394189206	南京长江油运公司	1863942535	54.92	上海
331422000	中央电视台无锡太湖影视城	180151828	54.37	上海
2635559840	新疆特变电工集团有限公司	309368350	11.74	上海
367916646	新疆嘉酿投资有限公司	110370072	29.99	上海
336526000	正元投资有限公司	50478900	15.00	上海
322447500	云南九天工贸有限公司	76000000	23.57	上海
1511556942	福州东福实业发展有限公司	823891641	54.51	上海
361263565	浙江新湖集团股份有限公司	63507589	17.58	上海
693634510	云天化集团有限责任公司	329441977	47.50	上海
202597901	上海远洋渔业有限公司	87148012	43.02	上海
2742221806	广州发展集团有限公司	1706582974	62.23	上海
219120000	中国福马机械集团有限公司	92256920	42.10	上海
1987701108	清华控股有限公司	474759378	23.88	上海
324178977	四川省电力公司	65069997	20.07	上海
1061841600	福建省盐业有限责任公司	104978540	9.89	上海
11025566629	上海汽车工业(集团)总公司	8191449931	74.30	上海
380954646	永鼎集团有限公司	121620959	31.93	上海
907742000	重庆国际信托有限公司	135964732	14.98	上海
360000000	湖北美尔雅集团有限公司	73388738	20.39	上海
1946915121	甘肃省农垦集团有限责任公司	320035862	16.44	上海
1294071702	长沙九芝堂(集团)有限公司	273557616	21.14	上海
1150312097	郑永刚	85713270	7.45	上海
2422044000	包头钢铁(集团)有限责任公司	942574146	38.92	上海
509204846	银河天成集团有限公司	103398810	20.31	上海
318600000	浙江东方集团公司	156006000	48.97	上海

附录1-5 续表 32

序号	公司全称	股票代码	股票简称	行业分类
1633	东睦新材料集团股份有限公司	600114	东睦股份	制造业
1634	中国东方航空股份有限公司	600115	东方航空	交通运输、仓储和邮政业
1635	重庆三峡水利电力(集团)股份有限公司	600116	三峡水利	电力、热力、燃气及水生产和供应业
1636	西宁特殊钢股份有限公司	600117	西宁特钢	制造业
1637	中国东方红卫星股份有限公司	600118	中国卫星	制造业
1638	长发集团长江投资实业股份有限公司	600119	长江投资	交通运输、仓储和邮政业
1639	浙江东方集团股份有限公司	600120	浙江东方	批发和零售业
1640	郑州煤电股份有限公司	600121	郑州煤电	采矿业
1641	江苏宏图高科技股份有限公司	600122	宏图高科	批发和零售业
1642	山西兰花科技创业股份有限公司	600123	兰花科创	采矿业
1643	中铁铁龙集装箱物流股份有限公司	600125	铁龙物流	交通运输、仓储和邮政业
1644	杭州钢铁股份有限公司	600126	杭钢股份	制造业
1645	湖南金健米业股份有限公司	600127	金健米业	制造业
1646	江苏弘业股份有限公司	600128	弘业股份	批发和零售业
1647	重庆太极实业(集团)股份有限公司	600129	太极集团	制造业
1648	宁波波导股份有限公司	600130	波导股份	制造业
1649	四川岷江水利电力股份有限公司	600131	岷江水电	电力、热力、燃气及水生产和供应业
1650	重庆啤酒股份有限公司	600132	重庆啤酒	制造业
1651	武汉东湖高新集团股份有限公司	600133	东湖高新	建筑业
1652	乐凯胶片股份有限公司	600135	乐凯胶片	制造业
1653	武汉道博股份有限公司	600136	道博股份	批发和零售业
1654	四川浪莎控股股份有限公司	600137	浪莎股份	制造业
1655	中青旅控股股份有限公司	600138	中青旅	租赁和商务服务业
1656	四川西部资源控股股份有限公司	600139	西部资源	采矿业
1657	湖北兴发化工集团股份有限公司	600141	兴发集团	制造业
1658	金发科技股份有限公司	600143	金发科技	制造业
1659	贵州国创能源控股(集团)股份有限公司	600145	国创能源	制造业
1660	宁夏大元化工股份有限公司	600146	大元股份	制造业
1661	长春一东离合器股份有限公司	600148	长春一东	制造业
1662	廊坊发展股份有限公司	600149	廊坊发展	综合
1663	中国船舶工业股份有限公司	600150	中国船舶	制造业
1664	上海航天汽车机电股份有限公司	600151	航天机电	制造业
1665	宁波维科精华集团股份有限公司	600152	维科精华	制造业
1666	厦门建发股份有限公司	600153	建发股份	批发和零售业
1667	河北宝硕股份有限公司	600155	*ST宝硕	制造业
1668	湖南华升股份有限公司	600156	华升股份	制造业
1669	永泰能源股份有限公司	600157	永泰能源	采矿业
1670	中体产业集团股份有限公司	600158	中体产业	房地产业
1671	北京市大龙伟业房地产开发股份有限公司	600159	大龙地产	房地产业
1672	浙江巨化股份有限公司	600160	巨化股份	制造业
1673	北京天坛生物制品股份有限公司	600161	天坛生物	制造业
1674	深圳香江控股股份有限公司	600162	香江控股	房地产业
1675	福建省南纸股份有限公司	600163	福建南纸	制造业
1676	宁夏新日恒力钢丝绳股份有限公司	600165	新日恒力	制造业
1677	北汽福田汽车股份有限公司	600166	福田汽车	制造业
1678	联美控股股份有限公司	600167	联美控股	电力、热力、燃气及水生产和供应业
1679	武汉三镇实业控股股份有限公司	600168	武汉控股	电力、热力、燃气及水生产和供应业
1680	太原重工股份有限公司	600169	太原重工	制造业
1681	上海建工集团股份有限公司	600170	上海建工	建筑业
1682	上海贝岭股份有限公司	600171	上海贝岭	制造业
1683	河南黄河旋风股份有限公司	600172	黄河旋风	制造业

continued

股本总数（股）	第一大股东名称	第一大股东持股数量(股)	所占比重(%)	上市地点
195500000	睦特殊金属工业株式会社	65180000	33.34	上海
11276538860	中国东方航空集团公司	4831375000	42.84	上海
267533200	重庆中节能实业有限责任公司	36982000	13.82	上海
741219252	西宁特殊钢集团有限责任公司	369669184	49.87	上海
916598774	中国航天科技集团公司第五研究院	470400474	51.32	上海
307400000	长江经济联合发展(集团)股份有限公司	118697391	38.61	上海
505473454	浙江省国际贸易集团有限公司	229933072	45.49	上海
946139213	郑州煤炭工业(集团)有限责任公司	648059213	68.50	上海
1132789600	三胞集团有限公司	248474132	21.93	上海
1142400000	山西兰花煤炭实业集团有限公司	515340000	45.11	上海
1305521874	中铁集装箱运输有限责任公司	207554700	15.90	上海
838938750	杭州钢铁集团公司	545892750	65.07	上海
544459617	中国农业银行常德市分行	92656550	17.02	上海
246767500	江苏弘业国际集团有限公司	59281910	24.02	上海
426894000	太极集团有限公司	165690203	38.81	上海
768000000	宁波电子信息集团有限公司	166752000	21.71	上海
504125155	四川省电力公司	120578132	23.92	上海
483971198	重庆啤酒(集团)有限责任公司	96794240	20.00	上海
592374829	湖北省联合发展投资集团有限公司	165758103	27.98	上海
342000000	中国乐凯胶片集团公司	121770000	35.60	上海
104444000	武汉新星汉宜化工有限公司	20252454	19.39	上海
97217588	浪莎控股集团有限公司	41495355	42.68	上海
415350000	中国青旅集团公司	68788816	16.56	上海
661890508	四川恒康发展有限责任公司	318905141	48.18	上海
435390027	宜昌兴发集团有限责任公司	106292720	24.41	上海
2634400000	袁志敏	451323366	17.13	上海
377685000	江苏帝奥投资有限公司	35500000	9.40	上海
200000000	上海泓泽世纪投资发展有限公司	17000000	8.50	上海
141516450	吉林东光集团有限公司	52378919	37.01	上海
380160000	廊坊市国土土地开发建设投资有限公司	50050000	13.17	上海
1378117598	中国船舶工业集团公司	841523925	61.06	上海
1250179897	上海航天工业(集团)有限公司	398350534	31.86	上海
293494200	维科控股集团股份有限公司	71259939	24.28	上海
2237750741	厦门建发集团有限公司	1037852143	46.38	上海
412500000	新希望化工投资有限公司	123130937	29.85	上海
402110702	湖南华升集团公司	161304592	40.10	上海
1767559530	永泰投资控股有限公司	713766172	40.38	上海
843735373	国家体育总局体育基金管理中心	186239981	22.07	上海
830003232	北京市顺义大龙城乡建设开发总公司	298622788	35.98	上海
1416918400	巨化集团公司	735767805	51.93	上海
515466868	中国生物技术股份有限公司	274725000	53.30	上海
767812619	南方香江集团有限公司	406115339	52.89	上海
721419960	福建省轻纺(控股)有限责任公司	286115110	39.66	上海
273953510	上海新日股权投资股份有限公司	81537562	29.76	上海
2809671600	北京汽车集团有限公司	925185972	32.93	上海
211000000	联美集团有限公司	99100000	46.97	上海
441150000	武汉市水务集团有限公司	250792500	56.85	上海
2423955000	太原重型机械(集团)制造有限公司	662650710	27.34	上海
2312722974	上海建工(集团)总公司	1685602974	72.88	上海
673807773	中国电子信息产业集团有限公司	187362986	27.81	上海
533362138	河南黄河实业集团股份有限公司	132422938	24.83	上海

附录1-5 续表 33

序号	公司全称	股票代码	股票简称	行业分类
1684	卧龙地产集团股份有限公司	600173	卧龙地产	房地产业
1685	美都控股股份有限公司	600175	美都控股	批发和零售业
1686	中国玻纤股份有限公司	600176	中国玻纤	制造业
1687	雅戈尔集团股份有限公司	600177	雅戈尔	制造业
1688	哈尔滨东安汽车动力股份有限公司	600178	东安动力	制造业
1689	黑龙江黑化股份有限公司	600179	黑化股份	制造业
1690	瑞茂通供应链管理股份有限公司	600180	瑞茂通	批发和零售业
1691	佳通轮胎股份有限公司	600182	S佳通	制造业
1692	广东生益科技股份有限公司	600183	生益科技	制造业
1693	北方光电股份有限公司	600184	光电股份	制造业
1694	格力地产股份有限公司	600185	格力地产	房地产业
1695	河南莲花味精股份有限公司	600186	莲花味精	制造业
1696	黑龙江国中水务股份有限公司	600187	国中水务	电力、热力、燃气及水生产和供应业
1697	兖州煤业股份有限公司	600188	兖州煤业	采矿业
1698	吉林森林工业股份有限公司	600189	吉林森工	制造业
1699	锦州港股份有限公司	600190	锦州港	交通运输、仓储和邮政业
1700	包头华资实业股份有限公司	600191	华资实业	制造业
1701	兰州长城电工股份有限公司	600192	长城电工	制造业
1702	上海创兴资源开发股份有限公司	600193	创兴资源	采矿业
1703	中牧实业股份有限公司	600195	中牧股份	制造业
1704	上海复星医药(集团)股份有限公司	600196	复星医药	制造业
1705	新疆伊力特实业股份有限公司	600197	伊力特	制造业
1706	大唐电信科技股份有限公司	600198	大唐电信	制造业
1707	安徽金种子酒业股份有限公司	600199	金种子酒	制造业
1708	江苏吴中实业股份有限公司	600200	江苏吴中	制造业
1709	内蒙古金宇集团股份有限公司	600201	金宇集团	制造业
1710	哈尔滨空调股份有限公司	600202	哈空调	制造业
1711	福建福日电子股份有限公司	600203	福日电子	批发和零售业
1712	有研半导体材料股份有限公司	600206	有研硅股	制造业
1713	河南安彩高科股份有限公司	600207	安彩高科	交通运输、仓储和邮政业
1714	新湖中宝股份有限公司	600208	新湖中宝	房地产业
1715	罗顿发展股份有限公司	600209	罗顿发展	建筑业
1716	上海紫江企业集团股份有限公司	600210	紫江企业	制造业
1717	西藏诺迪康药业股份有限公司	600211	西藏药业	批发和零售业
1718	山东江泉实业股份有限公司	600212	江泉实业	综合
1719	扬州亚星客车股份有限公司	600213	亚星客车	制造业
1720	长春经开(集团)股份有限公司	600215	长春经开	房地产业
1721	浙江医药股份有限公司	600216	浙江医药	制造业
1722	陕西秦岭水泥(集团)股份有限公司	600217	秦岭水泥	制造业
1723	安徽全柴动力股份有限公司	600218	全柴动力	制造业
1724	山东南山铝业股份有限公司	600219	南山铝业	制造业
1725	江苏阳光股份有限公司	600220	江苏阳光	制造业
1726	海南航空股份有限公司	600221	海南航空	交通运输、仓储和邮政业
1727	河南太龙药业股份有限公司	600222	太龙药业	批发和零售业
1728	鲁商置业股份有限公司	600223	鲁商置业	房地产业
1729	天津松江股份有限公司	600225	天津松江	房地产业
1730	浙江升华拜克生物股份有限公司	600226	升华拜克	制造业
1731	贵州赤天化股份有限公司	600227	赤天化	制造业
1732	江西昌九生物化工股份有限公司	600228	昌九生化	制造业
1733	青岛碱业股份有限公司	600229	青岛碱业	制造业
1734	沧州大化股份有限公司	600230	沧州大化	制造业

continued

股本总数(股)	第一大股东名称	第一大股东持股数量(股)	所占比重(%)	上市地点
725147460	浙江卧龙置业投资有限公司	314104357	43.32	上海
1390779254	闻掌华	303094924	21.79	上海
872629500	中国建材股份有限公司	286094685	32.79	上海
2226611695	宁波雅戈尔控股有限公司	699272181	31.41	上海
462080000	中国长安汽车集团股份有限公司	251893000	54.51	上海
390000000	黑龙江黑化集团有限公司	194781133	49.94	上海
869123893	郑州瑞茂通供应链有限公司	618133813	71.12	上海
340000000	佳通轮胎(中国)投资有限公司	151070000	44.43	上海
1423018290	东莞市电子工业总公司	229785410	16.15	上海
209380413	北方光电集团有限公司	102229278	48.82	上海
577594400	珠海格力集团有限公司	300000000	51.94	上海
1062024311	河南省农业综合开发公司	126434773	11.90	上海
427225000	国中(天津)水务有限公司	229725000	53.77	上海
4918400000	兖矿集团有限公司	2600000000	52.86	上海
310500000	中国吉林森林工业集团有限责任公司	145933226	47.00	上海
1561787370	东方集团股份有限公司	308178001	19.73	上海
484932000	包头草原糖业(集团)有限责任公司	152717960	31.49	上海
341748000	甘肃长城电工集团有限责任公司	151722000	44.40	上海
327210000	厦门百汇兴投资有限公司	48108149	14.70	上海
390000000	中国牧工商(集团)总公司	228000000	58.46	上海
2240462364	上海复星高科技(集团)有限公司	920641314	41.09	上海
441000000	新疆伊犁酿酒总厂	222728867	50.51	上海
741707313	电信科学技术研究院	219585227	29.61	上海
555775002	安徽金种子集团有限公司	178257084	32.07	上海
623700000	苏州吴中投资控股有限公司	122795762	19.69	上海
280814930	内蒙古农牧药业有限责任公司	33600000	11.97	上海
383340672	哈尔滨工业投资集团有限公司	130449385	34.03	上海
240544100	福建福日集团有限公司	93224100	38.76	上海
217500000	北京有色金属研究总院	88433290	40.66	上海
440000000	河南投资集团有限公司	157091949	35.70	上海
6258857807	浙江新湖集团股份有限公司	3575130094	57.12	上海
439011169	海南罗衡机电工程设备安装有限公司	87802438	20.00	上海
1436736158	上海紫江(集团)有限公司	330375073	22.99	上海
145589000	西藏华西药业集团有限公司	31480000	21.62	上海
511697213	华盛江泉集团有限公司	93403198	18.25	上海
220000000	潍柴(扬州)亚星汽车有限公司	112200000	51.00	上海
465032880	长春经济技术开发区创业投资控股有限公司	101736960	21.88	上海
520060000	新昌县昌欣投资发展有限公司	115157099	22.14	上海
660800000	唐山冀东水泥股份有限公司	191632000	29.00	上海
283400000	安徽全柴集团有限公司	125792500	44.39	上海
1934154495	南山集团有限公司	838274367	43.34	上海
1783340326	江苏阳光集团有限公司	534793362	29.99	上海
6091090895	大新华航空有限公司	1716394743	28.18	上海
412398386	郑州众生实业集团有限公司	130814808	31.72	上海
1000968000	山东省商业集团有限公司	526739200	52.62	上海
626401707	天津滨海发展投资控股有限公司	373754707	59.67	上海
405549248	升华集团控股有限公司	138999844	34.27	上海
950392526	贵州赤天化集团有限责任公司	272039210	28.62	上海
241320000	江西昌九化工集团有限公司	61980000	25.68	上海
395786210	青岛海湾集团有限公司	135587250	34.26	上海
259331620	沧州大化集团有限责任公司	145014223	55.92	上海

附录1-5 续表 34

序号	公司全称	股票代码	股票简称	行业分类
1735	凌源钢铁股份有限公司	600231	凌钢股份	制造业
1736	浙江金鹰股份有限公司	600232	金鹰股份	制造业
1737	大连大杨创世股份有限公司	600233	大杨创世	制造业
1738	太原天龙集团股份有限公司	600234	*ST天龙	制造业
1739	民丰特种纸股份有限公司	600235	民丰特纸	制造业
1740	广西桂冠电力股份有限公司	600236	桂冠电力	电力、热力、燃气及水生产和供应业
1741	安徽铜峰电子股份有限公司	600237	铜峰电子	制造业
1742	海南椰岛(集团)股份有限公司	600238	海南椰岛	制造业
1743	云南城投置业股份有限公司	600239	云南城投	房地产业
1744	北京华业地产股份有限公司	600240	华业地产	房地产业
1745	辽宁时代万恒股份有限公司	600241	时代万恒	批发和零售业
1746	中昌海运股份有限公司	600242	中昌海运	交通运输、仓储和邮政业
1747	青海华鼎实业股份有限公司	600243	青海华鼎	制造业
1748	北京万通地产股份有限公司	600246	万通地产	房地产业
1749	吉林成城集团股份有限公司	600247	成城股份	批发和零售业
1750	陕西延长石油化建股份有限公司	600248	延长化建	建筑业
1751	柳州两面针股份有限公司	600249	两面针	制造业
1752	南京纺织品进出口股份有限公司	600250	南纺股份	批发和零售业
1753	新疆冠农果茸集团股份有限公司	600251	冠农股份	制造业
1754	广西梧州中恒集团股份有限公司	600252	中恒集团	制造业
1755	河南天方药业股份有限公司	600253	天方药业	0
1756	安徽鑫科新材料股份有限公司	600255	鑫科材料	制造业
1757	广汇能源股份有限公司	600256	广汇能源	综合
1758	大湖水殖股份有限公司	600257	大湖股份	农、林、牧、渔业
1759	北京首都旅游股份有限公司	600258	首旅股份	租赁和商务服务业
1760	广晟有色金属股份有限公司	600259	广晟有色	采矿业
1761	湖北凯乐科技股份有限公司	600260	凯乐科技	制造业
1762	浙江阳光照明电器集团股份有限公司	600261	阳光照明	制造业
1763	内蒙古北方重型汽车股份有限公司	600262	北方股份	制造业
1764	云南景谷林业股份有限公司	600265	*ST景谷	农、林、牧、渔业
1765	北京城建投资发展股份有限公司	600266	北京城建	房地产业
1766	浙江海正药业股份有限公司	600267	海正药业	制造业
1767	国电南京自动化股份有限公司	600268	国电南自	制造业
1768	江西赣粤高速公路股份有限公司	600269	赣粤高速	交通运输、仓储和邮政业
1769	中外运空运发展股份有限公司	600270	外运发展	交通运输、仓储和邮政业
1770	航天信息股份有限公司	600271	航天信息	制造业
1771	上海开开实业股份有限公司	600272	开开实业	批发和零售业
1772	华芳纺织股份有限公司	600273	华芳纺织	制造业
1773	湖北武昌鱼股份有限公司	600275	武昌鱼	房地产业
1774	江苏恒瑞医药股份有限公司	600276	恒瑞医药	制造业
1775	内蒙古亿利能源股份有限公司	600277	亿利能源	制造业
1776	东方国际创业股份有限公司	600278	东方创业	批发和零售业
1777	重庆港九股份有限公司	600279	重庆港九	交通运输、仓储和邮政业
1778	南京中央商场(集团)股份有限公司	600280	南京中商	批发和零售业
1779	太原化工股份有限公司	600281	太化股份	制造业
1780	南京钢铁股份有限公司	600282	南钢股份	制造业
1781	钱江水利开发股份有限公司	600283	钱江水利	电力、热力、燃气及水生产和供应业
1782	上海浦东路桥建设股份有限公司	600284	浦东建设	建筑业
1783	河南羚锐制药股份有限公司	600285	羚锐制药	制造业
1784	江苏舜天股份有限公司	600287	江苏舜天	批发和零售业
1785	大恒新纪元科技股份有限公司	600288	大恒科技	制造业

continued

股本总数(股)	第一大股东名称	第一大股东持股数量(股)	所占比重(%)	上市地点
804002200	凌源钢铁集团有限责任公司	431473247	53.67	上海
364718544	浙江金鹰集团有限公司	170952293	46.87	上海
165000000	大杨集团有限责任公司	66300000	40.18	上海
202445880	青岛太和恒顺投资有限公司	38107160	18.82	上海
263400000	嘉兴民丰集团有限公司	132388707	50.26	上海
2280449514	中国大唐集团公司	1151898465	50.51	上海
400000000	安徽铜峰电子集团有限公司	94561280	23.64	上海
448200000	海口市国有资产经营有限公司	77955806	17.39	上海
823429184	云南省城市建设投资有限公司	254126381	30.86	上海
1419000000	华业发展(深圳)有限公司	333895031	23.53	上海
180200000	辽宁时代万恒控股集团有限公司	100377573	55.70	上海
273335353	上海三盛宏业投资(集团)有限责任公司	69464217	25.41	上海
236850000	青海重型机床有限责任公司	50000000	21.11	上海
1216800000	万通投资控股股份有限公司	622463220	51.16	上海
336441600	深圳市中技实业(集团)有限公司	30250051	8.99	上海
425989200	陕西延长石油(集团)有限责任公司	254380980	59.72	上海
450000000	柳州市产业投资有限公司	83360652	18.52	上海
258692460	南京商贸旅游发展集团有限责任公司	90516562	34.99	上海
362100000	新疆生产建设兵团农业建设第二师二十九团	76242906	21.06	上海
1091747528	广西中恒实业有限公司	245880776	22.52	上海
420000000	通用天方药业集团有限公司	166353625	39.61	上海
449500000	芜湖恒鑫铜业集团有限公司	129207382	28.74	上海
3504362468	新疆广汇实业投资(集团)有限责任公司	1540771139	43.97	上海
427050000	西藏泓杉科技发展有限公司	92736941	21.72	上海
231400000	北京首都旅游集团有限责任公司	139108056	60.12	上海
249400000	广东省广晟资产经营有限公司	112320000	45.04	上海
527640000	荆州市科达商贸投资有限公司	117778999	22.32	上海
645379080	世纪阳光控股集团有限公司	207420294	32.14	上海
170000000	内蒙古北方重工业集团有限公司	60245160	35.44	上海
129800000	景谷森达国有资产经营有限责任公司	32026748	24.67	上海
889200000	北京城建集团有限责任公司	448240936	50.41	上海
839709058	浙江海正集团有限公司	320783590	38.20	上海
635246434	国家电力公司南京电力自动化设备总厂	324522056	51.09	上海
2335407014	江西省高速公路投资集团有限责任公司	1213856322	51.98	上海
905481720	中国外运股份有限公司	574637796	63.46	上海
923400000	中国航天科工集团公司	370074086	40.07	上海
243000000	上海开开(集团)有限公司	64409783	26.51	上海
315000000	华芳集团有限公司	160540000	50.97	上海
508837238	北京华普产业集团有限公司	105671418	20.77	上海
1236564721	连云港天宇投资有限公司	302294355	24.45	上海
1533289500	亿利资源集团有限公司	1306850894	85.23	上海
522241739	东方国际(集团)有限公司	378270997	72.43	上海
342092262	重庆港务物流集团有限公司	169267811	49.48	上海
143541859	祝义材	57998546	40.41	上海
514402025	太原化学工业集团有限公司	253298039	49.24	上海
3875752457	南京南钢钢铁联合有限公司	2190952457	56.53	上海
285330000	中国水务投资有限公司	72911553	25.55	上海
498240000	上海浦东发展(集团)有限公司	112813151	22.64	上海
200720000	信阳羚锐发展有限公司	19337253	9.63	上海
436796074	江苏舜天国际集团有限公司	220263644	50.43	上海
436800000	中国新纪元有限公司	150800000	34.52	上海

附录1-5 续表 35

序号	公司全称	股票代码	股票简称	行业分类
1786	亿阳信通股份有限公司	600289	亿阳信通	信息传输、软件和信息技术服务业
1787	华仪电气股份有限公司	600290	华仪电气	制造业
1788	内蒙古西水创业股份有限公司	600291	西水股份	制造业
1789	中电投远达环保(集团)股份有限公司	600292	中电远达	电力、热力、燃气及水生产和供应业
1790	湖北三峡新型建材股份有限公司	600293	三峡新材	制造业
1791	内蒙古鄂尔多斯资源股份有限公司	600295	鄂尔多斯	制造业
1792	美罗药业股份有限公司	600297	美罗药业	批发和零售业
1793	安琪酵母股份有限公司	600298	安琪酵母	制造业
1794	蓝星化工新材料股份有限公司	600299	蓝星新材	制造业
1795	维维食品饮料股份有限公司	600300	维维股份	制造业
1796	南宁化工股份有限公司	600301	*ST南化	制造业
1797	西安标准工业股份有限公司	600302	标准股份	制造业
1798	辽宁曙光汽车集团股份有限公司	600303	曙光股份	制造业
1799	江苏恒顺醋业股份有限公司	600305	恒顺醋业	制造业
1800	沈阳商业城股份有限公司	600306	商业城	批发和零售业
1801	甘肃酒钢集团宏兴钢铁股份有限公司	600307	酒钢宏兴	制造业
1802	山东华泰纸业股份有限公司	600308	华泰股份	制造业
1803	万华化学集团股份有限公司	600309	万华化学	制造业
1804	广西桂东电力股份有限公司	600310	桂东电力	电力、热力、燃气及水生产和供应业
1805	甘肃荣华实业(集团)股份有限公司	600311	荣华实业	采矿业
1806	河南平高电气股份有限公司	600312	平高电气	制造业
1807	中垦农业资源开发股份有限公司	600313	中农资源	批发和零售业
1808	上海家化联合股份有限公司	600315	上海家化	制造业
1809	江西洪都航空工业股份有限公司	600316	洪都航空	制造业
1810	营口港务股份有限公司	600317	营口港	交通运输、仓储和邮政业
1811	安徽巢东水泥股份有限公司	600318	巢东股份	制造业
1812	潍坊亚星化学股份有限公司	600319	*ST亚星	制造业
1813	上海振华重工(集团)股份有限公司	600320	振华重工	制造业
1814	四川国栋建设股份有限公司	600321	国栋建设	制造业
1815	天津市房地产发展(集团)股份有限公司	600322	天房发展	房地产业
1816	南海发展股份有限公司	600323	南海发展	电力、热力、燃气及水生产和供应业
1817	珠海华发实业股份有限公司	600325	华发股份	房地产业
1818	西藏天路股份有限公司	600326	西藏天路	建筑业
1819	无锡商业大厦大东方股份有限公司	600327	大东方	批发和零售业
1820	内蒙古兰太实业股份有限公司	600328	兰太实业	制造业
1821	天津中新药业集团股份有限公司	600329	中新药业	制造业
1822	天通控股股份有限公司	600330	天通股份	制造业
1823	四川宏达股份有限公司	600331	宏达股份	制造业
1824	广州白云山医药集团股份有限公司	600332	白云山	制造业
1825	长春燃气股份有限公司	600333	长春燃气	制造业
1826	国机汽车股份有限公司	600335	国机汽车	批发和零售业
1827	澳柯玛股份有限公司	600336	澳柯玛	制造业
1828	美克国际家具股份有限公司	600337	美克股份	制造业
1829	西藏珠峰工业股份有限公司	600338	西藏珠峰	制造业
1830	新疆独山子天利高新技术股份有限公司	600339	天利高新	制造业
1831	华夏幸福基业投资开发股份有限公司	600340	华夏幸福	房地产业
1832	陕西航天动力高科技股份有限公司	600343	航天动力	制造业
1833	武汉长江通信产业集团股份有限公司	600345	长江通信	制造业
1834	大连橡胶塑料机械股份有限公司	600346	大橡塑	制造业
1835	阳泉煤业(集团)股份有限公司	600348	阳泉煤业	采矿业
1836	山东高速股份有限公司	600350	山东高速	交通运输、仓储和邮政业

continued

股本总数(股)	第一大股东名称	第一大股东持股数量(股)	所占比重(%)	上市地点
577237134	亿阳集团股份有限公司	112970585	19.57	上海
526883658	华仪电器集团有限公司	198802500	37.73	上海
384000000	北京新天地互动多媒体技术有限公司	52447968	13.66	上海
511872636	中国电力投资集团公司	279784833	54.66	上海
344502600	当阳市国有资产管理局	43670805	12.68	上海
1032000000	内蒙古鄂尔多斯羊绒集团有限责任公司	420000000	40.70	上海
350000000	美罗集团有限公司	169265014	48.36	上海
329632377	湖北安琪生物集团有限公司	129761668	39.37	上海
522707560	中国蓝星(集团)股份有限公司	282045298	53.96	上海
1672000000	维维集团股份有限公司	532896113	31.87	上海
235148140	南宁化工集团有限公司	75248058	32.00	上海
346009804	中国标准工业集团有限公司	163007430	47.11	上海
574505996	辽宁曙光集团有限责任公司	118647494	20.65	上海
127150000	江苏恒顺集团有限公司	66042630	51.94	上海
178138918	深圳市琪创能贸易有限公司	22290664	12.51	上海
4091357424	酒泉钢铁(集团)有限责任公司	3425910150	83.74	上海
1167561419	华泰集团有限公司	401490831	34.39	上海
2162334720	万华实业集团有限公司	1091880317	50.50	上海
275925000	广西贺州投资集团有限公司	144049329	52.21	上海
665600000	武威荣华工贸有限公司	108976734	16.37	上海
818966173	平高集团有限公司	203999544	24.91	上海
367287248	中国农垦(集团)总公司	100100000	27.25	上海
448350474	上海家化(集团)有限公司	120060188	26.78	上海
717114512	中国航空科技工业股份有限公司	312883210	43.63	上海
2157661001	营口港务集团有限公司	1714792179	79.47	上海
242000000	PROSPERITY MINERALS INVESTMENT LIMITED	80000000	33.06	上海
315594000	潍坊亚星集团有限公司	55232797	17.50	上海
4390294584	中国交通建设股份有限公司	1265637849	28.83	上海
1180880000	四川国栋建设集团有限公司	358060570	30.32	上海
1105700000	天津市房地产开发经营集团有限公司	277661690	25.11	上海
579242881	佛山市南海供水集团有限公司	137779089	23.79	上海
817045620	珠海华发集团有限公司	179055046	21.91	上海
547200000	西藏天路建筑工业集团有限公司	150923532	27.58	上海
521711813	江苏无锡商业大厦集团有限公司	225150000	43.16	上海
359118030	中盐吉兰泰盐化集团有限公司	161144150	44.87	上海
739308720	天津金浩医药有限公司	325610792	44.04	上海
588818400	潘建清	47755150	8.11	上海
1032000000	四川宏达实业有限公司	272400000	26.40	上海
810900000	广州医药集团有限公司	390833391	48.20	上海
461519808	长春燃气控股有限公司	244800000	53.04	上海
560004607	中国机械工业集团有限公司	347927418	62.13	上海
341036000	青岛市企业发展投资有限公司	155945190	45.73	上海
632680419	美克投资集团有限公司	267719014	42.32	上海
158333333	新疆塔城国际资源有限公司	46613500	29.44	上海
578154688	新疆独山子天利实业总公司	132140164	22.86	上海
881919810	华夏幸福基业控股股份公司	607457706	68.88	上海
239683174	西安航天科技工业公司	60171696	25.10	上海
198000000	武汉经济发展投资(集团)有限公司	56814000	28.69	上海
241000000	大连市国有资产投资经营集团有限公司	120579500	50.03	上海
2405000000	阳泉煤业(集团)有限责任公司	1403038240	58.34	上海
4811165857	山东高速集团有限公司	3425875462	71.21	上海

附录1-5 续表 36

序号	公司全称	股票代码	股票简称	行业分类
1837	亚宝药业集团股份有限公司	600351	亚宝药业	制造业
1838	浙江龙盛集团股份有限公司	600352	浙江龙盛	制造业
1839	成都旭光电子股份有限公司	600353	旭光股份	制造业
1840	甘肃省敦煌种业股份有限公司	600354	敦煌种业	农、林、牧、渔业
1841	精伦电子股份有限公司	600355	精伦电子	制造业
1842	牡丹江恒丰纸业股份有限公司	600356	恒丰纸业	制造业
1843	国旅联合股份有限公司	600358	*ST联合	租赁和商务服务业
1844	新疆塔里木农业综合开发股份有限公司	600359	新农开发	农、林、牧、渔业
1845	吉林华微电子股份有限公司	600360	华微电子	制造业
1846	北京华联综合超市股份有限公司	600361	华联综超	批发和零售业
1847	江西铜业股份有限公司	600362	江西铜业	制造业
1848	江西联创光电科技股份有限公司	600363	联创光电	制造业
1849	通化葡萄酒股份有限公司	600365	通葡股份	制造业
1850	宁波韵升股份有限公司	600366	宁波韵升	制造业
1851	贵州红星发展股份有限公司	600367	红星发展	制造业
1852	广西五洲交通股份有限公司	600368	五洲交通	交通运输、仓储和邮政业
1853	西南证券股份有限公司	600369	西南证券	金融业
1854	江苏三房巷实业股份有限公司	600370	三房巷	制造业
1855	万向德农股份有限公司	600371	万向德农	农、林、牧、渔业
1856	中航机载电子股份有限公司	600372	中航电子	制造业
1857	中文天地出版传媒股份有限公司	600373	中文传媒	文化、体育和娱乐业
1858	华菱星马汽车(集团)股份有限公司	600375	华菱星马	制造业
1859	北京首都开发股份有限公司	600376	首开股份	房地产业
1860	江苏宁沪高速公路股份有限公司	600377	宁沪高速	交通运输、仓储和邮政业
1861	四川天一科技股份有限公司	600378	天科股份	制造业
1862	陕西宝光真空电器股份有限公司	600379	宝光股份	制造业
1863	健康元药业集团股份有限公司	600380	健康元	制造业
1864	青海贤成矿业股份有限公司	600381	*ST贤成	制造业
1865	广东明珠集团股份有限公司	600382	广东明珠	批发和零售业
1866	金地(集团)股份有限公司	600383	金地集团	房地产业
1867	山东金泰集团股份有限公司	600385	*ST金泰	制造业
1868	北京巴士传媒股份有限公司	600386	北巴传媒	批发和零售业
1869	浙江海越股份有限公司	600387	海越股份	批发和零售业
1870	福建龙净环保股份有限公司	600388	龙净环保	制造业
1871	南通江山农药化工股份有限公司	600389	江山股份	制造业
1872	金瑞新材料科技股份有限公司	600390	金瑞科技	制造业
1873	四川成发航空科技股份有限公司	600391	成发科技	制造业
1874	盛和资源控股股份有限公司	600392	盛和资源	制造业
1875	广州东华实业股份有限公司	600393	东华实业	房地产业
1876	贵州盘江精煤股份有限公司	600395	盘江股份	采矿业
1877	沈阳金山能源股份有限公司	600396	金山股份	电力、热力、燃气及水生产和供应业
1878	安源煤业集团股份有限公司	600397	安源煤业	采矿业
1879	凯诺科技股份有限公司	600398	凯诺科技	制造业
1880	抚顺特殊钢股份有限公司	600399	抚顺特钢	制造业
1881	江苏红豆实业股份有限公司	600400	红豆股份	制造业
1882	海润光伏科技股份有限公司	600401	海润光伏	制造业
1883	河南大有能源股份有限公司	600403	大有能源	采矿业
1884	北京动力源科技股份有限公司	600405	动力源	制造业
1885	国电南瑞科技股份有限公司	600406	国电南瑞	信息传输、软件和信息技术服务业
1886	山西安泰集团股份有限公司	600408	安泰集团	制造业
1887	唐山三友化工股份有限公司	600409	三友化工	制造业

continued

股本总数(股)	第一大股东名称	第一大股东持股数量(股)	所占比重(%)	上市地点
692000000	山西亚宝投资有限公司	148947000	21.52	上海
1468415930	阮水龙	194826996	13.27	上海
271860000	新的集团有限公司	75885784	27.91	上海
447802080	酒泉地区现代农业(控股集团)有限责任公司	68170168	15.22	上海
246044600	张学阳	47443658	19.28	上海
231602470	牡丹江恒丰纸业集团有限责任公司	72000000	31.09	上海
432000000	中国国旅集团有限公司	73556106	17.03	上海
321000000	阿拉尔统众国有资产经营有限责任公司	163050000	50.79	上海
678080000	上海鹏盛科技实业有限公司	173502466	25.59	上海
665807918	北京华联集团投资控股有限公司	194195951	29.17	上海
3462729405	江西铜业集团公司	1329999325	38.41	上海
443476750	江西省电子集团有限公司	96392092	21.73	上海
140000000	吉林省吉祥嘉德投资有限公司	10095443	7.21	上海
514497750	韵升控股集团有限公司	174808000	33.98	上海
291200000	青岛红星化工集团有限责任公司	115520000	39.67	上海
833801532	广西交通投资集团有限公司	287332800	34.46	上海
2322554562	重庆渝富资产经营管理集团有限公司	939536796	40.45	上海
318897692	江苏三房巷集团有限公司	160491960	50.33	上海
170500000	万向三农集团有限公司	104346116	61.20	上海
1353202260	中国航空科技工业股份有限公司	584864307	43.22	上海
567245018	江西省出版集团公司	419745018	74.00	上海
405740597	马鞍山华神建材工业有限公司	57614793	14.20	上海
1494675000	北京首都开发控股(集团)有限公司	743820676	49.76	上海
5037747500	江苏交通控股有限公司	2742578825	54.44	上海
297193292	中国昊华化工集团股份有限公司	68753764	23.13	上海
235858260	陕西宝光集团有限公司	46200000	19.59	上海
1545835892	深圳市百业源投资有限公司	742415520	48.03	上海
1601845390	西宁市国新投资控股有限公司	439625948	27.44	上海
341746600	深圳市金信安投资有限公司	78319388	22.92	上海
4471508572	深圳市福田投资发展公司	351060854	7.85	上海
148107148	北京新恒基投资管理集团有限公司	25743813	17.38	上海
403200000	北京公共交通控股(集团)有限公司	221760000	55.00	上海
386100000	海口海越经济开发有限公司	85348738	22.11	上海
213810000	福建省东正投资股份有限公司	36705028	17.17	上海
198000000	中化国际(控股)股份有限公司	57789418	29.19	上海
160050000	长沙矿冶研究院有限责任公司	66164167	41.34	上海
330129367	成都发动机(集团)有限公司	118907305	36.02	上海
156600000	中国地质科学院矿产综合利用研究所	75809913	20.14	上海
300000000	广州粤泰集团有限公司	146521570	48.84	上海
1655051861	贵州盘江投资控股(集团)有限公司	570630171	34.48	上海
340600000	丹东东方新能源有限公司	57608533	16.91	上海
494979941	江西省煤炭集团公司	216528416	43.74	上海
646604078	江阴第三精毛纺有限公司	150578388	23.29	上海
520000000	东北特殊钢集团有限责任公司	218708321	42.06	上海
560399640	红豆集团有限公司	268108309	47.84	上海
1036418019	江苏紫金电子集团有限公司	261946742	25.27	上海
1195406201	义马煤业集团股份有限公司	706191563	59.08	上海
257871038	何振亚	31879812	12.36	上海
1575538287	南京南瑞集团公司	586810080	37.25	上海
1006800000	李安民	317807116	31.57	上海
1850385487	唐山三友碱业(集团)有限公司	734064469	39.67	上海

附录1-5 续表 37

序号	公司全称	股票代码	股票简称	行业分类
1888	北京华胜天成科技股份有限公司	600410	华胜天成	信息传输、软件和信息技术服务业
1889	浙江中国小商品城集团股份有限公司	600415	小商品城	租赁和商务服务业
1890	湘潭电机股份有限公司	600416	湘电股份	制造业
1891	安徽江淮汽车股份有限公司	600418	江淮汽车	制造业
1892	新疆天宏纸业股份有限公司	600419	新疆天宏	制造业
1893	上海现代制药股份有限公司	600420	现代制药	制造业
1894	武汉国药科技股份有限公司	600421	*ST国药	制造业
1895	昆明制药集团股份有限公司	600422	昆明制药	制造业
1896	柳州化工股份有限公司	600423	柳化股份	制造业
1897	新疆青松建材化工(集团)股份有限公司	600425	青松建化	制造业
1898	山东华鲁恒升化工股份有限公司	600426	华鲁恒升	制造业
1899	中远航运股份有限公司	600428	中远航运	交通运输、仓储和邮政业
1900	北京三元食品股份有限公司	600429	三元股份	制造业
1901	吉林吉恩镍业股份有限公司	600432	吉恩镍业	制造业
1902	广东冠豪高新技术股份有限公司	600433	冠豪高新	制造业
1903	北方导航控制技术股份有限公司	600435	北方导航	制造业
1904	漳州片仔癀药业股份有限公司	600436	片仔癀	制造业
1905	通威股份有限公司	600438	通威股份	制造业
1906	河南瑞贝卡发制品股份有限公司	600439	瑞贝卡	制造业
1907	安徽国通高新管业股份有限公司	600444	*ST国通	制造业
1908	深圳市金证科技股份有限公司	600446	金证股份	信息传输、软件和信息技术服务业
1909	华纺股份有限公司	600448	华纺股份	制造业
1910	宁夏建材集团股份有限公司	600449	宁夏建材	制造业
1911	重庆涪陵电力实业股份有限公司	600452	涪陵电力	电力、热力、燃气及水生产和供应业
1912	西安交大博通资讯股份有限公司	600455	博通股份	综合
1913	宝鸡钛业股份有限公司	600456	宝钛股份	制造业
1914	株洲时代新材料科技股份有限公司	600458	时代新材	制造业
1915	贵研铂业股份有限公司	600459	贵研铂业	制造业
1916	杭州士兰微电子股份有限公司	600460	士兰微	制造业
1917	江西洪城水业股份有限公司	600461	洪城水业	电力、热力、燃气及水生产和供应业
1918	延边石岘白麓纸业股份有限公司	600462	石岘纸业	制造业
1919	北京空港科技园区股份有限公司	600463	空港股份	建筑业
1920	四川迪康科技药业股份有限公司	600466	迪康药业	制造业
1921	山东好当家海洋发展股份有限公司	600467	好当家	农、林、牧、渔业
1922	天津百利特精电气股份有限公司	600468	百利电气	制造业
1923	风神轮胎股份有限公司	600469	风神股份	制造业
1924	安徽六国化工股份有限公司	600470	六国化工	制造业
1925	无锡华光锅炉股份有限公司	600475	华光股份	制造业
1926	湖南湘邮科技股份有限公司	600476	湘邮科技	信息传输、软件和信息技术服务业
1927	浙江杭萧钢构股份有限公司	600477	杭萧钢构	建筑业
1928	湖南科力远新能源股份有限公司	600478	科力远	制造业
1929	株洲千金药业股份有限公司	600479	千金药业	制造业
1930	凌云工业股份有限公司	600480	凌云股份	制造业
1931	双良节能系统股份有限公司	600481	双良节能	制造业
1932	风帆股份有限公司	600482	风帆股份	制造业
1933	福建南纺股份有限公司	600483	福建南纺	制造业
1934	北京中创信测科技股份有限公司	600485	中创信测	制造业
1935	江苏扬农化工股份有限公司	600486	扬农化工	制造业
1936	江苏亨通光电股份有限公司	600487	亨通光电	制造业
1937	天津天药药业股份有限公司	600488	天药股份	制造业
1938	中金黄金股份有限公司	600489	中金黄金	采矿业

continued

股本总数(股)	第一大股东名称	第一大股东持股数量(股)	所占比重(%)	上市地点
648279106	王维航	64587446	9.96	上海
2721607088	义乌小商品城恒大开发有限责任公司	1519089696	55.82	上海
608484542	湘电集团有限公司	212343361	34.90	上海
1288736635	安徽江淮汽车集团有限公司	447906544	34.86	上海
80160000	新疆石河子造纸厂	33590432	41.90	上海
287733402	上海医药工业研究院	119756311	41.62	上海
195600000	武汉新一代科技有限公司	32444300	16.59	上海
314176000	华方医药科技有限公司	73550225	23.41	上海
399347513	柳州化学工业集团有限公司	144958192	36.30	上海
689395043	阿拉尔统众国有资产经营有限责任公司	180683823	26.21	上海
953625000	山东华鲁恒升集团有限公司	297007377	31.15	上海
1690446393	中国远洋运输(集团)总公司	853945155	50.52	上海
885000000	北京企业(食品)有限公司	365790000	41.33	上海
811121542	吉林昊融有色金属集团有限公司	439838766	54.23	上海
595140000	中国纸业投资总公司	173040000	29.08	上海
744660000	北方导航科技集团有限公司	385198323	51.73	上海
140000000	漳州市九龙江建设有限公司	76368000	54.55	上海
687520000	通威集团有限公司	378525940	55.06	上海
943321200	河南瑞贝卡控股有限责任公司	293639984	31.13	上海
105000000	合肥通用机械研究院	12485280	11.89	上海
261136000	杜宣	31123120	11.92	上海
319800000	山东滨州印染集团有限责任公司	66588079	20.82	上海
478318834	中国中材股份有限公司	227551086	47.57	上海
160000000	重庆川东电力集团有限责任公司	82630044	51.64	上海
62458000	西安经发集团有限责任公司	12740232	20.40	上海
430265700	宝钛集团有限公司	236549503	54.98	上海
517341440	南车株洲电力机车研究所有限公司	102785267	19.87	上海
158062500	云南锡业集团(控股)有限责任公司	64365200	40.72	上海
868160000	杭州士兰控股有限公司	409878146	47.21	上海
330000000	南昌水业集团有限责任公司	114575898	34.72	上海
533780000	敦化市金诚实业有限责任公司	131736904	24.68	上海
252000000	北京天竺空港工业开发公司	146781790	58.25	上海
439005855	四川蓝光实业集团有限公司	61350600	13.97	上海
730497152	好当家集团有限公司	303446268	41.54	上海
456192000	天津液压机械(集团)有限公司	276003271	60.50	上海
374942148	中国化工橡胶总公司	100000000	26.67	上海
521600000	铜陵化学工业集团有限公司	132971744	25.49	上海
256000000	无锡国联环保能源集团有限公司	114056460	44.55	上海
161070000	湖南省邮政公司	53128388	32.98	上海
463458217	单银木	173418198	37.42	上海
314823465	湖南科力远高技术控股有限公司	62689593	19.91	上海
304819200	株洲市国有资产投资控股集团有限公司	60787399	19.94	上海
361714838	北方凌云工业集团有限公司	123386652	34.11	上海
810103267	江苏双良集团有限公司	275556865	34.02	上海
461000000	中国船舶重工集团公司	156688826	33.99	上海
288483712	福建天成集团有限公司	67488379	23.39	上海
138586000	北京普旭天成资产管理有限公司	20000066	14.43	上海
172166059	江苏扬农化工集团有限公司	62269340	36.17	上海
207082505	亨通集团有限公司	84306920	40.71	上海
542889973	天津药业集团有限公司	254089849	46.80	上海
2943228797	中国黄金集团公司	1471888685	50.01	上海

附录1-5 续表 38

序号	公司全称	股票代码	股票简称	行业分类
1939	鹏欣环球资源股份有限公司	600490	鹏欣资源	制造业
1940	龙元建设集团股份有限公司	600491	龙元建设	建筑业
1941	福建凤竹纺织科技股份有限公司	600493	凤竹纺织	制造业
1942	晋西车轴股份有限公司	600495	晋西车轴	制造业
1943	长江精工钢结构(集团)股份有限公司	600496	精工钢构	建筑业
1944	云南驰宏锌锗股份有限公司	600497	驰宏锌锗	采矿业
1945	烽火通信科技股份有限公司	600498	烽火通信	制造业
1946	广东科达机电股份有限公司	600499	科达机电	制造业
1947	中化国际(控股)股份有限公司	600500	中化国际	制造业
1948	航天晨光股份有限公司	600501	航天晨光	制造业
1949	安徽水利开发股份有限公司	600502	安徽水利	建筑业
1950	华丽家族股份有限公司	600503	华丽家族	房地产业
1951	四川西昌电力股份有限公司	600505	西昌电力	电力、热力、燃气及水生产和供应业
1952	新疆库尔勒香梨股份有限公司	600506	香梨股份	农、林、牧、渔业
1953	方大特钢科技股份有限公司	600507	方大特钢	制造业
1954	上海大屯能源股份有限公司	600508	上海能源	采矿业
1955	新疆天富热电股份有限公司	600509	天富热电	电力、热力、燃气及水生产和供应业
1956	黑牡丹(集团)股份有限公司	600510	黑牡丹	房地产业
1957	国药集团药业股份有限公司	600511	国药股份	批发和零售业
1958	腾达建设集团股份有限公司	600512	腾达建设	建筑业
1959	江苏联环药业股份有限公司	600513	联环药业	制造业
1960	海南海岛建设股份有限公司	600515	海岛建设	批发和零售业
1961	方大炭素新材料科技股份有限公司	600516	方大炭素	制造业
1962	上海置信电气股份有限公司	600517	置信电气	制造业
1963	康美药业股份有限公司	600518	康美药业	制造业
1964	贵州茅台酒股份有限公司	600519	贵州茅台	制造业
1965	铜陵中发三佳科技股份有限公司	600520	中发科技	制造业
1966	浙江华海药业股份有限公司	600521	华海药业	制造业
1967	江苏中天科技股份有限公司	600522	中天科技	制造业
1968	贵州贵航汽车零部件股份有限公司	600523	贵航股份	制造业
1969	长园集团股份有限公司	600525	长园集团	制造业
1970	浙江菲达环保科技股份有限公司	600526	菲达环保	制造业
1971	江苏江南高纤股份有限公司	600527	江南高纤	制造业
1972	中铁二局股份有限公司	600528	中铁二局	建筑业
1973	山东省药用玻璃股份有限公司	600529	山东药玻	制造业
1974	上海交大昂立股份有限公司	600530	交大昂立	制造业
1975	河南豫光金铅股份有限公司	600531	豫光金铅	制造业
1976	山东宏达矿业股份有限公司	600532	宏达矿业	采矿业
1977	南京栖霞建设股份有限公司	600533	栖霞建设	房地产业
1978	天士力制药集团股份有限公司	600535	天士力	制造业
1979	中国软件与技术服务股份有限公司	600536	中国软件	信息传输、软件和信息技术服务业
1980	亿晶光电科技股份有限公司	600537	亿晶光电	制造业
1981	北海国发海洋生物产业股份有限公司	600538	*ST国发	制造业
1982	太原狮头水泥股份有限公司	600539	ST狮头	制造业
1983	新疆赛里木现代农业股份有限公司	600540	新赛股份	农、林、牧、渔业
1984	甘肃莫高实业发展股份有限公司	600543	莫高股份	制造业
1985	新疆城建(集团)股份有限公司	600545	新疆城建	建筑业
1986	山煤国际能源集团股份有限公司	600546	山煤国际	批发和零售业
1987	山东黄金矿业股份有限公司	600547	山东黄金	采矿业
1988	深圳高速公路股份有限公司	600548	深高速	交通运输、仓储和邮政业
1989	厦门钨业股份有限公司	600549	厦门钨业	制造业

continued

股本总数(股)	第一大股东名称	第一大股东持股数量(股)	所占比重(%)	上市地点
580000000	上海中科合臣化学有限责任公司	112500000	19.40	上海
947600000	赖振元	319072052	33.67	上海
272000000	福建凤竹集团有限公司	77520000	28.50	上海
302238000	晋西工业集团有限责任公司	93843025	31.05	上海
586566000	精工控股集团有限公司	195940729	33.40	上海
1310095749	云南冶金集团股份有限公司	676534770	51.64	上海
482361275	武汉烽火科技有限公司	247629148	51.34	上海
651666541	卢勤	109037046	16.73	上海
1437589571	中国中化股份有限公司	793100931	55.17	上海
389283600	中国航天科工集团公司	93360000	23.98	上海
334620000	安徽省水利建筑工程总公司	56982542	17.03	上海
1139076000	上海南江(集团)有限公司	220732014	19.38	上海
364567500	四川省电力公司	55272460	15.16	上海
147706873	新疆融盛投资有限公司	37255813	25.22	上海
1300530485	江西方大钢铁科技有限公司	605433571	46.55	上海
722718000	中国中煤能源股份有限公司	451191333	62.43	上海
655696586	新疆天富电力(集团)有限责任公司	307914542	46.96	上海
795522700	常州高新技术产业开发区发展(集团)总公司	444045734	55.81	上海
478800000	国药控股股份有限公司	210701472	44.01	上海
736940656	叶洋友	33079360	4.49	上海
152100000	江苏联环药业集团有限公司	58773000	38.64	上海
422774136	海航国际旅游岛开发建设(集团)有限公司	127214170	30.09	上海
1279077898	辽宁方大集团实业有限公司	662268440	51.78	上海
618705000	上海置信(集团)有限公司	145740000	23.56	上海
2198714483	普宁市康美实业有限公司	668874274	30.42	上海
1038180000	中国贵州茅台酒厂(集团)有限责任公司	641690512	61.81	上海
113040000	铜陵市三佳电子(集团)有限责任公司	27073333	23.95	上海
547447485	陈保华	147392449	26.92	上海
704504223	中天科技集团有限公司	173232371	24.59	上海
288793800	中国贵州航空工业(集团)有限责任公司	137586674	47.64	上海
863510112	长和投资有限公司	308766869	35.76	上海
140000000	菲达集团有限公司	48313738	34.51	上海
802089390	陶国平	126484448	15.77	上海
1459200000	中铁二局集团有限公司	721741200	49.46	上海
257380111	沂源县公有资产管理委员会	47540759	18.47	上海
312000000	上海新南洋股份有限公司	58639782	18.80	上海
295250776	河南豫光金铅集团有限责任公司	125353660	42.46	上海
396234400	淄博宏达矿业有限公司	257261042	64.93	上海
1050000000	南京栖霞建设集团有限公司	339420600	32.33	上海
516421327	天津天士力集团有限公司	244100553	47.27	上海
225693879	中国电子信息产业集团有限公司	122455908	54.26	上海
485871301	荀建华	192232411	39.56	上海
279216000	广西国发投资集团有限公司	28029441	10.04	上海
230000000	太原狮头集团有限公司	64267493	27.94	上海
302708474	新疆艾比湖农工商联合企业总公司	149817832	49.49	上海
321120000	甘肃黄羊河农工商(集团)有限责任公司	42729215	13.31	上海
675785778	乌鲁木齐国有资产经营有限公司	179472899	26.56	上海
991228070	山西煤炭进出口集团有限公司	569266215	57.43	上海
1423072408	山东黄金集团有限公司	715097736	50.25	上海
2180770326	HKSCC Nominees Limited	707601098	32.45	上海
681980000	福建省稀有稀土(集团)有限公司	230371724	33.78	上海

附录1-5 续表 39

序号	公司全称	股票代码	股票简称	行业分类
1990	保定天威保变电气股份有限公司	600550	天威保变	制造业
1991	时代出版传媒股份有限公司	600551	时代出版	文化、体育和娱乐业
1992	安徽方兴科技股份有限公司	600552	方兴科技	制造业
1993	上海九龙山旅游股份有限公司	600555	*ST九龙	房地产业
1994	广西北生药业股份有限公司	600556	*ST北生	制造业
1995	江苏康缘药业股份有限公司	600557	康缘药业	制造业
1996	四川大西洋焊接材料股份有限公司	600558	大西洋	制造业
1997	河北衡水老白干酒业股份有限公司	600559	老白干酒	制造业
1998	北京金自天正智能控制股份有限公司	600560	金自天正	制造业
1999	江西长运股份有限公司	600561	江西长运	交通运输、仓储和邮政业
2000	国睿科技股份有限公司	600562	国睿科技	制造业
2001	厦门法拉电子股份有限公司	600563	法拉电子	制造业
2002	重庆市迪马实业股份有限公司	600565	迪马股份	房地产业
2003	湖北洪城通用机械股份有限公司	600566	洪城股份	制造业
2004	安徽山鹰纸业股份有限公司	600567	山鹰纸业	制造业
2005	中珠控股股份有限公司	600568	中珠控股	制造业
2006	安阳钢铁股份有限公司	600569	安阳钢铁	制造业
2007	恒生电子股份有限公司	600570	恒生电子	信息传输、软件和信息技术服务业
2008	信雅达系统工程股份有限公司	600571	信雅达	信息传输、软件和信息技术服务业
2009	浙江康恩贝制药股份有限公司	600572	康恩贝	制造业
2010	福建省燕京惠泉啤酒股份有限公司	600573	惠泉啤酒	制造业
2011	芜湖港储运股份有限公司	600575	芜湖港	交通运输、仓储和邮政业
2012	浙江万好万家实业股份有限公司	600576	万好万家	批发和零售业
2013	铜陵精达特种电磁线股份有限公司	600577	精达股份	制造业
2014	北京京能热电股份有限公司	600578	京能热电	电力、热力、燃气及水生产和供应业
2015	青岛黄海橡胶股份有限公司	600579	*ST黄海	制造业
2016	卧龙电气集团股份有限公司	600580	卧龙电气	制造业
2017	新疆八一钢铁股份有限公司	600581	八一钢铁	制造业
2018	天地科技股份有限公司	600582	天地科技	制造业
2019	海洋石油工程股份有限公司	600583	海油工程	采矿业
2020	江苏长电科技股份有限公司	600584	长电科技	制造业
2021	安徽海螺水泥股份有限公司	600585	海螺水泥	制造业
2022	山东金晶科技股份有限公司	600586	金晶科技	制造业
2023	山东新华医疗器械股份有限公司	600587	新华医疗	制造业
2024	用友软件股份有限公司	600588	用友软件	信息传输、软件和信息技术服务业
2025	广东榕泰实业股份有限公司	600589	广东榕泰	制造业
2026	泰豪科技股份有限公司	600590	泰豪科技	制造业
2027	福建龙溪轴承(集团)股份有限公司	600592	龙溪股份	制造业
2028	大连圣亚旅游控股股份有限公司	600593	大连圣亚	水利、环境和公共设施管理业
2029	贵州益佰制药股份有限公司	600594	益佰制药	制造业
2030	河南中孚实业股份有限公司	600595	中孚实业	制造业
2031	浙江新安化工集团股份有限公司	600596	新安股份	制造业
2032	光明乳业股份有限公司	600597	光明乳业	制造业
2033	黑龙江北大荒农业股份有限公司	600598	北大荒	农、林、牧、渔业
2034	熊猫烟花集团股份有限公司	600599	熊猫烟花	制造业
2035	青岛啤酒股份有限公司	600600	青岛啤酒	制造业
2036	方正科技集团股份有限公司	600601	方正科技	制造业
2037	上海仪电电子股份有限公司	600602	仪电电子	制造业
2038	厦门大洲兴业能源控股股份有限公司	600603	*ST兴业	综合
2039	上海市北高新股份有限公司	600604	市北高新	房地产业
2040	上海汇通能源股份有限公司	600605	汇通能源	批发和零售业

continued

股本总数(股)	第一大股东名称	第一大股东持股数量(股)	所占比重(%)	上市地点
1372990906	保定天威集团有限公司	704280640	51.30	上海
505825296	安徽出版集团有限责任公司	295615653	58.44	上海
117000000	安徽华光光电材料科技集团有限公司	39600300	33.85	上海
1303500000	海航置业控股(集团)有限公司	179492000	13.77	上海
394793708	中国工商银行股份有限公司广西壮族自治区分行	35643106	9.03	上海
415646691	江苏康缘集团有限责任公司	112885952	27.16	上海
138171876	四川大西洋集团有限责任公司	51412910	37.21	上海
140000000	河北衡水老白干酿酒(集团)有限公司	50548139	36.11	上海
223645500	冶金自动化研究设计院	98561025	44.07	上海
185724000	江西长运集团有限公司	65676853	35.36	上海
84089294	中国电子科技集团公司第十四研究所	22981600	27.33	上海
225000000	厦门市法拉发展总公司	84000000	37.33	上海
720000000	重庆东银控股集团有限公司	273712692	38.02	上海
138200400	荆州市洪泰置业投资有限公司	28549358	20.66	上海
1586016989	马鞍山山鹰纸业集团有限公司	118980834	7.50	上海
366226520	珠海中珠集团股份有限公司	172920000	47.22	上海
2393684489	安阳钢铁集团有限责任公司	1438934489	60.11	上海
623750400	杭州恒生电子集团有限公司	133344148	21.38	上海
202867380	杭州信雅达电子有限公司	43053003	21.22	上海
809600000	康恩贝集团有限公司	269748762	33.32	上海
250000000	北京燕京啤酒股份有限公司	125067778	50.03	上海
1217647994	淮南矿业(集团)有限责任公司	506047994	41.56	上海
218093090	万好万家集团有限公司	98101044	44.98	上海
721133800	华安财产保险股份有限公司	108000000	14.98	上海
1947388801	北京京能国际能源股份有限公司	1434580985	73.67	上海
255600000	青岛黄海橡胶集团有限责任公司	115429360	45.16	上海
687728756	卧龙控股集团有限公司	175748091	25.55	上海
766448935	宝钢集团新疆八一钢铁有限公司	407154532	53.12	上海
1213920000	中国煤炭科工集团有限公司	751366271	61.90	上海
3889440000	中国海洋石油总公司	1897772854	48.79	上海
853133610	江苏新潮科技集团有限公司	138927411	16.28	上海
5299302579	安徽海螺集团有限责任公司	1918329108	36.20	上海
1422707400	山东金晶节能玻璃有限公司	457635278	32.17	上海
174053136	淄博矿业集团有限责任公司	50666538	29.11	上海
979084040	北京用友科技有限公司	286972029	29.31	上海
601730000	广东榕泰高级瓷具有限公司	135886550	22.58	上海
500325712	同方股份有限公司	103424845	20.67	上海
300000000	漳州市九龙江建设有限公司	121233800	40.41	上海
92000000	大连星海湾金融商务区投资管理股份有限公司	22104000	24.03	上海
360701000	窦启玲	86874218	24.08	上海
1514873778	河南豫联能源集团有限责任公司	782953937	51.68	上海
679184633	传化集团有限公司	101725800	14.98	上海
1225038657	上海牛奶(集团)有限公司	367498967	30.00	上海
1777679909	黑龙江北大荒农垦集团总公司	1140262121	64.14	上海
126000000	银河湾国际投资有限公司	30382340	24.11	上海
1350982795	青岛啤酒集团有限公司	411400050	30.45	上海
2194891204	方正信息产业控股有限公司	255613016	11.65	上海
1172943082	上海仪电电子(集团)有限公司	352742238	30.07	上海
194641920	陈铁铭	8819014	4.53	上海
566449190	上海市北高新(集团)有限公司	237428652	41.92	上海
147344592	上海弘昌晟集团有限公司	48373895	32.83	上海

附录1-5　续表 40

序号	公司全称	股票代码	股票简称	行业分类
2041	上海金丰投资股份有限公司	600606	金丰投资	房地产业
2042	上海宽频科技股份有限公司	600608	上海科技	制造业
2043	金杯汽车股份有限公司	600609	金杯汽车	制造业
2044	中国纺织机械股份有限公司	600610	S中纺机	制造业
2045	大众交通(集团)股份有限公司	600611	大众交通	交通运输、仓储和邮政业
2046	老凤祥股份有限公司	600612	老凤祥	制造业
2047	上海永生投资管理股份有限公司	600613	永生投资	制造业
2048	上海鼎立科技发展(集团)股份有限公司	600614	鼎立股份	制造业
2049	上海丰华(集团)股份有限公司	600615	丰华股份	房地产业
2050	上海金枫酒业股份有限公司	600616	金枫酒业	制造业
2051	上海联华合纤股份有限公司	600617	*ST联华	综合
2052	上海氯碱化工股份有限公司	600618	氯碱化工	制造业
2053	上海海立(集团)股份有限公司	600619	海立股份	制造业
2054	上海市天宸股份有限公司	600620	天宸股份	综合
2055	上海华鑫股份有限公司	600621	华鑫股份	房地产业
2056	上海嘉宝实业(集团)股份有限公司	600622	嘉宝集团	房地产业
2057	双钱集团股份有限公司	600623	双钱股份	制造业
2058	上海复旦复华科技股份有限公司	600624	复旦复华	综合
2059	上海申达股份有限公司	600626	申达股份	批发和零售业
2060	上海新世界股份有限公司	600628	新世界	批发和零售业
2061	上海棱光实业股份有限公司	600629	棱光实业	制造业
2062	上海龙头(集团)股份有限公司	600630	龙头股份	制造业
2063	浙报传媒集团股份有限公司	600633	浙报传媒	文化、体育和娱乐业
2064	上海澄海企业发展股份有限公司	600634	ST澄海	批发和零售业
2065	上海大众公用事业(集团)股份有限公司	600635	大众公用	电力、热力、燃气及水生产和供应业
2066	上海三爱富新材料股份有限公司	600636	三爱富	制造业
2067	百视通新媒体股份有限公司	600637	百视通	信息传输、软件和信息技术服务业
2068	上海新黄浦置业股份有限公司	600638	新黄浦	房地产业
2069	上海金桥出口加工区开发股份有限公司	600639	浦东金桥	房地产业
2070	号百控股股份有限公司	600640	号百控股	租赁和商务服务业
2071	上海万业企业股份有限公司	600641	万业企业	房地产业
2072	申能股份有限公司	600642	申能股份	电力、热力、燃气及水生产和供应业
2073	上海爱建股份有限公司	600643	爱建股份	金融业
2074	乐山电力股份有限公司	600644	乐山电力	电力、热力、燃气及水生产和供应业
2075	中源协和干细胞生物工程股份公司	600645	中源协和	科学研究和技术服务业
2076	上海同达创业投资股份有限公司	600647	同达创业	房地产业
2077	上海外高桥保税区开发股份有限公司	600648	外高桥	批发和零售业
2078	上海城投控股股份有限公司	600649	城投控股	房地产业
2079	上海锦江国际实业投资股份有限公司	600650	锦江投资	交通运输、仓储和邮政业
2080	上海飞乐音响股份有限公司	600651	飞乐音响	制造业
2081	上海爱使股份有限公司	600652	爱使股份	采矿业
2082	上海申华控股股份有限公司	600653	申华控股	批发和零售业
2083	上海飞乐股份有限公司	600654	飞乐股份	制造业
2084	上海豫园旅游商城股份有限公司	600655	豫园商城	批发和零售业
2085	珠海市博元投资股份有限公司	600656	博元投资	批发和零售业
2086	信达地产股份有限公司	600657	信达地产	房地产业
2087	北京电子城投资开发股份有限公司	600658	电子城	房地产业
2088	福耀玻璃工业集团股份有限公司	600660	福耀玻璃	制造业
2089	上海新南洋股份有限公司	600661	新南洋	教育
2090	上海强生控股股份有限公司	600662	强生控股	交通运输、仓储和邮政业
2091	上海陆家嘴金融贸易区开发股份有限公司	600663	陆家嘴	房地产业

continued

股本总数(股)	第一大股东名称	第一大股东持股数量(股)	所占比重(%)	上市地点
518320089	上海地产(集团)有限公司	201958120	38.96	上海
328861441	昆明市交通投资有限责任公司	39486311	12.01	上海
1092667132	沈阳市汽车工业资产经营有限公司	266424742	24.38	上海
357091535	太平洋机电(集团)有限公司	116923535	32.74	上海
1576081909	上海大众公用事业(集团)股份有限公司	327179412	20.76	上海
523117764	上海市黄浦区国有资产监督管理委员会	220171793	42.09	上海
147904998	贵州神奇投资有限公司	58755379	39.73	上海
567402596	鼎立控股集团股份有限公司	204638010	36.07	上海
188020508	隆鑫控股有限公司	45837331	24.38	上海
438671492	上海市糖业烟酒(集团)有限公司	153020195	34.88	上海
167194800	甘肃华夏投资有限公司	17918110	10.72	上海
1156399976	上海华谊(集团)公司	581592347	50.29	上海
667744115	上海电气(集团)总公司	248751517	37.25	上海
457784742	上海仲盛虹桥企业管理有限公司	114816776	25.08	上海
524082351	华鑫置业(集团)有限公司	139517522	26.62	上海
514303802	嘉定建业投资开发公司	62397456	12.13	上海
889467722	上海华谊(集团)公司	584002584	65.66	上海
345155035	复旦大学	75940000	22.00	上海
710242816	上海市国有资产监督管理委员会	220692510	31.07	上海
531799270	上海市黄浦区国有资产监督管理委员会	134074446	25.21	上海
347999813	上海建筑材料(集团)总公司	250098320	71.87	上海
424861597	上海纺织(集团)有限公司	127811197	30.08	上海
429733729	浙报传媒控股集团有限公司	277682917	64.62	上海
87207283	上海东宏实业投资有限公司	18865170	21.63	上海
1644869783	上海大众企业管理有限公司	328762573	19.99	上海
381950571	上海华谊(集团)公司	120423561	31.53	上海
1113736075	上海东方传媒集团有限公司	466885075	41.92	上海
561163988	上海新华闻投资有限公司	75653409	13.48	上海
928825040	上海金桥(集团)有限公司	407011041	43.82	上海
535364544	中国电信集团公司	200764934	37.50	上海
806158748	三林万业(上海)企业集团有限公司	407469756	50.54	上海
4728774060	申能(集团)有限公司	2322735508	49.12	上海
1105492188	上海工商界爱国建设特种基金会	135954229	12.30	上海
326480131	四川省电力公司	51229789	15.69	上海
325041030	天津开发区德源投资发展有限公司	65138819	20.04	上海
107033500	信达投资有限公司	43543427	40.68	上海
1010780943	上海外高桥(集团)有限公司	632127116	62.54	上海
2987523518	上海市城市建设投资开发总公司	1661498027	55.61	上海
551610107	上海锦江国际酒店(集团)股份有限公司	212586460	38.54	上海
739065311	上海仪电电子(集团)有限公司	110179692	14.91	上海
557002564	天天科技有限公司	50612444	9.09	上海
1746380317	辽宁正国投资发展有限公司	197280000	11.30	上海
755043154	上海仪电电子(集团)有限公司	134534437	17.82	上海
1437321976	上海复星产业投资有限公司	248042678	17.26	上海
190343678	珠海华信泰投资有限公司	19978070	10.49	上海
1524260442	信达投资有限公司	834518311	54.75	上海
580097402	北京电子控股有限责任公司	405981375	69.99	上海
2002986332	三益发展有限公司	390578816	19.50	上海
173676825	上海交通大学	66771194	38.45	上海
1053362191	上海久事公司	504318973	47.88	上海
1867684000	上海陆家嘴(集团)有限公司	1076556437	57.64	上海

附录1-5 续表 41

序号	公司全称	股票代码	股票简称	行业分类
2092	哈药集团股份有限公司	600664	哈药股份	制造业
2093	天地源股份有限公司	600665	天地源	房地产业
2094	西南药业股份有限公司	600666	西南药业	制造业
2095	无锡市太极实业股份有限公司	600667	太极实业	制造业
2096	浙江尖峰集团股份有限公司	600668	尖峰集团	制造业
2097	杭州天目山药业股份有限公司	600671	天目药业	制造业
2098	广东东阳光铝业股份有限公司	600673	东阳光铝	制造业
2099	四川川投能源股份有限公司	600674	川投能源	电力、热力、燃气及水生产和供应业
2100	中华企业股份有限公司	600675	中华企业	房地产业
2101	上海交运集团股份有限公司	600676	交运股份	交通运输、仓储和邮政业
2102	航天通信控股集团股份有限公司	600677	航天通信	批发和零售业
2103	四川金顶(集团)股份有限公司	600678	四川金顶	制造业
2104	金山开发建设股份有限公司	600679	金山开发	制造业
2105	上海普天邮通科技股份有限公司	600680	上海普天	制造业
2106	万鸿集团股份有限公司	600681	万鸿集团	建筑业
2107	南京新街口百货商店股份有限公司	600682	南京新百	批发和零售业
2108	京投银泰股份有限公司	600683	京投银泰	房地产业
2109	广州珠江实业开发股份有限公司	600684	珠江实业	房地产业
2110	广州广船国际股份有限公司	600685	广船国际	制造业
2111	厦门金龙汽车集团股份有限公司	600686	金龙汽车	制造业
2112	浙江刚泰控股(集团)股份有限公司	600687	刚泰控股	批发和零售业
2113	中国石化上海石油化工股份有限公司	600688	上海石化	制造业
2114	上海三毛企业(集团)股份有限公司	600689	上海三毛	制造业
2115	青岛海尔股份有限公司	600690	青岛海尔	制造业
2116	阳煤化工股份有限公司	600691	阳煤化工	制造业
2117	上海亚通股份有限公司	600692	亚通股份	交通运输、仓储和邮政业
2118	福建东百集团股份有限公司	600693	东百集团	批发和零售业
2119	大商股份有限公司	600694	大商股份	批发和零售业
2120	上海大江食品集团股份有限公司	600695	大江股份	制造业
2121	上海多伦实业股份有限公司	600696	多伦股份	房地产业
2122	长春欧亚集团股份有限公司	600697	欧亚集团	批发和零售业
2123	济南轻骑摩托车股份有限公司	600698	ST轻骑	制造业
2124	辽源均胜电子股份有限公司	600699	均胜电子	制造业
2125	哈尔滨工大高新技术产业开发股份有限公司	600701	工大高新	综合
2126	四川沱牌舍得酒业股份有限公司	600702	沱牌舍得	制造业
2127	三安光电股份有限公司	600703	三安光电	制造业
2128	浙江物产中大元通集团股份有限公司	600704	物产中大	批发和零售业
2129	中航投资控股股份有限公司	600705	中航投资	金融业
2130	西安曲江文化旅游股份有限公司	600706	曲江文旅	水利、环境和公共设施管理业
2131	彩虹显示器件股份有限公司	600707	*ST彩虹	制造业
2132	上海海博股份有限公司	600708	海博股份	交通运输、仓储和邮政业
2133	常林股份有限公司	600710	常林股份	制造业
2134	盛屯矿业集团股份有限公司	600711	盛屯矿业	采矿业
2135	南宁百货大楼股份有限公司	600712	南宁百货	批发和零售业
2136	南京医药股份有限公司	600713	南京医药	批发和零售业
2137	青海金瑞矿业发展股份有限公司	600714	金瑞矿业	采矿业
2138	松辽汽车股份有限公司	600715	松辽汽车	制造业
2139	江苏凤凰置业投资股份有限公司	600716	凤凰股份	房地产业
2140	天津港股份有限公司	600717	天津港	交通运输、仓储和邮政业
2141	东软集团股份有限公司	600718	东软集团	信息传输、软件和信息技术服务业
2142	大连热电股份有限公司	600719	大连热电	电力、热力、燃气及水生产和供应业

continued

股本总数(股)	第一大股东名称	第一大股东持股数量(股)	所占比重(%)	上市地点
1917483289	哈药集团有限公司	864093800	45.06	上海
864122521	西安高新技术产业开发区房地产开发公司	488359560	56.52	上海
290146298	重庆太极实业(集团)股份有限公司	93980381	32.39	上海
1191274272	无锡产业发展集团有限公司	391686310	32.88	上海
344083828	金华市通济国有资产投资有限公司	55564103	16.15	上海
121778885	杭州现代联合投资有限公司	14733412	12.10	上海
827466788	深圳市东阳光实业发展有限公司	428000000	51.72	上海
1972668615	四川省投资集团有限责任公司	1087397021	55.12	上海
1555882832	上海地产(集团)有限公司	562726868	36.17	上海
862373924	上海交运(集团)公司	439922714	51.01	上海
326172356	中国航天科工集团公司	62469867	19.15	上海
348990000	海亮金属贸易集团有限公司	97002984	27.80	上海
353619662	上海市金山区国有资产监督管理委员会	117154838	33.13	上海
382225337	中国普天信息产业股份有限公司	196639417	51.45	上海
251477550	广州美城投资有限公司	45888672	18.25	上海
358321685	三胞集团有限公司	78748591	21.98	上海
740777597	北京市基础设施投资有限公司	220800000	29.81	上海
316096564	广州珠江实业集团有限公司	88319035	27.94	上海
643080854	中国船舶工业集团公司	229645800	35.71	上海
442597097	福建省汽车工业集团有限公司	59833146	13.52	上海
126888563	刚泰集团有限公司	23122682	18.22	上海
7200000000	中国石油化工股份有限公司	4000000000	55.56	上海
200991343	重庆轻纺控股(集团)公司	52158943	25.95	上海
2685127540	海尔电器国际股份有限公司	629342412	23.44	上海
587142408	阳泉煤业(集团)有限责任公司	225978800	38.49	上海
351764064	上海市崇明县国有资产监督管理委员会	114341751	32.51	上海
343222594	深圳钦舟实业发展有限公司	60188899	17.54	上海
293718653	大连大商国际有限公司	25859580	8.80	上海
713200000	绿庭(香港)有限公司	212041248	29.73	上海
340565550	多伦投资(香港)有限公司	40000000	11.75	上海
159088075	长春市汽车城商业总公司	36313891	22.83	上海
971817440	中国长安汽车集团股份有限公司	305474988	31.43	上海
579048475	宁波均胜投资集团有限公司	400250286	69.12	上海
498781936	哈尔滨工业大学高新技术开发总公司	104327428	20.92	上海
337300000	四川沱牌舍得集团有限公司	107441768	31.85	上海
1444013776	厦门三安电子有限公司	505759725	35.02	上海
790515734	浙江省物产集团公司	268901652	34.02	上海
1522470267	中国航空工业集团公司	777828113	51.09	上海
179509675	西安曲江旅游投资(集团)有限公司	92176234	51.35	上海
736757688	彩虹集团电子股份有限公司	164770000	22.36	上海
510370252	光明食品(集团)有限公司	182766404	35.81	上海
640284000	中国国机重工集团有限公司	192085200	30.00	上海
293791140	深圳盛屯集团有限公司	27240048	9.27	上海
544655360	南宁沛宁资产经营有限责任公司	99185170	18.21	上海
693580680	南京医药(集团)公司	145657368	21.00	上海
273404541	青海省投资集团有限公司	122467041	44.79	上海
224256000	北京亦庄国际投资发展有限公司	55827200	24.89	上海
740600634	江苏凤凰出版传媒集团有限公司	448946194	60.62	上海
1674769120	显创投资有限公司	951512511	56.81	上海
1227594245	东北大学科技产业集团有限公司	216361562	17.62	上海
202299800	大连市热电集团有限公司	66566892	32.91	上海

附录1-5 续表 42

序号	公司全称	股票代码	股票简称	行业分类
2143	甘肃祁连山水泥集团股份有限公司	600720	祁连山	制造业
2144	新疆百花村股份有限公司	600721	百花村	制造业
2145	河北金牛化工股份有限公司	600722	金牛化工	制造业
2146	北京首商集团股份有限公司	600723	首商股份	批发和零售业
2147	宁波富达股份有限公司	600724	宁波富达	房地产业
2148	云南云维股份有限公司	600725	云维股份	制造业
2149	华电能源股份有限公司	600726	华电能源	电力、热力、燃气及水生产和供应业
2150	山东鲁北化工股份有限公司	600727	鲁北化工	制造业
2151	佳都新太科技股份有限公司	600728	佳都新太	信息传输、软件和信息技术服务业
2152	重庆百货大楼股份有限公司	600729	重庆百货	批发和零售业
2153	中国高科集团股份有限公司	600730	中国高科	批发和零售业
2154	湖南海利化工股份有限公司	600731	湖南海利	制造业
2155	上海新梅置业股份有限公司	600732	上海新梅	房地产业
2156	成都前锋电子股份有限公司	600733	S前锋	房地产业
2157	福建实达集团股份有限公司	600734	实达集团	批发和零售业
2158	山东新华锦国际股份有限公司	600735	新华锦	制造业
2159	苏州新区高新技术产业股份有限公司	600736	苏州高新	房地产业
2160	中粮屯河股份有限公司	600737	中粮屯河	制造业
2161	兰州民百(集团)股份有限公司	600738	兰州民百	批发和零售业
2162	辽宁成大股份有限公司	600739	辽宁成大	批发和零售业
2163	山西焦化股份有限公司	600740	山西焦化	制造业
2164	华域汽车系统股份有限公司	600741	华域汽车	制造业
2165	长春一汽富维汽车零部件股份有限公司	600742	一汽富维	制造业
2166	华远地产股份有限公司	600743	华远地产	房地产业
2167	大唐华银电力股份有限公司	600744	华银电力	电力、热力、燃气及水生产和供应业
2168	中茵股份有限公司	600745	中茵股份	房地产业
2169	江苏索普化工股份有限公司	600746	江苏索普	制造业
2170	大连大显控股股份有限公司	600747	大连控股	房地产业
2171	上海实业发展股份有限公司	600748	上实发展	房地产业
2172	西藏旅游股份有限公司	600749	西藏旅游	水利、环境和公共设施管理业
2173	江中药业股份有限公司	600750	江中药业	制造业
2174	天津市海运股份有限公司	600751	天津海运	交通运输、仓储和邮政业
2175	河南东方银星投资股份有限公司	600753	东方银星	批发和零售业
2176	上海锦江国际酒店发展股份有限公司	600754	锦江股份	住宿和餐饮业
2177	厦门国贸集团股份有限公司	600755	厦门国贸	批发和零售业
2178	山东浪潮齐鲁软件产业股份有限公司	600756	浪潮软件	信息传输、软件和信息技术服务业
2179	长江出版传媒股份有限公司	600757	长江传媒	文化、体育和娱乐业
2180	辽宁红阳能源投资股份有限公司	600758	红阳能源	电力、热力、燃气及水生产和供应业
2181	海南正和实业集团股份有限公司	600759	正和股份	房地产业
2182	中航黑豹股份有限公司	600760	*ST黑豹	制造业
2183	安徽合力股份有限公司	600761	安徽合力	制造业
2184	通策医疗投资股份有限公司	600763	通策医疗	卫生和社会工作
2185	中电广通股份有限公司	600764	中电广通	信息传输、软件和信息技术服务业
2186	中航重机股份有限公司	600765	中航重机	制造业
2187	烟台园城黄金股份有限公司	600766	园城黄金	采矿业
2188	运盛(上海)实业股份有限公司	600767	运盛实业	房地产业
2189	宁波富邦精业集团股份有限公司	600768	宁波富邦	制造业
2190	武汉祥龙电业股份有限公司	600769	*ST祥龙	制造业
2191	江苏综艺股份有限公司	600770	综艺股份	信息传输、软件和信息技术服务业
2192	广誉远中药股份有限公司	600771	广誉远	制造业
2193	西藏城市发展投资股份有限公司	600773	西藏城投	房地产业

continued

股本总数(股)	第一大股东名称	第一大股东持股数量(股)	所占比重(%)	上市地点
597146371	中国中材股份有限公司	79056017	13.24	上海
268851955	新疆生产建设兵团农六师国有资产有限责任公司	131133741	48.78	上海
680319676	冀中能源股份有限公司	386554476	56.82	上海
658407554	北京首都旅游集团有限责任公司	248809378	37.79	上海
1445241071	宁波城建投资控股有限公司	1112148455	76.95	上海
616235000	云南云维集团有限公司	257506610	41.79	上海
1966675153	中国华电集团公司	881126465	44.80	上海
350986607	山东鲁北企业集团总公司	104261650	29.71	上海
362800338	广州佳都集团有限公司	76444627	21.07	上海
373093418	重庆商社(集团)有限公司	169519298	45.44	上海
293328001	北大方正集团有限公司	71493681	24.37	上海
256314098	湖南海利高新技术产业集团有限公司	54965088	21.44	上海
247990600	荣冠投资有限公司	70000000	28.23	上海
197586000	四川新泰克数字设备有限责任公司	81270000	41.13	上海
351558394	北京昂展置业有限公司	73669836	20.96	上海
250699666	山东鲁锦进出口集团有限公司	127812168	50.98	上海
1057881600	苏州高新区经济发展集团总公司	429135017	40.57	上海
1005604226	中粮集团有限公司	599319200	59.60	上海
262776257	红楼集团有限公司	60000000	22.83	上海
1364709816	辽宁成大集团有限公司	169889039	12.45	上海
565700000	山西焦化集团有限公司	108867242	19.24	上海
2583200175	上海汽车集团股份有限公司	1552448271	60.10	上海
211523400	中国第一汽车集团公司	42604282	20.14	上海
1580574788	北京市华远集团有限公司	728150373	46.07	上海
711648000	中国大唐集团公司	237263477	33.34	上海
327374896	苏州中茵集团有限公司	169270000	51.71	上海
306421452	江苏索普(集团)有限公司	174683000	57.01	上海
1064328399	大连大显集团有限公司	121500000	11.42	上海
1083370873	上实地产发展有限公司	689566049	63.65	上海
189137931	国风集团有限公司	31624825	16.72	上海
311150000	江西江中制药(集团)有限责任公司	131134850	42.15	上海
492648820	大新华物流控股(集团)有限公司	147701043	29.98	上海
128000000	重庆银星智业(集团)有限公司	26926000	21.04	上海
603240740	上海锦江国际酒店(集团)股份有限公司	303533935	50.32	上海
1330835888	厦门国贸控股有限公司	403023943	30.28	上海
278747280	浪潮齐鲁软件产业有限公司	61881000	22.20	上海
1039684449	湖北长江出版传媒集团有限公司	683684486	65.76	上海
207681760	沈阳煤业(集团)有限责任公司	91097500	43.86	上海
1220117545	广西正和实业集团有限公司	691300347	56.66	上海
344940390	金城集团有限公司	55095716	15.97	上海
514014446	安徽叉车集团有限责任公司	192807198	37.51	上海
160320000	杭州宝群实业集团有限公司	54116000	33.75	上海
329726984	中国电子信息产业集团有限公司	176314950	53.47	上海
778003200	贵州金江航空液压有限责任公司	229369200	29.48	上海
224226822	园城实业集团有限公司	66810000	29.79	上海
341010182	上海九川投资(集团)有限公司	99008834	29.03	上海
133747200	宁波富邦控股集团有限公司	47162160	35.26	上海
374977200	武汉葛化集团有限公司	74986377	20.00	上海
1104600000	南通综艺投资有限公司	321323958	29.09	上海
243808438	西安东盛集团有限公司	54048265	22.17	上海
575704998	上海市闸北区国有资产监督管理委员会	346841655	60.25	上海

附录1-5 续表 43

序号	公司全称	股票代码	股票简称	行业分类
2194	武汉市汉商集团股份有限公司	600774	汉商集团	批发和零售业
2195	南京熊猫电子股份有限公司	600775	南京熊猫	制造业
2196	东方通信股份有限公司	600776	东方通信	制造业
2197	烟台新潮实业股份有限公司	600777	新潮实业	综合
2198	新疆友好(集团)股份有限公司	600778	友好集团	批发和零售业
2199	四川水井坊股份有限公司	600779	水井坊	制造业
2200	山西通宝能源股份有限公司	600780	通宝能源	电力、热力、燃气及水生产和供应业
2201	上海辅仁实业(集团)股份有限公司	600781	上海辅仁	制造业
2202	新余钢铁股份有限公司	600782	新钢股份	制造业
2203	鲁信创业投资集团股份有限公司	600783	鲁信创投	综合
2204	鲁银投资集团股份有限公司	600784	鲁银投资	制造业
2205	银川新华百货商业集团股份有限公司	600785	新华百货	批发和零售业
2206	中储发展股份有限公司	600787	中储股份	交通运输、仓储和邮政业
2207	山东鲁抗医药股份有限公司	600789	鲁抗医药	制造业
2208	浙江中国轻纺城集团股份有限公司	600790	轻纺城	租赁和商务服务业
2209	京能置业股份有限公司	600791	京能置业	房地产业
2210	云南煤业能源股份有限公司	600792	云煤能源	制造业
2211	宜宾纸业股份有限公司	600793	ST宜纸	制造业
2212	张家港保税科技股份有限公司	600794	保税科技	交通运输、仓储和邮政业
2213	国电电力发展股份有限公司	600795	国电电力	电力、热力、燃气及水生产和供应业
2214	浙江钱江生物化学股份有限公司	600796	钱江生化	制造业
2215	浙大网新科技股份有限公司	600797	浙大网新	信息传输、软件和信息技术服务业
2216	宁波海运股份有限公司	600798	宁波海运	交通运输、仓储和邮政业
2217	天津环球磁卡股份有限公司	600800	天津磁卡	制造业
2218	华新水泥股份有限公司	600801	华新水泥	制造业
2219	福建水泥股份有限公司	600802	福建水泥	制造业
2220	河北威远生物化工股份有限公司	600803	威远生化	制造业
2221	成都鹏博士电信传媒集团股份有限公司	600804	鹏博士	信息传输、软件和信息技术服务业
2222	江苏悦达投资股份有限公司	600805	悦达投资	综合
2223	沈机集团昆明机床股份有限公司	600806	昆明机床	制造业
2224	山东天业恒基股份有限公司	600807	天业股份	房地产业
2225	马鞍山钢铁股份有限公司	600808	马钢股份	制造业
2226	山西杏花村汾酒厂股份有限公司	600809	山西汾酒	制造业
2227	神马实业股份有限公司	600810	神马股份	制造业
2228	东方集团股份有限公司	600811	东方集团	批发和零售业
2229	华北制药股份有限公司	600812	华北制药	制造业
2230	杭州解百集团股份有限公司	600814	杭州解百	批发和零售业
2231	厦门厦工机械股份有限公司	600815	厦工股份	制造业
2232	安信信托投资股份有限公司	600816	安信信托	金融业
2233	西安宏盛科技发展股份有限公司	600817	ST宏盛	综合
2234	中路股份有限公司	600818	中路股份	制造业
2235	上海耀皮玻璃集团股份有限公司	600819	耀皮玻璃	制造业
2236	上海隧道工程股份有限公司	600820	隧道股份	建筑业
2237	天津劝业场(集团)股份有限公司	600821	津劝业	批发和零售业
2238	上海物资贸易股份有限公司	600822	上海物贸	批发和零售业
2239	上海世茂股份有限公司	600823	世茂股份	房地产业
2240	上海益民商业集团股份有限公司	600824	益民集团	批发和零售业
2241	上海新华传媒股份有限公司	600825	新华传媒	文化、体育和娱乐业
2242	上海兰生股份有限公司	600826	兰生股份	批发和零售业
2243	上海友谊集团股份有限公司	600827	友谊股份	批发和零售业
2244	成商集团股份有限公司	600828	成商集团	批发和零售业

continued

股本总数(股)	第一大股东名称	第一大股东持股数量(股)	所占比重(%)	上市地点
174575386	武汉市汉阳区国有资产监督管理办公室	46475314	26.62	上海
655015000	熊猫集团公司	334715000	51.10	上海
1256000064	普天东方通信集团有限公司	604573970	48.13	上海
625423279	烟台东润投资发展有限公司	130723712	20.90	上海
311491352	乌鲁木齐国有资产经营有限公司	55335835	17.76	上海
488545698	四川成都水井坊集团有限公司	193996444	39.71	上海
1146502523	山西国际电力集团有限公司	693174819	60.46	上海
177592864	辅仁药业集团有限公司	70340729	39.61	上海
1393430733	新余钢铁集团有限公司	1099304900	78.89	上海
744359294	山东省鲁信投资控股集团有限公司	534206761	71.77	上海
496613746	莱芜钢铁集团有限公司	72131266	14.52	上海
207431280	物美控股集团有限公司	60715708	29.27	上海
840102782	中国物资储运总公司	387468199	46.12	上海
581575475	山东省人民政府国有资产监督管理委员会	142997400	24.59	上海
805379631	绍兴县中国轻纺城市场开发经营有限公司	283403450	35.19	上海
452880000	北京能源投资(集团)有限公司	204983645	45.26	上海
400225000	昆明钢铁控股有限公司	274000000	68.46	上海
105300000	宜宾市国有资产经营有限公司	39776583	37.77	上海
213915986	张家港保税区金港资产经营有限公司	64170620	30.00	上海
15394898901	中国国电集团公司	8982166685	52.13	上海
301402144	海宁市资产经营公司	100378762	33.30	上海
842008495	浙江浙大网新集团有限公司	135196059	16.06	上海
871174542	宁波海运集团有限公司	365062214	41.90	上海
611271047	天津环球磁卡集团有限公司	176495365	28.87	上海
935299928	HOLCHIN B.V.	373010636	39.88	上海
381873666	福建省建材(控股)有限责任公司	109913089	28.78	上海
311832403	新奥控股投资有限公司	75388977	24.18	上海
1338512477	深圳鹏博实业集团有限公司	89589548	6.69	上海
709078745	江苏悦达集团有限公司	163519715	23.06	上海
531081103	HKSCC NOMINEES LIMITED	133976900	25.27	上海
321151200	山东天业房地产开发集团有限公司	105309600	32.79	上海
7700681186	马钢(集团)控股有限公司	3886423927	50.47	上海
865848266	山西杏花村汾酒集团有限责任公司	605868472	69.97	上海
442280000	中国平煤神马能源化工集团有限责任公司	234172100	52.95	上海
1666805374	东方集团实业股份有限公司	466346232	27.98	上海
1378577558	冀中能源集团有限责任公司	350000000	25.39	上海
310383021	杭州商业资产经营(有限)公司	90760425	29.24	上海
958969989	厦门海翼集团有限公司	393022859	40.98	上海
454109778	上海国之杰投资发展有限公司	149670672	32.96	上海
160910082	西安普明物流贸易发展有限公司	33589968	20.87	上海
292225373	上海中路(集团)有限公司	119573394	40.92	上海
731250082	上海建筑材料(集团)总公司	207918282	28.43	上海
1298659332	上海城建(集团)公司	683224540	52.61	上海
416268225	天津劝业华联集团有限公司	62860456	15.10	上海
495972914	百联集团有限公司	238575962	48.10	上海
1170595338	峰盈国际有限公司	558000000	47.67	上海
731963245	上海市黄浦区国有资产监督管理委员会	285761478	39.04	上海
1044887850	上海新华发行集团有限公司	319533752	30.58	上海
420642288	上海兰生(集团)有限公司	219464089	52.17	上海
1722495752	百联集团有限公司	749325570	43.50	上海
570439657	深圳茂业商厦有限公司	388161764	68.05	上海

附录1-5 续表 44

序号	公司全称	股票代码	股票简称	行业分类
2245	哈药集团三精制药股份有限公司	600829	三精制药	制造业
2246	香溢融通控股集团股份有限公司	600830	香溢融通	批发和零售业
2247	陕西广电网络传媒(集团)股份有限公司	600831	广电网络	信息传输、软件和信息技术服务业
2248	上海东方明珠(集团)股份有限公司	600832	东方明珠	水利、环境和公共设施管理业
2249	上海第一医药股份有限公司	600833	第一医药	批发和零售业
2250	上海申通地铁股份有限公司	600834	申通地铁	交通运输、仓储和邮政业
2251	上海机电股份有限公司	600835	上海机电	制造业
2252	上海界龙实业集团股份有限公司	600836	界龙实业	制造业
2253	海通证券股份有限公司	600837	海通证券	金融业
2254	上海九百股份有限公司	600838	上海九百	批发和零售业
2255	四川长虹电器股份有限公司	600839	四川长虹	制造业
2256	上海柴油机股份有限公司	600841	上柴股份	制造业
2257	上工申贝(集团)股份有限公司	600843	上工申贝	制造业
2258	丹化化工科技股份有限公司	600844	丹化科技	制造业
2259	上海宝信软件股份有限公司	600845	宝信软件	信息传输、软件和信息技术服务业
2260	上海同济科技实业股份有限公司	600846	同济科技	建筑业
2261	重庆万里新能源股份有限公司	600847	万里股份	制造业
2262	上海自动化仪表股份有限公司	600848	自仪股份	制造业
2263	上海华东电脑股份有限公司	600850	华东电脑	信息传输、软件和信息技术服务业
2264	上海海欣集团股份有限公司	600851	海欣股份	制造业
2265	龙建路桥股份有限公司	600853	龙建股份	建筑业
2266	江苏春兰制冷设备股份有限公司	600854	春兰股份	制造业
2267	北京航天长峰股份有限公司	600855	航天长峰	制造业
2268	长春百货大楼集团股份有限公司	600856	长百集团	批发和零售业
2269	哈工大首创科技股份有限公司	600857	工大首创	批发和零售业
2270	银座集团股份有限公司	600858	银座股份	批发和零售业
2271	北京王府井百货(集团)股份有限公司	600859	王府井	批发和零售业
2272	北人印刷机械股份有限公司	600860	北人股份	制造业
2273	北京城乡贸易中心股份有限公司	600861	北京城乡	批发和零售业
2274	南通科技投资集团股份有限公司	600862	南通科技	房地产业
2275	内蒙古蒙电华能热电股份有限公司	600863	内蒙华电	电力、热力、燃气及水生产和供应业
2276	哈尔滨哈投投资股份有限公司	600864	哈投股份	电力、热力、燃气及水生产和供应业
2277	百大集团股份有限公司	600865	百大集团	批发和零售业
2278	广东肇庆星湖生物科技股份有限公司	600866	星湖科技	制造业
2279	通化东宝药业股份有限公司	600867	通化东宝	制造业
2280	广东梅雁吉祥水电股份有限公司	600868	梅雁吉祥	电力、热力、燃气及水生产和供应业
2281	三普药业股份有限公司	600869	三普药业	制造业
2282	厦门华侨电子股份有限公司	600870	厦华电子	制造业
2283	中国石化仪征化纤股份有限公司	600871	仪征化纤	制造业
2284	中炬高新技术实业(集团)股份有限公司	600872	中炬高新	制造业
2285	梅花生物科技集团股份有限公司	600873	梅花集团	制造业
2286	天津创业环保集团股份有限公司	600874	创业环保	电力、热力、燃气及水生产和供应业
2287	东方电气股份有限公司	600875	东方电气	制造业
2288	洛阳玻璃股份有限公司	600876	洛阳玻璃	制造业
2289	中国嘉陵工业股份有限公司(集团)	600877	中国嘉陵	制造业
2290	航天时代电子技术股份有限公司	600879	航天电子	制造业
2291	成都博瑞传播股份有限公司	600880	博瑞传播	文化、体育和娱乐业
2292	吉林亚泰(集团)股份有限公司	600881	亚泰集团	制造业
2293	山东华联矿业控股股份有限公司	600882	华联矿业	采矿业
2294	云南博闻科技实业股份有限公司	600883	博闻科技	制造业
2295	宁波杉杉股份有限公司	600884	杉杉股份	制造业

continued

股本总数(股)	第一大股东名称	第一大股东持股数量(股)	所占比重(%)	上市地点
579888597	哈药集团股份有限公司	433894354	74.82	上海
454322747	浙江烟草投资管理有限责任公司	54710381	12.04	上海
563438537	陕西广电网络产业集团有限公司	203249114	36.07	上海
3186334874	上海广播电影电视发展有限公司	1440000000	45.19	上海
223086347	上海新路达商业(集团)有限公司	52185126	23.39	上海
477381905	上海申通地铁集团有限公司	278943799	58.43	上海
1022739308	上海电气集团股份有限公司	483520364	47.28	上海
313563375	上海界龙集团有限公司	82184987	26.21	上海
9584721180	香港中央结算(代理人)有限公司	1492316800	15.57	上海
400881981	上海九百(集团)有限公司	78540608	19.59	上海
4616244222	四川长虹电子集团有限公司	1070723925	23.19	上海
869092530	上海汽车集团股份有限公司	416452530	47.92	上海
448886777	上海市浦东新区国有资产监督管理委员会	105395358	23.48	上海
778620618	江苏丹化集团有限责任公司	146798427	18.85	上海
340917291	宝山钢铁股份有限公司	189222891	55.50	上海
624761516	上海同济资产经营有限公司	146051849	23.38	上海
88660000	深圳市南方同正投资有限公司	22327398	25.18	上海
399286890	上海电气(集团)总公司	107251954	26.86	上海
321744887	华东计算技术研究所	148165666	46.05	上海
1207056692	上海松江洞泾工业公司	90613819	7.51	上海
536807658	黑龙江省建设集团有限公司	178979763	33.34	上海
519458538	春兰(集团)公司	131630912	25.34	上海
331617425	中国航天科工防御技术研究院	96412425	29.07	上海
234831569	上海合涌源企业发展有限公司	26000000	11.07	上海
224319919	哈尔滨工业大学八达集团有限公司	35204752	15.69	上海
520066589	山东省商业集团有限公司	101335023	19.49	上海
462768088	北京王府井国际商业发展有限公司	227992556	49.27	上海
422000000	北京京城机电控股有限责任公司	201620000	47.78	上海
316804949	北京市郊区旅游实业开发公司	106088400	33.49	上海
637928488	南通科技工贸投资发展有限公司	120231604	18.84	上海
2581220000	北方联合电力有限责任公司	1408284707	54.56	上海
546378196	哈尔滨投资集团有限责任公司	238174824	43.59	上海
376240316	西子联合控股有限公司	141801388	37.69	上海
550393465	广东省广新控股集团有限公司	96417436	17.52	上海
776212521	东宝实业集团有限公司	274672495	35.39	上海
1898148679	广东梅雁吉祥实业投资股份有限公司	41700000	2.20	上海
990043368	远东控股集团有限公司	695888842	70.29	上海
523199665	华映视讯(吴江)有限公司	109644877	20.96	上海
4000000000	中国石油化工股份有限公司	1680000000	42.00	上海
796637194	中山火炬集团有限公司	85425450	10.72	上海
2708236603	孟庆山	854103033	31.54	上海
1427228430	天津市政投资有限公司	736499791	51.60	上海
2003860000	中国东方电气集团有限公司	1002474592	50.03	上海
500018242	香港中央结算(代理人)有限公司	247866998	49.57	上海
687282040	中国南方工业集团公司	185566173	27.00	上海
811040784	中国航天时代电子公司	166899597	20.58	上海
627980077	成都博瑞投资控股集团有限公司	148298051	23.62	上海
1894732058	长春市人民政府国有资产监督管理委员会	295088616	15.57	上海
399238045	东里镇集体资产经营管理中心	54749022	13.71	上海
236088000	深圳市得融投资发展有限公司	40500000	17.15	上海
410858247	杉杉集团有限公司	133536993	32.50	上海

附录1-5 续表 45

序号	公司全称	股票代码	股票简称	行业分类
2296	宏发科技股份有限公司	600885	宏发股份	制造业
2297	国投电力控股股份有限公司	600886	国投电力	电力、热力、燃气及水生产和供应业
2298	内蒙古伊利实业集团股份有限公司	600887	伊利股份	制造业
2299	新疆众和股份有限公司	600888	新疆众和	制造业
2300	南京化纤股份有限公司	600889	南京化纤	制造业
2301	中房置业股份有限公司	600890	中房股份	房地产业
2302	哈尔滨秋林集团股份有限公司	600891	秋林集团	批发和零售业
2303	宝诚投资股份有限公司	600892	宝诚股份	批发和零售业
2304	西安航空动力股份有限公司	600893	航空动力	制造业
2305	广州广日股份有限公司	600894	广日股份	制造业
2306	上海张江高科技园区开发股份有限公司	600895	张江高科	综合
2307	中海(海南)海盛船务股份有限公司	600896	中海海盛	交通运输、仓储和邮政业
2308	厦门国际航空港股份有限公司	600897	厦门空港	交通运输、仓储和邮政业
2309	三联商社股份有限公司	600898	三联商社	批发和零售业
2310	中国长江电力股份有限公司	600900	长江电力	电力、热力、燃气及水生产和供应业
2311	山东滨州渤海活塞股份有限公司	600960	渤海活塞	制造业
2312	株洲冶炼集团股份有限公司	600961	*ST株冶	制造业
2313	国投中鲁果汁股份有限公司	600962	国投中鲁	制造业
2314	岳阳林纸股份有限公司	600963	岳阳林纸	制造业
2315	河北福成五丰食品股份有限公司	600965	福成五丰	农、林、牧、渔业
2316	山东博汇纸业股份有限公司	600966	博汇纸业	制造业
2317	包头北方创业股份有限公司	600967	北方创业	制造业
2318	湖南郴电国际发展股份有限公司	600969	郴电国际	电力、热力、燃气及水生产和供应业
2319	中国中材国际工程股份有限公司	600970	中材国际	制造业
2320	安徽恒源煤电股份有限公司	600971	恒源煤电	采矿业
2321	宝胜科技创新股份有限公司	600973	宝胜股份	制造业
2322	湖南新五丰股份有限公司	600975	新五丰	农、林、牧、渔业
2323	武汉健民药业集团股份有限公司	600976	武汉健民	批发和零售业
2324	广东省宜华木业股份有限公司	600978	宜华木业	制造业
2325	四川广安爱众股份有限公司	600979	广安爱众	电力、热力、燃气及水生产和供应业
2326	北矿磁材科技股份有限公司	600980	*ST北磁	制造业
2327	江苏汇鸿股份有限公司	600981	汇鸿股份	批发和零售业
2328	宁波热电股份有限公司	600982	宁波热电	电力、热力、燃气及水生产和供应业
2329	合肥荣事达三洋电器股份有限公司	600983	合肥三洋	制造业
2330	陕西建设机械股份有限公司	600984	建设机械	制造业
2331	安徽雷鸣科化股份有限公司	600985	雷鸣科化	制造业
2332	科达集团股份有限公司	600986	科达股份	建筑业
2333	浙江航民股份有限公司	600987	航民股份	制造业
2334	赤峰吉隆黄金矿业股份有限公司	600988	赤峰黄金	采矿业
2335	安徽四创电子股份有限公司	600990	四创电子	制造业
2336	贵州钢绳股份有限公司	600992	贵绳股份	制造业
2337	马应龙药业集团股份有限公司	600993	马应龙	批发和零售业
2338	云南文山电力股份有限公司	600995	文山电力	电力、热力、燃气及水生产和供应业
2339	开滦能源化工股份有限公司	600997	开滦股份	制造业
2340	九州通医药集团股份有限公司	600998	九州通	批发和零售业
2341	招商证券股份有限公司	600999	招商证券	金融业
2342	唐山港集团股份有限公司	601000	唐山港	交通运输、仓储和邮政业
2343	大同煤业股份有限公司	601001	大同煤业	采矿业
2344	晋亿实业股份有限公司	601002	晋亿实业	制造业
2345	柳州钢铁股份有限公司	601003	柳钢股份	制造业
2346	重庆钢铁股份有限公司	601005	重庆钢铁	制造业

continued

股本总数(股)	第一大股东名称	第一大股东持股数量(股)	所占比重(%)	上市地点
476639237	厦门有格投资有限公司	182581449	38.31	上海
3520295539	国家开发投资公司	2174037465	61.76	上海
1598645500	呼和浩特投资有限责任公司	162792708	10.18	上海
534354893	特变电工股份有限公司	150362435	28.14	上海
307069284	南京轻纺产业(集团)有限公司	125407882	40.84	上海
579194925	中国房地产开发集团公司	109799224	18.96	上海
325528945	黑龙江奔马投资有限公司	63987826	19.66	上海
63125000	深圳市钜盛华实业发展有限公司	12583091	19.93	上海
1089573236	西安航空发动机(集团)有限公司	580260112	53.26	上海
788518324	广州广日集团有限公司	481961555	61.12	上海
1548689550	上海张江(集团)有限公司	829821187	53.58	上海
581315773	中国海运(集团)总公司	159802500	27.49	上海
297810000	厦门翔业集团有限公司	202500000	68.00	上海
252523820	山东龙脊岛建设有限公司	27000000	10.69	上海
16500000000	中国长江三峡集团公司	12099532950	73.33	上海
162823500	滨州市人民政府国有资产监督管理委员会	80880560	49.67	上海
527457914	株洲冶炼集团有限责任公司	234647171	44.49	上海
262210000	国家开发投资公司	116355543	44.37	上海
1043159148	泰格林纸集团股份有限公司	389556901	37.34	上海
279403237	三河福成投资有限公司	77287421	27.66	上海
504619197	山东博汇集团有限公司	170397730	33.77	上海
228563333	内蒙古第一机械集团有限公司	53983333	23.62	上海
210267720	郴州市人民政府国有资产监督管理委员会	37596574	17.88	上海
1093297260	中国中材股份有限公司	464263219	42.46	上海
1000004070	安徽省皖北煤电集团有限责任公司	599615741	59.96	上海
304731450	宝胜集团有限公司	108679125	35.66	上海
234360126	湖南省粮油食品进出口集团有限公司	87967606	37.54	上海
153398600	华方医药科技有限公司	32053798	20.90	上海
1152662718	宜华企业(集团)有限公司	269013411	23.34	上海
592892146	四川爱众发展集团有限公司	151946330	25.63	上海
130000000	北京矿冶研究总院	52000000	40.00	上海
516106500	江苏汇鸿国际集团有限公司	274251871	53.14	上海
168000000	宁波开发投资集团有限公司	42911539	25.54	上海
532800000	合肥市国有资产控股有限公司	178854400	33.57	上海
141556000	陕西建设机械(集团)有限责任公司	35312883	24.95	上海
175236496	淮北矿业(集团)有限责任公司	61079079	34.86	上海
335269708	山东科达集团有限公司	61585520	18.37	上海
423540000	浙江航民实业集团有限公司	132600000	31.31	上海
283302301	赵美光	106066250	37.44	上海
117600000	华东电子工程研究所(中国电子科技集团公司第三十八研究所)	57416666	48.82	上海
164370000	贵州钢绳(集团)有限责任公司	65122519	39.62	上海
331579916	中国宝安集团股份有限公司	97048702	29.27	上海
478526400	云南电网公司	141523200	29.57	上海
1234640000	开滦(集团)有限责任公司	700384912	56.73	上海
1420515819	上海弘康实业投资有限公司	423729118	29.83	上海
4661099829	深圳市集盛投资发展有限公司	1341378000	28.78	上海
2030351504	唐山港口实业集团有限公司	956304000	47.10	上海
1673700000	大同煤矿集团有限责任公司	1012200000	60.48	上海
738470000	CHIN CHAMP ENTERPRISE CO., LTD.	430363056	58.28	上海
2562793200	广西柳州钢铁(集团)公司	2114433135	82.51	上海
1733127200	重庆钢铁(集团)有限责任公司	800800000	46.21	上海

附录1-5 续表 46

序号	公司全称	股票代码	股票简称	行业分类
2347	大秦铁路股份有限公司	601006	大秦铁路	交通运输、仓储和邮政业
2348	金陵饭店股份有限公司	601007	金陵饭店	住宿和餐饮业
2349	江苏连云港港口股份有限公司	601008	连云港	交通运输、仓储和邮政业
2350	南京银行股份有限公司	601009	南京银行	金融业
2351	文峰大世界连锁发展股份有限公司	601010	文峰股份	批发和零售业
2352	七台河宝泰隆煤化工股份有限公司	601011	宝泰隆	制造业
2353	西安隆基硅材料股份有限公司	601012	隆基股份	制造业
2354	宁波港股份有限公司	601018	宁波港	交通运输、仓储和邮政业
2355	江苏玉龙钢管股份有限公司	601028	玉龙股份	制造业
2356	第一拖拉机股份有限公司	601038	一拖股份	制造业
2357	赛轮股份有限公司	601058	赛轮股份	制造业
2358	中国神华能源股份有限公司	601088	中国神华	采矿业
2359	中南出版传媒集团股份有限公司	601098	中南传媒	文化、体育和娱乐业
2360	太平洋证券股份有限公司	601099	太平洋	金融业
2361	江苏恒立高压油缸股份有限公司	601100	恒立油缸	制造业
2362	北京昊华能源股份有限公司	601101	昊华能源	采矿业
2363	中国第一重型机械股份公司	601106	中国一重	制造业
2364	四川成渝高速公路股份有限公司	601107	四川成渝	交通运输、仓储和邮政业
2365	中国国际航空股份有限公司	601111	中国国航	交通运输、仓储和邮政业
2366	义乌华鼎锦纶股份有限公司	601113	华鼎锦纶	制造业
2367	三江购物俱乐部股份有限公司	601116	三江购物	批发和零售业
2368	中国化学工程股份有限公司	601117	中国化学	建筑业
2369	海南天然橡胶产业集团股份有限公司	601118	海南橡胶	农、林、牧、渔业
2370	北京四方继保自动化股份有限公司	601126	四方股份	制造业
2371	宁波博威合金材料股份有限公司	601137	博威合金	制造业
2372	深圳市燃气集团股份有限公司	601139	深圳燃气	电力、热力、燃气及水生产和供应业
2373	重庆水务集团股份有限公司	601158	重庆水务	电力、热力、燃气及水生产和供应业
2374	兴业银行股份有限公司	601166	兴业银行	金融业
2375	西部矿业股份有限公司	601168	西部矿业	采矿业
2376	北京银行股份有限公司	601169	北京银行	金融业
2377	杭州前进齿轮箱集团股份有限公司	601177	杭齿前进	制造业
2378	中国西电电气股份有限公司	601179	中国西电	制造业
2379	中国铁建股份有限公司	601186	中国铁建	建筑业
2380	黑龙江交通发展股份有限公司	601188	龙江交通	交通运输、仓储和邮政业
2381	江苏江南水务股份有限公司	601199	江南水务	电力、热力、燃气及水生产和供应业
2382	四川东材科技集团股份有限公司	601208	东材科技	制造业
2383	内蒙古君正能源化工股份有限公司	601216	内蒙君正	制造业
2384	江苏吉鑫风能科技股份有限公司	601218	吉鑫科技	制造业
2385	江苏林洋电子股份有限公司	601222	林洋电子	制造业
2386	环旭电子股份有限公司	601231	环旭电子	制造业
2387	桐昆集团股份有限公司	601233	桐昆股份	制造业
2388	广州汽车集团股份有限公司	601238	广汽集团	制造业
2389	庞大汽贸集团股份有限公司	601258	庞大集团	批发和零售业
2390	二重集团(德阳)重型装备股份有限公司	601268	*ST二重	制造业
2391	中国农业银行股份有限公司	601288	农业银行	金融业
2392	中国北车股份有限公司	601299	中国北车	制造业
2393	骆驼集团股份有限公司	601311	骆驼股份	制造业
2394	江南嘉捷电梯股份有限公司	601313	江南嘉捷	制造业
2395	中国平安保险(集团)股份有限公司	601318	中国平安	金融业
2396	交通银行股份有限公司	601328	交通银行	金融业
2397	广深铁路股份有限公司	601333	广深铁路	交通运输、仓储和邮政业

continued

股本总数(股)	第一大股东名称	第一大股东持股数量(股)	所占比重(%)	上市地点
14866791491	太原铁路局	9172093536	61.70	上海
300000000	南京金陵饭店集团有限公司	133207497	44.40	上海
811635101	连云港港口集团有限公司	396129765	48.81	上海
2968933194	法国巴黎银行	376520789	12.68	上海
492800000	江苏文峰集团有限公司	326096514	66.17	上海
387000000	黑龙江宝泰隆煤化工集团有限公司	185587095	47.96	上海
538524000	李春安	97166520	18.04	上海
12800000000	宁波港集团有限公司	9529725158	74.45	上海
317500000	唐志毅	86000000	27.09	上海
995900000	中国一拖集团有限公司	443910000	44.57	上海
378000000	杜玉岱	33160262	8.77	上海
19889620455	神华集团公司	14521846560	73.01	上海
1796000000	湖南出版投资控股集团有限公司	1103789306	61.46	上海
1653644684	北京华信六合投资有限公司	179030211	10.83	上海
630000000	常州恒屹实业投资有限公司	264600000	42.00	上海
1199998272	北京京煤集团有限责任公司	747564711	62.30	上海
6538000000	中国第一重型机械集团公司	4060780961	62.11	上海
3058060000	四川省交通投资集团有限责任公司	975060078	31.88	上海
12891954673	中国航空集团公司	5233739762	40.60	上海
640000000	三鼎控股集团有限公司	336000000	52.50	上海
410758800	上海和安投资管理有限公司	252000000	61.35	上海
4933000000	中国化学工程集团公司	3290564000	66.71	上海
3931171600	海南省农垦集团有限公司	2869012024	72.98	上海
406595000	四方电气(集团)股份有限公司	248102546	61.02	上海
215000000	博威集团有限公司	106357478	49.47	上海
1980450000	深圳市人民政府国有资产监督管理委员会	1010029500	51.00	上海
4800000000	重庆市水务资产经营有限公司	3605000000	75.10	上海
10786411134	福建省财政厅	2268115846	21.03	上海
2383000000	西部矿业集团有限公司	672300000	28.21	上海
8800159539	ING BANK N.V.	1200581777	13.64	上海
400060000	杭州市萧山区国有资产经营总公司	180056250	45.01	上海
4357000000	中国西电集团公司	2611187567	59.93	上海
12337541500	中国铁道建筑总公司	7566245500	61.33	上海
1213200000	黑龙江省高速公路集团公司	596803607	49.19	上海
233800000	江阴市城乡给排水有限公司	81740995	34.96	上海
615760000	广州高金技术产业集团有限公司	232437600	37.75	上海
1280000000	杜江涛	468000000	36.56	上海
450800000	包士金	197665200	43.85	上海
355290000	启东市华虹电子有限公司	204000000	57.42	上海
1011723801	环诚科技有限公司	895874563	88.55	上海
963600000	浙江桐昆控股集团有限公司	362485010	37.62	上海
6435020097	广州汽车工业集团有限公司	3705129384	57.58	上海
2621500000	庞庆华	681450000	25.99	上海
2293449524	中国第二重型机械集团公司	1639089524	71.47	上海
324794117000	中央汇金投资有限责任公司	130612164964	40.21	上海
10320056303	中国北方机车车辆工业集团公司	6345941154	61.49	上海
851833750	刘国本	240541028	28.24	上海
224000000	金志峰	45506040	20.32	上海
7916142092	香港上海汇丰银行有限公司	613929279	7.76	上海
74262726645	中华人民共和国财政部	19702693828	26.53	上海
7083537000	广州铁路(集团)公司	2629451300	37.12	上海

附录1-5　续表 47

序号	公司全称	股票代码	股票简称	行业分类
2398	新华人寿保险股份有限公司	601336	新华保险	金融业
2399	百隆东方股份有限公司	601339	百隆东方	制造业
2400	西安陕鼓动力股份有限公司	601369	陕鼓动力	制造业
2401	兴业证券股份有限公司	601377	兴业证券	金融业
2402	怡球金属资源再生(中国)股份有限公司	601388	怡球资源	制造业
2403	中国中铁股份有限公司	601390	中国中铁	建筑业
2404	中国工商银行股份有限公司	601398	工商银行	金融业
2405	汕头东风印刷股份有限公司	601515	东风股份	制造业
2406	吉林高速公路股份有限公司	601518	吉林高速	交通运输、仓储和邮政业
2407	上海大智慧股份有限公司	601519	大智慧	信息传输、软件和信息技术服务业
2408	东吴证券股份有限公司	601555	东吴证券	金融业
2409	华锐风电科技(集团)股份有限公司	601558	华锐风电	制造业
2410	九牧王股份有限公司	601566	九牧王	制造业
2411	宁波三星电气股份有限公司	601567	三星电气	制造业
2412	北京北辰实业股份有限公司	601588	北辰实业	房地产业
2413	江苏鹿港科技股份有限公司	601599	鹿港科技	制造业
2414	中国铝业股份有限公司	601600	中国铝业	制造业
2415	中国太平洋保险(集团)股份有限公司	601601	中国太保	金融业
2416	上海医药集团股份有限公司	601607	上海医药	批发和零售业
2417	中信重工机械股份有限公司	601608	中信重工	制造业
2418	上海广电电气(集团)股份有限公司	601616	广电电气	制造业
2419	中国冶金科工股份有限公司	601618	中国中冶	建筑业
2420	中国人寿保险股份有限公司	601628	中国人寿	金融业
2421	长城汽车股份有限公司	601633	长城汽车	制造业
2422	株洲旗滨集团股份有限公司	601636	旗滨集团	制造业
2423	平顶山天安煤业股份有限公司	601666	平煤股份	采矿业
2424	中国建筑股份有限公司	601668	中国建筑	建筑业
2425	中国水利水电建设股份有限公司	601669	中国水电	建筑业
2426	河南明泰铝业股份有限公司	601677	明泰铝业	制造业
2427	滨化集团股份有限公司	601678	滨化股份	制造业
2428	华泰证券股份有限公司	601688	华泰证券	金融业
2429	山西潞安环保能源开发股份有限公司	601699	潞安环能	采矿业
2430	常熟风范电力设备股份有限公司	601700	风范股份	制造业
2431	郑州煤矿机械集团股份有限公司	601717	郑煤机	制造业
2432	际华集团股份有限公司	601718	际华集团	制造业
2433	上海电气集团股份有限公司	601727	上海电气	制造业
2434	中国南车股份有限公司	601766	中国南车	制造业
2435	力帆实业(集团)股份有限公司	601777	力帆股份	制造业
2436	光大证券股份有限公司	601788	光大证券	金融业
2437	宁波建工股份有限公司	601789	宁波建工	建筑业
2438	甘肃蓝科石化高新装备股份有限公司	601798	蓝科高新	制造业
2439	常州星宇车灯股份有限公司	601799	星宇股份	制造业
2440	中国交通建设股份有限公司	601800	中国交建	建筑业
2441	安徽新华传媒股份有限公司	601801	皖新传媒	文化、体育和娱乐业
2442	中海油田服务股份有限公司	601808	中海油服	采矿业
2443	中国光大银行股份有限公司	601818	光大银行	金融业
2444	中国石油天然气股份有限公司	601857	中国石油	采矿业
2445	中海集装箱运输股份有限公司	601866	中海集运	交通运输、仓储和邮政业
2446	招商局能源运输股份有限公司	601872	招商轮船	交通运输、仓储和邮政业
2447	浙江正泰电器股份有限公司	601877	正泰电器	制造业
2448	大连港股份有限公司	601880	大连港	交通运输、仓储和邮政业

continued

股本总数(股)	第一大股东名称	第一大股东持股数量(股)	所占比重(%)	上市地点
3119546600	中央汇金投资有限责任公司	974173154	31.23	上海
750000000	新国投资发展有限公司	241799814	32.24	上海
1638770233	陕西鼓风机(集团)有限公司	1009049575	61.57	上海
2200000000	福建省财政厅	521957590	23.73	上海
410000000	怡球(香港)有限公司	219600000	53.56	上海
21299900000	中国铁路工程总公司	11950010000	56.10	上海
349618757526	中央汇金投资有限责任公司	123965210282	35.46	上海
556000000	香港东风投资有限公司	302450000	54.40	上海
1213200000	吉林省高速公路集团有限公司	596803607	49.19	上海
1390000000	张长虹	772582278	55.58	上海
2000000000	苏州国际发展集团有限公司	604407433	30.22	上海
4020400000	大连重工.起重集团有限公司	677960000	16.86	上海
578657500	九牧王国际投资控股有限公司	337500000	58.32	上海
400500000	奥克斯集团有限公司	180000000	44.94	上海
3367020000	北京北辰实业集团有限责任公司	1161000031	34.48	上海
318000000	钱文龙	72461861	22.79	上海
13524487892	中国铝业公司	5214407195	38.56	上海
9062000000	香港中央结算(代理人)有限公司	2566515999	28.32	上海
2688910538	上海医药(集团)有限公司	749923539	27.89	上海
2740000000	中国中信股份有限公司	1749934098	63.87	上海
932580000	上海旻杰投资管理有限公司	260253000	27.91	上海
19110000000	中国冶金科工集团有限公司	12265108500	64.18	上海
28264705000	中国人寿保险(集团)公司	19323530000	68.37	上海
3042423000	保定创新长城资产管理有限公司	1705000000	56.04	上海
694663000	福建旗滨集团有限公司	336500000	48.44	上海
2361164982	中国平煤神马能源化工集团有限责任公司	1325026750	56.12	上海
30000000000	中国建筑工程总公司	16521065218	55.07	上海
9600000000	中国水利水电建设集团公司	6340982421	66.05	上海
401000000	马廷义	105916800	26.41	上海
660000000	张忠正	69300000	10.50	上海
5600000000	江苏省国信资产管理集团有限公司	1367687495	24.42	上海
2301084000	山西潞安矿业(集团)有限责任公司	1441993947	62.67	上海
219600000	范建刚	66258000	30.17	上海
1621122000	河南省人民政府国有资产监督管理委员会	521087800	32.14	上海
3857000000	新兴际华集团有限公司	2558457000	66.33	上海
12823626660	上海电气(集团)总公司	7411068498	57.79	上海
13803000000	中国南车集团公司	7790687085	56.44	上海
951445087	重庆力帆控股有限公司	618592650	65.01	上海
3418000000	中国光大(集团)总公司	1159456183	33.92	上海
462600000	浙江广天日月集团股份有限公司	190528000	41.19	上海
320000000	中国机械工业集团有限公司	184842105	57.76	上海
239492600	周晓萍	103868620	43.32	上海
16174735425	中国交通建设集团有限公司	10324907306	63.83	上海
910000000	安徽新华发行(集团)控股有限公司	686320254	75.42	上海
4495320000	中国海洋石油总公司	2410468000	53.63	上海
40434790000	中央汇金投资有限责任公司	19558335853	48.37	上海
183020977818	中国石油集团	158033693528	86.35	上海
11683125000	中国海运(集团)总公司	5361837500	45.89	上海
4720921809	招商局轮船股份有限公司	1932481959	40.93	上海
1005000000	正泰集团股份有限公司	657480001	65.42	上海
4426000000	大连港集团有限公司	2408745000	54.42	上海

附录1-5 续表 48

序号	公司全称	股票代码	股票简称	行业分类
2449	江河创建集团股份有限公司	601886	江河创建	建筑业
2450	中国国旅股份有限公司	601888	中国国旅	租赁和商务服务业
2451	江苏亚星锚链股份有限公司	601890	亚星锚链	制造业
2452	中国中煤能源股份有限公司	601898	中煤能源	采矿业
2453	紫金矿业集团股份有限公司	601899	紫金矿业	采矿业
2454	方正证券股份有限公司	601901	方正证券	金融业
2455	北京京运通科技股份有限公司	601908	京运通	制造业
2456	国投新集能源股份有限公司	601918	国投新集	采矿业
2457	中国远洋控股股份有限公司	601919	*ST远洋	交通运输、仓储和邮政业
2458	江苏凤凰出版传媒股份有限公司	601928	凤凰传媒	文化、体育和娱乐业
2459	吉视传媒股份有限公司	601929	吉视传媒	信息传输、软件和信息技术服务业
2460	永辉超市股份有限公司	601933	永辉超市	批发和零售业
2461	中国建设银行股份有限公司	601939	建设银行	金融业
2462	金堆城钼业股份有限公司	601958	金钼股份	采矿业
2463	中国汽车工程研究院股份有限公司	601965	中国汽研	制造业
2464	中国银行股份有限公司	601988	中国银行	金融业
2465	中国船舶重工股份有限公司	601989	中国重工	制造业
2466	大唐国际发电股份有限公司	601991	大唐发电	电力、热力、燃气及水生产和供应业
2467	北京金隅股份有限公司	601992	金隅股份	制造业
2468	广西丰林木业集团股份有限公司	601996	丰林集团	制造业
2469	中信银行股份有限公司	601998	中信银行	金融业
2470	北方联合出版传媒(集团)股份有限公司	601999	出版传媒	文化、体育和娱乐业
2471	人民网股份有限公司	603000	人民网	信息传输、软件和信息技术服务业
2472	浙江奥康鞋业股份有限公司	603001	奥康国际	制造业
2473	宏昌电子材料股份有限公司	603002	宏昌电子	制造业
2474	上海龙宇燃油股份有限公司	603003	龙宇燃油	批发和零售业
2475	喜临门家具股份有限公司	603008	喜临门	制造业
2476	四川和邦股份有限公司	603077	和邦股份	制造业
2477	北京翠微大厦股份有限公司	603123	翠微股份	批发和零售业
2478	港中旅华贸国际物流股份有限公司	603128	华贸物流	交通运输、仓储和邮政业
2479	渤海轮渡股份有限公司	603167	渤海轮渡	交通运输、仓储和邮政业
2480	四川明星电缆股份有限公司	603333	明星电缆	制造业
2481	日出东方太阳能股份有限公司	603366	日出东方	制造业
2482	锦州新华龙钼业股份有限公司	603399	新华龙	制造业
2483	隆鑫通用动力股份有限公司	603766	隆鑫通用	制造业
2484	洛阳栾川钼业集团股份有限公司	603993	洛阳钼业	采矿业
2485	上海锦江国际旅游股份有限公司	900929	锦旅B股	租赁和商务服务业
2486	上海阳晨投资股份有限公司	900935	阳晨B股	电力、热力、燃气及水生产和供应业
2487	上海汇丽建材股份有限公司	900939	汇丽B	建筑业
2488	内蒙古伊泰煤炭股份有限公司	900948	伊泰B股	电力、热力、燃气及水生产和供应业
2489	浙江东南发电股份有限公司	900949	东电B股	电力、热力、燃气及水生产和供应业
2490	江苏新城地产股份有限公司	900950	新城B股	房地产业
2491	大化集团大连化工股份有限公司	900951	大化B股	制造业
2492	恒天凯马股份有限公司	900953	凯马B	制造业
2493	黄石东贝电器股份有限公司	900956	东贝B股	制造业
2494	上海凌云实业发展股份有限公司	900957	凌云B股	房地产业

continued

股本总数（股）	第一大股东名称	第一大股东持股数量(股)	所占比重(%)	上市地点
560000000	北京江河源控股有限公司	157822600	28.18	上海
880000000	中国国旅集团有限公司	539846100	61.35	上海
468000000	陶安祥	129655471	27.70	上海
13258663400	中国中煤能源集团有限公司	7538833347	56.86	上海
21811963650	闽西兴杭国有资产投资经营有限公司	6358881180	29.15	上海
6100000000	北大方正集团有限公司	2512252232	41.18	上海
859770272	北京京运通达投资有限公司	574011904	66.76	上海
1850387000	国家开发投资公司	783755925	42.36	上海
10216274357	中国远洋运输(集团)总公司	5313082844	52.01	上海
2544900000	江苏凤凰出版传媒集团有限公司	1835000000	72.10	上海
1397988790	吉林电视台	558668507	39.96	上海
767900000	张轩松	165254750	21.52	上海
250010977486	中央汇金投资有限责任公司	143034765170	57.21	上海
3226604400	金堆城钼业集团有限公司	2390743200	74.09	上海
640786578	中国通用技术(集团)控股有限责任公司	408107248	63.69	上海
279147343265	中央汇金投资有限责任公司	189052193085	67.72	上海
14667707711	中国船舶重工集团公司	8029035174	54.74	上海
13310037578	中国大唐集团公司	4138977414	31.10	上海
4283737060	北京金隅集团有限责任公司	1844852426	43.07	上海
468912000	FENGLIN INTERNATIONAL LIMITED(丰林国际有限公司)	252918000	53.94	上海
46787327034	中国中信集团有限公司	28938928294	61.85	上海
550914700	辽宁出版集团有限公司	374545180	67.99	上海
276422764	人民日报社	132242255	47.84	上海
400980000	奥康投资有限公司	204231000	50.93	上海
400000000	EPOXY BASE INVESTMENT HOLDING LTD.	210000000	52.50	上海
202000000	上海龙宇控股有限公司	115470070	57.16	上海
210000000	绍兴华易投资有限公司	75000000	35.71	上海
450000000	四川和邦投资集团有限公司	268740000	59.72	上海
308000000	北京翠微集团	169576900	55.06	上海
400000000	港中旅华贸国际货运有限公司	234000000	58.50	上海
481400000	辽宁省大连海洋渔业集团公司	168730178	35.05	上海
520005000	李广元	325500000	62.60	上海
400000000	太阳雨控股集团有限公司	231000300	57.75	上海
253360000	郭光华	76370000	30.14	上海
800000000	隆鑫控股有限公司	407376000	50.92	上海
5076170525	洛阳矿业集团有限公司	1776593475	35.00	上海
132556270	上海锦江国际酒店(集团)股份有限公司	66556270	50.21	上海
244596000	上海市城市建设投资开发总公司	138996000	56.83	上海
181500000	上海汇丽集团有限公司	59249300	32.64	上海
1627003500	内蒙古伊泰集团有限公司	800000000	49.17	上海
2010000000	浙江浙能电力股份有限公司	799963200	39.80	上海
1593187200	江苏新城控股集团有限公司	937728000	58.86	上海
275000000	大化集团有限责任公司	175000000	63.64	上海
640000000	中国恒天集团有限公司	190926520	29.83	上海
235000000	黄石东贝机电集团有限责任公司	117600000	50.04	上海
349000000	广州嘉业投资集团有限公司	103370000	29.62	上海

附录1-6　2012年退市公司名录

序号	退市公司全称	股票代码	股票简称	退市日期	退市时股价	退市时每股净资产	退市原因
1	海南民源现代农业发展股份有限公司	000508	琼民源A	1999-07-12	23.50	4.03	证券置换
2	上海水仙电器股份有限公司	600625	PT水仙	2001-04-23	4.80	-0.25	连续三年亏损
3	广东金曼集团股份有限公司	000588	PT粤金曼	2001-06-15	4.37	-	连续三年亏损
4	深圳中浩(集团)股份有限公司	000015	PT中浩A	2001-10-22	6.85	-6.50	连续三年亏损
5	南洋航运集团股份有限公司	000556	PT南洋	2002-05-29	1.50	0.73	连续三年亏损
6	金田实业(集团)股份有限公司	000003	PT金田A	2002-06-14	2.71	-2.99	连续三年亏损
7	四川银山化工(集团)股份有限公司	000675	ST银山	2002-08-20	7.94	-1.54	连续三年亏损
8	汕头宏业(集团)股份有限公司	000689	ST宏业	2002-09-05	4.88	-4.15	连续三年亏损
9	福建九州集团股份有限公司	000653	ST九州	2002-09-13	2.51	-4.45	连续三年亏损
10	鞍山第一工程机械股份有限公司	600813	ST鞍一工	2002-09-16	3.83	-3.50	连续三年亏损
11	厦门海洋实业(集团)股份有限公司	000658	ST海洋	2002-09-20	4.24	-3.22	连续三年亏损
12	湖北江湖生态农业股份有限公司	600709	ST生态	2003-05-23	3.02	-0.23	连续三年亏损
13	深圳市中侨发展股份有限公司	000047	ST中侨	2003-05-30	8.03	-	连续三年亏损
14	长春北方五环实业股份有限公司	000412	ST五环	2003-09-19	2.89	-0.16	连续三年亏损
15	上海国嘉实业股份有限公司	600646	ST国嘉	2003-09-22	5.82	-2.74	连续三年亏损
16	TCL通讯设备股份有限公司	000542	TCL通讯	2004-01-13	27.34	3.29	吸收合并
17	珠海鑫光集团股份有限公司	000405	ST鑫光	2004-03-19	2.86	-0.31	连续三年亏损
18	广州汇集实业股份有限公司	000660	*ST南华	2004-09-13	2.38	-5.32	连续三年亏损
19	大连北大科技(集团)股份有限公司	600878	*ST北科	2004-09-15	2.64	-1.78	连续三年亏损
20	鞍山合成(集团)股份有限公司	600669	*ST鞍成	2004-09-15	2.19	-2.20	连续三年亏损
21	深圳石化工业集团股份有限公司	000013	*ST石化A	2004-09-20	2.47	-8.80	连续三年亏损
22	长春高斯达生物科技集团股份有限公司	600670	*ST斯达	2004-09-24	2.87	-0.88	连续三年亏损
23	沈阳特种环保设备制造股份有限公司	000730	*ST环保	2004-09-24	2.60	0.10	连续三年亏损
24	比特科技控股股份有限公司	000621	*ST比特	2004-09-27	2.66	-1.42	连续三年亏损
25	上海华联商厦股份有限公司	600632	华联商厦	2004-11-18	9.53	4.00	吸收合并
26	西安达尔曼实业股份有限公司	600788	*ST达曼	2005-03-25	0.91	-3.07	连续三年亏损
27	武汉华信高新技术股份有限公司	000765	*ST华信	2005-07-04	2.36	-1.15	连续三年亏损
28	广东华圣科技投资股份有限公司	600672	*ST华圣	2005-08-05	0.70	-1.09	连续三年亏损
29	中国四川国际合作股份有限公司	600852	*ST中川	2005-09-16	0.72	-3.18	连续三年亏损
30	陕西煤航数码测绘(集团)股份有限公司	600700	*ST数码	2005-09-20	0.64	-1.76	连续三年亏损
31	浙江信联股份有限公司	000827	*ST长兴	2005-09-21	1.16	0.19	连续三年亏损
32	沈阳菲菲澳家现代农业股份有限公司	600899	*ST信联	2005-09-21	1.13	-1.14	连续三年亏损
33	深圳大洋海运股份有限公司	000535	*ST猴王	2005-09-21	0.50	-2.23	连续三年亏损
34	猴王股份有限公司	200057	*ST大洋B	2005-09-21	0.27	-1.21	连续三年亏损
35	大连长兴实业股份有限公司	000769	*ST大菲	2005-09-21	0.90	0.29	连续三年亏损
36	哈慈股份有限公司	600752	*ST哈慈	2005-09-22	0.84	0.27	连续三年亏损
37	辽河金马油田股份有限公司	000817	辽河油田	2006-01-04	8.75	2.95	私有化
38	锦州石化股份有限公司	000763	锦州石化	2006-01-04	4.22	1.01	私有化
39	黑龙江省科利华网络股份有限公司	600799	*ST龙科	2006-01-04	0.54	-1.20	连续三年亏损
40	吉林化学工业股份有限公司	000618	吉林化工	2006-02-20	5.24	1.60	私有化
41	福建闽越花雕股份有限公司	600659	*ST花雕	2006-03-23	1.41	0.88	暂停上市后未披露定期报告

附录1-6　续表　continued

序号	退市公司全称	股票代码	股票简称	退市日期	退市时股　价	退市时每股净资产	退市原因
42	中国石化中原油气高新股份有限公司	000956	中原油气	2006-04-21	11.91	6.25	私有化
43	中国石化扬子石油化工股份有限公司	000866	扬子石化	2006-04-21	13.84	6.13	私有化
44	中国石化胜利油田大明(集团)股份有限公司	000406	石油大明	2006-04-21	10.12	5.20	私有化
45	中国石化齐鲁股份有限公司	600002	齐鲁石化	2006-04-24	10.09	3.92	私有化
46	黑龙江龙涤股份有限公司	000832	*ST龙涤	2006-06-29	1.45	-1.86	连续三年亏损
47	上海港集装箱股份有限公司	T00018	上港集箱	2006-10-20	16.37	4.06	吸收合并
48	中油龙昌股份有限公司	600772	S*ST龙昌	2006-11-30	1.30	1.82	暂停上市后未披露定期报告
49	陕西精密合金股份有限公司	600092	S*ST精密	2006-11-30	0.96	-	暂停上市后未披露定期报告
50	佳木斯金地造纸股份有限公司	000699	S*ST佳纸	2007-04-04	0.81	-3.14	连续三年亏损
51	湘火炬汽车集团股份有限公司	000549	S湘火炬	2007-04-27	8.90	2.17	吸收合并
52	山东铝业股份有限公司	600205	S山东铝	2007-04-30	25.41	6.03	吸收合并
53	兰州铝业股份有限公司	600296	S兰铝	2007-04-30	14.61	5.85	吸收合并
54	四川托普软件投资股份有限公司	000583	S*ST托普	2007-05-21	0.76	-6.08	连续三年亏损
55	湖南国光瓷业集团股份有限公司	600286	S*ST国瓷	2007-05-31	0.67	-4.20	连续三年亏损
56	云大科技股份有限公司	600181	*ST云大	2007-06-01	1.02	-0.67	连续四年亏损
57	衡阳市金荔科技农业股份有限公司	600762	S*ST金荔	2007-11-20	0.77	-3.43	连续三年亏损
58	大庆联谊石化股份有限公司	600065	*ST联谊	2007-12-13	1.70	0.61	连续三年亏损
59	包头铝业股份有限公司	600472	包头铝业	2007-12-26	51.82	4.97	吸收合并
60	东方锅炉(集团)股份有限公司	600786	东方锅炉	2008-03-18	82.20	6.44	私有化
61	上海输配电股份有限公司	600627	上电股份	2008-11-26	28.73	5.40	吸收合并
62	攀钢集团重庆钛业股份有限公司	000569	长城股份	2009-05-06	7.05	0.05	吸收合并
63	攀钢集团四川长城特殊钢股份有限公司	000515	攀渝钛业	2009-05-06	15.29	1.34	吸收合并
64	浙江新湖创业投资股份有限公司	600840	新湖创业	2009-08-27	23.80	2.80	吸收合并
65	深圳本鲁克斯实业股份有限公司	200041	*ST本实B	2009-12-04	1.16	-6.45	暂停上市后未披露定期报告
66	邯郸钢铁股份有限公司	600001	邯郸钢铁	2009-12-29	5.29	4.41	吸收合并
67	承德新新钒钛股份有限公司	600357	承德钒钛	2009-12-29	7.40	3.55	吸收合并
68	上海航空股份有限公司	600591	*ST上航	2010-01-25	7.27	0.84	吸收合并
69	上海中西药业股份有限公司	600842	中西药业	2010-02-12	13.96	1.71	吸收合并
70	上海实业医药投资股份有限公司	600607	上实医药	2010-02-12	23.52	6.28	吸收合并
71	东北高速公路股份有限公司	600003	ST东北高	2010-02-26	3.87	3.11	证券置换
72	河北太行水泥股份有限公司	600553	太行水泥	2011-02-18	14.98	2.49	吸收合并
73	青海盐湖工业集团股份有限公司	000578	盐湖集团	2011-03-22	24.44	2.92	吸收合并
74	上海百联集团股份有限公司	600631	百联股份	2011-08-23	15.68	6.11	吸收合并
75	莱芜钢铁股份有限公司	600102	莱钢股份	2012-02-28	7.13	6.70	吸收合并
76	路桥集团国际建设股份有限公司	600263	路桥建设	2012-03-01	16.43	5.27	吸收合并
77	广汽长丰汽车股份有限公司	600991	广汽长丰	2012-03-20	17.82	4.47	吸收合并
78	中国国际海运集装箱(集团)股份有限公司	200039	中集B	2012-12-14	9.70	7.16	转板上市

附录1-7　2012年上海证券交易所收费标准

业务类别			收费项目	收费标准		最终收费对象
交易	A 股		经手费	成交金额的 0.00696% (双向)		会员等交上证所
			证管费	成交金额的 0.002% (双向)		会员等交中国证监会(上证所代收)
			印花税	成交金额的 0.1% (单向)		投资者交税务机关(上证所代收)
	B 股		经手费	成交金额的 0.026% (双向)		会员等交上证所
			证管费	成交金额的 0.002% (双向)		会员等交中国证监会(上证所代收)
	证券投资基金(封闭式基金、ETF)		经手费*	成交金额的 0.0045% (双向)		会员等交上证所
			证管费	免收		
	权证		经手费	成交金额的 0.0045% (双向)		会员等交上证所
			证管费	免收		
	债券现券(国债、企业债、公司债、可转换公司债券、分离交易的可转换公司债券、可转债回售等)		经手费	成交金额的0.0001%(双向)(固定收益平台现券交易，最高不超过100元/笔)		会员等交上证所
			证管费	免收		
	质押式回购	1 天	经手费	成交金额的 0.00005%(双向)	暂免	会员等交上证所
		2 天	经手费	成交金额的 0.00010%(双向)		会员等交上证所
		3 天	经手费	成交金额的 0.00015%(双向)		会员等交上证所
		4 天	经手费	成交金额的 0.00020%(双向)		会员等交上证所
		7 天	经手费	成交金额的 0.00025%(双向)		会员等交上证所
		14 天	经手费	成交金额的 0.00050%(双向)		会员等交上证所
		28 天	经手费	成交金额的 0.00100%(双向)		会员等交上证所
		28 天以上	经手费	成交金额的 0.00150%(双向)		会员等交上证所
	国债买断式回购	7 天	经手费	成交金额的 0.000625%(双向)	(同上)	会员等交上证所
		28 天	经手费	成交金额的 0.0025%(双向)		会员等交上证所
		91 天	经手费	成交金额的 0.00375%(双向)		会员等交上证所
	大宗交易	A、B 股、证券投资基金	经手费	相对于竞价市场同品种费率下浮 30 %		会员等交上证所
			证管费	同同品种竞价交易		会员等交中国证监会(上证所代收)
		债券现券(国债、企业债、公司债、可转换公司债券、分离交易的可转换公司债券等)	经手费	成交金额的百万分之一的90%，最高不超过100元/笔(双向)		会员等交上证所
			证管费	同同品种竞价交易		会员等交中国证监会(上证所代收)
		质押式回购、国债买断式回购	经手费	暂免		会员等交上证所
	ETF 申购、赎回		经手费	暂免		会员等交上证所
	专项资产管理计划转让		经手费	转让金额的 0.00009%		会员等交上证所
发行	新股认购		经手费	成交金额的 0.012% ，暂免		会员等交上证所
	可转换公司债券认购		经手费	成交金额的 0.01% ，暂免		会员等交上证所
	投资基金认购		经手费	成交金额的 0.0085%		会员等交上证所
	配股、转配股、职工股配股、国家股配售、股票配可转换公司债		经手费	成交金额的 0.012% (双向)，暂免		会员等交上证所
	投资基金配售		经手费	成交金额的 0.0085% (双向)		会员等交上证所

数据来源：上海证券交易所
Source:SSE

附录1-7 续表

业务类别		收费项目	收费标准	最终收费对象
发行	新股认购	经手费	成交金额的 0.012% ，暂免	会员等交上证所
	可转换公司债券认购	经手费	成交金额的 0.01% ，暂免	会员等交上证所
	投资基金认购	经手费	成交金额的 0.0085%	会员等交上证所
	配股、转配股、职工股配股、国家股配售、股票配可转换公司债	经手费	成交金额的 0.012% （双向），暂免	会员等交上证所
	投资基金配售	经手费	成交金额的 0.0085% （双向）	会员等交上证所
上市	股 票	上市初费	A、B股总股本2亿股（含）以下的30万元 2亿股至4亿股（含）的45万元 4亿股至6亿股（含）的55万元 6亿股至8亿股（含）的60万元 8亿股以上的65万元	上市公司交上证所
		上市年费	上年末A、B股总股本2亿股（含）以下的5万元/年 2亿股至4亿股（含）的8万元/年 4亿股至6亿股（含）的10万元/年 6亿股至8亿股（含）的12万元/年 8亿股以上的15万元/年 上市不足1年的，按实际上市月份计算，上市当月为1个月	上市公司交上证所
	证券投资基金	上市初费	上市首日基金总份额的 0.01% ，起点 1 万元，不超过 3 万元	基金管理人交上证所
		上市年费	60000 元 / 年	基金管理人交上证所
	权证	上市初费	20 万元	发行人交上证所
	企业债券	上市初费	上市总额的 0.01% ，起点 8000 元，不超过 4 万元（暂免）	发行人交上证所
		上市年费	上市总额的 0.0096% ，起点 4800 元，不超过 24000 元（暂免）	发行人交上证所
	可转换公司债券	上市初费	上市总面额的 0.01% ，起点 1 万元，不超过 3 万元（暂免）	发行人交上证所
		上市年费	6000 元 / 年（暂免）	发行人交上证所
席位	非 B 股席位	初费	60 万元 / 个	会员等交上证所
	B 股席位	初费	7.5 万美元 / 个	会员等交上证所
交易单元		交易单元使用费	会员等机构拥有的每个席位可抵免一个交易单元的使用费。对超出其席位数量的部分，本所收取每个交易单元每年5万元的交易单元使用费。（2010年12月1日起，暂免收取债券现券及回购交易专用的交易单元使用费。）	会员等交上证所
		流速费	会员等机构接入交易系统流速之和超出其免费流速额度时，超出部分每年按每个标准流速计收1万元的流速费。（2010年12月1日起，暂免收取债券现券及回购交易专用的交易单元流速费。）	
		流量费*	1. 计费期间为上年 12 月 1 日至当年 11 月 30 日。 2. 流量费 =（该机构所用交易单元的年交易类申报笔数总和 − 3 万笔 / 年 × 持有席位数）× 0.10 元 +（该机构所用交易单元的年非交易类申报笔数总和 − 3 万笔 / 年 × 持有席位数）× 0.01 元。 3. 详见《关于调整本所席位年费收费模式有关问题的通知》和《关于收取2010年交易单元年费的通知》。 4. 2010年12月1日起，暂免收取各交易参与人参与债券现券及回购交易的流量费。	
其他业务		费用项目、标准、收取方式按照相关业务规定执行		

附录1-8　2012年深圳证券交易所收费标准

收费项目	收费标准	备注
1、A股、基金、债券权证等的交易		
（1）A股		
佣金	不得高于成交金额的0.3%，也不得低于代收的证券交易监管费和证券交易所手续费，起点5元	投资者交证券公司
印花税	出让方按成交金额的0.1%征收，受让方免收	投资者交国家税务局
交易经手费	成交金额的0.00696%	证券公司交深交所
过户费	成交金额的0.00255%	证券公司交结算公司
证券交易监管费	成交金额的0.002%	证券公司交证监会
（2）国债现货		
佣金	不超过成交金额的0.02%	投资者交证券公司
交易经手费	成交金额在100万元以下（含100万元）的0.1元/笔 成交金额在100万元以上每笔收10元	证券公司交深交所
（3）企业债/公司债现货		
佣金	不超过成交金额的0.02%	投资者交证券公司
交易经手费	成交金额在100万元以下（含100万元）的0.1元/笔 成交金额在100万元以上每笔收10元	证券公司交深交所
（4）债券回购		
佣金	1天按不超过成交金额的0.001%收取 2天按不超过成交金额的0.002%收取 3天按不超过成交金额的0.003%收取 4天按不超过成交金额的0.004%收取 7天按不超过成交金额的0.005%收取 14天按不超过成交金额的0.01%收取 28天按不超过成交金额的0.02%收取 28天以上按不超过成交金额的0.03%收取	投资者交证券公司
交易经手费	成交金额在100万元以下（含100万元）的0.1元/笔 成交金额在100万元以上每笔收1元 反向交易不再收取	证券公司交深交所
（5）可转换债券		
佣金	不超过成交金额的0.1%	投资者交证券公司
交易经手费	成交金额的0.004%	证券公司交深交所
（6）证券投资基金		
佣金	不得高于成交金额的0.3%，也不得低于代收的证券交易监管费和证券交易所手续费，起点5元	投资者交证券公司
交易经手费	成交金额的0.00975%	证券公司交深交所
（7）大宗交易		
A股的经手费	按集中竞价交易方式下A股交易经手费率标准下浮30%收取	
B股、基金的经手费	按集中竞价交易方式下同品种费率标准下浮50%收取	
债券、回购的经手费	按集中竞价交易方式下同品种费率标准收取	
（8）权证		
佣金	不得高于成交金额的0.3%，也不得低于代收的证券交易监管费和证券交易所手续费，起点5元	投资者交证券公司
交易经手费	成交金额的0.0045%	证券公司交深交所

注：1.经手费和证券交易监管费包含在佣金之中，证券交易所风险基金由交易所自行计提，不另外收取；
2.从2012年6月1日起，A股交易经手费收取标准下调至0.0087%，股票上市初费和年费按分档收取；
3.从2012年9月1日起，A股交易经手费收取标准下调至0.00696%，A、B股的监管规费收取标准下调至0.002%，基金、债券、权证和专项资产管理计划免收监管规费。

数据来源：深圳证券交易所

Source:SZSE

附录1-8 续表

收费项目	收费标准	备注
（9）要约回购	参照A股收费标准	
（10）代办A股		
佣金	成交金额的0.3%	投资者交证券公司
印花税	出让方成交金额的0.1%，受让方免收	投资者交国家税务局
交易经手费	成交金额的0.01%	证券公司交深交所
证券交易监管费	成交金额的0.05%	证券公司交证券业协会
（11）代办B股		
佣金	成交金额的0.4%	投资者交证券公司
印花税	出让方成交金额的0.1%，受让方免收	投资者交国家税务局
交易经手费	成交金额的0.013%	证券公司交深交所
证券交易监管费	成交金额的0.067%	证券公司交证券业协会
（12）专项资产管理计划		
佣金	不超过成交金额的0.02%	投资者交证券公司
交易经手费	成交金额在100万元以下（含100万元）的0.1元/笔 成交金额在100万元以上每笔收10元	证券公司交深交所
2、B股交易		
（1）B股/B股权证交易		
佣金	不得高于成交金额的0.3%，也不得低于代收的证券交易监管费和证券交易所手续费，起点5港元	投资者交证券公司
印花税	出让方成交金额的0.1%，受让方免收	投资者交国家税务局
交易经手费	成交金额的0.0301%	证券公司交深交所
证券交易监管费	成交金额的0.002%	证券公司交证监会
3、上市费用		
（1）股票		
上市初费	总股本2亿以下（含），30万元 总股本2亿至4亿（含），45万元 总股本4亿至6亿（含），55万元 总股本6亿至8亿（含），60万元 总股本8亿以上，65万元	发行人交深交所，总股本为A、B股合计，创业板减半征收
上市年费	总股本2亿以下（含），5万元 总股本2亿至4亿（含），8万元 总股本4亿至6亿（含），10万元 总股本6亿至8亿（含），12万元 总股本8亿以上，15万元	
（2）证券投资基金		
上市初费	3万元	发行人交深交所
上市月费	5000元	
（3）企业债/公司债/可转债		
上市初费	暂免收取	发行人交深交所
上市月费	暂免收取	
（4）权证		
上市初费	20万元	发行人交深交所
（5）专项资产管理计划		
上市初费	暂免收取	设立人交深交所
上市月费	暂免收取	
4、席位管理费		
（1）席位费	60万元/个	会员交深交所
（2）交易单元费用		
交易单元使用费	对会员使用超出交费席位（指已交席位初费的席位）数量以外的交易单元，每年收取30000元/个的交易单元使用费	会员交深交所
流速费	对会员使用超出交费席位（指已交席位初费的席位）数量以外的流速，每年收取9600元/份的流速费	
流量费	每笔交易类申报（指买入、卖出、撤单申报）收取0.15元，每笔非交易类申报（指除买入、卖出、撤单申报以外的申报）收取0.01元。此项费用用以会员为单位收取，最低收费标准为每家会员每年2万元。详细计收方法见深交所《关于调整席位管理年费收费模式的通知》（深证会[2004]191号）	

后　记

Postscript

在年鉴的编写过程中，我们得到了中国证监会领导的关心和指导，得到了会内外有关单位的大力支持和配合。他们是：中国证监会办公厅、发行监管部、创业板发行监管部、机构监管部、上市公司监管一部、上市公司监管二部、基金监管部、期货监管一部、期货监管二部、国际合作部、债券领导小组办公室、北京监管局、上海监管局、深圳监管局、广东监管局、浙江监管局、国家统计局国民经济核算司、中国人民银行调查统计司、上海证券交易所、深圳证券交易所、中国证券登记结算公司、上海期货交易所、大连商品交易所、郑州商品交易所、中国金融期货交易所、中国证券投资者保护基金有限责任公司、中国证券金融股份有限公司、中国期货保证金监控中心有限责任公司、全国中小企业股份转让系统有限责任公司、中证指数有限公司、中国证券业协会。中国统计出版社在年鉴的编辑、出版及发行过程中给予了大力的支持。在此，我们对上述单位表示衷心的感谢！

参加年鉴编写的人员有：

王建军　霍　达　朱树山　申　兵　卢大彪　王春玲　金　星　马雪飞
王　涛　王浩年　叶存金　许真颖　孙　昊　张廷波　陈一坐　陈小宝
陈凯元　陈　鹏　岳新宇　袁姗玲　葛婉婉　韩　鹏　潘永东　王子莹
史喜超　朱玉玺　刘　兵　刘　峻　刘　琛　张志海　张晓明　陆　谳
武　杨　徐庆雯　马莉媛　吕　蒙　许雪梅　李　辉　肖硕然　陈　婵
晋　超　李福琴　王斯聪　李　彬　李　霞　杨小雨　袁　博　管建强
周　婵　翁肖阳　王　磊

中国证券监督管理委员会

2013 年 9 月